CB079748

DIRETITO SUMULAR - TST

ESQUEMATIZADO®

www.editorasaraiva.com.br/direito

Visite nossa página

Histórico da Obra

- **1.ª edição:** fev./2011; 2.ª tir., maio/2011
- **2.ª edição:** jan./2012
- **3.ª edição:** jan./2013; 2.ª tir., abr./2013
- **4.ª edição:** fev./2014
- **5.ª edição:** fev./2015
- **6.ª edição:** mar./2016
- **7.ª edição:** mar./2017

Bruno Klippel
Doutor em Direito do Trabalho pela PUC-SP

DIREITO SUMULAR – TST ESQUEMATIZADO®

COORDENADOR
PEDRO LENZA

7ª edição

2017

saraiva jur

ISBN 978-85-472-1166-0

DADOS INTERNACIONAIS DE CATALOGAÇÃO NA PUBLICAÇÃO (CIP)
ANGÉLICA ILACQUA CRB-8/7057

Klippel, Bruno

Direito sumular esquematizado® – TST / Bruno Klippel. – 7. ed. – São Paulo : Saraiva, 2017. (Coleção esquematizado® / coordenador Pedro Lenza)

1. Direito do trabalho - Jurisprudência - Brasil I. Título II. Lenza, Pedro III. Série.

16-0877 CDU 34:331(81)(094.9)

Índices para catálogo sistemático:

1. Brasil : Súmulas : Direito do trabalho 34:331(81)(094.9)
2. Súmulas trabalhistas : Brasil : Direito do trabalho 34:331(81)(094.9)

SOMOS EDUCAÇÃO | saraiva jur

Av. das Nações Unidas, 7.221, 1º andar, Setor B
Pinheiros – São Paulo – SP – CEP 05425-902

SAC
0800-0117875
De 2ª a 6ª, das 8h às 18h
www.editorasaraiva.com.br/contato

Data de fechamento da edição: 22-2-2017

Dúvidas? Acesse www.editorasaraiva.com.br/direito

CL 600883 CAE 601997

Aos queridos professores *Flávio Cheim Jorge*,
Marcelo Abelha Rodrigues e *Tárek Moyses Moussalem*,
por tudo o que representam em minha formação jurídica.
Sou grato por tudo o que fizeram por mim até hoje,
razão pela qual esta vitória também é de vocês!

AGRADECIMENTOS

Como não poderia deixar de ser, agradeço aos meus pais, Gildazio e Telma, por todo o carinho, amor e dedicação. Vocês são exemplos de pais e amigos.

À minha segunda mãe, Mariza Quintino do Nascimento, por todo o carinho e paciência.

Ao meu irmão e amigo, Rodrigo Klippel, por tudo o que fez e faz por mim. À Catarina, minha cunhada "preferida", pela alegria com que contagia nossa família. Ao sobrinho-afilhado mais lindo que Deus poderia me dar, Roberto Cavalcanti Von Sohsten Klippel, dono do sorriso mais "sem-vergonha" do mundo! Agora também incluo o meu segundo sobrinho, Pedro Cavalcanti Von Sohsten Klippel, que igualmente traz alegrias ao tio coruja.

A todos os meus amigos, parte importantíssima da minha vida, representados por João Guilherme Souza Pelição.

À Isadora Vilaça Oliveira Klippel, minha esposa, por tudo o que representa em minha vida e, principalmente, por me dar a oportunidade de ser pai de Marina Vilaça Oliveira Klippel, que já acorda sorrindo para o papai, fazendo minha vida ainda melhor. Minha receita para a felicidade: tenham filhos, pois é bom demais!

Ao professor Pedro Lenza, por toda a ajuda na elaboração da obra.

Aos funcionários da Editora Saraiva, pelo carinho com os autores e suas obras.

Aos alunos da Faculdade de Direito de Vitória (FDV), da Universidade de Vila Velha (UVV), da Faculdade Estácio de Vitória/ES, da Faculdade MULTIVIX de Vitória/ES e do Curso Preparatório para Concursos CEP — Centro de Evolução Profissional, de Vitória e Vila Velha/ES, por todo o carinho e incentivo nestes vários anos de magistério. Em 10 anos como Professor, aprendi que vocês nos tornam melhores a cada dia.

Aos queridos alunos do Estratégia Concursos, do DF, um dos mais conceituados cursos preparatórios do Brasil, com muito orgulho de fazer parte da equipe, desde 2013. Agradecimentos especiais aos coordenadores Ricardo Vale, Mário Pinheiro, Sérgio Mendes e Heber Carvalho, que, com maestria, conduzem milhares de concurseiros à realização de seus sonhos.

Aos alunos do IOB/Marcato Concursos, de São Paulo, bem como ao seu Coordenador, Leonardo Pereira, pelo apoio e oportunidade.

Agradeço pela oportunidade de também fazer parte do quadro de Professores do Aprova Concursos, de Curitiba/PR, a partir de 2014, e presto votos de sucesso aos milhares de alunos do prestigiado curso.

Por fim, pois o melhor sempre fica para o final, aos leitores que fizeram deste livro um sucesso de vendas nas 1ª, 2ª, 3ª, 4ª e 5ª edições, nos anos de 2011, 2012, 2013,

2014 e 2015, sendo reconhecidamente um dos livros mais vendidos sobre Súmulas do TST no Brasil.

Já vamos para a 7ª edição em tão pouco tempo, o que me faz muito feliz. Tal feito, que me traz tanto orgulho, não seria possível sem a colaboração de pessoas tão importantes. Sucesso, coragem e pensamento positivo sempre.

Espero que apreciem a 7ª edição que traz as alterações realizadas pelo TST até a Resolução n. 214/2016, e aguardo sugestões e críticas.

Forte abraço.

Vitória/ES, fevereiro de 2017.

METODOLOGIA ESQUEMATIZADO®

Durante o ano de 1999, pensando, naquele primeiro momento, nos alunos que prestariam o exame da OAB, resolvemos criar uma **metodologia** de estudo que tivesse linguagem "fácil" e, ao mesmo tempo, oferecesse o conteúdo necessário à preparação para provas e concursos.

O trabalho foi batizado como ***Direito constitucional esquematizado®***. Em nosso sentir, surgia ali uma metodologia **pioneira**, idealizada com base em nossa experiência no magistério e buscando, sempre, otimizar a preparação dos alunos.

A metodologia se materializou nos seguintes "pilares":

- **esquematizado®:** a parte teórica é apresentada de forma objetiva, dividida em vários itens e subitens e em parágrafos curtos. Essa estrutura revolucionária rapidamente ganhou a preferência dos concurseiros;
- **superatualizado:** doutrina, legislação e jurisprudência em sintonia com as grandes tendências da atualidade e na linha dos concursos públicos de todo o País;
- **linguagem clara:** a exposição fácil e direta, a leitura dinâmica e estimulante trazem a sensação de que o autor está "conversando" com o leitor;
- **palavras-chave *(keywords)*:** os destaques na cor azul possibilitam a leitura "panorâmica" da página, facilitando a fixação dos principais conceitos. O realce colorido recai sobre os termos que o leitor certamente grifaria com a sua caneta marca-texto;
- **recursos gráficos:** esquemas, tabelas e gráficos favorecem a assimilação e a memorização dos principais temas;
- **questões resolvidas:** ao final de cada capítulo, o assunto é ilustrado com questões de concursos ou elaboradas pelos próprios autores, o que permite conhecer as matérias mais cobradas e também checar o aprendizado.

Depois de muitos anos de **aprimoramento**, o trabalho passou a atingir tanto os candidatos ao **Exame de Ordem** quanto todos aqueles que enfrentam os concursos em geral, sejam das **áreas jurídica** ou **não jurídica**, de **nível superior** ou mesmo os de **nível médio**, assim como os **alunos de graduação** e demais **profissionais**.

Ada Pellegrini Grinover, sem dúvida, anteviu, naquele tempo, a evolução do *Esquematizado®*. Segundo a Professora escreveu em 1999, "a obra destina-se, declaradamente, aos candidatos às provas de concursos públicos e aos alunos de graduação, e, por isso mesmo, após cada capítulo, o autor insere questões para aplicação da parte teórica. Mas será útil também aos operadores do direito mais experientes, como fonte de consulta rápida e imediata, por oferecer grande número de informações buscadas em diversos autores, apontando as posições predominantes na doutrina, sem eximir-se de criticar algumas delas e de trazer sua própria contribuição. Da leitura amena surge um livro 'fácil', sem ser reducionista, mas que revela, ao contrário, um grande poder de síntese, difícil de encontrar mesmo em obras de autores mais maduros, sobretudo no campo do direito".

Atendendo ao apelo de "concurseiros" de todo o País, sempre com o apoio incondicional da Editora Saraiva, convidamos professores das principais matérias exigidas nos concursos públicos das *áreas jurídica* e *não jurídica* para compor a **Coleção Esquematizado®**.

Metodologia pioneira, vitoriosa, consagrada, testada e aprovada. **Professores** com larga experiência na área dos concursos públicos. Estrutura, apoio, profissionalismo e *know-how* da **Editora Saraiva**. Sem dúvida, ingredientes indispensáveis para o sucesso da nossa empreitada!

Ao perceber uma forte tendência das bancas examinadoras em relação ao conhecimento da jurisprudência dos tribunais, tivemos a honra de contar com o primoroso trabalho de **Bruno Klippel**. O autor soube, com maestria, analisar cada uma das **Súmulas do TST** e apontar os seus principais pontos, destacando-se a origem do entendimento, seus aspectos materiais e processuais, assim como a inter-relação das matérias, o que, certamente, será de grande valia não só para os concursos públicos, mas também para os operadores do direito.

Bruno é advogado, mestre pela Faculdade de Direito de Vitória (FDV) e doutorando em Direito do Trabalho pela Pontifícia Universidade Católica de São Paulo (PUC-SP).

Professor em universidades e cursos preparatórios, trouxe, com efeito, um maravilhoso, sério, denso, atual e vasto presente para a comunidade jurídica.

Não temos dúvida de que este livro contribuirá para "encurtar" o caminho do ilustre e "guerreiro" concurseiro na busca do "sonho dourado"!

Esperamos que a **Coleção Esquematizado®** cumpra o seu papel. Em constante parceria, estamos juntos e aguardamos suas críticas e sugestões.

Sucesso a todos!

Pedro Lenza

Mestre e Doutor pela USP

pedrolenza@terra.com.br

https://twitter.com/pedrolenza

http://instagram.com/pedrolenza

http://www.periscope.tv/pedrolenza

https://www.facebook.com/pedrolenza

https://www.youtube.com/pedrolenza

saraiva jur http://www.saraivajur.com.br/esquematizado

PREFÁCIO

Já nos foi dito que um prefácio deve ter uma medida certa. A medida justa para servir de aperitivo para o texto que se aproxima nas páginas seguintes. Não pode ser um biombo que isola o leitor do livro, mas, ao contrário, uma ponte imperceptível e suave entre eles.

Nessa toada, pode-se dizer que este pioneiro trabalho, ora lançado pela consagrada Editora Saraiva, é muito importante, pelo menos, sob três enfoques diferentes.

O primeiro é o fato de que dá a importância devida à jurisprudência (Súmulas), que, não por acaso, tem sido realçada e tornada importante — diríamos até decisiva — fonte de direito nos diversos segmentos e ramos das ciências jurídicas. Têm-se, na presente obra, nada mais nada menos do que todas as Súmulas do TST, devidamente atualizadas e comentadas em linguajar claro, conciso e com a profundidade adequada e pertinente ao fim operativo deste trabalho.

O segundo é o fato de que não se trata de um trabalho isolado de direito processual e direito material, antes o inverso. Pelos comentários que se observam, o autor navega densamente nos dois planos e faz as devidas pontes entre os mesmos, estabelecendo a exata medida, em cada comentário, da importância do direito material e do direito processual do trabalho na formação de cada súmula.

O terceiro é o fato de que este é um livro — para aqueles que militam com o Direito do Trabalho (material e processual) — que acompanha o papel ligeiro, direto e operativo da ciência trabalhista, seja no campo do direito material ou processual. A densidade do livro e sua tessitura mostram ao leitor que é possível ser profundo e conciso ao mesmo tempo.

Esses três aspectos já seriam por si sós suficientes para abandonar a leitura deste prefácio e abrir as páginas que se seguem, e não haveria nenhum pecado nesta atitude. Mas é preciso dizer que, se a iniciativa da Editora Saraiva deve ser aplaudida, registre-se que esses aplausos devem ser estendidos, efusivamente, para a escolha do autor da obra, o Dr. Bruno Klippel, mestre em Direito e doutorando pela renomada PUC-SP. O autor, desde quando fora nosso aluno, sempre se mostrou destacado, dedicado e comprometido com a vida acadêmica e não por acaso ostenta aqui, no Espírito Santo, uma posição de destaque no meio docente e, em especial, com o Direito Processual do Trabalho. Aliás, a dedicação é de família, já que seu irmão, Rodrigo Klippel, conhecido nacionalmente, e seu pai, Gildazio Klippel, estão há muito inclinados na vida acadêmica, o que só reforça a sua veia voltada para o ensino jurídico do Direito.

Enfim, fechando este Prefácio, digo, conectando esta ponte, temos a enorme honra de apresentar o autor e sua obra para os operadores do Direito e, em especial, àqueles que militam com o Direito do Trabalho. Ter-se-á com este trabalho uma densa e imprescindível ferramenta que certamente logrará êxito — sem favor algum — no mercado editorial. Parabéns, Saraiva; parabéns, Bruno!

Marcelo Abelha

Flávio Cheim Jorge

NOTA DO AUTOR À 7ª EDIÇÃO

A 7ª edição do livro surge bastante remodelada e atualizada com todas as alterações da jurisprudência do TST que ocorreram em 2016 para adequação ao Novo Código de Processo Civil (Lei n. 13.105/2015).

Nesta edição você encontrará, além dos comentários às súmulas do TST, dicas atualizadas de Direito do Trabalho e Processo do Trabalho, bem como questões recentes de concursos públicos que exploram tais matérias, de forma que você possa:

1. Estudar com base nos enunciados das súmulas do Tribunal Superior do Trabalho;
2. Rever as disciplinas de Direito do Trabalho e Processo do Trabalho por meio das dicas;
3. Praticar por meio das questões de concursos gabaritadas e comentadas.

A grande novidade da 7ª edição é a inclusão de quadros contendo a parte mais importante da súmula, que chamei de "atenção", por ser aquilo de que você não pode esquecer em relação ao entendimento do TST que acabou de estudar.

Espero que você goste do resultado desta 7ª edição. Suas críticas e sugestões podem ser encaminhadas diretamente para o e-mail brunoagklippel@gmail.com.

Forte abraço,
Vitória/ES, janeiro de 2017.

Bruno Klippel
Doutor em Direito pela PUC-SP
Mestre em Direito pela FDV/ES

http://www.brunoklippel.com.br
brunoagklippel@gmail.com
https://www.facebook.com/bruno.klippel
https://www.youtube.com/user/brunoagklippel
saraiva jur http://www.saraivajur.com.br/esquematizado

SUMÁRIO

SÚMULA N. 1
PRAZO JUDICIAL (mantida) —
Res. 121/2003, DJ 19, 20 e 21.11.2003

Quando a intimação tiver lugar na sexta-feira, ou a publicação com efeito de intimação for feita nesse dia, o prazo judicial será contado da segunda-feira imediata, inclusive, salvo se não houver expediente, caso em que fluirá no dia útil que se seguir.

A **Súmula n. 1 do TST**, atinente à contagem do prazo judicial (processual), foi **mantida** pela Resolução n. 121/2003 do TST, publicada no *DJ* nos dias 19, 20 e 21.11.2003. Trata-se de tema importante; porém, de fácil entendimento. Para analisá-lo, é preciso fixar algumas premissas.

A contagem dos prazos processuais dá-se no processo do trabalho de acordo com as prescrições dos arts. 774 e 775 da CLT, bem como dos arts. 218 e seguintes do CPC/2015, de aplicação subsidiária. Vale a pena observar, contudo, que os prazos processuais trabalhistas continuam a ser contados de forma contínua, diferentemente dos prazos do processo civil, que, a partir do CPC/2015, são contados em dias úteis.

O tema já foi objeto de diversas outras súmulas, entre as quais as de **ns. 16 e 262**, que serão oportunamente analisadas em sua inteireza, bastando, nesse momento, a menção às mesmas.

Nos termos do art. 774 da CLT, os prazos processuais contam-se *"(...) a partir da data em que for feita pessoalmente, ou recebida a notificação, daquela em que for publicado o edital no jornal oficial ou no que publicar o expediente da Justiça do Trabalho, ou, ainda, daquela em que for afixado o edital na sede da Junta, Juízo ou Tribunal".*

O texto legal demonstra o que se denomina ***início do prazo***, que ocorre com o **conhecimento do ato pela parte**. Diferentemente do direito processual civil, em que, nos termos do art. 231 do CPC/2015, o *início do prazo* se dá com a **juntada do mandado** cumprido ou do AR, no processo do trabalho o conhecimento do ato basta ao início do prazo, tendo em vista a preocupação com a **celeridade processual**, reflexo do **princípio da proteção e do caráter alimentar das verbas pleiteadas**. Resta diferenciar ***início do prazo* e *início da contagem do prazo***. Este último dá-se no primeiro dia útil seguinte ao *início do prazo*, seguindo-se a regra inserta nos arts.

775 da CLT e 219 e 224 do CPC/2015. Aquele afirma que *"os prazos estabelecidos neste Título contam-se com exclusão do dia do começo e inclusão do dia do vencimento, (...)"*. O dispositivo do Código de Processo Civil possui redação praticamente idêntica.

Neste ponto, há que se destacar a **OJ n. 146 da SBDI-2**, que afirma: *"A contestação apresentada em sede de ação rescisória obedece à regra relativa à contagem de prazo constante do art. 774 da CLT, sendo inaplicável o art. 231 do CPC de 2015 (art. 241 do CPC de 1973)"*.

Assim, de forma a exemplificar, se o reclamante for notificado no dia 02.02.2009 (segunda-feira) para, em cinco dias, impugnar documento juntado aos autos pelo reclamado, o *início do prazo* será no próprio dia 02.02.2009, sendo que o *início da contagem do prazo* será dia 03.02.2009.

Acaso expedida notificação postal ao reclamado em 06.04.2009 (segunda-feira), o início do prazo será dia 08.04.2009 (quarta-feira), sendo o início da contagem do prazo dia 09.04.2009 (quinta-feira). Tal fato explica-se pela aplicação da **Súmula n. 16 do TST**, a ser ainda analisada em profundidade, que cria uma presunção relativa de recebimento da comunicação postal no prazo de 48 horas. Entende o TST, nos termos da súmula anteriormente citada, que *"presume-se recebida a notificação 48 (quarenta e oito) horas depois de sua postagem. O seu não recebimento ou a entrega após o decurso desse prazo constitui ônus de prova do destinatário"*.

Adentrando especificamente no tema da **Súmula n. 1 do TST**, destaca-se que, se a intimação for realizada na sexta-feira, diante da previsão do art. 775 da CLT, bem como dos arts. 219 e 224 do CPC/2015, a exclusão do primeiro dia (a própria sexta-feira) faz com que o *início da contagem do prazo* se dê no **primeiro dia útil seguinte**, geralmente segunda-feira. Porém, em sendo este dia não útil, o prazo terá sua contagem iniciada no primeiro dia útil. A regra não traz dificuldades na prática.

Por último, por ser regra de aplicação mais rara e, assim, passível de esquecimento, destaca a **Súmula n. 262 do TST** a intimação realizada no sábado; portanto, em dia em que não há expediente forense. Nessa hipótese, o *início do prazo* se dará no primeiro dia útil seguinte, por exemplo, segunda-feira, sendo que o *início da contagem do prazo*, nesta hipótese, será na terça-feira. Assim, quando a intimação for realizada no sábado, considera-se feita no primeiro dia útil seguinte, excluindo-se o mesmo e contando-se o prazo nos termos do art. 775 da CLT.

ATENÇÃO: Os prazos no processo do trabalho continuam a ser contados de forma corrida, diferentemente do processo civil, que, a partir da Lei n. 13.105/2015 (Novo CPC), passou a adotar a contagem em dias úteis. Dispõe a Instrução Normativa n. 39/2016 do TST que a nova regra do CPC não se aplica ao processo do trabalho, que possui regramento próprio, contido no art. 774 da CLT.

SÚMULA N. 6
EQUIPARAÇÃO SALARIAL. ART. 461 DA CLT (redação do item VI alterada na sessão do Tribunal Pleno realizada em 14.09.2012) — Res. 185/2012, DEJT divulgado em 25, 26 e 27.09.2012

I — Para os fins previstos no § 2º do art. 461 da CLT, só é válido o quadro de pessoal organizado em carreira quando homologado pelo Ministério do Trabalho, excluindo-se, apenas, dessa exigência o quadro de carreira das entidades de direito público da administração direta, autárquica e fundacional aprovado por ato administrativo da autoridade competente. (ex-Súmula n. 06 — alterada pela Res. 104/2000, *DJ* 20.12.2000)

II — Para efeito de equiparação de salários em caso de trabalho igual, conta-se o tempo de serviço na função e não no emprego. (ex-Súmula n. 135 — RA 102/1982, *DJ* 11.10.1982 e *DJ* 15.10.1982)

III — A equiparação salarial só é possível se o empregado e o paradigma exercerem a mesma função, desempenhando as mesmas tarefas, não importando se os cargos têm, ou não, a mesma denominação. (ex-OJ da SBDI-1 n. 328 — *DJ* 09.12.2003)

IV — É desnecessário que, ao tempo da reclamação sobre equiparação salarial, reclamante e paradigma estejam a serviço do estabelecimento, desde que o pedido se relacione com situação pretérita. (ex-Súmula n. 22 — RA 57/1970, *DO-GB* 27.11.1970)

V — A cessão de empregados não exclui a equiparação salarial, embora exercida a função em órgão governamental estranho à cedente, se esta responde pelos salários do paradigma e do reclamante. (ex-Súmula n. 111 — RA 102/1980, *DJ* 25.09.1980)

VI — Presentes os pressupostos do art. 461 da CLT, é irrelevante a circunstância de que o desnível salarial tenha origem em decisão judicial que beneficiou o paradigma, exceto: a) se decorrente de vantagem pessoal ou de tese jurídica superada pela jurisprudência de Corte Superior; b) na hipótese de equiparação salarial em cadeia, suscitada em defesa, se o empregador produzir prova do alegado fato modificativo, impeditivo ou extintivo do direito à equiparação salarial em relação ao paradigma remoto, considerada irrelevante, para esse efeito, a existência de diferença de tempo de serviço na função superior a dois anos entre o reclamante e os empregados paradigmas componentes da cadeia equiparatória, à exceção do paradigma imediato.

VII — Desde que atendidos os requisitos do art. 461 da CLT, é possível a equiparação salarial de trabalho intelectual, que pode ser avaliado por sua perfeição técnica, cuja aferição terá critérios objetivos. (ex-OJ da SBDI-1 n. 298 — *DJ* 11.08.2003)

VIII — É do empregador o ônus da prova do fato impeditivo, modificativo ou extintivo da equiparação salarial. (ex-Súmula n. 68 — RA 9/1977, *DJ* 11.02.1977)

IX — Na ação de equiparação salarial, a prescrição é parcial e só alcança as diferenças salariais vencidas no período de 5 (cinco) anos que precedeu o ajuizamento. (ex-Súmula n. 274 — alterada pela Res. 121/2003, *DJ* 21.11.2003)

X — O conceito de "mesma localidade" de que trata o art. 461 da CLT refere-se, em princípio, ao mesmo município, ou a municípios distintos que, comprovadamente, pertençam à mesma região metropolitana. (ex-OJ da SBDI-1 n. 252 — inserida em 13.03.2002)

A **Súmula n. 6 do TST**, que se refere ao importante tema da equiparação salarial, foi **alterada** pela Resolução n. 198/2015 do TST, publicada no *DEJT* dos dias 12, 15 e 16.06.2015, **modificando o inc. VI**, de forma a inserir tema importante no direito do trabalho, qual seja, a equiparação salarial em cadeia.

Em primeiro lugar, destaca-se que a CLT dispõe a respeito do direito à equiparação salarial em seu art. 461, afirmando que, *"sendo idêntica a função, a todo trabalho de igual valor, prestado ao mesmo empregador, na mesma localidade, corresponderá igual salário, sem distinção de sexo, nacionalidade ou idade"*.

Os parágrafos do mesmo artigo dissecam o instituto, os quais serão oportunamente analisados.

Para MAURÍCIO GODINHO DELGADO,[1] *"equiparação salarial é a figura jurídica mediante a qual se assegura ao trabalhador idêntico salário ao do colega perante o qual tenha exercido, simultaneamente, função idêntica, na mesma localidade, para o mesmo empregador"*.

Verifica-se que o instituto tem nítida relação com o **princípio da isonomia**, tratado, em especial, no **art. 5º, *caput*, da CRFB/88**, ao dispor que todos são iguais perante a lei. Se todos são iguais perante a lei, não há por que existir desigualdade salarial entre empregados que laboram com a mesma perfeição técnica, realizam o mesmo trabalho, para o mesmo empregador, na mesma localidade. Em síntese, são esses os requisitos da equiparação salarial descritos na CLT.

Dissecando o instituto, faz-se mister analisar o termo "função". O *advogado sênior* de uma empresa exerce a mesma função do *advogado júnior* da mesma empresa? O *auxiliar de serviços gerais* exerce a mesma função do *auxiliar administrativo*? Se for levado em consideração o nome da função, certamente a resposta será negativa. Porém, ***função* é muito mais do que o *nomen juris* que lhe foi atribuído**.

Para fins de equiparação salarial, função significa *o trabalho que é desenvolvido pelos obreiros* (reclamante e paradigma). Se o trabalho realizado pelo advogado sênior (paradigma) é o mesmo do advogado júnior (reclamante), igualando-os em critérios de produtividade e técnica, ambos realizam idêntica função, estando preenchido o primeiro requisito à equiparação salarial. Portanto, **pouco importa o nome atribuído ao cargo**. O que será analisado na reclamação trabalhista que visa a equiparação, inclusive por meio de perícia, **são as atribuições do cargo**, em suma, o que era realizado no dia a dia pelos trabalhadores, suas responsabilidades, técnicas, produtividade etc. Tal é o entendimento externado pelo inc. III da súmula em análise, conforme acima transcrito.

Existem, contudo, duas exceções legais. A primeira refere-se à segunda parte do *caput* do art. 461 da CLT, que afirma ser trabalho de igual valor aquele realizado *"entre pessoas cuja diferença de tempo de serviço não for superior a 2 (dois) anos"*. Cria-se, como se vê, uma **presunção absoluta (*iure et de iure*)** de que o empregado que se encontra na função há mais de 2 (dois) anos pode perceber remuneração

[1] DELGADO, Maurício Godinho. *Curso de direito do trabalho*. 8. ed. São Paulo: LTr, 2009. p. 735.

superior aos demais, não havendo direito à equiparação. Assim, se João já exerce a função de administrador na empresa há mais de 2 (dois) anos em relação a José, não terá este direito à equiparação, mesmo preenchendo todos os demais requisitos. A presunção legal é de que o paradigma, que já exerce a função há mais de 2 (dois) anos, possui **maior qualificação para a atividade**, por conta de sua maior experiência, o que justifica a diferença salarial. Complementando a dicção legal, a súmula em estudo, em seu inc. II, afirma que o prazo de 2 (dois) anos é contado **na função, e não no emprego**. Assim, se o empregado já trabalhar há mais de 20 (vinte) anos na empresa, mas possuir 1 (um) ano na função, poderá haver equiparação dos demais para com ele, caso realizem a mesma função e percebam remuneração menor.

Outro fator excludente da equiparação salarial é a **existência de quadro de carreira (plano de cargos e salários)**, em que os empregados galgam promoções de acordo com padrões preestabelecidos, sendo que a ascensão se dá por **antiguidade ou merecimento**. Assim, mesmo realizando funções idênticas, os obreiros podem ocupar posições díspares no quadro da carreira, ou por possuírem mais tempo de empresa (tendo sido promovidos por antiguidade), ou por terem realizado cursos reconhecidos pela empresa (hipótese em que podem ser promovidos por merecimento).

A ascensão no quadro de carreira faz com que os empregados, em determinados períodos ou em virtude de esforço pessoal, venham a ter algum valor agregado às suas remunerações. **Tais quadros de carreira são muito comuns na esfera pública e nas grandes empresas**. A existência do referido instrumento de progressão na carreira **impede a equiparação**. Porém, trata-se de instrumento laboral formal, não bastando a simples formulação e aplicação pela empresa. Para o reconhecimento do quadro de carreira como excludente da equiparação, **é imprescindível a homologação pelo Ministério do Trabalho**, conforme inc. I da Súmula n. 6 do TST.

Tal exigência tem por intuito evitar "quadros de fachada", criados simplesmente para burlar a lei trabalhista e livrar-se dos pedidos de equiparação salarial. Ademais, o Ministério do Trabalho somente homologará o referido quadro se houver previsão de promoção tanto por antiguidade quanto por merecimento, **de forma alternada**, pois essas são as exigências dos §§ 2º e 3º do art. 461 da CLT.

Com relação aos quadros de carreira dos entes públicos da administração direta, autárquica e fundacional, **não há necessidade de aprovação pelo Ministério do Trabalho**. Tratando-se de entidades regidas pelo direito público, detentoras de diversas prerrogativas, oriundas do regime jurídico de direito público, basta a aprovação do quadro de carreira pela **autoridade competente**, por meio de ato administrativo.

Ainda sobre o assunto, destaca-se a **Súmula n. 19 do TST**, que afirma a competência da Justiça do Trabalho para processar e julgar demanda *"que tenha por objeto direito fundado em quadro de carreira"*. Assim, qualquer reclamação trabalhista em que se pretenda, por exemplo, discutir promoção não efetivada de acordo com as normas do quadro será da competência desta justiça especializada. Mais comentários serão realizados no momento adequado.

Em continuação ao tema, frisa-se que, em geral, as reclamações trabalhistas são ajuizadas após o encerramento do contrato de trabalho, quando individuais ou plúrimas, pelo medo de represálias do empregador, que, a qualquer momento, utilizando-se de seu direito potestativo, poderá pôr fim, sem justa causa, ao liame jurídico trabalhista. Desta forma, na maioria das vezes, os fatos narrados e o pedido de equiparação fazem menção a fatos passados, em que o reclamante afirma ter trabalhado na mesma função que o paradigma, porém, percebendo quantia menor. Não há qualquer justificativa para se exigir que ambos estejam a serviço do estabelecimento, se o pedido refere-se à **situação pretérita**. Os dois podem estar trabalhando ainda na empresa, ou apenas um deles, ou nenhum. O importante é que **tenham trabalhado concomitantemente naquele período apontado na petição inicial**, ou seja, o trabalho deve ter sido **simultâneo**.

Neste ponto, reside uma importante diferenciação entre trabalho **simultâneo e sucessivo**. Se o trabalho entre "A" e "B" for simultâneo e estiverem presentes os demais requisitos legais, há direito à equiparação. Contudo, se o labor de ambos for **sucessivo**, descabe falar em equiparação. Desta forma, se "A" exercia a função de Administrador, percebendo remuneração de R$ 5.000,00, e, após sua demissão, foi contratado para a sua vaga o empregado "B", não terá este direito a perceber o mesmo salário, não havendo qualquer ilegalidade se o empregador ofertar, por exemplo, R$ 4.000,00 (claro que deve ser respeitado o teto mínimo previsto para as diversas profissões).

Também não há direito à equiparação salarial quando o paradigma é **trabalhador adaptado em virtude de deficiência** física ou mental atestada pela Previdência Social, tendo em vista que o trabalhador estará desenvolvendo as atividades em função diversa da qual foi contratado, podendo, em razão disso, perceber remuneração superior aos demais empregados da empresa que exercem idêntica função.

Situação interessante é encontrada no inc. V da Súmula n. 6 do TST, referente à **cessão** de empregados entre órgãos governamentais. Se determinado órgão "x" cede um empregado ao órgão "y", para desenvolver as funções para as quais existe empregado do próprio órgão "y", deverão aqueles perceber o mesmo salário, uma vez estarem, mesmo temporariamente, sob a direção do "mesmo empregador". Porém, a equiparação somente será possível se os salários do reclamante e do paradigma **forem pagos pelo mesmo órgão governamental**. Em sendo os salários pagos por órgãos distintos, não há direito à equiparação.

Seguindo na análise dos incisos da Súmula n. 6, chega-se ao item VI, primeiro em relação às vantagens pessoais. A análise da norma gera o seguinte entendimento: se o paradigma percebe quantia maior em virtude de decisão judicial, e o reclamante realiza exatamente a mesma função, com a mesma perfeição, ao mesmo empregador, na mesma localidade, **também há de ser beneficiado pela decisão judicial**, mesmo não tendo participado da relação processual e sabendo-se que a decisão judicial gera **efeitos *inter partes***. Por questão de **isonomia material**, reconhece-se o direito ao salário igual, mesmo diante de tais particularidades. Mesmo que a coisa julgada gere efeitos apenas para os litigantes, reflexamente produzirá efeitos na esfera jurídica do reclamante, que terá direito à equiparação, salvo, conforme a norma inserta no mesmo inciso da súmula em comento, tratar-se de **vantagem pessoal ou de tese já superada no Poder Judiciário**. Com relação às vantagens pessoais, como o adjetivo demonstra, as vantagens são próprias daquele empregado, não sendo possível o seu reconhecimento aos empregados que não preenchem os requisitos legais. Já com relação à tese jurídica superada no Poder Judiciário, mostra-se a norma bastante lógica. Se a tese jurídica, da qual emanou o aumento salarial do paradigma, já foi superada por outro entendimento atual, somente há direito para aqueles atingidos pelos efeitos da coisa julgada. Para mais ninguém. Qualquer outro empregado que pudesse ajuizar uma demanda visando o reconhecimento do mesmo direito teria sua pretensão negada, ante a mudança de entendimento.

Sobre o tema "equiparação salarial em cadeia", a primeira vez que o TST incluiu no verbete o tema foi através da Resolução n. 185/2012, sendo que em 2015 novamente alterou a redação para aclarar a situação. Na 5ª edição do livro, fizemos transcrição do julgamento proferido nos autos do Recurso de Revista n. **90840-41.2005.5.03.0109:**

> **"Adoto, como razões de decidir, os fundamentos constantes do voto proposto pela eminente Ministra Relatora originária do feito, conforme aprovado em sessão de julgamento, quanto ao conhecimento dos embargos, nos seguintes termos:**
>
> **"A Turma conheceu do Recurso de Revista interposto pela parte reclamada no tocante ao tema "Equiparação Salarial" e, no mérito, deu-lhe provimento para afastar a equiparação salarial pretendida e as diferenças salariais decorrentes. Eis o teor do seu pronunciamento (a fls. 241/247):**
>
> **"A controvérsia instalada no presente feito cinge em saber se a reclamante faz jus a diferenças salariais decorrentes de equiparação salarial com a paradigma CRISTIANE KELLY FRANCISCO CORREIA**, que alcançou aumento salarial decorrente de decisão judicial, na qual se reconheceu sua equiparação salarial com a empregada **TATIANA FERREIRA ARIZ**, que, por sua vez, também teve aumento salarial em razão de equiparação salarial com a empregada **IVONE CAMILO TINOCO MIRANDA**.
>
> Em síntese, a reclamante ajuizou reclamação trabalhista, pleiteando, dentre outros pedidos, a equiparação salarial, no período de março/2003 a fevereiro/2005, com a paradigma **CRISTIANE KELLY CORREIA** e o consequente pagamento das diferenças salariais devidas.
>
> A paradigma apontada, **CRISTIANE KELLY CORREIA**, conforme informado na própria petição inicial, teria recebido durante o referido período o valor de R$ 318,00 (trezentos e dezoito reais) como salário. Todavia, tal paradigma ajuizou reclamação trabalhista com pedido de equiparação salarial em relação à empregada **TATIANA FERREIRA ARIZ,** que estava a receber o valor de R$ 1.016,20 (mil e dezesseis reais e vinte centavos), repita-se, conforme informado na petição inicial.
>
> A empregada **TATIANA FERREIRA ARIZ,** entretanto, teria alcançado tal valor salarial por meio de outra ação em que se reconheceu a equiparação salarial com a empregada **IVONE CAMILO TINOCO MIRANDA**, cujo salário era de R$ 1.016,20 (mil e dezesseis reais e vinte centavos), consoante se depreende da leitura do v. acórdão regional (fl. 141). Tendo sido julgado procedente o pedido de equiparação salarial com a empregada **IVONE CAMILO TINOCO DE MIRANDA**, a empregada **TATIANA FERREIRA ARIZ** recebeu as diferenças salariais pretendidas e teve seu salário reajustado. E o mesmo ocorreu com a paradigma **CRISTIANE KELLY CORREIA**, quando teve julgado procedente o seu pedido de equiparação com a empregada **TATIANA FERREIRA ARIZ.**

A reclamante, por sua vez, na presente ação, objetiva o recebimento das mesmas diferenças salariais da paradigma **CRISTIANE KELLY CORREIA**, e da empregada **TATIANA FERREIRA ARIZ** e, para tanto, requer a equiparação salarial com a primeiro.

Na hipótese, temos evidente caso de pedido de equiparação salarial em cadeia, o que entendo ser inadmissível.

Senão vejamos.

A propósito de equiparação salarial, dispõe o artigo 461, da CLT:

Art. 461. Sendo idêntica a função, a todo trabalho de igual valor, prestado ao mesmo empregador, na mesma localidade, corresponderá igual salário, sem distinção de sexo, nacionalidade ou idade.

§ 1º Trabalho de igual valor, para os fins deste Capítulo, será o que for feito com igual produtividade e com a mesma perfeição técnica, entre pessoas cuja diferença de tempo de serviço não for superior a dois anos.

§ 2º Os dispositivos deste artigo não prevalecerão quando o empregador tiver pessoal organizado em quadro de carreira, hipótese em que as promoções deverão obedecer aos critérios de antiguidade e merecimento.

§ 3º No caso do parágrafo anterior, as promoções deverão ser feitas alternadamente por merecimento e por antiguidade, dentro de cada categoria profissional.

§ 4º O trabalhador readaptado em nova função, por motivo de deficiência física ou mental atestada pelo órgão competente da Previdência Social, não servirá de paradigma para fins de equiparação salarial.

Claro é que o legislador pretendeu, com o artigo 461, da CLT, consagrar o princípio da isonomia na esfera trabalhista, mais precisamente no que diz respeito ao salário. Ao determinar que o mesmo trabalho, feito com mesma produtividade e perfeição técnica, na mesma localidade, deve ser remunerado de mesma forma, buscou evitar protecionismos ou discriminações injustificadas.

Destaca-se que o legislador, no ímpeto de buscar a preservação do princípio da isonomia, foi bastante criterioso ao descrever vários casos específicos em que se justificaria a diferença salarial, como por exemplo o trabalho realizado em localidades diferentes ou com perfeição técnica diversa, a existência de quadro de carreira, ou a diferença de mais de dois anos de tempo de serviço. Isso porque os iguais devem ser tratados de maneira igual e os desiguais de maneira desigual, na medida de sua desigualdade.

Diante disso, penso que o pedido de equiparação salarial deve ser examinado com distinto cuidado, de modo a evitar eventuais equívocos e consequentemente injustiças e violação da lei.

Nessa linha de raciocínio, entendo ser inadmissível a equiparação em cadeia, como pretendido no presente caso.

Conforme se infere da leitura da petição inicial, da sentença e do v. acórdão regional, a reclamante, na realidade, pretende, em última análise, equiparação salarial com **IVONE CAMILO TINOCO MIRANDA**, cujo salário era maior que o seu. Todavia, supõe-se, sequer conhecia a empregada **IVONE**, já que requereu a equiparação com a paradigma **CRISTIANE KELLY FRANCISCO CORREIA**, que havia conseguido a equiparação com **TATIANA FERREIRA ARIZ**, que, por sua vez, teve êxito no pedido de equiparação salarial com a citada **IVONE**.

Ora, se a reclamante efetivamente preenchesse todos os requisitos para a equiparação salarial em relação à empregada **IVONE**, certamente não precisaria utilizar terceiros

> para alcançar tal equiparação. Ora, para se observar se a equiparação é realmente devida, os requisitos do artigo 461, da CLT, precisariam ser examinados em relação à empregada **IVONE** e não em relação unicamente à paradigma **CRISTIANE**.
>
> Ademais, ao se aceitar a equiparação em cadeia, como no caso dos autos, admite-se que empregados que tenham tempo de serviço superior a dez ou mesmo vinte anos recebam o mesmo salário, desde que a equiparação se dê de modo intercalado de um em um até se chegar ao mais novo empregado, em evidente afronta ao princípio da isonomia e ao artigo 461, da CLT".

Assim, na equiparação em cadeia, quer-se evitar que "F" se equipare a "E", que se equiparou anteriormente a "D", que já havia se equiparado a "C", que por sua vez equiparou-se a "B", que originalmente se equiparou a "A", sendo que "F", o último a obter a equiparação, nunca trabalhou com "A", o paradigma originário ou remoto, ou mesmo nem o conhece, ferindo um dos requisitos da equiparação, qual seja, a **simultaneidade na prestação dos serviços**.

Para que "F" obtenha a equiparação, terá que demonstrar o preenchimento dos requisitos do art. 461 da CLT não em relação ao seu paradigma imediato ("E"), e sim ao paradigma remoto "A".

A alteração de 2015, promovida após o julgamento de recurso de embargos pelo Pleno do TST, no Processo n. E-ED-RR-16-0100-88.2009.5.03.0038, serviu para demonstrar que o único requisito que não precisa ser demonstrado em relação ao paradigma remoto é o tempo na função inferior a 2 anos. Este requisito deve ser demonstrado em relação aos paradigmas imediatos. Na decisão, ficou assentado que a exigência de tal requisito (tempo na função inferior a 2 anos) impediria qualquer outra equiparação e que:

> "O entendimento que prevaleceu, por 23 votos, foi o do relator, no sentido de que o requisito só se justifica em relação aos paradigmas imediatos indicados na reclamação trabalhista e com os quais o autor da reclamação conviveu. 'Caso contrário, nenhuma outra equiparação salarial em cadeia será bem-sucedida, já que isso leva, automaticamente, à imunização absoluta do empregador em relação a qualquer reclamação futura dos demais elos da cadeia equiparatória', assinala o ministro José Roberto Freire Pimenta".

Caso arguida a equiparação salarial em cadeia pelo reclamado, caberá a ele o ônus da prova, nos termos do inc. VIII da súmula em análise.

Seguindo-se na análise da súmula, entendia-se que não havia possibilidade de equiparação salarial em **trabalhos intelectuais**, por exemplo, de professores, tendo em vista a impossibilidade de aferir a igualdade técnica. É claro que não podem ser utilizados para fins de equiparação **critérios subjetivos**, como o nível de inteligência, a "disposição para lecionar", a capacidade de aprender novas técnicas. Pode-se e, em verdade, é bastante salutar a equiparação por **critérios objetivos**, servindo, para todas as profissões, a realização de cursos de pós-graduação, mestrado, doutorado, extensão etc. Não existem razões para desigualar salarialmente dois professores do curso de medicina de uma faculdade se ambos possuem o curso de mestrado na área médica. Porém, a **desigualdade salarial mostra-se isonômica** se um é detentor de diploma de mestrado e outro de doutorado e o segundo percebe quantia maior. Tal situação é até salutar para o empregado e o empregador, pois o primeiro terá estímulo para estudar e o segundo contará com profissionais cada vez mais qualificados. Esse é o pensamento consagrado na Súmula n. 6 do TST, que em seu inc. VII afirma: *"Desde que atendidos os requisitos do art. 461 da CLT, é possível a equiparação salarial de trabalho intelectual, que pode ser avaliado por sua perfeição técnica, cuja aferição terá critérios objetivos"*. O importante é destacar que os critérios não podem ser subjetivos, sob pena de o empregado discriminado pleitear equiparação salarial.

Da mesma forma ocorre com os cargos ou funções de confiança, em que é viável o pleito de equiparação, a despeito da maior dificuldade em comprovar a presença dos requisitos legais, em especial o desenvolvimento da mesma função.

Um breve esclarecimento faz-se necessário acerca do **salário recebido por unidade de obra**. Retomando o exemplo dos professores, sabe-se que, em regra, a remuneração é paga por hora/aula. Assim, cada hora/aula trabalhada corresponde a determinado valor. Logo, o professor que trabalhar mais horas/aula por mês perceberá quantia maior do que o que trabalhar menos. Não haverá desigualdade salarial nessa situação se o **valor da hora/aula foi igual** para ambos, uma vez que os dois possuem a mesma qualificação, conforme já mencionado. A percepção de quantia superior não decorre do fato de o valor de sua hora/aula ser superior, e sim em virtude de um possuir maior carga horária em relação ao outro. A explicação serve para todos os empregados que recebem salário por unidade de obra.

As normas sobre o ônus da prova, constantes nos arts. 818 da CLT e 373 do CPC/2015, são retratadas pelo inc. VIII, que afirma ser **ônus do empregador provar os fatos impeditivos, extintivos ou modificativos do direito do reclamante**. Assim, caberá ao empregador demonstrar que o reclamante e o paradigma não exerciam a mesma função; que o paradigma possuía melhor técnica ou produtividade; que o paradigma encontra-se na função há mais de 2 anos; que os empregadores são diferentes; que reclamante e paradigma laboraram em municípios diversos ou que nunca trabalharam simultaneamente, tratando-se, em verdade, de sucessão na função, dentre outros fatos que podem ser alegados. Caso esses fatos não sejam provados, será julgada procedente a reclamação trabalhista de equiparação salarial.

Adentrando no requisito *mesmo empregador*, tem-se que, apesar de ser considerado de fácil entendimento, traz ainda algumas incertezas com relação ao denominado *grupo de empresas*. A prova de que reclamante e paradigma trabalharam na mesma empresa, ou seja, perante o mesmo empregador, é facilmente realizada por meio da CTPS de ambos, em que constará os contratos de trabalho firmados pelo mesmo ente. Porém, dúvidas surgem quando reclamante e reclamado **não laboraram diretamente para a mesma empresa**, e sim para empresas diversas, porém formadoras de um grupo econômico. Pode haver equiparação entre ambos?

Duas são as posições doutrinárias. A primeira, minoritária, entende pela impossibilidade de equiparação salarial, pois, apesar de reconhecer a **solidariedade passiva** pelos débitos trabalhistas, não aceita a tese da **solidariedade ativa**, em que o grupo econômico seria, em verdade, o *empregador único*. Porém, a corrente majoritária, refletida na **Súmula n. 129 do TST**, a ser melhor detalhada posteriormente, adota o entendimento de que o grupo econômico é o **empregador único do trabalhador**, razão pela qual a solidariedade é tanto ativa quanto passiva. Tanto é assim que a referida súmula afirma que *"a prestação de serviços a mais de uma empresa do mesmo grupo econômico, durante a mesma jornada de trabalho, não caracteriza a coexistência de mais de um contrato de trabalho, salvo ajuste em contrário"*. Se o contrato de trabalho é único, mesmo o labor sendo desenvolvido perante diversas empresas do grupo, maior razão existe para equiparar salarialmente os empregados que desenvolvem idêntica função **dentro do grupo de empresas**. Acerca do assunto, MAURÍCIO GODINHO DELGADO afirma que *"essa possibilidade é acatada pela maioria da jurisprudência, uma vez que a figura do empregador único, gerada pela responsabilidade dual de seus entes integrantes, é tida como vigorante no Direito do Trabalho do país"*.[2]

É claro que o empregador ou as empresas do grupo econômico devem estar situados dentro de determinados limites territoriais, de forma a não gerar uma situação de desigualdade, ao se equiparar empregados que residam em **estados da federação diferentes**, em que o nível de vida e o nível salarial são totalmente díspares. Para tanto, o próprio *caput* do art. 461 da CLT prevê expressamente *mesma localidade*. Interpretando-se a expressão, chegou-se à conclusão, em especial por meio do inc. X da Súmula n. 6 do TST, que o conceito engloba o ***mesmo município*** ou, no máximo, a ***mesma região metropolitana***. Assim, a equiparação será possível se reclamante e paradigma laborarem no mesmo município ou em municípios pertencentes à mesma região metropolitana. Assim, um gerente de supermercado que labora em Recife/PE não poderá equiparar-se ao gerente da filial de Garanhuns/PE, tendo em vista tratar-se de municípios diversos. Porém, um técnico de edificações de uma construtora com sede em Vitória/ES poderá equiparar-se ao colega que labora na filial de Cariacica/ES, pois são municípios pertencentes à **Região Metropolitana** da Grande Vitória.

Por fim, na análise do inc. IX da Súmula, em relação à prescrição dos créditos oriundos de equiparação salarial, a regra é a mesma do art. 7º, XXIX, da CRFB/88, ou seja, a **prescrição é quinquenal**, atingindo os créditos anteriores aos cinco anos contados do ajuizamento da ação. De acordo com Carta Maior, *"são direitos dos trabalhadores urbanos e rurais, além de outros que visem à melhoria de sua condição social: ação, quanto aos créditos resultantes das relações de trabalho, com prazo prescricional de cinco anos para os trabalhadores urbanos e rurais, até o limite de dois anos após a extinção do contrato de trabalho"*.

Desta forma, ajuizada demanda trabalhista visando a equiparação em 2009, referente ao período de 2002 a 2009, quando do despedimento, restarão **prescritos os créditos anteriores a 2004**, tendo em vista a prescrição **quinquenal**.

---

2 DELGADO, Maurício Godinho. *Curso de direito do trabalho*, p. 737.

ATENÇÃO: Duas excludentes do direito à equiparação salarial, que podem ser apresentadas pela empresa reclamada, não podem ser esquecidas: diferença na função, entre reclamante e paradigma, superior a 2 anos e existência de quadro de carreira devidamente homologado. Se a empresa reclamada comprovar qualquer das situações narradas, o Juiz julgará improcedente o pedido de equiparação salarial.

SÚMULA N. 7
FÉRIAS (mantida) —
Res. 121/2003, DJ 19, 20 e 21.11.2003

A indenização pelo não deferimento das férias no tempo oportuno será calculada com base na remuneração devida ao empregado na época da reclamação ou, se for o caso, na da extinção do contrato.

A **Súmula n. 7 do TST** foi **mantida** pela Resolução n. 121/2003 do TST, publicada no *DJ* nos dias 19, 20 e 21.11.2003, tratando de importante tema de Direito do Trabalho, qual seja, a **base de cálculo da indenização das férias não gozadas**.

Em primeiro lugar, as férias constituem um período de **interrupção do contrato de trabalho**, em que o empregado se vê dispensado da prestação de seu labor, enquanto o empregador mantém todas as obrigações contratuais. Trata-se de período utilizado para o empregado descansar, após um longo período de trabalho. Trata-se, portanto, de instituto relacionado à **saúde e medicina do trabalho**, razão pela qual despendeu o legislador diversos dispositivos da CLT para a sua disciplina.

Destaca-se que as férias individuais são gozadas após um **período aquisitivo** de 12 meses de trabalho contínuo, em que, gradativamente, o empregado vai conquistando, mês a mês, o direito ao gozo de férias, de no **mínimo 30 dias**.

Fala-se que o empregado faz jus ao descanso anual de forma gradativa, pois, caso o liame contratual venha a terminar antes de completado o prazo de 12 meses, desde que o rompimento **não se dê por justa causa**, fará jus ao pagamento de 1/12 de férias por mês trabalhado, as chamadas ***férias proporcionais***, acrescidas de **adicional de 1/3** sobre o valor do salário de férias, garantido pela CRFB/88 em seu art. 7º, XVII.

Completado o prazo de doze meses de trabalho, tecnicamente conhecido como ***período aquisitivo***, o empregado faz jus ao período de descanso, que deverá ser garantido pelo empregador dentro dos **próximos 12 meses**, denominado como ***período concessivo***. Há que se ressaltar que o período concessivo é, em regra, o que **melhor aproveita ao empregador**, e não ao empregado, ou seja, não é o empregado que diz ao empregador quando quer sair de férias, mas, sim, o contrário. O empregador impõe ao empregado o período de férias, de forma a atender aos interesses do seu negócio. A redação do art. 134 da CLT não deixa qualquer dúvida: *"As férias serão concedidas por ato do empregador, em um só período, nos 12 (doze) meses subsequentes à data em que o empregado tiver adquirido o direito"*.

A remuneração das férias será aquela vigente quando de sua **concessão**. Assim, se João ingressou na empresa em 03.02.2007, percebendo a quantia de R$ 1.000,00, e entrou em gozo de férias em 10.04.2008, quando recebia R$ 2.000,00, o pagamento das férias, acrescidas de 1/3, será realizada sobre o salário atual, e não o originário, de quando o obreiro iniciou as atividades.

Sempre que as férias forem regularmente concedidas, conforme o artigo mencionado, ou seja, dentro do período concessivo, serão nominadas de ***férias simples***.

Contudo, quando as férias **não forem concedidas** dentro do *período concessivo*, conforme prevê o art. 134 da CLT, teremos as ***férias em dobro***, nomenclatura que demonstra a necessidade de pagamento de uma **indenização** ao empregado, que representa o dobro do salário devido no período. Deve-se ter cuidado, pois o **período de descanso continua igual** (30 dias, em regra). Somente a remuneração das férias é que se apresenta em dobro. Nos termos do art. 137 da CLT: *"Sempre que as férias forem concedidas após o prazo de que trata o art. 134, o empregador pagará em dobro a respectiva remuneração"*.

Surgiu na jurisprudência a discussão a respeito do valor da remuneração devida nessas hipóteses, se aquela devida quando do período concessivo desrespeitado ou da época do ajuizamento da demanda/rescisão do contrato de trabalho.

A resposta ao questionamento é simples: decorrido o período concessivo, o empregado perde o direito às férias ou este ainda subsiste? Claro que subsiste. Assim, as férias ainda podem ser gozadas, mesmo que a destempo. Dessa forma, não há que se remunerar com um valor defasado as férias que estão sendo gozadas hoje. Sendo o direito de gozo atual, assim também deve ser a remuneração. Pouco importa se as férias gozadas hoje deveriam ter sido concedidas em 2007 para fins de remuneração. Pensamento contrário somente iria de encontro ao **princípio da proteção**, em sua acepção da situação mais benéfica, pois os empregadores deixariam de conceder férias no momento adequado para, posteriormente, com base no salário antigo, oportunizarem aos empregados o período de descanso.

Por fim, a **Súmula n. 7 do TST** faz a distinção entre *remuneração da época da reclamação* e *remuneração devida quando da extinção do contrato*. Tal fato ocorre pela possibilidade de ajuizamento da reclamação trabalhista em que se pleiteia o pagamento das *férias em dobro* dar-se **durante a vigência** do contrato de trabalho, em que o reclamante pode exigir a fixação por sentença da época daquelas, ou **após o término** do contrato, o que, aliás, é muito mais comum, tendo em vista o medo de retaliações por parte do empregador. Na primeira hipótese, o salário a ser considerado para fins de indenização é o da **data do ajuizamento** da demanda trabalhista. Na segunda hipótese, considerar-se-á o **último salário**, ou seja, aquele vigente à época da rescisão contratual.

ATENÇÃO: O valor do salário a ser considerado para o cálculo das férias será sempre o da extinção do contrato ou do ajuizamento da ação, e não o da época própria do gozo das férias. O entendimento é benéfico ao empregado, já que o salário tende sempre a subir, logo o salário da época do ajuizamento ou da extinção do contrato de trabalho será superior ao da época de gozo das férias.

> ***SÚMULA N. 8***
> ***JUNTADA DE DOCUMENTO (mantida) —***
> ***Res. 121/2003, DJ 19, 20 e 21.11.2003***
>
> A juntada de documentos na fase recursal só se justifica quando provado o justo impedimento para sua oportuna apresentação ou se referir a fato posterior à sentença.

A **Súmula n. 8 do TST**, que se refere à **juntada de documentos na fase recursal**, foi **mantida** pela Resolução n. 121/2003 do TST, publicada no *DJ* nos dias 19, 20 e 21.11.2003. O texto faz menção a importantes institutos de direito processual, de aplicação tanto no âmbito civil quanto no trabalhista. Os princípios da **eventualidade** e da **preclusão** estão intimamente ligados à possibilidade excepcional de juntada de documentos na esfera recursal.

Sabe-se que toda relação processual é fruto da reunião lógica de atos, cujo intuito é alcançar a coisa julgada material e, por consequência, a paz social, ameaçada pelo conflito de direito material.

Para que a referida relação processual possa alcançar sua finalidade primordial, diversas normas devem ser respeitadas. Vários são os deveres, direitos e ônus de todos aqueles que participam do processo. De forma reflexa, o respeito a todos eles, tais como o **contraditório**, a **ampla defesa**, a **imparcialidade**, entre outros, visa garantir o denominado ***due process of law***, ou seja, o ***devido processo legal***.

Dois importantes princípios processuais intimamente relacionados com a marcha avante do processo são ***eventualidade*** e ***preclusão***. Os dois princípios encontram-se umbilicalmente relacionados, sendo a preclusão uma **consequência do desrespeito** à eventualidade.

Sendo o processo instrumento *lógico*, criou o legislador determinadas **fases processuais**, em que alguns atos são vistos de forma abundante, como *atos de postulação* e *instrução*. Na primeira fase do processo, que vai até a apresentação da defesa do réu, os atos de postulação são analisados de forma concentrada. É naquela fase que o autor traz os fundamentos da sua pretensão e formula seus pedidos. Também é naquele momento que o réu refuta as pretensões do autor, bombardeando seus fundamentos, contrapondo-os. Já na fase instrutória, verificam-se, em sua maioria, atos relacionados à produção das provas. Aplicando-se os preceitos atinentes aos princípios da eventualidade e da preclusão às fases processuais referidas, temos que a ausência de determinado pedido ou fundamento na petição inicial, salvo hipóteses excepcionais, não poderá ser sanada posteriormente, bem como o não requerimento de determinado meio de prova pela parte ensejará, em regra, a perda da mesma, com a consequente **impossibilidade de produção posterior**.

Verifica-se que, se o ônus processual não for desenvolvido em determinado evento, momento, aquele sofrerá ***preclusão***, **perda**.

O que foi até aqui explicado pode ser aplicado à apresentação da prova documental. Nos termos do **art. 320 do CPC/2015**, os documentos essenciais à propositura da ação devem ser juntados à mesma, ou seja, a prova documental existente quando do ajuizamento da ação deve **acompanhar a petição inicial**, sob pena de preclusão, ou seja, sob pena de não poder ser colacionada aos autos posteriormente. No tocante à defesa do réu, é a **contestação o momento adequado** para trazer aos autos todos os documentos de que disponha aquele, sob pena de preclusão. O art. 434 do CPC/2015 resume com precisão o assunto: *"compete à parte instruir a petição inicial (art. 320 do CPC/2015), ou a resposta (art. 335,* caput*, do CPC/2015), com os documentos destinados a provar-lhe as alegações"*.

Trata-se, por óbvio, de norma de caráter relativo, que pode sofrer temperamentos em algumas situações. Por certo, **situações excepcionais** podem ocorrer em que se faça necessária a **juntada posterior de documentos**, em especial, os novos, conhecidos pela parte após o momento processual adequado ou produzidos após aquele.

Por isso, a regra do art. 434 do CPC/2015 é excepcionada pelas normas contidas nos **arts. 435 e 1.014 do CPC/2015**, sendo que o primeiro dispõe sobre a juntada posterior de documentos novos aos autos e o segundo sobre a apresentação de **fatos novos na seara recursal**.

Verifica-se que o legislador andou bem ao permitir a juntada posterior de documentos, assim como a formulação de fatos novos, desde que **provada a impossibilidade** de fazê-los em momento anterior. Esse fato contribuiu sobremaneira para o ***princípio da busca pela verdade real***, corolário da moderna ciência processual.

O Tribunal Superior do Trabalho, ao editar a **Súmula n. 8**, mesclou os já citados arts. 435 e 1.014 do CPC/2015, permitindo que as partes façam juntar aos autos documentos na fase recursal, condicionando à demonstração de que era impossível a juntada anterior ***("justo impedimento para sua oportuna apresentação")*** ou que fazem menção a **fato posterior à sentença**. Na prática forense, usualmente se utiliza desse preceito para requerer a juntada de documentos que não se encontravam **em poder das partes** ou cuja **existência se desconhecia**. Com relação à segunda hipótese, pode-se fazer juntar aos autos laudos de exames realizados posteriormente à sentença, que corroboram os que já foram juntados, demonstrando a lesão ocasionada pelo acidente de trabalho.

Em síntese, o que a **Súmula n. 8 do TST** reconhece é a possibilidade, excepcional, de serem juntados aos autos documentos antes inexistentes ou de cuja existência não se sabia, desde que justificado o requerimento pela parte.

ATENÇÃO: Para que os documentos sejam juntados aos autos na fase recursal, é necessário demonstrar uma justa causa, ou seja, a impossibilidade de juntada anterior, já que o mero esquecimento não seria capaz de afastar a preclusão temporal presente na situação.

SÚMULA N. 9
AUSÊNCIA DO RECLAMANTE (mantida) —
Res. 121/2003, DJ 19, 20 e 21.11.2003

A ausência do reclamante, quando adiada a instrução após contestada a ação em audiência, não importa arquivamento do processo.

A **Súmula n. 9 do TST**, que prevê a **impossibilidade de arquivamento da ação** quando da ausência do reclamante à audiência em prosseguimento à apresentação de defesa pelo réu, foi **mantida** pela Resolução n. 121/2003 do TST, publicada no *DJ* dos dias 19, 20 e 21.11.2003.

Ressalta-se que, na hora designada para a audiência, conforme o art. 815 da CLT, será realizado o **pregão** do(s) reclamante(s) e reclamado(s), bem como de suas testemunhas, para adentrar ao recinto em que será realizado o ato processual. Há que se analisar, nessa súmula, a consequência da **ausência do reclamante**.

Se ausente o reclamante, a ação será **arquivada**, ou seja, será **extinta sem resolução do mérito**, nos termos do art. 485 do CPC/2015, por entender o Poder Judiciário ter o autor abandonado a demanda. Essa é a dicção do art. 844 da CLT. Tal é a consequência processual para o reclamante que simplesmente **não comparece à audiência**, sem dar qualquer explicação, sem fazer juntar aos autos qualquer documento, como atestado médico etc.

Em situações outras, **justificáveis**, em que o reclamante não possa comparecer pessoalmente, poderá **designar outro empregado**, preferencialmente da mesma categoria profissional ou mesmo por seu sindicato, conforme art. 843, § 2º, da CLT, de forma a evitar o arquivamento do feito e a **condenação ao pagamento de custas** processuais. Portanto, duas são as consequências do não comparecimento injustificado: **arquivamento do processo** e **condenação ao pagamento das custas** processuais, sendo que a segunda consequência somente ocorrerá se o reclamante não estiver sob o benefício da assistência judiciária gratuita, nos termos da Lei n. 5.584/70.

Na hipótese de o reclamante ser representado por outro empregado ou pelo sindicato, a ação trabalhista não será arquivada, sendo a audiência **suspensa** e **redesignada** para outra data, na qual o reclamante possa comparecer, aguardando-se o seu convalescimento, se o motivo for doença. É importante que se diga que o empregado representante ou o sindicato **não poderão realizar qualquer ato relacionado ao direito material ou ao processo**, como renunciar ao direito, desistir da ação, transacionar, uma vez que a função deles é simplesmente provar o impedimento do reclamante em comparecer à audiência.

Ocorre que a **Súmula n. 9 do TST** trata de situação ainda mais excepcional, em que a audiência trabalhista é **fracionada** em pelo menos duas e a ausência do reclamante se dá após a apresentação da defesa do reclamado.

Apesar de a audiência trabalhista ser teoricamente **una**, com fases conciliatória, instrutória e decisória, várias são as particularidades no caso concreto que impõem o seu fracionamento, como ausência de testemunhas devidamente intimadas, necessidade de prova pericial, deferimento de oitiva de testemunha referida, entre outros.

Sobrevindo a continuação da audiência, a ausência do reclamante **não mais importa arquivamento**, por não se tratar mais da **audiência inaugural**. Ademais, já foi recebida a defesa do réu, triangularizando a relação processual. A partir desse momento, surge para o Estado como interesse maior a resolução do conflito, e não, simplesmente, a extinção do processo sem resolução do mérito. Além disso, a ausência à **audiência "em prosseguimento"** poderá importar **confissão** quanto à matéria de fato, que é meio de prova, não subsistindo razão para simplesmente proceder ao arquivamento. Acerca da matéria, disserta CARLOS HENRIQUE BEZERRA LEITE: *"Caso o autor não compareça à 'audiência em prosseguimento', que, na prática, como já vimos, ocorre após a 'audiência de conciliação', não há falar em 'arquivamento' (extinção do processo), mas poderá haver confissão quanto à matéria de fato, se ele for expressamente intimado com essa cominação. É que, neste caso, a defesa do réu já foi apresentada, formando, assim, a litiscontestatio".*[3]

Acerca da confissão, será melhor vista quando da análise da **Súmula n. 74 do TST**.

Por fim, como segunda consequência processual do não comparecimento do reclamante à audiência inaugural, tem-se a **perempção**, prevista nos arts. 731 e 732 da CLT. Primeiro detalhe a ser observado é que, diferentemente do direito processual civil, em que a perempção é instituto **perpétuo**, que impede a propositura da mesma ação, quando presentes seus requisitos legais, no processo do trabalho a perempção é **provisória**, limitada ao prazo de **6 (seis) meses**, conforme o art. 731 da CLT.

Conforme dicção legal, a **perempção provisória** ocorre em duas hipóteses: 1. Quando o reclamante não comparece ao ato de redução a termo de sua reclamação verbal; 2. Quando não comparece à audiência inaugural por duas vezes, arquivando-se os feitos. Esta última hipótese é a que interessa no momento.

Ajuizada a reclamação trabalhista e **não comparecendo** o reclamante à **audiência inaugural**, o feito será **arquivado**. Como a extinção do processo se dá sem resolução do mérito, o conflito pode ser novamente levado à apreciação do Poder Judiciário. Ajuizando novamente **a mesma ação** e vindo a ausentar-se mais uma vez da audiência inaugural, a ação será novamente arquivada, **sofrendo o reclamando a pena** imposta no art. 731 da CLT (impossibilidade de ajuizamento daquela demanda pelo prazo de 6 meses), conforme o art. 732 da Consolidação, a seguir transcrito: *"Na mesma pena do artigo anterior incorrerá o reclamante que, por 2 (duas) vezes seguidas, der causa ao arquivamento de que trata o art. 844".*

ATENÇÃO: A ausência do reclamante à audiência inaugural importa no arquivamento do processo, conforme o art. 844 da CLT. Se a ausência ocorrer na audiência em prosseguimento, o arquivamento somente ocorrerá se não tiver sido apresentada defesa na primeira audiência.

[3] BEZERRA LEITE, Carlos Henrique. *Curso de direito processual do trabalho*. 9. ed. São Paulo: LTr, 2011. p. 511.

> ***SÚMULA N. 10***
> ***PROFESSOR. DISPENSA SEM JUSTA CAUSA. TÉRMINO DO ANO LETIVO OU NO CURSO DE FÉRIAS ESCOLARES. AVISO PRÉVIO***
> ***(redação alterada em sessão do Tribunal Pleno realizada em 14.09.2012) — Res. 185/2012, DEJT divulgado em 25, 26 e 27.09.2012***
>
> O direito aos salários do período de férias escolares assegurado aos professores (art. 322, *caput* e § 3º, da CLT) não exclui o direito ao aviso prévio, na hipótese de dispensa sem justa causa ao término do ano letivo ou no curso das férias escolares.

A **Súmula n. 10 do TST**, que assegura aos professores o pagamento de **salários no período de férias e o aviso prévio**, foi **alterada** pela Resolução n. 185/2012 do TST, publicada no *DJ* nos dias 25, 26 e 27.09.2012.

A súmula objeto de análise foi inserida em 1969, tendo sido recepcionada pelo legislador em 1995, com a alteração do art. 322 da CLT, que assim dispõe: *"no período de exames e no de férias escolares, é assegurado aos professores o pagamento, na mesma periodicidade contratual, da remuneração por eles percebida, na conformidade dos horários, durante o período de aulas. (...) § 3º: Na hipótese de dispensa sem justa causa ao término do ano letivo ou no curso das férias escolares, é assegurado ao professor o pagamento a que se refere o* caput *deste artigo".*

Verifica-se que o texto legal repete a jurisprudência sumulada do Tribunal Superior do Trabalho, reconhecendo o direito dos professores à percepção, **no período de férias escolares**, do **mesmo salário**, referente a igual número de horas/aula trabalhadas durante o ano letivo. Além disso, como forma de coibir a dispensa obstativa ao recebimento dos referidos valores, dispõe que, mesmo sendo **demitido sem justa causa** ao término do período de aulas, o professor faz jus à percepção dos salários correspondentes ao período de férias.

Há que se distinguir as férias do professor, na qualidade de empregado como outro qualquer, e as **férias escolares**, para que sejam evitados questionamentos infundados.

Em primeiro lugar, assim como todo empregado que completa o **período aquisitivo** de 12 (doze) meses de trabalho perante o mesmo empregador, o professor possui direito ao período de férias de **30 (trinta) dias**, a ser concedido no **período concessivo**, que é aquele dentro dos 12 (doze) meses subsequentes ao término do período aquisitivo.

Ocorre que, em função das particularidades do trabalho do professor, não poderá a instituição, por exemplo, conceder-lhe férias no mês de março ou abril, sob pena de interrupção do período escolar, que deve ser sempre contínuo, e prejudicar o desempenho e aprendizado dos alunos.

Por isso que, em regra, as férias dos professores são programadas pelas instituições de ensino para serem concedidas juntamente com as férias escolares, de julho ou do final do ano, que correspondem à parte de dezembro, janeiro e início de fevereiro. Nessa situação, não poderá o empregador exigir do empregado (professor) a realização de qualquer atividade, pois o trabalho no período de férias é vedado, nos termos do art. 138 da CLT.

Contudo, se o período de férias for gozado, por exemplo, no mesmo período de julho, nas férias escolares do final do ano, poderão ser exigidos trabalhos do docente, tais como aplicação e correção de provas, planejamento do ano letivo seguinte etc., pois o profissional encontra-se em licença remunerada, e não em gozo de férias.

Por fim, a alteração promovida pelo TST em setembro de 2012 se mostra importante, pois deixa claro que, além do pagamento das férias, o professor dispensado sem justa causa, nas hipóteses previstas na súmula, também terá direito ao aviso prévio proporcional ao tempo de serviço, conforme Lei n. 12.506/2011, de até 90 dias, a depender do tempo de trabalho para a instituição de ensino.

ATENÇÃO: O aviso prévio será devido na hipótese, pois não se confunde com o direito às férias ou o pagamento daquelas. Deve ser concedido proporcionalmente ao tempo de trabalho, sendo de no mínimo 30 e no máximo 90 dias, conforme a Lei n. 11.506/2011.

SÚMULA N. 12
CARTEIRA PROFISSIONAL (mantida) —
Res. 121/2003, DJ 19, 20 e 21.11.2003

As anotações apostas pelo empregador na carteira profissional do empregado não geram presunção *juris et de jure*, mas apenas *juris tantum*.

A **Súmula n. 12 do TST**, sobre as anotações realizadas na Carteira de Trabalho, foi **mantida** pela Resolução n. 121/2003, publicada no *DJ* nos dias 19, 20 e 21.11.2003.

A Carteira de Trabalho e Previdência Social (CTPS) é um direito de **todo trabalhador**. No entanto, exigi-la é um **dever** do empregador, que, em regra, não poderá admitir sem realizar as devidas anotações, conforme o art. 13 da CLT.

Assim, quando da admissão, deverá o empregado disponibilizar sua CTPS, entregando-a ao empregador, mediante recibo, que comprovará tanto a entrega quanto a devolução no prazo legal, para que sejam anotadas, no prazo de **48 horas**, *a data da admissão, a remuneração e as condições especiais,* se houver, tais como a contratação por prazo determinado (em que o contrato de experiência é uma das hipóteses legais).

Além disso, deverá ser anotada a função exercida pelo empregado, nos termos do **Precedente Normativo n. 105** da SDC (Seção de Dissídios Coletivos do TST), que afirma: *"As empresas ficam obrigadas a anotar na carteira de trabalho a função efetivamente exercida pelo empregado, observada a Classificação Brasileira de Ocupações (CBO)"*.

Não havendo a devolução da CTPS pelo empregador, com as referidas anotações, no prazo de 48 (quarenta e oito) horas, caberá a **aplicação das penalidades** previstas nos §§ 3º e 5º do art. 29 da CLT.

Há que se ressaltar ainda que é **ilícito**, ensejando inclusive o ajuizamento de reclamação trabalhista, visando a condenação ao pagamento de **danos materiais e morais**, de competência da Justiça do Trabalho, *"efetuar anotações desabonadoras à conduta do empregado em sua Carteira de Trabalho e Previdência Social"*, tendo em vista tratar-se de documento de identificação do empregado, que servirá para demonstrar toda a sua vida profissional pregressa, servindo, inclusive, para comprovação de **tempo de serviço** para fins de aposentadoria.

Dispõe a súmula em comento que *"as anotações apostas pelo empregador na carteira profissional do empregado não geram presunção 'juris et de jure', mas apenas 'juris tantum'"*, ou seja, fazem prova apenas **relativa** (*juris tantum*), podendo ser desconsideradas através de outros meios de prova.

Uma das hipóteses mais frequentes de anotação, que não reflete a verdade, relaciona-se ao valor do salário. Muitas empresas consignam na CTPS um valor de salário menor ao realmente pago, efetuando-se o denominado pagamento de "*salário por fora*". Tal prática **ilegal** é realizada para evitar o pagamento de INSS, IRPF e FGTS sobre a integralidade do salário.

Assim, mesmo estando anotado na CTPS o salário de R$ 1.000.00 (mil reais), poderá o empregado demonstrar o recebimento de valores "*por fora*", seja por meio de documentos, recibos, extratos bancários, *e-mails* e **quaisquer outros meios** de prova.

Caso a presunção das informações da CTPS fosse absoluta (*juris et de jure*), o salário consignado, que é apenas um exemplo, seria considerado para todos os efeitos legais, inexistindo possibilidade de demonstrar o recebimento de qualquer outro valor.

Outra hipótese bastante corrente no foro trabalhista consiste na anotação errônea e proposital da data de admissão do obreiro, o que gera a necessidade de **reconhecimento do vínculo empregatício** no período não anotado.

Sendo a admissão anotada em 01.05.2009, poderá o obreiro demonstrar que a relação empregatícia iniciou-se em **período anterior**, em 01.03.2009, por exemplo, requerendo o **reconhecimento do vínculo** desde essa data, com todas as implicações legais, como o pagamento de 13º proporcional, férias proporcionais, acrescidas de 1/3, FGTS, INSS, entre outras cominações de cunho administrativo.

Assim, em termos bem simples, **nem tudo o que está escrito na CTPS é verdade**. O contrário poderá ser demonstrado em juízo por meio de qualquer prova **idônea**. Tem-se aqui grande preocupação com o *princípio da primazia da realidade*, que afirma serem mais importantes os fatos concretos ocorridos no liame empregatício do que os documentos referentes aos mesmos, pois estes podem conter máculas.

> **ATENÇÃO:** A presunção relativa de veracidade das anotações realizadas na CTPS do empregado demonstra que elas podem ser rediscutidas na Justiça do Trabalho, já que podem ser fraudulentas, como um salário anotado a menor, a admissão anotada após a real data de início das atividades, entre outros.

SÚMULA N. 13
MORA (mantida) —
Res. 121/2003, DJ 19, 20 e 21.11.2003

O só pagamento dos salários atrasados em audiência não ilide a mora capaz de determinar a rescisão do contrato de trabalho.

A **Súmula n. 13 do TST**, atinente à mora no processo do trabalho, foi **mantida** pela Resolução n. 121/2003, publicada no *DJ* nos dias 19, 20 e 21.11.2003.

Em primeiro lugar, há que se trazer o conceito legal de mora. Nos termos do Decreto-lei n. 368/68, **mora contumaz** é o atraso ou sonegação dos salários devidos ao empregado, pelo período **igual ou superior a três meses**, sem motivo justificável. Exclui-se o risco inerente ao empreendimento.

Assim, a mora capaz de levar à **rescisão indireta** do contrato de trabalho é somente aquela superior ao aludido prazo (três meses).

Por sua vez, rescisão indireta é aquela em que há **falta do empregador**; é a justa causa do empregador. Nos termos do art. 483 da CLT, *"O empregado poderá considerar rescindido o contrato e pleitear a devida indenização quando: (...) d) não cumprir o empregador as obrigações do contrato; (...)"*. Assim, a **ausência de pagamento** de salários ou quaisquer parcelas salariais (horas extras, adicionais, prêmios etc.) importa rescisão indireta do contrato, pois a principal obrigação do empregador é efetuar o pagamento de salários, ao passo que o principal dever do obreiro é prestar os serviços conforme solicitado. Porém, nos termos da lei, somente importa rescisão indireta a mora superior a três meses.

O entendimento sumulado demonstra que não basta ao empregador **efetuar o pagamento do valor devido em audiência** para purgar a mora, ou seja, para ilidi-la, pois os efeitos danosos oriundos do não pagamento de salários ou verbas salariais já foram sentidos. Em outras palavras, a justa causa já foi perpetrada pelo empregador.

Com relação ao pagamento de verbas atrasadas em audiência, disserta o art. 467 da CLT que *"em caso de rescisão de contrato de trabalho, havendo controvérsia sobre o montante das verbas rescisórias, o empregador é obrigado a pagar ao trabalhador, à data do comparecimento à justiça do trabalho, a parte incontroversa dessas verbas, sob pena de pagá-las acrescidas de 50% (cinquenta por cento). O disposto no* caput *não se aplica à União, aos Estados, ao Distrito Federal, aos Municípios e às suas autarquias e fundações públicas"*.

Assim, se houver reconhecimento, expresso ou tácito, de alguma parcela devida, por tornar-se tal valor **incontroverso**, deverá o empregador efetuar o pagamento em audiência, sob pena de **multa de 50%**.

Contudo, tal multa não é devida na hipótese de ser ajuizada ação de rescisão indireta, pois o artigo fala *"em caso de rescisão"* e, nessa hipótese, o **vínculo ainda não foi desfeito**. O pagamento, portanto, é simples.

Esse é o entendimento de FRANCISCO ANTÔNIO DE OLIVEIRA,[4] para quem *"(...) em não havendo rescisão do contrato, mesmo com atraso, o empregador efetuará o pagamento de forma simples"*.

4 OLIVEIRA, Francisco Antônio de. *Comentários às súmulas do TST*. 9. ed. São Paulo: RT, 2009. p. 67.

Na situação em apreço, por ter sido ajuizada ação trabalhista, visando a rescisão indireta, não há que se falar em impossibilidade de rescisão indireta pelo pagamento posterior dos salários, em especial porque a audiência pode se dar muitos meses após o momento correto do pagamento. Por isso, restará ao empregado, **mesmo com o pagamento tardio**, direito à decretação da rescisão indireta.

Entendimento contrário levaria ao absurdo de reconhecer-se a mora do empregador, mas a **impossibilidade de rescisão** do pacto por culpa do mesmo, pelo simples fato de ter realizado o pagamento, mesmo *a posteriori*.

> **ATENÇÃO:** A mora no pagamento dos salários determina a rescisão indireta do contrato de trabalho, pelo não cumprimento das obrigações do contrato, conforme o art. 483, *d*, da CLT. Mesmo que o pagamento da quantia devida seja realizada na audiência, o descumprimento já ocorreu e já motivou a rescisão indireta, que deve ser reconhecida pelo Juiz do Trabalho.

> ***SÚMULA N. 14***
> ***CULPA RECÍPROCA (nova redação) —***
> ***Res. 121/2003, DJ 19, 20 e 21.11.2003***
>
> Reconhecida a culpa recíproca na rescisão do contrato de trabalho (art. 484 da CLT), o empregado tem direito a 50% (cinquenta por cento) do valor do aviso prévio, do décimo terceiro salário e das férias proporcionais.

A **Súmula n. 14 do TST**, que se refere à rescisão contratual por **culpa recíproca**, obteve **nova redação** por meio da Resolução n. 121/2003 do TST, publicada no *DJ* nos dias 19, 20 e 21.11.2003, de forma a adequar-se ao art. 484 da CLT, que assim dispõe: *"Havendo culpa recíproca no ato que determinou a rescisão do contrato de trabalho, o tribunal de trabalho reduzirá a indenização à que seria devida em caso de culpa exclusiva do empregador, por metade"*.

A redação antiga da Súmula em estudo previa: *"Reconhecida a culpa recíproca na rescisão do contrato de trabalho (art. 484 da CLT), o empregado não fará jus ao aviso prévio, às férias proporcionais e à gratificação natalina do ano respectivo"*, **equiparando**, portanto, a rescisão por **culpa recíproca** à rescisão por **justa causa**, já que o obreiro perdia o direito ao aviso prévio, às férias proporcionais e ao 13º proporcional.

Percebe-se que a redação anterior trazia situação totalmente **desigual**, pois não há que se equiparar situações **totalmente diferentes**. Na rescisão por justa causa, a culpa é **exclusiva** do empregado. Já na culpa recíproca, tanto empregador quanto empregado possuem sua parcela de culpa na terminação do vínculo. A redação atual da Súmula n. 14 do TST mostra-se bem mais consentânea com o **princípio da isonomia**.

Apesar de rara, a rescisão por culpa recíproca, que deve ser **reconhecida** pela Justiça do Trabalho, pode ocorrer como na hipótese em que o empregado abandonou o emprego após ter seu armário e mochila arrombados e vasculhados pelo empregador, ante desconfiança de furto. Da mesma forma que o empregador errou ao ordenar o arrombamento do armário do empregado para vasculhá-lo em conjunto com a mochila, o empregado não poderia ter simplesmente abandonado o trabalho. Com relação ao conceito de culpa recíproca, RENATO SARAIVA, com simplicidade, ensina: *"A culpa recíproca ocorre quando tanto o obreiro quanto o empregador cometem falta grave, tipificados, respectivamente, nos arts. 482 e 483 consolidados, justificando a resolução contratual"*.[5]

Ao se reconhecer, nessa situação, a rescisão por culpa recíproca, passou o empregado a ter direito à **metade das verbas devidas** na rescisão sem justa causa. São elas: aviso prévio indenizado, férias proporcionais e 13º salário proporcional. Além disso, prevê a Lei n. 8.039/90, regulamentadora do FGTS, que haverá por parte do empregador, nos casos de culpa recíproca, o pagamento de indenização de **20% sobre o saldo da conta vinculada**, ou seja, metade dos 40% a que se tem direito quando da rescisão imotivada. Além disso, dispõe o art. 20 da mesma lei que o empregado poderá movimentar a conta vinculada nas seguintes situações: *"despedida sem justa causa, inclusive a indireta, de culpa recíproca e de força maior"*.

> **ATENÇÃO:** Você não pode esquecer que as verbas rescisórias são divididas na rescisão por culpa recíproca, pagando-se 50% das férias proporcionais, 13º proporcional, aviso prévio e multa do FGTS, que de 40% cai para 20%, esta última em decorrência da Lei n. 8.036/90.

> ***SÚMULA N. 15***
> ***ATESTADO MÉDICO (mantida) —***
> ***Res. 121/2003, DJ 19, 20 e 21.11.2003***
>
> A justificação da ausência do empregado motivada por doença, para a percepção do salário-enfermidade e da remuneração do repouso semanal, deve observar a ordem preferencial dos atestados médicos estabelecida em lei.

A **Súmula n. 15 do TST**, relacionada à apresentação de atestados médicos para fins de percepção de salário-enfermidade e remuneração de repouso semanal, foi **mantida** pela Resolução n. 121/2003, publicada no *DJ* nos dias 19, 20 e 21.11.2003.

O intuito do TST, ao editar a súmula em comento, foi facilitar ao empregado a **demonstração da incapacidade** para o trabalho.

Estabelece a Lei n. 8.213/91, em seu art. 60, §§ 3º e 4º, que: *"Durante os 15 (quinze) dias consecutivos ao do afastamento da atividade por motivo de doença, incumbirá à empresa pagar ao segurado empregado o seu salário integral"*; *"A empresa que dispuser de serviço médico, próprio ou em convênio, terá a seu cargo o exame médico e o abono das faltas correspondentes ao período referido no § 3º,*

[5] SARAIVA, Renato. *Direito do trabalho:* concursos públicos. 6. ed. São Paulo: Método, 2007. p. 252.

somente devendo encaminhar o segurado à perícia médica da Previdência Social quando a incapacidade ultrapassar 15 (quinze) dias".

Assim, os **15 (quinze) primeiros dias** de afastamento por doença ou acidente de trabalho constituem período de **interrupção** do contrato de trabalho, pois não há exercício de atividade, mas são garantidos todos os direitos no período, inclusive o **salário integral**. Nessa hipótese, o exame a ser realizado no empregado ficará a cargo, em primeiro lugar, do próprio empregador, se possuir serviço médico. Em segundo lugar, de médico conveniado ao empregador, se houver. Em caso negativo, caberá ao médico do serviço público certificar a doença ou impossibilidade de trabalho no período.

O empregado somente será encaminhado para a perícia do INSS caso o período de afastamento seja **superior a 15 (quinze) dias**, pois, nessa hipótese, diante da **suspensão** do contrato de trabalho, o salário fica a cargo da Previdência Social (INSS), em forma de benefício.

Destaca-se o **Precedente Normativo n. 81 do TST**, cuja redação é a seguinte: *"Assegura-se eficácia aos atestados médicos e odontológicos fornecidos por profissionais do Sindicato dos Trabalhadores, para o fim de abono de faltas ao serviço, desde que existente convênio do sindicato com a Previdência Social, salvo se o empregador possuir serviço próprio ou conveniado".*

Por fim, é válido o **atestado do INSS** mesmo que a empresa possua serviço médico próprio ou conveniado, pois não há que se **negar validade** a documento oficial.

ATENÇÃO: Somente haverá o pagamento de auxílio-doença pelo INSS após o 16º dia de afastamento, já que os 15 primeiros dias ficam a cargo da empresa, que arcará integralmente com o salário do obreiro. Logo, os 15 primeiros dias caracterizam a interrupção do contrato de trabalho (sem trabalho e com salário), e a partir do 16º dia há a caracterização da suspensão contratual (sem trabalho e sem salário).

SÚMULA N. 16
NOTIFICAÇÃO (nova redação) —
Res. 121/2003, DJ 19, 20 e 21.11.2003

Presume-se recebida a notificação 48 (quarenta e oito) horas depois de sua postagem. O seu não recebimento ou a entrega após o decurso desse prazo constitui ônus de prova do destinatário.

A **Súmula n. 16 do TST**, referente à **notificação** no processo do trabalho, encontra-se com **nova redação** desde a Resolução n. 121/2003, publicada no *DJ* nos dias 19, 20 e 21.11.2003, alterando-se o termo inicial da contagem do prazo de 48 (quarenta e oito) horas para o recebimento da notificação.

Nos termos da súmula em evidência, há a **presunção de recebimento** das notificações postais no processo de trabalho **após 48 (quarenta e oito) horas** da postagem, cumprindo ao destinatário provar que o recebimento ocorreu em **momento posterior** ou mesmo o **não recebimento**.

A presunção em análise é importante para manter a **celeridade** do processo do trabalho, procedimento em que a maioria das comunicações é realizada por **via postal**.

A redação anterior da súmula previa a presunção de recebimento após 48 (quarenta e oito) horas da *regular expedição* pela Justiça do Trabalho da notificação. Ocorre que, apesar de *expedida* dentro do prazo legal, a *postagem* poderia demorar alguns dias, o que inviabilizava o conhecimento do ato pela parte e, por consequência, qualquer presunção de recebimento. Imagine que a notificação para o reclamado comparecer à audiência e produzir prova tenha sido *expedida* em 01.04.2009, para a audiência do dia 09.04.2009, sendo *postada* apenas em 04.04.2009. De acordo com o texto antigo da súmula, presumir-se-ia recebida a notificação dia 03.04.2009 (48 horas), havendo prazo hábil para a formulação da defesa do reclamado (5 dias, conforme o art. 841 da CLT). Porém, aplicando-se a nova redação da Súmula n. 16 do TST, percebe-se que a presunção é de recebimento apenas em 06.04.2009, desrespeitando-se o prazo do art. 841 da CLT quanto ao **intervalo mínimo** entre o recebimento e a audiência. A nova redação, portanto, mostra-se bem mais apropriada à prática trabalhista, evitando-se danos ao reclamado e nulidades ao procedimento.

Destaca-se que o **ônus** de comprovar o recebimento, tardio ou não, é do **destinatário**. Assim, se o recebimento ocorrer após as 48 (quarenta e oito) horas, como na véspera da audiência, deverá o reclamado comparecer mesmo assim à audiência para demonstrar tal vício ao magistrado, que **designará nova data**, sendo as partes intimadas no **mesmo ato processual**.

Porém, nos termos do art. 239 do CPC/2015, apesar de haver vício, se o reclamado comparecer e realizar acordo ou apresentar contestação, mesmo que incompleta, malfeita, com erros, aquele assume os ônus decorrentes do ato, pois seu **comparecimento supriu a nulidade da notificação**.

Por fim, destaca-se que a Súmula n. 16 do TST somente aplica-se às **notificações postais**. Aquelas realizadas por oficiais de justiça ou por edital seguem normas específicas, iniciando-se a contagem dos prazos, em geral, pela **ciência do ato**.

> **ATENÇÃO:** A presunção de recebimento da notificação é relativa, podendo o reclamado demonstrar que não houve o recebimento ou que ocorreu após as 48 horas. Sendo reconhecido tal vício, nova data para a audiência deve ser designada.

> ***SÚMULA N. 18***
> ***COMPENSAÇÃO (mantida) —***
> ***Res. 121/2003, DJ 19, 20 e 21.11.2003***
> A compensação, na Justiça do Trabalho, está restrita a dívidas de natureza trabalhista.

A **Súmula n. 18 do TST**, atinente à compensação no âmbito laboral, foi **mantida** pela Resolução n. 121/2003 do TST, publicada no *DJ* nos dias 19, 20 e 21.11.2003.

A compensação é uma das hipóteses de **extinção das obrigações**, descrevendo o art. 368 do Código Civil que *"Se duas pessoas forem ao mesmo tempo credor e devedor uma da outra, as duas obrigações extinguem-se, até onde se compensarem"*.

Assim, se "A" deve R$ 10.000,00 a "B" pelo inadimplemento de um contrato e "B" deve a "A" R$ 10.000,00, a título de indenização por danos materiais, mesmo que **distintos os fatos geradores**, as obrigações serão **compensadas e extintas**, não existindo mais dívida nem para "A", nem para "B".

No processo do trabalho é possível a compensação e extinção de créditos, porém, com algumas particularidades. Em primeiro lugar, destaca a **Súmula n. 48 do TST** que a *compensação somente pode ser arguida com a contestação,* sob pena de **preclusão**. No mesmo sentido, o art. 767 da CLT.

Em segundo lugar, somente **dívidas trabalhistas** podem ser compensadas. Tal fato decorre do *princípio da proteção,* que impede que os salários e parcelas salariais sejam compensados para pagamento de **dívidas diversas**, oriundas, por exemplo, de danos aos equipamentos do empregador. Sendo o salário o bem mais importante do empregado, deve ser resguardado de atos nocivos, em especial, realizados pelo empregador.

Exemplo de dívida trabalhista que pode ser compensada é o valor do **aviso prévio** que pode ser descontado das **verbas rescisórias**, quando o empregado pede demissão e não cumpre o prazo legal. Nesta hipótese, o empregador poderá **descontar** um mês de salário do valor devido a título de verbas rescisórias. Aliás, o § 5º do art. 477 da CLT destaca que *"Qualquer compensação no pagamento de que trata o parágrafo anterior não poderá exceder o equivalente a 1 (um) mês de remuneração do empregado"*.

Significa dizer que, se o empregado causar culposamente dano ao empregador no valor de R$ 500,00 (quinhentos reais) e não houver **autorização** para efetuar-se o desconto nos salários, nos termos do art. 462 da CLT, tal valor não poderá ser compensado com as verbas rescisórias devidas.

Exemplos de compensação na Justiça do Trabalho relacionam-se aos **adiantamentos** ofertados pelo empregador ou quando reclamante e reclamado foram, ao mesmo tempo, empregado e empregador um do outro, desde que requerido na contestação.

> **ATENÇÃO:** A compensação é matéria de defesa, que deve ser alegada pelo reclamado na contestação, sob pena de preclusão. Além disso, somente as verbas trabalhistas podem ser compensadas. Logo, compensa-se dívida trabalhista com outra dívida trabalhista. Caso seja a dívida civil, não caberá a compensação na Justiça do Trabalho.

> ***SÚMULA N. 19***
> ***QUADRO DE CARREIRA (mantida) —***
> ***Res. 121/2003, DJ 19, 20 e 21.11.2003***
>
> A Justiça do Trabalho é competente para apreciar reclamação de empregado que tenha por objeto direito fundado em quadro de carreira.

A **Súmula n. 19 do TST**, que faz referência à **competência da Justiça do Trabalho** para as lides fundadas em quadro de carreira, foi **mantida** pela Resolução n. 121/2003 do TST, publicada no *DJ* nos dias 19, 20 e 21.11.2003.

Segundo comentários à **Súmula n. 6 do TST**, não há possibilidade de equiparação salarial quando houver, na empresa, **quadro de carreira**, devidamente **homologado** pelo Ministério do Trabalho.

Consignou-se naquela oportunidade que o empregado pode insurgir-se contra o empregador caso preterido em seu direito de **ascensão no quadro de carreira**, tendo em vista que as promoções devem ser realizadas por merecimento ou antiguidade, de acordo com **requisitos objetivos**.

Caso o quadro de carreira preveja a ascensão em virtude de curso de pós-graduação realizado pelo empregado, poderá este ingressar com reclamação trabalhista se o empregador não reconhecer seu direito.

Nesta hipótese, conforme **Enunciado n. 19 do TST**, bem como o art. 114 da CRFB/88, profundamente alterado pela Emenda Constitucional n. 45/2004, a competência para apreciação da demanda é da Justiça do Trabalho, tendo em vista que o pedido relaciona-se com a **relação de emprego**, enquadrando-se no inc. I do art. 114 do Texto Maior, que, por fazer menção à *relação de trabalho,* abarca todas as situações em que se observa uma *relação de emprego,* pois aquela expressão é mais ampla do que esta.

Da mesma forma, é da **competência** da **Justiça Laboral** a demanda que visa dar cumprimento à norma coletiva que prevê a **implantação** de quadro de carreira.

ATENÇÃO: Caso haja na empresa um quadro de carreira, este preverá as ascensões por antiguidade e merecimento. Diante de não progressão ou caso seja erroneamente feita, caberá à Justiça do Trabalho processar e julgar a ação que tenha por finalidade o enquadramento correto e o pagamento das diferenças salariais dali resultantes.

SÚMULA N. 23
RECURSO (mantida) —
Res. 121/2003, DJ 19, 20 e 21.11.2003

Não se conhece de recurso de revista ou de embargos, se a decisão recorrida resolver determinado item do pedido por diversos fundamentos e a jurisprudência transcrita não abranger a todos.

A **Súmula n. 23 do TST**, que analisa a admissibilidade dos recursos de revista e de embargos, foi **mantida** pela Resolução n. 121/2003 do TST, publicada no *DJ* nos dias 19, 20 e 21.11.2003.

Em primeiro lugar, afirma-se que o recurso de revista é um dos mais utilizados no processo do trabalho, servindo para levar ao TST a irresignação do recorrente nas hipóteses do **art. 896 da CLT**. Verifica-se que as suas hipóteses de cabimento são bastante restritas, o que leva a doutrina a considerá-lo como um recurso de ***fundamentação vinculada***, totalmente diferente do recurso ordinário, cabível de toda e qualquer sentença, **definitiva ou terminativa**, independentemente do erro que contenha, sendo, portanto, um recurso de ***fundamentação livre***.

Além dos pressupostos genéricos, aplicáveis a todos os recursos, tais como tempestividade, preparo, cabimento etc., o recurso de revista também possui requisitos de admissibilidade próprios, assim como os recursos especial e extraordinário, dirigidos respectivamente ao STJ e STF, sendo este último de utilização no processo do trabalho.

O art. 896 da CLT destaca que: *"Cabe Recurso de Revista para Turma do Tribunal Superior do Trabalho das decisões proferidas em grau de recurso ordinário, em dissídio individual, pelos Tribunais Regionais do Trabalho quando: a) derem ao mesmo dispositivo de lei federal interpretação diversa da que lhe houver dado outro Tribunal Regional, no seu Pleno ou Turma, ou a Seção de Dissídios Individuais do Tribunal Superior do Trabalho, ou a Súmula de Jurisprudência Uniforme dessa Corte; b) derem ao mesmo dispositivo de lei estadual, Convenção Coletiva de Trabalho, Acordo Coletivo, sentença normativa ou regulamento empresarial de observância obrigatória em área territorial que exceda a jurisdição do Tribunal Regional prolator da decisão recorrida, interpretação divergente, na forma da alínea* a*; c) proferidas com violação literal de disposição de lei federal ou afronta direta e literal à Constituição Federal. (...)"*.

Verifica-se que as duas primeiras hipóteses de cabimento do recurso de revista tratam de **divergência** na interpretação de determinado preceito de lei, estatal ou convencional, heterônomo ou autônomo. Aqui reside a ideia contida na súmula em análise. Como deve se dar a demonstração da divergência jurisprudencial? A resposta encontra-se, em primeiro lugar, no art. 1.029, § 1º, do CPC/2015 e, posteriormente, nas Súmulas ns. 23 e 337 do TST.

A **divergência** existente entre a decisão recorrida e outra, originária de TRT diverso, deve ser **atual**. Não pode já ter sido **ultrapassada** por jurisprudência do TST, pois não se admite a discussão sobre matéria já **pacificada**. Uma das funções do recurso de revista é **uniformizar** a jurisprudência sobre temas trabalhistas. A divergência entre decisões do **mesmo Tribunal** não enseja o cabimento do recurso em estudo.

Ademais, a divergência deve ser demonstrada **claramente** ao julgador, sob pena de **inadmissão**. Assim, deve-se juntar aos autos o **acórdão-paradigma**, ou seja, aquele que analisou situação idêntica, porém, concluindo de forma diferente, além de transcrever na petição do recurso o conflito de interpretação que enseja a interposição do recurso, nos precisos termos da **Súmula n. 337 do TST**. Tal demonstração mostra-se necessária, pois o julgador fará o **cotejo analítico** entre a decisão-recorrida e a decisão-paradigma, concluindo pela identidade ou não das situações versadas em ambas. A regra aplica-se tanto para a alínea *a* do art. 896 da CLT quanto para a alínea *b*.

Porém, imagine que o TRT tenha negado provimento ao recurso ordinário por **diversos fundamentos**, como prescrição dos direitos vindicados, ausência de prova do fato constitutivo do direito, inexistência do direito material etc.

Nesta hipótese, de decisão que nega o pedido por diversos fundamentos, o recurso de revista somente será admissível nas alíneas *a* e *b*, se a decisão-paradigma igualmente fizer menção a todos os fundamentos, ou seja, a divergência deve se ater a **todas as razões** de que o julgador se valeu para negar a pretensão do recorrente. De nada adianta interpor o recurso pelas alíneas referidas, fazendo menção à existência de divergência, se a decisão pode ser **mantida** por um ou mais fundamentos, sobre os quais inexiste qualquer análise diferente realizada por outro TRT. Sobre a matéria, leciona CARLOS HENRIQUE BEZERRA LEITE: *"É importante advertir que o TST não conhece do recurso de revista se a decisão recorrida resolver determinado item do pedido por diversos fundamentos e a jurisprudência transcrita não abranger a todos (Súmula 23). Portanto, a divergência jurisprudencial deve ser específica em relação a cada fundamento adotado pela decisão impugnada, sob pena de não ser conhecida a revista".*[6]

Tudo o que se falou até agora sobre a necessidade de que a decisão-paradigma faça menção a **todos os fundamentos** em que se baseia o *decisum* recorrido, também é aplicado ao **recurso de embargos**, tendo em vista ser este também um recurso **excepcional**, de utilização restrita, em que a **fundamentação** ainda é **vinculada** e que não pode ser utilizado para o revolvimento de **fatos e provas** (na mesma ideia lançada pela Súmula n. 7 do STJ, com relação ao recurso especial). Nesse sentido, é a **Súmula n. 102 do TST**, que afirma, em seu inc. I: *"A configuração, ou não, do exercício da função de confiança a que se refere o art. 224, § 2º, da CLT, dependente da prova das reais atribuições do empregado, é insuscetível de exame mediante recurso de revista ou de embargos"*, assim como a **Súmula n. 126 do TST**, cuja redação segue transcrita: *"Incabível o recurso de revista ou de embargos (arts. 896 e 894, 'b', da CLT) para reexame de fatos e provas".*

ATENÇÃO: O recurso de revista é um recurso classificado como extraordinário, podendo ser interposto apenas para verificação do acerto ou desacerto da norma jurídica, conforme a Súmula n. 126 do TST. Se o pedido tiver sido decidido por diversos fundamentos, deverá a parte demonstrar que a jurisprudência transcrita trata de todos aqueles fundamentos.

SÚMULA N. 24
SERVIÇO EXTRAORDINÁRIO (mantida) —
Res. 121/2003, DJ 19, 20 e 21.11.2003

Insere-se no cálculo da indenização por antiguidade o salário relativo a serviço extraordinário, desde que habitualmente prestado.

A **Súmula n. 24 do TST**, referente ao cálculo da indenização por antiguidade, quando prestada jornada extraordinária habitual, foi **mantida** pela Resolução n. 121/2003, publicada no *DJ* nos dias 19, 20 e 21.11.2003.

[6] BEZERRA LEITE, Carlos Henrique. *Curso de direito processual do trabalho.* 7. ed. São Paulo: LTr, 2009. p. 705.

A matéria é de simples entendimento, estando totalmente vinculada à **Súmula n. 291 do TST**, a ser analisada quando do momento adequado.

A CRFB/88, em seu art. 7º, XIII, assegura aos trabalhadores urbanos e rurais a *"duração do trabalho normal não superior a oito horas diárias e quarenta e quatro semanais, facultada a compensação de horário e a redução da jornada, mediante acordo ou convenção coletiva de trabalho"*.

A jornada de trabalho supratranscrita é considerada ***padrão*** no sistema laboral brasileiro, havendo **jornadas especiais** na própria CLT, bem como em leis extravagantes.

Caso inexista **acordo de compensação de jornada**, que pode ser a semanal, em que o empregado trabalhou algumas horas a mais durante a semana para não trabalhar aos sábados, ou a anual, também denominada ***banco de horas***, o trabalho em jornada extraordinária ensejará o recebimento pelo empregado de **adicional**, que segundo a CRFB/88, art. 7º, XVI, será de, *no mínimo,* cinquenta por cento superior à hora normal. Assim, se a hora normal de determinado empregado é R$ 30,00, sua hora extra será de, no mínimo, R$ 45,00. Destaca-se a expressão ***no mínimo***, pois outras normas jurídicas, como **acordo e convenções coletivas** ou normas internas da empresa, podem prever adicional por serviço extraordinário superior ao assegurado pela Carta Constitucional.

Atenta-se aqui, já adentrando na matéria versada pela súmula em destaque, que o valor recebido a título de horas extraordinárias, se realizadas com **habitualidade**, integrará o salário para todos os efeitos legais. Isso significa que todas as parcelas salariais que levam em consideração o salário como base de cálculo deverão observá-lo incluindo o valor correspondente às horas extras prestadas. Assim, se o salário-base do empregado é R$ 1.000,00, mas ele percebe com habitualidade a quantia de R$ 500,00 por trabalho em jornada extraordinária, o pagamento de 13º, férias, FGTS, aviso prévio, entre outros haveres trabalhistas, será realizado tendo por base de cálculo o valor de R$ 1.500,00, que corresponde ao salário-base **acrescido das horas extras**.

Assim, desde que inexista previsão legal em **sentido contrário**, todas as parcelas salariais e indenizações serão pagas observando-se o valor auferido com o trabalho extraordinário, desde que **habitual**.

Há que se ressaltar ainda a importância da **Súmula n. 291 do TST**, que acarretou o cancelamento da Súmula n. 76. Esta última previa a incorporação do valor das horas extraordinárias ao salário do empregado desde que prestadas por mais de 2 (dois) anos. Assim, apesar de suprimidas, ou seja, mesmo que o empregador não mais exigisse trabalho extraordinário, faria jus o empregado ao recebimento da quantia.

O entendimento foi alterado, para melhor, visto sob a ótica da **medicina e segurança do trabalho**, ao não mais permitir a **incorporação** da quantia ao salário, substituindo-a por uma **indenização**, a ser paga de acordo com o tempo em que permaneceu o obreiro prestando serviços extraordinários. Tal norma será melhor estudada no momento apropriado.

Em suma, enquanto forem prestadas com **habitualidade**, o valor recebido pelas horas extraordinárias **integra** o salário para todos os fins legais, devendo as indenizações e demais direitos trabalhistas (13º, férias, FGTS etc.) serem **calculadas incluindo tal montante**.

Porém, uma vez **suprimida** a realização do labor extra, receberá o empregado uma indenização, a ser calculada nos moldes da Súmula n. 291 do TST.

ATENÇÃO: O valor recebido pelo empregado pelas horas extraordinárias realizadas possui natureza salarial, devendo ser considerado para o pagamento de outras parcelas salariais.

SÚMULA N. 25
CUSTAS PROCESSUAIS. INVERSÃO DO ÔNUS DA SUCUMBÊNCIA — Res. 197/2015, DEJT divulgado em 14, 15 e 18.05.2015

I — A parte vencedora na primeira instância, se vencida na segunda, está obrigada, independentemente de intimação, a pagar as custas fixadas na sentença originária, das quais ficara isenta a parte então vencida.

II — No caso de inversão do ônus da sucumbência em segundo grau, sem acréscimo ou atualização do valor das custas e se estas já foram devidamente recolhidas, descabe um novo pagamento pela parte vencida, ao recorrer. Deverá ao final, se sucumbente, reembolsar a quantia. (ex-OJ n. 186 da SBDI-I)

III — Não caracteriza deserção a hipótese em que, acrescido o valor da condenação, não houve fixação ou cálculo do valor devido a título de custas e tampouco intimação da parte para o preparo do recurso, devendo ser as custas pagas ao final. (ex-OJ n. 104 da SBDI-I)

IV — O reembolso das custas à parte vencedora faz-se necessário mesmo na hipótese em que a parte vencida for pessoa isenta do seu pagamento, nos termos do art. 790-A, parágrafo único, da CLT.

A **Súmula n. 25 do TST**, relacionada ao pagamento das custas pelo **vencido em segundo grau**, foi **alterada** por meio da Resolução n. 197/2015 do TST, publicada no *DEJT* nos dias 14, 15 e 18.05.2015.

A súmula sob comento explicita o disposto no art. 789, § 1º, da CLT, que trata do tema *pagamento de custas processuais.* O aludido parágrafo dispõe que *"as custas serão pagas pelo vencido após o trânsito em julgado da decisão. No caso de recurso, as custas serão pagas e comprovado o recolhimento dentro do prazo recursal"*.

Assim, se o reclamado é condenado em primeiro grau e interpõe recurso ordinário, deverá **comprovar o recolhimento das custas no prazo recursal**, sob pena de **inadmissão** do apelo. Havendo o provimento do recurso, com a consequente reforma do julgado, poderá a parte agora sucumbente interpor recurso de revista, mas não haverá necessidade de novo pagamento de custas caso não haja elevação ou atualização do valor, já que a quantia foi depositada anteriormente.

Digamos, em um exemplo para aclarar, que a sentença condenou o reclamado ao pagamento de R$ 10.000,00 (dez mil reais) e R$ 200,00 (duzentos reais) de custas. No recurso ordinário, a empresa reclamada depositou a segunda quantia, sendo que houve no julgamento do recurso a inversão do ônus da sucumbência, saindo vencido o reclamante. Não precisa este depositar qualquer quantia, já que os R$ 200,00 (duzentos reais) originariamente fixados para as custas já foram anteriormente depositados. O que ocorrerá, conforme o inc. II, é o dever do reclamante, agora sucumbente, reembolsar a quantia à outra parte, ao final.

Salienta-se que, de acordo com o inc. I, **não haverá intimação** para pagamento das custas. Diante do trânsito em julgado, sabe a parte perdedora da demanda de sua obrigação, salvo se a condenação for aumentada, hipótese em que deverá constar da decisão o novo valor, bem como a determinação para que a quantia majorada seja depositada. Caso não haja tal cálculo e intimação, o recurso não será considerado deserto.

Já o inc. IV diz que o reembolso de despesas da outra parte, a que alude o inc. II, deverá ser realizado mesmo quando a parte for beneficiária da Justiça Gratuita, pois tal benefício isenta o pagamento de custas ao Poder Judiciário, e não para a parte contrária.

O provimento do recurso faz com que o reclamado-recorrente possa **levantar os valores** depositados a título de **depósito recursal e custas**, pois aquele primeiro é utilizado para garantir eventual execução, que não mais existirá, enquanto o segundo passa a ser de responsabilidade do vencido.

ATENÇÃO: As custas processuais são pagas ao final, pelo vencido, sendo calculadas com base em 2% do valor da condenação, do valor da causa, acordo etc. Caso o vencido seja beneficiário da Justiça Gratuita, não será realizado o pagamento. O valor das custas será explicitamente informado na sentença, sendo pago no prazo recursal caso o vencido queira recorrer. Trata-se de parcela componente do preparo recursal, um dos pressupostos de admissibilidade mais importantes para o processo do trabalho.

SÚMULA N. 27
COMISSIONISTA (mantida) —
Res. 121/2003, DJ 19, 20 e 21.11.2003

É devida a remuneração do repouso semanal e dos dias feriados ao empregado comissionista, ainda que pracista.

A **Súmula n. 27 do TST**, relacionada à remuneração do repouso semanal e dos feriados ao empregado **comissionista**, mesmo o **pracista**, foi **mantida** por meio da Resolução n. 121/2003 do TST, publicada no *DJ* nos dias 19, 20 e 21.11.2003.

A presente súmula vai de encontro ao que dispõe a **Súmula n. 201 do STF**, cujo conteúdo é o seguinte: *"o vendedor pracista, remunerado mediante comissão, não tem direito ao repouso semanal remunerado"*.

O entendimento do STF é totalmente equivocado, pois interpreta, erroneamente, a Lei n. 605/49, que dispõe acerca do **repouso semanal remunerado** e **feriados**, bem como o seu pagamento.

A referida lei, em seu art. 1º, expõe que *"todo empregado tem direito ao repouso semanal remunerado, de 24 (vinte e quatro) horas consecutivas, preferencialmente aos domingos e, nos limites das exigências técnicas das empresas, nos feriados civis e religiosos, de acordo com a tradição local"*.

Ao afirmar que *todo empregado* possui direito ao repouso semanal remunerado e aos feriados, o legislador incluiu aqueles que percebem por comissão e, ainda, os **pracistas**, ou seja, aqueles que laboram **fora da sede da empresa**, sem controle efetivo de jornada.

Tal aspecto — **inexistência de controle de jornada** — não retira dos pracistas o direito à percepção do repouso semanal remunerado, tendo em vista que podem ter sua jornada de trabalho controlada, por exemplo, na entrada e saída do trabalho. Além disso, a prova de que a jornada não foi integralmente cumprida é do empregador, não se podendo presumir a falta ou atraso. Aliás, presume-se exatamente o contrário, ou seja, que o **empregado cumpriu fielmente** sua jornada diária e semanal e, por isso, faz jus à percepção do benefício.

Tem-se ainda que o art. 5º da Lei n. 605/49 arrola as hipóteses em que a lei **não se aplica**, não constando qualquer referência aos empregados comissionistas e pracistas, o que significa dizer que **não podem ser excluídos** do sistema.

Em síntese, o entendimento consubstanciado na **Súmula n. 201 do STF** não se coaduna com o espírito da lei, bem como com os **princípios do Direito do Trabalho**, razão pela qual não deve ser aplicada. Merece aplicação o entendimento exposto na presente súmula do TST.

> **ATENÇÃO:** Independentemente da forma de estipulação do salário ou da periodicidade de seu pagamento, fará jus o empregado ao recebimento do repouso semanal remunerado e dos feriados. Mesmo aqueles que recebem por comissão possuem esse direito, que será calculado com base na média de valores recebidos a título de comissão.

SÚMULA N. 28
INDENIZAÇÃO (nova redação) — Res. 121/2003, DJ 19, 20 e 21.11.2003

No caso de se converter a reintegração em indenização dobrada, o direito aos salários é assegurado até a data da primeira decisão que determinou essa conversão.

A **Súmula n. 28 do TST**, que faz referência à indenização devida em caso de **reintegração**, obteve **nova redação** por meio da Resolução n. 121/2003, publicada no *DJ* nos dias 19, 20 e 21.11.2003.

A reintegração é direito de todo empregado que é **dispensado sem justa causa** no período de estabilidade, seja definitivo (decenal, tratada nos comentários à Súmula n. 26), seja provisória, como a da gestante, do acidentado, do membro da

CIPA, do dirigente sindical etc. Sendo a gestante, por exemplo, demitida sem justa causa no período de estabilidade provisória, que vai até 5 (cinco) meses após o parto, terá direito de ser imediatamente **reintegrada ao emprego**, por meio de decisão judicial. Esse é, inclusive, o principal exemplo de **liminar** no processo do trabalho.

Mediante o ajuizamento de reclamação trabalhista com pedido liminar, o juiz do trabalho, por analogia ao art. 659 da CLT, determina o **imediato retorno** do obreiro às suas funções.

Ocorre que, em determinadas situações, o retorno às atividades não se mostra viável, ante o clima de animosidade criado entre empregado e patrão, o que fez com que o legislador previsse o pagamento de uma **indenização em dobro** para o reclamante, constante no art. 496 da CLT. Tal dispositivo prevê: *"Quando a reintegração do empregado estável for desaconselhável, dado o grau de incompatibilidade resultante do dissídio, especialmente quando for o empregador pessoa física, o tribunal poderá converter aquela obrigação em indenização devida nos termos do artigo seguinte"*. Por sua vez, o art. 497 afirma que *"(...) ao empregado estável despedido é garantida a indenização por rescisão do contrato por prazo determinado paga em dobro"*.

Enquanto não houver a reintegração do obreiro, lhe são devidos os salários **desde a demissão**. Assim, se João foi demitido em abril, tendo sido reintegrado em junho e sendo o período de estabilidade até setembro, receberá os salários do período compreendido entre abril e junho. Se o pedido de reintegração for realizado após setembro, ou seja, findo o período de estabilidade, somente serão devidos os salários, sendo **inviável a reintegração**, conforme entendimento da **Súmula n. 396 do TST**.

Pode ocorrer, contudo, que o magistrado, ao analisar o pedido de reintegração formulado na reclamação trabalhista, ou após a audiência de conciliação, perceba ser totalmente inviável o retorno do trabalhador à empresa. Nessa hipótese, poderá **converter a estabilidade em indenização** paga em dobro, conforme prescrição dos arts. 496 e 497 da CLT. Aqui reside a dúvida solucionada pela súmula ora estudada. Os salários são devidos até *a* ***primeira decisão*** *que determinou a conversão,* e não do trânsito em julgado da mesma, já que se trata de sentença, contra a qual cabe recurso ordinário e, posteriormente, recurso de revista. Não há que pagar salários ao trabalhador até o **trânsito em julgado da decisão**, pois, se assim fosse, estaríamos criando uma situação totalmente injusta para a empresa, que arcaria com todos os salários até o trânsito em julgado, mesmo já sabendo da conversão em pecúnia, e ainda, posteriormente, arcaria com a indenização em dobro.

ATENÇÃO: Os salários são devidos até a decisão que determinou a conversão da estabilidade em indenização. O Magistrado poderá verificar, mesmo sem pedido, que é melhor converter a reintegrar o empregado e mantê-lo trabalhando em clima de animosidade.

SÚMULA N. 29
TRANSFERÊNCIA (mantida) —
Res. 121/2003, DJ 19, 20 e 21.11.2003

Empregado transferido, por ato unilateral do empregador, para local mais distante de sua residência, tem direito a suplemento salarial correspondente ao acréscimo da despesa de transporte.

A **Súmula n. 29 do TST**, relacionada à transferência do empregado e à complementação salarial, para fazer frente às despesas com transporte, foi **mantida** por meio da Resolução n. 121/2003 do TST, publicada no *DJ* nos dias 19, 20 e 21.11.2003.

O legislador sempre demonstrou bastante preocupação com o tema *transferência de empregados*, tendo inclusive inserto na CLT, especificamente no art. 469, a **impossibilidade de transferência** sem **anuência** do empregado, não se considerando como tal aquela que não importar **alteração do domicílio**.

Assim, salvo determinadas hipóteses, em que a possibilidade de transferência é **inata ao próprio cargo** ocupado pelo obreiro, a transferência somente será lícita se o empregado anuir. Porém, não haverá necessidade de anuência, **por não se considerar transferência** aquela em que não há necessidade de mudança de domicílio.

Ocorre que, mesmo nessa última hipótese, em que não há alteração de domicílio, poderá o obreiro sofrer com o **aumento das despesas de transporte**, que reflexamente levará à **diminuição de seu salário** e, por consequência, de seu nível de vida.

De forma a evitar esse gasto superior com transporte, ocasionado por transferência que, em regra, atende aos interesses do empregador, o Tribunal Superior do Trabalho sumulou entendimento acerca da **responsabilidade da empresa pelo pagamento** de tais **acréscimos**. Por isso, a súmula se refere ao *suplemento salarial*, que deverá ser utilizado exclusivamente para o pagamento das despesas de transporte, que **aumentaram** em virtude da transferência.

Deverá, portanto, demonstrar o empregado o aumento e requerer ao empregador a complementação salarial. Sem tal prova, cujo **ônus é do empregado**, não estará o empregador obrigado ao pagamento.

ATENÇÃO: O empregador poderá transferir unilateralmente, nas hipóteses dos §§ 1º e 3º do art. 469 da CLT, quando, por exemplo, tratar-se de empregado exercente de cargo de confiança, quando tiver o contrato cláusula sobre o assunto ou quando for a transferência provisória.

SÚMULA N. 30
INTIMAÇÃO DA SENTENÇA (mantida) —
Res. 121/2003, DJ 19, 20 e 21.11.2003

Quando não juntada a ata ao processo em 48 horas, contadas da audiência de julgamento (art. 851, § 2º, da CLT), o prazo para recurso será contado da data em que a parte receber a intimação da sentença.

A **Súmula n. 30 do TST**, que se refere ao prazo recursal, foi **mantida** pela Resolução n. 121/2003 do TST, publicada no *DJ* nos dias 19, 20 e 21.11.2003.

A redação da súmula em comento complementa o texto contido no art. 851, § 2º, da CLT, que aduz: *"A ata será, pelo presidente ou juiz, juntada ao processo, devidamente assinada, no prazo improrrogável de 48 (quarenta e oito) horas, contado da audiência de julgamento, e assinada pelos vogais presentes à mesma audiência"*. Em primeiro lugar, o dispositivo fez menção a *presidente* ou *juiz*, pois à época vigoravam as **juntas de conciliação e julgamento**, formadas pelo juiz togado e pelos juízes classistas ou leigos. A partir da **Emenda Constitucional n. 24/99**, a Vara do Trabalho possui tão somente juiz de carreira (togado). Os vogais, a que também faz referência a lei, são os **juízes classistas** que participaram da audiência e que tinham que assinar a ata.

O processo do trabalho, ante a celeridade que lhe é peculiar, e que sempre foi preocupação do legislador, possui diversas peculiaridades, entre elas, a realização de importantes atos processuais de **forma oral**, tais como a defesa e a sentença. Este último ato, por ser o que nos interessa no momento, pode ser realizado de forma oral ou escrita. Sendo **oral**, será proferida ao **final da audiência**, reduzindo-se a termo. Tendo se tornado público, as partes serão devidamente **intimadas da sentença na própria audiência**, passando o prazo recursal a fluir no **primeiro dia útil seguinte**. Essa norma é encontrada de forma explícita no art. 1.003, § 1º, do CPC/2015.

Caso prefira proferir a sentença por escrito, o que majoritariamente ocorre na prática forense, tendo em vista a complexidade das causas e a grandeza de detalhes hoje presente nas demandas, deverá o magistrado **publicá-la**, ou seja, torná-la pública por meio da **juntada aos autos**, no prazo de **48 (quarenta e oito) horas**. Segundo a lei, tal prazo é **improrrogável**. Claro que, em se tratando de prazo dirigido ao juiz, mostra-se o mesmo como *impróprio*, que não acarreta **preclusão**.

Se a sentença for juntada aos autos no prazo legal (48 horas), as partes **não precisarão** ser intimadas de tal ato, pois já sabiam desde a audiência que nas próximas 48 (quarenta e oito) horas a sentença poderia ser colacionada aos autos. É claro que o legislador não poderia exigir das partes atenção eterna, dia a dia, para verificar quando a sentença seria juntada. Daí a importância da **Súmula n. 30 do TST**.

Em não sendo juntada aos autos no prazo referido, não se terá o **início do prazo recursal**, pois o juiz deverá determinar a **intimação postal das partes**, encaminhando cópia da sentença. O início do prazo recursal se dará no primeiro dia útil, atentando-se para os termos da **Súmula n. 16 do TST**.

Por último, **o revel será intimado** da sentença. Ademais, se a parte, intimada para comparecer à audiência em que será **publicada a sentença**, não comparecer, desde esse ato será contado o **início do prazo recursal**, pois aquela tinha conhecimento de que o ato seria realizado naquele momento. Esse é o entendimento da **Súmula n. 197 do TST**.

> **ATENÇÃO:** A regra é a intimação das partes em audiência, proferida oralmente pelo Magistrado. Sendo escrita, as partes serão intimadas posteriormente, iniciando-se a contagem do prazo recursal naquele momento.

SÚMULA N. 32
ABANDONO DE EMPREGO (nova redação) —
Res. 121/2003, DJ 19, 20 e 21.11.2003

Presume-se o abandono de emprego se o trabalhador não retornar ao serviço no prazo de 30 (trinta) dias após a cessação do benefício previdenciário nem justificar o motivo de não o fazer.

A **Súmula n. 32 do TST**, que analisa o instituto do *abandono de emprego*, recebeu **nova redação** pela Resolução n. 121/2003 do TST, publicada no *DJ* nos dias 19, 20 e 21.11.2003.

A alteração cinge-se à primeira palavra do enunciado. Substituiu-se ***configura-se*** por ***presume-se***, para adequar a redação ao princípio da *continuidade da relação de emprego*. Melhor do que determinar a rescisão do contrato em virtude do não retorno do empregado é **presumir** que aquele abandonou o emprego, pois a presunção de **continuidade do vínculo de emprego** vigora em nosso ordenamento jurídico.

Não se pode **afirmar** que o fato de o empregado encontrar-se **ausente** do emprego pelo prazo de **30 (trinta) dias** seja em virtude de **abandono de emprego**, pois justificativas plausíveis podem ser apresentadas, demonstrando, em verdade, a **impossibilidade** de comparecimento, e não o **desejo** de não trabalhar. É o caso, por exemplo, de prisão, doença grave etc. Essas hipóteses ensejam **suspensão do contrato**, e não a sua **rescisão**. Lembre-se de que na suspensão, empregado e empregador estão liberados de suas obrigações, ou seja, não há trabalho, nem salário.

Além do critério **objetivo**, que é o prazo de 30 (trinta) dias fixado pelo TST, há que se analisar o critério **subjetivo**, consistente no **desejo** do empregado de **não mais continuar no emprego**. Mesmo sendo por vezes de difícil constatação, deve ser levado em consideração. Como dissemos, o princípio da continuidade da relação de emprego impede a simples terminação do trabalho no 31º dia de afastamento do obreiro.

É claro, porém, que é uma presunção muito importante. Apesar de **relativa**, mostra-se como um **indício** de que o empregado não quer mais continuar a desenvolver o labor perante aquele empregador. Assim, expirado o prazo, a presunção relativa pode transmudar-se para **absoluta** quando o empregado, tácita ou expressamente, demonstre o **intento de não retornar**. Pode-se entender como demonstração tácita o não atendimento à *comunicação pessoal* (e não em jornais de grande circulação).

É possível que o abandono de emprego **configure-se antes dos 30 (trinta) dias**, caso, por exemplo, o empregado encontre-se **trabalhando** para outro empregador. Aqui, não há mais presunção, e sim configuração da **justa causa por abandono**. Tratando-se de justa causa, não fará jus o empregado ao recebimento de 13º proporcional, férias proporcionais, aviso prévio, 40% do FGTS, seguro-desemprego e movimentação do FGTS. Receberá tão somente as **férias vencidas** e o **saldo de salários**.

Por último, não enseja o abandono o fato de o empregado sair **mais cedo do serviço**, *"abandonando o posto de trabalho"*, mesmo que **reiteradamente**. Essa situação, em verdade, pode enquadrar-se como ***desídia, indisciplina*** ou ***insubordinação***, a depender do caso concreto.

ATENÇÃO: Para a configuração do abandono de emprego é necessária a comprovação de dois requisitos: 1. Objetivo: 30 faltas consecutivas; 2. Subjetivo: desejo de não mais retornar ao emprego. Havendo 30 faltas intercaladas, não será considerado abandono, mas o empregador poderá considerar caracterizada a desídia, que também é hipótese de justa causa prevista no art. 482 da CLT.

SÚMULA N. 33
MANDADO DE SEGURANÇA. DECISÃO JUDICIAL TRANSITADA EM JULGADO (mantida) — Res. 121/2003, DJ 19, 20 e 21.11.2003

Não cabe mandado de segurança de decisão judicial transitada em julgado.

A **Súmula n. 33 do TST**, atinente ao mandado de segurança, foi **mantida** pela Resolução n. 121/2003 do TST, publicada no *DJ* nos dias 19, 20 e 21.11.2003.

A **impossibilidade** de manejar mandado de segurança contra **decisão judicial transitada em julgado** decorre da existência da *ação rescisória,* prevista no art. 966 do CPC/2015. Tal situação também foi lembrada pelo **Supremo Tribunal Federal** ao editar a **Súmula n. 268**, cuja redação é praticamente idêntica à que se analisa.

No sistema processual pátrio, uma decisão judicial transitada em julgado, ou seja, que já **alcançou a coisa julgada material**, somente pode ser desconstituída por meio de ação própria, que não outra a não ser a *rescisória.* O mandado de segurança, previsto no art. 5º, LXIX, da CRFB/88, usualmente é manejado contra **decisões judiciais**, tal como um *sucedâneo recursal*, que pode ser conceituado como o instituto que parece um recurso, faz as vezes daquele; porém, com ele não se confunde. O mandado de segurança, apesar de impugnar decisões judiciais, demonstrando a ocorrência de erros, não pode **nunca ser considerado recurso**. Trata-se de *ação.*

O *mandamus* será utilizado como *sucedâneo recursal* quando **inexistir previsão legal de recurso** para atacar determinada decisão judicial, como ocorre com as **interlocutórias** no processo do trabalho. Em regra, vige o princípio da *irrecorribilidade em separado das interlocutórias,* que vai ao encontro da celeridade processual. Porém, existem exceções, constantes da Súmula n. 214 do TST, a ser analisada de forma detalhada no momento oportuno. A **Súmula n. 267 do Supremo Tribunal Federal** afirma que *"não cabe mandado de segurança contra ato judicial passível de recurso ou correição".*

Assim, deferida **antecipação de tutela**, determinando a imediata reintegração do obreiro, despedido quando do **período estabilitário**, poderá a parte impetrar um mandado de segurança contra o ato judicial, o que significa dizer que a autoridade coatora, nessa hipótese, é o juiz do trabalho e, portanto, a competência para apreciação do mesmo é do TRT a que o juiz encontra-se vinculado administrativamente.

Verifica-se que o mandado de segurança somente pode ser utilizado em virtude da **inexistência de recurso** previsto em lei. Caso contrário, o remédio constitucional seria inadequado, sendo a petição inicial **liminarmente indeferida**, por ausência da condição da ação *interesse processual*, em sua modalidade *adequação*. A utilização do *meio processual inadequado* (ação inadequada) faz com que o processo seja extinto sem resolução do mérito, nos termos do art. 485, VI, do CPC/2015. Por consequência, somente haverá a formação de **coisa julgada formal**, e não **material**.

Se a decisão judicial transitou em julgado, ou seja, no art. 502 do CPC/2015 tornou-se imutável, restará à parte demonstrar eventual vício, desde que constante no rol do art. 966 do CPC/2015, por meio da ação rescisória. Um dos requisitos para a admissão da ação rescisória, além do respeito ao **prazo decadencial de 2 (dois) anos** após o trânsito e a afirmação de um dos vícios do art. 966 do CPC/2015, é o trânsito em julgado, a ser demonstrado nos autos mediante certidão.

O tema *ação rescisória* é objeto de diversas súmulas do TST, em especial as mais recentes, razão pela qual não será analisado nesse momento.

> **ATENÇÃO:** O mandado de segurança pode ser utilizado como sucedâneo recursal, ou seja, como se fosse um recurso, para impugnar decisões judiciais que não podem ser objeto de recurso de imediato, como ocorre com as decisões interlocutórias. Contudo, se já houve o trânsito em julgado da decisão, não caberá mais o *mandamus*, mas sim a ação rescisória.

SÚMULA N. 36
CUSTAS (mantida) —
Res. 121/2003, DJ 19, 20 e 21.11.2003

Nas ações plúrimas, as custas incidem sobre o respectivo valor global.

A **Súmula n. 36 do TST**, referente ao tema *custas processuais*, foi **mantida** pela Resolução n. 121/2003, publicada no *DJ* nos dias 19, 20 e 21.11.2003.

Em primeiro lugar, destaca-se que, em nome do amplo acesso à justiça, **não há pagamento de custas** para o ajuizamento de demandas trabalhistas. Sem dúvida, tal cobrança inviabilizaria sobremaneira o ajuizamento de reclamações pelos mais pobres, que são a maioria na Justiça do Trabalho.

Assim, preferiu o legislador impor o **pagamento na sentença**. O juiz, ao proferir a sentença, condenará o vencido ao pagamento das **custas processuais** e, se presentes os pressupostos legais (Lei n. 5.584/70 e Súmulas ns. 219 e 329 do TST), os **honorários advocatícios**.

Em regra, as custas são calculadas em 2% sobre o **valor da condenação**, em sendo julgada procedente ou parcialmente procedente a demanda; sobre o **valor da causa**, quando extinta sem resolução do mérito ou improcedente; sobre o **valor do acordo** celebrado, entre outras hipóteses constantes do art. 789 da CLT. Adverte-se que existe um **valor mínimo** a título de custas, que é de R$ 10,64 (dez reais e sessenta e quatro centavos).

No caso de reclamação trabalhista, em que se requer a condenação ao pagamento de R$ 10.000,00, as custas serão de R$ 200,00, caso haja condenação integral, a serem suportadas pelo **reclamado**, ou do mesmo valor, em caso de total improcedência, a serem pagas pelo **reclamante**, salvo se **beneficiário da assistência judiciária** gratuita. Se procedente em parte (condenação em R$ 5.000,00), as custas, calculadas em R$ 100,00, serão pagas integralmente pelo reclamado. Na ocorrência de **sucumbência recíproca**, o reclamado, mesmo que condenado em quantia ínfima, responderá pelas custas, na proporção da condenação.

O texto da súmula em comento traz uma norma de fácil entendimento. Caso haja no polo ativo da demanda diversos litisconsortes, ou seja, tratando-se de **ação plúrima**, deve-se ter como valor da causa o somatório dos valores requeridos individualmente. Caso haja 10 empregados pleiteando cada um a quantia de R$ 10.000,00, o valor-referência para as custas processuais é de R$ 100.000,00.

Caso a condenação não seja líquida, por constar, por exemplo, horas extras de todos os empregados, a serem apuradas posteriormente, dispõe o art. 789, § 2º, da CLT que *"o juízo arbitrar-lhe-á o valor e fixará o montante das custas processuais"*. Trata-se de hipótese bastante comum no processo do trabalho, pois o juiz não contém elementos para fixar, desde logo, o **valor exato da condenação**. Tal situação não é vista no rito sumaríssimo, pois, naquele procedimento, a **condenação** deve ser **líquida**.

Assim, o valor das custas nas ações plúrimas deve levar em consideração a **quantia total** pleiteada pelos litisconsortes, de forma a espelhar o benefício econômico almejado por todos com o processo.

> **ATENÇÃO:** As custas não são calculadas com base no valor individual, de cada reclamante, mas em relação ao valor global dos pedidos ou da condenação.

> ***SÚMULA N. 39***
> ***PERICULOSIDADE (mantida) —***
> ***Res. 121/2003, DJ 19, 20 e 21.11.2003***
>
> Os empregados que operam em bomba de gasolina têm direito ao adicional de periculosidade (Lei n. 2.573, de 15.08.1955).

A **Súmula n. 39 do TST**, referente ao adicional de periculosidade, foi **mantida** pela Resolução n. 121/2003, publicada no *DJ* nos dias 19, 20 e 21.11.2003.

Trata-se de norma de extrema importância, pois reconhece o direito à percepção de **adicional de periculosidade** para uma categoria de empregados que lida constantemente com **explosivos**. Os **frentistas**, por estarem em contato intermitente com material explosivo (álcool, gasolina, diesel, óleos lubrificantes etc.), em regra estocados debaixo de seus pés, encontram-se em situação de **perigo constante**. Nada mais justo do que reconhecer tal direito, assim como se faz com os eletricitários (Súmula n. 361 do TST) e todos aqueles que manejam eletricidade, explosivos ou qualquer outro elemento que possa causar a morte ou debilidade em um **único evento**. Essa é a característica que distingue os agentes **insalubres** dos **periculosos**. Enquanto o agente insalubre destrói a saúde do empregado aos poucos, ao longo dos anos de trabalho, como o ruído, o calor, frio intenso, poeira etc., o agente periculoso pode ceifar a vida em segundos, como uma descarga elétrica, uma explosão, um vazamento de produto radioativo.

Esses fatos podem ocorrer com os combustíveis que passam pelas bombas operadas pelos frentistas ou que estão estocados nos postos de gasolina. Há que se salientar que não só os frentistas possuem direito ao adicional referido, e sim todos aqueles que, pela **proximidade com o perigo**, possam sofrer eventual dano. Aqui se incluem o fiscal de pista, o gerente do posto, os empregados da loja de conveniência etc.

É claro que a exposição ao agente periculoso não pode se dar de forma **eventual** ou **fortuita**. Deve ser constante ou pelo menos intermitente. Esse é o entendimento da **Súmula n. 364 do TST**, que em seu inc. I destaca: *"Faz jus ao adicional de periculosidade o empregado exposto permanentemente ou que, de forma intermitente, sujeita-se a condições de risco. Indevido, apenas, quando o contato dá-se de forma eventual, assim considerado o fortuito, ou o que, sendo habitual, dá-se por tempo extremamente reduzido"*.

Destaca-se, por fim, que a existência de periculosidade, assim como de insalubridade, será atestada por **médico** ou **engenheiro**, em perícia técnica, não podendo ser **presumida**. Isso significa que, mesmo sendo revel a empresa, o juiz deverá determinar a realização de **perícia** para aferir a existência ou não do agente. Em relação à realização de perícia por médico ou engenheiro, destaca-se a OJ n. 165 da SBDI-1 do TST: *"O art. 195 da CLT não faz qualquer distinção entre o médico e o engenheiro para efeito de caracterização e classificação da insalubridade e periculosidade, bastando para a elaboração do laudo seja o profissional devidamente qualificado"*.

> **ATENÇÃO:** O fato de o frentista manter contato com combustível gera o direito ao recebimento do adicional de periculosidade, conforme o art. 193 da CLT, diante do risco de vida.

> ***SÚMULA N. 43***
> ***TRANSFERÊNCIA (mantida) —***
> ***Res. 121/2003, DJ 19, 20 e 21.11.2003***
>
> Presume-se abusiva a transferência de que trata o § 1º do art. 469 da CLT, sem comprovação da necessidade do serviço.

A **Súmula n. 43 do TST**, que faz referência à transferência do empregado, foi **mantida** pela Resolução n. 121/2003 do TST, publicada no *DJ* nos dias 19, 20 e 21.11.2003.

O tema *transferência* encontra-se previsto no art. 469 da CLT, que se refere, saliente-se, unicamente à transferência realizada dentro do **território nacional**, pois a transferência **internacional** encontra respaldo legal na Lei n. 7.064/82.

Além disso, há que se distinguir *transferência* de *remoção*. Na primeira hipótese, tem-se **mudança de domicílio**, enquanto na segunda o trabalhador **mantém seu domicílio**, alterando-se apenas o **local de trabalho**, como ocorre quando o obreiro passa a trabalhar em outra unidade da empresa, mas no mesmo município ou em município contíguo.

Segundo consta no *caput* do art. 469 da CLT, não se considera transferência a que não acarretar a mudança de domicílio do empregado.

Seguindo, distinguem-se a transferência *definitiva* e a *provisória*. A primeira somente pode ocorrer por **ato bilateral**, ou seja, com a concordância do empregado. Aplica-se a qualquer empregado. É a disciplina do *caput* do artigo mencionado. Na segunda hipótese, o **ato é unilateral**, ou seja, prescinde da anuência do empregado e decorre da necessidade do serviço no local para onde ele será transferido. Enquanto durar a transferência provisória, haverá o pagamento de **adicional** de 25% dos salários, conforme § 3º do art. 469 da CLT.

Adentrando no assunto versado na Súmula n. 43, o § 1º desse artigo, tantas vezes citado, faz menção à **transferência definitiva**, mas que, por particularidades do cargo, não necessita da anuência do empregado. Dispõe o parágrafo em referência que: *"Não estão compreendidos na proibição deste artigo os empregados que exercem cargos de confiança e aqueles cujos contratos tenham como condição, implícita ou explícita, a transferência, quando este decorra de real necessidade de serviço"*.

Esses empregados (cargos de confiança e aqueles cujos contratos prevejam a possibilidade de transferência) podem ser transferidos **definitivamente, sem anuência** dos mesmos, desde que haja **necessidade real** de seus serviços, ou seja, desde que no local para onde serão transferidos **não existam** outros profissionais capazes de realizar o *mister*. Caso não se comprove a necessidade, nos termos da súmula em comento, presumir-se-á a **abusividade** da transferência, que poderá ser obstada judicialmente, por meio de reclamação trabalhista com pedido liminar. Tal pedido, de cunho **inibitório**, se deferido, poderá impor multa ao empregador, evitando a realização do ato ilegal.

> TRANSFERÊNCIA. LEGALIDADE. AUSÊNCIA DE PROVA DA REAL NECESSIDADE DO SERVIÇO. SÚMULA 43/TST. **A legitimidade da transferência decorre da prova da real necessidade do serviço, nos termos em que previsto no artigo 469, § 1º, da CLT. A decisão do Regional que considera desnecessária a comprovação da real necessidade do serviço, em razão de haver previsão contratual para possível transferência do empregado, contraria a Súmula 43/TST**. Recurso de Revista conhecido e provido. (RR — 2/2004-302-01-00.2, Relator Ministro: José Simpliciano Fontes de F. Fernandes, Data de Julgamento: 10.10.2007, 2ª Turma, Data de Publicação: 09.11.2007)

> **ATENÇÃO:** Mesmo sendo possível a transferência do empregado exercente de cargo de confiança, sem necessidade de anuência, aquela deve ocorrer apenas quando houver necessidade do serviço, já que a transferência não pode ser utilizada como "punição" ao empregado.

> ***SÚMULA N. 44***
> ***AVISO PRÉVIO (mantida) —***
> ***Res. 121/2003, DJ 19, 20 e 21.11.2003***
> A cessação da atividade da empresa, com o pagamento da indenização, simples ou em dobro, não exclui, por si só, o direito do empregado ao aviso prévio.

A **Súmula n. 44 do TST**, referente ao aviso prévio, foi **mantida** pela Resolução n. 121/2003 do TST, publicada no *DJ* nos dias 19, 20 e 21.11.2003.

A mantença do enunciado da súmula ora analisada possui importância ímpar para o Direito do Trabalho, pois demonstra que a regra na rescisão do contrato de trabalho é o direito à **percepção do aviso prévio**, com o pagamento do respectivo salário do período. Já se analisou na **Súmula n. 5 do TST** que o reajuste salarial concedido no prazo do aviso prévio é devido, pois aquele integra o contrato de trabalho. Na **Súmula n. 14**, quando do reconhecimento da culpa recíproca, é devido, entre outros, a **metade** do valor do aviso prévio.

Na **cessação da atividade da empresa**, o aviso é devido, independentemente do pagamento de indenização, seja simples ou em dobro, uma vez que a dispensa se faz **sem justa causa**, já que o **risco do empreendimento** é do empregador, não podendo ser suportado pelo obreiro. Independentemente do motivo que ensejou a paralisação da atividade empresarial, a *álea* é do empregador, ou seja, os riscos devem ser assumidos **integralmente** pelo detentor do empreendimento, não havendo razão para a supressão de qualquer parcela rescisória.

Dispõe o art. 487 da CLT que: *"não havendo prazo estipulado, a parte que, sem justo motivo, quiser rescindir o contrato deverá avisar a outra da sua resolução com a antecedência mínima de: (...)"*. A partir da CRFB/88, o **prazo mínimo** para o aviso prévio passou a ser de **30 (trinta) dias**, razão pela qual o inc. I do referido artigo da CLT não foi recepcionado.

Interpretando a norma transcrita, não se tratando de contrato por **prazo determinado**, pois neste o término já é sabido pelas partes, não havendo necessidade de *avisar à outra da sua resolução*, a rescisão do contrato sem justo motivo enseja a comunicação do aviso, bem como seus efeitos financeiros. As hipóteses de justa causa do empregado encontram-se no art. 482 da CLT, enquanto as relacionadas à justa causa do empregador (rescisão indireta) estão arroladas no art. 483 da CLT.

A cessação da atividade empresarial não constitui **justo motivo** à cessação do contrato, sendo, portanto, **devido o aviso**. Quando o art. 2º da CLT define *empregador*, o faz afirmando que *"considera-se empregador a empresa, individual ou coletiva, que, assumindo os riscos da atividade econômica, admite, assalaria e dirige a prestação pessoal de serviço"*. A expressão *assumindo os riscos da atividade* leva a doutrina a considerar a existência de um requisito denominado ***alteridade***, quando da configuração do vínculo de emprego. A alteridade é a **assunção dos riscos** pelo empregador. O empregado, ao trabalhar, recebe salários e pode receber distribuição de lucros, mas nunca distribuição de prejuízos.

A respeito do aviso prévio, é importante destacar a alteração legislativa decorrente da edição da Lei n. 12.506, de 11.10.2011, que regulamentou o aviso prévio proporcional ao tempo de serviço, instituto previsto na CRFB/88, no art. 7º, XXI, mas que somente agora mereceu a devida atenção do Poder Legislativo. A referida lei possui apenas dois artigos, a saber:

> Art. 1º O aviso prévio, de que trata o Capítulo VI do Título IV da Consolidação das Leis do Trabalho — CLT, aprovada pelo Decreto-lei n. 5.452, de 1º de maio de 1943, será concedido na proporção de 30 (trinta) dias aos empregados que contem até 1 (um) ano de serviço na mesma empresa.
>
> Parágrafo único. Ao aviso prévio previsto neste artigo serão acrescidos 3 (três) dias por ano de serviço prestado na mesma empresa, até o máximo de 60 (sessenta) dias, perfazendo um total de até 90 (noventa) dias.
>
> Art. 2º Esta Lei entra em vigor na data de sua publicação.

Assim, aos empregados continua a ser garantido o aviso prévio mínimo de 30 (trinta) dias, podendo chegar a 90 (noventa) dias, para os empregados com 20 (vinte) anos de emprego na mesma empresa, já que a proporção criada é de 3 (três) dias de aviso prévio para cada ano de trabalho prestado ao mesmo empregador.

A regulamentação da matéria pelo Poder Legislativo certamente decorreu das decisões proferidas pelo Supremo Tribunal Federal em junho de 2011, no julgamento dos mandados de injunção ns. 943, 1.010, 1.074 e 1.090, nos quais aquele tribunal reconheceu o direito ao aviso prévio proporcional.

> **ATENÇÃO:** Caso o empregado venha a ser desligado, ou seja, dispensado sem justa causa, deverá receber o aviso prévio, que será trabalhado ou indenizado.

SÚMULA N. 45
SERVIÇO SUPLEMENTAR (mantida) — Res. 121/2003, DJ 19, 20 e 21.11.2003

A remuneração do serviço suplementar, habitualmente prestado, integra o cálculo da gratificação natalina prevista na Lei n. 4.090, de 13.07.1962.

A **Súmula n. 45 do TST**, que se refere à **integração** das horas extras no 13º salário, foi **mantida** pela Resolução n. 121/2003, publicada no *DJ* nos dias 19, 20 e 21.11.2003.

Questão análoga foi analisada nos comentários à **Súmula n. 24 do TST**. O valor das horas extraordinárias é **integrado ao salário** para todos os fins trabalhistas. Assim, tal integração faz com que todas as parcelas trabalhistas sofram aumento quantitativo. Se o salário do empregado, ante a realização de horas extraordinárias, passa de R$ 2.000,00 para R$ 3.000,00, é óbvio que o 13º salário sofrerá alteração para maior, assim como as férias, o recolhimento do FGTS, o aviso prévio etc.

Quando da análise da já referida Súmula n. 24, explicou-se o seguinte: *"Atenta-se aqui, já adentrando na matéria versada pela súmula em destaque, que o valor rece-*

bido a título de horas extraordinárias, se realizadas com habitualidade, integrará o salário para todos os efeitos legais. Isso significa que todas as parcelas salariais que levam em consideração o salário como base de cálculo deverão observá-lo incluindo o valor correspondente às horas extras prestadas. Assim, se o salário-base do empregado é R$ 1.000,00, mas ele percebe com habitualidade a quantia de R$ 500,00 por trabalho em jornada extraordinária, o pagamento de 13º, férias, FGTS, aviso prévio, entre outros haveres trabalhistas, será realizado tendo por base de cálculo o valor de R$ 1.500,00, que corresponde ao salário-base acrescido das horas extras. Assim, desde que inexista previsão legal em sentido contrário, todas as parcelas salariais e indenizações serão pagas observando-se o valor auferido com o trabalho extraordinário, desde que habitual".

Lembre-se, contudo, de que nos termos da **Súmula n. 291 do TST**, as horas extraordinárias prestadas com habitualidade não se **integram em definitivo** ao salário. Caso deixem de ser prestadas, o trabalhador receberá uma **indenização**. Não há que se falar em *direito adquirido à realização de horas extras ou percepção de seu valor*, pois o intuito do legislador é permitir o trabalho extraordinário apenas **excepcionalmente**, por trazer consequências negativas para a saúde, bem como para a economia, com a diminuição de postos de trabalho.

ATENÇÃO: O valor recebido a título de horas extraordinárias, pelo fato de possuir natureza salarial, deverá ser levado em consideração para o cálculo do 13º salário, que é a gratificação natalina. Assim, quanto mais horas extras o empregado fizer, maior será o seu salário mensal e, por consequência, maior será o 13º salário.

SÚMULA N. 46
ACIDENTE DE TRABALHO (mantida) — Res. 121/2003, DJ 19, 20 e 21.11.2003

As faltas ou ausências decorrentes de acidente do trabalho não são consideradas para os efeitos de duração de férias e cálculo da gratificação natalina.

A **Súmula n. 46 do TST**, que trata das faltas decorrentes de acidente de trabalho, considerando-as como justificadas para fins de férias e gratificação natalina, foi **mantida** por meio da Resolução n. 121/2003 do TST, publicada no *DJ* nos dias 19, 20 e 21.11.2003.

O entendimento sumulado pelo TST mostra-se muito importante, pois protege o empregado que sofreu **acidente de trabalho**, aqui também englobada a **doença profissional**, por trazer as mesmas consequências jurídicas ao obreiro.

O empregado que sofreu acidente de trabalho ou doença profissional não pode ser prejudicado ainda mais com a perda das férias ou da gratificação natalina, pois teríamos nessa hipótese situação totalmente desproporcional, uma verdadeira penalidade àquele que não teve culpa pela situação vivenciada.

Além disso, o art. 133, III, da CLT destaca que não serão consideradas **faltas ao serviço** as ausências decorrentes de acidente de trabalho ou enfermidade atestada pelo INSS, salvo se o empregado tiver percebido auxílio-doença ou prestação de acidente de trabalho durante 6 (seis) meses, mesmo que descontínuos.

Ademais, a Lei n. 4.090/62, que regulamenta a gratificação natalina (13° salário), preceitua que as faltas legais e justificadas, como as decorrentes de acidente de trabalho e doença profissional, não podem ser deduzidas para fins do pagamento da aludida gratificação.

Além disso, mesmo não sendo objeto direto da súmula, também não há que negar o pagamento do **repouso semanal remunerado**, pois a Lei n. 605/49, que regulamenta o benefício, também considera essas faltas como justificadas.

ATENÇÃO: As faltas decorrentes de doença ou acidente do trabalho são consideradas justificadas, por isso nenhum prejuízo poderá sofrer o empregado. Logo, as férias serão concedidas regularmente, como se o empregado não tivesse faltado.

SÚMULA N. 47
INSALUBRIDADE (mantida) —
Res. 121/2003, DJ 19, 20 e 21.11.2003

O trabalho executado em condições insalubres, em caráter intermitente, não afasta, só por essa circunstância, o direito à percepção do respectivo adicional.

A **Súmula n. 47 do TST**, que trata do adicional de insalubridade, foi **mantida** pela Resolução n. 121/2003 do TST, publicada no *DJ* nos dias 19, 20 e 21.11.2003.

O tema *adicional de insalubridade* já foi objeto de diversas súmulas do TST, que ainda serão objeto de estudo, por sua importância no dia a dia forense. Muitas são as demandas em que se discute a existência ou não de **insalubridade** no ambiente de trabalho, assim como se houve a **eliminação** ou pelo menos a **diminuição** do agente causador da insalubridade.

Primeiramente, todo adicional, incluído o de insalubridade, somente é devido enquanto perdurar a **situação excepcional**. Assim ocorre com o adicional de horas extras, noturno, periculosidade etc. Se o empregado não mais trabalha em jornada extraordinária, não faz jus à percepção. Se o empregado passa a trabalhar no período diurno, perde o direito ao adicional noturno. Se o trabalho deixa de ser insalubre, cessa o pagamento do respectivo adicional. Não existe direito adquirido aos mesmos, como já reconheceu o TST por meio da **Súmula n. 248**, cuja redação segue transcrita: *"A reclassificação ou a descaracterização da insalubridade, por ato da autoridade competente, repercute na satisfação do respectivo adicional, sem ofensa a direito adquirido ou ao princípio da irredutibilidade salarial"*.

Isso significa dizer que se o empregador utilizar-se de meios eficazes de **prevenção** de doenças oriundas dos agentes insalubres (calor, frio, poeira, ruído etc.), o adicional não será mais devido, ou será em **percentual mais brando**. Por isso, faz-se importante a utilização dos denominados **EPIs** (Equipamentos de Proteção Individual), que se não fazem cessar o ruído, por exemplo, acarretam a sua diminuição.

Porém, destaca-se que a simples **diminuição** dos riscos não gera a **cessação** do pagamento. O adicional somente não será mais devido com a **total eliminação** do agente, conforme **Súmula n. 289 do TST**.

Adentrando especificamente no assunto da súmula em estudo, temos que o adicional não é devido somente àqueles empregados que mantêm contato constante com o agente nocivo. O contato **intermitente**, mesmo ocasionando menor dano ao trabalhador, enseja o pagamento. O que pode ocorrer é a percepção em percentual inferior ao dos que laboram em contato constante com o agente insalubre. Sabe-se que o adicional de insalubridade é pago em três percentuais: **10%, 20% e 40%**, a depender do grau de **nocividade**, a ser apurado em perícia técnica conduzida por médico ou engenheiro. Caso o contato seja intermitente (de vez em quando) e o empregador forneça o EPI, poderá a perícia constatar a eliminação do agente, por consequência, inexistindo direito à percepção de qualquer valor a título de adicional.

> **ATENÇÃO:** O contato intermitente é aquele que ocorre com intervalos, ou seja, o empregado entra em contato com o agente insalubre e sai. Entra em contato novamente e sai. Mesmo sendo o contato dessa forma, haverá a necessidade de pagamento do adicional caso o agente insalubre esteja acima dos limites de tolerância. Não pode a empresa negar o pagamento apenas pelo fato de o contato ser intermitente.

> ***SÚMULA N. 48***
> ***COMPENSAÇÃO (mantida) —***
> ***Res. 121/2003, DJ 19, 20 e 21.11.2003***
>
> A compensação só poderá ser arguida com a contestação.

A **Súmula n. 48 do TST**, que prescreve o momento adequado para a arguição da **compensação** — contestação — foi **mantida** por meio da Resolução n. 121/2003 do TST, publicada no *DJ* nos dias 19, 20 e 21.11.2003.

A matéria *compensação* no processo do trabalho encontra-se prevista no art. 767 da CLT, que prevê que *"a compensação, ou retenção, só poderá ser arguida como matéria de defesa"*.

Inclusive a matéria já foi objeto de análise quando dos comentários à **Súmula n. 18 do TST**, que afirma que as **dívidas** que podem ser compensadas no âmbito do processo do trabalho devem ser, obrigatoriamente, **trabalhistas**.

O instituto é conceituado por SERGIO PINTO MARTINS[7] como *"uma forma indireta de extinção das obrigações no Direito Civil"*. Contudo, aplica-se igualmente ao direito e ao processo do trabalho.

A compensação, por não se tratar de **norma de ordem pública**, não pode ser reconhecida de ofício. Significa dizer que a parte deverá alegá-la, no **momento opor-**

7 MARTINS, Sergio Pinto. *Direito processual do trabalho*. 25. ed. São Paulo: Atlas, 2006. p. 292.

tuno, sob pena de **preclusão**, o que impossibilitará a posterior compensação, mesmo estando em curso a demanda.

Afirmou-se, à luz da **Súmula n. 18**, que *"(...) somente dívidas trabalhistas podem ser compensadas. Tal fato decorre do princípio da proteção, que impede que os salários e parcelas salariais sejam compensados para pagamento de dívidas diversas, oriundas, por exemplo, de danos aos equipamentos do empregador. Sendo o salário o bem mais importante do empregado, deve ser resguardado de atos nocivos, em especial, realizados pelo empregador".*

O princípio da **eventualidade**, disposto no art. 341 do CPC/2015, prevê o ônus do réu alegar toda a matéria de defesa no momento adequado, qual seja, a **contestação**, sob pena de preclusão. Assim, se o empregador não alegar a compensação entre **dívidas líquidas, certas, vencidas e de natureza trabalhista**, na peça contestatória, ocorrerá preclusão, ou seja, perda da possibilidade de alegar a aludida **forma indireta de extinção** da obrigação.

ATENÇÃO: A compensação tem de ser alegada pelo reclamado na contestação, não podendo ser reconhecida de ofício pelo Magistrado. Se não for alegada no momento oportuno, haverá a preclusão e a perda da possibilidade de realizar a alegação referida.

SÚMULA N. 50
GRATIFICAÇÃO NATALINA (mantida) — Res. 121/2003, DJ 19, 20 e 21.11.2003

A gratificação natalina, instituída pela Lei n. 4.090, de 13.07.1962, é devida pela empresa cessionária ao servidor público cedido enquanto durar a cessão.

A **Súmula n. 50 do TST**, relacionada ao pagamento da **gratificação natalina** (13° salário) ao **servidor público cedido**, foi **mantida** por meio da Resolução n. 121/2003 do TST, publicada no *DJ* nos dias 19, 20 e 21.11.2003.

A pacificação do tema nos idos de 1973 foi de grande importância, tendo em vista a cizânia doutrinária e jurisprudencial acerca da matéria. Porém, depois da CRFB/88, o tema deixou de ter importância, já que o texto constitucional reconheceu como **direito de todos os empregados** o 13° salário, incluindo, portanto, os servidores públicos cedidos à iniciativa privada.

Além disso, o princípio da **isonomia**, constante do *caput* do art. 5° da nossa atual Constituição, aplicável às relações trabalhistas, não comportaria a **discriminação** que ocorreria se os servidores cedidos não recebessem a gratificação natalina, já que devem ser tratados da mesma forma como os demais, oriundos da iniciativa privada, por estarem, mesmo que provisoriamente, prestando serviços naquele setor.

Por isso, a **empresa cessionária** possui obrigação de arcar com a gratificação instituída pela Lei n. 4.090/62 enquanto durar a cessão, havendo, contudo, **responsabilidade subsidiária** do ente público, em caso de inadimplemento.

Sobre o assunto, FRANCISCO ANTÔNIO DE OLIVEIRA[8] destaca que *"a preocupação que se verificava era a de dar tratamento isonômico aos empregados de uma mesma categoria — celetista, embora cedido, enquanto durasse a cessão teria direito ao recebimento da indenização de Natal"*.

ATENÇÃO: Todos os empregados fazem jus ao recebimento do 13º salário, devendo a primeira parte ser paga até o dia 30 de novembro e a segunda parcela até o dia 20 de dezembro. O direito ao 13º salário ou gratificação natalina consta expressamente no art. 7º, VIII, da CF/88.

SÚMULA N. 51
NORMA REGULAMENTAR. VANTAGENS E OPÇÃO PELO NOVO REGULAMENTO. ART. 468 DA CLT (incorporada a Orientação Jurisprudencial n. 163 da SBDI-1) — Res. 129/2005, DJ 20, 22 e 25.04.2005

I — As cláusulas regulamentares, que revoguem ou alterem vantagens deferidas anteriormente, só atingirão os trabalhadores admitidos após a revogação ou alteração do regulamento.

II — Havendo a coexistência de dois regulamentos da empresa, a opção do empregado por um deles tem efeito jurídico de renúncia às regras do sistema do outro.

A **Súmula n. 51 do TST**, que dispõe acerca da existência de **normas regulamentares**, foi **alterada** pela Resolução n. 129/2005 do TST, publicada no *DJ* nos dias 20, 22 e 25.04.2005, com a **incorporação da OJ n. 163 da SBDI-1**.

O tema desperta grande interesse, pois é de bastante aplicação prática, já que relacionado à **alteração no contrato de trabalho**. A regra geral sobre o assunto encontra-se no art. 468 da CLT, cuja redação é a seguinte: *"Nos contratos individuais de trabalho, só é lícita a alteração das respectivas condições por mútuo consentimento, e ainda assim desde que não resultem, direta ou indiretamente, prejuízos ao empregado, sob pena de nulidade da cláusula infringente desta garantia"*.

Há que se lembrar de que o contrato de trabalho é um **ato jurídico bilateral**, pois ninguém é obrigado a trabalhar para outrem, assim como o empregador não é obrigado a aceitar todas as imposições do obreiro. Trata-se de um pacto em que as normas são ajustadas por ambas as partes. Apesar de se reconhecer a existência de características que aproximariam o contrato de trabalho do contrato de adesão, a afirmativa acima não resta prejudicada.

Tratando-se de ato bilateral, a sua **alteração** também só é possível pela **concordância** de ambas as partes, com algumas exceções, denominadas **poder de variação** do empregador (*jus variandi*), em que **pequenas alterações** são realizadas den-

[8] OLIVEIRA, Francisco Antônio de. *Comentários às súmulas do TST*, p. 126.

tro do *poder de organização* que detém o empresário. Essa é a regra geral: **mútuo consentimento**.

Claro que, em determinadas hipóteses, mostra-se bastante simples conseguir o consentimento do empregado, pois este, na qualidade de **hipossuficiente**, aceita as alterações pretendidas pelo empregador, sob pena de ser despedido. O temor da rescisão faz com que as alterações sejam "consentidas" pelo trabalhador.

Sabendo disso, o legislador fez questão de inserir no próprio art. 468 da CLT a cláusula que prevê a **nulidade das alterações consentidas**, se estas causarem **prejuízo** ao empregado, presumindo-se que a aceitação é **viciada**, ou seja, que o trabalhador não queria consentir, mas foi **obrigado** a tanto.

Adentrando no assunto tratado pela súmula, o Direito do Trabalho reconhece como fonte autônoma do direito os **regulamentos de empresa**, desde que não violem as normas de **proteção mínima** estatuídas pelo Estado. Assim, se a CRFB/88 estabelece o percentual de 50% como mínimo para o adicional de horas extras, poderá o regulamento da empresa prever 60%, 70%, ou qualquer outro valor **acima do mínimo legal**.

Uma vez existentes, tais normas devem ser respeitadas porque se **aderem aos contratos** firmados sob sua égide, criando-se **direito adquirido** ao gozo dos direitos ali elencados. Assim, se "A" é contratado por determinada empresa quando vigente o regulamento prevendo o adicional noturno de 50%, não poderá ter o mesmo reduzido por novo regulamento, que venha a prever o adicional em 30%. Ao ser contratado, o regulamento vigente à época aderiu ao contrato de trabalho, sendo aplicado até o seu **término**. Sem dúvida que, no surgimento de novo regulamento, que seja **mais benéfico** ao empregado, será a ele aplicado de forma imediata, pois vige em nosso sistema laboral o ***princípio da proteção***, que possui como uma de suas acepções a ideia da ***condição mais benéfica***, que logo adere ao contrato.

Desta forma, nos termos do inc. I da súmula em comento, a revogação ou alteração do regulamento, que gere uma situação jurídica **menos favorável**, somente será aplicável aos empregados contratados após a revogação ou alteração, **não retroagindo** para retirar dos obreiros contratados anteriormente direitos que lhes eram assegurados.

Por sua vez, o inc. II traz a hipótese de **coexistência** de dois regulamentos na empresa, podendo o empregado **optar** por qualquer um deles. Nesta hipótese, inexistindo **vício de consentimento** (coação, por exemplo), bem como prejuízo para o empregado, a escolha de um regulamento acarretará a **renúncia** ao outro. Como exemplo, pode-se afirmar que, prevendo o regulamento n. 1 uma estabilidade quinquenal (após 5 anos na empresa) e o regulamento n. 2 uma indenização compensatória por rescisão sem justa causa após 5 anos de trabalho, poderá o empregado escolher livremente entre as normas vigentes na empresa.

Por fim, há que se afirmar que existem alterações no contrato de trabalho que, apesar de diminuírem a remuneração global do empregado, podem ser realizadas de forma **unilateral**, não se constituindo em **prejuízo** para ele. Em verdade, são benefícios, como se infere da leitura da **Súmula n. 265 do TST**, que alude à alteração do turno noturno para o diurno, por ser o último mais saudável ao empregado, mesmo com a perda do adicional noturno. Da mesma forma, a **Súmula n. 291 do TST**, que será analisada em momento oportuno.

ATENÇÃO: Caso haja modificação do regulamento interno, com a redução ou exclusão de direitos, a modificação não retroagirá para prejudicar os atuais empregados, que continuarão a ser regidos pelo antigo regulamento. Somente os novos empregados, admitidos após a modificação, é que serão regidos pelo novo regulamento.

SÚMULA N. 52
TEMPO DE SERVIÇO (mantida) —
Res. 121/2003, DJ 19, 20 e 21.11.2003

O adicional de tempo de serviço (quinquênio) é devido, nas condições estabelecidas no art. 19 da Lei n. 4.345, de 26.06.1964, aos contratados sob o regime da CLT, pela empresa a que se refere a mencionada lei, inclusive para o fim de complementação de aposentadoria.

A **Súmula n. 52 do TST**, que se refere à incidência do **adicional de tempo de serviço**, devido nos termos da Lei n. 4.345/64, inclusive para fins de aposentadoria, foi **mantida** por meio da Resolução n. 121/2003 do TST, publicada no *DJ* nos dias 19, 20 e 21.11.2003.

A Lei n. 4.345/64 dispõe sobre a instituição de novos valores de vencimentos para os servidores públicos civis do Poder Executivo, além de outras providências. A súmula sob comento destaca a aplicação dos preceitos legais às **autarquias** e **sociedades de economia mista**, afirmando ser devido o denominado ***adicional de tempo de serviço (quinquênio)*** aos **celetistas** contratados por aqueles entes, desde que respeitados os requisitos do art. 19 da referida lei, abaixo transcrito:

> Art. 19. A aplicação desta lei às autarquias e sociedade de economia mista (VETADO) ficará condicionada à revisão de seus quadros e tabelas de pessoal, por iniciativa dos Ministérios a que estejam vinculadas, observado o disposto no artigo seguinte e mantida, no caso, a vigência do aumento previsto no art. 43.
>
> § 1º A revisão de que trata este artigo será processada no prazo de 30 (trinta) dias, a contar da publicação desta lei, e será submetida ao Presidente da República, por intermédio do Departamento Administrativo do Serviço Público.

Percebe-se que a aplicação da lei às autarquias e sociedades de economia mista, incluindo o pagamento dos quinquênios, **não seria automática**, dependendo da realização de **revisão** nos quadros e tabelas de pessoal, a ser realizada no prazo de **30 (trinta) dias**.

Sobre o tema, FRANCISCO ANTÔNIO DE OLIVEIRA[9] destaca que *"referida lei teve em mira dar tratamento isonômico, com vistas aos quinquênios, aos empregados celetistas contratados por autarquias e sociedades de economia mista"*.

[9] OLIVEIRA, Francisco Antônio de. *Comentários às súmulas do TST*, p. 129.

Ao final do enunciado, o TST reconhece que o pagamento dos quinquênios reflete na **complementação de aposentadoria**. Nada mais razoável, já que se trata de parcela de cunho **salarial**, cujo valor deve ser levado em consideração para cálculo dos proventos.

> **ATENÇÃO:** As sociedades de economia mista e as empresas públicas têm os seus empregados regidos pela CLT, já que são pessoas jurídicas de direito privado, por isso o tratamento conferido pela súmula do TST.

> ***SÚMULA N. 53***
> ***CUSTAS (mantida) —***
> ***Res. 121/2003, DJ 19, 20 e 21.11.2003***
>
> O prazo para pagamento das custas, no caso de recurso, é contado da intimação do cálculo.

A **Súmula n. 53 do TST**, relacionada ao pagamento das **custas processuais**, foi **mantida** por meio da Resolução n. 121/2003 do TST, publicada no *DJ* nos dias 19, 20 e 21.11.2003.

Apesar de mantida, a súmula possui pouca aplicação prática, considerando o conteúdo do **§ 1º do art. 789 da CLT**, bem como o fato de as sentenças trabalhistas já trazerem o valor das custas, que devem ser pagas, além de comprovado seu pagamento no prazo recursal.

Essas regras impedem que o recorrente interponha a petição do recurso e, posteriormente, após intimação acerca do valor, efetue o pagamento e comprove nos autos.

O parágrafo acima destaca, em sua segunda parte, que *"no caso do recurso, as custas serão pagas e comprovado o recolhimento dentro do prazo recursal"*, sob pena de inadmissão do apelo.

A súmula somente será aplicada quando a sentença for **omissa** em relação às custas, que devem ser arbitradas mesmo quando a sentença for **ilíquida**. Na existência de omissão, deverá a parte interpor o recurso de embargos de declaração (art. 897-A da CLT), interrompendo-se o prazo para os demais recursos. Após o julgamento dos aclaratórios, será a **parte intimada**, contando-se, a partir desse momento, com exclusão do primeiro dia e inclusão do último, o prazo recursal e, consequentemente, o prazo para **recolhimento** e **comprovação** do pagamento das custas processuais, arbitradas nessa última decisão.

> **ATENÇÃO:** O valor das custas deverá ser depositado no prazo recursal para a realização do preparo, pressuposto de admissibilidade recursal indispensável, conforme previsto no art. 789 da CLT, sendo de no mínimo R$ 10,64 (dez reais e sessenta e quatro centavos).

SÚMULA N. 54
OPTANTE (mantida) —
Res. 121/2003, DJ 19, 20 e 21.11.2001

Rescindindo por acordo seu contrato de trabalho, o empregado estável optante tem direito ao mínimo de 60% (sessenta por cento) do total da indenização em dobro, calculada sobre o maior salário percebido no emprego. Se houver recebido menos do que esse total, qualquer que tenha sido a forma de transação, assegura-se-lhe a complementação até aquele limite.

A **Súmula n. 54 do TST**, relacionada ao pagamento de **indenização** ao empregado **estável** optante pelo FGTS quando da rescisão do contrato de trabalho, foi **mantida** por meio da Resolução n. 121/2003 do TST, publicada no *DJ* nos dias 19, 20 e 21.11.2003.

O enunciado contido na presente súmula data do ano de 1974, quando estava em vigor a Lei n. 5.107/66, em que era prevista a possibilidade de **rescisão** do contrato de trabalho do **trabalhador estável**, por comum acordo, desde que fosse paga uma **indenização compensatória**. Essa indenização encontrava-se prevista no § 3º do art. 17 da lei, cujo texto estava assim redigido: *"A importância a ser convencionada na forma deste artigo nunca poderá ser inferior a 60% (sessenta por cento) do que resultar da multiplicação dos anos de serviço contados em dobro, pelo maior salário mensal percebido pelo empregado na empresa"*.

A norma demonstrava que a **estabilidade decenal** estava com seus dias contados, o que realmente ocorreu com a CRFB/88, que tornou o sistema do **FGTS obrigatório**, não havendo mais estabilidade legal após 10 (dez) anos de trabalho.

A indenização devida ao empregado, quando da rescisão do contrato de trabalho, era calculada com base na **efetiva remuneração**, o que significa dizer que os adicionais, horas extras, prêmios e gratificações habituais **integravam** o cálculo, além do 13º salário, nos termos da **Súmula n. 148 do TST**.

Caso o empregado receba quantia inferior à devida, poderá ajuizar reclamação trabalhista pleiteando as diferenças.

Apesar de ter sido mantida por meio da Resolução n. 121/2003, não possui a súmula aplicação prática, tendo em vista que é extremamente difícil ainda existirem trabalhadores estáveis, já que decorridos mais de 43 (quarenta e três) anos da edição da Lei n. 5.107/66. Aqueles que possuíam estabilidade decenal provavelmente já se aposentaram.

ATENÇÃO: O FGTS foi criado como um sistema alternativo, para acabar com a estabilidade decenal prevista no art. 492 da CLT. Havia naquele momento a possibilidade de opção entre os regimes, inclusive de forma retroativa. Com a Constituição Federal de 1988, o regime do FGTS passou a ser obrigatório.

SÚMULA N. 55
FINANCEIRAS (mantida) —
Res. 121/2003, DJ 19, 20 e 21.11.2003

As empresas de crédito, financiamento ou investimento, também denominadas financeiras, equiparam-se aos estabelecimentos bancários para os efeitos do art. 224 da CLT.

A **Súmula n. 55 do TST**, que equipara as **financeiras** aos estabelecimentos bancários para fins de **redução da jornada** de trabalho, foi **mantida** por meio da Resolução n. 121/2003 do TST, publicada no *DJ* nos dias 19, 20 e 21.11.2003.

Andou bem o Tribunal Superior do Trabalho quando sumulou o entendimento sobre a aplicação do **art. 224 da CLT** aos empregados de financeiras, tendo em vista que o labor executado pelos funcionários das últimas em muito se equipara aos **bancários**.

Oportuno frisar que a **regra benéfica** constante do art. 224 da CLT não se aplica aos funcionários de corretoras de títulos e valores mobiliários, nos termos da **Súmula n. 119 do TST**, igualmente mantida pela Resolução n. 121/2003.

Deflui-se do art. 224 da CLT que os empregados de bancos, casas bancárias e Caixa Econômica Federal têm direito à **jornada especial** de 6 (seis) horas diárias e 30 (trinta) semanais, em virtude do trabalho realizado, de grande responsabilidade e, por muitas vezes tenso, ante as metas e objetivos a serem perseguidos, além de se estar lidando com dinheiro alheio.

Não há qualquer razão lógica para não interpretar o dispositivo **ampliativamente**, abarcando os empregados de financeiras, já que a responsabilidade e o trabalho destes são iguais aos dos bancários. Os empregados de financeiras fazem empréstimos, recebem pagamentos, lidam com dinheiro alheio, o que ocasiona idêntico desgaste mental. Por serem situações **análogas**, nada mais natural do que aplicar as mesmas regras jurídicas, pondo fim a qualquer possibilidade de violação ao **princípio da isonomia**.

Com relação às jornadas especiais (reduzidas) no Direito do Trabalho, MAURÍCIO GODINHO DELGADO[10] destaca que *"o que é mais usual, entretanto, no caso das jornadas especiais de determinadas categorias, é que consistam em lapsos temporais diários (e, consequentemente, semanais), inferiores ao padrão constitucional mencionado: portanto, jornadas mais favoráveis do que o parâmetro genérico do país"*.

ATENÇÃO: As financeiras equiparam-se aos bancos para fins de jornada de trabalho. O bancário trabalha até 6 horas diárias e 30 horas semanais, salvo o gerente bancário, que possui jornada de 8 horas diárias e 40 horas semanais, e o gerente-geral, que, por enquadrar-se no art. 62 da CLT, não possui limite de jornada.

[10] DELGADO, Maurício Godinho. *Curso de direito do trabalho*, p. 818.

SÚMULA N. 58
PESSOAL DE OBRAS (mantida) —
Res. 121/2003, DJ 19, 20 e 21.11.2003

Ao empregado admitido como pessoal de obras, em caráter permanente e não amparado pelo regime estatutário, aplica-se a legislação trabalhista.

A **Súmula n. 58 do TST**, relativa à legislação aplicável ao empregado admitido como pessoal de obras, foi **mantida** por meio da Resolução n. 121/2003 do TST, publicada no *DJ* nos dias 19, 20 e 21.11.2003.

Originalmente editada no ano de 1974, a súmula foi mantida em 2003, tendo aptidão para produzir efeitos até os dias atuais, apesar de trazer nomenclatura não mais utilizada — **pessoal de obras** — para designar aqueles contratados para **serviços braçais**, tais como operários e artífices, a quem não se aplica o **regime estatutário**, e sim o **celetista**.

FRANCISCO ANTÔNIO DE OLIVEIRA,[11] citando acórdão da lavra de Arnaldo Sussekind, destaca que *"não obstante, aplicável é a legislação trabalhista, com as restrições expressamente consignadas, aos servidores que não possuem o* status *de funcionário público, mas que prestam serviço às entidades de direito público interno com as características do art. 3º da CLT"*.

Apesar de mantida pelo TST, não possui aplicação corrente a presente súmula, já que a legislação dispõe expressamente sobre as hipóteses em que a **Administração Pública** contratará por meio da **Consolidação das Leis Trabalhistas**, bem como aquelas em que se formará o **vínculo estatutário**.

ATENÇÃO: Existem dois regimes de contratação: estatutário e celetista. Os primeiros são vinculados aos entes públicos e regidos por uma lei específica, ou seja, por um estatuto específico, como os servidores da União, Estados, Municípios etc. Já os celetistas são aqueles contratados pela CLT, que são empregados de empresas privadas ou entes públicos com personalidade jurídica de direito privado, como as sociedades de economia mista e as empresas públicas.

SÚMULA N. 60
ADICIONAL NOTURNO. INTEGRAÇÃO NO SALÁRIO E PRORROGAÇÃO EM HORÁRIO DIURNO
(incorporada a Orientação Jurisprudencial n. 6 da SBDI-1) —
Res. 129/2005, DJ 20, 22 e 25.04.2005

I — O adicional noturno, pago com habitualidade, integra o salário do empregado para todos os efeitos. (ex-Súmula n. 60 — RA 105/1974, *DJ* 24.10.1974)

II — Cumprida integralmente a jornada no período noturno e prorrogada esta, devido é também o adicional quanto às horas prorrogadas. Exegese do art. 73, § 5º, da CLT.

[11] OLIVEIRA, Francisco Antônio de. *Comentários às súmulas do TST*, p. 138.

A **Súmula n. 60 do TST**, que se refere ao adicional noturno, obteve **nova redação** com a Resolução n. 129/2005, publicada no *DJ* nos dias 20, 22 e 25.04.2005, incorporando a OJ n. 6 da SBDI-1.

Assim como todo adicional, que se paga de forma **habitual**, integrando o salário do empregado para todos os efeitos legais, o pagamento do **adicional noturno**, em percentual nunca **inferior a 20%** do salário para os urbanos e 25% para os rurais, faz com que haja **reflexo** nas demais **verbas trabalhistas**. Da mesma forma, também ocorre com o recebimento habitual de horas extraordinárias e adicional de insalubridade, apenas para exemplificar, o que significa dizer que o cálculo do 13º salário, das férias, do FGTS, do aviso e demais verbas será realizado considerando-se o adicional noturno, pois, como referido, há a integração daquele ao salário.

Esse entendimento não é novidade, pois a redação antiga da Súmula n. 60, de 1974, já trazia tal afirmativa.

A novidade implementada pela Resolução n. 129/2005 é a incorporação da OJ n. 6 da SBDI-1, que pôs um termo final na grande discussão doutrinária e jurisprudencial.

Analisando-se o § 5º do art. 73 da CLT, que afirma que *"às prorrogações do trabalho noturno aplica-se o disposto neste Capítulo"*, entendeu o TST que, uma vez cumprida **integralmente** a jornada no período noturno e havendo **prorrogação** (horas extras) em período diurno, esse será pago como se fosse noturno, ou seja, com o adicional a que faz referência o art. 73, *caput*, da CLT. Exemplificando, pode-se afirmar que, se João trabalhar das 22h às 5h, cumprindo sua jornada de trabalho diária de 8 horas (lembre-se de que a hora noturna é de 52 minutos e 30 segundos e que, em virtude disso, temos 8 horas de trabalho no período compreendido entre as 22h e as 5h) e havendo **prorrogação** da mesma até as 7h, a título de ilustração, as 2 horas extras serão remuneradas como se fossem *horas extras noturnas*, ou seja, além do adicional de pelo menos 50% a mais que a hora normal, ainda teremos a incidência do adicional noturno de 20%. Em vez de se considerar o valor da hora extra como *hora normal + 50% do adicional de horas extras*, o cálculo é o seguinte: *hora normal + 50% do adicional de horas extras + 20% do adicional noturno.*

ATENÇÃO: Havendo a prorrogação da jornada noturna, mesmo que adentrando o período considerado diurno, após as 5 horas, continuaremos a tratar a jornada como noturna, pagando o adicional respectivo e reduzindo a hora para 52 minutos e 30 segundos.

SÚMULA N. 61
FERROVIÁRIO (mantida) —
Res. 121/2003, DJ 19, 20 e 21.11.2003

Aos ferroviários que trabalham em estação do interior, assim classificada por autoridade competente, não são devidas horas extras (art. 243 da CLT).

A **Súmula n. 61 do TST**, que se refere ao trabalho extraordinário dos **ferroviários**, em estações do **interior**, foi **mantida** por meio da Resolução n. 121/2003 do TST, publicada no *DJ* nos dias 19, 20 e 21.11.2003.

As normas jurídicas aplicadas aos ferroviários que laboram em estações de interior excepcionam a regra geral sobre o pagamento de horas extraordinárias, bem como do **intervalo interjornada**.

Dispõe o art. 243 da CLT que: *"Para os empregados de estações de interior, cujo serviço for de natureza intermitente ou de pouca intensidade, não se aplicam os preceitos gerais sobre duração do trabalho, sendo-lhes, entretanto, assegurado o repouso contínuo de 10 (dez) horas, no mínimo, entre 2 (dois) períodos de trabalho e descanso semanal"*.

A razão pela qual o legislador retirou o direito à percepção das **horas extras** nessa hipótese excepcional é bastante simples: o pouco fluxo de trens nas cidades de interior, o que gera um trabalho **menos desgastante** para o ferroviário. Além disso, o trabalho mostra-se **intermitente**, o que permite o descanso entre os momentos de trabalho.

Hoje a intermitência no trabalho é ainda mais visível, uma vez que se utiliza cada vez menos o meio de transporte *trem*, preferindo os usuários viajar de ônibus, carro, moto etc.

Apesar de não ser objeto da súmula, vale a pena tecer alguns comentários sobre o **intervalo interjornada**, que é aquele previsto **entre duas jornadas de trabalho**, para fins de recuperação física e mental do empregado.

De acordo com o art. 66 da CLT, entre duas jornadas de trabalho deve haver um **intervalo** de, no **mínimo, 11 (onze) horas** consecutivas. Depreende-se que o referido intervalo foi reduzido para **10 (dez) horas** na hipótese do ferroviário que labora no interior, pelo mesmo motivo apontado para a subtração do direito às horas extraordinárias.

ATENÇÃO: Quando o legislador impõe a restrição da jornada de trabalho e a consequente percepção de adicional de horas extraordinárias, o valor será de pelo menos 50% a mais do que a hora normal. A CF/88 elevou o percentual para desestimular o empregador de exigir tais horas, já que prejudiciais à saúde do obreiro.

SÚMULA N. 62
ABANDONO DE EMPREGO (mantida) —
Res. 121/2003, DJ 19, 20 e 21.11.2003

O prazo de decadência do direito do empregador de ajuizar inquérito em face do empregado que incorre em abandono de emprego é contado a partir do momento em que o empregado pretendeu seu retorno ao serviço.

A **Súmula n. 62 do TST**, relacionada ao **prazo decadencial** para o ajuizamento de **inquérito para apuração de falta grave** do empregado que abandona o emprego, foi **mantida** por meio da Resolução n. 121/2003 do TST, publicada no *DJ* nos dias 19, 20 e 21.11.2003.

O inquérito para apuração de falta grave encontra-se previsto no **art. 853 da CLT** e é considerado um procedimento obrigatório para a **dispensa de empregado estável**, mesmo provisoriamente, como o membro da CIPA, o dirigente sindical, a gestante etc.

Trata-se de **ação de conhecimento**, cujo procedimento é o mesmo das reclamações trabalhistas que seguem o rito ordinário, com uma especificidade: o número de testemunhas é de 6 (seis) para cada polo da relação processual, enquanto no rito ordinário alcança apenas o número de 3 (três) testemunhas.

Na ação de inquérito judicial, buscará o empregador (autor) demonstrar que o empregado realizou qualquer das condutas descritas pela norma como propiciadoras da rescisão do contrato de trabalho por ***justa causa***, desconstituindo-se, por sentença, o **vínculo**.

Ademais, o inquérito deve ser ajuizado no prazo decadencial de **30 (trinta) dias**, a contar da **suspensão do empregado**, se houver, ou seja, a suspensão do trabalhador é uma **faculdade** do empregador. Porém, se suspenso o empregado, o empregador deverá observar o aludido prazo. Frise-se que, após a edição da **Súmula n. 403 do STF**, inexistem dúvidas acerca da natureza jurídica do prazo, que foi reconhecido como ***decadencial***.

Em não havendo suspensão do obreiro, o inquérito poderá ser ajuizado após 30 (trinta) dias, desde que em **prazo razoável**, pois não se permite, por exemplo, que a ação venha a ser proposta meses ou anos após o fato que, em tese, acarretaria a rescisão por justa causa. O decurso de prazo considerável leva até a pensar-se na existência de **perdão tácito** por parte do empregador, impossibilitando a rescisão do contrato, já que protegido o empregado pela **estabilidade** (provisória, na maioria das vezes, ou até definitiva, se prevista em norma contratual).

A súmula sob comento traz situação especial e mais rara de ser observada na prática: abandono de trabalho como ensejador da rescisão contratual do empregado protegido pela estabilidade. Nessa situação, resta prejudicada a possibilidade de suspensão do obreiro, o que fez com que o TST firmasse entendimento de que o prazo decadencial começa a correr quando o empregado demonstra a intenção de **retornar ao emprego**. Esse ato deve ser bem caracterizado pelo empregador no inquérito judicial, de forma a possibilitar ao juiz do trabalho verificação sobre a **tempestividade** da medida.

ATENÇÃO: O inquérito para apuração de falta grave, previsto no art. 853 da CLT, deve ser ajuizado em até 30 dias da suspensão do empregado que incorreu em justa causa. Como o abandono é uma das hipóteses previstas no art. 482 da CLT e não há a suspensão do empregado, pois este não está trabalhando, conta-se a partir do momento em que ele pretendeu retornar ao emprego.

SÚMULA N. 63
FUNDO DE GARANTIA (mantida) —
Res. 121/2003, DJ 19, 20 e 21.11.2003

A contribuição para o Fundo de Garantia do Tempo de Serviço incide sobre a remuneração mensal devida ao empregado, inclusive horas extras e adicionais eventuais.

A **Súmula n. 63 do TST**, que analisa a **base de cálculo** do FGTS, foi **mantida** pela Resolução n. 121/2003 do TST, publicada no *DJ* nos dias 19, 20 e 21.11.2003.

O seu conteúdo é de fácil entendimento. Destacou-se, quando da análise das **Súmulas ns. 24 e 60 do TST**, que o adicional de horas extraordinárias e o adicional noturno integram o salário do obreiro para todos os efeitos legais, aumentando a base de cálculo para 13º salário, férias, aviso prévio, FGTS e outros.

Se os adicionais (insalubridade, horas extras, noturno, periculosidade etc.) integram o salário para ***todos os efeitos legais***, nada mais óbvio do que afirmar que *"a contribuição para o Fundo de Garantia do Tempo de Serviço incide sobre a remuneração mensal devida ao empregado, inclusive horas extras e adicionais eventuais"*, uma vez que a Lei n. 8.036/90 dispõe em seu art. 15 que *"(...) todos os empregadores ficam obrigados a depositar, até o dia 7 (sete) de cada mês, em conta bancária vinculada, a importância correspondente a 8% (oito por cento) da remuneração paga ou devida, no mês anterior, a cada trabalhador, (...)"*.

Ainda conforme o texto legal, haverá a **incidência de FGTS** no 13º salário, férias, aviso prévio, entre outros, descritos nos arts. 457 e 458 da CLT.

Em suma, para o cálculo do FGTS há que se considerar o **valor** de todos os **adicionais recebidos** pelo trabalhador, sob pena de o empregador fraudar direitos trabalhistas, depositando quantia menor na conta vinculada do FGTS.

ATENÇÃO: O empregador pagará, mensalmente, 8% da remuneração paga ou devida ao empregado, incluindo as parcelas do art. 457 (parcelas salariais e gorjetas) e 458 da CLT (salário-utilidade). Assim, sobre o valor das horas extraordinárias pagas incidirá o FGTS. Logo, quanto mais horas extraordinárias fizer o empregado, maior será o seu salário e o FGTS que o empregador depositará, nos termos da Lei n. 8.036/90.

SÚMULA N. 65
VIGIA (mantida) —
Res. 121/2003, DJ 19, 20 e 21.11.2003

O direito à hora reduzida de 52 minutos e 30 segundos aplica-se ao vigia noturno.

A **Súmula n. 65 do TST**, alusiva ao trabalho noturno, foi **mantida** pela Resolução n. 121/2003 do TST, publicada no *DJ* nos dias 19, 20 e 21.11.2003.

A súmula em análise encontra-se totalmente vinculada aos preceitos contidos na **Súmula n. 140 do TST**, a ser explorada no momento oportuno, pois ambas tratam exatamente do mesmo tema, qual seja, o trabalho noturno do vigia, bem como as incidências das regras especiais previstas para a jornada especial.

Na presente súmula, que foi mantida pela Res. 121/2003, afirma-se que o vigia, ao prestar **trabalho noturno**, estará sujeito à **hora ficta** de 52 minutos e 30 segundos. Tal hora é denominada *ficta*, pois a hora noturna, por **ficção jurídica**, não possui 60 minutos, como a hora normal, e sim 52 minutos e 30 segundos. Quem estabeleceu esses parâmetros foi o legislador. Mas qual foi o seu intuito?

Sabe-se que a jornada noturna, para o *trabalhador urbano*, compreende o período entre **22h e 5h**. Verifica-se facilmente que, no horário apontado, existem 7 horas de 60 minutos cada. Sabendo-se que a jornada diária estabelecida em lei é de 8 horas e que o trabalho noturno é mais **desgastante** que o diurno, o legislador previu a hora noturna reduzida, para *encaixar* 8 horas de trabalho no período das 22h às 5h. Para tanto, reduziu a hora noturna para **52 minutos e 30 segundos**. Multiplicando a hora noturna reduzida por 8 (número de horas de jornada-padrão), encontram-se 7 horas *normais*.

Assim, o trabalhador noturno trabalha 8 horas noturnas como se fossem 7 horas diurnas.

Graficamente, para melhor compreensão, tem-se:

	NÚMERO DE HORAS NORMAIS	QUANTIDADE DE MINUTOS POR HORA	TOTAL DE MINUTOS TRABALHADOS
Jornada Diurna	7	60 minutos	420
Jornada Diurna	8	60 minutos	480
Jornada Noturna	8	52 minutos e 30 segundos	420

Constata-se que o trabalhador noturno desenvolve suas atividades durante 8 horas; porém, trabalha idêntico número de minutos de 7 horas diurnas, ou seja, o obreiro noturno trabalha menos, porém, preenche o mesmo número de horas, o que somente é possível pela ***hora noturna fictamente reduzida*** pelo legislador. Além disso, o trabalhador noturno *urbano* recebe **adicional de 20%**. Já o rural **não possui hora ficta** reduzida, percebe **25% de adicional noturno** e sua jornada varia de acordo com o trabalho desenvolvido: se na pecuária, das 20h às 4h; se na agricultura, das 21h às 5h.

Retornando ao assunto principal da súmula em comento, não existem razões para não se aplicar a hora reduzida para o vigia, motivo pelo qual se mantém o entendimento até o presente momento. A não aplicação do instituto trazia séria afronta ao princípio constitucional da **isonomia**. O vigia noturno sofre os mesmos **malefícios** da jornada noturna que outras categorias de trabalhadores. Além da jornada reduzida, conforme **Súmula n. 140 do TST**, ao vigia noturno também é devido o **adicional noturno** de 20%.

Com relação ao rural, as diferenças não afrontam o princípio da isonomia, pois as normas atinentes ao instituto são totalmente diversas, como aquelas que se referem ao próprio horário e ao percentual do adicional noturno.

ATENÇÃO: Independentemente da função desenvolvida pelo empregado, o fato de trabalhar no período compreendido entre as 22 e as 5 horas (jornada noturna do art. 73 da CLT) gera a redução da hora para 52 minutos e 30 segundos, denominada hora ficta reduzida.

SÚMULA N. 67
GRATIFICAÇÃO. FERROVIÁRIO (mantida) — Res. 121/2003, DJ 19, 20 e 21.11.2003

Chefe de trem, regido pelo estatuto dos ferroviários (Decreto n. 35.530, de 19.09.1959), não tem direito à gratificação prevista no respectivo art. 110.

A **Súmula n. 67 do TST**, atinente à gratificação criada pelo estatuto dos ferroviários do Estado de São Paulo, foi **mantida** por meio da Resolução n. 121/2003 do TST, publicada no *DJ* nos dias 19, 20 e 21.11.2003.

O Decreto n. 35.530/59 instituiu o *Estatuto dos Ferroviários das Estradas de Ferro de Propriedade e Administração do Estado de São Paulo*, tendo previsto em seu art. 110 uma **gratificação** a ser paga aos detentores de cargos de **chefia, direção e outros**, nos seguintes termos: *"Função gratificada é instituída para atender a encargos de chefia ou direção e outros que não justifiquem a criação de cargo. (...) § 2º A designação para o exercício do cargo de chefia ou de direção é de atribuição do Diretor de cada Estrada que, mediante ato expresso, fixará a função gratificada correspondente"*.

Segundo exposição de FRANCISCO ANTÔNIO DE OLIVEIRA,[12] *"aplica-se o dispositivo aos encargos exercidos em comissão, a título precário, sem prejuízo dos salários devidos ao comissionado. Além da importância do seu cargo, recebe o ferroviário a gratificação excedente pelos encargos que lhe tenham sido atribuídos"*.

A interpretação levada a cabo pelo TST foi no sentido de que o **chefe de trem** não ocupa função de **chefia ou diretoria**, tampouco qualquer outra que lhe desse direito à percepção da **gratificação**.

Além disso, o chefe de trem possui jornada de trabalho definida, fazendo jus ao recebimento de **horas extraordinárias**, diferentemente daqueles que detêm cargo de chefia e direção. A gratificação paga, nos termos do decreto acima referido, serve para remunerar eventual **trabalho extraordinário**, em termos análogos ao que ocorre no art. 62, parágrafo único, da CLT.

---

[12] OLIVEIRA, Francisco Antônio de. *Comentários às súmulas do TST*, p. 154.

ATENÇÃO: Os cargos de direção e chefia possuem um tratamento diferenciado em relação aos demais, enquadrando-se no art. 62 da CLT, que lhes retira o direito de receber horas extraordinárias, adicional noturno e de usufruir dos intervalos. Contudo, devem receber uma gratificação de pelo menos 40% do salário efetivo, para compensar aquelas perdas.

SÚMULA N. 69
RESCISÃO DO CONTRATO (nova redação) — Res. 121/2003, DJ 19, 20 e 21.11.2003

A partir da Lei n. 10.272, de 05.09.2001, havendo rescisão do contrato de trabalho e sendo revel e confesso quanto à matéria de fato, deve ser o empregador condenado ao pagamento das verbas rescisórias, não quitadas na primeira audiência, com acréscimo de 50% (cinquenta por cento).

A **Súmula n. 69 do TST**, relacionada à incidência da **multa** descrita no **art. 467 da CLT**, obteve **nova redação** por meio da Resolução n. 121/2003 do TST, publicada no *DJ* nos dias 19, 20 e 21.11.2003.

A Lei n. 10.272/2001 alterou o *caput* do **art. 467 da CLT**, reduzindo a multa incidente sobre as parcelas **incontroversas**, devidas ao empregado e não pagas na **primeira audiência**, de 100% (cem por cento) para 50% (cinquenta por cento). A redação anterior aludia ao pagamento em **dobro**; portanto, com 100% (cem por cento) de acréscimo.

A redação anterior da súmula dispunha que *"havendo rescisão contratual e sendo revel e confesso o empregador quanto à matéria de fato, deve ser condenado ao pagamento em dobro dos salários incontroversos"*.

Apesar de a redação atual trazer situação **menos benéfica** ao empregado, ante a redução do percentual da multa a ser aplicada ao empregador, ela alude a ***verbas rescisórias***, e não mais apenas a ***salários***, demonstrando que a redação atual é **mais ampla**, pois inclui, por exemplo, aviso prévio, 13° salário, férias etc.

Além disso, a aplicação do dispositivo dá-se **de ofício** pelo magistrado, sem necessidade de **pedido expresso** do reclamante, já que a norma mostra-se de ordem pública, pois se as verbas são incontroversas, inexiste qualquer razão para seu inadimplemento, ainda mais depois de ajuizada a reclamação trabalhista.

Assim, o reclamado deverá, na **primeira audiência**, que é a primeira oportunidade que possui para comparecer em juízo, efetuar o pagamento das **verbas incontroversas**, sob pena de incidência da referida **multa**. Caso o magistrado, após ler a peça contestatória, verifique a ausência de controvérsia sobre alguma parcela, deverá instar o reclamado ao pagamento, alertando-o da incidência da multa.

A redação da súmula pode levar à interpretação de que o dispositivo da CLT (art. 467) somente se aplica ao revel, confesso quanto à matéria fática. Contudo, o entendimento é totalmente contrário. A multa aplica-se, **inclusive**, ao revel, se não efetuar o pagamento das verbas incontroversas na primeira audiência. Pouco importa se é revel ou não. Ao ser **citado validamente**, o reclamado teve ciência do **teor da inicial**; portanto, das verbas que estavam sendo pleiteadas, surgindo desde logo a obrigação de pagar as incontroversas na **primeira oportunidade**.

Assim, sendo revel o reclamado, deverá o magistrado condená-lo ao **pagamento da multa** prevista no art. 467 da CLT, nos termos da súmula.

Por fim, é de se observar que a referida penalidade **não é aplicada aos entes públicos**, considerando a expressa previsão do parágrafo único do supramencionado dispositivo celetista. O parágrafo afirma que *"o disposto no* caput *não se aplica à União, aos Estados, ao Distrito Federal, aos Municípios e às suas autarquias e fundações públicas"*. Verifica-se que todos os entes relacionados possuem ***personalidade jurídica de direito público***, o que exclui as ***sociedades de economia mista*** e as ***empresas públicas***, passíveis de serem apenadas caso não cumpram o disposto no art. 467 da CLT, tendo em vista sua ***personalidade jurídica de direito privado***.

> **ATENÇÃO:** O não pagamento das verbas incontroversas em audiência gera a condenação ao pagamento de multa de 50% sobre aquelas, ou seja, se não há dúvida de que a verba é devida e ela não é paga, incidirá multa de 50%. Trata-se de técnica para forçar o pagamento daquele tipo de verba, que, ressalta-se, é incontroversa.

> ***SÚMULA N. 70***
> ***ADICIONAL DE PERICULOSIDADE (mantida) — Res. 121/2003, DJ 19, 20 e 21.11.2003***
>
> O adicional de periculosidade não incide sobre os triênios pagos pela Petrobras.

A **Súmula n. 70 do TST**, relativa ao pagamento de **adicional de periculosidade** para os empregados da Petrobras, foi **mantida** por meio da Resolução n. 121/2003 do TST, publicada no *DJ* nos dias 19, 20 e 21.11.2003.

A Lei n. 2.573/55 instituiu o salário adicional para os trabalhadores que prestem serviços em **contato permanente** com inflamáveis em condições de periculosidade, ou seja, adicional de periculosidade, afirmando em seu art. 1º que: *"Os trabalhadores que exercerem suas atividades em contato permanente com inflamáveis, em condições de periculosidade, terão direito a uma remuneração adicional de 30% (trinta por cento) sobre os salários que perceberem"*.

Verifica-se que o legislador instituiu como **base de cálculo** para o referido adicional o ***salário-base***, o que significa dizer que qualquer outra parcela salarial não pode ser inserida na base de cálculo, como os **triênios** pagos pela Petrobras S.A.

Entendeu o TST que a parcela referida não poderia ser considerada para fins de cálculo do adicional de periculosidade por **ausência** de **previsão legal**.

As leis referidas foram revogadas, sendo que os empregados na indústria petroquímica e de transporte de petróleo e derivados encontram-se regidos pelas disposições da **Lei n. 5.811/72**.

Contudo, o entendimento do TST mantém-se **válido**, tendo em vista que podem ser instituídas **gratificações** e **prêmios**, tais como os **triênios**, por contrato ou negociação coletiva.

> **ATENÇÃO:** O adicional de periculosidade é pago sobre o salário-base, calculando-se 30% sobre aquele, sem qualquer outra parcela acessória, como gratificações, adicionais etc.

> ***SÚMULA N. 71***
> ***ALÇADA (mantida) —***
> ***Res. 121/2003, DJ 19, 20 e 21.11.2003***
>
> A alçada é fixada pelo valor dado à causa na data de seu ajuizamento, desde que não impugnado, sendo inalterável no curso do processo.

A **Súmula n. 71 do TST**, relativa às **ações de alçada** no processo do trabalho, foi **mantida** por meio da Resolução n. 121/2003 do TST, publicada no *DJ* nos dias 19, 20 e 21.11.2003.

O entendimento do TST mostra-se de acordo com a **Súmula n. 502 do STF**, que assim dispõe: *"na aplicação do art. 839 do Código de Processo Civil, com a redação da Lei 4290, de 5.12.1963, a relação valor da causa e salário mínimo vigente na capital do estado, ou do território, para o efeito de alçada, deve ser considerada na data do ajuizamento do pedido"*.

Nos termos do **art. 291 do CPC/2015**, a toda causa deve ser atribuído um **valor**, necessário para a definição do **rito processual**, das custas e dos honorários advocatícios. Com relação ao primeiro — rito processual —, de acordo com o valor da causa a reclamação trabalhista seguirá o rito **ordinário**, **sumário** ou **sumaríssimo**. O primeiro para ações cujo valor da causa seja superior a 40 (quarenta) salários mínimos. O segundo para as denominadas *ações de alçada*, referidas na presente súmula, cujo valor não seja superior a **2 (dois) salários mínimos**. Por fim, o rito sumaríssimo será adotado para as demandas cujo valor seja superior a 2 (dois) e inferior a 40 (quarenta) salários mínimos.

As ações de alçada encontram-se disciplinadas pela **Lei n. 5.584/70** e possuem, entre outras características, a impossibilidade de interposição de recurso, salvo se houver ferimento à Constituição Federal.

O entendimento sumulado pelo TST e pelo STF demonstra que o valor da causa a ser considerado para fins da Lei n. 5.584/70 é aquele dado quando do **ajuizamento da ação**, e não na **data em que foi proferida a sentença**, como alguns entendiam antigamente.

O valor da causa mostra-se, regra geral, **imodificável** no curso do processo, salvo se houver **impugnação** por parte do réu, nos termos do art. 293 do CPC/2015, que disciplina a matéria da seguinte maneira: *"O réu poderá impugnar, em prelimi-*

nar da contestação, o valor atribuído à causa pelo autor, sob pena de preclusão, e o juiz decidirá a respeito, impondo, se for o caso, a complementação das custas".

Percebe-se da leitura do § 3º do art. 292 do CPC/2015 que o valor da causa pode ser alterado *de ofício* pelo juiz, caso este entenda que o valor atribuído não está de acordo com o conteúdo patrimonial dos pedidos que foram formulados.

Por fim, considerando-se a correção monetária, bem como a alteração do valor do salário mínimo, poderá a condenação ser superior a 2 (dois) salários mínimos, sem que isso implique alteração de rito, que continuará a ser o **sumário** (de alçada, Lei n. 5.584/70).

ATENÇÃO: Para a fixação do rito a ser seguido – sumário, sumaríssimo ou ordinário –, leva-se em consideração o valor da causa no momento do seu ajuizamento, independentemente de variações posteriores em relação ao valor do salário mínimo ou correção monetária do valor devido. O que é levado em consideração é apenas o valor no momento do ajuizamento.

SÚMULA N. 72
APOSENTADORIA (nova redação) —
Res. 121/2003, DJ 19, 20 e 21.11.2003

O prêmio-aposentadoria instituído por norma regulamentar da empresa não está condicionado ao disposto no § 2º do art. 14 da Lei n. 8.036, de 11.05.1990.

A **Súmula n. 72 do TST**, relacionada ao **prêmio-aposentadoria** instituído pela empresa, obteve **nova redação** por meio da Resolução n. 121/2003 do TST, publicada no *DJ* nos dias 19, 20 e 21.11.2003.

O prêmio-aposentadoria consiste no pagamento de uma quantia, estabelecida por **norma regulamentar** da empresa ou por meio de **negociação coletiva**, a ser paga quando da aposentadoria do empregado, como forma de incentivá-lo a pleitear o **benefício previdenciário**.

Poderá ser instituído, por exemplo, o pagamento de um salário, quando da aposentadoria, ao empregado que laborou mais de 10 (dez) anos para o mesmo empregador.

O TST entendeu que o pagamento de tal quantia não está condicionado à **transação** do tempo anterior à CRFB/88, quando da existência do instituto da **estabilidade decenal** (art. 492 da CLT).

Tal entendimento **privilegia** o empregado, pois proporciona ao mesmo o recebimento da quantia, **independentemente** de qualquer ato de transação entre empregado e empregador.

ATENÇÃO: O prêmio-aposentadoria pode ser instituído por norma interna ou negociação coletiva, não podendo ser condicionado à transação de período anterior ao sistema do FGTS, instituído de maneira obrigatória a partir da CF/88.

SÚMULA N. 73
DESPEDIDA. JUSTA CAUSA (nova redação) — Res. 121/2003, DJ 19, 20 e 21.11.2003

A ocorrência de justa causa, salvo a de abandono de emprego, no decurso do prazo do aviso prévio dado pelo empregador, retira do empregado qualquer direito às verbas rescisórias de natureza indenizatória.

A **Súmula n. 73 do TST**, relativa aos efeitos jurídicos da **justa causa** no curso do **aviso prévio**, obteve **nova redação** por meio da Resolução n. 121/2003 do TST, publicada no *DJ* nos dias 19, 20 e 21.11.2003.

A redação antiga afirmava que: *"Falta grave, salvo a de abandono de emprego, praticada pelo empregado no decurso do prazo do aviso prévio dado pelo empregador, retira àquele qualquer direito a indenização"*. A nova redação, apesar de primar pela correção técnica, utilizando expressões mais adequadas, retrata a mesma ideia, qual seja, pode haver **justa causa** no curso do **aviso prévio**, com suas consequências legais, salvo se ocorrer por **abandono de emprego**.

Verifica-se que o termo *falta grave* foi substituído por *justa causa*, tornando-se mais amplo e adequado à redação do **art. 483 da CLT**, que prevê as hipóteses em que o pacto laboral será extinto por **falta do trabalhador**.

Como consequência da justa causa, tem-se a **impossibilidade** de recebimento de diversas parcelas trabalhistas, como aviso prévio, 13° proporcional, férias proporcionais, 40% do FGTS e do **seguro-desemprego**.

A ocorrência de justa causa no período de aviso prévio dado pelo empregador faz com que o contrato de trabalho seja **extinto**, não havendo direito do empregado de laborar o restante do período de aviso, pois a falta lhe retira tal direito, assim como os anteriormente arrolados.

Como já foi explicitado nos comentários à **Súmula n. 5**, o período de aviso prévio, trabalhado ou indenizado, **integra** o contrato de trabalho para todos os fins legais, o que importa dizer que, se ao empregado são devidos todos os direitos trabalhistas surgidos no período do aviso, também são possíveis de serem exercidos todos os direitos do empregador, entre eles, o de **extinguir** o contrato de trabalho por justa causa.

A única exceção contemplada pela norma relaciona-se ao **abandono de emprego**, pois se presume que o empregado conseguiu nova colocação no mercado de trabalho, o que é, em verdade, a própria razão da existência do aviso prévio. Pode-se até dizer que *o abandono no curso de tal período não é considerado mais como justa causa*, sendo, portanto, devidos ao empregado todos os direitos trabalhistas da rescisão sem justa causa.

Destaca-se que o aviso prévio é um direito tão importante para o empregado, que, em regra, necessita conseguir outro emprego, que a **Súmula n. 276 do TST** o considera *irrenunciável*, afirmando não produzir quaisquer efeitos o **pedido de dispensa** de seu cumprimento, *"salvo comprovação de haver o prestador dos serviços obtido novo emprego"*.

A respeito do aviso prévio, é importante destacar a alteração legislativa decorrente da edição da Lei n. 12.506, de 11.10.2011, que regulamentou o aviso prévio proporcional ao tempo de serviço, instituto previsto na CRFB/88, no art. 7º, XXI, mas que somente agora mereceu a devida atenção do Poder Legislativo. A referida lei possui apenas dois artigos, a saber:

> Art. 1º O aviso prévio, de que trata o Capítulo VI do Título IV da Consolidação das Leis do Trabalho — CLT, aprovada pelo Decreto-lei n. 5.452, de 1º de maio de 1943, será concedido na proporção de 30 (trinta) dias aos empregados que contem até 1 (um) ano de serviço na mesma empresa.
>
> Parágrafo único. Ao aviso prévio previsto neste artigo serão acrescidos 3 (três) dias por ano de serviço prestado na mesma empresa, até o máximo de 60 (sessenta) dias, perfazendo um total de até 90 (noventa) dias.
>
> Art. 2º Esta Lei entra em vigor na data de sua publicação.

Assim, aos empregados continua a ser garantido o aviso prévio mínimo de 30 (trinta) dias, podendo chegar a 90 (noventa) dias, para os empregados com 20 (vinte) anos de emprego na mesma empresa, já que a proporção criada é de 3 (três) dias de aviso prévio para cada ano de trabalho prestado ao mesmo empregador.

A regulamentação da matéria pelo Poder Legislativo certamente decorreu das decisões proferidas pelo Supremo Tribunal Federal em junho de 2011, no julgamento dos mandados de injunção ns. 943, 1.010, 1.074 e 1.090, nos quais aquele tribunal reconheceu o direito ao aviso prévio proporcional.

ATENÇÃO: A justa causa pode ser aplicada no aviso prévio, se presente alguma das hipóteses do art. 482 da CLT, uma vez que o aviso prévio possui natureza jurídica de contrato de trabalho e no período o empregado deve cumprir todas as suas obrigações.

SÚMULA N. 74

CONFISSÃO (atualizada em decorrência do CPC de 2015) — Res. 208/2016, DEJT divulgado em 22, 25 e 26.04.2016

I — Aplica-se a confissão à parte que, expressamente intimada com aquela cominação, não comparecer à audiência em prosseguimento, na qual deveria depor.

II — A prova pré-constituída nos autos pode ser levada em conta para confronto com a confissão ficta (arts. 442 e 443, do CPC de 2015 — art. 400, I, do CPC de 1973), não implicando cerceamento de defesa o indeferimento de provas posteriores.

III — A vedação à produção de prova posterior pela parte confessa somente a ela se aplica, não afetando o exercício, pelo magistrado, do poder/dever de conduzir o processo.

A **Súmula n. 74 do TST**, referente à **confissão** no processo do trabalho, obteve **nova redação** por meio da Resolução n. 208/2016 do TST, publicada no *DEJT* nos dias 22, 25 e 26.04.2016, para adaptá-la aos dispositivos do novo Código de Processo Civil.

A confissão pode advir da **inércia** da parte ao não apresentar contestação, quando, em regra, os fatos narrados pelo autor são considerados **verdadeiros** ou quando a parte, intimada para **depor em audiência**, não comparece ao ato processual. Não se trata de penalidade imposta, e sim consequência processual de sua inércia, razão pela qual o TST entendeu por retirar o termo "pena" da redação do inc. I.

Sabe-se que no processo do trabalho a **audiência é una** — conciliação, instrução e julgamento —; porém, excepcionalmente, havendo necessidade, poderá o magistrado fracioná-la, determinando a intimação das partes, testemunhas, peritos, ou quaisquer outros sujeitos processuais, para comparecimento à **continuidade** do ato.

Assim ocorre, por exemplo, quando é requerida perícia em audiência. Ao deferir a realização do exame, o magistrado nomeia o *expert*, estipulando-lhe prazo para a entrega do laudo. Após, designa audiência para ouvir partes e testemunhas, quando solicitado esse meio de prova pelas partes.

Isso significa dizer que, conforme orientação sumulada pelo TST, a **confissão** pode surgir quando a parte, **intimada para depor**, não comparece à audiência inaugural ou em qualquer outra audiência que seja designada em continuidade à primeira. Há que se observar, contudo, se houve intimação **específica** da parte para depor. Caso contrário, a confissão não poderá advir como consequência, pois a súmula em comento fala em *expressamente intimada com aquela cominação*, ou seja, não se pode presumir a confissão. Deve ela ser resultado da inércia da parte que sabia da existência da referida consequência processual. Esse é o entendimento do inc. I da presente súmula.

Com relação ao inc. II, anteriormente à ***Orientação Jurisprudencial n. 184 da SBDI-1***, tem-se que a confissão advinda da ausência da parte ao depoimento é tão somente **relativa**, já que podem ser contrapostos documentos (provas pré-constituídas), de forma a demonstrar a inexistência do fato sobre o qual a confissão se relaciona. Por isso é que se denomina ***confissão ficta***, ou seja, não se confunde com a ***confissão real***, aquela espontaneamente realizada pela parte. Enquanto a primeira (ficta) é resultado de uma **omissão**, a segunda (real) advém de uma **ação**.

Destaca o inciso em análise que não há que se considerar **cerceamento de defesa** o indeferimento posterior de outras provas requeridas pela parte, pois os fatos já comprovados por confissão das partes não precisam ser também comprovados por outros meios de prova, pois já estão **provados**. As provas devem ser produzidas apenas enquanto existem **dúvidas** sobre a ocorrência do fato. Com a confissão, que é **meio de prova**, o fato não mais é duvidoso, razão pela qual destacam os arts. 442 e 443, I, do CPC/2015 que: *"A prova testemunhal é sempre admissível, não dispondo a lei de modo diverso. O juiz indeferirá a inquirição de testemunhas sobre fatos: I — já provados por documento ou confissão da parte; (...)"*. Não há, portanto, cerceamento de defesa, pois a lei considera, nessas hipóteses, desnecessária a produção de qualquer outra prova.

Não obsta, porém, que o magistrado determine a produção de outros meios de prova, mesmo testemunhal, tendo em vista os seus ***poderes instrutórios***, presentes no **art. 370 do CPC/2015**, poderes que permitem que o juiz defira a produção dos meios de prova que entender necessários, bem como possa indeferir aqueles que considerar **inúteis** ou **protelatórios**. Aliás, foi esse o entendimento que levou o TST a inserir o inc. III, já que a produção da prova é comandada pelo juiz, que pode entender necessária a produção de qualquer meio probatório, mesmo que haja incidido sobre os fatos a presunção de veracidade.

> **ATENÇÃO:** Mesmo que haja confissão em relação a determinado fato, poderá o Juiz determinar a produção de prova, já que possui os poderes instrutórios previstos no art. 370 do CPC/2015. A parte confessa é que não possui o direito de pleitear a produção da prova sobre aquele fato, pois já presumido verdadeiro.

> ***SÚMULA N. 77***
> ***PUNIÇÃO (mantida) —***
> ***Res. 121/2003, DJ 19, 20 e 21.11.2003***
>
> Nula é a punição de empregado se não precedida de inquérito ou sindicância internos a que se obrigou a empresa por norma regulamentar.

A **Súmula n. 77 do TST**, que analisa a importância da **norma regulamentar** que prevê **procedimento** para aplicação de **sanção**, foi **mantida** pela Resolução n. 121/2003 do TST, publicada no *DJ* nos dias 19, 20 e 21.11.2003.

Dentre os poderes do empregador, reside o denominado ***poder disciplinar***, que é aquele que prevê a possibilidade de esse aplicar **penalidades** ao empregado, desde que realizada alguma conduta violadora de normas jurídicas.

As penalidades existentes na CLT são a **suspensão** por até 30 dias e a **rescisão do contrato por justa causa**. A praxe forense previu ainda a **advertência**, verbal ou por escrito, por ser menos lesiva ao empregado. Trata-se de aplicação de costume mais **favorável** ao obreiro.

Não existe um procedimento previsto na lei para a aplicação das penalidades. Em regra, não precisa ser precedida de qualquer **sindicância** para apuração. O que não pode ocorrer é a aplicação **tardia** da penalidade, pois se entende que houve **perdão tácito**, ao não se aplicar a penalidade de **imediato**. Também não podem ser aplicadas duas penalidades para idêntico fato, como uma advertência e suspensão ao empregado por atraso no mesmo dia. Se houve a aplicação da advertência, nenhuma outra penalidade poderá ser aplicada ao mesmo fato, pois o contrário importaria um ***bis in idem***. Caso ocorra novo atraso, em outro dia, aí sim poderá o empregador aplicar nova penalidade, pois se tratam de eventos diversos.

Inexistindo procedimento legal, o empregador não precisa lançar mão de qualquer formalidade, rito ou procedimento. Basta advertir o empregado oralmente, entregar-lhe a advertência escrita, comunicá-lo da suspensão ou preparar o termo de rescisão do contrato de trabalho por justa causa, pagando-lhe o que é devido.

Porém, a situação mostra-se totalmente contrária se houver **norma interna** (regulamento interno) da empresa prevendo a realização de **sindicância** ou **processo administrativo** anterior à punição.

Por ser mais **benéfica** ao trabalhador, essa norma se adere ao contrato de trabalho, podendo-se falar até em ***direito adquirido***, *a ser punido somente após regular procedimento previsto na norma interna.* Qualquer penalidade aplicada fora dos preceitos estatuídos pela própria empresa é totalmente **nula**, podendo ser assim declarada pelo Poder Judiciário.

A súmula em comento é reflexo do **princípio da proteção** no âmbito trabalhista. Assim, exemplificando, caso haja norma prevendo a instauração de **processo administrativo** para apurar eventual irregularidade, com comissão processante formada por 3 (três) outros funcionários da empresa, a não instauração do processo ou a formação da comissão de forma diferente da prevista acarretará a **nulidade** do procedimento e de qualquer penalidade aplicada. Caso a penalidade seja de rescisão por justa causa, poderá o juiz do trabalho determinar de forma **liminar** a **reintegração** do obreiro.

Em síntese, qualquer norma que venha a ser mais **benéfica** ao trabalhador, mesmo aquelas instituídas por **norma interna** da empresa, possuem aplicação aos contratos de trabalho e o seu desrespeito pode importar nulidade do ato jurídico.

> **ATENÇÃO:** Se foi estabelecido, por qualquer norma, um procedimento para aferir a ocorrência de justa causa, deve aquele ser rigorosamente seguido, sob pena de nulidade da demissão, já que se trata de uma punição, que deve observar todos os preceitos legais.

> ***SÚMULA N. 80***
> ***INSALUBRIDADE (mantida) —***
> ***Res. 121/2003, DJ 19, 20 e 21.11.2003***
>
> A eliminação da insalubridade mediante fornecimento de aparelhos protetores aprovados pelo órgão competente do Poder Executivo exclui a percepção do respectivo adicional.

A **Súmula n. 80 do TST**, referente ao adicional de insalubridade, foi **mantida** pela Resolução n. 121/2003, publicada no *DJ* nos dias 19, 20 e 21.11.2003.

Conforme já comentado quando das **Súmulas ns. 17 e 47 do TST**, ambas atinentes à insalubridade, o **adicional** somente será pago enquanto houver a incidência dos **agentes nocivos** ao trabalhador. Mesmo em quantidade inferior, ante a utilização de **EPIs (Equipamentos de Proteção Individual)**, o adicional continua sendo devido, porém, em **percentual menor**. Apesar do contato **intermitente**, também é devido o referido acréscimo.

Porém, **redução** é totalmente diferente de **eliminação**. Se a primeira não faz desaparecer o direito do empregado na percepção do adicional, o segundo, *eliminação*, promove a **retirada** do aludido adicional. Se não existe mais o agente nocivo, ou se este encontra-se dentro dos padrões de **normalidade**, tal como o *ruído*, inexiste direito a continuar recebendo a quantia. Inexiste ***direito adquirido*** nessa hipótese.

Da mesma forma que a insalubridade somente pode ser aferida por **perícia técnica**, a cargo de engenheiro ou de médico do trabalho, a eliminação do agente insalubre pela entrega dos EPIs deve ser comprovada por **perito**, não podendo ser presumida. Isso significa dizer que a simples entrega dos **equipamentos de proteção**, o que, aliás, é obrigação do empregador, não gera, *de per si*, ou seja, automaticamente, a supressão do pagamento do adicional. Importa dizer que a supressão do pagamento deve ser precedida de **autorização judicial**, sob pena de configurar-se a **rescisão indireta**, ou seja, por culpa do empregador.

Ainda: vale a pena destacar o texto do art. 191 da CLT acerca da matéria: *"A eliminação ou a neutralização da insalubridade ocorrerá: I — com a adoção de medidas que conservem o ambiente de trabalho dentro dos limites de tolerância; II — com a utilização de equipamentos de proteção individual ao trabalhador, que diminuam a intensidade do agente agressivo a limites de tolerância"*.

Por fim, as **Súmulas ns. 248 e 289 do TST** também versam sobre o tema insalubridade. A primeira afirma que *"A reclassificação ou a descaracterização da insalubridade, por ato da autoridade competente, repercute na satisfação do respectivo adicional, sem ofensa a direito adquirido ou ao princípio da irredutibilidade salarial"*, enquanto a segunda diz que *"O simples fornecimento do aparelho de proteção pelo empregador não o exime do pagamento do adicional de insalubridade. Cabe-lhe tomar as medidas que conduzam à diminuição ou eliminação da nocividade, entre as quais as relativas ao uso efetivo do equipamento pelo empregado"*.

> **ATENÇÃO:** O adicional de insalubridade somente deixará de ser pago se houver a eliminação ou neutralização do agente nocivo. Enquanto não houver referida eliminação, o adicional continuará a ser pago, já que o fornecimento dos equipamentos de proteção individual não exclui automaticamente aquele direito.

> ***SÚMULA N. 81***
> ***FÉRIAS (mantida) —***
> ***Res. 121/2003, DJ 19, 20 e 21.11.2003***
>
> Os dias de férias gozados após o período legal de concessão deverão ser remunerados em dobro.

A **Súmula n. 81 do TST**, atinente ao pagamento em **dobro das férias vencidas**, foi **mantida** pela Resolução n. 121/2003, publicada no *DJ* nos dias 19, 20 e 21.11.2003.

Nos comentários à **Súmula n. 7 do TST**, frisou-se a existência de dois períodos distintos relacionados às férias, quais sejam, o ***aquisitivo*** e o ***concessivo***. O primeiro é aquele que se refere aos primeiros 12 (doze) meses do vínculo de emprego, ao término do qual faz jus o empregado, salvo exceções legais (faltas ou regime em jornada parcial, por exemplo), ao período de **30 (trinta) dias** corridos de férias. Caso haja o término da relação antes de completado o **período aquisitivo**, são devidas **férias proporcionais**, na razão de 1/12 para cada mês trabalhado ou parcela superior a 15 (quinze) dias. Assim, caso o trabalhador seja despedido sem justa causa no 5º mês de trabalho ou peça demissão ou a rescisão do contrato por qualquer outra forma que não seja a justa causa, será devido o pagamento de 5/12 de férias proporcionais, acrescidas de 1/3, por previsão expressa da CRFB/88. A depender da situação, ainda será devido 1/12 de férias proporcionais em virtude do **aviso prévio**, mesmo **indenizado**.

Concluído o **período aquisitivo**, inicia-se a contagem do período ***concessivo***, que é o prazo de 12 (doze) meses dentro do qual o empregado deve gozar das férias, em época a ser definida pelo **empregador**. Assim, se o empregado inicia a prestação de serviços no dia 05.04.2008, o período aquisitivo vai até 05.04.2009, sendo que, a partir desse momento, poderá o empregado gozar do período de férias. Porém, o empregador poderá colocá-lo em férias até o dia 06.04.2010, ou seja, doze meses após o término do período aquisitivo.

Em nosso exemplo, se o empregado não gozar das férias até o dia 06.04.2010, a partir do dia seguinte (07.04.2010), os dias de férias deverão ser pagos em **dobro**, como uma **penalidade** ao empregador. Tal *dobra* das férias alcança apenas a **remuneração**. Não significa que o empregado terá direito a 60 (sessenta) dias de férias. O período continua a ser de 30 (trinta) dias, salvo se houver **norma mais benéfica**, prevendo prazo superior; porém, a remuneração será dobrada.

A penalidade da dobra será aplicada igualmente quando empregado e empregador acordarem o pagamento das férias sem efetivo descanso, o que é **ilegal**. Em algumas situações, notadamente quando o empregado está em situação financeira delicada, o empregador acorda com o empregado a concessão das férias "apenas no papel", sendo que o último continua a trabalhar, recebendo um salário a mais. Apesar da remuneração adicional, tal situação mostra-se totalmente **maléfica** ao empregado, pois a não concessão de férias faz com que a saúde do trabalhador, física e mental, fique prejudicada, aumentando inclusive o risco de **acidentes de trabalho**.

A concessão de férias, portanto, é **matéria de ordem pública**, estando intimamente relacionada à ***saúde e à medicina do trabalho***.

O texto da súmula em comento (*"Os dias de férias gozados após o período legal de concessão deverão ser remunerados em dobro"*) reflete o pensamento do legislador, que previu no *caput* do art. 137 da CLT que *"sempre que as férias forem concedidas após o prazo de que trata o art. 134, o empregador pagará em dobro a respectiva remuneração"*.

Além disso, poderá o empregado mover **ação trabalhista** visando a **concessão do período de férias**, sendo que o magistrado, ao fixar por sentença o período, determinará que se cumpra sob pena de **multa diária** de 5% do salário mínimo. Tratando-se de tutela de fazer, expedientes como a multa são, em regra, eficazes para a satisfação do direito.

Por último, vale a pena frisar que, nas férias concedidas dentro do prazo concessivo, faz jus o empregado à percepção da remuneração **acrescida de 1/3**, previsto no inc. XVII do art. 7º da CRFB/88. Nas férias vencidas, a remuneração não é 2 x remuneração normal + 2/3, e sim 2 x remuneração normal + 1/3, o que significa dizer que o acréscimo constitucional será **sempre de 1/3**, não se podendo falar em 2/3. O quadro abaixo esclarece melhor a questão.

	VALOR DO SALÁRIO	VALOR REFERENTE AO 1/3 DE FÉRIAS	VALOR TOTAL A SER RECEBIDO NAS FÉRIAS
Férias concedidas dentro do período concessivo	R$ 900,00 (Remuneração simples)	R$ 300,00	R$ 1.200,00
Férias concedidas fora do período concessivo	R$ 900,00 + R$ 900,00 = R$ 1.800,00 (Dobra da remuneração)	R$ 600,00	R$ 2.400,00

ATENÇÃO: Caso as férias não sejam concedidas dentro do período concessivo, que é de até 12 meses após a aquisição do direito, deverão ser pagas em dobro, como uma punição ao empregador.

SÚMULA N. 82
ASSISTÊNCIA (nova redação) — Res. 121/2003, DJ 19, 20 e 21.11.2003

A intervenção assistencial, simples ou adesiva, só é admissível se demonstrado o interesse jurídico e não o meramente econômico.

A **Súmula n. 82 do TST**, referente à **assistência simples** ou **adesiva**, obteve **nova redação** por meio da Resolução n. 121/2003, publicada no *DJ* nos dias 19, 20 e 21.11.2003.

A redação antiga previa que *"A intervenção assistencial, simples ou adesiva, só é admissível se demonstrado o interesse jurídico e não o meramente econômico, perante a Justiça onde é postulada"*. Verifica-se, portanto, que a nova redação excluiu a expressão *perante a Justiça onde é postulada*, por tratar-se até de obviedade. O assistente deve provar na relação processual, na qual pretende ingressar, o seu **interesse jurídico**.

A redação atual, bem como a anterior, apenas prevê o que há muito já se encontra expressamente no art. 119 do CPC/2015. Segundo tal dispositivo legal, *"Pendendo causa entre 2 (duas) ou mais pessoas, o terceiro juridicamente interessado em que a sentença seja favorável a uma delas poderá intervir no processo para assisti-la"*.

Assim, não se permite o ingresso do assistente que possui **interesse** meramente **econômico** ou **moral**. Há que se demonstrar, portanto, o **interesse jurídico**. Caso típico é do fiador, que possui interesse jurídico em ingressar no feito para ajudar o assistido (devedor principal) a vencer a demanda. Outro exemplo, que pode ser aplicado ao âmbito trabalhista, é o pedido de ingresso como assistente de uma das **empresas do grupo** que não compõe o polo passivo da reclamação trabalhista. Tendo em vista a **responsabilidade solidária** existente entre as empresas do mesmo grupo, há interesse jurídico em intervir no feito, buscando evitar a condenação.

O procedimento de **intervenção** é bastante simples, sendo regulamentado pelo CPC. O assistente apresentará petição ao Juízo da causa, demonstrando a existência do **interesse jurídico** e requerendo o ingresso no feito para assistir o autor ou réu. O juiz intimará as partes para, em 5 (cinco) dias, impugnarem o pedido. Inexistindo impugnação, será aceito o ingresso do assistente. Contudo, se qualquer das partes impugnar, demonstrando a inexistência de interesse jurídico, o juiz deverá desentranhar a petição, autuando-a em apenso em conjunto com a **impugnação**, iniciando-se um procedimento em apartado, **sem suspensão** do processo principal. Posteriormente, intimará os envolvidos para manifestarem o interesse em produzir outras provas, além da prova documental, já apresentada ao processo na petição de ingresso e na impugnação. Não havendo qualquer prova adicional a ser produzida ou ao final de sua produção, decidirá o incidente em 5 (cinco) dias.

Tratando-se de **decisão interlocutória**, não caberá recurso de imediato, podendo-se, contudo, se presentes os requisitos legais, impetrar-se **mandado de segurança** contra o ato judicial.

Atuando no feito, o assistente terá os mesmos **poderes** e **ônus** que as partes, o que significa dizer que poderá, entre outros, arrolar testemunhas, requerer perícia, recorrer, impugnar etc., porém, desde que respeite as normas processuais atinentes a prazos, formas etc., pois possui também os mesmos ônus que as partes.

Por tratar-se de assistência simples ou adesiva, em que o direito material discutido não lhe pertence, e sim ao assistido, não poderá o assistente transigir, renunciar ao direito, desistir da ação, pois tais faculdades e poderes somente são inerentes ao **titular do direito material**, no caso, o assistido.

Em suma, a **nova redação** não altera o entendimento anterior, que apenas se coaduna com as normas do Código de Processo Civil.

> **ATENÇÃO:** O principal requisito para a assistência é o interesse jurídico, tanto que o CPC afirma que o "juridicamente interessado" poderá intervir para auxiliar qualquer das partes a vencer o litígio. O interesse financeiro, moral etc. não possibilita a intervenção.

SÚMULA N. 83
AÇÃO RESCISÓRIA. MATÉRIA CONTROVERTIDA
(incorporada a Orientação Jurisprudencial n. 77 da SBDI-2) — Res. 137/2005, DJ 22, 23 e 24.08.2005

I — Não procede pedido formulado na ação rescisória por violação literal de lei se a decisão rescindenda estiver baseada em texto legal infraconstitucional de interpretação controvertida nos Tribunais.

II — O marco divisor quanto a ser, ou não, controvertida, nos Tribunais, a interpretação dos dispositivos legais citados na ação rescisória é a data da inclusão, na Orientação Jurisprudencial do TST, da matéria discutida.

A **Súmula n. 83 do TST**, atinente ao cabimento de ação rescisória quando a **matéria** for **controvertida** nos tribunais, obteve **nova redação** por meio da Resolução n. 137/2005 do TST, publicada no *DJ* nos dias 22, 23 e 24.08.2005, com a **incorporação da Orientação Jurisprudencial n. 77 da SBDI-2 do TST**.

A **ação rescisória**, cujo cabimento na Justiça do Trabalho encontra-se previsto no **art. 836 da CLT**, alterado pela Lei n. 11.495/2007 para incluir a necessidade de realização de **depósito prévio** no importe de 20% (vinte por cento) do valor da causa, poderá ser manejada nas hipóteses do art. 966 do CPC/2015.

Entre os casos de cabimento, destaca-se o **inc. V**, relacionado à **violação literal de preceito de lei**, ou seja, por ter-se aplicado erroneamente determinado preceito de lei ou por tê-lo ignorado, constituindo a omissão em violação ao mesmo.

A súmula sob comento caminhou no mesmo sentido trilhado pelo **Supremo Tribunal Federal**, que destacou na ***Súmula n. 343*** o não cabimento da ação quando o texto legal invocado na rescisória for de **interpretação controvertida** nos tribunais. Nos termos da súmula do STF, *"não cabe ação rescisória por ofensa a literal disposição de lei, quando a decisão rescindenda se tiver baseado em texto legal de interpretação controvertida nos tribunais"*.

O inc. I da Súmula n. 83 do TST traça idêntico entendimento. Não há possibilidade de ajuizar ação rescisória alegando que determinado preceito de lei foi aplicado erroneamente, se o julgador tiver adotado um dos entendimentos existentes na jurisprudência, já que a questão mostra-se **controvertida**. Não havendo entendimento unificado sobre a interpretação correta, a adoção de um deles não importa erro do julgador, capaz de gerar a rescisão do julgado. A decisão não se encontra viciada, errada. Poderá até não ter sido escolhido o melhor posicionamento, mas um dos possíveis. Sob a ótica do magistrado, trata-se da melhor **interpretação**.

Acerca da matéria, vale a pena transcrever as sempre valiosas palavras de RODRIGO KLIPPEL, especialista no tema: *"A violação à literal disposição de lei é uma terminologia que pretende demonstrar, portanto, a existência de um consenso sobre o sentido jurídico da norma, e a desatenção, por parte do julgador, a esse significado"*.[13]

Conclui-se que a adoção de um entendimento acerca da matéria controvertida nos tribunais não acarreta a aludida ***desatenção** do julgador sobre determinada norma*, pois **inexistente o consenso**, já que presente a divergência jurisprudencial.

Ainda com relação ao tema, o inc. II destaca o *termo final da controvérsia*, a saber, a introdução do tema na Orientação Jurisprudencial do TST, o que significa dizer que determinada matéria não mais será considerada controvertida a partir do momento em que o TST, por meio de simples **Orientação Jurisprudencial**, pronunciar-se sobre a mesma. A partir desse momento, para fins rescisórios, será considerado o posicionamento do Tribunal Superior do Trabalho. Portanto, a aplicação

[13] KLIPPEL, Rodrigo. *A coisa julgada e sua impugnação*: relativização da coisa julgada. Rio de Janeiro: Lumen Juris, 2008. p. 174.

de determinada norma de forma diferente daquela exposta pelo TST ensejará, desde que presentes os demais requisitos, **o corte rescisório**, por considerar-se ter havido *violação à literal disposição de lei.*

ATENÇÃO: Se o dispositivo é de interpretação controvertida nos tribunais, ele pode ser aplicado pelo julgador de várias formas dentro das interpretações razoáveis existentes. Logo, não podemos falar que a decisão judicial está certa ou errada por não ter o Magistrado aplicado o entendimento que queríamos. Na hipótese, não podemos ajuizar ação rescisória por suposta violação de dispositivo legal, pois há a liberdade do Magistrado para interpretar e aplicar a lei, ainda mais quando existem interpretações divergentes.

SÚMULA N. 84
ADICIONAL REGIONAL (nova redação) —
Res. 121/2003, DJ 19, 20 e 21.11.2003

O adicional regional, instituído pela Petrobras, não contraria o art. 7º, XXXII, da CF/1988.

A **Súmula n. 84 do TST**, que trata da constitucionalidade de **adicional regional**, obteve **nova redação** por meio da Resolução n. 121/2003, publicada no *DJ* nos dias 19, 20 e 21.11.2003.

Ao entender-se que a criação de **adicional regional** não viola o inc. XXXII do art. 7º da CRFB/88, o Tribunal Superior do Trabalho teve por intuito demonstrar que **desigualdades** existem e devem ser levadas em consideração pelo empregador, o que lhe autoriza criar benefícios para um grupo determinado de trabalhadores.

Dispõe o referido inciso da Constituição que é direito de todo trabalhador *"a proibição de distinção entre trabalho manual, técnico e intelectual entre os profissionais respectivos"*. O legislador constituinte, mais uma vez, quis preservar o **princípio da *isonomia*** no âmbito laboral. Porém, não se pode olvidar que o princípio da isonomia é visto sob dois ângulos: ***formal*** e ***material***. O primeiro reconhece a **total igualdade** entre todos, sem qualquer discriminação, nos termos do *caput* do art. 5º da CRFB/88. Já o segundo reconhece a existência de **desigualdades** entre as pessoas. Exemplo simples é a obrigatoriedade de contratação de pessoas portadoras de necessidades especiais pelas empresas, bem como a criação de meios que viabilizem a locomoção dessas pessoas no ambiente de trabalho. Sob a ótica da *igualdade formal*, não haveria que se impor a contratação, pois **todos são iguais** perante a lei.

Porém, sob a ótica da ***isonomia material***, sabendo da maior dificuldade dos deficientes em conseguir emprego, o legislador reconheceu a desigualdade e tentou corrigi-la, proporcionando maior possibilidade de ingresso no mercado de trabalho daquelas pessoas.

O tema em estudo na ***Súmula n. 84*** é exatamente o reconhecimento da existência de **desigualdades regionais** em nosso país, decorrência de sua dimensão continental. Visando diminuir essas desigualdades e facilitar o deslocamento da mão de obra para locais mais distantes dos grandes centros, onde sobram empregos e falta mão de obra qualificada, reconheceu-se a **validade** dos *adicionais regionais* instituídos pela **Petrobras**. Claro que, apesar de a súmula fazer menção apenas à empresa exploradora de petróleo, deve o entendimento ser aplicado em qualquer situação análoga.

De forma a tornar o estudo prático, traz-se a situação vivida pelo empregador da Petrobras no Estado do Amazonas. Naquela localidade, os sindicatos obreiros sempre reivindicaram o pagamento de adicional regional, para custear gastos com **deslocamento** e **moradia**, pois, tratando-se de local distante, os trabalhadores possuem maiores despesas, em especial, com locomoção. Também percebem o referido adicional os trabalhadores que executam suas tarefas embarcados ou confinados. O recebimento de tal parcela salarial incentiva os trabalhadores, que se sentem atraídos a trabalhar em regiões mais longínquas, o que certamente não aconteceria sem a gratificação.

Assim, da mesma forma que o trabalho em cidades diferentes impede a **equiparação salarial**, pois o custo de vida de um lugar pode variar em comparação com outro, nada mais justo que adicionar determinada parcela à remuneração daquele que desenvolverá as atividades em região mais afastada dos grandes centros.

Por isso, afirma-se que tal adicional não viola a CRFB/88.

> **ATENÇÃO:** A possibilidade de instituir vantagens ou pagar salários diferentes em cidades ou localidades diversas está de acordo com o princípio da isonomia, que prevê tratar desigualmente os desiguais.

SÚMULA N. 85
COMPENSAÇÃO DE JORNADA (inserido o item VI) — Res. 209/2016, DEJT divulgado em 01, 02 e 03.06.2016

I — A compensação de jornada de trabalho deve ser ajustada por acordo individual escrito, acordo coletivo ou convenção coletiva.

II — O acordo individual para compensação de horas é válido, salvo se houver norma coletiva em sentido contrário.

III — O mero não atendimento das exigências legais para a compensação de jornada, inclusive quando encetada mediante acordo tácito, não implica a repetição do pagamento das horas excedentes à jornada normal diária, se não dilatada a jornada máxima semanal, sendo devido apenas o respectivo adicional.

IV — A prestação de horas extras habituais descaracteriza o acordo de compensação de jornada. Nesta hipótese, as horas que ultrapassarem a jornada semanal normal deverão ser pagas como horas extraordinárias e, quanto àquelas destinadas à compensação, deverá ser pago a mais apenas o adicional por trabalho extraordinário.

V — As disposições contidas nesta súmula não se aplicam ao regime compensatório na modalidade "banco de horas", que somente pode ser instituído por negociação coletiva.

VI — Não é válido acordo de compensação de jornada em atividade insalubre, ainda que estipulado em norma coletiva, sem a necessária inspeção prévia e permissão da autoridade competente, na forma do art. 60 da CLT.

A **Súmula n. 85 do TST**, relacionada à **compensação de jornada**, obteve **nova redação** por meio da Resolução n. 209/2016 do TST, publicada no *DEJT* nos dias 01, 02 e 03.06.2016, para incluir o inciso VI no entendimento sumulado.

Em primeiro lugar, destaca-se que a jornada de trabalho-padrão da CRFB/88, descrita no art. 7º, XIII, não pode ser *"(...) superior a oito horas diárias e quarenta e quatro semanais, facultada a compensação de horários e a redução da jornada, mediante acordo ou convenção coletiva de trabalho"*.

Assim, trabalha-se em regra **8 (oito) horas diárias** de segunda a sexta-feira e **4 (quatro) horas** no sábado, respeitando-se, portanto, a jornada semanal de **44 (quarenta e quatro) horas**.

Porém, sabe-se que muitas empresas não funcionam aos sábados, ou seja, este dia não é útil para a maioria da população. Visando proporcionar a realização da jornada de 44 (quarenta e quatro) horas semanais apenas durante a semana, previu o constituinte a possibilidade de **compensação da jornada**, diluindo-se as 4 (quatro) horas, que seriam trabalhadas no sábado, pelos dias úteis da semana. Grande parte dos empregados labora uma hora a mais de segunda a quinta para folgar no sábado. Tem-se, assim, a **compensação da jornada**.

O texto constitucional faz referência a *acordo ou convenção coletiva* para fins de compensação de horários e redução da jornada. Diante dessa redação, surgiu a dúvida a respeito do tipo de **acordo** que poderia ser celebrado, se **particular** ou **coletivo**. Com relação à **convenção**, já restava claro que essa deveria ser ***coletiva***. A dúvida surgiu com relação ao acordo, pois, segundo as normas redacionais, se fosse coletivo, o texto legal falaria em *acordo e convenção coletivos*, fazendo-se alusão aos dois substantivos. Dessa forma, passou-se a entender que o acordo poderia ser *particular*, ou seja, entre empregador e empregado.

Esse foi o entendimento do TST, descrito no inc. I da súmula em comento. Para fins de compensação de horários *dentro da mesma semana*, ou seja, **compensação semanal**, poderá o acordo ser **particular**, pois essa situação é **benéfica** ao empregado, que não irá trabalhar no sábado, tendo mais um dia para seus afazeres particulares ou lazer. Se pode ser feito de forma particular, é claro que o acordo também poderá ser coletivo, por trazer maior segurança aos direitos trabalhistas. *Quem pode o mais (realizar compensação por acordo individual) pode o menos (acordo coletivo).*

Ainda a respeito da compensação, a análise do inc. II da súmula demonstra a **presunção legal** de que as disposições contidas em **norma coletiva** encontram-se em posição **hierarquicamente superior** às individuais, tornando as disposições desta última inválidas.

Assim, havendo acordo individual de compensação de jornada entre João e seu empregador, aquele somente será válido caso inexista **norma coletiva** (acordo coletivo ou convenção coletiva) dispondo o contrário, ou seja, proibindo a compensação nas situações por ela abarcadas. Existindo, por exemplo, acordo coletivo entre o Sindicato dos Metalúrgicos de São Paulo e a Empresa "X" negando a possibilidade de qualquer tipo de compensação de jornada, nenhum efeito jurídico advirá de um acordo firmado por João e a referida empresa.

Presume-se que a norma coletiva efetiva com maior **segurança** os direitos trabalhistas, por não se considerar o sindicato um ente ***hipossuficiente***, como ocorre com o empregado em relação ao empregador.

Passando-se à análise do inc. III da súmula ora comentada, inicia-se afirmando que o Tribunal Superior do Trabalho aceita o **acordo individual** de compensação de jornada *tácito*, ou seja, aquele que começa a ser realizado sem oposição do empregador. Se o empregado, por conta própria, passa a trabalhar uma hora a mais de segunda a quinta e a não trabalhar no sábado **sem oposição** do empregador, tornando-se tal ato **habitual**, estará **tacitamente autorizada** a compensação de jornada. Assim, não fará jus o empregado à percepção da remuneração das horas trabalhadas acima das 8 (oito) diárias como extras, por não estar trabalhando aos sábados, bem como não poderá o empregador aplicar qualquer penalidade pela ausência do obreiro naquele dia.

É importante ainda frisar que, embora não sendo atendidos os **requisitos legais** para a compensação de jornada, o empregador não precisará pagar as horas extraordinárias, mas apenas o adicional, caso a jornada semanal não ultrapasse 44 horas. Assim, se João trabalhar 9 horas por dia, de segunda a quinta-feira e folgar no sábado, mesmo sem acordo de compensação de jornada, não estará o empregador obrigado a pagar uma hora por dia, acrescida do adicional de horas extras, pois, ao final da semana, respeitou-se a jornada máxima de 44 horas. Caberá ao trabalhador perceber apenas o adicional respectivo, o que significa dizer que, sendo a hora normal R$ 10,00 e o adicional R$ 5,00 (50% da hora normal), o trabalhador não receberá R$ 15,00 por cada hora excedente de segunda a quinta-feira, e sim apenas o adicional de R$ 5,00. Mostra-se totalmente correto o entendimento, pois, se contrário, importaria **enriquecimento sem causa** do obreiro, que receberia pelas horas (e como extras) sem a respectiva contraprestação, já que não trabalha aos sábados.

Destaca o inc. IV que a realização de **horas extras habituais** descaracteriza o acordo de **compensação de jornada**. Em primeiro lugar, destaca-se que a compensação de jornada, em especial, a semanal, é **benéfica** ao empregado, pois trabalha-se um pouco mais a cada dia da semana para descansar no sábado. Em razão da inexistência de prejuízo ao empregado, aceita-se o surgimento do instituto até de forma **tácita**. Em segundo lugar, o trabalho em jornada extraordinária é tão somente **exceção**, por ser **maléfico** ao empregado. Apesar de a remuneração alcançar patamar superior, a prestação de horas extras não deve ser realizada, pois aumenta tanto o acúmulo de **toxinas no organismo** quanto o cansaço, bem como a possibilidade de acidentes e, por fim, aumenta o desemprego, por impedir a contratação de novos empregados.

Tomando por base tais ideias, o TST entendeu por bem considerar inexistente o acordo de compensação de jornada quando o empregado laborar em jornada extra. Como consequência prática, todo e qualquer trabalho realizado em jornada superior à legal, seja a diária ou a semanal, será remunerada com o **adicional** respectivo. Porém, o pagamento não se dará de maneira uniforme para todas as situações. Ultrapassado o limite semanal de 44 horas, as excedentes serão pagas acrescidas do adicional de pelo menos 50%. Já as horas extraordinárias, prestadas durante a semana e que seriam utilizadas para a compensação com o sábado, serão pagas apenas com o adicional de pelo menos 50%. Aclarando o assunto, se a hora normal do obreiro vale R$ 10,00, as horas que excederem 44 semanais serão pagas com o valor mínimo de R$ 15,00 (valor da hora normal acrescido de 50%) e aquelas que excederem a jornada diária, mas que seriam utilizadas para a compensação, serão acrescidas em R$ 5,00 (adicional de 50%).

Esse entendimento é bastante criticado pela doutrina, pois apresenta situação benéfica àquele que descumpriu o **acordo de compensação de jornada** e impôs trabalho excessivo ao empregado. A situação é benéfica ao empregador, pois a remuneração abarca apenas o adicional. Nos termos do ensinamento de FRANCISCO ANTÔNIO DE OLIVEIRA, *"não nos parece razoável minimizar o comportamento daquele que não deu cumprimento ao contrato e impôs carga maior de trabalho, com concentração de toxinas, premiando com o pagamento apenas do adicional. Descumprido o contrato firmado para a compensação de horas, razoável é que o empregador pague o excesso com horas extras. O patrimônio do trabalhador é a sua higidez"*.

Já o inc. V, inserido por meio da Resolução n. 174/2011, após revisão da jurisprudência realizada pelo TST no mês de maio de 2011, afirmando que o sistema de compensação de jornada denominado "banco de horas", previsto no art. 59, § 2º da CLT, somente pode ser instituído por negociação coletiva, isto é, acordo coletivo de trabalho ou convenção coletiva de trabalho. A necessidade decorre da situação maléfica que em tese pode ser criada pelo sistema, já que o empregado trabalha em jornada superior e não recebe as horas extraordinárias, além de compensar aquelas em período razoavelmente longo — até 1 ano —, prazo que pode ser reduzido, nunca aumentado. Tais particularidades geram a necessidade de intervenção sindical, evitando-se a imposição do sistema sem qualquer contraprestação ao obreiro.

Por fim, o TST entendeu por bem inserir o inc. VI, que trata do tema, já analisado antigamente por meio da Súmula n. 349, hoje cancelada, de que a extrapolação da jornada de trabalho em atividades insalubres somente pode ser autorizada após inspeção da autoridade competente, não podendo ser autorizada simplesmente por norma coletiva. O entendimento do TST reafirma a aplicação do art. 60 da CLT, assim descrito: *"Nas atividades insalubres, assim consideradas as constantes dos quadros mencionados no capítulo 'Da Segurança e da Medicina do Trabalho', ou que neles venham a ser incluídas por ato do Ministro do Trabalho, Indústria e Comércio, quaisquer prorrogações só poderão ser acordadas mediante licença prévia das autoridades competentes em matéria de higiene do trabalho, as quais, para esse efeito, procederão aos necessários exames locais e à verificação dos métodos e processos de trabalho, quer diretamente, quer por intermédio de autoridades sanitárias federais, estaduais e municipais, com quem entrarão em entendimento para tal fim".*

ATENÇÃO: O sistema de compensação "banco de horas", também denominado "anual", somente pode ser instituído por meio de norma coletiva (ACT ou CCT), diferentemente da compensação "semanal" ou "tradicional", que pode ser criada por acordo escrito particular, entre empregado e empregador, para que o trabalho extra nos dias de semana compense o trabalho que seria desenvolvido no sábado.

SÚMULA N. 86
DESERÇÃO. MASSA FALIDA. EMPRESA EM LIQUIDAÇÃO EXTRAJUDICIAL (incorporada a Orientação Jurisprudencial n. 31 da SBDI-1) — Res. 129/2005, DJ 20, 22 e 25.04.2005

Não ocorre deserção de recurso da massa falida por falta de pagamento de custas ou de depósito do valor da condenação. Esse privilégio, todavia, não se aplica à empresa em liquidação extrajudicial.

A **Súmula n. 86 do TST**, relativa ao pagamento de **custas** e **depósito** da condenação, obteve **nova redação** com a **incorporação da Orientação Jurisprudencial n. 31 da SBDI-1 do TST**, por meio da Resolução n. 129/2005, publicada no *DJ* nos dias 20, 22 e 25.04.2005.

Nos termos dos comentários realizados quando da análise da ***Súmula n. 4 do TST***, a sentença fixará as **custas** a serem pagas pelo perdedor, uma vez que não existe cobrança de **custas prévias**, sendo necessária, ainda, a realização do **depósito recursal** para ser possível a admissibilidade do recurso.

Nos termos da referida súmula, as pessoas jurídicas de direito público estão **isentas** do pagamento de custas e depósito recursal, não sendo beneficiárias as **empresas públicas** e as **sociedades de economia mista**, por serem pessoas jurídicas de direito privado, assim como as **entidades de fiscalização de profissões** (OAB, CREA etc.).

A súmula, ora em comento, proporciona a isenção também à **massa falida**, evitando-se assim que o patrimônio que servirá para pagamento dos credores seja comprometido com as custas processuais e o depósito recursal, este último de valor bastante considerável.

Verifica-se que a súmula proporcionou essa prerrogativa tão somente à **massa falida**, negando-a à **empresa em liquidação extrajudicial**, em razão das especificidades do procedimento para recebimento de créditos contra tais entidades. Enquanto não há penhora direta no patrimônio da massa falida, e sim encaminhamento de ofício ao juízo universal da falência para reserva do crédito, para as empresas em liquidação extrajudicial, ocorre o inverso. Haverá **penhora** sobre bens, não subsistindo motivos para isenção das custas e depósito como regra geral.

ATENÇÃO: A massa falida não precisa realizar o preparo recursal, que seria o pagamento das custas processuais e o depósito recursal. O mesmo não ocorre com as empresas em recuperação judicial, que devem preencher aquele pressuposto recursal, sob pena de inadmissão do recurso, por deserção.

SÚMULA N. 87
PREVIDÊNCIA PRIVADA (mantida) —
Res. 121/2003, DJ 19, 20 e 21.11.2003

Se o empregado, ou seu beneficiário, já recebeu da instituição previdenciária privada, criada pela empresa, vantagem equivalente, é cabível a dedução de seu valor do benefício a que faz jus por norma regulamentar anterior.

A **Súmula n. 87 do TST**, referente à **dedução de valores** percebidos a título de previdência privada por empregado ou beneficiário, foi **mantida** por meio da Resolução n. 121/2003 do TST, publicada no *DJ* nos dias 19, 20 e 21.11.2003.

O entendimento do TST demonstra, claramente, o intuito de evitar o *bis in idem*, com o pagamento da mesma parcela — **previdência complementar** — duas vezes. A súmula demonstra que, se o empregador instituir plano de **previdência complementar**, por meio de instituição previdenciária **privada**, poderá deduzir o valor recebido pelo empregado ou beneficiários do valor que aqueles teriam direito, em virtude da instituição da mesma parcela por **norma regulamentar anterior**. Em outras palavras, se por meio de regulamento anterior, a empresa instituiu previdência privada, da qual decorre o pagamento mensal de R$ 1.000,00 (mil reais) e, posteriormente, institui previdência privada em que é paga a quantia de R$ 700,00 (setecentos reais), este poderá ser deduzido daquele, restando à empresa o pagamento da diferença de R$ 300,00 (trezentos reais). Pensamento totalmente contrário levaria o empregador ao pagamento de R$ 1.700,00 (mil e setecentos reais), o que, em verdade, demonstraria um *bis in idem*, já que a mesma parcela — previdência complementar — estaria sendo paga duas vezes.

Percebe-se que o texto fala em *dedução* do montante já recebido da instituição particular, o que demonstra que o benefício instituído por norma regulamentar é superior ao outro, pois, caso contrário, não haverá **dedução**, e sim **substituição**, já que as alterações, quando **benéficas**, se **incorporam** ao contrato de trabalho. Isso significa dizer que, se o valor do benefício instituído anteriormente for menor, será **substituído** pelo valor do benefício posterior, por tratar-se de **situação mais benéfica** ao empregado.

Constata-se, em síntese, que um benefício **exclui** o outro, se forem equivalentes, permanecendo, nas outras situações, o mais **benéfico**, reflexo do **princípio da proteção** ao trabalhador.

ATENÇÃO: Se já houve o pagamento da parcela previdência privada, é válida a dedução dos valores que porventura teriam de ser pagos ao mesmo título, ou seja, se a empresa tem de pagar uma quantia referente à previdência privada criada por regulamento interno, mas já o realizou com base em outra norma jurídica, o valor pago pode ser deduzido, isto é, descontado.

SÚMULA N. 89
FALTA AO SERVIÇO (mantida) —
Res. 121/2003, DJ 19, 20 e 21.11.2003

Se as faltas já são justificadas pela lei, consideram-se como ausências legais e não serão descontadas para o cálculo do período de férias.

A **Súmula n. 89 do TST**, que analisa a relação entre **faltas** e **dias de férias**, foi **mantida** pela Resolução n. 121/2003, publicada no *DJ* nos dias 19, 20 e 21.11.2003.

O tema é bastante interessante, pois trata da distinção entre **faltas justificadas e injustificadas**, bem como a sua relação para com os dias de férias do empregado.

Sabe-se que, após o **período aquisitivo** de 12 (doze) meses, surge para o empregado o direito de gozar, em regra, 30 (trinta) dias de férias, remuneradas com o acréscimo de 1/3. Diz-se "em regra", pois, na jornada por tempo parcial, as regras são diferentes (art. 130-A CLT).

Descreve o art. 130 da CLT que: *"Após cada período de 12 (doze) meses, de vigência do contrato de trabalho, o empregado terá direito a férias na seguinte proporção: I — 30 (trinta) dias corridos, quando não houver faltado ao serviço mais de 5 (cinco) vezes; II — 24 (vinte e quatro) dias corridos, quando houver tido de 6 (seis) a 14 (quatorze) faltas; (...)".*

Cria-se, portanto, uma **proporção** entre o número de **faltas** que o empregado teve no **período aquisitivo** e o número de **dias** corridos de **férias** a que faz jus. Faltando mais de **32 (trinta e duas) vezes** no mesmo período, **perderá** o direito às férias. Destaca-se que as faltas aqui expostas são as ***injustificadas***. Somente estas impõem a perda parcial ou total do direito às férias. As **faltas *justificadas*** não podem gerar diminuição do período anual de descanso. **Esse é o entendimento da Súmula n. 89 do TST**.

Mas como saber quais são as faltas justificadas? Estão elas arroladas no **art. 473 da CLT**. Poderá o empregado, por exemplo, deixar de comparecer ao trabalho durante 1 (um) dia por ano para **doação de sangue**. Também poderá ausentar-se durante 3 (três) dias em virtude de **casamento** ou 2 (dois) para realizar o **alistamento militar**. Outras hipóteses encontram-se dispostas no artigo mencionado. Todas são consideradas desde logo ***faltas justificadas***, que não ensejam, portanto, **diminuição** dos dias de férias.

A referida diminuição proporcional dos dias de férias mostra-se, em verdade, como uma **punição** ao empregado desidioso, que não comparece ao trabalho de forma **injustificada**. Seria absurdo pensar em prejudicar o período de férias, diminuindo-o, de um empregado que faltou em situações **autorizadas** por lei.

Destaca-se que o inc. III do art. 473 da CLT não foi **recepcionado** pela CRFB/88, pois prevê a licença-paternidade de apenas 1 (um) dia, ao passo que o art. 10, § 1º, da ADCT refere-se a 5 (cinco) dias, até ulterior **regulamentação legal**. Como ainda não houve regulamentação do art. 7º, inc. XIX, da Carta Constitucional, mantém-se a norma constante da ADCT.

Por fim, ressalta-se que as faltas justificadas **impedem**, além da diminuição do período de férias, qualquer **desconto** nos salários, bem como no **descanso semanal remunerado**, pois considera-se que a jornada foi **integralmente** cumprida.

> **ATENÇÃO:** As faltas justificadas não podem prejudicar o empregado, nem mesmo com a redução dos dias de férias, conforme o art. 130 da CLT. Se, por exemplo, faltei para doar sangue ou pela morte do meu genitor, aqueles dias devem ser pagos normalmente, sem qualquer prejuízo, pois são faltas justificas por lei, de acordo com o art. 473 da CLT.

> ***SÚMULA N. 90***
> ***HORAS* IN ITINERE. *TEMPO DE SERVIÇO***
> ***(incorporadas as Súmulas ns. 324 e 325 e as Orientações Jurisprudenciais ns. 50 e 236 da SBDI-1) — Res. 129/2005, DJ 20, 22 e 25.04.2005***
>
> I — O tempo despendido pelo empregado, em condução fornecida pelo empregador, até o local de trabalho de difícil acesso, ou não servido por transporte público regular, e para o seu retorno é computável na jornada de trabalho.
>
> II — A incompatibilidade entre os horários de início e término da jornada do empregado e os do transporte público regular é circunstância que também gera o direito às horas *in itinere.*
>
> III — A mera insuficiência de transporte público não enseja o pagamento de horas *in itinere.*
>
> IV — Se houver transporte público regular em parte do trajeto percorrido em condução da empresa, as horas *in itinere* remuneradas limitam-se ao trecho não alcançado pelo transporte público.
>
> V — Considerando que as horas *in itinere* são computáveis na jornada de trabalho, o tempo que extrapola a jornada legal é considerado como extraordinário e sobre ele deve incidir o adicional respectivo.

A **Súmula n. 90 do TST**, que faz referência às **horas *in itinere***, obteve **nova redação** com a **incorporação das Súmulas ns. 324 e 325, bem como das Orientações Jurisprudenciais ns. 50 e 236 da SBDI-1**, por meio da Resolução n. 129/2005 do TST, publicada no *DJ* nos dias 20, 22 e 25.04.2005.

Trata-se de um dos temas mais interessantes e importantes no Direito do Trabalho, concernente à jornada de trabalho.

Sabe-se que, a partir da CRFB/88, a jornada de trabalho diária passou a ser de até 8 (oito) horas e a semanal de no máximo 44 (quarenta e quatro) horas. Entende-se por jornada de trabalho, nos termos do art. 4º da CLT, *"(...) o período em que o empregado esteja à* ***disposição*** *do empregador,* ***aguardando*** *ou* ***executando*** *ordens, salvo disposição especial expressamente consignada"*. Isso quer dizer que a jornada de trabalho começa a ser contada a partir do momento em que o empregado chega à empresa, terminando com a sua saída. Se o empregado laborou "sem parar" durante todo o dia ou ficou "sem fazer nada", houve o **cumprimento integral** da jornada de trabalho, pois não se requer esforço **efetivo**. Se o empregador determina ao empregado que espere ordens que serão logo anunciadas e, esperando, ele se mantém durante todo o dia, é devida a remuneração daquela jornada, com todos os seus efeitos legais.

Há que se ressaltar que, mesmo sendo considerado para fins **previdenciários** (reconhecimento de acidente de trabalho), o tempo despendido na **ida** ao trabalho e no **retorno** à residência não é, em regra, considerado *jornada de trabalho*. Se João sai de casa às 5h da manhã e enfrenta 2 (duas) horas de trânsito para chegar ao seu local de trabalho, essas horas **não** serão consideradas **trabalhadas**, não possuindo o empregador qualquer obrigação de arcar com tal custo. Nas grandes cidades, os trabalhadores saem de casa cada vez mais cedo e chegam mais tarde, em virtude do caos do trânsito, em especial nos dias de chuva. Infelizmente, esse ônus deve ser suportado pelo próprio **empregado**. Se esse período **não** é **computado** na jornada de trabalho, *não pode ser considerado hora in itinere.*

Existem determinadas empresas que fornecem **condução** para seus funcionários, proporcionando-lhes mais **comodidade** e **segurança**. O empregado que não precisa enfrentar o trânsito complicado de uma grande cidade chega melhor disposto para o trabalho, mais calmo e relaxado. Ao utilizar-se da condução **fornecida** pelo empregador, tem menos gastos com combustível, pode inclusive "tirar um cochilo" no caminho, ler um livro etc. Exemplo típico são os ônibus contratados e pagos pela Vale na cidade de Vitória, Capital do Estado do Espírito Santo. Pela manhã, é comum ver os funcionários da companhia esperando os ônibus que os levarão ao trabalho. Da mesma forma, acontece em outras cidades. Apesar de o local de trabalho ser de **fácil acesso**, sendo possível, aos que assim preferem, locomover-se em **carro próprio**, a empresa prefere proporcionar tal **comodidade** aos funcionários.

Contudo, o tempo despendido nessas situações entre a casa do empregado e o local de trabalho **não** pode ser considerado **jornada de trabalho**, razão pela qual entende-se que, por se tratar de **comodidade** ofertada aos empregados, *não se configura hora in itinere.*

Para configurar-se a hora *in itinere* (ou hora no **itinerário**, em tradução livre), há que se preencher todos os **requisitos** dispostos no inc. I da súmula em comento. Além de o transporte ser **fornecido** pelo **empregador**, o local de trabalho deve ser de **difícil acesso** ou **não servido por transporte público regular**. São esses os dois requisitos legais: *condução fornecida pelo empregador* e *local de difícil acesso ou não servido por transporte público regular.*

Assim, não há que se falar em horas *in itinere* se o local for de difícil acesso e o empregado dirigir-se ao trabalho em **veículo próprio**, emprestado, de um amigo etc. Também não será considerado se o local for de difícil acesso, mas existir **transporte público regular**.

Somente surge o direito à percepção do benefício se o fornecimento da condução pelo empregador vier associado à ideia de ***necessidade***, e não de ***comodidade***. Por que a empresa fornece condução para os funcionários? Se a resposta for ***por necessidade***, *por ser a única forma dos mesmos chegarem ao trabalho,* já que é de difícil acesso o local, estarão preenchidos os requisitos legais. Porém, se a resposta for ***por comodidade***, para que cheguem mais descansados ao trabalho, por exemplo, não restarão preenchidos os requisitos exigidos por lei.

Pode ocorrer, contudo, que exista **transporte público regular** até o local de trabalho, mas os horários sejam **incompatíveis** com a jornada de trabalho. Caso a jornada tenha início às 8h da manhã e a única linha de ônibus passe na residência do empregado às 6h, obrigando-o a esperar das 6h30 às 8h até o início da mesma, pode-se afirmar *existir "(...) incompatibilidade entre os horários de início e término da jornada do empregado e os do transporte público regular"*. Nessa situação, considera-se **inexistir** serviço público regular de fato, sendo **devidas** as horas *in itinere* caso a empresa forneça a condução. Considera-se que tal condução é o **único meio** do empregado deslocar-se até o trabalho, preenchendo-se a ideia antes exposta de *necessidade, e não de comodidade.*

No entanto, nos termos do inc. III da súmula ora analisada, *"a mera insuficiência de transporte público não enseja o pagamento de horas* in itinere*"*. Se existe transporte público regular, mas é **insuficiente**, como pela existência de poucos ônibus ou metrô, tal fato **não acarreta** o pagamento das horas despendidas no trajeto até o trabalho, pois a condução fornecida pelo empregador nessa hipótese configura apenas *comodidade*, pois o empregado, mesmo com algumas **dificuldades**, poderia valer-se do **transporte público** e chegar ao local de trabalho. Esse era o entendimento da **Súmula n. 324 do TST, cancelada em virtude da incorporação à Súmula n. 90**.

Por vezes, as horas *in itinere* compreendem **todo o período** de tempo em que o empregado permanece dentro da condução ofertada pelo empregador, por **inexistir** totalmente transporte público regular para o local de trabalho. Não há qualquer linha que o leve até aquela localização. Outras vezes ocorre existir transporte público regular em **parte do trajeto**, inexistindo em outra parte. Nessa situação, o fornecimento da condução pelo empregador em todo o trajeto importa parte ***comodidade*** e parte ***necessidade***.

Nessa hipótese, as horas *in itinere* somente compreenderão o percurso **não compreendido** pelo transporte público **regular**. Essa situação pode ocorrer quando os trabalhadores residem na cidade, mas laboram em indústria situada em local afastado do centro ou, então, para empregados que trabalham em empresas especializadas em perfuração de poços de petróleo, em geral situados em áreas de **difícil acesso**. Se houver transporte público em parte do trajeto apenas, as horas *in itinere* serão consideradas apenas na outra parte do percurso. Esse era o entendimento da **Súmula n. 325 do TST, cancelada em virtude da incorporação à Súmula n. 90**.

Por fim, destaca-se o inc. V da súmula, que possui a seguinte redação: *"Considerando que as horas* in itinere *são computáveis na jornada de trabalho, o tempo que extrapola a jornada legal é considerado como extraordinário e sobre ele deve incidir o adicional respectivo"*. Trata-se da **Orientação Jurisprudencial n. 236 da SBDI-1 do TST, cancelada em virtude de sua incorporação à Súmula n. 90**.

Trata-se de norma de fácil entendimento. Se a jornada diária-padrão imposta pela CRFB/88 é de 8 (oito) horas, nenhum empregado poderá manter-se à **disposição** do empregador, salvo situações excepcionais, em período **superior** ao mencionado. Se o período compreendido entre o momento em que o empregado **adentra** a condução fornecida pelo empregador, para levá-lo a local de **difícil acesso** ou não servido por **transporte regular**, e o momento em que chega ao trabalho é considerado jornada de trabalho, assim como o período do retorno até sua residência, concluiu-se que tal prazo deve ser considerado para fins de observação quanto ao respeito à jornada diária máxima. Se o empregado gasta 1 (uma) hora na ida e outra na volta, nas condições já explicadas, somente poderá laborar no local de trabalho durante 6 (seis) horas, sob pena de lhe ser pago adicional de horas extraordinárias. As 2 (duas) horas gastas no trajeto *são consideradas jornada de trabalho.* Se o empregado laborar 8 (oito) horas *no local de trabalho*, em verdade estará trabalhando 10 (dez) horas, o que gera o direito à percepção de **horas extras**.

Em situações normais, em que não ocorre hora *in itinere,* a jornada é computada a partir do momento em que se inicia o trabalho no local predeterminado, findando quando o empregado se retira daquele.

Na situação posta linhas atrás, em que se vislumbram todos os requisitos legais, a jornada é contada a partir do momento em que o empregado **ingressa na condução** até o momento em que **dela sai**, no retorno para sua casa. Claro que não é considerado o intervalo intrajornada para descanso e alimentação e outros de igual natureza jurídica.

ATENÇÃO: Para que o período de tempo gasto na ida e retorno do trabalho seja considerado como jornada de trabalho, devem estar presentes os seguintes requisitos: local de difícil acesso ou não servido por transporte público regular e fornecimento da condução pelo empregador. Na hipótese, o tempo de ida e retorno será considerado jornada *in itinere*, contado normalmente como tempo trabalhado e incluído na jornada de trabalho. Caso ultrapasse as 8 horas diárias, deverá ser pago como horas extraordinárias.

SÚMULA N. 91
SALÁRIO COMPLESSIVO (mantida) —
Res. 121/2003, DJ 19, 20 e 21.11.2003

Nula é a cláusula contratual que fixa determinada importância ou percentagem para atender englobadamente vários direitos legais ou contratuais do trabalhador.

A **Súmula n. 91 do TST**, que faz menção ao denominado **salário complessivo**, foi **mantida** pela Resolução n. 121/2003 do TST, publicada no *DJ* nos dias 19, 20 e 21.11.2003.

Parte-se da seguinte premissa para explicar o tema objeto da presente súmula.

O contrato de trabalho é de **trato sucessivo**, sendo ainda considerado como **sinalagmático**, criando direitos e deveres para ambas as partes. O principal dever do empregado é o de prestar os serviços conforme determinação do empregador, sendo seu principal direito a percepção de salário.

Assim, salário, nas palavras de MAURÍCIO GODINHO DELGADO,[14] é *"o conjunto de parcelas contraprestativas pagas pelo empregador ao empregado em função do contrato de trabalho"*.

O salário pode ser **básico** ou **complexo**, este último quando composto por diversas **parcelas salariais**, tais como adicionais, comissões, gratificações, abonos etc.

Recebendo o empregado diversas **parcelas salariais**, ou seja, **salário complexo**, essas deverão constar de forma **especificada** no comprovante de pagamento, de forma a se constatar o valor exato de cada parcela salarial. Proíbe-se, portanto, o denominado **salário complessivo**, que é aquele pago de forma **não detalhada** e que, teoricamente, engloba diversos direitos trabalhistas.

Assim, não poderá o empregador efetuar o pagamento de R$ 1.000,00 (mil reais), de forma **indiscriminada**, para englobar o salário básico, eventuais horas noturnas realizadas, horas extras e outras parcelas. O empregado tem o direito de saber exatamente que valor está recebendo de adicional noturno, horas extraordinárias, gratificação de produtividade etc. A **publicidade** e a **transparência** no pagamento dos salários e parcelas salariais são condições *sine qua non* para a sua validade.

Além disso, a súmula em comento deixa claro que o salário complessivo é **proibido**, mesmo se **convencionado** por meio de contrato coletivo. A proteção teoricamente conferida ao empregado pela intervenção sindical não evita a nulidade de tal pagamento.

Por todo o exposto, o empregador deve demonstrar o pagamento das parcelas salariais da forma mais **específica** possível, agindo com transparência, de forma a evitar burla à legislação trabalhista, o que é, desde muito, **proibido** pelo **art. 9º da CLT**.

> **ATENÇÃO:** O salário complessivo é inválido, já que não discrimina as parcelas que são pagas pelo empregador. Assim, será considerada como não paga aquela parcela. Como exemplo, podemos trazer uma rubrica no contracheque denominada "adicionais". A primeira pergunta seria: que adicionais estão sendo pagos?

14 DELGADO, Maurício Godinho. *Curso de direito do trabalho*, p. 638.

SÚMULA N. 92
APOSENTADORIA (mantida) —
Res. 121/2003, DJ 19, 20 e 21.11.2003

O direito à complementação de aposentadoria, criado pela empresa, com requisitos próprios, não se altera pela instituição de benefício previdenciário por órgão oficial.

A **Súmula n. 92 do TST**, que analisa o tema *complementação de aposentadoria*, foi **mantida** pela Resolução n. 121/2003 do TST, publicada no *DJ* nos dias 19, 20 e 21.11.2003.

O entendimento parte de uma **premissa básica** do Direito do Trabalho: todo e qualquer **benefício** ofertado **espontânea** e **habitualmente** pelo empregador é automaticamente **incorporado** ao contrato de trabalho, por melhorar a situação do empregado.

Sabe-se que o princípio mais importante do Direito do Trabalho é o da ***proteção***, desenvolvido em suas três acepções por AMÉRICO PLÁ RODRIGUEZ,[15] renomado jurista uruguaio. As acepções referidas são: prevalência da **norma mais favorável**; prevalência da **situação mais benéfica**; e ***in dubio pro operario***.

In casu, tem-se aplicação da prevalência da **situação mais benéfica**, uma vez que ofertada de forma **voluntária** e **habitual** a complementação de aposentadoria, tal benefício incorpora-se ao contrato, dele não podendo ser retirado, mesmo que também criado igual benefício por **órgão oficial**, desde que tenham requisitos diferenciados para a concessão.

Assim, a complementação de aposentadoria ou qualquer outro benefício podem ser criados por norma interna da empresa ou mesmo nascer do costume, tornando-se habitual.

Diversas empresas instituíram seus próprios planos de previdência privada ou contrataram, mediante instituições financeiras, esse benefício para seus empregados.

O fato de ser criado por **órgão oficial** um benefício **idêntico** não retira do empregado o direito de continuar a recolher valores para ambos, gozando também de seus benefícios. Assim, poderá o empregado aposentar-se, recebendo o benefício do INSS, bem como do particular (ex-empregador ou instituição de previdência privada).

Nas palavras de FRANCISCO ANTÔNIO DE OLIVEIRA,[16] *"(...) na Súmula ora comentada, a empresa já vinha concedendo às expensas próprias ou mediante contribuição dos seus empregados e da própria empresa valores mensais que suportariam a complementação de uma aposentadoria futura. O benefício é de natureza privada, contratual, e amalgamou-se ao contrato do empregado"*.

Por fim, ao destacar a súmula o termo *requisitos próprios*, o Tribunal Superior do Trabalho buscou demonstrar de forma clarividente que se tratam de dois sistemas

[15] RODRIGUEZ, Américo Plá. *Princípios de direito do trabalho*. 3. ed. São Paulo: LTr, 2004.

[16] OLIVEIRA, Francisco Antônio de. *Comentários às súmulas* do TST, p. 197.

de remuneração **totalmente diferentes**: um **privado** e um **público**, que não se confundem, razão pela qual o primeiro subsiste mesmo após a instituição do segundo.

ATENÇÃO: A complementação da aposentadoria, instituída pela empresa, segue requisitos próprios e não possui ligação com a aposentadoria concedida e paga por órgão oficial.

SÚMULA N. 93
BANCÁRIO (mantida) —
Res. 121/2003, DJ 19, 20 e 21.11.2003

Integra a remuneração do bancário a vantagem pecuniária por ele auferida na colocação ou na venda de papéis ou valores mobiliários de empresas pertencentes ao mesmo grupo econômico, se exercida essa atividade no horário e no local de trabalho e com o consentimento, tácito ou expresso, do banco empregador.

A **Súmula n. 93 do TST**, atinente à remuneração do **bancário**, foi **mantida** pela Resolução n. 121/2003 do TST, publicada no *DJ* nos dias 19, 20 e 21.11.2003.

Tem-se mais uma súmula do TST que corretamente garante o respeito às normas salariais, *in casu*, dos bancários, reconhecendo a **responsabilidade** do **grupo econômico** pela remuneração do obreiro.

Situação muito comum atualmente é a venda de **serviços** (seguros, planos de previdência privada, títulos de capitalização etc.) por bancários, em especial, gerentes e caixas, por possuírem maior contato com os clientes.

A venda desses serviços rende aos empregados **comissões**, que acabam se tornando **habituais** e, portanto, **integrando-se** ao salário. Se os serviços são do empregador, não haveria qualquer dúvida sobre a matéria, pois estaria o empregado prestando serviços ao seu empregador, auferindo por tal mister sua remuneração.

A dúvida surgia quando os serviços vendidos eram de **outras empresas**, que não a empregadora, pela impossibilidade de se falar em salário nessa hipótese, ante a **inexistência de relação de emprego**.

Porém, tal dificuldade jurídica inexiste quando o bancário vende ou põe à venda serviços de empresa do **mesmo grupo econômico** que o empregador, pois aplicam-se as teorias da **responsabilidade ativa** e **passiva**, em que o real empregador é o ***grupo econômico***, sendo este responsável **solidariamente** pelo adimplemento das parcelas salariais.

Da mesma forma que o empregado pode prestar serviços a mais de uma empresa do grupo econômico na mesma jornada de trabalho, nos termos da **Súmula n. 129 do TST** (*"A prestação de serviços a mais de uma empresa do mesmo grupo econômico, durante a mesma jornada de trabalho, não caracteriza a coexistência de mais de um contrato de trabalho, salvo ajuste em contrário"*), pode o obreiro (bancário) vender serviços de outras empresas do **mesmo grupo**, devendo ser remunerado por isso. Considerando-se o *grupo* como o **verdadeiro empregador**, pouco importa se o bancário vende serviços de uma corretora de seguros enquanto presta serviços ao banco, pois ambos integram um único grupo de empresas.

Para que decorra tal efeito jurídico, o Tribunal Superior do Trabalho assentou entendimento acerca da necessidade de **autorização** do banco empregador, **expressa** ou **tácita**, pois, em regra, tal atitude pode configurar motivo para **justa causa**.

A venda de outros serviços à **revelia** do empregador, ou seja, violando **proibição expressa** do mesmo, não importa necessidade de pagamento de qualquer quantia, além de enquadrar-se no art. 482, alíneas *c* ou *h* (respectivamente, negociação habitual por conta própria, prejudicial ao trabalho, e ato de insubordinação ou indisciplina).

Em suma, não pode haver proibição expressa do empregador. O **silêncio** importa **consentimento tácito**. A autorização, por sua vez, consentimento expresso.

> **ATENÇÃO:** Caso o bancário receba comissões pelas vendas realizadas durante o expediente bancário, por exemplo, em seguros, títulos de capitalização, previdência etc., aquelas comissões possuem natureza salarial e serão levadas em consideração para todos os cálculos trabalhistas, tais como férias, 13º, FGTS, INSS etc.

> ***SÚMULA N. 96***
> ***MARÍTIMO (mantida) —***
> ***Res. 121/2003, DJ 19, 20 e 21.11.2003***
>
> A permanência do tripulante a bordo do navio, no período de repouso, além da jornada, não importa presunção de que esteja à disposição do empregador ou em regime de prorrogação de horário, circunstâncias que devem resultar provadas, dada a natureza do serviço.

A **Súmula n. 96 do TST**, que faz referência à jornada de trabalho do **marítimo**, foi **mantida** pela Resolução n. 121/2003 do TST, publicada no *DJ* nos dias 19, 20 e 21.11.2003.

A análise da presente súmula parte de algumas premissas básicas, a serem expostas a partir de agora.

Segundo dispõe o **art. 4º da CLT**, *"considera-se como de serviço efetivo o período em que o empregado esteja à disposição do empregador, aguardando ou executando ordens, salvo disposição especial expressamente consignada"*. Assim, em regra, todo o período em que o empregado estiver no local de trabalho será considerado como de **trabalho efetivo**, o que significa dizer que, caso o período seja superior a 8 (oito) horas diárias e 44 (quarenta e quatro) horas semanais, haverá a necessidade de pagamento de **adicional** de jornada extraordinária.

Assim, se o empregado ingressa no local de trabalho antes da jornada de trabalho ou **permanece** no local após o término daquela, com a **concordância** do empregador, que pode ser **expressa** ou **tácita**, são devidas **horas extraordinárias**, pois se presume tais períodos como de **serviço efetivo**. É por isso que algumas empresas, em especial as de maior porte, não permitem o ingresso nas dependências da empresa antes da jornada, tampouco permitem a permanência após seu término.

Aqui há que se lembrar do **art. 58, § 1º, da CLT**, que disciplina o denominado ***tempo residual à disposição***, prescrevendo que não serão considerados extras, nem descontados, os períodos não excedentes a 5 (cinco) minutos, no início e no término da jornada de trabalho, observado o limite máximo de 10 (dez) minutos diários.

Porém, não se pode aplicar aos **marítimos** essa regra geral, pois não se pode impedir a permanência do empregado no local de trabalho, já que trabalha embarcado. A impossibilidade de tal conduta faz com que a **presunção** seja invertida, ou seja, presume-se, salvo **prova em contrário**, que a permanência do obreiro no local de trabalho fora da jornada não é considerada hora extra, e sim realmente **descanso**.

Assim, *a natureza do serviço*, em especial o **local de trabalho** e a impossibilidade de deixá-lo ao final da jornada, faz com que seja necessária a prova de que o período que deveria ser utilizado para descanso estava o obreiro em trabalho.

ATENÇÃO: Não se presume o tempo à disposição do empregador para o marítimo, já que este tem de ficar na embarcação pela impossibilidade de ida e retorno diários. Assim, deve o empregado provar que efetivamente estava à disposição para receber horas extraordinárias.

SÚMULA N. 97
APOSENTADORIA. COMPLEMENTAÇÃO (mantida) — Res. 121/2003, DJ 19, 20 e 21.11.2003

Instituída complementação de aposentadoria por ato da empresa, expressamente dependente de regulamentação, as condições desta devem ser observadas como parte integrante da norma.

A **Súmula n. 97 do TST**, que retorna ao tema *complementação de aposentadoria*, foi **mantida** pela Resolução n. 121/2003 do TST, publicada no *DJ* nos dias 19, 20 e 21.11.2003.

Nos comentários à **Súmula n. 92 do TST**, fez-se menção ao **princípio da proteção** em sua acepção ***situação mais benéfica***, como premissa para a **integração** aos contratos de trabalho dos planos de **complementação de aposentadoria**, mesmo sendo posteriormente estabelecida complementação por órgão oficial.

A matéria discutida na presente súmula, apesar de também fazer menção ao tema *complementação de aposentadoria* por plano estabelecido pela empresa, mostra-se um tanto quanto diversa.

Na situação em voga, apesar de estabelecido o plano de aposentadoria, este não foi pensado em sua integralidade, tendo a empresa relegado para **posterior regulamentação** alguns aspectos, tais como valor e forma da contribuição, tipos de aposentadorias a serem complementadas etc.

Diante do quadro de **necessária regulamentação**, considera-se a primeira norma, instituidora do plano, como **programática**, o que gera aos empregados apenas **expectativa de direito**, e não **direito adquirido** à complementação da aposentadoria.

O entendimento do TST é no sentido de que, sendo expressamente consignada a necessidade de posterior regulamentação, as normas a serem implementadas *"(...) devem ser observadas como parte integrante da norma"*. Isso significa dizer que, sendo a norma originária programática, nenhum direito poderá ser exercido, efetivado, enquanto não **sobrevier ulterior regulamentação**.

Em termos práticos, significa dizer que o empregado demitido após a instituição da norma originária, mas antes da regulamentação, não possui qualquer direito à complementação da aposentadoria, pois de uma norma meramente programática, **incompleta**, não se originam direitos.

Nesses termos, FRANCISCO ANTÔNIO DE OLIVEIRA[17] afirma que *"Por óbvio, não se pode exigir da empresa, em tais casos, que complemente a aposentadoria do empregado jubilado, já que não haveria fonte de receita para fazer face ao respectivo ônus daí advindo"*. O autor, anteriormente ao texto transcrito, fala sobre a necessidade de regulamentação posterior para saber-se qual seria a fonte de receita, entre outros aspectos. Assim, enquanto não se souber qual é a fonte de receita, não se pode impor o ônus ao empregador, já que tais sistemas são **contributivos**.

> **ATENÇÃO:** Se houver necessidade de regulamentação da complementação de aposentadoria, as normas que a regulamentem são consideradas parte integrante e não podem simplesmente ser modificadas para pior ou excluídas, sob pena de ofensa ao direito adquirido.

SÚMULA N. 98
FGTS. INDENIZAÇÃO. EQUIVALÊNCIA. COMPATIBILIDADE
(incorporada a Orientação Jurisprudencial n. 299 da SBDI-1) —
Res. 129/2005, DJ 20, 22 e 25.04.2005

I — A equivalência entre os regimes do Fundo de Garantia do Tempo de Serviço e da estabilidade prevista na CLT é meramente jurídica e não econômica, sendo indevidos valores a título de reposição de diferenças. (ex-Súmula n. 98 — RA 57/1980, *DJ* 06.06.1980)

II — A estabilidade contratual ou a derivada de regulamento de empresa são compatíveis com o regime do FGTS. Diversamente ocorre com a estabilidade legal (decenal, art. 492 da CLT), que é renunciada com a opção pelo FGTS. (ex-OJ n. 299 da SBDI-1 — *DJ* 11.08.2003)

A **Súmula n. 98 do TST**, cujos objetos são a **estabilidade** e o **sistema de FGTS**, obteve **nova redação** por meio da Resolução n. 129/2005, publicada no *DJ* nos dias 20, 22 e 25.04.2005, com a incorporação da **Orientação Jurisprudencial n. 299 da SBDI-1 do TST**.

[17] OLIVEIRA, Francisco Antônio de. *Comentários às súmulas do TST*, p. 203.

Antes de adentrar ao tema da súmula em análise, faz-se necessário dissertar rapidamente sobre a **estabilidade decenal**, prevista no art. 492 da CLT. Dispõe o texto legal que: *"O empregado que contar mais de 10 (dez) anos de serviço na mesma empresa não poderá ser despedido senão por motivo de falta grave ou circunstância de força maior, devidamente comprovadas"*. Essa é a denominada *estabilidade decenal*, ou seja, aquela que surgia após **10 (dez) anos de trabalho** na mesma empresa. Após o decurso do aludido prazo, o empregado somente podia ser dispensado por **justa causa** ou por motivo de **força maior**, situações que deveriam ser **comprovadas** pelo empregador.

A estabilidade decenal foi sendo paulatinamente **substituída** pelo sistema do FGTS, até que, em 1988, com a Constituição Federal, o fundo de garantia passou a ser **obrigatório**, com a substituição integral do antigo modelo.

Destaca-se que os empregados que já gozavam da estabilidade decenal quando da entrada em vigor da CRFB/88 continuaram a usufruí-la, protegendo-se os **direitos adquiridos**.

Ainda, para os que possuíam estabilidade decenal, previu-se a possibilidade de **migração para o novo sistema**, nos moldes do art. 14, § 2º, da Lei n. 8.036/90, atual lei de regência do FGTS, que dispõe: *"O tempo de serviço anterior à atual Constituição poderá ser transacionado entre empregador e empregado, respeitado o limite mínimo de 60% (sessenta por cento) da indenização prevista"*.

Para os não optantes, ou seja, aqueles ainda regidos pelo **sistema estabilitário** do art. 492 da CLT, em caso de rescisão do contrato sem justa causa, seriam aplicadas as normas constantes dos arts. 477, 478 e 497 da CLT, conforme § 1º do art. 14 da Lei n. 8.036/90.

Os artigos em referência dispõem, respectivamente: *"É assegurado a todo empregado, não existindo prazo estipulado para a terminação do respectivo contrato, e quando não haja ele dado motivo para cessação das relações de trabalho, o direito de haver do empregado uma indenização, paga na base da maior remuneração que tenha percebido na mesma empresa"; "A indenização devida pela rescisão de contrato por prazo indeterminado será de 1 (um) mês de remuneração por ano de serviço efetivo, ou por ano ou fração igual ou superior a 6 (seis) meses"; "Extinguindo-se a empresa sem a ocorrência de motivo de força maior, ao empregado estável despedido é garantida a indenização por rescisão do contrato por prazo indeterminado paga em dobro"*.

Verifica-se que, fora do sistema do FGTS, a indenização contava-se por ano de serviço, até se completar 10 (dez) anos, quando não mais poderia ocorrer a dispensa sem justa causa (ou, nos termos da Súmula n. 26, 9 anos). Assim, a cada ano ou fração superior a 6 (seis) meses correspondia 1 (um) mês de salário.

No sistema do FGTS, todo mês é depositada, em **conta vinculada** ao empregado, a quantia de **8% da remuneração**, o que perfaz 96% ao ano, que com os rendimentos alcança, para fins de cálculo simplificado, 100% do salário, equivalendo a dizer que, a cada ano, receberá o empregado um salário a título de FGTS. Assim, comparando-se os dois sistemas, mostram-se **economicamente equivalentes**.

Porém, como o sistema da estabilidade decenal foi substituído pelo FGTS, inclusive, como foi dito, com a possibilidade de **conversão** de um sistema no outro, não poderá o empregado requerer a complementação de valores caso verifique que a conversão lhe causou prejuízos econômicos. Se, em determinado sistema, perceberia de indenização, caso despedido, "x" reais e com a conversão recebeu "x menos 20" reais, não poderá cobrar a diferença de 20 reais. Esse é o entendimento do TST desde o longínquo ano de 1980, quando a Súmula n. 98 foi editada.

A novidade na súmula em comento encontra-se em seu **inc. II**, cuja redação era encontrada na **Orientação Jurisprudencial n. 299 da SBDI-1 do TST**, que aduz: *"A estabilidade contratual ou a derivada de regulamento de empresa são compatíveis com o regime do FGTS. Diversamente ocorre com a estabilidade legal (decenal, art. 492 da CLT), que é renunciada com a opção pelo FGTS".*

Parte o TST, mais uma vez, da premissa de que toda norma trabalhista criada pelos contratantes, seja no próprio contrato de trabalho, seja em regulamento empresarial, desde que **benéfica** ao trabalhador, adere automaticamente àquele, não sendo possível falar-se em incompatibilidade, pois a norma específica traz maior **proteção jurídica** do que aquela emanada da norma geral. Por isso, a estabilidade criada por **norma específica** (contrato de trabalho, regulamento empresarial, negociação coletiva, costumes etc.), desde que mais **benéfica**, deverá ser aplicada ao empregado. Assim, se reconhecida pela empresa uma ***estabilidade quinquenal,*** por exemplo, restará impedida a demissão sem justa causa após cinco anos de trabalho para a mesma empresa. Essa norma não impede a aplicação do sistema do FGTS, devendo a empresa recolher o percentual legal sobre a remuneração obreira (8% mensal), tendo o empregado todos os direitos assegurados pela legislação (Lei n. 8.036/90).

Situação totalmente diversa, como expressamente consignado pela súmula, ocorre com a **estabilidade decenal** do art. 492 da CLT, já comentado. Isso porque o sistema do FGTS foi criado exatamente para **pôr fim** a tal estabilidade, que era aplicável a todos os empregados. Tanto que previu o legislador a **opção**, inclusive **retroativa**, para os empregados contratados antes de 1988. Podia-se, àquela época, optar por um ou outro sistema. Somente após a CRFB/88 é que o sistema único do FGTS foi inaugurado, fazendo com que todos os empregados fossem automaticamente contratados sob o novo regime. Os empregados domésticos passaram a ser incluídos de forma obrigatória a partir da Lei Complementar n. 150/2015.

Assim, hoje não há nem que se falar em *opção pelo regime do FGTS*, pois a opção não mais é possível. Ao ser contratado, ao empregado já são aplicadas as normas fundiárias (do Fundo de Garantia por Tempo de Serviço).

> **ATENÇÃO:** O FGTS é incompatível com a estabilidade decenal do art. 492 da CLT, sendo que a opção pelo primeiro regime importa renúncia ao segundo. Contudo, o FGTS é compatível com outras estabilidades provisórias criadas por normas internas, contrato de trabalho, negociações coletivas etc.

SÚMULA N. 99
AÇÃO RESCISÓRIA. DESERÇÃO. PRAZO
(incorporada a Orientação Jurisprudencial n. 117 da SBDI-2) — Res. 137/2005, DJ 22, 23 e 24.08.2005

Havendo recurso ordinário em sede de rescisória, o depósito recursal só é exigível quando for julgado procedente o pedido e imposta condenação em pecúnia, devendo este ser efetuado no prazo recursal, no limite e nos termos da legislação vigente, sob pena de deserção. (ex-Súmula n. 99 — alterada pela Res. 110/2002, *DJ* 15.04.2002 — e ex-OJ n. 117 da SBDI-2 — *DJ* 11.08.2003)

A **Súmula n. 99 do TST**, que se refere à realização de **depósito recursal** em recurso ordinário interposto de julgamento de ação rescisória, obteve **nova redação** por meio da Resolução n. 137/2005, publicada no *DJ* nos dias 22, 23 e 24.08.2005, com a incorporação da **Orientação Jurisprudencial n. 117 da SBDI-2 do TST**.

Primeiramente, devem ser realizadas algumas considerações acerca da ação rescisória no âmbito laboral.

Dispõe o art. 836 da CLT que: *"É vedado aos órgãos da Justiça do Trabalho conhecer de questões já decididas, excetuados os casos expressamente previstos neste Título e a ação rescisória, que será admitida na forma do disposto no Capítulo IV do Título IX da Lei n. 5.869, de 11 de janeiro de 1973 — Código de Processo Civil, sujeita ao depósito prévio de 20% (vinte por cento) do valor da causa, saldo prova de miserabilidade jurídico do autor"*. Destaca-se que tal redação foi determinada pela Lei n. 11.495, de 22.06.2007. Assim, **não** se aplica o depósito de 5% previsto no **art. 968 do CPC/2015**, sendo o requisito bem mais rigoroso na Justiça do Trabalho, por exigir 20% a título de **depósito prévio**.

O julgamento de uma ação rescisória compreende duas ou três fases, dependendo do vício a ser atacado, podendo-se ter: 1ª fase: **admissibilidade** da rescisória; 2ª fase: **juízo rescindente**; 3ª fase: **juízo rescisório**.

A primeira fase compreende a análise da presença ou ausência das **condições da ação** e **pressupostos processuais**, além dos requisitos de forma da **petição inicial**. Presentes todos esses requisitos, admite-se a rescisória, com a determinação de **citação do réu** (ou eventual análise de pedido de antecipação de tutela formulado).

A segunda fase — **juízo rescindente** — compreende a análise da existência ou não do **vício** descrito na petição inicial, como a incompetência absoluta, impedimento do magistrado, ofensa à coisa julgada, falsidade da prova, nulidade de citação, entre muitos outros.

Determinados vícios são dissipados apenas com o **juízo rescindente**, ou seja, apenas com a **desconstituição da decisão** (sentença ou acórdão) transitada em julgado. Esse fato verifica-se quando ocorre violação à coisa julgada, bastando a desconstituição do segundo julgamento para pôr fim ao conflito de direito, pois, nessa hipótese, prevalecerá tão somente a **primeira decisão transitada em julgado**. Isso ocorre quando o empregado "x" ajuíza reclamação trabalhista de n. 01 diante da empresa "y" e a sentença de improcedência transita em julgado. Novamente, o empregado formula o mesmo pedido em face do mesmo réu, sendo agora a sentença de procedência que vem a transitar em julgado na ação de n. 02. Diante dessa situação, deve a empresa "y" ajuizar ação rescisória para desconstituir a sentença proferida nos autos da segunda ação, para que produza efeitos apenas a sentença de improcedência proferida nos autos da primeira ação.

Toda ação rescisória compreende, no mínimo, as **duas fases** já analisadas. Somente em algumas situações faz-se necessária a formulação do pedido de **novo julgamento**, que compreende a 3ª fase, denominada ***juízo rescisório***. Nessa etapa, **julga-se novamente** o conflito de direito material, proferindo nova decisão quanto ao mérito da ação.

Apenas alguns vícios que autorizam o ajuizamento da rescisória necessitam desse terceiro juízo (ou fase). Como exemplos, temos: falsidade de prova, invalidação de confissão, erro de fato etc.

Nessas hipóteses, deve-se, no **juízo rescindente**, reconhecer o vício e, no **juízo rescisório**, julgar novamente o conflito de direito material, agora de posse da prova verdadeira ou de nova confissão, sem o erro de fato verificado etc. Acerca de tal juízo, disserta RODRIGO KLIPPEL:[18] *"o juízo rescisório, que é a última das possíveis etapas do processo da rescisória, na qual o órgão competente reavaliará a situação de direito material controvertida no processo originário, cuja decisão foi rescindida"*.

A formulação apenas do pedido rescindente, quando também necessário o pedido rescisório, importa **indeferimento da inicial**, por inépcia, porém, em nome da economia processual, deve-se oportunizar à parte a **emenda da inicial**, nos termos do art. 321 do CPC/2015. Caso não realizada a emenda em **15 (quinze) dias**, indefere-se o *exordial*, **extinguindo-se** o processo **sem resolução** do mérito.

Do acórdão que julgar a rescisória, seja para inadmitir, julgar procedentes ou improcedentes os pedidos, terá cabimento o recurso ordinário, nos termos do **art. 895, *b*, da CLT**, que afirma: *"Cabe recurso ordinário para a instância superior: das decisões definitivas dos Tribunais Regionais, em processos de sua competência originária, no prazo de 8 (oito) dias, quer nos dissídios individuais, quer nos dissídios coletivos"*.

Sabe-se que um dos pressupostos recursais é a realização do *preparo*, que, no processo do trabalho, consiste no pagamento das *custas* e do *depósito recursal*, este último previsto no **art. 889 da CLT**, a ser **realizado** e **comprovado** dentro do **prazo recursal**.

Assim, há que se verificar a necessidade de realização do depósito recursal no recurso ordinário interposto do julgamento da ação rescisória. Atente-se que não há que se falar em *depósito recursal* quando o recorrente é o empregado, pois somente o **empregador** é compelido a tanto.

Ademais, o depósito recursal possui por finalidade **garantir**, senão integralmente, pelo menos em parte, a **execução** a ser futuramente realizada. Portanto, somente há depósito recursal quando há condenação em **pecúnia**, nos termos da

[18] KLIPPEL, Rodrigo. *Ação rescisória:* teoria e prática. Rio de Janeiro: Impetus, 2008. p. 125.

Súmula n. 161 do TST, a seguir transcrita: *"Se não há condenação a pagamento em pecúnia, descabe o depósito de que tratam os §§ 1º e 2º do art. 899 da CLT"*.

Partindo-se das premissas lançadas, chega-se ao entendimento exposto na súmula em comento.

Afirma o TST que somente haverá necessidade de depósito recursal quando *for julgado procedente o pedido e imposta condenação em pecúnia*. Cabe definir o conceito de *"julgado procedente"* para aferir as hipóteses de realização do depósito recursal.

Desde logo, afirma-se que a súmula faz menção apenas aos recursos interpostos pelo **empregador**, podendo a rescisória ter sido ajuizada também pelo obreiro.

Assim, determinado empregado "A" ajuíza ação rescisória alegando violação ao contraditório, por ausência de intimação, formulando pedido de rescisão (juízo rescindente) do julgado que rejeitou os pedidos formulados na petição inicial. Julgado procedente o pedido da ação rescisória, haverá a **desconstituição** de alguns atos processuais (realizados sem a intimação do empregado), retornando-se os autos ao juízo de 1º grau. Não há, nessa hipótese, condenação em pecúnia, o que importa dizer que é desnecessário o depósito recursal no recurso interposto de tal acórdão.

Porém, em outra situação, se julgados procedentes os pedidos de rescisão e novo julgamento, impondo condenação em **pecúnia** ao empregador, será **obrigatória** a realização do depósito recursal.

Assim, pode-se afirmar que o recurso ordinário interposto do acórdão que **inadmite** a rescisória não depende de depósito recursal, pois não impõe condenação em pecúnia, o que ocorre também na hipótese de procedência somente do juízo rescindente, pois há apenas a desconstituição do julgado. Porém, na hipótese de ser **julgado procedente** também o **juízo rescisório**, se formulado, com condenação do empregador, o recurso ordinário somente será **admitido** se efetuado, dentro do prazo recursal, o pagamento das custas e do **depósito recursal**. A sua ausência importa **deserção** do recurso.

ATENÇÃO: O depósito recursal somente é devido quando há a condenação ao pagamento de quantia. Assim, na ação rescisória, devemos observar o julgamento proferido, se houve ou não a condenação ao pagamento de quantia.

SÚMULA N. 100
AÇÃO RESCISÓRIA. DECADÊNCIA
(incorporadas as Orientações Jurisprudenciais ns. 13, 16, 79, 102, 104, 122 e 145 da SBDI-2) — Res. 137/2005, DJ 22, 23 e 24.08.2005

I — O prazo de decadência, na ação rescisória, conta-se do dia imediatamente subsequente ao trânsito em julgado da última decisão proferida na causa, seja de mérito ou não. (ex-Súmula n. 100 — alterada pela Res. 109/2001, *DJ* 20.04.2001)

II — Havendo recurso parcial no processo principal, o trânsito em julgado dá-se em momentos e em tribunais diferentes, contando-se o prazo decadencial para a ação rescisória do trânsito em julgado de cada decisão, salvo se o recurso tratar de preliminar ou prejudicial que possa tornar insubsistente a decisão recorrida, hipótese em que flui a decadência a partir do trânsito em julgado da decisão que julgar o recurso parcial. (ex-Súmula n. 100 — alterada pela Res. 109/2001, *DJ* 20.04.2001)

III — Salvo se houver dúvida razoável, a interposição de recurso intempestivo ou a interposição de recurso incabível não protrai o termo inicial do prazo decadencial. (ex-Súmula n. 100 — alterada pela Res. 109/2001, *DJ* 20.04.2001)

IV — O juízo rescindente não está adstrito à certidão de trânsito em julgado juntada com a ação rescisória, podendo formar sua convicção através de outros elementos dos autos quanto à antecipação ou postergação do *dies a quo* do prazo decadencial. (ex-OJ n. 102 da SBDI-2 — *DJ* 29.04.2003)

V — O acordo homologado judicialmente tem força de decisão irrecorrível, na forma do art. 831 da CLT. Assim sendo, o termo conciliatório transita em julgado na data da sua homologação judicial. (ex-OJ n. 104 da SBDI-2 — *DJ* 29.04.2003)

VI — Na hipótese de colusão das partes, o prazo decadencial da ação rescisória somente começa a fluir para o Ministério Público, que não interveio no processo principal, a partir do momento em que tem ciência da fraude. (ex-OJ n. 122 da SBDI-2 — *DJ* 11.08.2003)

VII — Não ofende o princípio do duplo grau de jurisdição a decisão do TST que, após afastar a decadência em sede de recurso ordinário, aprecia desde logo a lide, se a causa versar questão exclusivamente de direito e estiver em condições de imediato julgamento. (ex-OJ n. 79 da SBDI-2 — inserida em 13.03.2002)

VIII — A exceção de incompetência, ainda que oposta no prazo recursal, sem ter sido aviado o recurso próprio, não tem o condão de afastar a consumação da coisa julgada e, assim, postergar o termo inicial do prazo decadencial para a ação rescisória. (ex-OJ n. 16 da SBDI-2 — inserida em 20.09.2000)

IX — Prorroga-se até o primeiro dia útil, imediatamente subsequente, o prazo decadencial para ajuizamento de ação rescisória quando expira em férias forenses, feriados, finais de semana ou em dia em que não houver expediente forense. Aplicação do art. 775 da CLT. (ex-OJ n. 13 da SBDI-2 — inserida em 20.09.2000)

X — Conta-se o prazo decadencial da ação rescisória, após o decurso do prazo legal previsto para a interposição do recurso extraordinário, apenas quando esgotadas todas as vias recursais ordinárias. (ex-OJ n. 145 da SBDI-2 — *DJ* 10.11.2004)

A **Súmula n. 100 do TST**, relacionada ao cabimento e processamento da **ação rescisória**, obteve **nova redação** por meio da Resolução n. 137/2005 do TST, publicada no *DJ* nos dias 22, 23 e 24.08.2005, com a **incorporação das Orientações Jurisprudenciais ns. 13, 16, 79, 102, 104, 122 e 145 da SBDI-2**.

Acerca do inc. I da presente súmula, algumas premissas devem ser fixadas. Em primeiro lugar, destaca-se que o prazo de **2 (dois) anos** para o ajuizamento da ação rescisória, a contar do **trânsito em julgado** da decisão rescindenda, é **decadencial**, não sofrendo, portanto, **suspensão** ou **interrupção**. Esse prazo encontra-se previsto no **art. 975 do CPC/2015**.

Outro ponto importante a ser destacado, por adentrar no entendimento previsto no inc. I, é que o trânsito em julgado conta-se, tecnicamente, a partir da **última**

decisão de mérito proferida. Assim, se prolatada sentença no dia 10.01.2007 e interposto recurso, porém, intempestivamente, o **não conhecimento** do recurso de apelação acarretará o trânsito em julgado da **sentença**, no dia seguinte ao **último dia** do prazo recursal. Nesse momento, transitou em julgado a sentença objeto da ação rescisória.

Acerca da natureza jurídica da decisão proferida no juízo de admissibilidade, FLÁVIO CHEIM JORGE[19] destaca que *"o grande problema que surge quando se chega à conclusão de que o juízo de admissibilidade dos recursos tem natureza declaratória diz respeito aos efeitos da decisão que assim se pronuncia. De fato, sendo declaratória a pretensão, os efeitos serão ex tunc, decorrendo daí a constatação de que os efeitos da decisão impugnada já existem, mesmo durante o processamento do recurso interposto, caso não venha a ser conhecido"*.

Lembre-se de que esse entendimento é ***eminentemente técnico***. Contudo, não foi aceito pelo TST, STJ e STF, que preferiram analisar a questão sob uma ótica *menos técnica* e *mais racional*, tendo em vista os **prejuízos** que a **demora** no julgamento do recurso (inadmissão) poderiam acarretar ao recorrente. Caso o Poder Judiciário demorasse mais de 2 (dois) anos para proferir decisão de **inadmissão** do recurso, tecnicamente, o recorrente teria perdido o **prazo para a ação rescisória**, o que certamente seria um absurdo, já que a demora no julgamento é injustificável. FLÁVIO CHEIM JORGE[20] uma vez mais, com propriedade, observa que *"uma decisão definitiva a respeito da admissibilidade do recurso pode durar anos, e, nessa hipótese, caso o recurso não venha a ser admitido pelo Tribunal, a parte poderá ter perdido o prazo de 2 anos para a interposição da ação rescisória (art. 975 do CPC/2015)"*.

Por isso, o inc. I destaca que o *dies a quo,* ou seja, o primeiro dia do prazo de **decadência** para o ajuizamento da ação é contado no dia subsequente à **última decisão**, seja de mérito ou não (processual). Nessa hipótese, contar-se-á o aludido prazo a partir da decisão de **inadmissão do recurso**, que possui natureza **processual**.

Sem dúvida que esse entendimento, mesmo não sendo o mais técnico, é o mais razoável, devendo, portanto, ser seguido sem questionamentos.

O inc. II da súmula analisa o trânsito em julgado **sucessivo**, ou seja, aquele que ocorre quando a parte interpõe recursos parciais. Em primeiro lugar, os recursos podem ser **classificados** em: 1. Totais e parciais; 2. De fundamentação simples e vinculada; 3. Ordinários e extraordinários.

Os recursos classificados como *totais* impugnam **todos os capítulos** em que o recorrente foi **sucumbente**, ou seja, são manejados contra todas as partes da decisão que lhe foram **desfavoráveis**, enquanto os *parciais* impugnam apenas um ou alguns capítulos, acarretando, em regra, o trânsito em julgado dos demais, se sua validade não estiver subordinada à manutenção, pelo tribunal, da parte da decisão impugnada, como ocorre com as **custas** e os **honorários advocatícios**.

---

19 JORGE, Flávio Cheim. *Teoria geral dos recursos cíveis.* 3. ed. São Paulo: RT, 2007. p. 60.

20 JORGE, Flávio Cheim. *Teoria geral dos recursos cíveis*, p. 61.

Assim, se determinada empresa tiver sido condenada ao pagamento de adicional de insalubridade e verbas rescisórias, poderá interpor recurso ordinário em face dos dois capítulos, bem como de apenas um deles. Caso impugne apenas aquele relacionado às verbas rescisórias, por entender indevidas, transitará em julgado o capítulo relacionado ao adicional de insalubridade. O trânsito em julgado se dará no momento em que o recurso ordinário é interposto, tendo em vista a ocorrência de **preclusão consumativa** e a impossibilidade de **complementação** do apelo. Assim, o trânsito ocorreu perante a Vara do Trabalho.

Quanto ao capítulo não objeto do recurso, poderá ser ajuizada ação rescisória, independentemente de não terem sido interpostos os recursos que, em tese, seriam cabíveis à luz da **Súmula n. 514 do STF**. Nessa hipótese, o prazo decadencial da rescisória será contado a partir do trânsito perante a Vara do Trabalho, que se deu com a interposição do recurso ordinário. Com relação à competência, será do TRT, tendo em vista que o trânsito ocorreu em **primeiro grau de jurisdição**.

Com relação ao capítulo recorrido, imagine-se que houve o desprovimento do recurso em sede de TRT, com o subsequente trânsito em julgado. Imagine-se ainda que a parte, não satisfeita com o julgamento, entende por ajuizar ação rescisória em face do acórdão do regional. O prazo será contado do trânsito da última decisão, oriunda do TRT, sendo a competência do próprio tribunal regional, já que *todo tribunal possui competência para desconstituir suas próprias decisões.*

Se tivesse sido interposto Recurso de Revista, conhecido e julgado no mérito pelo TST, do trânsito em julgado do acórdão proferido pelo último tribunal, seria contado o prazo decadencial do art. 975 do CPC/2015, sendo também desse tribunal a competência para a ação rescisória.

Essa é a regra geral. Situação distinta ocorre quando o recurso, mesmo parcial, traz **preliminar** ou **prejudicial** capaz de anular toda a decisão proferida, tanto os capítulos recorridos quanto os demais.

A questão aqui exposta deve ser analisada com cuidado, sob pena de proporcionar ao **recurso** a possibilidade de alterar **decisão transitada em julgado**, o que se mostra inviável em nosso sistema.

No recurso parcial, somente se pode falar em alteração da parte não recorrida, quando aquela inserir-se **automaticamente** no âmbito do recurso interposto, **independentemente de pedido expresso** da parte para reformá-la ou anulá-la, tal como ocorre com ***juros, correção monetária*** e ***verbas de sucumbência***. Assim, se a parte sofre condenação ao pagamento de salários atrasados, bem como aos encargos de sucumbência, e expõe em seu recurso o inconformismo sobre o primeiro capítulo, seu apelo **devolve obrigatoriamente** ao tribunal a matéria ***acessória***, que não transitará em julgado automaticamente.

Fora dessa situação, *"o capítulo não impugnado fica acobertado pela preclusão — e, se se tratar de capítulo de mérito, ficará imutável por força da coisa julgada material. Assim, o tribunal, ao julgar o recurso parcial, não poderá adentrar o exame de qualquer aspecto relacionado ao capítulo não impugnado, nem mesmo para constatar a ausência de um 'pressuposto processual' ou de uma condição da ação. Ao recorrente 'arrependido' da opção somente restará a ação rescisória".*[21]

Isso significa dizer que, se o recurso for parcial e o pedido formulado for de anulação da sentença, pela existência de algum *error in procedendo*, o **provimento** do recurso acarretará a nulidade apenas do **capítulo recorrido**, bem como do **capítulo acessório**, mas não dos demais, que se encontram acobertados pela **coisa julgada**. Assim, se o reclamado for condenado ao pagamento de adicional noturno e verbas rescisórias, dois capítulos, portanto, e recorrer apenas do segundo, o primeiro transitará em julgado, podendo ser alterado apenas por **ação rescisória**, mesmo que o provimento do recurso acarrete a anulação do julgado, pois a expressão "julgado" restringe-se apenas ao **capítulo recorrido**. Esse é o melhor entendimento acerca do inc. II da súmula.

Com relação ao inc. III, tem-se uma exceção à regra exposta no inc. I, uma vez que considera situações em que a decisão proferida no **juízo negativo de admissibilidade** terá **efeitos *ex tunc***, ou seja, retroagirá à data da **interposição** do recurso, com a consequente possibilidade de perda do prazo para a rescisória.

Verificou-se quando dos comentários ao inc. I que, tecnicamente, a natureza jurídica da decisão proferida no juízo de admissibilidade é **declaratória**; portanto, possuindo efeitos *ex tunc*, que **retroagem** à data da interposição do recurso, declarando presentes ou ausentes os **pressupostos de admissibilidade**. Contudo, assentou-se que o entendimento jurisprudencial considera que essa natureza jurídica poderia acarretar a perda do prazo para a ação rescisória, se a decisão definitiva de admissibilidade pelo tribunal fosse proferida após 2 (dois) anos da interposição do recurso, o que, em verdade, não é difícil de ocorrer. Visando **proteger** o recorrente dos efeitos maléficos do denominado *tempo morto do processo*,[22] aplica-se o entendimento de que o início do prazo para a rescisória conta-se da última decisão proferida, de mérito ou processual.

Ocorre que o inc. III excepciona a regra criada pelo inc. I, ao observar que a interposição de recurso **intempestivo** ou **incabível**, salvo se presente a **dúvida razoável**, não protrai o início do prazo do art. 975 do CPC/2015, ou seja, não acarreta a **prorrogação do início da contagem** do prazo, havendo, nessa peculiar situação, efeitos *ex tunc*.

A aplicação do ***princípio da fungibilidade recursal*** acarretaria tal efeito, já que há dúvida acerca do recurso cabível, além da interminável dúvida sobre o prazo a ser respeitado nessa situação.

Com relação ao inc. IV da súmula, tem-se que a convicção do magistrado sobre a **tempestividade** da ação rescisória não está vinculada apenas à **certidão de transitado em julgado**, constante do processo principal e, obrigatoriamente, juntada aos autos da rescisória, como um documento indispensável ao ajuizamento da ação, nos

---

21 DIDIER JR., Fredie; CUNHA, Leonardo José Carneiro da. *Curso de direito processual civil*. 5. ed. Salvador: JusPodivm, 2008. v. 3, p. 28.

22 GONÇALVES, William Couto. *Garantismo, finalismo e segurança jurídica no processo judicial de solução de conflitos*. Rio de Janeiro: Lumen Juris, 2004.

termos do art. 320 do CPC/2015. Assim, por exemplo, poderá o servidor público certificar o trânsito em julgado equivocadamente, o que deve ser **desconsiderado** pelo julgador. Imagine-se que o recurso foi inadmitido por intempestividade e que não existe qualquer dúvida acerca do pressuposto de admissibilidade. Nessa situação, a decisão de inadmissão operará efeitos *ex tunc*, devendo o trânsito ser certificado no dia seguinte ao término do prazo recursal. Se o servidor certificar como o dia do trânsito da última decisão (inadmissão), o julgador desconsiderará a **certidão** dos autos, levando em consideração a **real data do trânsito**. Claro que a certidão de trânsito, como firmado por quem detém ***fé pública***, deverá ser desconsiderada apenas se houver comprovação nos autos do equívoco cometido, pois somente a presença de provas em contrário elide a **presunção da certidão**.

No que se refere ao inc. V, trata-se da **homologação** de acordo firmado entre as partes, que nos termos do art. 831, parágrafo único, da CLT, valerá como *"(...) decisão irrecorrível, salvo para a Previdência Social quanto às contribuições que lhe forem devidas"*.

A decisão realmente será **irrecorrível** por ausência de ***interesse recursal***, já que nenhuma das partes restou **sucumbente**. A impossibilidade de interposição de qualquer recurso gera o **trânsito em julgado** da sentença ou acórdão que homologar o acordo, ocasionando a imutabilidade da decisão. O cabimento da rescisória encontra-se previsto na **Súmula n. 259 do TST**, cuja redação destaca que *"só por ação rescisória é impugnável o termo de conciliação previsto no parágrafo único do art. 831 da CLT"*.

FRANCISCO ANTÔNIO DE OLIVEIRA[23] afirma que *"(...) homologado acordo, por exemplo, no dia 6.8.2001, deverá o autor ajuizar a ação rescisória até o dia 6.8.2003, pena de caracterizar-se a decadência, sendo desnecessária qualquer outra prova quanto ao trânsito em julgado, para fins de contagem do prazo decadencial"*.

No que se refere ao inc. VI da súmula, em primeiro lugar, há que se conceituar a ***colusão entre as partes***, para fins do corte rescisório previsto no art. 966, III, do CPC/2015. Segundo RODRIGO KLIPPEL,[24] a colusão entre as partes *"(...) ocorre quando haja bilateralidade, ou seja, acordo entre as partes para utilizar o processo para um fim fraudulento, como, por exemplo, formalizar uma transmissão de patrimônio no intuito de que o devedor escape à responsabilidade patrimonial por seus débitos"*.

A procedência da ação rescisória depende da comprovação do **nexo** entre o **conluio** praticado pelas partes e o **pronunciamento judicial**. Ausente o nexo, considerar-se-á que o conluio não produziu os **efeitos** perseguidos, não **contaminando** a decisão judicial, que, por se mostrar hígida, mantém-se inalterada. Nessa hipótese, a rescisória merece ser julgada **improcedente**.

Ainda sobre o tema, destaca-se que, se o conluio ocorrer em processo em que há interesse a propiciar a **intervenção do Ministério Público**, este poderá mover a ação rescisória, tendo em vista sua função de ***custos legis***. Se o conluio visa fraudar a lei e o Órgão Ministerial possui por atribuição a defesa daquela, presente encontra-se a

---

23 OLIVEIRA, Francisco Antônio de. *Comentários às súmulas do TST*, p. 214.

24 KLIPPEL, Rodrigo. *A coisa julgada e sua impugnação:* relativização da coisa julgada, p. 167.

legitimidade para a ação. Com relação ao prazo para o ajuizamento da rescisória pelo Ministério Público, mantém-se em **2 (dois) anos**; porém, contados de maneira diferente, pois tem **início** apenas quando o órgão possuir **conhecimento** do conluio. Disso decorre que a ação poderá ser ajuizada muitos anos após o trânsito, pois o **conhecimento do vício** pelo Ministério Público deu-se bem posteriormente àquele fato. Nessa situação, relativiza-se ainda mais o princípio da segurança jurídica para propiciar o respeito à lei, violada pelo ato perpetrado pelas partes.

O inc. VII da súmula trata de aplicar o **art. 1.013, § 3º, I, do CPC/2015** ao julgamento de recurso ordinário interposto de acórdão proferido por TRT em ação rescisória. Acerca do cabimento do recurso, temos que o recurso ordinário pode ser interposto nas hipóteses do **art. 895 da CLT**, a saber: a) de sentenças, proferidas em dissídios individuais ou coletivos, pela Vara do Trabalho, sendo julgados pelo TRT; b) de acórdãos proferidos pelo TRT, em processos de sua competência originária, sendo julgados pelo TST. A súmula trata dessa segunda hipótese, em que o RO é interposto de julgamento de rescisória, de competência originária de TRT.

Antes da inserção do art. 1.013, § 3º, I, do CPC/2015, se o TST desse provimento ao recurso, afastando a decadência, os autos retornariam ao TRT para novo julgamento da rescisória. Ocorre que, por motivos de **celeridade** e **eficiência** da prestação jurisdicional, entendeu o legislador que o tribunal a quem cabe o julgamento de mérito do recurso poderia, desde logo, **adentrar no mérito da ação**, julgando-o pela primeira vez, sem que tal fato acarretasse ferimento ao **duplo grau de jurisdição**, ou seja, não constituindo ***supressão de instância***.

Nos termos do parágrafo referido, *"nos casos de extinção do processo sem julgamento do mérito (art. 485 do CPC/2015), o tribunal pode julgar desde logo a lide, se a causa versar questão exclusivamente de direito e estiver em condições de imediato julgamento"*.

Verifica-se que a jurisprudência ampliou o entendimento original do legislador, pois a previsão legal somente se aplicaria aos casos de *extinção do processo sem resolução do mérito, do art. 485 do CPC/2015*, porém, o reconhecimento de **decadência** importa ***extinção do processo com resolução do mérito***. Porém, mesmo nessa situação, se o tribunal tiver condições de julgar desde logo a questão, proferindo acórdão com relação ao mérito, deverá fazê-lo, **inclusive sem pedido da parte**, por se tratar de norma jurídica relacionada à efetividade e à celeridade processuais, ou seja, de **ordem pública**.

Para que o dispositivo legal possa ser utilizado, fixou o TST que a causa deve versar questão **exclusivamente de direito** e estar em condições de **imediato julgamento**, ou seja, se houver necessidade de **instrução** probatória, os autos deverão ser baixados ao tribunal de origem para regular processamento.

O inc. VIII deve ser analisado com cuidado, tendo em vista a terminologia utilizada pelo TST, que poderá levar a interpretações equivocadas. O inciso em destaque se refere à *exceção de incompetência*, afirmando que, mesmo sendo apresentada no prazo recursal, não tem o condão de afastar o trânsito em julgado, se não acompanhada de recurso próprio.

A *exceção de incompetência* restringe-se apenas às hipóteses de **incompetência relativa**, atinente ao território e ao valor da causa, nos termos dos **arts. 62 e 63 do CPC/2015**. Tal vício deve ser demonstrado na **primeira oportunidade** que o réu possui para falar nos autos, que é a **defesa**, realizada em **audiência**. A não apresentação de exceção em audiência faz com que haja **preclusão** sobre a matéria, **prorrogando-se a competência** e, por consequência, impedindo-se sua posterior alegação. Assim, não há que se falar em *exceção de incompetência no prazo do recurso.*

Para que a redação da súmula tenha sentido, deve-se entender que ela se refere à **incompetência absoluta**, que pode ser alegada a **qualquer momento** e **grau de jurisdição**, inclusive em sede de **ação rescisória**, nos termos do art. 966, II, do CPC/2015.

Ocorre que, sendo proferida decisão passível de recurso, a simples alegação da incompetência absoluta, por qualquer forma, por não se ter uma peça processual específica, não elide o **trânsito em julgado**, pois este somente é evitado com a interposição de **recurso** e seu posterior **conhecimento**. A apresentação de **petição simples** serve para alegar o vício, porém, não para obstar a formação da coisa julgada. Assim, pode a parte tomar duas providências: 1. Interpor o recurso cabível, alegando-se a incompetência absoluta em seu bojo, o que é mais comum; ou 2. Interpor o recurso cabível e apresentar uma petição simples, alegando o vício. As duas hipóteses remetem o conhecimento da matéria ao tribunal por tratar-se de matéria de **ordem pública, cognoscível de ofício**, o que significa dizer que a parte nem precisaria alegar o vício, seja em petição apartada ou no próprio recurso. Porém, por experiência, recomenda-se alegar e demonstrar todos os vícios, facilitando o julgamento da matéria pelo tribunal encarregado da análise de mérito do recurso.

O inc. IX refere-se à aplicação do **art. 775 da CLT** à contagem do prazo decadencial para o ajuizamento da ação rescisória, mais especificamente, o parágrafo único do artigo, que se encontra assim redigido: *"Os prazos que se vencerem em sábado, domingo ou feriado, terminarão no primeiro dia útil seguinte"*.

Aplica-se a regra geral da contagem dos prazos processuais, também presente nos **arts. 219 e 224 do CPC/2015**, alargando o último dia do prazo para o **dia útil seguinte** ao término, quando ocorrer em sábado, domingo, feriado ou dia em que não houver **expediente forense** ou quando este **terminar antes** do horário normal. Quaisquer das situações impedem o autor de utilizar-se integralmente do prazo, não podendo sofrer prejuízos no exercício do direito de ação.

Por fim, o inc. X da súmula destaca que o início da contagem do prazo para a rescisória se dará ao término do prazo de interposição do **recurso extraordinário** (15 dias), apenas quando tiverem sido interpostos todos os recursos ordinários. Interpretação *a contrario sensu* importa dizer que, se não interpostos todos os recursos ordinários cabíveis na demanda, o prazo para a rescisória será contado do término do prazo do recurso que deveria ter sido interposto, pois nesse momento se dará o trânsito em julgado, já que o recurso extraordinário **não será admitido**, por ausência de **cabimento**, retroagindo a data do trânsito, conforme já analisado nos incs. I e III da presente súmula. Explica-se.

O recurso extraordinário somente pode ser interposto após terem sido **esgotadas as instâncias inferiores**, com o consequente manejo (interposição) de todos os **recursos ordinários**, pois somente nessa hipótese o extraordinário atenderá ao requisito descrito na CRFB/88, de ser utilizado apenas para impugnar decisões proferidas em **única** ou **última** instância.

A **Súmula n. 281 do STF** destaca que *"é inadmissível o recurso extraordinário, quando couber na justiça de origem, recurso ordinário da decisão impugnada"*.

Analisando o conteúdo da súmula, verifica-se que o recurso extraordinário interposto sem o esgotamento das **vias ordinárias** será inadmitido, por ausência de cabimento. Não há, nessa hipótese, dúvida razoável, razão pela qual, nos termos do inc. III, o prazo da rescisória não será dilatado, o que representa dizer que será *ex tunc*, retroagindo ao término do recurso que deveria ter sido interposto, por exemplo, recurso ordinário, recurso de revista, agravo de petição etc.

Contudo, se todos os recursos ordinários tiverem sido interpostos e havendo possibilidade de interposição do extraordinário, a não utilização deste levará ao trânsito em julgado, no dia **imediatamente subsequente** ao término do prazo de 15 (quinze) dias de que dispunha a parte.

> **ATENÇÃO:** A ação rescisória deve ser ajuizada no prazo decadencial de 2 anos, a contar do trânsito em julgado da última decisão do processo, que pode ser ou não de mérito. Caindo o último dia em sábado, domingo ou feriado, será o prazo prorrogado para o primeiro dia útil seguinte.

> ***SÚMULA N. 101***
> ***DIÁRIAS DE VIAGEM. SALÁRIO (incorporada a Orientação Jurisprudencial n. 292 da SBDI-1) — Res. 129/2005, DJ 20, 22 e 25.04.2005***
>
> Integram o salário, pelo seu valor total e para efeitos indenizatórios, as diárias de viagem que excedam a 50% (cinquenta por cento) do salário do empregado, enquanto perdurarem as viagens. (primeira parte — ex-Súmula n. 101 — RA 65/1980, *DJ* 18.06.1980; segunda parte — ex-OJ n. 292 da SBDI-1 — inserida em 11.08.2003)

A **Súmula n. 101 do TST**, que se refere à **incorporação** do valor das **diárias de viagem** ao salário, obteve **nova redação** pela Resolução n. 129/2005, publicada no *DJ* nos dias 20, 22 e 25.04.2005, com a **incorporação da Orientação Jurisprudencial n. 292 da SBDI-1 do TST**.

A súmula em comento vai ao encontro do **art. 457, § 2º, da CLT**, que versa sobre a *remuneração* do empregado. Em verdade, a súmula possui uma redação *invertida* se comparada ao texto legal, além de deixar claro quais parcelas se incorporam ao salário do empregado.

Nos termos do art. 457, § 2º, da CLT, *"Não se incluem nos salários as ajudas de custo, assim como as diárias para viagem que não excedam de 50% (cinquenta por cento) do salário percebido pelo empregado"*.

A redação supratranscrita gerou grande discussão doutrinária e jurisprudencial sobre a **incorporação** das **ajudas de custo e diárias** ao salário. Correntes doutrinárias se formaram no sentido de afirmar que: 1. As **ajudas de custo não se integram** ao salário, independentemente de representarem mais ou menos 50% (cinquenta por cento) do salário percebido pelo empregado; 2. As **ajudas de custo** e as **diárias integram** o salário do obreiro se representarem mais de 50% (cinquenta por cento) do valor percebido.

A corrente doutrinária que se firmou foi no sentido de que as **ajudas de custo nunca se integram ao salário**, pois estas dependem de **comprovação** pelo empregado. Assim, se há o pagamento desse benefício mediante comprovação de gastos, trata-se de parcela de cunho não salarial. É claro que o pagamento de *ajuda de custo* sem comprovação dos gastos demonstra que, em verdade, trata-se de salário e que, portanto, o empregador está tentando **burlar** direitos trabalhistas.

Com relação às **diárias de viagem**, esclareceu o TST que, se o valor corresponder a **mais de 50% (cinquenta por cento) do salário**, será considerado **parte integrante** do mesmo, presumindo-se a **fraude** trabalhista. Assim, inviável a seguinte situação: obreiro percebendo salário mensal de R$ 1.000,00 (mil reais) e diárias de viagem de R$ 700,00 (setecentos reais). Entendeu-se que o valor elevado das diárias gera uma grande possibilidade de fraude, em afronta ao **art. 9º da CLT**.

Traz ainda o entendimento sumulado importante menção ao **aspecto temporal**, afirmando que *"as diárias de viagem que excedam a 50% (cinquenta por cento) do salário do empregado, enquanto perdurarem as viagens"*, ou seja, qualquer valor, inferior ou superior a 50% (cinquenta por cento), se pago a título de diárias, sem que tenham sido efetuadas as viagens, será incorporado aos salários, pois o pagamento deu-se **sem a realização do fato gerador**, o que demonstra o intuito fraudatório de tal pagamento.

> **ATENÇÃO:** A depender do valor da diária de viagem, terá ela ou não natureza salarial. Se for de até 50% do valor do salário, não terá natureza salarial (será indenização). Se de valor superior a 50%, terá natureza salarial por todo o seu valor.

SÚMULA N. 102
BANCÁRIO. CARGO DE CONFIANÇA (incorporadas as Súmulas ns. 166, 204 e 232 e as Orientações Jurisprudenciais ns. 15, 222 e 288 da SBDI-1) — Res. 129/2005, DJ 20, 22 e 25.04.2005

I — A configuração, ou não, do exercício da função de confiança a que se refere o art. 224, § 2º, da CLT, dependente da prova das reais atribuições do empregado, é insuscetível de exame mediante recurso de revista ou de embargos. (ex-Súmula n. 204 — alterada pela Res. 121/2003, *DJ* 21.11.2003)

II — O bancário que exerce a função a que se refere o § 2º do art. 224 da CLT e recebe gratificação não inferior a um terço de seu salário já tem remuneradas as duas horas extraordinárias excedentes de seis. (ex-Súmula n. 166 — RA 102/1982, *DJ* 11.10.1982 e *DJ* 15.10.1982)

> III — Ao bancário exercente de cargo de confiança previsto no art. 224, § 2º, da CLT são devidas as 7ª e 8ª horas, como extras, no período em que se verificar o pagamento a menor da gratificação de 1/3. (ex-OJ n. 288 da SBDI-1 — *DJ* 11.08.2003)
>
> IV — O bancário sujeito à regra do art. 224, § 2º, da CLT cumpre jornada de trabalho de 8 (oito) horas, sendo extraordinárias as trabalhadas além da oitava. (ex-Súmula n. 232 — RA 14/1985, *DJ* 19.09.1985)
>
> V — O advogado empregado de banco, pelo simples exercício da advocacia, não exerce cargo de confiança, não se enquadrando, portanto, na hipótese do § 2º do art. 224 da CLT. (ex-OJ n. 222 da SBDI-1 — inserida em 20.06.2001)
>
> VI — O caixa bancário, ainda que caixa executivo, não exerce cargo de confiança. Se perceber gratificação igual ou superior a um terço do salário do posto efetivo, essa remunera apenas a maior responsabilidade do cargo e não as duas horas extraordinárias além da sexta. (ex-Súmula n. 102 — RA 66/1980, *DJ* 18.06.1980 e republicada *DJ* 14.07.1980)
>
> VII — O bancário exercente de função de confiança, que percebe a gratificação não inferior ao terço legal, ainda que norma coletiva contemple percentual superior, não tem direito às sétima e oitava horas como extras, mas tão somente às diferenças de gratificação de função, se postuladas. (ex-OJ n. 15 da SBDI-1 — inserida em 14.03.1994)

A **Súmula n. 102 do TST**, relacionada ao exercício de **cargo de confiança por bancário**, obteve **nova redação** por meio da Resolução n. 129/2005 do TST, publicada no *DJ* nos dias 20, 22 e 25.04.2005, com a **incorporação das Súmulas ns. 166, 204 e 232 e das Orientações Jurisprudenciais ns. 15, 222 e 288 da SBDI-1 do TST**.

O inc. I da súmula encontra-se totalmente vinculado ao disposto na **Súmula n. 126 do TST**, que assim versa: *"Incabível o recurso de revista ou de embargos (arts. 896 e 894,* b, *da CLT) para reexame de fatos e provas"*.

Saber se determinado bancário exercia ou não função de confiança, significa analisar as **provas** constantes nos autos acerca do trabalho realizado no dia a dia, as atribuições, obrigações, poder de mando etc., o que somente é possível nos **recursos** classificados de ***ordinários***, e não nos ***extraordinários***, como os recursos de **revista** e **embargos**.

Estes últimos não se prestam para **reexaminar fatos e provas**, e sim para verificar se a norma legal — infraconstitucional ou constitucional — foi **aplicada corretamente**, ou seja, são recursos de ***estrito direito***.

Na situação versada no inc. I, os recursos de revista ou embargos não serão admitidos, sendo **inviável** a análise de tal matéria, que deveria ter sido rediscutida apenas na **instância ordinária**, ou seja, até o TRT.

Com relação ao inc. II, que trata do recebimento de **gratificação** pelo exercício de **função de confiança**, bem como a prestação de serviços extraordinários, alguns comentários devem ser tecidos. Em primeiro lugar, destaca-se que o **art. 224 da CLT** prevê a **jornada reduzida** para o bancário, de 6 (seis) horas diárias e 30 (trinta) semanais. Contudo, o § 2º dispõe que tal regra **não se aplica** aos detentores de **cargo de confiança**, *"(...) desde que o valor da gratificação não seja inferior a 1/3 (um terço) do salário do cargo efetivo"*.

Aos detentores de cargo de confiança, aplica-se a regra geral do **art. 7º, XIII, da CRFB/88**, que limita a jornada de trabalho diária a 8 (oito) horas. Porém, trabalhando além do limite fixado no art. 224 da CLT, não terá direito à percepção das 2 (duas) horas extraordinárias, tendo em vista que essas **presumem-se pagas** por meio da **gratificação de função** recebida, de no mínimo **1/3 (um terço) do salário** do cargo efetivo. Tal valor já remunera eventuais **horas extras trabalhadas**, desde que não se ultrapasse o máximo diário de 8 (oito) horas. Além desse limite, será devido o adicional legal de, no mínimo, **50% (cinquenta por cento)** da hora normal.

O inc. III, em verdade, apenas complementa o anterior, destacando que, se a gratificação for **paga a menor**, ou seja, sendo inferior a 1/3 (um terço) do salário do cargo efetivo, deverão ser remuneradas as **7ª e 8ª horas trabalhadas**, tendo em vista que o § 2º do art. 224 da CLT é enfático ao afirmar que não se aplica o *caput* desde que haja o **pagamento da gratificação**, no mínimo, de 1/3 (um terço) do salário normal, percebido antes da ocupação do cargo de confiança.

Continuando a análise da súmula, o inc. IV destaca serem consideradas extraordinárias todas as horas trabalhadas além da 8ª diária, por aqueles que se enquadram no § 2º do art. 224 da CLT, ou seja, que exercem função de confiança. Já restou consignado que a gratificação de função remunera as 7ª e 8ª horas, mas não aquelas que **excederem** a jornada-padrão da CRFB/88, qual seja, **8 (oito) horas** diárias.

A análise do inc. V da súmula faz renascer o tema acerca da *configuração da função de confiança*. O texto sumulado destaca que o simples fato de o **advogado** ser **empregado** do banco não o faz ocupante de **cargo de confiança**.

Para AMAURI MASCARO NASCIMENTO,[25] *"(...) é possível sustentar que cargo de confiança é aquele no qual o empregado ocupa uma posição hierárquica elevada, na qual tenha poderes de agir pelo empregador nos seus atos de representação externa"*. ALICE MONTEIRO DE BARROS[26] destaca que *"a exceção prevista no § 2º do art. 224 da CLT, que sujeita o bancário a oito horas diárias de trabalho, abrange todos os cargos que pressupõem atividades de direção, coordenação, supervisão ou fiscalização burocrática de serviços, capazes de colocar o seu ocupante acima do nível dos colegas, cujas funções dirige"*.

É dentro desse contexto que se verifica que o simples fato de o empregado ser advogado do banco, possuindo **procuração** para agir em nome daquele, não lhe transforma em *ocupante de cargo de confiança*, tendo em vista ser necessária a verificação das **atribuições**, poder de mando, direção, subordinação etc. A existência de mandato *ad judicia* não lhe insere na exceção do § 2º do art. 224 da CLT, pois aquele documento é indispensável à **representação processual**, podendo ser outorgado a qualquer advogado, empregado ou não.

Acerca do inc. VI, destacam-se as bem-lançadas palavras de ALICE MONTEIRO DE BARROS:[27] *"também não se enquadra como de confiança bancária o caixa,*

---

25 NASCIMENTO, Amauri Mascaro. *Iniciação ao direito do trabalho*. 33. ed. São Paulo: LTr, 2007. p. 185.

26 BARROS, Alice Monteiro de. *Curso de direito do trabalho*. São Paulo: LTr, 2005. p. 253.

27 BARROS, Alice Monteiro de. *Curso de direito do trabalho*, p. 254.

ainda que executivo. Esse cargo requer eficiência técnica, honestidade e zelo funcional, entretanto, seus ocupantes não realizam atividades de direção, fiscalização, gerência, chefia ou equivalente. Mesmo que o caixa perceba gratificação, está excluído do conceito de cargo de confiança bancária e sujeita-se à jornada de seis horas".

Verifica-se que não é o pagamento da **gratificação** prescrita no § 2° do art. 224 da CLT que transforma o cargo exercido em *cargo de confiança*, mas a conjugação do **trabalho desenvolvido** e o pagamento da aludida **gratificação**. Somente a presença dos dois importa reconhecimento da natureza do cargo. No caso do caixa, a jornada continua a ser de 6 (seis) horas diárias, apesar do recebimento da gratificação. Nessa situação específica, pela natureza do cargo, o valor adicional recebido é considerado como uma **contraprestação** pelo trabalho realizado, mesmo não sendo de confiança. Nos termos do enunciado do TST, o valor remunera tão somente a *maior responsabilidade do cargo*. Se prestadas horas extraordinárias, ou seja, além das 6 (seis) diárias, deverá haver o pagamento de **adicional**, no mínimo, de 50% (cinquenta por cento) da hora normal.

Por último, o inc. VII destaca a possibilidade de **norma coletiva** impor o pagamento de gratificação por função de confiança **superior a 1/3 (um terço)**, trazendo norma mais **benéfica** que aquela disposta no § 2° do art. 224 da CLT. Contudo, a possibilidade de se estender a jornada de trabalho do bancário até **8 (oito) horas diárias**, quando caracterizado o exercício do **cargo de confiança**, se dá com o pagamento da gratificação legal de no mínimo 1/3 (um terço). Sendo paga tal gratificação, é lícito exigir o trabalho em jornada **superior** à legal, havendo, contudo, direito à **complementação** do valor da gratificação, uma vez que a norma coletiva impôs valor superior.

Em síntese, poderá o obreiro, não obstante a situação já analisada, pleitear judicialmente as **diferenças** entre a gratificação legal e a convencional, já que esta última mostra-se **benéfica** em relação àquela. Não são devidas **horas extraordinárias** se o trabalho diário desenvolvido for de até 8 (oito) horas, porém são devidos os valores decorrentes do **pagamento a menor**.

ATENÇÃO: O exercente de cargo de confiança bancário deve receber pelo menos 1/3 de gratificação de função, o que faz com que a sua jornada de trabalho seja de até 8 horas diárias e 40 horas semanais. Ultrapassado o limite, deverão ser pagas horas extraordinárias. Apenas o gerente-geral da agência não possui jornada máxima, pois se enquadra no art. 62 da CLT.

SÚMULA N. 109
GRATIFICAÇÃO DE FUNÇÃO (mantida) —
Res. 121/2003, DJ 19, 20 e 21.11.2003

O bancário não enquadrado no § 2° do art. 224 da CLT, que receba gratificação de função, não pode ter o salário relativo a horas extraordinárias compensado com o valor daquela vantagem.

A **Súmula n. 109 do TST**, relativo à percepção da **gratificação de função** prescrita no art. 224, § 2º, da CLT, foi **mantida** por meio da Resolução n. 121/2003 do TST, publicada no *DJ* nos dias 19, 20 e 21.11.2003.

A presente súmula aplica-se aos **bancários** que, apesar de não se enquadrarem em funções de confiança, chefia, direção e outras descritas no § 2º do art. 224 da CLT, percebem **gratificação de função**.

Conforme analisado na **Súmula n. 102 do TST**, a simples percepção da gratificação, que é de no mínimo 1/3 (um terço) do salário do cargo efetivo, não acarreta o enquadramento do bancário em **cargo de confiança**, o que resulta dizer que sua jornada de trabalho continua a ser de 6 (seis) horas diárias e 30 (trinta) semanais.

Por consequência, o trabalho prestado além daquela jornada importa pagamento de **adicional de trabalho extraordinário**. Isso porque a gratificação, nessa hipótese, não serve para remunerar as 7ª e 8ª horas trabalhadas, e sim, por exemplo, a maior responsabilidade e desgaste no exercício da função, como ocorre com os caixas, já que não há exercício de cargo de chefia etc.

Por isso é que o TST destaca, de forma **taxativa**, que a gratificação não remunera as horas extraordinárias, ou, em outras palavras, o **trabalho extraordinário** não pode ser compensado com o valor da vantagem.

Informações mais detalhadas sobre o trabalho exercido pelo bancário ocupante de cargo de confiança podem ser extraídas da leitura da **Súmula n. 102 do TST**.

> **ATENÇÃO:** Se o bancário não se enquadra no art. 224, § 2º, da CLT, é porque a sua jornada é de 6 horas diárias e 30 horas semanais. Logo, trata-se da jornada normal. Eventual gratificação que venha a receber não eleva a jornada para 8h/40h, mas remunera apenas a maior responsabilidade. Se ultrapassada a jornada normal (6h/30h), deverão ser pagas horas extraordinárias.

> ***SÚMULA N. 110***
> ***JORNADA DE TRABALHO. INTERVALO (mantida) — Res. 121/2003, DJ 19, 20 e 21.11.2003***
>
> No regime de revezamento, as horas trabalhadas em seguida ao repouso semanal de 24 horas, com prejuízo do intervalo mínimo de 11 horas consecutivas para descanso entre jornadas, devem ser remuneradas como extraordinárias, inclusive com o respectivo adicional.

A **Súmula n. 110 do TST**, acerca da não concessão do **intervalo *interjornada***, foi **mantida** pela Resolução n. 121/2003 do TST, publicada no *DJ* nos dias 19, 20 e 21.11.2003.

O regime de **revezamento** é aquele em que o empregado trabalha em diversos turnos, pela manhã, tarde ou noite. Há a alteração do horário de trabalho **regularmente**, podendo ser diário, semanal, quinzenal etc.

Pela CRFB/88, a jornada máxima em **turnos ininterruptos de revezamento** é de 6 horas diárias, sendo que a **Súmula n. 423 do TST** permitiu a prorrogação por acordo coletivo ou convenção coletiva para o máximo de 8 horas.

Adentrando ao tema tratado na súmula, temos que a CLT especifica dois tipos de intervalos, a saber: *interjornada* e *intrajornada,* disciplinados, respectivamente, nos **arts. 66 e 71 da CLT**. Dispõe o art. 66 que *"entre 2 (duas) jornadas de trabalho haverá um período mínimo de 11 (onze) horas consecutivas para descanso"*. Já o art. 71 assegura que *"em qualquer trabalho contínuo, cuja duração exceda de 6 (seis) horas, é obrigatória a concessão de um intervalo para repouso ou alimentação, o qual será, no mínimo, de 1 (uma) hora e, salvo acordo escrito ou contrato coletivo em contrário, não poderá exceder de 2 (duas) horas"*.

Além dos intervalos referidos, garante-se aos empregados o ***repouso semanal remunerado***, conforme art. 1º da Lei n. 605/49, cuja redação é a seguinte: *"Todo empregado tem direito ao repouso semanal remunerado, de 24 (vinte e quatro) horas consecutivas, preferencialmente aos domingos e, nos limites das exigências técnicas das empresas, nos feriados civis e religiosos, de acordo com a tradição local"*.

A súmula em comento faz referência ao ***intervalo interjornada*** (entre jornadas de trabalho) e ao ***repouso semanal remunerado***. O primeiro com prazo mínimo de 11 horas e o segundo de 24 horas.

Se entre duas jornadas de trabalho houver um descanso semanal remunerado, o prazo de descanso mínimo do empregado será de **35 horas**, que é a soma das 11 horas do intervalo com as 24 horas do repouso semanal. Se o empregado terminar a jornada de trabalho na sexta-feira, às 18 horas, somente poderá retornar ao trabalho após 35 horas de descanso, ou seja, não poderá retornar antes das 5 horas de domingo. Porém, como grande parte dos empregados não labora aos domingos, retornará na segunda-feira.

Em retornando antes das 5 horas de domingo, serão devidas **horas extraordinárias**, com o adicional respectivo, pois desrespeitado o prazo mínimo para descanso.

> **ATENÇÃO:** Não sendo respeitado o intervalo interjornada, que é de no mínimo 11 horas consecutivas, conforme o art. 66 da CLT, deverão ser pagas horas extraordinárias na proporção da redução do intervalo, ou seja, se, em vez de 11 horas, o empregado usufruiu de apenas 8 horas de intervalo, a ele devem ser pagas 3 horas extraordinárias.

SÚMULA N. 112
TRABALHO NOTURNO. PETRÓLEO (mantida) — Res. 121/2003, DJ 19, 20 e 21.11.2003

O trabalho noturno dos empregados nas atividades de exploração, perfuração, produção e refinação do petróleo, industrialização do xisto, indústria petroquímica e transporte de petróleo e seus derivados, por meio de dutos, é regulado pela Lei n. 5.811, de 11.10.1972, não se lhe aplicando a hora reduzida de 52 minutos e 30 segundos prevista no art. 73, § 2º, da CLT.

A **Súmula n. 112 do TST**, referente ao **trabalho noturno** nas atividades relacionadas a petróleo, foi **mantida** pela Resolução n. 121/2003 do TST, publicada no *DJ* nos dias 19, 20 e 21.11.2003.

A primeira observação a ser feita é que a hora noturna **reduzida** encontra-se prevista no § 1º do art. 73 da CLT, e não no § 2º, conforme disserta a súmula em comento. Dispõe o parágrafo referido que *"A hora do trabalho noturno será computada como de 52 (cinquenta e dois) minutos e 30 (trinta) segundos"*.

Tal **ficção jurídica** (uma hora contendo apenas 52 minutos e 30 segundos, e não 60 minutos) deu-se para que a jornada noturna de 8 horas pudesse ser realizada no período das 22h às 5h, nos termos do § 2º do art. 73 da CLT.

Entende o TST que os empregados em atividade de exploração, perfuração, produção e refinação de petróleo e derivados, por serem regulados por **lei específica**, a saber, Lei n. 5.811/72, não fazem jus à hora noturna reduzida.

Analisando a Lei n. 5.811/72, verifica-se que seu art. 3º aduz: *"durante o período em que o empregado permanecer no regime de revezamento em turno de 8 (oito) horas, ser-lhe-ão assegurados os seguintes direitos: I — pagamento do adicional de trabalho noturno na forma do art. 73 da Consolidação das Leis do Trabalho"*.

Como o art. 3º da Lei não faz menção à **redução** da hora noturna, e sim apenas ao **adicional noturno** de 20%, entenderam os integrantes do TST que a legislação específica **excluiu** tal direito. Isso também ocorre com o **empregado rural**, pois a Lei n. 5.889/73 não excluiu expressamente o direito à hora reduzida, porém, não fez menção ao benefício. Nas duas hipóteses, o silêncio foi proposital. Teve por intuito **excluir** o benefício. Para o rural, a disciplina da jornada noturna encontra-se no art. 7º da aludida Lei, a saber: *"Para os efeitos desta Lei, considera-se trabalho noturno o executado entre as 21 (vinte e uma) horas de um dia e as 5 (cinco) horas do dia seguinte, na lavoura, e entre as 20 (vinte) horas de um dia e as 4 (quatro) horas do dia seguinte, na atividade pecuária. Parágrafo único: Todo trabalho noturno será acrescido de 25% (vinte e cinco por cento) sobre a remuneração normal"*.

Assim, se a **lei específica** regulamenta a jornada noturna sem fazer menção à **hora reduzida**, deve ser entendido por inexistente o direito.

Tal posicionamento é criticado por parte da doutrina, em especial FRANCISCO ANTÔNIO DE OLIVEIRA, para quem *"(...) a lei não exclui os parágrafos do art. 73 da CLT. E estes deixam claro que o período noturno é de 22 às 5 horas (§ 2º) e que a hora noturna será de 52 minutos e 30 segundos (§ 1º)"*.[28]

> **ATENÇÃO:** Norma específica pode retirar a proteção conferida pela hora ficta reduzida, como ocorre como os empregados na extração de petróleo e outros, para quem a hora noturna tem os mesmos 60 minutos da hora diurna, diferentemente do art. 73 da CLT, que prevê a hora noturna reduzida de 52 minutos e 30 segundos.

[28] OLIVEIRA, Francisco Antônio de. *Comentários às súmulas do TST*, p. 232.

SÚMULA N. 113
BANCÁRIO. SÁBADO. DIA ÚTIL (mantida) —
Res. 121/2003, DJ 19, 20 e 21.11.2003

O sábado do bancário é dia útil não trabalhado, não dia de repouso remunerado. Não cabe a repercussão do pagamento de horas extras habituais em sua remuneração.

A **Súmula n. 113 do TST**, a respeito do **sábado** do **bancário**, se útil ou não, foi **mantida** pela Resolução n. 121/2003 do TST, publicada no *DJ* nos dias 19, 20 e 21.11.2003.

Os empregados urbanos e rurais, com a promulgação da CRFB/88, passaram a gozar de jornada diária máxima de 8 (oito) horas e semanal de 44 (quarenta e quatro) horas. Porém, os empregados de **bancos**, entre eles os *"(...) empregados de portaria e de limpeza, tais como porteiros, telefonistas de mesa, contínuos e serventes, empregados em bancos e casas bancárias"*, conforme **art. 226 da CLT**, possuem jornada especial, regulamentada pelo art. 224 da CLT, de *"(...) 6 (seis) horas contínuas nos dias úteis, com exceção dos sábados, perfazendo um total de 30 (trinta) horas de trabalho por semana"*.

Entendeu o legislador por regulamentar de forma **especial** a jornada desses trabalhadores em virtude de seu trabalho **repetitivo**, ocasionador de diversas **doenças profissionais**, bem como da responsabilidade e riscos inerentes à atividade.

A jornada reduzida, a teor do § 2º do art. 224 da CLT, não se aplica aos ocupantes de **cargo de confiança**, se preenchidos os requisitos legais (em especial o recebimento de **gratificação** nunca inferior a 1/3 do salário pago ao cargo efetivo).

Nos termos da súmula, o **sábado** não é descanso semanal remunerado, e sim ***dia útil não trabalhado***. Mas qual é a diferença para o empregado? Primeiro, há que se destacar que o entendimento do TST é **pior** para o obreiro, pois pode acarretar a diminuição de sua remuneração. Isso porque as eventuais horas extras realizadas durante a semana não irão integrar o salário do sábado, e sim apenas do domingo, pois o valor das horas extras habituais integra o repouso semanal remunerado, nos termos da **Súmula n. 172 do TST**, e não o dia útil não trabalhado, cuja remuneração é normal.

Além disso, o trabalho realizado aos **domingos** (dia para o descanso semanal remunerado), bem como em feriados, deve ser pago em **dobro**, se não compensado, nos termos da **Súmula n. 146 do TST**. Se o TST entendesse que o sábado do bancário integra o **DSR** (Descanso Semanal Remunerado), o trabalho exigido aos sábados também seria pago em dobro, o que não acontece com o atual entendimento pretoriano, pois o trabalho exigido em dia útil não trabalhado é pago apenas com o adicional de horas extras, de no mínimo 50% (cinquenta por cento), salvo ajuste **mais favorável**.

Atente-se que, apesar do entendimento firmado pelo TST, muitos acordos e convenções coletivos vêm prevendo o sábado como **descanso semanal remunerado**, assim como o domingo, evitando os prejuízos já expostos anteriormente.

> **ATENÇÃO:** Os bancos não funcionam aos sábados. Logo, os bancários não trabalham nesse dia, o que não significa dizer que o sábado é descanso semanal remunerado. Pela súmula, trata-se de um dia útil não trabalhado, que não sofre a incidência dos valores das horas extras habitualmente realizadas.

> ***SÚMULA N. 114***
> ***PRESCRIÇÃO INTERCORRENTE (mantida) —***
> ***Res. 121/2003, DJ 19, 20 e 21.11.2003***
>
> É inaplicável na Justiça do Trabalho a prescrição intercorrente.

A **Súmula n. 114 do TST**, relacionada à **prescrição intercorrente**, foi **mantida** pela Resolução n. 121/2003, publicada no *DJ* nos dias 19, 20 e 21.11.2003.

Apesar do conflito com a **Súmula n. 327 do Supremo Tribunal Federal**, entendeu o TST pela manutenção de seu posicionamento sumulado. Prescreve a súmula do STF que *"o direito trabalhista admite a prescrição intercorrente"*.

Prescrição intercorrente é *"aquela que surge no curso da ação"*, segundo ensinamento de CARLOS HENRIQUE BEZERRA LEITE.[29] De acordo com este autor, deve-se aplicar o entendimento exposto pelo STF, pois há previsão legal de seu reconhecimento no art. 884, § 1º, da CLT, que prevê a possibilidade de ser alegada **prescrição** como **matéria de defesa** nos embargos à execução. Ainda segundo o mestre, *"tal prescrição só pode ser a intercorrente, pois seria inadmissível arguir prescrição sobre pretensão que já consta da coisa julgada"*.

Exemplo corrente de reconhecimento da prescrição intercorrente pelos Tribunais Trabalhistas encontra-se na **liquidação**, quando o liquidante, intimado para apresentação dos artigos, não o faz tempestivamente.

Ademais, a Lei de Execução Fiscal (Lei n. 6.830/80), que é aplicável **subsidiariamente** ao processo do trabalho, prevê, a partir da Lei n. 11.051/2004, a possibilidade de reconhecimento da prescrição intercorrente. Nos termos do § 4º do art. 40 da referida lei, *"se da decisão que ordenar o arquivamento tiver decorrido o prazo prescricional, o juiz, depois de ouvida a Fazenda Pública, poderá, de ofício, reconhecer a prescrição intercorrente e decretá-la de imediato"*.

[29] BEZERRA LEITE, Carlos Henrique. *Curso de direito processual do trabalho*, p. 473.

Assim, tudo indica a possibilidade de se reconhecer a prescrição intercorrente, na esteira da **Súmula n. 327 do STF**, apesar de o entendimento do TST manter-se em sentido contrário.

> **ATENÇÃO:** No processo do trabalho não há a prescrição intercorrente, ou seja, aquela que ocorre no curso do processo. Assim, ajuizada a ação no prazo prescricional previsto no art. 7º, XXIX, da CF/88, os pedidos não mais prescrevem, mesmo que a ação demore anos e anos para ser julgada.

SÚMULA N. 115
HORAS EXTRAS. GRATIFICAÇÕES SEMESTRAIS (nova redação) — Res. 121/2003, DJ 19, 20 e 21.11.2003

O valor das horas extras habituais integra a remuneração do trabalhador para o cálculo das gratificações semestrais.

A **Súmula n. 115 do TST**, referente à integração das horas extras no cálculo das **gratificações semestrais**, obteve **nova redação** por meio da Resolução n. 121/2003 do TST, publicada no *DJ* nos dias 19, 20 e 21.11.2003.

Em diversas ocasiões, analisou-se a **integração** do valor das horas extras **habitualmente** prestadas em parcelas salariais, tais como aviso prévio, 13º salário, férias, FGTS, entre outros, podendo-se resumir que *"as horas extras habituais compõem a remuneração do empregado e a integram para todos os efeitos legais"*.[30]

A presente súmula disserta novamente sobre a influência das horas extras no pagamento de outras parcelas, especificamente, nas gratificações semestrais, que, em verdade, podem ser mensais, semestrais, anuais, quinquenais, de acordo com o **pactuado** entre empregado e empregador.

Dispõe o **art. 457, § 1º, da CLT** que *"integram o salário não só a importância fixa estipulada, como também as comissões, percentagens, gratificações ajustadas, (...)"*.

Se ajustada a **gratificação** e integrando-se à remuneração, nada mais natural do que ter como base de cálculo para a gratificação a **remuneração global**, ou seja, incluído o valor do adicional por serviço extraordinário.

Assim, se o salário-base do empregado é R$ 500,00, mas habitualmente percebe mais R$ 200,00 a título de horas extras, sendo a gratificação equivalente a um salário, deverá aquela ser calculada em R$ 700,00, e não apenas em R$ 500,00, pois os R$ 200,00 das horas extras se **integram** aos R$ 500,00 do salário, formando um todo de R$ 700,00.

Esse também é o entendimento do **Supremo Tribunal Federal**, que, por meio da **Súmula n. 207**, afirmou que *"as gratificações habituais, inclusive a de natal, consideram-se tacitamente convencionadas, integrando o salário"*.

[30] OLIVEIRA, Francisco Antônio de. *Comentários às súmulas do TST*, p. 237.

Nem a lei, tampouco a jurisprudência do TST, definiu o que seja ***habitual***. Uma gratificação *habitual* é aquela paga todo ano ou toda vez que a empresa bate um recorde de produção? Considera-se habitual a gratificação paga por dois ou mais períodos **consecutivos**, como dois ou mais semestres ou anos consecutivos.

Assim, não podem ser consideradas habituais, por exemplo, as gratificações pagas em 2009, 2012 e 2016, em virtude de recordes na produção.

> **ATENÇÃO:** O adicional recebido em decorrência da realização de horas extraordinárias possui natureza salarial, repercutindo nas demais parcelas salariais, tais como as gratificações semestrais.

> ***SÚMULA N. 117***
> ***BANCÁRIO. CATEGORIA DIFERENCIADA (mantida) — Res. 121/2003, DJ 19, 20 e 21.11.2003***
>
> Não se beneficiam do regime legal relativo aos bancários os empregados de estabelecimento de crédito pertencentes a categorias profissionais diferenciadas.

A **Súmula n. 117 do TST**, que analisa a possibilidade de extensão do regime dos **bancários** aos empregados de **categorias diferenciadas** que laboram para o estabelecimento bancário, foi **mantida** pela Resolução n. 121/2003, publicada no *DJ* nos dias 19, 20 e 21.11.2003.

Em primeiro lugar, nos termos dos comentários expostos à **Súmula n. 55 do TST**, todas as anotações realizadas a partir de agora, com relação aos empregados em bancos, também se aplicam às **financeiras**.

Em segundo lugar, deve-se analisar, mesmo que rapidamente, como se formam os sindicatos. Existem **sindicatos** de uma determinada **categoria profissional**, de uma profissão ou de uma categoria econômica. Assim, respectivamente, podemos ter: o sindicato dos **bancários** (categoria profissional — todos os que trabalham em bancos) ou dos **industriários** (todos os que trabalham em indústrias); o sindicato dos advogados ou arquitetos (todos que exercem tais profissões); e o sindicato das empresas de ensino particular ou das empresas de conservação de um estado da federação.

Adentrando ao assunto tratado na súmula, temos que milhares de empresas, entre elas os bancos, possuem, em seus quadros, empregados pertencentes a **diversas profissões**, tais como os vigilantes, profissionais de informática, limpeza, entre outros. A questão é saber quem possui, entre os empregados de **categorias diferenciadas**, direito à jornada de trabalho especial dos bancários, descrita no art. 224 da CLT.

O TST já teve oportunidade de analisar o tema acerca de alguns profissionais, tais como o **vigilante** e o técnico em informática.

Com relação ao primeiro, destacou o entendimento na **Súmula n. 257 do TST**, afirmando que *"O vigilante, contratado diretamente por banco ou por intermédio de empresas especializadas, não é bancário"*. Com relação ao profissional de informática, o fez de forma mais completa, destacando situações em que deve ser tratado como bancário e outras em que não deve. A **Súmula n. 239 do TST** nos fala que *"É bancário o empregado de empresa de processamento de dados que presta serviço a banco integrante do mesmo grupo econômico, exceto quando a empresa de processamento de dados presta serviços a banco e a empresas não bancárias do mesmo grupo econômico ou a terceiros"*.

Há que se lembrar ainda que o legislador, por meio da Lei n. 3.488/58, destacou que para determinadas profissões se aplica a jornada reduzida de 6 (seis) horas do bancário. São elas: *"empregados de portaria e de limpeza, tais como porteiros, telefonistas de mesa, contínuos e serventes, empregados em bancos e casas bancárias"*.

A interpretação que se realiza do art. 226 da CLT supratranscrito é **restritiva**, ou seja, considera-se o rol **taxativo**. Todos os demais empregados, como ascensoristas e advogados, possuem regulamentação própria, ora com a **jornada-padrão** da CRFB/88 (8 horas diárias e 44 semanais), ora com jornada especial.

ATENÇÃO: Se o empregado do banco for de categoria diferenciada, não será considerado bancário e não terá direito à jornada reduzida de 6 horas diárias e 30 horas demais.

SÚMULA N. 118
JORNADA DE TRABALHO. HORAS EXTRAS (mantida) — Res. 121/2003, DJ 19, 20 e 21.11.2003

Os intervalos concedidos pelo empregador na jornada de trabalho, não previstos em lei, representam tempo à disposição da empresa, remunerados como serviço extraordinário, se acrescidos ao final da jornada.

A **Súmula n. 118 do TST**, atinente aos intervalos ***intrajornada*** concedidos pelo empregador, foi **mantida** pela Resolução n. 121/2003 do TST, publicada no *DJ* nos dias 19, 20 e 21.11.2003.

Quando dos comentários à **Súmula n. 110 do TST**, atentou-se para a existência de dois tipos de intervalos, a saber: ***interjornada*** *(entre jornadas)*, descrito no art. 66 da CLT, de no mínimo 11 horas consecutivas e ***intrajornada*** *(dentro da mesma jornada)*, descrito no art. 71 da CLT.

A súmula em comento faz menção aos intervalos *intrajornada*, uma vez referir-se a intervalos *"concedidos pelo empregador na jornada de trabalho"*.

O principal intervalo intrajornada é aquele utilizado para **descanso e alimentação**, que, nas jornadas superiores a 6 horas, será de 1 hora ou, no máximo, 2 horas. Além disso, têm-se alguns intervalos **especiais**, de determinadas categorias de empregados, como os **digitadores**, que possuem 10 minutos de descanso a cada 90 minutos trabalhados, de forma a evitar ou minimizar a ocorrência de **LER** (Lesão por Esforço Repetitivo). Também os empregados em **câmaras frigoríficas** possuem intervalo de 20 minutos a cada uma hora e quarenta minutos trabalhados.

Os referidos intervalos, se não concedidos, devem ser remunerados com adicional de **horas extraordinárias**, constituindo, ainda, **infração administrativa**.

Além disso, os intervalos gerais, ou seja, aplicados indistintamente a todos os empregados, não integram a jornada de trabalho, isto é, não podem ser computados como horário efetivamente trabalhado. Assim, se a jornada de trabalho de João Guilherme é das 8h às 17h, com uma hora de almoço, não há que se falar em horas extraordinárias, pois sua jornada possui apenas 8 horas de trabalho, já que a 1 hora de almoço não é contada.

Ao contrário, os intervalos concedidos especialmente para algumas profissões **integram** a jornada de trabalho dos empregados, ou seja, apesar de não estarem trabalhando, são **remunerados** naquele período. É o que ocorre com os 10 minutos de descanso que os digitadores possuem a cada 90 trabalhados. Esse período de descanso faz parte da jornada de trabalho, sendo nela **computado**.

Assim também ocorre, e aqui reside o ponto nodal da súmula em análise, com os intervalos concedidos **voluntariamente** pelo empregador. Se este não está **obrigado** a conceder o intervalo, mas o faz por **liberalidade**, deverá o período ser **computado** na jornada de trabalho.

Isso ocorre quando o empregador, por exemplo, concede 15 minutos para lanche no meio do expediente. Não se pode exigir do empregado que saia 15 minutos mais tarde, ou seja, que ultrapasse a jornada normal de trabalho, pois, nos termos da súmula, aquele período é considerado *tempo à disposição do empregador*, o que significa dizer que, de acordo com a art. 4º da CLT, é a própria jornada de trabalho.

Caso o empregado seja obrigado a trabalhar de forma **extraordinária** para compensar o período concedido de forma voluntária pelo empregador, terá direito à percepção daquele período com o devido adicional.

Em suma, se o intervalo for previsto por lei, poderá integrar ou não a jornada de trabalho, a depender da vontade do legislador. Se concedido de forma **voluntária** pelo empregador, será considerado parte **integrante** da jornada, por ser considerado *tempo à disposição do empregador.*

ATENÇÃO: Os intervalos concedidos voluntariamente pelo empregador são considerados jornada normal de trabalho, ou seja, o empregado não está trabalhando, mas está recebendo por aquele período de intervalo, como ocorre com os "intervalos de lanche", "intervalos de cafezinho" etc.

SÚMULA N. 119
JORNADA DE TRABALHO (mantida) —
Res. 121/2003, DJ 19, 20 e 21.11.2003

Os empregados de empresas distribuidoras e corretoras de títulos e valores mobiliários não têm direito à jornada especial dos bancários.

A **Súmula n. 119 do TST**, relacionada aos empregados de distribuidoras e corretoras de títulos e valores mobiliários, foi **mantida** por meio da Resolução n. 121/2003 do TST, publicada no *DJ* nos dias 19, 20 e 21.11.2003.

O entendimento do TST, externado por meio da presente súmula, mostrou-se totalmente diverso do adotado com relação às **financeiras**, pois estas foram equiparadas às instituições bancárias, fazendo jus seus empregados à **jornada reduzida** do art. 224 da CLT.

O cerne da questão, enfrentado pelo TST e que resultou na edição da presente súmula, era saber se os empregados em empresas distribuidoras e corretoras de títulos e valores mobiliários realizavam trabalho **análogo** ou não aos bancários, assim como os empregados de financeiras. Restou consignado, quando da análise da **Súmula n. 55 do TST**, que o legislador entendeu que os empregados das financeiras realizam trabalho idêntico aos bancários e, portanto, desgastante, repetitivo, monótono e intoxicante, razão pela qual devem ser **beneficiados** com a redução da jornada.

Porém, entenderam os Ministros do TST que os empregados das empresas referidas na súmula desenvolvem trabalho diverso dos bancários, razão pela qual não podem ser **equiparados** àqueles. A equiparação de situações distintas viola o princípio da isonomia, que reza, em síntese, que os desiguais devem ser tratados de forma desigual, na exata medida de suas desigualdades.

Contudo, se o banco-empregador possuir setor em que são negociados títulos e valores mobiliários, os empregados serão considerados bancários, tendo em vista que o empregador será a instituição bancária. Esse é o entendimento de FRANCISCO ANTÔNIO DE OLIVEIRA.[31]

ATENÇÃO: As corretoras de valores, diferentemente das financeiras, não são consideradas instituições bancárias, razão pela qual os seus empregados não gozam da jornada reduzida do art. 224 da CLT.

SÚMULA N. 122
REVELIA. ATESTADO MÉDICO (incorporada a Orientação Jurisprudencial n. 74 da SBDI-1) — Res. 129/2005, DJ 20, 22 e 25.04.2005

A reclamada, ausente à audiência em que deveria apresentar defesa, é revel, ainda que presente seu advogado munido de procuração, podendo ser ilidida a revelia mediante a apresentação de atestado médico, que deverá declarar, expressamente, a impossibilidade de locomoção do empregador ou do seu preposto no dia da audiência. (primeira parte — ex-OJ n. 74 da SBDI-1 — inserida em 25.11.1996; segunda parte — ex-Súmula n. 122 — alterada pela Res. 121/2003, *DJ* 21.11.2003)

A **Súmula n. 122 do TST**, referente à **revelia** no processo do trabalho, obteve **nova redação** por meio da Resolução n. 129/2005 do TST, publicada no *DJ* nos dias 20, 22 e 25.04.2005, com a **incorporação da Orientação Jurisprudencial n. 74 da SBDI-1**.

[31] OLIVEIRA, Francisco Antônio de. *Comentários às súmulas do TST*, p. 242.

O entendimento da súmula passa antes pela análise de algumas **premissas**.

A audiência trabalhista é **una**, prestando-se a conciliação, instrução e julgamento. Em regra, não deve ser **fracionada**, pois a unidade reflete o interesse do legislador em manter a **celeridade** processual.

Além disso, a ausência **injustificada** das partes à audiência importa sérias consequências. Caso o reclamante não compareça ao ato, a reclamação trabalhista será **arquivada**, determinando-se a extinção do feito sem resolução do mérito, nos termos do art. 844 da CLT. A ausência do reclamado importa **revelia** e **confissão** sobre a matéria fática, pela impossibilidade de apresentação da **defesa**, que no processo do trabalho é realizada de forma **oral**, em até 20 minutos, na própria **audiência**.

A presença dos advogados, por sua vez, não é imprescindível, pois vigora no processo do trabalho o ***jus postulandi***, que é a possibilidade de praticar atos processuais sem advogado. Assim, mesmo sem advogado, a empresa reclamada pode apresentar defesa.

Ademais, o advogado não pode ser **preposto** da empresa (art. 23 do Código de Ética e Disciplina da OAB). As duas funções são inconciliáveis, o que significa dizer que a empresa reclamada deverá nomear um sócio ou empregado para atuar como preposto, por meio de denominada ***carta de preposição***, em que se conferem poderes àquele determinado empregado para **representar** a empresa nos autos da reclamação trabalhista.

Acerca do preposto, destaca-se a **Súmula n. 377 do TST**, com a seguinte redação *"Exceto quanto à reclamação de empregado doméstico, ou contra micro ou pequeno empresário, o preposto deve ser necessariamente empregado do reclamado. Inteligência do art. 843, § 1º, da CLT e do art. 54 da Lei Complementar n. 123, de 14 de dezembro de 2006"*.

Adentrando no assunto específico tratado pela súmula em comento, tem-se que, se **ausente** a reclamada (sócio ou preposto), será decretada a sua **revelia**, salvo se a ausência for **justificada** por atestado médico.

Porém, o **atestado médico** deverá ser **específico**, declarando a impossibilidade do sócio ou preposto comparecerem à audiência, por restar prejudicada a locomoção *"no dia da audiência"*. Isso significa dizer que não deve ser aceito atestado médico **genérico**, em que se afirma apenas a **impossibilidade** de **comparecimento**, sem aduzir os motivos. Não basta, também, fazer menção à doença contraída dias antes, devendo ser afirmada a impossibilidade de locomoção em determinado período, que abarca o **dia da audiência**.

Ademais, entende-se ainda que, sendo uma empresa de médio ou grande porte, o atestado médico não deve ser aceito, pois possível a **substituição** do preposto por outro empregado. Tal situação apenas não deve ser exigida de pequenas empresas, que possuem quadro de funcionários reduzido.

Todos esses cuidados são necessários para evitar-se a utilização **indevida** dos atestados médicos, apenas para **protelar** a realização da audiência.

Em suma, o magistrado deve ponderar a situação, decidindo com parcimônia e **razoabilidade**, designando ou não nova data para a audiência.

ATENÇÃO: Somente o atestado médico que demonstre a impossibilidade de locomoção no dia da audiência pode ser utilizado para justificar a ausência naquele ato. Caso o atestado não demonstre tal fato, a parte que o apresentou sofrerá as penalidades do art. 844 da CLT, que serão o arquivamento do processo (se for o reclamante) ou a revelia (se for o reclamado).

SÚMULA N. 124
BANCÁRIO. SALÁRIO-HORA. DIVISOR (redação alterada na sessão do Tribunal Pleno realizada em 14.09.2012) — Res. 185/2012, DEJT divulgado em 25, 26 e 27.09.2012

I — O divisor aplicável para o cálculo das horas extras do bancário, se houver ajuste individual expresso ou coletivo no sentido de considerar o sábado como dia de descanso remunerado, será:

a) 150, para os empregados submetidos à jornada de seis horas, prevista no *caput* do art. 224 da CLT;

b) 200, para os empregados submetidos à jornada de oito horas, nos termos do § 2º do art. 224 da CLT.

II — Nas demais hipóteses, aplicar-se-á o divisor:

a) 180, para os empregados submetidos à jornada de seis horas prevista no *caput* do art. 224 da CLT;

b) 220, para os empregados submetidos à jornada de oito horas, nos termos do § 2º do art. 224 da CLT.

A **Súmula n. 124 do TST**, atinente ao **divisor** de horas para o bancário, foi **alterada** pela Resolução n. 185/2012 do TST, publicada no *DJ* nos dias 25, 26 e 27.09.2012.

O conteúdo da presente súmula é de fácil entendimento e de grande aplicação prática, pois serve para saber o valor de cada hora trabalhada pelo bancário.

A jornada de trabalho-padrão da CRFB/88 é de 8 horas diárias e 44 horas semanais, podendo ser exigido trabalho durante 6 dias da semana (8 horas de segunda a sexta e 4 horas aos sábados). Desta forma, temos que 44 horas dividido por 6 dias é igual a 7 horas e 20 minutos. Tal valor multiplicado por 30 dias é igual a 220 horas. Graficamente, temos:

HORAS SEMANAIS	DIAS POR SEMANA	DIVISÃO ENTRE HORAS SEMANAIS E DIAS DA SEMANA	NÚMERO DE DIAS DE UM MÊS	TOTAL DE HORAS TRABALHADAS POR MÊS (DIVISOR)
44	6	7:20	30	220

Para se saber o **valor** de cada hora trabalhada por quem possui **jornada-padrão** (44 horas semanais), basta dividir o salário por **220**. Assim, se o salário mensal é R$ 2.200,00, cada hora trabalhada valerá R$ 10,00 (R$ 2.200,00 ÷ 220).

Se cada hora normal vale R$ 10,00, a hora extra terá, no mínimo, o valor de R$ 15,00 (R$ 10,00 + adicional de 50%).

A súmula em comento, antes de sua alteração em setembro de 2012, previa a aplicação unicamente do divisor 180, conforme quadro e explicação abaixo:

Para o **bancário**, o cálculo mostra-se um pouco diferente, em virtude de sua jornada especial de 6 horas diárias e 30 horas semanais. Além disso, destaca-se a **Súmula n. 113 do TST**, já comentada, que afirma que o sábado é dia útil não trabalhado. Assim, são apenas 5 dias úteis trabalhados. Graficamente, temos:

HORAS SEMANAIS	DIAS POR SEMANA	DIVISÃO ENTRE HORAS SEMANAIS E DIAS DA SEMANA	NÚMERO DE DIAS DE UM MÊS	TOTAL DE HORAS TRABALHADAS POR MÊS (DIVISOR)
30	5	6	30	180

Contudo, com as alterações sofridas, nova análise deve ser feita, partindo-se da análise dos dois incisos de forma separada, a saber:

I — Considerando-se o sábado como dia de descanso remunerado:

a. DIVISOR 150: Bancários que laboram 6 horas diárias e 30 semanais: nessa hipótese, se houver norma coletiva prevendo que o sábado é dia de descanso remunerado, assim como ocorre com o domingo, não se aplicará a Súmula n. 113 do TST, sendo que o cálculo do divisor levará em consideração a média de horas trabalhadas (30 horas semanais por 6 dias, multiplicado por 30 dias, que é igual a 150 horas). A média de trabalho diária nessa hipótese é de 5 (cinco) horas, e não de 6 (seis), razão pela qual o divisor é diverso.

b. DIVISOR 200: Bancários que laboram 8 horas diárias: nesse caso, como o trabalho é exercido durante 8 (oito) horas diárias e 40 (quarenta) semanais, divide-se o tempo total semanal por 6 (seis), multiplicando-se por 30 dias, que é igual a 200.

II — Nas demais hipóteses: (aplicação da Súmula n. 113 do TST — sábado é dia útil não trabalhado).

a. DIVISOR 180: Bancários que exercem jornada de 6 (seis) horas diárias: nesse caso, aplica-se o entendimento anterior, de que o divisor é 180, uma vez que basta dividir a fictícia carga horária de 36 (trinta e seis) horas por 6 dias (incluindo o sábado) e multiplicar por 30 dias, que teremos 180. Para facilitar o estudo, basta seguir o entendimento anterior de que deve ser multiplicada a jornada diária (6h) por 30 dias.

b. DIVISOR 220: Bancários que possuem jornada de 8 horas diárias: aplica-se a regra contida no primeiro quadro explicativo dos comentários à Súmula, pois se tem a jornada-padrão da CF/88. Divide-se 44h por 6 dias de trabalho e multiplica-se por 30 dias.

Percebe-se que, a partir de agora, o aplicador do direito terá que verificar a existência de norma mais benéfica ao empregado, que preveja o sábado como descanso semanal remunerado. Se assim for, aplicará os divisores 150 e 200. Se o sábado for dia útil não trabalhado, seguirá os divisores 180 e 220.

> **ATENÇÃO:** O divisor a ser utilizado para o bancário depende de o sábado ser ou não dia útil não trabalhado. Para a jornada padrão, divide-se o salário por 220 horas para chegar ao valor do salário-hora.

> ***SÚMULA N. 125***
> ***CONTRATO DE TRABALHO.***
> ***ART. 479 DA CLT (mantida) —***
> ***Res. 121/2003, DJ 19, 20 e 21.11.2003***
>
> O art. 479 da CLT aplica-se ao trabalhador optante pelo FGTS admitido mediante contrato por prazo determinado, nos termos do art. 30, § 3º, do Decreto n. 59.820, de 20.12.1966.

A **Súmula n. 125 do TST**, relacionada à aplicação do **art. 479 da CLT** aos contratos por prazo **determinado**, mesmo para os empregados optantes pelo **FGTS**, foi **mantida** por meio da Resolução n. 121/2003 do TST, publicada no *DJ* nos dias 19, 20 e 21.11.2003.

Dispõe o art. 479 da CLT que: *"Nos contratos que tenham termo estipulado, o empregador que, sem justa causa, despedir o empregado será obrigado a pagar-lhe, a título de indenização, e por metade, a remuneração a que teria direito até o termo do contrato"*.

Os contratos por prazo **determinado** são **exceção** no sistema trabalhista pátrio, pois a regra geral é que os contratos possuam *prazo* ***indeterminado***, por trazerem maior segurança para os obreiros.

A súmula se refere a empregado **optante** pelo FGTS por ter sido editada em 1981, pois, após a CRFB/88, não há possibilidade de opção. O regime do FGTS tornou-se **obrigatório**.

Porém, o cerne da questão refere-se à aplicação ou não do art. 479 da CLT em conjunto com a **multa de 40%** (quarenta por cento) sobre os **depósitos** do FGTS realizados durante o contrato de trabalho.

O Decreto n. 99.684/90, que regulamenta o Fundo de Garantia do Tempo de Serviço, dispõe sobre o pagamento da referida multa nos contratos por prazo determinado, sem excluir o art. 479 da CLT, o que significa dizer que o pagamento a ser feito deve englobar as duas parcelas.

Porém, ambas possuem o mesmo **objetivo** jurídico: tornar a dispensa arbitrária mais onerosa para o empregador, proporcionando ainda ao empregado a percepção de quantia a ser utilizada nos momentos de crise, desemprego. Assim, deveriam ser deduzidas, pagando-se a diferença entre elas.

MAURÍCIO GODINHO DELGADO[32] esclarece que *"em substância jurídica, contudo, havendo efetivo* bis in idem *(como, de fato, ocorre), prevalece a dedução"*.

[32] DELGADO, Maurício Godinho. *Curso de direito do trabalho*, p. 501.

O que não pode ser questionado, por ser absurdo, seria o fato de o empregador não efetuar os **depósitos mensais** de FGTS sob o argumento de que existe a multa do art. 479 da CLT. Também não há possibilidade de não arcar com a referida **indenização** por já se depositar o percentual de 8% ao mês, a título de FGTS. As duas parcelas possuem objetivos totalmente **diversos**, razão pela qual não se excluem.

ATENÇÃO: Na rescisão antecipada do contrato por prazo determinado, quando realizada pelo empregador, será devida a metade da remuneração que receberia o obreiro até o final do contrato, mais a multa de 40% do FGTS.

SÚMULA N. 126
RECURSO. CABIMENTO (mantida) —
Res. 121/2003, DJ 19, 20 e 21.11.2003

Incabível o recurso de revista ou de embargos (arts. 896 e 894, *b*, da CLT) para reexame de fatos e provas.

A **Súmula n. 126 do TST**, que analisa o cabimento do recurso de revista e de embargos, foi **mantida** pela Resolução n. 121/2003 do TST, publicada no *DJ* nos dias 19, 20 e 21.11.2003.

Primeiro, há que se analisar algumas **classificações** dos recursos. Estes podem ser classificados em totais e parciais; de fundamentação simples (livre) ou vinculada; ordinários e extraordinários.

A primeira classificação, que trata os recursos em **totais** e **parciais**, leva em consideração a **extensão do efeito devolutivo**, ou seja, se o recorrente está se insurgindo contra toda a decisão ou apenas parte. Será total quando o recorrente interpuser o recurso impugnando toda a decisão ou **todos os capítulos** que lhe foram desfavoráveis. Por sua vez, será parcial se impugnar apenas **parte da decisão** ou apenas um dos capítulos que impuserem situação desfavorável, com a consequente **aceitação** dos demais.

Sobre essa primeira classificação, destacam-se os arts. 1.002 e 1.008, respectivamente, do CPC/2015, cujas redações seguem, respectivamente, transcritas: *"A sentença pode ser impugnada no todo ou em parte"*, *"O julgamento proferido pelo tribunal substituirá a decisão impugnada no que tiver sido objeto de recurso"*.

A segunda classificação, que destaca os recursos de fundamentação **simples** (ou livre) e **vinculada**, leva em consideração as **alegações** que podem ser formuladas pelo recorrente. Tratando-se de recurso de fundamentação simples ou *livre*, o recorrente possui liberdade total para aduzir quaisquer fundamentos, bem como apontar quaisquer vícios na decisão recorrida. Assim ocorre com o **recurso ordinário**, em que podem ser assinalados diversos vícios na sentença e no procedimento, por meio de qualquer alegação de ***error in procedendo ou error in judicando***. Diversamente ocorre com o recurso de **embargos de declaração**, por tratar-se de recurso de fundamentação vinculada, em que o recorrente somente pode alegar a existência de determinados tipos de vícios, que são *omissão, obscuridade* e *contradição*. Somente os três vícios podem ser alegados no referido recurso.

Por fim, e já adentrando no conteúdo da súmula em análise, existem os recursos classificados como **ordinários** e **extraordinários**, sendo que os primeiros servem para rediscutir **fatos, provas e direito**, enquanto os segundos somente servem para aferir violação a **direito**. Por isso, são denominados ***recursos de estrito direito***. Os recursos de revista e de embargos não servem para reexaminar fatos e provas, pois tal função incumbe aos ordinários (como o recurso ordinário). Os recursos extraordinários estão diretamente relacionados à análise sobre a violação ou não da norma jurídica e apenas indiretamente com a justiça da decisão. Se o magistrado analisou incorretamente uma prova, tal equívoco deve ser corrigido por meio de recurso classificado como ordinário, e não pelos extraordinários.

A mesma ideia levou o **STJ** a editar a **Súmula n. 7**, com redação praticamente idêntica à presente. Segundo o Superior Tribunal de Justiça, *"a pretensão de simples reexame de prova não enseja recurso especial"*.

> **ATENÇÃO:** Os recursos de revista e embargos ao TST são considerados *extraordinários*, ou seja, não se prestam ao reexame de fatos e provas, mas tão somente para a análise do direito, do acerto ou desacerto na aplicação da norma jurídica. São considerados recursos de *estrito direito*.

> ***SÚMULA N. 127***
> ***QUADRO DE CARREIRA (mantida) — Res. 121/2003, DJ 19, 20 e 21.11.2003***
>
> Quadro de pessoal organizado em carreira, aprovado pelo órgão competente, excluída a hipótese de equiparação salarial, não obsta reclamação fundada em preterição, enquadramento ou reclassificação.

A **Súmula n. 127 do TST**, relacionada às ações em que se discutem direitos oriundos de quadro de carreira, foi **mantida** pela Resolução n. 121/2003 do TST, publicada no *DJ* nos dias 19, 20 e 21.11.2003.

A presente súmula complementa o que já foi dito sobre **quadro de carreira,** quando da análise das **Súmulas ns. 6 e 19 do TST**. Já foi dito que o quadro de carreira, para obstar a equiparação salarial, deve ser **aprovado** pelo Ministério do Trabalho, se presente em empresa privada ou por autoridade competente e se presente em entidades de direito público da administração direta, autárquica e fundacional.

Também foi visto que o quadro de carreira, também denominado **plano de cargos e salários**, deve prever a ascensão por **merecimento** e **antiguidade**, e que a Justiça do Trabalho detém **competência** para as ações em que se discutem direitos relacionados ao quadro de carreira. (*Súmula n. 9: "A Justiça do Trabalho é competente para apreciar reclamação de empregado que tenha por objeto direito fundado em quadro de carreira"*).

A súmula em referência faz questão de afirmar uma vez mais que o quadro de carreira exclui o direito à **equiparação salarial**, porém, (...) *"não obsta reclamação fundada em preterição, enquadramento ou reclassificação"*. Isso significa que, existente o quadro, se houver alguma **irregularidade** no enquadramento do empregado, esse poderá valer-se de reclamação trabalhista visando a condenação do empregador ao **enquadramento correto**. Se decorrido o prazo constante no quadro, cuja consequência é a ascensão do empregado, sendo negada aquela, poderá valer-se do Judiciário para galgar posição superior em que foi **preterido**.

Em suma, se criado o plano de cargos e salários, suas normas **integram-se** aos contratos de trabalho, não podendo ser **alterados** ou **suprimidos** unilateralmente, nem de forma bilateral se **prejudiciais** ao empregado, havendo **direito adquirido** à promoção quando o empregado preenche os requisitos do quadro de carreira.

ATENÇÃO: Caso o empregador não esteja promovendo ou enquadrando corretamente o empregado no quadro de carreira, poderá o último ajuizar ação pleiteando a correção da questão, pois o quadro de carreira impede apenas o pedido de equiparação, não o de enquadramento, reclassificação etc.

SÚMULA N. 128
DEPÓSITO RECURSAL (incorporadas as Orientações Jurisprudenciais ns. 139, 189 e 190 da SBDI-1) — Res. 129/2005, DJ 20, 22 e 25.04.2005

I — É ônus da parte recorrente efetuar o depósito legal, integralmente, em relação a cada novo recurso interposto, sob pena de deserção. Atingido o valor da condenação, nenhum depósito mais é exigido para qualquer recurso. (ex-Súmula n. 128 — alterada pela Res. 121/2003, *DJ* 21.11.2003, que incorporou a OJ n. 139 da SBDI-1 — inserida em 27.11.1998)

II — Garantido o juízo, na fase executória, a exigência de depósito para recorrer de qualquer decisão viola os incisos II e LV do art. 5º da CF/1988. Havendo, porém, elevação do valor do débito, exige-se a complementação da garantia do juízo. (ex-OJ n. 189 da SBDI-1 — inserida em 08.11.2000)

III — Havendo condenação solidária de duas ou mais empresas, o depósito recursal efetuado por uma delas aproveita as demais, quando a empresa que efetuou o depósito não pleiteia sua exclusão da lide. (ex-OJ n. 190 da SBDI-1 — inserida em 08.11.2000)

A **Súmula n. 128 do TST**, relativa à realização do **depósito recursal**, obteve **nova redação** por meio da Resolução n. 129/2005 do TST, publicada no *DJ* nos dias 20, 22 e 25.04.2005, **com a incorporação das Orientações Jurisprudenciais ns. 139, 189 e 190 da SBDI-1 do TST**.

O tema em apreço possui importante aplicação prática, devendo ser de conhecimento de todos aqueles que trabalham perante a Justiça do Trabalho.

Já foi dito, quando da análise da **Súmula n. 35 do TST**, que o depósito recursal, juntamente com as custas processuais, formam o pressuposto de admissibilidade recursal ***preparo***.

Destaca a **Súmula n. 245 do TST**, a ser analisada integralmente no momento adequado, que *"o depósito recursal deve ser feito e comprovado no prazo alusivo ao recurso. A interposição antecipada deste não prejudica a dilação legal"*. Não só o depósito recursal deve ser **realizado** e **comprovado** no prazo recursal, e sim também as **custas**, pois ambos formam o preparo. Destaca-se que, se o recurso for interposto antes do último dia, por exemplo, no 4º dia do prazo (que é de 8 dias), o depósito poderá ser realizado e comprovado até o 8º dia. Esse é o significado da frase *"a interposição antecipada deste não prejudica a dilação legal"*.

Destaca a **Súmula n. 128** que é ônus do recorrente recolher ***integralmente*** o valor do depósito, sob pena de **deserção**. O significado prático de *depósito integral* encontra-se descrito na **Orientação Jurisprudencial n. 140 da SBDI-1 do TST**, que afirma: *"ocorre deserção do recurso pelo recolhimento insuficiente das custas e do depósito recursal, ainda que a diferença em relação ao 'quantum' devido seja ínfima, referente a centavos"*.

Assim, deverá o recorrente depositar na **conta vinculada do FGTS** do empregado a quantia **exata** estipulada pelo TST, não se permitindo o arredondamento para menos. Se o valor do depósito é de R$ 5.000,20, não poderá o recorrente depositar apenas R$ 5.000,00, sob pena de **inadmissibilidade** do recurso por **deserção** (ausência de preparo).

Importante salientar que a súmula faz menção expressa à desnecessidade de depósito quando os já realizados atingiram o valor **total** da condenação, não sendo mais exigido qualquer depósito. Isso ocorre porque o depósito recursal possui, entre uma de suas finalidades, **garantir**, senão toda, parte da execução. Se a condenação foi de R$ 10.000,00 e o recorrente já depositou a referida quantia a título de depósito recursal, não subsiste qualquer razão para lhe exigir mais, pois a futura **execução** está **integralmente garantida**, estando o dinheiro já depositado na conta vinculada do FGTS do empregado.

No quadro a seguir, estão dispostos alguns exemplos de condenações e valores de depósito recursal, para diversos recursos, tomando-se em consideração o ATO. SEJUD.GP.N. 493/2008 (*DJ* 21.07.2008).

VALOR DA CONDENAÇÃO	DEPÓSITO EXIGIDO PARA O RECURSO ORDINÁRIO	DEPÓSITO EXIGIDO PARA O RECURSO DE REVISTA	DEPÓSITO EXIGIDO PARA O RECURSO EXTRAORDINÁRIO	EXECUÇÃO GARANTIDA EM PARTE OU INTEGRALMENTE
R$ 7.000,00	R$ 5.357,35*	R$ 1.642,65**	R$ 0,00	Integralmente
R$ 24.000,00	R$ 5.357,35	R$ 10.714,51*	R$ 7.928,14***	Integralmente
R$ 236.000,00	R$ 5.357,35	R$ 10.714,51	R$ 10.714,51*	Em parte

* Valores máximos para o recurso ordinário (R$ 5.357,35), recurso de revista e recurso extraordinário (R$ 10.714,51).

** Diferença entre o valor total da condenação (R$ 7.000,00) e o valor já depositado quando da interposição do recurso ordinário (R$ 5.357,35).

*** Diferença entre o valor total da condenação (R$ 24.000,00) e os valores já depositados quando da interposição do recurso ordinário (R$ 5.357,35) e recurso de revista (R$ 10.714,51).

Continuando a análise da Súmula n. 128 do TST, o inc. II nos diz ser **ilegal** a cobrança de depósito recursal quando o juízo já está **garantido** na **execução**, ou seja, se já existe bem penhorado no valor da execução. No processo do trabalho, o executado somente pode apresentar **embargos à execução** depois de garantido o juízo, por meio da penhora de bens. Se a finalidade primordial do depósito é garantir a execução e já existe bem penhorado apto a garanti-la, a exigência daquele viola totalmente os incs. II e LV do art. 5º da CRFB/88, que aludem, respectivamente, aos princípios de **legalidade** e **contraditório/ampla defesa**.

Porém, se houver **elevação** do valor devido, geralmente oriundo de atualizações periódicas, em que são calculados juros e correção monetária, será necessária a **complementação** da garantia do juízo, sob pena de não ser admitida a ação de embargos à execução, bem como eventuais recursos interpostos.

Por fim, resta analisar importante aspecto da realização do depósito. É bastante comum na Justiça do Trabalho a condenação de mais de uma empresa no mesmo processo, pela existência de **responsabilidade subsidiária ou solidária**. Assim, se "A" e "B" são condenadas e há o reconhecimento de responsabilidade subsidiária da segunda, o depósito recursal deverá ser realizado por **ambas**, pois são duas condenações, cada uma por um fundamento, não havendo relação de solidariedade.

Contudo, se a condenação de "A" e "B" for solidária, por exemplo, por fazerem parte do mesmo **grupo econômico**, o depósito poderá ser realizado por apenas uma delas, já que a dívida, por ser **solidária**, pode ser cobrada de ambas. Há, porém, uma hipótese reconhecida pelo TST em que, mesmo havendo condenação solidária, cada empresa deve realizar o seu próprio depósito recursal. Trata-se da hipótese em que a empresa que realizou o depósito requer a sua **exclusão** da lide. Nesta hipótese, a possibilidade da recorrente ser excluída da lide, por ilegitimidade, por exemplo, faz com que o depósito por ela realizado possa ser levantado (sacado) posteriormente, ficando a execução sem qualquer **garantia**.

Não sendo possível conhecer o teor das alegações do outro recorrente, para saber se pedirá ou não sua exclusão do feito, mostra-se **prudente** realizar o depósito recursal e verificando-se *a posteriori* a sua desnecessidade, requerer o seu **levantamento** (saque).

ATENÇÃO: O depósito recursal será realizado pelo empregador que pretenda recorrer, quando houver condenação ao pagamento de quantia, no prazo recursal, nos limites fixados pelo TST, bem como limitado ao valor da condenação. Ninguém depositará quantia superior àquela prevista pelo TST como máxima, bem como o valor da condenação.

SÚMULA N. 129
CONTRATO DE TRABALHO. GRUPO ECONÔMICO (mantida) — Res. 121/2003, DJ 19, 20 e 21.11.2003

A prestação de serviços a mais de uma empresa do mesmo grupo econômico, durante a mesma jornada de trabalho, não caracteriza a coexistência de mais de um contrato de trabalho, salvo ajuste em contrário.

A **Súmula n. 129 do TST**, que analisa o contrato de trabalho prestado a mais de uma empresa do mesmo **grupo econômico**, foi **mantida** pela Resolução n. 121/2003, publicada no *DJ* nos dias 19, 20 e 21.11.2003.

Em primeiro lugar, há que se analisar o conceito de ***grupo de empresas*** ou ***grupo econômico***. Dispõe a CLT em seu art. 2º, § 2º, que *"Sempre que uma ou mais empresas, tendo, embora, cada uma delas, personalidade jurídica própria, estiverem sob a direção, controle ou administração de outra, constituindo grupo industrial, comercial ou de qualquer outra atividade econômica, serão, para os efeitos da relação de emprego, solidariamente responsáveis a empresa principal e cada uma das subordinadas"*.

Aduz-se que, pela lei, basta que as empresas estejam **subordinadas** a um mesmo centro de poder para que componham um grupo, surgindo daí a responsabilidade **solidária**. Não se faz necessária toda a formalidade do direito empresarial, como a presença de uma ***holding***. A análise realizada no Direito do Trabalho é mais simples do que aquela realizada no Direito Empresarial. Assim, o grupo econômico, para fins *exclusivamente* trabalhistas, é composto por empresas **coordenadas**, em geral de propriedade dos mesmos sócios. Isso já basta para que seja considerada a existência do grupo, o que proporciona ao empregado maior garantia de recebimento de créditos trabalhistas, pois, como se lê no art. 2º, § 2º, da CLT, existe responsabilidade **solidária** entre os membros do grupo.

Adentrando no tema objeto da súmula em referência, analisa-se a possibilidade de o empregado prestar serviços a mais de uma empresa do mesmo grupo, sem se considerar existente mais de um contrato de trabalho.

Da mesma forma, como todas as empresas do grupo são responsáveis pelo **adimplemento** das verbas trabalhistas (responsabilidade **passiva**), também podem exigir a prestação de serviços do empregado, desde que não afronte as normas sobre jornada de trabalho da CRFB/88. Assim, pode o empregado ser contratado pela Empresa "A" e também prestar serviços à Empresa "B", dentro da mesma jornada de trabalho. Trata-se da denominada *solidariedade* ***ativa***, consequência da adoção da tese de que o grupo é o ***empregador único***. Essa situação também é denominada solidariedade ***dual*** (ativa e passiva).

Sobre o tema, destaca-se o ensinamento de MAURÍCIO GODINHO DELGADO:[33] *"Todos os membros do grupo seriam, pois, ao mesmo tempo, empregadores e não somente garantidores de créditos derivados de um contrato de emprego. Noutras palavras, configurado o grupo econômico, seus componentes consubstanciariam empregador único em face dos contratos de trabalho subscritos pelas empresas integrantes do mesmo grupo"*.

Tratando-se, portanto, de um **único** contrato de trabalho e, considerando-se um único empregador, poderá haver a transferência do empregado de uma empresa do

---

[33] DELGADO, Maurício Godinho. *Curso de direito do trabalho*, p. 384.

grupo para outra e, inclusive, a equiparação salarial entre um empregado de uma empresa do grupo para com o empregado de outra. Assim, reclamante e paradigma, apesar de prestarem serviços a empresas distintas, poderiam ser **equiparados**, pois o empregador é considerado o grupo econômico.

O Tribunal Superior do Trabalho assentou entendimento claro de que, havendo ajuste em contrário que preveja a prestação de serviços para uma única empresa do grupo, se prestados serviços à outra empresa e, estando presentes os demais requisitos do art. 3º da CLT (requisitos para o reconhecimento do vínculo de emprego), haverá o reconhecimento de novo contrato de trabalho e, portanto, a necessidade de pagamento de dois salários, se compatíveis os horários de trabalho.

> **ATENÇÃO:** Não há a configuração de mais de um contrato de trabalho para o empregado que presta serviços a mais de uma empresa do mesmo grupo econômico, já que, pela teoria do empregador único, o trabalhador é empregado do grupo como um todo.

SÚMULA N. 132
ADICIONAL DE PERICULOSIDADE. INTEGRAÇÃO
(incorporadas as Orientações Jurisprudenciais ns. 174 e 267 da SBDI-1) —
Res. 129/2005, DJ 20, 22 e 25.04.2005

I — O adicional de periculosidade, pago em caráter permanente, integra o cálculo de indenização e de horas extras. (ex-Prejulgado n. 3) — (ex-Súmula n. 132 — RA 102/1982, *DJ* 11.10.1982/ *DJ* 15.10.1982 — e ex-OJ n. 267 da SBDI-1 — inserida em 27.09.2002)

II — Durante as horas de sobreaviso, o empregado não se encontra em condições de risco, razão pela qual é incabível a integração do adicional de periculosidade sobre as mencionadas horas. (ex-OJ n. 174 da SBDI-1 — inserida em 08.11.2000)

A **Súmula n. 132 do TST**, que analisa a integração do adicional de **periculosidade**, obteve **nova redação** por meio da Resolução n. 129/2005, publicada no *DJ* nos dias 20, 22 e 25.04.2005, com a **incorporação das Orientações Jurisprudenciais ns. 174 e 267 da SBDI-1 do TST**.

Assim como ocorre com outros **adicionais**, como de insalubridade, horas extraordinárias, noturno etc., o adicional de periculosidade, desde que pago de forma permanente, ou seja, **habitual**, integra as demais parcelas salariais, tais como férias, 13º salário, aviso prévio, FGTS etc.

FRANCISCO ANTÔNIO DE OLIVEIRA[34] aduz que *"Ao atingir a dignidade de habitual, o valor assim pago se amalgama ao contrato de trabalho e passa a ter natureza salarial"*.

---

[34] OLIVEIRA, Francisco Antônio de. *Comentários às súmulas do TST*, p. 274.

Também sobre as horas extraordinárias prestadas incidirão os adicionais, *in casu*, o de periculosidade, que, segundo dispõe o art. 193 da CLT, será percebido quando o trabalho for desenvolvido em atividades que *"(...) por sua natureza ou métodos de trabalho, impliquem contato permanente com* ***inflamáveis*** *ou* ***explosivos*** *em condições de* ***risco acentuado****"*.

Assim, realizada jornada extraordinária em atividade perigosa, o que deve ser sempre evitado, nada mais lógico que remunerá-la com o adicional mínimo de 50%, segundo a CRFB/88, tomando-se por base o salário acrescido do adicional de periculosidade, que, por lei, é fixado em 30% sobre o **salário-base**, ou seja, *"(...) sem os acréscimos resultantes de gratificações, prêmios ou participações nos lucros da empresa"* (art. 193, § 1º, da CLT). Destaca-se a **Súmula n. 229 do TST**, acerca da base de cálculo do adicional para os **eletricitários**, cujo teor é o seguinte: *"Por aplicação analógica do art. 244, § 2º, da CLT, as horas de sobreaviso dos eletricitários são remuneradas à base de 1/3 sobre a totalidade das parcelas de natureza salarial"*.

Analisando-se o inc. II da súmula em comento, verifica-se o acerto do TST ao firmar entendimento de que não é devido adicional de periculosidade durante a jornada **sobreaviso**. Apesar de a súmula afirmar que é **incabível** a *integração do adicional de periculosidade*, o melhor seria dizer que aquele não é *devido*, pois, se nas horas de sobreaviso, não há exposição ao agente **inflamável** ou **explosivo**, o adicional não é devido e, por consequência, não é **integrado** ao salário.

É bom que se frise tal ponto para evitar discussões inúteis. Há situações em que o adicional é devido, mas não é **integrado**, quando, por exemplo, não é pago de forma **habitual**. Não é a que se refere a súmula.

O entendimento é bastante simples. Na jornada **sobreaviso**, descrita no art. 244 da CLT, o empregado encontra-se em **casa** ou em qualquer **lugar**, que não o seu ambiente de trabalho, **aguardando** o chamado do empregador. Simplesmente por ser possível seu chamado a qualquer momento, é remunerado com 1/3 da hora normal, nos termos do § 2º do artigo referido, que ora se transcreve: *"Considera-se de sobreaviso o empregado efetivo que permanecer em sua própria casa, aguardando a qualquer momento o chamado para o serviço. Cada escala de sobreaviso será, no máximo, de 24 (vinte e quatro) horas. As horas de sobreaviso, para todos os efeitos, serão contadas à razão de 1/3 (um terço) do salário normal"*.

Há que se esclarecer que, uma vez **chamado** para o serviço, faz jus o empregado ao pagamento **integral** da remuneração, e não só à fração de 1/3, sendo devido ainda o adicional de periculosidade durante todo o tempo de exposição, ocorrendo ainda a **integração** deste às demais parcelas trabalhistas, se recebido com **habitualidade**, conforme inc. I da súmula em análise.

Por fim, discute-se atualmente, na doutrina e na jurisprudência, se a utilização de aparelho **celular** e do BIP, **fornecidos pelo empregador**, constitui ou não jornada sobreaviso. Ainda não há uma definição do Pleno do TST acerca da matéria. Porém, a **Orientação Jurisprudencial n. 49 da SBDI-1 do TST** já se manifestou sobre o tema, expondo que *"O uso do aparelho BIP pelo empregado, por si só, não caracteriza o regime de sobreaviso, uma vez que o empregado não permanece em sua residência aguardando, a qualquer momento, convocação para o serviço"*.

> **ATENÇÃO:** Nas horas de sobreaviso não há o pagamento de adicional de periculosidade, já que inexiste o risco de morte ou lesão grave que justifique o pagamento do adicional previsto no art. 193 da CLT.

> ***SÚMULA N. 138***
> ***READMISSÃO (mantida) —***
> ***Res. 121/2003, DJ 19, 20 e 21.11.2003***
>
> Em caso de readmissão, conta-se a favor do empregado o período de serviço anterior, encerrado com a saída espontânea. (ex-Prejulgado n. 9)

A **Súmula n. 138 do TST**, que analisa os efeitos da **readmissão** do obreiro, foi **mantida** por meio da Resolução n. 121/2003 do TST, publicada no *DJ* nos dias 19, 20 e 21.11.2003.

O tema objeto da súmula sob análise também é versado no **art. 453 da CLT**, cujos parágrafos foram declarados **inconstitucionais** pelo Supremo Tribunal Federal em 2007.

O *caput* do referido artigo sustenta que: *"no tempo de serviço do empregado, quando readmitido, serão computados os períodos, ainda que não contínuos, em que tiver trabalhado anteriormente na empresa, salvo se houver sido despedido por falta grave, recebido indenização legal ou se aposentado espontaneamente"*.

Percebe-se, claramente, o intuito protetivo do dispositivo legal, reafirmado pelo entendimento sumulado. A saída **espontânea** do obreiro faz cessar o contrato de trabalho; porém, o período trabalhado anteriormente na empresa será **computado** para fins de aquisição de direitos, como quinquênios e gratificações.

Logo, se determinado empregado laborar 2 (dois) anos em uma empresa e pedir demissão, o fato de ser **readmitido** posteriormente faz com que o mesmo trabalhe apenas mais 3 (três) anos para adquirir o direito ao quinquênio, não sendo necessário o labor por "novos" 5 (cinco) anos.

O Tribunal Superior do Trabalho sem dúvida alterará, em breve, a redação da súmula para adequá-la ao entendimento firmado pelo STF, deixando claro que a **aposentadoria voluntariamente** requerida pelo obreiro **não extingue** o vínculo de emprego, razão pela qual os períodos trabalhados antes da jubilação serão considerados, mesmo que descontínuos.

> **ATENÇÃO:** Considera-se a unicidade contratual para fins de aquisição de direitos na hipótese de readmissão do empregado.

SÚMULA N. 139
ADICIONAL DE INSALUBRIDADE (incorporada a Orientação Jurisprudencial n. 102 da SBDI-1) — Res. 129/2005, DJ 20, 22 e 25.04.2005

Enquanto percebido, o adicional de insalubridade integra a remuneração para todos os efeitos legais. (ex-OJ n. 102 da SBDI-1 — inserida em 01.10.1997)

A **Súmula n. 139 do TST**, que se refere à integração do adicional de insalubridade para todos os efeitos legais, obteve **nova redação** por meio da Resolução n. 129/2005 do TST, publicada no *DJ* nos dias 20, 22 e 25.04.2005.

Uma das características principais dos adicionais é o seu recebimento apenas **enquanto** a situação **extraordinária** se verificar, o que significa dizer que não há **direito adquirido** à sua percepção, não havendo integração eterna aos salários. A própria súmula em comento nos traz essa certeza ao aludir à expressão *"enquanto percebido"*. Também a **Súmula n. 265 do TST**, a ser posteriormente analisada e que diz respeito ao **adicional noturno**, afirma que a transferência do empregado da jornada noturna para a diurna faz com que este deixe de receber o respectivo adicional, sem que tal fato importe ilegalidade.

O mesmo se dá para os adicionais de insalubridade, periculosidade, horas extras, entre outros. Com relação ao adicional de horas extras, destaca-se a **Súmula n. 291 do TST**.

Uma segunda característica dos adicionais é tratada na súmula em consideração como o seu tema específico, que é a **integração** daqueles à **remuneração**, *para todos os fins legais*.

Assim, *enquanto percebido*, o adicional de insalubridade (e todos os demais) irão **integrar** a remuneração do obreiro, **repercutindo** nas demais parcelas salariais. Esse é o significado de *integração à remuneração*. Assim, as férias, o 13º salário, o FGTS, entre outros, serão pagos, considerando-se a quantia **acrescida** com o pagamento do adicional.

Dessa forma, é totalmente **ilegal** pagar-se o adicional sem essa respectiva **repercussão** nas demais parcelas, pois, se a **base de cálculo** (remuneração) aumenta, as demais parcelas também devem aumentar na mesma proporção.

ATENÇÃO: O adicional de insalubridade possui natureza salarial, devendo ser levado em consideração no cálculo de outras parcelas, tais como FGTS, INSS, férias, 13º salário etc.

SÚMULA N. 140
VIGIA (mantida) — Res. 121/2003, DJ 19, 20 e 21.11.2003

É assegurado ao vigia sujeito ao trabalho noturno o direito ao respectivo adicional. (ex-Prejulgado n. 12)

A **Súmula n. 140 do TST**, relacionada à percepção do adicional noturno pelo **vigia**, foi **mantida** pela Resolução n. 121/2003, publicada no *DJ* nos dias 19, 20 e 21.11.2003.

A manutenção da súmula em análise evita qualquer **discriminação** com relação ao vigia, pois a ausência de pagamento do adicional noturno ao referido profissional importaria severa quebra ao **princípio da isonomia**, já que inexiste qualquer justificativa plausível para não se permitir a fruição de tal direito pelo obreiro.

A respeito do adicional noturno, destaca o **art. 73 da CLT**: *"Salvo nos casos de revezamento semanal ou quinzenal, o trabalho noturno terá remuneração superior à do diurno e, para esse efeito, sua remuneração terá um acréscimo de 20% (vinte por cento), pelo menos, sobre a hora diurna"*.

Verifica-se a inexistência de qualquer **exceção** em relação ao vigia ou qualquer profissional equiparado. Havendo trabalho no período compreendido entre 22 horas e 5 horas, deverá incidir o pagamento de adicional de, no mínimo, 20% em relação ao trabalho diurno. Se rural, o adicional será de 25%.

Assim, por ser de fácil entendimento o conteúdo da súmula, mais detalhes acerca do adicional noturno serão analisados quando do estudo da **Súmula n. 265 do TST**.

ATENÇÃO: É devido o adicional noturno, de pelo menos 20% sobre o salário normal, quando o trabalho é desenvolvido entre as 22h e as 5h, conforme o art. 73 da CLT.

SÚMULA N. 143
SALÁRIO PROFISSIONAL (mantida) —
Res. 121/2003, DJ 19, 20 e 21.11.2003

O salário profissional dos médicos e dentistas guarda proporcionalidade com as horas efetivamente trabalhadas, respeitado o mínimo de 50 (cinquenta) horas. (ex--Prejulgado n. 15)

A **Súmula n. 143 do TST**, relacionada ao salário profissional dos **médicos e dentistas**, foi **mantida** por meio da Resolução n. 121/2003 do TST, publicada no *DJ* nos dias 19, 20 e 21.11.2003.

A Lei n. 3.999/61 estabeleceu o **salário mínimo** para os médicos e dentistas, de 50 (cinquenta) horas, independentemente de terem sido contratados com carga horária menor. Claro que, se contratados acima desse limite, deverão perceber salário **proporcional** ao trabalho realizado.

Discutiu-se na jurisprudência, durante muito tempo, se a Lei n. 3.999/61 estipulou **jornada reduzida** para os médicos, mas o entendimento firmado é o de que a jornada diária é a padrão, estipulada pela CRFB/88 (8 horas diárias), sendo que as excedentes à 8ª hora devem ser remuneradas como **extras**.

FRANCISCO ANTÔNIO DE OLIVEIRA[35] destaca que *"(...) o horista-médico tem direito ao salário mínimo de 50 horas mensais de salário, qualquer que seja o número de horas efetivamente trabalhadas inferiores a esse número"*.

ATENÇÃO: O horista-médico possui direito ao salário mínimo referente a 50 horas mensais, mesmo que trabalhe em jornada reduzida. Laborando mais horas, receberá o adicional por horas extras.

SÚMULA N. 146
TRABALHO EM DOMINGOS E FERIADOS, NÃO COMPENSADO (incorporada a Orientação Jurisprudencial n. 93 da SBDI-1) — Res. 121/2003, DJ 19, 20 e 21.11.2003

O trabalho prestado em domingos e feriados, não compensado, deve ser pago em dobro, sem prejuízo da remuneração relativa ao repouso semanal.

A **Súmula n. 146 do TST**, relativa ao trabalho realizado aos **sábados e domingos**, obteve **nova redação**, por meio da Resolução n. 121/2003, publicada no *DJ* nos dias 19, 20 e 21.11.2003, com a **incorporação da Orientação Jurisprudencial n. 93 da SBDI-1**.

A atual redação da súmula retrata, praticamente na íntegra, a **OJ n. 93** acima referida. Senão, vejamos: *"O trabalho prestado em domingos e feriados não compensados deve ser pago em dobro sem prejuízo da remuneração relativa ao repouso semanal"*.

A todo trabalhador, é garantido um dia de descanso por semana (**descanso semanal remunerado**, com no mínimo 24 horas consecutivas), preferencialmente aos **domingos**. De acordo com MAURÍCIO GODINHO DELGADO,[36] *"(...) define-se como o lapso temporal de 24 horas consecutivas situado entre os módulos semanais de duração do trabalho do empregado, coincidindo preferencialmente com o domingo, em que o obreiro pode sustar a prestação de serviços e sua disponibilidade perante o empregador, com o objetivo de recuperação e implementação de suas energias e aperfeiçoamento em sua inserção familiar, comunitária e política"*.

Com relação aos **feriados**, apesar de não serem rotineiros como o descanso semanal remunerado, neles também não pode ser exigido trabalho, em regra, sendo mesmo assim remunerados.

Assim, em regra, não podem ser exigidos trabalhos aos **domingos** (descanso semanal remunerado), bem como nos **feriados**, a teor do disposto nos arts. 67 e 70 da CLT, que preveem, respectivamente: *"Será assegurado a todo empregado um descanso semanal de 24 (vinte e quatro) horas consecutivas, o qual, salvo motivo de conve-*

[35] OLIVEIRA, Francisco Antônio de. *Comentários às súmulas do TST*, p. 292.
[36] DELGADO, Maurício Godinho. *Curso de direito do trabalho*, p. 868.

niência pública ou necessidade imperiosa do serviço, deverá coincidir com o domingo, no todo ou em parte"; "Salvo o disposto nos arts. 68 e 69, é vedado o trabalho em dias feriados nacionais e feriados religiosos, nos termos da legislação própria".

A coincidência do descanso semanal remunerado com os domingos também consta no art. 7º, XV, da CRFB/88; porém, como foi observado, comporta exceções, considerando-se a **natureza** da **atividade** prestada pelo empregador, situações em que o trabalho aos domingos e feriados será **compensado** com **folga** em outro dia da semana, sem prejuízo do pagamento do repouso. Os **serviços públicos essenciais**, em especial, demandam trabalho em todos os dias da semana, 365 dias por ano, razão pela qual haverá prestação de trabalho aos domingos e feriados. Nesta hipótese, o trabalhador gozará de folga em outro dia (segunda, terça etc.) sob pena de o empregador ser compelido ao pagamento em **dobro** da remuneração, além do pagamento do descanso semanal remunerado.

Também a Lei n. 605/49 faz menção ao descanso semanal remunerado, bem como aos feriados. Dispõe o art. 1º que *"Todo empregado tem direito ao repouso semanal remunerado de vinte e quatro horas consecutivas, preferentemente aos domingos e, nos limites das exigências técnicas das empresas, nos feriados civis e religiosos, de acordo com a tradição local"*. Por sua vez, o art. 8º informa que *"excetuados os casos em que a execução do serviço for imposta pelas exigências técnicas das empresas, é vedado o trabalho em dias feriados, civis e religiosos, garantida, entretanto, aos empregados a remuneração respectiva, observados os dispositivos dos artigos 6º e 7º desta lei"*.

Outra hipótese bastante comum é a dos **comerciários**, em especial, os que trabalham em ***shopping centers***. É cediço que os dias de maior movimento são os sábados, domingos e feriados, sendo certo que o fechamento das lojas nesses dias causaria grandes prejuízos, também para o empregado, que muitas vezes recebe salário por **comissão**.

A situação dos comerciários encontra-se prevista especificamente na Lei n. 11.603/2007, que altera dispositivos da Lei n. 11.101, de 19.12.2000, possibilitando, conforme transcrições a seguir, o trabalho aos domingos e feriados:

> Art. 6º Fica autorizado o trabalho aos domingos nas atividades do comércio em geral, observada a legislação municipal, nos termos do art. 30, inciso I, da Constituição. Parágrafo único. O repouso semanal remunerado deverá coincidir, pelo menos uma vez no período máximo de três semanas, com o domingo, respeitadas as demais normas de proteção ao trabalho e outras a serem estipuladas em negociação coletiva.
>
> Art. 6º-A: É permitido o trabalho em feriados nas atividades do comércio em geral, desde que autorizado em convenção coletiva de trabalho e observada a legislação municipal, nos termos do art. 30, inciso I, da Constituição.

Em suma, se o empregador não conceder o repouso semanal remunerado aos domingos, respeitando-se a escala de **revezamento** ou a **negociação coletiva**, deverá arcar com o pagamento em **dobro** da remuneração, além da remuneração do repouso semanal, que, para os que recebem por quinzena ou mês, já se encontra inserida no salário.

ATENÇÃO: Caso não seja respeitado o direito ao repouso semanal remunerado nem compensado com folga, arcará o empregador com o pagamento dobrado, além do valor referente ao repouso semanal remunerado.

SÚMULA N. 148
GRATIFICAÇÃO NATALINA (mantida) —
Res. 121/2003, DJ 19, 20 e 21.11.2003

É computável a gratificação de Natal para efeito de cálculo de indenização. (ex-Prejulgado n. 20)

A **Súmula n. 148 do TST**, relacionada à incidência da gratificação natalina para fins de cálculo de indenização, foi **mantida** por meio da Resolução n. 121/2003 do TST, publicada no *DJ* nos dias 19, 20 e 21.11.2003.

A súmula sob comento, cuja redação original data de 1982, apesar de mantida em 2003, possui pouca aplicação prática, já que se refere à indenização por **dispensa sem justa** causa existente **antes da CRFB/88**, prevista nos arts. 477 e 478 da CLT.

O TST, no julgamento do AIRR e RR n. 82160/2003-900-04-00.1, fixou as seguintes premissas:

> O reclamante, em seu recurso de revista de fls. 741/743, sustenta que a gratificação de Natal deve ser computada para efeito de cálculo da indenização por tempo de serviço. Alega que o artigo 478 da Consolidação das Leis do Trabalho refere-se expressamente à remuneração do empregado como base de cálculo da indenização por tempo de serviço e que, na remuneração, está contida a gratificação de Natal, parcela de inequívoca natureza salarial. Aponta violação do artigo supracitado e contrariedade à Súmula/TST n. 148. Colaciona aresto. O Tribunal Regional consignou, *in verbis*:
>
> > Diante da relação de emprego reconhecida desde 01.10.78, à época da promulgação da atual Constituição, o autor detinha condição de estável. A estabilidade decenal com base no art. 492 da CLT, no entanto, foi banida do ordenamento jurídico a partir de 05.10.88, restando preservado, apenas, o direito adquirido em relação ao período anterior dos empregados não optantes do FGTS.
> >
> > Trata-se de entendimento a que se chega diante da objetividade do texto constitucional que não mais refere a espécie e pela interpretação combinada do *caput* com o § 1º do art. 14 da Lei 8.036 de 11.05.90.
> >
> > É compreensível o entendimento lançado pelo MM. Juízo de origem diante da forma como expostos os pedidos da inicial, a qual, vale lembrar, não prima pela clareza no aspecto. Na letra 'k', o autor postula o recolhimento e/ou pagamento do FGTS a partir de 05.10.88, sem mencionar qualquer aspecto alternativo, sucessivo ou subsidiário. Em seguida, deduz novamente a pretensão, em subdivisão da letra 'l', precisamente 'l-2', a emprestar caráter subsidiário caso não fosse atendida a pretensão de nulidade da despedida. Decorreu daí o entendimento da MM. Juízo de origem que o autor teria abdicado do direito à estabilidade ao pretender de forma principal o pagamento do FGTS a partir de 1988.

> Não obstante o lapso na inicial, entende-se que o pedido relativo ao FGTS não prejudica a pretensão subsidiária à indenização por tempo de serviço do período em que o autor não era optante. *Data venia* do MM. Juízo de origem, é viável acolher-se a pretensão porque esta se tornou exigível somente com o rompimento do vínculo, não se podendo cogitar da prescrição antes mesmo da parcela se tornar exigível.
>
> Acatada a validade da despedida sem justa causa, e demonstrada a inobservância do prazo do § 6º do art. 477 da CLT, é devida a multa do § 8º do mesmo artigo.
>
> Nega-se provimento ao **recurso da reclamada** no aspecto (tópico que havia ficado postergado).
>
> Dá-se provimento parcial ao **recurso do reclamante** para acrescer à condenação a indenização por tempo de serviço, referente ao período anterior a 05.10.88, a ser calculada na forma da lei.
>
> Consigna-se que os demais integrantes da Turma Julgadora entendem que o autor detinha direito adquirido à estabilidade decenal quando da promulgação da Carta Constitucional de 1988. Contudo, concordam que não cabe a reintegração, porque o próprio reclamante, na inicial, dela abre mão, quando postula recolhimento e pagamento do FGTS a partir de 05.10.88 (letra K do pedido, folhas 6). Resta mantida a condenação, portanto, por fundamento diverso. (fls. 700/701).

E, em resposta aos embargos de declaração opostos, completou:

> Quanto à indenização, trata-se daquela decorrente da conversão do tempo de serviço da estabilidade. Ao determinar-se que o cálculo obedeça ao disposto na lei, restou implícita a observância dos critérios impostos nos arts. 478/479 da CLT, restando afastado o cômputo da gratificação natalina — Enunciado-148/TST. Em relação à aplicação do entendimento expresso no Enunciado-28/TST, além da alegação ser inovatória (não consta no recurso), não teria aplicação no caso concreto diante de ter o próprio autor postulado o pagamento da indenização até 04.10.88. (fls. 721)
>
> Sem razão o embargante ao sustentar a contradição nos fundamentos do acórdão anterior que ratificou o entendimento de que o cômputo da gratificação natalina foi afastado do cálculo da indenização por tempo de serviço. A parte transcrita pela própria embargante não deixa qualquer margem de dúvida. Pelas razões expostas nos embargos, constata-se que o demandante pretende que seja adotada interpretação do dispositivo legal citado (o qual, vale lembrar, não menciona expressamente o 13º salário) que lhe é mais favorável. (fls. 730)

Ao que se verifica, a tese perfilhada pela decisão recorrida contrariou a Súmula/TST n. 148, a saber: "GRATIFICAÇÃO NATALINA. É computável a gratificação de Natal para efeito de cálculo de indenização. Ex-prejulgado n. 20. (RA 102/1982, *DJ* 11.10.1982 e *DJ* 15.10.1982)"

Do exposto, conheço, por contrariedade à Súmula/TST n. 148.

MÉRITO

Como consequência lógica do conhecimento do recurso de revista por contrariedade à Súmula/TST n. 148, dou-lhe provimento para determinar a inclusão do cômputo da gratificação natalina no cálculo da indenização por tempo de serviço.

Atualmente, por não mais existir a estabilidade decenal do art. 492 da CLT, cujo sistema foi **substituído** pelo FGTS, praticamente não mais existem empregados regidos por aquelas normas, razão pela qual pouca aplicação prática possui a presente súmula.

ATENÇÃO: O sistema da estabilidade decenal, prevista no art. 492 da CLT, foi substituído pelo sistema do FGTS, tornado obrigatório pela CF/88.

SÚMULA N. 149
TAREFEIRO. FÉRIAS (mantida) —
Res. 121/2003, DJ 19, 20 e 21.11.2003

A remuneração das férias do tarefeiro deve ser calculada com base na média da produção do período aquisitivo, aplicando-se-lhe a tarifa da data da concessão. (ex-Prejulgado n. 22)

A **Súmula n. 149 do TST**, referente à remuneração das férias do **tarefeiro**, foi **mantida** pela Resolução n. 121/2003 do TST, publicada no *DJ* nos dias 19, 20 e 21.11.2003.

Apesar de desnecessária, pela previsão contida no **art. 142, § 2º, da CLT**, que disciplina a matéria, a súmula em análise foi mantida pelo TST.

Em primeiro lugar, a redação analisada é praticamente idêntica à contida no § 2º do art. 142 da CLT, a saber: *"Quando o salário for pago por tarefa tomar-se-á por base a média da produção no período aquisitivo do direito a férias, aplicando-se o valor da remuneração da tarefa na data da concessão das férias"*.

Tarefeiro é aquele que recebe por **tarefa**, e não por tempo de serviço ou produção. De acordo com o sistema justrabalhista, o salário pode ser pago por **tempo**, **produção** e **tarefa**, sendo o primeiro o mais comum e o último o mais raro.

No salário por tempo, o empregado recebe de acordo com o número de horas de sua jornada de trabalho, independentemente de estar executando ou não algum trabalho (art. 4º CLT). No salário por produção, o empregado recebe por peça ou unidade produzida, como a costureira que recebe R$ 5,00 por calça costurada ou o pedreiro que ganha R$ 20,00 por metro de parede rebocado. Por fim, nos dizeres de AMAURI MASCARO NASCIMENTO,[37] *"salário por tarefa é aquele pago com base na produção do empregado, mas pela economia de tempo há uma vantagem. O empregado ganha um acréscimo no preço da tarefa ou é dispensado, quando cumpre as tarefas do dia, do restante da jornada"*.

Sendo **variável** a remuneração do empregado, há que se realizar o cálculo da **média** dos 12 (doze) meses que compõem o **período aquisitivo**, para saber qual será a remuneração do período de férias. Além disso, há que se atentar que o valor da

[37] NASCIMENTO, Amauri Mascaro. *Iniciação ao direito do trabalho*, p. 340.

tarefa, para fins de cálculo, é aquele da **data** da concessão das férias, de forma a efetuar o pagamento **atualizado**, evitando-se eventual defasagem entre o valor da tarefa realizada no primeiro mês do período aquisitivo e a realizada no último.

Assim também deve ser realizado com o empregado que recebe por **percentagem** e **comissão**, pois o valor de cada mês pode variar, o que não ocorre com aquele que recebe salário fixo, pois a remuneração das férias será o salário mais 1/3 (abono de férias).

> **ATENÇÃO:** Para o empregado que recebe por tarefa, as férias são calculadas com base na média das tarefas desenvolvidas no curso do período aquisitivo, aplicando-se o valor da tarefa da época da concessão do descanso.

> ***SÚMULA N. 152***
> ***GRATIFICAÇÃO. AJUSTE TÁCITO (mantida) — Res. 121/2003, DJ 19, 20 e 21.11.2003***
>
> O fato de constar do recibo de pagamento de gratificação o caráter de liberalidade não basta, por si só, para excluir a existência de ajuste tácito. (ex-Prejulgado n. 25)

A **Súmula n. 152 do TST**, referente ao **ajuste tácito** para recebimento de **gratificação**, foi **mantida** por meio da Resolução n. 121/2003 do TST, publicada no *DJ* nos dias 19, 20 e 21.11.2003.

O preceito contido na presente súmula parte da seguinte premissa: o pagamento de **gratificações**, desde que por **liberalidade** e de forma **habitual**, leva à **integração** das mesmas ao salário, com todas as consequências legais.

O Direito do Trabalho mostra-se bastante informal, desde o nascimento do vínculo de emprego, que pode ser **expresso** ou **tácito**, sendo que o primeiro pode ainda ser escrito ou oral.

Assim, a **informalidade** do Direito do Trabalho faz presumir que o pagamento habitual não se faz por **liberalidade**. Aliás, segundo a corrente **objetiva**, em contraponto à **subjetiva**, não importa a vontade do empregador. Paga com habitualidade a parcela, **integrada** estará ao contrato de trabalho, **refletindo** nas verbas trabalhistas.

A súmula em análise demonstra a incidência do *princípio da proteção do obreiro,* pois presume o **ajuste tácito** acerca do recebimento da gratificação. Em outra esfera, em que não impera o princípio referido, certamente seria presumida a liberalidade.

Nos dizeres de MAURÍCIO GODINHO DELGADO,[38] *"Nesse quadro jurisprudencial absolutamente pacífico está assentado que a simples reiteração da parcela, tornando-a habitual, produz sua integração ao contrato e, em consequência, ao salário, independentemente da intenção de liberalidade afirmada no ato contratual instituidor da gratificação".*

[38] DELGADO, Maurício Godinho. *Curso de direito do trabalho*, p. 689.

Por fim, aponta-se o teor da **Súmula n. 207 do STF**, para quem *"as gratificações habituais, inclusive a de Natal, consideram-se tacitamente convencionadas, integrando o salário"*.

> **ATENÇÃO:** As gratificações pagas por liberalidade também devem ser consideradas nos cálculos das demais verbas trabalhistas, por possuírem natureza salarial. Assim, independentemente de sua origem, se por liberalidade ou não, a natureza salarial se impõe.

> ***SÚMULA N. 153***
> ***PRESCRIÇÃO (mantida) —***
> ***Res. 121/2003, DJ 19, 20 e 21.11.2003***
> Não se conhece de prescrição não arguida na instância ordinária. (ex-Prejulgado n. 27)

A **Súmula n. 153 do TST**, relacionada à **arguição da prescrição**, foi **mantida** pela Resolução n. 121/2003 do TST, publicada no *DJ* nos dias 19, 20 e 21.11.2003.

Em síntese, a prescrição não pode ser alegada ou reconhecida de ofício pelo Magistrado na instância extraordinária, que engloba os recursos dirigidos ao TST (revista e embargos), bem como ao STF (extraordinário). Caso tal matéria não tenha sido decidida na instância ordinária (Vara do Trabalho e TRT), não poderá sê-lo no TST e STF.

FRANCISCO ANTÔNIO DE OLIVEIRA,[39] ao analisar o tema, afirma que o entendimento sumulado não poderia ser utilizado desde 2006, quando foi incluído no CPC anterior o § 5º do art. 219, que permitia o reconhecimento de ofício da prescrição.

Em sentido oposto, MAURÍCIO GODINHO DELGADO[40] considera a incompatibilidade do dispositivo com o processo do trabalho, por violação ao princípio da proteção. Porém, entende que, mesmo que considerado compatível, *"(...) está claro que há limites ao decreto oficial da prescrição. Assim a pronúncia não pode ser realizada depois de esgotada a instância ordinária"*.

O entendimento mais correto a ser adotado é o que possibilita o reconhecimento ***ex officio*** da prescrição, porém, desde que na **instância ordinária**. Isso significa dizer que não poderá o magistrado conhecer da matéria de ofício em sede de recurso de revista (TST) ou recurso extraordinário (STF) sem arguição nas instâncias ordinárias, pois a matéria não estaria **prequestionada**, ou seja, efetivamente **decidida** pela instância inferior.

Sabe-se que o **cabimento** dos **recursos extraordinários** (entre eles, o recurso de revista e o recurso extraordinário) é bastante **restrito**, devendo-se levar ao conhecimento dos Tribunais Superiores somente matérias que já foram objeto de análise do Poder Judiciário ou, em outras palavras, matérias objeto de **prequestionamento**.

---

[39] OLIVEIRA, Francisco Antônio de. *Comentários às súmulas do TST*, p. 304.

[40] DELGADO, Maurício Godinho. *Curso de direito do trabalho*, p. 259.

A respeito do tema, o TST editou a **Súmula n. 297**, que afirma, em primeiro lugar, a necessidade do *prequestionamento explícito*. Em segundo lugar, explica a necessidade de interposição de **embargos de declaração** objetivando o pronunciamento sobre o tema, sob pena de **preclusão**. Aplicando-se por analogia a **Súmula n. 98 do STJ**, os embargos de declaração, quando visarem prequestionar, não são considerados **protelatórios**, o que impede a aplicação da **multa** prevista no art. 1.026, § 2º, do CPC/2015. Por fim, descreve o prequestionamento *ficto*, igualmente aceito pelo STF, nos termos da **Súmula n. 356**, e repelido pelo STJ, conforme a **Súmula n. 211**.

Nos termos da **Orientação Jurisprudencial n. 63 da SBDI-1 do TST**, *mesmo a incompetência absoluta deve ser prequestionada, pois se trata de um pressuposto de cabimento dos recursos de natureza extraordinária*. Se a incompetência absoluta necessita ser aventada na **decisão recorrida**, por que haveria tratamento diferenciado para a prescrição? Não existem razões para a diferenciação. Nos termos da OJ referida: *"Prequestionamento. Pressuposto de recorribilidade em apelo de natureza extraordinária. Necessidade, ainda que a matéria seja de incompetência absoluta"*.

> **ATENÇÃO:** A prescrição não é reconhecida pela primeira vez na instância extraordinária, no julgamento dos recursos de revista e embargos ao TST, devendo ser discutida em primeiro grau de jurisdição e em sede de recursos dirigidos ao TRT.

> *SÚMULA N. 155*
> *AUSÊNCIA AO SERVIÇO (mantida) —*
> *Res. 121/2003, DJ 19, 20 e 21.11.2003*
>
> As horas em que o empregado falta ao serviço para comparecimento necessário, como parte, à Justiça do Trabalho não serão descontadas de seus salários. (ex-Prejulgado n. 30)

A **Súmula n. 155 do TST**, relacionada à **ausência** ao serviço do empregado que comparece como **parte** à Justiça do Trabalho, foi **mantida** pela Resolução n. 121/2003, publicada no *DJ* nos dias 19, 20 e 21.11.2003.

Dispõe o art. 473 da CLT que *"O empregado poderá deixar de comparecer ao serviço sem prejuízo do salário: (...) VIII — pelo tempo que se fizer necessário, quando tiver que comparecer a juízo"*.

Verifica-se com clareza que o dispositivo legal é **genérico**, afirmando que, todas as vezes que o empregado tiver que **comparecer a juízo**, terá suas faltas **abonadas**, com a impossibilidade de sofrer qualquer **desconto** nos salários. Trata-se de hipótese de ausência **justificada**. Nenhuma sanção poderá ser imposta ao empregado, seja financeira, disciplinar etc.

O caráter genérico do dispositivo engloba todas as situações em que o empregado necessite ir a juízo, tais como autor, réu, testemunha, jurado etc. São essas as hipóteses mais comuns.

Terminando com a discussão muitas vezes encontrada em reclamações trabalhistas, em que empregadores descontavam os salários dos dias em que o empregado, autor, comparecia a juízo, o TST sumulou o entendimento de que, sendo **parte**, pouco importa qual dos polos da relação processual estarão as ausências justificadas.

A situação mais importante decorre da ausência do empregado para comparecimento à Justiça do Trabalho na qualidade de autor, pois entendimento contrário à súmula tornaria o **acesso à justiça** extremamente difícil, violando **preceito constitucional**.

Diferentemente da situação prevista na súmula em análise, em que estamos diante de falta **justificada**, as faltas **injustificadas**, além de acarretarem o desconto nos salários, importam não recebimento do descanso semanal remunerado e diminuição dos dias de férias.

Com relação às faltas justificadas, já se analisou a **Súmula n. 89 do TST**, que aduz: *"Se as faltas já são justificadas pela lei, consideram-se como ausências legais e não serão descontadas para o cálculo do período de férias"*. Se não há desconto para o cálculo de férias, também não haverá para o DSR (Descanso Semanal Remunerado) e no próprio salário do trabalhador.

ATENÇÃO: O empregado que é parte em ação trabalhista não será prejudicado por sua ausência ao trabalho, já que está exercendo um direito (direito de ação) ao mover a reclamação trabalhista. Não há necessidade de compensação e o empregado não pode sofrer descontos.

SÚMULA N. 156

PRESCRIÇÃO. PRAZO (mantida) — Res. 121/2003, DJ 19, 20 e 21.11.2003

Da extinção do último contrato começa a fluir o prazo prescricional do direito de ação em que se objetiva a soma de períodos descontínuos de trabalho. (ex-Prejulgado n. 31)

A **Súmula n. 156 do TST**, relativa ao início da fluência do **prazo prescricional** para se requerer a **soma de períodos** de trabalho, foi **mantida** por meio da Resolução n. 121/2003 do TST, publicada no *DJ* nos dias 19, 20 e 21.11.2003.

A presente súmula complementa a de **n. 138**, relativa ao **cômputo do período** trabalhado anteriormente quando houver **readmissão** do obreiro.

Quando dos comentários à aludida súmula, fixou-se que: *"O* caput *do artigo referido* (art. 453 da CLT) *sustenta que: 'no tempo de serviço do empregado, quando readmitido, serão computados os períodos, ainda que não contínuos, em que tiver trabalhado anteriormente na empresa, salvo se houver sido despedido por falta grave, recebido indenização legal ou se aposentado espontaneamente'. Percebe-se, claramente, o intuito protetivo do dispositivo legal, reafirmado pelo entendimento sumulado. A saída espontânea do obreiro faz cessar o contrato de trabalho; porém, o período trabalhado anteriormente na empresa será computado para fins de aqui-*

sição de direitos, como quinquênios e gratificações. Logo, se determinado obreiro laborar 2 (dois) anos em uma empresa e pedir demissão, o fato de ser readmitido posteriormente faz com o mesmo trabalhe apenas mais 3 (três) anos para adquirir o direito ao quinquênio, não sendo necessário o labor por 'novos' 5 (cinco) anos".

Se o trabalhador laborou em **períodos descontínuos**, mas, por ter sido readmitido, possui direito à contagem do prazo de todos aqueles, poderá pleitear tal direito no prazo de **2 (dois) anos** após o **término** do último contrato. Esse é o *dies a quo* do prazo prescricional, ou seja, o primeiro dia.

Ressalta-se que o prazo prescricional é **bienal,** e não **quinquenal**, uma vez referir-se a súmula à **extinção** do último contrato.

> **ATENÇÃO:** Quando há o pedido de reconhecimento da unicidade contratual, o prazo prescricional é contado da extinção do último contrato de trabalho.

> ***SÚMULA N. 157***
> ***GRATIFICAÇÃO (mantida) —***
> ***Res. 121/2003, DJ 19, 20 e 21.11.2003***
>
> A gratificação instituída pela Lei n. 4.090, de 13.07.1962, é devida na resilição contratual de iniciativa do empregado. (ex-Prejulgado n. 32)

A **Súmula n. 157 do TST**, referente à **gratificação natalina**, foi **mantida** pela Resolução n. 121/2003 do TST, publicada no *DJ* nos dias 19, 20 e 21.11.2003.

Em primeiro lugar, destaca-se que a gratificação, instituída pela Lei n. 4.090/62, é a *natalina*, atualmente conhecida como **13º salário**. Tal benefício surgiu da prática em conceder uma gratificação aos empregados na época de Natal, sendo que tal costume originou um direito reconhecido por lei.

A matéria aqui analisada diz respeito às consequências legais do pedido de **demissão**, especialmente com relação à referida gratificação. A súmula nos diz ser devido o 13º salário já na *"resilição contratual de iniciativa do empregado"*.

O benefício é devido sempre nos pedidos de demissão e quando o término do contrato se dá **sem justa causa**, pois nessas duas hipóteses o legislador entendeu que não haveria motivo para **penalizar** o empregado com a perda de importante direito trabalhista.

Porém, se a justa causa efetivar-se antes de dezembro, haverá a perda do **13º proporcional**. Em qualquer hipótese de **justa causa**, salvo a de abandono de emprego durante o aviso prévio **(Súmula n. 73 do TST)**, não são devidos, além do 13º proporcional, as férias proporcionais, o aviso prévio e os 40% do FGTS.

Na rescisão do contrato por **culpa recíproca**, nos termos da **Súmula n. 14 do TST**, são devidos 50% do 13º, férias, aviso prévio e 20% da multa do FGTS, ou seja, **metade** de tudo o que seria devido na rescisão sem justa causa.

Não há, atualmente, qualquer dúvida na doutrina ou jurisprudência acerca do tema, **sendo devido o 13º salário nos pedidos de demissão**.

ATENÇÃO: O 13º salário é devido também na hipótese de pedido de demissão, ou seja, de rescisão por iniciativa do empregado. Pode ser que o 13º seja pago de forma integral ou proporcional, a depender do período do ano em que houve a rescisão contratual.

SÚMULA N. 158
AÇÃO RESCISÓRIA (mantida) —
Res. 121/2003, DJ 19, 20 e 21.11.2003

Da decisão de Tribunal Regional do Trabalho, em ação rescisória, é cabível recurso ordinário para o Tribunal Superior do Trabalho, em face da organização judiciária trabalhista. (ex-Prejulgado n. 35)

A **Súmula n. 158 do TST**, que se refere à interposição de recurso ordinário em **ação rescisória**, foi **mantida** pela Resolução n. 121/2003, publicada no *DJ* nos dias 19, 20 e 21.11.2003.

Parte-se de algumas premissas em relação à ação rescisória e ao recurso ordinário.

Em primeiro lugar, não há qualquer dúvida sobre a possibilidade de ajuizamento da ação rescisória na Justiça do Trabalho, tendo em vista a redação do **art. 836 da CLT**, que, aliás, torna mais **oneroso** o ajuizamento, pois impõe a realização de **depósito** de 20% sobre o valor da causa.

Em segundo lugar, a ação rescisória é sempre de competência de **tribunais** (TRT e TST, no âmbito laboral; STJ, STF, TRF, TRE, TSE etc.). Além disso, todo tribunal possui competência para julgar as rescisórias interpostas de seus próprios julgados. Assim, transitado em julgado acórdão proferido por TRT, caberá ao próprio TRT o **julgamento** de eventual rescisória ajuizada.

Além disso, do julgamento da rescisória, caberá **recurso**. Sendo a rescisória de competência do TRT, da sua decisão, seja de inadmissão, procedência ou improcedência, caberá **recurso ordinário** para o **Tribunal Superior do Trabalho**, tendo em vista o que dispõe o art. 895 da CLT.

O referido dispositivo legal informa que: *"Cabe recurso ordinário para a instância superior: b) das decisões definitivas dos Tribunais Regionais, em processos de sua competência originária, no prazo de 8 (oito) dias, quer nos dissídios individuais, quer nos dissídios coletivos"*.

Se a rescisória é de **competência originária** do TRT, o único recurso cabível da decisão, salvo hipótese de embargos de declaração, interponíveis de qualquer decisão, desde que preenchidos os requisitos do art. 897-A da CLT, é o recurso ordinário.

Nos termos dos já comentados arts. 895 da CLT e 6º da Lei n. 5.584/70, esta última uniformizou os prazos recursais, o recurso ordinário deverá ser interposto no prazo de **8 (oito) dias**, perante o órgão ***a quo*** (TRT), para regular **admissibilidade** e encaminhamento para o órgão ***ad quem*** (TST), para julgamento de mérito.

Importante destacar que não se trata de hipótese de interposição do recurso de revista, apenas porque a decisão impugnada provém do TRT. O recurso de revista somente é interposto de acórdão que julgou recurso ordinário, quando este é interposto de sentença, em **dissídios individuais**, o que não é o caso, pois não houve julgamento de RO (Recurso Ordinário) pelo TRT, e sim de uma **ação** de **competência originária** (rescisória).

ATENÇÃO: Em sendo ajuizada a ação rescisória perante o TRT, será proferido acórdão, do qual caberá a interposição de recurso ordinário, que será julgado pelo TST, nos termos do art. 895, II, da CLT.

SÚMULA N. 159
SUBSTITUIÇÃO DE CARÁTER NÃO EVENTUAL E VACÂNCIA DO CARGO (incorporada a Orientação Jurisprudencial n. 112 da SBDI-1) — Res. 129/2005, DJ 20, 22 e 25.04.2005

I — Enquanto perdurar a substituição que não tenha caráter meramente eventual, inclusive nas férias, o empregado substituto fará jus ao salário contratual do substituído. (ex-Súmula n. 159 — alterada pela Res. 121/2003, *DJ* 21.11.2003)

II — Vago o cargo em definitivo, o empregado que passa a ocupá-lo não tem direito a salário igual ao do antecessor. (ex-OJ n. 112 da SBDI-1 — inserida em 01.10.1997)

A **Súmula n. 159 do TST**, que se refere aos direitos do **substituto**, obteve **nova redação** por meio da Resolução n. 129/2005, publicada no *DJ* nos dias 20, 22 e 25.04.2005, com a **incorporação da Orientação Jurisprudencial n. 112 da SBDI-1**.

O entendimento pacificado pelo Tribunal Superior do Trabalho visa manter a **igualdade** entre os trabalhadores, resguardando ao **substituto** idênticos direitos do **substituído**, desde que a substituição não seja meramente **eventual**.

O art. 450 da CLT, apesar de prever alguns direitos do substituído, não é explícito com relação aos salários, daí a importância do entendimento sumulado. Destaca o texto celetista que: *"Ao empregado chamado a ocupar, em comissão, interinamente, ou em substituição eventual ou temporária, cargo diverso do que exercer na empresa, serão garantidas a contagem do tempo naquele serviço, bem como volta ao cargo anterior"*.

Assim, além do **tempo de serviço** e o **retorno** ao cargo anterior, também é garantida a remuneração do substituto, desde que superior, é claro, considerando o princípio da **irredutibilidade** salarial.

Há, porém, que se analisar o significado do termo ***eventual*** para se concluir pela existência ou não do direito ao salário do substituído.

Eventual é a substituição que, nos dizeres de MAURÍCIO GODINHO DELGADO,[41] *"(...) se concretiza por curtíssimo período, sem possibilidade de gerar*

[41] DELGADO, Maurício Godinho. *Curso de direito do trabalho*, p. 746.

estabilização contratual minimamente necessária para propiciar efeitos salariais diferenciados em benefício do trabalhador". Pode ser, nestes termos, considerada eventual a substituição que ocorre por **poucos dias**, em virtude de doença do substituído ou decorrente de alguma falta justificada, como óbito de parente, casamento etc. A jurisprudência entende que a substituição, para não ser considerada meramente eventual, tem que ser superior a **um mês**.

Sendo superior a um mês, há que se entender que a substituição é *interina, provisória,* fazendo jus o substituto aos **salários** do substituído, nos termos do **inc. I da súmula em comento**. O próprio enunciado afirma que, nas férias, a substituição é **provisória**, o que leva a entender que, mesmo que o substituído goze apenas 20 (vinte) dias de férias, haverá direito do substituto aos salários, pois não se exige o gozo **integral** daquele direito.

Por sua vez, o **inc. II** disserta acerca da ocupação **permanente** de um **cargo vago**. Nesta hipótese, inexiste direito ao recebimento do mesmo salário, pois em verdade não se trata de **substituição**, e sim de ocupação de cargo vago por outro empregado. Não gera, como vimos na **Súmula n. 6 do TST**, direito à **equiparação salarial**, assim como não permite o recebimento de salário igual ao percebido pelo ocupante **anterior**.

Contudo, duas situações devem ser analisadas: 1. Existência de plano de **cargos e salários** (quadro de carreira); 2. Ocupação **provisória precedente** à ocupação de cargo vago.

Na primeira hipótese, havendo plano de cargos e salários na empresa, o ocupante de cargo vago terá direito à percepção da remuneração descrita para o mesmo, ou seja, à idêntica remuneração do antigo empregado, pois, nessa hipótese, o salário não se refere ao empregado "x", e sim ao **cargo "x"**, razão pela qual qualquer empregado que ocupar o cargo terá direito à percepção da mesma remuneração, com exceção das **parcelas pessoais** (adicionais por cursos realizados, por tempo de serviço na empresa etc.).

A segunda hipótese versa sobre a seguinte situação: empregado "x" substituiu temporariamente o empregado "y", percebendo, para tanto, a remuneração do segundo. Posteriormente, o cargo de "y" vem a tornar-se vago, sendo ocupado em **definitivo** por "x". Nessa hipótese, não há que se aplicar o **inc. II** da súmula em comento, pois seria criada uma situação inusitada e maléfica ao empregado, porque, enquanto ocupava interinamente o cargo, percebia remuneração superior, vindo a sofrer diminuição de salário ao ocupá-lo em **definitivo**. *In casu*, a ocupação do cargo vago faz com que o substituto mantenha a remuneração do antigo ocupante, à época, substituído.

ATENÇÃO: O empregado que assume as funções do seu superior no período de férias do último tem direito de receber o salário do substituído, ou seja, receberá o salário do chefe, já que a substituição não é eventual. Se houver a vacância do cargo, o empregado não possui direito de receber o mesmo que recebia o empregado anterior.

SÚMULA N. 160
APOSENTADORIA POR INVALIDEZ (mantida) —
Res. 121/2003, DJ 19, 20 e 21.11.2003

Cancelada a aposentadoria por invalidez, mesmo após cinco anos, o trabalhador terá direito de retornar ao emprego, facultado, porém, ao empregador, indenizá-lo na forma da lei. (ex-Prejulgado n. 37)

A **Súmula n. 160 do TST**, relacionada ao cancelamento da **aposentadoria por invalidez**, foi **mantida** por meio da Resolução n. 121/2003 do TST, publicada no *DJ* nos dias 19, 20 e 21.11.2003.

A súmula sob análise demonstra que, atualmente, não mais existe a **aposentadoria definitiva por invalidez**, que apenas pode ser convertida em aposentadoria por idade. FRANCISCO ANTÔNIO DE OLIVEIRA[42] preleciona que *"(...) a atualidade da Súmula é inquestionável, já que não haverá mais aposentadoria definitiva por invalidez. E o retorno será sempre possível, como vimos antes, mesmo após o segurado ultrapassar a idade de 55 anos (art. 47, Decreto 3.048/99)"*.

Com esse novo entendimento, não mais se aplica a **Súmula n. 217 do STF**, que afirma: *"tem direito de retornar ao emprego, ou ser indenizado em caso de recusa do empregador, o aposentado que recupera a capacidade de trabalho dentro de cinco anos, a contar da aposentadoria, que se torna definitiva após esse prazo"*.

KERLLY HUBACK BRAGANÇA[43] ensina que *"a aposentadoria por invalidez é reversível, (...)"*, corroborando o que já foi dito acerca da **não definitividade** no recebimento da prestação.

No mesmo sentido da súmula do TST, o **§ 1º do art. 475 da CLT** prescreve que *"recuperando o empregado a capacidade de trabalho e sendo a aposentadoria cancelada, ser-lhe-á assegurado o direito à função que ocupava ao tempo da aposentadoria, facultado, porém, ao empregador, o direito de indenizá-lo por rescisão do contrato de trabalho, nos termos dos arts. 477 e 478, salvo na hipótese de ser ele portador de estabilidade, quando a indenização deverá ser paga na forma do art. 497"*.

Verifica-se que o texto legal não fixa nenhum **prazo** para **retorno** do empregado, razão pela qual o TST entendeu que aquele pode ocorrer a **qualquer momento**, desde que o empregado retome sua **capacidade laboral**, mesmo que tal fato ocorra após 5 (cinco) anos, tendo em vista o ***princípio da continuidade da relação de emprego***.

Por fim, é importante destacar que, nos termos do art. 49 do Regulamento da Previdência Social, o aposentado por invalidez que retornar à atividade após 5 (cinco) anos continuará a perceber o benefício por 18 (dezoito) meses, com **redução proporcional** a cada seis meses (100%, 75% e 50%).

---

42 OLIVEIRA, Francisco Antônio de. *Comentários às súmulas do TST*, p. 321.

43 BRAGANÇA, Kerlly Huback. *Resumo de direito previdenciário*. 3. ed. Rio de Janeiro: Impetus, 2006. p. 82.

ATENÇÃO: A aposentadoria por invalidez não é definitiva, podendo ser revertida caso o órgão previdenciário entenda que o empregado está apto para o trabalho. Assim, possui o obreiro direito de retornar ao emprego.

SÚMULA N. 161
DEPÓSITO. CONDENAÇÃO A PAGAMENTO EM PECÚNIA (mantida) — Res. 121/2003, DJ 19, 20 e 21.11.2003

Se não há condenação a pagamento em pecúnia, descabe o depósito de que tratam os §§ 1º e 2º do art. 899 da CLT. (ex-Prejulgado n. 39)

A **Súmula n. 161 do TST**, alusiva ao **depósito recursal**, foi **mantida** pela Resolução n. 121/2003 do TST, publicada no *DJ* nos dias 19, 20 e 21.11.2003.

O depósito recursal, a que também fazem alusão as **Súmulas ns. 86, 99 e 128 do TST**, tem por finalidade assegurar uma futura execução por quantia, tornando mais fáceis os atos expropriatórios, uma vez que o valor da condenação, ou pelo menos parte, já estará **depositado** na conta vinculada do FGTS do trabalhador. Assim, o referido depósito possui natureza jurídica de **pressuposto de admissibilidade recursal**, formando, juntamente com as custas processuais, o denominado ***preparo*** do recurso. Sua ausência, quando necessário, importa **inadmissibilidade** do recurso por **deserção**.

Destaca **o inc. I da Súmula n. 128 do TST** que *"(...) atingido o valor da condenação, nenhum depósito mais é exigido para qualquer recurso"*. Tal redação demonstra, claramente, que o depósito somente é exigido quando houver **condenação ao pagamento de quantia**, ou seja, *condenação em pecúnia,* nos termos da súmula em comento.

Se o depósito tem por intuito facilitar uma futura execução por quantia e se não houve tal condenação, é lógico concluir por sua **desnecessidade**.

Assim, se condenado a fazer (anotar CTPS, entregar guias etc.), não fazer (não transferir o empregado, por mostrar-se o ato ilegal) ou a entrega de coisa (objetos do reclamante que ficaram retidos na empresa, quando da dispensa), não haverá qualquer depósito a ser realizado, **dispensando-se** o requisito, porém, sem dispensar o pagamento das **custas** impostas por sentença, **no prazo recursal**.

Há que se lembrar de que o depósito não é exigido do **reclamante**, mas apenas do reclamado.

ATENÇÃO: O depósito recursal somente será devido quando a parte for recorrer de condenação pecuniária, ou seja, em dinheiro. Nas condenações em obrigação de fazer, não fazer e entrega de coisa, o recurso será interposto sem necessidade de realização do depósito recursal.

SÚMULA N. 163
AVISO PRÉVIO. CONTRATO DE EXPERIÊNCIA (mantida) — Res. 121/2003, DJ 19, 20 e 21.11.2003

Cabe aviso prévio nas rescisões antecipadas dos contratos de experiência, na forma do art. 481 da CLT. (ex-Prejulgado n. 42)

A **Súmula n. 163 do TST**, alusiva ao aviso prévio em **contrato de experiência**, foi **mantida** pela Resolução n. 121/2003, publicada no *DJ* nos dias 19, 20 e 21.11.2003.

Antes de analisar o conteúdo da súmula, algumas informações sobre o contrato de experiência devem ser expostas.

Em primeiro lugar, o contrato de experiência é espécie do gênero ***contrato por prazo determinado***, sendo permitido em todo e qualquer tipo de trabalho, desde que por prazo máximo de **90 dias**, podendo, dentro de tal prazo, sofrer **uma única prorrogação**, conforme o art. 443, § 2º, *c*, e art. 445, parágrafo único, ambos da CLT.

Outras hipóteses podem ensejar o contrato por prazo **determinado**, conforme art. 443 da CLT, Leis ns. 6.019/74 e 9.601/98.

A extinção dos contratos por prazo determinado possui como particularidades a **inexistência de aviso prévio** e da estabilidade provisória, com exceção para a gestante, que atualmente adquire a estabilidade provisória se engravidar no aviso prévio, trabalhado ou indenizado, nos termos do art. 391-A da CLT, inserido em maio de 2013.

Essas particularidades, que não são as únicas, surgem em virtude da **predeterminação** do prazo, ou seja, da existência de um dia prefixado para o término do vínculo. Não existe surpresa com o fim do contrato, o que em geral ocorre quando um empregado, contratado por prazo indeterminado, chega para trabalhar e lhe é noticiado que está demitido. Não há razão para a previsão do **aviso prévio**, ainda mais dos casos de estabilidade provisória. Se vigentes neste tipo de contrato, sem dúvida as estabilidades provisórias seriam utilizadas, muitas vezes, para **impedir** o término do contrato. Bastaria à mulher engravidar ou ao empregado candidatar-se a cargo de direção do sindicato ou da Comissão Interna de Prevenção de Acidentes (CIPA), mesmo para o cargo de **suplente**.

Essa é a regra geral: inexiste direito ao aviso prévio. A rescisão, bem como a indenização por término antes do prazo determinado, é prevista no **art. 479 da CLT**, que assim dispõe: *"Nos contratos que tenham termo estipulado, o empregador que, sem justa causa, despedir o empregado será obrigado a pagar-lhe, a título de indenização, e por metade, a remuneração a que teria direito até o termo do contrato"*.

Assim, se pactuado contrato de experiência por 90 dias e despedido o empregado no primeiro mês (30 dias), deverá o empregador pagar-lhe metade do que teria ainda a receber (60 dias ÷ 2 = 30 dias = 1 salário).

Contudo, a regra geral é **excepcionada** pelo art. 481 da CLT, que instituiu a denominada ***cláusula assecuratória do direito recíproco de rescisão***, que transforma a rescisão do contrato por prazo determinado em rescisão por prazo indeterminado, com **pagamento** de aviso prévio e 40% de multa do FGTS.

Isso significa dizer que o contrato por prazo determinado não se desnatura, mas apenas a sua **rescisão** é que seria realizada como se o contrato fosse por prazo **indeterminado**.

Para o empregador, tal situação será melhor caso o contrato por prazo determinado tenha sido celebrado por **prazo longo** (máximo de 2 anos) e a rescisão se dê no início do vínculo. Por exemplo, se determinada empresa contrata o empregado por prazo determinado de 2 anos, com salário de R$ 1.000,00, e resolve, sem justa causa, rescindir o contrato após 4 meses, deverá, nos termos do art. 479 da CLT, pagar-lhe R$ 10.000,00, pois ainda restavam 20 meses de vínculo, o que, pela metade, representa 10 meses, os quais, multiplicados pelo salário de R$ 1.000,00, levam à indenização referida. Em contrapartida, se utilizada a ***cláusula assecuratória do direito recíproco de rescisão***, previsto no art. 481 da CLT, haverá o pagamento de aviso prévio, 13º proporcional, férias proporcionais + 1/3 e 40% do FGTS. O quadro a seguir demonstra a diferença, considerando-se que o contrato de trabalho por prazo determinado foi pactuado com 2 anos e a rescisão deu-se com 4 meses de vínculo.

	13º SALÁRIO PROPORCIONAL 5/12*	FÉRIAS PROPORCIONAIS + 1/3 5/12**	40% FGTS*** 8% MENSAL SOBRE A REMUNERAÇÃO	AVISO PRÉVIO****	TOTAL DA INDENIZAÇÃO PELA DISPENSA
Rescisão do art. 479 CLT	—	—	—	—	R$ 10.000,00
Rescisão do art. 481 CLT	R$ 416,00	R$ 554,00	R$ 160,00	R$ 1.000,00	R$ 2.130,00

* Apesar de o vínculo ter se rompido com 4 meses, calcula-se 5/12 de 13º salário proporcional em virtude do aviso prévio, que acresce 1/12 para todos os efeitos.

** Apesar de o vínculo ter se rompido com 4 meses, calcula-se 5/12 de férias proporcionais em virtude do aviso prévio, que acresce 1/12 para todos os efeitos.

*** O FGTS é calculado também sobre o aviso prévio, razão pela qual se consideram cinco salários, sendo o percentual de 8% recolhido, tendo por base de cálculo a remuneração do empregado.

**** O aviso prévio, como mencionado anteriormente, acresce, para todos os efeitos legais, 1/12 ao vínculo de emprego.

A respeito do aviso prévio, é importante destacar a alteração legislativa decorrente da edição da Lei n. 12.506, de 11.10.2011, que regulamentou o aviso prévio proporcional ao tempo de serviço, instituto previsto na CRFB/88, no art. 7º, XXI, mas que somente agora mereceu a devida atenção do Poder Legislativo. A referida lei possui apenas dois artigos, a saber:

> Art. 1º O aviso prévio, de que trata o Capítulo VI do Título IV da Consolidação das Leis do Trabalho — CLT, aprovada pelo Decreto-lei n. 5.452, de 1º de maio de 1943, será concedido na proporção de 30 (trinta) dias aos empregados que contem até 1 (um) ano de serviço na mesma empresa.
>
> Parágrafo único. Ao aviso prévio previsto neste artigo serão acrescidos 3 (três) dias por ano de serviço prestado na mesma empresa, até o máximo de 60 (sessenta) dias, perfazendo um total de até 90 (noventa) dias.
>
> Art. 2º Esta Lei entra em vigor na data de sua publicação.

Assim, aos empregados continua a ser garantido o aviso prévio mínimo de 30 (trinta) dias, podendo chegar a 90 (noventa) dias, para os empregados com 20 (vinte) anos de emprego na mesma empresa, já que a proporção criada é de 3 (três) dias de aviso prévio para cada ano de trabalho prestado ao mesmo empregador.

A regulamentação da matéria pelo Poder Legislativo certamente decorreu das decisões proferidas pelo Supremo Tribunal Federal em junho de 2011, no julgamento dos mandados de injunção ns. 943, 1.010, 1.074 e 1.090, nos quais aquele tribunal reconheceu o direito ao aviso prévio proporcional.

ATENÇÃO: Caso o contrato de trabalho seja firmado por prazo determinado, com a cláusula assecuratória do direito recíproco de rescisão, caberá a aplicação do aviso prévio por qualquer das partes que queira rescindi-lo antecipadamente.

SÚMULA N. 170
SOCIEDADE DE ECONOMIA MISTA. CUSTAS (mantida) — Res. 121/2003, DJ 19, 20 e 21.11.2003

Os privilégios e isenções no foro da Justiça do Trabalho não abrangem as sociedades de economia mista, ainda que gozassem desses benefícios anteriormente ao Decreto-lei n. 779, de 21.08.1969. (ex-Prejulgado n. 50)

A **Súmula n. 170 do TST**, atinente ao pagamento de **custas** pelas **sociedades de economia mista**, foi **mantida** pela Resolução n. 121/2003 do TST, publicada no *DJ* nos dias 19, 20 e 21.11.2003.

O Decreto-lei n. 779/69 arrola uma série de **prerrogativas** dos entes públicos na Justiça do Trabalho, englobando a União, os Estados, o Distrito Federal e os Municípios, bem como das **autarquias** e **fundações de direito público** federais, estaduais ou municipais que não explorem atividade econômica.

Entre as prerrogativas, destacam-se: prazo em quádruplo para a contestação, ou seja, 20 dias entre o recebimento da notificação e a data da audiência; prazo em dobro para recorrer; dispensa do depósito recursal; remessa necessária (art. 495 do CPC/2015) e pagamento de custas ao final.

Destaca-se que todos os entes referidos no art. 1º do Decreto-lei supracitado possuem ***personalidade jurídica de direito público***, razão pela qual lhe são asseguradas diversas prerrogativas. Tal fato não ocorre com a **sociedade de economia mista** que, apesar de possuir parte do capital *público*, possui *personalidade jurídica de direito privado*, como ocorre com as *empresas públicas*, que também não possuem as prerrogativas legais, devendo ser tratadas como todas as demais pessoas jurídicas de direito privado.

Pouco importa se antes essas entidades gozavam de prerrogativas, pois os preceitos aplicam-se de **imediato**, por serem de conteúdo **processual**, não havendo direito adquirido à manutenção dos benefícios.

Ademais, tratando-se de lei com conteúdo processual, deve ser aplicada de imediato aos **processos em curso**, como inclusive afirma o art. 3º do Decreto-lei, não sendo, contudo, possível exigir-se, por exemplo, depósito recursal de recursos interpostos pelas entidades listadas no art. 1º, antes da entrada em vigor da norma ou, nos próprios termos do aludido art. 3º do Decreto-lei n. 779/69, a devolução dos valores pagos a título de depósito recursal.

> **ATENÇÃO:** As sociedades de economia mista não estão isentas de custas processuais, já que possuem personalidade jurídica de direito privado, ou seja, não gozam das prerrogativas processuais dos entes públicos.

SÚMULA N. 171
FÉRIAS PROPORCIONAIS. CONTRATO DE TRABALHO. EXTINÇÃO (republicada em razão de erro material no registro da referência legislativa), DJ 05.05.2004

Salvo na hipótese de dispensa do empregado por justa causa, a extinção do contrato de trabalho sujeita o empregador ao pagamento da remuneração das férias proporcionais, ainda que incompleto o período aquisitivo de 12 (doze) meses (art. 147 da CLT). (ex-Prejulgado n. 51)

A **Súmula n. 171 do TST**, que se refere ao pagamento de **férias proporcionais** na **extinção** do vínculo de emprego com prazo **inferior** a 12 (doze) meses, foi **mantida** pela Resolução n. 121/2003, publicada no *DJ* nos dias 19, 20 e 21.11.2003, porém, republicada em 05.05.2004 em virtude de erro material em sua referência legislativa.

Já foram objeto de análise, quando dos comentários às **Súmulas ns. 7, 81, 149 e 151 do TST**, os principais aspectos relacionados ao tema ***férias***. Sabe-se que, após o cumprimento do período **aquisitivo** de férias, o empregado faz jus, em regra, a 30 dias corridos, remunerados com o acréscimo de 1/3. Não sendo gozadas as férias dentro do período **concessivo**, serão estas remuneradas em **dobro**.

Quando a rescisão do contrato de trabalho se der **antes** de **completo** o período **aquisitivo**, que corresponde aos primeiros 12 (doze) meses do contrato de trabalho, serão devidas ***férias proporcionais***, remuneradas igualmente com o acréscimo de 1/3. Assim, a cada mês ou fração superior a 15 (quinze) dias, o empregado terá direito a **1/12** de férias. Caso o vínculo de emprego venha a extinguir-se após 7 (sete) meses, fará jus o empregado à percepção de 7/12 de férias proporcionais, além de 1/12 referente ao **aviso prévio**. *In casu*, no Termo de Rescisão do Contrato de Trabalho (TRCT), deverá constar, entre outras verbas, 8/12 de férias proporcionais.

Na culpa recíproca, analisada na **Súmula n. 14 do TST**, o pagamento das férias proporcionais será realizado na fração de 50% do que seria devido se a rescisão fosse sem justa causa, pois, nessa espécie de rescisão, "repartem-se" as culpas, bem como as verbas rescisórias.

Somente na rescisão do contrato de trabalho ***por justa causa*** é que são **indevidas** as férias proporcionais, pois a justa causa do empregado lhe retira tais verbas, assim como o aviso prévio, 13º proporcional e 40% do FGTS.

Mesmo no *pedido de demissão,* as férias proporcionais são devidas, nos exatos termos da **Súmula n. 261 do TST**, a seguir transcrita: *"O empregado que se demite antes de complementar 12 (doze) meses de serviço tem direito a férias proporcionais".*

ATENÇÃO: As férias proporcionais apenas são perdidas na rescisão do contrato por justa causa. Na hipótese de pedido de demissão, o empregado faz jus ao recebimento das férias proporcionais normalmente.

SÚMULA N. 172
REPOUSO REMUNERADO. HORAS EXTRAS. CÁLCULO (mantida) — Res. 121/2003, DJ 19, 20 e 21.11.2003

Computam-se no cálculo do repouso remunerado as horas extras habitualmente prestadas. (ex-Prejulgado n. 52)

A **Súmula n. 172 do TST**, relacionada ao **reflexo** das horas extras no cálculo do **repouso semanal remunerado**, foi **mantida** pela Resolução n. 121/2003 do TST, publicada no *DJ* nos dias 19, 20 e 21.11.2003.

Segundo ensinamentos de AMAURI MASCARO NASCIMENTO,[44] o descanso semanal remunerado, por ele denominado *repouso semanal remunerado,* é o período de 24 horas de descanso após 6 (seis) dias de trabalho. Ademais, destaca quatro princípios ou características de tal instituto: ***semanalidade, dominicalidade, inconversibilidade e remunerabilidade***. Em suma, o descanso deve ser *semanal,* preferencialmente *aos domingos,* sendo inviável a sua *conversão em dinheiro,* sendo *remunerado de forma integral*, ou seja, igual aos dias úteis.

Destaca-se importante passagem do mesmo autor: *"(...) a remunerabilidade, que é integral, igual à dos dias úteis, com inclusão até mesmo dos pagamentos correspondentes às horas extras".*

Aqui reside o ponto nodal da súmula que ora se analisa, qual seja, o reflexo das **horas extraordinárias**, prestadas com **habitualidade**, sobre as demais verbas trabalhistas.

Quando dos comentários à **Súmula n. 63 do TST**, observou-se que as horas extras **habitualmente** prestadas refletiam nas demais verbas trabalhistas que possuem por base de cálculo o salário, pois aquelas elevam o salário obreiro, trazendo, por consequência, elevação nas demais verbas, tais como férias, 13º salário, FGTS, aviso prévio etc.

---

44 NASCIMENTO, Amauri Mascaro. *Iniciação ao direito do trabalho*, p. 314.

A referida súmula faz menção aos depósitos de FGTS, afirmando que *"a contribuição para o Fundo de Garantia do Tempo de Serviço incide sobre a remuneração mensal devida ao empregado, inclusive horas extras e adicionais eventuais"*.

Ante o exposto, conclui-se que o descanso semanal remunerado será calculado sobre o salário acrescido das horas extras habitualmente prestadas.

Por fim, uma pequena nota acerca do cálculo do DSR (Descanso Semanal Remunerado). Os empregados que percebem **salário mensal** ou **quinzenal** já têm o **DSR** pago automaticamente, pois a jornada mensal-padrão (220 horas/mês) já considera 30 dias por mês (ou 15, se quinzenal), razão pela qual já estão computados os descansos semanais e feriados. Não há que se falar em novo pagamento.

Mesmo para o empregado horista, se calculado o salário pago tendo por base 30 dias, já estará quitado o DSR.

MAURÍCIO GODINHO DELGADO[45] afirma que, *"nos casos de empregados mensalistas e quinzenalistas (cujos salários, portanto, são calculados à base de 30 ou 15 diárias), a remuneração do d.s.r. (e dos feriados) já se encontra incluída no salário mensal ou quinzenal do obreiro, descabendo, desse modo, novo cálculo diferenciado específico (art. 7º, § 2º, Lei n. 605/49). Na verdade, todo cálculo salarial que considere o total da duração mensal ou quinzenal do trabalho já estará computando, automaticamente, o d.s.r."*.

ATENÇÃO: O valor recebido pelo empregado pela realização de horas extras possui natureza salarial, razão pela qual deve ser levado em consideração para o cálculo das demais parcelas, entre elas o descanso semanal remunerado.

SÚMULA N. 173
SALÁRIO. EMPRESA. CESSAÇÃO DE ATIVIDADES (mantida) — Res. 121/2003, DJ 19, 20 e 21.11.2003

Extinto, automaticamente, o vínculo empregatício com a cessação das atividades da empresa, os salários só são devidos até a data da extinção. (ex-Prejulgado n. 53)

A **Súmula n. 173 do TST**, relacionada à **cessação** das atividades da empresa, com a consequente **extinção** do vínculo de emprego, foi **mantida** pela Resolução n. 121/2003 do TST, publicada no *DJ* nos dias 19, 20 e 21.11.2003.

A extinção da empresa ou do estabelecimento acarreta a **ruptura** do contrato de trabalho, com o consequente pagamento das verbas rescisórias devidas na ruptura **sem justa causa**, uma vez considerar-se que tal fato enquadra-se no **risco do empreendimento**, que deve ser suportado **unicamente** pelo empregador.

Assim, independentemente da razão que levou o empregador a fechar o estabelecimento ou a empresa, serão devidas todas as verbas rescisórias típicas da resci-

[45] DELGADO, Maurício Godinho. *Curso de direito do trabalho*, p. 875.

são **sem justa causa**, tais como aviso prévio, 13º proporcional, férias proporcionais mais 1/3, 40% do FGTS, além de ter direito o empregado ao **seguro-desemprego**, se preenchidas suas condições específicas.

De acordo com os termos da súmula, os salários são devidos até a **data** da extinção da empresa ou estabelecimento, já que o contrato é **automaticamente rescindido**; porém, é devido o aviso prévio, *in casu*, indenizado, ante a impossibilidade de seu cumprimento.

Tal fato (o pagamento de salários somente até a data da extinção) se dá pelo caráter **sinalagmático** do contrato de trabalho, que gera obrigações e direitos **recíprocos**, para empregado e empregador. Não havendo mais realização de trabalho pelo empregado, não mais se pode exigir pagamento de salários do empregador. No máximo, haverá o pagamento das verbas **rescisórias** devidas.

Corroborando o que foi dito, MAURÍCIO GODINHO DELGADO[46] afirma que *"(...) o término do contrato em virtude do fechamento da empresa ou do estabelecimento provoca o pagamento das verbas rescisórias próprias à resilição unilateral por ato do empregador, ou seja, próprias à dispensa sem justa causa"*.

> **ATENÇÃO:** Sendo fechado o estabelecimento, o contrato é automaticamente extinto, pagando-se todas as verbas rescisórias devidas até o último dia de trabalho, como se a rescisão fosse sem justa causa, já que o risco do empreendimento é do empregador.

> ***SÚMULA N. 178***
> ***TELEFONISTA. ART. 227, E PARÁGRAFOS, DA CLT. APLICABILIDADE (mantida) — Res. 121/2003, DJ 19, 20 e 21.11.2003***
>
> É aplicável à telefonista de mesa de empresa que não explora o serviço de telefonia o disposto no art. 227, e seus parágrafos, da CLT. (ex-Prejulgado n. 59)

A **Súmula n. 178 do TST**, relacionada à jornada de trabalho diferenciada da **telefonista**, foi **mantida** pela Resolução n. 121/2003 do TST, publicada no *DJ* nos dias 19, 20 e 21.11.2003.

A princípio, o art. 227 da CLT, bem como seus parágrafos, deveria ser aplicado apenas *"nas empresas que explorem o serviço de telefonia (...)"*, porém, o Tribunal Superior do Trabalho, analisando o texto legal de forma **extensiva**, entendeu que a proteção criada pela redução da jornada de trabalho, de 8 horas diárias e 44 semanais para 6 horas diárias e 36 semanais, deveria ser aplicada **igualmente** aos funcionários que, a despeito de não trabalharem em empresas que exploram o serviço de telefonia, realizam **serviço idêntico**.

Utilizou-se como fundamento o ***princípio da igualdade***. Não importa o fato de a empresa possuir por **atividade-fim** o serviço de telefonia, como em um *call center*,

[46] DELGADO, Maurício Godinho. *Curso de direito do trabalho*, p. 1044.

ou constituir apenas a **atividade-meio**, como em grande escritório de advocacia. O fato é que o trabalho desenvolvido pelo empregado é o mesmo e, se o legislador entendeu por bem proteger quem desenvolve a função com redução de jornada, tal diferenciação mostra-se inconstitucional.

Assim, pouco importa o ramo de atividade da empresa. A telefonista possui direito à jornada especial **reduzida**, de 6 (seis) horas diárias e 36 (trinta e seis) semanais, sendo-lhe devido adicional de, no mínimo, 50% na hipótese de trabalho extraordinário.

Destaca-se que a **Orientação Jurisprudencial n. 273 da SBDI-1 do TST** entende não ser aplicável o art. 227 da CLT ao **operador de vendas**, pois, nos termos da OJ, *"(...) não exerce suas atividades exclusivamente como telefonista, pois, naquela função, não opera mesa de transmissão, fazendo uso apenas dos telefones comuns para atender e fazer as ligações exigidas no exercício da função"*.

ATENÇÃO: Os empregados que exercem a função de telefonista possuem jornada de trabalho reduzida, de até 6 horas diárias e 36 horas semanais.

SÚMULA N. 182
AVISO PRÉVIO. INDENIZAÇÃO COMPENSATÓRIA.
LEI N. 6.708, DE 30.10.1979 (mantida) —
Res. 121/2003, DJ 19, 20 e 21.11.2003

O tempo do aviso prévio, mesmo indenizado, conta-se para efeito da indenização adicional prevista no art. 9º da Lei n. 6.708, de 30.10.1979.

A **Súmula n. 182 do TST**, relacionada à contagem do **aviso prévio** para fins da **indenização compensatória** da Lei n. 6.708/79, foi **mantida** por meio da Resolução n. 121/2003 do TST, publicada no *DJ* nos dias 19, 20 e 21.11.2003.

O tema deve ser analisado em conjunto com as **Súmulas de ns. 242 e 314 do TST**, tendo em vista que todas se referem à indenização a ser paga em caso de **despedimento** no prazo de 30 (trinta) dias antes da **data-base** do empregado e que, por isso, o impede de gozar do **reajuste salarial**.

O art. 9º da Lei n. 6.708/79 dispunha que: *"o empregado dispensado, sem justa causa, no período de 30 (trinta) dias que antecede a data de sua correção salarial, terá direito à indenização adicional equivalente a um salário mensal, seja ele, ou não, optante pelo Fundo de Garantia do Tempo de Serviço"*. O art. 9º da Lei n. 7.238/84 praticamente repete a redação transcrita.

A edição da súmula pôs fim à discussão jurisprudencial acerca do **reflexo** do aviso prévio para fins de pagamento da **indenização compensatória**, ou seja, se o período de aviso prévio, **trabalhado** ou **indenizado**, seria computado para fins de saber se o despedimento ocorreu no período de **30 (trinta) dias** antes da data-base do trabalhador.

A interpretação do TST, no sentido de que o período do aviso conta-se para fins da Lei n. 6.708/79, vai ao encontro do que dispõe o art. 487, § 1º, da CLT, assim redigido: *"a falta do aviso prévio por parte do empregador dá ao empregado o direito aos salários correspondentes ao prazo do aviso, garantida sempre a integração desse período no seu tempo de serviço"*.

Interpretando-se o dispositivo e considerando a matéria aqui exposta, chega-se à conclusão de que o período de aviso prévio é de **efetivo contrato de trabalho**, pois o vínculo somente será **extinto** ao término dos 30 (trinta) dias de aviso. Se a relação jurídica laboral se findar dentro do trintídio referido pela lei, haverá direito à percepção da indenização.

Em outras palavras, se, por exemplo, o aviso prévio for concedido 45 (quarenta e cinco) dias antes da data-base, estará o obreiro protegido pela Lei n. 6.708/79, pois o vínculo se extinguirá 15 (quinze) dias antes da data-base (reajuste), ou seja, dentro do prazo legal a que faz referência a legislação citada.

Sobre a natureza jurídica do aviso prévio, SERGIO PINTO MARTINS[47] afirma ser tríplice: ***comunicação, prazo e pagamento***. O aviso prévio não é só comunicação, e sim prazo de, no **mínimo**, 30 (trinta) dias, em que o contrato de trabalho ainda está em **vigor** e, portanto, produz todos os seus **efeitos legais**, como o direito à percepção de **indenização compensatória** aqui estudada.

A respeito do aviso prévio, é importante destacar a alteração legislativa decorrente da edição da Lei n. 12.506, de 11.10.2011, que regulamentou o aviso prévio proporcional ao tempo de serviço, instituto previsto na CRFB/88, no art. 7º, XXI, mas que somente agora mereceu a devida atenção do Poder Legislativo. A referida lei possui apenas dois artigos, a saber:

> Art. 1º O aviso prévio, de que trata o Capítulo VI do Título IV da Consolidação das Leis do Trabalho — CLT, aprovada pelo Decreto-lei n. 5.452, de 1º de maio de 1943, será concedido na proporção de 30 (trinta) dias aos empregados que contem até 1 (um) ano de serviço na mesma empresa.
>
> Parágrafo único. Ao aviso prévio previsto neste artigo serão acrescidos 3 (três) dias por ano de serviço prestado na mesma empresa, até o máximo de 60 (sessenta) dias, perfazendo um total de até 90 (noventa) dias.
>
> Art. 2º Esta Lei entra em vigor na data de sua publicação.

Assim, aos empregados continua a ser garantido o aviso prévio mínimo de 30 (trinta) dias, podendo chegar a 90 (noventa) dias, para os empregados com 20 (vinte) anos de emprego na mesma empresa, já que a proporção criada é de 3 (três) dias de aviso prévio para cada ano de trabalho prestado ao mesmo empregador.

A regulamentação da matéria pelo Poder Legislativo certamente decorreu das decisões proferidas pelo Supremo Tribunal Federal em junho de 2011, no julgamento dos mandados de injunção ns. 943, 1.010, 1.074 e 1.090, nos quais aquele tribunal reconheceu o direito ao aviso prévio proporcional.

---

[47] MARTINS, Sergio Pinto. *Direito do trabalho*. 22. ed. São Paulo: Atlas, 2006. p. 382.

ATENÇÃO: O aviso prévio é, para todos os efeitos, considerado contrato de trabalho. Independentemente de sua espécie, se trabalhado ou indenizado, deverá ser levado em consideração para todos os efeitos, até mesmo para o cálculo de indenizações.

SÚMULA N. 184
EMBARGOS DECLARATÓRIOS. OMISSÃO EM RECURSO DE REVISTA. PRECLUSÃO (mantida) — Res. 121/2003, DJ 19, 20 e 21.11.2003

Ocorre preclusão se não forem opostos embargos declaratórios para suprir omissão apontada em recurso de revista ou de embargos.

A **Súmula n. 184 do TST**, que analisa a necessidade de manejo de **embargos de declaração** para demonstrar a **omissão** apontada em recurso de revista ou de embargos, sob pena de **preclusão**, foi **mantida** pela Resolução n. 121/2003, publicada no *DJ* nos dias 19, 20 e 21.11.2003.

O tema em questão passa pela análise de algumas premissas básicas a respeito do recurso de embargos de declaração, **prequestionamento** e função dos recursos **extraordinários**.

Em primeiro lugar, o recurso de embargos de declaração encontra previsão legal no **art. 1.022 do CPC/2015**, bem como no **art. 897-A da CLT**. Este último descreve que: *"Caberão embargos de declaração da sentença ou acórdão, no prazo de 5 (cinco) dias, devendo o seu julgamento ocorrer na primeira audiência ou sessão subsequente a sua apresentação, registrado na certidão, admitido efeito modificativo da decisão nos casos de omissão e contradição no julgado e manifesto equívoco no exame dos pressupostos extrínsecos do recurso"*.

Além de **omissão** e **contradição**, a teor do art. 1.022 do CPC/2015, o recurso também pode ser interposto para sanar **obscuridades**.

Porém, os embargos de declaração também possuem importante função **prequestionadora**, tendo sido inclusive reconhecido pelo STJ, por meio da **Súmula n. 98**, que os embargos com tal função não são **protelatórios**, razão pela qual não deve ser imposta a **multa** do art. 1.026, § 2º, do CPC/2015.

Com relação ao **prequestionamento**, deve-se atentar de que se trata de requisito atinente ao **cabimento** dos recursos **classificados** como **extraordinários**, entre os quais temos recurso especial (STJ), recurso extraordinário (STF), recurso de revista (TST) e embargos (TST). Esses recursos somente são conhecidos se a **matéria** objeto da insurgência tiver sido **decidida** pelo órgão julgador de piso, ou seja, se a matéria tiver sido efetivamente **analisada** na decisão **recorrida**.

Diz-se, portanto, nos termos da **Súmula n. 297 do TST**, *"(...) prequestionada a matéria ou questão quando na decisão impugnada haja sido adotada, explicitamente, tese a respeito"*.

Assim, se o fundamento do recurso ordinário é o ferimento ao princípio da inafastabilidade da função jurisdicional, por ter sido extinta sem resolução de mérito a ação trabalhista que não observou a previsão contida no art. 625-A a H da CLT (comissão de conciliação prévia), o acórdão que julgar aquele recurso deverá manifestar-se a respeito do aludido ferimento ao preceito constitucional, **favorável** ou **contra**, de forma a possibilitar o cabimento de eventual recurso de revista, desde que presentes os demais requisitos.

Isso significa dizer que *"as portas do TST somente se abrirão"* à discussão da matéria (ferimento ao não princípio da inafastabilidade da jurisdição), se houver **pronunciamento** acerca da questão pelo TRT, no julgamento do recurso ordinário. Somente nessa hipótese haverá **prequestionamento**.

Como foi dito, o prequestionamento somente se faz necessário nos recursos classificados como ***extraordinários*** (recursos especial, extraordinário, revista, embargos), não sendo exigido nos ***ordinários*** (apelação, agravo, recurso ordinário, agravo de petição etc.).

Tal fato decorre da **profundidade** do efeito **devolutivo** nos recursos ordinários, que, em comparação com os recursos extraordinários, é muito mais ampla. Nos recursos ordinários, do qual é um dos exemplos o *Recurso Ordinário*, previsto no **art. 895 da CLT**, todas as matérias suscitadas e discutidas no processo, ainda que não decididas, podem ser revistas no tribunal, nos exatos termos do art. 1.013, §§ 1º e 2º, do CPC/2015, que assim prescrevem: *"A apelação devolverá ao tribunal o conhecimento da matéria impugnada. § 1º: Serão, porém, objeto de apreciação e julgamento pelo tribunal todas as questões suscitadas e discutidas no processo, ainda que a sentença não as tenha julgado por inteiro. § 2º: Quando o pedido ou a defesa tiver mais de um fundamento e o juiz acolher apenas um deles, a apelação devolverá ao tribunal o conhecimento dos demais"*.

Isso não se verifica nos recursos extraordinários, o que leva à conclusão de que, se a decisão **recorrida** não analisar a questão levantada no recurso e a parte não interpuser embargos de declaração, haverá **impossibilidade** do TST, em sede de recurso de revista ou embargos, analisar a questão, ocorrendo **preclusão** sobre a matéria, o que acarreta a **impossibilidade** de sua **rediscussão** pela Corte Superior.

O tema voltará a ser analisado nos comentários à **Súmula n. 297 do TST**.

ATENÇÃO: Caso a parte recorrente não tenha oposto o recurso de embargos de declaração, haverá preclusão em relação à matéria, uma vez que os recursos de revista e embargos ao TST possuem natureza extraordinária, devendo a matéria ser decidida expressamente pelo TRT.

SÚMULA N. 186
LICENÇA-PRÊMIO. CONVERSÃO EM PECÚNIA. REGULAMENTO DA EMPRESA (nova redação) — Res. 121/2003, DJ 19, 20 e 21.11.2003

A licença-prêmio, na vigência do contrato de trabalho, não pode ser convertida em pecúnia, salvo se expressamente admitida a conversão no regulamento da empresa.

A **Súmula n. 186 do TST**, relativa à **conversão** em pecúnia da licença-prêmio, obteve **nova redação** por meio da Resolução n. 121/2003 do TST, publicada no *DJ* nos dias 19, 20 e 21.11.2003.

A diferença entre a atual redação e a anterior toca à expressão *"na vigência do contrato de trabalho"*, presente na que ora se analisa e ausente na anterior. Assim, o entendimento que o TST perfilhava era no sentido de não permitir, em regra, a **conversão** da licença-prêmio em **pecúnia** quando da **vigência** do contrato ou quando de seu término, salvo se houvesse expressa autorização no **regulamento** da empresa.

Entende-se, atualmente, que a conversão em pecúnia somente é **vedada**, em regra, enquanto **vigente** o contrato de trabalho, sendo totalmente lícita quando de seu término.

A licença-prêmio, como o próprio nome afirma, é um *prêmio* a que faz jus o empregado ao completar determinado número de anos de trabalho na empresa, podendo tal período ser de 5, 10, 15 anos, dependendo da norma criada pela empresa, já que esse direito tem sua origem ou em **normas internas** ou em **acordos** e **convenções coletivas**. Assim, a cada período de trabalho cumprido, o empregado tem direito à licença de alguns dias, como 30 dias de licença a cada 5 anos trabalhados ininterruptamente.

O intuito a ser alcançado com a instituição da licença-prêmio é a satisfação do trabalhador, que se vê motivado a continuar trabalhando na mesma empresa, por saber que, de tempos em tempos, será agraciado com o direito. Também possui outra função, a mesma das férias anuais, que é proporcionar **descanso** ao trabalhador, livrando-o de toxinas maléficas que se alojam no corpo após longos períodos de trabalho.

Assim, estando a licença-prêmio relacionada ao tema *saúde e medicina do trabalho*, em regra não se pode transformar o período de descanso em pecúnia, assim como é ilícito **converter integralmente** o período de férias em pecúnia, sendo permitida apenas a conversão de 1/3, nos termos do art. 143 da CLT.

Porém, destaca o TST que, se previsto no regulamento de empresa a possibilidade de conversão, mesmo que integral, da licença-prêmio em pecúnia, aquela é de se entender **lícita**. O termo *regulamento da empresa* também deve ser lido como **acordo** ou **convenção coletiva**, pois o direito também pode surgir para determinada categoria ou empregados de determinada empresa por meio de **negociação coletiva**. O importante é que, se prevista a possibilidade de conversão no instrumento que criou o direito, aquela é totalmente válida.

Há que fazer ainda uma observação. A inserção da expressão *"na vigência do contrato de trabalho"*, leva à conclusão de que, **extinto** o vínculo de trabalho, é perfeitamente **possível** a conversão do período de licença-prêmio em pecúnia, mesmo **sem autorização** na norma instituidora (regulamento da empresa). Pensamento contrário geraria enorme **prejuízo** aos empregados que adquiririam o direito mas não o gozariam, tampouco receberiam qualquer valor, quando da despedida. Se o direito adquirido durante o pacto laboral não foi **gozado**, deverá ser **indenizado**, ou seja, convertido em pecúnia, quando da extinção do contrato.

ATENÇÃO: A licença-prêmio somente pode ser convertida em dinheiro caso haja norma explícita no regulamento interno da empresa.

SÚMULA N. 187
CORREÇÃO MONETÁRIA. INCIDÊNCIA (mantida) —
Res. 121/2003, DJ 19, 20 e 21.11.2003

A correção monetária não incide sobre o débito do trabalhador reclamante.

A **Súmula n. 187 do TST**, atinente à não incidência de correção monetária sobre o débito do trabalhador, foi **mantida** por meio da Resolução n. 121/2003 do TST, publicada no *DJ* nos dias 19, 20 e 21.11.2003.

O entendimento do TST a respeito da matéria revela a incidência do ***princípio da proteção***, entendido como o mais importante princípio do Direito do Trabalho, sistematizado e difundido por meio da obra de AMÉRICO PLÁ RODRIGUEZ, para quem *"o princípio da proteção se refere ao critério fundamental que orienta o Direito do Trabalho, pois este, ao invés de inspirar-se num propósito de igualdade, responde ao objetivo de estabelecer um amparo preferencial a uma das partes: o trabalhador".*[48]

Verifica-se que o autor uruguaio vislumbra o princípio da **igualdade** em seu caráter **material**, e não meramente **formal**, razão pela qual são criadas normas que tendem a tratar o trabalhador de forma **privilegiada**, por ser a parte **hipossuficiente** da relação jurídica.

Acerca da não incidência da correção monetária aos débitos do **trabalhador**, algumas observações devem ser feitas: em primeiro lugar, a matéria era disciplinada pelo Decreto-lei n. 75/66, revogado pela Lei n. 8.177/91. Porém, surgiu na época, quando da entrada em vigor da Lei n. 6.899/81, entendimento a respeito da **incompatibilidade** desta norma com aquele Decreto-lei, razão pela qual não poderia ser aplicado.

Essa cizânia doutrinária e jurisprudencial gerou discussões sobre a incidência da correção monetária sobre todos os débitos trabalhistas ou, conforme o Decreto-lei n. 75/66, somente aos débitos do empregador.

Ainda hoje, mesmo com a edição da súmula, diversos são os julgados conflitantes com relação à matéria. Em síntese, alguns entendem que inexiste regra jurídica que determine a correção monetária dos débitos do trabalhador, razão pela qual deve ser aplicado o entendimento da Súmula n. 187 do TST, ora analisada. Outros comungam a ideia de que o princípio da **razoabilidade** deve ser aplicado na hipótese, não havendo qualquer razão para corrigir-se apenas os débitos do empregador, não o fazendo também para o empregado.

---

48 RODRIGUEZ, Américo Plá. *Princípios de direito do trabalho*, p. 83.

Uma "saída" intermediária por vezes é utilizada e consiste na **compensação** dos valores devidos por empregador e empregado, com valores da época em que as parcelas se tornaram vencidas, corrigindo-se, posteriormente, o débito do empregador ainda existente. Nessa situação, evita-se um maior prejuízo ao empregador.

No entendimento de FRANCISCO ANTÔNIO DE OLIVEIRA,[49] *"tendo em vista a expressa revogação do Dec.-lei 75/66 pela Lei 8.177/91, temos para nós que a presente Súmula haveria de ser repensada pela mais alta Corte Trabalhista".*

Contudo, estando em vigor o entendimento sumulado, mostra-se bastante aplicado pelo TST, bem como pelas outras esferas do Judiciário Trabalhista.

ATENÇÃO: A correção monetária somente se aplica ao débito do empregador, ou seja, sobre os valores devidos ao empregado, e não aos débitos do empregado.

SÚMULA N. 188
CONTRATO DE TRABALHO. EXPERIÊNCIA. PRORROGAÇÃO (mantida) — Res. 121/2003, DJ 19, 20 e 21.11.2003

O contrato de experiência pode ser prorrogado, respeitado o limite máximo de 90 (noventa) dias.

A **Súmula n. 188 do TST**, que se refere à **prorrogação** do contrato de **experiência**, foi **mantida** pela Resolução n. 121/2003 do TST, publicada no *DJ* nos dias 19, 20 e 21.11.2003.

O contrato de experiência é classificado como *contrato de trabalho por prazo **determinado**,* com previsão legal no art. 443, § 2º, *c,* bem como nos arts. 445 e 451, todos da CLT.

O referido contrato pode ser pactuado com prazo **máximo** de **90 (noventa) dias**, respeitando-se a regra do art. 451, que prevê a possibilidade do prazo inicialmente ajustado ser **prorrogado**, por **uma única vez**, sob pena de configurar-se o *contrato por prazo **indeterminado**.*

Isso quer dizer que, por exemplo, poderá ser pactuado um contrato de experiência por 45 (quarenta e cinco) dias, posteriormente **prorrogado** por mais 45 (quarenta e cinco) dias, atingindo-se, nessa hipótese, o máximo de 90 (noventa) dias, respeitando-se, concomitantemente, a regra que impõe apenas uma prorrogação. Nessas condições, não poderá ser pactuado um contrato de experiência por 30 (trinta) dias, posteriormente prorrogado por mais 30 (trinta) dias e, por fim, novamente prorrogado pelo mesmo período. Apesar de o prazo máximo ter atingido 90 (noventa) dias, a **dupla prorrogação** violou o art. 451 da CLT, o que importa dizer que o contrato de trabalho transmudou-se *automaticamente* para um contrato por prazo **indeterminado**.

[49] OLIVEIRA, Francisco Antônio de. *Comentários às súmulas do TST*, p. 371.

Apesar de a súmula mencionar *prorrogado*, sem qualquer menção ao número de prorrogações, é corrente na doutrina e na jurisprudência aplicar-se o já referido **art. 451 da CLT**, que limita a uma.

Nesse sentido, RENATO SARAIVA[50] observa que *"o prazo máximo de validade do contrato de experiência é de 90 dias (CLT, art. 445, parágrafo único), admitindo-se, dentro do prazo máximo de validade, uma única prorrogação (art. 451 consolidado)"*.

ATENÇÃO: O contrato de experiência pode ser firmado por até 90 dias, com uma única prorrogação dentro daquele período máximo.

SÚMULA N. 189
GREVE. COMPETÊNCIA DA JUSTIÇA DO TRABALHO. ABUSIVIDADE (nova redação) — Res. 121/2003, DJ 19, 20 e 21.11.2003

A Justiça do Trabalho é competente para declarar a abusividade, ou não, da greve.

A **Súmula n. 189 do TST**, que analisa o tema da competência da Justiça do Trabalho para declarar a **abusividade**, ou não, da grave, obteve **nova redação** por meio da Resolução n. 121/2003 do TST, publicada no *DJ* nos dias 19, 20 e 21.11.2003.

Qualquer dúvida que poderia haver sobre a competência da Justiça do Trabalho para declarar se determinada greve era abusiva ou não, deixou de existir após a **Emenda Constitucional n. 45/2004**, que acrescentou o inc. II ao art. 114 da CRFB/88, afirmando, em conjunto com seu *caput*, que: *"Compete à Justiça do Trabalho processar e julgar: II — as ações que envolvam exercício do direito de greve"*.

Assim, qualquer ação judicial que vise demonstrar que o movimento **paredista** é legal ou ilegal, será da **competência** da Justiça do Trabalho, que, por meio de **dissídio coletivo**, seja de competência do TRT ou TST, apreciará os requisitos legais que possibilitam a **paralisação** dos serviços, concluindo pela **legalidade** ou **abusividade**, bem como, sendo de natureza econômica o dissídio, impondo novas regras aos litigantes.

Também há que se destacar que o inc. III do art. 114 da CRFB/88 disserta sobre a competência da Justiça do Trabalho para analisar as *"ações sobre representação sindical, entre sindicatos, entre sindicatos e trabalhadores, e entre sindicatos e empregadores"* que, antes da Emenda n. 45/2004, eram da competência da **justiça comum**. Qualquer discussão acerca de quebra da **unicidade** sindical, por exemplo, será analisada pela justiça especializada.

---

50 SARAIVA, Renato. *Direito do trabalho:* concursos públicos, p. 84.

ATENÇÃO: Todas as ações envolvendo o exercício do direito de greve, dentre elas as que buscam a declaração da abusividade do movimento, são da competência da Justiça do Trabalho, conforme prevê o art. 114, II, da CF/88.

SÚMULA N. 190
PODER NORMATIVO DO TST. CONDIÇÕES DE TRABALHO. INCONSTITUCIONALIDADE. DECISÕES CONTRÁRIAS AO STF (mantida) — Res. 121/2003, DJ 19, 20 e 21.11.2003

Ao julgar ou homologar ação coletiva ou acordo nela havido, o Tribunal Superior do Trabalho exerce o poder normativo constitucional, não podendo criar ou homologar condições de trabalho que o Supremo Tribunal Federal julgue iterativamente inconstitucionais.

A **Súmula n. 190 do TST**, que impede a Justiça do Trabalho, quando do processamento de dissídios coletivos, de julgar **contrariamente** ao que vem **iterativamente** decidindo o **Supremo Tribunal Federal**, foi **mantida** por meio da Resolução n. 121/2003 do TST, publicada no *DJ* nos dias 19, 20 e 21.11.2003.

Dispõe o art. 114, § 2º, da CRFB/88, com redação dada pela **Emenda Constitucional n. 45/2004** que, *"recusando-se qualquer das partes à negociação coletiva ou à arbitragem, é facultado às mesmas, de comum acordo, ajuizar dissídio coletivo de natureza econômica, podendo a Justiça do Trabalho decidir o conflito, respeitadas as disposições mínimas legais de proteção ao trabalho, bem como as convencionadas anteriormente"*.

Deflui-se que, assim como disposto na súmula, o poder normativo da Justiça do Trabalho é ***constitucional***, ou seja, possui esteio no texto constitucional, não podendo, portanto, criar condições de trabalho consideradas pelo intérprete do texto maior — o STF — como **inconstitucionais**.

Situação contrária seria ilógica. As competências e atribuições baseadas na Constituição Federal devem ser exercidas de acordo com aquela, não podendo **contrariá-la**. Cabe ao Supremo Tribunal Federal **interpretar** o texto constitucional, declarando constitucional ou não determinada norma, mesmo aquela criada pela Justiça do Trabalho.

O § 2º do art. 114 da CRFB/88 afirma que devem ser *"respeitadas as disposições mínimas legais de proteção ao trabalho"*, assim como as condições mínimas estabelecidas na própria Constituição Federal.

Apesar de a súmula fazer referência apenas ao TST, deve ser interpretada **extensivamente** para abarcar também os Tribunais Regionais do Trabalho, que igualmente são **competentes** para processar e julgar **dissídios coletivos** e que, em verdade, analisam a maioria dos dissídios e, por isso, podem proferir decisões que contrariem o entendimento do **Supremo Tribunal Federal**.

Mesmo havendo recurso cabível para o TST — o recurso ordinário (art. 895, *b*, da CLT) —, é importante estender o entendimento para os regionais, evitando-se o trânsito em julgado de decisões que violem o entendimento do intérprete do texto maior.

SERGIO PINTO MARTINS[51] enuncia que *"(...) o poder normativo opera no espaço em branco deixado pela lei. Será, portanto, impossível contrariar a legislação em vigor, mas será cabível a sua complementação. Como Estado Democrático de Direito (art. 1º da CF), o Brasil deve se submeter à lei"*.

Assim, não pode o dissídio coletivo, por exemplo, impor aviso prévio superior a 30 (trinta) dias, pois inexiste lei que o preveja; garantia de emprego de forma indiscriminada, pois são poucas e legais as hipóteses de estabilidade provisória; antecipação do 13º salário, por contrariar as disposições legais. Nessa hipótese, inviável o poder normativo da Justiça do Trabalho.

ATENÇÃO: O exercício do Poder Normativo da Justiça do Trabalho encontra-se previsto no art. 114, § 2º, da CF/88, não podendo os Tribunais Regionais do Trabalho fixar condições que tenham sido consideradas inconstitucionais pelo STF.

SÚMULA N. 191

ADICIONAL DE PERICULOSIDADE. INCIDÊNCIA. BASE DE CÁLCULO (cancelada a parte final da antiga redação e inseridos os itens II e III) — Res. 214/2016, DEJT divulgado em 30.11.2016 e 01 e 02.12.2016

I — O adicional de periculosidade incide apenas sobre o salário básico e não sobre este acrescido de outros adicionais.

II — O adicional de periculosidade do empregado eletricitário, contratado sob a égide da Lei n. 7.369/85, deve ser calculado sobre a totalidade das parcelas de natureza salarial. Não é válida norma coletiva mediante a qual se determina a incidência do referido adicional sobre o salário básico.

III — A alteração da base de cálculo do adicional de periculosidade do eletricitário promovida pela Lei n. 12.740/2012 atinge somente contrato de trabalho firmado a partir de sua vigência, de modo que, nesse caso, o cálculo será realizado exclusivamente sobre o salário básico, conforme determina o § 1º do art. 193 da CLT.

A **Súmula n. 191 do TST**, atinente à **base de cálculo** do adicional de periculosidade, obteve **nova redação** por meio da Resolução n. 214/2016 do TST, publicada no *DJ* nos dias 30.11.2016 e 01 e 02.12.2016.

A alteração promovida pelo TST fazia-se necessária para adequar-se à revogação da Lei n. 7.369/85 pela Lei n. 12.740/2012, que ainda incluiu mais uma hipótese de trabalho que gera o direito ao recebimento do adicional de periculosidade, no

[51] MARTINS, Sergio Pinto. *Direito processual do trabalho*, p. 595.

inc. II do art. 193 da CLT, a saber: "roubos ou outras espécies de violência física nas atividades profissionais de segurança pessoal ou patrimonial".

A revogação da Lei n. 7.369/85 pôs fim à diferença de base de cálculo do adicional de periculosidade entre os eletricitários e os demais trabalhadores, uma vez que aqueles primeiros possuíam uma base de cálculo mais ampla em relação aos demais. Vejamos: enquanto os empregados "comuns" recebiam o adicional em **30% sobre o salário-base**, os eletricitários percebiam a quantia calculada sobre **a totalidade das parcelas de natureza salarial**, ali incluídas gratificações, adicionais, dentre outras parcelas do art. 457, § 1º, da CLT.

Com a modificação implementada, o entendimento completo do TST passa a ser o seguinte:

No inc. I temos a regra geral, de que o adicional de periculosidade é pago conforme o art. 193 da CLT, ou seja, 30% sobre o salário-base.

Já o inc. II traz uma regra de transição para os antigos eletricitários, contratados sob a égide da Lei n. 7.369/85, que perdurou até 2012. Para estes, foi garantido o direito adquirido a receber de acordo com a regra antiga, vigente quando da contratação, que é a totalidade das parcelas de natureza salarial como base de cálculo.

Importante dizer que, para esses empregados, não possui validade a norma coletiva que venha a retirar esse direito, que venha a restringir a base de cálculo. Eventual cláusula coletiva nesse sentido não possui qualquer validade à luz do inc. II.

Por fim, o inc. III traz a "regra nova", já de acordo com a Lei n. 12.740/2012, de que os contratos firmados após a sua vigência já possuem o adicional de periculosidade calculado com base no § 1º do art. 193 da CLT, ou seja, pago em relação ao salário-base.

Em síntese, com a revogação da lei referida, o adicional de periculosidade, também para os eletricitários, passou a ser calculado em **30% sobre o salário-base**, bem como para os demais trabalhadores, a não ser para os eletricitários contratados de acordo com a Lei n. 7.369/85, que mantém a base de cálculo mais ampla.

> **ATENÇÃO:** A base de cálculo do adicional de periculosidade do eletricitário depende da época da contratação, se anterior ou posterior à Lei n. 12.740/2012, pois a lei reduziu a base de cálculo, passando-a da totalidade das verbas salariais para o salário-base.

SÚMULA N. 192
AÇÃO RESCISÓRIA. COMPETÊNCIA
(atualizada em decorrência do CPC de 2015) —
Res. 212/2016, DEJT divulgado em 20, 21 e 22.09.2016

I — Se não houver o conhecimento de recurso de revista ou de embargos, a competência para julgar ação que vise a rescindir a decisão de mérito é do Tribunal Regional do Trabalho, ressalvado o disposto no item II. (ex-Súmula n. 192 — alterada pela Res. 121/2003, *DJ* 21.11.2003)

II — Acórdão rescindendo do Tribunal Superior do Trabalho que não conhece de recurso de embargos ou de revista, analisando arguição de violação de dispositivo de lei material ou decidindo em consonância com súmula de direito material ou com iterativa, notória e atual jurisprudência de direito material da Seção de Dissídios Individuais (Súmula n. 333), examina o mérito da causa, cabendo ação rescisória da competência do Tribunal Superior do Trabalho. (ex-Súmula n. 192 — alterada pela Res. 121/2003, *DJ* 21.11.2003)

III — Sob a égide do art. 512 do CPC de 1973, é juridicamente impossível o pedido explícito de desconstituição de sentença quando substituída por acórdão do Tribunal Regional ou superveniente sentença homologatória de acordo que puser fim ao litígio.

IV — Na vigência do CPC de 1973, é manifesta a impossibilidade jurídica do pedido de rescisão de julgado proferido em agravo de instrumento que, limitando-se a aferir o eventual desacerto do juízo negativo de admissibilidade do recurso de revista, não substitui o acórdão regional, na forma do art. 512 do CPC. (ex-OJ n. 105 da SBDI-2 — *DJ* 29.04.2003)

V — A decisão proferida pela SBDI, em sede de agravo regimental, calcada na Súmula n. 333, substitui acórdão de Turma do TST, porque emite juízo de mérito, comportando, em tese, o corte rescisório. (ex-OJ n. 133 da SBDI-2 — *DJ* 04.05.2004)

A **Súmula n. 192 do TST, relativa** à **competência** e **possibilidade jurídica do pedido** em ação rescisória, obteve **nova redação em seus incs. III e IV**, por meio da Resolução n. 212/2016, publicada no *DJ* nos dias 20, 21 e 22.09.2016.

A súmula em comento estuda dois importantes aspectos da ação rescisória, quais sejam, competência e possibilidade jurídica do pedido.

O inc. I destaca a **competência** do **TRT** para a ação rescisória, quando o recurso de revista ou de embargos **não for conhecido**. Assim ocorre porque a decisão que transita em julgado, nessa hipótese, é aquela emanada do TRT, recorrida por meio do recurso de revista ou de embargos **inadmitidos**.

In casu, não existe **substituição**, nos termos do art. 1.008 do CPC/2015, da decisão de mérito proferida pelo TRT. Assim, o acórdão de mérito, proferido em julgamento de recurso ordinário, substituiu a sentença. Por sua vez, se o recurso de revista ou de embargos **não é conhecido**, ou seja, se não se consideram presentes todos os **pressupostos** de **admissibilidade**, o acórdão (ou decisão monocrática) que inadmite aquele não tem o condão de substituir o acórdão anterior. Logo, haverá o trânsito em julgado da decisão proferida pelo TRT, razão pela qual é desse tribunal a competência para a ação rescisória, pois todo tribunal a detém para rescindir seus próprios julgados.

Por último, independentemente do órgão jurisdicional que inadmitiu o recurso de revista, se o TRT ou o próprio TST, a competência para a rescisória será do TRT, pois o acórdão rescindendo emana desse último órgão.

Porém, tal norma é excepcionada pelo inc. II da própria súmula, como alerta o inc. I.

Com relação ao referido inc. II, alterado pela Resolução n. 121/2003 do TST, temos que, em verdade, apesar de falar em **não conhecimento**, versa inteiramente sobre situação diversa, qual seja, **julgamento de mérito do recurso**.

Infelizmente, o Tribunal Superior do Trabalho fez uma miscelânea em relação aos temas *conhecimento* e *julgamento de mérito*, pois iniciou tratando do primeiro tema e acabou por adentrar no segundo.

A expressão encontrada logo no início do verbete *"o acórdão rescindendo do Tribunal Superior do Trabalho que não conhece de recurso de embargos ou de revista"* demonstra, sem dúvida, que algum **pressuposto de admissibilidade** não estava presente e que, por consequência lógica, o **mérito do recurso** não poderia ser analisado. Não existem exceções a essa regra. Nessa hipótese, o acórdão a ser rescindido, pois de mérito, é aquele proferido pelo TRT. Mas não é isso que diz o restante do verbete.

Ao continuar na redação do dispositivo, o TST afirma que o acórdão rescindendo, que não conheceu do recurso, *"analisando arguição de violação de dispositivo de lei material ou decidindo em consonância com súmula de direito material ou com iterativa, notória e atual jurisprudência de direito material da Seção de Dissídios Individuais"*, examina o **mérito** da causa, sendo a competência para a rescisória do próprio TST.

Em verdade, se o acórdão analisou a arguição de **violação de dispositivo de lei** ou se decidiu em consonância com súmula de direito material ou com iterativa, notória e atual jurisprudência de direito material da Seção de Dissídios Individuais, houve o próprio julgamento de **mérito** do recurso de revista ou de embargos, e não a sua simples **inadmissão**.

Se o TST afirmou pela existência ou inexistência de violação de dispositivo de lei, julgou o mérito do recurso, pois, para o seu conhecimento, basta a *afirmação de violação*. Se presente a *afirmação* de violação e os demais pressupostos de admissibilidade, o recurso é conhecido. No próximo passo, *juízo de mérito,* o tribunal afirmará se a violação existe realmente ou não.

Se o TST decidiu com base em súmula de direito *material*, significa dizer que o órgão não ficou adstrito a análise das questões processuais atinentes à **admissibilidade** ou não do feito. Houve, também nessa hipótese, julgamento de **mérito**.

Assim, o que o inc. II quer dizer é, simplesmente, se o TST negar provimento ao recurso de revista ou de embargos, tal decisão **substituirá** a anterior, por ser de mérito e, se vier a ser rescindida, caberá ao próprio TST analisar a **ação rescisória**, já que o referido órgão jurisdicional, por ser tribunal, detém competência para rescindir seus próprios julgados.

Em análise ao **inc. III**, verifica-se a **impossibilidade jurídica do pedido** em situações de ajuizamento de ação rescisória em duas situações: em face de sentença substituída por acórdão de mérito do TRT e em face de **sentença homologatória** de acordo.

Na primeira hipótese, a impossibilidade jurídica do pedido decorre do fato de a sentença ter sido **substituída** pelo acórdão, resultando na impossibilidade de rescindir-se decisão **não mais existente**.

Nos termos do art. 1.008 do CPC/2015, *"o julgamento proferido pelo tribunal substituirá a decisão impugnada no que tiver sido objeto de recurso"*. O dispositivo legal faz referência ao tema ***efeito substitutivo*** dos recursos.

Assim, interposto recurso ordinário em face de sentença trabalhista, o acórdão de mérito proferido pelo TRT, dando ou negando provimento àquele, substituirá a decisão recorrida, razão pela qual é inviável o ajuizamento da rescisória em face da sentença. Se o acórdão do TRT transitar em julgado, o pedido rescisório terá por objeto o acórdão, sendo de competência, como já visto, do TRT.

Também se mostra **impossível** juridicamente o pedido de rescisão de sentença **homologatória** de **acordo**, tendo em vista o disposto no art. 967 do CPC/2015, que versa: *"os atos judiciais, que não dependem de sentença, ou em que esta for meramente homologatória, podem ser rescindidos, como os atos jurídicos em geral, nos termos da lei civil"*.

Portanto, na hipótese de sentença homologatória de acordo, considera-se cabível a **ação anulatória**, e não a rescisória, desde que a sentença não possua nenhum **vício de forma**, hipótese em que poderá ser ajuizada ação rescisória com fulcro no art. 966, V, do CPC/2015, por violação literal ao dispositivo de lei.

Adentrando na análise do inc. IV da súmula em comento, chega-se a mais uma hipótese de impossibilidade jurídica do pedido, qual seja, ajuizamento de rescisória em face de acórdão que julgou **agravo de instrumento** interposto da **inadmissão** de recurso de revista.

Na hipótese em apreço, o agravo de instrumento que, no processo do trabalho, tem por função "destrancar recursos", ou seja, impugnar decisões de **inadmissão**, foi manejado em face de acórdão do TRT que inadmitiu recurso de revista. Atente-se que se a inadmissão decorresse de pronunciamento do TST, caberia agravo interno (ou regimental). O julgamento do agravo de instrumento não substitui o acórdão proferido no julgamento de recurso ordinário, e sim apenas a decisão de inadmissão.

Portanto, o provimento do agravo de instrumento, com o consequente reconhecimento do desacerto da decisão do TRT, importa tão somente em subida dos autos principais ao TST, para julgamento de mérito do recurso de revista, não havendo qualquer análise do **mérito** da demanda, que será julgado nos autos do recurso de revista.

Assim, se o acórdão proferido em agravo de instrumento não adentra ao mérito da demanda, e sim apenas reanalisa a decisão de inadmissão, cujo conteúdo é meramente **processual**, não pode ser objeto de ação rescisória.

Na hipótese do inc. V da súmula em análise, há que se afirmar que a matéria objeto do agravo regimental interposto para a SBDI é de mérito, e não meramente processual, pois somente na primeira hipótese haverá substituição, nos termos do art. 1.008 do CPC/2015. Sendo o agravo regimental interposto apenas da inadmissão do recurso de revista, o acórdão do agravo regimental terá por condão somente admitir aquele recurso, para julgamento de mérito pela Turma do TST.

A análise do art. 235 do Regimento Interno do TST demonstra o cabimento do recurso de agravo regimental apenas de decisão do relator do recurso, e não da turma, razão pela qual o julgamento impugnado pelo recurso referido há que se dar nos termos do art. 932, *caput*, III e IV, do CPC/2015 (decisão monocrática do relator), podendo ser de inadmissão, provimento ou improvimento, sendo, nestes dois últimos casos, de mérito. Tal fato corrobora o entendimento exposto.

ATENÇÃO: A competência para o processamento e julgamento da ação rescisória depende da decisão que é objeto de rescisão. Se for uma sentença, caberá ao TRT. Se for um acórdão do TRT, caberá ao próprio TRT. Sendo acórdão do TST, caberá ao próprio TST.

SÚMULA N. 197
PRAZO (mantida) —
Res. 121/2003, DJ 19, 20 e 21.11.2003

O prazo para recurso da parte que, intimada, não comparecer à audiência em prosseguimento para a prolação da sentença conta-se de sua publicação.

A **Súmula n. 197 do TST**, que se relaciona ao tema *prazo recursal*, foi **mantida** pela Resolução n. 121/2003 do TST, publicada no *DJ* nos dias 19, 20 e 21.11.2003.

Apesar de una, a audiência trabalhista em geral é fracionada em várias etapas, quais sejam, **conciliação**, **instrução** e **julgamento**, esta última com a prolação da sentença. Assim, podem os litigantes, reclamante e reclamada, ser intimados para comparecem à audiência, em **prosseguimento** à instrução da causa, com a finalidade de ser **prolatada sentença**. Comparecendo, serão intimados da decisão. A **ausência**, contudo, importará o **início** do prazo recursal, independentemente de nova intimação.

Trata-se de **ônus** processual, que significa dizer que as partes não são obrigadas a comparecer à audiência, mas a ausência importará prejuízo, que, nessa hipótese, é o **início** da fluência do prazo recursal.

O atual entendimento aproxima a disciplina do processo do trabalho ao texto do art. 1.003, § 1º, do CPC/2015, de aplicação subsidiária, conforme o art. 769 da CLT.

Contudo, a não intimação ou a intimação nula não geram tal efeito, devendo as partes serem oportunamente **intimadas** da **sentença** proferida, sob pena de nulidade e reabertura do prazo recursal.

Há ainda que se lembrar da norma contida na **Súmula n. 30 do TST**, que prescreve: *"Quando não juntada a ata ao processo em 48 horas, contadas da audiência de julgamento (art. 851, § 2º, da CLT), o prazo para recurso será contado da data em que a parte receber a intimação da sentença"*.

A súmula em comento vai de encontro ao entendimento antes exposto na **Súmula n. 37** que observava que *"O prazo para recurso da parte que não comparece à audiência de julgamento, apesar de notificada, conta-se da intimação da sentença"*.

Apesar de a súmula não explicar o que significa ***publicação*** da sentença, entende-se que essa se dará na própria **audiência**, pois as partes e demais presentes tomarão **conhecimento** de seu conteúdo naquele ato processual que, em regra, é público. Em processos que tramitam em segredo de justiça, o ato será restrito às partes e seus procuradores.

ATENÇÃO: Se a sentença for proferida em audiência, o prazo para o recurso será contado daquele momento, mesmo para a parte ausente, pois se presume que esta tivesse conhecimento de que naquela oportunidade seria proferida a decisão.

SÚMULA N. 199
BANCÁRIO. PRÉ-CONTRATAÇÃO DE HORAS EXTRAS
(incorporadas as Orientações Jurisprudenciais ns. 48 e 63 da SBDI-1) — Res. 129/2005, DJ 20, 22 e 25.04.2005

I — A contratação do serviço suplementar, quando da admissão do trabalhador bancário, é nula. Os valores assim ajustados apenas remuneram a jornada normal, sendo devidas as horas extras com o adicional de, no mínimo, 50% (cinquenta por cento), as quais não configuram pré-contratação, se pactuadas após a admissão do bancário. (ex-Súmula n. 199 — alterada pela Res. 41/1995, *DJ* 21.02.1995 — e ex-OJ n. 48 da SBDI-1 — inserida em 25.11.1996)

II — Em se tratando de horas extras pré-contratadas, opera-se a prescrição total se a ação não for ajuizada no prazo de cinco anos, a partir da data em que foram suprimidas. (ex-OJ n. 63 da SBDI-1 — inserida em 14.03.1994)

A **Súmula n. 199 do TST**, que se refere à **pré-contratação** de horas extras pelo bancário, obteve **nova redação** por meio da Resolução n. 129/2005, com a **incorporação das Orientações Jurisprudenciais ns. 48 e 63 da SBDI-1 do TST**, publicada no *DJ* nos dias 20, 22 e 25.04.2005.

O art. 224 da CLT dispõe sobre a jornada de trabalho **reduzida** dos bancários, fixando a mesma em 6 (seis) horas diárias e 30 (trinta) semanais. Nos termos da legislação apontada, *"a duração do trabalho dos empregados em bancos, casas bancárias e Caixa Econômica Federal será de 6 (seis) horas contínuas nos dias úteis, com exceção dos sábados, perfazendo um total de 30 (trinta) horas de trabalho por semana"*.

O entendimento sumulado pelo TST, no sentido de **proibir** a pré-contratação de horas extraordinárias visa, sobretudo, evitar **fraude** à legislação trabalhista, com a consequente imposição de jornada diária e semanal, aos bancários, **acima** do **permitido** pelo art. 224 da CLT. Se fosse possível a contratação prévia de horas extras, certamente teríamos a seguinte manobra dos empregadores: em vez de pagar R$ 1.000,00 de salário mensal para o cumprimento de jornada de 6 (seis) horas diárias, pagaria um salário reduzido, complementando o valor com a exigência de serviço extraordinário, estendendo, por exemplo, a jornada para 8 (oito) horas diárias. Por fim, pagaria os mesmos R$ 1.000,00 de salário ao trabalhador.

Assim, o valor pactuado quando da contratação, por mais alto que seja, somente remunera a **jornada normal**, sendo devido o **adicional** de pelo menos 50% se prestadas **horas extraordinárias**. Nos termos da súmula, a contratação de horas extraordinárias após a formalização do pacto de emprego é **válida**, pois, nessa hipótese, haverá o pagamento do adicional, não havendo violação aos direitos trabalhistas.

Esse era o texto da Orientação Jurisprudencial n. 48 da SBDI-1 do TST, agora incorporada à súmula em comento.

Por seu turno, o inc. II da súmula, que trata de **prescrição** das horas extras pré-contratadas, originou-se da Orientação Jurisprudencial n. 63 da SBDI-1 do TST.

Analisando-se o conteúdo do referido inciso, temos que, se realizada a pré--contratação de horas extras, terá direito o empregado ao pagamento das horas extras efetivamente realizadas, com adicional mínimo de 50%, pois, como já dito, o valor contratado refere-se apenas à jornada normal do art. 224 da CLT.

A respeito da prescrição dos créditos, conforme inc. II, há que se destacar, em primeiro lugar, a diferença entre ***prescrição parcial e prescrição total***. A prescrição parcial é aquela que afeta *"cada parcela especificamente lesionada"*,[52] contando-se o prazo prescricional a cada mês, por exemplo. Deixando o empregador de equiparar o salário do reclamante ao do paradigma nos meses de janeiro, fevereiro e março/2004, a prescrição atingirá tais parcelas individualmente em janeiro, fevereiro e março/2009. A prescrição parcial atinge **parcelas criadas por lei**. Não sendo as parcelas criadas por lei, e sim por **contrato ou regulamento empresarial**, a prescrição será **total**, considerando-se que o prazo inicia-se com a **lesão** e se consuma no prazo prescricional, se o contrato de trabalho ainda estiver em andamento. No caso em tela, pré-contratação de horas extraordinárias, tratando-se de parcela criada por **contrato**, a prescrição é total, ou seja, prescrevem-se as parcelas de uma só vez, no prazo de **cinco anos**, contados da **supressão** das mesmas. Se, ainda durante o contrato de trabalho, o empregador deixar de exigir o trabalho extraordinário, terá o empregado cinco anos para pleitear o respectivo pagamento. Porém, **findo** o pacto laboral, além do prazo de prescrição apontado, deve-se atentar para o prazo **decadencial** de **dois anos**, sob pena de não se poder pleitear qualquer verba trabalhista.

ATENÇÃO: Não cabe a pré-contratação de horas extras, pois a regra geral é que o trabalho extraordinário somente será realizado se houver necessidade. Não se presume que o empregado realizará horas extras. Esse acerto é nulo, e, por não produzir efeitos, presume-se que o valor pago remunere apenas as horas "normais" de trabalho, sendo devido ainda o adicional pelas horas extras realizadas.

SÚMULA N. 200
JUROS DE MORA. INCIDÊNCIA (mantida) — Res. 121/2003, DJ 19, 20 e 21.11.2003

Os juros de mora incidem sobre a importância da condenação já corrigida monetariamente.

[52] DELGADO, Maurício Godinho. *Curso de direito do trabalho*, p. 254.

A **Súmula n. 200 do TST**, relacionada à incidência de **juros de mora**, foi **mantida** por meio da Resolução n. 121/2003 do TST, publicada no *DJ* nos dias 19, 20 e 21.11.2003.

Os juros de mora remuneram o capital, ou seja, fazem com que o dinheiro "renda", mesmo enquanto não pago. Servem para que o credor não venha a ser **prejudicado** com a **demora no pagamento** e o devedor beneficiado. Se os juros não fossem cobrados, certamente o devedor aplicaria a quantia devida, sendo para isso remunerado com os juros pagos pela instituição bancária, para, posteriormente, quando não houvesse mais possibilidade de manter-se inadimplente, pagar a quantia originária, no mesmo valor devido anos atrás.

Já a **correção monetária** é aplicada para que o dinheiro não se **desvalorize**, ou seja, não remunera o capital, não traz qualquer ganho ao seu titular, isto é, evita perdas ocasionadas pela **inflação**, que aos poucos corrói o dinheiro.

O que o TST destaca é bastante simples e correto: os juros, ou seja, a **remuneração** do capital, devem incidir sobre a **parcela já corrigida monetariamente**, ou seja, os juros devem ser aplicados sobre o montante realmente devido, que é aquele corrigido monetariamente, pois, caso contrário, os juros incidiriam sobre um valor já **desatualizado**, já corroído pela inflação e que não mais representaria o montante efetivamente devido.

FRANCISCO ANTÔNIO DE OLIVEIRA[53] destaca, de forma bastante didática, que os juros incidem sobre o principal e que a corrente doutrinária e jurisprudencial que se fincou no TST *"defendia entendimento de que o principal era o valor da condenação mais a correção monetária até o efetivo pagamento da obrigação. E sobre esse valor é que deveriam incidir os juros"*.

A correção monetária tem por finalidade evitar a distorção da moeda; por isso, mostra-se inteiramente correto que os juros sejam contados sobre o principal corrigido monetariamente, e não apenas sobre o principal sem correção, pois este último não mais representa o valor devido, e sim o da condenação, que, com o passar dos anos, mostra-se cada vez menor, ante a **desvalorização** natural da moeda (inflação).

> **ATENÇÃO:** Para a atualização dos cálculos, primeiro se aplicam os índices de correção monetária para, somente após, aplicar os juros de mora.

> ***SÚMULA N. 201***
> ***RECURSO ORDINÁRIO EM MANDADO DE SEGURANÇA (mantida) — Res. 121/2003, DJ 19, 20 e 21.11.2003***
> Da decisão de Tribunal Regional do Trabalho em mandado de segurança cabe recurso ordinário, no prazo de 8 (oito) dias, para o Tribunal Superior do Trabalho, e igual dilação para o recorrido e interessados apresentarem razões de contrariedade.

[53] OLIVEIRA, Francisco Antônio de. *Comentários às súmulas do TST*, p. 409.

A **Súmula n. 201 do TST**, relacionada ao recurso ordinário em mandado de segurança, de competência do TRT, foi **mantida** pela Resolução n. 121/2003 do TST, publicada no *DJ* nos dias 19, 20 e 21.11.2003.

Para a compreensão do tema, mister se faz a análise acerca da utilização do mandado de segurança no âmbito da Justiça do Trabalho, bem como a sua cadeia recursal.

O mandado de segurança é um remédio constitucional, previsto na CRFB/88 no art. 5º, LXIX, que prescreve: *"conceder-se-á mandado de segurança para proteger direito líquido e certo, não amparado por* habeas corpus *ou* habeas data, *quando o responsável pela ilegalidade ou abuso de poder for autoridade pública ou agente de pessoa jurídica no exercício de atribuições do Poder Público".*

Em primeiro lugar, cabe a análise do termo ***direito líquido e certo***. Não se pode falar que direito líquido e certo é aquele **existente**, pois a comprovação de que as alegações do impetrante são verdadeiras ou não será realizada no julgamento da ação, ou seja, trata-se do **mérito** do *mandamus*. O *direito líquido e certo* não se relaciona ao mérito, e sim a uma **condição da ação** para o ajuizamento da demanda, englobando o **interesse recursal**. Ausente o direito líquido e certo, o mandado de segurança será **extinto sem resolução do mérito**. Portanto, direito líquido e certo é *aquele que pode ser comprovado por via documental, já na inicial,* tendo em vista a inexistência de **fase instrutória** no enxuto procedimento desta ação especial. Se todas as alegações do impetrante puderem ser demonstradas **documentalmente**, estará preenchida a condição da ação *interesse processual, em sua acepção adequação,* pois o impetrante terá escolhido a ação correta para proteger seu direito. Caso contrário, a inadequação do procedimento acarretará a extinção sem resolução do mérito, como já afirmado.

O art. 5º, LXIX, da CRFB/88 fala em ilegalidade ou abuso de poder de **autoridade pública ou agente de pessoa jurídica** no exercício de atribuições do Poder Público.

No primeiro conceito, enquadram-se os membros do Poder Judiciário, quando de sua atuação judicante. A partir dessa ideia, surgiu o que se convencionou chamar *mandado de segurança contra ato judicial*, ou seja, o *mandamus* em face de decisões judiciais.

Porém, o mandado de segurança somente pode atacar decisões judiciais quando **inexista recurso previsto** no sistema para aquela hipótese, pois os recursos são os meios próprios e adequados à demonstração do desacerto do julgador, seja pela ocorrência de *error in judicando* ou *error in procedendo.*

Verifica-se, com isso, além do disposto no inc. LXIX do art. 5º, que o mandado de segurança possui aplicação **subsidiária**, ou seja, somente pode ser utilizado quando o direito não for amparado por *habeas corpus* e *habeas data* e, no caso de decisão judicial, quando **inexistir recurso previsto** no sistema.

No processo do trabalho, a impossibilidade de **impugnação imediata das decisões interlocutórias** faz com que tal ação especial seja bastante utilizada. Diferentemente do processo civil, em que as **interlocutórias** podem ser impugnadas por recurso de **agravo**, retido ou por instrumento, no processo laboral as interlocutórias somente podem ser impugnadas no recurso interposto da **decisão final**, ou seja, se deferida a reintegração do trabalhador, a empresa reclamada somente poderá, em regra, demonstrar o erro do julgamento no **recurso ordinário** a ser interposto quando do proferimento da **sentença**.

Nessa hipótese, se a decisão **interlocutória** acarretar grave prejuízo ao reclamado, poderá utilizar-se do **mandado de segurança**, evitando a reintegração do empregado que, por exemplo, não está protegido por qualquer estabilidade provisória.

In casu, o *mandamus* será de competência originária do TRT, tendo em vista que a **autoridade** considerada **coatora** é o juiz do trabalho que proferiu a decisão. Há que se ressaltar a necessidade da parte contrária integrar também o polo passivo do mandado de segurança, pois a decisão judicial lhe é benéfica e qualquer alteração que venha a **prejudicá-lo** somente pode ser proferida em procedimento do qual participe, sob pena de ferimento ao **contraditório**.

Adentrando no assunto referido na súmula em referência, destaca-se que a **Súmula n. 154 do TST** foi substituída pela de **número 201**, ora analisada.

Sendo o mandado de segurança de competência originária do TRT, o acórdão que julgar a demanda poderá ser desafiado por **recurso ordinário**, nos termos do art. 895, *b*, da CLT, que prevê o cabimento do recurso, a ser julgado pelo TST, *"das decisões definitivas dos Tribunais Regionais, em processos de sua competência originária, no prazo de 8 (oito) dias, quer nos dissídios individuais, quer nos dissídios coletivos"*.

Sendo o prazo recursal de 8 (oito) dias, também terá o mesmo prazo o recorrido para apresentar as **contrarrazões**, nos termos do art. 900 da CLT. Pode ser que o recorrente tenha **prerrogativa de prazo**, tal como o Ministério Público do Trabalho e a Fazenda Pública. Contudo, tal prerrogativa não se estende ao recorrido, por ter sido criada exclusivamente para o ente recorrente, o que significa dizer que o recorrido sempre possui prazo simples para apresentação da resposta.

ATENÇÃO: Sendo impetrado um mandado de segurança perante o TRT, o mesmo será julgado por acórdão, do qual poderá ser interposto o recurso ordinário para o TST, conforme art. 895, II, da CLT.

SÚMULA N. 202
GRATIFICAÇÃO POR TEMPO DE SERVIÇO. COMPENSAÇÃO (mantida) — Res. 121/2003, DJ 19, 20 e 21.11.2003

Existindo, ao mesmo tempo, gratificação por tempo de serviço outorgada pelo empregador e outra da mesma natureza prevista em acordo coletivo, convenção coletiva ou sentença normativa, o empregado tem direito a receber, exclusivamente, a que lhe seja mais benéfica.

A **Súmula n. 202 do TST**, que se refere à compensação entre **gratificações por tempo de serviço**, foi **mantida** pela Resolução n. 121/2003 do TST, publicada no *DJ* nos dias 19, 20 e 21.11.2003.

Nos termos da súmula, a gratificação por tempo de serviço pode ser paga por **liberalidade** do empregador, que a instituiu por **costume** ou por **regulamento** empresarial, ou ainda, por acordo ou convenção coletiva de trabalho. Sendo paga por **liberalidade** e de forma **habitual**, integrará o salário para todos os efeitos legais, nos termos da **Súmula n. 203 do TST**.

A dúvida surgia quando a mesma gratificação por tempo de serviço era concedida por **liberalidade** pelo empregador e por **acordo ou convenção coletivos**. Se a primeira integrava o salário e a segunda era obrigatória, por ter sido criada por negociação coletiva, o que fazer? Efetuar o pagamento das **duas**, em conjunto, ou apenas da que fosse mais **benéfica**?

Na hipótese em apreço, o Tribunal Superior do Trabalho **relativizou** o *princípio da proteção* e, evitando-se um ***bis in idem***, ou seja, o pagamento de duas gratificações pelo mesmo **fato gerador** (tempo de serviço), afirmou que será garantido ao obreiro o pagamento da gratificação mais **benéfica**, ou seja, a que eleve mais o salário.

Esse entendimento mostra-se correto, pois não desestimula o empregador a conceder gratificações ao empregado, pois sabe que, se eventualmente for criada a mesma parcela salarial por **negociação coletiva**, não precisará arcar com o pagamento duas vezes.

Além disso, garante ao empregado o pagamento da parcela, mesmo após o fim do prazo do acordo ou convenção coletivos, que não pode ser superior a **2 (dois) anos**. Isso significa dizer que, se a gratificação **negociada** for mais benéfica, será essa recebida pelo trabalhador **enquanto vigente** o instrumento coletivo, voltando a receber a gratificação estipulada pelo empregador, quando não mais existente aquela primeira, ou quando não for mais benéfica, como anteriormente.

Há que se lembrar de que as parcelas inseridas no contrato de trabalho por negociação coletiva **não se integram definitivamente** àquele, não havendo que se falar em *direito adquirido,* o que se mostra totalmente diferente quando as parcelas extraordinárias são pagas por **liberalidade** do empregador.

ATENÇÃO: Havendo a previsão de duas gratificações de tempo de serviço, uma concedida pelo empregador em norma interna e outra em norma coletiva, o empregado faz jus ao recebimento de apenas uma delas, o que for mais favorável. Não há o direito ao recebimento cumulado das duas gratificações, já que possuem a mesma natureza jurídica.

SÚMULA N. 203
GRATIFICAÇÃO POR TEMPO DE SERVIÇO.
NATUREZA SALARIAL (mantida) —
Res. 121/2003, DJ 19, 20 e 21.11.2003

A gratificação por tempo de serviço integra o salário para todos os efeitos legais.

A **Súmula n. 203 do TST**, relacionada à **natureza salarial** da gratificação por tempo de serviço, foi **mantida** pela Resolução n. 121/2003 do TST, publicada no *DJ* nos dias 19, 20 e 21.11.2003.

Importante, em primeiro lugar, conceituar ***gratificações***, diferenciando-as dos ***adicionais***, bem como dos ***prêmios***.

Conforme ensinamento de MAURÍCIO GODINHO DELGADO,[54] *"As gratificações consistem em parcelas contraprestativas pagas pelo empregador ao empregado em decorrência de um evento ou circunstância tida como relevante pelo empregador (gratificações convencionais) ou por norma jurídica (gratificações normativas)"*.

Portanto, as gratificações possuem como fato gerador uma **circunstância *objetiva***, não considerada **gravosa**, como nos adicionais, hipóteses em que o obreiro labora em ambiente **insalubre**, **perigoso**, em jornada noturna etc., tampouco são relacionadas à atuação do empregado, como ocorre com os **prêmios**, em que determinado valor é pago em virtude de quebra de metas empresariais ou pelo volume de vendas acima de determinado patamar.

A gratificação por tempo de serviço demonstra bem o que foi exposto. A referida parcela é paga em virtude de o empregado ter atingido determinado **tempo de serviço** para idêntico empregador. Pode-se adotar, por exemplo, o costume de pagar 5% a mais por cada quinquênio (5 anos) trabalhado na mesma empresa.

O pagamento da gratificação, desde que ***habitual***, acarreta a **integração** do valor ao salário, repercutindo em todas as verbas trabalhistas. Esse entendimento encontra-se consubstanciado na **Súmula n. 207 do Supremo Tribunal Federal**, ao observar que *"as gratificações habituais, inclusive a de Natal, consideram-se tacitamente convencionadas, integrando o salário"*.

Independentemente de a gratificação ser oriunda da **vontade** do empregador (gratificação convencional) ou de **norma jurídica** (gratificação normativa), a **habitualidade** no seu pagamento importa **integração** da parcela ao contrato tanto como ao salário, havendo **direito adquirido** à sua percepção, bem como ao seu **reflexo** nas demais verbas trabalhistas.

Por fim, não haverá integração das gratificações **normativas**, ou seja, aquelas oriundas de acordo e convenção coletivos, se tal fato tiver sido excluído expressamente pela norma criadora. Nessa hipótese, há que se respeitar a **vontade** instituidora, **excluindo-se** o reflexo nas demais parcelas.

> **ATENÇÃO:** A gratificação por tempo de serviço possui natureza salarial, ou seja, os valores recebidos àquele título devem ser levados em consideração na hora de serem calculadas as outras verbas trabalhistas, como FGTS, INSS, 13º salário, férias etc.

[54] DELGADO, Maurício Godinho. *Curso de direito do trabalho*, p. 687.

SÚMULA N. 206
FGTS. INCIDÊNCIA SOBRE PARCELAS PRESCRITAS (nova redação) — Res. 121/2003, DJ 19, 20 e 21.11.2003

A prescrição da pretensão relativa às parcelas remuneratórias alcança o respectivo recolhimento da contribuição para o FGTS.

A **Súmula n. 206 do TST**, relativa à **incidência do FGTS** sobre parcelas trabalhistas prescritas, foi **mantida** pela Resolução n. 121/2003 do TST, publicada no *DJ* nos dias 19, 20 e 21.11.2003.

Se a verba trabalhista, dita ***principal***, sobre a qual incidem os **depósitos de FGTS**, não foi paga, é óbvio que a verba fundiária também não o foi. Assim, deve-se perquirir acerca da **prescrição** das parcelas remuneratórias, ou seja, da **parcela principal**, conforme o art. 7º, XXIX, da CRFB/88, que dispõe: *"ação quanto aos créditos resultantes das relações de trabalho, com prazo prescricional de cinco anos, para os trabalhadores urbanos e rurais, até o limite de dois anos após a extinção do contrato de trabalho"*.

Com base no inciso constitucional, se não forem pagas as horas extraordinárias prestadas, deverá o empregado pleitear, dentro do prazo **prescricional**, o pagamento, com o consequente depósito de 8% sobre aquela remuneração. Se as horas extras foram prestadas em 2003, e o contrato ainda em 2009 se manteve, há que se reconhecer a **prescrição** do direito de cobrar as horas extraordinárias, pois já se passaram mais de **cinco anos**, e, por conseguinte, o FGTS devido sobre as mesmas.

A regra aqui exposta é de simples entendimento: prescrita a *verba principal* (remuneração das horas extras realizadas e não pagas), prescrita também estará a *verba acessória* (FGTS incidente sobre a remuneração das horas extras, no importe de 8%).

A **Súmula n. 362 do TST**, que também trata da prescrição do FGTS, foi modificada pelo TST em 2015, haja vista que o STF declarou inconstitucional o art. 23, § 5º, da Lei n. 8.036/90, afirmando que a **prescrição do FGTS é quinquenal**, por aplicar-se o **art. 7º, XXIX, da CF/88**.

Logo, em relação ao FGTS, a **prescrição será quinquenal**, como as demais verbas trabalhistas, à luz do julgamento proferido pelo plenário do Supremo Tribunal Federal em **13.11.2014**.

ATENÇÃO: Se a parcela trabalhista – principal – está prescrita, o FGTS incidente sobre ela também estará prescrito, pois o acessório segue o principal.

SÚMULA N. 211
JUROS DE MORA E CORREÇÃO MONETÁRIA. INDEPENDÊNCIA DO PEDIDO INICIAL E DO TÍTULO EXECUTIVO JUDICIAL (mantida) — Res. 121/2003, DJ 19, 20 e 21.11.2003

Os juros de mora e a correção monetária incluem-se na liquidação, ainda que omisso o pedido inicial ou a condenação.

A **Súmula n. 211 do TST**, que trata do tema *juros de mora* e *correção monetária*, foi **mantida** pela Resolução n. 121/2003 do TST, publicada no *DJ* nos dias 19, 20 e 21.11.2003.

Em verdade, a súmula em comento tão somente reproduz o entendimento do **Supremo Tribunal Federal** que, por meio da **Súmula n. 254**, afirmou: *"incluem-se os juros moratórios na liquidação, embora omisso o pedido inicial ou a condenação"*.

Entendimento semelhante encontra-se no art. 322 do CPC/2015, que disciplina os ***pedidos implícitos***, que são aqueles que não precisam ser **formulados**, por estarem **compreendidos** em outros. Assim ocorre com os juros legais e, apesar do dispositivo do CPC não fazer menção, também com a correção monetária.

Da mesma forma se passa com as **custas processuais** e os **honorários advocatícios**. Mesmo inexistindo pedido de condenação na inicial ou condenação na sentença, tais parcelas são devidas, por considerarem-se *implícitas*.

Destaca o art. 322 do CPC/2015 que *"os pedidos são interpretados restritivamente, compreendendo-se, entretanto, no principal os juros legais"*.

O tema é muito importante para o processo do trabalho, pois seu desconhecimento pode acarretar, equivocamente, discussões sobre a **nulidade** de decisão que, mesmo sem pedido na inicial, condena em juros e correção monetária, ou na liquidação, quando se incluem essas parcelas mesmo sem condenação.

Sobre a importância do pedido, disserta RODRIGO KLIPPEL[55] que *"o pedido corresponde à solução que o autor espera que o judiciário proveja ao conflito de direito material que o enlaça ao réu. Possui importância sistemática ímpar pelo fato de que — o pedido — delimita a atividade jurisdicional, como regra, já que se adota o princípio dispositivo como padrão no processo civil brasileiro"*.

O desrespeito ao princípio dispositivo pode acarretar **nulidade** das decisões, que podem ser classificadas em ***ultra petita, extra petita* ou *infra petita***.

O primeiro vício (decisão ***ultra petita***) é caracterizado quando a decisão judicial fornece ao autor o bem pleiteado, porém, em **quantidade superior** à solicitada,

55 KLIPPEL, Rodrigo. *Teoria geral do processo civil*. Rio de Janeiro: Impetus, 2007. p. 286.

como valor superior ao requerido, número de determinada peça de automóvel superior à demandada etc.

O segundo vício (decisão ***extra petita)*** surge quando a decisão judicial confere ao autor algo que **não foi requerido**, como pode ocorrer quando este demanda o réu para lhe exigir o **cumprimento** do contrato, porém, não lhe exige a **multa** contratual. Se o réu for condenado também à última, haverá nulidade com relação a essa parte, pois tal pedido não foi formulado e, como determina a regra geral do art. 322 do CPC/2015, os pedidos são interpretados **restritivamente**.

Por fim, a decisão ***infra petita***, também denominada ***citra petita***, é aquela em que o julgador é **omisso** com relação à análise de algum pedido formulado **expressamente** na inicial, ou mesmo, **implícito**, como os juros e correção monetária. Trata-se de omissão com relação a algum ponto sobre o qual o juiz deveria manifestar-se, tal como os **fundamentos** lançados pelas partes, como causa de pedir ou de defesa. Pode ser corrigida por meio da oposição de recurso de **embargos de declaração**.

O entendimento externado na súmula em referência, bem como na **Súmula n. 254 do STF**, demonstra que não há qualquer vício na decisão judicial quando se condena o réu, **de ofício**, ao pagamento de juros de mora e correção monetária, pois, como versado, trata-se de pedidos implícitos.

> **ATENÇÃO:** Mesmo que não tenha sido pedido, o Juiz pode condenar ao pagamento de juros e correção monetária, já que são pedidos implícitos.

> ***SÚMULA N. 212***
> ***DESPEDIMENTO. ÔNUS DA PROVA (mantida) — Res. 121/2003, DJ 19, 20 e 21.11.2003***
>
> O ônus de provar o término do contrato de trabalho, quando negados a prestação de serviço e o despedimento, é do empregador, pois o princípio da continuidade da relação de emprego constitui presunção favorável ao empregado.

A **Súmula n. 212 do TST**, que se refere ao ônus da prova, bem como ao **princípio da continuidade** da relação de emprego, foi **mantida** pela Resolução n. 121/2003 do TST, publicada no *DJ* nos dias 19, 20 e 21.11.2003.

A norma contida na súmula em análise é de grande importância prática, pois relacionada ao **ônus da prova** no processo do trabalho. Também se relaciona aos princípios da *proteção* e *continuidade da relação de emprego.*

O *princípio da proteção*, sistematizado por AMÉRICO PLÁ RODRIGUEZ, jurista uruguaio que muito influenciou o Direito do Trabalho em nosso país, pode ser subdividido em três aspectos, a saber: ***in dubio pro operario; norma mais favorável; e condição mais benéfica***.

A primeira concepção, *"in dubio pro operario"*, relaciona-se à **interpretação** das normas jurídicas ou, nas palavras do mestre uruguaio, *"(...) no caso de que uma* *norma seja suscetível de entender-se de vários modos, deve-se preferir a interpretação mais favorável ao trabalhador".*[56]

Por sua vez, a *norma mais favorável* quebra a **hierarquia** das normas, sistematizada por Hans Kelsen, para aplicar à relação jurídica trabalhista a **norma mais favorável** ao empregado, independentemente de sua posição na escala **hierárquica**. Assim, uma norma interna da empresa que preveja adicional por trabalho extraordinário superior a 50%, percentual previsto na CRFB/88, será aplicável em detrimento do texto da Carta Magna, ou seja, na aplicação das normas trabalhistas, verifica-se somente qual é a mais **benéfica** ao empregado. Segundo PLÁ RODRIGUEZ,[57] *"não se aplicará a norma correspondente dentro de uma ordem hierárquica predeterminada, mas se aplicará, em cada caso, a norma mais favorável ao trabalhador".*

Por fim, o critério da *condição mais benéfica* consiste na **integração** ao contrato de trabalho de qualquer **condição mais benéfica** ao empregado, criando-se direito adquirido acerca do mesmo. Assim, se, por livre e espontânea vontade, o empregador conceder um intervalo para lanche à tarde, de 15 minutos, não poderá **suprimi-lo** posteriormente, pois o mesmo integrou-se ao contrato daqueles trabalhadores. Tal norma não se aplica aos direitos criados por **negociação coletiva**, pois essas possuem prazo máximo de vigência de 2 (dois) anos. Decorrido o prazo, se não houver concessão do mesmo direito pela negociação coletiva vindoura, não haverá que se manter aquele, inexistindo **direito adquirido** àquela condição.

Também como decorrência do *princípio da proteção,* surgem diversos outros princípios, entre eles, o da *continuidade da relação de emprego.* Em um país pobre como o Brasil, em que a grande massa depende de seu labor para o sustento, e grande parcela da população recebe apenas um salário mínimo, a presunção criada pelo TST na presente súmula, decorrente do princípio em estudo, é de extrema importância para se assegurar os direitos trabalhistas.

O ajuizamento de uma reclamação trabalhista traz para as partes litigantes o denominado ***ônus da prova*** dos fatos alegados. De acordo com o art. 373 do CPC/2015, o ônus da prova dos fatos **constitutivos** é do autor, cabendo ao réu a prova dos fatos **impeditivos, modificativos e extintivos** do direito do autor. O art. 818 da CLT, com redação mais simples, destaca que *"a prova das alegações incumbe à parte que as fizer".*

Exemplificando, se o trabalhador ajuíza ação de rescisão indireta, ou seja, por culpa do empregador, nos termos do art. 483 da CLT, será do empregado a prova do ato culposo do empregador. Ao ajuizar uma reclamação trabalhista requerendo o reconhecimento do vínculo de emprego, a prova dos requisitos do art. 2º da CLT, que levarão ao reconhecimento do vínculo, é do empregado. Porém, se o empregador afirmar, em defesa, que o reclamante não era empregado, e sim **autônomo**, caberá este comprovar tal condição do empregado.

---

56 RODRIGUEZ, Américo Plá. *Princípios de direito do trabalho*, p. 107.

57 RODRIGUEZ, Américo Plá. *Princípios de direito do trabalho*, p. 173.

Outra situação corrente na Justiça do Trabalho, e aqui já adentrando no assunto tratado na súmula, é em relação à hipótese de o empregado ajuizar reclamação requerendo o pagamento de verbas rescisórias e o empregador, em defesa, arguir a não prestação dos serviços ou o pedido de demissão formulado pelo reclamante. Nessas duas situações, presume-se que o trabalho foi **realizado**, bem como que o obreiro foi **despedido**, e não que pediu demissão, pois o princípio da **continuidade da relação de emprego** é presunção **favorável** ao empregado. O mais "comum", "normal", é que o empregado labore e seja demitido, e não que peça demissão ou não labore. Nessas situações, o *ônus da prova* é do empregador.

Há que se destacar ainda o teor da **Súmula n. 225 do Supremo Tribunal Federal**, cuja redação é a seguinte: *"não é absoluto o valor probatório das anotações da carteira profissional"*. A CTPS (Carteira de Trabalho e Previdência Social) muitas vezes traz informações **inverídicas** a respeito do contrato de trabalho, como data de início e término do pacto laboral, assim como salários. Se comprovado por outros meios que as informações constantes da carteira de trabalho são inverídicas, deve o magistrado trabalhista determinar a sua **retificação**, além das penalidades processuais, penais e previdenciárias, como recolhimentos sonegados de FGTS, INSS, IRPF etc.

> **ATENÇÃO:** O princípio da continuidade do vínculo de emprego faz presumir que não houve o pedido de demissão do empregado. Além disso, presume-se que o vínculo foi firmado com prazo indeterminado.

> ***SÚMULA N. 214***
> ***DECISÃO INTERLOCUTÓRIA. IRRECORRIBILIDADE (nova redação) — Res. 127/2005, DJ 14, 15 e 16.03.2005***
>
> Na Justiça do Trabalho, nos termos do art. 893, § 1º, da CLT, as decisões interlocutórias não ensejam recurso imediato, salvo nas hipóteses de decisão: a) de Tribunal Regional do Trabalho contrária à Súmula ou Orientação Jurisprudencial do Tribunal Superior do Trabalho; b) suscetível de impugnação mediante recurso para o mesmo Tribunal; c) que acolhe exceção de incompetência territorial, com a remessa dos autos para Tribunal Regional distinto daquele a que se vincula o juízo excepcionado, consoante o disposto no art. 799, § 2º, da CLT.

A **Súmula n. 214 do TST**, referente à **irrecorribilidade** das decisões **interlocutórias**, obteve **nova redação** por meio da Resolução n. 127/2005 do TST, publicada no *DJ* nos dias 14, 15 e 16.03.2005.

Destaca o enunciado sob análise a regra geral a respeito da *irrecorribilidade das decisões interlocutórias* no processo do trabalho. Prevê o art. 893, § 1º, da CLT que *"os incidentes do processo são resolvidos pelo próprio Juízo ou Tribunal, admitindo-se a apreciação do merecimento das decisões interlocutórias somente em recursos da decisão definitiva"*.

Isso significa que, proferida a decisão interlocutória, deferindo, por exemplo, a reintegração de trabalhador dispensado em período de estabilidade, tal decisão somente poderá ser revista pelo próprio julgador, em **pedido de reconsideração**, ou pela instância superior quando interposto recurso contra **decisão final**, ou seja, a sentença.

O agravo de instrumento possui, no processo do trabalho, utilização um pouco diversa da que lhe dá o processo civil, pois é utilizado apenas para impugnar a decisão que **inadmite** recursos, ou seja, somente é interposto da decisão que considerou ausente algum **pressuposto de admissibilidade recursal** e, portanto, culminou com o não conhecimento, pelo Juízo *a quo*, do recurso manejado. Não se utiliza, portanto, o agravo de instrumento para impugnar as **decisões interlocutórias**, como se tem no processo civil que, por meio do art. 1.015 do CPC/2015, prevê tal possibilidade.

O *princípio da irrecorribilidade imediata das decisões interlocutórias* visa propiciar maior **celeridade** aos feitos, pois se evita, por meio de recursos, como é normal na justiça comum, a paralisação do procedimento ou a cassação dos efeitos da decisão proferida.

Porém, se a decisão interlocutória proferida ferir **direito líquido e certo** da parte, seja por seu deferimento ou indeferimento, poderá ser impetrado o ***mandado de segurança contra ato judicial***. Nessa hipótese, o *mandamus* será utilizado na qualidade de *sucedâneo recursal*, ou seja, como se fosse um recurso, com as mesmas funções, ante a **ausência de previsão legal** de recurso próprio a impedir a lesão ao direito da parte.

Se não for impetrado o mandado de segurança, nos termos do art. 893, § 1º, da CLT, a decisão interlocutória só será passível de alteração quando do julgamento do recurso contra a **decisão definitiva**, que, em primeiro grau de jurisdição, é a sentença. Portanto, somente no julgamento do recurso ordinário (art. 895 da CLT) é que as duas decisões (interlocutória + sentença) poderão ser reformadas ou anuladas, a depender do tipo de vício alegado, respectivamente, ***error in judicando*** e ***error in procedendo***.

Porém, a súmula em análise tratou de elencar algumas **exceções** à regra geral, ou seja, algumas hipóteses em que as decisões interlocutórias podem ser impugnadas com recurso de **imediato**.

A primeira hipótese consiste na decisão *"de Tribunal Regional do Trabalho contrária à Súmula ou Orientação Jurisprudencial do Tribunal Superior do Trabalho"*, hipótese em que o Tribunal Superior do Trabalho entendeu por bem, desde logo, levar a decisão judicial à apreciação do TST quanto à questão discutida, evitando-se, assim, perda de tempo e atividade jurisdicional, já que a decisão mostra-se **contrária** à Súmula e/ou Orientação Jurisprudencial daquele tribunal.

Sobre o tema, AMAURI MASCARO NASCIMENTO[58] disserta que *"Quanto às decisões de Tribunal Regional do Trabalho contrárias à Súmula ou Orientação*

[58] NASCIMENTO, Amauri Mascaro. *Curso de direito processual do trabalho*. 24. ed. São Paulo: Saraiva, 2009. p. 622.

Jurisprudencial do Tribunal Superior do Trabalho, a razão de ser da ressalva prende-se à simples coerência do ordenamento jurídico (...)", evitando-se a produção de efeitos de decisão contrária ao **entendimento sumulado** pela mais alta Corte Trabalhista do país. *In casu*, o meio processual apto a reformar ou anular a decisão é o **Recurso de Revista**, interposto nos termos do art. 896, *c*, da CLT, que prevê o cabimento do referido recurso contra decisões *"proferidas com violação literal de disposição de lei federal ou afronta direta e literal à Constituição Federal"*, emanadas do Tribunal Regional do Trabalho.

A segunda hipótese ocorre quando a decisão proferida for *"suscetível de impugnação mediante recurso para o mesmo Tribunal"*, em geral, por **agravo interno**, como ocorre quando se impugna decisão liminar proferida em mandado de segurança, ação rescisória ou qualquer outra ação de competência originária de TRT. Sendo prevista a possibilidade de interposição de recurso pelo Regimento Interno do Tribunal, a decisão interlocutória será impugnada desde logo, nos termos da Súmula n. 214 do TST.

A terceira hipótese é descrita na *letra "c"* da súmula, a saber: *"c) que acolhe exceção de incompetência territorial, com a remessa dos autos para Tribunal Regional distinto daquele a que se vincula o juízo excepcionado, consoante o disposto no art. 799, § 2º, da CLT"*.

Mister se faz, num primeiro momento, transcrever o art. 799, § 2º, da CLT, para conhecimento: *"Das decisões sobre exceções de suspeição e incompetência, salvo, quando a estas, se terminativas do feito, não caberá recurso, podendo, no entanto, as partes alegá-las novamente no recurso que couber da decisão final"*.

Assim, se reconhecida a **incompetência territorial** da Vara do Trabalho, por decisão proferida em incidente de exceção de incompetência, somente poderá haver impugnação de imediato quando a decisão proferida determinar a remessa dos autos para Vara do Trabalho situada em outra região, ou seja, outro Tribunal Regional do Trabalho. Assim, se o juiz de uma das Varas de Trabalho de Vitória/ES reconhece sua incompetência e determina a remessa dos autos para uma das Varas do Trabalho do Rio de Janeiro/RJ, por estarem subordinadas a Tribunais Regionais **diversos**, caberá recurso de imediato em face da decisão. O recurso a ser manejado é o **Ordinário**, com base no **art. 895, *a*, da CLT**, tendo em vista tratar-se de *decisão definitiva* da Vara do Trabalho, pois haverá a remessa dos autos a outro juízo.

Também é de se permitir a interposição de recurso ordinário em face da decisão interlocutória que reconhece a **incompetência** da Justiça do Trabalho e determina a remessa dos autos a **outra justiça** (comum estadual, comum federal etc.). Nessa hipótese, a decisão também é considerada *definitiva do feito* no âmbito da Justiça do Trabalho.

ATENÇÃO: No processo do trabalho, como regra geral, não cabe recurso de decisão interlocutória, devendo a parte prejudicada aguardar ser proferida a decisão final para dela recorrer. Excepcionalmente se permite a interposição imediata de recursos contra as decisões interlocutórias, como nas situações previstas na súmula.

SÚMULA N. 217
DEPÓSITO RECURSAL. CREDENCIAMENTO BANCÁRIO. PROVA DISPENSÁVEL (mantida) — Res. 121/2003, DJ 19, 20 e 21.11.2003

O credenciamento dos bancos, para o fim de recebimento do depósito recursal, é fato notório, independendo da prova.

A **Súmula n. 217 do TST**, referente à prova do **credenciamento bancário** para realização de depósito recursal, foi **mantida** por meio da Resolução n. 121/2003 do TST, publicada no *DJ* nos dias 19, 20 e 21.11.2003.

Conforme dispõe o art. 899, § 4º, da CLT, *"o depósito de que trata o § 1º far-se-á na conta vinculada do empregado a que se refere o art. 2º da Lei n. 5.107/66, aplicando-se-lhe os preceitos dessa lei, observado, quanto ao respectivo levantamento, o disposto no § 1º"*.

Esclarece-se que a Lei n. 5.107/66, que disciplinava o sistema do FGTS, não mais vige, sendo a matéria regulamentada pela **Lei n. 8.036/90**. Na época da lei revogada, vários bancos possuíam contas vinculadas ao sistema FGTS, sendo que atualmente todo o sistema encontra-se concentrado na **Caixa Econômica Federal**.

Em tese, todo depósito recursal deveria ser realizado perante aquela instituição bancária ou no Banco do Brasil, por tratar-se de sociedade de economia mista federal, com presença em todo o território nacional. Porém, o TST entende que a realização do depósito em outra instituição bancária, desde que comprovada nos autos, não acarreta deserção, devendo ser considerado para fins de admissibilidade recursal. Mesmo que o depósito seja realizado perante o banco recorrente, há que ser aceito.

Sobre a prova de credenciamento, destaca-se o art. 374, I, do CPC/2015, que assim prescreve: *"não dependem de prova os fatos: I — notórios"*.

ATENÇÃO: Os fatos notórios não dependem de prova, como ocorre com o credenciamento bancário para fins de realização do depósito recursal.

SÚMULA N. 218
RECURSO DE REVISTA. ACÓRDÃO PROFERIDO EM AGRAVO DE INSTRUMENTO (mantida) — Res. 121/2003, DJ 19, 20 e 21.11.2003

É incabível recurso de revista interposto de acórdão regional prolatado em agravo de instrumento.

A **Súmula n. 218 do TST**, referente ao **não cabimento** do recurso de revista, em acórdão que julga **agravo de instrumento**, foi **mantida** pela Resolução n. 121/2003 do TST, publicada no *DJ* nos dias 19, 20 e 21.11.2003.

A atual redação do art. 896 da CLT, que analisa o cabimento do recurso de revista, demonstra que o aludido recurso possui utilização bastante **restrita** no processo de conhecimento, pois desafia apenas o julgamento proferido pelo TRT em sede de recurso ordinário. O § 2º proporciona, por sua vez, o cabimento no processo de execução, como também o faz a **Súmula n. 266 do TST**.

Nos termos do texto legal referido, *"cabe Recurso de Revista para Turma do Tribunal Superior do Trabalho das decisões proferidas em grau de recurso ordinário, em dissídio individual, pelos Tribunais Regionais do Trabalho, quando: (...)"*.

A respeito do assunto, disserta o professor capixaba CARLOS HENRIQUE BEZERRA LEITE[59] que *"obrou com acerto o legislador ao delimitar o cabimento da revista às decisões proferidas em grau de recurso ordinário, nos dissídios individuais. Com isso, já não cabe recurso de revista das decisões proferidas em quaisquer outros tipos de recurso, como, por exemplo, o agravo de instrumento, (...)"*.

Pretendeu, com isso, o legislador, que as partes se utilizem do recurso de revista contra **decisões finais**, com ou sem julgamento do mérito, mas que **ponham fim** ao processo, evitando-se a interposição demasiada de recursos em face das decisões **interlocutórias**, por considerar esse um dos pontos centrais para a manutenção da **celeridade** do processo do trabalho.

Porém, parcela importante dos doutrinadores, entre eles, FRANCISCO ANTÔNIO DE OLIVEIRA,[60] observa o cabimento de revista em sede de julgamento de agravo de instrumento quando a **inadmissão** do recurso for **manifestamente ilegal**, sob pena de causar à parte lesão de difícil reparação, por erro manifesto do Poder Judiciário. Sobre o assunto, disserta: *"(...) suponha-se que o agravo não tenha sido conhecido em sede regional por intempestivo, quando está evidente que houve erro na contagem do prazo. O erro cometido causa maus-tratos a dispositivo legal. Logo, deve ser a revista admitida"*.

ATENÇÃO: O recurso de revista somente é cabível, a teor do art. 896 da CLT, quando é proferido acórdão em recurso ordinário pelo TRT. Assim, não cabe o recurso em sede de julgamento de agravo de instrumento.

SÚMULA N. 219

HONORÁRIOS ADVOCATÍCIOS. CABIMENTO (alterada a redação do item I e acrescidos os itens IV a VI em decorrência do CPC de 2015) — Res. 204/2016, DEJT divulgado em 17, 18 e 21.03.2016

I — Na Justiça do Trabalho, a condenação ao pagamento de honorários advocatícios não decorre pura e simplesmente da sucumbência, devendo a parte, concomitantemente: a) estar assistida por sindicato da categoria profissional; b) comprovar a percepção de salário inferior ao dobro do salário mínimo ou encontrar-se em situação econômica que não lhe permita demandar sem prejuízo do próprio sustento ou da respectiva família (art. 14, § 1º, da Lei n. 5.584/1970). (ex-OJ n. 305 da SBDI-I).

[59] BEZERRA LEITE, Carlos Henrique. *Curso de direito processual do trabalho*, p. 694.

[60] OLIVEIRA, Francisco Antônio de. *Comentários às súmulas do TST*, p. 440.

II — É cabível a condenação ao pagamento de honorários advocatícios em ação rescisória no processo trabalhista.

III — São devidos os honorários advocatícios nas causas em que o ente sindical figure como substituto processual e nas lides que não derivem da relação de emprego.

IV — Na ação rescisória e nas lides que não derivem de relação de emprego, a responsabilidade pelo pagamento dos honorários advocatícios da sucumbência submete-se à disciplina do Código de Processo Civil (arts. 85, 86, 87 e 90).

V — Em caso de assistência judiciária sindical ou de substituição processual sindical, excetuados os processos em que a Fazenda Pública for parte, os honorários advocatícios são devidos entre o mínimo de dez e o máximo de vinte por cento sobre o valor da condenação, do proveito econômico obtido ou, não sendo possível mensurá-lo, sobre o valor atualizado da causa (CPC de 2015, art. 85, § 2º).

VI — Nas causas em que a Fazenda Pública for parte, aplicar-se-ão os percentuais específicos de honorários advocatícios contemplados no Código de Processo Civil.

A **Súmula n. 219 do TST**, que analisa a condenação em **honorários advocatícios** na Justiça do Trabalho, obteve **nova redação** por meio da Resolução n. 204/2016, publicada no *DEJT* nos dias 17, 18 e 21.03.2016, adaptando o entendimento às novas normas do CPC/2015.

O processo do trabalho difere em muitos aspectos do processo civil, apesar de utilizar **subsidiariamente** o CPC. Não poderia ser diferente quando o assunto é *honorários advocatícios*, também denominados *honorários de* ***sucumbência***.

No processo civil, a regra geral sobre a condenação ao pagamento de honorários advocatícios encontra-se explicitada no *caput* do **art. 85 do CPC/2015**, que assim dispõe: *"A sentença condenará o vencido a pagar honorários ao advogado do vencedor"*.

O processo do trabalho, por sua vez, não admite a condenação em honorários advocatícios pela **simples** ***sucumbência***, necessitando, também, da presença de dois outros requisitos, a saber: *assistência por sindicato e percepção de, no máximo, 2 (dois) salários mínimos ou comprovar que, mesmo percebendo quantia superior, não possui condições financeiras de arcar com os gastos do processo*. O TST deixou claro que a presença dos requisitos deve ser concomitante, ou seja, devem estar presentes ao mesmo tempo. Assim, o empregado deve estar assistido pelo Sindicato da categoria e receber até 2 salários mínimos, ou, recebendo quantia superior, afirmar não ter condições de arcar com os custos do processo.

O tema em análise é um dos mais controvertidos no processo do trabalho, mesmo com a manutenção das **Súmulas ns. 219 e 329 do TST**, havendo diversos julgados de primeiro grau e de TRTs que condenam ao pagamento de honorários pela simples sucumbência, por entenderem que os requisitos dispostos acima **não foram recepcionados** pela CRFB/88, que, em seu **art. 133**, dispõe que o advogado é **imprescindível** à administração da justiça.

Apesar da divergência jurisprudencial acerca da matéria, o TST mantém-se firme em seu entendimento, que também é afirmado pela **Súmula n. 329**, cuja redação segue: *"Mesmo após a promulgação da CF/1988, permanece válido o entendimento consubstanciado na Súmula n. 219 do Tribunal Superior do Trabalho"*.

Com o CPC/2015 houve a alteração em relação ao percentual máximo, que era de até 15%, mencionado expressamente no inc. I e agora excluído do texto, para afirmar que são aplicados os percentuais do CPC, ou seja, **de 10% a 20%**.

Importante frisar que o valor correspondente aos honorários advocatícios será revertido para o **sindicato** que assiste o obreiro, nos termos do art. 16 da Lei n. 5.584/70.

A alteração promovida no inc. I em 2015 foi no sentido de afirmar que os requisitos devem estar preenchidos de forma concomitante, ou seja, ao mesmo tempo a parte deve: a) estar assistida pelo sindicato; b) receber até 2 salários mínimos ou declarar não ter condições financeiras.

Sobre o tema, duas importantes alterações foram realizadas na súmula em comento no ano de 2011, com uma reviravolta no entendimento descrito no inc. II, que não previa a condenação à parcela nas ações rescisórias, e a inserção do inc. III, tratando das lides em que há substituição processual e daquelas decorrentes de relação de trabalho, diversas da relação de emprego.

A nova redação do inc. II, prevendo a condenação ao pagamento de honorários de sucumbência na ação rescisória, vai ao encontro da alteração preconizada pelo legislador no art. 836 da CLT, inserindo o depósito prévio de 20% como requisito da petição inicial. As duas normas possuem a mesma finalidade: demonstrar que a ação rescisória deve ser tratada excepcionalmente, mais se aproximando do procedimento preconizado pelo CPC do que daquele preconizado pela CLT. O tratamento diferenciado à referida ação é visto com bons olhos, pois o mecanismo processual era frequentemente utilizado como meio de postergar o adimplemento das obrigações, tumultuando as demandas com pedidos cautelares de suspensão da execução e impetração de mandados de segurança em caso de decisão negativa. **O entendimento que se formou atualmente é de que, nesse caso, a condenação decorre da mera sucumbência.**

Em relação ao inc. III, este trata de duas situações distintas: 1) lides em que o sindicato da categoria atua como substituto processual (legítimo extraordinário), defendendo direitos da categoria, conforme permitido pelo art. 8º, III, da CRFB/88; 2) lides decorrentes de relação de trabalho diversas da relação de emprego.

Acerca da primeira situação, tem-se que a condenação decorrerá da mera sucumbência, ou seja, sem a necessidade de preenchimento dos requisitos da Lei n. 5.584/70. Apesar de silente o inc. III em relação à matéria, o entendimento decorre da lógica, já que o sindicato será parte na demanda, representando os membros da categoria, não sendo possível que o sindicato esteja representado por ele mesmo. Essa regra também se aplica à ação de cumprimento proposta pelo sindicato, já que se trata de reclamação trabalhista do rito ordinário, cuja sentença possui natureza condenatória.

O inc. IV, alterado pela Resolução n. 204/2016, afirma que nas lides que não derivem de relação de emprego, isto é, naquelas vinculadas à relação de trabalho, assim como nas ações rescisórias, já mencionadas no inc. III, os honorários serão fixados conforme as disposições contidas nos arts. 85, 86, 87 e 90 do CPC/2015, abaixo transcrito para conhecimento:

Art. 85. A sentença condenará o vencido a pagar honorários ao advogado do vencedor.

§ 1º São devidos honorários advocatícios na reconvenção, no cumprimento de sentença, provisório ou definitivo, na execução, resistida ou não, e nos recursos interpostos, cumulativamente.

§ 2º Os honorários serão fixados entre o mínimo de dez e o máximo de vinte por cento sobre o valor da condenação, do proveito econômico obtido ou, não sendo possível mensurá-lo, sobre o valor atualizado da causa, atendidos:

I — o grau de zelo do profissional;

II — o lugar de prestação do serviço;

III — a natureza e a importância da causa;

IV — o trabalho realizado pelo advogado e o tempo exigido para o seu serviço.

§ 3º Nas causas em que a Fazenda Pública for parte, a fixação dos honorários observará os critérios estabelecidos nos incisos I a IV do § 2º e os seguintes percentuais:

I — mínimo de dez e máximo de vinte por cento sobre o valor da condenação ou do proveito econômico obtido até 200 (duzentos) salários mínimos;

II — mínimo de oito e máximo de dez por cento sobre o valor da condenação ou do proveito econômico obtido acima de 200 (duzentos) salários mínimos até 2.000 (dois mil) salários mínimos;

III — mínimo de cinco e máximo de oito por cento sobre o valor da condenação ou do proveito econômico obtido acima de 2.000 (dois mil) salários mínimos até 20.000 (vinte mil) salários mínimos;

IV — mínimo de três e máximo de cinco por cento sobre o valor da condenação ou do proveito econômico obtido acima de 20.000 (vinte mil) salários mínimos até 100.000 (cem mil) salários mínimos;

V — mínimo de um e máximo de três por cento sobre o valor da condenação ou do proveito econômico obtido acima de 100.000 (cem mil) salários mínimos.

§ 4º Em qualquer das hipóteses do § 3º:

I — os percentuais previstos nos incisos I a V devem ser aplicados desde logo, quando for líquida a sentença;

II — não sendo líquida a sentença, a definição do percentual, nos termos previstos nos incisos I a V, somente ocorrerá quando liquidado o julgado;

III — não havendo condenação principal ou não sendo possível mensurar o proveito econômico obtido, a condenação em honorários dar-se-á sobre o valor atualizado da causa;

IV — será considerado o salário mínimo vigente quando prolatada sentença líquida ou o que estiver em vigor na data da decisão de liquidação.

§ 5º Quando, conforme o caso, a condenação contra a Fazenda Pública ou o benefício econômico obtido pelo vencedor ou o valor da causa for superior ao valor previsto no inciso I do § 3º, a fixação do percentual de honorários deve observar a faixa inicial e, naquilo que a exceder, a faixa subsequente, e assim sucessivamente.

§ 6º Os limites e critérios previstos nos §§ 2º e 3º aplicam-se independentemente de qual seja o conteúdo da decisão, inclusive aos casos de improcedência ou de sentença sem resolução de mérito.

§ 7º Não serão devidos honorários no cumprimento de sentença contra a Fazenda Pública que enseje expedição de precatório, desde que não tenha sido impugnada.

§ 8º Nas causas em que for inestimável ou irrisório o proveito econômico ou, ainda, quando o valor da causa for muito baixo, o juiz fixará o valor dos honorários por apreciação equitativa, observando o disposto nos incisos do § 2º.

§ 9º Na ação de indenização por ato ilícito contra pessoa, o percentual de honorários incidirá sobre a soma das prestações vencidas acrescida de 12 (doze) prestações vincendas.

§ 10. Nos casos de perda do objeto, os honorários serão devidos por quem deu causa ao processo.

§ 11. O tribunal, ao julgar recurso, majorará os honorários fixados anteriormente levando em conta o trabalho adicional realizado em grau recursal, observando, conforme o caso, o disposto nos §§ 2º a 6º, sendo vedado ao tribunal, no cômputo geral da fixação de honorários devidos ao advogado do vencedor, ultrapassar os respectivos limites estabelecidos nos §§ 2º e 3º para a fase de conhecimento.

§ 12. Os honorários referidos no § 11 são cumuláveis com multas e outras sanções processuais, inclusive as previstas no art. 77.

§ 13. As verbas de sucumbência arbitradas em embargos à execução rejeitados ou julgados improcedentes e em fase de cumprimento de sentença serão acrescidas no valor do débito principal, para todos os efeitos legais.

§ 14. Os honorários constituem direito do advogado e têm natureza alimentar, com os mesmos privilégios dos créditos oriundos da legislação do trabalho, sendo vedada a compensação em caso de sucumbência parcial.

§ 15. O advogado pode requerer que o pagamento dos honorários que lhe caibam seja efetuado em favor da sociedade de advogados que integra na qualidade de sócio, aplicando-se à hipótese o disposto no § 14.

§ 16. Quando os honorários forem fixados em quantia certa, os juros moratórios incidirão a partir da data do trânsito em julgado da decisão.

§ 17. Os honorários serão devidos quando o advogado atuar em causa própria.

§ 18. Caso a decisão transitada em julgado seja omissa quanto ao direito aos honorários ou ao seu valor, é cabível ação autônoma para sua definição e cobrança.

§ 19. Os advogados públicos perceberão honorários de sucumbência, nos termos da lei.

Art. 86. Se cada litigante for, em parte, vencedor e vencido, serão proporcionalmente distribuídas entre eles as despesas.

Parágrafo único. Se um litigante sucumbir em parte mínima do pedido, o outro responderá, por inteiro, pelas despesas e pelos honorários.

Art. 87. Concorrendo diversos autores ou diversos réus, os vencidos respondem proporcionalmente pelas despesas e pelos honorários.

§ 1º A sentença deverá distribuir entre os litisconsortes, de forma expressa, a responsabilidade proporcional pelo pagamento das verbas previstas no *caput*.

§ 2º Se a distribuição de que trata o § 1º não for feita, os vencidos responderão solidariamente pelas despesas e pelos honorários.

(...)

Art. 90. Proferida sentença com fundamento em desistência, em renúncia ou em reconhecimento do pedido, as despesas e os honorários serão pagos pela parte que desistiu, renunciou ou reconheceu.

§ 1º Sendo parcial a desistência, a renúncia ou o reconhecimento, a responsabilidade pelas despesas e pelos honorários será proporcional à parcela reconhecida, à qual se renunciou ou da qual se desistiu.

§ 2º Havendo transação e nada tendo as partes disposto quanto às despesas, estas serão divididas igualmente.

§ 3º Se a transação ocorrer antes da sentença, as partes ficam dispensadas do pagamento das custas processuais remanescentes, se houver.

§ 4º Se o réu reconhecer a procedência do pedido e, simultaneamente, cumprir integralmente a prestação reconhecida, os honorários serão reduzidos pela metade.

Em resumo, podemos dizer, em relação aos dispositivos do CPC/2015 sobre honorários advocatícios de sucumbência:

- **Art. 85:** os honorários são fixados entre 10% e 20% (não mais 15%), levando-se em consideração o trabalho do advogado, que é "medido" conforme os parâmetros pensados pelo legislador, a saber: grau de zelo, lugar da prestação dos serviços, natureza e importância da causa, o trabalho realizado pelo advogado e o tempo exigido. Já nas causas envolvendo a Fazenda Pública, os percentuais são específicos, conforme reconhecido pelo inc. V da Súmula n. 219 do TST, variando de acordo com o valor em discussão.
- **Art. 86:** havendo sucumbência recíproca, os honorários serão fixados reciprocamente, considerando-se a extensão da perda de cada litigante, podendo haver o pagamento apenas por um deles, caso a sucumbência do outro seja mínima.
- **Art. 87:** havendo litisconsórcio ativo ou passivo, a responsabilidade de cada um pelas despesas e honorários será proporcional, devendo o Juiz fixar na sentença tal obrigação. Na ausência, a responsabilidade será solidária por tal pagamento.
- **Art. 90:** se houver desistência, renúncia ou reconhecimento jurídico do pedido, a parte que realizou aqueles atos arcará com o pagamento dos honorários, ou seja, se o autor desistiu da ação, deverá pagar os honorários de sucumbência.

Como já dito nos comentários ao inc. I, na assistência judiciária gratuita, os honorários devidos ao Sindicato serão fixados entre 10% e 20%. Agora não mais se aplica o percentual anterior, 15%, mas sim os percentuais do Novo Código.

Em relação ao inc. VI, temos que, na execução em que figure a Fazenda Pública, haverá a aplicação dos percentuais específicos do art. 85 do CPC/2015.

Também são devidos os honorários de sucumbência pela mera sucumbência, conforme a OJ n. 421 da SDI-1 do TST, nas ações sobre acidentes de trabalho que foram ajuizadas na Justiça Comum e, com a EC 45/2004, remetidas à Justiça do Trabalho. Vejamos:

> **"OJ n. 421. HONORÁRIOS ADVOCATÍCIOS. AÇÃO DE INDENIZAÇÃO POR DANOS MORAIS E MATERIAIS DECORRENTES DE ACIDENTE DE TRABALHO OU DE DOENÇA PROFISSIONAL. AJUIZAMENTO PERANTE A JUSTIÇA COMUM ANTES DA PROMULGAÇÃO DA EMENDA CONSTITUCIONAL N. 45/2004. POSTERIOR REMESSA DOS AUTOS À JUSTIÇA DO TRABALHO. ART. 85 DO CPC DE 2015. ART. 20 DO CPC DE 1973. INCIDÊNCIA. (atualizada em decorrência do CPC de 2015) — Res. 208/2016, *DEJT* divulgado em 22, 25 e 26.04.2016. A condenação em honorários advocatícios nos autos**

de ação de indenização por danos morais e materiais decorrentes de acidente de trabalho ou de doença profissional, remetida à Justiça do Trabalho após ajuizamento na Justiça comum, antes da vigência da Emenda Constitucional n. 45/2004, decorre da mera sucumbência, nos termos do art. 85 do CPC de 2015 (art. 20 do CPC de 1973), não se sujeitando aos requisitos da Lei n. 5.584/1970."

Por fim, a contratação de advogado particular por trabalhador que perceba até dois salários mínimos ou quantia superior, mas que não possa arcar com os custos, não gera direito à percepção dos honorários, pois não preenchidos os dois requisitos da súmula, o que, nas lições do TST, mostra-se imprescindível.

Apenas a título de curiosidade, no dia 4 de setembro de 2013 a Comissão de Assuntos Sociais (CAS) do Senado aprovou o Projeto de Lei (PLC n. 33/2013), que estabelece honorários de sucumbência na Justiça do Trabalho, prevendo ainda a obrigatoriedade da presença de advogados em causas trabalhistas, o que gera a extinção do *jus postulandi*, diante da alteração do art. 791 da CLT.

ATENÇÃO: No processo do trabalho, como regra geral, os honorários advocatícios de sucumbência são devidos quando presentes os requisitos do art. 14 da Lei n. 5.584/70, a saber: assistência pelo sindicato e recebimento de até 2 salários mínimos por mês (hipossuficiência financeira). Em situações excepcionais, como na ação rescisória, os honorários são devidos pela mera sucumbência.

SÚMULA N. 221
RECURSO DE REVISTA. VIOLAÇÃO DE LEI. INDICAÇÃO DE PRECEITO (cancelado o item II e conferida nova redação na sessão do Tribunal Pleno realizada em 14.09.2012) — Res. 185/2012, DEJT divulgado em 25, 26 e 27.09.2012

A admissibilidade do recurso de revista por violação tem como pressuposto a indicação expressa do dispositivo de lei ou da Constituição tido como violado.

A **Súmula n. 221 do TST**, referente à interposição dos **recursos** de **revista** e **embargos**, obteve **nova redação**, por meio da Resolução n. 185/2012 do TST, publicada no *DJ* nos dias 25, 26 e 27.09.2012, com o cancelamento do item II, que tratava de interpretação razoável de preceito legal.

O cancelamento do inc. II da súmula em comento destaca a aplicação da técnica processual pelo Tribunal Superior do Trabalho, pois vincula a admissibilidade do recurso de revista à indicação expressa do dispositivo de lei da Constituição que teria sido violado, não mais se referindo à inadmissibilidade do apelo quando for realizada a interpretação razoável do dispositivo legal.

O entendimento anterior constante no inc. II da súmula era no sentido de *"interpretação razoável de preceito de lei, ainda que não seja a melhor, não dá ensejo à admissibilidade ou ao conhecimento de recurso de revista com base na alínea "c" do art. 896 da CLT. A violação há de estar ligada à integralidade do preceito"*.

Verifica-se, claramente, a admissão ou não do recurso estava vinculada à análise acerca da interpretação concedida a determinado preceito de lei, de razoável ou não, o que é totalmente errado, pois o cabimento do recurso está vinculado apenas à afirmação de violação a algum preceito de lei ou da Constituição.

Se houve ou não violação, e se a interpretação foi ou não razoável, isso não é questão a ser apurada em juízo de admissibilidade, e sim no juízo de mérito. Admitido o recurso mediante a afirmação e indicação do dispositivo legal que teria sido ferido pelo acórdão, o TST analisará se efetivamente houve o ferimento ou se o TRT, no julgamento do recurso ordinário, aplicou uma interpretação razoável. Isso **é mérito recurso e não juízo de admissibilidade**.

Assim, perfeito é o entendimento atual do TST, que passa a exigir apenas **a indicação expressa do dispositivo legal ou da Constituição tidos como violados**.

> **ATENÇÃO:** Se a parte interpuser um recurso de revista sob a alegação de que houve a violação de lei, deve ser explicitamente indicado o dispositivo, sob pena de inadmissão de apelo.

> *SÚMULA N. 225*
> *REPOUSO SEMANAL. CÁLCULO. GRATIFICAÇÕES POR TEMPO DE SERVIÇO E PRODUTIVIDADE (mantida) — Res. 121/2003, DJ 19, 20 e 21.11.2003*
>
> As gratificações por tempo de serviço e produtividade, pagas mensalmente, não repercutem no cálculo do repouso semanal remunerado.

A **Súmula n. 225 do TST**, relacionada ao cálculo do **repouso semanal remunerado**, foi **mantida** pela Resolução n. 121/2003 do TST, publicada no *DJ* nos dias 19, 20 e 21.11.2003.

Conforme a **Lei n. 605/49**, o repouso semanal remunerado representa o período de 24 horas por semana a que tem direito o empregado, se cumprida a jornada de trabalho **integralmente**, ou seja, sem faltas e atrasos.

Para os empregados quinzenalistas ou mensalistas, ou seja, aqueles que têm sua remuneração calculada em 15 e 30 dias, dispõe o art. 7º da referida lei que os feriados e os descansos semanais já se encontram **remunerados** no salário percebido.

Para os quinzenalistas, o salário é calculado da seguinte forma: valor diário x 15, considerando-se já a existência de dias não trabalhados. Da mesma forma ocorre com o mensalista, pois seu salário é calculado com base em 30 dias, considerando-se já os dias não trabalhados, mas que são pagos.

A respeito do assunto, MAURÍCIO GODINHO DELGADO[61] disserta que "*(...) todo cálculo salarial que considere o total da duração mensal ou quinzenal do trabalho já estará computando, automaticamente, o d.s.r.*".

---

[61] DELGADO, Maurício Godinho. *Curso de direito do trabalho*, p. 875-876.

Ademais, destaca o mesmo autor que *"(...) a regra acima vale para toda parcela que for paga computando-se já o mês ou quinzena (...)"*.

No mesmo sentido, demonstrando inexistir divergência doutrinária sobre a questão, FRANCISCO ANTÔNIO DE OLIVEIRA[62] observa que *"(...) todas as verbas que sejam pagas de modo fixo, mensal ou quinzenalmente, já tem embutido o pagamento do repouso semanal remunerado (...)"*.

Por isso, as **gratificações** por tempo de serviço e produtividade, quando pagas, não repercutem no repouso semanal remunerado, pois, quando de seu cálculo, já incluem os dias não trabalhados, já que computados 15 ou 30 dias. Entendimento contrário levaria o empregador a remunerar o obreiro duas vezes pelo mesmo **fato gerador**, o que é inviável.

> **ATENÇÃO:** O valor do repouso semanal remunerado já está incluído no salário mensal pago ao obreiro. Assim, se o empregado recebe R$ 3.000,00 mensais, nessa quantia já estão pagos os repousos semanais.

> ***SÚMULA N. 226***
> ***BANCÁRIO. GRATIFICAÇÃO POR TEMPO DE SERVIÇO. INTEGRAÇÃO NO CÁLCULO DAS HORAS EXTRAS (mantida) — Res. 121/2003, DJ 19, 20 e 21.11.2003***
> A gratificação por tempo de serviço integra o cálculo das horas extras.

A **Súmula n. 226 do TST**, referente à **integração** da gratificação por tempo de serviço no cálculo das horas extras, foi **mantida** pela Resolução n. 121/2003, publicada no *DJ* nos dias 19, 20 e 21.11.2003.

O entendimento exposto na súmula sob comento é bastante simples, razão pela qual foi inserido no ordenamento em 1985, sendo mantido até hoje.

O art. 7º, XVI, da CRFB/88 aduz ser direito de todo empregado, urbano e rural, a *"remuneração do serviço extraordinário superior, no mínimo, em cinquenta por cento à do normal"*.

Porém, a **base de cálculo** do adicional de horas extraordinárias não é simplesmente o **salário básico**, e sim aquele **integrado** de outras parcelas, conforme ensina o art. 457, § 1º, da CLT: *"Integram o salário não só a importância fixa estipulada, como também as comissões, percentagens, gratificações ajustadas, diárias para viagens e abonos pagos pelo empregador"*.

Portanto, se as comissões, percentagens, gratificações, diárias e abonos forem pagos com regularidade, ou seja, **habitualidade**, **integram** o salário para todos os efeitos legais, inclusive, para fins de cálculo de horas extras.

Assim, a **gratificação** por tempo de serviço, que em regra é prevista por norma coletiva ou regulamento de empresa, para remunerar o empregado que labora duran-

---

62 OLIVEIRA, Francisco Antônio de. *Comentários às súmulas do TST*, p. 452.

te determinado período de tempo, por exemplo, 5 ou 10 anos, sendo paga mensalmente (**habitualidade**), deve ser levada em consideração para fins de pagamento de horas extraordinárias.

> **ATENÇÃO:** Os valores recebidos a título de gratificação por tempo de serviço repercutem no cálculo das horas extras por possuírem natureza salarial. Também repercutirão em outras verbas, como férias, 13º, FGTS etc.

SÚMULA N. 228
ADICIONAL DE INSALUBRIDADE. BASE DE CÁLCULO (nova redação) — Res. 148/2008, DJ 04 e 07.07.2008 — Republicada DJ 08, 09 e 10.07.2008 (Súmula cuja eficácia está suspensa por decisão liminar do Supremo Tribunal Federal) — Res. 185/2012, DEJT divulgado em 25, 26 e 27.09.2012

A **Súmula n. 228 do TST**, relacionada à base de cálculo do adicional de insalubridade, teve incluído um apontamento por meio da Resolução n. 185/2012, publicada no *DJ* nos dias 25, 26 e 27.09.2012, acerca da suspensão de sua eficácia por decisão liminar do Supremo Tribunal Federal, nos autos da Reclamação n. 6.266, ajuizada pela Confederação Nacional da Indústria (CNI). Os demais comentários são mantidos na íntegra.

A alteração do conteúdo da súmula deu-se para adequar o entendimento do TST à **Súmula Vinculante n. 4 do STF**, cuja redação é a seguinte: *"salvo nos casos previstos na Constituição, o salário mínimo não pode ser usado como indexador de base de cálculo de vantagem de servidor público ou de empregado, nem ser substituído por decisão judicial"*.

A redação anterior da súmula sob comento afirmava que *"o percentual do adicional de insalubridade incide sobre o salário mínimo de que cogita o art. 76 da CLT, salvo as hipóteses previstas na Súmula n. 17"*. A **Súmula n. 17**, já comentada, que mandava calcular o adicional de insalubridade sobre o **salário profissional**, quando houver, resta **cancelada**.

Parecia que, após a edição da **Súmula Vinculante n. 4 do STF**, não haveria mais que se discutir se a **base de cálculo** do adicional em referência é o salário mínimo, o salário mínimo profissional ou o salário-base. O entendimento da **Súmula n. 228 do TST** afirma que a base de cálculo é o ***salário básico***, salvo norma mais **favorável** criada por negociação coletiva ou norma empresarial.

Com isso, equiparou-se a base de cálculo do adicional em estudo à do adicional de periculosidade, pondo fim à diferença injustificável antes existente. Porém, a base de cálculo do adicional de periculosidade dos **eletricitários** ainda difere da situação aqui analisada, sendo descrita na **Súmula n. 191**, já comentada nesse trabalho.

Lembre-se de que a base de cálculo do adicional de insalubridade, servindo também para o de periculosidade, somente não será o salário-base se houver norma mais **protetiva**, pois, nos termos do princípio da proteção, *as normas* ***mais favoráveis*** são de incidência obrigatória.

Contudo, o dilema acerca da questão continua sem solução, tendo em vista que a Confederação Nacional da Indústria ingressou com **Reclamação** (n. 6.266) perante o **Supremo Tribunal Federal**, questionando a redação da súmula sob comento, que impõe base de cálculo **sem autorização legal**.

O Ministro-Presidente do STF, Min. Gilmar Mendes, deferiu liminar na referida reclamação, "**para suspender a aplicação da Súmula n. 228/TST na parte em que permite a utilização do salário básico para calcular o adicional de insalubridade**", conforme transcrição integral abaixo:

> **DECISÃO:** *Trata-se de reclamação, com pedido de liminar, ajuizada pela Confederação Nacional da Indústria — CNI, em face da decisão proferida pelo Plenário do Tribunal Superior do Trabalho (TST) que editou a Resolução n. 148/2008 e deu nova redação ao verbete n. 228 da Súmula daquele Tribunal (Súmula n. 228/TST), nos seguintes termos:*
>
> > ADICIONAL DE INSALUBRIDADE. BASE DE CÁLCULO. A partir de 9 de maio de 2008, data da publicação da Súmula Vinculante n. 4 do Supremo Tribunal Federal, o adicional de insalubridade será calculado sobre o salário básico, salvo critério mais vantajoso fixado em instrumento coletivo.
>
> *Em síntese, a título de plausibilidade jurídica do pedido* (fumus boni iuris), *a reclamante sustenta que a nova redação da Súmula n. 228/TST conflita com a Súmula Vinculante n. 4 desta Corte, ao fixar o salário básico como base de cálculo do adicional de insalubridade. No que tange à urgência da pretensão cautelar* (periculum in mora), *a reclamante alerta para a "gravíssima insegurança jurídica", além de "reflexos danosos e irreparáveis para os empregadores representados pela CNI" e "a proliferação* incontinenti *de ações, já passíveis de ajuizamento desde a publicação da Resolução do Tribunal Superior do Trabalho n. 148/2008, que dá nova redação à Súmula n. 228" (fl. 08). Passo a decidir. O art. 7º da Lei n. 11.417, de 19 de dezembro de 2006, dispõe que "da decisão judicial ou do ato administrativo que contrariar enunciado de súmula vinculante, negar-lhe vigência ou aplicá-lo indevidamente caberá reclamação ao Supremo Tribunal Federal, sem prejuízo dos recursos ou outros meios admissíveis de impugnação". À primeira vista, a pretensão do reclamante afigura-se plausível no sentido de que a decisão reclamada teria afrontado a Súmula Vinculante n. 4 desta Corte: "Salvo nos casos previstos na Constituição, o salário mínimo não pode ser usado como indexador de base de cálculo de vantagem de servidor público ou de empregado, nem ser substituído por decisão judicial." Com efeito, no julgamento que deu origem à mencionada Súmula Vinculante n. 4 (RE 565.714/SP, Rel. Min. Cármen Lúcia, Sessão de 30.4.2008 —* Informativo *n. 510/STF), esta Corte entendeu que o adicional de insalubridade deve continuar sendo calculado com base no salário mínimo, enquanto não superada a inconstitucionalidade por meio de lei ou convenção coletiva. Dessa forma, com base no que ficou decidido no RE 565.714/SP e fixado na Súmula Vinculante n. 4, este Tribunal entendeu que não é possível a substituição do salário mínimo, seja como base de cálculo, seja como indexador, antes da*

edição de lei ou celebração de convenção coletiva que regule o adicional de insalubridade. Logo, à primeira vista, a nova redação estabelecida para a Súmula n. 228/TST revela aplicação indevida da Súmula Vinculante n. 4, porquanto permite a substituição do salário mínimo pelo salário básico no cálculo do adicional de insalubridade sem base normativa. Ante o exposto, ***defiro a medida liminar para suspender a aplicação da Súmula n. 228/TST na parte em que permite a utilização do salário básico para calcular o adicional de insalubridade****. Comunique-se, com urgência, e, no mesmo ofício, solicitem-se informações. Após, abra-se vista dos autos à Procuradoria-Geral da República (RI/STF, art. 160). Publique-se. Brasília, 15 de julho de 2008. Ministro* **GILMAR MENDES** *Presidente (art. 13, VIII, RI/STF).*

Posteriormente, o Ministro manteve o mesmo posicionamento nas Reclamações ns. 6.275 e 6.277.

As decisões referidas, ao suspenderem a aplicação de parte da Súmula n. 228 do TST, criaram um vácuo, no qual diversas dúvidas começaram a florescer. Se não podem ser aplicados o salário mínimo e o salário básico como base de cálculo do adicional, qual deve ser tal base?

A resposta foi fornecida pelo próprio Supremo Tribunal Federal, que passou a afirmar que o salário mínimo deve ser utilizado até que sobrevenha lei instituindo outra base de cálculo. Percebe-se que a súmula do TST foi suspensa em parte, pois propugnava uma base de cálculo sem preceito legal. Contudo, como a inércia legislativa não pode prejudicar o trabalhador que labora em ambiente insalubre, optou o STF por tal "saída". Enquanto não for editada lei estipulando nova base de cálculo, será utilizado o salário mínimo a que alude o art. 76 da CLT, conforme redação antiga da Súmula n. 228 do Colendo Tribunal Superior do Trabalho.

Recente decisão acerca da matéria foi proferida em 14.10.2009, pelo Ministro Carlos Ayres Britto, em sede liminar na Reclamação n. 9.108. Nos termos da decisão liminar, *"No caso, tenho como presentes os requisitos necessários à concessão da medida liminar. É que a autoridade reclamada parece, de fato, haver substituído o parâmetro legal para o cálculo do adicional de insalubridade. Sucede que, em face do vácuo legislativo, o reclamado parece haver adotado justamente a providência vedada pela parte final da Súmula Vinculante n. 4. Em outras palavras, o juízo reclamado substituiu, por decisão judicial, a base de cálculo legalmente definida para o adicional de insalubridade".*

Em síntese, atualmente impera o salário mínimo como base de cálculo para o adicional de insalubridade. Porém, tal situação, apesar de conflitar com a Súmula Vinculante n. 4 do STF, somente perdurará até que seja editada lei prevendo nova base, que não poderá ser o salário mínimo, ou seja, poderá até ser o salário básico, como quis o TST por meio de sua súmula.

ATENÇÃO: A base de cálculo de adicional de insalubridade é, conforme prevê o art. 192 da CLT, o salário mínimo, mesmo após a edição da Súmula Vinculante n. 4 do STF, por decisão daquele mesmo tribunal, até que seja criada outra base de cálculo.

SÚMULA N. 229
SOBREAVISO. ELETRICITÁRIOS (nova redação) — Res. 121/2003, DJ 19, 20 e 21.11.2003

Por aplicação analógica do art. 244, § 2º, da CLT, as horas de sobreaviso dos eletricitários são remuneradas à base de 1/3 sobre a totalidade das parcelas de natureza salarial.

A **Súmula n. 229 do TST**, relativa à jornada **sobreaviso** dos **eletricitários**, obteve **nova redação** por meio da Resolução n. 121/2003 do TST, publicada no *DJ* nos dias 19, 20 e 21.11.2003.

O Tribunal Superior do Trabalho, corretamente, aplicou por **analogia** o disposto no art. 244, § 2º, da CLT, que dispõe acerca da jornada sobreaviso dos ferroviários, aos eletricitários, devendo fazê-lo também em outras situações, por força do **princípio da isonomia**.

Apesar de o dispositivo da CLT fazer menção **exclusivamente** a *"estradas de ferro"*, em verdade regulamenta uma situação que pode surgir em qualquer tipo de trabalho, que é a jornada **sobreaviso**. Esta se caracteriza pelo fato de o empregado **permanecer em sua residência** aguardando o chamado para o trabalho, em geral para situações excepcionais, urgentes, razão pela qual esse tipo de jornada na prática é chamada ***plantão***. Apesar de o empregado não permanecer na empresa, encontra-se de *plantão* em casa, sem poder sair, viajar, beber e realizar outras atividades de lazer fora do ambiente residencial, pois, a **qualquer momento**, pode ser chamado para trabalhar.

Por isso, o TST, corretamente, estendeu a aplicação do instituto aos **eletricitários** por meio da súmula em comento, existindo julgados do TST que também se aplicam, por analogia, a outras categorias de empregados.

O art. 244, § 2º, do TST observa que *"considera-se de sobreaviso o empregado efetivo, que permanecer em sua própria casa, aguardando a qualquer momento o chamado para o serviço. Cada escala de sobreaviso será, no máximo, de 24 (vinte e quatro) horas. As horas de sobreaviso, para todos os efeitos, serão contadas à razão de 1/3 (um terço) do salário normal"*.

A alteração empreendida por meio da Resolução n. 121/2003 foi a substituição da expressão *"são remuneradas à razão de 1/3 do salário normal"* por *"são remuneradas à base de 1/3 sobre a totalidade das parcelas de natureza salarial"*, demonstrando que a **base de cálculo** a ser utilizada é mais ampla, englobando **todas as parcelas salariais**, como adicionais, percentagens, gratificações etc., conforme art. 457, § 1º, da CLT. Saliente-se que o TST vem entendendo que o adicional de periculosidade não engloba a base de cálculo, pois o eletricitário não se encontra em situação de **risco** durante a jornada sobreaviso.

Por fim, difere o **sobreaviso** da **prontidão**, pois, nessa segunda hipótese, o trabalhador mantém-se aguardando ordens para início do trabalho no **próprio local**, e não na sua residência. Por isso, a remuneração é maior (2/3 sobre as parcelas de natureza salarial) e a jornada menor (12 horas). A jornada *prontidão* encontra-se prescrita no art. 244, § 3º, da CLT.

Sobre o tema "sobreaviso", será analisada a novel Súmula n. 428 do TST, que encerrou a discussão acerca da utilização do telefone celular para fins de caracterização daquele regime de trabalho.

ATENÇÃO: Na jornada de sobreaviso, prevista no art. 244, § 2º, da CLT, o empregado recebe 1/3 da hora normal por estar aguardando o chamado para o trabalho. A jornada máxima de sobreaviso é de 24 horas.

SÚMULA N. 230
AVISO PRÉVIO. SUBSTITUIÇÃO PELO PAGAMENTO DAS HORAS REDUZIDAS DA JORNADA DE TRABALHO (mantida) — Res. 121/2003, DJ 19, 20 e 21.11.2003

É ilegal substituir o período que se reduz da jornada de trabalho, no aviso prévio, pelo pagamento das horas correspondentes.

A **Súmula n. 230 do TST**, que se refere à **substituição por pecúnia** das horas reduzidas da jornada de trabalho durante o aviso prévio, foi **mantida** por meio da Resolução n. 121/2003 do TST, publicada no *DJ* nos dias 19, 20 e 21.11.2003.

O tema aqui citado é de extrema importância para o empregado, especialmente por tratar do instituto de *aviso prévio*, de caráter protetivo na despedida **sem justa causa**.

Após a CRFB/88, o prazo mínimo para o aviso prévio é de 30 (trinta) dias, podendo ser **superior**, desde que presente em instrumento negociado ou em regulamento de empresa. A recente Lei n. 12.506/2011 regulamentou o instituto do aviso prévio proporcional, previsto no art. 7º, XXI, da CRFB/88, criando o aviso prévio de até 90 (noventa) dias, conforme proporção nela descrita de 3 (três) dias a mais a cada ano trabalhado.

Esse prazo mínimo que antecede o término do contrato de trabalho pode ser concedido tanto pelo empregador quanto pelo empregado, podendo ainda haver **dispensa** pelas partes. Assim, se o empregado pede demissão, pode cumprir o aviso prévio, trabalhando o período, ou pode dispensá-lo, autorizando nessa situação o **desconto** de um salário em suas **verbas rescisórias**.

Por sua vez, se o empregador demite o obreiro, poderá **indenizar** o período correspondente ao aviso prévio ou deixar que o empregado trabalhe o respectivo período. Em rescisões drásticas, em que o ambiente de trabalho mostra-se **insustentável**, a melhor alternativa é proceder ao aviso prévio **indenizado**.

Optando o empregador pelo aviso prévio **trabalhado**, terá que **reduzir** a jornada do empregado em **2 (duas) horas diárias** ou, por **escolha do empregado**, liberá-lo do trabalho por **7 (sete) dias corridos**.

Tal previsão encontra-se disposta no art. 488 da CLT, que assim reza: *"O horário normal de trabalho do empregado, durante o prazo do aviso, e se a rescisão tiver sido promovida pelo empregador, será reduzido de 2 (duas) horas diárias, sem prejuízo do salário integral. Parágrafo único: É facultado ao empregado trabalhar sem a redução das 2 (duas) horas diárias previstas neste artigo, caso em que poderá faltar ao serviço, sem prejuízo do salário integral, (...) por 7 (sete) dias corridos (...)".*

A norma transcrita já deixa claro, mas não custa observar que a redução somente ocorre quando o aviso prévio é concedido pelo **empregador**. Se o empregado **pedir demissão** e conceder o prazo do aviso, a jornada de trabalho será **integralmente** cumprida.

Essa diferença é decorrente do objetivo perseguido pelo período de aviso prévio, qual seja, conseguir nova colocação profissional, isto é, procurar novo emprego. Se o empregado pede **demissão**, presume-se que não precisa procurar novo emprego, pois já o tem.

Adentra-se, após as breves introduções acerca da matéria, no tema central da súmula sob análise. Algumas empresas adotaram e, infelizmente, ainda adotam como prática, o **pagamento** das horas do aviso prévio que deveriam ser **reduzidas**. Em vez de reduzir a jornada em 2 (duas) horas diárias ou liberar o empregado por 7 (sete) dias corridos, preferem efetuar o pagamento respectivo. Tal atitude é entendida como totalmente **ilegal** pelo Tribunal Superior do Trabalho.

A não **redução** da jornada faz com que o aviso prévio, em verdade, **não exista**, pois não pode perseguir seu principal objetivo, já versado alhures, que é proporcionar tempo hábil ao obreiro para procurar nova ocupação.

Na prática, entende o TST que o aviso não foi **concedido** e que, portanto, novo período de **30 (trinta) dias** deve ser **gozado** pelo trabalhador ou **indenizado** pelo empregador.

A respeito do aviso prévio, é importante destacar a alteração legislativa decorrente da edição da Lei n. 12.506, de 11.10.2011, que regulamentou o aviso prévio proporcional ao tempo de serviço, instituto previsto na CRFB/88, no art. 7º, XXI, mas que somente agora mereceu a devida atenção do Poder Legislativo. A referida lei possui apenas dois artigos, a saber:

> Art. 1º O aviso prévio, de que trata o Capítulo VI do Título IV da Consolidação das Leis do Trabalho — CLT, aprovada pelo Decreto-lei n. 5.452, de 1º de maio de 1943, será concedido na proporção de 30 (trinta) dias aos empregados que contem até 1 (um) ano de serviço na mesma empresa.
>
> Parágrafo único. Ao aviso prévio previsto neste artigo serão acrescidos 3 (três) dias por ano de serviço prestado na mesma empresa, até o máximo de 60 (sessenta) dias, perfazendo um total de até 90 (noventa) dias.
>
> Art. 2º Esta Lei entra em vigor na data de sua publicação.

Assim, aos empregados continua a ser garantido o aviso prévio mínimo de 30 (trinta) dias, podendo chegar a 90 (noventa) dias, para os empregados com 20 (vinte) anos de emprego na mesma empresa, já que a proporção criada é de 3 (três) dias de aviso prévio para cada ano de trabalho prestado ao mesmo empregador.

A regulamentação da matéria pelo Poder Legislativo certamente decorreu das decisões proferidas pelo Supremo Tribunal Federal em junho de 2011, no julgamento dos mandados de injunção ns. 943, 1.010, 1.074 e 1.090, nos quais aquele tribunal reconheceu o direito ao aviso prévio proporcional.

ATENÇÃO: No aviso prévio concedido pelo empregador ao empregado, há a redução da jornada de trabalho, em 2 horas diárias ou 7 dias corridos. Se não houver a redução, não será considerado concedido o aviso. Também não pode haver, na visão do TST, a substituição da redução pelo pagamento em dinheiro.

SÚMULA N. 239
BANCÁRIO. EMPREGADO DE EMPRESA DE PROCESSAMENTO DE DADOS (incorporadas as Orientações Jurisprudenciais ns. 64 e 126 da SBDI-1) — Res. 129/2005, DJ 20, 22 e 25.04.2005

É bancário o empregado de empresa de processamento de dados que presta serviço a banco integrante do mesmo grupo econômico, exceto quando a empresa de processamento de dados presta serviços a banco e a empresas não bancárias do mesmo grupo econômico ou a terceiros. (primeira parte — ex-Súmula n. 239 — Res. 15/1985, *DJ* 09.12.1985; segunda parte — ex-OJs ns. 64 e 126 da SBDI-1 — inseridas, respectivamente, em 13.09.1994 e 20.04.1998)

A **Súmula n. 239 do TST**, que trata o empregado de empresa de **processamento de dados** como bancário, obteve **nova redação** por meio da Resolução n. 129/2005 do TST, publicada no *DJ* nos dias 20, 22 e 25.04.2005, com a **incorporação das Orientações Jurisprudenciais ns. 64 e 126 da SBDI-1 do TST**.

Mais uma vez, o Tribunal Superior do Trabalho demonstrou sua preocupação com as **fraudes** trabalhistas, muitas vezes encontradas nos contratos de trabalho. Dessa vez, o alvo foram os bancos, cujas ações já originaram diversas súmulas, já analisadas e ainda por analisar.

O entendimento sumulado tem por intuito evitar a contratação de empregados para exercerem a função de **bancário**, porém, por **intermédio** de empresa de processamento de dados. Com tal manobra, os bancos conseguiriam imprimir jornada diária de 8 (oito) horas, evitando-se a jornada **reduzida** de 6 (seis) horas.

Por serem *teoricamente* contratados por empresa de processamento de dados, não estariam submetidos à jornada diária e semanal do art. 224 da CLT. A respeito do assunto, FRANCISCO ANTÔNIO DE OLIVEIRA[63] observa que *"os bancos passaram a constituir empresas de processamento de dados, para as quais direcionavam grande parte ou todo o seu trabalho bancário informatizado. Com esse ardil e engenho, os bancos passaram a contratar verdadeiros bancários para jornada de 8 (oito) horas, quando o correto seria jornada de 6 (seis) horas (art. 224, CLT)"*.

Nos termos do entendimento sumulado, o TST, em primeiro lugar, **presume** ser bancário o empregado da empresa de processamento de dados que realiza as ativida-

[63] OLIVEIRA, Francisco Antônio de. *Comentários às súmulas do TST*, p. 467.

des de informática do banco, trabalhando **efetivamente** nas funções daquele, desde que a empresa e o banco **integrem** o mesmo **grupo econômico**. Além da **solidariedade passiva**, prevista no art. 2º, § 2º, da CLT, surge a **solidariedade ativa**, pois, afinal, quem é beneficiário direto do trabalho desenvolvido é o banco. Assim, presume-se bancário o empregado, para todos os fins, em especial, a jornada **reduzida**.

O entendimento deduzido na súmula em comento, entretanto, abre exceção à regra geral. Se a empresa de processamento de dados **prestar serviços** a outras empresas **não bancárias** do mesmo grupo econômico, e não simplesmente ao(s) banco(s), seus empregados **não serão bancários**, pois se entende que nessa situação há **terceirização lícita**, desde que não seja de **atividade-fim**. Não há problema de o grupo econômico criar uma empresa de processamento de dados; porém, não poderá prestar serviços **unicamente** aos bancos componentes do grupo. Assim, se outras empresas, de outros ramos de atividade, contratarem a empresa de processamento de dados, entende-se como legal essa contratação.

Além disso, não haverá irregularidade se a empresa de processamento de dados prestar serviços para **terceiros**, que são empresas que não fazem parte do grupo econômico.

Contudo, situações excepcionais devem ser analisadas, para se evitar fraudes trabalhistas. Por exemplo, no caso de um grupo econômico integrado por um Banco "x", uma Concessionária "y" e uma Empresa de Processamento de Dados "z", em que 90% dos empregados da terceira empresa prestam serviços para o banco e 10% para a Concessionária, estaremos diante de fraude trabalhista, com a aplicação da regra geral sumulada, pois o **percentual de empregados** prestando serviços para a empresa não bancária é **ínfima** em relação ao banco (90%-10%).

> **ATENÇÃO:** O empregado de empresa de processamento de dados que integra um grupo econômico com um banco é considerado bancário, a não ser que aquela primeira empresa também preste serviços para outras empresas, não bancárias, ou a terceiros.

> ***SÚMULA N. 240***
> ***BANCÁRIO. GRATIFICAÇÃO DE FUNÇÃO E ADICIONAL POR TEMPO DE SERVIÇO (mantida) — Res. 121/2003, DJ 19, 20 e 21.11.2003***
>
> O adicional por tempo de serviço integra o cálculo da gratificação prevista no art. 224, § 2º, da CLT.

A **Súmula n. 240 do TST**, que analisa a **repercussão** do adicional por tempo de serviço na **gratificação de função** do bancário, foi **mantida** pela Resolução n. 121/2003 do TST, publicada no *DJ* nos dias 19, 20 e 21.11.2003.

Dispõe o art. 224, § 2º, da CLT que *"As disposições deste artigo não se aplicam aos que exercem funções de direção, gerência, fiscalização, chefia e equivalentes, ou que desempenhem outros cargos de confiança, desde que o valor da gratificação não seja inferior a 1/3 (um terço) do salário do cargo efetivo".*

O entendimento sumulado pelo TST tão somente adota o disposto no **art. 457, § 1º, da CLT**, que aduz: *"integram o salário não só a importância fixa estipulada, como também as comissões, percentagens, gratificações ajustadas, diárias para viagens e abonos pagos pelo empregador".*

Assim, para fins de **cálculo** da gratificação por exercício de **cargo de confiança** pelo bancário, fato que **exclui** a incidência da jornada reduzida de trabalho, por se considerar que a 7ª e a 8ª horas já são remuneradas por meio da referida gratificação, leva-se em consideração não apenas o **salário-base**, e sim aquele acrescido de outras **parcelas salariais habituais**, em especial, os adicionais, tal como o de tempo de serviço, cuja instituição se dá por norma coletiva ou por regulamento empresarial.

Exemplificando: se o salário é R$ 1.000,00 e o adicional por tempo de serviço equivale a R$ 200,00 mensais, a gratificação a que se refere o art. 224, § 2º, da CLT deve ser calculada sobre o montante de R$ 1.200,00, se inexistirem outras parcelas salariais, como adicionais de trabalho extraordinário, gratificações, prêmios etc.

ATENÇÃO: Prevê o art. 224, § 2º, da CLT o pagamento de gratificação da função para o exercente de cargo de confiança. O cálculo deve levar em consideração não apenas o salário-base, mas também eventual adicional por tempo de serviço que venha a ser recebido pelo bancário.

SÚMULA N. 241
SALÁRIO-UTILIDADE. ALIMENTAÇÃO (mantida) — Res. 121/2003, DJ 19, 20 e 21.11.2003

O vale para refeição, fornecido por força do contrato de trabalho, tem caráter salarial, integrando a remuneração do empregado, para todos os efeitos legais.

A **Súmula n. 241 do TST**, relacionada ao fornecimento de **vale-refeição** e sua natureza de salário-utilidade, foi **mantida** por meio da Resolução n. 121/2003 do TST, publicada no *DJ* nos dias 19, 20 e 21.11.2003.

Em primeiro lugar, mostra-se importante analisar o instituto do ***salário-utilidade***, também conhecido como **salário *in natura***.

Reza o art. 458 da CLT que *"além do pagamento em dinheiro, compreende-se no salário, para todos os efeitos legais, a alimentação, habitação, vestuário ou outras prestações* in natura *que a empresa, por força do contrato ou do costume, fornecer habitualmente ao empregado. Em caso algum será permitido o pagamento com bebidas alcoólicas ou drogas nocivas".*

Em geral, os salários são pagos em **dinheiro**, até o 5º dia útil do mês posterior ao trabalhado. Porém, poderá o empregado receber algumas prestações ***in natura***, como alimentação, habitação, entre outras. Tais prestações são consideradas **salário**, para todos os efeitos legais, se recebidas em contraprestação ao labor prestado.

Assim são consideradas, pois as utilidades, por poderem ser convertidas em dinheiro, representam um *plus* para o empregado.

Utiliza-se para diferenciar as utilidades **salariais** das **não salariais** as expressões ***pelo trabalho*** e ***para o trabalho***. Explica-se. Se a utilidade (habitação, por exemplo) é recebida como contraprestação ao trabalho, ou seja, *pelo trabalho* realizado, ora para motivar o empregado, ora para recompensá-lo, a utilidade terá caráter salarial. Ao contrário, se a utilidade (carro, por exemplo) é ofertada ao empregado, pois é necessária ao desenvolvimento do trabalho, ou seja, é *para o trabalho*, tal utilidade não possui caráter salarial, pois não representa um *plus* para o empregado, e sim apenas um instrumento para o trabalho, como um uniforme, um equipamento etc.

Adentrando no tema específico, *alimentação fornecida pelo empregador*, temos as seguintes características: se fornecida de forma ***espontânea*** e ***habitual***, integrará o salário do empregado, para todos os fins legais. Porém, caso ausente uma das características acima, não terá caráter salarial. Assim, se fornecida por determinação de convenção ou acordo coletivo ou esporadicamente, não integrará o salário, por não ser considerada *salário-utilidade*.

Com relação ao vale para refeição, **integrará** o salário do obreiro, uma vez que a expressão *por força do contrato de trabalho* demonstra que o vale é fornecido de forma **espontânea** pelo empregador, integrando-se ao referido contrato, por tratar-se de situação **benéfica** ao empregado. Sendo também **habitual**, preenchidos estarão os dois requisitos atinentes à matéria. Não há razão para diferenciar o fornecimento de alimentação do fornecimento de vale para refeição. Os dois são **substancialmente idênticos**. A diferenciação entre ambos traria situação **injusta**, desigual, o que não se permite.

Ocorre que, atualmente, não mais é comum o fornecimento de vale para alimentação por força do contrato de trabalho, ou seja, de forma **espontânea**, e sim por força de **acordo** ou **convenção coletivos**, o que retira o caráter salarial das utilidades.

ATENÇÃO: O valor recebido pelo empregado a título de vale-alimentação possui natureza salarial, ou seja, é salário *in natura*, e o seu valor deve ser considerado no cálculo de outras parcelas salariais. Frise-se que a negociação coletiva pode retirar a natureza salarial da utilidade.

SÚMULA N. 242
INDENIZAÇÃO ADICIONAL. VALOR (mantida) —
Res. 121/2003, DJ 19, 20 e 21.11.2003

A indenização adicional, prevista no art. 9º da Lei n. 6.708, de 30.10.1979, e no art. 9º da Lei n. 7.238, de 28.10.1984, corresponde ao salário mensal, no valor devido na data da comunicação do despedimento, integrado pelos adicionais legais ou convencionados, ligados à unidade de tempo mês, não sendo computável a gratificação natalina.

A **Súmula n. 242 do TST**, referente ao pagamento de **indenização adicional**, prevista nas Leis ns. 6.708 e 7.238, foi **mantida** por meio da Resolução n. 121/2003 do TST, publicada no *DJ* nos dias 19, 20 e 21.11.2003.

O tema deve ser analisado em conjunto com as **Súmulas de ns. 182 e 314 do TST**, tendo em vista que todas se referem à indenização a ser paga em caso de **despedimento** no prazo de 30 (trinta) dias antes da **data-base** do empregado e que, por isso, o impede de gozar do **reajuste salarial** da categoria.

O art. 9º da Lei n. 6.708/79 dispunha que: *"o empregado dispensado, sem justa causa, no período de 30 (trinta) dias que antecede a data de sua correção salarial, terá direito à indenização adicional equivalente a um salário mensal, seja ele, ou não, optante pelo Fundo de Garantia do Tempo de Serviço"*. O art. 9º da Lei n. 7.238/84 praticamente repete a redação transcrita.

Trata a súmula em análise de interpretar o termo *salário mensal* a que fazem alusão as leis referidas. Dúvida havia se o termo se referia ao ***salário*** ou à ***remuneração***, por ser o primeiro mais **restrito** se comparado à segunda.

A súmula esclareceu a questão ao adotar o segundo entendimento, afirmando que o salário mensal será *integrado pelos adicionais legais ou convencionados*, demonstrando, por exemplo, que os adicionais de horas extraordinárias, noturno, insalubridade, bem como as gorjetas, prêmios, gratificações, entre outros, **integram o valor da indenização devida**. Exclui-se apenas a **gratificação natalina**, ou seja, o 13º salário, tendo em vista que seu valor não se integra à remuneração mensal, sendo conquistado mês a mês, à razão de 1/12. A integração do aviso prévio para fins de pagamento da indenização, bem como de pagamento conjunto do reajuste com o adicional, é alvo dos comentários às **Súmulas ns. 182 e 314 do TST**, respectivamente.

> **ATENÇÃO:** Caso o empregado seja demitido nos 30 dias anteriores à data-base da categoria, que é o momento em que se estipula o reajuste salarial, fará jus ao recebimento de uma indenização no valor de um salário.

> ***SÚMULA N. 243***
> ***OPÇÃO PELO REGIME TRABALHISTA.***
> ***SUPRESSÃO DAS VANTAGENS ESTATUTÁRIAS (mantida) —***
> ***Res. 121/2003, DJ 19, 20 e 21.11.2003***
>
> Exceto na hipótese de previsão contratual ou legal expressa, a opção do funcionário público pelo regime trabalhista implica a renúncia dos direitos inerentes ao regime estatutário.

A **Súmula n. 243 do TST**, relacionada à supressão das **vantagens estatutárias** quando o funcionário **opta** pelo regime trabalhista (CLT), foi **mantida** por meio da Resolução n. 121/2003 do TST, publicada no *DJ* nos dias 19, 20 e 21.11.2003.

A presente súmula data do ano de 1985, ou seja, antes da Constituição da República Federativa do Brasil, de 05.10.1988, e, apesar da **impossibilidade de alteração**

de regime jurídico instituído pela nova Carta Magna, a súmula foi mantida uma vez que ainda existem empregados que, à época, **optaram** pela alteração de regime e ainda continuam laborando, sendo necessário demonstrar que tal alteração implicou e continua implicando **renúncia** aos direitos inerentes ao **regime anterior**.

A partir do momento que o obreiro opta pelo regime **celetista**, deixando de ser **estatutário**, há a renúncia aos direitos e benefícios do regime anterior, tendo em vista a impossibilidade de criar-se um **terceiro regime**, **híbrido**, como uma "colcha de retalhos", formada por normas inerentes aos outros dois.

Por diversas vezes, o Supremo Tribunal Federal analisou questões relativas aos empregados da **Empresa Brasileira de Correios** que migraram do regime estatutário para o celetista e pleiteavam direitos inerentes ao primeiro. Eles tiveram suas pretensões negadas pela Excelsa Corte.

> **ATENÇÃO:** Caso haja a opção do funcionário público pela mudança de seu regime, de estatutário para celetista, estará aquele renunciando aos direitos inerentes ao antigo regime.

> ***SÚMULA N. 244***
> ***GESTANTE. ESTABILIDADE PROVISÓRIA***
> ***(redação do item III alterada na sessão do Tribunal Pleno realizada em 14.09.2012) — Res. 185/2012 — DEJT divulgado em 25, 26 e 27.09.2012***
>
> I — O desconhecimento do estado gravídico pelo empregador não afasta o direito ao pagamento da indenização decorrente da estabilidade (art. 10, II, "b" do ADCT).
>
> II — A garantia de emprego à gestante só autoriza a reintegração se esta se der durante o período de estabilidade. Do contrário, a garantia restringe-se aos salários e demais direitos correspondentes ao período de estabilidade.
>
> III — A empregada gestante tem direito à estabilidade provisória prevista no art. 10, inciso II, alínea "b", do Ato das Disposições Constitucionais Transitórias, mesmo na hipótese de admissão mediante contrato por tempo determinado.

A **Súmula n. 244 do TST**, que trata do tema ***estabilidade da empregada gestante***, obteve **nova redação do inc. III** por meio da Resolução n. 185/2012 do TST, publicada no *DJ* nos dias 25, 26 e 27.09.2012, criando-se a estabilidade provisória também no contrato por prazo determinado.

O inc. I da súmula sob comento é de extrema importância para assegurar-se a estabilidade provisória da gestante, pois destaca que o empregador não precisa ter **conhecimento** do estado gravídico da empregada. Isso quer dizer que a estabilidade provisória não decorre deste conhecimento, e sim de um **fato objetivo**, qual seja, a **gravidez**.

O posicionamento é importante, pois **a prova do conhecimento por parte do empregador** poderia ser muito difícil para a empregada, em especial para aquelas que laboram em empresas menores ou que possuem pouca instrução. Isso porque, nessas hipóteses, em geral, lança-se mão da **linguagem verbal** para anunciar-se a gravidez e, para aumentar a dificuldade probatória, em geral, **sem testemunhas**. É muito difícil imaginar que uma empregada encaminhe documento ao empregador, afirmando e comprovando a gravidez, protocolando-o ou entregando mediante recibo. Esse tipo de procedimento, que geraria prova documental robusta, não é usual.

Por isso, o posicionamento que, além de correto sob a ótica jurídica, pois o **fato gerador** da estabilidade é a **gravidez**, e **não o conhecimento** do estado gravídico, é também pragmático, sob a ótica da prova a ser utilizada em ação trabalhista visando a **reintegração**.

Nos termos do inc. I da súmula, acaso **demitida** empregada gestante, em desconformidade com o **art. 10 da ADCT**, poderá mover reclamação trabalhista com pedido liminar de reintegração, provando, tão somente que, à época do despedimento, encontrava-se grávida.

Lembre-se de que a proteção somente abarca a rescisão **sem justa causa**, e não a rescisão por justa causa, que poderá ocorrer normalmente, desde que preenchidos seus requisitos legais.

Analisando o inc. II da súmula, verifica-se que o entendimento é bastante lógico, pois é **impossível** a **reintegração** ao trabalho fora do período de estabilidade; ultrapassado este, não há mais direito ao posto referido, já que é efetivada a **rescisão contratual**.

Se a CRFB/88, por meio do art. 10, II, *b*, da ADCT, garante a estabilidade *desde a confirmação da gravidez até cinco meses após o parto* e sendo possível a formulação de pedido de reintegração, caso o despedimento se dê naquele período, nada mais natural do que pleitear o retorno no período referido. Tal fato decorre da natureza *provisória* da estabilidade.

Porém, sendo requerida a **reintegração** ao trabalho **dentro do prazo estabilitário** e não sendo essa **recomendável**, por clima de animosidade entre as partes, por exemplo, serão devidos os **salários** do período. Essa consequência também ocorrerá quando a reintegração não for requerida dentro do prazo. Poderá, nessa hipótese, requerer a condenação do empregador ao pagamento dos salários do período.

O que ocorreria se a empregada pleiteasse judicialmente, mesmo após findo o período estabilitário, a reintegração ao emprego, sem pedido alternativo de pagamento dos salários?

Resta claro que a reintegração não é possível, mas, sim, é possível a **condenação ao pagamento dos salários**, mesmo sem pedido. Nessa hipótese excepcional, a sentença não será considerada ***extra petita***, mesmo deferindo pedido não contido na inicial. Esse é o entendimento contido no **inc. II da Súmula n. 396 do TST**, segundo o qual *"Não há nulidade por julgamento 'extra petita' da decisão que deferir salário quando o pedido for de reintegração, dados os termos do art. 496 da CLT"*.

Por fim, o inc. III, alterado pela Resolução n. 185/2012, destaca que "A empregada gestante tem direito à estabilidade provisória prevista no art. 10, II, *b*, do Ato das Disposições Constitucionais Transitórias, mesmo na hipótese de admissão mediante contrato por tempo determinado". Nesse ponto, o TST alterou o entendimento "da água para o vinho", já que a redação anterior do inciso afirmava inexistir estabilidade provisória para gestante quando contratada por prazo determinado. Sabe-se que a predeterminação do prazo contratual é válida e tal fato excluiu alguns direitos trabalhistas, como o aviso prévio e a multa de 40% do FGTS. Contudo, não mais retira o direito à estabilidade provisória da gestante, já que o Supremo Tribunal Federal e agora o Tribunal Superior do Trabalho afirmam que, independentemente da espécie de contrato — prazo determinado ou indeterminado —, a proteção à despedida sem justa causa da empregada gestante é medida que se impõe, já que a preocupação maior do legislador é com o nascituro.

Assim, o fato de estar grávida quando do despedimento, em qualquer espécie de contrato, enseja o direito à reintegração, diante da estabilidade provisória, ou à indenização, caso o período de estabilidade já esteja exaurido. Além disso, é sempre importante salientar que, **nos termos do art. 391-A da CLT, a empregada que engravida no aviso prévio possui estabilidade provisória, seja o aviso trabalhado ou indenizado. Essa regra foi incluída na CLT em maio de 2013, sendo de extrema importância na proteção ao nascituro, bem como à mulher**.

> **ATENÇÃO:** A estabilidade provisória da gestante surge com o fato de ela estar grávida, independentemente de esse fato ser conhecido ou não pelo empregador. Estando grávida, terá garantido o emprego até 5 meses após o parto, período em que não poderá ser demitida sem justa causa, mesmo que o contrato de trabalho tenha sido originariamente firmado por prazo determinado.

> ***SÚMULA N. 245***
> ***DEPÓSITO RECURSAL. PRAZO (mantida) —***
> ***Res. 121/2003, DJ 19, 20 e 21.11.2003***
>
> O depósito recursal deve ser feito e comprovado no prazo alusivo ao recurso. A interposição antecipada deste não prejudica a dilação legal.

A **Súmula n. 245 do TST**, alusiva à **comprovação** do depósito recursal, foi **mantida** por meio da Resolução n. 121/2003 do TST, publicada no *DJ* nos dias 19, 20 e 21.11.2003.

O tema *depósito recursal* já foi analisado quando dos comentários à **Súmula n. 128, do TST**, porém, volta-se ao instituto para verificar o seu **prazo de comprovação**.

Ao versar sobre a necessidade de depósito, o art. 899, § 1º, da CLT destaca que "*(...) só será admitido o recurso, inclusive o extraordinário, mediante prévio depósito da respectiva importância*". Entende-se, portanto, que a comprovação do depósito recursal deve ser feita no **prazo recursal**, que no processo do trabalho é de 8 (oito) dias.

Por sua vez, a Lei n. 5.584/70, em seu art. 7º, determina que *"A comprovação do depósito da condenação (CLT, art. 899, §§ 1º a 5º) terá que ser feita dentro do prazo para a interposição do recurso, sob pena de ser este considerado deserto"*.

Assim, se interposto no último dia do prazo recursal, deverá o depósito ser comprovado no mesmo ato, juntando-se o **comprovante** respectivo ao recurso, sob pena de **inadmissão**. Porém, a dúvida surgida e exterminada pelo TST, por meio da presente súmula, diz respeito à interposição **antecipada** do recurso. Caso interposto o apelo no 2º dia do prazo, até quando poderá ser realizado e comprovado o depósito recursal?

Protocolado o recurso, inviável será a sua **complementação**, mesmo que ainda reste prazo recursal, pois a interposição do recurso acarreta **preclusão consumativa**, que impede a **complementação** ou **substituição** das razões apresentadas. Todavia, essa regra não se aplica ao depósito recursal. O TST firmou entendimento no sentido de que *"A interposição antecipada deste não prejudica a dilação legal"*, o que significa dizer que o depósito recursal poderá ser realizado e comprovado até o **último** dia do prazo recursal. Portanto, interposto, conforme dito, no 2º dia do prazo, poderá o recorrente comprovar a realização do depósito até o 8º e último dia (tendo a parte prerrogativa de prazo recursal em dobro, até o 16º dia).

ATENÇÃO: Mesmo que o recorrente interponha o recurso antes do término do prazo, no 4º dia, por exemplo, poderá realizar e comprovar o depósito recursal até o último dia, não havendo necessidade de antecipar o depósito quando houver a antecipação da interposição do recurso.

SÚMULA N. 246
AÇÃO DE CUMPRIMENTO. TRÂNSITO EM JULGADO DA SENTENÇA NORMATIVA (mantida) — Res. 121/2003, DJ 19, 20 e 21.11.2003

É dispensável o trânsito em julgado da sentença normativa para a propositura da ação de cumprimento.

A **Súmula n. 246 do TST**, relacionada à **desnecessidade** do **trânsito em julgado** da sentença normativa para o ajuizamento da ação de cumprimento, foi **mantida** pela Resolução n. 121/2003 do TST, publicada no *DJ* nos dias 19, 20 e 21.11.2003.

A sentença ou decisão normativa, proferida em dissídio coletivo, não é executada, como as demais decisões judiciais, e sim **cumprida**, por meio de regular procedimento denominado ***ação de cumprimento,*** inserto no art. 872 da CLT, que em seu *caput* destaca: *"Celebrado o acordo ou transitada em julgado a decisão, seguir-se-á o seu cumprimento, sob as penas estabelecidas neste Título"*.

A ação de cumprimento, de **competência da Vara do Trabalho** do local em que o trabalhador presta serviços, nos termos do artigo referido, somente podia ser ajuizada **após o trânsito em julgado** da decisão. Porém, tal entendimento mostra-se ultrapassado, conforme será visto.

Proferida sentença normativa, poderá o sucumbente interpor recurso ordinário, nos termos do art. 895, *b,* da CLT, sendo este, em regra, recebido apenas no **efeito devolutivo**, por ser essa a regra do processo do trabalho.

Contudo, nos **dissídios coletivos**, há previsão legal para a atribuição de efeito suspensivo ao recurso ordinário interposto, sendo a competência do Presidente do Tribunal Superior do Trabalho, nos termos da Lei n. 10.192/2001.

O art. 14 da referida lei destaca que *"o recurso interposto de decisão normativa da Justiça do Trabalho terá efeito suspensivo, na medida e extensão conferidas em despacho do Presidente do Tribunal Superior do Trabalho"*.

Assim, se concedido **efeito suspensivo** ao recurso ordinário, obstado estará o ajuizamento da ação de cumprimento, pois a decisão não produzirá efeitos até o julgamento do mérito do recurso. Porém, caso negado o efeito suspensivo, ou sendo apenas parcial, não haverá óbice ao cumprimento das disposições contidas na sentença normativa.

Sobre o assunto, CARLOS HENRIQUE BEZERRA LEITE[64] observa que *"é permitido o ajuizamento imediato da ação de cumprimento da sentença normativa, independentemente de seu trânsito em julgado, salvo se for dado efeito suspensivo ao recurso ordinário eventualmente interposto contra tal decisão"*.

O entendimento exposto pelo TST leva em consideração a regra geral disposta no art. 899 da CLT, de que os recursos trabalhistas são recebidos apenas no efeito devolutivo e que, por isso, as decisões já podem ser executadas (ou cumpridas, em se tratando de sentença normativa). Excepcionalmente, poderá ser atribuído efeito suspensivo, se presentes seus requisitos, a saber: *fumus boni iuris* e *periculum in mora*.

ATENÇÃO: Não há necessidade de aguardar o trânsito em julgado da sentença normativa, que é a decisão proferida em dissídio coletivo, para ajuizar a ação de cumprimento, pois aquela já produz efeitos mesmo sendo interposto recurso, pelo fato de não possuir efeito suspensivo.

SÚMULA N. 247
QUEBRA DE CAIXA. NATUREZA JURÍDICA (mantida) — Res. 121/2003, DJ 19, 20 e 21.11.2003

A parcela paga aos bancários sob a denominação "quebra de caixa" possui natureza salarial, integrando o salário do prestador de serviços, para todos os efeitos legais.

A **Súmula n. 247 do TST**, relacionada à natureza salarial da parcela denominada ***quebra de caixa***, percebida pelos bancários, foi **mantida** pela Resolução n. 121/2003 do TST, publicada no *DJ* nos dias 19, 20 e 21.11.2003.

Em primeiro lugar, há que se entender no que consiste a parcela denominada *quebra de caixa* que os bancários que trabalham no caixa percebem mensalmente, para, depois, analisarmos a natureza jurídica da mesma.

Em verdade, a parcela *quebra de caixa* é uma **gratificação** percebida por aqueles que trabalham no caixa e que, por isso, possuem maior **responsabilidade**. Trata-se, portanto, de uma ***gratificação de função***, pois está intimamente relacionada à função exercida pelo obreiro.

[64] BEZERRA LEITE, Carlos Henrique. *Curso de direito processual do trabalho*, p. 990.

Essa gratificação é paga em decorrência da responsabilidade a que está submetido o bancário que trabalha no caixa, tendo em vista ser responsável por qualquer diferença havida ao final do expediente. Trata-se, por isso, de trabalho estressante.

A **natureza jurídica** dessa parcela é nitidamente **salarial**, pois, além de ser paga **mensalmente**, não está condicionada a nenhum **fator**. Havendo ou não diferença no caixa e, independentemente do valor, a quantia será paga ao empregado. Como se trata efetivamente de gratificação, possui, nos termos do **art. 457, § 1º, da CLT**, natureza salarial, razão pela qual entendeu o TST que a parcela integra o salário para todos os efeitos legais. Neste ponto, não há dúvidas, pois o legislador afirmou no referido dispositivo que *"integram o salário não só a importância fixa estipulada, como também as comissões, percentagens, gratificações ajustadas, diárias para viagens e abonos pagos pelo empregador"*.

Importância maior teve a súmula ao definir a natureza salarial da parcela, acabando de uma vez por todas com a dúvida antes existente, ante o entendimento de parte da jurisprudência de que se tratava de **reembolso de despesas**.

Por fim, FRANCISCO ANTÔNIO DE OLIVEIRA[65] assinala: *"O valor recebido a título de 'quebra de caixa' não induz ao exercício do cargo de confiança. O valor pago mensalmente é um plus pelo risco e pela angústia diários que sofre o funcionário antes do fechamento de 'caixa'"*.

ATENÇÃO: A parcela "quebra de caixa" é uma gratificação de função que possui natureza salarial. Assim sendo, o seu valor deve ser levado em consideração para todos os fins, para o cálculo de todas as parcelas salariais.

SÚMULA N. 248
ADICIONAL DE INSALUBRIDADE.
DIREITO ADQUIRIDO (mantida) —
Res. 121/2003, DJ 19, 20 e 21.11.2003

A reclassificação ou a descaracterização da insalubridade, por ato da autoridade competente, repercute na satisfação do respectivo adicional, sem ofensa a direito adquirido ou ao princípio da irredutibilidade salarial.

A **Súmula n. 248 do TST**, que destaca a **inexistência** de **direito adquirido** à percepção do adicional de insalubridade, foi **mantida** pela Resolução n. 121/2003 do TST, publicada no *DJ* nos dias 19, 20 e 21.11.2003.

Quando dos comentários à **Súmula n. 80 do TST**, fixou-se a premissa de que os adicionais somente são pagos **durante** o exercício do labor sob **condições específicas**, como ocorre com os adicionais de insalubridade, periculosidade, horas extraordinárias, trabalho noturno etc.

[65] OLIVEIRA, Francisco Antônio de. *Comentários às súmulas do TST*, p. 481.

Nos termos da Súmula n. 80, *"a eliminação da insalubridade mediante fornecimento de aparelhos protetores aprovados pelo órgão competente do Poder Executivo exclui a percepção do respectivo adicional"* e, por sua vez, de acordo com a Súmula n. 265, *"a transferência para o período diurno de trabalho implica a perda do direito ao adicional noturno"*.

A súmula em comento tão somente explicita a ideia já lançada, qual seja, de que **inexiste direito adquirido** à percepção desses adicionais, ou seja, cessando a situação **excepcional**, cessa o pagamento da referida quantia.

O TST, por meio de seu entendimento sumulado, destaca duas situações, a saber: ***reclassificação*** e ***descaracterização*** da insalubridade. Assim, se o empregado percebe adicional de insalubridade no **grau máximo** (40%) e o empregador, aplicando novos métodos e máquinas, consegue reduzir para o **grau médio** (20%) ou **mínimo** (10%), haverá a **adequação** do pagamento, cessando a percepção em grau máximo, passando-se para o médio ou mínimo. Pode ocorrer também que o **agente insalubre** (ruído, frio, poeira, calor etc.) deixe de existir ou passe a apresentar-se dentro da normalidade, fato que acarretará a **cessação** do pagamento, o que, para o Direito do Trabalho, é preferível. Melhor do que receber adicional, é não precisar trabalhar em situações **extremas**, como em ambientes ruidosos, com poeira excessiva, frio ou calor extremos.

Em matéria de saúde e medicina do trabalho, o ideal é evitar-se os ambientes **insalubres**, pois são danosos à saúde, mesmo com o pagamento do respectivo adicional.

ATENÇÃO: Não há direito adquirido ao recebimento de adicional de insalubridade, podendo o empregador vir a perdê-lo caso haja a reclassificação do agente insalubre ou sua exclusão da lista elaborada pelo Ministério do Trabalho.

SÚMULA N. 253
GRATIFICAÇÃO SEMESTRAL.
REPERCUSSÕES (nova redação) —
Res. 121/2003, DJ 19, 20 e 21.11.2003

A gratificação semestral não repercute no cálculo das horas extras, das férias e do aviso prévio, ainda que indenizados. Repercute, contudo, pelo seu duodécimo na indenização por antiguidade e na gratificação natalina.

A **Súmula n. 253 do TST**, relacionada às **repercussões** da **gratificação semestral**, obteve **nova redação** por meio da Resolução n. 121/2003 do TST, publicada no *DJ* nos dias 19, 20 e 21.11.2003.

O Tribunal Superior do Trabalho entendeu que a gratificação semestral, **convencionada** ou não, ou seja, paga por força de **norma jurídica** ou por **liberalidade**, integrará o cálculo da **indenização por antiguidade**, hoje substituída pelo sistema do **FGTS**, bem como da **gratificação natalina**.

A gratificação não repercute nas **férias** e no **aviso prévio**, pois estes, segundo dispõem os arts. 129 e 488 da CLT, são calculados tendo-se por base o **salário** do obreiro. No tocante às horas extras, a **Súmula n. 115 do TST** demonstra exatamente o contrário, ou seja, que aquelas (horas extras) refletem no cálculo da gratificação semestral.

Porém, a gratificação repercute no cálculo da indenização por antiguidade, versada nos arts. 477 e 478 da CLT, substituídos pelo **sistema fundiário**, que alterou o panorama anterior, que garantia a **estabilidade decenal**, bem como **gratificação natalina** (13º salário). Este último é o que interessa, por possuir maior aplicação prática.

A Lei n. 4.090/62 destaca em seu art. 1º: *"Art. 1º — No mês de dezembro de cada ano, a todo empregado será paga, pelo empregador, uma gratificação salarial, independentemente da remuneração a que fizer jus. § 1º — A gratificação corresponderá a 1/12 avos da remuneração devida em dezembro, por mês de serviço, do ano correspondente".*

Analisando o termo ***remuneração***, o TST entendeu que os valores recebidos a título de gratificação semestral, por possuírem cunho salarial, deveriam **integrar** aquele, razão pela qual será feito o cálculo com base em 1/12 da gratificação, **majorando-se** o 13º salário. Assim, se o empregado percebe R$ 1.000,00 (mil reais) mensais, mais uma gratificação semestral de R$ 600,00 (seiscentos reais), deve-se considerar que o salário mensal, em verdade, foi de R$ 1.100,00 (mil e cem reais), tendo em vista que as gratificações, ao longo dos 12 (doze) meses do ano, atingiram R$ 1.200,00 (mil e duzentos reais) (R$ 600,00 x 2), o que, multiplicado por 1/12, eleva o salário mensal em R$ 100,00 (cem reais).

Esse é o entendimento do TST, externado na presente súmula.

> **ATENÇÃO:** Pelo fato de não ser mensal, a gratificação semestral não repercutirá no cálculo do aviso prévio, horas extras e férias.

SÚMULA N. 254
SALÁRIO-FAMÍLIA. TERMO INICIAL DA OBRIGAÇÃO (mantida) — Res. 121/2003, DJ 19, 20 e 21.11.2003

O termo inicial do direito ao salário-família coincide com a prova da filiação. Se feita em juízo, corresponde à data de ajuizamento do pedido, salvo se comprovado que anteriormente o empregador se recusara a receber a respectiva certidão.

A **Súmula n. 254 do TST**, que se refere ao **termo inicial** do pagamento do **salário-família**, foi **mantida** por meio da Resolução n. 121/2003 do TST, publicada no *DJ* nos dias 19, 20 e 21.11.2003.

O direito ao salário-família, de cunho **previdenciário**, encontra-se previsto no art. 7º, XII, da CRFB/88, que dispõe: *"salário-família pago em razão do dependente de trabalhador de baixa renda nos termos da lei".*

Ao regulamentar a matéria, a Lei n. 8.213/91 dispôs, em seu art. 65, que *"o salário-família será devido, mensalmente, ao segurado empregado, exceto ao doméstico, e ao segurado trabalhador avulso, na proporção do respectivo número de filhos ou equiparados nos termos do § 2º do art. 16 desta Lei, observado o disposto no art. 66"*.

O doméstico passou, com a Lei Complementar n. 150/2015, a ser detentor do direito ao recebimento do salário-família, tendo em vista a Emenda Constitucional n. 72/2013, regulamentada pela referida lei complementar.

Adentrando no assunto versado na súmula, de fácil entendimento, tem-se, em verdade, uma **explicitação** do que já se encontra disposto no art. 67 da Lei n. 8.213/91, que afirma: *"o pagamento do salário-família é condicionado à apresentação da certidão de nascimento do filho ou da documentação relativa ao equiparado ou ao inválido (...)"*.

É óbvio que o pagamento do salário-família somente é devido a partir do momento em que o empregado **comprova** possuir **dependentes** que se enquadram nas normas legais, ou seja, se o pagamento efetiva-se aos filhos menores de 14 anos, mister se faz a entrega da **certidão de nascimento** ao empregador.

Porém, duas situações podem ocorrer: ou o empregado **não apresenta** a certidão de nascimento, ou a apresenta, mas esta é **recusada** de forma **infundada** pelo empregador.

A primeira hipótese, destaca-se, deve ocorrer **durante** o pacto laboral, pois a terminação da relação de emprego sem a apresentação dos documentos pelo empregado faz com que ele não possa pleitear o benefício posteriormente, pois era seu **ônus** a entrega dos mesmos à empresa. Por isso, a expressão *"Se feita em juízo, corresponde à data de ajuizamento do pedido (...)"* refere-se à reclamação trabalhista ajuizada no **curso** da relação de emprego. Nessa situação, se o empregado junta aos autos a(s) certidão(ões) necessária(s) ao recebimento do benefício previdenciário, o mesmo será devido a partir da data do **ajuizamento** da ação.

Exceção à regra, tratada na própria súmula, é a **recusa** do empregador ao recebimento da documentação pertinente, quando o benefício do salário-família será devido **desde a data da recusa**. É claro que tal recusa é aquela ***injustificada***, pois, se tiver sido justa, a data de início será o da **comprovação judicial** (ajuizamento da ação). A recusa será tida por lícita, justa, quando, por exemplo, a certidão entregue estiver ilegível ou houver indícios de fraude, falsificação etc.

> **ATENÇÃO:** O salário-família é devido a partir do momento em que o empregado prova a filiação. Caso nunca tenha apresentado a prova ao empregador e venha a pleitear o benefício judicialmente, será devido a partir do ajuizamento da ação trabalhista.

SÚMULA N. 257

VIGILANTE (mantida) —

Res. 121/2003, DJ 19, 20 e 21.11.2003

O vigilante, contratado diretamente por banco ou por intermédio de empresas especializadas, não é bancário.

A **Súmula n. 257 do TST**, relacionada aos vigilantes contratados por banco ou por empresas especializadas, foi **mantida** por meio da Resolução n. 121/2003 do TST, publicada no *DJ* nos dias 19, 20 e 21.11.2003.

Conforme já se pode observar nos comentários a outras súmulas que se referem ao bancário, em especial a de **n. 102**, a jornada do bancário, **reduzida** para 6 (seis) horas diárias e 30 (trinta) semanais, deu-se em virtude do tipo de trabalho desenvolvido por esses profissionais, cujas atividades sempre são qualificadas de *"intoxicantes, extenuantes, monótonas e penosas"*, nos dizeres de FRANCISCO ANTÔNIO DE OLIVEIRA.[66]

Assim, o Tribunal Superior do Trabalho entendeu, **corretamente**, que o vigilante, independentemente de ter sido contratado **diretamente** pelo banco ou por via empresa **interposta** (terceirização — Súmula n. 331 do TST), **não é considerado bancário**, sendo, portanto, sua jornada de trabalho de **8 (oito) horas diárias** e 44 (quarenta e quatro) semanais, salvo situação mais **benéfica** acordada pelas partes.

Realmente, não existem razões para considerar-se como **bancário** o **vigilante** que trabalha em banco, pois as atividades são totalmente díspares. Entendimento contrário igualaria situações totalmente adversas, em completo desrespeito ao **princípio da isonomia**.

Ressalta-se, por fim, ser **lícita** a **terceirização** de atividade de vigilância e segurança privada, nos termos da **Súmula n. 331 do TST**, por ser **atividade-meio** do banco. Lembre-se de que não se admite a terceirização de **atividade-fim** da empresa. Nessa hipótese, a terceirização é ilegal, formando-se o **vínculo** empregatício diretamente com a empresa **tomadora**. Mais detalhes serão expostos nos comentários à importante **Súmula n. 331**.

ATENÇÃO: O vigilante que trabalha em banco não é considerado bancário, já que contratado por intermédio de empresas especializadas, em contrato de terceirização.

SÚMULA N. 258
SALÁRIO-UTILIDADE. PERCENTUAIS (nova redação) — Res. 121/2003, DJ 19, 20 e 21.11.2003

Os percentuais fixados em lei relativos ao salário *in natura* apenas se referem às hipóteses em que o empregado percebe salário mínimo, apurando-se, nas demais, o real valor da utilidade.

A **Súmula n. 258 do TST**, referente aos percentuais relativos ao **salário-utilidade**, também denominados **salário *in natura***, obteve **nova redação** por meio da Resolução n. 121/2003 do TST, publicada no *DJ* nos dias 19, 20 e 21.11.2003.

Em primeiro lugar, há que se entender o conceito de *salário in natura* ou *salário-utilidade*. O salário do empregado pode ser pago em **dinheiro** ou em **bens e serviços**.

[66] OLIVEIRA, Francisco Antônio de. *Comentários às súmulas do TST*, p. 493.

Assim, parte do salário pode ser pago por meio da disponibilização de um apartamento ou de um carro para o empregado, enquanto o restante é pago em dinheiro.

Várias são as regras acerca do pagamento do salário em **utilidades**. A primeira versa sobre saber se a utilidade fornecida pode ser considerada ou não salário. SERGIO PINTO MARTINS[67] ensina que *"Com base no § 2º do art. 458 da CLT é possível distinguir entre a prestação fornecida* ***pela*** *ou* ***para*** *a prestação dos serviços. Se a utilidade é fornecida* ***pela*** *prestação dos serviços, terá natureza salarial. Decorre da contraprestação do trabalho desenvolvido pelo empregado, representando remuneração. Tem caráter retributivo. Ao contrário, se a utilidade for fornecida* ***para*** *a prestação de serviços, estará descaracterizada a natureza salarial, como ocorre com os equipamentos de proteção individual, que servem para ser utilizados apenas no serviço".*

A segunda norma relacionada ao pagamento *in natura* relaciona-se com o **percentual máximo** que pode ser pago ao trabalhador em utilidades. Destaca o art. 82, parágrafo único, que *"o salário mínimo pago em dinheiro não será inferior a 30% (trinta por cento) do salário mínimo fixado para a região"*. Interpretação *a contrario sensu* leva ao entendimento de que até 70% (setenta por cento) do salário pode ser pago em utilidades, enquanto pelo menos 30% (trinta por cento) **obrigatoriamente** deverá ser pago em espécie.

Apesar de o artigo mencionado fazer alusão ao **salário mínimo**, entende-se que o mínimo de 30% (trinta por cento) não é apenas do salário mínimo, e sim do **salário contratual** para aqueles que percebem salário superior ao mínimo legal. Apesar de não ser uníssono tal posicionamento, mostra-se o mais correto, pois evita que um empregado, cujo salário é de R$ 10.000,00 (dez mil reais), receba quantia ínfima por mês em dinheiro e o restante em utilidades. É o que ocorreria em se adotando posicionamento diverso.

A respeito da divergência doutrinária, destacam-se os entendimentos de MAURÍCIO GODINHO DELGADO e AMAURI MASCARO NASCIMENTO. O entendimento externado por GODINHO[68] mostra-se no seguinte sentido: *"o primeiro critério aponta no sentido de que o montante salarial pago em utilidades não pode alcançar 70% do salário — caso o obreiro receba apenas, no total, o salário mínimo legal (art. 82, parágrafo único, CLT). Ou seja, quer a lei que o empregado receba, em pecúnia, pelo menos 30% do salário mínimo. O limite percentual mencionado, entretanto, reporta-se apenas ao salário mínimo. Ele não se calcula sobre parâmetros salariais superiores ao mínimo legal (nos casos de salários contratuais mais elevados serão respeitados também apenas os mesmos 30% do salário mínimo)".*

Por sua vez, AMAURI MASCARO NASCIMENTO[69] afirma que *"(...) o salário não pode ser totalmente pago em utilidades. Pelo menos 30% do salário será pago em dinheiro. A regra emana de aplicação do disposto no art. 82, parágrafo único, da CLT, destinado ao salário mínimo mas aplicável aos salários contratuais,*

[67] MARTINS, Sergio Pinto. *Direito do trabalho*, p. 215.

[68] DELGADO, Maurício Godinho. *Curso de direito do trabalho*, p. 678.

[69] NASCIMENTO, Amauri Mascaro. *Curso de direito do trabalho*. 24. ed. São Paulo: Saraiva, 2009. p. 1063.

assim considerados os salários acima do mínimo". No mesmo sentido, SERGIO PINTO MARTINS[70] afirma que *"Por analogia, podemos dizer que 30%, no mínimo, do salário contratual necessariamente deverão ser pagos em dinheiro, sendo que os restantes 70% poderão ser pagos em utilidades"*.

Esse último entendimento mostra-se mais consentâneo com a regra que impede o pagamento integral em utilidades. Assegurar apenas 30% (trinta por cento) do salário mínimo em dinheiro, independentemente do valor contratado, por vezes, é aniquilar a utilidade do dinheiro.

A prática trabalhista demonstra que, na maioria das vezes, a empresa contrata o empregado por um valor fixo, por exemplo, R$ 5.000,00 (cinco mil reais), ofertando ao mesmo uma série de **utilidades**, mas efetua o pagamento de todos os direitos trabalhistas, fundiários e previdenciários tendo **por base apenas a quantia paga em pecúnia**. Assim, ao efetuar-se o pagamento do **INSS** e do **FGTS**, bem como das férias e de seu adicional, apenas com base no valor de R$ 5.000,00 (cinco mil reais), sonegam-se direitos trabalhistas, pois o valor correto deve **englobar** também o **salário *in natura***, ou seja, o valor dos serviços e bens postos à disposição do obreiro.

Porém, em raras hipóteses, vistas especialmente em grandes e organizadas empresas, o empregado recebe uma quantia em pecúnia, acrescida de utilidades, as quais são **computadas** quando do pagamento de outros direitos (previdenciários e fundiários, em especial). Nessas situações, algumas utilidades possuem **valor máximo** a ser considerado, evitando-se situações em que o valor de uma única utilidade compreenda a quase totalidade do salário.

Dispõe o art. 458, § 3º, da CLT que *"a habitação e a alimentação fornecidas como salário-utilidade deverão atender aos fins a que se destinam e não poderão exceder, respectivamente, a 25% (vinte e cinco por cento) e 20% (vinte por cento) do salário-contratual"*.

Esses limites impedem que o empregador pague parcela ínfima em dinheiro e forneça **utilidades** em valor **superfaturado**. Poderia, por exemplo, o empregador pagar ao obreiro, que percebe salário mínimo, 30% daquele em dinheiro e conceder uma moradia no valor referente a 70% do salário mínimo. Tal situação é absurdamente **ilegal**, pois é ilusório pensar que um trabalhador que percebe salário mínimo utilize 70% de seu salário com moradia e os restantes 30% para **todos os demais gastos**.

Por isso, o legislador impôs o limite de 25% com habitação e 20% com alimentação, pois são valores **módicos** e **razoáveis** para serem gastos com tais finalidades.

Porém, o entendimento sumulado pelo TST é no sentido de que o valor das utilidades deve ser **perquirido**, verificado conforme **valores reais e não presumidos**, quando o trabalhador receber quantia superior a **um salário mínimo** ou, como a lei denomina, salário-contratual, para diferenciá-lo do legal, que é o primeiro.

---

70 MARTINS, Sergio Pinto. *Direito do trabalho*, p. 218.

Nessas situações, poderá o empregador ofertar utilidades (bens e serviços), cujo valor seja superior a 25% do salário mínimo, como no caso da habitação, pois seria também ilusório pensar em apartamento de alto padrão, para um executivo, que representasse apenas 1/4 do salário mínimo. MAURÍCIO GODINHO DELGADO[71] nos ensina que *"(...) se o obreiro receber ganho salarial superior ao mínimo fixado em lei, seu salário* in natura *será calculado mediante a apuração do valor real da utilidade (Súmula 258, TST). Isso significa que o valor da utilidade não fica restrito ao parâmetro do salário mínimo (por exemplo, 25% do salário mínimo por um apartamento de 4 quatros em área residencial de uma grande metrópole), mas se funda em seu efetivo valor econômico"*.

Porém, mesmo apurando-se o **valor real** da utilidade, não poderá o empregador considerar o valor desta fora daqueles parâmetros do § 3º do art. 458 da CLT, sob pena de a utilidade ser muito superior ao valor pago em pecúnia, como o executivo que recebe um total salarial de R$ 10.000,00, sendo R$ 3.000,00 em dinheiro e R$ 7.000,00 por um imóvel de alto luxo. Nessa situação, a utilidade consome praticamente todo o salário do trabalhador. Verifique-se que se atentou para o mínimo de 30% em pecúnia. Mesmo assim, por não se ter respeitado o **máximo** para a utilidade *habitação*, o pagamento é **ilegal**.

ATENÇÃO: Caso o empregado receba salário *in natura* e seu salário seja superior ao mínimo, os valores das utilidades serão calculados com base em seu valor real.

SÚMULA N. 259
TERMO DE CONCILIAÇÃO. AÇÃO RESCISÓRIA (mantida) — Res. 121/2003, DJ 19, 20 e 21.11.2003

Só por ação rescisória é impugnável o termo de conciliação previsto no parágrafo único do art. 831 da CLT.

A **Súmula n. 259 do TST**, que analisa o cabimento da **ação rescisória** para desconstituição de **termo de conciliação**, foi **mantida** por meio da Resolução n. 121/2003 do TST, publicada no *DJ* nos dias 19, 20 e 21.11.2003.

Sabe-se que o processo trabalhista pode ser extinto sem resolução do mérito, quando, pela terminologia aplicada ao ramo trabalhista, o feito é **arquivado**, ou extinto com resolução do mérito, respectivamente, nos termos dos **arts. 485 e 487, respectivamente, do CPC/2015**.

Prevê o art. 487, III, *b*, do CPC/2015 que a **transação** (também denominada *conciliação)* é uma das modalidades de extinção **com resolução** do mérito, tendo importância ímpar no processo trabalhista.

A súmula em comento faz menção expressa ao **art. 831 da CLT**, cuja redação é a seguinte: *"A decisão será proferida depois de rejeitada pelas partes a proposta de*

[71] DELGADO, Maurício Godinho. *Curso de direito do trabalho*, p. 679.

conciliação. Parágrafo único: No caso de conciliação, o termo que for lavrado valerá como decisão irrecorrível, salvo para a Previdência Social quanto às contribuições que lhe forem devidas".

O texto legal faz menção à decisão que será proferida depois de rejeitada pelas partes a proposta de **conciliação**, pois o rito processual trabalhista possui uma peculiaridade: existe previsão legal (arts. 846 e 850) para a formulação de **duas propostas de conciliação obrigatórias**. Assim, o juiz do trabalho está **obrigado** a buscar a conciliação das partes no **início** da audiência (art. 846), bem como **após as alegações finais** (art. 850), sob pena de **nulidade** do processo. A jurisprudência abrandou a regra, afirmando que a ausência da **segunda** tentativa de conciliação é que importa **nulidade**.

Analisando o art. 831 da CLT, percebe-se que a decisão (sentença) que **homologar** o **acordo** apresentado pelas partes, independentemente de ter sido firmado nos autos ou extra-autos, será **irrecorrível**. Tal fato ocorre pela **ausência de interesse recursal** das partes, pois a homologação tão somente tornou jurisdicional o entendimento havido entre as partes. Se não há **sucumbência**, pois a sentença apenas reconheceu o que foi convencionado, não há interesse recursal. Porém, como a **Previdência Social** não participa do ato jurídico, que se dá unicamente entre reclamante e reclamado, poderá haver **recurso** contra a decisão que homologar o acordo, pois poderá o Instituto de Previdência entender que o acordo firmado fere normas de direito material que, em verdade, serve para evitar o pagamento de **parcelas previdenciárias**.

Por muitos anos, tornou-se prática na Justiça do Trabalho a formulação de acordos *sem reconhecimento do vínculo de emprego*, porém, com o pagamento de todas as verbas inerentes a uma **relação de emprego**, tais como aviso prévio, 13º salário, férias + 1/3, horas extraordinárias, adicionais etc. Diante de tal quadro, o INSS passou a utilizar-se de **embargos de declaração** para sanar a **contradição** existente, qual seja, a ausência de reconhecimento de vínculo de emprego com o pagamento de verbas típicas dessa relação. O desprovimento dos embargos de declaração acarretava a interposição de recurso ordinário e demais recursos à disposição do Instituto.

É certo que as partes não podem recorrer se houver a homologação do acordo da forma como foi apresentado. Claro que, se houver qualquer **vício** processual ou material quando da homologação, poderão as partes interpor recursos, pois, diante de um ***error in judicando*** ou de um ***error in procedendo***, possuem interesse recursal.

Porém, se não houver qualquer dos vícios já referidos, somente caberá, sob a ótica do Tribunal Superior do Trabalho, a ***ação rescisória***, disciplinada no art. 836 da CLT, bem como nos arts. 966 a 975, *caput*, do CPC/2015 e nos Regimentos Internos dos Tribunais, que podem disciplinar o procedimento de forma diversa.

Ocorre que, apesar do TST entender pelo cabimento da ação rescisória, não se mostra essa a melhor ideia sobre o tema. Na hipótese da súmula, se o termo de conciliação (ato jurídico) for viciado, deverá ser ajuizada a **ação anulatória** do **art. 966, § 4º do CPC/2015**, pois não se está atacando o **ato processual** que **homologou** o pedido, e sim o **ato jurídico** apresentado pelas partes, que poderá estar acoimado, por exemplo, por um **vício de consentimento** (coação, dolo etc.) ou de forma.

Dispõe o art. 966, § 4º, do CPC/2015 que *"Os atos judiciais, que não dependem de sentença, ou em que esta for meramente homologatória, podem ser rescindidos, como os atos jurídicos em geral, nos termos da lei civil"*.

NELSON NERY JÚNIOR,[72] ao analisar a **Súmula n. 259**, destaca que, *"Com a devida vênia, o termo de conciliação de que trata a CLT 831 par. ún. tem natureza jurídica de transação, motivo por que a ele se aplicam as regras de impugnação dos negócios jurídicos em geral, vale dizer, é atacável por meio de ação anulatória do CPC 486 (art. 966, § 4º, do CPC/2015) e não da rescisória do CPC 485 (art. 966 do CPC/2015)"*.

Ademais, esclarece o mesmo autor que *"o vício não é da sentença, mas do negócio jurídico que foi por ela homologado. Assim, é anulável esse negócio jurídico de transação, seguindo-se o regime jurídico da anulabilidade do CC, com o sistema processual do CPC 486 (art. 966, § 4º, do CPC/2015)"*.

Assim, apesar do entendimento contrário da melhor doutrina processual, o TST entende que é cabível a **ação rescisória**, a ser ajuizada no prazo máximo de **2 (dois) anos do trânsito em julgado**, de competência de tribunal e mediante o **depósito prévio** de 20% sobre o valor da causa, conforme o novel art. 836 da CLT.

O **inc. IV da Súmula n. 298 do TST** parece ter prejudicado o entendimento exposto na súmula sob comento, tendo em vista afirmar que: *"A sentença meramente homologatória, que silencia sobre os motivos de convencimento do juiz, não se mostra rescindível, por ausência de prequestionamento"*. Esse é o entendimento correto, que importa afirmar o cabimento de **ação anulatória**, e não rescisória, conforme anteriormente fundamentado.

ATENÇÃO: Após a homologação judicial do acordo, a única forma de demonstrar a sua invalidade e lhe retirar a eficácia é o ajuizamento da ação rescisória, já que não cabe recurso diante do trânsito em julgado imediato.

SÚMULA N. 261
FÉRIAS PROPORCIONAIS. PEDIDO DE DEMISSÃO. CONTRATO VIGENTE HÁ MENOS DE UM ANO (nova redação) — Res. 121/2003, DJ 19, 20 e 21.11.2003

O empregado que se demite antes de complementar 12 (doze) meses de serviço tem direito a férias proporcionais.

A **Súmula n. 261 do TST**, que relaciona as **férias proporcionais** ao pedido de demissão do obreiro, cujo contrato possui **menos de um ano**, obteve **nova redação** por meio da Resolução n. 121/2003, publicada no *DJ* nos dias 19, 20 e 21.11.2003.

[72] NERY JR., Nelson; NERY, Rosa Maria de Andrade. *Código de Processo Civil comentado*. 10. ed. São Paulo: RT, 2008. p. 791.

O entendimento exposto na súmula em comento tão somente demonstra que as férias proporcionais somente não são recebidas caso a **demissão** se dê por **justa causa**. Nas rescisões do contrato de trabalho **sem justa causa**, **rescisão indireta** ou **pedido de demissão**, são devidos os valores correspondentes às férias, de acordo com o prazo do extinto contrato de trabalho. Sabe-se que, a cada período **superior a 15 dias**, tem o empregado direito a **1/12 de férias proporcionais**. Assim, se o pacto laboral encerrou-se após oito meses, serão devidos 8/12 de férias proporcionais, lembrando-se de que, em qualquer espécie de férias (proporcionais, simples ou em dobro), também deverá ser pago o **adicional de 1/3**, previsto na CRFB/88, art. 7º, XVII, que assim dispõe: *"gozo de férias anuais remuneradas com, pelo menos, um terço a mais do que o salário normal"*.

Assim, independentemente do contrato contar com mais ou menos de 12 meses, fará jus ao recebimento da parcela. Como frisado, somente perderá a remuneração em caso de **justa causa** ou, nos termos da **Súmula n. 14 do TST**, em havendo **culpa recíproca**, receberá 50% do valor, acrescido, sempre, do adicional constitucional de 1/3.

> **ATENÇÃO:** Havendo a rescisão do contrato de trabalho por iniciativa do empregado, ou seja, pedido de demissão, terá o obreiro direito ao recebimento de férias proporcionais caso o contrato possua menos de 12 meses.

> ***SÚMULA N. 262***
> ***PRAZO JUDICIAL. NOTIFICAÇÃO OU INTIMAÇÃO EM SÁBADO. RECESSO FORENSE.***
> ***(redação do item II alterada na sessão do Tribunal Pleno realizada em 19.05.2014) — Res. 194/2014, DEJT divulgado em 21, 22 e 23.05.2014***
>
> I — Intimada ou notificada a parte no sábado, o início do prazo se dará no primeiro dia útil imediato e a contagem, no subsequente. (ex-Súmula n. 262 — Res. 10/1986, *DJ* 31.10.1986)
>
> II — O recesso forense e as férias coletivas dos Ministros do Tribunal Superior do Trabalho suspendem os prazos recursais. (ex-OJ n. 209 da SBDI-1 — inserida em 08.11.2000)

A **Súmula n. 262 do TST**, referente à contagem do prazo quando a **notificação** ou **intimação** é realizada aos **sábados**, obteve **nova redação do item II** por meio da Resolução n. 194/2014 do TST, publicada no *DJ* nos dias 21, 22 e 23.05.2014.

O entendimento consubstanciado na súmula em análise reflete o conteúdo do **art. 230 do CPC/2015**, porém, trata de forma mais didática e adapta a matéria aos termos usualmente utilizados no processo do trabalho, tais como a diferença entre *início do prazo* e *início da contagem do prazo*, já vista nos comentários à **Súmula n. 1 do TST**.

Dispõe o parágrafo único do art. 230 do CPC/2015 que: *"As intimações consideram-se realizadas no primeiro dia útil seguinte, se tiverem ocorrido em dia em que não tenha havido expediente forense"*.

Assim, adequando-se ao entendimento da súmula, se a parte for **notificada** no **sábado**, dia em que não há expediente forense, considerar-se-á notificada na **segunda-feira**, se este for dia **útil**, por ser o primeiro, iniciando-se a contagem na **terça-feira**, pois se aplica a regra geral do art. 224, *caput*, do CPC/2015, que **exclui** da contagem o **primeiro** dia, ou seja, o dia em que é realizada a notificação. No caso em apreço, esse dia é, por presunção, segunda-feira, ou o primeiro dia útil seguinte ao sábado.

Quando dos comentários à **Súmula n. 1 do TST**, afirmou-se que *"Resta diferenciar início do prazo e início da contagem do prazo. Este último dá-se no primeiro dia útil seguinte ao início do prazo, seguindo-se a regra inserta nos arts. 775 da CLT e 184 do CPC. Aquele afirma que 'os prazos estabelecidos neste Título contam-se com exclusão do dia do começo e inclusão do dia do vencimento, (...)'. O dispositivo do Código de Processo Civil possui redação praticamente idêntica.*

Neste ponto, há que se destacar a OJ n. 146 da SBDI-2, que afirma: 'A contestação apresentada em sede de ação rescisória obedece à regra relativa à contagem de prazo constante do art. 774 da CLT, sendo inaplicável o art. 241 do CPC'.

Assim, de forma a exemplificar, se o reclamante for notificado no dia 02.02.2009 (segunda-feira) para, em cinco dias, impugnar documento juntado aos autos pelo reclamado, o início do prazo será no próprio dia 02.02.2009, sendo que o início da contagem do prazo será dia 03.02.2009.

Acaso expedida notificação postal ao reclamado em 06.04.2009 (segunda-feira), o início do prazo será dia 08.04.2009 (quarta-feira), sendo o início da contagem do prazo dia 09.04.2009 (quinta-feira). Tal fato explica-se pela aplicação da Súmula 16 do TST, a ser ainda analisada em profundidade, que cria uma presunção relativa de recebimento da comunicação postal no prazo de 48 horas. Entende o TST, nos termos da súmula anteriormente citada, que 'presume-se recebida a notificação 48 (quarenta e oito) horas depois de sua postagem. O seu não recebimento ou a entrega após o decurso desse prazo constitui ônus de prova do destinatário'".

Com relação ao inc. II, obtido com a **incorporação da Orientação Jurisprudencial n. 209 da SBDI-1**, tem-se que, nos períodos descritos (**recesso forense e férias coletivas** dos Ministros), os prazos recursais encontram-se **suspensos**, ou seja, não são contados, sendo, porém, **considerados** os dias **iniciados** antes do recesso ou férias coletivas.

O **recesso forense** da Justiça do Trabalho ocorre no período de **20 de dezembro a 6 de janeiro**.

O RITST (Regimento Interno do TST) prevê a situação em seu **art. 183**, em seus dois parágrafos, cuja redação segue: *"Art. 183. A contagem dos prazos no Tribunal será feita segundo as normas estabelecidas nas leis processuais, aplicáveis ao processo do trabalho, ainda que se trate de procedimento administrativo. § 1º O recesso forense e as férias coletivas dos Ministros suspendem os prazos recursais. § 2º*

Nos casos deste artigo, os prazos começam ou continuam a fluir no dia de reabertura do expediente forense".

Nos termos do Regimento Interno do TST, os prazos recursais são **suspensos** quando do **recesso forense** e das **férias coletivas dos Ministros**, fazendo com que o prazo recursal já iniciado seja contado pelo que lhe falta quando do término do período de recesso ou férias. Assim, se já contados 2 (dois) dias do prazo recursal, no retorno aos trabalhos judiciários serão contados os 6 (seis) dias restantes, pois o referido prazo, em regra, diante das disposições da Lei n. 5.584/70, é de 8 (oito) dias.

ATENÇÃO: Caso a intimação seja recebida no sábado, presumir-se-á que foi recebida na segunda, iniciando-se a contagem na terça-feira, se forem dias úteis. Assim, haverá a exclusão da segunda-feira e a contagem da terça, que será o primeiro dia do prazo.

SÚMULA N. 263

PETIÇÃO INICIAL. INDEFERIMENTO. INSTRUÇÃO OBRIGATÓRIA DEFICIENTE (atualizada em decorrência do CPC de 2015) — Res. 208/2016, DEJT divulgado em 22, 25 e 26.04.2016

Salvo nas hipóteses do art. 330 do CPC de 2015 (art. 295 do CPC de 1973), o indeferimento da petição inicial, por encontrar-se desacompanhada de documento indispensável à propositura da ação ou não preencher outro requisito legal, somente é cabível se, após intimada para suprir a irregularidade em 15 (quinze) dias, mediante indicação precisa do que deve ser corrigido ou completado, a parte não o fizer (art. 321 do CPC de 2015).

A **Súmula n. 263 do TST**, relativa à **emenda da petição inicial**, obteve **nova redação** por meio da Resolução n. 208/2016, publicada no *DJ* nos dias 22, 25 e 26.04.2016.

A súmula foi **totalmente reescrita** para adequar-se ao CPC/2015, pois esse Código inovou em relação ao anterior no que toca à emenda da petição inicial. Uma comparação simples demonstrará as modificações ocorridas ao longo do tempo:

- **CPC/1973:** prevista no art. 284 do CPC, a emenda da petição inicial deveria ser realizada pelo autor, no prazo de 10 dias, sob pena de indeferimento da petição inicial. Não havia qualquer menção à indicação do erro a ser corrigido pelo autor.
- **CPC/2015:** prevista no art. 321 do CPC, a emenda da petição inicial deve ser realizada no prazo de **15 dias**. O Juiz deve **indicar expressamente o erro a ser corrigido** pelo autor, sob pena de indeferimento da petição inicial.

A nova redação da súmula em estudo está em conformidade com as duas modificações ao trazer explicitamente o novo prazo e o dever do Magistrado de dizer qual erro deve ser corrigido. A pena pelo não atendimento do comando judicial continua a mesma: o indeferimento da petição inicial, ou seja, a sua extinção sem resolução do mérito.

Percebam que, no início da redação da súmula, o TST menciona o art. 330 do CPC/2015, dispositivo que trata do indeferimento da petição inicial. A menção é simples de ser entendida se lembrarmos os caminhos que podem ser percorridos pela petição inicial. Vejamos:

- **Indeferimento:** caso presente qualquer vício do art. 330 do CPC/2015, o processo será extinto de imediato, sem possibilidade de correção do vício.
- **Emenda:** faltando algum documento ou possuindo um vício sanável, ao autor deve ser oportunizada a possibilidade de correção da peça.
- **Deferimento, com prosseguimento do processo:** estando presentes todos os pressupostos legais, a petição inicial dará início ao processo, com a notificação do reclamado para comparecer à audiência, conforme o art. 841 da CLT.

Assim, não sendo hipótese de indeferimento liminar, **deverá o Magistrado** oportunizar a emenda da petição inicial. Trata-se de **dever do Juiz**, já que a emenda está relacionada aos princípios da celeridade e economia processuais, de imperativa aplicação no processo do trabalho.

> **ATENÇÃO:** Com o CPC/2015, o prazo da emenda da petição inicial passou a ser de 15 dias, devendo o Juiz afirmar o que deve ser emendado, ou seja, o ponto que deve ser corrigido na petição inicial. Caso não seja realizada a emenda no prazo, haverá o indeferimento da petição inicial, ou seja, a extinção do processo sem resolução do mérito.

> ***SÚMULA N. 264***
> ***HORA SUPLEMENTAR. CÁLCULO (mantida) — Res. 121/2003, DJ 19, 20 e 21.11.2003***
> A remuneração do serviço suplementar é composta do valor da hora normal, integrado por parcelas de natureza salarial e acrescido do adicional previsto em lei, contrato, acordo, convenção coletiva ou sentença normativa.

A **Súmula n. 264 do TST**, atinente à **base de cálculo da hora extraordinária**, foi **mantida** por meio da Resolução n. 121/2003 do TST, publicada no *DJ* nos dias 19, 20 e 21.11.2003.

A base de cálculo para fins de pagamento das horas extraordinárias, também denominadas ***horas suplementares***, não é restrito apenas ao **salário-base**, pois engloba outras **parcelas de natureza salarial**, conforme enunciado firmado pelo TST.

Isso significa que não basta verificar o salário-base e dividir pelo número de horas trabalhadas no mês, pois, nessa hipótese, a base de cálculo não estaria compreendendo outras parcelas salariais.

Assim, se o empregado receber, por exemplo, adicional de insalubridade, periculosidade, noturno, gratificações etc., esses valores deverão ser **considerados para fim de cálculo** do valor da hora normal, acrescendo-se o percentual de trabalho extraordinário, que após a CRFB/88 passou a ser, no **mínimo**, de 50% (cinquenta por cento).

Exemplificando, considere-se um trabalhador que labora a jornada-padrão da CRFB/88, percebendo mensalmente a quantia de R$ 2.200,00 (dois mil e duzentos reais). O divisor de horas nessa hipótese é 220, o que significa dizer que o valor da hora normal do empregado é R$ 10,00 (dez reais). Por sua vez, o valor da hora extra é de R$ 15,00 (quinze reais), considerando-se o adicional de 50% (cinquenta por cento).

Porém, se o empregado, além dos R$ 2.200,00 (dois mil e duzentos reais), perceber R$ 440,00 (quatrocentos e quarenta reais) a título de adicionais ou gratificações, considerar-se-á o valor global (R$ 2.640,00) para fins de cálculo, redundando no valor de R$ 12,00 (doze reais) para a hora normal e, no mínimo, R$ 18,00 (dezoito reais) para a hora extraordinária.

A **inclusão** das demais parcelas de **natureza salarial** na base de cálculo faz com que o trabalho duplamente desgastante, por exemplo, em local insalubre e acima da jornada normal, seja **remunerado adequadamente**, demonstrando que o trabalho extraordinário em local insalubre deve ser melhor pago do que aquele realizado em sobrejornada, contudo, em ambiente desprovido de qualquer agente nocivo.

> **ATENÇÃO:** No cálculo das horas extraordinárias levam-se em consideração as parcelas de natureza salarial antes de aplicar o percentual devido. Assim, não se calcula apenas com base no salário-base, mas também com as outras parcelas a que a lei confere natureza salarial.

> ***SÚMULA N. 265***
> ***ADICIONAL NOTURNO. ALTERAÇÃO DE TURNO DE TRABALHO. POSSIBILIDADE DE SUPRESSÃO (mantida) — Res. 121/2003, DJ 19, 20 e 21.11.2003***
>
> A transferência para o período diurno de trabalho implica a perda do direito ao adicional noturno.

A **Súmula n. 265 do TST**, referente à **alteração do turno** de trabalho, do noturno para o diurno, com a consequente **perda do adicional**, foi **mantida** por meio da Resolução n. 121/2003 do TST, publicada no *DJ* nos dias 19, 20 e 21.11.2003.

A matéria versada na súmula é de fácil entendimento, porém, passa pela análise de algumas premissas.

Em primeiro lugar, previsto no art. 468 da CLT, o princípio da ***inalterabilidade contratual lesiva*** impede que o empregador altere as condições (cláusulas) contratualmente estabelecidas, **unilateralmente**, gerando **prejuízos** para o empregado. O texto legal invocado destaca que *"(...) só é lícita a alteração das respectivas condições por mútuo consentimento, e ainda assim desde que não resultem direta ou indiretamente, prejuízos ao empregado, sob pena de nulidade da cláusula infringente desta garantia"*.

A *inalterabilidade lesiva* é a **regra geral** que norteia o Direito do Trabalho, quando o tema é alteração do contrato firmado entre empregado e empregador. Percebe-se que as alterações **lesivas** não podem ocorrer mesmo por **mútuo consentimento**, pois estima-se que o empregado está consentindo com as alterações lesivas apenas para não perder o emprego. Assim, **presume-se**, desde já, viciado o **consentimento**.

Porém, ao lado do princípio referido, temos o ***jus variandi***, que é a possibilidade conferida ao empregador de realizar pequenas **mudanças** no contrato de trabalho, desde que não gerem **prejuízo** ao empregado. Considera-se que tais alterações encontram-se dentro do **poder de organização** do empregador.

Uma das alterações permitidas consta exatamente da súmula em comento. A alteração do turno **noturno para o diurno** é considerada **lícita**, apesar da **perda do adicional** noturno, de 20% sobre a hora normal, conforme art. 73 da CLT.

A alteração promovida pelo empregador, mesmo que de maneira **unilateral**, é considerada totalmente válida, **lícita**, por não importar qualquer prejuízo ao obreiro. A perda do adicional noturno não é considerada prejuízo ao empregado, pois esse valor apenas remunera o serviço realizado em condições **nocivas** à sua saúde. Em verdade, o trabalho noturno, assim como aquele desenvolvido em ambiente insalubre ou em atividade perigosa, não deveria existir, mas, por necessidade, é realizado.

Portanto, o trabalho diurno é mais **saudável** que o noturno, proporciona maior interação com a família e amigos do empregado, além do corpo humano ter sido "projetado" para trabalhar durante o dia e descansar à noite.

Outra alteração **lícita**, mesmo importando diminuição dos salários, encontra-se prevista no parágrafo único do art. 468 da CLT, que dispõe sobre a **reversão** ao cargo efetivo após a cessação da atividade em cargo de confiança, pois tal atividade, por óbvio, mostra-se apenas **transitória**, enquanto durar a *fidúcia* depositada naquele empregado.

> **ATENÇÃO:** Caso o empregado que trabalha à noite seja transferido para o dia, perderá o adicional noturno. Tal transferência pode ser imposta pelo empregador, por se tratar do seu *jus variandi.*

SÚMULA N. 266
RECURSO DE REVISTA. ADMISSIBILIDADE. EXECUÇÃO DE SENTENÇA (mantida) — Res. 121/2003, DJ 19, 20 e 21.11.2003

A admissibilidade do recurso de revista interposto de acórdão proferido em agravo de petição, na liquidação de sentença ou em processo incidente na execução, inclusive os embargos de terceiro, depende de demonstração inequívoca de violência direta à Constituição Federal.

A **Súmula n. 266 do TST**, que se refere ao cabimento do recurso de revista em **execução de sentença**, foi **mantida** por meio da Resolução n. 121/2003 do TST, publicada no *DJ* nos dias 19, 20 e 21.11.2003.

A **Súmula n. 210 do TST**, já devidamente comentada, foi revista pela súmula sob comento, que aproximou a redação ao que dispõe **o art. 896, § 2º, da CLT**. A redação da súmula cancelada dizia que *"a admissibilidade do recurso de revista contra acórdão proferido em execução de sentença depende de demonstração inequívoca de violação direta à Constituição Federal"*.

A atual súmula tem por vantagem **especificar** que o acórdão proferido pelo Tribunal Regional do Trabalho, em processo de execução, decorre do **julgamento de agravo de petição**, que é um recurso utilizado tão somente no processo de execução trabalhista, previsto no art. 897, *a*, da CLT.

Assim, qualquer decisão proferida pelo juiz do trabalho, em sede de processo de execução, podendo também ser em sede de embargos de terceiro, poderá ser desafiada por **agravo de petição**. Do julgamento deste recurso, pelo TRT, somente será admitido o recurso de revista quando o recorrente demonstrar *"ofensa direta e literal à Constituição Federal"*. Logo, não caberá recurso de revista por **divergência jurisprudencial** ou por **violação à lei federal**.

O § 2º do art. 896 da CLT prevê que *"das decisões proferidas pelos Tribunais Regionais do Trabalho ou por suas Turmas, em execução de sentença, inclusive em processo incidente de embargos de terceiro, não caberá Recurso de Revista, salvo na hipótese de ofensa direta e literal de norma da Constituição Federal"*.

Optou o legislador por **restringir** o cabimento deste recurso de **natureza extraordinária**, para imprimir maior **celeridade** à execução trabalhista, uma vez que o recurso de revista já pôde ser interposto no processo de conhecimento, conforme *caput* do art. 896 da CLT.

ATENÇÃO: Nos termos do § 2º do art. 896 da CLT, a interposição de recurso de revista no processo de execução somente ocorrerá quando houver alegação de violação direta da Constituição Federal. Nenhuma outra possibilidade existe no texto da CLT.

SÚMULA N. 268
PRESCRIÇÃO. INTERRUPÇÃO. AÇÃO TRABALHISTA ARQUIVADA (nova redação) — Res. 121/2003, DJ 19, 20 e 21.11.2003

A ação trabalhista, ainda que arquivada, interrompe a prescrição somente em relação aos pedidos idênticos.

A **Súmula n. 268 do TST**, relacionada à **interrupção da prescrição**, mesmo tendo sido **arquivada** a reclamação trabalhista, obteve **nova redação** pela Resolução n. 121/2003 do TST, publicada no *DJ* nos dias 19, 20 e 21.11.2003.

Uma vez mais o TST editou súmula a respeito de tão delicado tema de Direito do Trabalho. A **prescrição** trabalhista, que retira do obreiro a **exigibilidade** de um direito material, encontra-se regulamentada no **art. 7º, XXIX, da CRFB/88**, que diz ser direito dos trabalhadores *urbanos* e *rurais* *"ação, quanto aos créditos resultantes das relações de trabalho, com prazo prescricional de cinco anos para os trabalhadores urbanos e rurais, até o limite de dois anos após a extinção do contrato de trabalho"*.

Assim, a ação trabalhista deve ser ajuizada nos prazos referidos. Se ajuizada **durante** o contrato de trabalho, o que é raro, mas pode ocorrer, poderão ser exigidos os direitos trabalhistas de até **cinco anos**. Sendo ajuizada a demanda **após a cessação** do contrato de trabalho, poderão ser exigidos os direitos trabalhistas no mesmo período de cinco anos, desde que o ajuizamento se dê em **até dois anos do término**, sob pena de não se poder exigir qualquer verba.

O ajuizamento da ação trabalhista acarreta a **interrupção** da prescrição, ou seja, o prazo para de ser contado naquele dia. O sistema é um tanto quanto diferente do processo civil, pois determinam os arts. 59 e 240 do CPC/2015 que a **interrupção** da prescrição **retroagirá** à data do ajuizamento, quando realizada a citação do réu. Não se fala em *retroação quando da citação* do reclamado, pois, no processo do trabalho, a notificação (citação) é **automática**, não dependendo de despacho judicial, sendo realizada por **servidor** da Justiça do Trabalho.

Na *interrupção* da prescrição, segundo MAURÍCIO GODINHO DELGADO,[73] há uma *"(...) explícita ação da parte beneficiada pela interrupção prescricional. Por essa razão, em face de mostrar-se o titular do direito alerta e interessado na preservação de seu direito, a legislação confere largo efeito à conduta interruptiva, restituindo ao credor, por inteiro, o prazo prescricional em curso. A contagem do prazo recomeça, assim, de maneira geral, desde a data do ato de interrupção"*.

De acordo com o art. 202, I, do Código Civil brasileiro, *"a interrupção da prescrição, que somente poderá ocorrer uma vez, dar-se-á: I — por despacho do juiz, mesmo incompetente, que ordenar a citação, se o interessado a promover no prazo e na forma da lei processual"*.

Adequando-se a norma civilista ao processo do trabalho, chega-se ao entendimento que o TST estampou na súmula sob comento. Como foi dito, não há **despacho** determinando a **notificação** no processo do trabalho. Assim, considera-se **interrompida** a prescrição com o mero **ajuizamento** da demanda trabalhista.

Além disso, independentemente de a demanda ser **arquivada**, seja por desistência, ausência do reclamante à audiência inaugural ou qualquer outra hipótese, sendo a segunda a mais comum, haverá por **interrompida** a prescrição. O fato que determina a interrupção é objetivo, qual seja, o ajuizamento, independentemente do

[73] DELGADO, Maurício Godinho. *Curso de direito do trabalho*, p. 238.

resultado do processo — se julgado o mérito ou não — para se aferir se houve ou não interrupção.

Porém, buscando evitar artifícios das partes, o TST reformulou a redação, que se mostrava bastante simplória, destacando a importância dos pedidos formulados na inicial.

A **redação anterior da Súmula n. 268** previa que *"a demanda trabalhista, ainda que arquivada, interrompe a prescrição"*. Utilizando-se de tal redação, as partes ajuizavam nova reclamação trabalhista, trazendo **novos pedidos** que não foram formulados na primeira, arquivada, alegando que a prescrição havia se interrompido. Porém, para os pedidos não insertos na inicial da primeira demanda, já havia se **consumado a prescrição**.

Por isso, o TST fez questão de inserir que a prescrição restará interrompida *"somente em relação aos pedidos idênticos"*. Se o magistrado trabalhista, ao analisar a petição inicial, já tiver condições de saber que determinados pedidos não foram formulados na primeira demanda e que, portanto, não houve interrupção, se estiverem prescritos, poderá, desde logo, reconhecer da matéria, **de ofício**.

> **ATENÇÃO:** Ajuizada a reclamação trabalhista, haverá a interrupção da prescrição, mesmo que aquela venha a ser extinta sem resolução do mérito. Logo, inicia-se a contagem novamente do prazo prescricional, do zero, já que houve a interrupção da prescrição. Frise-se que a interrupção somente ocorre uma única vez.

> ***SÚMULA N. 269***
> ***DIRETOR ELEITO. CÔMPUTO DO PERÍODO COMO TEMPO DE SERVIÇO (mantida) — Res. 121/2003, DJ 19, 20 e 21.11.2003***
>
> O empregado eleito para ocupar cargo de diretor tem o respectivo contrato de trabalho suspenso, não se computando o tempo de serviço desse período, salvo se permanecer a subordinação jurídica inerente à relação de emprego.

A **Súmula n. 269 do TST**, relacionada à **eleição** do empregado como **diretor** e ao cômputo desse período como tempo de serviço, foi **mantida** por meio da Resolução n. 121/2003 do TST, publicada no *DJ* nos dias 19, 20 e 21.11.2003.

A análise da matéria disciplinada na presente súmula passa, obrigatoriamente, pelo conhecimento de algumas premissas básicas, em especial, sobre a **suspensão** e a **interrupção** do contrato de trabalho.

O entendimento sumulado pelo TST refere-se à ***suspensão** do contrato de trabalho*, situação jurídica em que **não são produzidos quaisquer dos efeitos** advindos do contrato, ou seja, período em que não são pagos salários, não é contado o tempo de serviço e não é exigido qualquer trabalho do empregado.

Segundo SERGIO PINTO MARTINS,[74] de forma sucinta e didática, *"a suspensão envolve a cessação temporária e total da execução e dos efeitos do contrato de trabalho"*. IVES GANDRA DA SILVA MARTINS FILHO[75] informa que a suspensão do contrato é a *"paralisação total do contrato de trabalho, sem rompimento da relação de emprego"*, tendo por principais efeitos: *"o empregador não paga salários; o empregado não presta serviços; não é computado esse período como tempo de serviço"*.

Por sua vez, a *interrupção do contrato de trabalho* é entendida por SERGIO PINTO MARTINS[76] como a hipótese em que *"(...) há a cessação temporária e parcial dos efeitos do contrato de trabalho"*. RENATO SARAIVA[77] ensina que *"a interrupção do contrato de trabalho ocorre quando o empregado suspende a realização dos serviços, mas permanece recebendo normalmente sua remuneração, continuando o empregador com todas as obrigações inerentes ao liame empregatício"*.

Assim, conclui-se que a suspensão é a ***cessação provisória e total*** dos efeitos do contrato de trabalho, sendo que, por sua vez, a interrupção caracteriza-se pela ***cessação provisória e parcial*** dos efeitos do contrato. A *cessação definitiva* do contrato ocorre com a rescisão, que pode ser sem justa causa, por justa causa, pedido de demissão, rescisão indireta, culpa recíproca, força maior etc.

A **Súmula n. 269 do TST** reconhece como sendo de ***suspensão*** o período em que o empregado exerce a função de **diretor** da empresa, salvo se permanecer a **subordinação** inerente à relação de emprego.

Entendeu o TST que o empregado, em regra, ao ser eleito para cargo de direção, perde a sua condição anterior de **subordinação**, pelo menos **provisoriamente**, razão pela qual passa a atuar de forma **subordinante**, respeitando-se os estatutos da empresa e as normas legais que embasam a sua atuação.

Tal ascensão faz com que o obreiro não seja, por um período, tratado como empregado, e sim como **órgão da empresa**, razão pela qual seu contrato de trabalho anterior é **suspenso**. Nasce, a partir da eleição, um liame de cunho **estatutário** entre o empregado, agora diretor, e a empresa, motivo pelo qual os direitos trabalhistas devidos (salário, gratificações, jornada de trabalho etc.) devem ser disciplinados conforme o estatuto da empresa, pois o vínculo agora formado não mais é regido pela CLT.

Porém, o próprio TST entendeu que tal regra não é **absoluta**, e sim relativa, pois, apesar de ocupar cargo de direção, pode o empregado manter a **subordinação** antes existente. Nessa hipótese, a relação de emprego, apesar de o obreiro ocupar um cargo superior, permanece inalterada, com a subordinação antes existente, razão pela qual não há que se falar em suspensão do contrato.

---

74 MARTINS, Sergio Pinto. *Direito do trabalho*, p. 319.

75 MARTINS FILHO, Ives Gandra da Silva. *Manual esquemático de direito e processo do trabalho*. 9. ed. São Paulo: Saraiva, 2001. p. 40.

76 MARTINS, Sergio Pinto. *Direito do trabalho*, p. 319.

77 SARAIVA, Renato. *Direito do trabalho:* concursos públicos, p. 146-147.

ATENÇÃO: Sendo o empregado eleito diretor de S/A, o seu contrato de trabalho ficará suspenso enquanto perdurar o mandato, salvo se permanecer a subordinação inerente ao vínculo de emprego, hipótese em que o contrato de trabalho se mantém incólume.

SÚMULA N. 275
PRESCRIÇÃO. DESVIO DE FUNÇÃO E REENQUADRAMENTO
(incorporada a Orientação Jurisprudencial n. 144 da SBDI-1) — Res. 129/2005, DJ 20, 22 e 25.04.2005

I — Na ação que objetive corrigir desvio funcional, a prescrição só alcança as diferenças salariais vencidas no período de 5 (cinco) anos que precedeu o ajuizamento. (ex-Súmula n. 275 — alterada pela Res. 121/2003, *DJ* 21.11.2003)

II — Em se tratando de pedido de reenquadramento, a prescrição é total, contada da data do enquadramento do empregado. (ex-OJ n. 144 da SBDI-1 — inserida em 27.11.1998)

A **Súmula n. 275 do TST**, alusiva à **prescrição** do direito de pleitear os salários oriundos de **desvio de função e reenquadramento**, obteve **nova redação** por meio da Resolução n. 129/2005 do TST, publicada no *DJ* nos dias 20, 22 e 25.04.2005, com a **incorporação da Orientação Jurisprudencial n. 144 da SBDI-1**.

Com relação ao inc. I, verifica-se que, por se tratar de violação **periódica** aos direitos do empregado, que se renova a cada mês, quando é realizado o **pagamento a menor** do salário, a prescrição não é total, e sim **parcial**, ou seja, atinge os salários não pleiteados dentro dos 5 (cinco) anos anteriores ao ajuizamento da ação trabalhista.

Assim, se o salário foi pago a menor no período de 01.04.2000 a 01.04.2009 e a ação trabalhista foi ajuizada em 02.04.2009, somente poderão ser cobradas as diferenças salariais do período compreendido entre 02.04.2004 a 01.04.2009, estando prescritas aquelas anteriores a 01.04.2004, ou seja, 4 (quatro) anos de salários. O pagamento equivocado, realizado mensalmente, faz com que a violação ao direito se repita. Não se trata de violação perpetrada por **ato único**.

Adota-se, nessa hipótese, analogicamente, o entendimento do TST consubstanciado na **Súmula n. 294**, assim redigida: *"Tratando-se de ação que envolva pedido de prestações sucessivas decorrentes de alteração do pactuado, a prescrição é total, exceto quando o direito à parcela esteja também assegurado por preceito de lei"*.

In casu, a parcela pleiteada — salário — encontra-se protegida, assegurada por **preceito de lei**, razão pela qual não se aplica a prescrição total, e sim a **parcial**.

No tocante ao inc. II, afirma-se que a **prescrição é total**, tendo em vista que o ato do qual decorre o direito do empregado é **único**, e não sucessivo. Uma vez enquadrado de forma irregular, surge desta data o direito à impugnação judicial do ato, desde que o faça dentro do prazo de cinco anos, se em curso o contrato de trabalho, ou dois anos, após seu término. FRANCISCO ANTÔNIO DE OLIVEIRA[78] destaca que *"a prescrição é extintiva porque se cuida, desenganadamente, de ato único. Vale dizer, o desatrelamento da contagem do prazo prescricional nuclear dar-se-á no dia seguinte à edição do ato de reenquadramento"*.

No mesmo sentido, ALICE MONTEIRO DE BARROS[79] destaca que *"no tocante ao enquadramento em plano de classificação de cargos, a jurisprudência vem entendendo que o pedido sofre os efeitos da prescrição total"*.

ATENÇÃO: Se a hipótese é de desvio de função, a prescrição é parcial e são devidas as diferenças dos últimos cinco anos do ajuizamento da ação. Já na hipótese de reenquadramento, a prescrição é total, contata do enquadramento equivocado.

SÚMULA N. 276
AVISO PRÉVIO. RENÚNCIA PELO EMPREGADO (mantida) — Res. 121/2003, DJ 19, 20 e 21.11.2003

O direito ao aviso prévio é irrenunciável pelo empregado. O pedido de dispensa de cumprimento não exime o empregador de pagar o respectivo valor, salvo comprovação de haver o prestador dos serviços obtido novo emprego.

A **Súmula n. 276 do TST**, relacionada à impossibilidade de **renúncia** ao **aviso prévio** pelo empregado, foi **mantida** pela Resolução n. 121/2003 do TST, publicada no *DJ* nos dias 19, 20 e 21.11.2003.

O aviso prévio é instituto jurídico laboral inato aos contratos por prazo **indeterminado** ou, para os contratos por prazo **determinado**, se houver ***cláusula assecuratória do direito recíproco de rescisão,*** inserta no art. 481 da CLT.

O instituto pode ser utilizado tanto pelo **empregador** quanto pelo **empregado**, ou seja, o aviso prévio pode ser dado por qualquer das partes que pretender rescindir o contrato de trabalho, sendo de, no **mínimo, 30 (trinta) dias**. A não concessão do aviso prévio pelo empregador importa o **pagamento** de um mês de salário ao obreiro. Por sua vez, a não concessão do aviso pelo trabalhador acarreta a possibilidade de ser **descontado** de suas verbas rescisórias o valor de um salário.

Os §§ 2º e 3º do art. 487 da CLT preveem tais possibilidades, respectivamente, aduzindo: *"A falta do aviso prévio por parte do empregador dá ao empregado o direito aos salários correspondentes ao prazo do aviso, garantida sempre a integração desse período no seu tempo de serviço"; "A falta do aviso prévio por parte do empregado dá ao empregador o direito de descontar os salários correspondentes ao prazo respectivo"*.

A súmula em estudo analisa o aviso prévio concedido pelo **empregador**. A partir da CRFB/88, o prazo do aviso prévio passou a ser, no mínimo, **de 30 (trinta)**

[78] OLIVEIRA, Francisco Antônio de. *Comentários às súmulas do TST*, p. 520.

[79] BARROS, Alice Monteiro de. *Curso de direito do trabalho*, p. 988.

dias, razão pela qual não foi **recepcionado** o inc. I do art. 487 da CLT, que estabelecia aviso prévio de **8 (oito) dias**. Atualmente, o prazo pode ser maior que 30 (trinta) dias, por ser mais benéfico ao empregado, porém, nunca inferior.

Na hipótese do aviso prévio concedido pelo empregador, tem-se a importante função de proporcionar tempo hábil ao empregado para conseguir outro emprego, razão pela qual se considera tal direito como ***irrenunciável***. Inclusive, durante o aviso prévio, deverá o empregado **optar** pela redução em 2 (duas) horas diárias de sua jornada de trabalho ou a dispensa do trabalho durante 7 (sete) dias consecutivos. Tal período deve ser utilizado, em teoria, para procurar novo emprego.

Prática muito comum em algumas empresas, porém, odiosa, por desrespeitar os direitos dos trabalhadores, em especial em momento tão delicado, qual seja, o despedimento, é forçar o empregado a **renunciar** ao aviso prévio. Assim, muitos empregadores obrigavam os empregados a assinar termo de renúncia desse importante direito.

Porém, o entendimento do TST acerca do assunto sepulta, de uma vez por todas, pelo menos em teoria, tal prática ilegal e abusiva, pois considera que o empregado não pode renunciar e que tal **não produz qualquer efeito**. Por isso, o pagamento do valor é devido normalmente. Essa é a regra geral.

O próprio TST esclareceu, entretanto, que o valor referente ao aviso prévio não é devido quando o empregado obtém **novo emprego**, pois, nessa hipótese, o aviso terá cumprido sua principal **função**, que é proporcionar ao empregado tempo para conseguir outra colocação no mercado de trabalho. Nessa hipótese, a "renúncia" do empregado ao período não lhe trouxe qualquer **prejuízo**.

A **Súmula n. 230 do TST**, já comentada, afirma a importância do instituto ao destacar que *"é ilegal substituir o período que se reduz da jornada de trabalho, no aviso prévio, pelo pagamento das horas correspondentes"*.

A respeito do aviso prévio, é importante destacar a alteração legislativa decorrente da edição da Lei n. 12.506, de 11.10.2011, que regulamentou o aviso prévio proporcional ao tempo de serviço, instituto previsto na CRFB/88, no art. 7º, XXI, mas que somente agora mereceu a devida atenção do Poder Legislativo. A referida lei possui apenas dois artigos, a saber:

> Art. 1º O aviso prévio, de que trata o Capítulo VI do Título IV da Consolidação das Leis do Trabalho — CLT, aprovada pelo Decreto-lei n. 5.452, de 1º de maio de 1943, será concedido na proporção de 30 (trinta) dias aos empregados que contem até 1 (um) ano de serviço na mesma empresa.
>
> Parágrafo único. Ao aviso prévio previsto neste artigo serão acrescidos 3 (três) dias por ano de serviço prestado na mesma empresa, até o máximo de 60 (sessenta) dias, perfazendo um total de até 90 (noventa) dias.
>
> Art. 2º Esta Lei entra em vigor na data de sua publicação.

Assim, aos empregados continua a ser garantido o aviso prévio mínimo de 30 (trinta) dias, podendo chegar a 90 (noventa) dias, para os empregados com 20 (vinte) anos de emprego na mesma empresa, já que a proporção criada é de 3 (três) dias de aviso prévio para cada ano de trabalho prestado ao mesmo empregador.

A regulamentação da matéria pelo Poder Legislativo certamente decorreu das decisões proferidas pelo Supremo Tribunal Federal em junho de 2011, no julgamento dos mandados de injunção ns. 943, 1.010, 1.074 e 1.090, nos quais aquele tribunal reconheceu o direito ao aviso prévio proporcional.

ATENÇÃO: A renúncia ao aviso prévio somente é válida se houver prova de que o empregado já conseguiu novo emprego. Nas demais hipóteses, o aviso prévio é considerado irrenunciável.

SÚMULA N. 277
CONVENÇÃO COLETIVA DE TRABALHO OU ACORDO COLETIVO DE TRABALHO. EFICÁCIA. ULTRA-ATIVIDADE
(redação alterada na sessão do Tribunal Pleno realizada em 14.09.2012) — Res. 185/2012, DEJT divulgado em 25, 26 e 27.09.2012

As cláusulas normativas dos acordos coletivos ou convenções coletivas integram os contratos individuais de trabalho e somente poderão ser modificados ou suprimidos mediante negociação coletiva de trabalho.

A **Súmula n. 277 do TST**, relacionada à **ultra-atividade dos efeitos da sentença normativa**, foi **alterada** por meio da Resolução n. 185/2012 do TST, publicada no *DEJT* nos dias 25, 26 e 27.09.2012, com a imposição da ultra-atividade dos efeitos da sentença normativa, alterando o entendimento anterior “da água para o vinho”.

O entendimento do TST na súmula em análise não mais se aplica à sentença normativa, sendo que a ultra-atividade da eficácia das normas apenas se dá nos acordos coletivos de trabalho e convenções coletivas de trabalho.

Isso significa dizer que as normas criadas por sentença normativa continuam a vigorar apenas no período máximo de 4 (quatro) anos, não incorporando em definitivo os contratos individuais de trabalho.

O entendimento anterior do TST era no sentido de que as normas, por serem provisórias, não podiam integrar de maneira definitiva os contratos de trabalho, salvo se houver continuidade em sua fruição, mesmo após expirado o prazo de vigência, por vontade do empregador. Exemplificando aquele entendimento agora superado, tem-se: “se determinada convenção coletiva previr o pagamento de adicional de trabalho extraordinário no importe de 100% sobre a hora normal, após expirado o prazo de vigência, retorna-se à regra constitucional de adicional de 50% para os serviços extraordinários. **Não há direito adquirido às vantagens advindas de normas provisórias**”.

O que fez o TST em setembro de 2012 foi aplicar o entendimento do antigo inc. II da súmula em comento a todas as situações. Vejamos a explicação daquele inciso, que hoje é aplicável genericamente:

Em 2009, por meio da Resolução n. 161, o TST **ressalvou a aplicação do inc. I** ao período compreendido entre 23.12.1992 e 28.07.1995, em que vigorou a Lei n. 8.542/92, que dispunha sobre a **política nacional de salários**.

Segundo o entendimento firmado em diversos julgados, a incorporação aos contratos de trabalho das vantagens oriundas de negociação coletiva, durante o período apontado na súmula, é definitiva, uma vez que o art. 1º, § 1º, da Lei n. 8.542/92, dispunha que *"As cláusulas dos acordos, convenções ou contratos coletivos de trabalho integram os contratos individuais de trabalho e somente poderão ser reduzidas ou suprimidas por posterior acordo, convenção ou contrato coletivo de trabalho"*, não havendo supressão da vantagem automaticamente com o término do prazo do acordo ou convenção coletivos.

O TST, ao assim decidir, reconheceu a **ultra-atividade** da referida norma, fazendo com que todos os direitos e vantagens, concedidos durante o período em que vigeu o acordo coletivo de trabalho ou convenção coletiva de trabalho, só podem ser retirados por outra normal coletiva que preveja expressamente a exclusão, sob pena do empregado fazer jus àquele direito eternamente, como um **direito adquirido**.

Apesar de a súmula ter sido criada em 2012 e de ter produzido efeitos até então, no final de 2016 o Ministro Gilmar Mendes proferiu decisão liminar **suspendendo os seus efeitos**, por entender que não houve discussão suficiente para que o TST mudasse o seu entendimento de uma só vez. A decisão, que precisa passar pelo crivo do Plenário do STF, foi proferida na Arguição de Descumprimento de Preceito Fundamental (ADPF) n. 323, ajuizada pela Confederação Nacional dos Estabelecimentos de Ensino.

ATENÇÃO: As negociações coletivas possuem o prazo máximo de 2 anos. Dentro desse período, produzirão efeitos, e os membros da categoria gozarão dos direitos ali criados. Após a expiração do prazo, o TST entende que o direito perdura, mesmo que ausente norma coletiva posterior.

SÚMULA N. 278
EMBARGOS DE DECLARAÇÃO.
OMISSÃO NO JULGADO (mantida) —
Res. 121/2003, DJ 19, 20 e 21.11.2003

A natureza da omissão suprida pelo julgamento de embargos declaratórios pode ocasionar efeito modificativo no julgado.

A **Súmula n. 278 do TST**, relacionada ao **efeito modificativo** dos embargos de declaração, foi **mantida** pela Resolução n. 121/2003 do TST, publicada no *DJ* nos dias 19, 20 e 21.11.2003.

Os embargos de declaração são recurso cabível, nos termos do **art. 897-A da CLT**, quando houver *"(...) omissão e contradição no julgado e manifesto equívoco no exame dos pressupostos extrínsecos do recurso"*.

Durante muito tempo, discutiu-se se o provimento dos embargos de declaração poderia acarretar a **modificação** do julgado embargado, passando-se, por exemplo, de uma improcedência para procedência, ou vice-versa.

Apesar de o CPC nada falar sobre essa possibilidade, doutrina e jurisprudência passaram a admitir o denominado ***efeito infringente*** ou ***modificativo***, em especial nas hipóteses de **omissão**. A omissão quanto à análise de algum **fundamento** jurídico acarretava uma **reviravolta** no julgamento, ou seja, a sua modificação.

A Lei n. 9.957/2000, ao incluir na CLT expressamente a previsão para os embargos de declaração, dispôs, no já referido art. 897-A, a possibilidade de ser atribuído **efeito modificativo** da decisão, o que sepultou por vez a celeuma antes existente.

Um simples exame pode facilitar o entendimento: ajuizada uma reclamação trabalhista, o reclamado traz, como fundamentos de defesa, a prescrição do crédito e o efetivo pagamento. Ao julgar a demanda, o juiz do trabalho analisa simplesmente o argumento da prescrição e, por negá-lo, condena o reclamado ao pagamento das verbas requeridas. Ao tomar ciência da sentença e verificar a **omissão**, interpõe o recorrente embargos de declaração. Ao julgar os embargos de declaração, o magistrado dá **provimento** ao mesmo, reconhece a omissão e julga **improcedente** a demanda, por entender que a empresa reclamada efetivamente realizou o pagamento. Nessa hipótese, os embargos tiveram efeito modificativo ou infringente do julgado embargado, pois, ao suprirem a omissão, acarretaram alteração no dispositivo da sentença.

Na hipótese, percebendo o magistrado que os embargos de declaração podem acarretar modificação no julgado, deverá, antes de proceder ao julgamento, **intimar** a parte contrária (embargado) para apresentar **contrarrazões**, no prazo de **5 (cinco) dias**, sob pena de **nulidade** por ferimento ao **contraditório**, pois se estará alterando a decisão, criando **prejuízo** à parte contrária, sem que lhe dê oportunidade de falar no processo.

No ano de 2014, por meio da Lei n. 13.015, o legislador inseriu o § 2º no art. 897-A da CLT, para impor a intimação obrigatória do embargado na hipótese de efeito modificativo, afirmando que o prazo de contrarrazões seria de 5 dias e que haveria nulidade caso a oportunidade não fosse conferida à parte contrária, trazendo, assim, para a CLT o entendimento já sumulado pelo TST.

> **ATENÇÃO:** Os embargos de declaração podem possuir efeito modificativo, ou seja, o julgamento pode acarretar a modificação da decisão recorrida, o que é excepcional, mas está consagrado no § 2º do art. 897-A da CLT. Se for a hipótese, o Magistrado terá de intimar a parte contrária (embargado) para apresentar contrarrazões em 5 dias, para somente após poder julgar. A ausência de intimação gera a nulidade da decisão, por violação ao contraditório.

SÚMULA N. 279
RECURSO CONTRA SENTENÇA NORMATIVA. EFEITO SUSPENSIVO. CASSAÇÃO (mantida) — Res. 121/2003, DJ 19, 20 e 21.11.2003

A cassação de efeito suspensivo concedido a recurso interposto de sentença normativa retroage à data do despacho que o deferiu.

A **Súmula n. 279 do TST**, atinente à cassação do **efeito suspensivo** concedido em recurso ordinário interposto de sentença normativa, foi **mantida** pela Resolução n. 121/2003 do TST, publicada no *DJ* nos dias 19, 20 e 21.11.2003.

A regra do processo do trabalho sobre os efeitos dos recursos encontra-se prevista no **art. 899 da CLT**, que descreve: *"os recursos serão interpostos por simples petição e terão efeito meramente devolutivo, salvo as exceções previstas neste Título, permitida a execução provisória até a penhora"*.

Assim, os recursos trabalhistas não suspendem, de imediato, a produção de efeitos da decisão recorrida, pois aqueles são recebidos apenas no **efeito devolutivo**. É claro que, a depender do caso concreto, poderá ser requerido **efeito suspensivo** ao relator do recurso, por aplicação analógica do **art. 1.012, § 4º, do CPC/2015** e, ainda, por meio de **ação cautelar inominada**, demonstrando-se a presença do *fumus boni iuris* e do *periculum in mora*.

Porém, em se tratando de recurso interposto de sentença normativa, ou seja, aquela proferida em sede de **dissídio coletivo**, há possibilidade de ser recebido no efeito suspensivo, nos limites da decisão proferida pelo Presidente do TST.

A Lei n. 10.192/2002 prevê, em seu art. 14, que *"o recurso interposto de decisão normativa da Justiça do Trabalho terá efeito suspensivo, na medida e extensão conferidas em despacho do Presidente do Tribunal Superior do Trabalho"*.

Assim, a extensão do efeito suspensivo será definida pelo **Ministro-Presidente do TST**, em decisão fundamentada, podendo ser **total** ou **parcial**, ou seja, poderá ser suspensa a produção de efeitos de toda a decisão ou apenas de parte. Apesar de o texto legal aludir a *despacho*, em verdade, trata-se de *decisão interlocutória*, que deve ser fundamentada, sob pena de violação ao disposto no art. 93, IX, da CRFB/88.

Tratando-se de *decisão interlocutória*, poderá ser revista pelo próprio Presidente, pois a **provisoriedade** é uma das características inatas àquelas. Se o efeito suspensivo for cassado, passará a decisão a produzir efeitos como se o referido nunca tivesse sido concedido, podendo ser iniciado o **cumprimento** do julgado recorrido.

A respeito da matéria, leciona CARLOS HENRIQUE BEZERRA LEITE[80] que *"(...) o recurso ordinário interposto da sentença normativa terá sempre efeito suspensivo, cabendo ao Presidente do Tribunal* ad quem *(TST), em despacho* (rectius, *em decisão fundamentada), estabelecer, discricionariamente, as consequências concretas do efeito suspensivo, como, por exemplo, indicar as cláusulas que podem produzir efeito imediato e as que deverão aguardar o trânsito em julgado da decisão a ser proferida pela SDC"*.

> **ATENÇÃO:** Da mesma forma que pode ser deferido o efeito suspensivo a recurso interposto contra sentença normativa, pode ser aquele efeito cassado. Se assim ocorrer, vamos retroagir à data da concessão do efeito suspensivo para que a sentença normativa produza efeitos desde aquele dia.

[80] BEZERRA LEITE, Carlos Henrique. *Curso de direito processual do trabalho*, p. 983-984.

SÚMULA N. 282
ABONO DE FALTAS. SERVIÇO MÉDICO DA EMPRESA (mantida) — Res. 121/2003, DJ 19, 20 e 21.11.2003

Ao serviço médico da empresa ou ao mantido por esta última mediante convênio compete abonar os primeiros 15 (quinze) dias de ausência ao trabalho.

A **Súmula n. 282 do TST**, relacionada ao **abono de faltas** nos primeiros 15 (quinze) dias de afastamento do obreiro, foi **mantida** por meio da Resolução n. 121/2003 do TST, publicada no *DJ* nos dias 19, 20 e 21.11.2003.

A análise do tema referido na súmula deve partir, obrigatoriamente, da diferença entre **interrupção** e **suspensão** do contrato de trabalho.

Sabe-se que a **interrupção** do contrato de trabalho é a **cessação provisória e parcial** dos seus efeitos, enquanto a **suspensão** é a cessação **provisória e total**.

O afastamento do trabalho por motivo de saúde ora é compreendido como **interrupção** do contrato, ora como **suspensão**, dependendo do **tempo** de afastamento.

Os **primeiros 15 (quinze) dias** de afastamento do trabalhador são custeados pelo empregador, ou seja, este arca com os salários do período, razão pela qual se tem apenas a ***cessação provisória e parcial dos efeitos do contrato***, pois o trabalhador não labora por determinado período (provisória), mas recebe salários (parcial). O art. 60, § 3º, da Lei n. 8.213/91 afirma que *"durante os primeiros 15 (quinze) dias consecutivos ao do afastamento da atividade por motivo de doença, incumbirá à empresa pagar ao segurado empregado o seu salário integral"*.

Após o 16º dia, o pagamento se dá pela **previdência social**, por meio de auxílio-doença, sendo, a partir desse momento, ***suspenso*** o contrato de trabalho, pois não há atividade laboral, nem salário. A remuneração é previdenciária, ou seja, decorrente de benefício do INSS.

Sobre a matéria, destaca o art. 59 da Lei n. 8.213/91 que: *"O auxílio-doença será devido ao segurado que, havendo cumprido, quando for o caso, o período de carência exigido nesta Lei, ficar incapacitado para o seu trabalho ou para a sua atividade habitual por mais de 15 (quinze) dias"*.

O conteúdo da súmula em comento tão somente repete o que o legislador inseriu no art. 60, § 4º, da Lei n. 8.213/91, numa clara tentativa de diminuir o número de atendimentos realizados pelo INSS, por meio de seus médicos-peritos, acarretando, por consequência, maior agilidade para aqueles que realmente precisam de atendimento mais específico e urgente.

Assim, o art. 60, § 4º, da referida lei disserta que *"a empresa que dispuser de serviço médico, próprio ou em convênio, terá a seu cargo o exame médico e o abono das faltas correspondentes ao período referido no § 3º, somente devendo encaminhar o segurado à perícia médica da Previdência Social quando a incapacidade ultrapassar 15 (quinze) dias"*.

Nessa segunda hipótese, a perícia deve ser realizada pelo médico-perito do INSS para a constatação da lesão, tendo em vista que o obreiro receberá o benefício previdenciário do Instituto, não mais percebendo qualquer quantia do empregador.

ATENÇÃO: Os 15 primeiros dias de afastamento do empregado são de responsabilidade da empresa, devendo ser abonados e pagos por ela. Apenas a partir do 16º dia é que cabe à Previdência Social – INSS – verificar eventual incapacidade laborativa e pagar o benefício previdenciário devido.

SÚMULA N. 283
RECURSO ADESIVO. PERTINÊNCIA NO PROCESSO DO TRABALHO. CORRELAÇÃO DE MATÉRIAS (mantida) — Res. 121/2003, DJ 19, 20 e 21.11.2003

O recurso adesivo é compatível com o processo do trabalho e cabe, no prazo de 8 (oito) dias, nas hipóteses de interposição de recurso ordinário, de agravo de petição, de revista e de embargos, sendo desnecessário que a matéria nele veiculada esteja relacionada com a do recurso interposto pela parte contrária.

A **Súmula n. 283 do TST**, relacionada ao cabimento do **recurso adesivo** no processo do trabalho, foi **mantida** por meio da Resolução n. 121/2003 do TST, publicada no *DJ* nos dias 19, 20 e 21.11.2003.

O recurso adesivo encontra-se disciplinado no **art. 997, *caput*, § 1º, do CPC/2015**, sendo utilizado, segundo as normas do Código de Processo Civil, nos recursos de apelação, embargos infringentes, especial e extraordinário, no **prazo de resposta** (contrarrazões), desde que haja **sucumbência recíproca**. Importante destacar que o instituto encontra-se intimamente relacionado aos temas ***economia** e **celeridade** processuais.* Assim, não há que se falar em óbice legal à sua utilização no processo do trabalho, que muito se preocupa com o término célere das demandas.

Porém, algumas adaptações devem ser realizadas no processo do trabalho. O requisito da *sucumbência recíproca*, a que faz menção o art. 997, *caput* e § 1º, do CPC/2015, quando afirma que *"sendo, porém, vencidos autor e réu, ao recurso interposto por qualquer deles poderá aderir a outra parte"*, também encontra-se presente no processo do trabalho. Assim, somente em caso de **procedência parcial** é que o recurso adesivo poderá ser interposto, pois somente nessa hipótese restarão **vencidos autor e réu**.

Se o reclamado for condenado ao pagamento de R$ 7.000,00 (sete mil reais), quando o pedido inicial foi de R$ 10.000,00 (dez mil reais), estaremos diante de *sucumbência recíproca,* pois nem autor nem réu alcançaram a situação que almejavam, razão pela qual cada um pode interpor recurso ordinário, nos termos do art. 895, *a,* da CLT.

Se o reclamante estiver inicialmente satisfeito com a decisão, o que não levaria o mesmo a recorrer de imediato, poderá aguardar o decurso do prazo recursal e, se interposto recurso pelo reclamado, utilizar-se do ordinário *adesivo.*

Isso demonstra que o recurso adesivo deve ser utilizado, em regra, por quem está **inicialmente satisfeito** com a decisão judicial e espera que o adversário não recorra para se atingir logo o trânsito em julgado. Porém, caso este recorra e promova a rediscussão do julgado, aquele poderá obter novo pronunciamento judicial por meio do recurso adesivo.

Ponto importante a se destacar é o prazo para a interposição do adesivo. A súmula em comento nos fala em 8 (oito) dias, porém, sem especificar quando ocorre o início. O aludido prazo é aquele que o recorrido possui para apresentar **contrarrazões**, nos moldes do art. 997, § 2º, III, do CPC/2015. O dispositivo legal estatui que *"será interposto perante a autoridade competente para admitir o recurso principal, no prazo de que a parte dispõe para responder"*.

O inc. II (art. 997, § 2º, II, do CPC/2015) do referido artigo dispõe que *"será admissível na apelação, nos embargos infringentes, no recurso extraordinário e no recurso especial"*.

Adequando-se o preceito aos moldes do sistema recursal trabalhista, o TST firmou entendimento de que somente os **recursos ordinários, agravos de petição, recursos de revista e embargos** podem ser interpostos na *modalidade adesiva*.

Destaque importante deu o TST à matéria objeto do recurso adesivo, ao firmar entendimento de que o recorrente adesivo não precisa impugnar a **mesma matéria** impugnada por meio do recurso principal.

Esse também é o entendimento do STJ, porém, ainda não sumulado, como ocorre com o Colendo Tribunal Superior do Trabalho. O recurso adesivo pode impugnar tanto o mesmo capítulo da decisão como capítulo totalmente diverso. O cabimento do adesivo não está atrelado à **matéria discutida**, e sim ao fato de ter havido sucumbência recíproca, que não precisa se referir ao mesmo capítulo da decisão impugnada.

Assim, se a sentença for de parcial procedência tanto para o pagamento de verbas trabalhistas e rescisórias como para a indenização por dano moral, poderá o reclamante recorrer da primeira parte (verbas trabalhistas e rescisórias) e o reclamado aderir ao recurso, impugnando a segunda condenação. Encontram-se presentes os pressupostos para a interposição do recurso na *modalidade adesiva*.

> **ATENÇÃO:** O recurso adesivo é compatível com o processo do trabalho, mas somente pode ser interposto no prazo das contrarrazões (8 dias), nos recursos ordinário, de revista, agravo de petição e embargos ao TST.

> ***SÚMULA N. 286***
> ***SINDICATO. SUBSTITUIÇÃO PROCESSUAL. CONVENÇÃO E ACORDO COLETIVOS (mantida) — Res. 121/2003, DJ 19, 20 e 21.11.2003***
>
> A legitimidade do sindicato para propor ação de cumprimento estende-se também à observância de acordo ou de convenção coletivos.

A **Súmula n. 286 do TST**, que trata da **legitimidade** dos sindicatos para, na qualidade de **substitutos processuais**, ajuizarem ação de **cumprimento**, foi **mantida** por meio da Resolução n. 121/2003, publicada no *DJ* nos dias 19, 20 e 21.11.2003.

Em primeiro lugar, a **ação de cumprimento** é uma demanda **condenatória**, que visa dar **efetividade** à sentença normativa, acordo coletivo ou convenção coletiva, quando desrespeitados.

A sentença normativa não possui cunho condenatório, razão pela qual não pode ser objeto de processo de **execução**. Por esse motivo, as partes legítimas devem ajuizar a ação de cumprimento, perante a **Vara do Trabalho** (1º grau de jurisdição, portanto). RENATO SARAIVA[81] ensina que *"a ação de cumprimento é uma ação de conhecimento de cunho condenatório proposta pelo sindicato profissional ou pelos próprios trabalhadores interessados, perante a Vara do Trabalho, obedecida a regra do art. 651 da CLT, cujo procedimento é semelhante ao do dissídio individual, (...)"*.

Assim, se proferida sentença normativa pelo TRT, concedendo reajuste salarial de 5% a determinada categoria, deverá o sindicato representativo da categoria profissional ou os próprios trabalhadores prejudicados com o **descumprimento** do *decisum* ajuizar a **ação de cumprimento**.

Tal regra também se aplica ao **acordo coletivo** ou **convenção coletiva**. Se pactuado determinado acordo coletivo ou convenção coletiva, o descumprimento enseja a propositura de ação de cumprimento pelo sindicato, que, nos termos da súmula em análise, detém **legitimidade** para tanto, por ser um dos signatários da negociação coletiva inadimplida.

CARLOS HENRIQUE BEZERRA LEITE[82] explica que *"superando entendimento anterior, o TST (Súmula n. 286) passou, por força da Lei n. 8.984, de 7.2.1995, a estender a legitimação extraordinária (ou substituição processual) do sindicato para a ação de cumprimento de convenção ou acordo coletivo de trabalho"*.

Atualmente, entende-se que a ação de cumprimento tem por finalidade tornar concretos direitos originados de **instrumentos normativos coletivos**, que podem ser dissídios coletivos, acordos ou convenções coletivos.

A legitimidade do **sindicato** e também das **federações** e **confederações**, nas hipóteses de categorias não organizadas, não exclui a dos próprios **titulares** do direito material não adimplidos, ou seja, os **empregados**. Se o direito pode ser pleiteado por substituto processual, também há que se permitir que o próprio titular do direito persiga judicialmente o seu cumprimento.

> **ATENÇÃO:** O Sindicato, por ter sido parte na negociação coletiva — acordo coletivo de trabalho e convenção coletiva de trabalho —, também pode ajuizar a ação de cumprimento pleiteando que as normas ali criadas sejam efetivamente cumpridas pelos empregadores. Também pode ajuizar a ação de cumprimento em face de sentença normativa.

[81] SARAIVA, Renato. *Curso de direito processual do trabalho*, p. 860.
[82] BEZERRA LEITE, Carlos Henrique. *Curso de direito processual do trabalho*, p. 989.

SÚMULA N. 287
JORNADA DE TRABALHO. GERENTE BANCÁRIO (nova redação) — Res. 121/2003, DJ 19, 20 e 21.11.2003

A jornada de trabalho do empregado de banco gerente de agência é regida pelo art. 224, § 2º, da CLT. Quanto ao gerente-geral de agência bancária, presume-se o exercício de encargo de gestão, aplicando-se-lhe o art. 62 da CLT.

A **Súmula n. 287 do TST**, atinente à jornada de trabalho do **gerente bancário**, obteve **nova redação** por meio da Resolução n. 121/2003 do TST, publicada no *DJ* nos dias 19, 20 e 21.11.2003.

A presente súmula traz importante distinção entre as categorias de gerentes que geralmente existem nas milhares de agências bancárias espalhadas país afora. Essa importante diferença tem relevância quando o assunto é *jornada de trabalho.*

Já foram observadas diversas regras sobre a jornada de trabalho do bancário, quando dos comentários à complexa **Súmula n. 102 do TST**. Naquela oportunidade, fixou-se que, nos termos do art. 224, § 2º, da CLT, somente faz jus à jornada de trabalho **reduzida** de 6 (seis) horas diárias e 30 (trinta) semanais o empregado que não exerce **cargo de confiança** e que não percebe gratificação de pelo menos 1/3 do salário.

Caso se enquadre no art. 224, § 2º, da CLT, já terá remuneradas a 7ª e a 8ª horas da jornada, não as percebendo como extras, pois a gratificação de 1/3 já serve para remunerá-las.

Porém, se este empregado laborar mais que 8 (oito) horas diárias, fará jus à percepção do adicional de trabalho extraordinário, pois a **Súmula n. 102 do TST**, em seu **inc. II**, destaca que *"O bancário que exerce a função a que se refere o § 2º do art. 224 da CLT e recebe gratificação não inferior a um terço de seu salário já tem remuneradas as duas horas extraordinárias excedentes de seis"*. Interpretação *a contrario sensu* leva à conclusão que são devidas como extras as horas superiores à 8ª hora diária.

Tal regra serve para o gerente de investimentos, gerente de cobranças ou qualquer outro que não seja o **gerente-geral** da agência, pois esse se enquadra, de acordo com o entendimento do TST, na regra do art. 62, II, da CLT, que trata dos empregados que exercem **cargo de gestão** e que **não se sujeitam a controle de jornada**. Por consequência, não fazem jus ao recebimento de horas extraordinárias.

Segundo dispõe o supracitado artigo de lei, *"Não são abrangidos pelo regime previsto neste capítulo: (...) II — os gerentes, assim considerados os exercentes de cargos de gestão, aos quais se equiparam, para efeito do disposto neste artigo, os diretores e chefes de departamento ou filial"*.

Porém, para o enquadramento nesse inc. II, é **imprescindível** que a remuneração do obreiro, *in casu,* o gerente-geral da agência, siga a regra do parágrafo único do mesmo artigo, ou seja, **pelo menos 40% (quarenta por cento) superior ao do cargo efetivo**. Assim, é necessário que o gerente-geral receba uma gratificação ainda maior do que aquela descrita no § 2º do art. 224 da CLT, que se refere a pelo menos 1/3 a mais por ocupar cargo de confiança.

O fato de o **gerente-geral** perceber *pelo menos* 40% a mais lhe retira o direito às horas extraordinárias. Essa situação decorre do fato de que, geralmente, esses empregados, por encontrarem-se em patamar hierárquico superior na empresa, não se sujeitam a **controle rígido** de jornada de trabalho.

Isso significa dizer que, mesmo estando em posição hierarquicamente superior e percebendo quantia pelo menos 40% superior ao cargo efetivo, se houver controle de jornada, não estará enquadrado o gerente-geral na hipótese do art. 62, § 2º, da CLT. Assim ensina MAURÍCIO GODINHO DELGADO:[83] *"Evidenciado que o gerente, não obstante detentor de poderes de gestão e favorecido pelo acréscimo salarial equivalente ou maior do que 40% do salário efetivo, submete-se a estrito controle diário de horário de jornada, enquadra-se tal empregado nas fronteiras da duração padrão de trabalho de sua categoria profissional, sendo credor de horas extras efetivamente prestadas por além dessa duração padrão".*

Assim, a análise acerca da existência ou não de controle de jornada do gerente-geral é que definirá se esse se enquadra ou não no art. 62, II, da CLT, ou seja, se perceberá ou não horas extraordinárias.

ATENÇÃO: O gerente de agência, também chamado de "gerentinho", possui jornada de 8 horas diárias e 40 horas semanais, recebendo horas extras na hipótese de extrapolação daquela. Já o gerente-geral da agência não possui jornada máxima, a ele se aplicando o art. 62 da CLT, que lhe retira o direito ao recebimento de horas extraordinárias.

SÚMULA N. 288
COMPLEMENTAÇÃO DOS PROVENTOS DA APOSENTADORIA
(nova redação para o item I e acrescidos os itens III e IV em decorrência do julgamento do Processo TST-E-ED-RR-235-20.2010.5.20.0006 pelo Tribunal Pleno em 12.04.2016) — Res. 207/2016, DEJT divulgado em 18, 19 e 20.04.2016

I — A complementação dos proventos de aposentadoria, instituída, regulamentada e paga diretamente pelo empregador, sem vínculo com as entidades de previdência privada fechada, é regida pelas normas em vigor na data de admissão do empregado, ressalvadas as alterações que forem mais benéficas (art. 468 da CLT).

II — Na hipótese de coexistência de dois regulamentos de planos de previdência complementar, instituídos pelo empregador ou por entidade de previdência privada, a opção do beneficiário por um deles tem efeito jurídico de renúncia às regras do outro.

III — Após a entrada em vigor das Leis Complementares ns. 108 e 109, de 29.05.2001, reger-se-á a complementação dos proventos de aposentadoria pelas normas vigentes na data da implementação dos requisitos para obtenção do benefício, ressalvados o direito

[83] DELGADO, Maurício Godinho. *Curso de direito do trabalho*, p. 814.

> adquirido do participante que anteriormente implementara os requisitos para o benefício e o direito acumulado do empregado que até então não preenchera tais requisitos.
>
> IV — O entendimento da primeira parte do item III aplica-se aos processos em curso no Tribunal Superior do Trabalho em que, em 12.04.2016, ainda não haja sido proferida decisão de mérito por suas Turmas e Seções.

A **Súmula n. 288 do TST**, que trata da **complementação da aposentadoria**, foi **alterada** pela Resolução n. 207/2016, publicada no *Diário Oficial* nos dias 18, 19 e 20.04.2016.

O tema é de fácil entendimento, ainda mais após a análise da **Súmula n. 51 do TST**, que trata do **direito adquirido** dos empregados às normas jurídicas em vigor, quando do início do contrato de trabalho.

O **inc. I da Súmula n. 51** destaca que *"as cláusulas regulamentares, que revoguem ou alterem vantagens deferidas anteriormente, só atingirão os trabalhadores admitidos após a revogação ou alteração do regulamento"*.

Quando dos comentários à referida súmula, destacou-se que *"ao ser contratado, o regulamento vigente à época aderiu ao contrato de trabalho, sendo aplicado até o seu término. Sem dúvida que, no surgimento de novo regulamento, que seja mais benéfico ao empregado, será a ele aplicado de forma imediata, pois vige em nosso sistema laboral o princípio da proteção, que possui como uma de suas acepções a ideia da condição mais benéfica, que logo adere ao contrato"*.

Tanto a **Súmula n. 51** quanto a de **n. 288**, ora sob comento, refletem o ideal do legislador inserto no **art. 468 da CLT**, que proíbe as alterações **prejudiciais** no contrato de trabalho, mesmo com a **concordância** do empregado, já que se presume que tal concordância é viciada.

Logo, se o empregado "x" ingressou na empresa no ano de 1990, quando vigia determinada norma prevendo **complementação de aposentadoria**, mesmo que venha a se aposentar apenas em 2020, é aquela norma originária que deverá ser aplicada, pois o TST firmou entendimento de que há direito adquirido às **condições vigentes** quando da **contratação**. As alterações posteriores ou mesmo a supressão do benefício não atingem os empregados contratados anteriormente, salvo se mais **benéficas**, pois, nesse caso, todas as condições mais benéficas aderem ao contrato de trabalho de forma automática.

Em dezembro de 2013, o TST inseriu o inc. II para tratar da coexistência de mais de um regulamento sobre previdência complementar. Verifica-se que o novo inciso é, na verdade, uma reprodução de ideia já conhecida, constante na Súmula n. 51, II, do TST, que trata da renúncia ao regime imposto por um regulamento caso o empregado opte por outro regulamento. A verdade é que a atual súmula e a de n. 51 trazem as mesmas premissas, pois tratam do princípio da proteção, na acepção da condição mais benéfica, bem como afirmam a possibilidade, mesmo que excepcional, de renúncia de direitos trabalhistas. Isso porque:

1. No primeiro momento, diz que as regras a serem empregadas são aquelas existentes quando da contratação, salvo se outras, mais benéficas, foram criadas ao longo do vínculo.

2. Caso existam dois regulamentos, poderá o empregado optar por um deles, mas essa escolha terá efeito de renúncia às regras do outro, o que significa dizer que não será possível a conjugação das normas existentes nos dois regulamentos.

Já em 2016, por meio da Resolução n. 207, o TST incluiu os incs. III e IV para tratar das normas de transição em relação às Leis Complementares ns. 108 e 109, de 2001, podendo tais normas ser resumidas da seguinte forma:

- após a entrada em vigor das referidas leis, as normas a serem aplicadas são aquelas vigente na data de preenchimento dos requisitos para o recebimento da complementação de aposentadoria.
- caso o empregado já tenha preenchido os requisitos antes das Leis Complementares ns. 108 e 109, ficará assegurado o direito adquirido às antigas normas;
- não tendo preenchido os requisitos antes das referidas leis, restará garantido o direito acumulado às contribuições realizadas anteriormente;

O inc. IV, para finalizar a regra de transição, diz que a primeira parte do inc. III, que trata da aplicação das normas vigentes na data de implementação do benefício, após a entrada em vigor das LC ns. 108 e 109/2001, aplica-se aos processos em trâmite perante o TST e que ainda não tinham decisão de mérito em 12.04.2016.

ATENÇÃO: Para aqueles empregados que já satisfizeram os requisitos para a implementação do benefício, será assegurado o direito adquirido, continuando a ser regidos por aquele regulamento, mesmo que haja modificação posterior.

SÚMULA N. 289
INSALUBRIDADE. ADICIONAL. FORNECIMENTO DO APARELHO DE PROTEÇÃO. EFEITO (mantida) — Res. 121/2003, DJ 19, 20 e 21.11.2003

O simples fornecimento do aparelho de proteção pelo empregador não o exime do pagamento do adicional de insalubridade. Cabe-lhe tomar as medidas que conduzam à diminuição ou eliminação da nocividade, entre as quais as relativas ao uso efetivo do equipamento pelo empregado.

A **Súmula n. 289 do TST**, relacionada ao fornecimento de **aparelho de proteção individual** ao empregado, foi **mantida** por meio da Resolução n. 121/2003 do TST, publicada no *DJ* nos dias 19, 20 e 21.11.2003.

Em primeiro lugar, há que se afirmar que o adicional de **insalubridade**, assim como os demais (noturno, periculosidade, horas extras etc.), não se **incorpora** ao salário do obreiro, sendo pago apenas **enquanto** durar a **situação excepcional**. Há a integração ao salário, com consequentes reflexos em outras parcelas salariais, mas não a incorporação.

Assim, determinado empregado fará jus à percepção do adicional de insalubridade enquanto perdurar a atividade com agente **insalubre** (ruído, frio, calor etc.), sendo que a simples **diminuição** da intensidade do agente não importa a cessação do pagamento, e sim **reclassificação**, por exemplo, de grau máximo para médio, de médio para mínimo etc.

Por isso, o entendimento do TST é que o **simples** fornecimento dos EPIs (equipamentos de proteção individual) ao trabalhador não importa paralisação no pagamento do adicional, uma vez que deve ser aferido por **perícia técnica**, a cargo de engenheiro ou médico do trabalho, se o equipamento de proteção fornecido é apto à **eliminação** da insalubridade. Somente nessa hipótese, o empregador poderá cessar o pagamento da parcela.

Além do fornecimento de EPIs, o empregador deverá tomar outras atitudes para evitar que o ambiente de trabalho continue insalubre, tais como a instalação de **equipamentos** que produzam menos ruído ou calor, a instalação de filtros, entre outras possibilidades, evitando-se que aquela situação degradante continue a prejudicar o obreiro.

Não basta ao empregador fornecer os equipamentos de proteção individual. Deve também efetivamente **fiscalizar** os empregados, de forma a que os utilizem, evitando lesões e doenças.

Para tanto, poderá aplicar **penalidades** àqueles que não estejam utilizando corretamente os equipamentos de proteção, advertindo, suspendendo e, até mesmo, demitindo por justa causa.

O não fornecimento ou a não fiscalização por parte do empregador poderá ocasionar a sua **responsabilização** por eventual **dano** que o empregado venha a sofrer. Situação muito comum é a condenação ao pagamento de danos morais em virtude de doença profissional adquirida pelo empregado (surdez, por exemplo, por ter desenvolvido labor em local muito ruidoso, sem os cuidados adequados). Mesmo que o empregador tenha efetuado o pagamento correto do adicional de insalubridade, há **responsabilidade civil**.

Tal ação é de competência da Justiça do Trabalho, pois o art. 114, VI, da CRFB/88 afirma que *"as ações de indenização por dano moral ou patrimonial, decorrentes da relação do trabalho"* se inserem na competência dessa *justiça especializada.*

> **ATENÇÃO:** O empregador não pode retirar o adicional de insalubridade pelo simples fato de ter fornecido os equipamentos de proteção individual — EPIs —, pois deve verificar se o agente insalubre ainda subsiste. Havendo a eliminação do agente, o pagamento é extinto.

SÚMULA N. 291

HORAS EXTRAS. HABITUALIDADE. SUPRESSÃO. INDENIZAÇÃO — Res. 174/2011, DEJT divulgado em 27, 30 e 31.05.2011

A supressão total ou parcial, pelo empregador, do serviço suplementar prestado com habitualidade, durante pelo menos 1 (um) ano, assegura ao empregado o direito à indenização correspondente ao valor de 1 (um) mês das horas suprimidas, total ou parcialmente, para cada ano ou fração igual ou superior a seis meses de prestação de serviço acima da jornada normal. O cálculo observará a média das horas suplementares efetivamente trabalhadas nos últimos 12 (doze) meses, multiplicada pelo valor da hora extra do dia da supressão.

A **Súmula n. 291 do TST**, relacionada ao pagamento de indenização pela **supressão total ou parcial** das horas extras, foi **alterada** por meio da Resolução n. 174/2011 do TST, publicada no *DEJT* nos dias 27, 30 e 31.05.2011.

Mais uma vez, o Tribunal Superior do Trabalho regulamentou determinada matéria observando o princípio da **proteção**, de inegável aplicação no direito e no processo do trabalho.

Afirma-se isso em decorrência da **contraprestação pecuniária** a que faz jus o empregado que tem o trabalho suplementar **suprimido** após realizá-lo por mais de um ano.

Já foi dito, quando dos comentários à **Súmula n. 289 do TST**, que os adicionais somente são pagos **enquanto** o empregado desenvolve suas atividades em situação **excepcional**, da qual decorre o direito à parcela salarial. Findo o trabalho naquelas condições, não subsiste qualquer direito à **continuidade** no recebimento.

Isso significa dizer, em outras palavras, inexistir **direito adquirido** ao recebimento do adicional, pois este não se **incorpora** ao salário do obreiro. Assim, ao não mais ser necessário o trabalho em jornada suplementar (extraordinária), o trabalhador não mais receberá o respectivo adicional, o que será, não financeiramente, mas sob outros aspectos, melhor para aquele, que não ultrapassará os limites do seu corpo, poderá descansar de forma adequada, terá mais contato com sua família etc. Em matéria de medicina e segurança do trabalho, a jornada extraordinária é **condenada**, pois aumenta o **risco** de lesões e acidentes de trabalho.

Ocorre que a maioria dos trabalhadores que labora em jornada extraordinária o faz para **aumentar os salários**, já que precisa da quantia para complementação da renda. Sob essa ótica, o TST entendeu *justo* assegurar uma **indenização** ao empregado, para minorar os efeitos danosos ao seu orçamento, que não mais contará com aquela quantia mensal.

Para tanto, o Tribunal Superior do Trabalho fixou alguns **requisitos**. Primeiro, entendeu que só é devida a referida indenização pela **supressão** das horas extras se estas foram prestadas, com **habitualidade**, por **pelo menos 1 (um) ano**, período de tempo em que o empregado já teria se "acostumado" ao recebimento, adquirindo por meio dele produtos de primeira necessidade para sua família.

Segundo, criou parâmetros para o **cálculo da indenização**. Essa será o correspondente ao valor percebido **por mês com as horas extras** (*"valor de 1 (um) mês das horas suprimidas"*) para **cada ano ou fração superior a 6 (seis) meses** de trabalho em jornada extraordinária. Assim, se o empregado laborou 1 (um) ano e 10 (dez) meses em jornada extraordinária, será devido a ele o valor correspondente a 2 (dois) meses de horas extras. Se o trabalho se deu durante 1 (um) ano e 4 (quatro) meses, será devido apenas 1 (um) mês de horas extras.

A indenização será calculada pela **média de horas extras** realizadas nos últimos **12 (doze) meses**, aplicando-se o **valor da hora extra do dia da supressão**. Isso significa dizer que, se o empregado trabalhou 120 (cento e vinte) horas extras nos últimos 12 (doze) meses, fará jus à indenização correspondente ao valor de 10 (dez) horas extras a cada ano ou fração igual ou superior a 6 (seis) meses.

Assim, se desenvolvia jornada-padrão da CRFB/88 (8 horas diárias e 44 semanais) e percebia salário de R$ 2.200,00 (dois mil e duzentos reais), o valor da sua hora normal é R$ 10,00 (R$ 2.200,00 dividido por 220 horas), ou seja, sua hora extraordinária vale, pelo menos, R$ 15,00. Logo, a indenização devida será de R$ 150,00 (cento e cinquenta reais) por ano ou fração igual ou superior a 6 (seis) meses.

NÚMERO DE HORAS EXTRAS NOS ÚLTIMOS 12 MESES	MÉDIA MENSAL	VALOR HORA NORMAL	VALOR DA HORA EXTRAORDINÁRIA	TEMPO EM QUE LABOROU EM HORÁRIO SUPLEMENTAR	VALOR DA INDENIZAÇÃO DEVIDA, NOS TERMOS DA SÚMULA 291 DO TST
120 horas	10 horas	R$ 10,00	R$ 15,00	2 anos	R$ 300,00 (10 horas x R$ 15,00 x 2 anos)

Por fim, a Resolução n. 174/2011 alterou o verbete ao incluir a expressão "total ou parcial", ao afirmar que a supressão acarreta a indenização já estudada. A redação anterior, que silenciava sobre a espécie de supressão, gerava o seguinte questionamento: se o empregado tiver a redução das horas extras habitualmente prestadas após 1 (um) ano, terá ele direito à indenização? A resposta hoje é clara, pois a redução importa em supressão parcial. Se o empregado laborou por mais de 1 (um) ano, realizando em média 10 (dez) horas extras por mês, e passou a laborar 4 (quatro) horas, deve ser indenizado pela supressão das 6 (seis) horas.

> **ATENÇÃO:** O empregado que realiza horas extras não possui direito adquirido à sua realização, mas pode vir a receber uma indenização caso haja a supressão do trabalho extraordinário, a ser calculada com base na súmula em comento. Mas o direito à indenização somente existe para o empregado que tiver realizado as horas extras de forma habitual por mais de 12 meses.

SÚMULA N. 293
ADICIONAL DE INSALUBRIDADE. CAUSA DE PEDIR. AGENTE NOCIVO DIVERSO DO APONTADO NA INICIAL (mantida) — Res. 121/2003, DJ 19, 20 e 21.11.2003

A verificação mediante perícia de prestação de serviços em condições nocivas, considerado agente insalubre diverso do apontado na inicial, não prejudica o pedido de adicional de insalubridade.

A **Súmula n. 293 do TST**, relacionada à exposição equivocada do **agente nocivo** na petição inicial em que se busca o reconhecimento de **insalubridade**, foi **mantida** por meio da Resolução n. 121/2003 do TST, publicada no *DJ* nos dias 19, 20 e 21.11.2003.

A súmula em discussão traz a seguinte situação: o trabalhador ajuizou reclamação trabalhista pleiteando a condenação ao pagamento de adicional de **insalubridade**, alegando a presença do agente "x", mas a **perícia técnica** constatou a existência do agente "y". Entende o TST que o fato da inicial trazer agente insalubre **diverso** daquele constatado no exame **não prejudica** o pedido formulado, devendo, por isso, ser o empregador condenado.

O entendimento do TST é totalmente correto, pois a **causa de pedir** da ação em que se requer a condenação ao pagamento de adicional de insalubridade é a existência de **agente insalubre**, e não a existência do agente "x" ou "y". Não se requer o reconhecimento da presença do agente "x" ou "y", e sim o reconhecimento de que o empregado laborava na presença de algum agente nocivo.

FRANCISCO ANTÔNIO DE OLIVEIRA[84] disserta acerca da matéria, aduzindo que *"a causa de pedir, como já dissemos, é a simples alegação de que labora em ambiente agressivo. Não há necessidade de mais nenhuma informação técnica. Mesmo porque o perito não está atrelado a 'informações técnicas' provindas de leigos"*.

Segundo ensinamento de RODRIGO KLIPPEL,[85] *"causa de pedir representa o conjunto de motivos que fazem com que o autor ajuíze a demanda em busca da tutela de um alegado direito material"*, o que significa dizer que o juiz do trabalho deverá **condenar** o empregador, caso a perícia técnica verifique a **presença** de algum agente insalubre, independentemente da exposição realizada na petição inicial.

> **ATENÇÃO:** Caso a petição inicial afirme a existência de determinado agente insalubre e a perícia detecte outro agente, o pedido de condenação ao pagamento do adicional deve ser acolhido, pois a causa de pedir não é específica em relação a um agente específico, mas à existência de insalubridade.

> ***SÚMULA N. 294***
> ***PRESCRIÇÃO. ALTERAÇÃO CONTRATUAL. TRABALHADOR URBANO (mantida) — Res. 121/2003, DJ 19, 20 e 21.11.2003***
>
> Tratando-se de ação que envolva pedido de prestações sucessivas decorrente de alteração do pactuado, a prescrição é total, exceto quando o direito à parcela esteja também assegurado por preceito de lei.

---

[84] OLIVEIRA, Francisco Antônio de. *Comentários às súmulas do TST*, p. 551.

[85] KLIPPEL, Rodrigo. *Teoria geral do processo civil*, p. 281.

A **Súmula n. 294 do TST**, relacionada à **prescrição** nos casos de **alteração contratual**, foi **mantida** por meio da Resolução n. 121/2003 do TST, publicada no *DJ* nos dias 19, 20 e 21.11.2003.

A prescrição **total** fulmina a **exigibilidade** do direito, sendo que o prazo de cinco anos é contado a partir do **ato** que lesionou os interesses do empregado, tal como ocorre na **alteração contratual**. Havendo alteração contratual **lesiva** ao empregado, **proibida** pelo art. 468 da CLT, terá o mesmo **cinco anos** para ajuizar reclamação trabalhista visando impugnar o ato, sob pena de prescrição, mesmo que do ato se originem prestações sucessivas.

ALICE MONTEIRO DE BARROS,[86] com a clareza que lhe é peculiar, disserta sobre o tema: *"(...) se a hipótese versar sobre ato que traduza manifestação instantânea do empregador, caracterizada por uma alteração do pacto laboral, como, por exemplo, redução de percentual de comissões ou mesmo supressão dessa verba, comportamentos jungidos ao terreno da livre-contratualidade, a prescrição será total (...) e começará a fluir a partir do momento em que se consolidou o ato único do empregador"*.

Ocorre que a prescrição somente será **total** se a verba alterada tiver origem em **ato negocial** das partes, como **acordo** ou **convenção coletiva** ou **contrato individual**.

Caso a alteração contratual tenha por objeto **preceito legal**, ou seja, direito assegurado por lei, a prescrição será **parcial**, o que significa dizer que somente atingirá as parcelas anteriores aos cinco último anos, **mês a mês**, por se tratar de **prestações periódicas**. Tal situação poderá ocorrer quando a alteração contratual estiver relacionada a **desvio funcional** ou **equiparação salarial**, por exemplo, por estarem protegidos por legislação estatal.

A **Orientação Jurisprudencial n. 175 SBDI-1 do TST** relaciona-se ao tema, afirmando que *"a supressão das comissões, ou a alteração quanto à forma ou ao percentual, em prejuízo do empregado, é suscetível de operar a prescrição total da ação, nos termos da Súmula n. 294 do TST, em virtude de cuidar-se de parcela não assegurada por preceito de lei"*. A redação atual da OJ referida incorporou o disposto na OJ n. 248 da SBDI-1, atualmente cancelada.

ATENÇÃO: A prescrição pode ser parcial ou total. A prescrição parcial é aquela conhecida como quinquenal, que retira o direito ao recebimento de créditos trabalhistas anteriores aos cinco últimos anos, contados do ajuizamento da ação trabalhista, de acordo com a Súmula n. 308 do TST. A prescrição bienal é denominada total, pois retira a integralidade dos direitos trabalhistas caso não seja respeitada.

86 BARROS, Alice Monteiro de. *Curso de direito do trabalho*, p. 987.

SÚMULA N. 296
RECURSO. DIVERGÊNCIA JURISPRUDENCIAL. ESPECIFICIDADE (incorporada a Orientação Jurisprudencial n. 37 da SBDI-1) — Res. 129/2005, DJ 20, 22 e 25.04.2005

I — A divergência jurisprudencial ensejadora da admissibilidade, do prosseguimento e do conhecimento do recurso há de ser específica, revelando a existência de teses diversas na interpretação de um mesmo dispositivo legal, embora idênticos os fatos que as ensejaram. (ex-Súmula n. 296 — Res. 6/1989, *DJ* 19.04.1989)

II — Não ofende o art. 896 da CLT decisão de Turma que, examinando premissas concretas de especificidade da divergência colacionada no apelo revisional, conclui pelo conhecimento ou desconhecimento do recurso. (ex-OJ n. 37 da SBDI-1 — inserida em 01.02.1995)

A **Súmula n. 296 do TST**, relacionada à demonstração da **divergência jurisprudencial** ensejadora de recurso, obteve **nova redação** por meio da Resolução n. 129/2005 do TST, publicada no *DJ* nos dias 20, 22 e 25.04.2005.

Os **recursos de revista e de embargos**, ambos de competência do TST, possuem, entre suas hipóteses de cabimento, a **divergência jurisprudencial** entre órgãos do Poder Judiciário.

Na hipótese do recurso de revista, prevê o art. 896, *b*, da CLT, o cabimento quando os Tribunais Regionais do Trabalho, em **dissídios individuais**, *"derem ao mesmo dispositivo de lei federal interpretação diversa da que lhe houver dado outro Tribunal, ou a Seção de Dissídios Individuais do Tribunal Superior do Trabalho, ou a Súmula de Jurisprudência Uniforme dessa Corte"*.

Com relação ao recurso de embargos, o art. 894, II, da CLT afirma ser cabível *"das decisões das Turmas que divergirem entre si, ou das decisões proferidas pela Seção de Dissídios Individuais, salvo se a decisão recorrida estiver em consonância com súmula ou orientação jurisprudencial do Tribunal Superior do Trabalho ou do Supremo Tribunal Federal"*.

A forma de demonstração da divergência será analisada integralmente nos comentários à **Súmula n. 337 do TST**.

O inc. I da súmula em análise destaca que a **divergência** deve ser **específica**, ou seja, deve abarcar exatamente o mesmo ou mesmos **dispositivos legais**, isto é, as decisões divergentes devem analisar questão de direito material ou processual **idêntica**, aplicando o mesmo dispositivo legal de forma diferente.

A divergência **genérica**, sobre determinado assunto, não enseja a admissibilidade do recurso por **inexistir divergência** jurisprudencial. Assim, se o recorrente pretende demonstrar a existência de divergência entre dois ou mais TRTs acerca da configuração do trabalho insalubre, deverá demonstrar, de forma **analítica**, que o trabalho desenvolvido era o mesmo, exposto ao mesmo agente nocivo, e que as decisões julgaram diversamente o pleito do reclamante, *"revelando a existência de teses diversas na interpretação de um mesmo dispositivo legal, embora idênticos os fatos que as ensejaram"*, nos termos da súmula sob comento.

CARLOS HENRIQUE BEZERRA LEITE[87] afirma que *"além disso, a divergência jurisprudencial ora focalizada deve estar relacionada à interpretação 'do mesmo dispositivo de lei federal'. Essa divergência, no entanto, deve ser específica, a teor da Súmula n. 296 do TST, isto é, o dissenso pretoriano deve ter correspondência direta com as situações fáticas e jurídicas que foram apreciadas nas decisões conflitantes"*.

É importante salientar que não mais se mostra possível a interposição de recurso de revista quando a **divergência** for oriunda do **mesmo tribunal**, pois, neste caso, o próprio tribunal deve **uniformizar** sua jurisprudência. A divergência deve ser entre tribunais regionais **diversos** ou entre **tribunal regional e TST**.

Não se pode olvidar também o teor da **Súmula n. 23 do TST**, já comentada, que dispõe que *"não se conhece de recurso de revista ou de embargos, se a decisão recorrida resolver determinado item do pedido por diversos fundamentos e a jurisprudência transcrita não abranger a todos"*.

Também a **Súmula n. 333 do TST**, a ser analisada oportunamente, afirma que *"não ensejam recurso de revista decisões superadas por iterativa, notória e atual jurisprudência do Tribunal Superior do Trabalho"*.

Acerca do **inc. II** da presente súmula, tem-se que, em verdade, trata-se da conversão da **Orientação Jurisprudencial n. 37 da SBDI-1 do TST**. Analisando a questão, destaca FRANCISCO ANTÔNIO DE OLIVEIRA[88] que *"o exame das premissas concretas de especificidade da divergência colacionadas no apelo revisional, muito embora permita uma visão objetiva do examinador, não prescinde de uma boa dose de subjetividade. E dessa subjetividade advém a percepção da existência ou não dos pressupostos para a admissibilidade, levando o colegiado ao conhecimento ou não do recurso"*.

Ou seja, a **análise** realizada pelo julgador que conclui pela **não demonstração** da divergência ou a **demonstração de forma equivocada** não ofende o art. 896 da CLT, pois tão somente constata que não foram preenchidos os **requisitos de admissibilidade**. Ofenderia o artigo mencionado se o julgador afirmasse que, demonstrada **corretamente** a divergência, não conheceria do recurso, mesmo presentes os demais pressupostos necessários.

Dentro da **subjetividade** peculiar a qualquer julgamento, pode o julgador entender pela admissão ou inadmissão, restando à parte prejudicada interpor o recurso cabível.

---

[87] BEZERRA LEITE, Carlos Henrique. *Curso de direito processual do trabalho*, p. 702.

[88] OLIVEIRA, Francisco Antônio de. *Comentários às súmulas do TST*, p. 556.

ATENÇÃO: O recurso de revista pode ser interposto sob a alegação de existência de divergência jurisprudencial, nos termos do art. 896, *a* e *b,* da CLT. Contudo, a divergência tem de ser específica, demonstrando que os Tribunais Regionais do Trabalho analisaram a mesma situação, mas chegaram a conclusões divergentes.

SÚMULA N. 297
PREQUESTIONAMENTO. OPORTUNIDADE. CONFIGURAÇÃO (nova redação) — Res. 121/2003, DJ 19, 20 e 21.11.2003

I — Diz-se prequestionada a matéria ou questão quando na decisão impugnada haja sido adotada, explicitamente, tese a respeito.

II — Incumbe à parte interessada, desde que a matéria haja sido invocada no recurso principal, opor embargos declaratórios objetivando o pronunciamento sobre o tema, sob pena de preclusão.

III — Considera-se prequestionada a questão jurídica invocada no recurso principal sobre a qual se omite o Tribunal de pronunciar tese, não obstante opostos embargos de declaração.

A **Súmula n. 297 do TST**, relacionada ao **prequestionamento** no âmbito do processo laboral, obteve **nova redação** por meio da Resolução n. 121/2003 do TST, publicada no *DJ* nos dias 19, 20 e 21.11.2003.

O **prequestionamento** é um pressuposto de admissibilidade dos recursos extraordinários, que se encontra implícito no **cabimento** dos recursos especial, extraordinário, revista e embargos, os últimos três de utilização no processo do trabalho.

Os recursos classificados como **extraordinários** ou de **estrito direito** são utilizados para **uniformizar a jurisprudência** e também para corrigir equívocos na aplicação de **norma federal ou constitucional**, não sendo utilizados para reexame de fatos e provas, conforme **Súmula n. 126 do TST**.

Desta forma, a análise realizada nos tribunais superiores quando do julgamento, por exemplo, do recurso de revista ou de embargos, bem como do extraordinário, cinge-se a saber se a decisão recorrida **aplicou corretamente a norma**, constituindo-se, portanto, em tribunais de revisão. Por isso é que a decisão recorrida deve conter, **explicitamente**, o **posicionamento** adotado pelo tribunal acerca da matéria objeto do recurso, independentemente de a parte ter **provocado** o Poder Judiciário a respeito da mesma ou daquele ter se pronunciado de ofício. O que importa é que deve constar o posicionamento **explícito a respeito da matéria**.

O inc. I da súmula em comento afirma que *"diz-se prequestionada a matéria ou questão quando na decisão impugnada haja sido adotada, explicitamente, tese a respeito"*. A análise acerca da súmula demonstra que o termo ***explicitamente*** não significa que a decisão deve conter o artigo dito por violado, e sim um **posicionamento** sobre a **questão**. Deve, por exemplo, afirmar o tribunal que na situação versada nos autos há ou não violação ao princípio da isonomia.

Sobre tal peculiaridade, destaca CARLOS HENRIQUE BEZERRA LEITE[89] que *"não vale, pois, o pronunciamento implícito. Mas não é preciso que a decisão reproduza* ipsis litteris *o dispositivo de lei que o recorrente alega ter sido violado. O importante é que a tese explícita sobre a matéria questionada faça parte da fundamentação do julgado"*.

Inclusive, esse é o entendimento da **Orientação Jurisprudencial n. 118 da SDBI-1 do TST**, ao prescrever que *"havendo tese explícita sobre a matéria, na decisão recorrida, desnecessário contenha nela referência expressa do dispositivo legal para ter-se como prequestionado este"*.

Importante demonstrar também que o TST segue a tendência do STF acerca da necessidade de interposição dos **embargos de declaração** para forçar o julgador a explicitar seu entendimento. A **Súmula n. 356 do STF** prescreve: *"o ponto omisso da decisão, sobre o qual não foram opostos embargos declaratórios, não pode ser objeto de recurso extraordinário, por faltar o requisito do prequestionamento"*.

Por isso, o inc. II da súmula em comento afirma que *"incumbe à parte interessada, desde que a matéria haja sido invocada no recurso principal, opor embargos declaratórios objetivando o pronunciamento sobre o tema, sob pena de preclusão"*, o que torna **obrigatória** a interposição do recurso aclaratório quando a decisão não apontar, de forma **explícita**, o entendimento do julgador, sob pena de **inadmissão** do recurso extraordinário (revista, embargos e extraordinário). Esse entendimento também se aplica mesmo que a matéria seja de **ordem pública**, ou seja, que possa ser conhecida **de ofício** pelo Tribunal Superior, pois este não a reconhecerá pela primeira vez, e sim julgará se a decisão pelo reconhecimento está ou não de acordo com as normas legais.

Assim, apesar de poder ser reconhecida de ofício pelo julgador, a ausência de uma condição da ação ou de um pressuposto processual só será analisada pelo TST ou STF se tiver sido objeto de **pronunciamento** pelo TRT, pois, caso contrário, não estará prequestionada. Aliás, este é o entendimento da **Orientação Jurisprudencial n. 62 da SBDI-1 do TST:** *"Prequestionamento. Pressuposto de recorribilidade em apelo de natureza extraordinária. Necessidade, ainda que a matéria seja de incompetência absoluta"*.

Com relação ao inc. III da súmula, mostra entendimento divergente com relação ao STJ, que, em sua **Súmula n. 211**, destaca ser *"Inadmissível recurso especial quanto à questão que, a despeito da oposição de embargos declaratórios, não foi apreciada pelo Tribunal* a quo". O STJ não aceita o denominado ***prequestionamento implícito***, que é a **presunção** que se cria quando o recorrente busca, por meio dos embargos de declaração, o prequestionamento da matéria, apesar da **contínua omissão** do julgador em se posicionar sobre ela. Cria-se a **ficção** de que o recorrente utilizou-se do meio processual adequado e que não pode ser **prejudicado** pela omissão do julgador. Para o tribunal referido, deverá o recorrente valer-se de recurso especial por violação

---

[89] BEZERRA LEITE, Carlos Henrique. *Curso de direito processual do trabalho*, p. 695.

ao art. 1.022 do CPC/2015, se o tribunal mantiver-se omisso com relação à matéria, para buscar efetivamente um posicionamento.

O TST e o STF, porém, adotam o **prequestionamento ficto**, sendo que o primeiro afirma categoricamente que *"considera-se prequestionada a questão jurídica invocada no recurso principal sobre a qual se omite o tribunal de pronunciar tese, não obstante opostos embargos de declaração"*, o que significa dizer que à parte basta interpor embargos de declaração visando o prequestionamento, que o **requisito estará preenchido**.

Por último, alguns importantes aspectos. Em primeiro lugar, não se pode exigir prequestionamento em **recurso ordinário**, e sim apenas nos recursos classificados como ***extraordinários***, tais como a revista, os embargos e o recurso extraordinário. Em segundo lugar, se o vício surgir no próprio **acórdão recorrido**, não haverá que se falar em prequestionamento, pois é a primeira vez que a questão surge para os litigantes, não sendo próprio exigir-se a interposição prévia dos embargos de declaração. Assim, se o acórdão recorrido entende, pela primeira vez, que a sentença é *extra petita*, o prequestionamento é **inexigível**, pois o recurso a ser interposto estará impugnando matéria nova. Apesar de não se encontrar sumulado, é o entendimento da **Orientação Jurisprudencial n. 119 da SBDI-1 do TST**, ao falar que *"Prequestionamento inexigível. Violação nascida na própria decisão recorrida. Súmula n. 297. Inaplicável"*.

AMAURI MASCARO NASCIMENTO,[90] em relação à utilização do recurso de embargos de declaração prequestionadores, afirma que *"(...) destina-se, ainda, a suscitar nos autos antes da interposição do recurso, tese jurídica para que o mesmo julgador a examine seguindo-se o recurso depois de adotada, por esse mesmo órgão, tese explícita a respeito na decisão dos embargos declaratórios"*.

Por fim, o recorrente que interpuser embargos de declaração para fim de prequestionar determinada matéria não pode ser **multado**, pois o recurso não é considerado **protelatório**. O art. 1.026, § 2º, do CPC/2015 prevê o cabimento de multa por utilização protelatória do recurso em apreço, porém, se o mesmo é necessário, como para fins de prequestionamento, não pode o recorrente sofrer essa sanção processual. Esse é o entendimento da **Súmula n. 98 do STJ**, que, apesar de não passível de utilização direta no âmbito trabalhista, é considerada um *norte interpretativo* sobre a matéria.

> **ATENÇÃO:** O TST exige o prequestionamento da matéria para fins de interposição de recursos *extraordinários*, como o recurso de revista e o de embargos. Assim, deve a matéria ter sido decidida efetivamente na decisão recorrida para que o TST possa analisá-la. Se não houve o prequestionamento, o apelo não será admitido, pois se trata de pressuposto de admissibilidade daqueles recursos.

[90] NASCIMENTO, Amauri Mascaro. *Curso de direito processual do trabalho*, p. 624.

SÚMULA N. 298
AÇÃO RESCISÓRIA. VIOLAÇÃO A DISPOSIÇÃO DE LEI. PRONUNCIAMENTO EXPLÍCITO (redação alterada pelo Tribunal Pleno na sessão realizada em 06.02.2012) — Res. 177/2012, DEJT divulgado em 13, 14 e 15.02.2012

I — A conclusão acerca da ocorrência de violação literal a disposição de lei pressupõe pronunciamento explícito, na sentença rescindenda, sobre a matéria veiculada.

II — O pronunciamento explícito exigido em ação rescisória diz respeito à matéria e ao enfoque específico da tese debatida na ação, e não, necessariamente, ao dispositivo legal tido por violado. Basta que o conteúdo da norma reputada violada haja sido abordado na decisão rescindenda para que se considere preenchido o pressuposto.

III — Para efeito de ação rescisória, considera-se pronunciada explicitamente a matéria tratada na sentença quando, examinando remessa de ofício, o Tribunal simplesmente a confirma.

IV — A sentença meramente homologatória, que silencia sobre os motivos de convencimento do juiz, não se mostra rescindível, por ausência de pronunciamento explícito.

V — Não é absoluta a exigência de pronunciamento explícito na ação rescisória, ainda que esta tenha por fundamento violação de dispositivo de lei. Assim, prescindível o pronunciamento explícito quando o vício nasce no próprio julgamento, como se dá com a sentença *"extra, citra e ultra petita"*.

A **Súmula n. 298 do TST**, relacionada à necessidade de **pronunciamento explícito** em **ação rescisória**, obteve **nova redação** por meio da Resolução n. 177/2012 do TST, publicada no *DJ* nos dias 13, 14 e 15.02.2012.

Aparentemente, as mudanças ocorridas na Súmula n. 298 do TST foram muitas, a começar pelo título, no qual houve a troca do termo **prequestionamento** por **pronunciamento**, da mesma forma ocorrendo com todos os incisos dessa súmula. Contudo, deve-se destacar que o entendimento do TST **continua o mesmo**, ou seja, apenas foi substituído o termo **prequestionamento** por **pronunciamento** em todos os incisos, demonstrando que o tribunal também está preocupado com a utilização de termos técnicos.

A substituição da expressão prequestionamento mostra-se sadia, apesar de não mudar o entendimento do tribunal, frise-se, uma vez que esse instituto é típico dos recursos, não devendo ser utilizado em sede de ação rescisória.

Importante que se diga que os comentários à súmula em destaque, feitos em nosso *Direito Sumular Esquematizado®— TST*, 2. ed., 2012, mantêm-se incólumes, apenas se devendo destacar a substituição dos termos conforme explicação acima.

Tudo o mais que se disse naqueles comentários deve ser mantido, tendo em vista que o TST, ao alterar a redação dessa súmula, preocupou-se tão somente com o apuro da técnica processual, que consiste em denominar os institutos da maneira correta, **excluindo-se qualquer referência ao prequestionamento quando o assunto é ação rescisória**.

Assim sendo, seguem os comentários acerca da questão:

Nos termos do art. 485, V, do CPC (art. 966 do CPC/2015), a ação rescisória poderá ser ajuizada sob o argumento de violação à **literal disposição de lei**, que para RODRIGO

KLIPPEL[91] *"(...) é uma terminologia que pretende demonstrar, portanto, a existência de um consenso sobre o sentido jurídico da norma, e a desatenção, por parte do julgador, a esse significado"*.

Com base nos ensinamentos do jovem e talentoso jurista capixaba, conclui-se que somente há que se falar que o magistrado aplicou de forma **equivocada** um determinado preceito de lei, ou ainda, que agiu com **desatenção** quando aplicou a norma fora daquele *consenso sobre seu sentido jurídico*, se a decisão rescindenda trouxer, **explicitamente**, pronunciamento sobre a matéria. Não se pode afirmar que determinada decisão judicial aplicou equivocamente uma norma, dando-lhe um sentido jurídico errado se não houver pronunciamento **explícito**, pois os julgadores, ao analisarem o mérito da ação rescisória, farão a comparação entre a forma como foi aplicado o dispositivo pelo magistrado, na decisão rescindenda, e o que se esperava daquele ao interpretar o dispositivo legal. Tal comparação, inerente ao julgamento da rescisória, resta **prejudicada** quando não há posicionamento **expresso** sobre a matéria.

Com relação ao inc. II da súmula sob discussão, tem-se referência ao **prequestionamento implícito**, em que é necessária a adoção de tese sobre a matéria discutida, sem necessidade de menção ao **dispositivo de lei**. Quando o TST expõe que *"basta que o conteúdo da norma, reputada como violada, tenha sido abordado na decisão rescindenda para que se considere preenchido o pressuposto do prequestionamento"*, deixa clara a desnecessidade de que conste o artigo de lei, por exemplo, art. 141 do CPC/2015, art. 5º, *caput,* da CRFB/88, uma vez que o que importa ao Tribunal Superior do Trabalho é saber se a **matéria** (**conteúdo da norma**) foi analisada pelo tribunal inferior e qual o entendimento adotado por este.

Nesse mesmo sentido, mostra-se a **Orientação Jurisprudencial n. 118 da SBDI-1**, cuja redação segue transcrita: *"Havendo tese explícita sobre a matéria, na decisão recorrida, desnecessário contenha nela referência expressa do dispositivo legal para ter-se como prequestionado este"*.

Quando dos comentários à **Súmula n. 297 do TST**, observou-se que *"o inc. I da súmula em comento afirma que 'diz-se prequestionada a matéria ou questão quando na decisão impugnada haja sido adotada, explicitamente, tese a respeito'. A análise acerca da súmula demonstra que o termo explicitamente não significa que a decisão deve conter o artigo dito por violado, e sim um posicionamento sobre a questão. Deve, por exemplo, afirmar o tribunal que na situação versada nos autos há ou não violação ao princípio da isonomia"*.

No tocante ao inc. III, que trata do **prequestionamento** oriundo de julgamento proferido em sede de ***remessa necessária***, alguns comentários devem ser feitos. Em primeiro lugar, o prequestionamento é um requisito processual que se encontra intimamente ligado ao ***cabimento*** dos **recursos** extraordinários, não podendo ser exigido na **remessa necessária** pelo simples fato de esta não ser considerada recurso, e sim uma **condição de eficácia** da sentença proferida nas hipóteses do art. 496 do CPC/2015.

Importante destacar os ensinamentos de FREDIE DIDIER JR.[92] em relação aos fundamentos que levam à conclusão pela **impossibilidade** de considerar-se a **remessa neces-**

[91] KLIPPEL, Rodrigo. *A coisa julgada e sua impugnação:* relativização da coisa julgada, p. 174.

[92] DIDIER JR., Fredie; CUNHA, Leonardo José Carneiro da. *Curso de direito processual civil*, p. 499.

sária como recurso. Transcrevem-se tais razões em sua integralidade: *"o reexame não contém os pressupostos próprios dos recursos. De fato, além de não atender ao princípio da taxatividade, o reexame não está sujeito a prazo, faltando ao juiz legitimidade e interesse em recorrer. A isso acresce a circunstância de não haver o atendimento ao requerido da regularidade formal, que exige razões de fato e de direito que o fundamentam. Não se atende, ademais, ao princípio da voluntariedade, mercê do qual o recurso, para ser interposto, depende de provocação espontânea de um dos legítimos, eis que decorre do princípio dispositivo, não devendo decorrer de obrigação ou imposição legal. Trata-se do posicionamento majoritário da doutrina brasileira".*

Como exigir, portanto, que um instituto que não é considerado **recurso** adote um pressuposto próprio daquela espécie? Inviável, assim, impor-se a presença de prequestionamento no julgamento oriundo de remessa necessária, razão pela qual o TST entendeu que a confirmação da sentença faz com que **toda a matéria** já se encontre prequestionada, já que o reexame necessário faz com que toda a matéria desfavorável ao ente público seja remetida ao tribunal.

No tocante ao inc. IV, tem-se a **impossibilidade** de rescindir-se sentença **meramente homologatória**, por ausência de prequestionamento. O presente inciso vai ao encontro do entendimento firmado pelo TST por meio da **Súmula n. 259**, que aduz que *"só por ação rescisória é impugnável o termo de conciliação previsto no parágrafo único do art. 831 da CLT"*. Conforme afirmou-se nos comentários ao aludido enunciado, o entendimento mostra-se tecnicamente errado, pois a medida correta a impugnar a sentença homologatória de acordo é a **ação anulatória** do art. 966, § 4º do CPC/2015. Porém, o TST continua a adotar, em seus julgados mais recentes, o posicionamento externado no verbete n. 259. Ocorre que, se silente sobre os motivos da fundamentação (o que geralmente ocorre na prática!), não será possível rescindir o julgado, pois inviável a verificação de eventual equívoco do magistrado.

Por fim, o inc. V abranda um pouco a regra acerca da necessidade de prequestionamento, quando a violação a preceito de lei surge na **própria decisão rescindenda**, como ocorre, entre outras situações, quando a decisão é *extra, ultra* ou *citra (infra) petita*. Assim, é **prescindível**, ou seja, desnecessário o prequestionamento quando o vício nasce no próprio julgamento, pois entendimento contrário inviabilizaria a rescisão do julgado que viola disposição legal, já que é o primeiro momento em que o vício surge, o que impossibilita a discussão e a análise da questão. Nessa situação, nunca haveria prequestionamento.

Nesse mesmo sentido, a **Orientação Jurisprudencial n. 119 da SBDI-1 do TST** enuncia: *"prequestionamento inexigível. Violação nascida na própria decisão recorrida. Súmula n. 297. Inaplicável"*.

ATENÇÃO: O prequestionamento da matéria também é exigido na ação rescisória quando seu ajuizamento se dá na hipótese de violação de dispositivo de lei. Assim, a rescisória somente será admitida quando a decisão objeto tiver apresentado manifestação explícita em relação à matéria, pois somente assim será possível analisar e concluir pela violação do preceito de lei.

SÚMULA N. 299
AÇÃO RESCISÓRIA. DECISÃO RESCINDENDA. TRÂNSITO EM JULGADO. COMPROVAÇÃO. EFEITOS (nova redação do item II em decorrência do CPC de 2015) — Res. 211/2016, DEJT divulgado em 24, 25 e 26.08.2016

I — É indispensável ao processamento da ação rescisória a prova do trânsito em julgado da decisão rescindenda.

II — Verificando o relator que a parte interessada não juntou à inicial o documento comprobatório, abrirá prazo de 15 (quinze) dias para que o faça (art. 321 do CPC de 2015), sob pena de indeferimento.

III — A comprovação do trânsito em julgado da decisão rescindenda é pressuposto processual indispensável ao tempo do ajuizamento da ação rescisória. Eventual trânsito em julgado posterior ao ajuizamento da ação rescisória não reabilita a ação proposta, na medida em que o ordenamento jurídico não contempla a ação rescisória preventiva. (ex-OJ n. 106 da SBDI-II — *DJ* 29.04.2003)

IV — O pretenso vício de intimação, posterior à decisão que se pretende rescindir, se efetivamente ocorrido, não permite a formação da coisa julgada material. Assim, a ação rescisória deve ser julgada extinta, sem julgamento do mérito, por carência de ação, por inexistir decisão transitada em julgado a ser rescindida. (ex-OJ n. 96 da SBDI-II — inserida em 27.09.2002)

A **Súmula n. 299 do TST**, referente ao **trânsito em julgado** para fins de cabimento de ação rescisória no processo do trabalho, obteve **nova redação** por meio da Resolução n. 211/2016, publicada no *DJ* nos dias 24, 25 e 26.08.2016, **para adequação ao CPC/2015, que modificou o prazo de emenda da petição inicial**.

A ação rescisória encontra-se prevista nos arts. 966 a 975 do CPC/2015. O art. 966 prevê: *"a decisão de mérito, transitada em julgado, pode ser rescindida quando: (...)"*.

O texto supratranscrito revela dois dos requisitos indispensáveis à propositura da rescisória, quais sejam: **sentença definitiva** (de mérito, art. 487 do CPC/2015) e **trânsito em julgado**. Sobre o segundo requisito, ensina RODRIGO KLIPPEL[93] que *"sentença transitada em julgado, para os fins do art. 966 do CPC/15, é a decisão judicial que adquiriu a imutabilidade característica da coisa julgada material. Desse modo, somente decisões às quais tenha aderido a coisa julgada material seriam passíveis de desconstituição por meio de ação rescisória"*.

O inc. I da súmula sob comento demonstra a necessidade de **comprovação** do trânsito em julgado pelo autor na **petição inicial**. Em relação a esse assunto, também RODRIGO KLIPPEL[94] leciona que *"a prova do trânsito em julgado, nos autos da rescisória, pode ser feita tanto por meio da certidão de trânsito quanto por outros documentos que tenham a idoneidade de demonstrar que já se formou a coisa julgada (ex.: certidão da publicação da decisão que negou seguimento ao recurso ex-*

93 KLIPPEL, Rodrigo. *Ação rescisória:* teoria e prática, p. 56.

94 KLIPPEL, Rodrigo. *Ação rescisória:* teoria e prática, p. 56.

traordinário; certidão que demonstra que, após a decisão do recurso especial ou extraordinário, não houve a interposição de qualquer outro vetor recursal etc.)".

Percebe-se que várias são as formas processuais de se demonstrar a ocorrência do trânsito em julgado. Trata-se de **documento indispensável** ao ajuizamento da ação, que, nos moldes do art. 320 do CPC/2015, deve acompanhar a petição inicial. A ausência de tal comprovação importa **extinção do processo sem resolução do mérito**, nos termos do art. 485, VI, do CPC/2015, por impossibilidade jurídica do pedido, pois não se pode rescindir decisão que não transitou em julgado.

Porém, como forma de privilegiar o princípio da **economia** processual, o Tribunal Superior do Trabalho firmou o entendimento, aplicando o art. 321 do CPC/2015, de que o relator da ação rescisória, ao constatar que se encontra **ausente a comprovação do trânsito**, não deve desde logo indeferir a inicial, e sim determinar a intimação da parte autora para **emendar a inicial**, no prazo de 15 (quinze) dias.

O art. 321 do CPC/2015 prescreve que *"O juiz, ao verificar que a petição inicial não preenche os requisitos dos arts. 319 e 320 ou que apresenta defeitos e irregularidades capazes de dificultar o julgamento de mérito, determinará que o autor, no prazo de 15 (quinze) dias, a emende ou a complete, indicando com precisão o que deve ser corrigido ou completado".*

Assim, o indeferimento puro e simples, sem intimação para emenda, constituirá *error in procedendo*, devendo a decisão ser **anulada**, para que o procedimento correto seja respeitado. Sobre emenda da petição inicial e as modificações implementadas pelo CPC/2015, leia os comentários à Súmula n. 263 do TST.

O inc. III traz situação de difícil análise, apesar do entendimento pacificado do TST. Aduz o inciso, em síntese, que o trânsito em julgado **superveniente**, ou seja, após o ajuizamento da rescisória, não tem o condão de reabilitá-la, de forma que a única alternativa é a **extinção do processo sem resolução do mérito**.

O entendimento do TST, apesar de tecnicamente correto, vai de encontro ao **princípio da economia processual**, tantas vezes utilizado como baliza do processo do trabalho, pois desconsidera uma ação rescisória já ajuizada, com **depósito prévio** utilizado, levando o julgador a proferir uma decisão terminativa para que outra rescisória, idêntica à primeira, seja novamente ajuizada.

Se o relator não percebeu que, à época do ajuizamento, inexistia trânsito em julgado, mas o mesmo ocorrer posteriormente, em homenagem ao princípio da economia, anteriormente referido, deve o julgador dar prosseguimento ao feito.

Assim entende RODRIGO KLIPPEL,[95] apoiado na doutrina de LIEBMAN, afirmando que *"a defesa que Liebman faz da desnecessidade de que as condições da ação existam no momento de propositura, se após surgirem, não podem ser tomadas fora de contexto. É uma premissa que atende ao princípio da economia processual, mas que somente pode ser aceita se, no início da relação processual, não foi notada a carência, que supervenientemente deixou de existir".*

---

[95] KLIPPEL, Rodrigo. *Ação rescisória:* teoria e prática, p. 78.

Esse é o melhor posicionamento, que deveria ser adotado pelo Tribunal Superior do Trabalho, com a revisão da súmula nesse tópico, pois traria maior economia e celeridade para a hipótese. Porém, há que se destacar que o TST possui entendimento totalmente contrário, para que a ação rescisória seja extinta sem resolução do mérito, nos termos do art. 485, VI, do CPC/2015, por **ausência de interesse processual**, na modalidade adequação.

Ainda, destaca-se o entendimento da **Súmula n. 514 do STF**, que admite o cabimento da rescisória, mesmo que não tenham sido interpostos todos os recursos cabíveis. Vejamos: *"admite-se ação rescisória contra sentença transitada em julgado, ainda que contra ela não se tenha esgotado todos os recursos"*.

Por último, o inc. VI da súmula se refere ao vício na **intimação** da decisão rescindenda, vício que, para o TST, não pode ser objeto de ação rescisória, por total **ausência** de **trânsito em julgado** da decisão. Assim, se proferido acórdão em recurso ordinário pelo TRT, sem a devida intimação da parte, não poderá tal vício ser objeto de rescisória, pois entende-se que o **prazo recursal não começou** a fluir, o que acarreta a **inexistência** de trânsito em julgado na hipótese, impossibilitando o manejo da rescisória.

Assim, a parte deveria ter manejado o recurso de revista quando teve acesso ao acórdão do TRT, demonstrando que a **irregularidade** ou **ausência** de intimação faz com que o recurso seja **tempestivo**.

A escolha pela rescisória mostra-se precipitada e errada. Pior, considera-se que, com o ajuizamento da rescisória, a parte tomou conhecimento da decisão, o que acarreta o início do prazo recursal de 8 (oito) dias. Se a petição inicial da rescisória não for rapidamente indeferida, perderá a parte o prazo recursal, gerando, sem dúvida, o trânsito em julgado.

> **ATENÇÃO:** O trânsito em julgado da decisão que será objeto da rescisória é um dos pressupostos indispensáveis ao ajuizamento da ação, e deve ser comprovado documentalmente na petição inicial. Caso a parte não comprove o fato, deverá o Relator intimá-la para corrigir o erro em 15 dias, nos termos do art. 321 do CPC/2015, sob pena de indeferimento da inicial.

SÚMULA N. 300
COMPETÊNCIA DA JUSTIÇA DO TRABALHO. CADASTRAMENTO NO PIS (mantida) — Res. 121/2003, DJ 19, 20 e 21.11.2003

Compete à Justiça do Trabalho processar e julgar ações ajuizadas por empregados em face de empregadores relativas ao cadastramento no Programa de Integração Social (PIS).

A **Súmula n. 300 do TST**, relativa à competência da Justiça do Trabalho para as demandas em que se discute o **cadastramento no PIS**, foi **mantida** por meio da Resolução n. 121/2003 do TST, publicada no *DJ* nos dias 19, 20 e 21.11.2003.

A cizânia jurisprudencial acerca do assunto surgiu a partir da Edição da Lei Complementar n. 7/70, que institui o ***Programa de Integração Social (PIS)***. Havia julgados que entendiam que, em virtude da natureza fiscal do PIS, a competência seria da **Justiça Comum**, enquanto outros, de forma acertada, defendiam a competência da Justiça do Trabalho. Prevaleceu o segundo entendimento, ainda mais após a edição da **Emenda Constitucional n. 45/2004**, que alterou o art. 114 da CRFB/88. A redação atual do inc. I do artigo referido dispõe que compete à Justiça do Trabalho processar e julgar *"as ações oriundas da relação de trabalho, abrangidos os entes de direito público externo e da administração pública direta e indireta da União, dos Estados, do Distrito Federal e dos Municípios"*.

Assim, se o empregado ajuizar demanda trabalhista requerendo a condenação do empregador a um fazer, qual seja, **cadastrar** o obreiro no programa, a competência será da justiça especializada, pois tal fato decorre da **relação de emprego** havida entre as partes. Lembre-se de que a nova redação do dispositivo abarca, inclusive, as **relações de trabalho**, mais amplas que as de emprego. Assim também ocorre quando o obreiro pleiteia, findo o liame empregatício, **indenização** em face do empregador por este não tê-lo inscrito no PIS, retirando do mesmo o direito aos benefícios.

A nova redação do art. 144 da CRFB/88, alterado pela EC n. 45/2004 não deixa mais qualquer dúvida acerca da competência da Justiça do Trabalho para as demandas relacionadas ao cadastramento no PIS.

> **ATENÇÃO:** Caso não seja feito o cadastramento no PIS e o empregado venha a sofrer danos, poderá ajuizar ação de reparação, que será da competência da Justiça do Trabalho, já que o tema é trabalhista.

> ***SÚMULA N. 301***
> ***AUXILIAR DE LABORATÓRIO. AUSÊNCIA DE DIPLOMA. EFEITOS (mantida) — Res. 121/2003, DJ 19, 20 e 21.11.2003***
>
> O fato de o empregado não possuir diploma de profissionalização de auxiliar de laboratório não afasta a observância das normas da Lei n. 3.999, de 15.12.1961, uma vez comprovada a prestação de serviços na atividade.

A **Súmula n. 301 do TST**, relacionada à prestação da atividade de **auxiliar de laboratório**, foi **mantida** por meio da Resolução n. 121/2003 do TST, publicada no *DJ* nos dias 19, 20 e 21.11.2003.

O conteúdo da súmula demonstra claramente o intuito do TST em proteger os empregados que, apesar de não possuírem qualificação técnica para a função de auxiliar de laboratório, exerciam as atividades inerentes ao cargo. Trata-se de entendimento que vai ao encontro do ***princípio da primazia da realidade***.

A Lei n. 3.999/61 regulamenta o **salário mínimo** e a **jornada de trabalho** de médicos, cirurgiões-dentistas e auxiliares, englobando o auxiliar de laboratório. Dispõe o art. 5º da lei que *"fica fixado o salário mínimo dos médicos em quantia igual a* *três vezes e o dos auxiliares a duas vezes mais o salário mínimo comum das regiões ou sub-regiões em que exercerem a profissão".*

Ocorre que a prática empreendida pelos empregadores era a de contratar profissionais **sem qualificação** para exercer as funções de auxiliar de laboratório, remunerando-os abaixo do **limite mínimo** estabelecido pela lei. Quando do ajuizamento de reclamações trabalhistas em que se pleiteava o pagamento das **diferenças salariais**, as defesas apresentadas alegavam, em síntese, que o salário mínimo da categoria não era devido, tendo em vista a **ausência** de qualificação do reclamante (empregado).

Contudo, o fato de o empregado realizar todas as **funções** inerentes ao auxiliar de laboratório faz com que o **salário seja devido**, pois o *princípio da primazia da realidade* afirma que *"(...) deve-se pesquisar, preferencialmente, a prática concreta efetivada ao longo da prestação de serviços (...)"*, evitando-se que o empregador seja **beneficiado** com sua própria **torpeza**, o que certamente ocorreria se o entendimento sumulado fosse em sentido contrário. O empregador contrataria profissional sem qualificação, pagando ao mesmo um valor bem abaixo do que o mínimo estabelecido pela lei.

FRANCISCO ANTÔNIO DE OLIVEIRA[96] destaca que *"com o advento da referida lei, os hospitais e laboratórios passaram a contratar pessoal não qualificado para o serviço de auxiliar, sob o fundamento de que a lei não exigia formação profissional para o auxiliar. Com esse ardil, as empresas do ramo contratavam pessoal não especializado para a função de auxiliar, e não obedeciam a lei nem quanto à jornada reduzida nem quanto ao salário".*

A súmula tem a finalidade de demonstrar aos empregadores que, independentemente de ter ou não **habilitação** para a função, é devido o **mínimo legal**, o que leva aquele a buscar no mercado profissionais habilitados, por possuírem maior técnica e "custarem" o mesmo que os que não possuem habilitação para a função.

ATENÇÃO: Mesmo que o empregador contrate profissionais sem qualificação adequada, terá de cumprir os requisitos legais relacionados à jornada de trabalho e salário mínimo da categoria.

SÚMULA N. 303
FAZENDA PÚBLICA. REEXAME NECESSÁRIO
(nova redação em decorrência do CPC de 2015) —
Res. 211/2016, DEJT divulgado em 24, 25 e 26.08.2016

I — Em dissídio individual, está sujeita ao reexame necessário, mesmo na vigência da Constituição Federal de 1988, decisão contrária à Fazenda Pública, salvo quando a condenação não ultrapassar o valor correspondente a: a) 1.000 (mil) salários mínimos para a União e as respectivas autarquias e fundações de direito público;

[96] OLIVEIRA, Francisco Antônio de. *Comentários às súmulas do TST*, p. 569.

b) 500 (quinhentos) salários mínimos para os Estados, o Distrito Federal, as respectivas autarquias e fundações de direito público e os Municípios que constituam capitais dos Estados;

c) 100 (cem) salários mínimos para todos os demais Municípios e respectivas autarquias e fundações de direito público.

II — Também não se sujeita ao duplo grau de jurisdição a decisão fundada em:

a) súmula ou orientação jurisprudencial do Tribunal Superior do Trabalho;

b) acórdão proferido pelo Supremo Tribunal Federal ou pelo Tribunal Superior do Trabalho em julgamento de recursos repetitivos;

c) entendimento firmado em incidente de resolução de demandas repetitivas ou de assunção de competência;

d) entendimento coincidente com orientação vinculante firmada no âmbito administrativo do próprio ente público, consolidada em manifestação, parecer ou súmula administrativa.

III — Em ação rescisória, a decisão proferida pelo Tribunal Regional do Trabalho está sujeita ao duplo grau de jurisdição obrigatório quando desfavorável ao ente público, exceto nas hipóteses dos incisos anteriores. (ex-OJ n. 71 da SBDI-1 — inserida em 03.06.1996)

IV — Em mandado de segurança, somente cabe reexame necessário se, na relação processual, figurar pessoa jurídica de direito público como parte prejudicada pela concessão da ordem. Tal situação não ocorre na hipótese de figurar no feito como impetrante e terceiro interessado pessoa de direito privado, ressalvada a hipótese de matéria administrativa. (ex-OJs ns. 72 e 73 da SBDI-1 — inseridas, respectivamente, em 25.11.1996 e 03.06.1996)

A **Súmula n. 303 do TST**, relacionada ao duplo grau obrigatório para a Fazenda Pública, foi **atualizada em decorrência do CPC/2015** por meio da Resolução n. 211/2016 do TST, publicada no *DJ* nos dias 24, 25 e 26.08.2016.

A súmula sob discussão trata do tema *duplo grau de jurisdição obrigatório*, também conhecido por *recurso de ofício*, *remessa de ofício* ou, ainda, ***remessa necessária***.

Apesar de ser instituto intimamente ligado aos recursos, com estes não se confunde, pois uma das características mais importantes dos recursos é, sem dúvida alguma, a **voluntariedade** na sua utilização.

Tal aspecto serve, sobretudo, para diferenciar os **recursos** e a **remessa necessária**, ou melhor, para demonstrar que a remessa necessária não pode ser classificada como recurso, por não ser **voluntária**.

O recurso é uma demonstração de **inconformismo** da parte contra determinada decisão judicial, que pode ser uma **interlocutória**, **sentença** ou **acórdão**. O recorrente, ao interpor qualquer modalidade de recurso, demonstra, voluntariamente, o desejo de **reformar** ou **anular** a decisão que não lhe é conveniente. Isso serve para determinar que, segundo dissemos, a remessa necessária ou *ex officio*, instituto presente no art. 496 do CPC/2015, não é recurso. Explicaremos rapidamente o referido instituto.

Prevê o dispositivo que: *"Está sujeita ao duplo grau de jurisdição, não produzindo efeito senão depois de confirmada pelo tribunal, a sentença: (...)"*. A devolução obrigatória ocorre, segundo dispõe o artigo em referência, quando a sentença for proferida contra a União, o Estado, o Distrito Federal, o Município ou as respectivas autarquias e fundações de direito público ou quando julgar procedentes os embargos à execução de dívida ativa da Fazenda Pública.

Nas hipóteses supramencionadas, mesmo não havendo recurso interposto voluntariamente pela parte, por exemplo, União, a sentença **não transitará em julgado**, não produzindo os efeitos até ser novamente analisada pelo tribunal respectivo. Considera-se, portanto, a remessa necessária uma **condição de eficácia** da sentença proferida nos casos previstos no art. 496 do CPC/2015.

O inc. I da súmula destaca as hipóteses em que, mesmo havendo condenação da Fazenda Pública, não haverá remessa automática dos autos ao tribunal competente, ou seja, não se aplicará o instituto.

Na verdade, o referido inciso trata das mesmas hipóteses do art. 496, § 3º, do CPC/2015, que exclui a remessa necessária nas condenações de valores mais módicos, considerados pelo legislador da seguinte forma:

> § 3º Não se aplica o disposto neste artigo quando a condenação ou o proveito econômico obtido na causa for de valor certo e líquido inferior a:
>
> I — 1.000 (mil) salários mínimos para a União e as respectivas autarquias e fundações de direito público;
>
> II — 500 (quinhentos) salários mínimos para os Estados, o Distrito Federal, as respectivas autarquias e fundações de direito público e os Municípios que constituam capitais dos Estados;
>
> III — 100 (cem) salários mínimos para todos os demais Municípios e respectivas autarquias e fundações de direito público.

Percebe-se uma grande diferença em relação ao CPC/73, já que aquele previa o valor de 60 (sessenta) salários mínimos como limite para a existência ou não da remessa necessária, independente do ente público — União, Estados, Municípios —, e o atual Código diferencia os entes, criando limites diferenciados, conforme a transcrição acima.

Vejam que, na primeira hipótese de exclusão da remessa necessária, considerou o legislador o **valor da condenação**. Já no § 4º do art. 496 do CPC/2015, retratado na súmula no inc. II, o legislador entendeu que a decisão estaria **presumidamente correta, apesar de ter sido proferida contra o ente público**, já que fundada em **súmula ou OJ do TST**, acórdão proferido em recurso repetitivo, entendimento firmado em julgamento de IRDR — incidente de resolução de demandas repetitivas —, bem como entendimento vinculante do tribunal em âmbito administrativo.

Como já se disse, nas hipóteses do inc. II, a decisão **está presumidamente correta**, por ter seguido posicionamento tomado pelo tribunais superiores, de forma reiterada ou em procedimentos que devem se aplicar aos demais processos em andamento, como o IRDR e o julgamento de recursos repetitivos.

Contudo, é sempre importante destacar que não haverá, nas hipóteses, apenas *remessa necessária*, **não sendo vedada a interposição de recurso voluntário**.

O inc. III da súmula traz a previsão de remessa necessária (ou *duplo grau de jurisdição obrigatório*) em **ação rescisória**. Trata-se de hipótese excepcional, em que haverá remessa necessária de decisão que não é sentença, e sim **acórdão**, tendo em vista a **competência originária** dos tribunais. Na hipótese da súmula, o TST deixou claro que o acórdão é aquele **proferido pelo TRT, em ações rescisórias de sua competência originária**. A regra é que a sentença não transitará em julgado sem que antes se proceda a novo julgamento. Nessa hipótese, o acórdão será objeto de nova análise.

Portanto, sendo **desfavorável** o julgamento da rescisória ao **ente público**, desde que o valor da condenação não seja superior aos limites acima impostos e não esteja o acórdão fundado nos entendimentos também acima descritos no inciso II, caberá a remessa dos autos ao tribunal superior para reapreciação, via *remessa necessária*.

O **julgamento desfavorável** à Fazenda Pública advirá da **procedência** da ação proposta pelo reclamante ou da **improcedência** da ação proposta pelo ente público. Como a súmula fala em decisão desfavorável, todas as hipóteses devem ser admitidas. Apesar de ser **sucumbente** apenas **parcialmente**, ao ente público estará garantido o duplo grau de jurisdição obrigatório, mesmo que em relação apenas a um ou mais capítulos.

Pode ainda ocorrer de o ente público ser sucumbente em toda pretensão, mas apenas um capítulo estar fundado em jurisprudência do plenário do STF ou em súmula do TST, o que acarretará a **remessa necessária parcial**, somente com relação aos demais capítulos.

Por fim, destaca o inc. IV algumas hipóteses em que a decisão foi proferida em sede de **mandado de segurança**. Em primeiro lugar, traça a regra geral de que *"somente cabe remessa 'ex officio' se, na relação processual, figurar pessoa jurídica de direito público como parte prejudicada pela concessão da ordem"*, situação que passou a ser admitida a partir da **Emenda Constitucional n. 45/2004** que, ao alterar o art. 114 da CRFB/88, dispôs no inc. IV ser competência da Justiça do Trabalho processar e julgar *"os mandados de segurança,* habeas corpus *e* habeas data*, quando o ato questionado envolver matéria sujeita à sua jurisdição"*. Antes de tal preceito, inexistia no processo do trabalho mandado de segurança impetrado no primeiro grau de jurisdição. Tal ação era de **competência originária dos tribunais** (TRT e TST). Acerca de tal matéria, CARLOS HENRIQUE BEZERRA LEITE[97] elucida que *"(...) a competência funcional originária e hierárquica para o mandado de segurança na Justiça do Trabalho era sempre dos Tribunais Regionais do Trabalho ou do Tribunal Superior do Trabalho, conforme o caso. Com o advento da EC n. 45/2004, que modificou substancialmente o art. 114 da CF, parece-nos que a Vara do Trabalho será funcionalmente competente para processar e julgar mandado de segurança (...)"*.

[97] BEZERRA LEITE, Carlos Henrique. *Curso de direito processual do trabalho*, p. 997.

Assim, se a sentença conceder a segurança, acarretando prejuízo ao ente público, que figura no polo passivo do *mandamus,* haverá remessa necessária para o TRT. Sabe-se que o objeto do mandado de segurança não é a condenação ao pagamento de valor, razão pela qual não se pode aplicar, nem por analogia, a exceção prevista na letra *a* do inc. I da súmula sob comento. Porém, nada impede a aplicação da letra *b* ao caso sob exame, o que quer dizer que, mesmo tendo sido **concedida a segurança**, em desfavor de um ente público, se a fundamentação estiver de acordo com jurisprudência do plenário do STF, bem como com súmula do TST, não haverá a remessa dos autos ao tribunal superior, devendo o ente público interpor o **recurso voluntário**, sob pena de gerar-se o trânsito em julgado.

ATENÇÃO: Nas situações previstas no art. 496 do CPC/2015 haverá o reexame necessário, que impõe que a sentença seja analisada pelo Tribunal para fins de produção de efeitos. Trata-se, portanto, de uma condição de eficácia da sentença, que surgirá quando não houver recurso voluntário do ente público.

SÚMULA N. 304
CORREÇÃO MONETÁRIA. EMPRESAS EM LIQUIDAÇÃO. ART. 46 DO ADCT/CF (mantida) — Res. 121/2003, DJ 19, 20 e 21.11.2003 e republicada DJ 25.11.2003

Os débitos trabalhistas das entidades submetidas aos regimes de intervenção ou liquidação extrajudicial estão sujeitos à correção monetária desde o respectivo vencimento até seu efetivo pagamento, sem interrupção ou suspensão, não incidindo, entretanto, sobre tais débitos, juros de mora.

A **Súmula n. 304 do TST**, relativa à incidência de **correção monetária** a empresas em **liquidação**, foi **mantida** por meio da Resolução n. 121/2003 do TST, publicada no *DJ* nos dias 19, 20 e 21.11.2003, tendo sido republicada em 25.11.2003.

O entendimento atual da matéria levou ao cancelamento das **Súmulas de ns. 185 e 284 do TST**, adequando-se ao disposto no **art. 46 da ADCT/CF** e explicitando a não incidência de juros de mora, já que silente o artigo referido.

Dispõe o dispositivo transitório da CRFB/88 que: *"São sujeitos à correção monetária desde o vencimento até seu efetivo pagamento, sem interrupção ou suspensão, os créditos junto a entidades submetidas aos regimes de intervenção ou liquidação extrajudicial, mesmo quando esses regimes sejam convertidos em falência".*

O entendimento atual mostra-se avançado se comparado àquele externado por meio das Súmulas ns. 185 e 284 do TST, ambas **canceladas**, pois vai ao encontro da natureza jurídica **alimentar do crédito trabalhista**, fazendo incidir correção monetária sobre o valor devido, até seu **integral pagamento**.

A correção monetária tem por finalidade evitar a **corrosão** do dinheiro, pela **inflação**, fazendo com que esse não perca seu poder de compra, em especial, após grande lapso de tempo, como ocorre nas **liquidações extrajudiciais** e nos **procedimentos falimentares**.

Porém, entende-se que o posicionamento do TST tende a modificar-se em futuro próximo, para se fazer incidir os juros moratórios, especialmente por sua natureza jurídica, que seria *"(...) uma indenização pelo retardamento no cumprimento de uma obrigação (...)"*,[98] razão pela qual *"(...) qualquer preceito legal que atente contra o patrimônio do empregado, cuja natureza é alimentar, atuará em sede de inconstitucionalidade"*.[99]

ATENÇÃO: Os débitos das empresas em recuperação judicial não sofrem a incidência de juros de mora, mas tão somente de correção monetária.

SÚMULA N. 305
FUNDO DE GARANTIA DO TEMPO DE SERVIÇO.
INCIDÊNCIA SOBRE O AVISO PRÉVIO (mantida) —
Res. 121/2003, DJ 19, 20 e 21.11.2003

O pagamento relativo ao período de aviso prévio, trabalhado ou não, está sujeito à contribuição para o FGTS.

A **Súmula n. 305 do TST**, relacionada à **incidência do FGTS sobre o aviso prévio**, foi **mantida** por meio da Resolução n. 121/2003 do TST, publicada no *DJ* nos dias 19, 20 e 21.11.2003.

O entendimento do TST acerca da matéria, em verdade, reflete o disposto no art. 487, § 1º, da CLT, que dispõe: *"A falta do aviso prévio por parte do empregador dá ao empregado o direito aos salários correspondentes ao prazo do aviso, garantida sempre a integração desse período no seu tempo de serviço"*.

Assim, concedendo ou não o aviso prévio, deverá o período de 30 (trinta) dias, trabalhado ou não, ser **computado como tempo de serviço**, sendo que, inclusive, na CTPS do obreiro deve ser anotada a data de saída (término do contrato) como o dia final do referido prazo, de acordo com a OJ n. 82 da SBDI-1 do TST.

A incidência do FGTS sobre a **remuneração** do período do **aviso prévio** é bastante lógica, pois trata-se de remuneração normal do empregado, razão pela qual incide a verba fundiária, calculada, nos termos do art. 15 da Lei n. 8.036/90, em 8% da remuneração paga ou devida no mês anterior, até o dia 7 (sete) de cada mês.

Portanto, se João for pré-avisado em 20.06.2009, seu contrato de trabalho terá vigência até 20.07.2009, independentemente de efetivamente estar trabalhando ou ter sido **indenizado**, sendo que sobre o valor referente ao período de aviso prévio (um salário) incidirá o FGTS, além de INSS.

A respeito do aviso prévio, é importante destacar a alteração legislativa decorrente da edição da Lei n. 12.506, de 11.10.2011, que regulamentou o aviso prévio

[98] OLIVEIRA, Francisco Antônio de. *Comentários às súmulas do TST*, p. 576.
[99] OLIVEIRA, Francisco Antônio de. *Comentários às súmulas do TST*, p. 576.

proporcional ao tempo de serviço, instituto previsto na CRFB/88, no art. 7º, XXI, mas que somente agora mereceu a devida atenção do Poder Legislativo. A referida lei possui apenas dois artigos, a saber:

> Art. 1º O aviso prévio, de que trata o Capítulo VI do Título IV da Consolidação das Leis do Trabalho — CLT, aprovada pelo Decreto-lei n. 5.452, de 1º de maio de 1943, será concedido na proporção de 30 (trinta) dias aos empregados que contem até 1 (um) ano de serviço na mesma empresa.
>
> Parágrafo único. Ao aviso prévio previsto neste artigo serão acrescidos 3 (três) dias por ano de serviço prestado na mesma empresa, até o máximo de 60 (sessenta) dias, perfazendo um total de até 90 (noventa) dias.
>
> Art. 2º Esta Lei entra em vigor na data de sua publicação.

Assim, aos empregados continua a ser garantido o aviso prévio mínimo de 30 (trinta) dias, podendo chegar a 90 (noventa) dias, para os empregados com 20 (vinte) anos de emprego na mesma empresa, já que a proporção criada é de 3 (três) dias de aviso prévio para cada ano de trabalho prestado ao mesmo empregador.

A regulamentação da matéria pelo Poder Legislativo certamente decorreu das decisões proferidas pelo Supremo Tribunal Federal em junho de 2011, no julgamento dos mandados de injunção ns. 943, 1.010, 1.074 e 1.090, nos quais aquele tribunal reconheceu o direito ao aviso prévio proporcional.

ATENÇÃO: O aviso prévio indenizado é considerado, para todos os efeitos, como contrato de trabalho, e sobre o seu valor incidirá o FGTS.

SÚMULA N. 307
JUROS. IRRETROATIVIDADE DO DECRETO-LEI N. 2.322, DE 26.02.1987 (mantida) — Res. 121/2003, DJ 19, 20 e 21.11.2003

A fórmula de cálculo de juros prevista no Decreto-lei n. 2.322, de 26.02.1987, somente é aplicável a partir de 27.02.1987. Quanto ao período anterior, deve-se observar a legislação então vigente.

A **Súmula n. 307 do TST**, atinente à irretroatividade do Decreto-lei n. 2.322, relativa ao **cálculo de juros**, foi **mantida** por meio da Resolução n. 121/2003 do TST, publicada no *DJ* nos dias 19, 20 e 21.11.2003.

O Decreto-lei n. 2.322/87 alterou as disposições contidas no Decreto-lei n. 2.290/86, que estabelecia regras para a desindexação da economia, destacando em seu art. 3º que:

> Sobre a correção monetária dos créditos trabalhistas, de que trata o Decreto-lei n. 75, de 21 de novembro de 1966, e legislação posterior, incidirão juros, à taxa de 1% (um por cento) ao mês, capitalizados mensalmente. § 1º — Nas decisões da Justiça do Trabalho, a correção monetária será calculada pela variação nominal da Obrigação do Tesouro Nacional — OTN, observado, quando for o caso, o disposto no parágrafo único do arti-

go 6º do Decreto-lei n. 2.284, de 10 de março de 1986, com a redação que lhe foi dada pelo Decreto-lei n. 2311, de 23 de dezembro de 1986. § 2º — Aplicam-se aos processos em curso as disposições deste artigo.

Desde a edição do Decreto-lei, no ano de 1987, criaram-se duas correntes jurisprudenciais sobre a produção de seus efeitos, se retroativos ou não. Venceu a corrente acerca da **aplicabilidade** das regras sobre capitalização de juros mensais aos débitos trabalhistas **somente a partir da vigência** da norma.

Privilegiou-se o fator **segurança jurídica**, bem como a **irretroatividade** das normas, que é a regra geral em nosso sistema jurídico.

As obrigações constituídas anteriormente deveriam seguir as normas vigentes à época, podendo haver a **capitalização mensal de juros**, no importe de 1% (um por cento) apenas a partir de 27.02.1987.

ATENÇÃO: Os débitos trabalhistas posteriores a 27.02.1987 serão atualizados em 1% por mês, podendo haver a capitalização mensal de juros.

SÚMULA N. 308
PRESCRIÇÃO QUINQUENAL (incorporada a Orientação Jurisprudencial n. 204 da SBDI-1) — Res. 129/2005, DJ 20, 22 e 25.04.2005

I — Respeitado o biênio subsequente à cessação contratual, a prescrição da ação trabalhista concerne às pretensões imediatamente anteriores a cinco anos, contados da data do ajuizamento da reclamação e não às anteriores ao quinquênio da data da extinção do contrato. (ex-OJ n. 204 da SBDI-1 — inserida em 08.11.2000)

II — A norma constitucional que ampliou o prazo de prescrição da ação trabalhista para 5 (cinco) anos é de aplicação imediata e não atinge pretensões já alcançadas pela prescrição bienal quando da promulgação da CF/1988. (ex-Súmula n. 308 — Res. 6/1992, *DJ* 05.11.1992)

A **Súmula n. 308 do TST**, relacionada à **prescrição quinquenal** no Direito do Trabalho, obteve **nova redação** por meio da Resolução n. 129/2005 do TST, publicada no *DJ* nos dias 20, 22 e 25.04.2005, com a **incorporação da Orientação Jurisprudencial n. 204 da SBDI-1 do TST**.

O **art. 7º, XXIX, da CRFB** inovou em sede de prescrição de créditos trabalhistas, razão pela qual o art. 11 da CLT não foi **recepcionado** pela nova Carta Constitucional. O inciso referido estabelece que é direito dos trabalhadores *"ação, quanto aos créditos resultantes das relações de trabalho, com prazo prescricional de cinco anos para os trabalhadores urbanos e rurais, até o limite de dois anos após a extinção do contrato de trabalho"*.

Estabeleceu o Constituinte de 1988 a **igualdade** entre empregados **urbanos** e **rurais**, estabelecendo para ambos o mesmo prazo, diferentemente do que ocorria sob os auspícios do art. 11 da CLT, cuja redação, não recepcionada pela CRFB/88, dispunha: *"o direito de ação quanto a créditos resultantes das relações de trabalho prescreve: I — em 5 (cinco) anos para o trabalhador urbano, até o limite de 2 (dois) anos após a extinção do contrato; II — em 2 (dois) anos, após a extinção do contrato de trabalho, para o trabalhador rural"*.

Dessa forma, extinto o contrato de trabalho, o empregado, urbano ou rural, deve ajuizar a ação trabalhista em até **2 (dois) anos**, podendo reclamar os direitos que lhe foram sonegados nos últimos **5 (cinco) anos**. Assim, se Pierre trabalhou para a empresa "x" no período compreendido entre 2000/2009, tendo sido dispensado em 01.06.2009, sem nunca ter recebido as horas extraordinárias, poderá pleitear tal direito relativo ao período de 01.06.2004 a 01.06.2009, ou seja, os últimos 5 (cinco) anos. O período antes de 01.06.2004 encontra-se **prescrito**, não podendo ser, portanto, exigido judicialmente.

Já adentrando no entendimento da súmula sob comento, há que se fixar que o prazo prescricional de 5 (cinco) anos a que alude o art. 7, XXIX, da CRFB/88, é contado do **ajuizamento da ação**, e não do término do contrato de trabalho. Assim, voltando ao nosso exemplo, se o vínculo de Pierre rompeu-se em 01.06.2009, este poderá pleitear todas as verbas sonegadas desde o dia 01.06.2004 se a ação trabalhista for ajuizada no mesmo dia da rescisão contratual. Se a demanda for movida apenas em 01.07.2009, poderá pleitear as verbas desde 01.07.2004, ou seja, terá prescrito 1 (um) mês. Se o ajuizamento se der após 1 (um) ano da rescisão, ou seja, em 01.06.2010, estarão prescritos os valores sonegados até 01.06.2005. Se o ajuizamento se der no último dia do prazo de 2 (dois) anos após o rompimento do vínculo, qual seja, dia 01.06.2011, poderão ser pleiteados os valores não pagos a partir de 01.06.2006.

Isso demonstra que a prescrição atinge as parcelas que se encontram fora do período de 5 (cinco) anos **anteriores ao ajuizamento**, e não da **rescisão contratual**. Em síntese, cada dia que o trabalhador demora para ajuizar a reclamação trabalhista, lhe é retirado 1 (um) dia de créditos, ante a ocorrência de prescrição.

Frise-se que os prazos prescricionais são iguais para os empregados **urbanos** e **rurais**, após a Emenda Constitucional n. 28/2000, que revogou a alínea *b* do art. 7º, XXIX, da CRFB/88.

A alteração mais significativa, no tocante aos prazos prescricionais trabalhistas, refere-se à instituição da prescricional quinquenal, em comparação à bienal, na constância do contrato de trabalho.

O advento da nova constituição trouxe dúvidas com relação à vigência do disposto no art. 7º, XXIX, se retroativo ou não. A norma é de **eficácia imediata**, ou seja, aplica-se aos contratos em curso e inclusive àqueles já extintos, desde que suas verbas não estejam prescritas quando da promulgação da CRFB/88.

O entendimento adotado pelo TST, que afirma ser impossível reabrir-se o prazo prescricional já consumado, é o mais correto, pois o **ato jurídico** (consumação do prazo prescricional e inexigibilidade judicial do direito) já se consumou, tornando-se perfeito, sob a égide da lei anterior, que aduzia ser de 2 (dois) anos o prazo prescricional.

Uma vez prescrito o direito, não se reabre o prazo prescricional. A inexigibilidade judicial é um fato que não se pode ignorar, por isso a Corte Trabalhista afirmou que a norma não abarca os direitos já alcançados pela prescrição bienal.

Esse fato decorre da necessidade de se imprimir ***segurança jurídica*** às relações jurídicas e é exatamente esse intuito da prescrição. Sabe o devedor que poderá ser demandado judicialmente durante um determinado **período de tempo** e que, uma vez ultrapassado aquele, não mais poderá ser compelido ao pagamento. A segurança jurídica inerente ao instituto seria totalmente desprestigiada caso o entendimento do TST fosse no sentido de poder-se discutir, ante a lei nova, aqueles direitos já alcançados pela prescrição.

ATENÇÃO: O prazo de prescrição quinquenal é contado a partir do ajuizamento da ação, retroagindo 5 anos. As parcelas trabalhistas que estiverem "dentro" dos 5 anos anteriores ao ajuizamento podem ser cobradas, enquanto as anteriores estão prescritas.

SÚMULA N. 309
VIGIA PORTUÁRIO. TERMINAL PRIVATIVO. NÃO OBRIGATORIEDADE DE REQUISIÇÃO (mantida) — Res. 121/2003, DJ 19, 20 e 21.11.2003

Tratando-se de terminais privativos destinados à navegação de cabotagem ou de longo curso, não é obrigatória a requisição de vigia portuário indicado por sindicato.

A **Súmula n. 309 do TST**, relativa ao trabalho de **vigia portuário** em terminais privativos, foi **mantida** por meio da Resolução n. 121/2003 do TST, publicada no *DJ* nos dias 19, 20 e 21.11.2003.

Mantida pelo TST em 2003, a presente súmula, originalmente editada em 1992, parece estar totalmente dissociada da Lei n. 8.630/91, conhecida como ***Lei de Modernização dos Portos***, que dispõe sobre o regime jurídico da exploração dos portos organizados e das instalações portuárias; porém, não é esse o melhor entendimento.

A referida lei traz em seu art. 26 as normas referentes à contratação de profissionais para o serviço de **vigia portuário**, destacando que: *"O trabalho portuário de capatazia, estiva, conferência de carga, conserto de carga, bloco e vigilância de embarcações, nos portos organizados, será realizado por trabalhadores portuários com vínculo empregatício a prazo indeterminado e por trabalhadores portuários avulsos. Parágrafo único. A contratação de trabalhadores portuários de estiva, conferência de carga, conserto de carga e vigilância de embarcações com vínculo empregatício a prazo indeterminado será feita, exclusivamente, dentre os trabalhadores portuários avulsos registrados"*.

Nos termos da legislação, a contratação dos profissionais relacionados à guarda portuária deverá realizar-se por **avulsos**, devidamente **registrados** no Órgão Gestor de Mão de Obra (**OGMO**), ou seja, não há que se contratar os portuários via sindicato da categoria, e sim pelo OGMO, que com aquele não se confunde.

Logo, a contratação de avulsos se dará mediante registro daqueles no órgão competente, de forma a oportunizar o respeito à legislação portuária.

ATENÇÃO: Os trabalhadores dos portos são organizados pelo OGMO, o órgão gestor de mão de obra, e denominados "avulsos", por não possuírem vínculo empregatício com ninguém.

SÚMULA N. 311
BENEFÍCIO PREVIDENCIÁRIO A DEPENDENTE DE EX-EMPREGADO. CORREÇÃO MONETÁRIA. LEGISLAÇÃO APLICÁVEL (mantida) — Res. 121/2003, DJ 19, 20 e 21.11.2003

O cálculo da correção monetária incidente sobre débitos relativos a benefícios previdenciários devidos a dependentes de ex-empregado pelo empregador, ou por entidade de previdência privada a ele vinculada, será o previsto na Lei n. 6.899, de 08.04.1981.

A **Súmula n. 311 do TST**, relacionada à legislação aplicável ao cálculo de correção monetária sobre débitos relativos a **benefícios previdenciários**, foi **mantida** por meio da Resolução n. 121/2003 do TST, publicada no *DJ* nos dias 19, 20 e 21.11.2003.

A súmula sob comento manda aplicar a Lei n. 6.899/81 para fins de correção monetária de valores devidos em razão de **decisão judicial**. Transcreve-se a integralidade da lei por possuir apenas 5 (cinco) artigos:

> Art. 1º A correção monetária incide sobre qualquer débito resultante de decisão judicial, inclusive sobre custas e honorários advocatícios.
>
> § 1º Nas execuções de títulos de dívida líquida e certa, a correção será calculada a contar do respectivo vencimento.
>
> § 2º Nos demais casos, o cálculo far-se-á a partir do ajuizamento da ação.
>
> Art. 2º O Poder Executivo, no prazo de 60 (sessenta) dias, regulamentará a forma pela qual será efetuado o cálculo da correção monetária.
>
> Art. 3º O disposto nesta Lei aplica-se a todas as causas pendentes de julgamento.
>
> Art. 4º Esta Lei entrará em vigor na data de sua publicação.
>
> Art. 5º Revogam-se as disposições em contrário.
>
> Brasília, em 8 de abril de 1981; 160º da Independência e 93º da República.
>
> JOÃO FIGUEIREDO

Contudo, a legislação somente será aplicada se houver **determinação judicial** para que a empresa pague quantia a dependente de ex-empregado, já que o art. 1º é **explícito** ao referir-se a qualquer débito oriundo de decisão judicial. Assim, somente se o empregador opuser-se ao pagamento de quantia existente a título de **previdência privada** (complementação de aposentadoria), aberta em nome de ex-empregado a **dependente** em virtude de falecimento, é que, sendo ajuizada a demanda trabalhista, o valor será corrigido desde o **ajuizamento** da mesma, conforme art. 1º, § 2º, da lei.

ATENÇÃO: A correção monetária incidente sobre débitos oriundos de decisão judicial tem início com o ajuizamento da ação, ou seja, retroage àquela data.

SÚMULA N. 312
CONSTITUCIONALIDADE. ALÍNEA B DO ART. 896 DA CLT (mantida) — Res. 121/2003, DJ 19, 20 e 21.11.2003

É constitucional a alínea *b* do art. 896 da CLT, com a redação dada pela Lei n. 7.701, de 21.12.1988.

A **Súmula n. 312 do TST**, relacionada à **constitucionalidade** da alínea *b* do art. 896 da CLT, foi **mantida** por meio da Resolução n. 121/2003 do TST, publicada no *DJ* nos dias 19, 20 e 21.11.2003.

Apesar de a alínea *b* do art. 896 da CLT não mais conter a redação conferida pela Lei n. 7.701/88, o entendimento ainda é útil, pois a atual redação do dispositivo, inserida por meio da Lei n. 9.756/98, é praticamente idêntica àquela. A atual redação acrescentou apenas a expressão *"da decisão recorrida",* logo depois de *"Tribunal Regional prolator".*

À época, questionou-se junto ao TST a **inconstitucionalidade** do dispositivo pelos seguintes motivos: 1. Havia necessidade de análise de provas sobre o regulamento da empresa; 2. Há discriminação às empresas que atuam em território abrangido apenas por um TRT, pois estas questões não poderiam ser levadas ao TST, por meio do dispositivo mencionado, atentando contra o art. 5º, *caput,* da CRFB/88.

Definiu-se no julgamento do **RR 4.242/89.6** que a norma é constitucional, pois não há necessidade de análise de **provas**, tendo em vista que a matéria a ser analisada é meramente de **direito**, assim como o tratamento dado à situação não se mostra anti-isonômico, pois o próprio TRT deve **uniformizar** a sua **jurisprudência**, o que somente poderá ser realizado pelo TST quando a divergência se der entre tribunais regionais. Aliás, uniformizar a jurisprudência nacional é uma das funções precípuas do Tribunal Superior do Trabalho.

Assim, não há qualquer violação à **Súmula n. 126 do TST**, já devidamente comentada, que afirma ser *"Incabível o recurso de revista ou de embargos (arts. 896 e 894, b, da CLT) para reexame de fatos e provas".*

Além disso, aplicou-se o entendimento sobre a ***isonomia material***, que pressupõe a existência de situações **desiguais**, para as quais podem ser criadas normas com o intuito de **desigualar**, de forma a se atingir, ao final, a **igualdade** almejada pela CRFB/88. Assim ocorre com o depósito recursal do art. 899 da CLT, que só é devido pelo empregador, bem como com o depósito para a ação rescisória do art. 836 da CLT, não exigido daquele que demonstrar impossibilidade financeira.

ATENÇÃO: O recurso de revista pode ser interposto para demonstração de divergência jurisprudencial entre TRTs em relação à aplicação de normas internas das empresas, negociações coletivas, dentre outras, nos termos do art. 896, *b,* da CLT.

SÚMULA N. 313
COMPLEMENTAÇÃO DE APOSENTADORIA. PROPORCIONALIDADE. BANESPA (mantida) — Res. 121/2003, DJ 19, 20 e 21.11.2003

A complementação de aposentadoria, prevista no art. 106, e seus parágrafos, do regulamento de pessoal editado em 1965, só é integral para os empregados que tenham 30 (trinta) ou mais anos de serviços prestados exclusivamente ao banco.

A **Súmula n. 313 do TST**, atinente à complementação de aposentadoria do BANESPA, foi **mantida** por meio da Resolução n. 121/2003 do TST, publicada no *DJ* nos dias 19, 20 e 21.11.2003.

Apesar de ter sido editada em 1993 e mantida em 2003, a súmula sob comento não reflete o melhor entendimento acerca do direito à **complementação de aposentadoria** instituída pelo Banco do Estado de São Paulo — **BANESPA**, por meio de seu **regulamento de pessoal** do ano de 1965.

Isso porque o art. 106 do referido regulamento dispõe acerca de diversos benefícios, entre eles a complementação de aposentadoria, mediante o pagamento de um *abono mensal*. Para tanto, não prevê a necessidade de trabalho por 30 (trinta) anos exclusivamente ao banco. O BANESPA trouxe tal requisito para outros benefícios previstos no mesmo artigo, tal como a **promoção automática**.

Porém, apesar de não ter previsto a necessidade de trabalho exclusivamente ao banco por 30 (trinta) anos, o entendimento do TST foi nesse sentido.

Tanto o regulamento de 1965 não previa o requisito, que o novo, de 1975, trouxe expressamente a necessidade de trabalho exclusivo e efetivo ao Banco.

Contudo, é o entendimento firmado pelo TST, aplicado àquelas situações jurídicas.

ATENÇÃO: A complementação de aposentadoria devida aos empregados do BANESPA somente é integral para aqueles que possuem 30 ou mais anos de trabalhos exclusivos no banco.

SÚMULA N. 314
INDENIZAÇÃO ADICIONAL. VERBAS RESCISÓRIAS. SALÁRIO CORRIGIDO (mantida) — Res. 121/2003, DJ 19, 20 e 21.11.2003

Se ocorrer a rescisão contratual no período de 30 (trinta) dias que antecede à data-base, observado a Súmula n. 182 do TST, o pagamento das verbas rescisórias com o salário já corrigido não afasta o direito à indenização adicional prevista nas Leis ns. 6.708, de 30.10.1979, e 7.238, de 28.10.1984.

A **Súmula n. 314 do TST**, referente ao pagamento de **indenização**, prevista nas Leis ns. 6.708/79 e 7.238/84, foi **mantida** por meio da Resolução n. 121/2003 do TST, publicada no *DJ* nos dias 19, 20 e 21.11.2003.

O tema já foi tratado nas **Súmulas ns. 182, 242 e 306 do TST**, demonstrando a importância da matéria, que tem por intuito evitar a **rescisão arbitrária** do contrato de trabalho no período de **30 (trinta) dias que antecede o reajuste salarial da categoria**, o que certamente geraria prejuízo ao obreiro, no tocante ao pagamento de suas verbas trabalhistas e rescisórias.

O art. 9º da Lei n. 6.708/79 dispunha que: *"o empregado dispensado, sem justa causa, no período de 30 (trinta) dias que antecede a data de sua correção salarial, terá direito à indenização adicional equivalente a um salário mensal, seja ele, ou não, optante pelo Fundo de Garantia do Tempo de Serviço"*. O art. 9º da Lei n. 7.238/84 praticamente repete a redação transcrita.

A súmula sob comento manda observar a **Súmula n. 182 do TST**, cuja redação foi mantida por meio da Resolução n. 121/2003 e é a seguinte: *"O tempo do aviso prévio, mesmo indenizado, conta-se para efeito da indenização adicional prevista no art. 9º da Lei n. 6.708, de 30.10.1979"*.

As leis referidas mandam pagar uma indenização referente a **um salário mensal**. Contudo, o salário que servirá de base para o pagamento das verbas rescisórias será calculado já com base no **reajuste salarial** a que teria direito em sua data-base. Um não exclui o outro. O fato de as verbas rescisórias terem sido calculadas com base no "novo" salário não exclui o direito à percepção da indenização, pois esta serve para desestimular o ato que é reconhecimento **fraudatório** aos direitos do empregado, que, após laborar todo o ano, teria direito ao reajuste salarial e o tem obstado pela demissão injusta.

ATENÇÃO: Caso o empregado seja demitido no período de 30 dias antes da data-base da categoria, época em que é concedido o reajuste salarial, terá direito a ser indenizado em um salário.

SÚMULA N. 315
IPC DE MARÇO/1990. LEI N. 8.030, DE 12.04.1990 (PLANO COLLOR). INEXISTÊNCIA DE DIREITO ADQUIRIDO (mantida) — Res. 121/2003, DJ 19, 20 e 21.11.2003

A partir da vigência da Medida Provisória n. 154, de 15.03.1990, convertida na Lei n. 8.030, de 12.04.1990, não se aplica o IPC de março de 1990, de 84,32% (oitenta e quatro vírgula trinta e dois por cento), para a correção dos salários, porque o direito ainda não se havia incorporado ao patrimônio jurídico dos trabalhadores, inexistindo ofensa ao inciso XXXVI do art. 5º da CF/1988.

A **Súmula n. 315 do TST**, relacionada à inexistência de **direito adquirido** à percepção do reajuste salarial relativo ao **IPC de março/1990**, foi **mantida** por meio da Resolução n. 121/2003, publicada no *DJ* nos dias 19, 20 e 21.11.2003.

A Lei n. 7.830/89 dispunha sobre o reajuste dos salários com base no IPC (Índice de Preços ao Consumidor), apurado pelo IBGE. A questão jurídica resolvida por meio da presente súmula diz respeito à existência ou não de direito adquirido à percepção de reajuste salarial com base no IPC do mês de março de 1990, que foi de **84,32%** (oitenta e quatro vírgula trinta e dois por cento).

O IPC era apurado pelo IBGE no período do dia 15 de um mês ao mesmo dia do mês subsequente, ou seja, do dia 15.02.1990 ao dia 15.03.1990, daí resultando o percentual do reajuste que seria devido.

Ocorre que no dia 15.03.1990 foi editada a Medida Provisória n. 154, com vigência a partir do dia 16.03.1990, **congelando os salários**, ou seja, tornando sem efeito o reajustamento de acordo com o índice do IPC.

Posteriormente, a Medida Provisória foi convertida na Lei n. 8.030/90, com vigência a partir do dia 17.04.1990.

A discussão girava acerca da existência ou não de direito adquirido ao recebimento do crédito. Firmou-se o entendimento sobre a inexistência, uma vez que o reajustamento somente seria devido **findo o mês de abril**, a ser pago apenas em **maio**, uma vez que o reajuste somente era devido após findo o mês trabalhado. Tendo sido os salários congelados pela MP em março, que foi convertida em lei em abril, não há que se falar em direito adquirido, e sim em mera **expectativa** que não se consumou.

ATENÇÃO: O IPC de março de 1990 não se aplica à correção do salário a partir da Medida Provisória n. 154, de 15.03.1990.

SÚMULA N. 318
DIÁRIAS. BASE DE CÁLCULO PARA SUA INTEGRAÇÃO NO SALÁRIO (mantida) — Res. 121/2003, DJ 19, 20 e 21.11.2003

Tratando-se de empregado mensalista, a integração das diárias no salário deve ser feita tomando-se por base o salário mensal por ele percebido e não o valor do dia de salário, somente sendo devida a referida integração quando o valor das diárias, no mês, for superior à metade do salário mensal.

A **Súmula n. 318 do TST**, relacionada à **base de cálculo** para a integração das **diárias** ao salário, foi **mantida** por meio da Resolução n. 121/2003 do TST, publicada no *DJ* nos dias 19, 20 e 21.11.2003.

A análise do tema tem início com a transcrição e estudo do art. 457, § 2º, da CLT, que assim dispõe: *"Não se incluem nos salários as ajudas de custo, assim como as diárias para viagem que não excedam de 50% (cinquenta por cento) do salário percebido pelo empregado"*.

Várias interpretações equivocadas foram realizadas pela doutrina e jurisprudência pátrias acerca do dispositivo supramencionado. A única interpretação correta é a que afirma que as **ajudas de custo nunca integram** o salário, pois servem tão somente para cobrir gastos do empregado no desenvolvimento de seu labor, bem como as **diárias** só integram o salário, porém, em seu valor **integral**, quando **excederem a 50% do salário do obreiro**. Assim, se o empregado percebe R$ 1.000,00 (mil reais) de salário e R$ 700,00 (setecentos reais) de diárias, seu salário deve ser considerado, para todos os fins (13° salário, férias, FGTS etc.), R$ 1.700,00 (mil e setecentos reais).

A não integração ao salário das diárias poderia ser utilizada pelos empregadores como forma de sonegar direitos trabalhistas, pois, certamente, o empregado receberia uma quantia muito superior ao salário com a rubrica *diárias*, pois sobre tal valor não incidiriam FGTS, INSS, bem como as demais parcelas salariais e rescisórias.

Portanto, a regra geral é de que as **ajudas de custo nunca integram o salário**, desde que sejam realmente *ajudas de custo*, ou seja, sirvam para **cobrir gastos** realizados pelo empregado durante a sua atividade laborativa. Por exemplo, se o empregado receber determinada quantia a título de ajuda de custo, mas não houver qualquer **fiscalização** sobre os gastos, tal valor integrará os salários, pois, em verdade, não se trata de ajuda de custo, e sim salário ***disfarçado*** de outra parcela.

O conteúdo da súmula é bastante óbvio. Se o empregado é mensalista, ou seja, tem seu salário calculado e pago de forma mensal, sobre tal valor deveria ser analisado se as diárias ultrapassam ou não 50% do salário. Não se deve calcular sobre o salário-dia ou mesmo salário-hora, e sim pelo **valor mensal**.

Sobre o tema, FRANCISCO ANTÔNIO DE OLIVEIRA[100] é enfático ao afirmar que *"em se tratando de empregado mensalista, há de ser aplicada, para fins de integração, a regra geral, que é o pagamento mensal de salário. Não há razão para se excepcionar para a espécie"*.

ATENÇÃO: Para analisar se as diárias de viagem possuem ou não natureza salarial, conforme o art. 457, § 2º, da CLT, parte-se da premissa de que o valor a ser considerado é o do salário mensal.

SÚMULA N. 319
REAJUSTES SALARIAIS ("GATILHOS"). APLICAÇÃO AOS SERVIDORES PÚBLICOS CONTRATADOS SOB A ÉGIDE DA LEGISLAÇÃO TRABALHISTA (mantida) — Res. 121/2003, DJ 19, 20 e 21.11.2003

Aplicam-se aos servidores públicos, contratados sob o regime da CLT, os reajustes decorrentes da correção automática dos salários pelo mecanismo denominado "gatilho", de que tratam os Decretos-leis ns. 2.284, de 10.03.1986 e 2.302, de 21.11.1986.

[100] OLIVEIRA, Francisco Antônio de. *Comentários às súmulas do TST*, p. 607-608.

A **Súmula n. 319 do TST**, relacionada ao **reajustamento salarial** por meio dos denominados "**gatilhos**" aos servidores públicos contratados pela CLT, foi **mantida** por meio da Resolução n. 121/2003 do TST, publicada no *DJ* nos dias 19, 20 e 21.11.2003.

O Decreto-lei n. 2.284/86, que regulamentou a instituição do cruzado, do seguro-desemprego e de mais algumas medidas contra a inflação, juntamente com o Decreto-lei n. 2.302/86, que instituiu o Plano Bresser, fizeram a previsão de **reajustes automáticos** de salários.

Esse reajuste deveria ser aplicado a todos os empregados, mesmo aqueles **servidores públicos contratados pela CLT**, uma vez que, segundo dispunha a Constituição Federal anterior e mesmo a atual, a Administração Pública, quando contrata para atuar na **exploração de atividade econômica**, o faz como as **empresas privadas**, estando, portanto, submetidas a todas as regras trabalhistas.

O reajustamento era devido a todos os empregados contratados sob a égide da CLT, privados ou públicos, independentemente.

Dispõe o art. 173, § 1º, II, *"a sujeição ao regime jurídico próprio das empresas privadas, inclusive quanto aos direitos e obrigações civis, comerciais, trabalhistas e tributárias"* para as **empresas públicas, sociedades de economia mista** e suas **subsidiárias** que explorem atividade econômica de produção ou comercialização de bens ou de prestação de serviços.

ATENÇÃO: Os reajustes salariais concedidos aos servidores públicos por meio dos "gatilhos" automáticos aplicam-se também aos servidores públicos celetistas.

SÚMULA N. 320
HORAS* IN ITINERE. *OBRIGATORIEDADE DE CÔMPUTO NA JORNADA DE TRABALHO (mantida) — Res. 121/2003, DJ 19, 20 e 21.11.2003

O fato de o empregador cobrar, parcialmente ou não, importância pelo transporte fornecido, para local de difícil acesso ou não servido por transporte regular, não afasta o direito à percepção das horas *in itinere*.

A **Súmula n. 320 do TST**, relacionada às **horas *in itinere***, bem como à **cobrança** pelo empregador do transporte fornecido aos empregados, foi **mantida** por meio da Resolução n. 121/2003 do TST, publicada no *DJ* nos dias 19, 20 e 21.11.2003.

O tema *horas in itinere* foi analisado quando dos comentários à **Súmula n. 90 do TST**, que trata da maior parte da matéria. Naquela oportunidade, afirmou-se que:

> Para configurar-se a hora *in itinere* (ou hora no itinerário, em tradução livre), há que se preencher todos os requisitos dispostos no inc. I da súmula em comento. Além de o transporte ser fornecido pelo empregador, o local de trabalho deve ser de difícil acesso ou não servido por transporte público regular. São esses os dois requisitos legais: condução fornecida pelo empregador e local de difícil acesso ou não servido por transporte público regular.

Assim, não há que se falar em horas *in itinere* se o local for de difícil acesso e o empregado dirigir-se ao trabalho em veículo próprio, emprestado, de um amigo etc. Também não será considerado se o local for de difícil acesso, mas existir transporte público regular.

Somente surge o direito à percepção do benefício se o fornecimento da condução pelo empregador vier associado à ideia de necessidade, e não comodidade. Por que a empresa fornece condução para os funcionários? Se a resposta for por necessidade, por ser a única forma dos mesmos chegarem ao trabalho, já que é de difícil acesso o local, estarão preenchidos os requisitos legais. Porém, se a resposta for por comodidade, para que cheguem mais descansados ao trabalho, por exemplo, não restarão preenchidos os requisitos exigidos por lei.

Os empregadores, visando a não configuração do período como jornada de trabalho, implementaram como conduta a **cobrança** pelo transporte fornecido, mesmo que de forma **parcial ou simbólica**. Porém, o entendimento do TST, externado na presente súmula, *"caiu como um balde de água fria"* sobre os empregadores, pois a cobrança do transporte, desde que fornecido por aquele, para local de difícil acesso, não servido por transporte público regular, **não descaracteriza o instituto**, pois seus requisitos ainda se encontram presentes. Independentemente da cobrança de qualquer valor, o transporte continua a ser ofertado pelo empregador por **necessidade**, e não **comodidade**. A oferta se dá por inexistir outro meio de transporte para o local de trabalho. Portanto, continuam válidos, nessa situação, todos os comentários expostos na **Súmula n. 90 do TST**.

ATENÇÃO: A jornada *in itinere* continua a existir mesmo que haja a cobrança do transporte pelo empregador. Seja total ou parcial a cobrança, entende-se que o transporte foi fornecido pelo empregador, presentes, portanto, os requisitos do art. 58, § 2º, da CLT e da Súmula n. 90 do TST.

SÚMULA N. 322
DIFERENÇAS SALARIAIS. PLANOS ECONÔMICOS. LIMITE (mantida) — Res. 121/2003, DJ 19, 20 e 21.11.2003

Os reajustes salariais decorrentes dos chamados "gatilhos" e URPs, previstos legalmente como antecipação, são devidos tão somente até a data-base de cada categoria.

A **Súmula n. 322 do TST**, relacionada aos reajustes concedidos por meio dos "gatilhos" e URPs, foi **mantida** por meio da Resolução n. 121/2003 do TST, publicada no *DJ* nos dias 19, 20 e 21.11.2003.

Os diversos planos econômicos a que foi submetido o povo brasileiro, acarretaram fortes perdas salariais, que foram reconhecidas posteriormente pelo Poder Judiciário. Além disso, várias foram as negociações coletivas que previram mecanismos para pagamento das diferenças salariais oriundas dos planos.

Ocorre que, por serem instituídas por convenção coletiva, essas normas não se integram em definitivo ao patrimônio jurídico do empregado, tendo vigência até a data-base da categoria, quando nova negociação coletiva é instaurada.

A súmula em observação prevê a data-base como limite para o pagamento das diferenças instituídas por acordo ou convenção coletivos.

Nos autos do RR-1506/2002-900-01-00.4, o TST entendeu que:

> Conforme visto, procede a insurgência da reclamante quanto à eficácia plena do *caput* da cláusula 5ª do Acordo Coletivo de 91/92, o qual contempla o pagamento de diferenças salariais do Plano Bresser. Entretanto, não há falar em integração definitiva de tal parcela ao salário do obreiro, mas sim em limitação do pagamento do percentual de 26,06% ao período previsto na norma coletiva, ou seja, de 01 de janeiro, quando firmado o acordo coletivo, até o mês anterior à data-base da categoria, ou seja, 31 de agosto de 1992, nos moldes da Súmula n. 322 e da Orientação Jurisprudencial Transitória n. 26 da SBDI-1. Nesse sentido, dou parcial provimento ao recurso de revista para, adequando o julgado à jurisprudência desta Corte Superior, condenar a reclamada ao pagamento de diferenças salariais decorrentes do Acordo Coletivo 1991/1992, no período de janeiro a agosto de 1992, conforme se apurar em liquidação de sentença.

Tal fato decorre da natureza transitória das normas e direitos criados por meio de negociação coletiva. FRANCISCO ANTÔNIO DE OLIVEIRA[101] destaca, quando dos comentários à súmula, que *"o conteúdo da Súmula está praticamente esgotado, posto que os suportes objetivos não mais existem. Em se cuidando de antecipação salarial que tem suporte na inflação, que projeta, por sua vez, uma correção, a sua vigência há de se conter no período que vai até a data-base da categoria"*.

ATENÇÃO: As correções salariais por meio dos "gatilhos" aplicam-se apenas até a data-base da categoria.

SÚMULA N. 326
COMPLEMENTAÇÃO DE APOSENTADORIA. PRESCRIÇÃO TOTAL (nova redação) — Res. 174/2011, DEJT divulgado em 27, 30 e 31.05.2011

A pretensão à complementação de aposentadoria jamais recebida prescreve em 2 (dois) anos contados da cessação do contrato de trabalho.

A **Súmula n. 326 do TST**, relativa à **prescrição total** dos créditos decorrentes de **complementação de aposentadoria**, foi **alterada** por meio da Resolução n. 174/2011 do TST, publicada no *DEJT* nos dias 27, 30 e 31.05.2011.

Em primeiro lugar, há que se diferenciar entre a *prescrição total* e *parcial*. Para tanto, adota-se, por analogia, o disposto na **Súmula n. 294 do TST**, assim redigida:

[101] OLIVEIRA, Francisco Antônio de. *Comentários às súmulas do TST*, p. 610.

"Tratando-se de ação que envolva pedido de prestações sucessivas decorrentes de alteração do pactuado, a prescrição é total, exceto quando o direito à parcela esteja também assegurado por preceito de lei".

A prescrição **total** é aquela que incide sobre determinada parcela deferida por **norma regulamentar**. Do inadimplemento, tem início a fluência do prazo prescricional, que se consuma por inteiro, de forma **global**, decorrido o prazo estabelecido por lei, que pode ser o quinquenal, enquanto vigente o contrato de trabalho, ou o bienal, findo aquele.

A prescrição será **parcial** quando o benefício sonegado for assegurado por **lei** (norma heterônoma — oriunda do Estado, portanto). Nesta situação, a prescrição somente atingirá as parcelas anteriores a 5 (cinco) anos contados do **ajuizamento** da demanda, caso vigente o contrato de trabalho.

Como exemplo de parcela afeta à prescrição parcial, tem-se o **inc. X da Súmula n. 6 do TST**, que assim dispõe: *"Na ação de equiparação salarial, a prescrição é parcial e só alcança as diferenças salariais vencidas no período de 5 (cinco) anos que precedeu o ajuizamento".*

A alteração promovida pelo TST em maio de 2011 adéqua o instituto à realidade da maioria dos brasileiros, que se aposentam e continuam a trabalhar, estando, na prática, impossibilitados de ajuizar demanda trabalhista naquele período, pelo medo de retaliações, que poderiam gerar até demissão do obreiro. Assim, visando possibilitar a esses empregados a percepção de tais parcelas, alterou-se o termo inicial da prescrição, que continua a ser total, mas que terá início não com a aposentadoria, e sim com o término do contrato de trabalho, devendo a ação ser proposta em até 2 (dois) anos a contar daquele evento.

> **ATENÇÃO:** Caso não haja o pagamento da complementação da aposentadoria, o direito de cobrá-la prescreve 2 anos depois da cessação do contrato de trabalho, sendo total a prescrição da pretensão.

> ***SÚMULA N. 327***
> ***COMPLEMENTAÇÃO DE APOSENTADORIA. DIFERENÇAS. PRESCRIÇÃO PARCIAL (nova redação) — Res. 174/2011, DEJT divulgado em 27, 30 e 31.05.2011***
>
> A pretensão a diferenças de complementação de aposentadoria sujeita-se à prescrição parcial e quinquenal, salvo se o pretenso direito decorrer de verbas não recebidas no curso da relação de emprego e já alcançadas pela prescrição, à época da propositura da ação.

A **Súmula n. 327 do TST**, relacionada à **prescrição parcial** das diferenças relacionadas à complementação dos proventos de aposentadoria, obteve **nova redação** por meio da Resolução n. 174/2011 do TST, publicada no *DEJT* nos dias 27, 30 e 31.05.2011.

A redação original, datada de 1993, referia-se à prescrição **bienal**, em contrapartida à **quinquenal**, hoje prevista no art. 7º, XXIX, da CRFB/88, após a alteração empreendida por meio da Emenda Constitucional n. 28/2000.

Apesar de tratar do mesmo tema, a atual súmula não se confunde com a anterior, que trata de complementação de aposentadoria **nunca paga** ao trabalhador, enquanto a presente se refere ao **pagamento a menor**, ou seja, ao direito de pleitear o pagamento das **diferenças** salariais.

Na situação versada na **Súmula n. 326 do TST**, aplica-se a prescrição total, não podendo o obreiro pleitear o pagamento da verba, nunca antes paga, após 2 (dois) anos do término do contrato. A prescrição, nessa hipótese, fulmina totalmente o direito a pleitear **qualquer parcela a** título de complementação de aposentadoria.

Na súmula sob análise, tem-se a aplicação da prescrição parcial sobre as **diferenças salariais**, uma vez que a complementação de aposentadoria foi paga, porém, a menor. Nessa situação, serão alcançados pela prescrição os valores não pagos fora do prazo de 5 (cinco) anos anteriores ao **ajuizamento** da demanda. Isso significa dizer que, decorrido o quinquênio, não mais serão exigíveis os valores. A violação ao direito do trabalhador se renova a cada mês, não podendo ser considerada como **ato único**, e sim **periódico**.

Apesar de a súmula mencionar apenas prescrição quinquenal, aplicável enquanto o contrato de trabalho mostra-se hígido, não há que se esquecer da prescrição bienal, aplicável após o rompimento do vínculo contratual.

Após o novel entendimento do STF, de que a **aposentadoria não rompe o vínculo de emprego**, aplica-se a prescrição quinquenal. Porém, se efetivamente houver o rompimento daquele, seja por pedido de demissão ou por rescisão sem justa causa, será exigido do trabalhador o respeito ao prazo de 2 (dois) anos, para não se afrontar o texto constitucional.

> **ATENÇÃO:** Caso a pretensão seja o recebimento de diferenças decorrentes de complementação de aposentadoria, a prescrição é quinquenal, parcial, portanto, alcançando as parcelas anteriores aos 5 anos contados do ajuizamento da ação.

> ***SÚMULA N. 328***
> ***FÉRIAS. TERÇO CONSTITUCIONAL (mantida) — Res. 121/2003, DJ 19, 20 e 21.11.2003***
>
> O pagamento das férias, integrais ou proporcionais, gozadas ou não, na vigência da CF/1988, sujeita-se ao acréscimo do terço previsto no respectivo art. 7º, XVII.

A **Súmula n. 328 do TST**, relativa ao **terço constitucional de férias**, previsto no Texto Maior de 1988, foi **mantida** por meio da Resolução n. 121/2003 do TST, publicada no *DJ* nos dias 19, 20 e 21.11.2003.

O art. 7º, XVII, da CRFB/88 aduz ser direito dos trabalhadores urbanos e rurais, entre outros, o *"gozo de férias anuais remuneradas com, pelo menos, um terço a mais do que o salário normal"*.

O terço constitucional de férias é, portanto, devido em **qualquer *tipo* de férias**, sejam essas *proporcionais* ou *integrais*, pagas de forma *simples* ou em *dobro*. Tenha o empregado menos ou mais de um ano no emprego, o acréscimo de 1/3 na remuneração das férias sempre é devido. Se for paga a rubrica *férias*, o terço sempre será pago. Não há qualquer exceção à regra.

A súmula em análise serviu tão somente para explicitar que não apenas as férias efetivamente ***gozadas*** é que teriam o acréscimo de 1/3 sobre seu valor. Essa dúvida surgiu pela leitura do próprio dispositivo constitucional, que faz menção a *gozo* de férias. Porém, o fato de elas não serem gozadas não retira do empregado o direito ao 1/3. Interpretação contrária ofenderia o pensamento do legislador, que teve por intuito proteger o empregado quando do recebimento das férias, gozadas ou não, **proporcionais** ou **integrais**.

ATENÇÃO: O terço constitucional de férias será sempre devido, em qualquer espécie de férias, a saber: simples, proporcionais ou em dobro.

SÚMULA N. 329
HONORÁRIOS ADVOCATÍCIOS.
ART. 133 DA CF/1988 (mantida) —
Res. 121/2003, DJ 19, 20 e 21.11.2003

Mesmo após a promulgação da CF/1988, permanece válido o entendimento consubstanciado na Súmula n. 219 do Tribunal Superior do Trabalho.

A **Súmula n. 329 do TST**, relacionada à condenação em **honorários advocatícios** no processo do trabalho, foi **mantida** por meio da Resolução n. 121/2003 do TST, publicada no *DJ* nos dias 19, 20 e 21.11.2003.

A análise da súmula remete aos comentários expostos na **Súmula n. 219 do TST**, já que a presente simplesmente afirma que aquela ainda se encontra em consonância com o **Texto Constitucional**, à luz de seu **art. 133**, que aduz: *"O advogado é indispensável à administração da justiça, sendo inviolável por seus atos e manifestações no exercício da profissão, nos limites da lei"*.

Quando dos comentários à Súmula n. 219, afirmou-se que *"o processo do trabalho, por sua vez, não admite a condenação em honorários advocatícios pela simples sucumbência, necessitando, também, da presença de dois outros requisitos, a saber: assistência por sindicato e percepção de, no máximo, 2 (dois) salários mínimos ou comprovar que, mesmo percebendo quantia superior, não possui condições financeiras de arcar com os gastos do processo.*

*O tema em análise é um dos mais controvertidos no processo do trabalho, mesmo com a manutenção das **Súmulas ns. 219 e 329 do TST**, havendo diversos julgados de primeiro grau e de TRTs que condenam ao pagamento de honorários pela simples sucumbência, por entenderem que os requisitos dispostos acima não foram recepcionados pela CRFB/88, que, em seu art. 133, dispõe que o advogado é imprescindível à administração da justiça"*.

Não se pode esquecer, porém, de que a **Emenda Constitucional n. 45/2004** alterou em parte esse panorama, inclusive com a edição da **Instrução Normativa n. 27/2005 do TST**, que *"dispõe sobre normas procedimentais aplicáveis ao processo do trabalho em decorrência da competência da Justiça do Trabalho pela Emenda Constitucional n. 45/2004"*. O art. 5º da Instrução Normativa n. 27/2005 do TST destaca que *"exceto nas lides decorrentes da relação de emprego, os honorários advocatícios são devidos pela mera sucumbência"*.

Apenas a título de curiosidade, no dia 4 de setembro de 2013 a Comissão de Assuntos Sociais (CAS) do Senado aprovou o Projeto de Lei (PLC n. 33/2013) que estabelece honorários de sucumbência na Justiça do Trabalho, prevendo ainda a obrigatoriedade da presença de Advogados em causas trabalhistas, o que gera a extinção do *jus postulandi*, diante da alteração do art. 791 da CLT.

ATENÇÃO: A regra do processo do trabalho de que os honorários advocatícios de sucumbência são devidos apenas se estiverem presentes os requisitos da assistência judiciária gratuita, não sendo devidos pela mera sucumbência, continua valendo mesmo após a CF/88.

SÚMULA N. 330
QUITAÇÃO. VALIDADE (mantida) —
Res. 121/2003, DJ 19, 20 e 21.11.2003

A quitação passada pelo empregado, com assistência de entidade sindical de sua categoria, ao empregador, com observância dos requisitos exigidos nos parágrafos do art. 477 da CLT, tem eficácia liberatória em relação às parcelas expressamente consignadas no recibo, salvo se oposta ressalva expressa e especificada ao valor dado à parcela ou parcelas impugnadas.

I — A quitação não abrange parcelas não consignadas no recibo de quitação e, consequentemente, seus reflexos em outras parcelas, ainda que estas constem desse recibo.

II — Quanto a direitos que deveriam ter sido satisfeitos durante a vigência do contrato de trabalho, a quitação é válida em relação ao período expressamente consignado no recibo de quitação.

A **Súmula n. 330 do TST**, relacionada à **validade da quitação** dada pelo empregado ao empregador, quando assistido pela **entidade sindical** de sua categoria, foi **mantida** por meio da Resolução n. 121/2003 do TST, publicada no *DJ* nos dias 19, 20 e 21.11.2003.

A quitação dada com assistência do sindicato, ou na inexistência deste, pela Delegacia Regional do Trabalho ou pelo Ministério Público do Trabalho, é do empregado com **mais de 1 (um) ano de empresa**, ou seja, cujo vínculo se estende por mais de 1 (um) ano.

O art. 477, § 1º, da CLT afirma que *"o pedido de demissão ou recibo de quitação de rescisão do contrato de trabalho, firmado por empregado com mais de 1 (um) ano de serviço, só será válido quando feito com a assistência do respectivo sindicato ou perante a autoridade do Ministério do Trabalho"*.

Somente nessa hipótese, haverá necessidade de **homologação** por esses órgãos. Quando o empregado conta com menos de 12 (doze) meses de emprego, a rescisão é feita na própria empresa, com a entrega do **Termo de Rescisão do Contrato de Trabalho (TRCT)** e pagamento das verbas trabalhistas e rescisórias. Nessa segunda hipótese, em que inexiste assistência sindical, o obreiro poderá discutir judicialmente **qualquer valor** relacionado ao contrato de trabalho, inclusive aqueles que constam do TRCT, mesmo que tenha assinado a documentação hábil, concordando com as verbas recebidas. Isso porque presume-se que o empregado nada poderia fazer para reclamar, pessoalmente, por eventual verba sonegada. Conclui-se, portanto, que o recibo assinado pelo empregado não possui **eficácia liberatória geral** para o empregador, já que aquelas verbas poderão ser rediscutidas no judiciário, podendo-se até comprovar que não foi feito o efetivo pagamento, e sim que houve meramente a assinatura do TRCT.

Porém, a situação mostra-se um tanto quanto diferente quando a rescisão ocorre sob a fiscalização do sindicato da categoria ou outros entes já relacionados. Nessa hipótese, tanto a súmula em comento quando o art. 477, § 2º, da CLT, dispõem que os valores devem ser **especificados** na rescisão, sendo que a quitação possui ***eficácia liberatória*** em relação às parcelas **expressamente** constantes do termo de rescisão. Assim, se consta o pagamento de 10 (dez) horas extras realizadas no mês da rescisão, a quitação dada pelo empregado o impede de discutir se deveriam ter sido pagas 15 (quinze) ou 20 (vinte) horas. Presume-se que o pagamento foi realizado **corretamente**, por inexistir qualquer *pressão psicológica* ou ameaça da parte do empregador. Se determinada quantia foi paga a título de saldo de salários e o empregado concordou com o valor, estará impedido de rediscuti-lo judicialmente. Porém, para que essa consequência seja possível, as parcelas devem estar discriminadas expressamente, para proporcionar também o controle pelo empregado e por aquele que o assiste.

Caso o empregado discorde de algum valor inserto no termo de rescisão, deverá, sob pena de não poder discutir a questão posteriormente, opor a denominada ***ressalva*** no documento, ou seja, a afirmação de que **discorda** do valor ou valores, por entender que o valor correto é superior. Se perceber que em determinado mês não foi efetuado o depósito do FGTS, deverá ressalvá-lo, proporcionando **posterior discussão**. A súmula faz menção à *"ressalva expressa e especificada ao valor dado à parcela ou parcelas impugnadas"*, razão pela qual não poderá o empregado, simplesmente, afirmar que discorda do valor. Deve-se **fundamentar** tal descontentamento.

Continuando a análise da súmula, chega-se ao inc. I, cuja redação é a seguir transcrita: *"A quitação não abrange parcelas não consignadas no recibo de quitação e, consequentemente, seus reflexos em outras parcelas, ainda que estas constem desse recibo"*.

O texto transcrito reflete, na verdade, a imposição feita pelo **§ 2º do art. 477 da CLT**, que aduz ser **válida a quitação** apenas com relação às parcelas **discriminadas** no recibo ou termo de rescisão do contrato de trabalho. Logo, se determinada parcela não se encontra quitada, seus **reflexos** também não estarão. Assim, se não constam no TRCT as horas extraordinárias laboradas, estas não estarão quitadas e, por consequência, todos os reflexos decorrentes de tal parcela. Dessa forma, mesmo constando o pagamento de férias proporcionais + 1/3, não estará quitado o valor decorrente dos reflexos das horas extras sobre as férias, por exemplo. Do mesmo modo, ocorrerá com o 13º, FGTS, aviso prévio etc.

Adentrando no inc. II da súmula, que dispõe: *"quanto a direitos que deveriam ter sido satisfeitos durante a vigência do contrato de trabalho, a quitação é válida em relação ao período expressamente consignado no recibo de quitação"*, a quitação a ser feita pelo empregado não pode compreender direitos trabalhistas devidos em **período não especificado** no recibo ou TRCT. Assim, se o empregado laborou para o empregador por 3 (três) anos, sem nunca perceber uma gratificação ajustada e, portanto, devida, poderá a empresa, quando da rescisão do contrato, efetuar o pagamento. Porém, ao fazê-lo, deverá **especificar expressamente** o período, para o que trabalhador saiba se aquela parcela está sendo paga em todo o período do contrato ou apenas em parte. A sua não especificação impede a **homologação** da rescisão, pois tal conduta viola o já citado § 2º do art. 477 da CLT. Caso seja paga determinada parcela, mas de forma incompleta, ou seja, abarcando apenas parte do período trabalhado, poderá o empregado pleitear os valores judicialmente, sem necessidade de ressalva, pois a própria súmula afirma não ter havido quitação naquele período.

ATENÇÃO: A homologação do Termo de Rescisão do Contrato de Trabalho — TRCT — gera a eficácia liberatória geral das parcelas constantes naquele, que não podem ser rediscutidas judicialmente, salvo se houver ressalva expressa.

SÚMULA N. 331
CONTRATO DE PRESTAÇÃO DE SERVIÇOS. LEGALIDADE
(nova redação do item IV e inseridos os itens V e VI à redação) — Res. 174/2011, DEJT divulgado em 27, 30 e 31.05.2011

I — A contratação de trabalhadores por empresa interposta é ilegal, formando-se o vínculo diretamente com o tomador dos serviços, salvo no caso de trabalho temporário (Lei n. 6.019, de 03.01.1974).

II — A contratação irregular de trabalhador, mediante empresa interposta, não gera vínculo de emprego com os órgãos da administração pública direta, indireta ou fundacional (art. 37, II, da CF/1988).

III — Não forma vínculo de emprego com o tomador a contratação de serviços de vigilância (Lei n. 7.102, de 20.06.1983) e de conservação e limpeza, bem como a de serviços especializados ligados à atividade-meio do tomador, desde que inexistente a pessoalidade e a subordinação direta.

IV — O inadimplemento das obrigações trabalhistas, por parte do empregador, implica a responsabilidade subsidiária do tomador dos serviços quanto àquelas obrigações, desde que haja participado da relação processual e conste também do título executivo judicial.

V — Os entes integrantes da Administração Pública direta e indireta respondem subsidiariamente, nas mesmas condições do item IV, caso evidenciada a sua conduta culposa no cumprimento das obrigações da Lei n. 8.666, de 21.06.1993, especialmente na fiscalização do cumprimento das obrigações contratuais e legais da prestadora de serviço como empregadora. A aludida responsabilidade não decorre de mero inadimplemento das obrigações trabalhistas assumidas pela empresa regularmente contratada.

VI — A responsabilidade subsidiária do tomador de serviços abrange todas as verbas decorrentes da condenação referentes ao período da prestação laboral.

A **Súmula n. 331 do TST**, relacionada à **terceirização** trabalhista, foi **alterada** por meio da Resolução n. 174/2011 do TST, publicada no *DEJT* nos dias 27, 30 e 31.05.2011.

Sem dúvida, trata-se de uma das súmulas mais utilizadas nos julgamentos realizados pelos diversos órgãos da Justiça do Trabalho, razão pela qual será minuciosamente analisada, em seus diversos incisos.

A terceirização, que quebra a típica relação trabalhista empregado-empregador, ao inserir um terceiro (daí o nome dado ao instituto) naquela, passou por grande desenvolvimento ao longo dos anos, adequando suas escassas normas à crescente evolução do Direito do Trabalho.

Uma análise acerca do desenvolvimento histórico da terceirização nos leva ao ano de 1967, com a edição do **Decreto-lei n. 200**, que propugnava em seu art. 10 que a *"(...) execução das atividades da Administração Federal deverá ser amplamente descentralizada"*. Essa foi a **primeira** legislação brasileira a estabelecer a terceirização das tarefas executivas, mediante contrato com a iniciativa privada, evitando, assim, o inchaço da máquina administrativa, concentrando na Administração Pública apenas as atividades mais importantes.

As *tarefas executivas* foram exemplificadas por meio da Lei n. 5.645/70, nos seguintes termos: *"As atividades relacionadas com transporte, conservação, custódia, operação de elevadores, limpeza e outras assemelhadas serão, de preferência, objeto de execução mediante contrato, de acordo com o art. 10, § 7º, do Decreto-lei n. 200"*.

Seguindo-se na evolução histórica, chega-se a um marco, qual seja, a **Lei n. 6.019/74**, referida no inc. I da súmula sob discussão. Trata-se de legislação até hoje em vigor, que trata do **trabalho temporário**, para substituição de pessoal permanente ou para implementação de novos postos de trabalho, em períodos de aumento de produção ou vendas. Essa lei propicia a terceirização lícita ***temporária***, já que a legislação prevê tempo máximo de **3 (três) meses** para os contratos firmados entre a empresa de trabalho temporário e o tomador de serviços.

Importante destacar que o mesmo inc. I demonstra que a terceirização trabalhista continua a ser considerada pelo TST como situação **excepcional**, já que afirma, genericamente, que a contratação por empresa interposta é ilegal, formando-se o vínculo diretamente com o tomador de serviços. Além de excepcional, a terceirização demonstra qual é a consequência da **terceirização ilícita**, que é a formação do vínculo diretamente com a empresa tomadora, tendo em vista o princípio da proteção do obreiro. Não se poderia pensar em desfazimento total do vínculo pela nulidade da contratação. Ao contrário, apesar de nula a contratação, o vínculo se mantém, porém, formando-se com a tomadora.

Porém, nos termos do inc. II da súmula, a terceirização ilícita, ou seja, a **contratação irregular**, com a **Administração Pública**, não gera a formação do vínculo diretamente com os órgãos pertencentes àquela, ou seja, não se aplica o disposto no inc. I, pois o vínculo de emprego com a Administração Pública, nos termos do art. 37, II, da CRFB/88, somente ocorre por meio de **concurso público**, de provas ou provas e títulos. Seria absurdo pensar que uma nulidade do contrato de trabalho acarretaria a formação de vínculo com o Poder Público. Tal conduta violaria frontalmente a Constituição Federal. O inciso em referência, inclusive, faz menção à Administração Pública direta, indireta e fundacional.

Apesar de a terceirização ilícita não gerar a formação de vínculo diretamente com a Administração Pública, pela ausência de concurso público, não há que se negar ao empregado os direitos trabalhistas inerentes à função por ele desenvolvida, sob pena da Administração e a empresa terceirizada locupletarem-se do trabalho do empregado. Assim, ao trabalhador são devidas todas as verbas trabalhistas, sendo a Administração responsável subsidiariamente pelo inadimplemento, nos termos do inc. IV da súmula, ainda a ser comentado.

O inc. III informa sobre as demais hipóteses em que se permite a terceirização trabalhista, mencionando o serviço de **vigilância**, nos termos da Lei n. 7.102/83, relacionado ao vigilante bancário, além de mencionar os serviços de **limpeza**, **conservação** e os serviços **especializados** ligados à atividade-meio da empresa tomadora, desde que **inexistentes** a subordinação e a pessoalidade.

Além dos serviços de vigilância, limpeza e conservação, será lícita toda e qualquer terceirização de **atividade-meio**. Utilizando os conceitos de MAURÍCIO GODINHO DELGADO,[102] tem-se que *atividades-meio "são aquelas funções e tarefas empresariais e laborais que não se ajustam ao núcleo da dinâmica empresarial do tomador dos serviços, nem compõem a essência dessa dinâmica ou contribuem para a definição de seu posicionamento no contexto empresarial e econômico mais amplo"*.

Em contrapartida, *atividades-fim* são as *"(...) atividades nucleares e definitórias da essência da dinâmica empresarial do tomador dos serviços"*.[103]

Analisando os dois conceitos, chega-se à conclusão de que uma faculdade pode terceirizar os serviços de cobrança, manutenção da rede de informática, jardinagem etc., pois todas são atividades-meio da instituição. Não poderá, contudo, terceirizar os professores, pois estes estão intimamente ligados à sua atividade-fim.

Um escritório de advocacia, igualmente, pode terceirizar os serviços de informática, contabilidade, recursos humanos, entre outros, por se tratar de atividades-meio, mas não poderá contratar advogados terceirizados, por meio de empresa interposta.

Por último, mas ainda fazendo referência ao inc. III, em todas as hipóteses de terceirização lícitas listadas, não pode haver **subordinação** direta e **pessoalidade**, sob pena de o vínculo trabalhista formar-se diretamente com o **tomador**.

---

[102] DELGADO, Maurício Godinho. *Curso de direito do trabalho*, p. 418.

[103] DELGADO, Maurício Godinho. *Curso de direito do trabalho*, p. 418.

Significa dizer que o serviço de manutenção no sistema de informática, prestado por empresa terceirizada, poderá ser executado por qualquer empregado daquela empresa, não podendo a tomadora exigir que seja realizado por "A" ou "B". Não pode estar presente a **pessoalidade**, que é um dos requisitos à caracterização do **vínculo de emprego**. Para a empresa tomadora, pouco importa quem realiza o serviço, interessando apenas o **resultado final**. Igualmente, não poderá haver **subordinação** direta, o que significa dizer que o empregado se encontra subordinado apenas ao seu empregador, que é a empresa terceirizada, importando dizer que qualquer vício da execução do trabalho deverá ser comunicado à empregadora. Da mesma forma, qualquer **penalidade** somente poderá ser aplicada por aquela, por ser a empregadora.

Ocorre que, se no caso concreto restarem configuradas a pessoalidade e a subordinação direta, diz o TST que o vínculo será formado diretamente com o tomador, por entender que, nessa hipótese, **inexiste terceirização**. Trata-se da mesma consequência da terceirização **ilícita**.

O inc. IV trata da ***responsabilidade subsidiária*** do tomador de serviços, ante o **inadimplemento** das verbas trabalhistas. Em primeiro lugar, é importante diferenciar as responsabilidades ***solidária*** e ***subsidiária***. A primeiro surge, por exemplo, quando há condenação de empresas do mesmo **grupo econômico**, que se dá nos termos do art. 2º, § 2º, da CLT, bem como quando há falência da empresa de trabalho temporário, conforme **art. 16 da Lei n. 6.019/74**. Nesse tipo de responsabilidade, a condenação imposta a uma empresa pode ser indistintamente cobrada de qualquer outra do grupo econômico, no primeiro caso, ou da empresa tomadora, na segunda situação.

Exemplificando, se as empresas "A", "B" e "C" formam um grupo econômico e o empregado "X" ajuíza reclamação trabalhista em face de "A", a condenação imposta a essa poderá ser cobrada diretamente de "A", "B" ou "C", à escolha do credor, pois a responsabilidade solidária gera a possibilidade de o crédito ser cobrado indistintamente de qualquer devedor. Inclusive, essa responsabilidade surge sem que as empresas "B" e "C" tenham participado da relação processual, ou seja, mesmo que não tenham sido inseridas como rés da demanda trabalhista. Esse é o posicionamento adotado pela Justiça do Trabalho após o cancelamento da **Súmula n. 205 do TST**, cuja redação era a seguinte: *"O responsável solidário, integrante do grupo econômico, que não participou da relação processual como reclamado e que, portanto, não consta no título executivo judicial como devedor, não pode ser sujeito passivo na execução"*.

Já no que concerne à ***responsabilidade subsidiária***, a regência da matéria é totalmente diversa do que já explicado. Neste tipo de responsabilidade, o tomador dos serviços, seja ente público ou privado, somente responde pelo pagamento das verbas trabalhistas caso o empregador não possua patrimônio para solver as dívidas. Além disso, a empresa tomadora somente será condenada subsidiariamente se participar, **na qualidade de ré**, da relação processual, ou seja, se for inserida no **polo passivo** da demanda. Assim, se o reclamante visa a condenação subsidiária da tomadora, deverá ajuizar a demanda em face do empregador e daquela, formando-se um **litisconsórcio passivo**, que, frise-se, é **facultativo**. Somente participando da relação processual é que estarão insertas no título executivo judicial.

O novel inc. V toca à responsabilidade subsidiária dos entes da Administração, que antes se encontrava no inc. IV, porém, atualmente, possui nuances importantes, que serão comentadas a partir de agora.

Em primeiro lugar, o TST equiparou os entes públicos aos privados para fins de responsabilização subsidiária, afirmando que aqueles respondem conforme enunciado no inc. IV. Porém, traz como novidade a necessidade de demonstração de conduta culposa da Administração Pública, em especial, no que toca à fiscalização das obrigações assumidas pela prestadora de serviços. Na qualidade de tomadora dos serviços, entende o TST que a Administração Pública possui por obrigação fiscalizar se a empresa encontra-se "em dia" com suas obrigações trabalhistas, sob pena de arcar com o pagamento daquelas, subsidiariamente, caso seja omissa com aquele seu dever. Tema bastante polêmico toca à inserção da Lei n. 8.666/93 (Lei das Licitações), pois os entes públicos afirmam que aquela legislação não impõe como obrigação do ente terceirizando a fiscalização do contratado. Ocorre que tal interpretação não é razoável, pois se trata de obrigação implícita, ainda mais no caso da Administração Pública, que tem por dever fiscalizar a utilização da receita proveniente, em sua maioria, de tributos pagos pelos cidadãos. A ausência de fiscalização importa responsabilidade subsidiária, bem como responsabilização do agente público, por ser a omissão ato de improbidade administrativa ao gerar lesão ao patrimônio público.

Por fim, o inc. VI apenas evidencia que a condenação do tomador dos serviços, mesmo que subsidiária, abrange todas as verbas decorrentes do contrato de trabalho, não havendo qualquer possibilidade de cisão, já que a culpa *in vigilando* presume que a ausência de fiscalização importa em necessidade de responsabilização. Tal entendimento vai ao encontro do princípio da proteção, já que toda a condenação poderá ser buscada também em face do responsável subsidiário.

ATENÇÃO: Apenas as atividades-meio podem ser terceirizadas, possuindo o tomador dos serviços responsabilidade subsidiária pelos débitos trabalhistas da empresa terceirizada. Os órgãos da Administração Pública também possuem responsabilidade subsidiária, mas depende da demonstração de que houve omissão em relação ao dever do ente de fiscalizar o contrato firmado com a empresa terceirizada.

SÚMULA N. 332
COMPLEMENTAÇÃO DE APOSENTADORIA. PETROBRAS. MANUAL DE PESSOAL. NORMA PROGRAMÁTICA (mantida) — Res. 121/2003, DJ 19, 20 e 21.11.2003

As normas relativas à complementação de aposentadoria, inseridas no Manual de Pessoal da Petrobras, têm caráter meramente programático, delas não resultando direito à referida complementação.

A **Súmula n. 332 do TST**, atinente à natureza **programática** das normas que regulamentam a **complementação de aposentadoria** dos empregados da Petrobras

S.A., foi **mantida** por meio da Resolução n. 121/2003 do TST, publicada no *DJ* nos dias 19, 20 e 21.11.2003.

O TST firmou o entendimento, pondo fim à discussão jurisprudencial relativa à matéria, afirmando que as normas relativas à complementação de aposentadoria previstas no manual de pessoal da Petrobras S.A. eram meramente **programáticas**, o que significa dizer que inexiste **direito adquirido** com relação ao tema.

As normas da Petrobras tão somente dispunham que um determinado *iter* procedimental deveria ser adotado para fins de criar-se uma complementação de aposentadoria. Segundo FRANCISCO ANTÔNIO DE OLIVEIRA,[104] *"a implementação do benefício dependia de fatores vários, quais sejam a participação voluntária do empregado, a contribuição e, por parte da empresa, a aprovação pela diretoria executiva, e contribuição em parte igual a dos empregados, fatores que não se realizaram"*.

Se as condições não se implementaram por parte tanto dos empregados quanto do empregador, não há direito adquirido, e sim mera **expectativa**, que se manteve na esfera das possibilidades, uma vez que a norma foi e é considerada *programática* pelo Tribunal Superior do Trabalho.

ATENÇÃO: As normas constantes do Manual de Pessoal da Petrobras não podem ser aplicadas de imediato, por serem apenas programáticas.

SÚMULA N. 333
RECURSOS DE REVISTA. CONHECIMENTO (alterada) — Res. 155/2009, DJ 26 e 27.02.2009 e 02.03.2009

Não ensejam recurso de revista decisões superadas por iterativa, notória e atual jurisprudência do Tribunal Superior do Trabalho.

A **Súmula n. 333 do TST**, relacionada ao conhecimento do **recurso de revista**, obteve **nova redação** por meio da Resolução n. 155/2009, publicada no *DJ* nos dias 26 e 27.02.2009 e 02.03.2009.

A atual redação da súmula em referência, alterada em 2009, restringe ainda mais a aplicação do enunciado, pois a redação anterior se referia também ao **recurso de embargos**. Esta era a seguinte: *"Não ensejam recursos de revista ou de embargos decisões superadas por iterativa, notória e atual jurisprudência do Tribunal Superior do Trabalho"*.

Atualmente, somente o recurso de revista pode ser obstado por meio da aplicação do entendimento pretoriano.

Também relacionado ao tema, e usualmente mencionado nas decisões de inadmissão proferidas pelo TST, o **art. 896, § 4º, da CLT** destaca que *"a divergência apta a ensejar o Recurso de Revista deve ser atual, não se considerando como tal a*

[104] OLIVEIRA, Francisco Antônio de. *Comentários às súmulas do TST*, p. 622.

ultrapassada por súmula, ou superado por iterativa e notória jurisprudência do Tribunal Superior do Trabalho".

Em primeiro lugar, há que se destacar que a redação da súmula pode levar a entendimento totalmente diverso do que o buscado pelo TST. Uma leitura mais superficial poderia gerar confusão, pois se chegaria à conclusão pela inadmissão do recurso, por estar a decisão **superada** pela **jurisprudência do TST**, o que seria um contrassenso, pois, se a decisão não está de acordo com a moderna jurisprudência do tribunal, deve o recurso ser conhecido e provido, **reformando-se** a decisão recorrida. Essa, porém, não é a interpretação correta a ser realizada.

O entendimento pretoriano é no sentido de **inadmitir** o recurso de revista quando a decisão recorrida estiver **de acordo** com a atual jurisprudência do TST, ou seja, quando a **fundamentação** do recurso estiver **ultrapassada** por **iterativa**, **notória e atual jurisprudência** do tribunal. Esse é o único pensamento lógico a respeito da matéria, pois demonstra que o **recurso** é totalmente **infundado** e que não merece ser nem ao menos **conhecido**, pois já se sabe que será desprovido no mérito.

Idêntica ideia é utilizada quando se busca a admissão do recurso de revista por **divergência jurisprudencial** entre Tribunais Regionais do Trabalho. Nesta hipótese, os acórdãos paradigmas não podem estar em dissonância com a jurisprudência iterativa, notória e atual do TST, sob pena de inadmissão. A divergência que não mais representa o entendimento do Tribunal Superior do Trabalho não pode ser utilizada para se proceder à alteração (reforma ou anulação) de uma decisão.

ATENÇÃO: O recurso de revista pode ser interposto por divergência jurisprudencial, desde que a decisão utilizada como paradigma não tenha sido superada pela jurisprudência do TST, ou seja, se estiver "velha", ultrapassada, não poderá ser utilizada na comparação.

SÚMULA N. 336
CONSTITUCIONALIDADE. § 2º DO ART. 9º DO DECRETO-LEI N. 1.971, DE 30.11.1982 (mantida) — Res. 121/2003, DJ 19, 20 e 21.11.2003

É constitucional o § 2º do art. 9º do Decreto-lei n. 1.971, de 30.11.1982, com a redação dada pelo Decreto-lei n. 2.100, de 28.12.1983.

A **Súmula n. 336 do TST**, relativa à constitucionalidade do § 2º do art. 9º do Decreto-lei n. 1.971/82, foi **mantida** por meio da Resolução n. 121/2003 do TST, publicada no *DJ* nos dias 19, 20 e 21.11.2003.

O Decreto-lei n. 1.971/82 previa a impossibilidade das entidades estatais pagarem mais de **14 (quatorze) salários** aos seus servidores. Transcreve-se, por oportuno, o art. 9º da legislação referida: *"As entidades estatais não poderão pagar a seus servidores ou empregados, em cada ano do calendário, mais de 14 (quatorze) salários, neles compreendida a gratificação de Natal (Lei n. 4.090/62), devendo ser consideradas* *para efeito desse limite as quotas de participação nos lucros, as gratificações semestral ou anual, bem como quaisquer outros valores que venham sendo pagos com habitualidade e que dele excederem, ressalvado o disposto no § 1º do art. 10".*

Alterando o panorama anterior, o Decreto-lei n. 2.100/83 inseriu dois parágrafos ao art. 9º do primeiro decreto, além de alterar seu *caput,* proibindo o pagamento de mais de **13 (treze) salários anuais**.

O § 2º passou a ser inquinado de inconstitucional. Contudo, o TST firmou entendimento contrário, para considerar **válida** a exclusão dos valores relativos à **correção monetária** da parcela ***participação nos lucros***, pois, efetivamente, aquela correção não possui natureza de PLR (Participação nos Lucros e Resultados).

Bastante razoável o entendimento do TST, tendo em vista que a não exclusão da parcela relacionada à correção monetária seria uma forma de transgressão das normas trabalhistas, pois consideraria aquela como parte integrante de outra parcela, com a qual não se confunde.

ATENÇÃO: Os créditos de correção monetária não podem ser incluídos nos valores de Participação nos Lucros e Resultados, que podem ser pagos aos servidores, conforme o Decreto-Lei n. 2.100/83.

SÚMULA N. 337
COMPROVAÇÃO DE DIVERGÊNCIA JURISPRUDENCIAL. RECURSOS DE REVISTA E DE EMBARGOS (redação do item IV alterada na sessão do Tribunal Pleno realizada em 14.09.2012) — Res. 185/2012, DEJT divulgado em 25, 26 e 27.09.2012

I — Para comprovação da divergência justificadora do recurso, é necessário que o recorrente.

a) Junte certidão ou cópia autenticada do acórdão paradigma ou cite a fonte oficial ou o repositório autorizado em que foi publicado; e

b) Transcreva, nas razões recursais, as ementas e/ou trechos dos acórdãos trazidos à configuração do dissídio, demonstrando o conflito de teses que justifique o conhecimento do recurso, ainda que os acórdãos já se encontrem nos autos ou venham a ser juntados com o recurso. (ex-Súmula n. 337 — alterada pela Res. 121/2003, *DJ* 21.11.2003)

II — A concessão de registro de publicação como repositório autorizado de jurisprudência do TST torna válidas todas as suas edições anteriores. (ex-OJ n. 317 da SBDI-1 — *DJ* 11.08.2003)

III — A mera indicação da data de publicação, em fonte oficial, de aresto paradigma é inválida para comprovação de divergência jurisprudencial, nos termos do item I, "a", desta súmula, quando a parte pretende demonstrar o conflito de teses mediante a transcrição de trechos que integram a fundamentação do acórdão divergente, uma vez que só se publicam o dispositivo e a ementa dos acórdãos.

IV — É válida para a comprovação da divergência jurisprudencial justificadora do recurso a indicação de aresto extraído de repositório oficial na internet, desde que o recorrente: Súmula a) transcreva o trecho divergente;

b) aponte o sítio de onde foi extraído; e

c) decline o número do processo, o órgão prolator do acórdão e a data da respectiva publicação no Diário Eletrônico da Justiça do Trabalho.

A **Súmula n. 337 do TST**, relacionada à comprovação da **divergência** para fins de **admissibilidade** dos recursos de revista e embargos, **obteve nova redação em seu inc. IV** por meio da Resolução n. 185/2012, publicada no *DEJT* nos dias 25, 26 e 27.09.2012.

Os recursos de revista e embargos possuem, entre suas hipóteses de cabimento, aquelas decorrentes de **divergência jurisprudencial**, tendo em vista que uma das funções primordiais do TST é a de **uniformizar a jurisprudência** dos Tribunais Regionais do Trabalho, bem como de seus próprios órgãos.

O art. 894 da CLT dispõe em seu *caput* que *"No Tribunal Superior do Trabalho cabem embargos, no prazo de 8 (oito) dias: (...) II — das decisões das Turmas que divergirem entre si, ou das decisões proferidas pela Seção de Dissídios Individuais, salvo se a decisão recorrida estiver em consonância com súmula ou orientação jurisprudencial do Tribunal Superior do Trabalho ou do Supremo Tribunal Federal"*.

Por sua vez, o art. 896 da CLT, que se refere ao cabimento do recurso de revista, afirma ser cabível o recurso quando, em dissídios individuais, os acórdãos do TRT *"derem ao mesmo dispositivo de lei federal interpretação diversa da que lhe houver dado outro Tribunal Regional, no seu Pleno, ou Turma, ou a Seção de Dissídios Individuais do Tribunal Superior do Trabalho, ou a Súmula de Jurisprudência Uniforme dessa Corte"*.

Vislumbra-se, pela leitura dos dispositivos legais, que a demonstração da **divergência**, na aplicação da legislação, é **pressuposto** para o **conhecimento** dos recursos. O que a súmula em comento explicita é a forma de demonstração de tal divergência, que deve ser **expressa** e **analítica**, ou seja, o recorrente deve, de forma explícita, demonstrar qual é a divergência apta a ensejar a admissibilidade do recurso, trazendo aos autos a **cópia dos acórdãos**, bem como **transcrevendo** as partes conflitantes no corpo do recurso.

Atente-se que a súmula foi alterada em 2005 e, posteriormente, em 2012 **para adequar-se ao entendimento legal (art. 1.029, § 1º, do CPC/2015)**, relacionado à demonstração da divergência jurisprudencial para a admissão dos recursos especial e extraordinário, em tempos em que a **informática** faz parte da vida dos advogados e de todos os que lidam com o processo. O dispositivo legal prevê que: *"Quando o recurso fundar-se em dissídio jurisprudencial, o recorrente fará a prova da divergência com a certidão, cópia ou citação do repositório de jurisprudência, oficial ou credenciado, inclusive em mídia eletrônica, em que houver sido publicado o acórdão divergente, ou ainda com a reprodução de julgado disponível na rede mundial de computadores, com indicação da respectiva fonte, devendo-se, em qualquer caso, mencionar as circunstâncias que identifiquem ou assemelhem os casos confrontados"*.

Verifica-se que o inc. I da súmula relaciona apenas *"certidão ou cópia autenticada do acórdão paradigma ou (...) a fonte oficial ou o repositório autorizado em que foi publicado"*. A redação anterior à Resolução n. 173/2010 olvidava-se da demonstração da divergência via acórdãos retirados da **internet**, das próprias páginas dos Tribunais Regionais do Trabalho e do Tribunal Superior do Trabalho.

Porém, tal questão foi resolvida com a inclusão do inc. IV, que será melhor analisado ao final.

Em síntese, o recurso de revista ou de embargos somente será admitido, quando na hipótese de **divergência jurisprudencial**, se o recorrente demonstrá-la nos julgados colacionados aos autos, evitando-se, desta forma, que o recorrente "crie" julgados em total dissonância com o princípio da **probidade processual** e consiga que seu recurso seja admitido.

Além de juntar aos autos o(s) acórdão(s), deve o recorrente, nos termos da alínea *b* do inc. I, *"transcrever, nas razões recursais, as ementas e/ou trechos dos acórdãos trazidos à configuração do dissídio, demonstrando o conflito de teses que justifique o conhecimento do recurso"*, evitando-se que o relator do recurso tenha que encontrar a divergência jurisprudencial. Nas palavras de FRANCISCO ANTÔNIO DE OLIVEIRA,[105] mostra-se *"correta a exigência, em se tratando de recurso extraordinário em sede trabalhista e que se traduz em mais um óbice a recursos procrastinatórios"*.

O inc. II disserta acerca dos **repositórios de jurisprudência autorizados**, afirmando que a concessão de registro de publicação torna **válidas** todas as **edições anteriores**, tendo em vista o reconhecimento do meio (revista, por exemplo) como idôneo a publicar as decisões do TST. O *site* do Tribunal Superior do Trabalho (www.tst.jus.br) possui a lista de repositórios autorizados de jurisprudência, na qual são informados o título da publicação, editor, data, número e ano do registro. Todas as publicações que constam na referida lista possuem, por presunção, suas edições anteriores como válidas para fins de demonstração de divergência jurisprudencial, o que significa dizer que as decisões ali publicadas são exatamente aquelas proferidas pelo TST.

Por sua vez, o inc. III destaca que, para fins de cumprimento do inc. I, não basta indicar a data de publicação do acórdão paradigma, e sim deve-se informar qual é a fonte ou repositório, além de cumprir a alínea *b*. Tal esclarecimento ocorre em virtude das partes cumprirem tão somente a alínea *a*, esquecendo-se de que os requisitos são cumulativos, já que há o conector "e" ligando as duas alíneas.

Por fim, o inc. IV, alterado por meio da Resolução n. 185/2012, afirma que o acórdão divergente pode ser retirado da internet, como a redação anterior já dizia, mas deve-se, agora, além de transcrever os acórdãos e indicar os sites da internet, indicar também o número do processo, o órgão julgador e a data da publicação no *Diário Eletrônico da Justiça do Trabalho*. Todas as exigências visam assegurar que

[105] OLIVEIRA, Francisco Antônio de. *Comentários às súmulas do TST*, p. 627.

os acórdãos são verdadeiros, que realmente foram proferidos por órgão do Poder Judiciário, verificando, assim, a sua integridade.

> **ATENÇÃO:** A comprovação correta da divergência jurisprudencial é indispensável ao conhecimento do recurso de revista interposto nos termos do art. 896, *a* e *b*, da CLT, devendo a parte demonstrar claramente que o acórdão paradigma trata da mesma matéria do acórdão recorrido, transcrevendo-se na petição do recurso os trechos da decisão, mesmo que ela já tenha sido juntada aos autos.

> ***SÚMULA N. 338***
> ***JORNADA DE TRABALHO. REGISTRO. ÔNUS DA PROVA***
> ***(incorporadas as Orientações Jurisprudenciais ns. 234 e 306 da SBDI-1) — Res. 129/2005, DJ 20, 22 e 25.04.2005***
>
> I — É ônus do empregador que conta com mais de 10 (dez) empregados o registro da jornada de trabalho na forma do art. 74, § 2º, da CLT. A não apresentação injustificada dos controles de frequência gera presunção relativa de veracidade da jornada de trabalho, a qual pode ser elidida por prova em contrário. (ex-Súmula n. 338 — alterada pela Res. 121/2003, *DJ* 21.11.2003)
>
> II — A presunção de veracidade da jornada de trabalho, ainda que prevista em instrumento normativo, pode ser elidida por prova em contrário. (ex-OJ n. 234 da SBDI-1 — inserida em 20.06.2001)
>
> III — Os cartões de ponto que demonstram horários de entrada e saída uniformes são inválidos como meio de prova, invertendo-se o ônus da prova, relativo às horas extras, que passa a ser do empregador, prevalecendo a jornada da inicial se dele não se desincumbir. (ex-OJ n. 306 da SBDI-1 — *DJ* 11.08.2003)

A **Súmula n. 338 do TST**, relacionada ao **registro de jornada** pelo empregador, bem como ao **ônus da prova** com relação à jornada de trabalho, obteve **nova redação** por meio da Resolução n. 129/2005, publicada no *DJ* nos dias 20, 22 e 25.04.2005, com a **incorporação das Orientações Jurisprudenciais ns. 234 e 306 da SBDI-1 do TST**.

Sem sombra de dúvidas, a existência de controle de jornada é benéfica em qualquer empresa, tenha menos ou mais de 10 (dez) empregados, pois evita discussões acerca da realização de **horas extraordinárias**, assegurando ao empregado as horas realizadas além da jornada normal, bem como protegendo o empregador de eventual pleito infundado do empregado.

Porém, o art. 74, § 2º, da CLT, mencionado na súmula sob análise, criou a obrigatoriedade de registro de jornada apenas para as empresas que contêm mais de 10 (dez) empregados, nos seguintes termos: *"Para os estabelecimentos de mais de dez trabalhadores será obrigatória a anotação da hora de entrada e de saída em registro manual, mecânico ou eletrônico, conforme instruções a serem expedidas pelo Ministério do Trabalho, devendo haver pré-assinalação do período de repouso"*.

O inc. I da Súmula n. 338 afirma que a anotação da jornada, nas empresas que possuem **mais de 10 (dez) empregados**, é ônus do empregador, sendo que a não anotação ou a não exibição das anotações, desde que **injustificada**, **inverte o ônus da prova** com relação à jornada extraordinária de labor, criando-se a **presunção relativa** de que a jornada apontada na inicial foi efetivamente trabalhada pelo obreiro. Assim, se consta na exordial que o reclamante laborava das 8h às 20h, de segunda a sexta-feira, tal jornada será considerada verdadeira (presunção relativa, porém), caso o reclamado não junte aos autos os cartões de ponto ou outra forma de anotação da jornada, ou não justifique a impossibilidade de juntá-los.

Por tratar-se de **presunção relativa**, poderá o empregador demonstrar o contrário, ou seja, que o obreiro nunca trabalhou em jornada extra ou, se trabalhou, já recebeu, conforme contracheques ou recibos juntados aos autos. Qualquer meio de prova mostra-se apto a desconstituir a presunção relativa referida, inclusive a prova testemunhal.

Por sua vez, o inc. II destaca a existência de presunção de veracidade da jornada de trabalho, prevista em **negociação coletiva**, afirmando, também, que essa presunção é igualmente **relativa**, podendo ser desconstituída por prova em contrário.

Em verdade, o enunciado em destaque traz duas informações: uma direcionada ao empregado e outra ao empregador. Com relação à primeira, demonstra que o empregado poderá elidir a presunção de veracidade da jornada prevista em convenção coletiva, por qualquer meio de prova. Assim, se a Convenção Coletiva de determinada categoria prevê a jornada diária de 6 (seis) horas, proibindo ainda a realização de jornada extraordinária, cria-se uma presunção relativa de que não houve trabalho excessivo, ainda mais se os cartões de ponto demonstrarem tal fato. Porém, toda essa presunção poderá ser elidida por prova em contrário, inclusive testemunhal.

No entanto, em relação ao empregador, o inc. II tão somente explicita o que já foi informado pelo inc. I. Porém, a presunção relativa não poderia ser elidida por outro meio de prova quando o reclamado, de forma **injustificada**, se **recusar** a juntar aos autos o controle de jornada, sob pena de privilegiar-se o empregador esperto, que certamente não trará para o processo a prova **documental**, pensando em desconstituir a presunção por meio de prova testemunhal, que é mais facilmente manipulada.

Por fim, o inc. III trata de tema interessantíssimo, que evita, pelo menos em parte, a manipulação das anotações dos cartões de ponto pelo empregador. Diversas empresas, pelo menos antes da criação do presente enunciado, visando não pagar horas extras, anotavam ou mandavam o empregado anotar em seu registro de jornada, **sempre a mesma hora** de entrada e saída, como entrada às 8h e saída às 17h, com uma hora de intervalo, das 11h às 12h. Todo dia, o empregado tinha anotado o mesmo horário, durante semanas, meses e anos do vínculo trabalhista. Possível tal coincidência de horário, por lapso temporal longo? Óbvio que não. Trata-se, claramente, de **fraude trabalhista**. Nenhum empregado ingressa no local de trabalho sempre, **pontualmente**, às 8h e sai às 17h, sem um minuto a mais ou a menos.

Apesar de ser impossível, muitas empresas realizavam tal conduta e juntavam aos autos os cartões de ponto, levando o TST ao entendimento sobre a matéria. Esses cartões de ponto são **inválidos**, criando-se a **presunção** de que a jornada de trabalho narrada pelo reclamante é correta. Porém, como já se disse, trata-se de presunção relativa, que pode ser desconstituída por qualquer outro meio de prova, de acordo com o **livre-convencimento motivado do julgador**.

É importante ainda destacar que o **art. 58, § 1º, da CLT** dispõe que *"não serão descontadas nem computadas como jornada extraordinária as variações de horário no registro de ponto não excedentes de cinco minutos, observado o limite máximo de dez minutos diários"*. Trata-se do *tempo residual à disposição do empregador*. Presume-se que esse período é utilizado para que o empregado se prepare para o serviço, trocando de roupa, colocando os equipamentos de proteção individual, aguardando para marcar o ponto, quando a quantidade de empregados acarretar fila para tal anotação etc.

> **ATENÇÃO:** Os cartões de ponto com horários uniformes não prestam para provar a jornada de trabalho, invertendo-se o ônus da prova. Caso o empregador não se desincumba do seu ônus, será considerada a jornada descrita na petição inicial.

> ***SÚMULA N. 339***
> ***CIPA. SUPLENTE. GARANTIA DE EMPREGO. CF/1988***
> ***(incorporadas as Orientações Jurisprudenciais ns. 25 e 329 da SBDI-1) — Res. 129/2005, DJ 20, 22 e 25.04.2005***
>
> I — O suplente da CIPA goza da garantia de emprego prevista no art. 10, II, "a", do ADCT a partir da promulgação da Constituição Federal de 1988. (ex-Súmula n. 339 — Res. 39/1994, *DJ* 22.12.1994 — e ex-OJ n. 25 da SBDI-1 — inserida em 29.03.1996)
>
> II — A estabilidade provisória do cipeiro não constitui vantagem pessoal, mas garantia para as atividades dos membros da CIPA, que somente tem razão de ser quando em atividade a empresa. Extinto o estabelecimento, não se verifica a despedida arbitrária, sendo impossível a reintegração e indevida a indenização do período estabilitário. (ex-OJ n. 329 da SBDI-1 — *DJ* 09.12.2003)

A **Súmula n. 339 do TST**, inerente à **estabilidade provisória** do **suplente** da Comissão Interna de Prevenção de Acidentes (CIPA), obteve **nova redação** por meio da Resolução n. 129/2005 do TST, publicada no *DJ* nos dias 20, 22 e 25.04.2005, com a **incorporação das Orientações Jurisprudenciais ns. 25 e 329 da SBDI-1 do TST**.

O art. 163 da CLT dispõe, em seu *caput*, que *"será obrigatória a constituição de Comissão Interna de Prevenção de Acidentes — CIPA —, de conformidade com instruções expedidas pelo Ministério do Trabalho, nos estabelecimentos ou locais de obra nelas especificadas"*.

Por sua vez, a NR-15 (Norma Regulamentar) do Ministério do Trabalho regulamenta a matéria, dispondo em seu item 5.2. que: *"devem constituir CIPA, por estabelecimento, e mantê-la em regular funcionamento as empresas privadas, públicas, sociedades de economia mista, órgãos da administração direta e indireta, instituições beneficentes, associações recreativas, cooperativas, bem como outras instituições que admitam trabalhadores como empregados"*.

No seu item 5.8 disserta sobre a **estabilidade provisória** dos empregados eleitos para cargo de direção da **CIPA**, fazendo-o da seguinte forma: *"É vedada a dispensa arbitrária ou sem justa causa do empregado eleito para cargo de direção de Comissões Internas de Prevenção de Acidentes desde o registro de sua candidatura até um ano após o final de seu mandato"*, ou seja, reproduzindo o mesmo conteúdo do art. 165 da CLT e **art. 10, II, da ADCT/CRFB/88** (Atos das Disposições Constitucionais Transitórias da Constituição da República de 1988), que aludem apenas ao *cargo de direção*, sem manifestar se a estabilidade alcança apenas os **titulares** ou também os **suplentes**.

Diante da omissão do legislador, bem como do Poder Executivo (Ministério do Trabalho e Emprego), o TST entendeu por sumular quanto à estabilidade também do **suplente**, uma vez que a demissão **sem justa causa** dos suplentes da CIPA, caso inexistisse a previsão sumulada, ocasionaria extrema dificuldade para a continuidade dos trabalhos da comissão, em especial dos representantes dos empregados, pois a morte, afastamento ou demissão por justa causa dos titulares acarretaria a vacância do cargo, sem substituto. Assim, o suplente é tão importante para a CIPA quanto o titular.

O inc. II da súmula sob análise destaca importante hipótese em que a estabilidade provisória cessa, sem direito à **reintegração** ou ao **recebimento** dos salários do período de estabilidade.

Como consta dos dispositivos legais da CLT, bem como da NR-15 do Ministério do Trabalho, a CIPA é constituída na empresa ou em seus estabelecimentos, com empregados eleitos e representantes do empregador, visando evitar (prevenir) acidentes de trabalho. Portanto, a atuação da comissão abarca tão somente a empresa e seus funcionários. Ao registrar sua candidatura, adquire o empregado estabilidade provisória até 1 (um) ano após o término de seu mandato, se eleito. Não poderá, portanto, ser despedido sem justa causa. Além disso, a **justa causa** deve ser reconhecida em procedimento judicial denominado ***inquérito para apuração de falta grave***, disciplinado pelos arts. 853 e seguintes da CLT, com **ampla instrução probatória**, havendo, inclusive, possibilidade de cada parte arrolar até 6 (seis) testemunhas. Trata-se do procedimento trabalhista com maior número de testemunhas, já que no rito ordinário são três para cada polo (ativo e passivo) e, no sumário, 2 (duas) para cada um dos polos da relação processual.

Tratando de atuação unicamente interna, se a empresa for **extinta** ou se for **fechado o estabelecimento**, a estabilidade provisória dos membros da CIPA perde sua razão de ser, pois, nos termos da súmula, não se trata de vantagem **pessoal**, e sim deferida à **categoria**. Desta forma, se inexistente trabalho na empresa, não há razão para que a CIPA continue com suas atividades. Logo, os membros, titulares e suplentes poderão ser despedidos sem justa causa.

Por tratar-se de ato **legal** do empregador, não há direito à reintegração, nem ao pagamento dos salários do período de estabilidade. Porém, pode ocorrer que o fechamento da empresa seja considerado **fraude** aos direitos trabalhistas, como ocorre quando o encerramento das atividades consiste, em verdade, em mera **suspensão**, por curto período de tempo. Nessa hipótese, há direito à reintegração e ao recebimento dos salários do período em que permaneceu o reclamante sem trabalhar. Da mesma forma, ocorrerá quando houver **sucessão trabalhista**, pois esta não altera os contratos de trabalho em vigor, inclusive a estabilidade provisória do empregado.

ATENÇÃO: Os membros eleitos da CIPA, inclusive os suplentes, possuem estabilidade provisória desde o registro da candidatura até um ano após o término do mandato, mas a estabilidade termina se houver a extinção do estabelecimento, não sendo devida a reintegração ou indenização.

SÚMULA N. 340
COMISSIONISTA. HORAS EXTRAS (nova redação) — Res. 121/2003, DJ 19, 20 e 21.11.2003

O empregado, sujeito a controle de horário, remunerado à base de comissões, tem direito ao adicional de, no mínimo, 50% (cinquenta por cento) pelo trabalho em horas extras, calculado sobre o valor-hora das comissões recebidas no mês, considerando-se como divisor o número de horas efetivamente trabalhadas.

A **Súmula n. 340 do TST**, referente ao cálculo das horas extras para os empregados **comissionistas**, obteve **nova redação** por meio da Resolução n. 121/2003 do TST, publicada no *DJ* nos dias 19, 20 e 21.11.2003.

A presente súmula, que em sua redação pretérita rezava que *"o empregado, sujeito a controle de horário, remunerado à base de comissões, tem direito ao adicional de, no mínimo, 50% (cinquenta por cento) pelo trabalho em horas extras, calculado sobre o valor das comissões a elas referentes"*, revisou o entendimento da **Súmula n. 56**, atualmente **cancelada**, que dispunha *"o balconista que recebe comissão tem direito ao adicional de 20% (vinte por cento) pelo trabalho em horas extras, calculado sobre o valor das comissões referentes a essas horas"*.

Verifica-se o desenvolvimento histórico da matéria, bem como o aprimoramento do entendimento sumulado pelo TST. Com o cancelamento da **Súmula n. 56 do TST**, adequou-se o **percentual** das horas extraordinárias ao disposto no art. 7º, XVI, que assegura *"remuneração do serviço extraordinário superior, no mínimo, em cinquenta por cento à hora normal"*, bem como estendeu-se a aplicação do entendimento ao empregado **comissionista**, e não apenas ao **balconista**. Porém, a antiga redação da **Súmula n. 340 do TST** não era explícita com relação ao cálculo do valor da hora normal e, por consequência, da hora extraordinária, gerando séria controvérsia. Nos dizeres de FRANCISCO ANTÔNIO DE OLIVEIRA,[106] *"a redação anterior era ambígua, uma vez que seria possível que, em determinadas horas trabalhadas, nada se houvesse vendido. Já a redação atual deixa claro que a hora extra será calculada sobre o valor da hora das comissões recebidas por mês"*.

106 OLIVEIRA, Francisco Antônio de. *Comentários às súmulas do TST*, p. 633.

Assim, calcula-se o valor da hora normal dividindo-se o valor percebido a título de comissões no mês, pelo número de horas **efetivamente** trabalhadas. Encontrado tal valor, acresce-se 50% (cinquenta por cento) para encontrar o valor da hora extraordinária.

Importante destacar que as ***comissões*** são espécie de **salário**, razão pela qual não podem ser **reduzidas**, salvo negociação coletiva, além dos demais efeitos do pagamento de salários. Aliás, AMAURI MASCARO NASCIMENTO[107] afirma, categoricamente, que *"não se duvida, em qualquer caso, tratar-se de típica prestação salarial"*, ao referir-se às comissões.

> **ATENÇÃO:** O empregado comissionista faz jus ao recebimento de horas extras, que serão calculadas sobre o valor da hora normal (aquela que resulta da divisão das comissões recebidas pelas horas efetivamente trabalhadas).

> ***SÚMULA N. 341***
> ***HONORÁRIOS DO ASSISTENTE TÉCNICO (mantida) — Res. 121/2003, DJ 19, 20 e 21.11.2003***
> A indicação do perito assistente é faculdade da parte, a qual deve responder pelos respectivos honorários, ainda que vencedora no objeto da perícia.

A **Súmula n. 341 do TST**, que analisa a **responsabilidade** pelo pagamento dos honorários do **assistente técnico**, foi **mantida** por meio da Resolução n. 121/2003 do TST, publicada no *DJ* nos dias 19, 20 e 21.11.2003.

Apesar de a súmula em discussão tratar dos honorários do *assistente técnico*, mostra-se importante destacar alguns aspectos acerca do pagamento dos **honorários periciais**. Em primeiro lugar, a **Súmula n. 236 do TST** foi **cancelada** por meio da Resolução n. 121/2003, após a inserção do **art. 790-B da CLT**, que assim dispõe: *"A responsabilidade pelo pagamento dos honorários é da parte sucumbente na pretensão objeto da perícia, salvo se beneficiária de justiça gratuita"*. Isso significa dizer que o reclamante poderá ter sua pretensão julgada parcialmente procedente e ser condenado ao pagamento dos honorários periciais, por ter sido vencido, por exemplo, no tocante ao pedido de condenação ao pagamento de adicional de **insalubridade**, cujo reconhecimento somente se faz após realização de **perícia técnica**.

A diferença entre o conteúdo do art. 790-B da CLT e a Súmula n. 236 do TST (cancelada) diz respeito à isenção dos honorários para aquela parte que se encontra sob o manto da **assistência judiciária gratuita** (Lei n. 5.584/70).

Apesar de corrente no processo do trabalho, a exigência de **depósito prévio** dos honorários periciais, como condicionante ao início do exame, nos termos da **Orientação Jurisprudencial n. 98 da SBDI-2 do TST**, é ilegal, tendo em vista que o acesso ao processo trabalhista é **gratuito**, podendo a parte impetrar **mandado de**

[107] NASCIMENTO, Amauri Mascaro. *Curso de direito do trabalho*, p. 1106.

segurança contra tal decisão, sendo a competência do TRT, quando o depósito prévio for exigido por juiz do trabalho. Caberá exigir o depósito do valor dos honorários periciais ao **término** do exame daquela parte que for **sucumbente** no **objeto do exame**, nos termos do dispositivo legal anteriormente transcrito.

Com relação aos honorários do **assistente técnico**, nem deveria haver dúvida sobre a responsabilidade por seu pagamento, pois não há qualquer obrigatoriedade em sua contratação. O art. 465, § 1º, *caput,* do CPC/2015 assevera que: *"§ 1º Incumbe às partes, dentro de 15 (quinze) dias contados da intimação do despacho de nomeação do perito: I — arguir o impedimento ou a suspeição do perito, se for o caso; II — indicar assistente técnico; III — apresentar quesitos".*

Uma leitura mais despretensiosa levaria a entender que o termo *incumbe* relaciona-se a uma **obrigação**, porém, o entendimento é totalmente contrário. Trata-se de **faculdade**. Segundo FREDIE DIDIER JR.,[108] *"o assistente técnico é um auxiliar da parte e, não do juízo, razão pela qual, com o advento da Lei n. 8.455/1992 revogou-se o art. 430, CPC, e alterou-se a redação do art. 422, CPC, para não mais exigir que preste compromisso, e para se excluí-lo do rol de sujeitos submetidos às hipóteses de impedimento e suspeição (art. 422, CPC/73 — art. 466, CPC/2015)".*

Por tratar-se de auxiliar da parte, como bem disse o professor mencionado, a remuneração será paga integralmente e em qualquer hipótese pela parte **contratante**, seja ela **vencedora** ou **vencida**, no objeto da perícia. Em determinadas situações, nas quais a perícia mostra-se complexa, demandando a nomeação de mais um de perito, poderá a parte indicar mais de um assistente técnico, todos igualmente remunerados por ela, que apresentarão, ao término do exame, o parecer técnico acerca da questão, cujo conteúdo será livremente analisado pelo juiz, em conjunto com o laudo pericial (perito oficial), concluindo, de maneira fundamentada, pela procedência ou improcedência do pleito.

> **ATENÇÃO:** Os honorários do assistente técnico serão pagos pela parte contratante, já que a contratação é facultativa. Assim, independentemente do resultado da perícia, o contratante pagará os honorários do assistente técnico.

SÚMULA N. 342
DESCONTOS SALARIAIS. ART. 462 DA CLT (mantida) — Res. 121/2003, DJ 19, 20 e 21.11.2003

Descontos salariais efetuados pelo empregador, com a autorização prévia e por escrito do empregado, para ser integrado em planos de assistência odontológica, médico-hospitalar, de seguro, de previdência privada, ou de entidade cooperativa, cultural ou recreativo-associativa de seus trabalhadores, em seu benefício e de seus dependentes, não afrontam o disposto no art. 462 da CLT, salvo se ficar demonstrada a existência de coação ou de outro defeito que vicie o ato jurídico.

[108] DIDIER JR., Fredie; BRAGA, Paula Sarno; OLIVEIRA, Rafael. *Curso de direito processual civil.* Salvador: JusPodivm, 2007. v. 2, p. 184.

A **Súmula n. 342 do TST**, referente aos **descontos salariais** realizados com prévia autorização do empregado, para determinados fins, foi **mantida** por meio da Resolução n. 121/2003 do TST, publicada no *DJ* nos dias 19, 20 e 21.11.2003.

Ao estatuir a regra constante do *caput* do art. 462 da CLT, o legislador teve em mente evitar que o salário do trabalhador fosse sacrificado com a realização de **descontos abusivos** por parte do empregador, gerando a ruína financeira daquele. Além disso, *o **princípio da proteção*** cria uma presunção relativa de que tais descontos seriam impostos pelo empregador. Por isso, destacou que *"ao empregador é vedado efetuar qualquer desconto nos salários do empregado, salvo quando este resultar de adiantamentos, de dispositivos de lei ou de contrato coletivo"*.

Analisando o preceito em questão, AMAURI MASCARO NASCIMENTO[109] afirma que *"os salários são intangíveis, não podem sofrer descontos, salvo os previstos em lei, em convenções coletivas e nos casos de danos causados pelo empregado. Nossa lei segue as diretrizes da Convenção n. 95 da OIT quanto às fontes formais dos descontos. Legais são os descontos de contribuições previdenciárias, contribuições sindicais, faltas injustificadas, imposto de renda, falta de aviso prévio do empregado ao empregador, etc. O desconto de taxa assistencial é previsto em convenção coletiva ou sentença normativa"*.

Com relação aos danos causados ao patrimônio do empregador, poderá este proceder aos descontos desde que tal **possibilidade** tenha sido **pactuada**, por escrito, ou na ocorrência de **dolo** do empregado, devidamente **apurado e demonstrado**, sob pena de ser inviável o referido desconto.

Apesar de autorizar determinados descontos, o entendimento do TST mostra-se totalmente correto, pois se molda aos tempos atuais, em que diversos serviços são ofertados aos empregados, especialmente em grandes empresas, mediante **desconto em folha de pagamento**, tais como serviços médicos e odontológicos, serviços de recreação, seguros, previdência privada, entre outros, em que são beneficiados o próprio empregado e seus dependentes. Essas situações, ressalta-se, são benéficas ao obreiro e os descontos são **válidos** desde que preenchidos determinados requisitos: 1. autorização prévia e por escrito; 2. ausência de qualquer vício do ato jurídico, tais como coação, dolo, erro etc.

A ausência dos requisitos importa necessidade de **devolução** dos valores descontados, ante a **ilegalidade** do ato perpetrado.

Ainda sobre o art. 462 da CLT, importante tecer rápidos comentários acerca do que se convencionou chamar de ***truck system***, previsto no § 2º, infelizmente ainda utilizado no interior do Brasil, sendo uma das formas de se manter a **moderna escravidão**, que é a **redução à situação análoga à de escravo**.

O *truck system* consiste na manutenção, pelo empregador, de **armazéns** em que os empregados são **obrigados** a adquirir os produtos do dia a dia, como comida, produtos de higiene, limpeza, remédios, entre outros, porém, a **preços bem mais elevados** do que aqueles praticados pelo comércio em geral. Essa situação gera um

[109] NASCIMENTO, Amauri Mascaro. *Curso de direito do trabalho*, p. 1060.

endividamento progressivo dos empregados, o que os impede de deixar o local de trabalho ante a imposição do empregador de que paguem todas as dívidas antes do rompimento do pacto laboral.

Destaca o mencionado parágrafo que *"é vedado à empresa que mantiver armazém para venda de mercadorias aos empregados ou serviços destinados a proporcionar-lhes prestações* in natura *exercer qualquer coação ou induzimento no sentido de que os empregados se utilizem do armazém ou dos serviços"*.

O que se vê na prática, infelizmente, é pior, pois os empregados recebem **vales** em vez de **dinheiro**, sendo que esses vales somente podem ser trocados no armazém ou empresas do empregador, que, por sua vez, comercializa os produtos e serviços a preços exorbitantes.

> **ATENÇÃO:** O desconto salarial para pagamento de plano de saúde e outros é válido se houver autorização por escrito do empregado, desde que não esteja presente qualquer vício do ato jurídico.

> ***SÚMULA N. 343***
> ***BANCÁRIO. HORA DE SALÁRIO. DIVISOR (mantida) — Res. 121/2003, DJ 19, 20 e 21.11.2003***
>
> O bancário sujeito à jornada de 8 (oito) horas (art. 224, § 2º, da CLT), após a CF/1988, tem salário-hora calculado com base no divisor 220 (duzentos e vinte), não mais 240 (duzentos e quarenta).

A **Súmula n. 343 do TST**, que analisa o número de horas trabalhadas pelo **bancário**, como divisor para se apurar seu **salário-hora**, foi **cancelada** por meio da Resolução n. 185/2012 do TST, publicada no *DJ* nos dias 25, 26 e 27.09.2012.

O tema está atualmente disposto na Súmula n. 124 do TST, também alterado em setembro de 2012, pois trata dos bancários em diversas hipóteses, tratando dos divisores 150, 180, 200 e 220.

> **ATENÇÃO:** Ao bancário que trabalha em jornada padrão — 8 horas diárias — aplica-se o divisor 220, que é o número de horas trabalhadas por mês.

> ***SÚMULA N. 344***
> ***SALÁRIO-FAMÍLIA. TRABALHADOR RURAL (mantida) — Res. 121/2003, DJ 19, 20 e 21.11.2003***
>
> O salário-família é devido aos trabalhadores rurais somente após a vigência da Lei n. 8.213, de 24.07.1991.

A **Súmula n. 344 do TST**, relacionada ao **salário-família** do trabalhador **rural**, foi **mantida** por meio da Resolução n. 121/2003 do TST, publicada no *DJ* nos dias 19, 20 e 21.11.2003.

A discussão doutrinária e jurisprudencial acerca de saber se a norma inserida pelo art. 7º, XII, da CRFB/88 era **autoaplicável** ou **programática** teve fim no ano de 1995, quando o TST editou a presente súmula, mantida em 2003, por meio da Resolução n. 121.

Dispõe o preceito constitucional ser direito dos trabalhadores **urbanos** e **rurais** "*salário-família pago em razão do dependente do trabalhador de baixa renda nos termos da lei*".

A Carta Constitucional pôs fim à absurda **discriminação** antes existente entre trabalhadores urbanos e rurais, que se mostrava **injustificável**.

Porém, por fazer menção a norma à expressão *nos termos da lei*, surgiu o questionamento sobre a eficácia da norma, se plena ou limitada à edição de lei regulamentadora.

O TST chegou à conclusão de que o salário-família para os trabalhadores rurais somente é devido após a entrada em vigor da Lei n. 8.213/91, que, em seu art. 65, dispõe: *"O salário-família será devido, mensalmente, ao segurado empregado, exceto ao doméstico, e ao segurado trabalhador avulso, na proporção do respectivo número de filhos ou equiparados nos termos do § 2º do art. 16 desta Lei, observado o disposto no art. 66"*.

A LC n. 150/2015 alterou a norma anterior para que o trabalhador doméstico passasse a ser detentor do direito ao recebimento do salário-família.

Portanto, o benefício **não** é devido a partir de 05.10.1988, entrada em vigor da CRFB/88.

ATENÇÃO: Foi apenas com a Lei n. 8.213/91 que o rural passou a ser beneficiado com o salário-família.

SÚMULA N. 345
BANDEPE. REGULAMENTO INTERNO DE PESSOAL NÃO CONFERE ESTABILIDADE AOS EMPREGADOS (mantida) — Res. 121/2003, DJ 19, 20 e 21.11.2003

O Regulamento Interno de Pessoal (RIP) do Banco do Estado de Pernambuco — BANDEPE, na parte que trata de seu regime disciplinar, não confere estabilidade aos seus empregados.

A **Súmula n. 345 do TST**, relacionada ao **regulamento interno** de pessoal do **BANDEPE** (Banco do Estado de Pernambuco), foi **mantida** por meio da Resolução n. 121/2003 do TST, publicada no *DJ* nos dias 19, 20 e 21.11.2003.

Muitas foram as demandas trabalhistas ajuizadas por empregados demitidos do Banco do Estado de Pernambuco — BANDEPE, em que se pugnou pela **reintegração**, tendo em vista suposta ***estabilidade*** criada pelo Regulamento Interno, em especial, nos arts. 132 a 134.

Segundo ensinamento de FRANCISCO ANTÔNIO DE OLIVEIRA,[110] a dúvida sobre a existência ou não de estabilidade decorre do fato de os artigos mencionados *"vedarem a demissão dos empregados admitidos a partir de março/1971 sem prévia defesa. E, partindo-se desse elemento isolado, passou-se a entender que, no âmbito daquelas normas internas, aflorava o instituto da estabilidade"*.

Ocorre que os artigos compunham a parte relacionada à aplicação das **penalidades**, entre elas a **demissão por justa causa**. As normas não previam qualquer estabilidade, e sim a necessidade de garantia do **contraditório** para a aplicação de penalidades.

Assim, a demissão por justa causa somente poderia ocorrer após **regular procedimento** em que o empregado poderia apresentar **defesa**, sob pena de nulidade da demissão.

ATENÇÃO: O regulamento interno do BANDEPE não confere estabilidade aos seus empregados.

SÚMULA N. 346
DIGITADOR. INTERVALOS INTRAJORNADA. APLICAÇÃO ANALÓGICA DO ART. 72 DA CLT (mantida) — Res. 121/2003, DJ 19, 20 e 21.11.2003

Os digitadores, por aplicação analógica do art. 72 da CLT, equiparam-se aos trabalhadores nos serviços de mecanografia (datilografia, escrituração ou cálculo), razão pela qual têm direito a intervalos de descanso de 10 (dez) minutos a cada 90 (noventa) de trabalho consecutivo.

A **Súmula n. 346 do TST**, que trata da aplicação analógica do **art. 72 da CLT** aos **digitadores**, assegurando-lhes o intervalo **intrajornada**, foi **mantida** por meio da Resolução n. 121/2003 do TST, publicada no *DJ* nos dias 19, 20 e 21.11.2003.

Em primeiro lugar, transcreve-se o art. 72 da CLT, para conhecimento e análise: *"Nos serviços permanentes de mecanografia (datilografia, escrituração ou cálculo), a cada período de 90 (noventa) minutos de trabalho consecutivo corresponderá um repouso de 10 (dez) minutos não deduzidos da duração normal de trabalho"*.

Com relação aos períodos de descanso do trabalhador, intimamente relacionados à **medicina e segurança do trabalho**, têm-se os intervalos ***intrajornada*** e os ***interjornada***. Os primeiros, a exemplo do período de descanso dos digitadores, são concedidos no curso da jornada de trabalho, enquanto os demais são concedidos entre duas jornadas de trabalho, a exemplo do período de 11 (onze) horas de descanso a que alude o art. 66 da CLT.

Portanto, o período de descanso de 10 (dez) minutos a cada 90 (noventa) trabalhados na função de **mecanografia** ou, analogicamente, como entendeu o TST, para

[110] OLIVEIRA, Francisco Antônio de. *Comentários às súmulas do TST*, p. 635.

os **digitadores**, é considerado intervalo intrajornada, já que concedido **dentro** da jornada diária de trabalho.

Como outro exemplo de intervalo intrajornada, tem-se o período para **descanso e alimentação**, aludido no **art. 71 da CLT**, de pelo menos 1 (uma) hora para os trabalhadores que laboram em jornada superior a 6 (seis) horas. Porém, há uma diferença substancial, tratada ao final da redação do art. 72 da CLT.

Na situação prevista no art. 71 da CLT, o período de descanso **não é computado** na jornada de trabalho, ou seja, não é considerado como de trabalho **efetivo**. Assim, o empregado que labora das 8h às 17h, com 1 (uma) hora de intervalo para alimentação e descanso, labora apenas 8 (oito) horas, e não 9 (nove), pois se desconta aquele período. Já na situação prevista na súmula, os 10 (dez) minutos de descanso **são considerados jornada de trabalho**, ou seja, **trabalhados**. Assim, a cada 100 (cem) minutos, 90 (noventa) são trabalhados e 10 (dez) de descanso, porém, todos são **remunerados**.

O entendimento do TST sobre o assunto mostra-se mais do que razoável, pois a mecanografia (datilografia, escrituração e cálculo) foi substituída pelo trabalho em computadores, nos quais os digitadores desenvolvem aquelas mesmas atividades retratadas na Consolidação das Leis Trabalhistas.

ATENÇÃO: Os digitadores possuem intervalo intrajornada especial de 10 minutos a cada 90 minutos trabalhados, para evitar as doenças inerentes ao trabalho.

SÚMULA N. 347
HORAS EXTRAS HABITUAIS. APURAÇÃO. MÉDIA FÍSICA (mantida) — Res. 121/2003, DJ 19, 20 e 21.11.2003

O cálculo do valor das horas extras habituais, para efeito de reflexos em verbas trabalhistas, observará o número de horas efetivamente prestadas e a ele aplica-se o valor do salário-hora da época do pagamento daquelas verbas.

A **Súmula n. 347 do TST**, inerente à **apuração da média** das horas extraordinárias realizadas pelo obreiro, bem como de seu valor, foi **mantida** por meio da Resolução n. 121/2003 do TST, publicada no *DJ* nos dias 19, 20 e 21.11.2003.

O entendimento da presente súmula segue a linha já externada na **Súmula n. 7 do TST**, acerca do pagamento das férias, que dispõe: *"A indenização pelo não deferimento das férias no tempo oportuno será calculada com base na remuneração devida ao empregado na época da reclamação ou, se for o caso, na da extinção do contrato"*.

Quando dos comentários à Súmula n. 7, destacou-se que *"Contudo, quando as férias não forem concedidas dentro do período concessivo, conforme prevê o art. 134 da CLT, teremos as férias em dobro, nomenclatura que demonstra a necessidade de pagamento de uma indenização ao empregado, que representa o dobro do salário devido no período. Deve-se ter cuidado, pois o período de descanso continua igual (30 dias, em regra). Somente a remuneração das férias é que se apresenta em dobro. Nos termos do art. 137 da CLT: 'Sempre que as férias forem concedidas após o prazo de que trata o art. 134, o empregador pagará em dobro a respectiva remuneração'.*

Surgiu na jurisprudência a discussão a respeito do valor da remuneração devida nessas hipóteses, se aquela devida quando do período concessivo desrespeitado ou da época do ajuizamento da demanda/rescisão do contrato de trabalho.

A resposta ao questionamento é simples: decorrido o período concessivo, o empregado perde o direito às férias ou este ainda subsiste? Claro que subsiste. Assim, as férias ainda podem ser gozadas, mesmo que a destempo. Dessa forma, não há que se remunerar com um valor defasado as férias que estão sendo gozadas hoje. Sendo o direito de gozo atual, assim também deve ser a remuneração. Pouco importa se as férias gozadas hoje deveriam ter sido concedidas em 2007 para fins de remuneração. Pensamento contrário somente iria de encontro ao princípio da proteção, em sua acepção da situação mais benéfica, pois os empregadores deixariam de conceder férias no momento adequado para, posteriormente, com base no salário antigo, oportunizarem aos empregados o período de descanso".

Sabe-se, pois já foi objeto de análise quando dos comentários à **Súmula n. 291 do TST**, que as horas extraordinárias **habitualmente** prestadas **integram** a remuneração, **refletindo** nas demais verbas trabalhistas e rescisórias. MAURÍCIO GODINHO DELGADO[111] afirma que *"as horas extras recebidas habitualmente pelo obreiro (e seu respectivo adicional) integrarão seu salário para todos os fins, refletindo-se em parcelas trabalhistas (13º salário, férias com 1/3, FGTS, aviso prévio — se for o caso, etc.) e parcelas previdenciárias (salário-de-contribuição). Se não houver, entretanto, habitualidade na prestação de sobretrabalho, não ocorrerá essa integração contratual da parcela recebida".*

A dúvida surge quando as horas extras não são pagas, assim como seus reflexos em outras verbas. Qual é o valor do salário a ser aplicado? Aquele da época em que as horas foram prestadas ou o valor atual (do ajuizamento da reclamação trabalhista ou da rescisão do contrato)?

A escolha pela primeira alternativa, qual seja, o pagamento das horas extras com o valor da época em que foram prestadas, poderá acarretar prejuízos ao trabalhador, bem como enriquecimento ilícito do empregador, que não efetuou o pagamento no momento oportuno e, além disso, pagará um valor defasado, pois certamente o salário terá sofrido algum reajuste.

Portanto, a segunda alternativa é, sem sombra de dúvidas, a mais correta e justa. Deve-se calcular o **valor da hora extra** com o salário da época do **pagamento**, que pode ser o vigente quando do **ajuizamento** da ação ou da época da **rescisão contratual**, ou seja, a **última remuneração**.

A primeira hipótese será aplicada quando o obreiro, ainda empregado, mover a ação trabalhista, o que é pouco provável, com exceção quando o sindicato, representando

[111] DELGADO, Maurício Godinho. *Curso de direito do trabalho*, p. 840-841.

a categoria, move a demanda trabalhista, pois, do contrário, certamente haverá a terminação do pacto laboral.

Se a reclamação trabalhista for movida após a rescisão do contrato de trabalho, toma-se a **última remuneração** para fins de cálculo da hora extraordinária, bem como seus **reflexos** legais.

O cálculo do valor da hora extra se faz da seguinte maneira:

SALÁRIO	NÚMERO DE HORAS TRABALHADAS — JORNADA-PADRÃO CRFB/88	VALOR DA HORA NORMAL DE TRABALHO	ADICIONAL DE TRABALHO EXTRAORDINÁRIO A SER APLICADO	VALOR DA HORA EXTRA
R$ 2.200,00	220 horas/mês	R$ 10,00	50% (no mínimo)	R$ 15,00

ATENÇÃO: Verifica-se a média das horas extras trabalhadas para chegar ao valor que deve ser pago após a aplicação do percentual de horas extras, que deve ser de, pelo menos, 50%, conforme a CF/88.

SÚMULA N. 348
AVISO PRÉVIO. CONCESSÃO NA FLUÊNCIA DA GARANTIA DE EMPREGO. INVALIDADE (mantida) — Res. 121/2003, DJ 19, 20 e 21.11.2003

É inválida a concessão do aviso prévio na fluência da garantia de emprego, ante a incompatibilidade dos dois institutos.

A **Súmula n. 348 do TST**, relacionada à **invalidade** da concessão do **aviso prévio** quando do período de **estabilidade** provisória, foi **mantida** por meio da Resolução n. 121/2003 do TST, publicada no *DJ* nos dias 19, 20 e 21.11.2003.

O aviso prévio, como já foi dito quando dos comentários à **Súmula n. 230 do TST**, possui por função primordial possibilitar **prazo razoável** para que o empregado consiga nova colocação profissional, ou seja, novo emprego. O aviso prévio também possui função **comunicativa**, pois informa que daqui a 30 (trinta) dias o contrato de trabalho será encerrado.

Porém, o instituto somente pode ser utilizado quando o empregado não tiver seu emprego assegurado por alguma **estabilidade provisória**, pois nessa hipótese não poderá ser dispensado **sem justa causa**, nem poderá ser comunicado de tal dispensa. Somente após decorrido o prazo **estabilitário** é que o empregador poderá tomar alguma iniciativa com a finalidade de **romper** o contrato de trabalho, pois a estabilidade provisória e o aviso prévio são, na concepção do TST, **incompatíveis**, razão pela qual não podem ser aplicados concomitantemente.

Isso significa dizer que, ao contrário do que muitas empresas fazem, não pode o aviso prévio coincidir com os **últimos 30 (trinta) dias** do período de estabilidade provisória, devendo, **após** finda a estabilidade, **conceder-se** o aviso prévio ou **indenizá-lo**.

O desrespeito à regra faz com que o empregador tenha que **remunerar** o aviso prévio, pois se considera esse **inexistente**, ou seja, que a demissão foi sem justa causa e sem o gozo do período de aviso prévio.

> **ATENÇÃO:** O aviso prévio não pode ser concedido na fluência da garantia provisória, ou seja, durante o período da estabilidade provisória. Deve-se aguardar o final da estabilidade para concedê-lo.

> ***SÚMULA N. 350***
> ***PRESCRIÇÃO. TERMO INICIAL. AÇÃO DE CUMPRIMENTO. SENTENÇA NORMATIVA (mantida) — Res. 121/2003, DJ 19, 20 e 21.11.2003***
>
> O prazo de prescrição com relação à ação de cumprimento de decisão normativa flui apenas da data de seu trânsito em julgado.

A **Súmula n. 350 do TST**, relacionada ao termo inicial da **prescrição** para a **ação de cumprimento** de sentença normativa, foi **mantida** por meio da Resolução n. 121/2003 do TST, publicada no *DJ* nos dias 19, 20 e 21.11.2003.

Algumas premissas devem ser analisadas antes de adentrar-se no tema específico tratado na súmula.

Em primeiro lugar, a **sentença normativa** não pode ser objeto de processo de **execução**, devendo o legítimo propor **ação de cumprimento**, de cunho **cognitivo**, de competência da **Vara do Trabalho**, regulado no art. 872 da CLT. Não cabe falar em execução, pois a sentença normativa não possui cunho **condenatório**.

Em segundo lugar, nos termos da **Súmula n. 246 do TST**, é possível a propositura da ação de cumprimento de sentença normativa ainda **não transitada em julgado**, desde que não tenha sido conferido **efeito suspensivo** ao recurso ordinário interposto.

O deferimento de efeito suspensivo ao **recurso ordinário** é de competência do **presidente do TST**, conforme art. 14 da Lei n. 10.192/2001.

Por fim, reformado o acórdão do TRT, tendo sido ajuizada ação de cumprimento, perde seu objeto a referida ação, sendo extinta **sem resolução do mérito**; porém, não é devida a devolução das parcelas eventualmente recebidas pelos empregados em virtude da ação de cumprimento.

Adentrando ao conteúdo da súmula, tem-se que os legítimos podem aguardar o trânsito em julgado da sentença normativa para, posteriormente, ajuizar a ação de cumprimento. Nessa hipótese, não poderá a parte mover a referida ação depois de passados **2 (dois) anos do trânsito em julgado** da sentença normativa, sob pena de **prescrição total**, nos termos da súmula. Andou bem a súmula ao estabelecer que o prazo de prescrição somente tem início com o trânsito, pois seria ilógico retirar-se a exigibilidade judicial de um direito antes mesmo do trânsito, situação que ocorreria se o recurso ordinário interposto demorasse mais de 2 (dois) anos para ser julgado.

O fato de a ação de cumprimento poder ser proposta antes do trânsito, conforme a já comentada **Súmula n. 246 do TST**, não se confunde com o início do prazo prescricional.

Situação bastante comum na Justiça do Trabalho, atinente à existência ou não de prescrição, ocorre quando o **recurso ordinário** interposto de sentença normativa é **inadmitido**. Por exemplo, a sentença normativa foi proferida em 02.05.2006, sendo o recurso ordinário interposto de forma *intempestiva* em 15.05.2006. Porém, o acórdão (ou decisão monocrática), negando a admissibilidade do recurso, só foi proferido em 01.07.2007. A ação de cumprimento proposta em 01.07.2008 foi ajuizada dentro do prazo de prescrição?

Em regra, a primeira resposta que nos vem à mente é *sim*, pois a ação de cumprimento foi proposta 1 (um) ano depois do último acórdão proferido no dissídio coletivo. Porém, a resposta correta é *não*. A ação de cumprimento está prescrita, pois o trânsito em julgado deu-se em maio de 2006, **findo o prazo recursal** de 8 (oito) dias, já que o recurso foi **inadmitido**. O acórdão (ou decisão monocrática do relator) que inadmitiu o recurso ordinário, em verdade, demonstra que aquele não foi capaz de obstar o trânsito em julgado, já que intempestivo, lembrando que a situação seria idêntica se ausente qualquer outro pressuposto de admissibilidade (legitimidade, interesse, preparo etc.).

ATENÇÃO: O prazo de prescrição para o ajuizamento da ação de cumprimento somente se inicia com o trânsito em julgado da sentença normativa.

SÚMULA N. 351
PROFESSOR. REPOUSO SEMANAL REMUNERADO. ART. 7º, § 2º, DA LEI N. 605, DE 05.01.1949 E ART. 320 DA CLT (mantida) — Res. 121/2003, DJ 19, 20 e 21.11.2003

O professor que recebe salário mensal à base de hora-aula tem direito ao acréscimo de 1/6 a título de repouso semanal remunerado, considerando-se para esse fim o mês de quatro semanas e meia.

A **Súmula n. 351 do TST**, relacionada à **remuneração** do descanso semanal para os **professores** que recebem remuneração à base de hora/aula, foi **mantida** por meio da Resolução n. 121/2003 do TST, publicada no *DJ* nos dias 19, 20 e 21.11.2003.

Acerca do pagamento das horas/aula trabalhadas pelos professores, dispõe o art. 320 da CLT que *"a remuneração dos professores será fixada pelo número de aulas semanais, na conformidade dos horários. § 1º O pagamento far-se-á mensalmente, considerando-se para este efeito cada mês constituído de quatro semanas e meia"*.

Assim, se determinado professor recebe R$ 30,00 (trinta reais) por hora/aula, laborando 10 (dez) horas por semana, sua remuneração será calculada da seguinte forma:

VALOR DA HORA/AULA	QUANTIDADE DE HORAS SEMANAIS	NÚMERO DE SEMANAS (ART. 320 da CLT)	DESCANSO SEMANAL REMUNERADO (SÚMULA 351 do TST)	VALOR DA REMUNERAÇÃO MENSAL
R$ 30,00	10 horas	4,5 semanas*	1/6*	R$ 1.575,00

* 4,5 x 1/6 (0,16666) = 0,75 + 4,5 = 5,25.

É bastante usual calcular-se a remuneração do professor multiplicando-se o valor da hora/aula (R$ 30,00) pelo número de horas semanais (10 horas) e por 5,25, que é o resultado da multiplicação de 4,5 por 1/6 (0,16666).

Porém, somente se aplica a súmula sob comento para os professores que recebem salário mensal à **base de horas/aula**, não sendo aplicável ao professor que recebe um **salário fixo**, pois este já tem o descanso semanal remunerado pago, conforme ensinamento de MAURÍCIO GODINHO DELGADO,[112] *"Nos casos de empregados mensalistas e quinzenalistas (cujos salários, portanto, são calculados à base de 30 ou 15 diárias), a remuneração do d.s.r. (e dos feriados) já se encontra incluída no salário mensal ou quinzenal do obreiro, descabendo, desse modo, novo cálculo diferenciado específico (art. 7º, § 2º, Lei n. 605/49)"*.

Com relação ao valor devido a título de descanso semanal remunerado, dispõe o art. 7º da Lei n. 605/49 que *"a remuneração do repouso semanal corresponderá: (...) b) para os que trabalham por hora, à de sua jornada normal de trabalho, computadas as horas extraordinárias habitualmente prestadas"*.

Ressalta-se que o valor correspondente ao r.s.r. (ou d.s.r.) só é devido ao empregado que cumprir a jornada semanal de trabalho, com **pontualidade**, o que significa dizer que não poderá **faltar** ou **atrasar-se**, conforme prescrição do art. 6º da mesma Lei n. 605/49.

Por fim, em regra, as convenções coletivas de trabalho dos professores incluem ainda um **adicional de planejamento** no importe de 15%, o que significa dizer que, ao salário encontrado no quadro acima (R$ 1.575,00), será acrescido aquele percentual, multiplicando-se, para facilitar, por 1,15. Portanto, o valor bruto a ser recebido pelo profissional é de R$ 1.811,25.

ATENÇÃO: O professor que recebe por hora-aula tem o seu salário calculado à base de 4 semanas e meia, incluindo-se ainda 1/6 de repouso semanal remunerado.

SÚMULA N. 353
EMBARGOS. AGRAVO. CABIMENTO
(atualizada em decorrência do CPC de 2015) —
Res. 208/2016, DEJT divulgado em 22, 25 e 26.04.2016

Não cabem embargos para a Seção de Dissídios Individuais de decisão de Turma proferida em agravo, salvo:

a) da decisão que não conhece de agravo de instrumento ou de agravo pela ausência de pressupostos extrínsecos;

[112] DELGADO, Maurício Godinho. *Curso de direito do trabalho*, p. 875.

b) da decisão que nega provimento a agravo contra decisão monocrática do Relator, em que se proclamou a ausência de pressupostos extrínsecos de agravo de instrumento;

c) para revisão dos pressupostos extrínsecos de admissibilidade do recurso de revista, cuja ausência haja sido declarada originariamente pela Turma no julgamento do agravo;

d) para impugnar o conhecimento de agravo de instrumento;

e) para impugnar a imposição de multas previstas nos arts. 1.021, § 4º, do CPC de 2015 ou 1.026, § 2º, do CPC de 2015 (art. 538, parágrafo único, do CPC de 1973, ou art. 557, § 2º, do CPC de 1973);

f) contra decisão de Turma proferida em agravo em recurso de revista, nos termos do art. 894, II, da CLT.

A **Súmula n. 353 do TST**, relativa ao cabimento de recurso de embargos em julgamento de agravo, obteve **nova redação para adequação ao CPC/2015** através da Resolução n. 208/2016 do TST, publicada no *DJ* nos dias 22, 25 e 26.04.2016.

Após a publicação da Lei n. 11.496/2007, que deu nova redação ao **art. 894 da CLT**, o processo do trabalho passou a prever apenas dois tipos de embargos para o TST, a saber: os **embargos infringentes**, a serem interpostos em **dissídios coletivos**, e os **embargos de divergência**, cuja função é extirpar as **divergências** surgidas entre os órgãos do TST.

Dispõe o inc. II do art. 894 da CLT serem cabíveis os embargos no TST, no prazo de 8 (oito) dias, *"das decisões das Turmas que divergirem entre si, ou das decisões proferidas pela Seção de Dissídios Individuais, salvo se a decisão recorrida estiver em consonância com súmula ou orientação jurisprudencial do Tribunal Superior do Trabalho ou do Supremo Tribunal Federal"*.

Em regra, os embargos de divergência são interpostos de acórdãos proferidos em julgamento de **recursos de revista**, tendo em vista que estes impugnam o mérito da ação, possuindo aptidão para gerar **coisa julgada**. Se a preocupação do legislador era afastar a divergência entre decisões com aptidão para gerar coisa julgada, nada mais natural do que, num primeiro momento, afastar o cabimento do recurso das decisões proferidas em agravo, seja de **instrumento** ou **regimental** (interno), pois estes desafiam decisões interlocutórias, sem aptidão genérica para extinção do processo com análise do mérito.

A súmula trata da discussão, via agravo de instrumento ou regimental, sobre os pressupostos extrínsecos dos recursos. *"Pressupostos objetivos são os que se relacionam com os aspectos extrínsecos dos recursos. São eles: a recorribilidade do ato, a adequação, a tempestividade, a representação e o preparo"*.[113]

A discussão a ser travada nos embargos, quando interpostos do julgamento de agravo de instrumento ou regimental, atrela-se à presença ou ausência desses *pressupostos de admissibilidade recursais extrínsecos*, desde que haja divergência, nos termos do art. 894, II, da CLT.

[113] BEZERRA LEITE, Carlos Henrique. *Curso de direito processual do trabalho*, p. 618.

A divergência acerca desses pressupostos pode trazer desconforto muito grande para o próprio sistema recursal, tendo em vista não se referirem, como o fazem os **pressupostos intrínsecos** (subjetivos), ao recorrente, e sim ao próprio **recurso**, ou seja, à sua própria utilização.

Apesar de não se tratar do mérito da demanda, a questão relacionada, por exemplo, ao cabimento do recurso, caso mal interpretada, acarretará o trânsito em julgado, se a turma do TST entender pela inadmissibilidade, por ausência daquele pressuposto.

Caso o relator, **monocraticamente**, negue seguimento ao recurso de agravo de instrumento, afirmando que a decisão recorrida, que inadmitiu um recurso de revista, está correta, cabe a interposição de agravo regimental. Se o julgamento deste for divergente em relação ao da outra turma, há que se pôr fim à **divergência**, por meio do recurso de embargos.

O posicionamento do TST mostra-se ainda mais adequado com a publicação da Resolução n. 189/2013, por meio da qual foi alterada a letra *f*, prevendo genericamente o cabimento quando for julgado o recurso de agravo em recurso de revista, tornando o cabimento mais amplo.

As **Súmulas ns. 195 e 335 do TST** encontram-se atualmente **canceladas**, pois não mais são adequadas à realidade, já que restringiam sobremaneira o cabimento dos embargos em sede de agravo.

> **ATENÇÃO:** O recurso de embargos ao TST, previsto no art. 894, II, da CLT, pode ser interposto em situações de divergência jurisprudencial entre órgãos do TST.

> ***SÚMULA N. 354***
> ***GORJETAS. NATUREZA JURÍDICA. REPERCUSSÕES (mantida) — Res. 121/2003, DJ 19, 20 e 21.11.2003***
>
> As gorjetas, cobradas pelo empregador na nota de serviço ou oferecidas espontaneamente pelos clientes, integram a remuneração do empregado, não servindo de base de cálculo para as parcelas de aviso prévio, adicional noturno, horas extras e repouso semanal remunerado.

A **Súmula n. 354 do TST**, relacionada à natureza jurídica das **gorjetas**, bem como sua **repercussão** em outras verbas, foi **mantida** por meio da Resolução n. 121/2003 do TST, publicada no *DJ* nos dias 19, 20 e 21.11.2003.

As gorjetas são referidas no art. 457 da CLT como componentes da ***remuneração***, que, por sua vez, engloba o **salário**, pois se refere tanto à parcela percebida diretamente do empregador quanto àquela recebida de terceiros.

Nos termos do referido artigo, *"compreendem-se na remuneração do empregado, para todos os efeitos legais, além do salário devido e pago diretamente pelo empregador, como contraprestação do serviço, as gorjetas que receber"*.

O valor percebido a título de gorjetas, pelo fato de compreender-se na remuneração, faz com que alguns **reflexos** trabalhistas sejam verificados. Aquela quantia reflete no **salário de contribuição** para fins previdenciários, ou seja, o desconto para o INSS será calculado também sobre o valor recebido como **gorjetas**, que inclusive deve ser especificado, por sua média, na **CTPS** do obreiro.

Ademais, o 13º salário e os depósitos para o FGTS serão calculados englobando-se a quantia recebida a título de gorjetas.

Ocorre que o TST, adotando posicionamento mais consentâneo com a realidade, visando evitar o que MAURÍCIO GODINHO DELGADO denomina ***efeito pansalarial***,[114] que faz incidir o valor das gorjetas sobre todas as parcelas salariais, fazendo com o que o empregador pague como salário o **mínimo** possível, deixando que o empregado perceba o restante em gorjetas, afirmou que tais valores não servem como base de cálculo para o **aviso prévio, adicional noturno, horas extras** e **repouso semanal remunerado**.

Sobre o tema, ALICE MONTEIRO DE BARROS[115] conceitua gorjeta como *"(...) a quantia paga ao empregado por terceiros, estranhos ao estabelecimento do empregador"*, uma vez serem **clientes**. Ademais, a autora destaca que *"a jurisprudência exclui a incidência das gorjetas do cálculo do aviso prévio, (art. 487, § 2º, da CLT) das horas extras, do adicional noturno (arts. 59, § 1º, 64 e 65 da CLT) e do repouso semanal remunerado (...) por entender que eles são calculados sobre o salário e não sobre a remuneração"*.[116]

ATENÇÃO: A remuneração do empregado é composta do salário mais as gorjetas que recebe, independentemente de serem cobradas na nota de serviço ou pagas espontaneamente pelo cliente.

SÚMULA N. 355
CONAB. ESTABILIDADE. AVISO DIREH N. 2 DE 12.12.1984 (mantida) — Res. 121/2003, DJ 19, 20 e 21.11.2003

O aviso DIREH n. 2, de 12.12.1984, que concedia estabilidade aos empregados da CONAB, não tem eficácia, porque não aprovado pelo Ministério ao qual a empresa se subordina.

A **Súmula n. 355 do TST**, relacionada à inexistência de **estabilidade** na Conab, ante a não aprovação do aviso que a concedeu, pelo Ministério a que está subordinada, foi **mantida** por meio da Resolução n. 121/2003 do TST, publicada no *DJ* nos dias 19, 20 e 21.11.2003.

A busca pela estabilidade por parte dos empregados da **Conab** (Companhia Nacional de Abastecimento), por meio da prescrição contida no aviso DIREH n. 2 de 1984, teoricamente encontrava respaldo no art. 444 da CLT, que assim se pronuncia-

[114] DELGADO, Maurício Godinho. *Curso de direito do trabalho*, p. 640.
[115] BARROS, Alice Monteiro de. *Curso de direito do trabalho*, p. 736-737.
[116] BARROS, Alice Monteiro de. *Curso de direito do trabalho*, p. 736-737.

va: *"As relações contratuais de trabalho podem ser objeto de livre estipulação das partes interessadas, em tudo quanto não contravenha às disposições de proteção ao trabalho, aos contratos coletivos que lhes sejam aplicáveis e às decisões das autoridades competentes".*

Argumentava-se que, se a norma previu a estabilidade dos empregados, por ser mais **benéfica**, por ir ao encontro das normas de **proteção** ao trabalho e por ter sido estipulada **livremente**, deveria aquela produzir **efeitos**, tornando os mesmos estáveis no emprego.

Ocorre que a Conab, por se tratar de **ente público**, está sujeita a controle pela própria Administração Pública, em especial pelo Ministério a que se vincula, qual seja, o **Ministério da Agricultura**.

Isso significa dizer que a concessão de estabilidade ou qualquer outro direito aos empregados depende de fiscalização e controle por parte da autoridade hierarquicamente superior, por se tratar de ato **administrativo complexo**, que somente produzirá efeitos quando houver a confirmação pelo ente superior.

Na situação versada na súmula, não houve a **aquiescência** do Ministério da Agricultura, o que faz com que a norma (DIREH n. 2 de 1984) não produza o efeito pretendido, qual seja, outorgar **estabilidade** aos empregados da Companhia Nacional de Abastecimento.

> **ATENÇÃO:** Os empregados da CONAB não possuem direito à estabilidade criada pelo aviso DIREH n. 2, por não ter sido este aprovado pelo órgão a que está vinculada a empresa.

> ***SÚMULA N. 356***
> ***ALÇADA RECURSAL. VINCULAÇÃO AO SALÁRIO MÍNIMO (mantida) — Res. 121/2003, DJ 19, 20 e 21.11.2003***
>
> O art. 2º, § 4º, da Lei n. 5.584, de 26.06.1970, foi recepcionado pela CF/1988, sendo lícita a fixação do valor da alçada com base no salário mínimo.

A **Súmula n. 356 do TST**, que atesta a possibilidade de **vinculação** ao salário mínimo para fins de definição da **alçada recursal** prevista na Lei n. 5.584/70, foi **mantida** por meio da Resolução n. 121/2003 do TST, publicada no *DJ* nos dias 19, 20 e 21.11.2003.

O entendimento do TST tende a manter-se igual com a edição da **Súmula Vinculante n. 4 do STF**, que ocasionou a alteração da **Súmula n. 228 do TST**, uma vez que não há impedimento à vinculação ao salário mínimo para fins de definição de **competência** processual ou **cabimento de recurso**, e sim apenas para **base de cálculo** de vantagem de empregado ou servidor público.

Nos termos da **Súmula Vinculante n. 4**, *"salvo nos casos previstos na Constituição, o salário mínimo não pode ser usado como indexador de base de cálculo de* *vantagem de servidor público ou de empregado, nem ser substituído por decisão judicial".*

A **Súmula n. 228 do TST** teve que ser reformulada porque vinculava a base de cálculo do adicional de insalubridade ao **salário mínimo**, o que não mais se permite, tendo em vista que o referido adicional é considerado como vantagem para o obreiro. **A respeito da matéria, há que se observar as decisões proferidas pelo STF, em especial nos autos da Reclamação n. 6.266, em que houve a suspensão de parte da Súmula n. 228**.

Porém, mantém-se a regra de que, nos dissídios cujo valor seja de até 2 (dois) salários mínimos, não caberá qualquer recurso, salvo violação expressa à CRFB/88. Por oportuno, serão transcritos os §§ 3º e 4º do art. 2º da Lei n. 5.584/70: *"Quando o valor fixado para a causa, na forma deste artigo, não exceder de 2 (duas) vezes o salário mínimo vigente na sede do Juízo, será dispensável o resumo dos depoimentos, devendo constar a Ata da conclusão da Junta quanto à matéria de fato"* e *"Salvo se versarem sobre matéria constitucional, nenhum recurso caberá das sentenças proferidas nos dissídios de alçada a que se refere o parágrafo anterior, considerado, para esse fim, o valor do salário mínimo à data do ajuizamento da ação"*.

Tratando-se de ação cujo valor não é tão relevante, entendeu o legislador pela impossibilidade de reanálise das questões de fato e de direito analisadas em primeiro grau, mesmo porque, por serem mais simples, mostra-se bem menor a possibilidade de **erro** ou **má-fé** por parte do magistrado, bem como o descontentamento da parte, que se mostra bem mais assente quando não há o reconhecimento judicial de direito que gere **quantia razoável** como contraprestação.

Não seria bom nem para as partes nem para o sistema; porém, a permanência no sistema de decisão judicial violadora de **preceitos constitucionais**, razão pela qual previu a possibilidade de recurso nessa única hipótese.

Contudo, há que se definir qual é o recurso cabível nessa hipótese: se o **recurso ordinário** para o TRT ou o **extraordinário** para o STF.

CARLOS HENRIQUE BEZERRA LEITE[117] afirma que *"não cabe, porém, recurso ordinário das decisões proferidas em sede de processo submetido ao procedimento sumário (Lei n. 5.584/70, art. 2º, §§ 3º e 4º), isto é, naqueles em que o valor atribuído à causa for igual ou inferior a dois salários mínimos, pois, a nosso ver, o recurso cabível em tal decisão de única instância é o recurso extraordinário"*.

No mesmo sentido, o Supremo Tribunal Federal, por meio da **Súmula n. 640**, assentou entendimento de que *"é cabível recurso extraordinário contra decisão proferida por juiz de primeiro grau nas causas de alçada, ou por turma recursal de juizado especial cível e criminal"*.

Esse pensamento se coaduna com o disposto no art. 102, III, da CRFB/88, que afirma ser competência do Supremo Tribunal Federal *"julgar, mediante recurso ex-*

[117] BEZERRA LEITE, Carlos Henrique. *Curso de direito processual do trabalho*, p. 668.

traordinário, as causas decididas em única ou última instância, quando a decisão recorrida: (...)".

A sentença proferida nas ações de alçada, que, como visto, são aquelas em que o valor da causa corresponde a até 2 (dois) salários mínimos quando do **ajuizamento**, é entendida como ***causa decidida em única instância***, por não caber recurso para o TRT ou TST.

> **ATENÇÃO:** O rito sumário, previsto na Lei n. 5.584/70, é para as ações de até 2 salários mínimos, sendo lícito estipular o procedimento por meio do valor da causa em salários mínimos, conforme entendimento do TST.

> ***SÚMULA N. 357***
> ***TESTEMUNHA. AÇÃO CONTRA A MESMA RECLAMADA. SUSPEIÇÃO (mantida) — Res. 121/2003, DJ 19, 20 e 21.11.2003***
>
> Não torna suspeita a testemunha o simples fato de estar litigando ou de ter litigado contra o mesmo empregador.

A **Súmula n. 357 do TST**, relacionada à inexistência de **suspeição** da **testemunha** que litiga ou litigou contra o mesmo empregador, foi **mantida** por meio da Resolução n. 121/2003 do TST, publicada no *DJ* nos dias 19, 20 e 21.11.2003.

O questionamento surgiu, pois o art. 447, § 3º, II, do CPC/2015 dispõe que são suspeitos e, por isso, não poderiam depor como testemunhas, aqueles que tenham **interesse** no litígio.

Corretamente entendeu o TST ao prescrever que *o **simples fato*** de estar litigando contra o mesmo empregador ou ter litigado não demonstra, *de per si*, a existência de interesse no litígio, razão pela qual não se pode arguir a **suspeição** da testemunha.

O posicionamento adotado pelo TST privilegia a produção da prova no processo do trabalho que, para o empregado, na maioria das vezes, é eminentemente oral, em especial, **testemunhal**. Além disso, as testemunhas, em geral, são colegas ou ex-colegas de trabalho, que podem, eventualmente, mover ações trabalhistas em face do mesmo empregador.

Se tal fato gerasse a suspeição da testemunha, seria mais difícil ainda provar os **fatos constitutivos** do direito do autor.

Contudo, deve o juiz do trabalho, mesmo com a edição da súmula, analisar os casos concretos com **razoabilidade**. Nesse sentido, RENATO SARAIVA[118] ensina que *"(...) deverá o juiz, antes do início do depoimento, inquirir se a testemunha tem interesse jurídico no resultado do litígio, o que pode ocorrer quando o depoente já utilizou o reclamante como sua própria testemunha em outro processo, em geral*

118 SARAIVA, Renato. *Curso de direito processual do trabalho*, p. 360.

postulando por meio do mesmo advogado, constituindo-se numa verdadeira troca de favores, retirando da testemunha a necessária isenção de ânimo para prestar o depoimento, devendo, nessa hipótese, ser o depoente ouvido como mero informante".

Caso o juiz do trabalho não aja dessa forma, poderá a parte contrária **contraditar** a testemunha, arguindo a **suspeição** e demonstrando que há **interesse** no deslinde do litígio, por exemplo, em virtude de o autor ter demonstrado o mesmo fato constitutivo em ação movida contra o mesmo empregador, pela ora testemunha.

ATENÇÃO: Não existe suspeição da testemunha que já ajuizou ação em face da mesma reclamada, ou seja, se "A" ajuizou ação em face de "B", pode ser testemunha em processo movido por outra pessoa contra "B", sem que seja considerada suspeita.

SÚMULA N. 358
RADIOLOGISTA. SALÁRIO PROFISSIONAL.
LEI N. 7.394, DE 29.10.1985 (mantida) —
Res. 121/2003, DJ 19, 20 e 21.11.2003

O salário profissional dos técnicos em radiologia é igual a 2 (dois) salários mínimos e não a 4 (quatro).

A **Súmula n. 358 do TST**, relacionada ao **salário profissional** do radiologista, foi **mantida** por meio da Resolução n. 121/2003 do TST, publicada no *DJ* nos dias 19, 20 e 21.11.2003.

A Lei n. 7.394/85 regulamenta o exercício da profissão de **técnico em radiologia**, estabelecendo em seu art. 16 o **salário mínimo profissional**, qual seja, 2 (dois) salários mínimos, a que se refere o art. 7, IV, da CRFB/88.

Contudo, parte da jurisprudência passou a adotar uma interpretação equivocada do dispositivo legal, chegando à conclusão de que o salário mínimo da categoria era igual a **4 (quatro) salários mínimos**.

Transcreve-se o dispositivo referido: *"O salário mínimo dos profissionais, que executam as técnicas definidas no Art. 1º desta Lei, será equivalente a 2 (dois) salários mínimos profissionais da região, incidindo sobre esses vencimentos 40% (quarenta por cento) de risco de vida e insalubridade".*

A interpretação equivocada era no sentido de que o salário mínimo profissional era equivalente a **2 (dois) salários mínimos** (art. 7º, IV, da CRFB/88) e que o profissional teria direito à percepção de duas vezes tal parcela.

Certamente, o dissenso jurisprudencial originou-se do termo *salário mínimo profissional da região*, que deve ser interpretado, simplesmente, como *salário mínimo a que se refere a Constituição Federal,* nacionalmente unificado, conforme art. 7º, IV, da Carta Magna.

ATENÇÃO: Os técnicos em radiologia possuem salário mínimo profissional equivalente a 2 salários mínimos.

SÚMULA N. 360
TURNOS ININTERRUPTOS DE REVEZAMENTO. INTERVALOS INTRAJORNADA E SEMANAL (mantida) — Res. 121/2003, DJ 19, 20 e 21.11.2003

A interrupção do trabalho destinada a repouso e alimentação, dentro de cada turno, ou o intervalo para repouso semanal, não descaracteriza o turno de revezamento com jornada de 6 (seis) horas previsto no art. 7º, XIV, da CF/1988.

A **Súmula n. 360 do TST**, referente à existência de intervalos **intrajornada** e **interjornada** nos turnos ininterruptos de revezamento, foi **mantida** por meio da Resolução n. 121/2003 do TST, publicada no *DJ* nos dias 19, 20 e 21.11.2003.

O mesmo entendimento foi adotado pelo **Supremo Tribunal Federal**, por meio da **Súmula n. 675**, que dispõe *"os intervalos fixados para descanso e alimentação durante a jornada de seis horas não descaracterizam o sistema de turnos ininterruptos de revezamento para o efeito do art. 7º, XIV, da Constituição"*.

Em primeiro lugar, há que se demonstrar os requisitos para a configuração do denominado ***turno ininterrupto de revezamento***, a que faz referência o art. 7º, XIV, da CRFB/88, que prevê *"jornada de seis horas para o trabalho realizado em turnos ininterruptos de revezamento, salvo negociação coletiva"*.

Somente é considerado turno ininterrupto de revezamento aquele em que o empregado trabalha ora pela manhã, tarde e noite, **alternativamente**. Assim, exemplificando: o empregado trabalha em uma semana das 6h às 12h, na semana seguinte das 12h às 18h, posteriormente das 18h às 24h e, por fim, das 24h às 6h. Esse é o típico turno ininterrupto de revezamento.

Nessa hipótese, o legislador previu a jornada **reduzida** de trabalho, pois a alteração constante no horário de trabalho do obreiro cria mais desconforto para seu organismo, dificultando ainda o contato familiar, ou seja, sua vida privada. O empregado que trabalha nessas condições tem mais dificuldades em estudar ou manter um lazer constante, pois necessária se faz a ausência em alguns dias.

A jornada referida pode alterar-se semanal, quinzenal ou mensalmente. Ainda é admitido período maior, a depender da análise do caso concreto. MAURÍCIO GODINHO DELGADO[119] destaca, em nota de rodapé, que *"é evidente que alternâncias bimestrais, trimestrais e similares de horários também podem atender ao tipo jurídico constitucional, por provocarem intenso desgaste físico, psicológico, familiar e social ao trabalhador"*.

Assim, entende-se a existência do *turno ininterrupto de revezamento* sob a ótica do obreiro se ele altera **constantemente** seu horário de trabalho. Pouco importa, portanto, se há **intervalo interjornada**, ou seja, entre duas jornadas de trabalho, bem como o **descanso semanal remunerado**. Mesmo assim, restará caracterizada a jornada especial da CRFB/88.

---

[119] DELGADO, Maurício Godinho. *Curso de direito do trabalho*, p. 820.

Da mesma forma, a existência de intervalos **intrajornada**, ou seja, dentro da mesma jornada, como aquele cuja finalidade é o descanso e a alimentação, não descaracteriza o instituto. A previsão da jornada reduzida, de 6 (seis) horas diárias e 36 (trinta e seis) semanais, não retira do obreiro o direito aos intervalos, já que considerados matéria de ordem pública, intimamente relacionados com a **medicina e segurança do trabalho**.

Os intervalos são tão importantes que AMAURI MASCARO NASCIMENTO[120] afirma que *"outro direito fundamental do trabalho é o direito ao descanso. O tempo livre permite ao homem o desenvolvimento integral da sua personalidade quando se dedica a outras atividades diferentes do trabalho profissional e que lhe facilitem convívio familiar, com amigos, horas de entretenimento, estudos, convivência religiosa, prática desportiva, leitura de jornais e revistas, passeios, férias e tudo o que possa contribuir para a melhoria da sua condição social"*.

Portanto, seria absurdo pensar que a existência de tão importante instituto (intervalos) retiraria o direito à jornada **reduzida** nos turnos ininterruptos de revezamento, já que esses são, sem qualquer dúvida, **maléficos** ao empregado.

Assim, em síntese, pouco importa se a empresa não trabalha todos os dias da semana para a caracterização do TIR, pois este é verificado à luz do trabalho desenvolvido pelo **obreiro**, se, de forma **alternada**, cobre as 24 (vinte e quatro) horas do dia, ou seja, manhã, tarde e noite.

Por fim, vale a pena transcrever a **Súmula n. 213 do Supremo Tribunal Federal**, que, apesar de ter sido editada em 1964, quando vigente a Constituição de 1946, não restou superada, sendo ainda hoje aplicada: *"é devido o adicional de serviço noturno, ainda que sujeito o empregado ao regime de revezamento"*.

> **ATENÇÃO:** Os empregados que laboram em turno ininterrupto de revezamento possuem direito aos intervalos intrajornada normalmente. O termo "ininterrupto" está relacionado ao revezamento, isto é, à modificação do horário de trabalho, que é frequente.

> ***SÚMULA N. 361***
> ***ADICIONAL DE PERICULOSIDADE. ELETRICITÁRIOS. EXPOSIÇÃO INTERMITENTE (mantida) — Res. 121/2003, DJ 19, 20 e 21.11.2003***
>
> O trabalho exercido em condições perigosas, embora de forma intermitente, dá direito ao empregado a receber o adicional de periculosidade de forma integral, porque a Lei n. 7.369, de 20.09.1985, não estabeleceu nenhuma proporcionalidade em relação ao seu pagamento.

A **Súmula n. 361 do TST**, que se refere ao pagamento do adicional de **periculosidade** de forma **integral** aos eletricitários, mesmo expostos de maneira **intermi-**

[120] NASCIMENTO, Amauri Mascaro. *Curso de direito do trabalho*, p. 488.

tente, foi **mantida** por meio da Resolução n. 121/2003 do TST, publicada no *DJ* nos dias 19, 20 e 21.11.2003.

Dispõe o art. 193, § 1º, da CLT que *"o trabalho em condições de periculosidade assegura ao empregado um adicional de 30% (trinta por cento) sobre o salário sem os acréscimos resultantes de gratificações, prêmios ou participações nos lucros da empresa"*, o que significa dizer que, em regra, a base de cálculo será o **salário-base**.

Apesar de a Lei n. 7.369/85 ter sido revogada pela Lei n. 12.740/2012, conforme já analisado quando dos comentários à **Súmula n. 191 do TST**, o entendimento exposto na súmula em comento se mantém: mesmo que o empregado esteja exposto de forma intermitente ao agente de periculosidade, terá direito ao recebimento do percentual integral, pois não há autorização legal para pagamento de quantia inferior aos 30% legais.

Assim, como muito bem afirma a súmula sob comento, e de forma bastante didática, a lei não estabeleceu qualquer distinção ou **proporcionalidade** quanto ao pagamento do adicional. Ademais, a exposição, **intermitente** ou não, ao agente insalubre, *energia elétrica*, gera, por si só, **risco acentuado** à vida e à integridade física do obreiro, merecendo, por isso, perceber remuneração superior aos empregados que não laboram nessas condições.

Diferentemente dos agentes insalubres, que degradam a saúde do obreiro em maior ou menor intensidade, ao longo do tempo de exposição, os agentes perigosos, em especial a **energia**, ceifam a vida em um único contato, por mais rápido que seja, razão pela qual não foi estabelecida qualquer proporcionalidade.

> **ATENÇÃO:** Não existe pagamento proporcional de adicional de periculosidade, mesmo que o contato seja intermitente, devendo a quantia ser paga integralmente, conforme o art. 193 da CLT, que prevê 30% do salário-base.

> ***SÚMULA N. 362***
> ***FGTS. PRESCRIÇÃO (nova redação) —***
> ***Res. 198/2015, republicada em razão de erro material —***
> ***DEJT divulgado em 12, 15 e 16.06.2015***
>
> I — Para os casos em que a ciência da lesão ocorreu a partir de 13.11.2014, é quinquenal a prescrição do direito de reclamar contra o não recolhimento de contribuição para o FGTS, observado o prazo de dois anos após o término do contrato.
>
> II — Para os casos em que o prazo prescricional já estava em curso em 13.11.2014, aplica-se o prazo prescricional que se consumar primeiro: trinta anos, contados do termo inicial, ou cinco anos, a partir de 13.11.2014 (STF-ARE-709212/DF).

A **Súmula n. 362 do TST**, relacionada à **prescrição do FGTS**, obteve **nova redação** por meio da Resolução n. 198/2015 do TST, publicada no *DEJT* nos dias 12, 15 e 16.06.2015.

Na 5ª edição do nosso *Direito Sumular Esquematizado® — TST*, finalizada em novembro de 2014, fizemos menção à necessidade de cancelamento ou adequação do verbete ao novo entendimento do STF, que passou a entender pela prescrição quinquenal do direito ao recebimento dos valores depositados no FGTS.

A atualização promovida pelo TST em 2015 foi no sentido de criar uma norma de transição, que será analisada ao final, após as considerações sobre a decisão do STF.

Naquele momento, dissemos:

"Claro que a decisão do STF não faz com que automaticamente tenhamos o cancelamento da súmula em comento, haja vista que, por se tratar de matéria administrativa, *interna corporis*, é necessário que os Ministros do TST entendam pela total incompatibilidade entre o atual entendimento sumulado e o STF para que o verbete seja cancelado. **Isso é bem provável de ocorrer, por não haver como se compatibilizarem os dois entendimentos**, ainda mais porque o Recurso Extraordinário julgado pela Suprema Corte teve sua repercussão geral reconhecida em maio de 2013, o que significa dizer que a situação nele discutida envolve matéria afeta a um sem número de ações e que a decisão vincula o julgamento das demandas que tratam do mesmo assunto.

Entretanto, pode não haver o cancelamento imediato da Súmula, **mas a criação de uma norma de transição**, haja vista a modulação de efeitos contida na decisão do STF, uma vez que existem milhares de ações na Justiça do Trabalho sobre o tema".

Particularmente, discordamos do entendimento do STF, tomado por maioria de votos. Se Ministro do STF fosse, a decisão acompanharia o voto dos Ministros Rosa Weber e Teori Zavascki, que mantiveram o prazo prescricional trintenário, ou seja, de 30 (trinta) anos, como podemos perceber na leitura do texto da súmula **ainda em vigor**.

Dois são os pontos de vista que podemos destacar sobre a matéria em estudo:

a) STF — Maioria: 8 (oito) ministros do STF entenderam que o art. 23, § 5º, da Lei n. 8.036/90, ao trazer o prazo prescricional de 30 anos para o FGTS, teria incorrido em inconstitucionalidade por afrontar o art. 7º, XXIX, da CF/88, que diz ser quinquenal a prescrição de verbas trabalhistas. Nesta toada, se o FGTS é um dos direitos dos trabalhadores e se eles prescrevem em 5 anos, o FGTS deveria seguir a mesma regra.

b) STF — Minoria: a corrente minoritária, que saiu vencida do julgamento, composta pelos Ministros Rosa Weber e Teori Zavascki, a qual nos filiamos, entende que o prazo de prescrição trintenário é constitucional, haja vista que nada impede a criação de uma norma mais favorável aos empregados. Muito pelo contrário: tal situação está de acordo com o princípio da proteção, base do direito do trabalho. Assim, apesar de o art. 7º, XXIX, da CF/88 trazer um prazo prescricional de 5 (cinco) anos, outra norma pode criar situações vantajosas aos trabalhadores, ainda mais porque o melhor entendimento acerca do art. 7º da CF/88 é o de que ele criou o mínimo necessário à proteção do trabalhador. Ali não estão normas prontas e acabadas; pelo contrário, há no dispositivo **um início de proteção do trabalhador que pode vir a ser complementado, melhorado, ampliado por outras fontes do direito do trabalho**.

Infelizmente, a melhor interpretação não saiu vitoriosa do julgamento do Recurso Extraordinário n. 709.212/DF, ocorrido em 13.11.2014. Como última parte do julgamento, o Ministro Relator Gilmar Mendes **propôs a modulação dos efeitos da decisão**, em respeito àqueles trabalhadores que já tinham a expectativa de buscar os 30 (trinta) últimos anos de FGTS não depositados e mesmo em respeito ao entendimento do TST. Assim, o Ministro Relator destacou:

> "Dessarte, entendo que, no caso, o princípio da segurança jurídica recomenda que seja mitigado o princípio da nulidade da lei inconstitucional, com a consequente modulação dos efeitos da presente decisão, de modo a resguardar as legítimas expectativas dos trabalhadores brasileiros, as quais se pautavam em manifestações, até então inequívocas, do Tribunal competente para dar a última palavra sobre a interpretação da Constituição e da Corte responsável pela uniformização da legislação trabalhista".

Segundo o voto do Relator Gilmar Mendes, a modulação dos efeitos será *ex nunc*, ou seja, atingirá **imediatamente apenas os depósitos não realizados após a decisão proferida em 13.11.2014**, ou, em outras palavras, somente serão atingidos os empregados cujos empregadores não realizaram o depósito do FGTS a partir da decisão, já que o marco inicial da prescrição seria exatamente a não realização do depósito.

Para aqueles cujo prazo prescricional já esteja em curso, a regra será diferenciada, conforme transcrição a seguir e posteriores explicações:

> "A modulação que se propõe consiste em atribuir à presente decisão efeitos *ex nunc* (prospectivos). Dessa forma, para aqueles cujo termo inicial da prescrição ocorra após a data do presente julgamento, aplica-se, desde logo, o prazo de cinco anos. Por outro lado, para os casos em que o prazo prescricional já esteja em curso, aplica-se o que ocorrer primeiro: 30 anos, contados do termo inicial, ou 5 anos, a partir desta decisão. Assim se, na presente data, já tenham transcorrido 27 anos do prazo prescricional, bastarão mais 3 anos para que se opere a prescrição, com base na jurisprudência desta Corte até então vigente. Por outro lado, se na data desta decisão tiverem decorrido 23 anos do prazo prescricional, ao caso se aplicará o novo prazo de 5 anos, a contar da data do presente julgamento".

Pelo entendimento do Ministro Gilmar Mendes, acompanhado pelo maioria dos Ministros do STF, **somente será atingido integralmente pela decisão**, possuindo prazo prescricional quinquenal para o FGTS, o **trabalhador que sofrer lesão em seu direito de receber o FGTS a partir da decisão proferida em 13.11.2014**.

Conforme didática explicação do Professor Ricardo Resende,[121] para quem:

> "O novíssimo entendimento do STF será, certamente, cobrado nas próximas provas. Você precisa, portanto, conhecê-lo. Sugiro que tenha em mente o seguinte:

[121] Disponível em: <http://direitodotrabalhoaprova.blogspot.com.br/2014/11/a-prescricao-do-fgts-e-quinquenal-are.html>.

a) conforme decisão recente do STF, em tema cuja repercussão geral foi reconhecida [isso é importante, pois vincula todas as decisões sobre a matéria em outras instâncias], a prescrição aplicável em caso de não recolhimento do FGTS é a quinquenal, tendo em vista que se trata de direito trabalhista;

b) o STF conferiu à decisão, entretanto, efeitos *ex nunc*, ou seja, o novo entendimento vale a partir da decisão, da seguinte forma:

b.1) para os prazos prescricionais em curso, continua valendo a prescrição trintenária, salvo se ainda faltar mais de cinco anos para o *dies ad quem* (termo final da contagem)".

Eventual descumprimento da lei, ou seja, o não recolhimento do FGTS a partir do mês de novembro de 2014 passará a ser guiado, em relação à prescrição, inteiramente pelo entendimento do STF, de que é quinquenal o prazo de prescrição da parcela.

ATENÇÃO: A prescrição para recebimento do FGTS não é mais trintenária, isto é, não se pode mais buscar os últimos 30 anos de depósitos não realizados nas contas do FGTS. Agora a prescrição é quinquenal: buscam-se os últimos 5 anos apenas.

SÚMULA N. 363
CONTRATO NULO. EFEITOS (nova redação) — Res. 121/2003, DJ 19, 20 e 21.11.2003

A contratação de servidor público, após a CF/1988, sem prévia aprovação em concurso público, encontra óbice no respectivo art. 37, II e § 2º, somente lhe conferindo direito ao pagamento da contraprestação pactuada, em relação ao número de horas trabalhadas, respeitado o valor da hora do salário mínimo, e dos valores referentes aos depósitos do FGTS.

A **Súmula n. 363 do TST**, relativa à **nulidade** do contrato de trabalho firmado com a Administração Pública **sem concurso público**, obteve **nova redação** por meio da Resolução n. 121/2003 do TST, publicada no *DJ* nos dias 19, 20 e 21.11.2003.

Após a promulgação da Constituição da República Federativa do Brasil, de 05.10.1988, o acesso aos cargos na **administração pública** passou a ser possível apenas mediante aprovação em concurso público, que poderá ser de provas ou de provas e títulos, dependendo da natureza do cargo pretendido.

Dispõe o art. 37, II, da CRFB/88 que *"a investidura em cargo ou emprego público depende de aprovação prévia em concurso público de provas ou de provas e títulos, de acordo com a natureza e a complexidade do cargo ou emprego, na forma prevista em lei, ressalvadas as nomeações para cargo em comissão, declarado em lei de livre nomeação e exoneração"*.

Depreende-se que a **única** forma de ingresso como servidor ou empregado público é o concurso, o que significa dizer que a declaração de **ilegalidade** da terceirização não importará **reconhecimento do vínculo** diretamente com o tomador, quando este for a Administração Pública. Essa norma encontra-se explícita na **Súmula n. 331, II, do TST**, cuja redação é a seguinte: *"A contratação irregular de trabalhador,* *mediante empresa interposta, não gera vínculo de emprego com os órgãos da administração pública direta, indireta ou fundacional (art. 37, II, da CF/1988)".*

Caso a terceirização trabalhista perpetrada pela Administração Pública seja declarada nula, o vínculo empregatício permanecerá unicamente em face da empresa que contratou o obreiro, havendo, contudo, responsabilidade **subsidiária** da primeira com relação aos **créditos não adimplidos**, tendo em vista o **inc. IV da Súmula n. 331 do TST**, que faz menção aos entes públicos. A responsabilidade subsidiária decorre de ***culpa in eligendo* e *in vigilando***. Se a Administração Pública não soube escolher uma empresa idônea, assim como não fiscalizou se essa estava pagando todos os haveres trabalhistas, deverá ser responsabilizada pelo pagamento, desde que figure no **polo passivo da demanda trabalhista** e a empresa principal não possua patrimônio suficiente para pagar a quantia devida.

Uma situação mais específica também decorre da súmula sob comento. Trata-se da **contratação direta** de empregado pela Administração Pública, ou seja, sem a presença de empresa interposta. Nessa situação, a responsabilidade do ente público é direta, e não subsidiária, por ter sido a contratação realizada diretamente por aquele.

Apesar dessa situação, mostra-se **juridicamente impossível** o reconhecimento do vínculo empregatício, pois novamente se esbarra na necessidade de concurso **público**, conforme art. 37, II, da CRFB/88.

Contudo, a situação do empregado, no tocante à percepção de verbas trabalhistas e rescisórias, mostra-se bem pior nessa segunda situação, tendo em vista que terá direito apenas ao recebimento do **salário** e dos **depósitos de FGTS**.

O entendimento do TST a respeito do direito à percepção apenas *da contraprestação pactuada, em relação ao número de horas trabalhadas, respeitado o valor da hora do salário mínimo, e dos valores referentes aos depósitos do FGTS*, mostra-se bastante restritivo, **em prejuízo do trabalhador**. Nessa situação, privilegiou-se o erário público em detrimento do pactuante hipossuficiente, o que vai de encontro ao ***princípio da proteção***.

A Administração Pública, ao contratar o empregado sem concurso público, deveria assumir todas as responsabilidades trabalhistas, ou seja, deveria remunerar todas as parcelas devidas aos empregados celetistas. A nulidade do contrato não pode importar enriquecimento da Administração, que se utiliza da força de trabalho do obreiro, mas não o remunera por isso.

Não se pode interpretar o enunciado como se o obreiro fizesse jus apenas à percepção do **salário mínimo/hora**, pois a remuneração pactuada será devida, desde que razoável, considerando-se o número de horas efetivamente trabalhadas.

Afirma-se que a remuneração deve ser **razoável** para evitar-se situações absurdas em que seria devida quantia extremamente elevada ao empregado, decorrente de um contrato de trabalho que, desde o início, já se sabia **nulo**, sendo a estipulação dos salários mera tentativa de enriquecer às custas do dinheiro público.

Haveria nítido ferimento aos princípios da *moralidade* e da *razoabilidade* o pagamento do salário de R$ 5.000,00 (cinco mil reais) para trabalhador que exercia função cuja média salarial é de R$ 2.000,00 (dois mil reais), ainda mais por ter sido declarado nulo o contrato firmado.

A súmula inova a Lei n. 8.036/90, que disciplina o FGTS, criando hipótese de recolhimento de valores ao fundo por quem não é empregado. Ademais, a menção à necessidade de se respeitar o salário mínimo é desnecessária, pois o art. 7º, IV, da CRFB/88 já aponta para tal direito.

Por fim, vale a pena transcrever a Súmula n. 466 do STJ, que traz importante regra sobre o saque do FGTS nas hipóteses em que o contrato de trabalho com a Administração Pública é declarado nulo: "*O titular da conta vinculada ao FGTS tem o direito de sacar o saldo respectivo quando declarado nulo seu contrato de trabalho por ausência de prévia aprovação em concurso público*".

ATENÇÃO: Sendo considerada nula a contratação, pela Administração Pública, por não ter sido realizado concurso público, são devidos apenas o salário pelas horas efetivamente trabalhadas e os depósitos do FGTS. O contrato é declarado nulo, já que a CF/88 prevê a necessidade de concurso público para vinculação com o Poder Público.

SÚMULA N. 364
ADICIONAL DE PERICULOSIDADE. EXPOSIÇÃO EVENTUAL, PERMANENTE E INTERMITENTE (inserido o item II) — Res. 209/2016, DEJT divulgado em 01, 02 e 03.06.2016

I — Tem direito ao adicional de periculosidade o empregado exposto permanentemente ou que, de forma intermitente, sujeita-se a condições de risco. Indevido, apenas, quando o contato dá-se de forma eventual, assim considerado o fortuito, ou o que, sendo habitual, dá-se por tempo extremamente reduzido. (ex-Ojs da SBDI-1 ns. 5 — inserida em 14.03.1994 — e 280 — *DJ* 11.08.2003).

II — Não é válida a cláusula de acordo ou convenção coletiva de trabalho fixando o adicional de periculosidade em percentual inferior ao estabelecido em lei e proporcional ao tempo de exposição ao risco, pois tal parcela constitui medida de higiene, saúde e segurança do trabalho, garantida por norma de ordem pública (arts. 7º, XXII e XXIII, da CF e 193, § 1º, da CLT).

A **Súmula n. 364 do TST**, relacionada ao pagamento de adicional de **periculosidade** em se tratando de exposição **eventual**, **permanente** e **intermitente**, obteve **nova redação** por meio da Resolução n. 209/2016, publicada no *DEJT* nos dias 01, 02 e 03.06.2016.

Volta-se ao tema após os comentários realizados quando da análise da **Súmula n. 361 do TST**, que prevê, para os **eletricitários**, o pagamento de adicional de periculosidade de forma integral (30%), mesmo que o contato com o agente se dê de forma **intermitente**.

Naquela oportunidade, fixou-se que "*assim, como muito bem afirma a súmula sob comento, e de forma bastante didática, a lei não estabeleceu qualquer distinção ou proporcionalidade quanto ao pagamento do adicional*". Aquele entendimento também pode ser aplicado à presente súmula, apesar de aquela, a princípio, versar exclusivamente a respeito dos eletricitários, que mantêm contato com o agente mais perigoso, qual seja, *energia elétrica*.

Assim, o contato **intermitente** dá direito à percepção **integral** do adicional, cuja base de cálculo para os eletricitários é mais ampla, por abarcar **todas as parcelas salariais**, enquanto para os demais trabalhadores a base é composta apenas do salário básico.

O entendimento sumulado afirma que o contato **eventual**, considerado **fortuito**, ou seja, que se dá de vez em quando ou por tempo **extremamente reduzido**, não importa pagamento do adicional, razão pela qual é indevido.

Deve-se interpretar a presente súmula de modo a adequá-la aos ditames da **Súmula n. 361 do TST**, de forma que as duas possam ser aplicadas ao mesmo tempo, já que ambas se encontram válidas e vigentes.

A melhor interpretação a ser dada é no sentido de que, mesmo sendo fortuito o contato com o agente *energia elétrica*, o empregado (eletricitário) faz jus ao pagamento do adicional, pois a Súmula n. 361 é específica para tal espécie de empregado e não traz qualquer distinção entre trabalho intermitente e fortuito. Em ambos, é **devido** o adicional.

Para os demais trabalhadores, que não lidam com energia elétrica, pelo **menor risco** a que estão submetidos, o contato puramente **fortuito** ou por tempo **extremamente reduzido** não acarreta o pagamento do adicional.

Apesar de tratar desigualmente os trabalhadores, assim o faz por serem situações desiguais, em que o risco é bem maior e latente para os eletricitários, sendo válida, portanto, a distinção.

A análise acerca do que é ***fortuito*** ou se o contato dava-se por tempo ***extremamente reduzido ou não*** será realizada em cada caso concreto, com base na jornada de trabalho do obreiro, bem como no risco a que estava submetido.

Historicamente, a súmula em comento já teve o inc. II, que permitia o pagamento fracionado do adicional de periculosidade, ou seja, o pagamento em percentual inferior ao legal, se autorizado por negociação coletiva. Assim, alguns empregados podiam receber 5%, 10%, 15%, 20% de adicional de periculosidade, que possui o seu percentual fixado pelo § 1º do art. 193 da CLT, em 30% do salário-base.

O pagamento fracionado foi permitido até 2011, quando o TST cancelou o antigo inc. II da súmula. A partir de então, doutrina e jurisprudência passaram a entender que o percentual voltava a ser 0% ou 30%, sem possibilidade de percentuais intermediários.

O entendimento se mantém com o novo inc. II, em 2016, agora de maneira explícita, pois o TST afirmou que norma coletiva **não pode fixar percentuais inferiores, mesmo que proporcionais ao tempo de exposição à situação de periculosidade**.

A justificativa é simples: por se tratar de norma relacionada à saúde, higiene e segurança do trabalho, constitui-se **como norma de ordem pública,** de caráter cogente, obrigatório, que **não pode sofrer flexibilização por norma coletiva**.

Logo, mantém-se o entendimento existente desde 2011, de que o adicional de periculosidade, se devido ao empregado, será de 30% sobre o salário-base, nos termos do art. 193, § 1º, da CLT.

ATENÇÃO: Não é possível o pagamento fracionado do adicional de periculosidade, nem mesmo se pactuado por norma coletiva. O adicional deve ser pago em 30% sobre o salário-base, conforme o art. 193, § 1º, da CLT, mesmo sendo a exposição intermitente. Somente não será devido o adicional se o contato for fortuito ou por tempo extremamente reduzido.

SÚMULA N. 365
ALÇADA. AÇÃO RESCISÓRIA E MANDADO DE SEGURANÇA
(conversão das Orientações Jurisprudenciais ns. 8 e 10 da SBDI-1) — Res. 129/2005, DJ 20, 22 e 25.04.2005

Não se aplica a alçada em ação rescisória e em mandado de segurança. (ex-OJs ns. 8 e 10 da SBDI-1 — inseridas em 01.02.1995)

A **Súmula n. 365 do TST**, relacionada à **inaplicabilidade** das regras acerca das **ações de alçada** na ação rescisória e no mandado de segurança, obteve **nova redação** por meio da Resolução n. 129/2005 do TST, publicada no *DJ* nos dias 20, 22 e 25.04.2005, com a **incorporação das Orientações Jurisprudenciais ns. 8 e 10 da SBDI-1 do TST**.

Quando dos comentários à **Súmula n. 356 do TST**, afirmou-se que *"porém, mantém-se a regra de que, nos dissídios cujo valor seja de até 2 (dois) salários mínimos, não caberá qualquer recurso, salvo violação expressa à CRFB/88 (...). Tratando-se de ação cujo valor não é tão relevante, entendeu o legislador pela impossibilidade de reanálise das questões de fato e de direito analisadas em primeiro grau, mesmo porque, por serem mais simples, mostra-se bem menor a possibilidade de erro ou má-fé por parte do magistrado, bem como o descontentamento da parte, que se mostra bem mais assente quando não há o reconhecimento judicial de direito que gere quantia razoável como contraprestação"*.

As **ações de alçada** são aquelas em que os pedidos formulados não alcançam valor superior a **2 (dois) salários mínimos**, quando do **ajuizamento**, razão pela qual não há possibilidade de manejar recurso contra a sentença, salvo se houver violação à CRFB/88.

Essa regra somente deve ser aplicada para as reclamações trabalhistas **típicas**, em que se buscam verbas trabalhistas ou rescisórias, bem como reconhecimento de vínculo de emprego, por exemplo, não sendo possível de se aplicar em **ações rescisórias** e **mandado de segurança**, que possuem finalidades específicas, totalmente diversas de uma demanda trabalhista típica.

Por isso, o entendimento sumulado, em outras palavras, afirma que, se o valor da causa da ação rescisória ou do mandado de segurança for inferior a 2 (dois) salários mínimos, não se seguirá a restrição aos recursos, prevista na **Lei n. 5.584/70**, e sim o rito imposto a cada tipo de demanda, pelo CPC, CLT, leis especiais e regimentos internos dos tribunais, cabendo a interposição dos recursos previstos na CLT.

> **ATENÇÃO:** Não se aplica o rito sumário (até 2 salários mínimos) ao mandado de segurança e à ação rescisória, ou seja, eles possuem rito (procedimento) próprio, que será aplicado independentemente do valor do pedido.

> ***SÚMULA N. 366***
>
> ***CARTÃO DE PONTO. REGISTRO. HORAS EXTRAS. MINUTOS QUE ANTECEDEM E SUCEDEM A JORNADA DE TRABALHO (nova redação) — Res. 197/2015, DEJT divulgado em 14, 15 e 18.05.2015***
>
> Não serão descontadas nem computadas como jornada extraordinária as variações de horário do registro de ponto não excedentes de cinco minutos, observado o limite máximo de dez minutos diários. Se ultrapassado esse limite, será considerada como extra a totalidade do tempo que exceder a jornada normal, pois configurado tempo à disposição do empregador, não importando as atividades desenvolvidas pelo empregado ao longo do tempo residual (troca de uniforme, lanche, higiene pessoal etc.).

A **Súmula n. 366 do TST**, referente ao **tempo residual à disposição** do empregador, obteve **nova redação** por meio da Resolução n. 197/2015 do TST, publicada no *DEJT* nos dias 14, 15 e 18.05.2015.

A respeito da matéria, mostra-se importante a realização de uma rápida digressão histórica.

A Lei n. 10.243, de 19.06.2001, inseriu o **§ 1º do art. 58 da CLT**, com a seguinte redação: *"Não serão descontadas nem computadas como jornada extraordinária as variações de horário no registro de ponto não excedentes de cinco minutos, observado o limite máximo de dez minutos diários"*.

Verifica-se, claramente, que o dispositivo legal é idêntico à primeira parte da súmula em comento. Porém, a súmula vai além, terminando com a dúvida doutrinária e jurisprudencial que reinou na Justiça do Trabalho até a definição do TST.

A norma legal, bem como a súmula do TST, trata do denominado *tempo residual à disposição*, que é o período de tempo utilizado pelo empregado para ingressar e sair do ambiente de trabalho, em que ele troca de uniforme ou espera para "bater o ponto", tendo em vista eventual fila. Tais minutos, **5 (cinco) na entrada e 5 (cinco) na saída**, não podem ser descontados, nem dão direito ao pagamento de adicional de horas extraordinárias.

A dúvida surgida tocava ao pagamento de **horas extraordinárias** quando o limite legal era violado. Questionava-se se o pagamento deveria ser **integral** ou **parcial**, ou seja, se deveriam ser pagos todos os minutos que excediam a jornada de trabalho ou apenas a diferença entre o legal (5 minutos) e a jornada realizada.

Assim, se o empregado "batesse o cartão" 8 (oito) minutos após o término da sua jornada, deveria receber 8 (oito) minutos extras ou apenas 3 (três)?

Pondo fim à discussão, a **Súmula n. 366**, complementando o mandamento legal do art. 58 da CLT, afirmou que o pagamento deve ser **integral**. Há que se observar não ser possível ultrapassar o período **máximo** na entrada e na saída, mesmo que alcancem o máximo de **10 (dez) minutos diários**. Assim, mesmo se o empregado ingressou 7 (sete) minutos mais cedo e deixou o trabalho 2 (dois) minutos mais tarde, no total de 9 (nove) minutos diários, a ele serão devidos 7 (sete) minutos extras, por ocasião de seu ingresso no trabalho.

MAURÍCIO GODINHO DELGADO,[122] lecionando sobre o assunto, disserta que *"(...) as pequenas variações, até cinco minutos, totalizando dez ao dia, não serão consideradas para qualquer fim. A partir desse limite de cinco minutos, no começo e no fim da jornada, o tempo lançado no cartão de ponto será tido como à disposição do empregador (arts. 4º e 58, § 1º, CLT), integrando a jornada laborativa obreira para todos os efeitos. Note-se que a Súmula 366 (ex-OJ 23) manda que se computem todos os minutos, mesmo os poucos iniciais e finais, se em cada extremo da jornada for ultrapassado o teto de cinco minutos".*

A alteração realizado pelo TST em 2015 foi no sentido de explicitar que os momentos que excedem a variação prevista em lei podem ter sido utilizados pelo empregador para qualquer fim — higiene, alimentação, marcação de ponto etc. —, sendo que os minutos a mais deverão ser pagos como extraordinários. Em suma, não importa o que o empregado estava fazendo naqueles minutos. Se ultrapassarem o limite legal, deverão ser remunerados.

Conclui-se que caberá ao empregador controlar se os empregados ainda se encontram na empresa (ambiente de trabalho) após os 5 (cinco) minutos, em especial, sem desenvolvimento de labor ou utilização do tempo para troca de uniforme ou aguardando a fila para passar o ponto, sob pena de pagar os minutos excedentes como extras, pela presunção que o empregado se encontra à sua **disposição**.

ATENÇÃO: O tempo residual à disposição é o período de até 5 minutos na entrada e na saída que o empregado pode chegar mais cedo ou atrasado, que não serão levados em consideração em relação à verificação de cumprimento da jornada de trabalho, o que significa dizer que o empregado pode chegar 5 minutos mais tarde ou mais cedo ou sair 5 minutos mais cedo ou mais tarde que não serão descontadas ou pagas como extras aquelas pequenas variações.

SÚMULA N. 367
UTILIDADES* IN NATURA*. HABITAÇÃO. ENERGIA ELÉTRICA. VEÍCULO. CIGARRO. NÃO INTEGRAÇÃO AO SALÁRIO
(conversão das Orientações Jurisprudenciais ns. 24, 131 e 246 da SBDI-1) — Res. 129/2005, DJ 20, 22 e 25.04.2005

I — A habitação, a energia elétrica e veículo fornecidos pelo empregador ao empregado, quando indispensáveis para a realização do trabalho, não têm natureza salarial, ainda que, no caso de veículo, seja ele utilizado pelo empregado também em atividades particulares. (ex-OJs da SBDI-1 ns. 131 — inserida em 20.04.1998 e ratificada pelo Tribunal Pleno em 07.12.2000 — e 246 — inserida em 20.06.2001)

II — O cigarro não se considera salário-utilidade em face de sua nocividade à saúde. (ex-OJ n. 24 da SBDI-1 — inserida em 29.03.1996)

[122] DELGADO, Maurício Godinho. *Curso de direito do trabalho*, p. 787.

A **Súmula n. 367 do TST**, relacionada à ausência de **natureza salarial** de algumas **utilidades**, obteve **nova redação** por meio da Resolução n. 129/2005, publicada no *DJ* nos dias 20, 22 e 25.04.2005, com a **incorporação das Orientações Jurisprudenciais ns. 24, 131 e 246 da SBDI-1 do TST**.

Quando dos comentários à **Súmula n. 258 do TST**, que igualmente versa sobre o **salário *in natura***, afirmou-se que: *"em primeiro lugar, há que se entender o conceito de salário* in natura *ou salário-utilidade. O salário do obreiro pode ser pago em dinheiro ou em bens e serviços. Assim, parte do salário pode ser pago por meio da disponibilização de um apartamento ou de um carro para o empregado, enquanto o restante é pago em dinheiro. Várias são as regras acerca do pagamento do salário em utilidades. A primeira versa sobre saber se a utilidade fornecida pode ser considerada ou não salário. SERGIO PINTO MARTINS*[123] *ensina que 'Com base no § 2º do art. 458 da CLT é possível distinguir entre a prestação fornecida* ***pela*** *ou* ***para*** *a prestação dos serviços. Se a utilidade é fornecida* ***pela*** *prestação dos serviços, terá natureza salarial. Decorre da contraprestação do trabalho desenvolvido pelo empregado, representando remuneração. Tem caráter retributivo. Ao contrário, se a utilidade for fornecida* ***para*** *a prestação de serviços, estará descaracterizada a natureza salarial, como ocorre com os equipamentos de proteção individual, que servem para ser utilizados apenas no serviço'".*

Assim, fixou-se que a **utilidade** entregue ao empregado, mas que é **indispensável** à realização do trabalho, ou seja, é fornecida **para o trabalho**, **não** possui natureza salarial, razão pela qual seu valor **não refletirá** nas demais verbas trabalhistas e rescisórias.

A presente súmula deixa claro esse entendimento, ao dispor que determinadas utilidades, desde que **indispensáveis** ao desenvolvimento do labor, não possuem natureza salarial. Porém, pôs fim à questão doutrinária e jurisprudencial antiga, relacionada ao **veículo** fornecido pela empresa e utilizado, inclusive, em atividades **particulares** do empregado, como nos fins de semana. Mesmo nessa hipótese, considerou o TST que a utilidade **não é salarial**. Trata-se, em verdade, de uma interpretação **benéfica** ao empregado, pois possibilitando que ele utilize o veículo também nos fins de semana, feriados, em atividades particulares, em vez de deixar o automóvel na empresa e ter que se locomover de ônibus, metrô, trem etc.

O **inc. II** traz norma totalmente correta, pois intimamente ligada à preocupação com a saúde do empregado, já que impede o pagamento de parte do salário com **cigarros**, item totalmente nefasto ao organismo humano. Se entregues ao empregado maços de cigarros, não terão esses qualquer vinculação aos salários ou reflexo nas verbas trabalhistas e rescisórias. Idêntico entendimento, apesar de a súmula ser omissa, ocorre com as **bebidas alcoólicas**, igualmente danosas à saúde.

Em verdade, a súmula ratifica os termos do art. 458 da CLT, que apesar de não ser expresso com relação ao *cigarro*, a ele fazia menção ao impedir *"o pagamento com bebidas alcoólicas ou drogas nocivas"*. Não se discute acerca da nocividade do cigarro, tratando-se, portanto, de droga.

---

[123] MARTINS, Sergio Pinto. *Direito do trabalho*, p. 215.

ATENÇÃO: Para saber se uma utilidade é ou não salarial, deve-se verificar se é indispensável para o trabalho. Sendo indispensável, não terá natureza salarial. Além disso, cigarros, bebidas alcoólicas e drogas não serão nunca considerados utilidades salariais.

SÚMULA N. 368
DESCONTOS PREVIDENCIÁRIOS E FISCAIS. COMPETÊNCIA. RESPONSABILIDADE PELO PAGAMENTO. FORMA DE CÁLCULO (redação do item II alterada na sessão do Tribunal Pleno realizada em 16.04.2012) — Res. 181/2012, DEJT divulgado em 19, 20 e 23.04.2012

I. A Justiça do Trabalho é competente para determinar o recolhimento das contribuições fiscais. A competência da Justiça do Trabalho, quanto à execução das contribuições previdenciárias, limita-se às sentenças condenatórias em pecúnia que proferir e aos valores, objeto de acordo homologado, que integrem o salário de contribuição. (ex-OJ n. 141 da SBD1-1 — inserida em 27.11.1998)

II. É do empregador a responsabilidade pelo recolhimento das contribuições previdenciárias e fiscais, resultante de crédito do empregado oriundo de condenação judicial, devendo ser calculadas, em relação à incidência dos descontos fiscais, mês a mês, nos termos do art. 12-A da Lei n. 7.713, de 22.12.1988.

III. Em se tratando de descontos previdenciários, o critério de apuração encontra-se disciplinado no art. 276, § 4º, do Decreto n. 3.048/1999 que regulamentou a Lei n. 8.212/1991 e determina que a contribuição do empregado, no caso de ações trabalhistas, seja calculada mês a mês, aplicando-se as alíquotas previstas no art. 198, observado o limite máximo do salário de contribuição. (ex-OJs ns. 32 e 228 da SBDI-1 — inseridas, respectivamente, em 14.03.1994 e 20.06.2001).

A **Súmula n. 368 do TST**, relacionada aos **descontos previdenciários e fiscais**, obteve **nova redação no inc. II** por meio da Resolução n. 181/2012 do TST, publicada no *DJ* nos dias 19, 20 e 23.04.2012.

Para que se entenda a súmula, faz-se necessário analisar algumas alterações legislativas ocorridas em passado próximo, especialmente na Constituição Federal e na Consolidação das Leis Trabalhistas.

O art. 114 da CRFB/88, alterado pela **Emenda Constitucional n. 45/2004**, traz em seu bojo, especificamente no inc. VIII, a competência da Justiça do Trabalho para *"a execução, de ofício, das contribuições sociais previstas no art. 195, I, 'a' e II, e seus acréscimos legais, decorrentes das sentenças que proferir"*.

A redação anterior do inc. I da súmula afirmava ser de competência da Justiça Especializada a execução das **contribuições previdenciárias** devidas e não pagas **durante o contrato de trabalho** discutido em juízo, bem como das parcelas de mesma natureza decorrentes das decisões proferidas, homologatórias de acordos ou não.

Ocorre que, por meio da Resolução n. 138/2005, o Colendo Tribunal Superior do Trabalho alterou o entendimento, afirmando que as únicas parcelas previdenciárias que poderiam ser executadas pela Justiça do Trabalho são aquelas decorrentes das **decisões por ela proferidas**, excluindo-se, portanto, aquelas devidas e não pagas no **curso do contrato de trabalho**. Ademais, acrescentou que a condenação deve ser em **pecúnia**, e não meramente de reconhecimento do vínculo de emprego.

Quando a sentença for **condenatória** ao pagamento de pecúnia, deverá o magistrado observar o art. 832, § 3º, da CLT, assim redigido: *"as decisões cognitivas ou homologatórias deverão sempre indicar a natureza jurídica das parcelas constantes da condenação ou do acordo homologado, inclusive o limite de responsabilidade de cada parte pelo recolhimento da contribuição previdenciária, se for o caso"*.

Verifica-se claramente que os valores devidos ao INSS no curso do contrato de trabalho e aqueles devidos a título de Imposto de Renda são da competência da Justiça Federal Comum, e não da Justiça do Trabalho, devendo ser perseguidos por meio de processo de **execução fiscal**, de iniciativa dos credores (União e INSS), desde que não reconhecidos por **decisão judicial** oriunda da Justiça do Trabalho, pois, nessa situação, a execução se dará nos próprios autos.

Ocorre que no ano de 2007, por meio da Lei n. 11.457, o legislador infraconstitucional alterou o disposto no art. 876, parágrafo único, da CLT, que se encontra assim redigido: *"Serão executadas* ex officio *as contribuições sociais devidas em decorrência de decisão proferida pelos Juízes e Tribunais do Trabalho, resultantes de condenação ou homologação de acordo, inclusive sobre os salários pagos durante o período contratual reconhecido"*.

Constata-se que a súmula sob comento deve ser alterada novamente em seu inc. I, tendo em vista que a matéria ali versada não mais se adéqua à lei, ante a alteração promovida no ano de 2007.

A alteração do inc. II da Súmula n. 368 do TST sinaliza tão somente a adoção por aquele Tribunal das novas regras instituídas pela **Lei n. 12.350/2010**, que alterou a base de cálculo do imposto de renda em condenações judiciais. Ademais, adéqua-se o entendimento à **Resolução n. 1.127, de fevereiro de 2012, da Receita Federal do Brasil**. A alteração é absolutamente salutar, pois antes o imposto de renda era calculado sobre o montante da condenação, ou seja, sobre o valor total, fazendo com que, muitas vezes, os salários e outras verbas salariais sonegadas fossem "taxadas" com uma alíquota alta do IR, ao passo que, se o trabalhador tivesse recebido as verbas mensalmente, haveria a incidência de alíquota inferior ou, quem sabe, até a isenção, a depender do valor. A nova fórmula de cálculo (mês a mês) leva em consideração o que o empregado receberia mensalmente, fazendo-se a cobrança do IR apenas se o valor for superior à faixa de isenção, progredindo-se nas faixas de tributação, que vão desde 7,5% a 27,5%.

O Tribunal Superior do Trabalho, além de adequar o entendimento à legislação, ao alterar a súmula, reduzirá o número de demandas na Justiça Comum Federal em face da União requerendo o desconto fiscal, por mostrar-se justo.

No tocante ao inc. III da súmula, o TST enfrenta a matéria referente à forma de recolhimento das contribuições previdenciárias e fiscais, oriundas de decisões proferidas pela Justiça do Trabalho. O tribunal manda observar o art. 46 da Lei n. 8.541/92, que assim dispõe: *"Art. 46. O imposto sobre a renda incidente sobre os rendimentos pagos em cumprimento de decisão judicial será retido na fonte pela pessoa física ou jurídica obrigada ao pagamento, no momento em que, por qualquer forma, o rendimento se torne disponível para o beneficiário. § 1º Fica dispensada a soma dos rendimentos pagos no mês, para aplicação da alíquota correspondente, nos casos de: I — juros e indenizações por lucros cessantes; II — honorários advocatícios; III — remuneração pela prestação de serviços de engenheiro, médico, contador, leiloeiro, perito, assistente técnico, avaliador, síndico, testamenteiro e liquidante. § 2º Quando se tratar de rendimento sujeito à aplicação da tabela progressiva, deverá ser utilizada a tabela vigente no mês de pagamento.*

Por sua vez, a Resolução 1/96 da Corregedoria Geral da Justiça do Trabalho, encontra-se assim redigida:

> Art. 1º Cabe, unicamente, ao empregador calcular, deduzir e recolher ao Tesouro Nacional o Imposto de Renda relativo às importâncias pagas aos reclamantes por força de liquidação de sentenças trabalhistas.
>
> Art. 2º Na forma do disposto pelo art. 46, § 1º, incisos I, II e III da Lei n. 8541, de 1992, o imposto incidente sobre os rendimentos pagos (Imposto de Renda), em execução de decisão judicial, será retido na fonte pela pessoa física ou jurídica obrigada ao pagamento, no momento em que, por qualquer forma, esses rendimentos se tornarem disponíveis para o reclamante.
>
> Art. 3º Compete ao juiz da execução determinar as medidas necessárias ao cálculo, dedução e recolhimento das Contribuições devidas pelo empregado ao Instituto Nacional de Seguro Social, em razão de parcelas que lhe vierem a ser pagas por força de decisão proferida em reclamação trabalhista (art. 43 da Lei n. 8.212/1991, com a redação dada pela Lei n. 8.620/1993).
>
> § 1º Homologado o acordo ou o cálculo de liquidação, o juiz determinará a intimação do executado para comprovar, nos autos, haver feito o recolhimento dos valores devidos pelo empregado à Previdência Social.
>
> § 2º Havendo pagamento de parcelas de direitos trabalhistas, não comprovado o recolhimento previsto no § 1º, o juiz dará imediata ciência ao representante do Instituto Nacional de Seguridade Social, determinando a remessa mensal do rol dos inadimplentes, procedendo da mesma maneira em caso de alienação de bens em execução de sentença.
>
> Art. 4º Este Provimento entra em vigor na data da sua publicação, revogado o Provimento n. 1/1993 e demais disposições em contrário.

Para apuração das contribuições previdenciárias, deve-se seguir o disposto no art. 276 do Decreto n. 3.048/99, que aprova o Regulamento da Previdência Social e encontra-se assim redigido:

> Art. 276. Nas ações trabalhistas de que resultar o pagamento de direitos sujeitos à incidência de contribuição previdenciária, o recolhimento das importâncias devidas à seguridade social será feito no dia dois do mês seguinte ao da liquidação da sentença.
>
> § 1º No caso do pagamento parcelado, as contribuições devidas à seguridade social serão recolhidas na mesma data e proporcionalmente ao valor de cada parcela.

§ 2º Nos acordos homologados em que não figurarem, discriminadamente, as parcelas legais de incidência da contribuição previdenciária, esta incidirá sobre o valor total do acordo homologado.

§ 3º Não se considera como discriminação de parcelas legais de incidência de contribuição previdenciária a fixação de percentual de verbas remuneratórias e indenizatórias constantes dos acordos homologados, aplicando-se, nesta hipótese, o disposto no parágrafo anterior.

§ 4º A contribuição do empregado no caso de ações trabalhistas será calculada, mês a mês, aplicando-se as alíquotas previstas no art. 198, observado o limite máximo do salário de contribuição.

§ 5º Na sentença ou acordo homologado, cujo valor da contribuição previdenciária devida for inferior ao limite mínimo permitido para recolhimento na Guia da Previdência Social, é autorizado o recolhimento dos valores devidos cumulativamente com as contribuições normais de mesma competência.

§ 6º O recolhimento das contribuições do empregado reclamante deverá ser feito na mesma inscrição em que são recolhidas as contribuições devidas pela empresa.

§ 7º Se da decisão resultar reconhecimento de vínculo empregatício, deverão ser exigidas as contribuições, tanto do empregador como do reclamante, para todo o período reconhecido, ainda que o pagamento das remunerações a ele correspondentes não tenham sido reclamadas na ação, tomando-se por base de incidência, na ordem, o valor da remuneração paga, quando conhecida, da remuneração paga a outro empregado de categoria ou função equivalente ou semelhante, do salário normativo da categoria ou do salário mínimo mensal, permitida a compensação das contribuições patronais eventualmente recolhidas.

§ 8º Havendo reconhecimento de vínculo empregatício para empregado doméstico, tanto as contribuições do segurado empregado como as do empregador deverão ser recolhidas na inscrição do trabalhador.

§ 9º É exigido o recolhimento da contribuição previdenciária de que trata o inciso II do art. 201, incidente sobre o valor resultante da decisão que reconhecer a ocorrência de prestação de serviço à empresa, mas não o vínculo empregatício, sobre o valor total da condenação ou do acordo homologado, independentemente da natureza da parcela e forma de pagamento.

Sobre o tema também entendeu o STF, por meio da Súmula Vinculante n. 53, reiterando o entendimento desta, que a competência para a execução das contribuições somente é da Justiça do Trabalho quando decorrem de sentença pecuniária. Vejamos:

> "A competência da Justiça do Trabalho prevista no art. 114, VIII, da Constituição Federal alcança a execução de ofício das contribuições previdenciárias relativas ao objeto da condenação constante das sentenças que proferir e acordos por ela homologados".

> **ATENÇÃO:** A Justiça do Trabalho possui competência para executar os valores relacionados à contribuição previdenciária incidente sobre sentenças condenatórias em pecúnia que proferir, não possuindo competência para as contribuições que deveriam ter sido pagas no curso do contrato de trabalho, conforme a Súmula Vinculante n. 53 do STF.

SÚMULA N. 369
DIRIGENTE SINDICAL. ESTABILIDADE PROVISÓRIA
(redação do item I alterada na sessão do Tribunal Pleno realizada em 14.09.2012) — Res. 185/2012, DEJT divulgado em 25, 26 e 27.09.2012

I — É assegurada a estabilidade provisória ao empregado dirigente sindical, ainda que a comunicação do registro da candidatura ou da eleição e da posse seja realizada fora do prazo previsto no art. 543, § 5º, da CLT, desde que a ciência ao empregador, por qualquer meio, ocorra na vigência do contrato de trabalho.

II — O art. 522 da CLT foi recepcionado pela Constituição Federal de 1988. Fica limitada, assim, a estabilidade a que alude o art. 543, § 3º, da CLT a sete dirigentes sindicais e igual número de suplentes.

III — O empregado de categoria diferenciada eleito dirigente sindical só goza de estabilidade se exercer na empresa atividade pertinente à categoria profissional do sindicato para o qual foi eleito dirigente. (ex-OJ n. 145 da SBDI-1 — inserida em 27.11.1998)

IV — Havendo extinção da atividade empresarial no âmbito da base territorial do sindicato, não há razão para subsistir a estabilidade. (ex-OJ n. 86 da SBDI-1 — inserida em 28.04.1997)

V — O registro da candidatura do empregado a cargo de dirigente sindical durante o período de aviso prévio, ainda que indenizado, não lhe assegura a estabilidade, visto que inaplicável a regra do § 3º do art. 543 da Consolidação das Leis do Trabalho. (ex-OJ n. 35 da SBDI-1 — inserida em 14.03.1994)

A **Súmula n. 369 do TST**, relacionada à **estabilidade provisória** do dirigente sindical, obteve **nova redação em seu inc. I**, por meio da Resolução n. 185/2012 do TST, publicada no *DEJT* nos dias 25, 26 e 27.09.2012.

Ao dirigente sindical, é garantida a **estabilidade provisória** no emprego, conforme art. 543, § 3º, da CLT, que dispõe: *"Fica vedada a dispensa do empregado sindicalizado ou associado, a partir do momento do registro de sua candidatura a cargo de direção ou representação de entidade sindical ou de associação profissional, até 1 (um) ano após o final do seu mandato, caso seja eleito, inclusive como suplente, salvo se cometer falta grave devidamente apurada nos termos desta Consolidação"*.

Igualmente à gestante, o dirigente sindical possui estabilidade provisória, só podendo ser **dispensado por justa causa** após a instauração de ***inquérito para apuração de falta grave***, nos termos do art. 853 da CLT. Porém, para a gestante, a estabilidade surge com a comprovação da gravidez, e não com o conhecimento do empregador. Se o empregador sabia ou não da condição de gestante da empregada, a estabilidade existe, conforme **Súmula n. 244 do TST**, já comentada.

Para o dirigente sindical, não basta a sua candidatura a cargo de direção, e sim o **conhecimento da empresa**, por meio do sindicato, conforme art. 543, § 5º, da CLT. Sem essa **comunicação**, que deve ser realizada dentro de **24 (vinte e quatro) horas** da formalização da **candidatura**, inexiste estabilidade provisória. Destaca o mencionado dispositivo legal que *"(...) a entidade sindical comunicará por escrito à empresa, dentro de 24 (vinte e quatro) horas, o dia e a hora do registro da candidatura de* *seu empregado e, em igual prazo, sua eleição e posse, fornecendo, outrossim, a este, comprovante no mesmo sentido".*

A comunicação, realizada dentro dos parâmetros legais, retira a boa-fé do empregador ao dispensar o obreiro, proporcionando o pleito de **reintegração**, a ser determinado liminarmente, caso presentes o ***fumus boni iuris*** e o ***periculum in mora***. Nesse ponto — comunicação ao empregador — reside a alteração promovida pela Resolução n. 185/2012, no **inc. I da Súmula, já que se desapega ao prazo de comunicação, afirmando que, independentemente de cumprido ou não o prazo descrito no art. 543 da CLT, haverá a estabilidade se a empresa for comunicada antes da dispensa**.

O novel entendimento se mostra absolutamente razoável, **pois se desapega do formalismo para fazer valer o direito do dirigente sindical a atuar com estabilidade provisória**. Se a qualquer momento a empresa for comunicada, haverá estabilidade. O que pode ocorrer é da empresa dispensar o obreiro antes de ser comunicada de sua eleição à dirigente sindical. Nessa hipótese, será válida a dispensa. A comunicação é indispensável. O que não é mais indispensável é a sua realização no prazo legal.

Com relação ao **inc. II**, a questão foi objeto de julgamento pelo **Supremo Tribunal Federal**, em acórdão proferido em agravo regimental, em que a Ministra Relatora, Carmen Lúcia, reiterou o posicionamento que já vem sendo adotado por aquela Corte, a respeito da recepção do art. 522 da CLT pela CRFB/88.

Destacou a Ministra Relatora, nos autos do **Agravo Regimental no Agravo de Instrumento n. 558.565-0/SC**, que *"Ademais, a jurisprudência do Supremo Tribunal Federal firmou-se no sentido de que o art. 522 da Consolidação das Leis do Trabalho foi recepcionado pela Constituição da República e a estabilidade dos dirigentes sindicais somente pode ser assegurada nos limites do mencionado artigo"*.

Assim, a limitação imposta pelo referido artigo da CLT, que aduz que *"A administração do Sindicato será exercida por uma diretoria constituída, no máximo, de 7 (sete) e, no mínimo, de 3 (três) membros e de um Conselho Fiscal composto de 3 (três) membros, eleitos esses órgãos pela Assembleia Geral"*, mostra-se totalmente **válida**, devendo, por isso, ser respeitada. Caso o sindicato disponha de diretoria com número de membros superior a 7 (sete), os que excederem a esse número não possuirão estabilidade provisória.

Trata-se de um entendimento correto do STF, pois a formação da diretoria com número **ilimitado** de membros, certamente conflitaria com a **razoabilidade** que é exigida em todos os campos do direito, pois impediria, pelo menos parcialmente, o direito potestativo do empregador de rescindir o contrato de trabalho sem justa causa, já que no período estabilitário a rescisão só é possível por justa causa.

Há que se lembrar ainda do preceito inserto na **Orientação Jurisprudencial n. 365 da SBDI-1 do TST**, que assim destaca: *"Membro de conselho fiscal de sindicato não tem direito à estabilidade prevista nos arts. 543, § 3º, da CLT e 8º, VIII, da CF/1988, porquanto não representa ou atua na defesa de direitos da categoria respectiva, tendo sua competência limitada à fiscalização da gestão financeira do sindicato (art. 522, § 2º, da CLT)"*.

Ainda em relação ao inc. II, alterado por meio da Resolução n. 174/2011, restou consignado que a estabilidade também abarca os suplentes, em número de 7 (sete), fortalecendo ainda mais a atuação sindical.

O **inc. III** da súmula sob comento disserta acerca da previsão de estabilidade provisória para os empregados de **categorias diferenciadas** que são eleitos dirigentes sindicais.

Em primeiro lugar, há que se entender o significado de *empregado de categoria diferenciada*. Nos termos do art. 511, § 3º, da CLT, *"categoria profissional diferenciada é a que se forma dos empregados que exercem profissões ou funções diferenciadas por força de estatuto profissional especial ou em consequência de condições de vida singulares"*.

Portanto, *categoria profissional diferenciada* é aquela formada por profissionais que se distinguem dos demais **por não serem regidos pelas mesmas normas jurídicas** e por desempenharem **função totalmente distinta** em uma empresa. Exemplificando, o TST já reconheceu que o engenheiro civil não é bancário da Caixa Econômica Federal (CEF), e sim pertence à categoria diferenciada. Tal entendimento deu-se nos autos do Agravo de Instrumento em Recurso de Revista n. 4863/2003-001-12-40.2, em que restou consignado que *"a legislação considera que categoria diferenciada é a de empregados que exerçam profissões ou tenham funções peculiares, regidas por estatuto profissional especial e em condições singulares, como engenheiros, jornalistas, médicos, dentre outras. A decisão do TST esclareceu que o empregado exerce a profissão de engenheiro no banco, o que o sujeita às regras da profissão, caracterizando categoria diferenciada, conforme o artigo 511 da Consolidação das Leis do Trabalho. A profissão de engenheiro é vinculada ainda à Confederação Nacional das Profissões Liberais"*.

Em outra decisão, o TST assegurou a reintegração de empregado pertencente à categoria profissional diferenciada, que havia sido eleito para cargo de diretor de sindicato. A decisão foi proferida nos autos do Recurso de Revista n. 640654/2000.4 e, segundo notícia publicada no site do Tribunal referido, *"a Primeira Turma do Tribunal Superior do Trabalho assegurou a reintegração ao emprego a um dirigente sindical pertencente à categoria diferenciada, que tinha direito à estabilidade provisória e mesmo assim foi demitido pela Espírito Santo Centrais Elétricas S/A (Escelsa). A demissão ocorreu por que a Escelsa considerou que o trabalhador não tinha direito à estabilidade no emprego por não pertencer à categoria profissional preponderante, ou seja, aquela que representa a massa dos trabalhadores da empresa predominante na empresa (eletricitários). O empregado é técnico de segurança do trabalho, e exercia essa função na empresa quando foi eleito para a diretoria do Sindicato dos Técnicos de Segurança do Trabalho do Espírito Santo. De acordo com o relator do recurso, ministro Lélio Bentes Corrêa, o fato de o empregado pertencer à categoria diferenciada e não à categoria profissional preponderante na empresa não lhe retira o direito à estabilidade provisória no emprego garantida pela Constituição de 1988 ao dirigente sindical. 'Nem a lei nem a jurisprudência exigem tal condição para o reconhecimento do direito à estabilidade do dirigente sindical', afirmou"*.

Portanto, o TST garantiu o direito à estabilidade provisória do empregado eleito como dirigente de sindicato, mesmo aquele que representa categoria diferenciada, desde que exerça na empresa atividade pertinente à **categoria profissional** do sindicato para o qual foi eleito dirigente, pois, caso contrário, não haveria qualquer **representatividade**, inexistindo razão para a manutenção do emprego. Na decisão anteriormente referida, o empregado era técnico em segurança do trabalho, exercia a função na empresa e foi eleito dirigente do sindicato que congrega e representa os técnicos em segurança do trabalho. Tudo, portanto, em conformidade com o entendimento sumulado pelo TST.

Por sua vez, o **inc. IV** da súmula sob comento informa que, havendo a **extinção da empresa** na base territorial do sindicato, não subsiste a estabilidade. Esse entendimento é mais que óbvio, pois, se não mais existe empresa, também não existe relação empregatícia, o que importa dizer que, por sua vez, não subsiste a estabilidade. Entendimento contrário traria consequências totalmente nefastas à empresa, que não poderia encerrar suas atividades até que findasse o prazo estabilitário do obreiro, por exemplo.

Entretanto, o encerramento das atividades da empresa faz com que não haja mais razão para a manutenção da estabilidade provisória no emprego, que tem por intuito garantir a **representatividade** dos trabalhadores no sindicato da categoria, tendo em vista o término das atividades da empresa na qual laboram os representados.

É importante lembrar que o sindicato pode ter por base territorial o país, um ou mais Estados, um ou mais Municípios, mas nunca **área menor que um município**, a teor do disposto no art. 8º, II, da CRFB/88.

Por fim, o **inc. V** da súmula destaca a inexistência de estabilidade provisória se o registro da candidatura a cargo de direção for realizado no período de **aviso prévio**. O entendimento do TST é criticado por alguns, em especial por MAURÍCIO GODINHO DELGADO,[124] que afirmam ser injustificável a inexistência de estabilidade nessa situação, tendo em vista que o aviso prévio integra o contrato de trabalho para todos os efeitos legais, contrariando, por exemplo, o entendimento firmado na **Súmula n. 305 do TST** (incidência de FGTS sobre o aviso prévio), bem como no art. 487, § 1º, da CLT.

O mestre referido afirma que *"a jurisprudência tem construído restrição injustificável ao exercício de atividades sindicais no âmbito empresarial brasileiro. Apesar de a lei (art. 487, § 1º,* in fine, *CLT) e a própria jurisprudência, (...) entenderem, firmemente, que o tempo do aviso prévio se integra ao contrato de trabalho para todos os efeitos, tem-se insistido que o registro da candidatura do empregado a cargo de dirigente sindical no período de pré-aviso não lhe garante a estabilidade"*.

Entende parte da doutrina que a formação e inscrição de chapa para concorrer às eleições sindicais é, por vezes, um processo demorado, o que pode ocasionar, por parte do empregador, a oportunidade de avisar com antecedência o empregado, **impedindo-o** de adquirir a estabilidade provisória.

---

[124] DELGADO, Maurício Godinho. *Curso de direito do trabalho*, p. 1152.

Porém, firmou o TST o entendimento de que, já tendo sido pré-avisado da despedida, sendo o período trabalhado ou indenizado, **não há qualquer direito** à estabilidade provisória, uma vez que o contrato de trabalho já está em vias de terminar. Situação contrária impediria o empregador de dispensar o empregado **sem justa causa**, tornando-se uma "arma" nas mãos dos empregados, que poderiam registrar sua candidatura a dirigente unicamente para obstar a demissão ou, pelo menos, para torná-la mais demorada.

Contudo, é claro que, se o aviso prévio não gera, por consequência, o encerramento do contrato de trabalho, havendo **retratação, expressa ou tácita**, subsistirá, em todos os seus efeitos jurídicos, o direito à estabilidade provisória, nos termos da CRFB/88.

> **ATENÇÃO:** O dirigente sindical possui estabilidade provisória desde o registro da candidatura até um ano após o término do mandato, sendo indispensável para a aquisição da estabilidade a comunicação ao empregador do registro, que pode ser feita de qualquer modo, enquanto estiver em vigor o contrato de trabalho.

> ***SÚMULA N. 370***
> ***MÉDICO E ENGENHEIRO. JORNADA DE TRABALHO. LEIS NS. 3.999/1961 E 4.950-A/1966 (conversão das Orientações Jurisprudenciais ns. 39 e 53 da SBDI-1) — Res. 129/2005, DJ 20, 22 e 25.04.2005***
>
> Tendo em vista que as Leis ns. 3.999/1961 e 4.950-A/1966 não estipulam a jornada reduzida, mas apenas estabelecem o salário mínimo da categoria para uma jornada de 4 horas para os médicos e de 6 horas para os engenheiros, não há que se falar em horas extras, salvo as excedentes à oitava, desde que seja respeitado o salário mínimo/horário das categorias. (ex-OJs ns. 39 e 53 da SBDI-1 — inseridas, respectivamente, em 07.11.1994 e 29.04.1994)

A **Súmula n. 370 do TST**, relacionada à jornada de trabalho do médico e do engenheiro, obteve **nova redação** por meio da Resolução n. 129/2005 do TST, publicada no *DJ* nos dias 20, 22 e 25.04.2005, com a **conversão das Orientações Jurisprudenciais ns. 39 e 53 da SBDI-1 do TST**.

O entendimento do TST reflete posicionamento antes já externado pela Subseção de Dissídios Individuais n. 1 daquele tribunal que, desde 1994, já propugnava pela **inexistência** de jornada diária **reduzida** para médicos e engenheiros.

As leis ns. 3.999/61 e 4.950-A/66, segundo o posicionamento firmado, **não asseguram** uma jornada diária **reduzida**, de 4 (quatro) horas para médicos e 6 (seis) horas para engenheiros. Não foi essa a preocupação do legislador. A lei apenas garantiu o pagamento de uma quantia condigna com o trabalho exercido, calculando-se de acordo com determinado número de horas trabalhadas, o que significa dizer que não há direito ao pagamento de horas extraordinárias se excedido aquele número de horas especificado na lei (e na súmula também), podendo o trabalho ser exigido por até 8 (oito) horas diárias, nos termos do art. 7º, XIII, da CRFB/88.

Contudo, se não pago o **valor mínimo horário**, serão devidas as diferenças salariais. Se, além disso, for exigido trabalho superior ao limite constitucional, além das diferenças salariais, deverá também ser pago adicional por labor extraordinário, no percentual mínimo de 50% (cinquenta por cento).

ATENÇÃO: Os médicos e engenheiros não possuem jornada reduzida garantida por lei, mas um salário mínimo para a jornada de 4 horas para os médicos e de 6 horas para os engenheiros, de forma que ambos possuem um valor módico garantido, mesmo nas jornadas reduzidas.

SÚMULA N. 371
AVISO PRÉVIO INDENIZADO. EFEITOS. SUPERVENIÊNCIA DE AUXÍLIO-DOENÇA NO CURSO DESTE (conversão das Orientações Jurisprudenciais ns. 40 e 135 da SBDI-1) — Res. 129/2005, DJ 20, 22 e 25.04.2005

A projeção do contrato de trabalho para o futuro, pela concessão do aviso prévio indenizado, tem efeitos limitados às vantagens econômicas obtidas no período de pré-aviso, ou seja, salários, reflexos e verbas rescisórias. No caso de concessão de auxílio-doença no curso do aviso prévio, todavia, só se concretizam os efeitos da dispensa depois de expirado o benefício previdenciário. (ex-OJs ns. 40 e 135 da SBDI-1 — inseridas, respectivamente, em 28.11.1995 e 27.11.1998)

A **Súmula n. 371 do TST**, relacionada à concessão de **auxílio-doença** no curso do **aviso prévio**, bem como aos seus efeitos, obteve **nova redação** por meio da Resolução n. 129/2005 do TST, publicada no *DJ* nos dias 20, 22 e 25.04.2005, com a **conversão das Orientações Jurisprudenciais ns. 40 e 135 da SBDI-1 do TST**.

A primeira parte da súmula demonstra que a **projeção** do contrato de trabalho do empregado, em virtude do aviso prévio, de no mínimo 30 (trinta) dias, somente assegura benefícios financeiros, e não **estabilidade provisória**, que surgiria pela existência de acidente de trabalho e percepção de auxílio-doença. O empregado que inicia o recebimento do referido auxílio no curso do aviso prévio não detém estabilidade no emprego, pois já havia sido informado do término do contrato de trabalho. Esse também é o entendimento do **inc. V do art. 369 do TST**, alusivo ao empregado eleito dirigente sindical.

A presente súmula reitera o disposto no art. 487, § 6º, da CLT, cuja redação é idêntica à da **Súmula n. 5 do TST**, atualmente cancelada. Quando dos comentários à referida súmula, afirmou-se que: *"adentrando ao tema, o que a súmula garantia, e hoje é garantido pelo § 6º do art. 487 da CLT, é o direito ao reajuste salarial coletivo, mesmo estando o empregado de aviso prévio. Em primeiro lugar, reajuste coletivo não é apenas aquele que se estende a toda categoria, podendo ser o reajuste conferido aos empregados de uma empresa ou de um setor, desde que abranja a todos os empregados (da empresa ou do setor), entre eles, aqueles que estão cumprindo aviso prévio. A razão para o reconhecimento do direito ao reajuste encontra-se* *na parte final do dispositivo legal, quando reconhece que o período do aviso prévio integra o contrato de trabalho para todos os efeitos. Um deles é o recebimento de reajustes salariais. Outro é a contagem do tempo para fins de cálculo de 13º proporcional e férias proporcionais, em que se inclui mais 1/12 pelos 30 dias de aviso prévio".*

Garantem-se no período do aviso prévio os **reajustes salariais**, bem como seus **reflexos** nas verbas rescisórias, mesmo que essas já tenham sido pagas anteriormente.

A respeito da matéria, ensina FRANCISCO ANTÔNIO DE OLIVEIRA[125] que *"disso resulta que o reconhecimento de estabilidade durante o aviso prévio atentaria contra o exercício de um direito assegurado em lei. A proteção do hipossuficiente não deve nem pode ser levada a extremos".*

A segunda parte da súmula, oriunda da conversão da **Orientação Jurisprudencial n. 135 da SBDI-1 do TST**, afirma que a percepção do auxílio-doença **interrompe** o aviso prévio já em curso, garantindo a percepção do **benefício previdenciário** pelo obreiro durante o período que for necessário, cessando o contrato de trabalho somente após o **término do auxílio-doença**. A redação da Orientação Jurisprudencial demonstrava, de maneira enfática, a razão do entendimento do TST, a saber: *"os efeitos da dispensa só se concretizam depois de expirado o benefício previdenciário, sendo irrelevante que tenha sido concedido no período do aviso prévio já que ainda vigorava o contrato de trabalho".* Apesar de não garantir estabilidade, a interpretação do TST protege o empregado, pois garante a percepção do auxílio-doença, já que ainda em curso o contrato de trabalho.

Vale a pena transcrever a redação do **art. 59 da Lei n. 8.213/91**, que dispõe acerca do referido benefício: *"O auxílio-doença será devido ao segurado que, havendo cumprido, quando for o caso, o período de carência exigido nesta Lei, ficar incapacitado para o seu trabalho ou para a sua atividade habitual por mais de 15 (quinze) dias consecutivos".*

A respeito do aviso prévio, é importante destacar a alteração legislativa decorrente da edição da Lei n. 12.506, de 11.10.2011, que regulamentou o aviso prévio proporcional ao tempo de serviço, instituto previsto na CRFB/88, no art. 7º, XXI, mas que somente agora mereceu a devida atenção do Poder Legislativo. A referida lei possui apenas dois artigos, a saber:

> Art. 1º O aviso prévio, de que trata o Capítulo VI do Título IV da Consolidação das Leis do Trabalho — CLT, aprovada pelo Decreto-lei n. 5.452, de 1º de maio de 1943, será concedido na proporção de 30 (trinta) dias aos empregados que contem até 1 (um) ano de serviço na mesma empresa.
>
> Parágrafo único. Ao aviso prévio previsto neste artigo serão acrescidos 3 (três) dias por ano de serviço prestado na mesma empresa, até o máximo de 60 (sessenta) dias, perfazendo um total de até 90 (noventa) dias.
>
> Art. 2º Esta Lei entra em vigor na data de sua publicação.

[125] OLIVEIRA, Francisco Antônio de. *Comentários às súmulas do TST*, p. 663.

Assim, aos empregados continua a ser garantido o aviso prévio mínimo de 30 (trinta) dias, podendo chegar a 90 (noventa) dias, para os empregados com 20 (vinte) anos de emprego na mesma empresa, já que a proporção criada é de 3 (três) dias de aviso prévio para cada ano de trabalho prestado ao mesmo empregador.

A regulamentação da matéria pelo Poder Legislativo certamente decorreu das decisões proferidas pelo Supremo Tribunal Federal em junho de 2011, no julgamento dos mandados de injunção ns. 943, 1.010, 1.074 e 1.090, nos quais aquele tribunal reconheceu o direito ao aviso prévio proporcional.

ATENÇÃO: A concessão do auxílio-doença no curso do aviso prévio faz com que o contrato de trabalho somente se efetive após o término do benefício, mesmo que o período do aviso prévio já tenha terminado. Não se pode permitir que o contrato cesse com o empregado doente ou impossibilitado para o trabalho.

SÚMULA N. 372
GRATIFICAÇÃO DE FUNÇÃO. SUPRESSÃO OU REDUÇÃO. LIMITES (conversão das Orientações Jurisprudenciais ns. 45 e 303 da SBDI-1) — Res. 129/2005, DJ 20, 22 e 25.04.2005

I — Percebida a gratificação de função por dez ou mais anos pelo empregado, se o empregador, sem justo motivo, revertê-lo a seu cargo efetivo, não poderá retirar-lhe a gratificação tendo em vista o princípio da estabilidade financeira. (ex-OJ n. 45 da SBDI-1 — inserida em 25.11.1996)

II — Mantido o empregado no exercício da função comissionada, não pode o empregador reduzir o valor da gratificação. (ex-OJ n. 303 da SBDI-1 — *DJ* 11.08.2003)

A **Súmula n. 372 do TST**, relacionada à **supressão** ou **redução** da **gratificação de função**, obteve **nova redação** por meio da Resolução n. 129/2005 do TST, publicada no *DJ* nos dias 20, 22 e 25.04.2005, com a **conversão das Orientações Jurisprudenciais ns. 45 e 303 da SBDI-1 do TST**.

O entendimento exposto, num primeiro momento em sede de Orientações Jurisprudenciais, alcança patamar mais alto com a conversão em súmula, reafirmando o disposto no **art. 468, parágrafo único, da CLT**, que assim reza: *"Não se considera alteração unilateral a determinação do empregador para que o respectivo empregado reverta ao cargo efetivo, anteriormente ocupado, deixando o exercício de função de confiança"*.

A complementação trazida pela súmula encontra-se totalmente fincada no ***princípio da razoabilidade***, bem como no da ***estabilidade financeira***, expressamente exposto no inc. I.

A **reversão** ao cargo efetivo realmente não se mostra como **alteração ilícita** do contrato de trabalho, pois a manutenção do empregado no cargo de confiança, pela própria essência deste, é **provisória**, ou seja, permanece nesse enquanto durar a fidúcia naquele empregado. Durante tal período, perceberá o obreiro uma **gratificação** de função, para recompensar a maior responsabilidade e disponibilidade, já que, nos termos do art. 62 da CLT, não terá direito à percepção de horas extraordinárias, caso inexista controle de jornada.

Porém, a percepção da referida gratificação, que por lei deve ser de, no mínimo, 40% (quarenta por cento), por largo espaço de tempo, faz com que o empregado e sua família adéquem-se a tal remuneração, melhorando seu padrão de vida, em especial no período versado na súmula, que é de **10 (dez) anos**.

A reversão ao cargo de confiança, que, frise-se, pode se dar perfeitamente, sem qualquer **ilicitude** por parte do empregador, não retira do empregado o direito à continuidade do recebimento da gratificação. Poderá, por óbvio, haver a rescisão do contrato sem justa causa, com a contratação de outro empregado, percebendo, inclusive, menos que o atual (*vide* comentários à **Súmula n. 6 do TST**). Porém, a permanência do empregado nos quadros da empresa, independentemente da função que vier a ser exercida, fará com que ele mantenha o padrão remuneratório do período em que ocupava o cargo de confiança. O entendimento é bastante **razoável**, mas pode, no entanto, acarretar sempre a demissão sem justa causa do obreiro, o que, aliás, é mais um dos direitos do empregador.

Já no tocante ao **inc. II** da súmula, temos a incidência do ***princípio da proteção***, em sua acepção da ***situação mais benéfica*** *ao empregado*, além da aplicação da regra de que o salário somente pode ser **reduzido** em situações **excepcionais**, desde que por meio de **negociação coletiva**.

Assim, se o empregador optar por manter o empregado no **cargo de confiança**, não poderá diminuir o valor da gratificação, pois, em verdade, está diminuindo salário, o que é proibido, segundo o art. 7º, VI, da CRFB/88, que reza ser garantia dos empregados, urbanos e rurais, a *"irredutibilidade do salário, salvo o disposto em convenção ou acordo coletivo"*.

> **ATENÇÃO:** Caso o empregado seja revertido após 10 ou mais anos de função gratificada, não perderá referida gratificação, não sendo lícita a redução da gratificação caso o empregado continue na função gratificada.

> ***SÚMULA N. 373***
> ***GRATIFICAÇÃO SEMESTRAL. CONGELAMENTO. PRESCRIÇÃO PARCIAL (conversão da Orientação Jurisprudencial n. 46 da SBDI-1) — Res. 129/2005, DJ 20, 22 e 25.04.2005***
>
> Tratando-se de pedido de diferença de gratificação semestral que teve seu valor congelado, a prescrição aplicável é a parcial. (ex-OJ n. 46 da SBDI-1 — inserida em 29.03.1996)

A **Súmula n. 373 do TST**, relacionada à **prescrição parcial** sobre **diferenças** devidas a título de **gratificação semestral**, obteve **nova redação** por meio da

Resolução n. 129/2005 do TST, publicada no *DJ* nos dias 20, 22 e 25.04.2005, com a **conversão da Orientação Jurisprudencial n. 46 da SBDI-1 do TST**.

O enunciado contido na presente súmula em muito se parece com aquele descrito na **Súmula n. 327 do TST**, que trata da prescrição das diferenças não pagas a título de complementação de aposentadoria, em que também se aplica a prescrição parcial.

Naquela oportunidade, fixou-se que: *"Na súmula sob análise, tem-se a aplicação da prescrição parcial sobre as diferenças salariais, uma vez que a complementação de aposentadoria foi paga, porém, a menor. Nessa situação, serão alcançados pela prescrição os valores não pagos fora do prazo de 5 (cinco) anos anteriores ao ajuizamento da demanda. Isso significa dizer que, decorrido o quinquênio, não mais serão exigíveis os valores. A violação ao direito do trabalhador se renova a cada mês, não podendo ser considerada como ato único, e sim periódico"*.

O entendimento firmado pelo TST com relação ao pedido de pagamento de **diferenças** decorrentes de gratificação semestral é o mesmo. Tratando-se de violação que se repete a **cada semestre**, o prazo prescricional é reiniciado a **cada violação**, alcançando apenas as parcelas não cobradas dentro do prazo de 5 (cinco) anos anterior ao **ajuizamento** da ação trabalhista.

Apesar de a súmula tratar especificamente sobre as *gratificações semestrais*, adota-se o mesmo procedimento para as demais **gratificações**, sejam mensais, bimestrais, trimestrais etc., ou seja, independentemente da **periodicidade**. Esse também é o entendimento de FRANCISCO ANTÔNIO DE OLIVEIRA,[126] para quem *"embora o texto se refira a 'gratificação semestral', parece-nos que o raciocínio servirá também para aquelas gratificações trimestrais, anuais, etc."*.

> **ATENÇÃO:** A prescrição a ser aplicada para a cobrança de diferenças de gratificação é a quinquenal, ou seja, parcial, estando prescritas as parcelas anteriores aos últimos 5 anos, contados do ajuizamento da ação, conforme a Súmula n. 308 do TST.

> ***SÚMULA N. 374***
> ***NORMA COLETIVA. CATEGORIA DIFERENCIADA. ABRANGÊNCIA (conversão da Orientação Jurisprudencial n. 55 da SBDI-1) — Res. 129/2005, DJ 20, 22 e 25.04.2005***
>
> Empregado integrante de categoria profissional diferenciada não tem o direito de haver de seu empregador vantagens previstas em instrumento coletivo no qual a empresa não foi representada por órgão de classe de sua categoria. (ex-OJ n. 55 da SBDI-1 — inserida em 25.11.1996)

[126] OLIVEIRA, Francisco Antônio de. *Comentários às súmulas do TST*, p. 663.

A **Súmula n. 374 do TST**, relacionada à inaplicabilidade dos preceitos constantes de **norma coletiva** aos empregados de **categorias diferenciadas**, quando o empregador não tiver sido representado pelo órgão de classe, obteve **nova redação** por meio da Resolução n. 129/2005 do TST, publicada no *DJ* nos dias 20, 22 e 25.04.2005, com a **conversão da Orientação Jurisprudencial n. 55 da SBDI-1 do TST**.

Antes mesmo da edição da súmula sob análise, o TST já aplicava o entendimento consubstanciado na **OJ n. 55 da SBDI-1**, com redação idêntica à atual súmula, conforme se verifica no julgamento do Recurso de Revista n. 541395/1999, em março de 2005.

Naquela ocasião, a Ministra Relatora, Maria Cristina Peduzzi, afirmou que *"a aplicação da norma coletiva para o profissional que se encontra enquadrado em categoria diferenciada não é impossível, mas, para tanto, é necessário que o sindicato representativo das empresas que contratam os integrantes da categoria profissional diferenciada tenha participado da negociação ou, pelo menos, tenha sido chamado a participar"*.

Importante, nesse momento, relembrar o conceito de ***categoria diferenciada***, demonstrado nos comentários à **Súmula n. 369 do TST**. Desta forma, *"(...) categoria profissional diferenciada é aquela formada por profissionais que se distinguem dos demais por não serem regidos pelas mesmas normas jurídicas e por desempenharem função totalmente distinta em uma empresa. Exemplificando, o TST já reconheceu que o engenheiro civil não é bancário da Caixa Econômica Federal (CEF), e sim pertence à categoria diferenciada"*. Tal ideia encontra-se descrita no **art. 511, § 3º, da CLT**.

O entendimento externado pelo TST já na OJ n. 55 da SBDI-1, agora convertido na súmula sob comento, mostra-se absolutamente correto, em conformidade com as normas e os princípios que regem as **negociações coletivas**. O empregador somente estará sujeito à incidência de regras criadas por negociação coletiva quando tiver **participado** do ato, no caso do acordo coletivo, ou **representado** por seu sindicato, na hipótese de convenção coletiva.

MAURÍCIO GODINHO DELGADO[127] explica o denominado *princípio da Interveniência Sindical na Normatização Coletiva*, afirmando que esse *"propõe que a validade do processo negocial coletivo submeta-se à necessária intervenção do ser coletivo institucionalizado obreiro — no caso brasileiro, o sindicato"*. Apesar de fazer menção apenas ao sindicato obreiro, também se faz necessária a **interveniência** do sindicato patronal, quando da formulação de convenção coletiva ou do próprio empregador, em caso de acordo, pois outro princípio, destacado pelo respectivo autor, disserta acerca da *equivalência dos contratantes coletivos*, demonstrando a ideia de isonomia que deve estar sempre prevista em todos os atos jurídicos.

Assim, não restam **válidas** e **eficazes**, perante os empregadores que não foram **representados** no ato negocial coletivo, as normas criadas por meio daquele, situação verificada quando a empresa possui **categorias profissionais diferenciadas** e

[127] DELGADO, Maurício Godinho. *Curso de direito do trabalho*, p. 1206-1207.

somente é chamada a participar das convenções relacionadas aos empregados que compõem a maior parte de seu quadro de funcionários, em geral, por estarem relacionados à **atividade-fim** do empregador.

Dessa forma, se uma empresa de informática possui em seus quadros alguns motoristas para atenderem à diretoria e às gerências, não poderá ser compelida a conceder os benefícios criados por convenção coletiva dos Sindicatos dos Motoristas, se não pôde participar das rodadas de negociação, via sindicato de sua categoria.

ATENÇÃO: Os empregados pertencentes a categoria diferenciada não possuem os direitos que foram reconhecidos por negociação coletiva da qual o empregador não participou ou em que não foi representado.

SÚMULA N. 375
REAJUSTES SALARIAIS PREVISTOS EM NORMA COLETIVA. PREVALÊNCIA DA LEGISLAÇÃO DE POLÍTICA SALARIAL
(conversão da Orientação Jurisprudencial n. 69 da SBDI-1 e da Orientação Jurisprudencial n. 40 da SBDI-2) — Res. 129/2005, DJ 20, 22 e 25.04.2005

Os reajustes salariais previstos em norma coletiva de trabalho não prevalecem frente à legislação superveniente de política salarial. (ex-OJs ns. 69 da SBDI-1 — inserida em 14.03.1994 — e 40 da SBDI-2 — inserida em 20.09.2000)

A **Súmula n. 375 do TST**, relacionada à prevalência da legislação de política salarial sobre as normas coletivas que criam **reajustes salariais**, obteve **nova redação** por meio da Resolução n. 129/2005 do TST, publicada no *DJ* nos dias 20, 22 e 25.04.2005, com a **conversão da Orientação Jurisprudencial n. 40 da SBDI-2 do TST**.

A presente súmula caminha na contramão do desenvolvimento do Direito do Trabalho, contrariando diversos **princípios** trabalhistas, conforme será visto a partir de agora.

Da forma como se encontra redigida a súmula, pode-se entender que os reajustes salariais acordados via **negociação coletiva**, mesmo que superiores, ou seja, mais **benéficos** aos empregados, não serão aplicados caso surja legislação **posterior** regulamentando a matéria. Esse entendimento é absurdo, pois viola o *princípio da proteção*, bem como os princípios da *condição mais benéfica* e *norma mais favorável*, além de poder ocasionar **redução salarial**.

A respeito do princípio da condição mais benéfica, MAURÍCIO GODINHO DELGADO[128] disserta que *"esse princípio importa na garantia de preservação, ao longo do contrato, da cláusula contratual mais vantajosa ao trabalhador, que se reveste do caráter de direito adquirido (art. 5º, XXXVI, CF/88). Ademais, para o*

[128] DELGADO, Maurício Godinho. *Curso de direito do trabalho*, p. 187.

princípio, no contraponto entre dispositivos contratuais concorrentes, há de prevalecer aquele mais favorável ao empregado".

Ainda acerca do mesmo princípio, AMÉRICO PLÁ RODRIGUEZ[129] destaca que *"a regra da condição mais benéfica pressupõe a existência de uma situação concreta, anteriormente reconhecida e determina que ela deve ser respeitada, na medida em que seja mais favorável ao trabalhador que a nova norma aplicável".*

Numa análise simples da súmula, chega-se à conclusão de que ela viola os preceitos já explicados, pois o fato do reajuste concedido por norma coletiva não subsistir aos preceitos trazidos por legislação superveniente pode gerar situação **maléfica** aos empregados, que já tinham **direito adquirido** ao reajuste maior, inserido nos contratos de trabalho de forma válida, por meio de negociação respaldada e autorizada por lei. Além disso, a tendência do Direito do Trabalho é no sentido de proporcionar maior abertura às partes para negociação, em detrimento do surgimento de novas regulamentações por via legislativa. Mas os problemas não param por aqui.

Se o surgimento posterior de legislação, fixando reajuste inferior, viola o *princípio da condição mais benéfica*, o surgimento concomitante de negociação coletiva e legislação estatal dispondo sobre o mesmo assunto, qual seja, **reajuste salarial**, importa a necessidade de verificar-se qual das duas normas mostra-se mais **favorável** ao empregado, para ser aplicada.

Sobre o *princípio da norma mais favorável,* AMÉRICO PLÁ RODRIGUEZ[130] afirma que *"não se aplicará a norma correspondente dentro de uma ordem hierárquica predeterminada, mas se aplicará, em cada caso, a norma mais favorável ao trabalhador".*

Tal fato decorre da **proteção mínima** criada pelo Direito do Trabalho, e não máxima, razão pela qual poderão surgir outras normas (acordos coletivos, convenções coletivas, normas empresariais etc.).

Por fim, a não revisão ou cancelamento da súmula, como redigida, afronta o princípio da **inalterabilidade lesiva dos salários**, também denominada *irredutibilidade salarial*, imposta pela CRFB/88 como um **direito fundamental** dos trabalhadores urbanos e rurais, que somente pode ser excepcionado por meio de negociação coletiva.

A não prevalência do reajuste salarial, concedido por negociação coletiva, diante da legislação superveniente, poderá ocasionar redução salarial, pois em determinado período os empregados receberão quantia maior, reajustada com índice superior e, posteriormente, terão seus salários recalculados, aplicando-se índice oficial, menor, oriundo da *legislação de política salarial*, conforme nomenclatura utilizada pelo TST.

Porém, a súmula encontra-se **vigente**, podendo ser aplicada pelo TST, mas sem vinculação aos demais órgãos do Judiciário Trabalhista.

---

[129] RODRIGUEZ, Américo Plá. *Princípios de direito do trabalho*, p. 131.
[130] RODRIGUEZ, Américo Plá. *Princípios de direito do trabalho*, p. 123.

ATENÇÃO: As leis sobre política salarial sobressaem aos reajustes salariais deferidos por negociação coletiva.

SÚMULA N. 376
HORAS EXTRAS. LIMITAÇÃO. ART. 59 DA CLT. REFLEXOS (conversão das Orientações Jurisprudenciais ns. 89 e 117 da SBDI-1) — Res. 129/2005, DJ 20, 22 e 25.04.2005

I — A limitação legal da jornada suplementar a duas horas diárias não exime o empregador de pagar todas as horas trabalhadas. (ex-OJ n. 117 da SBDI-1 — inserida em 20.11.1997)

II — O valor das horas extras habitualmente prestadas integra o cálculo dos haveres trabalhistas, independentemente da limitação prevista no *caput* do art. 59 da CLT. (ex-OJ n. 89 da SBDI-1 — inserida em 28.04.1997)

A **Súmula n. 376 do TST**, relacionada ao pagamento das horas extraordinárias trabalhadas além da **limitação** imposta pelo art. 59 da CLT, obteve **nova redação** por meio da Resolução n. 129/2005 do TST, publicada no *DJ* nos dias 20, 22 e 25.04.2005, com a **conversão das Orientações Jurisprudenciais ns. 89 e 117 da SBDI-1 do TST**.

O art. 59 da CLT, visando proteger a saúde e a integridade física do empregado, **limita** a jornada de trabalho, fixando a possibilidade de serem prestadas até **2 (duas) horas extras diárias**, por meio de acordo de prorrogação.

Explicando o assunto, AMAURI MASCARO NASCIMENTO[131] descreve que *"(...) de comum acordo, empregado e empregador podem prorrogar a jornada diária de trabalho. Está previsto no art. 59 da CLT. As horas extras, decorrentes do acordo de prorrogação, serão de, no máximo, 2 diárias. Cada hora extraordinária será paga com adicional de 50%. O acordo de prorrogação será, necessariamente, escrito, forma prevista em lei"*.

Verifica-se que o legislador criou a limitação de 2 (duas) horas extras diárias, para evitar o desgaste exagerado do trabalhador, que ficaria à mercê do empregador na ausência de qualquer limite prefixado. Seria muito perigoso não impor um limite como esse que foi estabelecido.

Porém, caso ultrapassado o limite imposto, além de **sanções administrativas**, está o empregador obrigado a **remunerar** todas as horas extras **efetivamente** trabalhadas. A tese utilizada pelos empregadores e aceita por alguns Juízes do Trabalho é absurdamente **irrazoável**, pois remunerava apenas as 2 (duas) primeiras horas extraordinárias, já que as demais mostravam-se **ilegais**.

Tal posicionamento, superado pela presente súmula, "presenteava" o empregador que exigia do empregado jornada excessiva, pois obtinha o trabalho e não o remunerava, criando-se situação de ***enriquecimento sem causa*** por parte da empresa.

131 NASCIMENTO, Amauri Mascaro. *Curso de direito do trabalho*, p. 1144.

Assim, mesmo ultrapassando-se o período legal, deve-se pagar as horas extraordinárias com pelo menos 50% (cinquenta por cento) do adicional devido. Nesse ponto, mostra-se importante lembrar da **Súmula n. 291 do TST**, que assim reza: *"A supressão, pelo empregador, do serviço suplementar prestado com habitualidade, durante pelo menos 1 (um) ano, assegura ao empregado o direito à indenização correspondente ao valor de 1 (um) mês das horas suprimidas para cada ano ou fração igual ou superior a seis meses de prestação de serviço acima da jornada normal. O cálculo observará a média das horas suplementares efetivamente trabalhadas nos últimos 12 (doze) meses, multiplicada pelo valor da hora extra do dia da supressão".*

Com relação ao **inc. II** da súmula, mostra-se, em verdade, uma **complementação** do inc. I, bem como uma **consequência** lógica desse. Se todas as horas extraordinárias trabalhadas devem ser pagas, é claro que *todas* devem **refletir** nas demais verbas trabalhistas e rescisórias, tais como aviso prévio, férias, 13º salário, FGTS etc. Nesse sentido, *vide* **Súmulas ns. 63, 85, 115, 118, 132, 172**, entre outras relacionadas ao tema.

ATENÇÃO: Todas as horas extraordinárias realizadas, mesmo superiores ao limite imposto pelo art. 59 da CLT (2 horas extras diárias), devem ser pagas. Não há limite para o pagamento, mas há um limite para o empregador, que não pode exigir mais de 2 horas extras por dia.

SÚMULA N. 377
PREPOSTO. EXIGÊNCIA DA CONDIÇÃO DE EMPREGADO (nova redação) — Res. 146/2008, DJ 28.04.2008, 02 e 05.05.2008

Exceto quanto à reclamação de empregado doméstico, ou contra micro ou pequeno empresário, o preposto deve ser necessariamente empregado do reclamado. Inteligência do art. 843, § 1º, da CLT e do art. 54 da Lei Complementar n. 123, de 14 de dezembro de 2006.

A **Súmula n. 377 do TST**, que exige a condição de **empregado** para ser preposto em audiência trabalhista, com algumas exceções, obteve **nova redação** por meio da Resolução n. 146/2008 do TST, publicada no *DJ* nos dias 28.04.2008, 02 e 05.05.2008.

O preposto, conforme ensinamentos de CARLOS HENRIQUE BEZERRA LEITE[132] *"(...) é um representante* sui generis *do empregador pessoa jurídica, deverá ser um empregado seu, cuja missão é específica para substituí-lo na audiência e nela prestar declarações que o vincularão para fins de confissão quanto aos fatos deduzidos na relação processual".*

O Tribunal Superior do Trabalho firmou entendimento no sentido de que o **preposto** deve ser **empregado** da empresa reclamada, tendo em vista que o art. 843, § 1º,

[132] BEZERRA LEITE, Carlos Henrique. *Curso de direito processual do trabalho*, p. 362.

da CLT aduz que *"é facultado ao empregador fazer-se substituir pelo gerente, ou qualquer outro preposto que tenha conhecimento do fato, e cujas declarações obrigarão o proponente"*.

A redação do dispositivo legal deixa margem para o surgimento de *prepostos profissionais*, que recebem para atuar como tal, mas, em verdade, não possuem conhecimento dos **fatos** e, portanto, em nada ajudam na respectiva **elucidação**, bem como na busca pela **verdade real**. O que fazem tais prepostos é simplesmente reafirmar os fatos narrados nas peças de defesa.

Para pôr fim à celeuma que reinava nas Varas do Trabalho, pelos diversos posicionamentos adotados pelos magistrados, que ora aceitavam apenas prepostos empregados e ora aceitavam terceiros, o TST sumulou o assunto, criando uma regra geral e duas exceções.

A regra geral é que o preposto deve ser, **obrigatoriamente**, *empregado da empresa reclamada*, tendo em vista afirmar o art. 843, § 1º, da CLT a necessidade de se ter **conhecimento dos fatos**. E não se diga que o contador ou qualquer outro profissional que preste serviços para a empresa tenha conhecimento do que se passa no dia a dia profissional, pois tal fato é totalmente incomum.

Assim, junto com a **carta de preposição** fornecida pela empresa, deverá o preposto juntar aos autos a cópia da sua **CTPS**, devidamente assinada pela reclamada, sob pena de ser aplicado o **art. 76 do CPC/2015**, que determina a designação de prazo para que a parte corrija a irregularidade de representação, sob pena de revelia e confissão quanto à matéria fática. Com relação ao tema *confissão*, importante destacar o **inc. II da Súmula 74 do TST**, que afirma: *"a prova pré-constituída nos autos pode ser levada em conta para confronto com a confissão ficta (art. 443, I, CPC/2015), não implicando cerceamento de defesa o indeferimento de provas posteriores"*.

Adentrando nas exceções trazidas pela súmula, tem-se que, no caso do reclamado ser **empregador doméstico**, poderá ser representado por qualquer **membro** da família, já que, na imensa maioria dos lares brasileiros, tem-se apenas um empregado doméstico, o que tornaria impossível outro empregado representar o empregador. Nesse sentido, são as palavras de CARLOS HENRIQUE BEZERRA LEITE,[133] para quem *"tratando de empregador doméstico, que pode ser pessoa física ou a família (Lei n. 5.589/72), a representação daquela pode ser feita tanto pelo marido, pela esposa, ou, ainda, por qualquer outra pessoa da família com capacidade de ser parte, como os filhos maiores"*.

A mesma interpretação, igualmente razoável do TST, foi firmada com relação às **micros e pequenas empresas**, regidas pela Lei Complementar n. 123/2006, que em seu art. 54 dispõe: *"É facultado ao empregador de microempresa ou de empresa de pequeno porte fazer-se substituir ou representar perante a Justiça do Trabalho por terceiros que conheçam dos fatos, ainda que não possuam vínculo trabalhista ou societário"*.

---

[133] BEZERRA LEITE, Carlos Henrique. *Curso de direito processual do trabalho*, p. 364-365.

Claramente que o legislador teve em mente a preocupação com o *acesso à justiça*, buscando facilitá-lo com a norma, que permite que qualquer pessoa, desde que tenha **conhecimento dos fatos**, seja preposto. Desta forma, volta-se, apenas nessa hipótese, a conviver a Justiça do Trabalho com os *prepostos profissionais*, que nada agregam ao processo, em termos de elementos de **prova** capazes de elucidar os fatos. Porém, esse foi o entendimento do TST, que buscou prestigiar o **acesso à justiça**.

ATENÇÃO: O preposto deve ser empregado da empresa reclamada. É admitida outra pessoa, que tenha conhecimento dos fatos, apenas para o empregador doméstico e para as micro e pequenas empresas.

SÚMULA N. 378
ESTABILIDADE PROVISÓRIA. ACIDENTE DO TRABALHO. ART. 118 DA LEI N. 8.213/1991. (inserido item III) — Res. 185/2012, DEJT divulgado em 25, 26 e 27.09.2012

I — É constitucional o artigo 118 da Lei n. 8.213/1991 que assegura o direito à estabilidade provisória por período de 12 meses após a cessação do auxílio-doença ao empregado acidentado. (ex-OJ n. 105 da SBDI-1 — inserida em 01.10.1997)

II — São pressupostos para a concessão da estabilidade o afastamento superior a 15 dias e a consequente percepção do auxílio-doença acidentário, salvo se constatada, após a despedida, doença profissional que guarde relação de causalidade com a execução do contrato de emprego. (primeira parte — ex-OJ n. 230 da SBDI-1 — inserida em 20.06.2001)

III — O empregado submetido a contrato de trabalho por tempo determinado goza da garantia provisória de emprego decorrente de acidente de trabalho prevista no art. 118 da Lei n. 8.213/91.

A **Súmula n. 378 do TST**, que afirma a **constitucionalidade** do art. 118 da Lei n. 8.213/91, que regulamenta a **estabilidade provisória** do empregado **acidentado**, obteve **nova redação** por meio da Resolução n. 185/2012 do TST, publicada no *DJ* nos dias 25, 26 e 27.09.2012, com a **inclusão do inc. III que trata da estabilidade provisória no contrato por prazo determinado**.

Antes de analisar o cerne do entendimento sumulado, deve-se transcrever o art. 118 da Lei n. 8.213/91, que afirma: *"O segurado que sofreu acidente do trabalho tem garantida, pelo prazo mínimo de 12 (doze) meses, a manutenção do seu contrato de trabalho na empresa, após a cessação do auxílio-doença acidentário, independentemente de percepção de auxílio-acidente"*.

A alegação de inconstitucionalidade da estabilidade em referência teve lugar em virtude de interpretação equivocada do art. 7º, I, da CRFB/88, que aduz ser direito dos trabalhadores urbanos e rurais, entre outros, *"relação de emprego protegida contra despedida arbitrária ou sem justa causa, nos termos de lei complementar, que preverá indenização compensatória, dentre outros direitos"*.

Questionava-se acerca da criação da estabilidade por meio de **lei ordinária**, quando seria necessária **lei complementar**, conforme disposição constitucional.

Ocorre que a lei complementar referida no inc. I do art. 7º da CRFB/88 até hoje não foi editada e, além disso, não se refere à **estabilidade provisória**, e sim a mecanismos de compensação pecuniária, para dificultar a rescisão contratual sem justa causa. Essa foi a maneira pensada pelo legislador constitucional para tornar a demissão arbitrária mais difícil, ou seja, mais cara para o empregador.

A estabilidade provisória pode ser criada por lei ordinária. Daí o entendimento do TST de que o art. 118 da Lei n. 8.213/91 é constitucional. Assim, se o empregado vier a sofrer acidente de trabalho, do qual resulte afastamento do emprego, nos termos dos arts. 59 e 60 da mesma lei, os primeiros 15 (quinze) dias de afastamento são considerados como período de ***interrupção do contrato de trabalho***, pois não há atividade profissional. Porém, o empregador continua cumprindo com todas as suas obrigações pecuniárias, bem como o prazo continua a ser contado para fins previdenciários. Após o 16º (décimo sexto) dia, é devido o *auxílio-doença*, a cargo da Previdência Social (INSS), sendo tal prazo de ***suspensão do contrato de trabalho,*** pois não há trabalho nem qualquer pagamento por parte do empregador.

Se considerado novamente apto ao trabalho, cessará o benefício previdenciário, iniciando-se o período de **estabilidade provisória**, que será de 12 (doze) meses, a partir desse momento.

Contudo, tem-se outra situação, bastante comum na prática trabalhista, que é o conhecimento da doença profissional somente **após o término** do contrato de trabalho, ou seja, a demissão se dá com o empregado **inapto** ao trabalho, o que é proibido, já que a doença profissional (LER/DORT, por exemplo) é considerada como **acidente de trabalho**, gerando, portanto, os mesmos efeitos, entre eles, a estabilidade provisória.

Assim, se determinado empregado tiver seu vínculo de emprego rescindido, possuindo doença profissional (surdez, LER/DORT, problemas físicos ligados ao trabalho que desenvolvia etc.), deverá pleitear sua imediata **reintegração** ao trabalho, demonstrando a lesão e o **nexo de causalidade** para com o trabalho. O pedido de reintegração é lícito, pois esse empregado está amparado pela estabilidade provisória. Há que se lembrar, contudo, que, se o pedido de reintegração se der após terminado o período estabilitário, fará jus o reclamante apenas aos **salários** do período e demais verbas trabalhistas, pois a reintegração somente pode ser determinada dentro do período legal. Essa sentença, conforme **Súmula n. 396 do TST**, a ser comentada, não é *extra petita*.

Analisando o **inc. II** da súmula, tem-se que o TST fez questão de destacar quais são os *únicos requisitos* para gozar o direito à estabilidade provisória, quais sejam: *afastamento superior a 15 (quinze) dias* e *percepção de auxílio-doença*, tudo em conformidade com os **arts. 59 e 60 da Lei n. 8.213/91**. Assim, não se pode exigir, por exemplo, sequela do acidente, para fins de alcançar a estabilidade provisória. O art. 118 é claro ao falar que o direito à estabilidade surge independentemente da percepção de auxílio-acidente, sendo este devido quando existem sequelas, conforme art. 86 da Lei n. 8.213/91. Se a lei foi **taxativa** com relação aos requisitos, não pode o intérprete criar outros.

Por último, analisando importante alteração promovida pelo TST em setembro de 2012, o inc. III diz **ser cabível a estabilidade provisória do acidentado nos**

contratos por prazo determinado, dentre eles, o **contrato de experiência**, pois não há qualquer exclusão no art. 118 da Lei n. 8.213/91 em relação à espécie de contrato de trabalho — se por prazo indeterminado ou determinado.

Além disso, nas decisões que serviram de precedentes para o novo inciso, reconheceu-se a **aplicabilidade do art. 7º, XXII, da CRFB/88**, que diz ser dever do empregador a utilização de meios para reduzir os riscos de acidentes, novamente **sem qualquer distinção entre as espécies de contrato**.

> **ATENÇÃO:** O acidentado do trabalho possui estabilidade de 12 meses após a cessação do benefício previdenciário, que é o auxílio-doença acidentário, mesmo nos contratos por prazo determinado.

> ***SÚMULA N. 379***
> ***DIRIGENTE SINDICAL. DESPEDIDA. FALTA GRAVE. INQUÉRITO JUDICIAL. NECESSIDADE***
> ***(conversão da Orientação Jurisprudencial n. 114 da SBDI-1) — Res. 129/2005, DJ 20, 22 e 25.04.2005***
>
> O dirigente sindical somente poderá ser dispensado por falta grave mediante a apuração em inquérito judicial, inteligência dos arts. 494 e 543, § 3º, da CLT. (ex-OJ n. 114 da SBDI-1 — inserida em 20.11.1997)

A **Súmula n. 379 do TST**, relacionada à necessidade de instauração de **inquérito judicial para apuração da falta grave** cometida por dirigente sindical, portanto, empregado estável provisoriamente, obteve **nova redação** por meio da Resolução n. 129/2005 do TST, publicada no *DJ* nos dias 20, 22 e 25.04.2005, com a **conversão da Orientação Jurisprudencial n. 114 da SDBI-1 do TST**.

Os empregados que detêm *estabilidade provisória*, por exemplo, a gestante, o membro da CIPA e o **dirigente sindical,** somente podem ter seus contratos de trabalho rescindidos **por justa causa**. Porém, diferentemente dos demais empregados, que não gozam de estabilidade, podendo ser despedidos por justa causa sem qualquer **procedimento** para apuração da falta, os estáveis devem submeter-se ao procedimento denominado *inquérito judicial para apuração de falta grave*, disposto no art. 853 e seguintes da CLT.

A inexistência dessa regra "jogaria por terra" a estabilidade, pois caberia ao empregador simplesmente aplicar a pena de justa causa, enquadrando o "comportamento" do empregado em alguma das hipóteses do art. 482 da CLT, pondo fim ao pacto laboral, bem como à estabilidade, o que dificultaria, ou impediria, a atuação do empregado diante do sindicato.

O TST perdeu ótima chance para incluir, no preceito sob análise, os **demais empregados** que possuem estabilidade provisória, mas incluiu apenas o dirigente sindical. Porém, a interpretação razoável da súmula leva a considerar necessária tal ação judicial para os demais casos.

O Tribunal Superior do Trabalho chegou a essa conclusão ao analisar os arts. 494 e 543, § 3º, ambos da CLT, que, respectivamente, afirmam: *"O empregado acusado de falta grave poderá ser suspenso de suas funções, mas a sua despedida só se tornará efetiva após o inquérito e que se verifique a procedência da acusação"; "Fica vedada a dispensa do empregado sindicalizado ou associado (...) salvo se cometer falta grave devidamente apurada nos termos desta Consolidação"*.

Apesar de o art. 494 da CLT fazer menção à antiga **estabilidade decenal**, prevista no art. 492 do mesmo diploma, a ideia é a mesma, bem como deve ser a garantia, razão pela qual consta do texto da súmula.

Com relação ao procedimento a ser seguido, deverá o empregador **suspender** o empregado estável e faltoso, ajuizando a ação de *inquérito para apuração de falta grave* no prazo *decadencial* de 30 (trinta) dias, após a suspensão referida. Trata-se de ação de competência da Vara do Trabalho. Importante destacar que, por sua importância, é o procedimento no processo do trabalho com o maior número de testemunhas que podem ser arroladas pelas partes, qual seja, 6 (seis) para cada polo da relação processual. Esse número é muito superior ao rito ordinário (3 testemunhas) e sumaríssimo (2 testemunhas).

Espera-se que, numa futura revisão da súmula, o TST inclua outras situações de estabilidade provisória, alcançando não só o dirigente sindical.

ATENÇÃO: O dirigente sindical somente pode ser demitido por justa causa se o empregador ajuizar o inquérito para apuração de falta grave, previsto no art. 853 da CLT.

SÚMULA N. 380
AVISO PRÉVIO. INÍCIO DA CONTAGEM. ART. 132 DO CÓDIGO CIVIL DE 2002 (conversão da Orientação Jurisprudencial n. 122 da SBDI-1) — Res. 129/2005, DJ 20, 22 e 25.04.2005

Aplica-se a regra prevista no *caput* do art. 132 do Código Civil de 2002 à contagem do prazo do aviso prévio, excluindo-se o dia do começo e incluindo o do vencimento. (ex-OJ n. 122 da SBDI-1 — inserida em 20.04.1998)

A **Súmula n. 380 do TST**, atinente à forma de **contagem do aviso prévio**, obteve **nova redação** por meio da Resolução n. 129/2005 do TST, publicada no *DJ* nos dias 20, 22 e 25.04.2005, com a **conversão da Orientação Jurisprudencial n. 122 da SBDI-1 do TST**.

O conteúdo da súmula é de fácil entendimento, terminando com a dúvida em relação à forma de contagem do aviso prévio. Já se teve oportunidade de afirmar, em outros comentários, em especial na **Súmula n. 230 do TST**, que o aviso prévio deve ser de, no **mínimo**, 30 (trinta) dias, tendo em vista as disposições do art. 7º, XXI, da CRFB/88.

Porém, de que forma é contado o prazo do aviso prévio? Conforme o art. 132 do Código Civil Brasileiro, *"salvo disposição legal ou convencional em contrário, computam-se os prazos, excluído o dia do começo e incluído o do vencimento"*.

Por sua vez, dispõe o art. 775 da CLT que *"os prazos estabelecidos neste Título contam-se com exclusão do dia do começo e inclusão do dia do vencimento, (...)"*.

A regra disposta nos dois artigos é idêntica, porém utilizou-se o TST do art. 132 do Código Civil, pois a CLT, no art. 775, trata da contagem de ***prazos processuais***, o que exclui a contagem do prazo do aviso prévio, já que de **direito material**, e não processual.

Além disso, a contagem, conforme as normas de direito material, traz outra peculiaridade em relação às normas processuais. Se o aviso prévio se der na sexta-feira, começará a contar no sábado, e não no primeiro dia útil, como ocorre nos termos dos arts. 219 e 224 do CPC/2015. Neste caso, o primeiro dia do aviso prévio será o sábado, o segundo o domingo, assim por diante. Além disso, o término poderá se dar em dia não útil, como sábado, domingo ou feriado. Acerca do assunto, leciona SERGIO PINTO MARTINS[134] no seguinte sentido: *"o prazo poderá começar a correr mesmo em dia não útil, pois não há nenhuma ressalva no Direito material quanto a esse fato, ao contrário do Direito processual (§ 2º do art. 184 do CPC/73 — art. 224, § 3º, do CPC/2015), que disciplina que os prazos somente começam a correr no primeiro dia útil após a intimação. Pouco importa, entretanto, se o último dia do aviso prévio for sábado, domingo ou feriado, pois nesse último dia o pacto estará terminado, não havendo nenhuma prorrogação, até porque o prazo é de 30 dias corridos"*.

Atente-se que se houver **prorrogação** do contrato, mesmo que de forma **tácita**, considerar-se-á a necessidade de concessão de novo aviso prévio, já que se presume que o empregador desistiu de rescindir o pacto laboral.

A respeito do aviso prévio, é importante destacar a alteração legislativa decorrente da edição da Lei n. 12.506, de 11.10.2011, que regulamentou o aviso prévio proporcional ao tempo de serviço, instituto previsto na CRFB/88, no art. 7º, XXI, mas que somente agora mereceu a devida atenção do Poder Legislativo. A referida lei possui apenas dois artigos, a saber:

> Art. 1º O aviso prévio, de que trata o Capítulo VI do Título IV da Consolidação das Leis do Trabalho — CLT, aprovada pelo Decreto-lei n. 5.452, de 1º de maio de 1943, será concedido na proporção de 30 (trinta) dias aos empregados que contem até 1 (um) ano de serviço na mesma empresa.
>
> Parágrafo único. Ao aviso prévio previsto neste artigo serão acrescidos 3 (três) dias por ano de serviço prestado na mesma empresa, até o máximo de 60 (sessenta) dias, perfazendo um total de até 90 (noventa) dias.
>
> Art. 2º Esta Lei entra em vigor na data de sua publicação.

[134] MARTINS, Sergio Pinto. *Direito processual do trabalho*, p. 386.

Assim, aos empregados continua a ser garantido o aviso prévio mínimo de 30 (trinta) dias, podendo chegar a 90 (noventa) dias, para os empregados com 20 (vinte) anos de emprego na mesma empresa, já que a proporção criada é de 3 (três) dias de aviso prévio para cada ano de trabalho prestado ao mesmo empregador.

A regulamentação da matéria pelo Poder Legislativo certamente decorreu das decisões proferidas pelo Supremo Tribunal Federal em junho de 2011, no julgamento dos mandados de injunção ns. 943, 1.010, 1.074 e 1.090, nos quais aquele tribunal reconheceu o direito ao aviso prévio proporcional.

ATENÇÃO: A contagem do aviso prévio se dá com a exclusão do primeiro dia (dia da concessão) e a inclusão do último dia.

SÚMULA N. 381
CORREÇÃO MONETÁRIA. SALÁRIO. ART. 459 DA CLT
(conversão da Orientação Jurisprudencial n. 124 da SBDI-1) — Res. 129/2005, DJ 20, 22 e 25.04.2005

O pagamento dos salários até o 5º dia útil do mês subsequente ao vencido não está sujeito à correção monetária. Se essa data-limite for ultrapassada, incidirá o índice da correção monetária do mês subsequente ao da prestação dos serviços, a partir do dia 1º. (ex-OJ n. 124 da SBDI-1 — inserida em 20.04.1998)

A **Súmula n. 381 do TST**, que norteia a aplicação de **correção monetária aos salários**, obteve **nova redação** por meio da Resolução n. 129/2005 do TST, publicada no *DJ* nos dias 20, 22 e 25.04.2005, com a **conversão da Orientação Jurisprudencial n. 124 da SBDI-1 do TST**.

Duas são as situações postas na súmula sob comento: 1. Não incidência de correção monetária para os salários pagos **até o 5º dia útil** do mês subsequente ao vencido; 2. Incidência de **correção monetária** quando há atraso no pagamento.

Prescreve o art. 459, § 1º, da CLT que *"quando o pagamento houver sido estipulado por mês, deverá ser efetuado, o mais tardar, até o quinto dia útil do mês subsequente ao vencido"*.

A primeira situação versada pela súmula compreende o pagamento realizado dentro do prazo estabelecido pelo § 1º do art. 459 da CLT, o que, por razões óbvias, dispensa a correção monetária, já que o empregador observou **corretamente** o dispositivo legal, ou seja, **cumpriu a lei**. Nessa situação, não deve ser **prejudicado** com a incidência de correção monetária.

FRANCISCO ANTÔNIO DE OLIVEIRA[135] explica que *"(...) os empregados ajuizavam reclamações pleiteando a correção monetária sobre os salários recebidos até o quinto dia útil do mês subsequente ao da prestação dos serviços. A*

[135] OLIVEIRA, Francisco Antônio de. *Comentários às súmulas do TST*, p. 671.

postulação se ressente de razoabilidade, uma vez que as empresas que pagam os salários de seus empregados até a data-limite (CLT, art. 459, § 1º) beneficiam-se de um favor legal, não podendo, desta maneira, ser prejudicadas".

Totalmente coerente o posicionamento adotado pelo TST, pois o empregador encontra-se cumprindo fielmente a lei.

Porém, na segunda situação versada na súmula, é devida a **correção monetária**, tendo em vista a **mora** do empregador, que não pagou os salários no prazo legal. Incidirá o índice de correção do mês subsequente ao trabalhado, pois é somente nesse mês que o salário é devido. Contudo, a súmula sob análise afirmou que a correção é devida desde o 1º dia do mês, o que não se mostra correto, pois a lei não prevê a obrigação de pagamento no 1º dia do mês, sendo lícito o pagamento **até o 5º dia útil**. Assim, caso o empregador pague no 6º dia útil, terá que corrigir monetariamente o salário desde o dia 1º, sendo que a mora se deu por apenas um dia. Apesar de **irrazoável**, foi o entendimento do TST, no sentido de **desestimular** a mora do empregador.

ATENÇÃO: Na hipótese de atraso salarial, incidirá a correção monetária desde o 1º dia do mês até o efetivo pagamento. Caso o salário seja pago até o 5º dia útil, conforme o art. 459 da CLT, não haverá qualquer incidência de correção monetária.

SÚMULA N. 382
MUDANÇA DE REGIME CELETISTA PARA ESTATUTÁRIO. EXTINÇÃO DO CONTRATO. PRESCRIÇÃO BIENAL (conversão da Orientação Jurisprudencial n. 128 da SBDI-1) — Res. 129/2005, DJ 20, 22 e 25.04.2005

A transferência do regime jurídico de celetista para estatutário implica extinção do contrato de trabalho, fluindo o prazo da prescrição bienal a partir da mudança de regime. (ex-OJ n. 128 da SBDI-1 — inserida em 20.04.1998)

A **Súmula n. 382 do TST**, referente ao início da **prescrição bienal** quando da alteração do regime celetista para o estatutário, obteve **nova redação**, por meio da Resolução n. 129/2005 do TST, publicada no *DJ* nos dias 20, 22 e 25.04.2005, **com a conversão da Orientação Jurisprudencial n. 128 da SBDI-1 do TST**.

O entendimento firmado pelo TST por meio da presente súmula não se mostra recente, uma vez que a SBDI-1 do TST assim já entendia desde 1998, quando editou a Orientação Jurisprudencial n. 128, com redação praticamente idêntica.

A alteração de regime jurídico, de celetista para estatutário, faz com que o contrato de trabalho firmado, por meio das normas da Consolidação das Leis Trabalhistas, seja **rompido**, extinto, para que outro, regulamentado por normas próprias, oriundas de estatuto próprio, venha a iniciar-se.

Caso o servidor, agora **estatutário**, queira pleitear eventuais verbas trabalhistas, relacionadas ao vínculo celetista antes mantido com a Administração Pública, deverá observar o prazo prescricional de **2 (dois) anos** após a cessação do contrato de trabalho, nos termos do art. 7º, XXIX, da CRFB/88, que terá início com a mudança de regime.

> **ATENÇÃO:** Na hipótese de mudança do regime celetista para o estatutário, a prescrição em relação aos direitos previstos no primeiro contrato fluem a partir da mudança, pois implica a extinção daquele.

SÚMULA N. 383
RECURSO. MANDATO. IRREGULARIDADE DE REPRESENTAÇÃO. CPC DE 2015, ARTS. 104 E 76, § 2º
(nova redação em decorrência do CPC de 2015) — Res. 210/2016, DEJT divulgado em 30.06.2016 e 1º e 04.07.2016

I — É inadmissível recurso firmado por advogado sem procuração juntada aos autos até o momento da sua interposição, salvo mandato tácito. Em caráter excepcional (art. 104 do CPC de 2015), admite-se que o advogado, independentemente de intimação, exiba a procuração no prazo de 5 (cinco) dias após a interposição do recurso, prorrogável por igual período mediante despacho do juiz. Caso não a exiba, considera-se ineficaz o ato praticado e não se conhece do recurso.

II — Verificada a irregularidade de representação da parte em fase recursal, em procuração ou substabelecimento já constante dos autos, o relator ou o órgão competente para julgamento do recurso designará prazo de 5 (cinco) dias para que seja sanado o vício. Descumprida a determinação, o relator não conhecerá do recurso, se a providência couber ao recorrente, ou determinará o desentranhamento das contrarrazões, se a providência couber ao recorrido (art. 76, § 2º, do CPC de 2015).

A **Súmula n. 383 do TST**, relacionada à aplicação do art. 76 do CPC/2015 na esfera recursal, que diz respeito à **apresentação tardia da procuração**, bem como à **regularização da representação**, obteve **nova redação** por meio da Resolução n. 210/2016 do TST, publicada no *DJ* nos dias 30.06.2016 e 1º e 04.07.2016, **adequando-se ao novo entendimento do CPC/2015**.

Comparando a antiga redação da súmula, criada sob a luz do CPC/73, com a nova redação, percebe-se uma total modificação de entendimento por parte do TST, ou seja, o Tribunal mudou da "água para o vinho" o tema **regularização da representação**, partindo da impossibilidade de regularização da representação em grau recursal para a **concessão de prazo para que eventual vício seja sanado**.

O tema sempre foi muito cobrado pelas bancas de concursos públicos, devendo, por isso, ter atenção especial. Lembrem-se sempre de que hoje **é possível a regularização da representação em grau recursal, nos termos que vamos apresentar**.

O inc. I afirma que a interposição de recurso por advogado depende da apresentação de procuração, que é documento por meio do qual se outorgam poderes ao profissional para praticar atos no processo, entre eles interpor recursos. Caso o advogado não possua procuração nos autos, poderá juntá-la no próprio recurso, naquele momento. Há uma hipótese em que o advogado sem procuração, e sem necessidade de juntada posterior, poderá recorrer: quando existir o **mandato tácito**, previsto no art. 791, § 3º, da CLT. No que consiste o mandato tácito? Pelo fato de o advogado comparecer à audiência, acompanhando determinada parte, e de o seu nome ser incluído na ata de audiência, será aquele portador do mandato tácito, já que considerado detentor de **poderes gerais para a prática dos atos processuais**, entre eles a interposição de recurso. Perceba que o instituto continua existindo mesmo após o cancelamento da Súmula n. 164 do TST. Na verdade, aquela súmula foi cancelada em virtude de o tema ter sido realocado para a súmula em comento.

O inc. I ainda traz outra possibilidade de interposição de recurso sem procuração, nas hipóteses de **urgência do art. 104 do CPC/2015**, que tratam da possibilidade de ocorrência da **prescrição, decadência ou perempção**. Caso o recurso seja interposto pelo advogado que não possui procuração, para evitar a ocorrência de prescrição, decadência ou perempção, **poderá o advogado juntar a procuração após a interposição do recurso**, no prazo de 5 (cinco) dias, prorrogáveis por mais 5 (cinco). Vejam que o primeiro prazo de 5 (cinco) dias tem início de forma automática, pois a súmula fala em "independentemente de intimação", mas a prorrogação do prazo depende de despacho do Juiz. Caso a procuração não seja tempestivamente juntada, o **ato processual será considerado ineficaz**, e, por consequência, o recurso será inadmitido.

O inc. II trata de outra situação, que é a irregularidade de procuração **já juntada aos autos pelo advogado**. Caso o Magistrado perceba que a procuração possui algum vício, **intimará a parte para regularizar a representação**, no prazo de 5 (cinco) dias, sob pena das penalidades ali previstas, que podem ser a inadmissão do recurso ou o desentranhamento (retirada) dos autos das contrarrazões, a depender da parte que deveria regularizar a representação.

Como exemplos de vícios, podemos trazer: procuração juntada após o prazo nela designada, falta de indicação do outorgante quando a parte é pessoa jurídica, dentre outros.

Toda a modificação na súmula, que, repita-se, foi da "água para o vinho", decorre da aplicação do art. 76, § 2º, do CPC/2015, assim redigido:

> Art. 76. Verificada a incapacidade processual ou a irregularidade da representação da parte, o juiz suspenderá o processo e designará prazo razoável para que seja sanado o vício. (...)
>
> § 2º Descumprida a determinação em fase recursal perante tribunal de justiça, tribunal regional federal ou tribunal superior, o relator:
>
> I — não conhecerá do recurso, se a providência couber ao recorrente;
>
> II — determinará o desentranhamento das contrarrazões, se a providência couber ao recorrido.

ATENÇÃO: A partir do CPC/2015, o entendimento do TST passou a permitir a regularização da representação em grau recursal, no prazo de 5 dias, prorrogável por mais 5, sob pena de inadmissão do recurso ou exclusão das contrarrazões. Além disso, a súmula reafirma o cabimento do mandato tático no processo do trabalho.

SÚMULA N. 384
MULTA CONVENCIONAL. COBRANÇA (conversão das Orientações Jurisprudenciais ns. 150 e 239 da SBDI-1) — Res. 129/2005, DJ 20, 22 e 25.04.2005

I — O descumprimento de qualquer cláusula constante de instrumentos normativos diversos não submete o empregado a ajuizar várias ações, pleiteando em cada uma o pagamento da multa referente ao descumprimento de obrigações previstas nas cláusulas respectivas. (ex-OJ n. 150 da SBDI-1 — inserida em 27.11.1998)

II — É aplicável multa prevista em instrumento normativo (sentença normativa, convenção ou acordo coletivo) em caso de descumprimento de obrigação prevista em lei, mesmo que a norma coletiva seja mera repetição de texto legal. (ex-OJ n. 239 da SBDI-1 — inserida em 20.06.2001)

A **Súmula n. 384 do TST**, que se refere à cobrança de **multas convencionais** diversas por meio de uma **única** demanda, obteve **nova redação** por meio da Resolução n. 129/2005 do TST, publicada no *DJ* nos dias 20, 22 e 25.04.2005, com a **conversão das Orientações Jurisprudenciais ns. 150 e 239 da SBDI-1 do TST**.

Apesar da súmula não se referir expressamente ao termo ***cumulação de pedidos*** ou *cumulação de ações*, o inc. I trata do tema, ao observar ser possível a cobrança de diversas multas, provenientes de vários instrumentos normativos (sentença normativa, convenção coletiva, acordo coletivo etc.), num idêntico processo.

Acerca de importante tema de direito processual, RODRIGO KLIPPEL[136] destaca que *"na práxis forense, é muito comum que uma demanda concentre mais de um pedido de tutela de um alegado conflito de direito material. Chama-se esse fato processual de cumulação de pedidos, que é espécie do gênero cumulação objetiva, que também pode se dar na hipótese de existir mais de uma causa de pedir a sustentar uma pretensão autoral"*.

Na hipótese tratada na súmula, tem-se a denominada ***cumulação simples***, em que diversos pleitos são formulados de forma **independente** entre si, o que significa dizer que *"a procedência de um independe da procedência do outro, pois se tratam de direitos materiais de existência autônoma"*.[137] Em outras palavras, poderá o magistrado trabalhista reconhecer o direito do obreiro ao recebimento da multa estabelecida em determinada convenção coletiva da categoria e negar aquela estabelecida em sentença normativa, de aplicação também à mesma categoria.

Não há necessidade de ajuizamento de **diversas** ações. A possibilidade de cumulação de pedidos tem por intuito exatamente privilegiar a **economia** e a **celeridade** processuais, evitando-se o ajuizamento de múltiplas ações.

No tocante ao inc. II, destaca-se situação em que é criada uma norma mais **benéfica** ao trabalhador, pois impõe ao empregador uma obrigação (multa) não prevista

[136] KLIPPEL, Rodrigo. *Teoria geral do processo civil*, p. 287.
[137] KLIPPEL, Rodrigo. *Teoria geral do processo civil*, p. 287.

em lei, ou superior àquela prevista pelo legislador, de forma a pressioná-lo ao cumprimento das disposições legais.

Dessa forma, caso a convenção coletiva preveja o pagamento de multa correspondente a 2 (dois) salários do obreiro pelo descumprimento do prazo aludido no art. 477, § 6º, da CLT, este será totalmente exigível, pois criou situação mais gravosa para o empregador que não cumpre com o dever de pagar as **verbas rescisórias** no prazo estabelecido por lei, o que, *a contrario sensu*, traduz norma mais **favorável** ao empregado, passível de produção de efeitos.

Da mesma forma, pode-se dizer que, se o instrumento normativo previr o pagamento de multa pela não concessão do aviso prévio, além do que já dispõe a lei, quanto ao pagamento do período (aviso prévio indenizado), não haverá qualquer ilegalidade, posto traduzir situação que vai ao encontro do princípio da proteção.

> **ATENÇÃO:** Havendo o descumprimento de diversas normas previstas em norma coletiva, pode-se cumular os pedidos de condenação ao pagamento das multas em uma única ação, sendo devida a multa mesmo que seja mera repetição de texto legal.

SÚMULA N. 385

FERIADO LOCAL. AUSÊNCIA DE EXPEDIENTE FORENSE. PRAZO RECURSAL. PRORROGAÇÃO. COMPROVAÇÃO. NECESSIDADE. ATO ADMINISTRATIVO DO JUÍZO "A QUO" (redação alterada na sessão do Tribunal Pleno realizada em 14.09.2012) — Res. 185/2012, DEJT divulgado em 25, 26 e 27.09.2012

I — Incumbe à parte o ônus de provar, quando da interposição do recurso, a existência de feriado local que autorize a prorrogação do prazo recursal.

II — Na hipótese de feriado forense, incumbirá à autoridade que proferir a decisão de admissibilidade certificar o expediente nos autos.

III — Na hipótese do inciso II, admite-se a reconsideração da análise da tempestividade do recurso, mediante prova documental superveniente, em Agravo Regimental, Agravo de Instrumento ou Embargos de Declaração.

A **Súmula n. 385 do TST**, relacionada ao ônus da parte em demonstrar a existência de **feriado local**, bem como a ausência de expediente forense, obteve **nova redação** por meio da Resolução n. 185/2012 do TST, publicada no *DJ* nos dias 25, 26 e 27 de Setembro de 2012, com a **inclusão de dois incisos, de forma que a súmula, que possuía apenas o *caput*, passou a ser integrada de três incisos**.

O inc. I mantém-se integralmente, razão pela qual mantém os comentários das edições anteriores.

Os prazos no processo do trabalho são contados de forma **contínua**, ou seja, não se suspendem ou interrompem nos sábados, domingos e feriados. Porém, sabe-se que os **prazos processuais**, portanto, também os **recursais**, somente se iniciam e findam em **dias úteis**, razão pela qual passa a ser importante ter conhecimento sobre os feriados, apesar de locais, ou os dias em que não houve **expediente forense completo**, de forma a saber qual foi o primeiro e, por consequência, o último dia do prazo.

A súmula destaca que cabe à parte demonstrar a existência de feriado local ou a ausência de expediente forense, sendo, portanto, **ônus** processual, que poderá acarretar a **inadmissão** do recurso, por ausência do pressuposto recursal ***tempestividade***.

O entendimento do TST, de que há ônus da parte em demonstrar apenas o feriado local, entendido como o **municipal** e o **estadual**, apoia-se no art. 376 do CPC/2015, cuja redação é a seguinte: *"A parte que alegar direito municipal, estadual, estrangeiro ou consuetudinário, provar-lhe-á o teor e a vidência, se assim o determinar o juiz"*.

Tal dispositivo do Código de Processo Civil excepciona a regra do ***iura novit curia*** (o juiz conhece o direito), pois tal máxima aplica-se somente às normas **federais**, de conhecimento presumido do julgador.

Assim, se em determinado município do Estado da Bahia houver um feriado em virtude do aniversário da cidade e isso influenciar na contagem do prazo recursal, deverá o recorrente demonstrar, nas **razões recursais**, preferencialmente no introito da peça, que a contagem do prazo levou em consideração o referido feriado, nos termos dos arts. 219 e 224 do CPC/2015.

Essa regra é demasiadamente importante, especialmente para possibilitar o correto **juízo de admissibilidade** pelo Tribunal Regional do Trabalho, que se encontra, em regra, nas capitais dos Estados. Assim, interposto recurso ordinário de sentença proferida pela Vara do Trabalho da cidade de São Mateus, norte do Estado do Espírito Santo, deverá o recorrente demonstrar a existência de feriado naquela localidade, de forma que o Desembargador Relator do TRT/17ª Região, com competência sobre o Espírito Santo, possa verificar a tempestividade ou não do apelo.

A expressão *feriado local* deve ser entendida também para os **feriados estaduais**, especialmente para propiciar o conhecimento dos recursos ordinários, interpostos de acórdãos proferidos em ações de **competência originária** dos Tribunais Regionais, ou inclusive de **recursos de revista**, interpostos de acórdãos prolatados no julgamento de recursos ordinários, já que, em ambas as situações, os autos serão remetidos ao **TST**, que, antes de analisar o mérito do apelo, faz o segundo juízo de admissibilidade recursal.

Idêntico entendimento deve ser tomado quando, por qualquer motivo, não houver expediente forense ou este terminar antes da hora normal, situação em que os prazos são **prorrogados**.

Os incs. II e III, incluídos pela Resolução n. 185, de setembro de 2012, trazem, em síntese, as seguintes informações:

> **1. O juízo *a quo* certificou a intempestividade, e não há prova nos autos da prorrogação do prazo em decorrência de feriado local, conforme preconiza o inc. I da súmula em comento:** nessa hipótese, não há que se falar em comprovação posterior do feriado, podendo o juízo *ad quem,* caso julgando um agravo de instrumento ou agravo regimental, manter a inadmissão do recurso.

2. Não há certificação da intempestividade, e o recorrente comprovou posteriormente à interposição o feriado local e, por consequência, a prorrogação do prazo: nesse caso, pode haver prova superveniente acerca do feriado, tal como a juntada de uma Portaria do TRT, Ato da Presidência etc., mesmo em outro recurso, como o agravo de instrumento, agravo regimental ou embargos de declaração. Nesse caso, o mérito do recurso deve ser julgado, pois de acordo com os princípios de celeridade e economia processuais. Não há razão lógica para inadmitir o feito, já que há prova, mesmo que a destempo, da prorrogação do prazo.

ATENÇÃO: O feriado local deve ser demonstrado pela parte para que o seu recurso seja considerado tempestivo e, por consequência, admitido. Na hipótese de feriado forense, não há necessidade de comprovação, pois a autoridade judiciária deve certificá-lo nos autos.

SÚMULA N. 386
POLICIAL MILITAR. RECONHECIMENTO DE VÍNCULO EMPREGATÍCIO COM EMPRESA PRIVADA
(conversão da Orientação Jurisprudencial n. 167 da SBDI-1) — Res. 129/2005, DJ 20, 22 e 25.04.2005

Preenchidos os requisitos do art. 3º da CLT, é legítimo o reconhecimento de relação de emprego entre policial militar e empresa privada, independentemente do eventual cabimento de penalidade disciplinar prevista no Estatuto do Policial Militar. (ex-OJ n. 167 da SBDI-1 — inserida em 26.03.1999)

A **Súmula n. 386 do TST**, relacionada ao **reconhecimento de vínculo de emprego** de policial militar com empresa privada, obteve **nova redação**, por meio da Resolução n. 129/2005 do TST, publicada no *DJ* nos dias 20, 22 e 25.04.2005, com a **conversão da Orientação Jurisprudencial n. 167 da SBDI-1 do TST**.

De grande valia é o entendimento firmado pelo TST, que prestigia a presença dos requisitos legais ao reconhecimento do vínculo de emprego, considerando, ainda, a possibilidade do policial militar ser apenado **administrativa** e **penalmente**, de acordo com as normas que regem a polícia militar.

Em síntese, assevera o TST que, se presentes os pressupostos legais, há que se reconhecer o vínculo, não podendo o reclamado alegar, como matéria de defesa, a **ilegalidade** da contratação ou a existência de estatuto próprio regente do policial militar.

Se o reclamado utilizou-se da prestação de serviços do reclamante, policial militar, não pode arguir, em seu favor, aquelas matérias, sob pena de locupletar-se do trabalho alheio, sem a necessária contraprestação.

Para o reconhecimento do **vínculo** de emprego, é imprescindível a presença dos pressupostos dispostos no **art. 3º da CLT**, que assim reza: *"Considera-se emprega-*

do toda pessoa física que prestar serviços de natureza não eventual a empregador, sob a dependência deste e mediante salário".

Assim, tem-se como requisitos: 1. Trabalho por pessoa física; 2. Pessoalidade; 3. Habitualidade; 4. Subordinação; 5. Onerosidade.

Um sexto requisito, qual seja, a **alteridade**, é extraído do art. 2º da CLT, que, ao conceituar a figura do empregador, o faz afirmando que *"considera-se empregador a empresa, individual ou coletiva, que, assumindo os riscos da atividade econômica, admite, assalaria e dirige a prestação pessoal de serviço".*

A expressão ***assumindo os riscos da atividade econômica*** traduz o requisito da *alteridade.*

Em síntese, o trabalho deve ser prestado por *pessoa física*, pois inexiste relação de trabalho entre empresas, ou seja, **pessoas jurídicas**. Nesse caso, surge um contrato entre empresas, de natureza **civil**, e não uma relação de emprego. Situações existem em que, por detrás da aludida relação civil entre empresas, esconde-se uma relação de trabalho, em total afronta à lei, devendo-se declarar a **nulidade** do contrato entre as empresas, reconhecendo-se diretamente o vínculo de emprego entre o reclamante e a empresa reclamada.

Ademais, o trabalho deve ser executado com ***pessoalidade***, ou seja, somente pode ser realizado por determinada pessoa, não havendo possibilidade de **substituição**. A relação de emprego é um vínculo de **confiança** existente entre patrão e empregado, razão pela qual a pessoalidade é considerada um fator indispensável ao reconhecimento do vínculo.

Em continuação, somente haverá relação de emprego se o trabalho desenvolvido pela pessoa física, com pessoalidade, também o for **habitual**, ou seja, **não eventual**, o que não significa que será **diário**, mas deve dar-se de forma **cíclica**, o que pode ocorrer até uma vez por semana. Não é empregado aquele que realiza labor de vez em quando, quinzenalmente, ou quando seu trabalho se faz necessário. A habitualidade, por exemplo, para a diarista, é fixada em alguns julgados como 3 (três) vezes por semana. Porém, tecnicamente, essas decisões não devem ser consideradas, pois o vínculo se forma até com o trabalho sendo desenvolvido 1 (uma) vez por semana, pois já se mostra **habitual**. Toda segunda-feira ou toda quarta-feira, ou seja, esse trabalho é não eventual.

Por sua vez, a *subordinação* pode ser entendida de três formas: **econômica**, **técnica** e **jurídica**, sendo que a verdadeira subordinação é aquela que nasce da **subordinação jurídica** exercida pelo empregador face ao empregado, uma vez possuir os poderes de organização, disciplinar e regulamentar, decorrentes da **supremacia** na relação jurídica. Se determinada pessoa presta serviços para outrem, porém, sem qualquer subordinação a horários, jornada, produtividade, técnica etc., não pode ser considerada empregada, e sim prestadora de serviços, pois não está subordinada à empresa. Porém, se cumprir ordens e puder ser penalizada por seu descumprimento, resta clara a subordinação.

Em continuação, a *onerosidade* do contrato de trabalho significa que a configuração da relação de emprego leva em consideração a necessidade de que o labor seja recompensado com o pagamento de **salários**, o que significa dizer que o **trabalho voluntário** não se insere no art. 3º da CLT, bem como o trabalho desenvolvido pelos padres, pastores e outros que propagam a fé, ligados a determinada religião. Porém, o jardineiro da igreja poderá ter o vínculo reconhecido, caso presentes todos os requisitos legais. Como já se analisou, em especial nos comentários à **Súmula n. 258 do TST**, o salário pode ser pago em dinheiro ou em utilidades, sendo necessário o pagamento de um percentual mínimo em dinheiro.

Por fim, a *alteridade*, único requisito disposto fora do art. 3º da CLT, pois presente no art. 2º, significa dizer que todos os **riscos** do empreendimento são do empregador, não podendo ser suportados pelo empregado. O empregado pode participar dos **lucros** da empresa e até da administração, mas nunca dos **prejuízos**, pois estes são suportados única e exclusivamente pelo detentor do negócio. A inexistência de alteridade faz com que a pessoa seja, em verdade, sócio do empreendimento, o que significa dizer, por consequência, que inexistirá também subordinação, o que excluiu ainda mais a existência de vínculo de emprego.

Vistos rapidamente os requisitos legais, volta-se à súmula. Os baixos salários recebidos pelos policiais, em especial os militares, faz com que a maioria busque a complementação da renda nas horas de folga, em regra, como seguranças de empresas privadas. Ali desenvolvem sua atividade com **pessoalidade**, **habitualidade**, **subordinação**, **onerosidade** e **alteridade**. Assim ocorrerá com um policial militar que trabalhe como segurança em uma boate. No estabelecimento, trabalhará com pessoalidade, pois não poderá ser substituído por qualquer outro; trabalhará sempre que estiver de folga, o que mostra não ser eventual o labor; estará subordinado às ordens de seu chefe, gerente ou do proprietário, o que gera a subordinação; receberá uma contraprestação pecuniária, o que significa que há onerosidade. Por fim, o prejuízo da empresa não será por ele suportado. Nessa situação, caso ajuizada reclamação trabalhista pleiteando o **reconhecimento do vínculo de emprego**, a sentença provavelmente julgará procedente o pedido, condenando a reclamada à anotação da CTPS, bem como ao pagamento das parcelas trabalhistas e rescisórias eventualmente sonegadas.

Se o reclamante, policial militar, será apenado, administrativa ou penalmente, pelo fato de estar laborando no horário de folga, o que é proibido, não importa para a Justiça do Trabalho e ao reclamado, e sim apenas ao reclamante, que tinha conhecimento das sanções que poderiam ser impostas ao iniciar o trabalho na iniciativa privada.

> **ATENÇÃO:** O policial militar que trabalha como segurança particular nas horas vagas pode pleitear o reconhecimento do vínculo de emprego, caso presentes os requisitos do art. 3º da CLT, mesmo que venha a sofrer sanções disciplinares no âmbito da Polícia Militar.

SÚMULA N. 387
RECURSO. FAC-SÍMILE. LEI N. 9.800/99
(atualizada em decorrência do CPC de 2015) —
Res. 208/2016, DEJT divulgado em 22, 25 e 26.04.2016

I — A Lei n. 9.800, de 26.05.1999, é aplicável somente a recursos interpostos após o início de sua vigência. (ex-OJ n. 194 da SBDI-1 — inserida em 08.11.2000)

II — A contagem do quinquídio para apresentação dos originais de recurso interposto por intermédio de fac-símile começa a fluir do dia subsequente ao término do prazo recursal, nos termos do art. 2º da Lei n. 9.800, de 26.05.1999, e não do dia seguinte à interposição do recurso, se esta se deu antes do termo final do prazo. (ex-OJ n. 337 da SBDI-1 — primeira parte —, *DJ* 04.05.2004)

III — Não se tratando a juntada dos originais de ato que dependa de notificação, pois a parte, ao interpor o recurso, já tem ciência de seu ônus processual, não se aplica a regra do art. 224 do CPC de 2015 (art. 184 do CPC de 1973) quanto ao *dies a quo*, podendo coincidir com sábado, domingo ou feriado. (ex-OJ n. 337 da SBDI-1 — *in fine* —, *DJ* 04.05.2004)

IV — A autorização para utilização do fac-símile, constante do art. 1º da Lei n. 9.800, de 26.05.1999, somente alcança as hipóteses em que o documento é dirigido diretamente ao órgão jurisdicional, não se aplicando à transmissão ocorrida entre particulares.

A **Súmula n. 387 do TST**, relativa à interposição de recurso por fac-símile, nos termos da Lei n. 9.800/99, bem como à contagem do quinquídio legal para a protocolização da petição original, obteve **nova redação** por meio da Resolução n. 208/2016 do TST, publicada no *DEJT* nos dias 22, 25 e 26.04.2016, **atualizando os dispositivos legais de acordo com o CPC/2015**.

A possibilidade de realização de atos processuais por meio de **fac-símile** foi introduzida no sistema processual por meio da Lei n. 9.800/99, que dispõe em seu art. 1º que *"É permitida às partes a utilização de sistema de transmissão de dados e imagens tipo fac-símile ou outro similar, para a prática de atos processuais que dependam de petição escrita"*.

Já com relação ao prazo, dispõe o art. 2º da mesma lei que *"A utilização de sistema de transmissão de dados e imagens não prejudica o cumprimento dos prazos, devendo os originais ser entregues em juízo, necessariamente, até cinco dias da data de seu término"*.

O inc. I da súmula destaca que a possibilidade de realização de atos processuais por fax somente se deu após a entrada em vigor da Lei n. 9.800/99, o que significa dizer que qualquer ato processual realizado por esse meio, **antes da vigência** da lei, deve ser considerado **inexistente**. Os recursos devem ser inadmitidos por ausência de **regularidade formal**, já que a regra geral é a protocolização da petição, e não remessa por fax.

O art. 2º da referida lei destaca que os originais devem ser remetidos ao juízo em "até cinco dias da data de seu término". O inc. II da súmula interpretou a expressão *término do prazo.*

Sabe-se que os recursos trabalhistas são interpostos, em regra, no prazo de 8 (oito) dias. Porém, deve-se saber se a interposição por fax de um recurso **antes do término** do prazo acarreta a contagem **imediata** desse para entrega dos originais. Sabe-se que a prática do ato antes do término do prazo acarreta **preclusão consumativa**, o que impede que, mesmo dentro do prazo, seja novamente praticado o ato. Assim, se a parte interpuser um recurso ordinário no 2º dia do prazo, não poderá complementá-lo ou substituí-lo, tendo em vista a ocorrência de preclusão, que faz com que o prazo recursal se encerre com a prática do ato.

Porém, nos termos do entendimento firmado pelo TST, interpretando restritamente a norma do art. 2º da Lei n. 9.800/99, a interposição **prematura** do recurso, entendida essa como antes do prazo fatal (último dia do prazo), não acarreta a sua contagem imediata para envio dos originais, pois esse prazo só é iniciado com o **término**, ou seja, após o 8º dia (ou 5º dia, caso o recurso seja de embargos de declaração).

Isso significa dizer que, interposto o recurso no 2º dia do prazo, o recorrente poderá aguardar o término deste, de 8 (oito) dias, para iniciar a contagem do **quinquídio** de que dispõe para envio dos originais.

Outro problema enfrentado pelo TST diz respeito à forma de contagem do prazo de 5 (cinco) dias para envio dos originais, em especial o início do prazo, **que poderá se dar em qualquer dia, útil ou não**. Explica-se.

O TST firmou entendimento no inc. III de que não se aplica o art. 224 do CPC/2015 à contagem do aludido prazo. Nos termos do artigo do *codex, "Salvo disposição em contrário, computar-se-ão os prazos excluindo o dia do começo e incluindo o do vencimento"*.

Ademais, os prazos processuais devem sempre iniciar e findar em dias úteis, o que significa dizer que nunca terão início e fim em sábados, domingos, feriados ou dias em que não houver expediente forense completo.

Assim, caso fosse aplicado o art. 224 do CPC/2015 à matéria, o quinquídio teria início sempre em dias úteis, porém não é o que ocorre.

Segundo o inc. III da súmula sob análise, se o prazo recursal terminar na sexta-feira, o **quinquídio** terá início no **sábado**, contando-se ainda o domingo e eventual feriado que esteja no curso do prazo. O primeiro dia do prazo não será o **primeiro dia útil** seguinte, e sim o **primeiro dia**, independentemente de ser dia útil ou feriado (sábados, domingos e feriados).

O desrespeito a essa norma, ou seja, a **perda do prazo**, faz com que o ato praticado por fax seja considerado **inexistente**, conforme já afirmado.

Por fim, o inc. IV foi inserido por meio da Resolução n. 174/2011, afirmando que a Lei n. 9.800/99 não se aplica às transmissões entre particulares. Nos termos dos entendimentos majoritários sobre a questão, o documento somente será válido se transmitido diretamente para o Poder Judiciário, sendo a transmissão feita com o documento original. Não é permitido, por presumir-se que o documento não é autêntico, o encaminhamento de fax recebido por particular para o Poder Judiciário. Desta forma, se determinado documento for encaminhado da matriz do escritório para a filial, não poderá ser protocolado por fax perante o Poder Judiciário, por faltar a prova da autenticidade, uma vez que terá que ser protocolado, no prazo de 5 (cinco) dias, o documento original, pois aquele que foi protocolado não é original, mas uma cópia recebida por fax.

ATENÇÃO: Após a remessa da petição por fax, deve a parte peticionar juntando o original em 5 dias, para que o ato processual seja considerado válido. O prazo de 5 dias, denominado quinquídio, é contado de maneira diferente, podendo iniciar no sábado, domingo ou feriado. Claro que não pode terminar nesses dias, já que não há expediente forense.

SÚMULA N. 388
MASSA FALIDA. ARTS. 467 E 477 DA CLT. INAPLICABILIDADE (conversão das Orientações Jurisprudenciais ns. 201 e 314 da SBDI-1) — Res. 129/2005, DJ 20, 22 e 25.04.2005

A Massa Falida não se sujeita à penalidade do art. 467 e nem à multa do § 8º do art. 477, ambos da CLT. (ex-OJs da SBDI-1 ns. 201 — *DJ* 11.08.2003 — e 314 — *DJ* 08.11.2000)

A **Súmula n. 388 do TST**, relativa à **inaplicabilidade** dos arts. 467 e 477 da CLT à **massa falida**, obteve **nova redação** por meio da Resolução n. 129/2005 do TST, publicada no *DJ* nos dias 20, 22 e 25.04.2005, com a **conversão das Orientações Jurisprudenciais ns. 201 e 314 da SBDI-1 do TST**.

As duas **penalidades pecuniárias**, impostas pelos arts. 467 e 477, § 8º, da CLT, referem-se, respectivamente, à incidência de multa de 50% sobre as **parcelas incontroversas** não pagas na primeira audiência e à multa de um salário ao empregado pelo pagamento das **verbas rescisórias fora do prazo** do art. 477, § 6º, da CLT.

O pedido de condenação ao pagamento das duas multas é muito comum nas petições iniciais das reclamações trabalhistas, tendo em vista sempre existirem verbas incontroversas, tais como salários atrasados, FGTS sobre os mesmos etc., assim como é muito comum o não pagamento das verbas rescisórias no prazo legal.

Nos termos da legislação referida, temos: *"Art. 467. Em caso de rescisão de contrato de trabalho, havendo controvérsia sobre o montante das verbas rescisórias, o empregador é obrigado a pagar ao trabalhador à data do comparecimento à Justiça do Trabalho, a parte incontroversa dessas verbas, sob pena de pagá-las acrescidas de 50% (cinquenta por cento)"*. Por sua vez, o art. 477, § 8º, dispõe que *"A inobservância do disposto no § 6º deste artigo sujeitará o infrator à multa de 160 BTN, por trabalhador, bem assim ao pagamento de multa a favor do empregado, em valor equivalente ao seu salário, (...)"*.

Ocorre que essas multas, segundo entendimento consolidado pelo TST, não se aplicam à massa falida.

As disposições da súmula vão totalmente de encontro ao ideal de **proteção do empregado**, sendo, portanto, irrazoáveis. Não há qualquer razão plausível para a distinção realizada entre a massa falida e as demais empresas, uma vez que o empregado não pode suportar os ônus de uma quebra, ou seja, não pode deixar de receber créditos em virtude da **falência** da empresa, já que somente pode participar dos seus **lucros**, nunca dos **prejuízos**.

Esse entendimento do TST traz a total quebra da **isonomia** entre empregados, pois retira de alguns o direito, por um fato totalmente alheio, de responsabilidade unicamente do empreendedor.

Além de o recebimento de créditos trabalhistas ser mais árduo e demorado, não compreenderá as referidas **multas**. Pior, os créditos trabalhistas, após a Lei n. 11.101/2005 (Nova Lei de Falências), somente são considerados privilegiados até o montante de 150 (cento e cinquenta) salários mínimos.

Percebe-se a desigualdade existente entre os empregados, cujos créditos são oriundos de empresas em atividade e aquelas cuja quebra já foi decretada.

Apesar de irrazoável, mantém-se aplicável o preceito contido na súmula, sob o único fundamento de que a **massa falida** não pode arcar com os pagamentos, razão pela qual a ela não pode ser imputada a mora no pagamento das verbas trabalhistas e rescisórias.

ATENÇÃO: Não se condena a massa falida ao pagamento da multa do art. 467 da CLT, que trata do não pagamento das verbas incontroversas em audiência, bem como do art. 477, § 8º, da CLT, que decorre do não pagamento das verbas rescisórias no prazo legal, constante no § 6º do mesmo artigo.

SÚMULA N. 389
SEGURO-DESEMPREGO. COMPETÊNCIA DA JUSTIÇA DO TRABALHO. DIREITO À INDENIZAÇÃO POR NÃO LIBERAÇÃO DE GUIAS (conversão das Orientações Jurisprudenciais ns. 210 e 211 da SBDI-1) — Res. 129/2005, DJ 20, 22 e 25.04.2005

I — Inscreve-se na competência material da Justiça do Trabalho a lide entre empregado e empregador tendo por objeto indenização pelo não fornecimento das guias do seguro-desemprego. (ex-OJ n. 210 da SBDI-1 — inserida em 08.11.2000)

II — O não fornecimento pelo empregador da guia necessária para o recebimento do seguro-desemprego dá origem ao direito à indenização. (ex-OJ n. 211 da SBDI-1 — inserida em 08.11.2000)

A **Súmula n. 389 do TST**, que diz respeito à competência da Justiça do Trabalho para apreciar as ações relacionadas à **indenização** pela não entrega das **guias de seguro-desemprego**, bem como ao direito à **indenização compensatória**, obteve **nova redação** por meio da Resolução n. 129/2005 do TST, publicada no *DJ* nos dias

20, 22 e 25.04.2005, com a **conversão das Orientações Jurisprudenciais ns. 210 e 211 da SBDI-1 do TST**.

Com relação à competência da Justiça do Trabalho para as ações que tenham por objeto o pagamento de indenização compensatória, pelo não fornecimento das guias de seguro-desemprego, inexiste qualquer dúvida, tendo em vista o teor do inc. I do art. 114 da CRFB/88, que insere na competência da justiça especializada *"as ações oriundas da relação de trabalho, abrangidos os entes de direito público externo e da administração pública direta e indireta da União, dos Estados, do Distrito Federal e dos Municípios"*.

Sendo a entrega das referidas guias um direito que surge em virtude da existência de relação de emprego, espécie de relação de trabalho, o pedido de condenação ao pagamento de indenização insere-se no referido inciso do texto constitucional.

A indenização compensatória a que faz menção o inc. I surge em decorrência da **não entrega** das **guias** necessárias ao requerimento do benefício do **seguro-desemprego**, conforme explica o inc. II. Essas guias são apresentadas quando do requerimento do benefício para a **Caixa Econômica Federal**.

Ocorre que, muitas vezes, por desorganização, má-fé ou impossibilidade, ante a existência de irregularidades, o empregador não fornece as guias, impossibilitando o empregado de requerer o **benefício**, que, em regra, é pago entre 3 (três) e 5 (cinco) parcelas, sendo, no mínimo, de **um salário mínimo**, podendo inclusive ser maior, dependendo da média salarial dos últimos três meses.

A impossibilidade de recebimento dos valores pelo empregado faz com que nasça o direito à percepção de **indenização compensatória**, nos mesmos valores, considerando-se o número de parcelas e o valor do benefício que seria recebido. Assim, se determinado empregado tivesse direito a 5 (cinco) parcelas de um salário mínimo, o empregador deve ser condenado ao pagamento de 5 (cinco) salários mínimos, além de eventuais **multas administrativas**, a serem impostas pela Delegacia Regional do Trabalho.

Tratando-se, portanto, de **dano material** sofrido, deverá ser **recompensado** na exata medida em que o benefício seria recebido. Apesar de a súmula não fazer menção, pode-se pensar em danos morais, se configurados seus requisitos, caso a não percepção da quantia faça o empregado sofrer situações constrangedoras, vexaminosas, em afronta ao princípio da **dignidade da pessoa humana**.

ATENÇÃO: Caso as guias do seguro-desemprego não sejam fornecidas ao empregado e este venha a sofrer prejuízos, poderá pleiteá-los na justiça do trabalho, pois consistem em danos materiais e até morais, decorrentes do vínculo de emprego que se extinguiu.

SÚMULA N. 390
ESTABILIDADE. ART. 41 DA CF/1988. CELETISTA. ADMINISTRAÇÃO DIRETA, AUTÁRQUICA OU FUNDACIONAL. APLICABILIDADE. EMPREGADO DE EMPRESA PÚBLICA E SOCIEDADE DE ECONOMIA MISTA. INAPLICÁVEL (conversão das Orientações Jurisprudenciais ns. 229 e 265 da SBDI-1 e da Orientação Jurisprudencial n. 22 da SBDI-2) — Res. 129/2005, DJ 20, 22 e 25.04.2005

I — O servidor público celetista da administração direta, autárquica ou fundacional é beneficiário da estabilidade prevista no art. 41 da CF/1988. (ex-OJs ns. 265 da SBDI-1 — inserida em 27.09.2002 — e 22 da SBDI-2 — inserida em 20.09.2000)

II — Ao empregado de empresa pública ou de sociedade de economia mista, ainda que admitido mediante aprovação em concurso público, não é garantida a estabilidade prevista no art. 41 da CF/1988. (ex-OJ n. 229 da SBDI-1 — inserida em 20.06.2001)

A **Súmula n. 390 do TST**, que analisa a extensão da **estabilidade** criada pelo art. 41 da CRFB/88, obteve **nova redação** por meio da Resolução n. 129/2005 do TST, publicada no *DJ* nos dias 20, 22 e 25.04.2005, com a **conversão das Orientações Jurisprudenciais ns. 229 e 265 da SBDI-1 e da Orientação Jurisprudencial n. 22 da SBDI-2, todas do TST**.

Dispõe o **art. 41 da CRFB/88** que *"são estáveis após 3 (três) anos de efetivo exercício os servidores nomeados para cargo de provimento efetivo em virtude de concurso público"*.

A nova redação foi dada pela Emenda Constitucional n. 19/98, que passou a exigir **3 (três) anos de estágio probatório**, enquanto o texto anterior exigia apenas 2 (dois) anos.

Após a entrada em vigor do dispositivo, surgiram dúvidas a respeito da real interpretação do termo *servidores*, se seriam apenas os **estatutários** ou também os **celetistas**. Além disso, divergiram os julgados sobre a extensão ou não da garantia às pessoas jurídicas de direito privado, componentes da Administração Pública, tais como as empresas públicas e sociedades de economia mista.

No inc. I tem-se que os **servidores públicos celetistas**, desde que aprovados em **concurso público** de provas ou provas e títulos, da administração pública direta, autárquica e fundacional, fazem jus à estabilidade prevista no art. 41 da CRFB/88, pois, além de terem sido aprovados em concurso público, forma **indispensável** ao ingresso na Administração Pública, não há qualquer razão para discriminá-los apenas em virtude do regime de contratação. Assim, desde que exerçam suas atividades nos entes descritos no inc. I, aos servidores celetistas e estatutários é garantida idêntica estabilidade.

Há que se observar que a EC n. 19/98 relativizou a referida estabilidade, ao prever a possibilidade de perda do cargo *"mediante procedimento de avaliação periódica de desempenho, na forma de lei complementar, assegurada ampla defesa"*, além de afirmar que *"como condição para a aquisição da estabilidade, é obrigatória a avaliação especial de desempenho por comissão instituída para essa finalidade"*.

Essas regras tanto dificultam a aquisição da estabilidade como facilitam sua perda, gerando maior eficiência no setor público, uma vez que os servidores estarão frequentemente sendo **avaliados**, correndo o risco de, constatada a **ineficiência**, perderem o cargo.

O inc. II da súmula destaca a **inexistência de estabilidade** para os empregados celetistas das **empresas públicas** e **sociedades de economia mista**, mesmo aqueles que foram contratados por meio de regular concurso público.

Essa regra sobre a inexistência de estabilidade funda-se na **personalidade jurídica** desses entes, empresas públicas e sociedades de economia mista, a saber, de **direito privado**, em contraposição aos demais entes, que possuem personalidade jurídica de direito público.

Com relação à matéria, MAURÍCIO GODINHO DELGADO[138] afirma que *"(...) a jurisprudência tem se firmado pelo não cabimento desta estabilidade constitucional para os empregados de entidades estatais que não sejam integrantes da administração direta, autárquica e fundacional"*.

> **ATENÇÃO:** Mesmo tendo sido admitido mediante concurso público, o empregado de sociedade de economia mista e empresas públicas não possui estabilidade, já que são pessoas jurídicas de direito privado. Não se aplica na hipótese o art. 41 da CF/88.

SÚMULA N. 391

PETROLEIROS. LEI N. 5.811/1972. TURNO ININTERRUPTO DE REVEZAMENTO. HORAS EXTRAS E ALTERAÇÃO DA JORNADA PARA HORÁRIO FIXO (conversão das Orientações Jurisprudenciais ns. 240 e 333 da SBDI-1) — Res. 129/2005, DJ 20, 22 e 25.04.2005

I — A Lei n. 5.811/1972 foi recepcionada pela CF/88 no que se refere à duração da jornada de trabalho em regime de revezamento dos petroleiros. (ex-OJ n. 240 da SBDI-1 — inserida em 20.06.2001)

II — A previsão contida no art. 10 da Lei n. 5.811/1972, possibilitando a mudança do regime de revezamento para horário fixo, constitui alteração lícita, não violando os arts. 468 da CLT e 7º, VI, da CF/1988. (ex-OJ n. 333 da SBDI-1 — *DJ* 09.12.2003)

A **Súmula n. 391 do TST**, referente à **recepção** da Lei n. 5.811/72, que trata do trabalho dos petroleiros, obteve **nova redação** por meio da Resolução n. 129/2005 do TST, publicada no *DJ* nos dias 20, 22 e 25.04.2005, com a **conversão das Orientações Jurisprudenciais ns. 240 e 333 da SBDI-1 do TST**.

A situação tratada no inc. I da presente súmula mostra-se bastante simples: as disposições da Lei n. 5.811/72 foram **recepcionadas pela CRFB/88**, tendo em vista

[138] DELGADO, Maurício Godinho. *Curso de direito do trabalho*, p. 1047.

serem mais **benéficas** aos empregados, se comparadas com aquelas previstas no art. 7º, XIV, da Carta Maior.

A nova Constituição privilegiou os trabalhadores que laborem em **regime de revezamento**, o denominado ***turno ininterrupto de revezamento***, diminuindo a jornada diária, limitando-a a 6 (seis) horas, enquanto os demais empregados gozam de jornada diária máxima de 8 (oito) horas. Indiscutível que o trabalho realizado em TIR é bem mais **desgastante**, razão pela qual entendeu, corretamente, o legislador pela redução.

Ocorre que essa é a única "vantagem" para esse tipo de empregado. Além disso, nos termos da **Súmula n. 423 do TST**, *"estabelecida jornada superior a seis horas e limitada a oito horas por meio de regular negociação coletiva, os empregados submetidos a turnos ininterruptos de revezamento não têm direito ao pagamento da 7ª e 8ª horas como extras"*, o que joga por terra a proteção buscada pelo Constituinte de 1988.

Já as normas previstas na legislação extravagante traçam situação mais **benéfica**, ao instituírem turnos ininterruptos de revezamento de 8 (oito) e 12 (doze) horas, concedendo, em contrapartida, diversas outras vantagens, não deferidas pelo legislador constitucional, nos arts. 3º e 4º da Lei n. 5.811/71. Transcrevem-se os dispositivos para melhor conhecimento da matéria:

> Art. 3º Durante o período em que o empregado permanecer no regime de revezamento em turno de 8 (oito) horas, ser-lhe-ão assegurados os seguintes direitos:
>
> I — Pagamento do adicional de trabalho noturno na forma do art. 73 da Consolidação das Leis do Trabalho;
>
> II — Pagamento em dobro da hora de repouso e alimentação suprimida nos termos do § 2º do art. 2º;
>
> III — Alimentação gratuita, no posto de trabalho, durante o turno em que estiver em serviço;
>
> IV — Transporte gratuito para o local de trabalho;
>
> V — Direito a um repouso de 24 (vinte e quatro) horas consecutivas para cada 3 (três) turnos trabalhados.
>
> Parágrafo único. Para os empregados que já venham percebendo habitualmente da empresa pagamento à conta de horas de repouso e alimentação ou de trabalho noturno, os respectivos valores serão compensados nos direitos a que se referem os itens I e II deste artigo.
>
> Art. 4º Ao empregado que trabalhe no regime de revezamento em turno de 12 (doze) horas, ficam assegurados, além dos já previstos nos itens I, II, III e IV do art. 3º, os seguintes direitos:
>
> I — Alojamento coletivo gratuito e adequado ao seu descanso e higiene;
>
> II — Repouso de 24 (vinte e quatro) horas consecutivas para cada turno trabalhado.

Percebe-se que para o TIR de 8 (oito) horas será concedido, além do adicional noturno, já previsto na CLT, pagamento em **dobro** para as horas de repouso e alimentação que venham a ser suprimidas, alimentação e transporte gratuitos, além de repouso de 24 (vinte e quatro) horas a cada 3 (três) turnos trabalhados, sem prejuízo de descanso de, no mínimo, 11 (onze) horas entre turnos.

Para o TIR de 12 (doze) horas, além dos benefícios já descritos, será concedido alojamento gratuito e repouso de 24 (vinte e quatro) horas a cada turno trabalhado.

Sem sombra de dúvidas, as disposições legais mencionadas traduzem situação mais **benéfica**, razão pela qual foram **recepcionadas** pela CRFB/88, na medida em que protegem os empregados de forma mais efetiva.

Com relação ao inc. II, dispõe que a alteração prescrita no parágrafo único do art. 10 da mesma lei não constituiu **alteração ilícita** do contrato de trabalho, por não traduzir situação maléfica ao empregado.

O art. 468 da CLT, que veda qualquer alteração **maléfica** no contrato de trabalho, mesmo com a **anuência** do empregado, por presumi-la viciada, assegura que *"nos contratos individuais de trabalho, só é lícita a alteração das respectivas condições por mútuo consentimento e, ainda assim, desde que não resultem, direta ou indiretamente, prejuízos ao empregado, sob pena de nulidade da cláusula infringente desta garantia"*.

Por sua vez, o parágrafo único do art. 10 da Lei n. 5.811/71 dispõe que *"Não constituirá alteração ilícita a exclusão do empregado do regime de revezamento, cabendo-lhe exclusivamente, nesta hipótese, o pagamento previsto no art. 9º"*.

Não há dúvida de que o trabalho em turnos ininterruptos de revezamento, a despeito de possuir jornada diária reduzida, é maléfico ao empregado, pois esse, por não possuir turno de horário fixo (manhã, tarde ou noite), não consegue manter outras atividades periódicas, como cursar faculdade, fazer cursos, bem como manter e estreitar laços de família e de amizade, pois a cada ciclo encontra-se trabalhando em um horário diferente. Ademais, trabalha enquanto os demais familiares e amigos dormem. Dorme quando os demais encontram-se acordados. Ainda, o organismo do obreiro não se acostuma ou demora a acostumar-se com as alterações de rotina, já que de tempos em tempos há a alteração do turno de trabalho. Ora o trabalhador labora de manhã, ora à tarde, ora à noite.

Em suma, a **fixação** de um turno de trabalho, o que significa dizer, a exclusão do empregado do TIR, é muito melhor para ele, embora venha a **perder** algumas vantagens **pecuniárias**, pagas em virtude das condições mais árduas de trabalho.

O entendimento deve ser idêntico ao que gerou a edição da **Súmula n. 265 do TST**, sobre a alteração da **jornada noturna** para a **diurna**, mesmo com a **perda** do adicional respectivo. Nos termos da referida súmula, *"a transferência para o período diurno de trabalho implica a perda do direito ao adicional noturno"*.

ATENÇÃO: A alteração da jornada de trabalho, de turno ininterrupto de revezamento para turno fixo, é considerada válida, não afrontando o art. 468 da CLT, já que benéfica. Assim, não precisa de consentimento do empregado, por ser decorrente do *jus variandi* do empregador.

SÚMULA N. 392
DANO MORAL E MATERIAL. RELAÇÃO DE TRABALHO. COMPETÊNCIA DA JUSTIÇA DO TRABALHO
(redação alterada em sessão do Tribunal Pleno realizada em 27.10.2015) — Res. 200/2015, DEJT divulgado em 29.10.2015 e 03 e 04.11.2015

Nos termos do art. 114, inc. VI, da Constituição da República, a Justiça do Trabalho é competente para processar e julgar ações de indenização por dano moral e material, decorrentes da relação de trabalho, inclusive as oriundas de acidente de trabalho e doenças a ele equiparadas, ainda que propostas pelos dependentes ou sucessores do trabalhador falecido.

A **Súmula n. 392 do TST**, relacionada à **competência** da Justiça do Trabalho para a análise de pedido de condenação ao pagamento de **danos morais**, obteve **nova redação** por meio da Resolução n. 200/2015, publicada no *DEJT* nos dias 29.10.2015 e 03 e 04.11.2015.

A presente súmula acabou, de uma vez por todas, com antiga dúvida acerca da competência da Justiça do Trabalho, para a análise de pedido de condenação ao pagamento de danos morais. Segundo o entendimento do TST, a Justiça do Trabalho é competente, desde que o dano moral advenha de **relação de trabalho**.

Antes mesmo da conversão da Orientação Jurisprudencial n. 327 da SBDI-1 do TST na súmula sob comento, a **Emenda Constitucional n. 45/2004** acrescentou o inc. VI ao art. 114 da CRFB, afirmando que compete à Justiça do Trabalho processar e julgar *"as ações de indenização por dano moral ou patrimonial decorrentes da relação de trabalho"*.

Inexiste atualmente qualquer dúvida em relação à matéria: caso o dano moral **decorra** de relação de trabalho, a competência é da justiça especializada. Atente-se que o dispositivo constitucional não se refere à **relação de emprego**, e sim à **relação de trabalho**, demonstrando ser este último mais **amplo** do que o primeiro. Assim, qualquer espécie de dano decorrente da prestação de um serviço por pessoa física insere-se na competência material deste ramo do Poder Judiciário.

Os casos mais comuns de dano moral na Justiça do Trabalho decorrem de **acidentes de trabalho**, quando há culpa do empregador, bem como, em algumas hipóteses de **rescisão** contratual, quando o empregado é tratado com rigor excessivo etc.

A alteração promovida em 2015 foi no sentido de esclarecer que, mesmo a ação sendo ajuizada por sucessores ou dependentes do empregado, no caso de morte daquele, a competência será da Justiça do Trabalho, já que o critério utilizado é material, e não pessoal, ou seja, o que importa é a matéria que está sendo ajuizada, e não quem está ajuizando a mesma.

Por último, com relação à prescrição do dano moral, o TST vem firmando entendimento no sentido de não se aplicar a prescrição trienal do Código Civil, e sim a prescrição celetista, de **5 (cinco) anos**, quando da vigência do contrato de trabalho, e **bienal**, quando de seu término.

ATENÇÃO: As ações de dano moral e material, quando relacionadas ao contrato de trabalho, são da competência da Justiça do Trabalho, mesmo se ajuizadas por sucessores e dependentes do empregado falecido, já que a competência é material, isto é, leva em consideração o que está sendo discutido, que são direitos que decorrem do vínculo de emprego.

SÚMULA N. 393
RECURSO ORDINÁRIO. EFEITO DEVOLUTIVO EM PROFUNDIDADE. ART. 1.013, § 1º, do CPC DE 2015. ART. 515, § 1º, DO CPC de 1973 (nova redação em decorrência do CPC de 2015) — Res. 208/2016, DEJT divulgado em 22, 25 e 26.04.2016

I — O efeito devolutivo em profundidade do recurso ordinário, que se extrai do § 1º do art. 1.013 do CPC de 2015 (art. 515, § 1º, do CPC de 1973), transfere ao Tribunal a apreciação dos fundamentos da inicial ou da defesa, não examinados pela sentença, ainda que não renovados em contrarrazões, desde que relativos ao capítulo impugnado.

II — Se o processo estiver em condições, o tribunal, ao julgar o recurso ordinário, deverá decidir desde logo o mérito da causa, nos termos do § 3º do art. 1.013 do CPC de 2015, inclusive quando constatar a omissão da sentença no exame de um dos pedidos.

A **Súmula n. 393 do TST**, que se refere ao **efeito devolutivo em profundidade** no recurso ordinário, obteve **nova redação** por meio da Resolução n. 208/2016 do TST, publicada no *DEJT* nos dias 22, 25 e 26.04.2016, **adequando-se ao CPC/2015**.

Antes de adentrarmos, especificamente, no tema tratado na súmula, algumas premissas devem ser destacadas.

Em primeiro lugar, há que se ressaltar que **todos** os recursos são dotados do denominado ***efeito devolutivo***, uma vez que devolvem à apreciação do Poder Judiciário a questão debatida, ora para órgão de hierarquia superior, ora para o mesmo órgão, como ocorre com os embargos declaratórios.

Em segundo lugar, os recursos podem ser classificados em ***totais*** e ***parciais***, dependendo da impugnação realizada pelo recorrente, se de todos os capítulos da decisão que lhes foram desfavoráveis ou apenas de um ou alguns. Isso significa dizer que, nos termos do art. 1.013 do CPC/2015, o efeito devolutivo do recurso, em sua **extensão**, será fixado pelo **recorrente**. A extensão do efeito devolutivo refere-se aos capítulos que serão novamente analisados. Se a sentença condenou o reclamado ao pagamento de reajuste salarial e verbas rescisórias, poderá recorrer de tudo ou apenas de parte, por exemplo, do capítulo que determinou o reajustamento salarial ou o que deferiu o pagamento de verbas rescisórias.

Se é correto que o **recorrente** fixa a **extensão** do efeito devolutivo, isso não ocorre com relação à **profundidade**, pois, de acordo com o art. 1.013, §§ 1º e 2º, do CPC/2015, "*§ 1º Serão, porém, objeto de apreciação e julgamento pelo tribunal todas as questões suscitadas e discutidas no processo, ainda que não tenham sido* *solucionadas, desde que relativas ao capítulo impugnado. § 2º Quando o pedido ou a defesa tiver mais de um fundamento e o juiz acolher apenas um deles, a apelação devolverá ao tribunal o conhecimento dos demais".*

Os parágrafos transcritos demonstram o efeito **devolutivo** em sua ***profundidade***, que não pode ser fixado pelo recorrente, sendo sempre **integral**. Isso significa dizer que o Juízo de 2º grau poderá analisar todos os fatos, fundamentos e provas aos quais o Juízo monocrático tinha acesso para julgar, ou seja, a análise a ser feita possui a mesma profundidade.

Assim, se a reclamada, visando obstar o pleito de reintegração do obreiro, alegar, como matérias de defesa, a não comunicação do registro de candidatura pelo sindicato, a eleição para cargo do conselho fiscal e o término das atividades da empresa na localidade, deverá o magistrado refutar todos os **fundamentos** da empresa reclamada para determinar a reintegração do trabalhador. Se não o fizer, estará incorrendo em **omissão**. Se a parte prejudicada, em vez de interpor o recurso de embargos de declaração, manejar de imediato o **recurso ordinário**, não incorrerá em preclusão, pois todos aqueles fundamentos serão reanalisados pelo tribunal, mesmo não tendo sido analisados pelo Juízo *a quo*.

O TST, ao destacar na súmula que o efeito devolutivo *"transfere automaticamente ao Tribunal a apreciação de fundamento da inicial e da defesa não examinado pela sentença, ainda que não renovado em contrarrazões"*, demonstra, claramente, que tal consequência é **automática**, derivando exclusivamente da interposição do recurso.

Isso ocorre com os ***fundamentos***. Situação diversa é verificada com os ***pedidos*** não analisados pelo Juízo *a quo*.

Se a sentença não analisou um ou alguns dos **pedidos** formulados pelo reclamante (ou reclamado, em reconvenção), deverá a parte manejar os **embargos de declaração**, nos termos do art. 897-A da CLT. Contudo, caso interponha diretamente o recurso ordinário, o TRT deverá dar-lhe provimento, determinando a remessa dos autos ao juiz de 1º grau, para que o mesmo julgue os pedidos nos quais foi omisso, evitando-se, assim, a supressão de instância, que certamente ocorreria se o TRT julgasse determinado pedido pela primeira vez.

No tocante aos **pedidos**, o TST tratou, por meio da Resolução n. 169/2010, de incluir, adequando-se à norma imposta pelo CPC, no art. 1.013, § 3º, do CPC/2015, a afirmação de que, nessa situação, na qual o mérito é julgado pela primeira vez, não há que se restringir a análise aos pedidos, já que, como afirmado, as questões meritórias ainda não foram objeto de discussão e julgamento pelo Poder Judiciário.

Vejam que a modificação da súmula foi redacional, para tornar mais claro o instituto, a aplicação do efeito devolutivo em profundidade do recurso, que em síntese engloba:

- a possibilidade de o tribunal analisar todos os fundamentos relacionados ao capítulo da decisão impugnada, mesmo sem qualquer menção ou pedido formulado nas razões ou contrarrazões;

- a aplicação da *teoria da causa madura*, que permite ao tribunal julgar, pela primeira vez, pedidos que não foram objeto de análise pelo juízo de primeiro grau, mas que estão prontos para serem julgados.

ATENÇÃO: A partir do momento em que a parte recorre, há a transferência da análise da matéria ao tribunal de forma global, o que significa dizer que tudo o que estiver relacionado ao capítulo objeto do recurso será reanalisado. Pode-se ir além e analisar até mesmo aquilo que foi objeto de omissão do julgador, quando for aplicada a teoria da causa madura, prevista no art. 1.013, § 3º, do CPC/2015.

SÚMULA N. 394
FATO SUPERVENIENTE. ART. 493 do CPC de 2015. ART. 462 DO CPC DE 1973 (atualizada em decorrência do CPC de 2015) — Res. 208/2016, DEJT divulgado em 22, 25 e 26.04.2016

O art. 493 do CPC de 2015 (art. 462 do CPC de 1973), que admite a invocação de fato constitutivo, modificativo ou extintivo do direito, superveniente à propositura da ação, é aplicável de ofício aos processos em curso em qualquer instância trabalhista. Cumpre ao juiz ou tribunal ouvir as partes sobre o fato novo antes de decidir.

A **Súmula n. 394 do TST**, relativa ao reconhecimento pelo magistrado da existência de **fatos supervenientes** à propositura da ação, obteve **nova redação** por meio da Resolução n. 208/2016, publicada no *DJ* nos dias 22, 25 e 26.04.2016, com a **atualização dos dispositivos legais de acordo com o CPC/2015**.

Dispõe o art. 493 do CPC/2015 que *"Se, depois da propositura da ação, algum fato constitutivo, modificativo ou extintivo do direito influir no julgamento do mérito, caberá ao juiz tomá-lo em consideração, de ofício ou a requerimento da parte, no momento de proferir a decisão"*.

O dispositivo legal trata da necessidade do magistrado decidir com justiça, o que significa dizer que deverá levar em consideração a **situação fática** existente quando do proferimento da decisão, tendo em vista que essa poderá alterar-se, dada a demora geralmente inerente aos processos judiciais.

Havendo alteração do quadro fático, tal como o agravamento de uma lesão decorrente de acidente de trabalho, deverá o julgador levá-la em consideração, decidindo conforme a verdade real.

Assim, se ajuizada demanda em que se pede a condenação ao pagamento de danos morais, decorrentes de sequelas oriundas de acidente de trânsito, deverá o julgador analisar se essas se agravaram desde que a ação foi proposta, tendo em vista que tal fato influencia na fixação do dano moral.

ANTÔNIO CLÁUDIO DA COSTA MACHADO[139] destaca que *"a tomada em consideração pelo juiz na sentença dos fatos aqui previstos só é possível e legítima*

---

[139] MACHADO, Antônio Cláudio da Costa. *Código de Processo Civil interpretado*. 4. ed. São Paulo: Manole, 2004. p. 636-637.

uma vez que a causa de pedir não seja alterada, porque os arts. 264 e 294 vedam expressamente tal alteração". Ademais, afirma que *"(...) a* ratio *da presente disposição legal está ligada à ideia de que nem sempre o contexto fático da causa permanece como era quando da propositura da ação — o que, evidentemente, seria o ideal —, de sorte que ao Juiz cabe apropriar-se da realidade presente ao tempo da sentença para decidir com justiça o litígio".*

O dispositivo do CPC e a redação da súmula não deixam dúvidas de que o magistrado deve, **de ofício**, tomar em consideração tais fatos supervenientes, pois é **obrigação** daquele julgar da forma mais adequada e **justa** possível. Assim, mesmo que a parte interessada não demonstre a ocorrência do fato e requeira sua apreciação, deverá o magistrado tomá-lo de ofício, julgando conforme a nova situação fática.

Contudo, sempre que surgir um fato novo, deverá o magistrado oportunizar o **contraditório**, bem como a **ampla defesa**, evitando-se **nulidade** processual. Assim, caso surjam novas informações a respeito das debilidades causadas pelo acidente de trabalho, que inexistiam quando do ajuizamento da ação, o reclamado deverá ser intimado para, querendo, manifestar-se sobre aquelas, uma vez que é a primeira oportunidade em que essas são inseridas no contexto processual. **A necessidade de efetivação do contraditório encontra-se explícita na nova redação da súmula, de 2016**, devendo o Juiz sempre intimar as partes para manifestação sobre o fato novo, para poder decidir com base nele.

Por fim, há que serem tecidas algumas considerações acerca do prequestionamento dos fatos tomados pelo julgador nos termos do art. 493 do CPC/2015.

A súmula sob comento destaca que o artigo referido *"é aplicável de ofício aos processos em curso em qualquer instância trabalhista"*. Porém, sabe-se que o TST, quando analisa os recursos de revista e de embargos, apenas analisa as matérias efetivamente decididas pela instância *a quo*, ou seja, apenas as matérias prequestionadas no acórdão recorrido.

Ocorre que aqui temos uma exceção à regra geral, pois não há que se falar em **prequestionamento** se o fato é **novo**, superveniente e surge tão somente quando os recursos, considerados *extraordinários,* já foram interpostos. Nesta hipótese, nem a interposição de embargos de declaração com fins prequestionadores é possível. Resta, portanto, falar-se em hipótese **excepcional** em que o TST analisará questão ainda não decidida, ou seja, fará o primeiro juízo de valor com relação àquela matéria. Porém, se para o seu julgamento houver necessidade de revolver fatos e provas, o recurso, com relação a esse ponto, será inadmitido, nos termos da **Súmula n. 126 do TST**.

> **ATENÇÃO:** O fato novo pode ser considerado de ofício pelo Magistrado, ou seja, mesmo sem pedido de qualquer das partes, mas somente poderá ser utilizado se houver a prévia intimação destas para manifestação, sob pena de violação ao contraditório.

SÚMULA N. 395
MANDATO E SUBSTABELECIMENTO. CONDIÇÕES DE VALIDADE
(nova redação dos itens I e II e acrescido o item V em decorrência do CPC de 2015) — Res. 211/2016, DEJT divulgado em 24, 25 e 26.08.2016

I — Válido é o instrumento de mandato com prazo determinado que contém cláusula estabelecendo a prevalência dos poderes para atuar até o final da demanda (§ 4º do art. 105 do CPC de 2015). (ex-OJ n. 312 da SBDI-1 — *DJ* 11.08.2003)

II — Se há previsão, no instrumento de mandato, de prazo para sua juntada, o mandato só tem validade se anexado ao processo o respectivo instrumento no aludido prazo. (ex-OJ n. 313 da SBDI-1 — *DJ* 11.08.2003)

III — São válidos os atos praticados pelo substabelecido, ainda que não haja, no mandato, poderes expressos para substabelecer (art. 667, e parágrafos, do Código Civil de 2002). (ex-OJ n. 108 da SBDI-1 — inserida em 01.10.1997)

IV — Configura-se a irregularidade de representação se o substabelecimento é anterior à outorga passada ao substabelecente. (ex-OJ n. 330 da SBDI-1 — *DJ* 09.12.2003)

V — Verificada a irregularidade de representação nas hipóteses dos itens II e IV, deve o juiz suspender o processo e designar prazo razoável para que seja sanado o vício, ainda que em instância recursal (art. 76 do CPC de 2015).

A **Súmula n. 395 do TST**, referente às condições de validade do **mandato** e do **substabelecimento** no âmbito do processo do trabalho, obteve **nova redação** por meio da Resolução n. 211/2016 do TST, publicada no *DJ* nos dias 24, 25 e 26.08.2016, atualizada **em decorrência do CPC/2015**.

Com relação ao inc. I, FRANCISCO ANTÔNIO DE OLIVEIRA[140] destaca com propriedade que *"não existe qualquer óbice para que a parte outorgante da procuração faça ali constar que os poderes conferidos ao advogado prevalecem até o final da demanda. É mais ou menos comum a outorga de procuração por tempo determinado, posto que se cuida de um contrato de prestação de serviços entre outorgante e outorgado"*. Desnecessárias mais considerações acerca do assunto.

A nova redação, de 2016, menciona explicitamente o § 4º do art. 105 do CPC/2015, assim redigido: *"Salvo disposição expressa em sentido contrário constante do próprio instrumento, a procuração outorgada na fase de conhecimento é eficaz para todas as fases do processo, inclusive para o cumprimento de sentença"*.

Já com relação ao inc. II da súmula, tem-se que esclarecer, em primeiro lugar, que o prazo a que alude o TST encontra-se fixado no instrumento de mandato, ou seja, na própria **procuração**, não sendo um prazo **judicial** para a juntada da procuração, como entende FRANCISCO ANTÔNIO DE OLIVEIRA.[141] Segundo o professor, *"(...) havendo o magistrado concedido prazo para a juntada da procuração, não pode a parte descumpri-lo e proceder à juntada na oportunidade que bem lhe aprouver"*. Não se trata desse prazo.

[140] OLIVEIRA, Francisco Antônio de. *Comentários às súmulas do TST*, p. 681.

[141] OLIVEIRA, Francisco Antônio de. *Comentários às súmulas do TST*, p. 681.

O TST bem entendeu que o prazo estabelecido no mandato deve ser respeitado, porém, não em virtude de **preclusão**, pois não se trata de prazo **processual**, e sim **material**. Na verdade, o referido tribunal verificou tratar-se de uma **cláusula contratual** e como tal deve ser cumprida. Assim, entre as diversas cláusulas constantes do contrato de mandato, uma delas pode ser a juntada do instrumento aos autos do processo em determinado período de tempo. Por ser cláusula contratual, em respeito ao princípio do *pacta sunt servanda*, deve ser respeitada, sob pena de se considerar irregular a **representação processual** e, por consequência, carente de capacidade postulatória.

Esse entendimento deflui da oração *"o instrumento de mandato só tem validade se anexado ao processo dentro do aludido prazo"*, constante do inc. II da súmula. Ocorrendo a incapacidade postulatória, deverá o magistrado utilizar-se do disposto no **art. 76 do CPC/2015**, suspendendo o processo e intimando a parte para regularizar a representação.

Com relação ao inc. III, que toca ao tema *substabelecimento*, percebe-se uma simplificação das regras descritas no art. 667 e parágrafos do Código Civil de 2002. Além disso, mostra-se adequado aos termos do art. 105 do CPC/2015, que trata dos poderes gerais e especiais para o foro.

Nos termos do art. 105 do CPC /2015, *"A procuração geral para o foro, outorgada por instrumento público ou particular assinado pela parte, habilita o advogado a praticar todos os atos do processo, exceto receber citação, confessar, reconhecer a procedência do pedido, transigir, desistir, renunciar ao direito sobre o qual se funda a ação, receber, dar quitação, firmar compromisso e assinar declaração de hipossuficiência econômica, que devem constar de cláusula específica"*.

Verifica-se, claramente, que o *substabelecer* não é considerado um **poder especial**, que deva vir expressamente consignado na procuração, e sim um **poder geral**, mas apenas para a procuração expressa, escrita, já que a OJ n. 200 da SDI-1 do TST não permite que o portador de mandato tácito substabeleça os poderes que lhe que foram conferidos com a inclusão de seu nome na ata de audiência, conforme o art. 791, § 3º, da CLT.

Assim, nos termos da súmula, a inexistência de poderes **expressos** para substabelecer não retira a validade do substabelecimento, pois outorgado por força dos poderes gerais para o foro. Assim, todos os atos são **válidos**. Porém, sendo **vedado expressamente** o substabelecimento, os atos praticados pelo substabelecido são nulos e não produzem qualquer efeito. Além disso, nos termos do art. 667 do CC, o substabelecente deverá arcar com os prejuízos sofridos pelo outorgante, já que praticou ato em desconformidade com o contrato de mandato.

Por fim, com relação ao inc. IV, tem-se uma norma bastante óbvia, mas que certamente já trouxe muita discussão para o processo do trabalho, razão pela qual foi transformada em súmula. Sem dúvida, os questionamentos sobre a validade ou invalidade do substabelecimento advêm do *jus postulandi* existente na Justiça do Trabalho, pois se poderia entender que, sendo **dispensável** a representação por advogado, também seria o substabelecimento. Porém, não é o entendimento correto, pois o poder para substabelecer nasce a partir do poder de representação, externado por meio da procuração. Assim, inexistindo procuração, não há que se falar em substabelecimento.

Por isso, o inc. IV destaca ser **inválido** o substabelecimento passado **antes** de ser outorgada a procuração. Nessas hipóteses, mostra-se claro que o substabelecente ou o substabelecido, após a juntada do instrumento nos autos, verifica inexistir procuração e, buscando **regularizar** o feito, apresenta **tardiamente** o instrumento de mandato.

Nessa hipótese, somente haverá a regularização da representação no feito se for juntada a **procuração** e o **substabelecimento**, este último com data **posterior** ao primeiro, pois somente pode substabelecer quem detém poderes para tanto.

Por fim, o inc. V, inserido em 2016, trata da aplicação do art. 76 do CPC/2015, que possibilita a regularização da representação, hipótese em que o Juiz suspenderá o processo e concederá prazo razoável para regularização, que, na Súmula n. 383 do TST, é de 5 (cinco) dias, prorrogáveis por mais 5 (cinco).

> **ATENÇÃO:** Em sendo constatada qualquer irregularidade em relação à procuração juntada aos autos, por aplicação do art. 76 do CPC/2015, bem como da Súmula n. 383 do TST, o Juiz deverá conceder prazo para que o vício seja sanado, antes de tomar as medidas relacionadas à invalidação dos atos processuais.

> ***SÚMULA N. 396***
> ***ESTABILIDADE PROVISÓRIA. PEDIDO DE REINTEGRAÇÃO. CONCESSÃO DO SALÁRIO RELATIVO AO PERÍODO DE ESTABILIDADE JÁ EXAURIDO. INEXISTÊNCIA DE JULGAMENTO* EXTRA PETITA *(conversão das Orientações Jurisprudenciais ns. 106 e 116 da SBDI-1) — Res. 129/2005, DJ 20, 22 e 25.04.2005***
>
> I — Exaurido o período de estabilidade, são devidos ao empregado apenas os salários do período compreendido entre a data da despedida e o final do período de estabilidade, não lhe sendo assegurada a reintegração no emprego. (ex-OJ n. 116 da SBDI-1 — inserida em 01.10.1997)
>
> II — Não há nulidade por julgamento *extra petita* da decisão que deferir salário quando o pedido for de reintegração, dados os termos do art. 496 da CLT. (ex-OJ n. 106 da SBDI-1 — inserida em 20.11.1997)

A **Súmula n. 396 do TST**, que analisa diversos aspectos materiais e processuais relacionados à **estabilidade provisória**, obteve **nova redação** por meio da Resolução n. 129/2005 do TST, publicada no *DJ* nos dias 20, 22 e 25.04.2005, com a **conversão das Orientações Jurisprudenciais ns. 106 e 116 da SBDI-1 do TST**.

Em primeiro lugar, há que se fixar que o entendimento sumulado pode ser aplicado a **qualquer espécie** de estabilidade provisória, por exemplo, gestante, cipeiro, dirigente sindical etc., pois a norma trata de forma **genérica** de *período de estabilidade.*

Em segundo lugar, a norma contida no inc. I é bastante salutar tanto ao empregado quanto ao empregador, já que não deixa aquele sem qualquer proteção, por ter decorrido o período de estabilidade, ao passo que não impõe ao último a reintegração do obreiro após lapso de tempo considerável.

Uma vez dispensado o obreiro que goza de estabilidade, deve esse valer-se, de imediato, de ação trabalhista com pedido liminar de **reintegração**, para que volte ao seu posto de trabalho o mais rápido possível. Ocorre que, muitas vezes, a liminar é indeferida e, no mérito, os pedidos são julgados procedentes, mas após o término da estabilidade. Nessa situação, é inviável a reintegração, porém é possível **remunerar** o empregado pelo período que deixou de trabalhar, ante o ato **ilícito** do empregador. Arcará esse com o pagamento dos salários e demais verbas trabalhistas e rescisórias do período de estabilidade não gozado, ou seja, aquele *"compreendido entre a data da despedida e o final do período de estabilidade"*.

Essa possibilidade de **conversão** da estabilidade em **pecúnia** encontra-se prevista no art. 496 da CLT, que assim dispõe: *"quando a reintegração do empregado estável for desaconselhável, dado o grau de incompatibilidade resultante do dissídio, especialmente quando for o empregador pessoa física, o tribunal do trabalho poderá converter aquela obrigação em indenização devida nos termos do artigo seguinte"*.

No tocante ao inc. II, que destaca a inexistência de julgamento ***extra petita***, tem-se, em primeiro lugar, a necessidade de conceituar essa espécie de decisão.

Segundo RODRIGO KLIPPEL,[142] *"decisão* extra petita *é aquela que contém o julgamento de um conflito que não foi apresentado em juízo pelo autor. É comum que o conflito de interesses que surge na sociedade não seja totalmente transposto ao processo"*. Esse autor demonstra que esse tipo de decisão viola o **princípio dispositivo**, *"correspondente ao que a doutrina chama de princípio da congruência"*.[143]

Como regra geral, o órgão jurisdicional atua nos limites impostos pelas partes, não podendo proferir decisão concedendo algo diverso do que foi pedido ou em quantidade superior ao pedido, assim como não pode deixar de decidir determinada questão levada ao seu conhecimento.

No caso tratado na súmula, uma análise totalmente técnica do assunto levaria o intérprete à conclusão de que a decisão que condena ao pagamento de salários quando o pedido foi unicamente de reintegração fere o **princípio da congruência**, pois de um pedido de ***fazer*** não pode surgir o dever de ***pagar***.

Porém, uma análise menos técnica e mais humana, **protetiva** dos interesses do trabalhador, levou o Tribunal Superior do Trabalho a entender pela inexistência de qualquer **vício**, evitando o ajuizamento de outra ação trabalhista, caso na primeira tenha sido requerida apenas a reintegração.

Tecnicamente, o melhor a fazer é requerer liminarmente a reintegração do trabalhador, bem como a ratificação da liminar no julgamento do mérito, além de

[142] KLIPPEL, Rodrigo. *Teoria geral do processo civil*, p. 108.
[143] KLIPPEL, Rodrigo. *Teoria geral do processo civil*, p. 106.

formular **pedido alternativo** de condenação ao pagamento das verbas trabalhistas, caso inviável a reintegração.

Por fim, vale a pena transcrever o entendimento de CARLOS HENRIQUE BEZERRA LEITE,[144] para quem *"(...) mesmo se o autor, portador de estabilidade no emprego, tiver pedido apenas a reintegração, a sentença poderá decidir fora do pedido formulado na petição inicial"*.

ATENÇÃO: Caso tenha sido requerida a reintegração do empregado e o Juiz constate não ser mais possível, por já estar exaurido o período de estabilidade, poderá de ofício converter o pedido em indenização, sem que a decisão seja qualificada como *extra petita*.

SÚMULA N. 397

AÇÃO RESCISÓRIA. ART. 966, IV, DO CPC DE 2015. ART. 485, IV, DO CPC DE 1973. AÇÃO DE CUMPRIMENTO. OFENSA À COISA JULGADA EMANADA DE SENTENÇA NORMATIVA MODIFICADA EM GRAU DE RECURSO. INVIABILIDADE. CABIMENTO DE MANDADO DE SEGURANÇA (atualizada em decorrência do CPC de 2015) — Res. 208/2016, DEJT divulgado em 22, 25 e 26.04.2016

Não procede ação rescisória calcada em ofensa à coisa julgada perpetrada por decisão proferida em ação de cumprimento, em face de a sentença normativa, na qual se louvava, ter sido modificada em grau de recurso, porque em dissídio coletivo somente se consubstancia coisa julgada formal. Assim, os meios processuais aptos a atacarem a execução da cláusula reformada são a exceção de pré-executividade e o mandado de segurança, no caso de descumprimento do art. 514 do CPC de 2015 (art. 572 do CPC de 1973). (ex-OJ n. 116 da SBDI-2 — *DJ* 11.08.2003).

A **Súmula n. 397 do TST**, atinente à impossibilidade de ajuizamento de **ação rescisória** contra decisão proferida em **ação de cumprimento**, por ter sido a sentença normativa **reformada** em grau de recurso, foi **atualizada de acordo com o CPC/2015** por meio da Resolução n. 208/2016, publicada no *DJ* nos dias 22, 25 e 26.04.2016.

A análise da impossibilidade de manejo da ação rescisória passa pelo estudo das correntes doutrinárias e jurisprudenciais, a respeito da **coisa julgada** proveniente da sentença normativa. Dois são os posicionamentos: 1. O primeiro, adotado pelo **TST**, no sentido de que a **coisa julgada** formada é apenas **formal**, razão pela qual as disposições contidas na decisão podem ser revistas após 1 (um) ano; 2. O segundo é adotado pela melhor doutrina, em especial, RENATO SARAIVA e CARLOS HENRIQUE BEZERRA LEITE, para quem a **coisa julgada** formada é tanto **formal quanto material**, tendo em vista os termos da Lei n. 7.701/88.

---

144 BEZERRA LEITE, Carlos Henrique. *Curso de direito processual do trabalho*, p. 577.

Segundo o primeiro autor, *"(...) deve-se ressaltar que, embora a sentença normativa produza coisa julgada formal e material, ela estará sujeita à revisão se materializada a cláusula* rebus sic stantibus*".*[145]

Nos termos dos ensinamentos do segundo autor, *"para nós, a sentença normativa faz coisa julgada material (e, logicamente, formal), pois o art. 2º, I,* c, *da Lei n. 7.701/88 dispõe expressamente que compete, originariamente, à sessão especialização em dissídios coletivos 'julgar as ações rescisórias propostas contra suas próprias sentenças normativas'(...)".*[146]

Porém, não foi esse o posicionamento adotado pelo TST, para quem a sentença normativa não faz coisa julgada material e, portanto, não pode ser rescindida, já que o art. 966 do CPC/2015, ao referir-se à **sentença de mérito, transitada em julgado**, pressupõe a existência daquela espécie de coisa julgada.

A súmula mostra-se bastante didática ao demonstrar quais os mecanismos processuais adequados à demonstração do vício, depois de afirmar o não cabimento da ação rescisória.

Há, contudo, que se tecer alguns comentários a respeito da natureza jurídica da ação de cumprimento. Trata-se de ação de conhecimento, em que serão pleiteados os benefícios deferidos pela sentença normativa, sendo vedado, porém, fugir dos limites estabelecidos pelo dispositivo da sentença proferida no dissídio coletivo.

Ademais, a ação de cumprimento pode ser ajuizada mesmo na **pendência** de recurso, assim como ocorre com a **execução provisória**. Isso faz com que a ação de cumprimento tenha por objeto disposições que podem vir a ser **alteradas** pelo tribunal *ad quem*.

Assim, pode ocorrer que a ação de cumprimento tenha por objeto um determinado reajuste salarial de 10% (dez por cento), com a posterior reforma pelo TRT (ou TST, a depender da abrangência do dissídio coletivo) daquele capítulo da sentença, reduzindo o reajuste para 3% (três por cento). Nessa situação, a parte deverá demonstrar a não mais adequação dos pedidos formulados na ação de cumprimento em relação à sentença normativa, pois não se pode requerer reajuste de 10% (dez por cento) se a decisão, agora reformada, concede apenas 3% (três por cento).

Esse vício, porém, não pode ser demonstrado por ação rescisória, e sim por **exceção de pré-executividade** e **mandado de segurança**.

A exceção de pré-executividade, nos dizeres de FRANCISCO FERREIRA JORGE NETO e JOUBERTO DE QUADROS PESSOA CAVALCANTE[147] é *"(...) a faculdade dada ao executado para levar ao conhecimento do juiz da execução, sem a necessidade da penhora ou dos embargos, matérias que somente poderiam ser arguidas nos embargos de devedor. A exceção só pode ser relativa à matéria*

---

[145] SARAIVA, Renato. *Curso de direito processual do trabalho*, p. 857.

[146] BEZERRA LEITE, Carlos Henrique. *Curso de direito processual do trabalho*, p. 980.

[147] JORGE NETO, Francisco Ferreira; CAVALCANTE, Jouberto de Quadros Pessoa. *Manual de direito processual do trabalho*. Rio de Janeiro: Lumen Juris, 2004. t. II, p. 952-953.

suscetível de conhecimento ex officio *(pressupostos processuais e condições da ação) ou originária de nulidade do título, não sendo cabível o contraditório ou a dilação probatória"*.

Portanto, a exceção de pré-executividade será utilizada para demonstrar a **impossibilidade** de se continuar cumprindo as disposições que foram **reformadas** em grau recursal, tendo em vista que *"(...) a sentença normativa perde a sua eficácia executória, sendo declarada a sua inexistência jurídica"*.[148] Nestes termos, a **Orientação Jurisprudencial n. 277 da SBDI-1 do TST** prescreve que *"A coisa julgada produzida na ação de cumprimento é atípica, pois dependente de condição resolutiva, ou seja, da não modificação da decisão normativa por eventual recurso. Assim, modificada a sentença normativa pelo TST, com a consequente extinção do processo, sem julgamento do mérito, deve-se extinguir a execução em andamento, uma vez que a norma sobre a qual se apoiava o título exequendo deixou de existir no mundo jurídico"*.

Com relação ao **mandado de segurança**, poderá ser utilizado quando houver violação ao disposto no art. 514 do CPC/2015, que assim dispõe: *"Quando o juiz decidir relação jurídica sujeita a condição ou termo, o credor não poderá executar a sentença sem provar que se realizou a condição ou que ocorreu o termo"*.

Caso ajuizada a ação de cumprimento sem comprovação da condição, ou antes do termo (prazo), ambos estabelecidos na sentença normativa, caberá à parte manejar mandado de segurança, demonstrando a ilegalidade na conduta do credor.

ATENÇÃO: Não cabe ação rescisória de sentença normativa, já que esta somente gera a coisa julgada formal. Deve-se impetrar mandado de segurança ou exceção de pré-executividade para demonstrar eventual irregularidade.

SÚMULA N. 398
AÇÃO RESCISÓRIA. AUSÊNCIA DE DEFESA. INAPLICÁVEIS OS EFEITOS DA REVELIA (conversão da Orientação Jurisprudencial n. 126 da SBDI-2) — Res. 137/2005, DJ 22, 23 e 24.08.2005

Na ação rescisória, o que se ataca na ação é a sentença, ato oficial do Estado, acobertado pelo manto da coisa julgada. Assim sendo, e considerando que a coisa julgada envolve questão de ordem pública, a revelia não produz confissão na ação rescisória. (ex-OJ n. 126 da SBDI-2 — *DJ* 09.12.2003)

A **Súmula n. 398 do TST**, referente à ausência dos efeitos da **revelia** na ação rescisória, foi **inserida** por meio da Resolução n. 137/2005, publicada no *DJ* nos dias 22, 23 e 24.08.2005, com a **conversão da Orientação Jurisprudencial n. 126 da SBDI-2 do TST**.

[148] BEZERRA LEITE, Carlos Henrique. *Curso de direito processual do trabalho*, p. 991.

Em primeiro lugar, há que se destacar a natureza jurídica da ação rescisória. RODRIGO KLIPPEL[149] afirma que: *"Dentre os sucedâneos recursais, a ação rescisória ainda pode ser enquadrada em uma categoria mais específica, a das ações autônomas de impugnação"*.

A ação rescisória tem por intuito **desconstituir** a coisa julgada material, quando formada com um dos vícios constantes do art. 966 do CPC/2015, desde que ajuizada no prazo **decadencial** de 2 (dois) anos a contar do trânsito, conforme disposição contida no art. 975 do CPC/2015.

JOSÉ CARLOS BARBOSA MOREIRA[150] afirma que *"chama-se rescisória a ação por meio da qual se pede a desconstituição de sentença transitada em julgado, com eventual rejulgamento, a seguir, da matéria nela julgada"*.

Verifica-se, claramente, que a ação rescisória pode possuir dupla função: 1. **Desconstituição** de decisão transitada em julgado com vício; 2. **Rejulgamento** da causa.

Ao primeiro juízo, dá-se o nome de ***juízo rescindente***, enquanto o segundo é conhecido por ***juízo rescisório***.

Entre os diversos vícios que podem ser alegados no bojo da ação referida, temos: *prevaricação, concussão ou corrupção do juiz; incompetência absoluta do juízo; impedimento do juiz; dolo da parte vencedora em detrimento da vencida; colusão entre partes; ofensa à coisa julgada; violação à literal disposição de lei; falsidade de prova; surgimento de documentos novos capazes de assegurar julgamento favorável e erro de fato.*

Todas as hipóteses anteriormente listadas, previstas no **art. 966 do CPC/2015**, constituem vícios graves, considerados de *ordem pública*, que maculam a prestação jurisdicional e que, portanto, devem ser comprovados por provas irrefutáveis, objeto de análise detalhada por parte dos julgadores, uma vez que a rescisão de decisão transitada em julgado é situação totalmente **excepcional**.

Isso significa dizer, em outras palavras, que a comprovação do vício não pode ser feita por meio de **confissão ficta**, advinda da **revelia**, ou seja, da não apresentação de defesa meritória na demanda, como pode ocorrer nas demandas de conhecimento, assim como uma ação de cobrança, uma reclamação trabalhista etc.

Por isso, o TST firmou entendimento no sentido de não se aplicar o principal efeito da revelia, que é a confissão quanto à matéria fática.

Nos termos do art. 344 do CPC/2015, *"Se o réu não contestar a ação, reputar-se-ão verdadeiros os fatos afirmados pelo autor"*. Essa disposição não se aplica ao julgamento da rescisória.

Assim, se ajuizada a demanda rescisória sob a alegação de que a sentença baseou-se em prova falsa, a inexistência de defesa por parte do réu não presume ser falsa a prova, como afirmado na petição inicial. Será necessária a realização de **instrução** para aferir-se se a prova é realmente falsa ou verdadeira.

[149] KLIPPEL, Rodrigo. *A coisa julgada e sua impugnação:* relativização da coisa julgada, p. 84.

[150] BARBOSA MOREIRA, José Carlos. *Comentários ao Código de Processo Civil*. 7. ed. Rio de Janeiro: Forense, 1998. v. 5, p. 98.

A não aplicação da pena de confissão ao caso em tela, nos termos da súmula sob comento, justifica-se pelo fato de o vício ser oriundo da **atividade jurisdicional**, e não do ferimento ao direito material provocado pela parte, quando, por exemplo, a empresa não efetua o pagamento das verbas rescisórias no prazo legal. Nessa hipótese, mais do que banal na Justiça do Trabalho, o interesse é **privado**, e a não apresentação de defesa importa revelia, bem como nos seus efeitos. Já na ação rescisória, o interesse é **público** em saber se a prestação da tutela jurisdicional foi correta ou não, se afrontou dispositivos legais ou se não foi justa.

ATENÇÃO: Não se aplicam os efeitos da revelia (presunção de veracidade dos fatos afirmados na petição inicial) na ação rescisória, caso não seja apresentada defesa no prazo determinado pelo relator.

SÚMULA N. 399
AÇÃO RESCISÓRIA. CABIMENTO. SENTENÇA DE MÉRITO. DECISÃO HOMOLOGATÓRIA DE ADJUDICAÇÃO, DE ARREMATAÇÃO E DE CÁLCULOS (conversão das Orientações Jurisprudenciais ns. 44, 45 e 85, primeira parte, da SBDI-2) — Res. 137/2005, DJ 22, 23 e 24.08.2005

I — É incabível ação rescisória para impugnar decisão homologatória de adjudicação ou arrematação. (ex-OJs ns. 44 e 45 da SBDI-2 — inseridas em 20.09.2000)

II — A decisão homologatória de cálculos apenas comporta rescisão quando enfrentar as questões envolvidas na elaboração da conta de liquidação, quer solvendo a controvérsia das partes, quer explicitando, de ofício, os motivos pelos quais acolheu os cálculos oferecidos por uma das partes ou pelo setor de cálculos, e não contestados pela outra. (ex-OJ n. 85 da SBDI-2 — primeira parte — inserida em 13.03.2002 e alterada em 26.11.2002)

A **Súmula n. 399 do TST**, relacionada ao cabimento de **ação rescisória** em face de decisão **homologatória** de adjudicação, arrematação e cálculos, foi **inserida** por meio da Resolução n. 137/2005 do TST, publicada no *DJ* nos dias 22, 23 e 24.08.2005, com a **conversão das Orientações Jurisprudenciais ns. 44, 45 e 85, primeira parte, da SBDI-2 do TST**.

Em relação ao inc. I, que destaca a **impossibilidade** de manejar a ação rescisória contra a decisão que **homologa** a adjudicação ou arrematação, tem-se que a ausência de **coisa julgada material** da decisão referida impede esse ajuizamento. A decisão que homologa a adjudicação e a arrematação possui natureza jurídica de *decisão interlocutória*, que, em regra, não possui aptidão para gerar a coisa julgada material. A ausência de tal requisito impede totalmente o ajuizamento da ação rescisória, por ausência de interesse processual.

Além disso, existe remédio processual adequado para impugnar referida decisão, qual seja, os embargos previstos no art. 903 do CPC/2015. Nos termos do dispositivo legal, "*§ 2º O juiz decidirá acerca das situações referidas no § 1º, se for provocado em* *até 10 (dez) dias após o aperfeiçoamento da arrematação. § 3º Passado o prazo previsto no § 2º sem que tenha havido alegação de qualquer das situações previstas no § 1º, será expedida a carta de arrematação e, conforme o caso, a ordem de entrega ou mandado de imissão na posse. § 4º Após a expedição da carta de arrematação ou da ordem de entrega, a invalidação da arrematação poderá ser pleiteada por ação autônoma, em cujo processo o arrematante figurará como litisconsorte necessário".*

Nesse sentido é o entendimento da SBDI-2 do TST, demonstrado por meio da **Orientação Jurisprudencial n. 66**, cuja redação é a seguinte: *"É incabível o mandado de segurança contra sentença homologatória de adjudicação, uma vez que existe meio próprio para impugnar o ato judicial, consistente nos embargos à adjudicação (CPC, art. 746)".*

Com relação ao inc. II, este prevê o **cabimento** de ação rescisória contra a decisão que homologa os cálculos da **liquidação** de sentença.

Algumas considerações devem ser tecidas a respeito da natureza jurídica da decisão que homologa os cálculos de liquidação. Antes da Lei n. 11.232/2005, que alterou o CPC no tocante à liquidação de sentença e ao cumprimento de sentença (execução das sentenças que condenam ao pagamento de quantia), a decisão que tornava líquida a sentença também era **sentença**, já que a liquidação de sentença era considerada nova ação, e não mero **incidente processual**.

Ocorre que, após a entrada em vigor da lei referida, alterou-se a natureza jurídica da decisão, que passou a ser considerada ***interlocutória***.

Ao editar a presente súmula, em especial o seu inc. II, o TST demonstrou que, dependendo do **conteúdo** da decisão de liquidação, essa poderá ser desafiada por ação rescisória.

Isso ocorre quando o juiz *"enfrentar as questões envolvidas na elaboração da conta de liquidação, quer solvendo a controvérsia das partes, quer explicitando, de ofício, os motivos pelos quais acolheu os cálculos oferecidos por uma das partes ou pelo setor de cálculos, e não contestados pela outra"*, ou seja, analisar o **mérito** da questão em torno dos cálculos apresentados.

Sabe-se que o procedimento de liquidação de sentença pode envolver questões complexas no tocante aos cálculos, com acirradas discussões jurídicas travadas entre as partes, as quais necessitam ser decididas pelo magistrado. Ao agir assim, o magistrado estará proferindo, nos dizeres de FRANCISCO ANTÔNIO DE OLIVEIRA,[151] verdadeira **sentença de mérito**. Assim se manifesta o referido autor: *"Se a homologação de cálculos não se pautar por simples homologação, mas houver uma discussão cognitiva resolvendo controvérsias ou explicitando de ofício os motivos pelos quais os cálculos foram acolhidos, tem-se caso em que a simples decisão se transforma em verdadeira sentença de mérito".*

Nessa situação, a análise de matéria meritória faz com que a decisão gere **coisa julgada material**, passível de rescisão, desde que presente um dos vícios descritos no art. 966 do CPC/2015, bem como respeitado o prazo do art. 975 do CPC/2015.

---

[151] OLIVEIRA, Francisco Antônio de. *Comentários às súmulas do TST*, p. 687.

ATENÇÃO: Não cabe ação rescisória de decisão que homologa a adjudicação ou arrematação, por não possuir força de decisão de mérito em que o Juiz decide algo. Na verdade, há apenas a homologação de um ato que já ocorreu, que foi a adjudicação ou arrematação de bens na execução trabalhista.

SÚMULA N. 400
AÇÃO RESCISÓRIA DE AÇÃO RESCISÓRIA. VIOLAÇÃO MANIFESTA DE NORMA JURÍDICA. INDICAÇÃO DA MESMA NORMA JURÍDICA APONTADA NA RESCISÓRIA PRIMITIVA (MESMO DISPOSITIVO DE LEI SOB O CPC DE 1973)
(nova redação em decorrência do CPC de 2015) — Res. 208/2016, DEJT divulgado em 22, 25 e 26.04.2016

Em se tratando de rescisória de rescisória, o vício apontado deve nascer na decisão rescindenda, não se admitindo a rediscussão do acerto do julgamento da rescisória anterior. Assim, não procede rescisória calcada no inciso V do art. 966 do CPC de 2015 (art. 485, V, do CPC de 1973) para discussão, por má aplicação da mesma norma jurídica, tida por violada na rescisória anterior, bem como para arguição de questões inerentes à ação rescisória primitiva. (ex-OJ n. 95 da SBDI-2 — inserida em 27.09.2002 e alterada *DJ* 16.04.2004)

A **Súmula n. 400 do TST**, alusiva à impossibilidade de **ação rescisória de ação rescisória** com base na violação aos mesmos dispositivos legais, em verdadeira busca por **rediscussão** da rescisória primitiva, foi **atualizada de acordo com o CPC/2015** por meio da Resolução n. 208/2016 do TST, publicada no *DJ* nos dias 22, 25 e 26.04.2016.

A súmula sob comento **não veda** a rescisória de rescisória. Tão somente explicita que não se pode **rediscutir** a decisão proferida na primeira rescisória com o ajuizamento da segunda. Não se pode, portanto, ajuizar nova rescisória para atingir a finalidade que seria perseguida pela interposição de recurso.

O TST é enfático ao afirmar que *"o vício apontado deve nascer na decisão rescindenda, não se admitindo a rediscussão do acerto do julgamento da rescisória anterior"*, pois a ação referida não substitui o **recurso**, que seria o **meio idôneo** para rediscutir a decisão proferida na rescisória original.

Em outras palavras, se transitada em julgada a sentença proferida na reclamação trabalhista "A", poderá a parte legítima ajuizar a ação rescisória "B". Do acórdão que julgar a rescisória, poderá, havendo o trânsito em julgado, ser ajuizada a rescisória "C", não para apontar vícios no julgamento da ação "A", mas na ação "B", pois a decisão rescindenda, nesse momento, passou a ser o acórdão proferido em "B".

Porém, a segunda parte da súmula deve ser analisada com cuidado, para não se retirar da parte legítima a possibilidade de impugnação de erros perpetrados no julgamento da primeira rescisória.

Dispõe a súmula, em sua segunda parte, que, *"assim, não se admite rescisória calcada no inciso V do art. 966 do CPC/2015 para discussão, por má aplicação dos mesmos dispositivos de lei, tidos por violados na rescisória anterior (...)"*.

O dispositivo legal a embasar tanto a primeira quanto a segunda rescisória **pode ser exatamente o mesmo**, desde que os vícios apontados surjam em **decisões diversas**. Assim, aproveitando o exemplo trazido linhas atrás, transitada em julgada a sentença na ação "A", poderá ser ajuizada a ação rescisória "B" por violação ao art. 239 do CPC/2015, sob a alegação de que a citação foi nula. Do acórdão proferido na rescisória "B", transitado em julgado, poderá ser ajuizada a rescisória "C", também sob alegação de ferimento ao art. 239 do CPC/2015, tendo em vista eventual nulidade de citação na rescisória "B".

Portanto, o simples fato de o dispositivo tido por violado ser idêntico na primeira e segunda rescisórias, por si só, não importa **inadmissibilidade** da demanda, pois deve ser analisado em qual contexto foi ferido o dispositivo legal.

FRANCISCO ANTÔNIO DE OLIVEIRA[152] destaca que, *"em suma: na rescisória de rescisória, discutem-se apenas ilegalidades cometidas no acórdão rescindendo da primeira rescisória. Não se admite discussão sobre acerto ou não do julgado na primeira rescisória"*.

Caso a parte não se conforme com o julgamento proferido na primeira rescisória, deverá, evitando o trânsito em julgado, **interpor o recurso cabível**, e não ajuizar nova rescisória, pois esta, diferentemente dos recursos, não servirá para propiciar o **rejulgamento**.

ATENÇÃO: Não cabe a ação rescisória de ação rescisória para demonstrar a violação do dispositivo legal apontado na primeira rescisória, como se fosse uma nova alegação do mesmo vício, "um segundo tempo" da rescisória.

SÚMULA N. 401

AÇÃO RESCISÓRIA. DESCONTOS LEGAIS. FASE DE EXECUÇÃO. SENTENÇA EXEQUENDA OMISSA. INEXISTÊNCIA DE OFENSA À COISA JULGADA (conversão da Orientação Jurisprudencial n. 81 da SBDI-2) — Res. 137/2005 — DJ 22, 23 e 24.08.2005

Os descontos previdenciários e fiscais devem ser efetuados pelo juízo executório, ainda que a sentença exequenda tenha sido omissa sobre a questão, dado o caráter de ordem pública ostentado pela norma que os disciplina. A ofensa à coisa julgada somente poderá ser caracterizada na hipótese de o título exequendo, expressamente, afastar a dedução dos valores a título de imposto de renda e de contribuição previdenciária. (ex-OJ n. 81 da SBDI-2 — inserida em 13.03.2002)

[152] OLIVEIRA, Francisco Antônio de. *Comentários às súmulas do TST*, p. 688.

A **Súmula n. 401 do TST**, que se refere à inexistência de ferimento à coisa julgada na **execução** de verbas **previdenciárias e fiscais**, quando omissa a sentença, foi **inserida** por meio da Resolução n. 137/2005 do TST, publicada no *DJ* nos dias 22, 23 e 24.08.2005, com a **conversão da Orientação Jurisprudencial n. 81 da SBDI-2 do TST**.

Para a compreensão do tema, mister se faz analisar, mesmo que em breve histórico, a competência da Justiça do Trabalho para a execução das **contribuições previdenciárias**.

A Emenda Constitucional n. 20/98, entre outras importantes alterações, acrescentou o § 3º ao art. 114 da CRFB/88, atualmente inc. VIII do mesmo artigo, alteração promovida pela **Emenda Constitucional n. 45/2004**. Dispõe o referido inciso ser competência da Justiça do Trabalho *"a execução, de ofício, das contribuições sociais previstas no art. 195, I,* a *e II, e seus acréscimos legais, decorrentes das sentenças que proferir"*.

A norma transcrita propicia maior agilidade e eficiência na cobrança de tão importante contribuição, em especial a previdenciária, diminuindo o *déficit* da Previdência Social, uma vez que a própria Justiça do Trabalho, notadamente mais célere que a Justiça Federal, inicia e realiza os atos de expropriação patrimonial com vista ao pagamento à Fazenda Pública.

Importante alteração promovida com o intuito a otimizar a execução dessas parcelas adveio da Lei n. 10.035/2000, que acrescentou o **§ 3º ao art. 832 da CLT**, com a seguinte redação: *"As decisões cognitivas ou homologatórias deverão sempre indicar a natureza jurídica das parcelas constantes da condenação ou do acordo homologado, inclusive o limite da responsabilidade de cada parte pelo recolhimento da contribuição previdenciária, se for o caso"*.

Tal providência do legislador contribuiu para evitar a burla ao sistema de cobrança de contribuições previdenciárias, já que era muito comum a **homologação de acordo** em que eram pagas, por exemplo, parcelas de saldo de salário, 13º salário, férias, aviso prévio etc., porém, **sem reconhecimento de vínculo de emprego**, sem que houvesse a assinatura e baixa da CTPS pelo reclamado, bem como o pagamento das contribuições devidas ao INSS, tendo em vista a "ausência" de vínculo de emprego.

Ora, se não há vínculo de emprego, por que estão sendo pagas verbas nitidamente decorrentes do vínculo?

Atento a essa situação, totalmente ilegal, promoveu o legislador a aludida alteração no art. 832 da CLT, dificultando tais manobras com vista a burlar o órgão previdenciário oficial.

Além disso, dispõe o § 4º do mesmo artigo que *"a União será intimada das decisões homologatórias de acordos que contenham parcela indenizatória, na forma do art. 20 da Lei n. 11.033, de 21 de dezembro de 2004, facultada a interposição de recurso relativo aos tributos que lhe forem devidos"*.

Ponto importante a ser destacado é a menção à expressão ***de ofício*** constante no inc. VIII do art. 114 da CRFB/88. Apesar de importante, para demonstrar a natureza de norma de **ordem pública**, não era necessária, pois o art. 878 da CLT prevê o início da execução *ex officio* pelo próprio julgador, desde que definitiva, pois a **execução provisória** somente pode se iniciar mediante requerimento da parte.

Além disso, é importante destacar que as contribuições previdenciárias que podem ser executadas pela Justiça do Trabalho não são apenas aquelas resultantes da decisão, e sim aquelas incidentes *"(...) sobre os salários pagos durante o período contratual reconhecido"*, conforme a nova redação do art. 876, parágrafo único, da CLT.

Situação bastante controvertida até a edição da súmula sob comento era a possibilidade ou não de execução das contribuições mesmo quando a sentença era **silente** no tocante às mesmas. Apesar de o art. 832, § 3º, da CLT referir-se expressamente à obrigação do juiz *sempre* indicar a natureza jurídica da parcela, para verificar a incidência da contribuição previdenciária, algumas decisões eram omissas com relação a esse ponto. Questionava-se se a execução era nula ou não, por não haver capítulo na decisão exequenda acerca da matéria.

O Tribunal Superior do Trabalho, pondo fim à discussão, sumulou o entendimento de que, na **omissão**, deve-se entender que houve **condenação implícita**, devido à natureza jurídica de ordem pública das normas que regem a matéria. Assim, se houve condenação ao pagamento de salário, implicitamente o reclamado também foi condenado ao pagamento das contribuições incidentes sobre aquela parcela. Não há necessidade de **menção expressa**. Não haveria, portanto, qualquer ilegalidade na execução, o que, em outros termos, significa dizer que não está havendo violação à coisa julgada, pois não se está executando parcela não constante da condenação.

Situação diversa e expressamente consignada pelo TST, em que realmente haveria ofensa à coisa julgada, ocorre quando se inicia a execução de contribuição, tendo por base decisão judicial que exclui a incidência daquela *expressamente*. Caso o julgador ***expressamente*** consigne que sobre as verbas constantes da decisão judicial não incide contribuição previdenciária, e não havendo recurso por parte da União, que poderia se insurgir, **transitará em julgado o feito**, não podendo ser incluída qualquer outra parcela, sob pena de violação à coisa julgada.

Porém, tratando-se de *condenação implícita*, o juiz do trabalho deverá *expressamente consignar a não incidência* de contribuição previdenciária e imposto de renda.

> **ATENÇÃO:** Não há violação à coisa julgada quando o Juiz da execução procede ao desconto das contribuições previdenciárias e fiscais quando omissa a decisão, já que se trata de norma de ordem pública, que poderá ser realizada de ofício pelo Magistrado.

SÚMULA N. 402
AÇÃO RESCISÓRIA. DOCUMENTO NOVO. DISSÍDIO COLETIVO. SENTENÇA NORMATIVA (conversão da Orientação Jurisprudencial n. 20 da SBDI-2) — Res. 137/2005, DJ 22, 23 e 24.08.2005

Documento novo é o cronologicamente velho, já existente ao tempo da decisão rescindenda, mas ignorado pelo interessado ou de impossível utilização, à época, no processo. Não é documento novo apto a viabilizar a desconstituição de julgado:

a) sentença normativa proferida ou transitada em julgado posteriormente à sentença rescindenda;

b) sentença normativa preexistente à sentença rescindenda, mas não exibida no processo principal, em virtude de negligência da parte, quando podia e deveria louvar-se de documento já existente e não ignorado quando emitida a decisão rescindenda. (ex-OJ n. 20 da SBDI-2 — inserida em 20.09.2000)

A **Súmula n. 402 do TST**, relativa ao conceito de ***documento novo*** para fins de ajuizamento de ação rescisória, foi **inserida** por meio da Resolução n. 137/2005 do TST, publicada no *DJ* nos dias 22, 23 e 24.08.2005, com a **conversão da Orientação Jurisprudencial n. 20 da SBDI-2 do TST**.

A sentença de mérito, transitada em julgado, poderá ser **desconstituída**, por meio de ação rescisória, entre outras hipóteses, quando *"depois da sentença, o autor obtiver documento novo, cuja existência ignorava, ou de que não pode fazer uso, capaz, por si só, de lhe assegurar pronunciamento favorável"*.

A presente hipótese encontra-se no **art. 966, VII, do CPC/2015**. O conteúdo da súmula traz situações relacionadas à **sentença normativa**, em que a mesma não é considerada *documento novo* para fins de rescisão.

Ao demonstrar o que entende por *documento novo*, o que o TST fez foi explicitar o conceito contido no Código de Processo Civil, afirmando que não se trata de documento surgido após a sentença, e sim aquele já **existente**, mas que não foi utilizado no processo e que, caso utilizado, certamente levaria o julgador a alterar o entendimento firmado na decisão rescindenda. Aquele documento pode não ter sido utilizado pois, apesar de existente, não era **conhecido** pelo autor da rescisória ou, apesar de conhecido, não foi **possível** a sua utilização.

Com relação às alíneas da súmula, temos que não é considerado *documento novo: a) sentença normativa proferida ou transitada em julgado posteriormente à sentença rescindenda*. Nessa hipótese, tem-se que é **inviável** a rescisão do julgado, uma vez ter sido proferida com base nos documentos existentes na época, já que a sentença normativa somente foi proferida após a **sentença rescindenda** ou transitou em julgado apenas após esse ato judicial. Não tinha a sentença normativa aptidão para alterar o julgamento do magistrado, já que, apesar de existente, não estava acobertada pelo manto da **coisa julgada**, podendo, por essa razão, haver modificação da decisão e, por consequência, divergência quanto ao entendimento da matéria.

No tocante à alínea *b* da súmula, não considera o TST como documento novo *"a sentença normativa preexistente à sentença rescindenda, mas não exibida no processo principal, em virtude de negligência da parte, quando podia e deveria louvar-se de documento já existente e não ignorado quando emitida a decisão rescindenda"*, pois a parte não pode ser **beneficiada** com a possibilidade de rescisão do julgado, que se frise, é uma situação **excepcional** no sistema processual, em decorrência de sua própria **negligência**. Se o documento (sentença normativa) era **preexistente**, de conhecimento da parte, que poderia tê-la juntado aos autos, não poderá mover a ação rescisória posteriormente. Seria, sem dúvida, uma forma de atrasar ainda mais a prestação jurisdicional, o que não se coaduna com o espírito do art. 5º,

LXXVIII, da CRFB/88, inserido pela Emenda Constitucional n. 45/2004, atinente ao ***princípio da duração razoável do processo***.

Por fim, vale a pena observar que não basta a apresentação de qualquer *documento novo*. Deve a parte autora da rescisória demonstrar que, se o magistrado que proferiu a decisão rescindenda tivesse analisado o documento, a **decisão teria sido outra**, favorável aos seus interesses. Esse é o espírito da lei quando afirma que *o documento, por si só, asseguraria pronunciamento favorável*.

ATENÇÃO: O documento novo, apto a gerar o ajuizamento da ação rescisória, é aquele que já existia quando foi proferida a decisão rescindenda, mas que não pôde ser utilizado no momento correto. Além disso, é o documento que pode modificar a decisão por si só, demonstrando ser realmente relevante para a situação discutida. O documento que não foi juntado aos autos por negligência da parte não pode ser juntado na ação rescisória, por não ser considerado "novo".

SÚMULA N. 403
AÇÃO RESCISÓRIA. DOLO DA PARTE VENCEDORA EM DETRIMENTO DA VENCIDA. ART. 485, III, DO CPC (conversão das Orientações Jurisprudenciais ns. 111 e 125 da SBDI-2) — Res. 137/2005, DJ 22, 23 e 24.08.2005

I — Não caracteriza dolo processual, previsto no art. 485, III, do CPC, o simples fato de a parte vencedora haver silenciado a respeito de fatos contrários a ela, porque o procedimento, por si só, não constitui ardil do qual resulte cerceamento de defesa e, em consequência, desvie o juiz de uma sentença não condizente com a verdade. (ex-OJ n. 125 da SBDI-2 — *DJ* 09.12.2003)

II — Se a decisão rescindenda é homologatória de acordo, não há parte vencedora ou vencida, razão pela qual não é possível a sua desconstituição calcada no inciso III do art. 485 do CPC (dolo da parte vencedora em detrimento da vencida), pois constitui fundamento de rescindibilidade que supõe solução jurisdicional para a lide. (ex-OJ n. 111 da SBDI-2 — *DJ* 29.04.2003)

A **Súmula n. 403 do TST**, alusiva à causa de pedir ***dolo da parte vencedora em detrimento da vencida***, na ação rescisória, foi **inserida** por meio da Resolução n. 137/2005, publicada no *DJ* nos dias 22, 23 e 24.08.2005, com a **conversão das Orientações Jurisprudenciais ns. 111 e 125 da SBDI-2 do TST**.

Uma das hipóteses de rescindibilidade das decisões judiciais, prevista no inc. III do art. 966 do CPC/2015, é a ocorrência de **dolo** da parte vencedora em detrimento da vencida, situação versada na súmula sob comento.

O *dolo*, segundo RODRIGO KLIPPEL,[153] citando Clóvis Beviláqua, *"é o emprego de um artifício astucioso para induzir alguém à prática de um ato negocial que o*

[153] KLIPPEL, Rodrigo. *A coisa julgada e sua impugnação:* relativização da coisa julgada, p. 166.

prejudica e aproveita ao autor do dolo ou a terceiro". Em complementação, o autor capixaba afirma que *"o artifício prejudicial à parte contrária, praticado em sede processual, corresponde ao desrespeito ao dever de lealdade processual e de boa-fé determinado no art. 14 do CPC/73 (art. 77 do CPC/2015), que trata da probidade processual e, em especial, no seu inciso II".*

Verifica-se claramente que o dolo consiste em uma ***ação***, na utilização de **meio ardil**, na realização de ato processual que busca prejudicar a outra parte. Em outras palavras, segundo CARLOS HENRIQUE BEZERRA LEITE,[154] *"é o artifício malicioso utilizado com a intenção premeditada de causar dano a outrem".*

Analisado o dolo como uma ***ação*** da parte vencedora para prejudicar o vencido, correto é o entendimento do TST no sentido de que o **silêncio** do vencedor acerca de fatos que o prejudicariam não constitui dolo, e sim técnica de defesa. O vencedor não é obrigado a expor os fatos que lhe são prejudiciais. Nestes termos, são os ensinamentos de FRANCISCO ANTÔNIO DE OLIVEIRA,[155] para quem *"pretender dar suporte à ação rescisória, transmudando simples 'estratégia processual' em dolo processual, é delirar da realidade e transferir para outrem o fruto amargo da própria incompetência".*

Além disso, poderia a parte vencida ter alegado e provado os fatos sobre os quais o vencedor silenciou, assim como o magistrado, utilizando-se dos seus **poderes instrutórios** do art. 370 do CPC/2015, poderia elucidar a questão, julgando conforme a verdade real.

Exemplificativamente, pode o vencedor não ter juntado aos autos determinado documento relacionado à demanda, pois lhe seria prejudicial. Caso o vencido não requeira a exibição e juntada aos autos, tampouco o magistrado determine a juntada de ofício, não poderá o vencedor ser considerado litigante de má-fé, não se constituindo essa situação vício apto a **rescindir** o julgado.

Com relação ao inc. II, o tema também é de fácil desate. O inc. III do art. 966 do CPC/2015 se refere às partes vencedora e vencida, para fim de configuração do dolo capaz de rescindir o julgado.

Quando um acordo é homologado, não existe parte **sucumbente**. Não há que se falar em partes vencedora e vencida, pois a essa conclusão só se chega com a decisão jurisdicional do litígio. A sentença **homologatória** tão somente acata a decisão tomada pelas partes.

O dolo na formulação do acordo não pode ser desconstituído por ação rescisória, e sim por meio da **ação anulatória** do art. 966, § 4º, do CPC/2015, que assim dispõe: *"Os atos de disposição de direitos, praticados pelas partes ou por outros participantes do processo e homologados pelo juízo, bem como os atos homologatórios praticados no curso da execução, estão sujeitos à anulação, nos termos da lei".*

Se existe dolo de uma parte em detrimento da outra, quando da formulação do acordo, com o fim de prejudicar o adversário, o **ato jurídico negocial** é passível de

---

154 BEZERRA LEITE, Carlos Henrique. *Curso de direito processual do trabalho*, p. 1035.

155 OLIVEIRA, Francisco Antônio de. *Comentários às súmulas do TST*, p. 690.

anulação, pois o dolo é um dos defeitos dos atos jurídicos, nos termos dos arts. 145 e s. do CC.

ATENÇÃO: O dolo da parte vencedora em detrimento da vencida pode justificar o ajuizamento da ação rescisória, por se tratar de situação de má-fé, de realização de uma conduta que não se espera de ninguém em processo judicial, como a inclusão de um endereço errado apenas para que a parte não receba notificação e seja considerada revel etc.

SÚMULA N. 404
AÇÃO RESCISÓRIA. FUNDAMENTO PARA INVALIDAR CONFISSÃO. CONFISSÃO FICTA. INADEQUAÇÃO DO ENQUADRAMENTO NO ART. 485, VIII, DO CPC DE 1973 — Res. 209/2016, DEJT divulgado em 01, 02 e 03.06.2016

O art. 485, VIII, do CPC de 1973, ao tratar do fundamento para invalidar a confissão como hipótese de rescindibilidade da decisão judicial, referia-se à confissão real, fruto de erro, dolo ou coação, e não à confissão ficta resultante de revelia.

A **Súmula n. 404 do TST**, relacionada à invalidade da **confissão**, como causa de pedir da ação rescisória, nos termos do art. 485, VIII, do CPC/73 (sem correspondência), foi **alterada** por meio da Resolução n. 209/2016, publicada no *DJ* nos dias 01, 02 e 03.06.2016.

A súmula fez menção e é aplicada às ações rescisórias ajuizadas sob a égide do CPC/73, já que a hipótese de rescisão por invalidação da confissão constava explícita no art. 485 daquele CPC, não possuindo correspondente explícito no art. 966 do CPC/2015.

A exclusão da hipótese no atual Código é justificada pelo fato de a invalidação da confissão ser agora objeto de ação anulatória, conforme o art. 966, § 4º, do CPC/2015, assim redigido: *"Os atos de disposição de direitos, praticados pelas partes ou por outros participantes do processo e homologados pelo juízo, bem como os atos homologatórios praticados no curso da execução, estão sujeitos à anulação, nos termos da lei"*.

Antes de iniciarmos a análise da súmula, vale a pena lembrar que:

- sob a égide do CPC/73, a invalidação da confissão era objeto de ação rescisória;
- já no CPC/2015, a invalidação da confissão é objeto de ação anulatória.

Com relação à matéria, é importante transcrever o art. 214 do Código Civil, que assim está redigido: *"A confissão é irrevogável, mas pode ser anulada se decorreu de erro de fato ou de coação"*.

A confissão ficta, **efeito da revelia**, não pode ser anulada, bem como não é apta para desconstituir a coisa julgada. O que pode ocorrer é a demonstração de que os **efeitos** da revelia e, entre eles, a confissão ficta não poderiam ser produzidos, tendo em vista nulidade ou inexistência de citação. Porém, trata-se de situação **totalmente diversa** daquela versada na súmula, inclusive a capitulação legal do vício, inserto nesta hipótese no art. 966, V, do CPC/2015, que se refere à violação à literal disposição legal, *in casu*, art. 239 do CPC/2015.

A respeito da impossibilidade de rescisão quando da ocorrência de confissão ficta, BERNARDO PIMENTEL SOUZA[156] destaca que *"Ao revés, a confissão ficta proveniente do artigo 319 (art. 344 do CPC/2015) não autoriza a desconstituição do julgado, já que o inciso VIII do artigo 485 cuida apenas da confissão real, (...)"*.

A **confissão real**, que pode ser invalidada, pode ser proveniente das partes e de seus advogados, desde que tenham poderes especiais para tanto. A inexistência de poderes faz com que a confissão não produza efeitos.

Percebe-se que, em todas as hipóteses, trata-se de confissão emanada de **ação** de uma pessoa, e não de sua **omissão**, consistente na não apresentação de **defesa de mérito**, que pode culminar com a **presunção de veracidade dos fatos afirmados** pelo autor, porém, com algumas exceções, descritas no art. 345 do CPC/2015.

Caso fosse possível a utilização de rescisória para invalidar a confissão ficta, o réu, vencido na demanda, poderia rediscutir a decisão, demonstrando, extemporaneamente, pois o momento correto seria na contestação e na instrução probatória, que os fatos não são verídicos e que, portanto, a decisão deve ser rescindida e rejulgada. Tal função parece ser inerente aos **recursos**, e não à ação rescisória.

> **ATENÇÃO:** Não se pode buscar invalidar a confissão ficta, mas tão somente a real, que é fruto de algum defeito do ato, como dolo, coação, erro etc.

> ***SÚMULA N. 405***
> ***AÇÃO RESCISÓRIA. TUTELA PROVISÓRIA***
> ***(nova redação em decorrência do CPC de 2015) —***
> ***Res. 208/2016, DEJT divulgado em 22, 25 e 26.04.2016***
>
> Em face do que dispõem a MP 1.984-22/2000 e o art. 969 do CPC de 2015, é cabível o pedido de tutela provisória formulado na petição inicial de ação rescisória ou na fase recursal, visando a suspender a execução da decisão rescindenda.

A **Súmula n. 405 do TST**, que se refere à possibilidade de o autor formular pedido de **tutela provisória** em ação rescisória visando suspender a **execução** da decisão rescindenda, foi **atualizada em decorrência do CPC/2015** por meio da Resolução n. 208/2016 do TST, publicada no *DJ* nos dias 22, 25 e 26.04.2016.

A Medida Provisória 1.984-22/2000 acresceu e alterou *"dispositivos das Leis ns. 8.437, de 30 de junho de 1992, 9.028, de 12 de abril de 1995, 9.494, de 10 de setembro de 1997, 7.347, de 24 de julho de 1985, 8.429, de 2 de junho de 1992,*

---

[156] SOUZA, Bernardo Pimentel. *Introdução aos recursos cíveis e à ação rescisória*. 4. ed. São Paulo: Saraiva, 2007. p. 500.

9.704, de 17 de novembro de 1998, do Decreto-lei n. 5.452, de 1º de maio de 1943, das Leis ns. 5.869, de 11 de janeiro de 1973, e 4.348, de 26 de junho de 1964, e dá outras providências".

O art. 15 da Medida Provisória referida estabelece: *"aplica-se à ação rescisória o poder geral de cautela de que trata o art. 798 do Código de Processo Civil"*. Demonstra, com isso, a possibilidade de, em **situações urgentes**, surgir lesão grave ou de difícil reparação à parte autora, cabendo deferir-se o adiamento da execução da decisão rescindenda.

Nos termos do art. 297 do CPC/2015, *"o juiz poderá determinar as medidas que considerar adequadas para efetivação da tutela provisória"*.

Após a conversão das **Orientações Jurisprudenciais ns. 1, 3 e 121 da SBDI-2 do TST** na presente súmula, a Lei n. 11.280, de 16.02.2006, alterou o **art. 489 do CPC/73, que possui redação com o mesmo sentido do art. 969 do CPC/2015**, que por sua vez passou a trazer a seguinte redação: *"A propositura da ação rescisória não impede o cumprimento da decisão rescindenda, ressalvada a concessão de tutela provisória"*.

Em regra, não há a suspensão da decisão rescindenda com o simples ajuizamento da ação rescisória, pois se presume válida e correta a decisão que transitou em julgado, **por ser definitiva em decorrência da coisa julgada material**.

Contudo, em situações excepcionais, seria desarrazoado prosseguir com a **execução** da decisão rescindenda se existem fortes indícios de que esta se encontra **viciada**. Entretanto, seria mais um entrave ao processo de execução a **suspensão automática** com o simples **ajuizamento** da rescisória, razão pela qual o legislador entendeu por acolher o meio-termo, que é a concessão da tutela provisória visando a suspensão da execução.

Acerca do assunto, BERNARDO PIMENTEL SOUZA[157] destaca que *"o ajuizamento de ação rescisória não tem o condão de retirar a eficácia do julgado rescindendo. Com efeito, a propositura de ação rescisória não impede a execução definitiva do julgado rescindendo, consoante o disposto nos artigos 475-I, § 1º, primeira parte e 489 (art. 969 do CPC/2015), primeira parte, do Código de Processo Civil"*.

Com base no art. 300 do CPC/2015 e na redação anterior da presente súmula, verifica-se que a tutela provisória a ser requerida em sede de ação rescisória é a **tutela de urgência de natureza cautelar**, já que não se admite a tutela de natureza antecipada. Teremos tão somente a suspensão da execução da decisão rescindenda, e não a sua desconsideração.

> **ATENÇÃO:** Pode-se requerer a tutela provisória na ação rescisória que vise impedir a execução da decisão rescindenda, tendo em vista a possibilidade de o erro nela contido ser reconhecido no bojo da rescisória.

157 SOUZA, Bernardo Pimentel. *Introdução aos recursos cíveis e à ação rescisória*, p. 519.

SÚMULA N. 406
AÇÃO RESCISÓRIA. LITISCONSÓRCIO. NECESSÁRIO NO POLO PASSIVO E FACULTATIVO NO ATIVO. INEXISTENTE QUANTO AOS SUBSTITUÍDOS PELO SINDICATO (conversão das Orientações Jurisprudenciais ns. 82 e 110 da SBDI-2) — Res. 137/2005, DJ 22, 23 e 24.08.2005

I — O litisconsórcio, na ação rescisória, é necessário em relação ao polo passivo da demanda, porque supõe uma comunidade de direitos ou de obrigações que não admite solução díspar para os litisconsortes, em face da indivisibilidade do objeto. Já em relação ao polo ativo, o litisconsórcio é facultativo, uma vez que a aglutinação de autores se faz por conveniência e não pela necessidade decorrente da natureza do litígio, pois não se pode condicionar o exercício do direito individual de um dos litigantes no processo originário à anuência dos demais para retomar a lide. (ex-OJ n. 82 da SBDI-2 — inserida em 13.03.2002)

II — O Sindicato, substituto processual e autor da reclamação trabalhista, em cujos autos fora proferida a decisão rescindenda, possui legitimidade para figurar como réu na ação rescisória, sendo descabida a exigência de citação de todos os empregados substituídos, porquanto inexistente litisconsórcio passivo necessário. (ex-OJ n. 110 da SBDI-2 — *DJ* 29.04.2003)

A **Súmula n. 406 do TST**, relacionada à inexistência de **litisconsórcio ativo necessário** e à existência daquela espécie de litisconsórcio no polo passivo da ação rescisória, foi **inserida** por meio da Resolução n. 137/2005 do TST, publicada no *DJ* nos dias 22, 23 e 24.08.2005, com a **conversão das Orientações Jurisprudenciais ns. 82 e 110 da SBDI-2 do TST**.

Em primeiro lugar, há que se diferenciar os litisconsórcios ***facultativo* e *necessário***, ambos referidos no texto do inc. I da súmula sob comento. Acerca do primeiro, RODRIGO KLIPPEL[158] destaca *"(...) que a sua formação não é um imperativo legal, mas sim uma opção que se dá ao demandante, numa clara escolha do legislador de privilegiar o princípio da economia processual, (...)"*. Com relação ao segundo, MARCELO ABELHA RODRIGUES[159] constata que *"a necessidade deste tipo de litisconsórcio, prevista no art. 47 do CPC (arts. 114 e 116 do CPC/2015), decorre ou por força de lei, ou pela natureza da relação jurídica"*.

Na situação descrita na súmula, qual seja, o ajuizamento de ação rescisória para desconstituir decisão que afeta **diversas partes**, o litisconsórcio passivo, além de **necessário**, também é **unitário**, tendo em vista que não se admitem decisões díspares para os litigantes, demonstrando que os efeitos da decisão devem atingir a todos, **igualmente**. Não se admite que a decisão rescindenda não mais produza efeitos apenas com relação a alguns dos litigantes originários. Essa é a regra exposta por RODRIGO KLIPPEL[160] ao

[158] KLIPPEL, Rodrigo. *Teoria geral do processo civil*, p. 405.

[159] ABELHA RODRIGUES, Marcelo. *Elementos de direito processual civil*. 2. ed. São Paulo: RT, 2000. v. 1, p. 296.

[160] KLIPPEL, Rodrigo. *A coisa julgada e sua impugnação:* relativização da coisa julgada, p. 148.

afirmar *"(...) que no polo passivo da demanda devem constar todos os partícipes da relação processual original cuja decisão transitada se quer desconstituir (à exceção do(s) autor(es) da rescisória, que se encontram no polo ativo desta última)"*.

O entendimento é totalmente diferente quando se analisa a formação do **polo ativo** da ação rescisória, uma vez que o litisconsórcio a ser formado é ***facultativo***, ou seja, podem os interessados integrar o polo ativo se assim quiserem ou, não querendo, mover ações rescisórias **isoladamente**, para atacar a mesma decisão transitada em julgado.

Nessa situação, todas as demandas rescisórias, ajuizadas isoladamente, são **conexas**, devendo ser, portanto, à luz do que dispõe o art. 57 do CPC/2015, **reunidas** para o mesmo juízo, para julgamento **conjunto**. Sempre que houver conexão entre ações, poderão os autores unirem-se em litisconsórcio **facultativo**. MOACYR AMARAL SANTOS[161] afirma que *"a admissibilidade do litisconsórcio fundado na conexão de causas justifica-se por dois motivos: 1º) o princípio da economia processual recomenda se reúnam no mesmo processo as várias lides, disso resultando redução de tempo, despesas e atividades processuais; 2º) a reunião de várias lides conexas, no mesmo processo, evita a possibilidade de sentenças contraditórias"*.

O motivo pelo qual o litisconsórcio ativo é facultativo mostra-se simples: um litigante não pode **obrigar** o outro a ajuizar a demanda em conjunto. Se o litisconsórcio ativo tivesse que ser necessariamente formado por João, José, Lauro, Mateus e Roberto, todos, sem exceção, deveriam estar dispostos a ajuizar a rescisória. A negativa de um deles impossibilitaria totalmente os demais de exercerem o direito de ação. Tal situação é realmente absurda, razão pela qual se entende que o litisconsórcio é ***facultativo***, e não *necessário*.

Em síntese, se os empregados "A" e "B" ajuizaram reclamação trabalhista em face das empresas "C" e "D" e a sentença transitou em julgado com um dos vícios do art. 966 do CPC/2015, as reclamadas poderão ajuizar uma só rescisória, sendo o polo ativo formado por "C" e "D", ou duas rescisórias, uma ajuizada por "C" e a outra por "D". Porém, nas duas situações, o polo passivo sempre deverá ser formado por "A" e "B", obrigatoriamente, pois, conforme analisado, o litisconsórcio ativo é facultativo, enquanto o passivo é necessário.

Com relação ao inc. II, que toca à **legitimidade** do **sindicato** para figurar, sozinho, no **polo passivo** da rescisória, movida em face de julgado em que o ente participou como **substituto processual**, tem-se que inexiste obrigação em se citar todos os **substituídos**.

Em verdade, o verbete segue a regra geral de que *"no tocante à legitimidade passiva, a regra é de que quem figurou como parte no processo originário também deve participar do processo da ação rescisória"*[162], o que representa dizer que, se o sindicato foi o autor da reclamação trabalhista na qual foi proferido o *decisum* rescindendo, aquele terá legitimidade para figurar no **polo passivo** da rescisória. Nos termos do art. 8º, III, da CRFB/88, *"ao sindicato cabe a defesa dos direitos e interesses*

---

161 SANTOS, Moacyr Amaral. *Primeiras linhas de direito processual civil*. 24. ed. São Paulo: Saraiva, 2008. v. 2, p. 8.

162 SOUZA, Bernardo Pimentel. *Introdução aos recursos cíveis e à ação rescisória*, p. 519.

coletivos ou individuais da categoria, inclusive em questões individuais ou administrativas", ou seja, poderá, sozinho, representando a categoria, mover ações judiciais, sem a necessidade de que os representados encontrem-se no polo ativo, o que gera igualmente a dispensabilidade de sua presença como réus na rescisória.

Por último, ainda relacionado à formação do polo passivo da rescisória, na ação movida pelo **Ministério Público**, por exemplo, por ocorrência de *colusão entre as partes para fraudar a lei*, serão réus da rescisória todos aqueles que foram **partes** no processo original, como autores e réus, pois a colusão ocorreu entre as ***partes***, razão pela qual todos devem responder pelo vício, desconstituindo-se a decisão para todos.

ATENÇÃO: O litisconsórcio na ação rescisória é necessário no polo passivo e facultativo no ativo. O sindicato, que foi o autor da ação trabalhista, na qualidade de substituto processual, será o réu da ação rescisória que busca desconstituir a decisão ali proferida.

SÚMULA N. 407

AÇÃO RESCISÓRIA. MINISTÉRIO PÚBLICO. LEGITIMIDADE AD CAUSAM PREVISTA NO ART. 967, III, "A", "B" E "C" DO CPC DE 2015. ART. 487, III, "A" E "B", DO CPC DE 1973. HIPÓTESES MERAMENTE EXEMPLIFICATIVAS (nova redação em decorrência do CPC de 2015) — Res. 208/2016, DEJT divulgado em 22, 25 e 26.04.2016

A legitimidade *ad causam* do Ministério Público para propor ação rescisória, ainda que não tenha sido parte no processo que deu origem à decisão rescindenda, não está limitada às alíneas *a, b* e *c* do inciso III do art. 967 do CPC de 2015 (art. 487, III, *a* e *b*, do CPC de 1973), uma vez que traduzem hipóteses meramente exemplificativas (ex-OJ n. 83 da SBDI-2 — inserida em 13.03.2002)

A **Súmula n. 407 do TST**, relacionada à legitimidade do **Ministério Público** para propor a ação rescisória, foi **atualizada de acordo com o CPC/2015** por meio da Resolução n. 208/2016 do TST, publicada no *DJ* nos dias 22, 25 e 26.04.2016.

A legitimidade para o ajuizamento da ação rescisória encontra respaldo no art. 967 do CPC/2015, que assim dispõe: *"Têm legitimidade para propor a ação rescisória: I — quem foi parte no processo ou o seu sucessor a título universal ou singular; II — o terceiro juridicamente interessado; III — o Ministério Público: a) se não foi ouvido no processo em que lhe era obrigatória a intervenção; b) quando a decisão rescindenda é o efeito de simulação ou de colusão das partes, a fim de fraudar a lei; c) em outros casos em que se imponha sua atuação"*.

A leitura pura e simples do texto legal faz com que o intérprete chegue à conclusão de que o Ministério Público somente pode ajuizar a ação rescisória nas hipóteses das alíneas ***a, b* e *c* do art. 967, III, *a* e *b*, do CPC/2015**, ou seja, seriam apenas três *causas de pedir* a serem demonstradas pelo órgão, não podendo ser demonstrados os demais vícios descritos no art. 966 do CPC/2015, que ensejariam a propositura apenas por aquele que foi parte e pelo terceiro juridicamente interessado.

Essa visão **restritiva** não foi recepcionada pelo STJ nem pelo TST, que perceberam que as hipóteses do art. 967, III, do CPC/2015 são meramente **exemplificativas**, e não **taxativas**.

A nova interpretação do dispositivo legal fez com que fosse cancelada a **Orientação Jurisprudencial n. 33 da SDC do TST**. O novo entendimento mostra-se mais correto, de acordo com o objetivo de que a coisa julgada formada no processo judicial seja a mais hígida possível, sem qualquer possibilidade de vícios às normas processuais e materiais, por se tratar de interesse público indisponível.

FRANCISCO ANTÔNIO DE OLIVEIRA[163] prefere o entendimento anterior, baseando-se nas lições de José Carlos Barbosa Moreira, para quem as hipóteses são **taxativas**.

FREDIE DIDIER JR. e LEONARDO JOSÉ CARNEIRO DA CUNHA[164] afirmam que *"(...) tal legitimidade 'ad causam' do Ministério Público para propor ação rescisória, ainda que não tenha sido parte no processo que deu origem à decisão rescindenda, não está limitada às alíneas 'a' e 'b' do inciso III do art. 487 do CPC (art. 967, III, do CPC/2015), uma vez que traduzem hipóteses meramente exemplificativas"*.

Por fim, vale a pena transcrever o **inc. VI da Súmula n. 100 do TST**, relacionada ao tema, que dispõe: *"Na hipótese de colusão das partes, o prazo decadencial da ação rescisória somente começa a fluir para o Ministério Público, que não interveio no processo principal, a partir do momento em que tem ciência da fraude"*.

ATENÇÃO: O Ministério Público, legitimado ao ajuizamento da ação rescisória, não possui limitação em relação aos vícios que pode alegar, podendo se valer de todas as hipóteses do art. 966 do CPC/2015 para ajuizar a ação rescisória.

SÚMULA N. 408

AÇÃO RESCISÓRIA. PETIÇÃO INICIAL. CAUSA DE PEDIR. AUSÊNCIA DE CAPITULAÇÃO OU CAPITULAÇÃO ERRÔNEA NO ART. 966 DO CPC DE 2015. ART. 485 DO CPC DE 1973. PRINCÍPIO* IURA NOVIT CURIA *(nova redação em decorrência do CPC de 2015) — Res. 208/2016, DEJT divulgado em 22, 25 e 26.04.2016

Não padece de inépcia a petição inicial de ação rescisória apenas porque omite a subsunção do fundamento de rescindibilidade no art. 966 do CPC de 2015 (art. 485 do CPC de 1973) ou o capitula erroneamente em um de seus incisos. Contanto que não se afaste dos fatos e fundamentos invocados como causa de pedir, ao Tribunal é lícito emprestar-lhes a adequada qualificação jurídica (*iura novit curia*). No entanto, fundando-se a ação rescisória no art. 966, inciso V, do CPC de 2015 (art. 485, inciso V, do

[163] OLIVEIRA, Francisco Antônio de. *Comentários às súmulas do TST*, p. 694-695.

[164] DIDIER JR., Fredie; CUNHA, Leonardo José Carneiro da. *Curso de direito processual civil*, p. 350.

> CPC de 1973), é indispensável expressa indicação, na petição inicial da ação rescisória, da norma jurídica manifestamente violada (dispositivo legal violado sob o CPC de 1973), por se tratar de causa de pedir da rescisória, não se aplicando, no caso, o princípio *iura novit curia*. (ex-Ojs ns. 32 e 33 da SBDI-2 — inseridas em 20.09.2000)

A **Súmula n. 408 do TST**, relacionada à exposição da **causa de pedir** na inicial da ação rescisória, bem como ao princípio *iura novit curia*, foi **atualizada de acordo com o CPC/2015** por meio da Resolução n. 208/2016 do TST, publicada no *DJ* nos dias 22, 25 e 26.04.2016.

A petição inicial deve conter, à luz do art. 319, III, do CPC/2015, a narração dos fatos e fundamentos jurídicos do pedido, de forma a possibilitar ao juiz a subsunção dos fatos à proteção jurídica que a lei confere ao autor. Cada hipótese (situação) prescrita no art. 966 do CPC/2015 corresponde a uma **causa de pedir** para a rescindibilidade da decisão transitada em julgado.

O sistema processual pátrio não obriga o autor da ação a indicar os **fundamentos legais**, ou seja, os artigos de lei que se adéquam aos fatos narrados. Sobre a distinção entre *fundamento jurídico* e *fundamento legal*, tem-se a lição de VICENTE GRECO FILHO,[165] para quem *"o fato e o fundamento jurídico do pedido são a causa de pedir, na expressão latina, a* causa petendi. *Antes de mais nada é preciso observar que fundamento jurídico é diferente de fundamento legal; este é a indicação (facultativa, porque o juiz conhece o direito) dos dispositivos legais a serem aplicados para que seja decretada a procedência da ação; aquele (que é de descrição essencial) refere-se à relação jurídica e fato contrário do réu que vai justificar o pedido de tutela jurisdicional".*

A dispensa da indicação dos fundamentos legais (artigos de lei) resulta da existência do princípio *iura novit curia*, que pode ser traduzido como a máxima: ***o juiz conhece o direito***, excepcionado pelo art. 376 do CPC/2015, que obriga a parte que alegar direito municipal, estadual, estrangeiro e consuetudinário a provar o teor e a vigência, caso determinado pelo julgador.

Se o juiz conhece o direito, a simples **narração fática** possibilita ao mesmo saber se houve ou não violação às normas de direito material ou processual, concluindo pela **procedência** ou **improcedência** dos pedidos formulados na inicial. Uma petição inicial pode ser produzida sem uma única menção ao artigo de lei, sem que tal fato constitua razão para seu indeferimento.

Portanto, se ajuizada ação rescisória **sem indicação do dispositivo legal** do art. 966 do CPC/2015, nenhum vício existirá. Se o autor da ação narrar que a ação originária tramitou perante **juízo absolutamente incompetente**, sem indicar o inc. II do art. 966 do CPC/2015, deverá o julgador da rescisória verificar se houve ou não a alegada violação à norma processual de competência, concluindo pela rescisão do julgado ou por sua manutenção. A petição inicial não pode ser considerada inepta,

[165] GRECO FILHO, Vicente. *Direito processual civil brasileiro*. 18. ed. São Paulo: Saraiva, 2007. v. 2, p. 106.

pois a indicação do dispositivo de lei não constitui requisito essencial daquela peça, conforme o art. 319 do CPC/2015.

Da mesma forma ocorre se o autor da rescisória narrar o fato, incompetência absoluta, por exemplo, mas indicar o inciso do art. 966 do CPC/2015 de forma equivocada. Caso o autor indique o inc. I, que trata de prevaricação, concussão ou corrupção, mas trouxer a narrativa sobre a existência de prova falsa sobre a qual se fundamentou o *decisum* rescindendo, deverá o relator, em vez de **indeferir** a exordial, admiti-la por ofensa ao inc. VI do mesmo artigo, pelos motivos já expostos.

Nessa situação, e nos termos da súmula analisada, estaria o tribunal qualificando o fato de forma diversa do autor, o que é lícito. O que se mostra proibido é **alterar a causa de pedir** ou julgar com base em causa de pedir avessa aos autos, não narrada pelo autor.

Essa é a regra geral traçada pelo TST. Porém, o Tribunal também fixou uma hipótese excepcional, relacionada ao inc. V do art. 966 do CPC/2015.

O referido inciso, bastante genérico, destaca a possibilidade de rescindibilidade quando a decisão transitada em julgado *"violar literal disposição de lei"*.

Em primeiro lugar, interpretando o termo *lei*, CARLOS HENRIQUE BEZERRA LEITE[166] destaca que *"a violação de literal disposição de lei referida no inciso V do art. 485 do CPC (art. 966 do CPC/2015) concerne à lei em sentido amplo: Constituição, lei complementar, lei ordinária, lei delegada, decreto-lei, medida provisória, resolução, decreto legislativo e decreto. A expressão 'lei', portanto, há de ser entendida como qualquer espécie de norma de origem estatal. Não importa também se a lei é de direito material ou de direito processual"*.

Se a causa de pedir da ação rescisória fundar-se em **violação à disposição de lei**, entende o TST que deverá o autor, sob pena de **indeferimento** da petição inicial, indicar o **preceito legal** tido por violado.

O entendimento do TST sobre a matéria reflete, em verdade, a necessidade que o autor possui de descrever a *causa de pedir* da demanda que, nessa situação, é representada pela indicação do preceito considerado violado. Não poderá o autor afirmar, genericamente, ter havido violação a preceito de lei. Nessa situação, a causa de pedir não é simplesmente violação à lei, e sim violação ao preceito legal "x", "y" ou "z".

FREDIE DIDIER JR.[167] é categórico ao afirmar que *"a violação ao dispositivo de lei é a própria causa de pedir da ação rescisória (art. 485, V, CPC/73 — art. 966, V, do CPC/2015) e, como tal, não pode ser alterada de ofício pelo magistrado"*, sob clara ofensa ao disposto no art. 141 do CPC/2015, que traça as bases do *princípio da congruência*.

> **ATENÇÃO:** Mencionar o inciso errado do art. 966 do CPC/2015 ou não mencioná-lo não traz qualquer prejuízo à petição inicial, já que o Juiz conhece as hipóteses legais, aplicando o brocardo *iura novit curia*, ou seja, o Juiz conhece o direito.

[166] BEZERRA LEITE, Carlos Henrique. *Curso de direito processual do trabalho*, p. 1038.

[167] DIDIER JR., Fredie; CUNHA, Leonardo José Carneiro da. *Curso de direito processual civil*, p. 363.

SÚMULA N. 409
AÇÃO RESCISÓRIA. PRAZO PRESCRICIONAL.
TOTAL OU PARCIAL. VIOLAÇÃO DO ART. 7º, XXIX, DA CF/1988.
MATÉRIA INFRACONSTITUCIONAL
(conversão da Orientação Jurisprudencial n. 119 da SBDI-2) —
Res. 137/2005, DJ 22, 23 e 24.08.2005

Não procede ação rescisória calcada em violação do art. 7º, XXIX, da CF/1988 quando a questão envolve discussão sobre a espécie de prazo prescricional aplicável aos créditos trabalhistas, se total ou parcial, porque a matéria tem índole infraconstitucional, construída, na Justiça do Trabalho, no plano jurisprudencial. (ex-OJ n. 119 da SBDI-2 — *DJ* 11.08.2003)

A **Súmula n. 409 do TST**, alusiva ao não cabimento de rescisória para discutir a espécie de **prazo prescricional**, se **parcial** ou **total**, foi **inserida** por meio da Resolução n. 137/2005 do TST, publicada no *DJ* nos dias 22, 23 e 24.08.2005, com a **conversão da Orientação Jurisprudencial n. 119 da SBDI-2 do TST**.

O tema *prescrição trabalhista* já foi objeto de inúmeras súmulas do TST, que regulamentaram situações várias, tais como a inexistência de ***prescrição intercorrente*** (Súmula n. 114), bem como a distinção entre *prescrição total e parcial* (Súmula n. 294).

Com relação à última distinção, a jurisprudência do TST construiu, com base na doutrina, os conceitos de *prescrição total* e *parcial,* diferenciando-as da seguinte maneira: 1. Se o direito trabalhista pleiteado for oriundo de **lei**, a prescrição será parcial, ou seja, atingirá apenas as parcelas não pleiteadas no prazo de 5 (cinco) anos. Trata-se de parcelas sucessivas. Significa dizer que a contagem do prazo prescricional tem início com o inadimplemento de **cada parcela**, por exemplo, salário do mês de janeiro, fevereiro e março do ano de 2005 etc. Nessa hipótese, estarão prescritos os direitos em janeiro, fevereiro e março de 2010, pois a prescrição é parcial, resultado do fato de o direito ser oriundo de lei; 2. Porém, se o direito pleiteado e sonegado tiver sido criado por **contrato de trabalho**, que não é considerado *lei* (norma jurídica), e sim *cláusula contratual*, a prescrição será **total**, ou seja, o início da contagem do prazo prescricional ocorrerá no instante em que houver a **primeira** violação ao direito. Assim, caso não for efetuado o pagamento de uma gratificação ajustada, contratualmente, nos meses de abril, maio e junho do ano de 2006, a prescrição será total e a contagem do prazo terá início em abril/2006, independentemente de a violação ter ocorrido também nos meses subsequentes, findando em abril/2011. Claro que o prazo prescricional de 2 (dois) anos, após o término do contrato de trabalho, deve ser respeitado.

Aclarando ainda mais a diferença traçada, têm-se os ensinamentos de MAURÍCIO GODINHO DELGADO,[168] que observa: *"Consistindo, entretanto, o título jurídico da parcela em preceito de lei, a* actio nata *incidiria em cada parcela especificamente*

[168] DELGADO, Maurício Godinho. *Curso de direito do trabalho*, p. 254.

lesionada. Toma-se, desse modo, parcial a prescrição, contando-se do vencimento de cada prestação periódica resultante do direito protegido por lei. São exemplos de parcelas sujeitas à prescrição total, segundo a jurisprudência: gratificações ajustadas, salário-prêmio etc. e que não são derivadas de expressa criação de preceito de lei, mas dispositivo regulamentar ou contratual".

A exposição serve para demonstrar que essa diferença — *prescrição total e parcial* — é totalmente jurisprudencial e doutrinária, não derivando da lei, pois o art. 7º, XXIX, da CRFB/88 tão somente afirma ser direito dos trabalhadores *"ação, quanto aos créditos resultantes das relações de trabalho, com prazo prescricional de cinco anos para os trabalhadores urbanos e rurais, até o limite de dois anos após a extinção do contrato de trabalho".*

Isso significa dizer que não há violação aos referidos artigo e inciso da CRFB/88, de modo que se reconhece a prescrição total quando seria hipótese de parcial, ou vice-versa, pois a Carta Magna não faz tão **diferenciação**.

Em verdade, ao sumular tal entendimento, o TST quis evitar o ajuizamento de ações rescisórias nessa hipótese, bastante comum na Justiça do Trabalho, privilegiando o fator **segurança jurídica**, evitando discussões a respeito de decisões acobertadas pela coisa julgada. Contudo, acabou por "jogar por terra" toda a sua construção jurisprudencial, ao afirmar a existência da distinção, mas a impossibilidade de, via rescisória, discutir-se a aplicação **equivocada** das regras atinentes ao instituto.

ATENÇÃO: Não se pode ajuizar ação rescisória sustentando que a decisão sobre o prazo de prescrição, se seria total ou parcial, viola o art. 7º, XXIX, da CF/88, já que essa definição decorre de jurisprudência do TST, não possuindo amparo na Constituição Federal.

SÚMULA N. 410
AÇÃO RESCISÓRIA. REEXAME DE FATOS E PROVAS. INVIABILIDADE (conversão da Orientação Jurisprudencial n. 109 da SBDI-2) — Res. 137/2005 DJ 22, 23 e 24.08.2005

A ação rescisória calcada em violação de lei não admite reexame de fatos e provas do processo que originou a decisão rescindenda. (ex-OJ n. 109 da SBDI-2 — *DJ* 29.04.2003)

A **Súmula n. 410 do TST**, relativa à impossibilidade de se **reexaminar fatos e provas** no bojo da ação rescisória, foi **inserida** por meio da Resolução n. 137/2005 do TST, publicada no *DJ* nos dias 22, 23 e 24.08.2005, com a **conversão da Orientação Jurisprudencial n. 109 da SBDI-2 do TST**.

A respeito da finalidade da ação rescisória, destaca-se que a análise, em sede rescisória, restringe-se a perquirir se o dispositivo legal foi corretamente aplicado à espécie, e não se a decisão rescindenda foi justa ou injusta.

Desse entendimento decorre que a via rescisória não serve para reanalisar ou reexaminar *fatos e provas*, e sim verificar se a **atuação jurisdicional** violou algum dos incisos do art. 966 do CPC/2015. A verificação acerca da interpretação correta sobre os fatos e provas constantes do processo deve ser realizada em sede **recursal**; porém, apenas nas **instâncias ordinárias**, pois tal fato encontra óbice nos recursos extraordinários, conforme **Súmula n. 126 do TST**, amplamente aplicada no cotidiano forense.

Dessa forma, se a parte entende que os fatos narrados não foram interpretados corretamente pelo magistrado, assim como as provas carreadas aos autos, deverá interpor recurso ordinário em face da sentença. Caberá ao TRT reexaminar esses fatos e provas. Decidindo pelo provimento ou improvimento do recurso, não poderá idêntica questão ser suscitada em grau de Recurso de Revista, pois este possui natureza de ***recurso extraordinário***, incidindo o entendimento de que é *"Incabível o recurso de revista ou de embargos (arts. 896 e 894,* b, *da CLT) para reexame de fatos e provas"*.

Não se pode, porém, confundir a impossibilidade de **reexame de provas** com o ajuizamento da rescisória por **falsidade da prova** que fundamentou a decisão rescindenda. São situações totalmente distintas, inclusive, sendo a última prevista no art. 966, VI, do CPC/2015.

O inciso referido destaca ser possível a rescisão de julgado que *"se fundar em prova, cuja falsidade tenha sido apurada em processo criminal ou seja provada na própria ação rescisória"*.

BERNARDO PIMENTEL SOUZA[169] destaca que *"a falsidade da prova tanto pode ser material quanto ideológica. Sem dúvida, é irrelevante se a falsidade reside na forma ou no fundo, ou seja, se o vício que contamina a prova é de construção ou de conteúdo"*.

Na situação prevista, não houve a **má interpretação** de uma prova hígida, ou seja, produzida dentro das normas de direito processual, sem qualquer falha com relação à forma e ao conteúdo. A **prova** testemunhal, por exemplo, foi produzida **corretamente**, sem qualquer dos vícios previstos no art. 447 do CPC/2015 (testemunha impedida, suspeita ou incapaz), ou outros de cunho processual. O problema surgiu quando da **valoração** das informações prestadas pela testemunha. Nesta hipótese, **incabível a rescisória**, nos termos do entendimento sumulado.

Porém, se houver provas que demonstrem que ela é **falsa**, oriunda, por exemplo, de coação ou suborno, cabível será a ação rescisória, pois a decisão do magistrado baseou-se em depoimento (ou documento, perícia, depoimento pessoal etc.) que não espelha a verdade dos fatos, maculando a prestação jurisdicional.

Há que se destacar, por último, que, na hipótese do inc. VI do art. 966 do CPC/2015, somente haverá procedência da rescisória se a prova, reconhecida falsa, tiver sido **fundamental** na decisão prolatada e objeto de rescisão, pois, caso contrário, o *decisum* manter-se-á **integro** com a análise das demais provas, que foram realmente importantes para a decisão prolatada.

---

[169] SOUZA, Bernardo Pimentel. *Introdução aos recursos cíveis e à ação rescisória*, p. 497.

ATENÇÃO: Não se pode pleitear a rescisão do julgado por suposta violação de lei se houver a necessidade de rediscussão de fatos e provas para chegar àquela conclusão. A análise deve ser direta, sem reexame daqueles elementos.

SÚMULA N. 411
AÇÃO RESCISÓRIA. SENTENÇA DE MÉRITO. DECISÃO DE TRIBUNAL REGIONAL DO TRABALHO EM AGRAVO REGIMENTAL CONFIRMANDO DECISÃO MONOCRÁTICA DO RELATOR QUE, APLICANDO A SÚMULA N. 83 DO TST, INDEFERIU A PETIÇÃO INICIAL DA AÇÃO RESCISÓRIA. CABIMENTO (conversão da Orientação Jurisprudencial n. 43 da SBDI-2) — Res. 137/2005, DJ 22, 23 e 24.08.2005

Se a decisão recorrida, em agravo regimental, aprecia a matéria na fundamentação, sob o enfoque das Súmulas ns. 83 do TST e 343 do STF, constitui sentença de mérito, ainda que haja resultado no indeferimento da petição inicial e na extinção do processo sem julgamento do mérito. Sujeita-se, assim, à reforma pelo TST, a decisão do Tribunal que, invocando controvérsia na interpretação da lei, indefere a petição inicial de ação rescisória. (ex-OJ n. 43 da SBDI-2 — inserida em 20.09.2000)

A **Súmula n. 411 do TST**, relacionada ao cabimento de rescisória em julgamento de **agravo regimental**, mesmo quando o processo é **extinto sem resolução** do mérito, por aplicação das Súmulas ns. 83 do TST e 343 do STF, foi **inserida** por meio da Resolução n. 137/2005 do TST, publicada no *DJ* nos dias 22, 23 e 24.08.2005, com a **conversão da Orientação Jurisprudencial n. 43 da SBDI-2 do TST**.

Em primeiro lugar, faz-se necessário tecer alguns comentários com relação à **sistemática recursal** na ação rescisória. O indeferimento, pelo relator, nos termos do art. 330 do CPC/2015, da petição inicial da ação rescisória, nos termos dos ensinamentos de EDUARDO GABRIEL SAAD,[170] gera a interposição do recurso de agravo regimental, a ser julgado pela turma que seria competente para o julgamento de mérito daquela ação.

No julgamento de mérito do agravo regimental, poderá a turma aplicar as **Súmulas ns. 83 do TST e 343 do STF** que, em síntese, demonstram não ser cabível a ação rescisória por violação a preceito de lei, quando este é de **interpretação divergente** nos tribunais. Portanto, se há divergência instaurada nos tribunais sobre um determinado dispositivo legal, é porque não existe posicionamento **certo ou errado**.

O conhecimento do recurso de agravo e seu desprovimento, por aplicação das súmulas referidas, para o TST, importa **julgamento de mérito**, mesmo que o resultado prático continue a ser a extinção da ação rescisória sem resolução do mérito, nos termos do art. 485 do CPC/2015.

---

[170] SAAD, Eduardo Gabriel; SAAD, José Eduardo Duarte; BRANCO, Ana Maria Saad Castello. *Curso de direito processual do trabalho.* 5. ed. São Paulo: LTR, 2007. p. 1086.

Portanto, do acórdão proferido em agravo regimental, caso transite em julgado, caberá ação rescisória, pois presentes os requisitos constantes do art. 966 do CPC/2015, quais sejam, decisão de mérito e trânsito em julgado, desde que respeitado o prazo decadencial de 2 (dois) anos.

Poderá a parte recorrente, ainda, evitando o trânsito em julgado, buscar a reforma do julgado no TST, por meio da interposição de recurso ordinário, nos termos do art. 895, *b*, da CLT, tendo em vista tratar-se de decisão do TRT em processo de sua **competência originária**. Nesse recurso, buscará o recorrente demonstrar ao Tribunal Superior do Trabalho que inexiste controvérsia acerca da aplicação daquele determinado dispositivo legal, e que, portanto, a rescisória deveria ter sido admitida pelo Tribunal Regional do Trabalho, para aferir-se o ferimento ou não à literal disposição de lei.

Lembre-se de que, mesmo cabendo recurso ordinário nessa situação, poderá a parte manejar a rescisória sem antes **esgotar** a cadeia recursal, nos termos da **Súmula n. 514 do STF**, que assim dispõe: *"admite-se ação rescisória contra sentença transitada em julgado, ainda que contra ela não se tenha esgotado todos os recursos"*.

ATENÇÃO: A decisão do TRT que indefere a petição inicial da ação rescisória por adentrar no mérito, analisando se é controvertida ou não a aplicação da lei, deve ser reformada pelo TST.

SÚMULA N. 412
AÇÃO RESCISÓRIA. SENTENÇA DE MÉRITO. QUESTÃO PROCESSUAL (conversão da Orientação Jurisprudencial n. 46 da SBDI-2) — Res. 137/2005, DJ 22, 23 e 24.08.2005

Pode uma questão processual ser objeto de rescisão desde que consista em pressuposto de validade de uma sentença de mérito. (ex-OJ n. 46 da SBDI-2 — inserida em 20.09.2000)

A **Súmula n. 412 do TST**, relativa ao cabimento de rescisória para discutir **questão processual** que seja pressuposto de validade de uma sentença de mérito, foi **inserida** por meio da Resolução n. 137/2005 do TST, publicada no *DJ* nos dias 22, 23 e 24.08.2005, com a **conversão da Orientação Jurisprudencial n. 46 da SBDI-2 do TST**.

O entendimento da matéria constante da presente súmula pressupõe a análise da **finalidade** da ação rescisória. Segundo BERNARDO PIMENTEL SOUZA,[171] *"a finalidade do instituto da ação rescisória é a eliminação do mundo jurídico de pronunciamento jurisdicional maculado por vício de extrema gravidade. Não há dúvida de que, além das sentenças, também os acórdãos, as decisões monocráticas, e até mesmo as decisões interlocutórias podem estar contaminados pelos vícios previstos nos incisos do artigo 485 (art. 966 do CPC/2015) do Código de Processo Civil"*.

[171] SOUZA, Bernardo Pimentel. *Introdução aos recursos cíveis e à ação rescisória*, p. 480.

Percebe-se que qualquer tipo de vício, processual ou não, constante em decisão de mérito transitada em julgado, poderá ser objeto de rescisão. Se for constatada a existência de *error in judicando* com relação à análise da ilegitimidade de uma das partes, sendo a decisão de mérito, poderá a parte prejudicada ajuizar ação rescisória, por violação à **literal disposição de lei**, já que as partes devem ser legítimas para figurar nos polos da demanda.

Além disso, a questão acerca da ilegitimidade é **pressuposto de validade** da decisão rescindenda, pois o mérito somente pode ser analisado em virtude do afastamento, pelo magistrado, do alegado vício.

Portanto, poderá a parte rescindir o julgado, desconstituindo a condenação que lhe fora imposta, ao demonstrar, via rescisória, ser ilegítima a figurar no polo passivo da demanda.

Tal conclusão é decorrência do conteúdo do art. 966 do CPC/2015, que tão somente prevê a necessidade de decisão de mérito, transitada em julgado, sem menção a qualquer tipo de vício, o que leva o intérprete a considerar que **toda e qualquer espécie de vício**, inclusive o meramente **processual**, pode ser objeto de rescisão, desde que aquele esteja **intimamente** ligado à decisão proferida.

Exemplo interessante é fornecido por FRANCISCO ANTÔNIO DE OLIVEIRA,[172] nos seguintes termos: *"(...) proferida a sentença em primeiro grau, a parte habilmente intimada do julgamento deixa transcorrer o octídio legal e interpõe recurso no décimo quinto dia. O Juiz de primeiro grau indefere o processamento por intempestivo. A parte agrava de instrumento, os autos ao Regional, este dá provimento ao agravo, julga o mérito do recurso ordinário e reforma a decisão primária. A intempestividade do recurso constituiu impedimento para o julgamento. Logo, a questão processual de intempestividade do apelo desprestigia a decisão proferida pelo regional e desafia rescisória".*

ATENÇÃO: Na ação rescisória pode-se discutir uma questão processual, ou seja, pode-se fundamentar a necessidade de desconstituição do julgado por ter sido descumprida alguma norma processual.

SÚMULA N. 413

AÇÃO RESCISÓRIA. SENTENÇA DE MÉRITO. VIOLAÇÃO DO ART. 896, "A", DA CLT (nova redação em decorrência do CPC de 2015) — Res. 209/2016, DEJT divulgado em 01, 02 e 03.06.2016

É incabível ação rescisória, por violação do art. 896, *a*, da CLT, contra decisão transitada em julgado sob a égide do CPC de 1973 que não conhece de recurso de revista, com base em divergência jurisprudencial, pois não se cuidava de sentença de mérito (art. 485 do CPC de 1973). (ex-OJ n. 47 da SBDI-2 — inserida em 20.09.2000).

[172] OLIVEIRA, Francisco Antônio de. *Comentários às súmulas do TST*, p. 697.

A **Súmula n. 413 do TST**, relacionada ao não cabimento de ação rescisória em face de decisão que **inadmite recurso** de revista, foi **alterada** por meio da Resolução n. 209/2016 do TST, publicada no *DJ* nos dias 01, 02 e 03.06.2016 do TST.

Com relação aos recursos, dois são os juízos realizados pelos tribunais: 1. Juízo de **admissibilidade**; 2. Juízo de **mérito**. O primeiro analisa a presença ou ausência dos **pressupostos de admissibilidade** recursais, tais como tempestividade, cabimento, preparo etc., enquanto o segundo tem por função concluir pelo provimento ou improvimento do pedido de **reforma** ou **anulação** do julgado recorrido, vindo a substituí-lo, nos termos do art. 1.008 do CPC/2015.

Constata-se facilmente que o juízo de admissibilidade é **prévio** ao juízo de mérito, sendo o último dependente do primeiro. FLÁVIO CHEIM JORGE[173] destaca *"(...) que o juízo de admissibilidade dos recursos é formado por questões prévias. Isto porque, o pronunciamento de mérito somente ocorre após um prévio juízo positivo acerca da admissibilidade do recurso. O juízo de admissibilidade, portanto, condiciona, ou seja, torna possível ou não o exame do mérito do recurso, antecedendo-o lógica e cronologicamente"*.

A natureza jurídica da decisão proferida no Juízo de admissibilidade é **declaratória**, o que significa dizer que apenas declarará a ausência ou presença dos pressupostos, situação já existente quando da interposição do recurso. Por isso, tal decisão não possui o condão de **substituir** a decisão recorrida, o que somente ocorre com o julgamento do **mérito**. Assim, quando o TRT nega provimento ao recurso ordinário, mantendo a sentença, e o acórdão regional a substitui, isso faz com que essa última decisão seja objeto de ação rescisória, caso apresente algum dos vícios do art. 966 do CPC/2015, e não mais a sentença, que foi substituída pela decisão posterior.

Portanto, a decisão que não admite o recurso de revista, ou qualquer outro recurso, não pode ser considerada de mérito, e sim meramente **processual**, pois apenas declara a ausência de algum pressuposto de admissibilidade. Não há substituição da decisão recorrida pela decisão monocrática ou acórdão que inadmitiu o apelo.

Sob a ótica do CPC/1973, não cabia ação rescisória na hipótese, já que o art. 485 daquele antigo Código afirmava que o objeto da ação era uma decisão de mérito, transitada em julgado. Assim, a súmula mantém-se válida apenas para as rescisórias que foram ajuizadas sob a égide daquele Código, já que o CPC/2015 afirma que **também pode ser objeto de rescisória a decisão de inadmissão de recurso**, apesar de não ser de mérito, conforme o § 2º, abaixo transcrito:

> § 2º Nas hipóteses previstas nos incisos do *caput*, será rescindível a decisão transitada em julgado que, embora não seja de mérito, impeça:
>
> I — nova propositura da demanda; ou
>
> II — admissibilidade do recurso correspondente.

[173] JORGE, Flávio Cheim. *Teoria geral dos recursos cíveis*, p. 55.

Portanto, sob a ótica do CPC/73, inexistindo decisão de mérito, descabe falar em possibilidade de ajuizamento de ação rescisória. Essa deverá ter por objeto a decisão recorrida, que continua hígida, desde que transitada em julgado. No exemplo dado, em que o recurso ordinário foi inadmitido pelo TRT, a rescisória deverá ser movida para demonstrar a ocorrência de vício na **sentença**, quando transitada em julgado.

ATENÇÃO: Sob a égide do CPC/73, a decisão de inadmissão do recurso não era objeto de ação rescisória, por não ser uma decisão de mérito. Logo, incabível naquele momento a ação rescisória.

SÚMULA N. 414
MANDADO DE SEGURANÇA. ANTECIPAÇÃO DE TUTELA (OU LIMINAR) CONCEDIDA ANTES OU NA SENTENÇA
(conversão das Orientações Jurisprudenciais ns. 50, 51, 58, 86 e 139 da SBDI-2) — Res. 137/2005, DJ 22, 23 e 24.08.2005

I — A antecipação da tutela concedida na sentença não comporta impugnação pela via do mandado de segurança, por ser impugnável mediante recurso ordinário. A ação cautelar é o meio próprio para se obter efeito suspensivo a recurso. (ex-OJ n. 51 da SBDI-2 — inserida em 20.09.2000)

II — No caso da tutela antecipada (ou liminar) ser concedida antes da sentença, cabe a impetração do mandado de segurança, em face da inexistência de recurso próprio. (ex-OJs ns. 50 e 58 da SBDI-2 — inseridas em 20.09.2000)

III — A superveniência da sentença, nos autos originários, faz perder o objeto do mandado de segurança que impugnava a concessão da tutela antecipada (ou liminar). (ex-OJs da SBDI-2 ns. 86 — inserida em 13.03.2002 — e 139 — *DJ* 04.05.2004)

A **Súmula n. 414 do TST**, relacionada ao cabimento de **mandado de segurança** quando do deferimento de antecipação de tutela, foi **inserida** por meio da Resolução n. 137/2005 do TST, publicada no *DJ* nos dias 22, 23 e 24.08.2005, com a **conversão das Orientações Jurisprudenciais ns. 50, 51, 58, 86 e 139 da SBDI-2 do TST**.

A presente súmula trata de diversos aspectos com relação à impugnação de **decisões interlocutórias** proferidas no processo do trabalho.

Em primeiro lugar, o inc. I destaca a impossibilidade de se impetrar mandado de segurança contra decisão que concede antecipação de tutela na sentença, tendo em vista que o recurso previsto para impugnar a sentença é o ordinário, conforme art. 895, *a*, da CLT.

O mandado de segurança somente pode ser utilizado como **sucedâneo recursal**, quando inexistir recurso previsto para impugnar determinada decisão judicial. No processo do trabalho, o *mandamus* é comumente manejado contra **decisões interlocutórias**, desde que proferidas antes da sentença, como é mais comum.

A concessão de antecipação de tutela na sentença faz com que a primeira decisão seja absorvida pela segunda, gerando a impossibilidade de impugná-la em separado.

Na justiça comum, em que se aplicam aprioristicamente as regras do CPC, o entendimento é igual, mas por razões um pouco diversas. De acordo com as regras do *codex*, é inviável a interposição dos recursos de agravo e de apelação, concomitantemente, quando a antecipação de tutela é deferida na sentença. Nesta hipótese, o ***princípio da singularidade*** impede a interposição conjunta de dois recursos em face da mesma decisão.

Nas palavras de FLÁVIO CHEIM JORGE,[174] *"(...) as decisões judiciais somente são impugnadas por meio de um único recurso. Para cada decisão não é permitida a interposição, ao mesmo tempo, de mais de um recurso"*.

Ainda com relação ao inc. I da súmula, destaca o TST que a ação cautelar é o veículo processual adequado para requerer a atribuição de efeito suspensivo a recurso.

Em primeiro lugar, destaca-se a inexistência de **efeito suspensivo** *ope legis* no processo do trabalho, ou seja, os recursos trabalhistas são recebidos apenas no **efeito devolutivo**, o que propicia, desde logo, o início da execução provisória.

Porém, se a decisão judicial, sentença ou acórdão, ao produzir efeitos, puder causar à parte **lesão grave** ou de **difícil reparação**, e sendo plausíveis os fundamentos expostos no recurso, poderá o tribunal, a quem compete a análise do mérito recursal, deferir o efeito suspensivo, obstando a produção de efeitos da decisão recorrida.

Em outras palavras, poderá a parte demonstrar ao relator do recurso interposto a presença do ***fumus boni iuris*** e do ***periculum in mora***, requerendo a atribuição de efeito suspensivo ***ope judicis***.

Durante muito tempo, utilizou-se o mandado de segurança para alcançar essa finalidade, porém tal instrumento não se mostra adequado, havendo consenso na doutrina e na jurisprudência de que a **ação cautelar** é a via processual correta.

O *mandamus* não é adequado, pois não há, em síntese, direito líquido e certo de que o recurso seja recebido também no efeito suspensivo. Ao contrário, a lei afirma que não há dito efeito, razão pela qual não há ato judicial (decisão) ilegal ou proferido com abuso de poder, o que impede a impetração do remédio histórico.

No entanto, o processo cautelar possui por função primordial a *proteção de direitos*, de forma a propiciar a **efetividade** de outro processo, razão pela qual é classificado como **acessório** e **instrumental**.

Nessa situação, a atribuição de efeito suspensivo a recurso despido do mesmo possui por função unicamente **proteger** o direito do recorrente, que se mostra plausível, pelo menos em **análise superficial**, evitando-se a ruína daquele, que terá seu patrimônio dificilmente restaurado com a reforma do julgado recorrido. Nesta esteira, REIS FRIEDE, RODRIGO KLIPPEL e THIAGO ALBANI[175] asseveram que *"a doutrina e a moderna jurisprudência dos tribunais dão prevalência ao emprego da medida cautelar inominada, para o fim de prover efeito suspensivo ao re-*

174 JORGE, Flávio Cheim. *Teoria geral dos recursos cíveis*, p. 166.

175 FRIEDE, Reis; KLIPPEL, Rodrigo; ALBANI, Thiago. *A tutela de urgência no processo civil brasileiro*. Rio de Janeiro: Impetus, 2009. p. 203.

curso, ao invés do mandado de segurança contra ato judicial". Destaca-se, inclusive, a edição de duas súmulas do STF em relação à matéria, a saber, ns. 634 e 635, aplicáveis também ao STJ e ao TST.

O inc. II traz situação mais comum no cotidiano trabalhista, ao versar sobre a possibilidade de impetração do mandado de segurança contra **decisão judicial antecipatória de tutela** (liminar) no curso do processo, ou seja, antes de ser proferida sentença.

Como exemplos de decisões interlocutórias proferidas, e que podem ser impugnadas pela referida via, têm-se: decisões que analisam pedido de **reintegração** de obreiro, que buscam vedar a transferência ilegal, que analisam pedido de bloqueio de bens, entre muitos outras.

Nessa situação, o *mandamus* será utilizado como ***sucedâneo recursal***, ou seja, como instrumento apto a cassar a decisão, assim como um recurso, porém, sem sê-lo, por tratar-se de ação, cuja natureza jurídica é totalmente diversa dos recursos. O enunciado bem destaca que a utilização do MS se dá apenas pela **inexistência** de recurso cabível, pois o agravo de instrumento não é utilizado no processo do trabalho como no processo civil. O art. 893, § 1º, da CLT traz tal peculiaridade do processo do trabalho — *irrecorribilidade imediata das interlocutórias* — ao afirmar que *"os incidentes do processo são resolvidos pelo próprio juízo ou tribunal, admitindo-se a apreciação do merecimento das decisões interlocutórias somente em recursos da decisão definitiva".*

Em suma, o mandado de segurança será impetrado em face da **decisão judicial**, tendo, portanto, como autoridade coatora o **juiz** prolator da decisão, sendo a competência do TRT quando a mesma for proferida por juiz do trabalho e do tribunal ao qual está vinculado o julgador, quando a decisão for proferida pelo relator, podendo, nessa hipótese, ser do TRT ou TST.

Por último, o inc. III destaca a **perda do objeto** do mandado de segurança quando é proferida **sentença** nos autos originários, ou seja, a ausência **superveniente de interesse processual** faz com que o *mandamus* seja extinto **sem resolução do mérito** (art. 485 do CPC/2015), tendo em vista que a decisão impugnada não mais existe por ter sido substituída pela sentença, de mérito ou processual.

Diante dessa situação, deverá a parte interpor recurso ordinário em face da sentença, trazendo à discussão do tribunal, além da sentença, os fundamentos levados em consideração na decisão liminar.

Se o *"merecimento da decisão interlocutória"* será analisado pelo tribunal no recurso interposto, não subsiste interesse no prosseguimento da ação mandamental.

Um último detalhe, o relator do mandado de segurança será **prevento** para o recebimento de eventual recurso ordinário interposto da sentença.

> **ATENÇÃO:** Sendo proferida decisão interlocutória, ou seja, no curso do processo, poderá a parte impetrar mandado de segurança, já que incabível recurso. Caso a decisão seja proferida na sentença, isto é, o pedido liminar seja analisado quando do proferimento da sentença, caberá recurso ordinário, pois previsto no art. 895 da CLT para a hipótese.

SÚMULA N. 415
MANDADO DE SEGURANÇA. PETIÇÃO INICIAL. ART. 321 DO CPC DE 2015. ART. 284 DO CPC DE 1973. INAPLICABILIDADE (atualizada em decorrência do CPC de 2015) — Res. 208/2016, DEJT divulgado em 22, 25 e 26.04.2016

Exigindo o mandado de segurança prova documental pré-constituída, inaplicável o art. 321 do CPC de 2015 (art. 284 do CPC de 1973) quando verificada, na petição inicial do *mandamus*, a ausência de documento indispensável ou de sua autenticação. (ex-OJ n. 52 da SBDI-2 — inserida em 20.09.2000).

A **Súmula n. 415 do TST**, relativa à **inaplicabilidade** do art. 284 do CPC ao mandado de segurança, foi **atualizada de acordo com o CPC/2015** por meio da Resolução n. 208/2016 do TST, publicada no *DJ* nos dias 22, 25 e 26.04.2016.

O art. 321 do CPC/2015, que se refere à *emenda da petição inicial*, destaca: *"O juiz, ao verificar que a petição inicial não preenche os requisitos dos arts. 319 e 320 ou que apresenta defeitos e irregularidades capazes de dificultar o julgamento de mérito, determinará que o autor, no prazo de 15 (quinze) dias, a emende ou a complete, indicando com precisão o que deve ser corrigido ou completado. Parágrafo único. Se o autor não cumprir a diligência, o juiz indeferirá a petição inicial"*.

Verifica-se de plano que a intimação do autor para **emendar** a inicial não é uma **faculdade** do magistrado, e sim seu **dever**.

Ao fazer menção ao art. 320 do CPC/2015, o artigo supratranscrito demonstra que haverá emenda da inicial quando a ela não estiverem anexados os **documentos considerados indispensáveis** à propositura da ação. Isso significa dizer que a *exordial* não deve ser indeferida liminarmente, não podendo ser considerada inepta. Nessa situação, o autor poderá requerer a juntada no prazo legal, sob pena de extinção do processo sem resolução do mérito.

Ocorre que tal dispositivo legal, intimamente relacionado à **celeridade** e economia processuais, não pode ser aplicado no procedimento do mandado de segurança, já que este possui por peculiaridade a necessidade de juntada de **prova pré-constituída**.

Em outras palavras, todas as alegações do impetrante devem estar demonstradas **documentalmente**, já no bojo na petição inicial. Essa é a ideia de ***direito líquido e certo***. Se a pretensão pode ser demonstrada por via documental, já existente no momento da propositura da demanda, encontra-se presente o *direito líquido e certo*, cuja ausência importa **extinção sem resolução do mérito**, por ausência da condição da ação ***interesse processual***, em sua modalidade ***adequação***.

A ausência de prova pré-constituída não retira da parte a possibilidade de buscar a tutela jurisdicional. Apenas a impede de proteger o direito por essa via processual especial (o mandado de segurança), cuja tramitação é teoricamente mais rápida, pois os atos processuais são realizados em menor número, não existindo designação de audiência e produção de qualquer meio de prova no curso da demanda.

Correto, portanto, o entendimento sumulado pelo TST. Nem a **juntada de provas** no curso da ação de mandado de segurança é permitida. O julgador deve perquirir acerca da presença de prova documental sobre todas as alegações do impetrante, recebendo a inicial e **notificando** a autoridade coatora para prestar **informações**, em caso positivo, ou **indeferindo** aquela, por ausência de interesse processual, em caso negativo.

O "meio-termo", que seria a determinação de emenda, **não é possível**. Os fatos encontram-se provados ou não pelos documentos.

Por último, a súmula destaca que a ausência de **autenticação** dos documentos não pode ser suprida por emenda da inicial.

A exigência de **autenticação dos documentos** vem sendo cada vez mais relegada a segundo plano, em prol do acesso à justiça, tendo em vista o alto custo das autenticações. Essa exigência dificultaria, ainda mais em sede trabalhista, a propositura das demandas trabalhistas.

Por isso o art. 1.024, *caput*, I a III, do CPC/2015 destaca que *as cópias das peças do processo poderão ser declaradas autênticas pelo próprio advogado, sob sua responsabilidade pessoal*.

Nessa situação — ausência de autenticação, mesmo pelo advogado —, não deve a petição inicial do *mandamus* ser **indeferida**. Nessa hipótese, a prudência exige que se aguardem as informações da autoridade coatora para, havendo **impugnação** sobre a **autenticidade** de algum documento, abrir-se oportunidade ao impetrante para colacionar aos autos o documento original ou cópia devidamente autenticada.

A ausência de juntada ou justificativa plausível deve acarretar a denegação da ordem, pois se presume que os documentos realmente não são verídicos e que, portanto, não restou comprovado o alegado direito. Tal decisão, pela própria desídia do impetrante, deve, por ser de mérito, gerar coisa julgada material. Ainda deve ser aplicada a pena de *litigância de má-fé*, prevista no art. 77 e seguintes do CPC/2015.

A juntada, ou a apresentação de justificativa considerada plausível pelo magistrado para a não juntada, gera a necessidade de extinção do feito sem resolução do mérito, para que a discussão sobre a validade ou invalidade dos documentos, bem como do direito alegado, possa ser levada às vias ordinárias, em que é possível a produção ampla de provas, em especial, nessa situação, de perícia técnica.

O **informalismo processual**, que está intimamente relacionado à dispensabilidade de autenticação, não pode ser considerado uma "arma" nas mãos de litigantes ímprobos, razão pela qual devem ser penalizados civil, processual e criminalmente.

ATENÇÃO: Não cabe emenda da petição inicial no mandado de segurança, para juntada de documentos, tendo em vista não ter sido demonstrada a violação a direito líquido e certo. Na situação, será extinto o processo sem resolução do mérito.

SÚMULA N. 416
MANDADO DE SEGURANÇA. EXECUÇÃO. LEI N. 8.432/1992. ART. 897, § 1º, DA CLT. CABIMENTO (conversão da Orientação Jurisprudencial n. 55 da SBDI-2) — Res. 137/2005, DJ 22, 23 e 24.08.2005

Devendo o agravo de petição delimitar justificadamente a matéria e os valores objeto de discordância, não fere direito líquido e certo o prosseguimento da execução quanto aos tópicos e valores não especificados no agravo. (ex-OJ n. 55 da SBDI-2 — inserida em 20.09.2000)

A **Súmula n. 416 do TST**, atinente à inexistência de ferimento ao **direito líquido e certo**, quando a execução prossegue com relação aos valores não especificados no **agravo de petição**, foi **inserida** por meio da Resolução n. 137/2005 do TST, publicada no *DJ* nos dias 22, 23 e 24.08.2005, com a **conversão da Orientação Jurisprudencial n. 55 da SBDI-2 do TST**.

Em primeiro lugar, o recurso de agravo de petição somente é utilizado na **execução** trabalhista, sendo previsto no art. 897, *a*, da CLT, das decisões do juiz do trabalho e do presidente, nos tribunais, no prazo de 8 (oito) dias.

A Lei n. 8.432/92 promoveu importante alteração no recurso de agravo de petição, privilegiando a **efetividade** do processo de execução trabalhista, já que impôs ao recorrente o preenchimento de importante pressuposto de admissibilidade, específico para tal recurso, a saber: a **delimitação das matérias e valores impugnados**, de forma fundamentada, proporcionando a execução **imediata** do restante, ou seja, dos valores incontroversos.

Significa dizer que não mais se permite a impugnação **genérica** da quantia executada. O agravante deverá demonstrar em seu recurso exatamente quais são as matérias e valores sobre as quais se instaura a divergência, sob pena de **inadmissão** deste.

Sobre esse pressuposto de admissibilidade específico, transcreve-se a lição de CARLOS HENRIQUE BEZERRA LEITE:[176] *"trata-se, portanto, de um pressuposto específico de admissibilidade do agravo de petição, cujo propósito consiste em evitar a utilização de recurso genérico, isto é, o que não indica a matéria e os valores impugnados, impedindo, com isso, o prosseguimento da execução quanto às parcelas incontroversas e retardando a satisfação do credor"*.

Assim, se o valor executado é R$ 100.000,00 (cem mil reais) e o executado não concorda, deverá, por exemplo, expor que a quantia devida é, em verdade, R$ 20.000,00 (vinte mil reais), por estas e aquelas razões.

Pela dicção legal, reproduzida na súmula, **suspende-se** a execução no valor de R$ 80.000,00 (oitenta mil reais), continuando-se a perseguir os R$ 20.000,00 (vinte mil reais) **incontroversos**.

[176] BEZERRA LEITE, Carlos Henrique. *Curso de direito processual do trabalho*, p. 726.

RENATO SARAIVA[177] afirma que *"as parcelas que não foram impugnadas mediante agravo de petição poderão, de imediato, ser executadas definitivamente, não havendo qualquer efeito suspensivo"*.

A execução desta parte **remanescente** não importa **violação** a direito líquido e certo, pois, em verdade, é a parte adversária quem possui direito líquido e certo, à execução do restante, pois, se os valores não foram especificados e impugnados **fundamentadamente**, há que se entender que o executado **aceita** a condição que lhe foi imposta pelo título executivo, havendo, ainda, **preclusão** para a sua impugnação, já que teve a oportunidade de contra aquele se rebelar, mas a utilizou de forma inadequada.

Há direito líquido e certo e, portanto, a possibilidade de manejo do mandado de segurança, se o exequente impugnar de forma fundamentada todo o conteúdo da execução (matéria e valores), e a execução não restar suspensa em sua totalidade, pois, nessa hipótese, inexiste parte incontroversa.

ATENÇÃO: Poderá ser realizada a execução definitiva da parte não impugnada pelo agravo de petição, haja vista ter se tornado incontroversa, sem qualquer dúvida se é devida.

SÚMULA N. 417
MANDADO DE SEGURANÇA. PENHORA EM DINHEIRO (alterado o item I, atualizado o item II e cancelado o item III, modulando-se os efeitos da presente redação de forma a atingir unicamente as penhoras em dinheiro em execução provisória efetivadas a partir de 18.03.2016, data de vigência do CPC de 2015) — Res. 212/2016, DEJT divulgado em 20, 21 e 22.09.2016

I — Não fere direito líquido e certo do impetrante o ato judicial que determina penhora em dinheiro do executado para garantir crédito exequendo, pois é prioritária e obedece à gradação prevista no art. 835 do CPC de 2015 (art. 655 do CPC de 1973).

II — Havendo discordância do credor, em execução definitiva, não tem o executado direito líquido e certo a que os valores penhorados em dinheiro fiquem depositados no próprio banco, ainda que atenda aos requisitos do art. 840, I, do CPC de 2015 (art. 666, I, do CPC de 1973). (ex-OJ n. 61 da SBDI-2 — inserida em 20.09.2000)

A **Súmula n. 417 do TST**, relacionada à utilização de mandado de segurança quando é realizada **penhora em dinheiro**, foi **modificada** por meio da Resolução n. 212/2016, publicada no *DJ* nos dias 20, 21 e 22.09.2016.

O posicionamento adotado pelo TST no inc. I da súmula demonstra o amadurecimento do tribunal, que vai ao encontro do princípio da **efetividade** do processo de execução. Destaca o tribunal **inexistir** qualquer **ilegalidade** na penhora de dinheiro, pois este é o primeiro bem a ser penhorado, nos termos do art. 835 do CPC/2015.

[177] SARAIVA, Renato. *Curso de direito processual do trabalho*, p. 481.

O devedor teve a oportunidade de pagar e de nomear bens à penhora. A sua inércia ou a nomeação de bens de difícil alienação, o que é bastante comum, abre a possibilidade do Poder Judiciário adentrar em seu patrimônio e penhorar bens, seguindo-se a ordem legal.

Se a norma legal foi observada, inexiste direito líquido e certo para o devedor. Em verdade, é o credor quem possui direito líquido e certo à penhora do dinheiro.

Ademais, os créditos trabalhistas devem ser *superprivilegiados*, pois são, em regra, compostos de salários sonegados ao trabalhador. Assim, pode-se, inclusive, **penhorar salário para pagamento de ditos créditos**, desde que o faça em um percentual **razoável** e que não despoje o devedor da **quantia mínima** necessária à sua subsistência, o que vai de encontro à OJ n. 153 da SDI-2 do TST, que não permite a penhora de salário.

A atualização ocorrida em 2016 consiste na retirada da menção à *execução definitiva*, já que a penhora em dinheiro passou a ser prioritária em qualquer espécie de execução, definitiva ou provisória, razão do cancelamento do inc. III, que tratava do tema.

Atualmente, seja na execução definitiva ou na provisória, sempre será buscada a penhora de dinheiro, por vários motivos, a saber: a) é o primeiro bem na ordem de penhora do art. 835 do CPC/2015; b) é o bem mais facilmente constrito, pois basta a ordem de penhora pelo BacenJud; c) é o bem mais facilmente transferível, pois basta a expedição de um alvará judicial; d) a satisfação do crédito exequendo ocorre de forma mais célere se comparado aos bens móveis e imóveis, que precisam ser convertidos em dinheiro.

Com relação ao inc. II da súmula, que destaca a impossibilidade de os valores penhorados continuarem depositados no banco do **devedor**, se houver **discordância** do credor, tem-se que o entendimento encontra respaldo legal no art. 840 do CPC/2015.

A regra geral é que os valores penhorados serão depositados no Banco do Brasil, Caixa Econômica Federal ou em outro banco oficial. Na ausência desses bancos, ou agências na comarca em que tramita o processo de execução, serão depositados *"em qualquer estabelecimento de crédito, designado pelo juiz"*, podendo, nessa hipótese, permanecer no banco em que o **executado** possui conta, na qual foi penhorada a quantia.

O § 2º do art. 840 do CPC/2015 parece ter sido utilizado para fundamentar o entendimento disposto no inc. II da súmula, pois destaca que *"com a expressa anuência do exequente ou nos casos de difícil remoção, os bens poderão ser depositados em poder do executado"*.

Significa dizer que o dinheiro **penhorado** somente continuará depositado no banco do qual o **devedor** é cliente se houver concordância do **credor**. Inexistindo essa concordância, os valores deverão ser transferidos para o Banco do Brasil ou para a Caixa Econômica Federal, ainda mais porque tais bancos dispõem de agências em praticamente todos os Municípios do país.

Há que se afirmar que a **discordância** do credor deve ser **expressa**, não podendo ser ofertada tacitamente, pois a transferência do dinheiro penhorado para banco diverso do devedor poderá acarretar prejuízos ao executado, que não mais poderá manter os valores em aplicações realizadas anteriormente.

O teor do art. 840, § 2º, do CPC/2015 demonstra claramente que o executado não possui direito líquido e certo a que seu dinheiro permaneça no banco do qual é cliente se o credor manifestar-se em sentido contrário.

O inc. III foi cancelado em 2016, já que a penhora em dinheiro passou a ser considerada, em qualquer espécie de execução, o bem prioritário. O item cancelado permitia a penhora de dinheiro na execução provisória apenas se o executado não nomeasse bens à penhora. Atualmente, mesmo que o executado nomeie bens à penhora, havendo dinheiro, este deverá ser penhorado. O princípio do **menor sacrifício do executado**, que era mencionado explicitamente pelo inciso em estudo, não mais se aplica na hipótese, pois se resolveu privilegiar a celeridade e efetividade do processo em detrimento das garantias antes existentes em relação ao executado.

> **ATENÇÃO:** O primeiro bem a ser penhorado é o dinheiro, por estar na ordem de preferência do art. 835 do CPC/2015. Assim, a determinação de penhora em dinheiro não viola direito líquido e certo do executado.

SÚMULA N. 418
MANDADO DE SEGURANÇA VISANDO À CONCESSÃO DE LIMINAR OU HOMOLOGAÇÃO DE ACORDO
(conversão das Orientações Jurisprudenciais ns. 120 e 141 da SBDI-2) — Res. 137/2005, DJ 22, 23 e 24.08.2005

A concessão de liminar ou a homologação de acordo constituem faculdade do juiz, inexistindo direito líquido e certo tutelável pela via do mandado de segurança. (ex-OJ da SBDI-2 ns. 120 — *DJ* 11.08.2003 — e 141 — *DJ* 04.05.2004)

A **Súmula n. 418 do TST**, referente à inexistência de direito líquido e certo à **concessão de liminar** e **homologação de acordo**, foi **inserida** por meio da Resolução n. 137/2005 do TST, publicada no *DJ* nos dias 22, 23 e 24.08.2005, com a **conversão das Orientações Jurisprudenciais ns. 120 e 141 da SBDI-2 do TST**.

Duas são as situações tratadas na súmula, porém, da mesma forma: a **facultatividade** da concessão de liminar e a **homologação** de acordo. Porém, será visto que são situações diferentes, que não podem ser tratadas igualmente.

A primeira delas, relacionada à concessão de **liminar**, considerada como faculdade do juiz, deve ser interpretada corretamente, sob pena de se trazer sérios prejuízos ao processo do trabalho, bem como à própria legalidade.

As tutelas de urgência, gênero no qual encontramos a *tutela cautelar* e a *antecipação de tutela*, possuem por intuito ofertar às partes *"a proteção jurisdicional efetiva nos casos em que a demora do processo extinga sua utilidade e a do próprio direito material"*.[178] Significa dizer que as tutelas de urgência possuem por finalidade **garantir o acesso à ordem jurídica justa**. Para tanto, devem estar presentes to-

[178] FRIEDE, Reis; KLIPPEL, Rodrigo; ALBANI, Thiago. *A tutela de urgência no processo civil brasileiro*, p. 9.

dos os seus **pressupostos**, exigidos pela lei, tais como: **pedido**, demonstração de ***fumus boni iuris*** e ***periculum in mora***. A questão que ora se coloca é a seguinte: presentes os requisitos legais, o magistrado possui faculdade de deferir a tutela de urgência requerida, propiciando a tutela jurisdicional efetiva?

Certamente que **não** se trata de mera faculdade, pois a função do Poder Judiciário é proteger o direito material, por meio de um processo judicial **efetivo**. Encontrando-se **presentes** os pressupostos legais, a liminar deve ser **deferida**.

O que poderá ocorrer, sem que esse ato seja considerado ilegal, é a **interpretação** que cada magistrado faz sobre a **ausência** ou **presença** dos requisitos legais. Poderá, por exemplo, o juiz do trabalho não se convencer da **verossimilhança** das alegações do autor ou verificar inexistir o *periculum in mora* alegado.

Considerar como faculdade a concessão de liminar é o mesmo que dizer que, presentes os requisitos legais, poderá o juiz negar-se a conceder a tutela, simplesmente por não querer, por tratar-se de *faculdade*.

Se presentes os pressupostos, o **indeferimento** acarretará ferimento ao **direito líquido e certo** e consequente possibilidade de impetração do *mandamus*, para que o tribunal superior reconheça a necessidade de deferimento, pois situação contrária acarreta ***ilegalidade***, passível de controle pela via judicial, o que é, inclusive, reconhecido expressamente na **Súmula n. 414, II, do TST**.

Nesses termos, CARLOS HENRIQUE BEZERRA LEITE[179] observa que *"o verbete em exame não trata de decisão denegatória de liminar (v.g., art. 659, IX e X, da CLT). Tal decisão, a nosso ver, pode ser impugnada por mandado de segurança, se no caso concreto, estiverem presentes os requisitos para a concessão da liminar"*.

Ademais, a **ausência de fundamentação** da decisão liminar acarreta a possibilidade de impetração de mandado de segurança, com a finalidade de demonstrar a sua **nulidade** por violação ao disposto no art. 93, IX, da CRFB/88.

Com relação à não **homologação** de acordo, o entendimento é diverso. A súmula andou bem ao prever que a negativa de homologação não importa ferimento a direito líquido e certo. Realmente, o juiz não é **obrigado** a homologar acordo, se verificar que esse fere os interesses do obreiro ou preceito de lei e, ainda, que a **vontade** do trabalhador está **viciada**. Esses são apenas alguns exemplos que podem ser verificados no cotidiano forense.

O acordo apresentado pelas partes não obrigatoriamente será homologado pelo juiz do trabalho, e sim apenas se este entender que não há qualquer **mácula** aos preceitos de lei, bem como aos interesses do trabalhador. Caso verifique que o valor a ser pago ao obreiro no acordo é **ínfimo** em relação ao que lhe é devido, não deverá homologá-lo. Também não deverá fazê-lo, por exemplo, se concluir que o empregado está sendo obrigado a firmá-lo, ou seja, que a vontade do trabalhador não é livre, e sim resultante de **coação** ou qualquer outro **vício do ato jurídico**. Outra situação é a apresentação de acordo com o fim de burlar a Previdência Social, com o pagamento de

179 BEZERRA LEITE, Carlos Henrique. *Curso de direito processual do trabalho*, p. 1012.

verbas nitidamente de caráter salarial, mas sob outras rubricas. Mesmo se homologado, o **INSS** será **intimado** para manifestar-se do acordo e, querendo, **recorrer** da decisão.

Nessas, e em outras situações, que somente o dia a dia forense pode demonstrar, o juiz deverá proferir decisão **negando a homologação** do acordo, de maneira ***fundamentada***, não havendo possibilidade de impetração de mandado de segurança. A única possibilidade, não tratada na súmula, mas também versada quando se falou no deferimento das *tutelas de urgência,* é a ausência de fundamentação do *decisum*. Nesta situação, será lícito o manejo do *mandamus*, pois é direito líquido e certo de todos a prolação de decisões fundamentadas.

ATENÇÃO: Não cabe mandado de segurança contra decisão judicial que não homologa acordo, por tratar-se de faculdade do Juiz, que não é obrigado a homologar todos os acordos que lhe são apresentados. Antes de homologar, deve verificar se o acordo é benéfico para ambas as partes.

SÚMULA N. 419
COMPETÊNCIA. EMBARGOS DE TERCEIRO. EXECUÇÃO POR CARTA PRECATÓRIA. JUÍZO DEPRECADO
(alterada em decorrência do CPC de 2015) — Res. 212/2016, DEJT divulgado em 20, 21 e 22.09.2016

Na execução por carta precatória, os embargos de terceiro serão oferecidos no juízo deprecado, salvo se indicado pelo juízo deprecante o bem constrito ou se já devolvida a carta (art. 676, parágrafo único, do CPC de 2015).

A **Súmula n. 419 do TST**, atinente à competência para apresentação e julgamento dos **embargos de terceiro** ajuizados em execução por **carta precatória**, foi **atualizada de acordo com o CPC/2015** por meio da Resolução n. 212/2016 do TST, publicada no *DJ* nos dias 20, 21 e 22.09.2016.

Segundo AMAURI MASCARO NASCIMENTO,[180] *"embargos de terceiro são um meio de impugnação destinado a permitir que aquele que, não sendo parte na relação jurídica processual e sofre penhora em seus bens, possa defender-se"*. O art. 674 do CPC/2015 é mais amplo, referindo-se a ***ato de apreensão judicial***, gênero no qual se encontram as seguintes espécies: penhora, depósito, arresto, sequestro, alienação judicial, arrecadação, arrolamento, inventário e partilha.

Em síntese, trata-se de uma **ação de conhecimento**, ajuizada por dependência ao processo principal, em que um **terceiro**, portanto alguém que não é parte na demanda, demonstra que seus bens foram objeto de apreensão judicial. Ainda sobre o tema, MARCELO ABELHA RODRIGUES[181] afirma que *"nos embargos de terceiro,*

---

[180] NASCIMENTO, Amauri Mascaro. *Curso de direito processual do trabalho*, p. 746-747.

[181] ABELHA, Marcelo. *Manual de execução civil*. 2. ed. Rio de Janeiro: Forense Universitária, 2007. p. 532.

este propõe ação para defender-se de esbulho judicial não somente em processos de execução, como em qualquer outro procedimento".

Isso significa dizer que os embargos de terceiro, apesar de não serem muito comuns, podem ser ajuizados no curso do processo de conhecimento, quando, por exemplo, defere-se liminar para sequestrar determinado bem de propriedade de terceiro. Este poderá mover a ação referida.

A dúvida processual, objeto da súmula, toca à **competência** para **apresentação** e **julgamento** dos embargos de terceiro. O TST adotou integralmente o texto do **art. 676 do CPC/2015**, que trata do tema objeto de análise no verbete em estudo. Nos termos do dispositivo referido, *"Os embargos serão distribuídos por dependência ao juízo que ordenou a constrição e autuados em apartado. Parágrafo único. Nos casos de ato de constrição realizado por carta, os embargos serão oferecidos no juízo deprecado, salvo se indicado pelo juízo deprecante o bem constrito ou se já devolvida a carta".*

A redação transcrita é praticamente **idêntica** à súmula, possuindo a mesma essência.

Sendo o ato executório, penhora, por exemplo, realizado por **carta precatória**, o terceiro poderá apresentar seus embargos no **juízo deprecado, que é o responsável pela prática do ato processual**. Em regra, a constrição do bem será determinada por ele, sendo que o erro será seu e por ele deverá ser resolvido. Assim, é o **juízo deprecado que determina a penhora de bens de terceiro, devendo reconhecer o erro no julgamento dos embargos de terceiro**. Pela regra geral, a peça de defesa do terceiro será apresentada e julgada por aquele juízo.

Se o vício alegado referir-se a ato praticado pelo deprecante, nada mais natural do que pensar na competência deste para julgar a demanda de embargos de terceiro. Por isso, a súmula afirma que, se a constrição do bem tiver sido determinada pelo juízo deprecante, caberá a ele o julgamento.

Também, nos termos do art. 676, parágrafo único, do CPC/2015, será da competência do juízo deprecante o julgamento dos embargos, caso a carta precatória já tenha sido devolvida, por economia processual, já que não faria sentido devolver a carta novamente ao juízo deprecado.

> **ATENÇÃO:** Os embargos de terceiro são da competência do juízo deprecado, a não ser que a constrição judicial em um bem específico tenha sido determinada pelo juízo deprecante ou a carta precatória já tenha sido devolvida, situações em que a competência será do último.

SÚMULA N. 420
COMPETÊNCIA FUNCIONAL. CONFLITO NEGATIVO. TRT E VARA DO TRABALHO DE IDÊNTICA REGIÃO. NÃO CONFIGURAÇÃO (conversão da Orientação Jurisprudencial n. 115 da SBDI-2) — Res. 137/2005, DJ 22, 23 e 24.08.2005

Não se configura conflito de competência entre Tribunal Regional do Trabalho e Vara do Trabalho a ele vinculada. (ex-OJ n. 115 da SBDI-2 — *DJ* 11.08.2003)

A **Súmula n. 420 do TST**, relacionada à inexistência de **conflito de competência** entre Tribunal Regional do Trabalho e Vara do Trabalho a ele vinculada, foi **inserida** por meio da Resolução n. 137/2005 do TST, publicada no *DJ* nos dias 22, 23 e 24.08.2005, com a **conversão da Orientação Jurisprudencial n. 115 da SBDI-2 do TST**.

O conflito de competência pode surgir em 3 (três) situações, descritas no **art. 66 do CPC/2015**, a saber: *1. Quando dois ou mais juízes se declaram competentes; 2. Quando dois ou mais juízes se declaram incompetentes; 3. Quando entre dois ou mais juízes surge controvérsia acerca da reunião ou separação de processos.*

Verifica-se, pelo que foi relatado, que os conflitos de competência podem ser classificados em ***positivos*** e ***negativos***.

A súmula do TST põe fim à discussão relativa à existência ou não de conflito entre órgãos **vinculados hierarquicamente**.

Pode haver conflito de competência entre duas Varas do Trabalho, vinculadas ao mesmo TRT ou a tribunais diversos. Assim, a Vara do Trabalho de Vitória/ES e a Vara do Trabalho de São Mateus/ES, ambas vinculadas ao TRT/17ª Região, podem suscitar conflito positivo ou negativo. Pode haver também conflito entre Vara do Trabalho de Linhares/ES e Vara do Trabalho do Rio de Janeiro/RJ, mesmo estando vinculadas a Tribunais Regionais diversos. Por fim, pode-se falar ainda em conflito de competência entre Vara do Trabalho de Vitória/ES, vinculada ao TRT/17ª Região, e outro TRT, ou seja, órgão pertencente ao primeiro grau de jurisdição e outro pertencente ao segundo grau de jurisdição.

Porém, não há possibilidade de ser suscitado conflito de competência entre a Vara do Trabalho de Vitória/ES e o Tribunal Regional do Trabalho da 17ª Região, pois a primeira encontra-se **vinculada** ao segundo, **inexistindo conflito**, e sim **hierarquia**. RENATO SARAIVA[182] observa que *"(...) em virtude da hierarquia, não se configura conflito de competência entre TRT e Vara do Trabalho a ele vinculada (...)"*.

Da mesma forma, leciona RODRIGO KLIPPEL,[183] quando afirma *"(...) que o vínculo de hierarquia entre o tribunal e o órgão a ele coligado faz com que haja subordinação às decisões do primeiro"*.

É importante frisar que os conflitos de competência serão analisados (julgados) por tribunais, podendo sê-los, na jurisdição trabalhista, pelo TRT (duas varas do trabalho vinculadas ao mesmo tribunal regional), TST (vara do trabalho conflitando com TRT de outra região ou dois tribunais regionais em conflito), STJ (vara do trabalho ou Tribunal Regional do Trabalho e outro órgão sem jurisdição trabalhista) e STF (Tribunal Superior do Trabalho em conflito com qualquer outro órgão jurisdicional).

---

182 SARAIVA, Renato. *Curso de direito processual do trabalho*, p. 89.

183 KLIPPEL, Rodrigo. *Teoria geral do processo civil*, p. 156.

ATENÇÃO: Não existe conflito de competência entre Vara do Trabalho e o TRT a que ela está vinculada.

SÚMULA N. 421

EMBARGOS DE DECLARAÇÃO. CABIMENTO. DECISÃO MONOCRÁTICA DO RELATOR CALCADA NO ART. 932 DO CPC DE 2015. ART. 557 DO CPC DE 1973 (atualizada em decorrência do CPC de 2015) — Res. 208/2016, DEJT divulgado em 22, 25 e 26.04.2016

I — Cabem embargos de declaração da decisão monocrática do relator prevista no art. 932 do CPC de 2015 (art. 557 do CPC de 1973), se a parte pretende tão somente juízo integrativo retificador da decisão e, não, modificação do julgado.

II — Se a parte postular a revisão no mérito da decisão monocrática, cumpre ao relator converter os embargos de declaração em agravo, em face dos princípios da fungibilidade e celeridade processual, submetendo-o ao pronunciamento do Colegiado, após a intimação do recorrente para, no prazo de 5 (cinco) dias, complementar as razões recursais, de modo a ajustá-las às exigências do art. 1.021, § 1º, do CPC de 2015.

A **Súmula n. 421 do TST**, referente ao julgamento dos embargos de declaração interpostos em face de **decisão monocrática** do relator, bem como sobre a aplicação do princípio da **fungibilidade** no processo do trabalho, foi **atualizada em decorrência do CPC/2015** por meio da Resolução n. 208/2016 do TST, publicada no *DJ* nos dias 22, 25 e 26.04.2016.

O inc. I trata do cabimento do recurso de embargos de declaração em face de decisão monocrática do relator, com base no art. 932 do CPC/2015, quando naquela decisão houver omissão, obscuridade ou contradição, situações típicas do cabimento do recurso previsto no art. 897-A da CLT.

Quando o recorrente busca tão somente a correção de um daqueles vícios, o recurso está sendo utilizado com "juízo integrativo retificador", que é a utilização normal dos embargos de declaração.

Já o inc. II trata de tema cada vez mais comum no foro, que é a presença dos embargos de declaração em que não se busca apenas o acerto dos vícios anteriormente descritos, e sim a **modificação** do julgado. Nestas situações, o recurso é dotado de **efeitos infringentes** ou **modificativos**. Nestas hipóteses, previstas inclusive no art. 897-A, § 2º, da CLT, o embargado deverá ser **intimado** para apresentar **contrarrazões**, sob pena de **nulidade** por ferimento ao **princípio do contraditório**.

Além disso, o inc. II traz importante menção ao princípio da **fungibilidade** recursal.

A respeito de tal princípio, algumas premissas devem ser analisadas. Em primeiro lugar, o referido instituto não se encontra previsto em nosso atual sistema recursal, seja na CLT, CPC ou qualquer outra norma. Encontrava previsão no Código de Processo Civil de 1939, no art. 810, em razão da **complexidade** daquele sistema recursal.

Em síntese, o princípio da fungibilidade recursal permite que um recurso seja recebido, admitido e julgado como se fosse outro, quando a interposição equivocada não decorrer de **erro grosseiro** ou **má-fé**, ou seja, quando o recorrente interpuser um recurso quando deveria ter interposto outro, por existir **dúvida objetiva**, que é aquela decorrente da doutrina e da jurisprudência.

Na situação sumulada, entende o TST que não é hipótese de embargos de declaração, pois o que se busca por meio do recurso é a alteração do julgado, sendo que, para tal desiderato, o correto seria interpor o recurso de **agravo interno**, previsto no art. 1.021, § 2º, do CPC/2015.

Em verdade, o entendimento do TST não é o mais correto tecnicamente, pois **inexiste dúvida objetiva** nessa hipótese, já que a lei é clara ao afirmar o cabimento de agravo interno. Ademais, inexiste dúvida doutrinária e jurisprudencial apta a ensejar a aplicação do princípio.

Porém, para privilegiar-se a **celeridade** processual, optou-se por tal posicionamento jurisprudencial, havendo necessidade de intimação do recorrido para complementar ou apresentar as contrarrazões, agora ao recurso de agravo interno, no prazo de 5 (cinco) dias, prazo mencionado no art. 897-A da CLT e no próprio inc. II da súmula.

Por fim, a competência para julgamento será do **colegiado**, pois esse é o órgão competente para o julgamento do **agravo interno**. Nessa hipótese, o relator admite o recurso de embargos de declaração como agravo, procede à intimação do agravado para apresentação de contrarrazões, apresenta o relatório e o voto na sessão de julgamento e, em seguida, colhe os votos dos demais julgadores.

ATENÇÃO: Aplica-se o princípio da fungibilidade quando é interposto o recurso de embargos de declaração com pedido de efeitos infringentes, convertendo-se aquele em recurso de agravo interno, previsto no art. 1.021 do CPC/2015.

SÚMULA N. 422

RECURSO. FUNDAMENTO AUSENTE OU DEFICIENTE. NÃO CONHECIMENTO (redação alterada, com inserção dos itens I, II e III) — Res. 199/2015, DEJT divulgado em 24, 25 e 26.06.2015. Com errata publicada no DEJT divulgado em 01.07.2015

I — Não se conhece de recurso para o Tribunal Superior do Trabalho se as razões do recorrente não impugnam os fundamentos da decisão recorrida, nos termos em que proferida.

II — O entendimento referido no item anterior não se aplica em relação à motivação secundária e impertinente, consubstanciada em despacho de admissibilidade de recurso ou em decisão monocrática.

III — Inaplicável a exigência do item I relativamente ao recurso ordinário da competência de Tribunal Regional do Trabalho, exceto em caso de recurso cuja motivação é inteiramente dissociada dos fundamentos da sentença.

A **Súmula n. 422 do TST**, que se refere à inadmissão de recurso dirigido ao TST por ausência de fundamentação, foi **modificada** por meio da Resolução n. 199/2015 do TST, publicada no *DJ* nos dias 24, 25 e 26.06.2015.

Em primeiro lugar, deve ser demonstrada uma das mais importantes peculiaridades do sistema recursal trabalhista, qual seja, a **inexigibilidade de fundamentação**, previsto no art. 899 da CLT.

O dispositivo legal destaca que: *"os recursos serão interpostos por simples petição e terão efeito meramente devolutivo, salvo as exceções previstas neste Título, permitida a execução provisória até a penhora"*.

A expressão ***simples petição*** demonstra que, regra geral, os recursos trabalhistas não necessitam de fundamentação, ou seja, não precisam demonstrar os **motivos de fato e de direito** pelos quais o recorrente pugna pela **reforma** ou **anulação** da decisão recorrida.

Essa característica é decorrência do *jus postulandi*, aplicável nas **esferas ordinárias** da Justiça do Trabalho, assim como do princípio da proteção, inerente ao direito e processo do trabalho.

De forma bastante didática, SERGIO PINTO MARTINS[184] explica que a *"simples petição seria o mero pedido de reexame, mesmo sem qualquer fundamentação"*.

Ocorre que a característica de simples petição vem sendo relativizada pelo TST com o tempo, desde a criação da súmula em comento até a alteração de 2015, que se põe em análise a partir de agora.

No inc. I, mantém-se a regra de que a inexigibilidade de fundamentação não é aplicável aos recursos dirigidos ao **Tribunal Superior do Trabalho**, mesmo o recurso ordinário, interposto de acórdão proferido em procedimento de competência originária de TRT.

A regra aplica-se, especialmente, porém, sem excluir o recurso ordinário, como versado, aos recursos de revista e embargos, dirigidos e julgados pelo TST, por serem classificados como ***recursos extraordinários***, em que a violação à lei ou a divergência jurisprudencial devem ser demonstradas de forma irrefutável, analítica, sob pena de inadmissão.

Já no novel inc. II há uma quebra da regra prevista no inc. I, no sentido de que não há necessidade de fundamentação exaustiva quando se tratar de motivação secundária e impertinente, que seriam aquelas relacionadas a juízo de admissibilidade ou decisão monocrática.

O motivo de não haver necessidade de fundamentação do recurso interposto contra tais decisões — em regra os agravos de instrumento, interno e regimental — é que a decisão por eles impugnada não é considerada a principal do processo, a decisão de mérito. Assim, a fundamentação de um agravo de instrumento pode se ater simplesmente ao motivo que gerou a inadmissão.

Por fim, o inc. III trata da ausência de fundamentação nos recursos ordinários dirigidos ao TRT, que não acarreta a **inadmissibilidade**, conforme art. 899 da CLT,

184 MARTINS, Sergio Pinto. *Direito processual do trabalho*, p. 384.

a não ser que a fundamentação esteja totalmente dissociada dos fundamentos da sentença. Em suma: o RO não precisa ter fundamentação analítica, precisa, completa, mas também não pode conter qualquer fundamentação, em um total "copia e cola", em que a situação retratada no recurso não tenha relação com a sentença impugnada.

ATENÇÃO: Os recursos dirigidos ao TST devem ser fundamentados, por serem recursos classificados como extraordinários. A ausência de fundamentação gera a inadmissão do recurso, por falta de regularidade formal.

SÚMULA N. 423
TURNO ININTERRUPTO DE REVEZAMENTO. FIXAÇÃO DE JORNADA DE TRABALHO MEDIANTE NEGOCIAÇÃO COLETIVA. VALIDADE.
(conversão da Orientação Jurisprudencial n. 169 da SBDI-1) — Res. 139/2006, DJ 10, 11 e 13.10.2006

Estabelecida jornada superior a seis horas e limitada a oito horas por meio de regular negociação coletiva, os empregados submetidos a turnos ininterruptos de revezamento não tem direito ao pagamento da 7ª e 8ª horas como extras.

A **Súmula n. 423 do TST**, relacionada à possibilidade de fixação de jornada superior a 6 (seis) horas para os **turnos ininterruptos de revezamento**, mediante negociação coletiva, foi **inserida** por meio da Resolução n. 139/2006 do TST, publicada no *DJ* nos dias 10, 11 e 13.10.2006, com a **conversão da Orientação Jurisprudencial n. 169 da SBDI-1 do TST**.

Em primeiro lugar, há que se tecer breves comentários em relação ao *turno ininterrupto de revezamento.*

Sabe-se que a jornada-padrão estabelecida pela CRFB/88, em seu art. 7º, XIII, é de 8 (oito) horas diárias e 44 (quarenta e quatro) semanais, com exceção para os trabalhadores que laboram em turnos ininterruptos de revezamento, para os quais a jornada máxima prevista na Constituição Federal de 1988 é de **6 (seis) horas**.

Quanto aos comentários da **Súmula n. 360 do TST**, afirmou-se que *"somente é considerado turno ininterrupto de revezamento aquele em que o empregado trabalha ora pela manhã, tarde e noite, alternativamente. Assim, exemplificando: o empregado trabalha em uma semana das 6 às 12h, na semana seguinte das 12 às 18h, posteriormente, das 18 às 24h e, por fim, das 24 às 6h. Esse é o típico turno ininterrupto de revezamento. Nessa hipótese, o legislador previu a jornada reduzida de trabalho, pois a alteração constante no horário de trabalho do obreiro cria mais desconforto para seu organismo, dificultando ainda o contato familiar, ou seja, sua vida privada. O empregado que trabalha nessas condições tem mais dificuldades em estudar ou manter um lazer constante, pois necessária se faz a ausência em alguns dias".*

Assim, resta caracterizado o **turno ininterrupto de revezamento** quando o empregado labora em diversos períodos do dia, pela manhã, tarde e noite. A razão que levou o legislador a reduzir a jornada de trabalho é clara: o **desgaste** sofrido a maior pelo empregado que labora em tal sistema, por não possuir horário certo para descanso, lazer, educação etc. O empregado, em determinados períodos, dorme de manhã, em outros, de tarde e, nos demais, de noite, desregulando seu organismo. Além disso, possui dificuldade para manter outras atividades, como as educacionais e de lazer, bem como reduz o convívio com a família.

Por tudo isso, entendeu o legislador por **privilegiar** os empregados com a **redução** de jornada.

Além disso, previu o Constituinte o pagamento de adicional de horas extraordinárias em percentual mínimo de 50% (cinquenta por cento), majorando o percentual de 20% (vinte por cento) antes previsto no art. 59, § 1º, da CLT.

No ano de 1999, foi aprovada a **Orientação Jurisprudencial n. 169 da SBDI-1 do TST**, prevendo: *"Quando há na empresa o sistema de turno ininterrupto de revezamento, é válida a fixação de jornada superior a seis horas mediante a negociação coletiva"*.

A presente súmula é oriunda da **conversão** da referida **Orientação Jurisprudencial**. Porém, o entendimento atual trouxe norma **menos benéfica** aos empregados, tendo em vista que retira o pagamento das horas extraordinárias superiores à 6ª, ou seja, **não remunera como extras a 7ª e a 8ª horas**.

O texto da OJ n. 169 tão somente previa a possibilidade de, por meio de negociação coletiva, ser fixada **jornada superior** a seis horas. Contudo, por não se referir ao não pagamento de horas extraordinárias, entendia-se corretamente pela necessidade de seu pagamento, o que não ocorre com o atual entendimento, já que há previsão expressa a respeito da matéria.

Certamente, o TST **regrediu** com relação à disciplina da matéria. Não há que se permitir o elastecimento da jornada de trabalho, fixada pela CRFB/88, sem o pagamento de adicional de horas extraordinárias, pela simples presença do sindicato na negociação.

A realização de trabalho em jornada suplementar é totalmente **prejudicial** ao trabalhador, já que possui menos tempo para os demais afazeres, bem como aumenta a possibilidade de acidentes de trabalho, pelo cansaço físico e mental, causados pelo trabalho excessivo.

Portanto, deve ser revista a presente súmula, para adequá-la ao entendimento anterior, exposto pela OJ n. 169 da SBDI-1 do TST. O problema principal não consiste em alargar a jornada de trabalho. Pior do que isso, é a realização de trabalho **sem a devida contraprestação** (adicional de horas extraordinárias).

A súmula ora sob comento apenas privilegia o empregador, que poderá trocar 4 (quatro) turnos de empregados que laboram 6 (seis) horas por dia, por 3 (três) turnos de 8 (oito) horas, sem qualquer **acréscimo** nos ganhos dos empregados. Além disso, a súmula certamente acarreta a estagnação no número de postos de trabalho, que, sem dúvida, deixarão de ser abertos, ante o aumento da carga horária diária.

ATENÇÃO: O turno ininterrupto de revezamento, que, regra geral, possui jornada reduzida de 6 horas diárias, pode sofrer alteração para 8 horas diárias por meio de negociação coletiva. Haverá o pagamento de horas extras somente se ultrapassada a 8ª hora.

SÚMULA N. 424
RECURSO ADMINISTRATIVO. PRESSUPOSTO DE ADMISSIBILIDADE. DEPÓSITO PRÉVIO DA MULTA ADMINISTRATIVA. NÃO RECEPÇÃO PELA CONSTITUIÇÃO FEDERAL DO § 1º DO ART. 636 DA CLT —
Res. 160/2009, DEJT divulgado em 23, 24 e 25.11.2009

O § 1º do art. 636 da CLT, que estabelece a exigência de prova do depósito prévio do valor da multa cominada em razão de autuação administrativa como pressuposto de admissibilidade de recurso administrativo, não foi recepcionado pela Constituição Federal de 1988, ante a sua incompatibilidade com o inciso LV do art. 5º.

A **Súmula n. 424 do TST**, relacionada à não recepção do art. 636, § 1º, da CLT pela CRFB/88, foi **inserida** por meio da Resolução n. 160/2009 do TST, publicada no *DEJT* nos dias 23, 24 e 25.11.2009.

O entendimento sumulado consagra os princípios do amplo acesso aos mecanismos de controle dos atos estatais, ao afirmar que não há necessidade de comprovação do depósito da multa administrativa, como condição de admissibilidade do recurso administrativo.

Não se pode exigir, como condição de procedibilidade do recurso administrativo, o depósito prévio da quantia referente à multa de que se busca desconstituir, seja administrativa ou judicialmente.

Se não se pode exigir o depósito para fins de recurso administrativo, mais absurdo seria exigi-lo como condição para o exercício do direito de ação, ou seja, para ingressar com demanda judicial. Se houvesse imposição legal nesse sentido, certamente seria inconstitucional, se posterior à CRFB/88, ou, se anterior, igualmente não seria recepcionada pela nova ordem constitucional, pois o Constituinte consagrou os princípios do amplo acesso à justiça, bem como da inafastabilidade do controle jurisdicional.

O Supremo Tribunal Federal já havia considerado o art. 636, § 1º, da CLT inconstitucional, o que já vinha sendo seguido pelo STJ, conforme decisão a seguir colacionada:

> ADMINISTRATIVO. MULTA EXPEDIDA POR ÓRGÃO FISCALIZADOR DAS RELAÇÕES DE TRABALHO. DEPÓSITO PRÉVIO PARA CONHECIMENTO DE RECURSO ADMINISTRATIVO (ART. 636 DA CLT). EXIGÊNCIA CONSIDERADA INCONSTITUCIONAL PELO STF.
>
> 1. O Supremo Tribunal Federal considera inconstitucional a exigência de depósito prévio como condição de procedibilidade de recurso na esfera administrativa. Orientação seguida pelo STJ e pelo TST.
>
> 2. Recurso especial a que se nega provimento.
>
> (REsp 776.559/RJ, Rel. Ministro TEORI ALBINO ZAVASCKI, 1ª TURMA, julgado em 02.10.2008, *DJe* 09.10.2008)

O TST, com a edição da presente súmula, demonstra que os tribunais superiores possuem exatamente igual entendimento sobre a matéria, o que se mostra extremamente salutar para os jurisdicionais, já que flagrantemente violador da CRFB/88 o preceito celetista.

ATENÇÃO: Não há necessidade de depósito do valor da multa administrativa para discuti-la judicialmente, pois tal fato violaria o amplo direito de acesso à justiça.

SÚMULA N. 425

JUS POSTULANDI *NA JUSTIÇA DO TRABALHO. ALCANCE —*

Res. 165/2010, DEJT divulgado em 30.04.2010 e 03 e 04.05.2010

O *jus postulandi* das partes, estabelecido no art. 791 da CLT, limita-se às Varas do Trabalho e aos Tribunais Regionais do Trabalho, não alcançando a ação rescisória, a ação cautelar, o mandado de segurança e os recursos de competência do Tribunal Superior do Trabalho.

A **Súmula n. 425 do TST**, que restringe o *jus postulandi* no Tribunal Superior do Trabalho, foi **inserida** por meio da Resolução n. 165/2010 do TST, publicada no *DEJT* nos dias 30.04.2010, 03 e 04.05.2010.

O *jus postulandi*, previsto no art. 791 da CLT, por diversas vezes objeto de análise no presente trabalho, é aplicável ao processo do trabalho mesmo após a CRFB/88, pois o TST entende que o dispositivo celetista foi **recepcionado** pela nova ordem constitucional, não conflitando com o art. 133 da Constituição.

Contudo, a tendência já era, desde a edição da Súmula n. 422, o enfraquecimento daquela norma da CLT, tendo em vista a complexidade atual da ciência processual trabalhista, já que há uma forte influência e aplicação de normas do direito processual civil.

A crescente complexidade do processo trabalhista fez com que o TST previsse a **relativização**, no verbete de n. 422, do art. 899, da CLT, exigindo fundamentação nos recursos dirigidos àquele tribunal, sob pena de inadmissão por ausência de regularidade formal. Afirma-se que houve uma relativização do dispositivo legal, pois a CLT dispõe sobre a interposição do recurso por simples petição, sendo tal expressão sinônimo, neste caso, de dispensa de fundamentação. Tal regra passou a ser aplicável apenas aos recursos processados e julgados pelas Varas do Trabalho, tais como os embargos de declaração, e perante os Tribunais Regionais do Trabalho, como o recurso ordinário. Posicionou-se o TST naquele sentido em virtude da natureza extraordinária dos recursos a ele dirigidos, em que há necessidade de demonstração de ferimento à lei ou divergência jurisprudencial, não havendo possibilidade de interpor-se o apelo por "simples petição". Apesar de aquela súmula não vedar expressamente o *jus postulandi*, dificultava a sua efetivação, pois seria difícil, senão impossível, que um trabalhador, sem conhecimentos mínimos de direito material e processual, conseguisse admitir um recurso de revista ou de embargos no TST.

A vedação agora ao *jus postulandi* é **expressa em relação ao TST**, pois se afirma, categoricamente, que aquele direito somente pode ser exercido perante **as Varas do Trabalho e os Tribunais Regionais do Trabalho**, não se aplicando às ações rescisórias, ações cautelares, mandados de segurança e recursos naquele tribunal.

O TST, ao editar a súmula, não vai de encontro ao entendimento de que o direito de postular sem advogado foi recepcionado, e sim adéqua-se à **realidade do processo**. A tecnicidade do processo atual, mesmo com a **informalidade do direito processual do trabalho**, não deixa dúvidas de que os procedimentos mais complexos, bem como os recursos extraordinários, mesmo para a proteção do direito material em discussão, devem ser acompanhados por advogado legalmente habilitado. Isso porque uma rescisória ou um recurso redigidos sem a necessária técnica podem gerar prejuízos financeiros de vulto aos litigantes.

Por fim, conforme se verifica em julgado anterior à edição da súmula, mas que acabou por influenciar o entendimento aqui externado, a vedação ao *jus postulandi* **não se aplica ao *habeas corpus***.

> **ATENÇÃO:** O *jus postulandi* não se aplica ao mandado de segurança, ação rescisória, ação cautelar e recursos para o TST, que somente podem ser manejados por intermédio de advogado.

> ***SÚMULA N. 426***
> ***DEPÓSITO RECURSAL. UTILIZAÇÃO DA GUIA GFIP. OBRIGATORIEDADE —***
> ***Res. 174/2011, DEJT divulgado em 27, 30 e 31.05.2011***
>
> Nos dissídios individuais o depósito recursal será efetivado mediante a utilização da Guia de Recolhimento do FGTS e Informações à Previdência Social — GFIP, nos termos dos §§ 4º e 5º do art. 899 da CLT, admitido o depósito judicial, realizado na sede do juízo e à disposição deste, na hipótese de relação de trabalho não submetida ao regime do FGTS.

A **Súmula n. 426 do TST**, que demonstra o **procedimento a ser seguido pelo recorrente quando da realização do depósito recursal**, foi **inserida** por meio da Resolução n. 174/2011 do TST, publicada no *DEJT* nos dias 27, 30 e 31.05.2011.

A matéria em estudo demonstra duas situações distintas: a primeira envolve relação de emprego; e a segunda envolve relação de trabalho. A depender da espécie de relação discutida em juízo, **o depósito recursal será realizado por meio da guia GFIP ou por depósito judicial**.

Nas demandas envolvendo relação de emprego, a utilização da referida guia, nominada GFIP — Guia de Recolhimento do FGTS e Informações à Previdência Social, faz-se necessária, pois **o valor depositado a título de depósito recursal será depositado na conta de FGTS** do empregado, para ser oportunamente sacado. Se os valores pagos para recorrer são depositados na conta do Fundo de Garantia por Tempo de Serviço, nada mais natural do que se exigir a utilização de procedimento-padrão. Porém, apenas aplica-se tal procedimento porque a relação é de emprego, o que pressupõe que a empresa reclamada, ao admitir o empregado, requereu a abertura de conta de FGTS relacionada àquele vínculo.

É por tal motivo que o TST deixou claro ao final do verbete que, sendo a relação de trabalho, na qual não há o recolhimento de FGTS, **o depósito será feito por meio de guia de depósito judicial**, seguindo-se os padrões do banco que se utilizará. O depósito recursal é realizado nas agências da Caixa Econômica Federal e do Banco do Brasil.

A realização do depósito recursal em desacordo com as normas aqui tratadas importará **inadmissão do recurso**, por deserção, já que o Poder Judiciário Trabalhista não reconhecerá a realização do depósito, que faz parte do preparo, juntamente com o pagamento das custas processuais, pressuposto de admissibilidade extrínseco do recurso.

Apesar de recente, a súmula já espelha posicionamento firmado pelo TST há alguns anos, demonstrando-se em matéria de depósito recursal ser bastante rigoroso e formal.

> **ATENÇÃO:** O depósito recursal deve ser realizado, regra geral, por meio da guia GFIP, que é a guia de FGTS. Se a relação jurídica não for submetida ao regime do FGTS, o depósito pode ser feito por guia de depósito judicial simples.

> ***SÚMULA N. 427***
>
> ***INTIMAÇÃO. PLURALIDADE DE ADVOGADOS. PUBLICAÇÃO EM NOME DE ADVOGADO DIVERSO DAQUELE EXPRESSAMENTE INDICADO. NULIDADE — Res. 174/2011, DEJT divulgado em 27, 30 e 31.05.2011***
>
> Havendo pedido expresso de que as intimações e publicações sejam realizadas exclusivamente em nome de determinado advogado, a comunicação em nome de outro profissional constituído nos autos é nula, salvo se constatada a inexistência de prejuízo.

A **Súmula n. 427 do TST**, que **afirma a nulidade da publicação realizada em nome de profissional outro que aquele em nome de quem foi requerida com exclusividade**, foi **inserida** por meio da Resolução n. 174/2011 do TST, publicada no *DEJT* nos dias 27, 30 e 31.05.2011.

O posicionamento do TST sobre a matéria demonstra a **uniformização dos entendimentos entre os tribunais superiores**, já que o STJ e o STF mantêm posicionamento idêntico, afirmando que o **pedido de intimação exclusiva de determinado advogado deve ser respeitado**, isto é, havendo tal requerimento, a intimação realizada em nome de outro profissional, mesmo que constante da procuração ou substabelecimento, mostra-se nula, devendo ser repetida em nome daquele primeiro.

O requerimento de intimação exclusiva de determinado causídico geralmente é medida tomada pelos grandes escritórios, visando a organização dos prazos processuais, uma vez que torna mais fácil e segura a leitura dos diários oficiais, dispensando-se, por um lado, a contratação de serviço de leitura de diários para dezenas e centenas de advogados e, por outro, reduzindo as chances de perda do prazo, especialmente pela publicação de decisão em nome de advogado que, muitas vezes, não mais integra a banca.

Julgado recente oriundo do STJ mostra-se exatamente no mesmo sentido, citando precedentes do Ministro do Supremo Tribunal Federal, Luiz Fux, quando ainda integrava aquela Corte.

> PROCESSUAL CIVIL. AGRAVO REGIMENTAL. AGRAVO DE INSTRUMENTO. ARTIGO 535, II, DO CPC. OMISSÃO. VIOLAÇÃO. INEXISTÊNCIA. PLURALIDADE DE ADVOGADOS. INTIMAÇÃO DA DECISÃO EM NOME DE APENAS UM DELES. NULIDADE. INOCORRÊNCIA. AUSÊNCIA DE PEDIDO EXPRESSO. NÃO PROVIMENTO. 1. "**A intimação realizada em nome de um dos advogados constituídos nos autos pela parte, e desde que não haja pedido expresso de intimação exclusiva em nome de qualquer outro, é suficiente para a eficácia do ato**. (AgRg no AG n. 578962/RJ, Corte Especial, *DJ* 24.03.2006) (Precedentes do STJ: AgRg no Ag 847.725/DF, *DJ* de 14.05.2007; AgRg no AgRg no REsp 505.885/PR, *DJ* de 11.04.2007; REsp 900.818/RS, *DJ* de 02.03.2007; AgRg no REsp 801.614/SP, *DJ* de 20.11.2006; HC 44.206/ES, *DJ* de 09.10.2006; AgRg no AgRg no REsp 617.850/SP, *DJ* de 02.10.2006; RMS 16.737/RJ, *DJ* de 25.02.2004." (AgRg nos EAg 1244657/SP, Relator Ministro Luiz Fux, Corte Especial, unânime, *DJe* 12.04.2011). 2. Agravo regimental não provido. (AgRg no Ag 871.250/GO, Relatora Ministra Maria Isabel Gallotti, 4ª Turma, julgado em 16.08.2011, *DJe* 23.08.2011)

Contudo, a norma mostra uma exceção, que trata da ausência de prejuízo à parte. Assim, se intimado outro advogado, mas realizado o ato, não haverá qualquer nulidade, uma vez que esta somente é declarada na ocorrência de prejuízo. Aplica-se, nesta hipótese, a fórmula: **nulidade = erro de forma + prejuízo**.

Assim, interposto o recurso de sentença cuja intimação foi publicada em nome de advogado quando existia pedido de intimação exclusiva em nome de outro causídico, não haverá nulidade, mesmo que o apelo não seja conhecido, uma vez que o equívoco decorreu da própria atitude da parte, que não preencheu os requisitos de admissibilidade.

Mesmo na hipótese de intempestividade, aplica-se a mesma conclusão do parágrafo anterior, pois, se o recurso foi interposto, mesmo que a destempo, o ato foi realizado, **o que demonstra que o recorrente tomou conhecimento da decisão**, não se podendo presumir que a intempestividade decorreu da falha na intimação.

Sendo publicada a intimação em nome de outro advogado, **deve a parte requerer, por petição simples, que a intimação seja realizada novamente**, sanando-se o vício, com aplicação do art. 239 do CPC/2015, que afirma: "Comparecendo o réu apenas para arguir a nulidade e sendo esta decretada, considerar-se-á feita a citação na data em que ele ou seu advogado for intimado da decisão".

> **ATENÇÃO:** O pedido de intimação exclusiva de um advogado, quando a procuração trouxer vários, deve ser atendido, sob pena de nulidade processual, que surgirá se outro advogado for intimado e o ato processual não for realizado, causando prejuízo. Lembre-se que nulidade = erro de forma + prejuízo!

SÚMULA N. 428
SOBREAVISO. APLICAÇÃO ANALÓGICA DO ART. 244, § 2º, DA CLT
(redação alterada na sessão do Tribunal Pleno realizada em 14.09.2012) — Res. 185/2012, DEJT divulgado em 25, 26 e 27.09.2012

I — O uso de instrumentos telemáticos ou informatizados fornecidos pela empresa ao empregado, por si só, não caracteriza o regime de sobreaviso.

II — Considera-se em sobreaviso o empregado que, à distância e submetido a controle patronal por instrumentos telemáticos ou informatizados, permanecer em regime de plantão ou equivalente, aguardando a qualquer momento o chamado para o serviço durante o período de descanso.

A **Súmula n. 428 do TST**, que **trata da aplicação analógica do art. 224, § 2º, da CLT, acerca do sobreaviso**, foi **alterada** por meio da Resolução n. 185/2012 do TST, publicada no *DEJT* nos dias 25, 26 e 27.09.2012.

Quando da criação da súmula em comento, em maio de 2011, foram feitos os comentários seguintes na 2ª edição da presente obra, que continuam válidos. Vejamos:

> "O TST, ao realizar, em maio de 2011, a revisitação de parte de sua jurisprudência, **converteu a Orientação Jurisprudencial n. 49 da SBDI-1** na presente súmula, adotando o posicionamento daquele órgão a respeito da **inexistência de jornada sobreaviso pela utilização de aparelhos de comunicação móvel**, como BIP, pager e telefone celular.
>
> Na prática, encerraram-se discussões intermináveis sobre a utilização de telefone celular pelo empregado fora de sua jornada de trabalho, já que BIP e pager são aparelhos que acabaram ultrapassados, ante a facilidade no uso do telefone celular.
>
> O surgimento da telefonia móvel alterou em muito as relações trabalhistas. Por um lado, **facilitou a comunicação entre empregado e empregador**, em especial nas situações de urgência, gerando nos empregadores o interesse em fornecer os aparelhos e custear as contas dos empregados mais importantes na estrutura da empresa, como diretores, gerentes e supervisores.
>
> Por outro lado, a facilidade de comunicação, ponto positivo, também propiciou o **alargamento da jornada de trabalho**, pois aquele mesmo diretor, gerente ou supervisor passou a estar "ligado" no trabalho quase 24 horas por dia, já que o empregador pode encontrá-lo com facilidade em todo horário e local.
>
> Esse alargamento da jornada gerou, por parte de Tribunais Regionais do Trabalho, a **aplicação das normas sobre jornada sobreaviso** àqueles empregados, quando pleiteavam o pagamento de jornada complementar. Ao utilizar-se das normas insertas no **art. 244 da CLT**, os TRTs passaram a remunerar a hora em que o empregado estava aguardando eventual chamado do empregador, pelo telefone celular, na proporção de 1/3, conforme determina a norma celetista, em especial quando havia prova de determinação para que o empregado não desligasse o telefone e da possibilidade de ser aplicada eventual sanção caso o telefone celular fosse desligado. Nessa situação, que certamente ocorre com milhares ou milhões de trabalhadores, por questão de justiça social, a Justiça do Trabalho determinava o pagamento de horas sobreaviso, já que havia, em certa medida, uma restrição às atividades do empregado.
>
> Porém, a **conversão da OJ n. 49 da SBDI-1** na presente súmula demonstra que a jornada sobreaviso, para ser aplicada conforme dispõe o art. 244 da CLT, **necessita de prova**

sobre a restrição ao direito de ir e vir, isto é, que o empregado **não podia ausentar-se de sua casa**, pois poderia ser chamado a trabalhar a qualquer momento. Assim, a jornada sobreaviso somente se caracteriza com a **necessidade de o trabalhador permanecer em casa**. Na hipótese de o telefone de emergência ser o residencial (fixo), estará caracterizada a referida jornada.

Duas situações devem ser analisadas sobre o tema: 1. Empregado que trabalha em **sistema de plantão**, sendo chamado a trabalhar por meio do telefone celular; 2. Empregado que utiliza telefone celular, mas que, por particularidades, necessita estar em casa para que o aparelho funcione.

A primeira situação, mais comum no cotidiano trabalhista, gera o direito à percepção da jornada sobreaviso, tendo em vista a **permanência do empregado em sistema de plantão**, não estando relacionada com a utilização do aparelho celular. Não é este que gera a jornada especial, e sim a permanência em sistema de plantão que impede ou dificulta o ir e vir do empregado.

A segunda situação, mais rara, mas que pode ser encontrada em localidades mais distantes dos centros urbanos, decorre da necessidade de utilização de antenas para os aparelhos celulares. Em locais mais distantes, há a necessidade da instalação de antenas nas casas para a utilização da telefonia móvel. Em determinado caso concreto, pôde ser provado que o obreiro permanecia em casa, com nítida restrição ao direito de ir e vir, mesmo utilizando-se de celular, já que este, único aparelho telefônico existente, só funciona conectado à antena. Tal situação parece ter sido prevista na súmula, que traz a expressão "por si só", deixando claro que situações excepcionais podem surgir e ser tratadas como tal".

Verifica-se que já havíamos nos posicionado acerca do que vem a ser agora reconhecido pelo TST por meio do inc. II da Súmula: **se o empregado permanece em sistema de plantão com o telefone celular ou qualquer outro meio, deverá ser remunerado pela jornada sobreaviso. Atualmente, só não será devido o pagamento se, a despeito do fornecimento do celular, não ficar caracterizado o plantão, ou seja, a necessidade do empregado estar com o telefone constantemente para atender a um chamado, pois tal fato, sem sombra de dúvidas, não permite ou, pelo menos, dificulta em muito o descanso**.

ATENÇÃO: Se o empregado receber um telefone celular da empresa para trabalhar no dia a dia, isso não será considerado sobreaviso, pois teremos o "simples fornecimento". Agora, se o empregado receber o celular por estar em regime de plantão, tais horas serão consideradas de sobreaviso, devendo ser remuneradas em 1/3 da hora normal.

SÚMULA N. 429

TEMPO À DISPOSIÇÃO DO EMPREGADOR. ART. 4º DA CLT. PERÍODO DE DESLOCAMENTO ENTRE A PORTARIA E O LOCAL DE TRABALHO — Res. 174/2011, DEJT divulgado em 27, 30 e 31.05.2011

Considera-se à disposição do empregador, na forma do art. 4º da CLT, o tempo necessário ao deslocamento do trabalhador entre a portaria da empresa e o local de trabalho, desde que supere o limite de 10 (dez) minutos diários.

A **Súmula n. 429 do TST**, que **trata do tempo gasto pelo empregado para percorrer a distância entre a portaria da empresa e o local de trabalho**, foi **inserida** por meio da Resolução n. 174/2011 do TST, publicada no *DEJT* nos dias 27, 30 e 31.05.2011.

A súmula trata de tema extremamente importante e atual, já que muitas empresas, em regra aquelas de grande porte, não permitem o tráfego de veículos particulares dentro de suas áreas, para reduzir o risco de acidentes ou a introdução ou retirada de objetos proibidos nas dependências da empresa, tais como tóxicos e bebidas alcoólicas.

Ao proibir a entrada de veículos particulares em seu recinto, impõe ao trabalhador que caminhe desde a portaria até o local de trabalho ou utilize veículo fornecido pelo empregador, gerando a discussão sobre a natureza jurídica do tempo despendido nesse trajeto. Discutia-se se o período era jornada ou não. Venceu a primeira tese, de que se trata de **tempo à disposição do empregador**, isto é, jornada de trabalho à luz do **art. 4º da CLT**, desde que supere determinado parâmetro, que o TST fixou em **10 (dez) minutos diários**.

Utilizou-se de tal parâmetro em clara analogia ao art. 58, § 1º, da CLT, que trata do ***tempo residual à disposição do empregador***, cuja redação é a seguinte: "*Não serão descontadas nem computadas como jornada extraordinária as variações de horário no registro de ponto não excedentes de cinco minutos, observado o limite máximo de dez minutos diários*".

Trata-se de parâmetro absolutamente razoável, já que uma caminhada de 5 (cinco) minutos no início da jornada e de igual tempo na saída não necessitam ser incluídas na jornada de trabalho, pois são extremamente reduzidas.

Caso o tempo utilizado pelo empregado seja superior a 10 (dez) minutos diários, será computada na jornada de trabalho apenas a diferença ou a totalidade do tempo gasto? **Aplica-se, por analogia, a Súmula n. 366 do TST**, que versa sobre o excesso do período descrito no art. 58, § 1º, da CLT, afirmando que será levado em consideração o **período integral**. Logo, se o obreiro gastar 15 (quinze) minutos na entrada e na saída e, além disso, laborar as 8 (oito) horas de sua jornada, deverá receber 15 (quinze) minutos extras diários.

Além disso, por tratar-se de norma sobre jornada de trabalho, que está intimamente relacionada a **saúde e segurança do trabalho**, entende-se que **negociação coletiva não pode alargar o parâmetro** descrito no verbete comentado, já que aquela espécie de norma é de **aplicação obrigatória** (cogente).

Por fim, apenas vale a pena fazer menção a que o tema já era muito discutido na Justiça do Trabalho, em especial em virtude da possível caracterização das *horas in itinere*, estudadas na Súmula n. 90, já que as empresas transportavam os empregados em veículos por elas fornecidos, sem que houvesse qualquer outro meio de transporte para o local de trabalho. Atualmente, pouco importa o meio de transporte (a pé ou de ônibus, van etc.), o entendimento é o mesmo: até 10 (dez) minutos diários, não se configura a jornada de trabalho. Após, tem-se tempo à disposição do empregador.

ATENÇÃO: Se o empregado gastar mais de 10 minutos diários no deslocamento entre a portaria da empresa e o local de trabalho, teremos esse tempo como jornada de trabalho, por se considerar tempo à disposição. Se o tempo for inferior aos 10 minutos diários, não teremos o tempo contado como jornada.

SÚMULA N. 430

ADMINISTRAÇÃO PÚBLICA INDIRETA. CONTRATAÇÃO. AUSÊNCIA DE CONCURSO PÚBLICO. NULIDADE. ULTERIOR PRIVATIZAÇÃO. CONVALIDAÇÃO. INSUBSISTÊNCIA DO VÍCIO — Res. 177/2012, DEJT 13, 14 e 15.02.2012

Convalidam-se os efeitos do contrato de trabalho que, considerado nulo por ausência de concurso público, quando celebrado originalmente com ente da Administração Pública Indireta, continua a existir após a sua privatização.

O entendimento exposto pelo TST na novel Súmula n. 430 complementa o verbete da Súmula n. 363, que trata dos efeitos decorrentes da declaração de nulidade da contratação de servidor público sem concurso público após a CRFB/88. **Não se pode afirmar que as duas súmulas são conflitantes. Muito pelo contrário, o novo entendimento complementa aquele anterior**, mas a súmula em estudo é de aplicação restrita aos **entes da Administração Pública Indireta que foram privatizados**.

Sabe-se que, após a CRFB/88, com a inserção do art. 37, II, do texto constitucional, a contratação de servidor público deve ser precedida de concurso público, de provas ou provas e títulos, de maneira a garantir a todos o acesso igualitário ao serviço público.

O entendimento exposto pelo TST na Súmula n. 430 já vinha sendo adotado em diversos julgados desse Tribunal, demonstrando claramente que, com a privatização da empresa, por exemplo, a Companhia Vale do Rio Doce (atual Vale), o interesse do Estado em permitir o ingresso em seus quadros deixou de existir, surgindo "em seu lugar" o interesse maior em proteger o trabalhador. Nesses termos, os julgados a seguir:

RECURSO DE EMBARGOS REGIDO PELA LEI N. 11.496/2007. CVRD. CONTRATO NULO. SOCIEDADE DE ECONOMIA MISTA. PRIVATIZAÇÃO POSTERIOR. CONVALIDAÇÃO DO CONTRATO DE TRABALHO. Havendo a contratação de servidor de sociedade de economia mista, integrante da administração pública indireta, sem prévia aprovação em concurso público, e sobrevindo a privatização do ente público, não subsiste a nulidade da contratação, tampouco a incidência da Súmula n. 363 do TST, convalidando-se o contrato de trabalho desde a sua origem, com os consequentes efeitos legais. Recurso de embargos conhecido e provido. (TST, E-ED-RR — 66000-83.2000.5.17.0001, Primeira Subseção de Dissídios Individuais, Relator Ministro: Augusto César Leite de Carvalho, *DEJT* 16.09.2011, p. 77)

AGRAVO DE INSTRUMENTO. RECURSO DE REVISTA. BANEB. SOCIEDADE DE ECONOMIA MISTA. Empregado contratado originariamente sem concurso público. Privatização. Aquisição pelo Bradesco. Convalidação do ato. Esta corte tem entendido que, no caso de empregado contratado originariamente por sociedade de economia mista sem concurso público, tendo o contrato de trabalho subsistido após a sua privatização, tem seu ato convalidado, não podendo ser declarada a sua nulidade, por não mais subsistir o vício originário. Precedentes da SDI-1/TST. Agravo de instrumento desprovido. (TST, AIRR — 340-31.2005.5.05.0251, 6ª Turma, Relator Ministro: Mauricio Godinho Delgado, *DEJT* 12.08.2011, p. 1261)

RECURSO DE EMBARGOS. CONTRATO NULO. SOCIEDADE DE ECONOMIA MISTA. PRIVATIZAÇÃO. CONVALIDAÇÃO. A admissão de servidor público sem a prévia aprovação em concurso público é nula, gerando direito apenas à contraprestação pactuada e aos depósitos do FGTS (Súmula n. 363). Entretanto, havendo a admissão sem a observância desse requisito, e sobrevindo a privatização da instituição pública, não há mais que se falar em nulidade do ato, uma vez que a exigência constitucional da admissão somente mediante aprovação prévia em concurso público não se aplica às empresas privadas. Nesse caso, com a privatização da Companhia Vale do Rio Doce — CVRD, consolidou-se o contrato de trabalho anteriormente celebrado, gerando todos os efeitos desde a data da admissão. Precedentes desta corte. Recurso de embargos de que não se conhece. (TST, E-RR — 64400-24.2000.5.17.0002, Primeira Subseção de Dissídios Individuais, Relator Ministro: João Batista Brito Pereira, *DEJT* 17.06.2011, p. 286)

Se não há mais o interesse em proteger o Estado, a balança deve pender em favor do empregado, haja vista a aplicação do princípio da proteção. Assim sendo, uma vez privatizada a empresa, o contrato de trabalho não mais possuirá a nulidade antes vista, decorrente da ausência de concurso público, razão pela qual o verbete afirma ter havido a **convalidação do ato**. *Convalidar* significa **tornar válido um ato jurídico no qual faltava algum requisito**, o que significa dizer que, ao analisar a nova súmula, conclui-se não haver qualquer possibilidade de um empregado ser dispensado sob alegação de nulidade de seu contrato de trabalho, pois este produzirá todos os seus efeitos desde a admissão.

Da mesma forma, se houve contratação informal, ou seja, sem a assinatura de CTPS, poderá ser reconhecido o vínculo com a empresa ora privatizada, desde o ingresso do obreiro nos quadros de trabalhadores dela. Em suma, **o interesse público deixou de existir, não havendo mais razão para tutelá-lo. A partir da privatização, o ente privado, por aplicação das normas celetistas, sofrerá a incidência do princípio protetivo do trabalhador**.

ATENÇÃO: A privatização de ente da administração pública indireta faz com que a nulidade do contrato anteriormente firmado, sem concurso público, deixe de existir, havendo sua convalidação. Se havia nulidade do contrato antes da privatização, não há mais após esta.

SÚMULA N. 431
SALÁRIO-HORA. EMPREGADO SUJEITO AO REGIME GERAL DE TRABALHO (ART. 58, CAPUT, DA CLT). 40 HORAS SEMANAIS. CÁLCULO. APLICAÇÃO DO DIVISOR 200 (redação alterada na sessão do tribunal pleno realizada em 14.09.2012) — Res. 185/2012, DEJT divulgado em 25, 26 e 27.09.2012

Para os empregados a que alude o art. 58, *caput*, da CLT, quando sujeitos a 40 horas semanais de trabalho, aplica-se o divisor 200 (duzentos) para o cálculo do valor do salário-hora.

A **Súmula n. 431 do TST** foi **alterada** por meio da Resolução n. 185/2012 do TST, publicada no *Diário Oficial* nos dias 25, 26 e 27.09.2012.

A súmula, criada em fevereiro de 2012 e alterada em setembro do mesmo ano, trata de matéria que já vinha sendo pacificada pela SBDI-1 do TST (Seção de Dissídios Individuais 1), sendo de fácil entendimento. Vejamos: para aqueles que laboram a jornada de trabalho descrita na CRFB/88, qual seja, 8 horas diárias e 44 horas semanais, o divisor para encontrar o valor da hora trabalhada é **220**, sendo que o cálculo para se encontrar tal divisor é: 44h/6 dias (considera-se o sábado) x 30 (trinta dias do mês) = 220 horas.

Para o trabalho desenvolvido em 40 horas semanais, o cálculo leva em consideração o que segue: 40h/6 dias (considera-se sábado, pois é dia útil não trabalhado) x 30 dias = 200 horas.

Esse entendimento, conforme destacado, já vinha sendo utilizado, conforme julgado a seguir transcrito, publicado recentemente:

> RECURSO DE REVISTA. ADICIONAL DE PERICULOSIDADE. BASE DE CÁLCULO. PROPORCIONALIDADE. O apelo esbarra no óbice das Súmulas ns. 126, 296 e 297 do TST. Jornada semanal de 40 horas. Divisor 200. Encontra-se consagrado nesta corte o entendimento de que, com a instituição da carga de 44 horas semanais pela atual Constituição Federal, o divisor passou a ser 220. Para os empregados que trabalham 40 horas, como na hipótese, deve ser utilizado o divisor 200. Precedentes da SBDI-1. Recurso de revista de que não se conhece. (TST, RR — 238600-14.2008.5.09.0661, 7ª Turma, Relator Ministro: Pedro Paulo Teixeira Manus, *DEJT* 10.02.2012, p. 674)

O que fez o TST em setembro de 2012 foi deixar claro que tal divisor 200 é aplicável mesmo àqueles que foram contratados pelo regime geral de trabalho, previsto no art. 58 da CLT, que prevê a jornada de 8 (oito) horas diárias e 44 (quarenta e quatro) semanais, caso tais empregados laborem efetivamente apenas 40 (quarenta) horas, pois o princípio da primazia da realidade impõe a aplicação do divisor que retrata a realidade dos fatos, que, na hipótese, é aquele que representa o labor em 200 (duzentas) horas por mês.

> **ATENÇÃO:** Para saber qual é o valor da hora de trabalho de empregado que labora 40 horas semanais, basta dividir o seu salário mensal por 200, que é o divisor a ser aplicado.

SÚMULA N. 432

CONTRIBUIÇÃO SINDICAL RURAL. AÇÃO DE COBRANÇA. PENALIDADE POR ATRASO NO RECOLHIMENTO. INAPLICABILIDADE DO ART. 600 DA CLT. INCIDÊNCIA DO ART. 2º DA LEI N. 8.022/1990 — Res. 177/2012, DEJT divulgado em 13, 14 e 15.02.2012

O recolhimento a destempo da contribuição sindical rural não acarreta a aplicação da multa progressiva prevista no art. 600 da CLT, em decorrência da sua revogação tácita pela Lei n. 8.022, de 12 de abril de 1990.

Dispõe o art. 600 da CLT que: "O recolhimento da contribuição sindical efetuado fora do prazo referido neste Capítulo, quando espontâneo, será acrescido da multa de 10% (dez por cento), nos 30 (trinta) primeiros dias, com o adicional de 2% (dois por cento) por mês subsequente de atraso, além de juros de mora de 1% (um por cento) ao mês e correção monetária, ficando, nesse caso, o infrator, isento de outra penalidade".

Por sua vez, o art. 2º da Lei n. 8.022/90, que trata do sistema de administração das receitas federais e dá outras providências, está assim redigido:

> Art. 2º As receitas de que trata o art. 1º desta lei, quando não recolhidas nos prazos fixados, serão atualizadas monetariamente, na data do efetivo pagamento, nos termos do art. 61 da Lei n. 7.799, de 10 de julho de 1989, e cobradas pela União com os seguintes acréscimos:
>
> I — juros de mora, na via administrativa ou judicial, contados do mês seguinte ao do vencimento, à razão de 1% (um por cento) ao mês e calculados sobre o valor atualizado, monetariamente, na forma da legislação em vigor;
>
> II — multa de mora de 20% (vinte por cento) sobre o valor atualizado, monetariamente, sendo reduzida a 10% (dez por cento) se o pagamento for efetuado até o último dia útil do mês subsequente àquele em que deveria ter sido pago;
>
> III — encargo legal de cobrança da Dívida Ativa de que trata o art. 1º do **Decreto-lei n. 1.025**, de 21 de outubro de 1969, e o art. 3º do **Decreto-lei n. 1.645**, de 11 de dezembro de 1978, quando for o caso.
>
> Parágrafo único. Os juros de mora não incidem sobre o valor da multa de mora.

Segundo o entendimento que já vinha sendo aplicado pelo TST e passou a ser verbete da Súmula n. 432, **a contribuição sindical rural encontra-se regulamentada pela Lei n. 8.022/90, razão pela qual não devem ser aplicados os preceitos da CLT**, tendo em vista a existência de norma posterior que regulamentou a matéria, gerando a revogação tácita daquele dispositivo. Verifica-se que, no sistema adotado pela Lei n. 8.022/90, são aplicadas todas as penalidades descritas em seus incs. I, II e III, contudo não há aplicação de penalidade progressiva em sistema progressivo prevista pelo art. 600 da CLT.

O julgado a seguir transcrito, publicado em 13.02.2012, resume a tese que levou o TST a sumular a matéria. Vejamos:

> AÇÃO DE COBRANÇA. CONTRIBUIÇÃO SINDICAL RURAL. ATUALIZAÇÃO MONETÁRIA. JUROS E MULTA DE MORA. ART. 600 DA CLT. INAPLICABILIDADE. REVOGAÇÃO TÁCITA. Com o advento da Lei n. 8.022/90, que não foi revogada

> pela Lei n. 8.847/94, estabeleceu-se que o pagamento em atraso das receitas implicaria incidência de multa moratória equivalente a 20% (vinte por cento) sobre o valor atualizado e juros de mora de 1% (um por cento) ao mês. Portanto, nos termos do § 2º do art. 2º da LICC, restou tacitamente revogado o art. 9º do Decreto-lei n. 1.166/71, que determinava a aplicação da multa prevista no art. 600 da CLT em caso de mora no pagamento da contribuição sindical rural. Sob outro enfoque, a aplicação do **artigo 600 da CLT** tornou-se contrária ao entendimento consubstanciado pelo STF, na ADI 551/RJ, na qual, a teor do art. 150, IV, da CR, concluiu-se pela inconstitucionalidade de dispositivo legal que, na hipótese de mora, estabelece a aplicação de multa progressiva que venha superar o valor principal. Recurso desprovido. (TRT, 3ª R., RO — 1201-35.2011.5.03.0098, 5ª Turma, Relator Juiz Convocado: Hélder Vasconcelos Guimarães, *DJEMG* 13.02.2012, p. 183)

Verifica-se, em verdade, que o TST seguiu o posicionamento do STF em relação à multa progressiva, que por sua natureza poderia acarretar situação absurda, chegando ao ponto em que a multa é superior ao principal devido.

ATENÇÃO: Não se aplica o art. 600 da CLT à cobrança de contribuição sindical por ter sido revogada pela Lei n. 8.022/90, que trata do sistema de administração das receitas federais.

SÚMULA N. 433

EMBARGOS. ADMISSIBILIDADE. PROCESSO EM FASE DE EXECUÇÃO. ACÓRDÃO DE TURMA PUBLICADO NA VIGÊNCIA DA LEI N. 11.496, DE 26.06.2007. DIVERGÊNCIA DE INTERPRETAÇÃO DE DISPOSITIVO CONSTITUCIONAL — Res. 177/2012, DEJT divulgado em 13, 14 e 15.02.2012

A admissibilidade do recurso de embargos contra acórdão de Turma em recurso de revista em fase de execução, publicado na vigência da Lei n. 11.496, de 26.06.2007, condiciona-se à demonstração de divergência jurisprudencial entre Turmas ou destas e a Seção Especializada em Dissídios Individuais do Tribunal Superior do Trabalho em relação à interpretação de dispositivo constitucional.

Em primeiro lugar, há necessidade de se fazer rápida menção às alterações empreendidas pela Lei n. 11.496/2007, que modificou o art. 894, II, da CLT, o qual trata dos embargos de divergência, recurso utilizado quando há divergência entre os órgãos do TST (turmas, seção especializada em dissídios individuais). A súmula em estudo demonstra que o cabimento desse recurso, na fase de execução, é mais restrito se comparado ao processo de conhecimento, uma vez que há a necessidade de demonstração de divergência na interpretação de dispositivo constitucional apenas, não sendo lícito rediscutir a aplicação do direito infraconstitucional.

> Art. 894. No Tribunal Superior do Trabalho cabem embargos, no prazo de 8 (oito) dias:
> (...)
> II — das decisões das Turmas que divergirem entre si, ou das decisões proferidas pela Seção de Dissídios Individuais, salvo se a decisão recorrida estiver em consonância com

súmula ou orientação jurisprudencial do Tribunal Superior do Trabalho ou do Supremo Tribunal Federal.

O dispositivo transcrito não deixa claro qual é a matéria passível de impugnação no recurso, razão pela qual o TST, após diversos julgados no mesmo sentido, concluiu pela restrição, impondo a rediscussão apenas de matéria constitucional. A adoção desse entendimento mostra-se consentânea com o ideal de um processo de resultados, no qual não se admite a eternização das discussões, relegando-se ao processo de execução a efetivação do direito reconhecido em sentença ou título executivo extrajudicial, já que, no processo de conhecimento, as partes puderam alegar violação às normas infraconstitucionais, bem como constitucionais.

Além disso, a divergência apta a ensejar o cabimento dos embargos, em relação ao dispositivo constitucional, deverá ser demonstrada à luz da Súmula n. 337 do TST, sob pena de não conhecimento do apelo. Ademais, essa demonstração inequívoca da divergência em matéria constitucional é necessária em decorrência da natureza extraordinária do recurso, tal como ocorre com o recurso de revista, já que ambos possuem a restrição imposta na Súmula n. 126 do TST, servindo tão somente para a análise de direito. Assim, em fase de execução, conforme narrado na Súmula n. 433 do TST, somente essa matéria de direito será objeto de análise do TST.

ATENÇÃO: Os embargos de divergência, sob a vigência da Lei n. 11.496, de 26.06.2007, devem demonstrar divergência em relação à norma da Constituição Federal.

SÚMULA N. 435

DECISÃO MONOCRÁTICA. RELATOR. ART. 932 DO CPC DE 2015. ART. 557 DO CPC DE 1973. APLICAÇÃO SUBSIDIÁRIA AO PROCESSO DO TRABALHO (atualizada em decorrência do CPC de 2015) — Res. 208/2016, DEJT divulgado em 22, 25 e 26.04.2016

Aplica-se subsidiariamente ao processo do trabalho o art. 932 do CPC de 2015 (art. 557 do CPC de 1973).

A **Súmula n. 435 do TST, atualizada de acordo com o CPC/2015** por meio da **Resolução n. 208/2016**, publicada no *Diário Oficial* nos dias 22, 25 e 26.04.2016, trata de tema que não surpresa os operadores do direito do trabalho, **tendo em vista ser normal o julga-mento monocrático nos feitos trabalhistas, pelos Tribunais Regionais do Trabalho e Tribunal Superior do Trabalho**.

Conforme o entendimento agora sumulado, antes tratado na OJ n. 73 da SBDI-2, é válida a aplicação subsidiária do art. 932, *caput*, III e IV, do CPC/2015 ao processo do trabalho. Prevê aquele dispositivo legal a possibilidade dos recursos serem julgados monocraticamente pelo Relator, **sem necessidade de pronunciamento do colegiado**, podendo aquele julgador: 1. Inadmitir o feito, quando verificar a ausência de algum pressuposto de admissibilidade recursal; 2. Negar provimento ao recurso, por concluir que a decisão recorrida está em conformidade com a jurisprudência dos tribunais superiores; 3. Dar provimento, ao perceber que a decisão recorrida contraria o entendimento majoritário nos tribunais.

A aplicação do art. 932, *caput*, III e IV, do CPC/2015 contribui para a celeridade nos Tribunais, que já abarrotados de recursos, muitos deles protelatórios, não precisam levar todos aqueles para julgamento pelas turmas e outros colegiados, cabendo unicamente ao Relator decidir a questão. **Da decisão monocrática é cabível o agravo interno**, previsto no art. 1.021, § 2º, do CPC/2015, no **prazo de 8 (oito) dias, de acordo com a IN n. 39/2016 do TST**. O procedimento dessa espécie recursal é bastante simples: sendo interposto no prazo já dito, será remetido ao Relator, que poderá exercer o **juízo de retratação**, cassando a decisão monocrática proferida e determinando o processamento e julgamento do primeiro recurso pelo colegiado. Se não houver retratação, o Relator levará o agravo interno para julgamento pelo colegiado. Exemplificando para tornar mais didática a lição:

De uma sentença proferida pela 3ª Vara do Trabalho de Vitória, a empresa Alpha Serviços Ltda. interpôs recurso ordinário que, admitido pelo juízo *a quo*, foi remetido para o TRT/ES. Nesse órgão, foi distribuído o recurso para o Desembargador José da Silva, Relator, que percebeu que a decisão recorrida estava em conformidade com a Súmula n. 429 do TST. Diante de tal constatação, julgou monocraticamente o recurso ordinário, negando provimento. Dessa decisão monocrática, pode ser interposto o agravo interno, a ser julgado pela 2ª Turma do TRT/ES, da qual o Desembargador José da Silva é um dos integrantes, caso não haja retratação.

O julgamento monocrático do art. 932, *caput*, III e IV, do CPC/2015 é aplicável aos recursos em sede de Tribunal Regional do Trabalho e Tribunal Superior do Trabalho, sendo que a sistemática é exatamente a mesma.

Por fim, apenas ressaltar que a parte deve interpor o agravo interno no art. 1.021, § 2º, do CPC/2015 para depois interpor, se for a hipótese, o recurso de revista, **uma vez que o manejo de recursos para as instâncias extraordinárias se é válida após se esgotarem todos os recursos cabíveis anteriormente**.

ATENÇÃO: De decisão monocrática do Relator nos tribunais cabe o recurso de agravo interno, previsto no art. 1.021 do CPC/2015, no prazo de 8 dias, conforme a IN 39/2016 do TST.

SÚMULA N. 436

REPRESENTAÇÃO PROCESSUAL. PROCURADOR DA UNIÃO, ESTADOS, MUNICÍPIOS E DISTRITO FEDERAL, SUAS AUTARQUIAS E FUNDAÇÕES PÚBLICAS. JUNTADA DE INSTRUMENTO DE MANDATO (conversão da Orientação Jurisprudencial n. 52 da SBDI-I e inserção do item II à redação) — Res. 185/2012, DEJT divulgado em 25, 26 e 27.09.2012

I — A União, Estados, Municípios e Distrito Federal, suas autarquias e fundações públicas, quando representadas em juízo, ativa e passivamente, por seus procuradores, estão dispensadas da juntada de instrumento de mandato e de comprovação do ato de nomeação.

> II — Para os efeitos do item anterior, é essencial que o signatário ao menos declare-se exercente do cargo de procurador, não bastando a indicação do número de inscrição na Ordem dos Advogados do Brasil.

A **Súmula n. 436 do TST**, inserida por meio da **Resolução n. 185/2012**, publicada no *Diário Oficial* nos dias 25, 26 e 27 de setembro de 2012, trata de tema já conhecido no processo do trabalho, qual seja, **a desnecessidade de juntada de procuração do ente público ao procurador que atua judicialmente**, antes tratado na Orientação Jurisprudencial n. 52 da SBDI-1 do TST, atualmente convertida em verbete sumular, com a inclusão do inc. II. A questão é simples: quando um advogado particular é contratado, o mesmo pode atuar com mandato tácito (Súmula n. 383, I, do TST) ou expresso. Quando portador de mandato expresso (maioria das situações), faz-se necessária a juntada de procuração como comprovante de que o cliente, reclamante ou reclamado, conferiu poderes ao causídico para agir em seu nome. Já com os entes públicos, a situação se mostra diferenciada, tendo em vista que são representados por procuradores concursados, ou seja, aprovados em concurso para seleção de servidores públicos. Os procuradores dos Estados e Municípios, por exemplo, cumprem suas funções de defender judicialmente os interesses dos entes públicos a que estão vinculados.

Contudo, um Procurador do Estado não precisa juntar procuração outorgada pelo representante da pessoa jurídica de direito público (Prefeito, por exemplo), uma vez que seus poderes não são conferidos por aquele documento, como ocorre com o advogado particular. Os poderes do procurador emanam da lei que criou o cargo, bem como do fato de ele ser nomeado após concurso público, conforme regras do art. 37, II, da Constituição Federal de 1988.

Temos que ter um certo cuidado com o item II do verbete, para que não seja feita uma interpretação equivocada: afirma o TST que não basta a indicação da OAB do procurador, devendo este se **declarar, ao menos, ocupante de cargo de procurador do ente público**. A interpretação que se mostra mais razoável deve ser aquela em que o cabe ao profissional tantas vezes já citado:

a. afirmar que ele é **procurador do ente público**;
b. informar o seu número de **matrícula funcional**;
c. informar o número da **OAB**.

As informações acima são importantes para aferir se o profissional está agindo legalmente ou não ao representar o ente público em juízo, de forma a caracterizar, inclusive, ilícito penal por eventual informação inverídica, além de servir para verificação sobre a sua situação perante a Ordem dos Advogados do Brasil, pois ele pode estar suspenso por aquele órgão do exercício da advocacia. Por fim, serve para aqueles prejudicados por algum ato do profissional, poderem denunciá-lo nas várias esferas perante: o ente público que represente, a Ordem dos Advogados do Brasil, dentre outros.

Apesar do entendimento aqui exposto, o TST, mesmo para simplificar as normas sobre regularização processual, vem entendendo ser viável o conhecimento do recurso quando o signatário apenas afirma ser procurador do ente representado. No entanto, a indicação apenas da OAB acarreta irregularidade processual e, quando em recurso, gera sua inadmissão.

ATENÇÃO: Os Procuradores da União, Estados, Municípios, Distrito Federal, autarquias e fundações públicas não precisam juntar procuração e ato de nomeação, devendo afirmar que exercem o cargo e indicar o número de registro da OAB.

SÚMULA N. 437
INTERVALO INTRAJORNADA PARA REPOUSO E ALIMENTAÇÃO. APLICAÇÃO DO ART. 71 DA CLT (conversão das Orientações Jurisprudenciais ns. 307, 342, 354, 380 e 381 da SBDI-1) — Res. 185/2012, DEJT divulgado em 25, 26 e 27.09.2012

I — Após a edição da Lei n. 8.923/94, a não concessão ou a concessão parcial do intervalo intrajornada mínimo, para repouso e alimentação, a empregados urbanos e rurais, implica o pagamento total do período correspondente, e não apenas daquele suprimido, com acréscimo de, no mínimo, 50% sobre o valor da remuneração da hora normal de trabalho (art. 71 da CLT), sem prejuízo do cômputo da efetiva jornada de labor para efeito de remuneração.

II — É inválida cláusula de acordo ou convenção coletiva de trabalho contemplando a supressão ou redução do intervalo intrajornada porque este constitui medida de higiene, saúde e segurança do trabalho, garantido por norma de ordem pública (art. 71 da CLT e art. 7º, XXII, da CF/1988), infenso à negociação coletiva.

III — Possui natureza salarial a parcela prevista no art. 71, § 4º, da CLT, com redação introduzida pela Lei n. 8.923, de 27 de julho de 1994, quando não concedido ou reduzido pelo empregador o intervalo mínimo intrajornada para repouso e alimentação, repercutindo, assim, no cálculo de outras parcelas salariais.

IV — Ultrapassada habitualmente a jornada de seis horas de trabalho, é devido o gozo do intervalo intrajornada mínimo de uma hora, obrigando o empregador a remunerar o período para descanso e alimentação não usufruído como extra, acrescido do respectivo adicional, na forma prevista no art. 71, *caput* e § 4º, da CLT.

A **Súmula n. 437 do TST**, inserida por meio da Resolução n. 185/2012, publicada no *Diário Oficial* nos dias 25, 26 e 27.09.2012, é fruto da conversão de diversas Orientações Jurisprudenciais da SBDI-1 do TST, que tratavam de maneira esparsa sobre o tema *intervalo intrajornada para descanso e alimentação.*

A matéria passa por importante sistematização com a edição da súmula em comento, pois as normas relacionadas a jornada de trabalho são cogentes, ou seja, imperativas, obrigatórias, que não podem ser alteradas, em regra, pelos sujeitos da relação de emprego, nem mesmo, em sua imensa maioria, com a intervenção do sindicato por meio de negociação coletiva (acordo coletivo de trabalho e convenção coletiva de trabalho).

O inc. I da nova súmula trata de importante tema, qual seja, o intervalo mínimo para descanso e alimentação, também denominado *intervalo intrajornada*. O tempo mínimo de intervalo pode ser resumido no seguinte quadro:

JORNADA DE TRABALHO	TEMPO MÍNIMO DE INTERVALO INTRAJORNADA
Até 4h	Não há
De 4h a 6h	15 minutos
Mais de 6h	1 hora

A imensa maioria dos trabalhadores brasileiros cumpre a última jornada descrita, qual seja, superior a 6 (seis) horas diárias, fazendo jus ao intervalo intrajornada de pelo menos 1 (uma) hora. Tal intervalo é irrenunciável e irredutível, por se tratar, como já dito, de norma de ordem pública (cogente). A dúvida que surgia nas demandas trabalhistas, em especial, antes da edição das Orientações Jurisprudenciais aqui convertidas, era saber como lidar com o intervalo intrajornada que era reduzido pelo empregador, como numa hipótese fictícia de João, assistente contábil, que, apesar de ter assegurado o intervalo de 1 (uma) hora, almoçava todos os dias em 30 (trinta) minutos e voltava ao serviço. Será que João tem direito a 30 (trinta) minutos extras, tendo esse que foi suprimido de seu intervalo? Teria direito à hora completa como extra? Essa dúvida, já sanada pela jurisprudência e doutrina, foi exterminada, por assim dizer, pelo inc. I da súmula em comento, pois aquele deixa claro que será pago o período total e não apenas o que foi suprimido. Assim, caso João tenha apenas 30 minutos de intervalo, em vez de 1 hora, lhe será paga uma hora extra, com pelo menos 50% de acréscimo, além de se considerar o tempo trabalhado (30 minutos), para fins de cômputo de jornada de trabalho.

O inc. II afirma a impossibilidade de redução ou supressão do intervalo em estudo, já que a proteção garantida pela norma contida no art. 71 da CLT não pode ser flexibilizada, pois está relacionada ao bem mais precioso do empregado: a saúde. É importante mencionar que uma das Orientações Jurisprudenciais que foram convertidas em súmula é a de n. 342 da SBDI-1 do TST, que permitia a redução do intervalo apenas para os rodoviários, desde que implementadas algumas situações, como redução de carga horária, a realização de intervalos ao término de cada viagem, dentre outros. Ocorre que a OJ referida foi cancelada, e a novel súmula em análise não renova tal exceção, devendo-se considerar que o TST não mais permite a redução ou supressão do intervalo para os rodoviários.

Logo, não é possível, em nenhuma hipótese, tais alterações (redução e supressão) no intervalo intrajornada, prestigiando-se a proteção à saúde dos empregados.

O inc. III, em nossa opinião, serve apenas para reforçar um entendimento que não traz sérias controvérsias, qual seja, a natureza salarial do adicional de horas extraordinárias pago na hipótese em estudo. O pagamento de horas extras, em linguagem mais simples, reflete nas demais verbas salariais, já que, por possuir natureza salarial, repercute em todas as verbas que possuem por base de cálculo o salário, tais como férias, aviso prévio, 13º salários e outros adicionais.

Por fim, o inc. IV se mostra extremamente importante, sendo necessária uma releitura do quadro acima descrito, em relação aos períodos mínimos de intervalo. Se a jornada de trabalho é de até 6 (seis) horas, o intervalo é de 15 (quinze) minutos. Caso o empregado venha a cumprir jornada extraordinária, extrapolando as 6 (seis) horas, deverá, além de receber as horas extras, usufruir de intervalo para descanso e alimentação de pelo menos 1 (uma) hora. Caso este não seja concedido, aplica-se o inc. I da súmula para determinar o pagamento do período também como extra.

ATENÇÃO: As negociações coletivas não podem autorizar a redução do intervalo intrajornada, pois constituem matéria de ordem pública. Caso o intervalo não seja concedido em sua integralidade, será devido o pagamento de todo o intervalo como horas extras.

SÚMULA N. 438
INTERVALO PARA RECUPERAÇÃO TÉRMICA DO EMPREGADO. AMBIENTE ARTIFICIALMENTE FRIO. HORAS EXTRAS. ART. 253 DA CLT. APLICAÇÃO ANALÓGICA
— Res. 185/2012, DEJT divulgado em 25, 26 e 27.09.2012

O empregado submetido a trabalho contínuo em ambiente artificialmente frio, nos termos do parágrafo único do art. 253 da CLT, ainda que não labore em câmara frigorífica, tem direito ao intervalo intrajornada previsto no *caput* do art. 253 da CLT.

A **Súmula n. 438 do TST**, inserida pela **Resolução n. 185/2012**, publicada no *Diário Oficial* nos dias 25, 26 e 27.09.2012, cuida de interpretar corretamente o art. 253 da CLT, que trata do intervalo intrajornada para o empregado que labora em ambiente frio.

Prevê o art. 253 da CLT, em seu *caput*: *"para os empregados que trabalham no interior das câmaras frigoríficas e para os que movimentam mercadorias do ambiente quente ou normal para o frio e vice-versa, depois de 1 (uma) hora e 40 (quarenta) minutos de trabalho contínuo, será assegurado um período de 20 (vinte) minutos de repouso, computado esse intervalo como de trabalho efetivo"*.

Nunca de discutiu o direito ao intervalo mencionado àqueles que trabalhavam em câmaras frigoríficas, tanto que o que a súmula em estudo fez foi interpretar extensivamente a norma de maneira a contemplar todos aqueles que trabalham em ambiente artificialmente frio, mesmo que não seja uma câmara frigorífica, uma vez que a situação é igualmente danosa à saúde do obreiro, tendo em vista que há a permanência em ambiente frio e a locomoção entre aquele ambiente e outro quente, provocando o denominado "choque térmico".

Absolutamente razoável o entendimento do Tribunal Superior do Trabalho, já que a interpretação do direito não pode ficar presa à letra da lei. Onde se lê "câmaras frigoríficas", leia-se "qualquer ambiente artificialmente frio".

Por fim, apesar de reforçar o que já está dito no dispositivo da CLT, os 20 (vinte) minutos de intervalo são computados na jornada de trabalho, ou seja, são considerados jornada de trabalho. Portanto, são pagos e não podem ser incluídos ao término da jornada, sob pena do empregador ser instado ao pagamento de horas extraordinárias.

ATENÇÃO: O empregado que trabalha em ambiente artificialmente frio faz jus ao intervalos de 20 minutos a cada 1 hora e 40 minutos de trabalho, para recuperação térmica.

SÚMULA N. 439

DANOS MORAIS. JUROS DE MORA E ATUALIZAÇÃO MONETÁRIA. TERMO INICIAL — Res. 185/2012, DEJT divulgado em 25, 26 e 27.09.2012

Nas condenações por dano moral, a atualização monetária é devida a partir da data da decisão de arbitramento ou de alteração do valor. Os juros incidem desde o ajuizamento da ação, nos termos do art. 883 da CLT.

A **Súmula n. 439 do TST**, inserida pela Resolução n. 185/12, publicada no *Diário Oficial* nos dias 25, 26 e 27.09.2012, trata de tema simples e bastante rotineiro na Justiça do Trabalho: termo inicial dos juros de mora e correção monetária na condenação ao pagamento de danos morais.

O TST já vinha decidindo da seguinte forma:

a. Juros de mora: nos termos do art. 883 da CLT, em se tratando de dívida trabalhista (no caso, dano moral), os juros incidem desde o ajuizamento da ação, ocasião em que o autor, titular do direito material reconhecido em juízo, saiu de sua inércia e buscou o Poder Judiciário.

b. Correção monetária: nos termos do art. 39, § 1º, da Lei n. 8.177/91 e art. 883 da CLT, a correção monetária incide a partir da constituição do direito, ou seja, da sentença que julgou procedente o pedido de condenação ao pagamento de danos morais. Trata-se do arbitramento a que alude a súmula. Se houver alteração do valor em grau recursal, os juros incidem a partir desse segundo momento.

Por fim, apenas como complementação, a condenação do reclamado ao pagamento de juros e correção monetária, se não pedido pelo reclamante, não importará em preclusão, já que se trata de pedido implícito, consequência natural da condenação à parcela principal.

ATENÇÃO: Na condenação ao pagamento de danos morais será incluído o valor da correção monetária, desde o arbitramento do valor ou sua elevação, incidindo os juros desde o ajuizamento da ação.

SÚMULA N. 440
AUXÍLIO-DOENÇA ACIDENTÁRIO. APOSENTADORIA POR INVALIDEZ. SUSPENSÃO DO CONTRATO DE TRABALHO. RECONHECIMENTO DO DIREITO À MANUTENÇÃO DE PLANO DE SAÚDE OU DE ASSISTÊNCIA MÉDICA — Res. 185/2012, DEJT divulgado em 25, 26 e 27.09.2012

Assegura-se o direito à manutenção de plano de saúde ou de assistência médica oferecido pela empresa ao empregado, não obstante suspenso o contrato de trabalho em virtude de auxílio-doença acidentário ou de aposentadoria por invalidez.

A **Súmula n. 440 do TST**, inserida pela Resolução n. 185/2012, publicada no *Diário Oficial* nos dias 25, 26 e 27.09.2012, estabelece o direito à manutenção do plano de saúde ou de assistência médica ao empregado aposentado por invalidez ou que esteja recebendo auxílio-doença acidentário, diante da suspensão do contrato de trabalho.

A primeira análise a ser feita é do art. 475 da CLT, que prevê a suspensão do contrato de trabalho enquanto o empregado estiver recebendo do INSS a aposentadoria por invalidez ou o auxílio-doença acidentário. Nesse período de suspensão, não há trabalho desenvolvido e nem pagamento de salários, que são as principais obrigações dos sujeitos da relação de emprego.

Contudo, estão suspensos apenas os efeitos principais, e não todos, como ocorre na obrigação do empregador de continuar a fornecer o plano de saúde ou de assistência médica ao empregado que se encontra nas situações já descritas.

Conforme iterativa, notória e atual jurisprudência trabalhista, o fornecimento do plano de saúde ou assistência médica não está vinculado à prestação efetiva de labor, e sim à existência do vínculo de emprego, que é exatamente a situação vivenciada por aquele empregado que está afastado de suas funções diante da aposentadoria por invalidez ou recebimento de auxílio-doença acidentário. Não há trabalho, de fato, mas o vínculo se mantém, obrigando o empregador a cumprir com as obrigações acessórias.

Ademais, trata-se da *função social do contrato*, cláusula absolutamente aplicável no direito do trabalho. Se o plano de saúde é fornecido quando há o trabalho que interessa ao empregador, também deve ser pago quando o empregado não pode trabalhar por situações alheias à sua vontade, como ocorre na doença ou no acidente de trabalho.

ATENÇÃO: O empregado que se encontra afastado recebendo auxílio-doença do INSS ou aposentado por invalidez possui direito à manutenção do plano de saúde, uma vez que o contrato de trabalho ainda está em vigor, encontrando-se apenas suspenso.

SÚMULA N. 441

AVISO PRÉVIO. PROPORCIONALIDADE

— Res. 185/2012, DEJT divulgado em 25, 26 e 27.09.2012

O direito ao aviso prévio proporcional ao tempo de serviço somente é assegurado nas rescisões de contrato de trabalho ocorridas a partir da publicação da Lei n. 12.506, em 13 de outubro de 2011.

A **Súmula n. 441 do TST** inserida por meio da Resolução n. 185/2012, publicada no *Diário Oficial* nos dias 25, 26 e 27.09.2012, trata de aplicação das regras sobre aviso prévio proporcional no tempo, assegurando-se a regra da imutabilidade do ato jurídico perfeito.

A Lei n. 12.506/2011, que regulamentou o art. 7º, XXI, da CRFB/88, dispõe acerca do aviso prévio proporcional ao tempo de serviço, de no mínimo 30 dias e máximo de 90 dias. Nos termos da lei, a cada ano completo de serviço para a empresa, o empregado faz jus a 3 dias adicionais de aviso prévio, até o limite máximo de 90 dias, hipótese que se alcança após 20 (vinte) anos de trabalho para o mesmo empregador.

Para auxiliar na contagem do prazo, deve-se seguir a tabela abaixo, que relaciona os anos de trabalho aos dias de aviso prévio, nos seguintes termos:

ANOS	DIAS	ANOS	DIAS
0	30	11	63
1	33	12	66
2	36	13	69
3	39	14	72
4	42	15	75
5	45	16	78
6	48	17	81
7	51	18	84
8	54	19	87
9	57	20	90
10	60		

A norma, extremamente mais benéfica ao empregado, não pode ser aplicada retroativamente, de forma a abarcar as situações já consolidadas antes de sua entrada em vigor. Assim, se o contrato de Paulo foi rescindido antes da entrada em vigor da lei e, por isso, aquele empregado, mesmo contando 20 (vinte) anos na empresa, só teve direito a 30 dias de aviso prévio, não há qualquer ilegalidade, não se podendo falar em direito a novo aviso ou algo do tipo.

Quando da concessão do aviso prévio a Paulo, o prazo máximo era de 30 dias, razão pela qual o empregador cumpriu integralmente sua obrigação. Se após tal ato, surgiu nova lei, esta só pode regulamentar situações posteriores, sob pena de violação ao ato jurídico perfeito, resguardado pelo art. 5º, XXXVI, da CRFB/88.

Mesmo que o aviso prévio estivesse em curso quando da entrada em vigor da nova lei, o prazo continuaria a ser de apenas 30 dias, pois a lei não poderia alcançar tal situação já em curso.

Por fim, algumas informações importantes sobre o instituto:

a. O aviso prévio proporcional não se aplica quando é concedido pelo empregado ao empregador. Nessa hipótese, mantém-se o prazo de 30 dias.

b. Mantém a redução de jornada de 2 horas diárias ou 7 dias.

c. O aviso prévio continua a integrar, para todos os efeitos, o contrato de trabalho, por todo o seu prazo.

RECURSO DE REVISTA DA RECLAMADA. LITISPENDÊNCIA. PAGAMENTO DE DIFERENÇAS DO FGTS. AÇÃO COLETIVA. SINDICATO. SUBSTITUTO PROCESSUAL. AÇÃO INDIVIDUAL. CONFIGURAÇÃO. (...) Aviso prévio proporcional. Regulamentação. Afronta ao **art. 7º, XXI, da Constituição Federal**. Não configurada. Na forma da Orientação Jurisprudencial n. 84 da SBDI-1: "A proporcionalidade do aviso-prévio, com base no tempo de serviço, depende da legislação regulamentadora, visto que o **art. 7º, inc. XXI, da CF/1988** não é autoaplicável". Esse entendimento permanece firme para algumas situações. De fato, conquanto tenha sido editada a Lei n. 12.506, de 11 de outubro de 2011, regulamentando o aviso-prévio proporcional, não se pode conferir efeitos retroativos à referida espécie normativa, de forma a alcançar contrato de trabalho que já tenha sido extinto antes da sua entrada em vigor, sob pena de violação do ato jurídico perfeito. No caso dos autos, tendo sido o contrato de trabalho extinto em 20/2/2009, antes, portanto, da entrada em vigor da Lei n. 12.506/2011, não há como se deferir o aviso-prévio proporcional, visto que, antes da edição da Lei, havia efetivamente a omissão legislativa que impedia a aplicação imediata da norma inserta no **art. 7º, XXI, da Constituição Federal**. Precedentes da Corte. Recurso de revista não conhecido, no tópico. (TST, RR — 95600-58.2009.5.04.0014, 4ª Turma, Relatora Ministra: Maria de Assis Calsing, *DEJT* 11.05.2012, p. 956)

ATENÇÃO: A inclusão de 3 dias de aviso prévio a cada ano completo de contrato de trabalho, que conhecemos como aviso prévio proporcional, somente se aplica às rescisões dos contratos de trabalho ocorridas após a edição da Lei n. 11.506/2001, que regulamentou o direito previsto no art. 7º, XXI, da CF/88.

SÚMULA N. 442
PROCEDIMENTO SUMARÍSSIMO. RECURSO DE REVISTA FUNDAMENTADO EM CONTRARIEDADE A ORIENTAÇÃO JURISPRUDENCIAL. INADMISSIBILIDADE. ART. 896, § 6º, DA CLT, ACRESCENTADO PELA LEI N. 9.957, DE 12.01.2000 (conversão da Orientação Jurisprudencial n. 352 da SBDI-1) — Res. 185/2012, DEJT divulgado em 25, 26 e 27.09.2012

Nas causas sujeitas ao procedimento sumaríssimo, a admissibilidade de recurso de revista está limitada à demonstração de violação direta a dispositivo da Constituição Federal ou contrariedade a Súmula do Tribunal Superior do Trabalho, não se admitindo o recurso por contrariedade a Orientação Jurisprudencial deste Tribunal (Livro II, Título II, Capítulo III, do RITST), ante a ausência de previsão no art. 896, § 6º, da CLT.

A **Súmula n. 442 do TST**, inserida por meio da Resolução n. 185/2012, publicada no *Diário Oficial* nos dias 25, 26 e 27.09.2012, cuida do não cabimento de recurso de revista no rito sumaríssimo, sob a alegação de violação à Orientação Jurisprudencial do TST, por não estar tal hipótese contemplada no art. 896, § 9º, da CLT.

Com a alteração promovida **pela Lei n. 13.015/2014, a tendência é que posteriormente o TST altere a redação da Súmula para mencionar o art. 896, § 9º, da CLT como aquele que menciona o cabimento do recurso de revista no procedimento sumaríssimo, mas o entendimento continua atual e correto**.

Sabe-se que o acesso aos recursos classificados como *extraordinários* é sempre mais restrito, uma vez servirem apenas para a rediscussão do direito. Assim, o legislador, quando da regulamentação da matéria, restringe o cabimento a determinadas hipóteses, bem como os fundamentos que podem ser alegados pelo recorrente. Assim não deixaria de ser, com o recurso de revista, ainda mais se interposto no procedimento sumaríssimo, presente no art. 852-A a H da CLT, para aquelas demandas mais simples, que devem ser julgadas o mais rápido possível, cujo valor da causa, quando da propositura, não ultrapassava 40 salários mínimos.

A interposição de recurso de revista no procedimento sumaríssimo está disciplinada no art. 896, § 9º, da CLT, que assim reza:

> "Nas causas sujeitas ao procedimento sumaríssimo, somente será admitido recurso de revista por contrariedade a súmula de jurisprudência uniforme do Tribunal Superior do Trabalho ou a súmula vinculante do Supremo Tribunal Federal e por violação direta da Constituição Federal".

De lá pra cá, dúvidas sugiram acerca da interpretação que se deveria dar ao termo *"súmula de jurisprudência uniforme do Tribunal Superior do Trabalho"*, se restritiva ou ampliativa. Segundo a interpretação aplicada, teríamos o seguinte:

TERMO	INTERPRETAÇÃO	RESULTADO
■ *Súmula de jurisprudência uniforme do Tribunal Superior do Trabalho*	■ Restritiva	■ Apenas Súmula
■ *Súmula de jurisprudência uniforme do Tribunal Superior do Trabalho*	■ Ampliativa	■ Súmula e Orientação Jurisprudencial

A corrente restritiva impunha o cabimento do recurso de revista apenas se houvesse ferimento ao entendimento exposto em Súmula do TST, enquanto a ampliativa "abria o leque" para afirmar que se o acórdão violasse entendimento exposto em Orientação Jurisprudencial do TST, também seria cabível o recurso de revista.

Num primeiro momento, o OJ n. 352 da SBDI-1 do TST afirmou a **necessidade de utilização da interpretação restritiva**, sendo que tal orientação foi convertida na Súmula n. 442 por meio da Resolução n. 185/2012 do TST.

Em síntese, súmula é **apenas súmula**, e não Orientação Jurisprudencial.

Atente-se que agora, após a edição da **Lei n. 13.015/2014, também pode ser alegado o ferimento à Súmula Vinculante do Supremo Tribunal Federal. Assim, pode ser alegada a violação à:**

a. Súmula Vinculante do STF;
b. Súmula do TST;
c. Constituição Federal.

AGRAVO DE INSTRUMENTO EM RECURSO DE REVISTA. PROCEDIMENTO SUMARÍSSIMO. PARTICIPAÇÃO NOS LUCROS E RESULTADOS. PREVISÃO EM NORMA COLETIVA. Recurso de revista que não merece admissibilidade em face da aplicação da Orientação Jurisprudencial n. 352 da SBDI-1 desta Corte, bem como porque não restou configurada, de forma direta e literal, nos termos do § 6º do **artigo 896 da CLT**, a alegada ofensa aos artigos 5º, inciso II, e **7º, incisos XI e XXVI, da Constituição Federal**, pelo que, não infirmados os fundamentos do despacho denegatório do recurso de revista, mantém-se a decisão agravada por seus próprios fundamentos. Ressalta-se que, conforme entendimento pacificado da Suprema Corte (MS-27.350/DF, Rel. Min. Celso de Mello, DJ 04/06/2008), não configura negativa de prestação jurisdicional ou inexistência de motivação a decisão do Juízo *ad quem* pela qual se adotam, como razões de decidir, os próprios fundamentos constantes da decisão da instância recorrida (motivação *per relationem*), uma vez que atendida a exigência constitucional e legal da motivação das decisões emanadas do Poder Judiciário. Agravo de instrumento desprovido. (TST, AIRR — 2077-90.2010.5.11.0004, 2ª Turma, Relator Ministro: José Roberto Freire Pimenta, *DEJT* 28.09.2012, p. 611)

ATENÇÃO: Não cabe a alegação de violação de entendimento firmado em OJ do TST se o recurso de revista estiver sendo interposto em processo que tramita no rito sumaríssimo. Cabe apenas a alegação de violação de súmula vinculante do STF, súmula do TST e norma da CF.

SÚMULA N. 443
DISPENSA DISCRIMINATÓRIA. PRESUNÇÃO. EMPREGADO PORTADOR DE DOENÇA GRAVE. ESTIGMA OU PRECONCEITO. DIREITO À REINTEGRAÇÃO — Res. 185/2012, DEJT divulgado em 25, 26 e 27.09.2012

Presume-se discriminatória a despedida de empregado portador do vírus HIV ou de outra doença grave que suscite estigma ou preconceito. Inválido o ato, o empregado tem direito à reintegração no emprego.

A **Súmula n. 443 do TST**, inserida por meio da Resolução n. 185/2012, publicada no *Diário Oficial* nos dias 25, 26 e 27.09.2012, trata da presunção de dispensa discriminatória do empregado acometido de doença grave, criando o direito à reintegração.

O novel entendimento do TST **não cria a estabilidade do empregado portador de HIV ou doença grave**, já que estabilidade provisória teria que ser criada por lei, tal como ocorre com o dirigente sindical e a gestante.

O verbete demonstra tão somente que o TST entende que a demissão do empregado portador de doença grave é **presumidamente discriminatória**, ou seja, que o empregador o demitiu por ser portador de tal doença. Claro que se trata de **presunção relativa**, pois o empregador pode demonstrar que, em verdade, a demissão não teve cunho discriminatório, já que foram demitidos todos os empregados daquele setor, não conhecia o estado de saúde do empregado ou que o ex-empregado acometido por doença incorreu em alguma espécie de justa causa.

A presunção de dispensa discriminatória, por violar o art. 7º, I, da CRFB/88 e a Convenção n. 111/58 da OIT, impõe a reintegração do obreiro, ou seja, o Juiz do Trabalho pode determinar o retorno do obreiro ao trabalho, caso entenda que não há provas acerca da dispensa regular dele.

Em uma situação prática, se determinada empresa precisa reduzir os quadros funcionais e tem duas possibilidades: 1. Demitir João, empregado sadio; 2. Demitir José, empregador portador de HIV, deve optar pela primeira situação, haja vista que a demissão do doente certamente afetará o seu tratamento, a cargo da Previdência Social. **Trata-se da função social do contrato de trabalho.**

Os precedentes que geraram a criação da súmula, ou seja, **as decisões do TST acerca da matéria, são unânimes em assegurar que não existe qualquer estabilidade do obreiro**, razão pela qual determinada a reintegração dele, se houver qualquer outro motivo que não enseje discriminação, o empregado poderá ser novamente dispensado.

Óbvio que, caso exista alguma norma coletiva (acordo e convenção coletiva) criando a estabilidade, seja provisória ou definitiva, dos empregados doentes, a mesma será válida, por ser uma norma mais favorável ao empregado.

RECURSO ORDINÁRIO. MANDADO DE SEGURANÇA. ANTECIPAÇÃO DE TUTELA. IMEDIATA REINTEGRAÇÃO DA RECLAMANTE NO EMPREGO. DOENÇA PROFISSIONAL. INCIDÊNCIA DA OJ N. 142 DA SBDI-2. I "Inexiste direito líquido e certo a ser oposto contra ato de Juiz que, antecipando a tutela jurisdicional, determina a reintegração do empregado até a decisão final do processo, quando demonstrada a razoabilidade do direito subjetivo material, como nos casos de anistiado pela da Lei n. 8.878/94, aposentado, integrante de comissão de fábrica, dirigente sindical, portador de doença profissional, portador de vírus HIV ou detentor de estabilidade provisória prevista em norma coletiva" (OJ n. 142 da SBDI-2). II — Não demonstrada a ilegalidade do ato impugnado à luz do **art. 273 do CPC** e considerando, sobretudo, que a determinação reveste-se de caráter provisório, podendo ser revertida quando do julgamento da reclamação trabalhista, impõe-se a manutenção do acórdão recorrido. III — Recurso a que se nega provimento. (TST, RO — 56900-10.2007.5.01.0000, Segunda Subseção de Dissídios Individuais, Relator Ministro: Antônio José de Barros Levenhagen, *DEJT* 03.12.2010, p. 500)

RECURSO ORDINÁRIO EM MANDADO DE SEGURANÇA. REINTEGRAÇÃO E REINCLUSÃO EM PLANO DE SAÚDE. AUSÊNCIA DE DIREITO LÍQUIDO E CERTO DA IMPETRANTE. 1. A inaptidão para o labor, no momento da dispensa, afasta a alegação de ilegalidade e abuso de poder no ato que determina a reintegração e a reinclusão em plano de saúde, na medida em que se revela razoável, atendendo aos requisitos do **art. 273 do CPC**. 2. Incidência da compreensão depositada na orientação jurisprudencial n. 142 da SBDI-2 do TST, no sentido de que inexiste direito líquido e certo a ser oposto contra ato de juiz que, antecipando a tutela jurisdicional, determina a reintegração do empregado até a decisão final do processo, quando demonstrada a razoabilidade do direito subjetivo material, como nos casos de anistiado pela Lei n. 8.878/94, aposentado, integrante de comissão de fábrica, dirigente sindical, portador de doença profissional, portador de vírus HIV ou detentor de estabilidade provisória prevista em norma coletiva. Recurso ordinário em mandado de segurança conhecido e desprovido. (TST, ROMS — 231/2009-000-15-00.8, Segunda Subseção de Dissídios Individuais, Relator Ministro: Alberto Luiz Bresciani de Fontan Pereira, *DEJT* 09.04.2010, p. 595)

ATENÇÃO: O empregado que é demitido sendo portador de doença grave ou HIV possui direito à reintegração no emprego, por ter sido presumidamente discriminado.

SÚMULA N. 444

JORNADA DE TRABALHO. NORMA COLETIVA. LEI. ESCALA DE 12 POR 36. VALIDADE — Res. 185/2012, DEJT divulgado em 25, 26 e 27.09.2012

É valida, em caráter excepcional, a jornada de doze horas de trabalho por trinta e seis de descanso, prevista em lei ou ajustada exclusivamente mediante acordo coletivo de trabalho ou convenção coletiva de trabalho, assegurada a remuneração em dobro dos feriados trabalhados. O empregado não tem direito ao pagamento de adicional referente ao labor prestado na décima primeira e décima segunda horas.

A **Súmula n. 444 do TST**, inserida por meio da Resolução n. 185/2012, publicada no *Diário Oficial* nos dias 25, 26 e 27.09.2012, dispõe sobre a jornada 12x36, possível atualmente no direito do trabalho, desde que seguidos os pressupostos constantes na súmula em análise.

Dispõe o art. 7º, XIII, da CRFB/88 que são direitos dos trabalhadores, dentre outros, *"duração do trabalho normal não superior a oito horas diárias e quarenta e quatro semanais, facultada a compensação de horários e a redução da jornada, mediante acordo ou convenção coletiva de trabalho"*.

Pensou o legislador constituinte, quando da redação do dispositivo, no tempo máximo de jornada a que deveria estar submetido o empregado, de forma a lhe preservar a saúde. O trabalho extraordinário, ou seja, além desse limite, deve ser evitado ao máximo.

Contudo, muitas categorias, como os seguranças patrimoniais, sempre trabalharam em um sistema diferente, de 12 (doze) horas de trabalho e 36 (trinta e seis) horas de descanso, enquanto a maioria possui jornada diária de 8 (oito) horas e intervalo interjornada de 11 (onze) horas.

No sistema 12x36, trabalha-se mais, mas em contrapartida o descanso é maior. Tal jornada sempre foi permitida se encetada por negociação coletiva. Contudo, nos últimos anos algumas ações anulatórias de cláusulas convencionais foram ajuizadas pelo Ministério Público do Trabalho e julgadas procedentes, de forma a anular a referida jornada especial, por entender que seria prejudicial à saúde do obreiro o labor por 12 (doze) horas em um único dia.

A discussão acerca da questão levou o TST a analisar com cautela o tema, mesmo porque era normal o pleito dos empregados para a fixação da referida jornada, já que muitos preferem trabalho no sistema 12x36 a trabalhar todos os dias, durante oito horas.

O delineamento da matéria pelo TST demonstra o que segue:

1. trabalho além das 8 (oito) horas diárias continua a ser excepcional;
2. a jornada 12x36 somente é válida se criada por negociação coletiva (acordo coletivo de trabalho ou convenção coletiva de trabalho);
3. a inexistência de negociação coletiva impõe o pagamento como extras das horas que ultrapassam a oitava;
4. no sistema de escala 12x36, invariavelmente, há trabalho aos domingos e feriados. Nessa última hipótese, o dia será pago em dobro (Lei n. 605/49);
5. não há o pagamento de horas extraordinárias pelo simples fato de se trabalhar 12 (doze) horas em um dia, já que haverá a folga compensatória de 36 (trinta e seis) horas. Horas extraordinárias somente são devidas se ultrapassada a jornada de 12 horas ou se inferior o descanso de 36 horas.

Por fim, a jornada 12x36 não retira do empregado o direito ao intervalo intrajornada de pelo menos 1 (uma) hora.

ATENÇÃO: A jornada 12x36, em que se trabalha 12 horas e se descansa 36, somente é válida se criada por norma coletiva ou por lei, já que há uma grande elevação no número de horas trabalhadas, bem superior ao máximo previsto no art. 7º, XIII, da CF/88, que é de 8 horas diárias.

SÚMULA N. 445
INADIMPLEMENTO DE VERBAS TRABALHISTAS. FRUTOS. POSSE DE MÁ-FÉ. ART. 1.216 DO CÓDIGO CIVIL. INAPLICABILIDADE AO DIREITO DO TRABALHO — Res. 189/2013, DEJT divulgado em 13, 14 e 15.03.2013

A indenização por frutos percebidos pela posse de má-fé, prevista no art. 1.216 do Código Civil, por tratar-se de regra afeta a direitos reais, mostra-se incompatível com o Direito do Trabalho, não sendo devida no caso de inadimplemento de verbas trabalhistas.

A **Súmula n. 445 do TST**, inserida por meio da Resolução n. 189/2013, publicada no *Diário Oficial* nos dias 13, 14 e 15.03.2013, dispõe sobre a inaplicabilidade do art. 1.216 do Código Civil ao direito do trabalho, o qual trata da indenização devida pelos frutos percebidos pelo possuidor de má-fé.

Dispõe o art. 1.216 do Código Civil que:

> "O possuidor de má-fé responde por todos os frutos colhidos e percebidos, bem como pelos que, por culpa sua, deixou de perceber, desde o momento em que se constituiu de má-fé; tem direito às despesas da produção e custeio".

Percebe-se que o dispositivo faz menção ao direito das coisas, razão pela qual não pode ser aplicado ao direito do trabalho, pois este lida com relações obrigacionais, e não reais. Nos termos dos julgados que geraram a súmula em comento, não há que se deferir ao empregado a indenização referida no dispositivo do Código Civil, pois o inadimplemento das verbas trabalhistas já gera a condenação do empregador ao pagamento dos juros de mora e correção monetária, nos termos das Súmulas ns. 200 e 381 do TST, que já foram analisadas. O deferimento da indenização mencionado no Código Civil geraria, por consequência, um *bis in idem*.

Mesmo que as verbas discutidas no processo sejam incontroversas, incidirá apenas os juros de mora e correção monetária, ou seja, nem nessa hipótese há a incidência da multa do art. 1.216 do CC.

No julgamento do Recurso de Revista n. 174100-83.2007.5.02.0461, a 2ª Turma do TST deixou assentado que:

> "Esta Corte tem entendido que não é aplicável ao direito do trabalho a regra insculpida no artigo 1.216 do Código Civil, tendo em vista que este ramo do direito possui regras específicas para a reparação pela mora no pagamento, as quais tratam do pagamento de juros de mora e correção monetária sobre o valor calculado da condenação, pelo atraso no pagamento, que já tem o objetivo de recompor o prejuízo sofrido pelo empregado, causado pelo descumprimento da obrigação do empregador, de pagar as parcelas trabalhistas devidas ao obreiro na época própria. Assim, o pagamento de mais uma indenização para reparar o mesmo descumprimento contratual é indevida, sob pena de implicar *bis in idem*".

Em síntese, a ideia é bem simples: não se aplica o dispositivo pois: a. o artigo do Código Civil trata de direitos reais, enquanto no direito do trabalho temos direitos obrigacionais; b. já há a condenação do reclamado ao pagamento de juros de mora e correção monetária, não se podendo falar em condenação ao pagamento de indenização.

ATENÇÃO: A indenização por frutos percebidos pela posse de má-fé não se aplica ao direito do trabalho, por ser específica em relação aos direitos reais, já que prevista no art. 1.216 do CC.

SÚMULA N. 446
MAQUINISTA FERROVIÁRIO. INTERVALO INTRAJORNADA. SUPRESSÃO PARCIAL OU TOTAL. HORAS EXTRAS DEVIDAS. COMPATIBILIDADE ENTRE OS ARTS. 71, § 4º, E 238, § 5º, DA CLT — Res. 193/2013, DEJT divulgado em 13, 16 e 17.12.2013

A garantia ao intervalo intrajornada, prevista no art. 71 da CLT, por constituir-se em medida de higiene, saúde e segurança do empregado, é aplicável também ao ferroviário maquinista integrante da categoria "c" (equipagem de trem em geral), não havendo incompatibilidade entre as regras inscritas nos arts. 71, § 4º, e 238, § 5º, da CLT.

A Súmula n. 446 do TST, que trata do intervalo intrajornada para o maquinista ferroviário, foi inserida pela Resolução n. 193/2013, publicada no *Diário Oficial* nos dias 13, 16 e 17.12.2013, tratando o tema como uma norma cogente, obrigatória, conforme a já existente Súmula n. 437 do TST, criada em setembro de 2012.

Em setembro de 2012, quando o TST criou várias súmulas e alterou tantas outras, foi inserido o entendimento que consta na Súmula n. 437, sobre intervalos intrajornada e as consequências de não concessão ou concessão parcial.

Naquele momento, o TST firmou a premissa de que as normas sobre intervalos são de ordem pública, cogentes, de aplicação obrigatória, pois ligadas inteiramente à saúde, higiene e segurança do empregado. Se estão ligadas, sobretudo, à saúde do empregado, é porque devem ser aplicadas incondicionalmente.

O que fez o TST foi estender aquele pensamento genérico para uma situação específica, a dos maquinistas ferroviários, afirmando que não há incompatibilidade entre os arts. 71, § 4º, e 238, § 5º, da CLT.

Analisando os precedentes que geraram a súmula, vislumbra-se que a ideia consagrada na CLT é a de que os empregados, como um todo, possuem direito à redução dos riscos laborais, e a forma adequada é a imposição dos intervalos, em especial o intrajornada. Além disso, por ser o "nome" da súmula, se houver a concessão parcial do intervalo ou, pior, se ele não for concedido, deverão os períodos ser remunerados como extras, conforme o art. 71, § 4º, da CLT, transcrito abaixo:

> "Quando o intervalo para repouso e alimentação, previsto neste artigo, não for concedido pelo empregador, este ficará obrigado a remunerar o período correspondente com um acréscimo de no mínimo 50% (cinquenta por cento) sobre o valor da remuneração da hora normal de trabalho".

A criação da súmula em comento serve para demonstrar a total preocupação do TST em proporcionar aos trabalhadores o gozo de direitos mínimos, garantindo a manutenção da saúde, seu bem mais precioso.

ATENÇÃO: Caso não tenha sido concedido o intervalo intrajornada ao maquinista, deverá a totalidade do período ser paga como jornada extraordinária, por ser norma de ordem pública.

SÚMULA N. 447

ADICIONAL DE PERICULOSIDADE. PERMANÊNCIA A BORDO DURANTE O ABASTECIMENTO DA AERONAVE. INDEVIDO — Res. 193/2013, DEJT divulgado em 13, 16 e 17.12.2013

Os tripulantes e demais empregados em serviços auxiliares de transporte aéreo que, no momento do abastecimento da aeronave, permanecem a bordo não têm direito ao adicional de periculosidade a que aludem o art. 193 da CLT e o Anexo 2, item 1, "c", da NR 16 do MTE.

A Súmula n. 447 do TST, que trata de adicional de periculosidade para os tripulantes e demais empregados em serviços auxiliares de transporte aéreo, foi criada por meio da Resolução n. 193/2013, publicada no *Diário Oficial* em 13, 16 e 17.12.2013.

A interpretação que o TST deu à situação vivenciada pelos tripulantes e outros empregados do transporte aéreo, que ficam nas aeronaves durante seu abastecimento, foi literal, com base no art. 193 da CLT, que diz ser devido o adicional quando as atividades "impliquem risco acentuado em virtude de exposição permanente do trabalhador" *às situações previstas nos incs. I e II* do mesmo dispositivo legal.

Os Ministros do TST entenderam que, apesar de os tripulantes, piloto, copiloto e outros permanecerem dentro da aeronave durante o abastecimento, tal fato não gera o direito ao recebimento do adicional de periculosidade, pois não há contato com inflamáveis e explosivos em condições de risco acentuado.

Os precedentes (processos que geraram a edição da súmula) trazem sempre a mesma ideia, conforme transcrição de algumas ementas abaixo, sem indicação dos processos, pois servem apenas para o entendimento da matéria:

> "O trabalho do comissário de bordo se realiza na área interna da aeronave, durante o seu abastecimento, não havendo como enquadrar a atividade entre aquelas previstas na NR-16, nem há que se falar em direito ao adicional de periculosidade, na medida em que não se configura contato com inflamáveis e explosivos em condições de risco acentuado, a autorizar o deferimento da parcela, nos termos do art. 193 da CLT. Embargos conhecidos e desprovidos".

> "Considerando que o reclamante, copiloto, não desembarcava na área designada para o reabastecimento da aeronave, permanecendo a bordo durante todo o procedimento, conclui-se que o obreiro não se encontrava em contato permanente com o material com-

bustível e nem estava sujeito a condição de risco acentuado, o que inviabiliza o pagamento do adicional de periculosidade. Recurso de embargos conhecido e não provido".

"Considerando que o reclamante, comissário de bordo, não desembarcava na área designada para o reabastecimento da aeronave, permanecendo a bordo do avião durante todo o procedimento, conclui-se que o obreiro não se encontrava em contato permanente com o material combustível, nem estava sujeito à condição de risco acentuado, o que inviabiliza o pagamento do adicional de periculosidade. Ressalva do entendimento pessoal do relator. Recurso de embargos conhecido e não provido".

A situação é bem simples de ser lembrada por todos nós: se o abastecimento fosse tão perigoso a ponto de gerar o adicional de periculosidade, os passageiros não poderiam estar no avião! Isso é o que acontece sempre! O mais comum dentro das aeronaves é ouvir: "término do abastecimento". Se não há risco para os passageiros, também não há risco para os tripulantes e demais empregados.

ATENÇÃO: O abastecimento em aviões não gera o direito ao recebimento do adicional de periculosidade pelos tripulantes, pois tal situação não está prevista na relação do Ministério do Trabalho.

SÚMULA N. 448

ATIVIDADE INSALUBRE. CARACTERIZAÇÃO. PREVISÃO NA NORMA REGULAMENTADORA N. 15 DA PORTARIA DO MINISTÉRIO DO TRABALHO N. 3.214/78. INSTALAÇÕES SANITÁRIAS.

(conversão da Orientação Jurisprudencial n. 4 da SBDI-1 com nova redação do item II) — Res. 194/2014, DEJT divulgado em 21, 22 e 23.05.2014.

I — Não basta a constatação da insalubridade por meio de laudo pericial para que o empregado tenha direito ao respectivo adicional, sendo necessária a classificação da atividade insalubre na relação oficial elaborada pelo Ministério do Trabalho.

II — A higienização de instalações sanitárias de uso público ou coletivo de grande circulação, e a respectiva coleta de lixo, por não se equiparar à limpeza em residências e escritórios, enseja o pagamento de adicional de insalubridade em grau máximo, incidindo o disposto no Anexo 14 da NR-15 da Portaria do MTE n. 3.214/78 quanto à coleta e industrialização de lixo urbano.

A **Súmula n. 448 do TST**, que trata de **adicional de insalubridade para os empregados que realizam a limpeza de instalações sanitárias**, foi criada por meio da Resolução n. 194/2014, publicada no *Diário Oficial* em 21, 22 e 23.05.2014.

Existe uma informação, bem comum em direito processual do trabalho, de que é necessária a realização de perícia técnica para se aferir a existência de insalubridade e periculosidade. Assim, quando se busca a condenação de determinada empresa ao pagamento de tais adicionais, com base no art. 195 da CLT, o Juiz do Trabalho defere a produção de prova técnica, determinando ao perito que analise o local de trabalho e afira a existência ou inexistência de agente insalubre ou condição ligada à periculosidade.

Ocorre que, nos termos do inc. I da súmula em comento, não adianta apenas aferir a existência de determinado agente para se chegar à conclusão de existência da insalubridade e, por consequência, do dever de pagamento do adicional previsto no art. 192 da CLT. Há necessidade também de que a situação esteja incluída em relação oficial elaborada pelo Ministério do Trabalho e Emprego, ou seja, há que se verificar se aquela situação foi considerada insalubre pelo MTE.

Todos concordam que trabalho em contato com lixo e excrementos, como fezes e urina, não é uma atividade saudável. Mas o simples fato de se manter contato com tais elementos não gera, por si só, o direito ao recebimento do adicional. É o que ocorre com os empregados domésticos, que limpam os banheiros das residências em que trabalham, bem como aqueles funcionários de empresas que executam as mesmas atividades. Não se pode dizer que o trabalho é insalubre quando se tem a limpeza de poucos banheiros, em que a utilização também é reduzida.

Situação totalmente diferente, reconhecida pelo inc. II da súmula em análise, é a "higienização de instalações sanitárias de uso público ou coletivo de grande circulação, e a respectiva coleta de lixo", como ocorre, por exemplo, em shoppings, estações de metrô, ônibus e congêneres, já que o fluxo de pessoas é imenso e as condições de trabalho são mais precárias, no sentido de que o volume de excrementos é bem maior, bem como o risco de contaminação do empregado também se mostra mais elevado.

Para tais situações, o entendimento do TST, embasado nas normas do MTE, já afirma ser em grau máximo o direito ao recebimento do adicional de insalubridade, ou seja, 40% sobre o salário mínimo, conforme art. 192 da CLT, ou outra base de cálculo mais benéfica, se criada por outra fonte do direito do trabalho.

Tal situação já vinha sendo considerada pelo TST. Exemplificativamente, em junho de 2014, aquele Tribunal concedeu adicional de insalubridade em grau máximo a uma servente que limpava uma escola frequentada diariamente por 600 (seiscentos) alunos. A SDI-1 do TST entendeu estar presente a situação aqui analisada, que compõe o inc. II da súmula (E-RR-128200-94.2008.5.04.0232).

ATENÇÃO: A limpeza de banheiros e sanitários em residências ou pequenos escritórios não gera direito ao recebimento do adicional de insalubridade, diferentemente da limpeza em locais de grande circulação de pessoas, hipótese em que o adicional deve ser pago no grau máximo, ou seja, 40% do salário mínimo.

SÚMULA N. 449
MINUTOS QUE ANTECEDEM E SUCEDEM A JORNADA DE TRABALHO. LEI N. 10.243, DE 19.06.2001. NORMA COLETIVA.FLEXIBILIZAÇÃO. IMPOSSIBILIDADE. (conversão da Orientação Jurisprudencial n. 372 da SBDI-1) — Res. 194/2014, DEJT divulgado em 21, 22 e 23.05.2014

A partir da vigência da Lei n. 10.243, de 19.06.2001, que acrescentou o § 1º ao art. 58 da CLT, não mais prevalece cláusula prevista em convenção ou acordo coletivo que elastece o limite de 5 minutos que antecedem e sucedem a jornada de trabalho para fins de apuração das horas extras.

A **Súmula n. 444 do TST**, que trata da impossibilidade de flexibilização das normas sobre o **tempo residual à disposição**, foi criada por meio da Resolução n. 194/2014, publicada no *Diário Oficial* em 21, 22 e 23.05.2014.

O art. 58, § 1º, da CLT prevê o instituto do **tempo residual à disposição**, que é o tempo de cinco minutos antes e depois da jornada de trabalho, que não são considerados atraso nem minutos extras, já que o tempo é presumidamente utilizado para que o empregado troque de roupa, coloque os equipamentos de proteção individual e marque o seu ponto.

O dispositivo legal afirma que: "Não serão descontadas nem computadas como jornada extraordinária as variações de horário no registro de ponto não excedentes de cinco minutos, observado o limite máximo de dez minutos diários".

A partir do momento que o dispositivo passou a produzir efeitos, houve, no direito do trabalho, o reconhecimento de que o empregado pode trabalhar até 10 minutos a menos ou a mais por dia, sem sofrer descontos e receber minutos extras.

Mas por qual motivo o TST entendeu não ser possível a flexibilização do instituto, aumentando-se o limite de minutos antes e depois da jornada? A resposta é bem simples: se aumentarmos o tempo, por exemplo, para 15 minutos antes e depois da jornada, poderá o empregado trabalhar 30 minutos a menos por dia **ou 30 minutos a mais, sem qualquer remuneração extra, na última situação**. Veja que o problema não é a flexibilização dos minutos que o empregado pode "atrasar", mas, aqueles que ele pode trabalhar a mais, sem qualquer remuneração extra.

Por isso, o entendimento do TST de não permitir o elastecimento do período, mesmo que por norma coletiva, pois o instituto do tempo residual à disposição está ligado à jornada de trabalho, e esta é de interesse público, já que eminentemente direcionada à proteção da saúde do empregado. As seguintes tabelas podem ajudar no entendimento:

Limite de 5 (cinco) minutos, conforme art. 58, § 1º, da CLT, considerando-se o horário de trabalho das 8h às 17h, com 1h de intervalo:

ENTRADA	SAÍDA	TEMPO DE TRABALHO	CONCLUSÃO
8h	17h	8h	Jornada normal
7h55min	17h05min	8h10min	10 minutos a mais de trabalho sem pagamento de adicional de horas extras
8h05min	16h55min	7h50min	10 minutos a menos de trabalho sem qualquer desconto

Limite de 15 (quinze) minutos, proibido pela Súmula n. 449 do TST, considerando-se o horário de trabalho das 8h às 17h, com 1h de intervalo:

ENTRADA	SAÍDA	TEMPO DE TRABALHO	CONCLUSÃO
8h	17h	8h	Jornada normal
7h45min	17h15min	8h30min	30 minutos a mais de trabalho sem pagamento de adicional de horas extras
8h15min	16h45min	7h30min	30 minutos a menos de trabalho sem qualquer desconto

Você pode estar pensando: mas o elastecimento é bom para o empregado, pois ele pode trabalhar 30 minutos menos sem sofrer qualquer desconto. O problema é que, no dia a dia, o trabalhador tende sempre a trabalhar 8h30m, e não 7h30m, ou seja, o que ocorre, em 99,9% das vezes, é o trabalho extraordinário, e não a redução da jornada de trabalho.

Daí a preocupação do TST com o tema "elastecimento da jornada de trabalho", já que o trabalhador brasileiro está trabalhando cada vez mais e ficando cada vez mais doente, necessitando de uma interpretação cada vez mais firme, que impeça o aumento da jornada de trabalho, como já foi feito quando da edição da Súmula n. 437, II do TST, que considerou a proteção à jornada uma norma de ordem pública.

ATENÇÃO: As normas coletivas não podem autorizar o aumento dos minutos de tolerância previstos no art. 58 da CLT, que trata do tempo residual à disposição do empregador. O máximo é a tolerância prevista em lei, de 5 minutos na entrada e 5 minutos na saída, no total de 10 minutos diários, para mais ou para menos.

SÚMULA N. 450
FÉRIAS. GOZO NA ÉPOCA PRÓPRIA. PAGAMENTO FORA DO PRAZO. DOBRA DEVIDA. ARTS. 137 E 145 DA CLT.
(conversão da Orientação Jurisprudencial n. 386 da SBDI-1) — Res. 194/2014, DEJT divulgado em 21, 22 e 23.05.2014

É devido o pagamento em dobro da remuneração de férias, incluído o terço constitucional, com base no art. 137 da CLT, quando, ainda que gozadas na época própria, o empregador tenha descumprido o prazo previsto no art. 145 do mesmo diploma legal.

A **Súmula n. 450 do TST**, que trata das consequências **do pagamento fora do prazo das férias**, foi criada por meio da Resolução n. 194/2014, publicada no *Diário Oficial* em 21, 22 e 23.05.2014.

Pode-se dizer que a concessão das férias é um ato complexo, pois o empregador deve:

a) Comunicar o empregado, por escrito, com antecedência mínima de 30 (trinta) dias, nos termos do art. 135 da CLT.

b) Conceder as férias dentro do período concessivo, conforme art. 137 da CLT.

c) Efetuar o pagamento das férias e do terço constitucional em até 2 (dois) dias antes do início das férias, de acordo com o art. 145 da CLT.

A última obirgação é a que nos interessa por enquanto, pois a Súmula em estudo faz menção expressa à importância do pagamento no período legalmente estabelecido.

Tendo em vista as três obrigações referidas — comunicação, concessão e pagamento — pode-se dizer que de nada adianta conceder as férias e não efetuar seu pagamento. Muitas vezes, o empregador concede as férias dentro do período concessivo para evitar a dobra salarial (pagamento em dobro das férias, gerando as férias vencidas, em dobro), mas não efetua o pagamento dos salários e do terço constitucional.

Como a obrigação é complexa, contemplando também o pagamento, a concessão apenas não impede a aplicação do dispositivo que prevê o pagamento em dobro, já que o empregador não se desvencilhou totalmente de sua obrigação.

Um exemplo simples serve para aclarar a situação: digamos que João tenha iniciado o labor na empresa no dia 10.03.2013. O período aquisitivo vai até 09.03.2014, sendo que as férias devem ser concedidas até 09.03.2015. Se ultrapassada a última data, a remuneração do período deverá ser paga em dobro, além da concessão do período de 30 dias corridos de descanso. Caso João usufrua as férias antes de 09.03.2015, não teremos violação à norma, desde que o pagamento seja feito até 2 dias antes do início do período.

Os precedentes que geraram o entendimento sumulado datam desde 1995, o que demonstra ser o entendimento bem antigo na Justiça do Trabalho. Em um dos últimos processos que serviram de base para o entendimento, a ementa traz as seguintes informações:

> RECURSO DE REVISTA — FÉRIAS. CONCESSÃO EM TEMPO PRÓPRIO. ATRASO NO PAGAMENTO. DOBRA LEGAL. INCIDÊNCIA. O pagamento da remuneração de férias realizado posteriormente ao prazo a que alude o art. 145 da CLT enseja a aplicação analógica do artigo 137 da CLT, o qual prevê o pagamento em dobro da remuneração devida, haja vista a finalidade almejada pela Constituição Federal (art. 7º, XVII) de proporcionar ao trabalhador o efetivo gozo das férias, com a consequente preservação da sua higidez física e mental, sem comprometimento do orçamento doméstico. Recurso de Revista conhecido e provido. (TST-RR-22400-54.2008.5.12.0006)

Por fim, apenas para extirpar qualquer possibilidade de dúvida, afirma-se que, mais do que descanso, o empregado precisa de "descanso efetivo", que se tem com a tranquilidade de saber que a remuneração do período está paga, corretamente depositada e que nenhum problema financeiro o atingirá naqueles dias de lazer, indispensáveis à saúde do obreiro.

> **ATENÇÃO:** Caso as férias sejam concedidas sem o pagamento devido, feito até 2 dias antes do início do descanso, será considerado que as férias não foram concedidas, o que pode gerar a necessidade de pagamento em dobro caso o período concessivo seja ultrapassado.

SÚMULA N. 451

PARTICIPAÇÃO NOS LUCROS E RESULTADOS. RESCISÃO CONTRATUAL ANTERIOR À DATA DA DISTRIBUIÇÃO DOS LUCROS. PAGAMENTO PROPORCIONAL AOS MESES TRABALHADOS. PRINCÍPIO DA ISONOMIA. (conversão da Orientação Jurisprudencial n. 390 da SBDI-1) — Res. 194/2014, DEJT divulgado em 21, 22 e 23.05.2014

Fere o princípio da isonomia instituir vantagem mediante acordo coletivo ou norma regulamentar que condiciona a percepção da parcela participação nos lucros e resultados ao fato de estar o contrato de trabalho em vigor na data prevista para a distribuição dos lucros. Assim, inclusive na rescisão contratual antecipada, é devido o pagamento da parcela de forma proporcional aos meses trabalhados, pois o ex-empregado concorreu para os resultados positivos da empresa.

A **Súmula n. 451 do TST**, que trata do **pagamento proporcional da participação nos lucros e resultados**, foi criada por meio da Resolução n. 194/2014, publicada no *Diário Oficial* em 21, 22 e 23.05.2014.

O entendimento exposto na novel súmula, resultado da conversão da Orientação Jurisprudencial n. 390 da SDI-1 do TST, representa a efetivação do princípio da igualdade, que prevê o tratamento desigual dos desiguais, sob a ótica do pagamento da rubrica "participação nos lucros e resultados". A ideia pode ser assim resumida: quem trabalhou mais, e, assim, contribuiu para os lucros da empresa, recebe mais. Quem contribuiu menos, por ter trabalhado menos, recebe menos. Estamos, dessa forma, **tratando desigualmente os desiguais, na exata medida de suas desigualdades**.

Ocorre que muitas empresas agem de forma diversa, infelizmente, totalmente em desconformidade com o princípio da isonomia, deixando de pagar a PLR àqueles que foram demitidos ou pediram demissão durante o ano, já que no final do ano, quando o valor é geralmente pago, não mais eram empregados da empresa.

Para exemplificar, digamos que em uma empresa haja o pagamento da PLR no dia 30 de dezembro. O correto seria pagar nesse dia o valor àqueles que são empregados e aos que foram empregados na empresa durante o ano, pagando o valor integral aos primeiros e o proporcional aos demais.

O que a Súmula tenta evitar é que os trabalhadores que não são mais empregados em 30 de dezembro **nada recebam a título de participação nos lucros e resultados**.

Assim aconteceu com milhares de trabalhadores brasileiros, pois as regras que previam o pagamento da PLR afirmavam a necessidade de estarem nos quadros da empresa quando do pagamento, ou seja, serem efetivamente empregados na organização naquela data, desconsiderando aquele obreiro que, por exemplo, foi desligado da empresa meses ou dias antes.

A análise de um dos precedentes utilizados pelo TST para a conversão da Orientação Jurisprudencial n. 390 da SDI-1 na presente Súmula deixa claro que o obreiro deixou de usufruir a PLR por ter sido demitido um mês antes da data prevista para pagamento, conforme transcrição a seguir:

> RECURSO DE EMBARGOS DA RECLAMADA. RECURSO DE REVISTA NÃO CONHECIDO. PARTICIPAÇÃO NOS LUCROS. PRINCÍPIO DA ISONOMIA. NÃO RECONHECIMENTO DE VALIDADE A CLÁUSULA DE ACORDO COLETIVA QUE LIMITA O PAGAMENTO DA PARCELA A CONTRATOS COM VIGÊNCIA EM DATA DETERMINADA. Vantagem instituída mediante acordo firmado entre a embargante e seus empregados com restrição à concessão da parcela a certos trabalhadores ofende o princípio da isonomia. No caso, o benefício somente seria concedido àqueles empregados em efetivo exercício em 31.12.2001, não alcançando o reclamante que teve seu contrato de trabalho rescindido em data anterior, 16.11.2001. A jurisprudência da C. SDI já se firmou no sentido de que, embora tenha ocorrido a rescisão antecipada do contrato de trabalho, o autor faz jus ao pagamento da parcela participação nos lucros de forma proporcional aos meses trabalhados, pois contribuiu para os resultados positivos da reclamada. Embargos conhecidos e desprovidos. (E-RR-609/2002-007-17-00.0, Rel. Min. Aloysio Corrêa da Veiga, *DJ* 13.02.2009)

A conversão do entendimento em Súmula deve propiciar maior efetividade ao comando, uma vez que a OJ n. 390 da SDI-1 do TST não impede, na prática, o descumprimento do comando, que na verdade emerge do art. 5º da CF/88, que prevê o princípio da isonomia. A tendência é que as empresas parem de cometer tal violação aos direitos, por saberem ser praticamente certa a condenação na situação, pois, apesar de não possuírem efeito vinculante, as Súmulas do TST geralmente são aplicadas sem restrição pelos Magistrados Trabalhistas.

ATENÇÃO: O pagamento da participação nos lucros e resultados deve ocorrer de forma proporcional aos empregados que tiveram os contratos de trabalho rompidos ao longo do ano, antes da data marcada para a distribuição do lucros.

SÚMULA N. 452

DIFERENÇAS SALARIAIS. PLANO DE CARGOS E SALÁRIOS. DESCUMPRIMENTO. CRITÉRIOS DE PROMOÇÃO NÃO OBSERVADOS. PRESCRIÇÃO PARCIAL. (conversão da Orientação Jurisprudencial n. 404 da SBDI-1) — Res. 194/2014, DEJT divulgado em 21, 22 e 23.05.2014

Tratando-se de pedido de pagamento de diferenças salariais decorrentes da inobservância dos critérios de promoção estabelecidos em Plano de Cargos e Salários criado pela empresa, a prescrição aplicável é a parcial, pois a lesão é sucessiva e se renova mês a mês.

A **Súmula n. 452 do TST, que trata da prescrição parcial para o pedido de pagamento de diferenças salariais decorrentes de inobservância dos requisitos estabelecidos no plano de cargos e salários**, foi criada por meio da Resolução n. 194/2014, publicada no *Diário Oficial* em 21, 22 e 23.05.2014.

O plano de cargos e salários, também denominado de "quadro de carreira", a que aludem o art. 461, § 2º, da CLT e diversas súmulas do TST, como a presente, mostra-se comum nas grandes empresas como uma forma de convencer o empregado a permanecer trabalhando por longos períodos para o mesmo empregador, já que ao longo da sua carreira terá sucessivas progressões e, consequentemente, aumentos salariais decorrentes do reenquadramento do plano de cargos e salários.

Em várias empresas, é comum verificar-se a utilização de letras ou números para demonstrar os níveis que o empregado pode galgar, podendo-se falar, por exemplo, em Engenheiro "A", "B", ..., Advogado "1", "2", ..., bem como outras expressões como "júnior", "máster", "sênior" etc.

Conforme assinalado pelo art. 461, § 2º, da CLT e pela Súmula n. 6 do TST, o quadro de carreira deve ser homologado pelo Ministério do Trabalho e Emprego, quando o empregador contrata pela CLT, sendo que aquele órgão visualizará, dentre outros pontos, se a ascensão na carreira obedece a dois critérios: antiguidade e merecimento.

Assim, o tempo de empresa e o esforço do empregado com cursos de atualização, seminários etc. é recompensado com a promoção. Dessa forma, em que o empregado possui direito a ascensão na carreira quando preenche os requisitos, pode ser que o empregador viole tal direito e não o enquadre corretamente. Pode ser que o Engenheiro encontre-se ainda no nível "A", quando deveria estar no nível "D", recebendo mais do que atualmente percebe. Aqui, encontramos a importância da súmula em comento: com o não enquadramento correto do empregado no plano de cargos e salários, há uma perda salarial (e todos os seus reflexos) que se verifica mensalmente, haja vista que o salário é pago com aquela periodicidade, conforme art. 459 da CLT. Assim, se em cada mês deixa-se de receber determinada quantia pelo enquadramento incorreto, **há uma lesão ao direito que se renova mensalmente, demonstrando que há direito à correção da lesão dos meses que compõem os últimos 5 anos**, já que os anteriores estão superados pela prescrição quinquenal do art. 7º, XXIX, da CF/88.

Em todos os processos que serviram de base para a criação do entendimento, há o mesmo questionamento, a mesma discussão, qual seja: o empregador deixou de enquadrar corretamente o empregado no plano de cargos e salários, por exemplo, no ano de 2000 e quer fazer crer que a prescrição deve ser aplicada a partir desse momento, por afirmar que a lesão ao direito surgiu quando não houve o correto enquadramento do empregado.

Esse não é o entendimento do TST, que diz que a prescrição a ser aplicada não é a total, mas sim a parcial, a ser contada do ajuizamento da ação para trás, alcançando as diferenças salariais dos últimos cinco anos, uma vez que a **lesão ao direito se renova a cada mês que o empregado recebe quantia inferior àquela que deveria receber com o correto enquadramento**.

> **ATENÇÃO:** A prescrição a ser aplicada na hipótese de pedido de diferenças salariais que decorrem da não promoção no quadro de carreira é parcial, ou seja, podem ser cobrados os últimos cinco anos apenas, prescrevendo os anteriores.

SÚMULA N. 453
ADICIONAL DE PERICULOSIDADE. PAGAMENTO ESPONTÂNEO. CARACTERIZAÇÃO DE FATO INCONTROVERSO. DESNECESSÁRIA A PERÍCIA DE QUE TRATA O ART. 195 DA CLT.
(conversão da Orientação Jurisprudencial n. 406 da SBDI-1) — Res. 194/2014, DEJT divulgado em 21, 22 e 23.05.2014

O pagamento de adicional de periculosidade efetuado por mera liberalidade da empresa, ainda que de forma proporcional ao tempo de exposição ao risco ou em percentual inferior ao máximo legalmente previsto, dispensa a realização da prova técnica exigida pelo art. 195 da CLT, pois torna incontroversa a existência do trabalho em condições perigosas.

A **Súmula n. 453 do TST**, que trata da **dispensa de perícia técnica na hipótese de pagamento espontâneo do adicional de periculosidade**, foi criada por meio da Resolução n. 194/2014, publicada no *Diário Oficial* em 21, 22 e 23.05.2014.

Mais uma Súmula oriunda da conversão de Orientação Jurisprudencial de extrema importância, a saber: OJ n. 406 da SDI-1 do TST. O entendimento exposto pelo TST é bastante simples e demonstra a preocupação daquele Tribunal com a celeridade dos julgamentos, bem como com a economia processual, haja vista que diz ser desnecessária a prova pericial em uma hipótese comum no Judiciário trabalhista, que é o pagamento de adicional de periculosidade.

O cerne da questão é simples. Vejamos: **se a empresa está pagando qualquer valor a título de adicional de periculosidade, é porque o agente periculoso está presente**, não havendo necessidade de produção de prova pericial para atestar, já que o pagamento serve para uma confissão acerca da situação.

Se a empresa paga 15% de adicional de periculosidade, quando deveria pagar 30%, conforme art. 193, § 1º, da CLT, deve ser condenada ao pagamento da diferença sem necessidade de prova pericial para atestar a existência de periculosidade, pois, se a empresa está pagando qualquer valor, é porque confirma a existência do risco à integridade física.

Veja-se que a perícia técnica a que alude o art. 195 da CLT, que seria indispensável para a prova do risco de vida do qual decorre o pagamento do referido adicional, somente é necessária quando há dúvida sobre a presença ou ausência do agente, o que não ocorre se a empresa já paga qualquer valor a título de periculosidade.

Se não existem dúvidas, é porque o fato se mostra **incontroverso** e sobre tal fato não há a necessidade de produção de provas, uma vez que o art. 374 do CPC/2015 diz que não dependem de prova os fatos **notórios, afirmados por uma parte e confessados pela outra, admitidos no processo como incontroversos, e aqueles em cujo favor milita presunção legal de existência ou de veracidade**.

Mas, se a lei diz que o percentual é fixo, de 30% sobre o salário-base, porque a empresa pagaria percentual inferior? Pode ser que ela ainda esteja aplicando um entendimento antigo do TST, que compunha a **Súmula n. 364 do TST, em seu inc. II**, mas que foi cancelado em 2011. Esse antigo entendimento ficou conhecido como **pagamento fracionado do adicional de periculosidade e permitia o pagamento de percentual inferior ao legal, proporcional ao tempo de exposição, desde que autorizado por norma coletiva**.

Assim, até o cancelamento do item II da Súmula n. 364 do TST, era possível o pagamento de 5, 8, 12, 20%, entre outros, de adicional de periculosidade. Pode ser que o empregador tenha continuado a pagar dessa forma, o que evidenciou a existência da periculosidade e levou o empregado a buscar a complementação do percentual, até atingir o patamar legal (30% sobre o salário-base).

Por fim, o empregado que recebe, por exemplo, 8% de adicional de periculosidade não pode vir a perder tal quantia por supostamente não ser mais possível o pagamento fracionado. Pelo contrário, tem direito a continuar recebendo o benefício com a complementação até o percentual legal. Entendimento contrário conflitaria com o princípio da proteção sob a ótica da condição mais benéfica, ferindo direito adquirido do empregado.

A transcrição de parte de um dos julgados utilizados pelo TST como precedente da Súmula mostra o entendimento deste Tribunal:

> "Nos termos do artigo 195 da CLT, a perícia é imprescindível à constatação do desempenho de atividades ou operações perigosas. Contudo, tal regra é excepcionada na hipótese em que o adicional já é pago de forma proporcional ou em percentual inferior ao máximo. O pagamento dessa parcela implica o reconhecimento do empregador quanto à existência da periculosidade. Assim, tratando-se de fato admitido pela parte contrária, é dispensável a prova pericial. Na hipótese dos autos, o adicional de periculosidade foi pago por livre deliberação da Reclamada, em razão do reconhecimento das condições de risco. Assim, comprovada a inexistência de efetiva alteração nas atividades e condições de trabalho do Reclamante, apesar do alegado descredenciamento para entrada na área de risco, deve ser mantido o pagamento da parcela, independentemente de prova pericial, não havendo falar em ofensa ao artigo 195 da CLT. (NUMERAÇÃO ANTIGA: E-RR 17236/1999-014-09-00, PUBLICAÇÃO: *DEJT* 05.06.2009)".

> **ATENÇÃO:** Caso a empresa realize o pagamento do adicional de periculosidade de forma proporcional, inferior ao percentual legal (30%), não haverá necessidade de prova pericial em ação judicial para comprovação da existência de situação perigosa, já que o fato será incontroverso, induvidoso etc.

SÚMULA N. 454

COMPETÊNCIA DA JUSTIÇA DO TRABALHO. EXECUÇÃO DE OFÍCIO. CONTRIBUIÇÃO SOCIAL REFERENTE AO SEGURO DE ACIDENTE DE TRABALHO (SAT). ARTS. 114, VIII, E 195, I, "A", DA CONSTITUIÇÃO DA REPÚBLICA. (conversão da Orientação Jurisprudencial n. 414 da SBDI-1) — Res. 194/2014, DEJT divulgado em 21, 22 e 23.05.2014

Compete à Justiça do Trabalho a execução, de ofício, da contribuição referente ao Seguro de Acidente de Trabalho (SAT), que tem natureza de contribuição para a seguridade social (arts. 114, VIII, e 195, I, "a", da CF), pois se destina ao financiamento de benefícios relativos à incapacidade do empregado decorrente de infortúnio no trabalho (arts. 11 e 22 da Lei n. 8.212/91).

A **Súmula n. 454 do TST, que trata da competência da Justiça do Trabalho para a execução da contribuição ao Seguro de Acidente de Trabalho (SAT)**, foi criada por meio da Resolução n. 194/2014, publicada no *Diário Oficial* em 21, 22 e 23.05.2014.

Iniciando os nossos estudos, temos que o Seguro de Acidentes de Trabalho está previsto no art. 7º, XXVIII, da CF/88, sendo que o empregador realiza o pagamento de determinada quantia a título de contribuição para o financiamento do direito, conforme arts. 22 e 23 da Lei n. 8.212/91, que trata do financiamento da seguridade social. Tal contribuição é recolhida pelo empregador com as contribuições previdenciárias. Mas, se o empregador não efetuar o pagamento da contribuição referida, de quem será a competência para a sua execução?

Nos termos da Súmula n. 368 do TST, cabe à Justiça do Trabalho a execução, de ofício, das conttribuições previdenciárias decorrentes de condenação por ela imposta.

O entendimento da SDI-1, e agora do TST, que converteu o entendimento da OJ n. 414 em vertebe sumular, sempre foi no sentido de considerar a contribuição para o Seguro de Acidente de Trabalho uma contribuição para a seguridade social, atraindo a incidência do art. 114, VIII, da CF/88, que atribui a competência à Justiça do Trabalho.

Importante sempre lembrar que tais contribuições podem ser executadas *ex officio*, ou seja, mesmo sem pedido da parte, já que a execução é determinada pelo próprio Juiz, ante a aplicação do princípio da proteção no direito processual do trabalho.

Apenas para exemplificar, transcreve-se abaixo julgado oriundo da SDI-1 do TST:

> COMPETÊNCIA DA JUSTIÇA DO TRABALHO. EXECUÇÃO DE CONTRIBUIÇÕES PREVIDENCIÁRIAS RELATIVAS AO SEGURO DE ACIDENTE DO TRABALHO (SAT). O Seguro de Acidente do Trabalho (SAT), consoante disposto nos arts. 11 e 22 da Lei 8.212/91, é parcela criada para fazer frente ao financiamento de benefícios decorrentes de acidentes de trabalho, como a aposentadoria especial e a incapacidade em razão dos riscos no ambiente de trabalho, enquadrando-se, assim, precisamente no conceito de contribuição para a seguridade social de que trata o art. 195, inc. I, alínea "a", da Constituição da República, de sorte que exsurge cristalina a competência da Justiça do Trabalho para executar as contribuições previdenciárias devidas a título de SAT. Recurso de Embargos de que se conhece e a que se dá provimento. (E-RR-87000-77.2002.5.15.0017, Rel. Min. João Batista Brito Pereira, Subseção I Especializada em Dissídios Individuais, *DJ* de 17.12.2010)

> **ATENÇÃO:** Os valores devidos a título de Seguro de Acidente de Trabalho (SAT) são da competência da Justiça do Trabalho.

SÚMULA N. 455
EQUIPARAÇÃO SALARIAL. SOCIEDADE DE ECONOMIA MISTA. ART. 37, XIII, DA CF/1988. POSSIBILIDADE.
(conversão da Orientação Jurisprudencial n. 353 da SBDI-1 com nova redação) — Res. 194/2014, DEJT divulgado em 21, 22 e 23.05.2014

À sociedade de economia mista não se aplica a vedação à equiparação prevista no art. 37, XIII, da CF/1988, pois, ao admitir empregados sob o regime da CLT, equipara-se a empregador privado, conforme disposto no art. 173, § 1º, II, da CF/1988.

A **Súmula n. 455 do TST**, que trata de **possibiliade de equiparação salarial nas sociedades de economia mista**, foi criada por meio da Resolução n. 194/2014, publicada no *Diário Oficial* em 21, 22 e 23.05.2014.

Uma das regras a serem aplicadas à Administração Pública direta e indireta, nos moldes do art. 37 da CF/88, é a proibição de "*equiparação de quaisquer espécies remuneratórias para efeito de remuneração de pessoal do serviço público*", conforme inc. XIII do dispositivo mencionado.

Ocorre que tal violação não se aplica à sociedade de economia mista, pois, apesar de ser um dos entes da administração pública indireta, não contrata servidores pelo mesmo sistema da União, Estados, Municípios e Autarquias, que, por possuírem regime jurídico de direito público, valem-se do sistema estatutário.

Como dito na própria Súmula, as sociedades de economia mista contratam os seus servidores pela CLT (sistema celetista), o que implica dizer que há a assinatura da Carteira de Trabalho (CTPS).

Se determinada pessoa logra êxito no concurso do Banco do Brasil ou da Petrobras, será contratada mediante a assinatura da CTPS, como ocorreria em qualquer empresa totalmente privada, pois, apesar de possuírem capital misto (público e particular), o regime jurídico de contratação é eminentemente particular.

Sendo a contratação realizada pela CLT, serão aplicadas todas as normas ali prescritas, dentre elas a que prevê a equiparação salarial (art. 461 da CLT), com todas as suas implicações jurídicas.

No julgamento de um dos precedentes da Súmula, a conversão da OJ n. 353 da SDI-1 do TST, temos que:

> "A reclamada, integrante da Administração Pública Indireta, sociedade de economia mista, não está sujeita à regra do artigo 37, inciso XIII, da Constituição da República, a qual está voltada para as pessoas de Direito Público (União, Estados, Municípios, Autarquias e Fundações Públicas). Assim, ao contratar empregados sob o regime da CLT, equipara-se ao empregador privado, conforme disposto no artigo 173, § 1º, inciso II, da Constituição Federal. Não há ofensa ao art. 37, inciso II, da Carta Magna, pois não há provimento de cargo, mas correção salarial proveniente de função exercida pelo reclamante. Presentes os elementos caracterizadores previstos no artigo 461 da CLT, impõe-se o reconhecimento da equiparação salarial".

Sobre equiparação salarial, é sempre indispensável a leitura da **Súmula n. 6 do TST**, analisada em todos os seus dez incisos na presente obra, pois suas informações sempre são cobradas nos concursos públicos.

> **ATENÇÃO:** Cabem à Justiça do Trabalho as ações de equiparação salarial em face de sociedades de economia mista, na medida em que possuem personalidade jurídica de direito privado, ou seja, são empresas "normais", às quais aplicamos a CLT.

SÚMULA N. 456
REPRESENTAÇÃO. PESSOA JURÍDICA. PROCURAÇÃO. INVALIDADE. IDENTIFICAÇÃO DO OUTORGANTE E DE SEU REPRESENTANTE.
(inseridos os itens II e III em decorrência do CPC de 2015) — Res. 211/2016, DEJT divulgado em 24, 25 e 26.08.2016

I — É inválido o instrumento de mandato firmado em nome de pessoa jurídica que não contenha, pelo menos, o nome do outorgante e do signatário da procuração, pois estes dados constituem elementos que os individualizam.

> II — Verificada a irregularidade de representação da parte na instância originária, o juiz designará prazo de 5 (cinco) dias para que seja sanado o vício. Descumprida a determinação, extinguirá o processo, sem resolução de mérito, se a providência couber ao reclamante, ou considerará revel o reclamado, se a providência lhe couber (art. 76, § 1º, do CPC de 2015).
>
> III — Caso a irregularidade de representação da parte seja constatada em fase recursal, o relator designará prazo de 5 (cinco) dias para que seja sanado o vício. Descumprida a determinação, o relator não conhecerá do recurso, se a providência couber ao recorrente, ou determinará o desentranhamento das contrarrazões, se a providência couber ao recorrido (art. 76, § 2º, do CPC de 2015).

A **Súmula n. 456 do TST, que trata de representação de pessoa jurídica e de regularidade do instrumento de procuração**, foi **modificada** por meio da Resolução n. 211/2016, publicada no *Diário Oficial* em 24, 25 e 26.08.2016.

O entendimento constante da Súmula decorre da conversão da OJ n. 373 da SDI-1 do TST, que teve sua redação alterada em decorrência do julgamento de **um incidente de uniformização de jurisprudência julgado pelo Tribunal Pleno do TST**, com o intuito de regulamentar uma situação recorrente no processo do trabalho e que gerava a inadmissão de diversos recursos interpostos perante o TST, a **regularidade de representação**.

O que muitas vezes ocorria pode ser assim resumido: a procuração era outorgada pela empresa Alfa Construções Ltda., mas sem qualquer informação acerca de quem a assinava, podendo ser o João, o José, a Maria etc.

A identificação do signatário ficava prejudicada na hipótese, com possibilidade de a procuração ser outorgada por quem não tinha poderes para tanto, o que ocasionava a irregularidade de representação. Na dúvida sobre quem assinou a procuração, presume-se o equívoco da parte por não cumprir o disposto no art. 654, § 1º, do Código Civil.

Vejamos o acórdão proferido no incidente de uniformização de jurisprudência:

> **ACÓRDÃO TRIBUNAL PLENO**
>
> **INCIDENTE DE UNIFORMIZAÇÃO DE JURISPRUDÊNCIA — REPRESENTAÇÃO — PESSOA JURÍDICA — PROCURAÇÃO — INVALIDADE — IDENTIFICAÇÃO DO OUTORGANTE E DE SEU REPRESENTANTE — ALTERAÇÃO DA REDAÇÃO DA ORIENTAÇÃO JURISPRUDENCIAL 373 DA SBDI-1 DO TST.**
>
> 1. A atual redação da Orientação Jurisprudencial 373 da SBDI-1 do TST segue no sentido de que "não se reveste de validade o instrumento de mandato firmado em nome de pessoa jurídica em que não haja a sua identificação e a de seu representante legal, o que, a teor do art. 654, § 1º, do Código Civil, acarreta, para a parte que o apresenta, os efeitos processuais da inexistência de poderes nos autos".
>
> 2. A orientação jurisprudencial em comento teve por escopo balizar o procedimento adotado pelas partes evitando-se a reiterada constatação de irregularidade formal do instrumento de mandato que se verificava em recursos dirigidos ao Tribunal Superior

do Trabalho, qual seja, a assinatura de instrumento de mandato sem que houvesse alguma identificação de quem a houvera aposto, o que ensejava o não conhecimento do apelo ante a ausência de validade do mandato.

3. O que se busca na exigência da identificação do subscritor da procuração é conhecer quem assinou pelo empregador pessoa jurídica, como requisito mínimo à validade da procuração, até para possibilitar eventual impugnação aos poderes que teria.

4. Desse modo, para deixar claro no que consiste identificar o subscritor da procuração, merece ser alterada a redação da Orientação Jurisprudencial 373 da SBDI-1 do TST, conferindo-lhe a redação proposta pela Comissão de Jurisprudência e Precedentes Normativos: "REPRESENTAÇÃO. PESSOA JURÍDICA. PROCURAÇÃO. INVALIDADE. IDENTIFICAÇÃO DO OUTORGANTE E DE SEU REPRESENTANTE. É inválido o instrumento de mandato firmado em nome de pessoa jurídica que não contenha, pelo menos, o nome da entidade outorgante e do signatário da procuração, pois estes dados constituem elementos que os individualizam".

Incidente de uniformização de jurisprudência acolhido. Vistos, relatados e discutidos estes autos de Incidente de Uniformização de Jurisprudência **TST-IUJ-85600-06.2007.5.15.0000**, em que é Recorrente: **T. T. MACCETTI LTDA. — ME** e Recorridos **NIVALDO ROBERTO VIANA e JUIZ TITULAR DA 3ª VARA DO TRABALHO DE JUNDIAÍ**.

Os itens II e III foram incluídos em 2016 em decorrência das normas constantes no CPC/2015, em especial o art. 76, que possibilita a regularização da representação processual, até mesmo em grau recursal, o que também gerou a modificação da Súmula n. 383 do TST no mesmo ano.

Assim, relacionando os três incisos da súmula em comento, podemos afirmar que a procuração de pessoa jurídica que não contenha o nome do outorgante e signatário é inválida, mas não acarretará desde logo o arquivamento do feito ou o decreto de revelia. Antes das consequências mais drásticas, por aplicação do art. 76 do CPC/2015, será concedido prazo de 5 (cinco) dias para a regularização da representação processual. Não sendo atendido o despacho e persistindo o vício, o processo será arquivado (extinto sem resolução do mérito), caso o autor seja o responsável pelo vício, ou será decretada a revelia, na hipótese de responsabilidade do réu. Essas consequências, que constam no inc. II, aplicam-se quando o processo estiver em primeiro grau de jurisdição.

Já o inc. III é específico para a regularização da representação em grau recursal, daí termos a redação bem parecida com a Súmula n. 383 do TST. Na hipótese, será concedido o prazo de 5 (cinco) dias para regularizar a representação, sob pena de inadmissão do recurso, caso a irregularidade tenha sido promovida pelo recorrente, ou de desentranhamento das contrarrazões, na hipótese de o recorrido ter incorrido na irregularidade.

Comparando os CPCs de 2015 e 1973, a diferença consiste na atual possibilidade de correção do vício, o que não ocorria sob a égide do antigo Código, quando já se determinava a inadmissão do recurso, sem qualquer possibilidade de regularização.

ATENÇÃO: A procuração de pessoa jurídica deve mencionar o nome do outorgante e signatário da procuração, não podendo mencionar apenas o nome da empresa. Constatada a irregularidade, deverá ser concedido prazo de 5 dias para regularidade da representação.

SÚMULA N. 457
HONORÁRIOS PERICIAIS. BENEFICIÁRIO DA JUSTIÇA GRATUITA. RESPONSABILIDADE DA UNIÃO PELO PAGAMENTO. RESOLUÇÃO N. 66/2010 DO CSJT. OBSERVÂNCIA. (conversão da Orientação Jurisprudencial n. 387 da SBDI-1 com nova redação) — Res. 194/2014, DEJT divulgado em 21, 22 e 23.05.2014

A União é responsável pelo pagamento dos honorários de perito quando a parte sucumbente no objeto da perícia for beneficiária da assistência judiciária gratuita, observado o procedimento disposto nos arts. 1º, 2º e 5º da Resolução n. 66/2010 do Conselho Superior da Justiça do Trabalho — CSJT.

A **Súmula n. 457 do TST**, que trata do **pagamento dos honorários periciais quando o sucumbente é beneficiário da assistência judiciária gratuita**, foi criada por meio da Resolução n. 194/2014, publicada no *Diário Oficial* em 21, 22 e 23.05.2014.

O entendimento aqui previsto, que decorre da conversão da OJ n. 387 da SDI-1 do TST, tende a continuar bastante cobrado nos concursos trabalhistas, haja vista que, desde a edição da Orientação Jurisprudencial, as bancas de concursos buscam do candidato tal conhecimento: quem arca com o pagamento dos honorários periciais quando a parte sucumbente é beneficiária da justiça gratuita?

Sabemos que a gratuidade do processo é um dos pontos mais importantes de incidência do princípio da proteção no processo do trabalho, razão pela qual, dentre outros, não há a cobrança de custas prévias. Eventual valor a título de custas processuais será cobrado, ao final, do perdedor. Com base na premissa imposta pelo art. 789, § 1º, da CLT, o TST criou a restrição imposta pela OJ n. 98 da SDI-2 do TST, de que não pode haver a cobrança de honorários periciais prévios no processo do trabalho, já que tal cobrança fere a gratuidade e, por isso, mostra-se ilegal.

Os honorários periciais, valor devido ao perito pelo exame que foi realizado nos autos do processo, deve ser pago pela parte perdedora do pedido vinculado ao exame, conforme art. 790-B da CLT, a seguir transcrito:

> Art. 790-B. A responsabilidade pelo pagamento dos honorários periciais é da parte sucumbente na pretensão objeto da perícia, salvo se beneficiária de justiça gratuita.

Assim, mesmo que julgados procedentes dois pedidos (horas extras e adicional noturno), devem ser pagos os honorários periciais se um único pedido (adicional de insalubridade) for julgado improcedente, já que, dentre os pedidos formulados, foi exatamente aquele que necessitou da perícia para ser julgado.

Já que condenado ao pagamento da parcela, vamos adentrar no conteúdo da súmula. Duas situações podem surgir:

a) Com condições financeiras de efetuar tal pagamento: é efetuado e quita-se a obrigação, sob pena de execução.

b) Sem condições financeiras de pagar a quantia: quem não possui condições de arcar com os custos do processo requer a justiça gratuita, instituto previsto no art. 790, § 3º, da CLT, de forma a não "gastar um só centavo com o processo". A redação do dispositivo é a seguinte:

> "É facultado aos juízes, órgãos julgadores e presidentes dos tribunais do trabalho de qualquer instância conceder, a requerimento ou de ofício, o benefício da justiça gratuita, inclusive quanto a traslados e instrumentos, àqueles que perceberem salário igual ou inferior ao dobro do mínimo legal, ou declararem, sob as penas da lei, que não estão em condições de pagar as custas do processo sem prejuízo do sustento próprio ou de sua família".

A parte que não possui condições financeiras não efetua o pagamento dos honorários periciais, mas o perito **tem que receber a quantia, já que trabalhou e merece ser remunerado por isto**. Nos termos da súmula, a União arcará com o pagamento da quantia, já que a Justiça do Trabalho é federal, e a justiça gratuita foi deferida no bojo de processo que naquela justiça foi processada e julgada.

> **ATENÇÃO:** Se o sucumbente da perícia, que deveria arcar com o pagamento dos honorários periciais, estiver amparado pelo benefício da justiça gratuita, será da União a responsabilidade pelo pagamento daqueles.

SÚMULA N. 458
EMBARGOS. PROCEDIMENTO SUMARÍSSIMO. CONHECIMENTO. RECURSO INTERPOSTO APÓS VIGÊNCIA DA LEI N. 11.496, DE 22.06.2007, QUE CONFERIU NOVA REDAÇÃO AO ART. 894, DA CLT.
(conversão da Orientação Jurisprudencial n. 405 da SBDI-1 com nova redação) — Res. 194/2014, DEJT divulgado em 21, 22 e 23.05.2014

Em causas sujeitas ao procedimento sumaríssimo, em que pese a limitação imposta no art. 896, § 6º, da CLT à interposição de recurso de revista, admitem-se os embargos interpostos na vigência da Lei n. 11.496, de 22.06.2007, que conferiu nova redação ao art. 894 da CLT, quando demonstrada a divergência jurisprudencial entre Turmas do TST, fundada em interpretações diversas acerca da aplicação de mesmo dispositivo constitucional ou de matéria sumulada.

A **Súmula n. 458 do TST**, que trata do **cabimento dos recursos de embargos no procedimento sumaríssimo**, foi criada por meio da Resolução n. 194/2014, publicada no *Diário Oficial* em 21, 22 e 23.05.2014.

A súmula em comento surgiu com a conversão da OJ n. 405 da SDI-1 do TST, com idêntico conteúdo, que afirma o cabimento dos recursos de embargos ao TST, previsto no art. 894 da CLT, mesmo nos processos que tramitam no rito sumaríssimo.

A dúvida surgiu em decorrência da restrição existente quanto ao cabimento do recurso de revista no procedimento sumaríssimo, que atualmente está regulamentado pelo art. 896, § 9º, da CLT, modificado pela Lei n. 13.015/2014, mas que, na época da edição da súmula, constava no § 6º do mesmo artigo.

Sabe-se que o recurso de revista não pode ser interposto em todas as hipóteses de cabimento no rito sumaríssimo, mas tão somente para impugnar decisão que contraria Súmula do TST, Súmula Vinculante do STF e norma da Constituição Federal.

Também o inc. II do art. 894 da CLT, que trata do cabimento do recurso de embargos, foi alterado pela Lei n. 13.015/2014, para dizer que o recurso poderá ser interposto:

> "II — das decisões das Turmas que divergirem entre si ou das decisões proferidas pela Seção de Dissídios Individuais, ou contrárias a súmula ou orientação jurisprudencial do Tribunal Superior do Trabalho ou súmula vinculante do Supremo Tribunal Federal".

A restrição ao cabimento dos recursos de revista no rito sumaríssimo acaba por trazer também restrição ao cabimento do recurso de embargos, se compararmos com as ações processadas no rito ordinário.

Assim, levando-se em consideração já a nova redação do art. 896, § 9º, da CLT, no rito sumaríssimo o cabimento dos embargos de divergência somente se dará se demonstrada a divergência na aplicação de **Súmula do TST, Súmula vinculante do STF e norma da Constituição Federal**. Nenhuma outra situação pode ser aceita como divergência na aplicação de Orientação Jurisprudencial.

O julgado abaixo nos ajuda no entendimento da matéria:

> EMBARGOS SUJEITOS À SISTEMÁTICA DA LEI N. 11.496/07 CABIMENTO — PROCESSO SUBMETIDO AO RITO SUMARÍSSIMO RESTRIÇÕES DO ART. 896, § 6º, DA CLT — INAPLICABILIDADE 1. A Lei n. 11.496/07, ao restringir o cabimento dos Embargos apenas à hipótese de divergência jurisprudencial, explicitou o papel desta C. Subseção de uniformização de jurisprudência. 2. Assim, os Embargos à SBDI-1 passaram a ser verdadeiros Embargos de Divergência, só não sendo cabíveis na hipótese de a decisão recorrida estar em consonância com súmula ou orientação jurisprudencial do Tribunal Superior do Trabalho ou do Supremo Tribunal Federal. 3. Os Embargos à SBDI-1, que em tudo se assemelhavam ao Recurso de Revista, porquanto guardavam hipóteses de cabimento praticamente idênticas, tornaram-se, enfim, um recurso completamente distinto daquele. **4. Se a identidade ontológica entre os recursos antes autorizava a extensão das restrições previstas no art. 896, particularmente nos §§ 2º e 6º, da CLT, aos Embargos, a nova disciplina introduzida pela Lei n. 11.496/07 não mais permite o mesmo entendimento. 5. Com efeito, tendo em vista que o legislador delineou de forma explícita as diferenças entre os dois apelos, a restrição prevista no § 6º do art. 896 da CLT, por ser específica do Recurso de Revista, não pode ser aplicada aos Embargos. 6. As restrições previstas no art. 896, § 6º, da CLT só afetam, portanto, a admissibilidade dos Embargos de forma indireta. 7. Dessarte, uma vez que o Recurso de Revista em procedimento sumaríssimo só pode ser conhecido por violação constitucional ou contrariedade a súmula do TST, a admissibilidade dos Embargos, nessa hipótese, por consequência lógica, estará adstrita à demonstração de divergência em matéria constitucional (ou em matéria sumulada).**

ATENÇÃO: Enquanto vigorou a Lei n. 11.496/2007, os embargos ao TST podiam ser interpostos sob a alegação de que as turmas desse Tribunal decidiram de forma contraditória entre si em relação a dispositivos da Constituição Federal e entendimento sumulado do próprio TST.

SÚMULA N. 459

RECURSO DE REVISTA. NULIDADE POR NEGATIVA DE PRESTAÇÃO JURISDICIONAL (conversão da Orientação Jurisprudencial n. 115 da SBDI-1) — Res. 197/2015, DEJT divulgado em 14, 15 e 18.05.2015

O conhecimento do recurso de revista, quanto à preliminar de nulidade por negativa de prestação jurisdicional, supõe indicação de violação do art. 832 da CLT, do art. 458 do CPC ou do art. 93, IX, da CF/1988.

A **Súmula n. 459 do TST**, que trata do **cabimento do recurso de revista quando alegada a nulidade por prestação jurisdicional**, foi criada por meio da Resolução n. 197/2015, publicada no *Diário Oficial* em 14, 15 e 18.05.2015.

Para que haja o conhecimento do recurso de revista, quanto à alegação em preliminar de nulidade por negativa de prestação jurisdicional, há que se mencionar a violação a algum dos dispositivos a seguir mencionados: art. 832 da CLT, art. 458 do CPC e art. 93, IX, da CF/88, haja vista que todos tratam da necessidade de fundamentação das decisões, sob pena de nulidade.

Imagine que o acórdão do TRT que manteve a sentença de condenação ao pagamento de determinada quantia tenha sido proferido sem a necessária fundamentação, do tipo "mantém-se a sentença por seus próprios fundamentos".

Tal decisão é claramente nula, haja vista que não houve a fundamentação necessária, violando os artigos acima descritos, especialmente o art. 93, IX, da CF/88.

Do acórdão será interposto o Recurso de Revista, alegando-se a nulidade da prestação jurisdicional, haja vista não ter sido prestada de acordo com aquilo que foi preconizado na Constituição Federal.

Apesar de o TST não exigir o prequestionamento explícito, que é a indicação expressa do dispositivo legal que teria sido violado, em relação à "negativa de prestação jurisdicional", o Tribunal Superior do Trabalho fez tal exigência.

Quando da análise da OJ n. 115 da SBDI-1 do TST, convertida na presente Súmula, ELISSON MIESSA[185] explanou que:

> "A propósito, o art. 93, IX, da CF/88, também impõe que toda decisão judicial deve ser fundamentada. Isso quer dizer que a ausência de fundamentação não somente

[185] SANTOS, Elisson Miessa dos. *Súmulas e Orientações Jurisprudenciais do TST*. 2. ed. Salvador: JusPodivm, 2012, p. 1069.

viola os arts. 832 da CLT e 458 do CPC, como o próprio ordenamento constitucional. Nesse caso, verifica-se que a violação ao dispositivo constitucional não é meramente reflexa, mas frontal, pois basta a parte indicar o art. 93, IX, da CF/88 para fundamentar o recurso".

Nos termos do entendimento sumulado, basta a indicação do dispositivo da CF/88 ou qualquer um dos outros dois, da CLT ou do CPC, pois todos tratam da necessidade de fundamentação para que a prestação jurisdicional seja efetiva.

ATENÇÃO: Para que o recurso de revista seja admitido por suposta negativa de prestação jurisdicional, é indispensável a menção a algum dos dispositivos trazidos na súmula, que impõem a necessidade de fundamentação das decisões judiciais.

SÚMULA N. 460
VALE-TRANSPORTE. ÔNUS DA PROVA —
Res. 209/2016, DEJT divulgado em 01, 02 e 03.06.2016

É do empregador o ônus de comprovar que o empregado não satisfaz os requisitos indispensáveis para a concessão do vale-transporte ou não pretenda fazer uso do benefício.

A **Súmula n. 460 do TST**, referente ao ônus da prova em relação ao **vale-transporte**, foi **inserida** por meio da Resolução n. 209/2016 do TST, publicada no *DJ* nos dias 01, 02 e 03.06.2016.

O vale-transporte foi instituído pela Lei n. 7.418/85 e regulamentado pelo Decreto n. 95.247/87. O art. 7º do último prevê que o empregado terá direito ao benefício para utilização no trajeto domicílio-casa e vice-versa, devendo preencher determinados requisitos legais, a saber:

> Art. 7º Para o exercício do direito de receber o Vale-Transporte o empregado informará ao empregador, por escrito:
>
> I — seu endereço residencial;
>
> II — os serviços e meios de transporte mais adequados ao seu deslocamento residência-trabalho e vice-versa.
>
> § 1º A informação de que trata este artigo será atualizada anualmente ou sempre que ocorrer alteração das circunstâncias mencionadas nos itens I e II, sob pena de suspensão do benefício até o cumprimento dessa exigência.
>
> § 2º O benefício firmará compromisso de utilizar o Vale-Transporte exclusivamente para seu efetivo deslocamento residência-trabalho e vice-versa.
>
> § 3º A declaração falsa ou o uso indevido do Vale-Transporte constituem falta grave.

Na maioria das empresas, no momento da contratação, o empregador apresenta uma espécie de formulário em que o empregado assinala se utilizará ou não o vale-transporte, já que o empregado sofre desconto de até 6% do salário-base.

Diante da hipossuficiência do empregado, presume-se o direito ao recebimento do benefício, razão pela qual se presume que o vale-transporte é devido e que o empregador deveria concedê-lo. Na dúvida, cabe ao empregador provar que o empregado não satisfez os requisitos, que não requereu o benefício, que não utiliza transporte para o trabalho ou que é concedido transporte pela empresa.

O posicionamento atual é diverso daquele já exposto na antiga OJ n. 215 SDI-1 do TST, já cancelada, que dizia ser do empregado o ônus da prova de que satisfez os requisitos legais, conforme ensina VOLIA BOMFIM CASSAR.[186]

A alteração na jurisprudência do TST é sadia, pois determina que a prova, que em regra é documental, seja apresentada por aquele que tem melhores condições de se desincumbir do ônus, que é o empregador.

A nova súmula, pode-se dizer, abarca a moderna teoria da distribuição dinâmica do ônus da prova, na medida em que fixa que o responsável pela produção da prova é o empregador, que possui melhores condições para tanto, enquanto o fato é afirmado pelo empregado. Na petição inicial o empregado diz não ter recebido o vale-transporte, apesar de preencher os requisitos, devendo o empregador provar que o autor não os preencheu. Sobre a teoria dinâmica, prevista no art. 373, §§ 1º e 2º, do CPC/2015, de aplicação no processo do trabalho por determinação da IN n. 39/2016 do TST, MAURO SCHIAVI[187] afirma:

> "Diante da necessidade de se dar efetividade ao acesso à ordem jurídica justa e não inviabilizar a tutela do direito à parte que tem razão, mas não apresenta condições favoráveis de produzir a prova do fato constitutivo do seu direito, é possível ao Juiz do Trabalho atribuir o encargo probatório à parte que tem melhores condições de produzir a prova. É o que a doutrina tem denominado de carga dinâmica na produção do ônus a prova".

Certamente é o que ocorre na atual súmula, refletindo a mudança de entendimento do TST, que já atribuiu o ônus da prova da situação em estudo ao empregado e agora, por entender que o empregador possui melhores condições para produzir a prova, atribui àquele.

> **ATENÇÃO:** Se houver a alegação de que o vale-transporte não foi pago, caberá ao empregador provar que o empregado não faz jus ao benefício ou que não quis recebê-lo, já que se presume que o empregado precisa e quer o vale para o transporte casa-trabalho e trabalho-casa.

SÚMULA N. 461

FGTS. DIFERENÇAS. RECOLHIMENTO. ÔNUS DA PROVA — Res. 209/2016, DEJT divulgado em 01, 02 e 03.06.2016

É do empregador o ônus da prova em relação à regularidade dos depósitos do FGTS, pois o pagamento é fato extintivo do direito do autor (art. 373, II, do CPC de 2015).

---

[186] p. 789.

[187] p. 687-688.

A **Súmula n. 461 do TST**, referente ao ônus da prova em relação à **regularidade dos depósitos do FGTS**, foi **inserida** por meio da Resolução n. 209/2016 do TST, publicada no *DJ* nos dias 01, 02 e 03.06.2016.

Por aplicação da *teoria estática* do ônus da prova, constante no *caput* do art. 373 do CPC/2015, a realização correta dos depósitos de FGTS deve ser provada pelo reclamado, já que o pagamento é um fato extintivo do direito do autor.

A regra sobre a distribuição do ônus da prova pode ser inicialmente entendida, na visão de CARLOS HENRIQUE BEZERRA LEITE,[188] da seguinte forma: *"O ônus da prova pode ser assim problematizado: quem deve provar? Em princípio, as partes têm o ônus de provar os fatos jurídicos narrados na petição inicial ou na peça de resistência, bem como os que se sucederem no envolver da relação processual"*.

A novel súmula, criada em 2016, trata de tema que já foi objeto da jurisprudência do TST, que cancelou em 2011 a OJ n. 301 da SDI-1 do TST, assim redigida:

> "Definido pelo reclamante o período no qual não houve depósito do FGTS, ou houve em valor inferior, alegada pela reclamada a inexistência de diferença nos recolhimentos de FGTS, atrai para si o ônus da prova, incumbindo-lhe, portanto, apresentar as guias respectivas, a fim de demonstrar o fato extintivo do direito do autor (art. 818 da CLT c/c art. 333, II, do CPC)".

Nas duas oportunidades o TST mencionou que o pagamento é um fato extintivo em relação ao pedido formulado pela reclamante, razão pela qual caberia ao empregador/reclamado a prova, por aplicação da *teoria estática do ônus da prova*.

Vejam que a obrigação do empregador é, nos termos do art. 15 da Lei n. 8.036/90, realizar o depósito mensal de 8% da remuneração do empregado, em conta vinculada na Caixa Econômica Federal, sobre a qual o obreiro não possui qualquer ingerência, podendo apenas consultar o extrato da conta para saber se o depósito foi realizado ou não.

Assim, pode ser que o FGTS não seja depositado ou seja depositado a menor, como geralmente ocorre com os empregados que recebem gorjeta, que deveriam ter o FGTS depositado sobre a remuneração (salário + gorjetas), mas comumente o depósito é realizado com base apenas no salário, em verdadeira fraude ao art. 15 da Lei do FGTS, que menciona explicitamente o art. 458 da CLT como base de cálculo do benefício.

Se quem calcula e deposita o FGTS é o empregador, este sabe quanto é devido e está de posse da respectiva guia paga, ou seja, está "com a faca e o queijo na mão" para provar que realizou corretamente o depósito. Não faria sentido impor ao empregado a prova do fato, que seria de difícil comprovação para ele.

> **ATENÇÃO:** Havendo a alegação de que os depósitos mensais de FGTS não foram realizados, cabe ao empregador provar que os fez corretamente, já que o pagamento é fato extintivo do direito ao recebimento do benefício.

[188] *Curso de direito processual do trabalho,* p. 721.

SÚMULA N. 462

MULTA DO ART. 477, § 8º, DA CLT. INCIDÊNCIA. RECONHECIMENTO JUDICIAL DA RELAÇÃO DE EMPREGO — Res. 209/2016, DEJT divulgado em 01, 02 e 03.06.2016

A circunstância de a relação de emprego ter sido reconhecida apenas em juízo não tem o condão de afastar a incidência da multa prevista no art. 477, § 8º, da CLT. A referida multa não será devida apenas quando, comprovadamente, o empregado der causa à mora no pagamento das verbas rescisórias.

A **Súmula n. 462 do TST**, referente à incidência da **multa do art. 477, § 8º, da CLT** ao vínculo reconhecido judicialmente, foi **inserida** por meio da Resolução n. 209/2016 do TST, publicada no *DJ* nos dias 01, 02 e 03.06.2016.

Sabe-se que o legislador impôs o pagamento das verbas rescisórias nos prazos descritos no art. 477, § 6º, da CLT, dependendo da forma de aviso prévio, a saber:

- **1º dia útil:** na hipótese de aviso prévio trabalhado.
- **10 dias corridos:** na hipótese de aviso prévio indenizado.

No prazo legal, todas as verbas rescisórias, sem um centavo a menos, devem ser pagas, ou seja, o pagamento deve ocorrer na integralidade, sob pena de o empregador ser condenado ao pagamento da multa previsto no § 8º do mesmo artigo, de um salário do empregado, caso pleiteado judicialmente.

Assim, é comum termos a condenação ao pagamento da multa nas ações em que se pleiteia o pagamento de horas extras e seus reflexos, já que um dos reflexos são as verbas rescisórias, tais como aviso prévio, multa do FGTS, entre outros.

Trata-se de um pedido comum nas reclamações trabalhistas. Mas percebam que no exemplo dado, em que foram pedidas as horas extras e seus reflexos, havia vínculo de emprego reconhecido voluntariamente pelo empregador, com anotação da CTPS do obreiro, o que não ocorre sempre, já que o pedido de reconhecimento de vínculo é bem comum nas Varas do Trabalho, principalmente no interior, em que o trabalho sem CTPS anotada ainda é habitual, infelizmente.

Imagine agora uma reclamação trabalhista em que se requer: 1) reconhecimento do vínculo de emprego, com anotação da CTPS; 2) pagamento de verbas salariais diversas; 3) pagamento das verbas rescisórias, já que o reclamante foi dispensado sem nada receber até aquele momento.

Se todos os pedidos foram julgados procedentes, teremos o reconhecimento de que havia vínculo entre as partes e que as verbas rescisórias não foram pagas nos prazos do § 6º do art. 477 da CLT.

Será devida a condenação ao pagamento da multa do § 8º do art. 477 da CLT? A dúvida foi dirimida com a Súmula n. 462 do TST, pois o fato de ter sido reconhecido o vínculo naquele momento, por aquela decisão judicial, não afasta o cabimento da multa. Na verdade, o Poder Judiciário está dizendo que houve vínculo de emprego, ou seja, a decisão é declaratória, retroativa, portanto, e que, apesar de ter existido o vínculo, o empregado não pagou as verbas rescisórias quando devia, no prazo legal.

Sobre o tema, RENATO SARAIVA[189] afirma que *"a inobservância do prazo para pagamento dos haveres rescisórios previstos no art. 477, § 6º, importará no pagamento de uma multa em favor do empregado, em valor equivalente ao seu salário (CLT, art. 477, § 8º), salvo quando, comprovadamente, o obreiro der causa à mora"*.

A escusa legal — mora exclusiva do empregado — foi reconhecida pelo TST na redação da súmula, podendo-se dizer que obviamente a multa não é devida por não ter havido culpa do empregado pelo não pagamento. Sobre o tema, LUCIANO MARTINEZ[190] exemplifica com o não comparecimento injustificado do obreiro ao local da homologação, momento em que seria realizado o pagamento, dentro do prazo legal. Na hipótese não incidirá a multa, pois não houve qualquer culpa do empregador.

Claro que, em 99% das situações verificadas no dia a dia forense, a culpa pelo não pagamento é do empregador, principalmente quando não há o reconhecimento do vínculo de emprego, já que é obrigação daquele anotar a CTPS, não permitindo que o empregado inicie a prestação dos serviços sem apresentação do documento.

ATENÇÃO: Sendo reconhecido o vínculo de emprego em juízo, incidirá a multa do art. 477, § 8º, da CLT, de um salário do empregado caso não sejam pagas as verbas rescisórias nos prazos constantes do § 6º do mesmo artigo.

[189] *Direito do trabalho:* concursos públicos, p. 255.

[190] MARTINEZ, Luciano. *Curso de direito do trabalho.* São Paulo: Saraiva, 2011, p. 579.

DICAS

DIREITO DO TRABALHO

Natureza jurídica e fontes do direito do trabalho

1. Iniciam-se as dicas com a natureza jurídica do direito do trabalho, que é um ramo do direito privado, apesar de toda a proteção conferida pela CF/88 e o interesse do Estado em preservar os direitos dos trabalhadores. A base do direito do trabalho é o contrato firmado entre empregado e empregador, razão pela qual a natureza é de direito privado.
2. As fontes do direito do trabalho podem ser divididas em materiais e formais. As primeiras representam os fatos sociais, tais como revoluções, mobilizações, greves, protestos ou outros, que geram no legislador a ideia de regulamentar uma profissão, de alterar a jornada de trabalho, ou seja, de criar norma sobre direito do trabalho.
3. Uma passeata, uma mobilização de trabalhadores ou uma greve podem ser entendidas como uma fonte material caso gerem no legislador a ideia de criação de uma norma jurídica. A redução da jornada de trabalho para 40 horas semanais, que venha a ser aprovada após manifestações, será resultado de tal fonte material.
4. As fontes formais são a forma de exteriorização do direito, ou seja, a maneira pela qual o direito do trabalho é sentido pela sociedade, por meio de uma lei, uma convenção coletiva etc.
5. As fontes formais podem ser divididas em autônomas e heterônomas. As primeiras são criadas pelos próprios sujeitos da relação de emprego, como ocorre com os acordos coletivos de trabalho e as convenções coletivas de trabalho. Os acordos coletivos de trabalho são normas criadas entre o sindicato dos empregados e empresa(s), enquanto os demais são normas estabelecidas entre sindicato dos empregados e sindicato dos empregadores.
6. Já as fontes formais heterônomas são criadas por um terceiro em relação ao vínculo de trabalho, em regra, pelo Estado, que por meio dos poderes Legislativo, Executivo e Judiciário cria as normas e as impõe. Exemplos de fontes formais heterônomas: leis (Legislativo), medida provisória (Executivo) e sentença normativa (Judiciário).
7. Além das leis, medidas provisórias e sentenças normativas, também temos de destacar a Súmula Vinculante, que tem força obrigatória sobre os demais Juízes,

que não podem decidir de maneira contrária. Assim, são consideradas fontes formais do direito do trabalho.

8. A sentença normativa é uma decisão do Poder Judiciário proferida na ação denominada *dissídio coletivo*, em que são criados novos direitos, constituídas melhores condições de trabalho, como reajustes salariais, aumento de adicionais, entre outros. Tais direitos passam a produzir efeitos nos contratos de trabalho dos empregados das categoriais representadas no dissídio.

9. Inexiste qualquer hierarquia entre fontes formais autônomas e heterônomas, devendo-se aplicar aquela que for mais favorável ao empregado. Havendo um contrato de trabalho prevendo o adicional de horas extras de 70% e uma convenção coletiva prevendo o adicional de 60%, aplicar-se-á a primeira norma, por ser mais favorável ao empregado, que receberá quantia superior.

10. Havendo dúvida acerca de qual norma é mais favorável ao empregado, deve-se aplicar a teoria do conglobamento, que determina a análise de forma global, para, ao final, aplicar-se na integralidade uma das normas em conflito. Esse é o entendimento majoritário do TST e da doutrina, pois respeita a norma que foi criada como um todo, sem dividi-la, de forma que mantenha as suas regras de equilíbrio.

11. Não se aplica a teoria da acumulação, que determina a análise em separado dos institutos previstos (jornada, remuneração, férias etc.), bem como o conglobamento mitigado, que manda aplicar o bloco de direitos mais favoráveis ao empregado, como as normas sobre jornada, remuneração etc.

12. Importante destacar que a analogia e a equidade não são fontes do direito, mas, sim, formas de integração da norma jurídica, ou seja, técnicas a serem utilizadas quando não houver normas no caso concreto. Mesmo que não exista lei sobre determinado assunto, o Juiz deve julgar nos moldes do art. 140 do NCPC, valendo-se daquelas formas de integração. O art. 8º da CLT fez menção expressa à situação aqui narrada.

13. Por fim, as normas criadas por negociação coletiva, extremamente importantes no Brasil, garantem uma melhora na situação jurídica dos empregados, incorporam os contratos de trabalho, produzindo efeitos durante a vigência da negociação — prazo máximo de 2 anos —, bem como após o término da vigência, caso não haja outra norma coletiva que venha a substituí-la. Aplica-se a teoria da *ultratividade* prevista na Súmula n. 277 do TST, segundo a qual tais normas integram o contrato, somente podendo ser retiradas por outra norma coletiva.

14. Exemplificando, se uma categoria faz jus ao recebimento do plano de saúde custeado pela empresa, tal direito permanecerá mesmo após o término da vigência da norma coletiva que o criou (Convenção Coletiva de Trabalho ou Acordo Coletivo de Trabalho). O plano de saúde somente deixará de ser direito da categoria caso uma futura norma coletiva expressamente preveja a perda do direito pela categoria ou a sua substituição por outra utilidade.

Princípios do direito do trabalho

15. Os princípios são importantes em todos os ramos do direito, pois estão relacionados à criação da norma, à sua interpretação e aplicação. O Legislador se vale dos princípios para a criação de normas. O aplicador do direito, na dúvida sobre a sua real aplicação, faz uso dos princípios para interpretar. Por fim, o Juiz os utiliza para julgar, conforme já demonstrado no art. 8º da CLT e art. 140 do NCPC.

16. O primeiro destaque em relação aos princípios vai para o princípio da proteção, que existe em decorrência da hipossuficiência do empregado em face do empregador. A subordinação inerente ao vínculo de emprego faz com que o trabalhador esteja constantemente em situação de desvantagem, devendo-se criar normas e interpretá-las de maneira a reduzir tais desigualdades.

17. A primeira parte do princípio da proteção é conhecida como a norma do *in dubio pro operario* ou *in dubio pro misero*. Trata-se de norma de interpretação de outra norma jurídica, ou seja, serve para interpretar um artigo de lei, uma cláusula de negociação coletiva, de regulamento de empresa. Por isso, dizemos que serve para interpretar outra norma jurídica, já existente, mas que por defeito de redação deixou dúvidas para o aplicador do direito. Se em determinado contrato existir uma cláusula prevendo que a jornada de trabalho será de "6 (oito) horas" (assim mesmo, com erro), aplicaremos o princípio em estudo para dizer que a jornada de trabalho é de 6 horas, já que é melhor para o empregado, que trabalhará menos.

18. Contudo, não se aplica o *in dubio pro operario* na análise das provas no processo trabalhista. Assim, na dúvida acerca da existência do direito, deve o Juiz valer-se das regras sobre distribuição do ônus da prova, conforme o art. 818 da CLT. Imagine que o empregado tenha ajuizado uma ação trabalhista pedindo a condenação da empresa ao pagamento de 2 horas extras por dia. Ao término da instrução (produção das provas), o Juiz está na dúvida acerca da realização das horas extras. Foram ou não foram realizadas, é o questionamento do Magistrado. Não aplicaremos o *in dubio pro operario* para condenar a empresa. Na verdade, deverá verificar quem deveria provar o fato, que, no caso, é o empregado. Se não provou, se não convenceu o Juiz, o pedido deve ser negado.

19. Em relação à norma mais favorável, segundo ponto a ser destacado quanto ao princípio da proteção, tem-se que a norma jurídica que deve prevalecer e ser aplicada é sempre aquela que traz mais vantagem ao obreiro, e não aquela que está em patamar hierarquicamente superior. Assim, uma cláusula de contrato pode ser mais favorável ao empregado se comparada com a Constituição Federal, por prever adicional de horas extraordinárias de 100%. Um ótimo exemplo é a Súmula n. 202 do TST, que trata da gratificação a ser paga. Havendo gratificação de função criada por mais de uma fonte, será aplicada a que for mais favorável ao empregado.

20. O terceiro e último ponto do princípio da proteção é denominado condição mais benéfica e afirma que "tudo o que for mais benéfico para o empregado passa a integrar o contrato de trabalho". Assim, se o empregador começar a fornecer uma cesta básica ao empregado, por ser uma condição mais benéfica, passará a ser parte integrante do contrato, não podendo aquela vantagem ser retirada, por ter se constituído como direito adquirido.

21. Caso haja uma redução da jornada de trabalho voluntária, ou seja, por parte do empregador, uma elevação posterior não poderá ser imposta, já que redução é uma condição mais benéfica. Se o empregado trabalhava aos sábados e parou de trabalhar por um período razoável, não poderá ser obrigado a trabalhar novamente naquele dia.

22. As condições mais benéficas criadas por regulamento de empresa passam a ser direito adquirido dos empregados, como afirmado acima. Entretanto, nos termos da Súmula n. 51, I, do TST, o regulamento pode ser alterado, mas a alteração somente produzirá efeitos para os novos empregados, ou seja, os empregados contratados após a alteração.

23. Uma das mudanças mais importantes na jurisprudência do TST, ocorrida em setembro de 2012, diz respeito ao tema condição mais benéfica, estando na Súmula n. 277 do TST. Atualmente, as condições mais benéficas criadas por negociação coletiva integram os contratos de trabalho, somente podendo ser retiradas por meio de outra negociação coletiva. Assim, pode ser que um direito exista, mas a negociação que o criou não esteja mais em vigor, tendo em vista que as negociações possuem prazo máximo de vigência de 2 anos. Trata-se de ultratividade das normas.

24. Em relação ao princípio da irrenunciabilidade, é importante destacar que a maioria absoluta das normas trabalhistas não podem ser flexibilizadas, por serem consideradas de ordem pública, cogentes, imperativas, obrigatórias. A Súmula n. 437 do TST demonstra que os intervalos não podem ser flexibilizados nem mesmo por negociação coletiva. Assim, mesmo que o empregado queira reduzir o intervalo do almoço para sair mais cedo, o ato não será válido, já que o intervalo é mínimo. Há algumas situações excepcionais, como aquela criada pela LC 150/2015 (Nova Lei dos Domésticos), que diz ser possível, por escrito, a redução do intervalo para, no mínimo, 30 minutos. Além disso, é possível o fracionamento do intervalo, nos termos do art. 71, § 5º, da CLT, para as categorias de motoristas, cobradores e fiscais dos serviços de transporte de passageiros.

25. Ainda sobre o mesmo princípio, a Súmula n. 276 do TST diz que o aviso prévio é irrenunciável, sendo que a dispensa do seu cumprimento não exime o empregador de lhe pagar o valor, salvo se houver prova de que o empregado já conseguiu novo emprego. Assim, se o empregado "abrir mão do aviso prévio", tal ato não terá validade, a não ser que o obreiro já tenha conseguido novo empregado, hipótese em que não haverá necessidade do aviso prévio.

26. Já em relação ao princípio da primazia da realidade, é sempre bom lembrar que, se houver dissonância entre os fatos e os documentos, aqueles devem prevalecer. Se os documentos retratarem uma realidade que não era a vivenciada pelo empregado, devem ser desconsiderados, não servindo como meio de prova. É o que ocorre, segundo a Súmula n. 338, III, do TST, com os cartões de ponto que possuem horários britânicos, uniformes. Devem ser desconsiderados, porque são presumidamente falsos, invertendo-se o ônus da prova.

27. Ainda sobre a primazia da realidade, pode o empregado demonstrar que as datas de assinatura e baixa da CTPS estão incorretas, que ele trabalhou um período maior do que o anotado pelo empregador, valendo-se para isso de outros meios de prova que demonstrem a veracidade dos fatos. Também pode ser demonstrado que o salário anotado na CTPS não estava correto, que havia o pagamento de salário "por fora", para que o empregador seja condenado ao pagamento das diferenças referentes aos encargos incidentes sobre o salário, como FGTS, INSS etc.

28. Sobre o princípio da inalterabilidade contratual lesiva, tem-se a aplicação do art. 468 da CLT, que proíbe a alteração contratual que venha a gerar prejuízos ao empregado. Nos termos do dispositivo legal, a alteração contratual somente pode ocorrer se: o empregado concordar e não houver prejuízo direto ou indireto.

29. Ocorre que pequenas alterações no curso do contrato de trabalho — como mudança de horário e data de pagamento do salário — podem ser impostas pelo empregador, pois constituem o seu *jus variandi*, decorrente do poder de organização do empregador. Ao ser contratado, o empregado tem o seu horário de trabalho definido pelo empregador, que poderá redefini-lo, pois quem organiza pode também reorganizar.

30. Algumas hipóteses relacionadas ao tema "alteração do contrato de trabalho" devem ser lembradas, pois são vedadas: rebaixamento de função, que é considerado ilícito, mesmo sem a redução do salário, uma vez que acarreta dano moral; redução da jornada com redução do salário.

31. Já a reversão é válida, conforme o art. 468, parágrafo único, da CLT e Súmula n. 372 do TST, que é o retorno ao cargo ocupado anteriormente, por deixar o empregado o cargo de confiança. Na hipótese, retornando ao cargo anterior, deixará o empregado de receber a gratificação de função, salvo se permaneceu no cargo de confiança por dez ou mais anos, hipótese em que terá garantida a integração da gratificação ao salário. Mesmo retornando ao cargo anterior, continuará recebendo a gratificação.

32. Um dos pontos mais cobrados em concursos é a OJ n. 159 da SDI-1 do TST, que diz ser válida a alteração na data de pagamento do salário, desde que pago até o 5º dia útil do mês subsequente. O empregador possui o poder de variar (mudar) o dia de pagamento, mesmo que já pague em dia anterior, mais benéfica ao empregado, por vários anos. Por 10 anos pagou no 1º dia útil. Se resolver pagar até o 5º dia útil, poderá sem qualquer afronta à legislação trabalhista.

33. Também é importante lembrar, em relação às modificações no contrato de trabalho, o art. 469 da CLT, que trata da transferência do empregado, trazendo os requisitos legais para tal modificação, bem como a diferença para a remoção. O *caput* do artigo referido diz sobre a transferência e a mudança no local de trabalho que acarretar, necessariamente, a alteração de domicílio. Não havendo tal

alteração, estaremos diante da remoção, que é o que ocorre, geralmente, quando a mudança de local de trabalho for entre filiais da mesma região metropolitana.

34. A remoção não depende de consentimento do empregado, mas a transferência sim, a não ser que o empregado exerça cargo de confiança ou tenha no contrato, implícita ou explicitamente, cláusula prevendo a transferência. Durante o período em que o obreiro transferido estiver trabalhando, receberá adicional de pelo menos 25% do salário.

35. O princípio da continuidade da relação de emprego é caracterizado pela regra de que os contratos são, regra geral, firmados por prazo indeterminado, ou seja, sem o ajuste sobre o seu término, sem a data de sua rescisão. Na dúvida acerca da contratação, se por prazo indeterminado ou não, a Súmula n. 212 do TST diz que a regra geral — prazo indeterminado — deve prevalecer. Os contratos por prazo determinado — hipóteses e regras especiais — estão previstos no art. 443 e seguintes da CLT, devendo haver um motivo que justifique a predeterminação do prazo.

36. Algumas regras acerca dos contratos a termo devem ser lembradas: o prazo máximo é de 2 anos, com exceção do contrato de experiência, cujo prazo máximo é de 90 dias. Somente pode haver uma prorrogação, que não precisa ser pelo mesmo prazo contratado. Entre dois contratos de trabalho por prazo determinado, deve haver intervalo mínimo de 6 meses, sob pena de considerar-se um contrato por prazo indeterminado, salvo hipótese em que a contratação antes do prazo seja realmente necessária.

37. O contrato por prazo determinado, além das hipóteses do art. 443 da CLT, também pode ser firmado nos termos da Lei n. 6.019/74, a lei do trabalho temporário, bem como por meio da Lei n. 9.601/98, e esta última requer negociação coletiva previamente autorizando.

38. A Lei n. 6.019/74 prevê a contratação por intermédio de empresa de trabalho temporário, tratando-se de terceirização de atividade-fim lícita, conforme Súmula n. 331, I, do TST. Os contratos entre tomador e empresa de trabalho temporário e entre esta e seus empregados devem ser escritos. Além disso, o mesmo empregado não pode permanecer mais de 3 meses com o mesmo tomador, salvo autorização conferida pelo MTE.

39. Por fim, o princípio da intangibilidade salarial possui vários destaques que podem ser cobrados no Exame de Ordem. O primeiro deles diz respeito à regra do art. 7º, VI, da CF/88, que prevê a possibilidade de redução salarial por meio de acordo ou convenção coletiva de trabalho. A segunda regra prevê a impenhorabilidade absoluta dos salários para pagamento de dívidas, mesmo trabalhistas, com exceção para pagamento de alimentos. Tal regra foi reafirmada pelo TST por meio da OJ n. 153 da SDI-1 do TST.

40. Destacam-se ainda os descontos salariais, que nos termos do art. 462 da CLT somente são válidos se previstos em lei, negociação coletiva ou, no caso de dano, se decorrentes de dolo ou, na hipótese de culpa, se houver termo escrito autorizando o desconto. Em relação ao tema descontos, o TST, por meio da

Súmula n. 342 do TST, autorizou a realização de descontos nos salários, em diversas situações, tais como para pagamento de plano de saúde, previdência privada, seguro de vida, desde que o empregado tenha consentido por escrito e não haja qualquer coação por parte do empregador.

Relação de emprego

41. Em primeiro lugar, vale a pena destacar a diferença entre relação de emprego e relação de trabalho. No primeiro, há trabalho subordinado e com todos os demais requisitos do art. 3º da CLT, que serão depois analisados com calma. Já na relação de trabalho, o que impera não é a subordinação, mas a autonomia na realização do trabalho. Nos dois há esforço físico ou intelectual, há a intenção de recebimento de valores, mas a autonomia/subordinação acaba sendo o ponto central.
42. Uma frase importante e que resume a diferença entre relação de emprego e relação de trabalho é a seguinte: **"Toda relação de emprego é relação de trabalho, mas nem toda relação de trabalho é relação de emprego".**
43. Destaque especial para o art. 442-A da CLT, que impede a conduta do empregador de exigir experiência prévia superior a 6 (seis) meses, proporcionando mais facilmente a contratação de novos empregados, de pessoas recém-saídas das faculdades e cursos técnicos, que ainda não tiveram a sua primeira experiência profissional.
44. Para a configuração do vínculo de emprego, é necessário o preenchimento dos requisitos descritos no art. 3º da CLT. Presentes todos, reconhece-se o vínculo de emprego, determinando-se a anotação da CTPS e o cumprimento de todas as demais normas jurídicas trabalhistas. Ausente algum deles, não haverá vínculo de emprego, sendo aquele trabalhador um eventual, um autônomo, um voluntário etc.
45. O primeiro requisito do vínculo de emprego é ser pessoa física. Não há vínculo de emprego entre pessoas jurídicas. O vínculo entre pessoas jurídicas é contratual, nos termos do Código Civil, do Código de Defesa do Consumidor, mas não um vínculo de emprego. Pode haver fraude com a contratação de empresa quando a hipótese seria de vínculo de emprego. Nessa situação, em nome do princípio da primazia da realidade, desconstitui-se o vínculo civil, reconhecendo-se o de emprego. Tal situação é muito conhecida como "pejotização", ou seja, a contratação como "PJ" (pessoa jurídica), em que o empregado cria uma empresa para o empregador firmar com ela um contrato, burlando a legislação trabalhista e evitando a anotação da Carteira de Trabalho.
46. O segundo requisito é a pessoalidade. O trabalho desenvolvido pelo empregado é *intuitu personae*, ou seja, deve ser realizado por determinada pessoa, pois a contratação ocorreu em decorrência de qualidades especiais daquela pessoa. Nenhuma empresa contrata "qualquer empregado". Muito pelo contrário, os processos seletivos são cada vez mais rígidos e buscam "o empregado". Assim, não pode ser aquele obreiro substituído continuamente, com frequência.

47. Se há substituição regular, não se pode falar em vínculo de emprego, pois a figura seria mais próxima da autonomia do que da subordinação. A substituição não eventual, aquele que ocorre de vez em quando, não desnatura do vínculo de emprego, como ocorre com professor universitário que foi substituído uma ou duas vezes no semestre por um colega, diante de algum problema que impedia o seu comparecimento.

48. A pessoalidade, cuidado, não é inerente ao empregador, e sim apenas ao empregado. Em relação ao empregador, a ideia é a impessoalidade, tanto que, se o empreendimento for vendido, nada ocorre com o contrato de trabalho, conforme os arts. 10 e 448 da CLT. Se a empresa em que trabalho for vendida, nada acontecerá com o meu contrato de trabalho, que continuará existindo com o novo empregador. A mudança de empregador não altera o vínculo, o que demonstra ser a impessoalidade uma característica sua.

49. Para tornar o entendimento mais fácil, pensem no que ocorreria se o empregador falecesse e se o dono da empresa viesse a óbito. Na primeira situação, o vínculo de emprego seria extinto pela morte do empregado. Na segunda situação, o vínculo de emprego continuaria, já que a empresa não seria extinta, por ter personalidade jurídica própria. Os herdeiros assumiriam ou venderiam a empresa, o que faria com que o vínculo de emprego continuasse.

50. O terceiro requisito é a habitualidade ou não eventualidade. O empregado trabalha com habitualidade, com uma rotina. O empregador possui expectativa de que o empregado retorne ao trabalho no dia "tal", às "tantas horas". É essa rotina que caracteriza o trabalho habitual ou não eventual. Diferentemente ocorre com o autônomo, que trabalha apenas quando chamado, quando preciso, sem uma rotina de retornos regulares. Um montador de móveis, por exemplo, que trabalha por conta própria e que foi à sua residência hoje montar um guarda-roupa. Quando ele voltará? Não sei, quando comprar outro móvel, possivelmente. Mas quando isso ocorrerá? Ninguém sabe. Vejam que não há habitualidade.

51. Agora, um professor universitário que leciona todos os dias pela noite na Faculdade de Direito. Terminada a aula de segunda-feira, quando ele retornará? Na terça-feira. O trabalho é habitual, há rotina, há expectativa de retorno.

52. Cuidado, pois o trabalho não precisa ser diário para ser considerado habitual. Pode ser assim considerado mesmo que João trabalhe apenas às segundas-feiras, por exemplo. Se João trabalhar na empresa "A" todas as segundas-feiras, o trabalho será habitual, haverá vínculo de emprego e a Carteira de Trabalho deverá ser assinada, pois não há um número mínimo de dias trabalhados por semana para a configuração do vínculo de emprego. Veremos que isso somente existe para o empregado doméstico. Para o não doméstico, pode ser o trabalho desenvolvido em um só dia da semana.

53. O quarto requisito para a configuração do vínculo de emprego é a onerosidade, que significa pretensão de recebimento de quantia. Mesmo que haja o inadimplemento por parte do empregador, presume-se que o trabalho é oneroso. Alguns podem até trabalhar por prazer e não por dinheiro, mas a imensa maioria trabalha porque precisa do salário que é pago mensalmente para sobreviver.

54. Diferentemente ocorre com o trabalho voluntário, disciplinado pela Lei n. 9.608/98, pois nessa não há vínculo de emprego, exatamente pela ausência de salário. A lei diz não haver vínculo de emprego com o voluntário, visto que não há expectativa de recebimento de quantia por aquela pessoa. Ninguém presta serviços voluntários em uma instituição beneficente pensando em dinheiro.

55. Isso não significa dizer, contudo, que a instituição beneficente não tenha empregados, não seja considerada empregadora, pois o art. 2º, § 1º, da CLT equipara tais instituições às empresas para fins trabalhistas. Uma APAE pode ter empregados e voluntários, os primeiros recebendo salário e os demais "coisas boas que a vida traz a quem faz o bem".

56. Ainda em relação ao recebimento do salário, mesmo que não haja estipulação daquele, o trabalho é presumido oneroso, aplicando-se o art. 460 da CLT para dirimir a questão acerca da ausência de estipulação do salário. Trata-se do instituto de equivalência salarial. Se um empregado começa a trabalhar sem que seja definido o seu salário, qual a quantia que lhe é devida? O art. 460 da CLT diz que deverá ser pago: a) o valor que é pago a outro empregado da empresa que realiza as mesmas funções; b) se não existir esse outro empregado, será pago a média salarial do Mercado.

57. Já a subordinação, quinto requisito de vínculo de emprego, traduz a ideia de que o empregador dirige a prestação dos serviços, criando normas, organizando a atividade, fiscalizando e impondo as sanções cabíveis. A subordinação inerente ao vínculo de emprego é a denominada subordinação jurídica, prevista no parágrafo único do art. 6º da CLT. A lei confere ao empregador os poderes de organização, de fiscalização e o disciplinar, e é por meio desses poderes que o empregador subordina o empregado, retirando sua autonomia.

58. A subordinação técnica e a econômica não podem ser consideradas espécies de subordinação, pois a verdadeira é a jurídica, que decorre da lei. Não se pode afirmar que o empregado é sempre subordinado tecnicamente ao empregador, pois, por vezes, é o contrário que ocorre, com o empregador dependendo da técnica do empregado. Também não se pode dizer que o empregado sempre trabalha por dinheiro, pelo recebimento do salário, que depende financeiramente do empregador, pois o empregado pode não precisar, mas trabalha por algum motivo.

59. Os poderes do empregador, como dito, decorrem da subordinação que ele exerce, principalmente no que toca à fiscalização do trabalho desenvolvido pelo obreiro. A referida fiscalização é facilmente exercida quando o empregado labora na empresa, junto ao empregador. Mas quando o trabalho é desenvolvido em domicílio, a distância, será que ainda assim se pode falar em subordinação? Claro que sim, mesmo que o trabalho seja realizado a distância, prevalece a subordinação jurídica, que pode ser exercida por meio de celular, *e-mail*, videoconferência etc. Os meios informatizados serão utilizados para controlar o desenvolvimento do trabalho, o rendimento do empregado.

60. Último dos requisitos, a alteridade é entendida como a assunção dos riscos do empreendimento por parte do empregador, isto é, o empregado trabalha, mas quem assume os riscos do empreendimento é o empregador, que suportará eventual prejuízo da atividade, sem deixar de arcar com todas as obrigações trabalhistas, previdenciárias e fundiárias. Esse requisito se encontra no art. 2º da CLT. Várias são as situações vivenciadas no dia a dia que demonstram a alteridade do empregador. Se o cliente da empresa ficar inadimplente, o empregador pode atrasar salários e deixar de pagar as verbas trabalhistas? Se o cheque recebido pela loja não tiver provisão de fundos, a comissão do vendedor poderá ser descontada? Resposta negativa para as duas perguntas. Havendo inadimplemento, quem assume integralmente o prejuízo é o empregador. Lembre-se que o empregado até pode receber parte dos lucros, mas nunca divide os prejuízos.

61. Por fim, uma atenção especial a uma situação que é bem comum nas provas de concursos. Geralmente as bancas incluem a "exclusividade" como um requisito do vínculo de emprego, o que está errado. Não se trata de um requisito do vínculo de emprego, já que um empregado pode manter, ao mesmo tempo, vínculo de emprego com diversos empregadores. Nenhum deles poderá alegar a inexistência de vínculo pela existência de relação de emprego com outros.

Empregado doméstico — LC 150/2015

62. Um dos pontos mais controversos dos últimos anos em relação ao trabalho doméstico diz respeito ao conceito de "continuidade", um dos requisitos do vínculo para aquele empregado e responsável pela diferença para a "diarista", que é um empregado autônomo. Doutrina e jurisprudência chegaram a um consenso nos últimos anos, de que continuidade seria o trabalho em pelo menos 3 dias da semana na mesma residência. A LC 150/2015, em seu art. 1º, reconheceu tal entendimento, afirmando ser contínuo o trabalho em mais de 2 dias da semana, ou seja, em pelo menos 3 dias.

63. Outra norma constante no art. 1º é a proibição de contratação de menores de 18 anos para o trabalho doméstico, que é reconhecido pela OIT como umas das piores formas de trabalho. Assim, a legislação inseriu na lei em estudo o que foi reconhecido pela Convenção n. 182 da Organização Internacional do Trabalho.

64. Outro requisito importante a ser lembrado é a *finalidade não lucrativa* do trabalho doméstico. Da perspectiva do empregador, não se almeja o lucro, ou seja, o empregador doméstico não visa lucro, muito pelo contrário, apenas gasta para ter um empregado em casa. Diferentemente ocorre com uma empresa, que lucra com o trabalho realizado pelos obreiros.

65. Caso o empregador doméstico esteja lucrando com o empregado doméstico, alguma coisa estará errada. Vejamos: a cozinheira, dona Maria, além da alimentação da família, faz quitutes que são vendidos pela patroa, auferindo a última bons "trocados ao final do mês". No caso, a dona Maria não é doméstica, pois o seu trabalho está sendo lucrativo para o empregador. Pode-se dizer que dona Maria é empregada urbana, aplicando-se a CLT e as normas coletivas aplicáveis à sua categoria.

66. O empregado doméstico, conforme definição do art. 1º da LC 150/2015, trabalha para pessoa ou família, no âmbito residencial. Duas informações aqui são fundamentais: pessoa jurídica não contrata doméstico, isto é, o empregador doméstico é sempre uma pessoa física. Se João limpa a minha casa três vezes por semana, será considerado doméstico. Se o mesmo João limpa as dependências da minha empresa três vezes por semana, será considerado empregado urbano, regido pela CLT. Há aqui reflexos importantes: sendo considerado empregado urbano para a minha empresa, basta que labore por um dia na semana para ter vínculo empregatício.

67. Um exemplo simples pode esclarecer a diferença acima: se João limpa a minha casa uma vez por semana, não é empregado, mas diarista, sem necessidade de assinatura da CTPS. Se João limpa as dependências da minha empresa uma vez por semana, já é empregado, devendo ser assinada a CTPS, pois para o empregado regido pela CLT o requisito é a "habitualidade", que pode ser o trabalho uma vez por semana. Para o doméstico, o requisito é a "continuidade", que exige trabalho em mais de 2 dias na semana.

68. A outra informação importante que decorre da expressão "âmbito residencial", é a possibilidade de o empregado doméstico trabalhar na cidade, no campo, no meio rural, na praia e em qualquer outro local que seja considerada a minha residência e de minha família. Um sítio de lazer será o local de trabalho do doméstico. Assim, o caseiro do meu sítio de lazer é doméstico, na medida em que o seu trabalho não possui finalidade lucrativa. O trabalho na minha casa de praia igualmente será feito por empregado doméstico. Agora, se o meu sítio tiver intuito lucrativo e o caseiro estiver vinculado ao trabalho que gera receita para o proprietário, ele será empregado rural. Tudo depende da existência ou não do intuito lucrativo.

69. Sobre a duração do contrato de trabalho do doméstico, prevê o art. 4º da LC 150/2015 a possibilidade de o obreiro ser contratado por prazo determinado na hipótese de contrato de experiência, cujo máximo de vigência é de 90 dias, bem como quando ocorrer a necessidade provisória de serviços, como o aumento da demanda de trabalho nas férias, assim como em decorrência de substituição de empregado com contrato suspenso ou interrompido, como poderia ocorrer com o doméstico afastado por problemas de doença, que tem o seu contrato interrompido nos primeiros 15 dias de afastamento e suspenso a partir do 16º dia, momento em que se dará o pagamento de benefício previdenciário. Nessas hipóteses, o contrato por prazo determinado será firmado até que se dê o término do evento que motivou a contratação, não podendo ser superior a 2 anos.

70. Os arts. 6º, 7º e 8º continuam a tratar do contrato de trabalho por prazo determinado, prevendo as indenizações devidas em caso de rompimento antecipado do contrato, pelo empregado e empregador, bem como destacando a ausência de aviso prévio nessa modalidade de contrato.

71. A jornada de trabalho do doméstico, que passou a ser limitada com a EC 72/2013 e regulamentada pela LC 150/2015, mostra-se como uma das maiores conquistas da categoria, que não possuía limite diário e semanal, direito a intervalos e adicional noturno. Todos esses direitos eram negados à categoria, por não possuir jornada definida e controlada. Agora tudo mudou! O art. 2º traz o limite de 8 horas diárias e 44 horas semanais, conforme previsão contida no art. 7º da CF/88.

72. O § 1º do art. 2º da LC 150/2015 prevê o recebimento de, pelo menos, 50% a mais quando realizada jornada extraordinária, isto é, quando ultrapassados os limites descritos acima. Para se chegar ao valor da hora normal de trabalho, e por consequência o valor da hora extra, deve ser dividido o salário mensal por 220 horas. Assim, o empregado que recebe R$ 1.100,00 mensais, recebe R$ 5,00 por hora trabalhada, o que representa R$ 7,50 por cada hora extra, fora os reflexos nas demais verbas trabalhistas, fundiárias (FGTS) e previdenciárias. O divisor 220 (que representa o número de horas trabalhado por mês), surge da divisão de 44h (semanais) por 6 dias de trabalho (por semana — segunda a sábado), o que equivale a 7h20m por dia. Multiplicando-se por 30 dias, teremos 220 horas. Apesar do empregado não trabalhar 30 dias por semana, todos são remunerados já que o domingo é o descanso semanal remunerado.

73. A regra geral acerca da prestação de horas extras é o recebimento em dinheiro ao final do mês. Ocorre que pode ser criado o sistema de compensação chamado "banco de horas", previsto no art. 2º, § 4º, da LC 150/2015, que retira o direito ao recebimento daquelas horas em pecúnia, pois substitui o pagamento por descanso. No banco de horas, há a compensação entre o trabalho extraordinário e o descanso posterior extra. Se houver o referido sistema, as duas horas extras realizadas hoje podem se transformar em duas horas de descanso amanhã, ou seja, hoje trabalhei mais para amanhã trabalhar menos.

74. O banco de horas também está previsto na CLT, no art. 59, § 2º, para os empregados de empresas, mas existem profundas diferenças entre os sistemas da CLT e da LC 150/2015. A primeira diferença é em relação à forma de constituição/pactuação do banco de horas, que na CLT exige negociação coletiva e na LC 150/2015 apenas termo escrito particular, entre empregado doméstico e empregador.

75. A segunda particularidade reside na necessidade de pagamento das 40 primeiras horas extras realizadas no mês. Somente as horas que ultrapassarem aquelas é que serão inseridas no banco e deverão ser compensadas no prazo máximo de 1 ano.

76. Das primeiras 40 horas extras poderão ser deduzidas as horas que foram reduzidas em determinados dias (dias em que o empregado saiu mais cedo por qualquer motivo) ou de dias úteis não trabalhados, como feriados que caem na quinta e o empregado não trabalha na sexta, prolongando o descanso. As 8 horas referentes à sexta poderão ser deduzidas das horas extras a serem pagas.

77. Se, eventualmente, o vínculo de emprego for rescindido antes da compensação das horas extras, estas deverão ser pagas na rescisão, considerando-se o valor do salário do momento da rescisão, e não o salário do momento da prestação das horas extraordinárias.

78. A jornada 12x36 está prevista no art. 10 da LC 150/2015, devendo ser pactuada por escrito e podendo ainda os intervalos serem realizados ou indenizados. A jornada em estudo é típica para os empregados domésticos que exercem a função de "cuidadores de idosos e enfermos".

79. O art. 12 da lei diz ser obrigatória a anotação da jornada de trabalho, em meio manual ou eletrônico. Um livro de ponto comprado em papelaria resolve o problema. O importante é anotar os horários de entrada, saída e intervalos. A falta de anotação certamente dificultará a defesa do reclamado em relação ao pedido de horas extras formulado pelo empregado. Aqui reside uma grande diferença entre LC 150 e CLT, pois na norma celetista nem todo empregador precisa anotar a jornada, já que o art. 74 diz que as empresas com mais de 10 empregados possuem tal obrigação. Uma loja de 2 ou 3 funcionários não precisa ter qualquer método de anotação, apesar de ser extremamente importante. Para o empregador doméstico, tal obrigação surge sempre, mesmo que tenha apenas um doméstico, pois é rotineiro.

80. A jornada de trabalho e a remuneração dos domésticos que viajam com os patrões são diferenciadas. As babás que viajam nas férias, por exemplo, seguem as regras do art. 11, que prescreve o recebimento de 25% a mais, bem como o cômputo da jornada apenas quando o obreiro estiver efetivamente trabalhando, o que traz uma novidade em relação ao conceito de jornada, que para o art. 4º da CLT é o "tempo à disposição", e na situação do doméstico em viagem é o "tempo efetivamente trabalhado".

81. Seguindo a regra da CLT, o legislador também possibilitou a contratação do doméstico em jornada a tempo parcial, conforme o art. 3º, sendo caracterizada tal jornada na hipótese de trabalho de até 25 horas semanais. A diferença para o empregado urbano é que o doméstico pode realizar horas extras, até 1h diária, o que não ocorre na CLT, que proíbe a jornada extraordinária. Além disso, a hora extra diária não pode acarretar uma jornada diária superior a 6 horas. Por fim, as férias do trabalhador em tempo parcial são reduzidas, nos termos do § 3º do art. 3º da LC 150/2015, sendo cada vez menor o período de férias à medida que a quantidade de horas semanais é reduzida.

82. Outro ponto importante sobre a jornada de trabalho do doméstico, que certamente será objeto de questionamento pelas bancas de concursos e OAB, é a regra prevista nos arts. 13 e 15 sobre os intervalos intra e interjornada, respectivamente. Lembrando que o intervalo intrajornada é aquele que é usufruído dentro da jornada de trabalho, sendo conhecido como intervalo para descanso e alimentação (horário de almoço). O intervalo interjornada ocorre entre duas jornadas de trabalho (entre dois dias), que deve ser de no mínimo 11 horas consecutivas.

83. O intervalo intrajornada, que é mais complexo, encontra as duas especificidades no art. 13, sendo de no mínimo 1 hora e no máximo 2 horas. Assim, o doméstico passou a ter o mesmo período de descanso do empregado regido pela CLT. Mas há uma grande diferença que certamente será explorada nas provas: o intervalo do doméstico pode ser reduzido para no mínimo 30 minutos, por meio de acordo escrito entre empregado e empregador, o que é inviável para os demais empregados, diante da previsão contida na Súmula n. 437, II, do TST.

84. Ao empregado que mora no serviço, ou seja, reside na residência, podem ser concedidos 2 intervalos de no mínimo 1 hora e que somados tenham até 4 horas. Essa é a única diferença entre o empregado doméstico que mora no serviço em relação ao que se desloca diariamente da casa para o trabalho.

85. A jornada noturna, prevista no art. 14 da LC 150/2015, é idêntica à previsão contida no art. 73 da CLT: das 22h às 5h, sendo a hora de 52m30s, com acréscimo de pelo menos 20% em decorrência do pagamento de adicional noturno.

86. É devido ao empregado doméstico descanso semanal remunerado de, no mínimo, 24 horas consecutivas, preferencialmente aos domingos, além de descanso remunerado em feriados.

87. Sobre as férias do doméstico, algumas mudanças devem ser destacadas, conforme o art. 17 da LC 150/2015. O obreiro terá 30 dias de férias, a não ser que tenha jornada reduzida (até 25h semanais), pois neste caso o período será computado de acordo com o número de horas trabalhadas, nos moldes do § 3º do art. 3º da CLT.

88. O § 3º do art. 17 trata da "venda de férias", que é tecnicamente chamada de abono de férias, que pode ser de até 1/3 do período, mas desde que requerido até 30 dias antes do término do período aquisitivo, nos termos do § 4º. Se requerido no prazo legal, será direito do empregado.

89. O § 5º do mesmo artigo diz que o empregado tem direito de permanecer no local de trabalho em que reside durante as férias.

90. Sobre os descontos salariais, a Lei trata daqueles que estão vedados, bem como os que podem ser realizados e seus limites. O art. 18 trata do tema, afirmando que o empregador não pode realizar descontos em relação à alimentação, vestuário, higiene e moradia, sendo que em relação ao último, poderá haver desconto em apenas uma hipótese: quando a moradia for em local diverso do local da prestação dos serviços, conforme o § 2º, que ainda afirma a necessidade de acordo expresso entre as partes.

91. Ainda em relação às utilidades fornecidas — alimentação, vestuário, moradia e higiene —, o § 3º do art. 18 afirma não possuírem natureza salarial, ou seja, não poderão ser reclamadas como salário *in natura*. Especificamente no tocante à moradia, o § 4º diz que a moradia não gera qualquer direito de posse ou propriedade, podendo o empregado permanecer naquele aposento (quarto ou casa) o tempo que for, que deverá devolvê-lo ao término do vínculo de emprego.

92. Quando o empregado está trabalhando em viagem, é vedado qualquer desconto em relação à alimentação, transporte e hospedagem, sendo que o empregado, como já visto, receberá pelo menos 25% a mais pelas horas efetivamente trabalhadas.

93. Por fim, em relação aos descontos, prevê o art. 18, § 1º, da LC 150/2015 que o empregador poderá realizar os descontos relacionados a adiantamentos salariais, e para os que seguem, mediante acordo escrito e com desconto de até 20% do salário: plano de saúde e odontológico, seguro e previdência privada.

94. O valor do transporte que seja devido ao empregado pode ser substituído por dinheiro necessário à aquisição das passagens, conforme parágrafo único do art. 19.

95. A respeito do FGTS, que foi regulamentado pela LC 150/2015, passando a ser obrigatoriamente depositado, temos uma informação apenas a trazer: mensalmente serão recolhidos 8% da remuneração do obreiro, assim como também ocorre na Lei n. 8.036/90, além de 3,2% a título de multa pela rescisão do contrato de trabalho (multa rescisória de 40%). Assim, no sistema da lei do doméstico, a multa é depositada antecipadamente, mês a mês, criando-se uma "poupança" a ser sacada pelo empregado ou empregador, a depender da forma de rescisão do contrato de trabalho. Pode ser pelo empregado, caso demitido sem justa causa ou rescisão indireta, ou pelo empregado, em hipóteses de pedido de demissão e demissão por justa causa. Perceba que 3,2% equivale a 40% de 8% (8 x 0,4 = 3,2).

96. Sobre o aviso prévio, não houve qualquer novidade: período mínimo e máximo de 30 e 90 dias, respectivamente, com redução da jornada de trabalho quando concedido pelo empregador, a escolha do empregado, de 2 horas diárias e 7 dias corridos, e estabilidade provisória para a mulher que engravida no aviso prévio, conforme o art. 25.

97. Sobre a rescisão do contrato de trabalho, prevê o art. 26 que o obreiro receberá seguro-desemprego de um salário mínimo pelo período de 3 meses e as hipóteses de justa causa do art. 27, destacando-se o inc. I, que trata de submissão a maus-tratos de idoso, enfermo, pessoa com deficiência e crianças, o que infelizmente muito acontece no Brasil. O parágrafo único do mesmo artigo traz as hipóteses de rescisão indireta (justa causa do empregador), destacando-se o inc. VII, que trata da prática de violência doméstica ou familiar contra mulheres, que pode acarretar o pedido de rescisão pelo doméstico, como uma forma de proteção contra eventual violência ou ameaça diante do fato de ser uma pretensa testemunha do crime.

98. Acerca dos pagamentos que devem ser realizados pelo empregador, o art. 34 da lei traz o "simples doméstico", a guia única a ser expedida pelo empregador para pagamento do FGTS, INSS, multa do FGTS e seguro contra acidentes de trabalho. As alíquotas são: INSS (8%), FGTS (8%), multa do FGTS (3,2%) e seguro contra acidentes de trabalho (0,8%), totalizando 20% da remuneração paga ao obreiro, incluindo horas extras, adicional noturno etc.

99. A guia com os valores acima será paga até o dia 7 do mês seguinte à prestação dos serviços (não é o 7º dia útil, mas o dia 7, sendo que se tal dia não for útil, deverá ser antecipado o pagamento, sob pena de incidência de juros e multa). Uma cópia da guia paga deverá ser entregue ao empregado, nos termos do § 6º do art. 34.

100. Por fim, o art. 46 revogou o inc. I do art. 3º da Lei n. 8.009/90 (Lei do Bem de Família), impossibilitando a penhora daquele bem para o pagamento de verbas devidas ao empregado doméstico. Se, por um lado, a lei conferiu vários outros direitos, por outro tornou mais difícil o seu recebimento em processos de execução, já que o bem de família não mais poderá ser penhorado.

Menor, aprendiz e estagiário

101. Sobre o menor, devemos lembrar algumas restrições criadas pelo legislador para salvaguardar a saúde e integridade física dos trabalhadores que possuem entre 16 e 18 anos. Sabe-se que o menor com 16 anos pode trabalhar, mas o inc. XXXIII do art. 7º da CF/88 restringe tal trabalho, afirmando que não pode ser no período noturno e em ambientes insalubres e perigosos.

102. Além disso, o menor não pode prestar horas extras, a não ser que sejam destinadas à compensação semanal, ou seja, presta horas extras durante os dias da semana para não trabalhar aos sábados. Tal sistema de compensação deve ser criado por negociação coletiva, diferentemente do que ocorre com os maiores, não podendo ainda o menor participar de banco de horas.

103. Na ocorrência de força maior, poderá o menor trabalhar até 12 horas, o que significa a prestação máxima de 4 horas extras, o que o diferencia do maior, que pode prestar horas extras sem limite nas situações de força maior.

104. Uma das normas mais importantes, pois relacionada ao descanso do menor, é a necessidade de ser concedido um intervalo de 15 minutos antes do início da jornada extraordinária, conforme o art. 413 da CLT.

105. Da mesma forma que os maiores, os menores também podem ter múltiplos contratos de trabalho, mas com uma grande diferença: o art. 414 da CLT manda somar as jornadas de trabalho cumpridas nos vários empregos, que não pode ser superior as 8h diárias.

106. Sobre a quitação das verbas trabalhistas, existe uma norma importante no art. 439 da CLT que é sempre exigida nos concursos públicos, sobre a forma de pagamento, se pode ser diretamente realizada ao empregador menor ou se deve aquele ser assistido pelos representantes legais. A questão é fácil: o recibo de pagamento de salários pode ser firmado apenas pelo empregado. Já o recibo de pagamento das verbas rescisórias pode ser assinado pelo menor com assistência dos representantes, para que produza os efeitos legais.

107. Por fim, para adentrarmos no estudo do aprendiz, não corre a prescrição em relação ao menor, nem a prescrição bienal, nem a quinquenal, nos termos do art. 440 da CLT.

108. Sobre o aprendiz, devemos destacar os principais pontos, a saber: contrato de aprendizagem é contrato de trabalho especial, com CTPS assinada. O art. 428 da CLT diz ser o contrato escrito, e por prazo determinado de dois anos, para os empregados entre 14 e 24 anos. Não se aplicam tais limites se o aprendiz for portador de necessidades especiais, ou seja, para estes o contrato pode ser superior a 2 anos e não se extingue aos 24 anos.

109. O aprendiz terá direito ao FGTS, já que é empregado, mas com uma alíquota menor, de 2%, para incentivar a contratação por empresas, pois é "mais barato". Terá direito ainda ao recebimento de salário mínimo, não havendo direito ao recebimento de salário da categoria, a não ser que exista norma mais favorável em contrato ou negociação coletiva.

110. As microempresas e empresas de pequeno porte estão dispensadas da contratação de aprendizes, mas podem fazê-lo, se quiserem.

111. A extinção do contrato de aprendizagem se dá com o término do prazo (2 anos) ou idade (24 anos). Excepcionalmente, será extinto, conforme o art. 433 da CLT, por desempenho insuficiente ou inadaptação do aprendiz, falta disciplinar grave, ausência à escola e perda do ano letivo e a pedido do aprendiz.

112. Em relação ao estágio, previsto na Lei n. 11.788/2008, este pode ser obrigatório (consta como requisito para a graduação) e não obrigatório (apenas acresce horas ao currículo). Independentemente do tipo de estágio, não há formação de vínculo de emprego, conforme o art. 3º da lei referida, uma vez que a intenção não é o recebimento de quantia, mas a prática em relação ao estudo teórico realizado na escola.

113. O art. 11 da lei diz ser de 2 anos o prazo máximo para o estágio, salvo para deficientes.

114. No estágio não obrigatório (que apenas acresce horas ao currículo), o pagamento de bolsa e auxílio-transporte é obrigatório.

115. A cada período de 12 meses, o estagiário possui direito a um recesso de 30 dias. Vejam que não é um período de férias, pois não há pagamento de 1/3, previsto em lei para os empregados que iniciam as férias.

116. A jornada de trabalho está limitada conforme o art. 10: até 4 horas diárias e 20 horas semanais para estagiários de ensino médio; até 6 horas diárias e 30 horas semanais para estágio de ensino superior, sendo que nos dias de prova/avaliações na escola/faculdade, a jornada é reduzida, pelo menos, à metade.

Proteção da mulher

117. Algumas normas de proteção da mulher foram inseridas no art. 373-A da CLT, destacando-se o inc. VI, que proíbe a realização de revistas íntimas. Destaque que tal norma também se aplica aos homens, que não podem ser submetidos a tal situação constrangedora. A realização da revista íntima acarreta dano moral e a possibilidade de o empregado buscar a rescisão indireta (art. 483 da CLT).

118. O inc. IV do mesmo artigo prega a impossibilidade de serem exigidos exames ou atestados de gravidez ou esterilidade, que poderiam ser utilizados para evitar a admissão de empregadas grávidas ou que possam engravidar.

119. Sobre a proteção à saúde da mulher, ainda se aplica o art. 384 da CLT, que determina a concessão de um intervalo intrajornada de 15 minutos antes do início da jornada extraordinária. Assim, terminada a jornada normal, deverá a empregada descansar 15 minutos antes do início da jornada extra. Tal intervalo não se aplica aos homens, apenas às mulheres e menores (art. 413 da CLT).

120. Uma norma ainda importante para os concursos consta no art. 390 da CLT, que diz que a mulher não poderá carregar mais de 20 quilos para o trabalho contínuo e 25 quilos para o trabalho ocasional.

121. Sobre a licença-maternidade, ainda persiste a regra geral sobre o período de 120 dias de afastamento, conforme o art. 392 da CLT, podendo determinados empregados gozarem de período superior, de 180 dias, se trabalharem para empresas que aderiram ao Programa Empresa Cidadã, criado pela Lei n. 11.770/2008. O adotante possui o mesmo prazo, conforme o art. 392-A da CLT, sendo indiferente a idade de criança, pois as normas que previam a diferença foram revogadas anos atrás.

122. O art. 392-B da CLT, inserido em 2013, diz que na morte da genitora, em parte ou no curso da licença, o período de afastamento passará ao cônjuge, ou seja, o pai poderá gozar de licença-maternidade, além da estabilidade provisória prevista na LC 146/2014.

Empregador

123. Empregador é aquele que dirige a prestação pessoal dos serviços, podendo ser uma pessoa jurídica, com finalidade lucrativa ou não, bem como pessoas físicas que atuem conforme o art. 2º da CLT. As instituições beneficentes e os profissionais liberais são denominados pelo § 1º do art. 2º "empregadores por equiparação", já que também podem contratar e ser considerados na relação de emprego, como as empresas, contratando e dirigindo a prestação dos serviços.

124. As características principais do empregador são: despersonalização e assunção dos riscos do empreendimento. Despersonalização é o contrário da pessoalidade, requisito que caracteriza o empregado. O empregador pode ser substituído e o contrato de trabalho não se altera, conforme ensinam os arts. 10 e 448 da CLT, que tratam da sucessão de empregadores. Já a assunção dos riscos do empreendimento também é denominada alteridade. O empregador assume todos os riscos do empreendimento, não podendo deixar de arcar com os custos da relação de emprego caso o "negócio vá mal". O empregado até pode vir a receber a participação nos lucros, como ocorre nas grandes empresas, mas nunca "participação nos prejuízos".

125. Um dos pontos mais importantes acerca do assunto empregador encontra-se no § 2º do art. 2º da CLT, que trata do tema grupo de empresas ou grupo econômico. O grupo econômico descrito pelo legislador é do tipo por subordinação, pois há empresa principal e subordinadas. Mas também é aceito o grupo por coordenação, em que todas as empresas estão "em mesmo pé de igualdade", sem que haja uma empresa principal e subordinada. Geralmente a configuração do grupo se dá em virtude da análise do quadro societário, ou seja, dos sócios que são os mesmos em várias empresas. Outros aspectos também ajudam a demonstrar a relação entre as empresas, como nomes e logotipos parecidos e o mesmo endereço.

126. A configuração de um grupo de empresas formado por "a", "b" e "c" faz com que haja responsabilidade solidária entre elas, nos termos do § 2º do art. 2º da CLT, o que significa dizer que o empregado de "a" poderá cobrar as verbas trabalhistas devidas também de "b" e "c", sem qualquer benefício de ordem, ou seja, sem que "a" seja necessariamente demandada em primeiro lugar. Trata-se da responsabilidade passiva solidária. No caso, o empregado que trabalhou apenas para "a", poderá ajuizar ação em face de "b" e "c, sem necessariamente ajuizar ou cobrar primeiro de "a".

127. O TST também reconheceu a teoria do empregador único, que gera a responsabilidade ativa solidária, nos termos da Súmula n. 129 do TST. Significa dizer que, apesar de o empregado ter sido contratado pela empresa "a", tendo a sua CTPS assinada por aquela empresa, poderá trabalhar também para "b" e "c" na mesma jornada de trabalho, sem que tenhamos mais de um contrato de trabalho. No final da Súmula n. 129 do TST, há uma exceção, que é a existência de cláusula de exclusividade. Se o empregador, ao firmar contrato com "a", incluir aquela cláusula, a prestação de labor para outras empresas do grupo caracterizará outros contratos de trabalho.

128. Por fim, em relação à responsabilidade solidária das empresas integrantes do grupo de empresas, importante lembrar que aquelas empresas não precisam ter participado do processo, na qualidade de reclamadas, já que a Súmula n. 205 do TST foi cancelada, o que significa dizer que posso ajuizar a ação em face da empresa "a" e executar as empresas "b" e "c", se integrantes do mesmo grupo econômico.

129. Também em relação ao empregador, surgem importantes pontos relacionados à sucessão de empresas, instituto previsto nos arts. 10 e 448 da CLT. A ideia central do instituto é que a alteração na estrutura jurídica da empresa, que pode ser uma fusão, cisão, incorporação, alienação etc., não altera os contratos de trabalho, ou seja, não viola os direitos adquiridos pelos empregados. Assim, se uma empresa "a" é vendida para "b", os contratos de trabalho dos empregados se mantêm, não podendo sofrer alterações maléficas.

130. Para a configuração da sucessão de empresas, é necessário o preenchimento de dois requisitos: 1) alteração na estrutura jurídica da empresa; e 2) continuidade do empreendimento.

131. A sucessão de empresas faz com que alguns efeitos sejam verificados, em especial para o sucessor (nova empresa) e o sucedido (empresa antiga). Para o sucessor, o principal efeito é que ele passa a ser responsável por todos os débitos trabalhistas, passados, presentes e futuros. Mesmo que haja cláusula de não responsabilização, o sucessor continua a ser responsável pelos débitos passados, pois tal cláusula não produz efeitos nas relações de trabalho.

132. Existem algumas situações especiais que devem ser lembradas em relação à sucessão, a saber: 1) no desmembramento de municípios, não há sucessão de empresas, conforme a OJ n. 92 da SDI-1 do TST; 2) na privatização de empresas, há sucessão, ou seja, aquele que compra uma empresa estatal passa a ser responsável pelos débitos trabalhistas; 3) na hasta pública, nos termos dos arts. 60 e 141 da Lei de Falências (Lei n. 11.101/2005), não há sucessão trabalhista; e 4) na aquisição de empresa pertencente a grupo econômico, seguem-se as regras da OJ n. 411 da SDI-1 do TST, que deve ser lida integralmente para a sua prova.

133. Ainda em relação ao empregador, destaca-se a Súmula n. 331 do TST, que trata da terceirização trabalhista. A terceirização é possível nas hipóteses descritas no entendimento sumulado pelo TST, que são: 1) contratação temporária, nos termos da Lei n. 6.019/74; e 2) terceirização de atividades-meio, que são consideradas serviços especializados, por não serem as atividades principais do empregador.

134. Sendo realizada a terceirização ilícita, de atividade-fim, por exemplo, haverá o reconhecimento do vínculo de emprego diretamente com o tomador dos serviços. Sendo lícita a terceirização, haverá a responsabilidade subsidiária do tomador dos serviços, desde que este tenha participado da relação processual, ou seja, desde que participe do processo na qualidade de empresa reclamada e seja condenada por sentença, isto é, conste do título executivo judicial.

135. A condenação subsidiária do tomador dos serviços possui diferenças quando é ente privado ou público. Para o ente privado, aquela responsabilidade decorre do mero inadimplemento pelo empregador. Para o tomador ente público, por exemplo, um Município ou Estado, a responsabilidade subsidiária decorre, além do inadimplemento, da ausência de fiscalização, pois o inc. V da Súmula n. 331 do TST afirma que o ente público não pode ser omisso em relação ao dever de fiscalizar o cumprimento das obrigações contratuais e legais da empresa empregadora, nos termos da Lei n. 8.666/93.

136. Aqui cabe mencionar as diferenças entre as responsabilidades solidária (grupo de empresas) e subsidiária (terceirização). Na primeira, o empregado pode cobrar de qualquer empresa do grupo, sem ordem de preferência, isto é, não precisa cobrar da empresa "a" para, somente depois, cobrar de "b". Na responsabilidade solidária não há ordem. Na subsidiária, que surge na terceirização, dispõe o inc. IV da Súmula n. 331 do TST que a responsável subsidiária — empresa tomadora dos serviços — obrigatoriamente deve participar do processo e constar no dispositivo da sentença, sob pena de ser inviável a cobrança daquela.

137. Ainda no tocante ao empregador, é sempre importante mencionar seus poderes. Destacam-se os seguintes: organização, fiscalização e disciplinar. O poder de organização ou regulamentar está relacionado à criação de normas internas na empresa. Criadas as normas, cabe ao empregador fiscalizar o cumprimento das obrigações impostas ao empregador. Nos termos do art. 373-A, VI, da CLT, não cabe a realização de revista íntima nos empregados e empregadas. A revista pessoal, se não expuser os empregados a situações vexatórias, é válida. A utilização de câmeras, desde que não sejam instaladas em banheiros e vestiários, também se mostra como um meio lícito de fiscalização, assim como o *e-mail* corporativo, que pode ser fiscalizado pelo empregador.

138. Caso os empregados não cumpram as obrigações, cabe a aplicação de penalidades. A lei não menciona a advertência, mas é possível ser aplicada, pois é mais benéfica ao empregado se comparada às demais penalidades, que são: suspensão de até 30 dias (art. 474 da CLT) e a rescisão por justa causa (art. 482 e outros dispositivos da CLT).

139. Alguns princípios relacionados à aplicação das penalidades devem ser lembrados: imediaticidade, que diz que a penalidade deve ocorrer o mais rápido possível, sob pena de considerar-se a ocorrência de perdão tácito; singularidade, que é a impossibilidade do mesmo fato ser apenado mais de uma vez; e ausência de discriminação, pois a penalidade não pode ser aplicada de forma diferente para dois ou mais empregados que realizam a mesma conduta.

140. Não existe norma legal impondo uma gradação obrigatória das penas, ou seja, que uma deveria ser aplicada antes da outra. Parte-se do razoável, mas não é obrigatório advertir para depois suspender. A segunda penalidade pode ser aplicada diretamente, caso o erro do empregado seja mais grave.

141. Por fim, o Poder Judiciário, quando provocado por meio de ação trabalhista, não pode alterar a pena imposta pelo empregador, podendo apenas anulá-la. Se o Juiz entender que a suspensão não era devida ou que foi uma pena grave demais para a situação, não poderá aplicar uma advertência, pois o poder de apenar é do empregador. Contudo, o Juiz anulará a penalidade.

Anotação da CTPS — Carteira de Trabalho e Previdência Social

142. O vínculo de emprego é essencialmente informal, já que pode se formar de maneira tácita ou expressa, sendo verbalmente ou por escrito. Ocorre que uma formalidade existe: a anotação da CTPS, que possui importância para a identificação do vínculo de emprego (prova do vínculo) e para a contagem correta do tempo de serviço (fins previdenciários). A ausência de anotação não afasta o vínculo de emprego, que é uma questão fática, ou seja, é demonstrado pelo preenchimento dos requisitos do art. 3º da CLT. Em uma ação trabalhista, entendendo estarem presentes aqueles requisitos, o Juiz do trabalho reconhece o vínculo entre empregado e empregador e determina a anotação da CTPS.

143. A assinatura da CTPS deve ocorrer no prazo de 48 horas, sob pena de multa, cabendo reclamação perante a Delegacia Regional do Trabalho para que seja instaurado procedimento administrativo para tal finalidade, conforme os arts. 36 a 39 da CLT.

144. Uma informação extremamente importante para as provas de concursos é a impossibilidade de realização de anotações desabonadoras à conduta do empregado, na CTPS, conforme preconiza o art. 29, § 4º, da CLT. Não devem ser anotadas eventuais advertências, suspensões ou justa causa aplicada, na carteira de trabalho do empregado. Tais anotações geram a condenação da empresa ao pagamento de dano moral e material, sendo o primeiro mais simples de ser vislumbrado.

145. Em relação à prescrição para a anotação da CTPS, temos de aplicar o art. 11, § 1º, da CLT, que diz inexistir prazo de prescrição — bienal ou quinquenal — para o pedido de reconhecimento do vínculo de emprego e anotação daquela, o que significa dizer que a qualquer momento pode o empregado ajuizar ação para reconhecer o vínculo de emprego, conseguindo a anotação da CTPS.

146. Por fim, podemos formular a seguinte pergunta: os dados que constam na CTPS do empregado, anotada pelo empregador, podem ser considerados inteiramente verdadeiros ou podem ser discutidos se demonstrado eventual equívoco ou erro proposital? As anotações realizadas na CTPS possuem presunção *juris tantum*, ou seja, presunção relativa, cabendo a discussão sobre os fatos ali anotados, como data de ingresso e saída, função, salário, gozo de férias, entre outros. Tal presunção *juris tantum* consta nas Súmulas n. 12 do TST e 225 do STF. Os

entendimentos sumulados afirmam que não se trata de presunção *jure et de jure* (absoluta), mas, sim, *juris tantum* (relativa). O princípio da primazia da realidade pode demonstrar que o salário recebido era superior ao anotado, que o trabalho teve início antes do período anotado, entre outros.

Contrato de trabalho

147. O contrato de trabalho é formado, expressa ou tacitamente, nos termos do art. 442 da CLT, ou seja, o contrato é fático, decorre de elementos que são visualizados no dia a dia. Os requisitos do vínculo do art. 3º da CLT, caso preenchidos, acarretam a formação do vínculo sem que haja qualquer linha escrita sobre o trabalho.

148. O art. 442-A da CLT diz não ser possível exigir experiência prévia superior a 6 meses, pois isso inviabilizaria a contratação dos mais jovens, daqueles que estão ingressando no mercado de trabalho.

149. Como características do contrato de trabalho, temos: bilateral ou sinalagmático, que é a produção de direitos e deveres para ambas as partes, empregado e empregador; trato sucessivo, pois o contrato é desenvolvido no dia a dia; oneroso, já que o empregado possui direito ao recebimento de salário, mesmo que não tenha sido ajustado (art. 460 da CLT); *intuitu personae*, pois o empregado não pode ser substituído.

150. A partir de agora, vamos distinguir o trabalho proibido e o ilícito. O primeiro desrespeita normas de proteção trabalhista, como o contrato firmado com menor de 12 anos, gerando o direito ao recebimento de todas as verbas trabalhistas e rescisórias, mas com a proibição de sua continuação. O vínculo de emprego é reconhecido e finalizado.

151. O trabalho ilícito é aquele que desrespeita a lei penal, como o jogo do bicho (OJ n. 199 da SDI-1 do TST), o trabalho para o tráfico de drogas e para clínicas de aborto. Nas situações de trabalho ilícito, não há reconhecimento do vínculo de emprego, nem o pagamento de qualquer verba trabalhista/rescisória.

152. Duas Súmulas importantes para concursos são as de ns. 363 e 386. A primeira trata do servidor público sem concurso, que não tem o vínculo de emprego reconhecido (diante da previsão do concurso, art. 37 da CF), mas receberá o saldo de salário pelas horas trabalhadas e a multa de 40% do FGTS. A segunda súmula trata do Policial Militar, que terá o vínculo de emprego reconhecido com empresa privada (boate ou qualquer outro local em que o PM trabalhe, por exemplo, como segurança), apesar das penalidades que venha a sofrer na corporação.

Jornada de trabalho

153. Em primeiro lugar, temos de lembrar que as normas sobre jornada de trabalho são cogentes, obrigatórias, de ordem pública, o que demonstra a necessidade de seu cumprimento, já que a limitação da jornada de trabalho possui por fundamento a preservação da saúde e segurança do empregado, pois quanto mais cansado o empregado fica, maior o risco de acidentes e doenças do trabalho.

154. Em relação ao tema jornada de trabalho, o segundo ponto a ser relembrado é o conceito previsto no art. 4º da CLT, que diz que é jornada o tempo à disposição do empregador, e não o tempo de trabalho efetivo. Se o empregado não está trabalhando, mas está aguardando ordens, a jornada está sendo cumprida da mesma forma.

155. Nas empresas com mais de 10 empregados, deve haver a anotação dos horários de entrada e saída daqueles, conforme o art. 74, § 2º, da CLT. Percebam que tal obrigação não existe para a empresa que possui 10 empregados, mas, sim, para aquela que possui 11 ou mais. Na hipótese, se o empregado afirmar que trabalhou em jornada extraordinária e o empregador não juntar os comprovantes de controle de jornada, será considerado o labor extraordinário. Já vimos que o empregador doméstico deve fazer a anotação da jornada mesmo que possua apenas um empregado.

156. Além da jornada padrão, considerada como o tempo à disposição, do art. 4º da CLT, importante diferenciar a jornada de sobreaviso e a prontidão, ambas previstas no art. 244, §§ 2º e 3º, da CLT. No sobreaviso, o empregado permanece aguardando na sua residência, pelo período máximo de 24 horas, recebendo 1/3 da remuneração da hora normal. Na prontidão, o empregado permanece aguardando na empresa, pelo período máximo de 12 horas, recebendo 2/3 da hora normal.

157. A Súmula n. 428 do TST analisa o tema sobreaviso sob a ótica da utilização do aparelho celular. Duas são as informações relevantes: 1) o simples fornecimento de aparelho celular não constitui jornada de sobreaviso; e 2) a realização de plantão ou equivalente com a utilização de celular é considerada jornada de sobreaviso, seguindo-se as regras constantes no tópico anterior.

158. Sobre jornada, destaque para a Súmula n. 429 do TST, segundo a qual é jornada de trabalho o tempo gasto pelo empregado no trajeto entre a portaria da empresa e o local de trabalho se esse tempo for superior a 10 minutos diários. Se inferior a esse tempo, não será considerado jornada de trabalho.

159. No tocante às *horas in itinere*, indispensável a leitura do art. 58, § 2º, da CLT, bem como as Súmulas ns. 90 e 320 do TST. O tempo gasto pelo empregado até o local de trabalho não é considerado jornada de trabalho. Contudo, tal período será jornada se presentes os requisitos do art. 58, § 2º, da CLT, a saber: 1) local de trabalho de difícil acesso ou não servido por transporte público regular; e 2) fornecimento de condução pelo empregador. Se o empregado trabalha em local em que não há transporte público regular e o empregador fornece a condução, o tempo de ida e volta já será considerado jornada de trabalho. Nos termos da Súmula n. 90 do TST, duas situações devem ser destacadas: 1) a mera insuficiência de transporte público não gera direito às horas *in itinere*; e 2) a incompatibilidade de horários gera direito às horas *in itinere*. De acordo com a Súmula n. 320 do TST, a cobrança de valores pelo transporte não exclui o direito àquela jornada se presentes os pressupostos já estudados.

160. Também é considerado jornada de trabalho o tempo em que o empregado está usufruindo de intervalos intrajornada concedidos voluntariamente pelo empregador, nos termos da importante Súmula n. 118 do TST.

161. Os turnos ininterruptos de revezamento são tratados no art. 7º, XIV, da CF/88, que reduz a jornada máxima diária para 6 horas. Nessa espécie de jornada de trabalho, o empregado altera constantemente o horário de trabalho, ora trabalhando, por exemplo, de manhã, ora de tarde, ora de noite. A alternância de horários é maléfica ao empregado, razão pela qual houve a redução da jornada.

162. Contudo, a Súmula n. 423 do TST reconhece a possibilidade do turno ininterrupto de revezamento ser de 8 horas, desde que haja negociação coletiva, sem o direito ao recebimento de horas extraordinárias. Destaque também para a Súmula n. 360 do TST e para a OJ n. 360 da SDI-1 do TST. O primeiro entendimento deixa claro que no TIR há intervalo intrajornada. O segundo entendimento demonstra que os turnos podem ser apenas dois, que compreendam manhã e noite. Não há necessidade de os turnos compreenderem o dia todo (como dia, tarde e noite), basta a alternância entre dois turnos (dia e noite).

163. Sobre a jornada extraordinária, temos que o art. 59 da CLT destaca a existência de acordo de prorrogação de jornada, que deve ser escrito, possibilitando a realização de até 2 horas extras por dia. Caso o empregado realize mais de 2 horas extras, receberá todas elas, nos termos da Súmula n. 376 do TST.

164. As variações na marcação da jornada de trabalho, que não sejam superiores a 5 minutos na entrada e na saída, desde que não superem 10 minutos diários, não são consideradas para fins de descontos e pagamento de minutos extras, nos termos do art. 58, § 1º, da CLT, que trata do tempo residual à disposição.

165. Superando os 10 minutos diários, haverá pagamento de jornada extraordinária, na totalidade do tempo excedido, independentemente do que o empregado tinha feito no período, conforme Súmula n. 366 do TST.

166. Destaque para a Súmula n. 449 do TST, de maio de 2014, que diz ser inviável a flexibilização por norma coletiva dos parâmetros criados pela CLT, ou seja, não é viável majorar-se, por exemplo, para 10 minutos na entrada e 10 minutos da saída, pois possibilitaria ao trabalhador o trabalho extraordinário de até 20 minutos diários, sem o devido pagamento.

167. Havendo a supressão das horas extras habituais, prestadas por mais de 1 ano, o empregado fará jus ao recebimento de indenização a ser calculada com base na Súmula n. 291 do TST. Cuidado, pois em 2011 o TST incluiu a expressão "parcial" no entendimento. Atualmente, a supressão pode ser total ou parcial. Nas duas situações, fará jus o empregado ao recebimento da aludida indenização.

168. A prova da jornada de trabalho, para as empresas que possuem mais de 10 empregados (no mínimo 11), é realizada por meio de registro de ponto, nos termos do art. 74 da CLT. Contudo, os cartões de ponto com horários uniformes ou britânicos não servem para tal prova, nos termos da Súmula n. 338, III, do TST. Caso sejam juntados tais cartões, haverá a inversão do ônus da prova, que passa a ser do empregador, considerando-se a jornada descrita na petição inicial caso a empresa não convença o Magistrado.

169. Sobre os sistemas de compensação de jornada de trabalho, destacam-se as seguintes informações: 1) o sistema tradicional ou semanal pode ser realizado por acordo escrito entre empregado e empregador, nos termos da Súmula n. 85 do TST, salvo se houver norma coletiva restringindo tal possibilidade; 2) o sistema de compensação "banco de horas" segue as normas do art. 59, §§ 2º e 3º, da CLT, que diz ser necessária negociação coletiva, sendo o prazo máximo de compensação de 1 ano; e 3) quanto ao sistema de compensação "semana espanhola", diz a OJ n. 323 da SDI-1 do TST que é válido, desde que haja negociação coletiva. Apenas para lembrar, na semana espanhola o empregado trabalha 40 horas em uma semana, 48 horas em outra, e assim por diante.

170. Os empregados descritos no art. 62 da CLT estão excluídos do sistema de jornada de trabalho, não possuindo direito a horas extras, intervalos e adicional noturno. São eles: empregados com atividade externa incompatível com o controle de jornada e os gerentes que recebem gratificação de função de pelo menos 40%. Contudo, se houver registro de ponto, tais empregados terão direito ao recebimento das horas extras, intervalos, adicional noturno, tal como os demais empregados, pois a exclusão acima mencionada decorre da inexistência de controle de jornada. Assim, se houver tal controle, consideramos os empregados do art. 62 da CLT "empregados comuns", para fins de jornada de trabalho.

171. A jornada noturna, para os empregados urbanos, é das 22h às 5h, com hora ficta reduzida de 52 minutos e 30 segundos, e adicional noturno de 20%, tudo em conformidade com o art. 73 da CLT.

172. Para os empregados rurais, as regras do adicional noturno sofrem algumas alterações, a saber: horário das 20 às 4 horas para a pecuária e das 21 às 5 horas para a agricultura. Não há hora ficta reduzida, ou seja, a hora possui 60 minutos. O adicional noturno é de 25%.

173. Por fim, no tocante à jornada noturna, destaque para a Súmula n. 60 do TST, que diz ser devido o adicional noturno quando o empregado trabalha durante a noite e tem a sua jornada prorrogada. As horas prorrogadas, apesar de serem durante o dia, geram o direito ao recebimento do adicional noturno.

174. Em relação aos intervalos, diferenciam-se o intrajornada e o interjornada. O primeiro é concedido dentro da mesma jornada de trabalho (intervalo do almoço, por exemplo). O interjornada está descrito no art. 66 da CLT, sendo o período de descanso de pelo menos 11 horas entre uma jornada diária e outra.

175. No tocante aos intervalos intrajornada, destaque para o art. 71 da CLT, que traz as seguintes regras: para as jornadas de até 4 horas, não há intervalo. Para as jornadas superiores a 4 horas e que não excedam 6, o intervalo é de 15 minutos. Para as jornadas superiores, intervalo mínimo de 1 hora e máximo de 2, salvo negociação coletiva, que pode impor intervalos superiores. Os intervalos intrajornada não são computados na jornada de trabalho, regra geral.

176. A redução do intervalo mínimo não é possível por meio de negociação coletiva, nos termos do inc. II da Súmula n. 437 do TST, criada em setembro de 2012. A redução somente é possível por meio de autorização do MTE, conforme o § 3º do art. 71 da CLT. A supressão não é possível, em nenhuma situação. O fracionamento do intervalo é possível para os trabalhadores do transporte público de passageiros, de acordo com o § 5º do art. 71 da CLT, por meio de negociação coletiva.

177. A redução, como já visto na LC 150/2015, é possível apenas para os empregados domésticos, sendo o período mínimo de 30 minutos, desde que a pactuação seja realizada por escrito.

178. O fracionamento do intervalo encontra-se previsto no § 5º do art. 71 da CLT para os empregados (motoristas, cobradores, fiscais etc.) do serviço de transporte coletivo de passageiros, desde que seja por negociação coletiva, que trata do número de "pequenos intervalos" que serão concedidos e sua duração.

179. Existem alguns intervalos intrajornada que são remunerados, considerados jornada de trabalho, fugindo, portanto, à regra geral. São eles para: 1) digitadores (art. 72 da CLT e Súmula n. 346 do TST): 10 minutos de intervalo a cada 90 minutos de trabalho; 2) trabalhadores em câmaras frigoríficas e ambientes artificialmente frios (art. 253 da CLT e Súmula n. 438 do TST): 20 minutos de intervalo para cada 1 hora e 40 minutos trabalhados; 3) minas de subsolo (art. 298 da CLT): a cada 3 horas de trabalho, 15 minutos de intervalo; e 4) amamentação (art. 396 da CLT): 2 intervalos de 30 minutos por dia.

180. Destaque para a jornada 12x36, possível mediante negociação coletiva, nos termos da Súmula n. 444 do TST, criada em setembro de 2012.

181. A jornada a tempo parcial, prevista no art. 58-A da CLT, é configurada quando o empregado trabalha até 25 horas semanais, recebendo proporcionalmente ao empregado que trabalha em regime integral (8h diárias e 44h semanais).

182. Para os atuais empregados, que laboram em jornada integral, poderá ser adotada a jornada parcial por meio de negociação coletiva, que preverá a forma de pactuação, já que certamente haverá redução de salário, que será pago proporcionalmente à redução da jornada. O § 2º do art. 58-A da CLT trata da matéria.

183. O § 4º do art. 59 da CLT prevê a impossibilidade de prestação de horas extras pelos empregados que tem configurada a jornada parcial, já que não haveria sentido em contratar com jornada menor e colocar o empregado para prestar horas extraordinárias.

184. Por fim, os empregados que laboram em jornada parcial possuem período de férias reduzido, conforme o art. 130-A da CLT, sendo proporcional ao número de horas prestadas por semana. O maior período é de 18 dias, sendo o menor de 8 dias. Além disso, haverá a redução do período de férias pela metade caso o empregado falte 7 dias injustificadamente.

Descanso semanal remunerado

185. O descanso semanal remunerado está previsto no art. 7º, XV, da CF/88 e regulamentado pela Lei n. 605/49, sendo conceituado como o período de repouso de 24 horas consecutivas, concedido preferencialmente aos domingos. A folga deve ser concedida após 6 dias de trabalho, conforme a OJ n. 410 da SDI-1 do TST, sob pena de pagamento em dobro da remuneração.

186. Trata-se de hipótese de interrupção do contrato de trabalho, pois não há prestação dos serviços, mas o dia de descanso é remunerado.

187. A concessão deve ocorrer preferencialmente aos domingos, conforme prevê o art. 7º, XV, da CF/88, mas no comércio, por exemplo, as lojas abrem aos domingos e os empregados descansam em outro dia da semana, chamado de "folga compensatória". Tal folga, se não concedida, acarretará o pagamento em dobro, conforme Súmula n. 146 do TST.

188. O direito ao descanso remunerado somente é concedido aos empregados que preencham dois requisitos do art. 6º da Lei n. 605/49, a saber: assiduidade, que é a frequência durante toda a semana; e pontualidade, que é o cumprimento da jornada integral. Ausente qualquer dos requisitos, o empregado descansará, mas sem a remuneração correspondente. Assim, caso um empregado falte na segunda-feira, sofrerá a perda do salário daquele dia e mais o dia de domingo, ou seja, sofrerá o corte de salário em dois dias, mesmo tendo faltado apenas um.

189. O regramento sobre os feriados é o mesmo do descanso semanal remunerado, conforme o art. 9º da Lei n. 605/49.

Férias

190. Agora, tratando do tema "férias", temos que os trabalhadores urbanos, rurais e domésticos possuem direito a 30 dias por ano de descanso, conforme o art. 7º, XVII, da CF/88, tratando-se de período de interrupção do contrato de trabalho, já que não há trabalho, mas há salário.

191. Em relação às férias, é importante destacar que os 12 primeiros meses de trabalho constituem o período aquisitivo, dentro do qual o empregado vai aos poucos adquirindo o direito ao descanso. Ultrapassado tal período, pode-se dizer que o empregado possui direito ao período de férias, que será concedido, por ordem do empregador, dentro de um próximo período de 12 meses, denominado concessivo. Dentro do período concessivo, o empregador concederá as férias, escolhendo o dia e mês para início das férias, conforme o art. 136 da CLT.

192. A não concessão das férias no período concessivo traz como consequência o pagamento em dobro da remuneração, o que significa dizer que o empregado, além do direito ao descanso de 30 dias, receberá 2 vezes o seu salário + 1/3. A dobra da remuneração faz com que as férias concedidas fora do período concessivo sejam denominadas férias vencidas ou em dobro.

193. A comunicação das férias deve ser feita por escrito, com antecedência mínima de 30 dias, conforme o art. 135 da CLT, sendo que a remuneração (salário + 1/3) deve ocorrer até 2 dias antes do início do período de descanso, consoante art. 145 da CLT. Aqui vale a pena destacar a Súmula n. 450 do TST, criada em maio de 2014, que diz ser devida a dobra da remuneração se o pagamento não foi efetuado no período do art. 145 da CLT, o que significa dizer que não adianta conceder as férias no período concessivo se não forem pagos os valores corretamente, no prazo.

194. O fracionamento das férias, previsto no art. 134, § 1º, da CLT, poderá ocorrer em até 2 períodos, em situações excepcionais, não podendo haver período inferior a 10 dias, já que um período tão pequeno não serviria para um descanso efetivo. O referido fracionamento não pode ocorrer para os menores de 18 anos e maiores de 50 anos, conforme § 2º do art. 134 da CLT.

195. O abono pecuniário, que é a "venda de férias", previsto no art. 143 da CLT, poderá ocorrer até 1/3 de férias, devendo o empregado requerer até 15 dias antes do término do período aquisitivo, nos termos do § 1º. Muito cuidado, porque não são 10 dias a serem convertidos, e sim 1/3, que poderá ser diferente caso o obreiro tenha período reduzido de férias em virtude de faltas injustificadas, nos moldes do art. 130 da CLT.

196. O empregado a tempo parcial, que é configurada com a jornada de até 25h semanais, não pode "vender férias", conforme o art. 143, § 3º, da CLT.

197. Sobre as férias coletivas, temos de lembrar que o art. 139 da CLT prevê tal possibilidade para todos os empregados da empresa, estabelecimento ou determinado setor. Além disso, há a possibilidade sempre de fracionamento — § 1º — e não como situação excepcional, como acontece com as férias individuais. Como formalidades, temos a comunicação (e não autorização) ao Ministério do Trabalho e Emprego, comunicação ao sindicato da categoria e afixação em quadros de avisos aos empregados.

Suspensão e interrupção do contrato de trabalho

198. A suspensão do contrato de trabalho é a sustação total e temporária dos principais efeitos do contrato de trabalho, período em que não há prestação de labor, pagamento de salário e contagem do tempo de serviço. Vejam que os efeitos não são produzidos, nem para o empregado, nem para o empregador.

199. Como principais situações, temos: faltas injustificadas, suspensão disciplinar (art. 474 da CLT), suspensão disciplinar para ajuizamento de inquérito para apuração de falta grave (art. 853 da CLT), afastamento para participação em curso de qualificação (art. 476-A da CLT, que ficou conhecido como *lay off*, hipótese em que o empregado recebe uma bolsa-auxílio, em vez de salário), afastamento por doença ou acidente de trabalho a partir do 16º dia (uma MP tentou alterar o período para a partir do 31º dia, mas não foi convertida em lei), greve (art. 7º da Lei n. 7.783/89) e prisão temporária do empregado.

200. A interrupção do contrato de trabalho é a sustação parcial e temporária dos efeitos do contrato de trabalho, já que não há trabalho, mas há salário e contagem do tempo de serviço. A diferença entre a suspensão e a interrupção é que na última temos salário e contagem normal do tempo de serviço.

201. Como principais hipóteses de interrupção, temos: faltas justificadas (art. 473 da CLT), férias, repouso semanal remunerado e feriados (Lei n. 605/49), 15 primeiros dias de afastamento por acidente ou doença de trabalho (uma MP tentou alterar para os 30 primeiros dias, mas não foi convertida em lei), licenças remuneradas e faltas justificadas pelo empregador, *lockout* (greve do empregador, conforme o art. 17 da Lei n. 7.783/89) e período em que há redução da jornada no aviso prévio, conforme o art. 488 da CLT.

Salário e remuneração

202. Em primeiro lugar, nos termos do art. 457 da CLT, diferenciam-se salário e remuneração, sendo que o salário é parte componente da remuneração, haja vista que esta pode ser conceituada como: salário mais as gorjetas recebidas. Assim, temos: remuneração = salário + gorjetas.

203. As gorjetas, conforme a Súmula n. 354 do TST, podem ser pagas diretamente ao empregado ou pagas por intermédio do empregador. Os efeitos do recebimento das gorjetas, nessas duas situações, são os mesmos: integram a remuneração, contudo não são consideradas para o cálculo de horas extras, adicional noturno, descanso semanal remunerado e aviso prévio.

204. As características do salário são: caráter forfetário (definido previamente), cartáter alimentar (impenhorável, irredutível e irrenunciável), crédito privilegiado (na falência e precatórios judiciais), periodicidade (pagamento mensal, até o 5º dia útil do mês seguinte à prestação dos serviços) e natureza composta (composta pelo salário-base e por parcelas acessórias, como adicionais e gratificações).

205. Também é importante destacar os sistemas de proteção do salário, em primeiro lugar a proteção em face do empregador. A primeira regra é a proibição do *truck system*, conforme o art. 462, § 2º, da CLT, que veda o pagamento do salário em produtos e serviços.

206. Além disso, destaque para as regras que tratam dos descontos salariais em caso de danos causados pelo empregado ao empregador, que podem ser assim resumidos, nos termos do art. 462, § 1º, da CLT: na hipótese de dolo (intenção), o desconto é válido independentemente de autorização prévia; em se tratando de culpa, somente é possível o desconto se houver autorização prévia.

207. Ainda sobre os descontos, é bom sempre lembrar a redação da Súmula n. 342 do TST, que os permite para pagamento de planos médicos, odontológicos e outros, se houver autorização prévia e por escrito do empregado, podendo-se declarar a nulidade do desconto caso haja coação.

208. O segundo sistema de proteção produz efeitos perante os credores do empregado, afirmando a impenhorabilidade absoluta do salário, nos termos do art. 649, IV, do CPC, bem como nos da OJ n. 153 da SDI-2 do TST.

209. O salário pode ser estipulado de 3 formas: a) por unidade de tempo; b) por unidade de obra ou produção; e c) por tarefa. Na unidade de tempo, o salário é devido com o "simples passar do tempo", ou seja, pelo cumprimento da jornada estipulada (8h diárias, 44h semanais). Na unidade de obra ou produção, o valor é devido de acordo com o trabalho realizado. Quanto maior o valor das vendas, maior o salário. Na terceira — tarefa — temos um misto de unidade de tempo e produção, pois o empregado recebe para realizar determinada tarefa, como instalar 10 chuveiros por dia. Terminando o trabalho antes do horário, o empregado é liberado ou passa a receber salário extra.

210. Os adicionais são considerados parcelas salariais, tendo em vista que integram o salário para todos os efeitos legais. Os adicionais, como de insalubridade, noturno, horas extras etc., integram o salário, mas não se incorporam a ele, não se pode afirmar a existência de direito adquirido ao recebimento deles, nos termos das Súmulas ns. 80 e 248 do TST. Afirma, portanto, que os adicionais são salário-condição, pois o seu recebimento está condicionado à realização de certos acontecimentos, fazendo jus ao seu recebimento apenas enquanto o empregado estiver submetido à determinada condição (trabalho insalubre, periculosidade, jornada extraordinária, jornada noturna, transferência provisória etc.).

211. Tanto é assim que a Súmula n. 265 do TST demonstra a perda do adicional noturno na hipótese de o empregado passar a trabalhar no período diurno.

212. O adicional de insalubridade está previsto no art. 192 da CLT, sendo pago nos percentuais de 10, 20 e 40% sobre o salário mínimo, apesar de a Súmula Vinculante n. 4 do STF não permitir que este seja usado como base de cálculo de vantagens do empregado. Importante lembrar que a Súmula n. 228 do TST, que afirma ser o adicional calculado sobre o salário-base, foi suspensa pelo STF.

213. Sobre o adicional de insalubridade, é indispensável mencionar a Súmula n. 448 do TST, criada em maio de 2014, que afirma ser devido o adicional de insalubridade em grau máximo (40%) para as atividades de coleta de lixo e limpezas de sanitários em locais públicos ou de grande circulação, diferenciando-a com a limpeza doméstica, que não enseja tal adicional.

214. A constatação dos adicionais de insalubridade e periculosidade, conforme o art. 195 da CLT, é feita por perícia técnica obrigatória. Contudo, se o estabelecimento já estiver fechado ou houver outro impedimento, nos termos da OJ n. 278 da SDI-1 do TST, o Magistrado deverá julgar com base em outros meios de prova.

215. Se indicado o agente insalubre errado, não haverá prejuízo ao reclamante, conforme ensina a Súmula n. 293 do TST.

216. Se o contato com o agente insalubre foi intermitente, o adicional será devido da mesma forma, pois tal circunstância não impede o reconhecimento da insalubridade.

217. O simples fornecimento de Equipamentos de Proteção Individual, conforme Súmula n. 289 do TST, não exime o empregador de pagar o adicional.

218. Já a periculosidade, prevista no art. 193 da CLT, será devida aos empregados que atuam nos serviços de vigilância e segurança patrimonial, conforme novo inc. I do mencionado artigo, bem como em decorrência de contato com explosivos, inflamáveis e energia elétrica, conforme inc. II. O adicional será de 30% sobre o salário-base, não sendo mais possível o pagamento fracionado, pois o inc. II da Súmula n. 364 do TST foi cancelado pelo TST em 2011.

219. Também será devido o adicional de periculosidade aos empregados que trabalham com motocicletas ("motoboys"), não sendo devido aos demais empregados que utilizam a motocicleta apenas para deslocamento casa-trabalho-casa. Tem que utilizar a motocicleta para o trabalho mesmo, como entregador de encomendas etc.

220. O pagamento espontâneo do adicional de periculosidade pelo empregador dispensa a realização de perícia técnica, pois o fato é incontroverso, nos termos da Súmula n. 453 do TST, criada em maio de 2014.

221. Não é devido o adicional de periculosidade aos tripulantes do avião que nele permanecem durante o abastecimento, conforme Súmula n. 447 do TST.

222. Em relação às gratificações, que também possuem natureza salarial, destaque para a Súmula n. 247 do TST, que trata da quebra de caixa, paga àqueles que trabalham como bancários, caixas de supermercado etc.

223. Destaque ainda para a Súmula n. 202 do TST, que dispõe ser devida a gratificação mais benéfica ao empregado se houver previsão daquela parcela em negociação coletiva, bem como outra, da mesma natureza, concedida pelo empregador.

224. As comissões, que também estão descritas no art. 457, § 1º, da CLT, são devidas nos termos do art. 466 da CLT, e os comissionistas podem ser mistos (quantia fixa + variável) ou puros (somente parte variável). As comissões são devidas quando ultimado o negócio, podendo ser pagas em parcelas, quando a compra é parcelada. Se houver a rescisão do contrato de trabalho antes do recebimento integral das parcelas, não perderá o empregado o direito aos valores.

225. Se houver o inadimplemento pelo comprador, a comissão continua a ser devida, haja vista que o vínculo de emprego é caracterizado pela alteridade.

226. Sobre a ajuda de custo, é indispensável destacar o art. 457, § 2º, da CLT, que diz não possuir natureza salarial, qualquer que seja o valor. Um bom exemplo é a quantia descrita no art. 470 da CLT, que trata dos valores gastos com a transferência do empregado.

227. Sobre as diárias de viagem, também de acordo com o § 2º do art. 457 da CLT, somente possuem natureza salarial se superiores a 50% do salário. Se excederem os 50%, toda a quantia possuirá natureza salarial, conforme a Súmula n. 101 do TST.

228. Os valores recebidos a título de participação nos lucros e resultados, conforme o art. 3º da Lei n. 10.101/2000, também não possuem natureza salarial. Se houver a rescisão do contrato de trabalho antes do recebimento da PLR, será devido o valor proporcional, conforme Súmula n. 451 do TST, criada em maio de 2014, que consagra a incidência do princípio da igualdade.

229. A respeito da equiparação salarial, conforme o art. 461 da CLT e a Súmula n. 6 do TST, somente é devida se o reclamante provar os seguintes requisitos em relação ao paradigma: mesma função, mesma produtividade, diferença de tempo na função não superior a 2 anos, mesmo empregador e mesma localidade. Se houver quadro de carreira homologado pelo MTE, estará excluído o direito à equiparação.

230. Ainda sobre a equiparação salarial, temos de dizer ser possível a aplicação das regras constantes no art. 461 da CLT às sociedades de economia mista, nos termos da Súmula n. 455 do TST, criada em maio de 2014, tendo em vista possuírem natureza jurídica de direito privado, admitido pelo regime da CLT e, portanto, sob a incidência das regras de direito do trabalho, dentre elas, aquelas que regem e equiparação salarial.

231. Sobre salário *in natura*, destaque para o art. 458 da CLT, que diz que o salário pode ser pago em dinheiro e em utilidades, que podem ser bens e serviços. Apenas não pode ser pago com bebidas alcoólicas, drogas nocivas e cigarro, conforme a Súmula n. 367 do TST.

232. Atentar nos estudos para a prova da OAB e concursos públicos para as utilidades que não são salariais, por terem essa natureza afastada pelo § 2º do art. 458 da CLT, como mensalidade escolar, uniformes, entre outros.

233. O vale-alimentação possui natureza salarial, nos termos da Súmula n. 241 do TST. Se fornecido de acordo com o Programa de Alimentação do Trabalhador (PAT), não possui natureza salarial.

234. A natureza salarial do vale-alimentação pode ser retirada por meio de norma coletiva. Assim, o acordo coletivo de trabalho ou a convenção coletiva de trabalho que venham a criar o direito ao recebimento do vale, podem afirmar que aquele valor não possui natureza salarial. Ocorre que, nos termos da OJ n. 413 da SDI-1 do TST, a alteração da natureza jurídica da parcela em estudo, de salarial para indenizatória, não possui efeitos pretéritos. Assim como também ocorre com a adesão posterior ao PAT, que não regulariza situações passadas.

FGTS — Fundo de Garantia por Tempo de Serviço

235. O FGTS surgiu em 1966 como uma tentativa de substituir o antigo sistema da estabilidade decenal, previsto no art. 492 da CLT, muito criticado à época por desestimular a produtividade. Ocorre que até a CF/88, o FGTS era um sistema optativo, sendo considerado obrigatório somente com a Nova Carta de direitos. Atualmente é regulamentado pela Lei n. 8.036/90.

236. O Fundo de Garantia por Tempo de Serviço é constituído de um depósito mensal feito exclusivamente sob as expensas do empregador, no valor de 8% da remuneração do empregado, bem como pelo pagamento de uma multa de 40% dos valores depositados na rescisão do contrato de trabalho (demissão sem justa causa e rescisão indireta), bem como de 20% na rescisão por força maior e culpa recíproca.

237. Todos os empregados urbanos, rurais e domésticos (após a EC 72/2013) possuem direito ao FGTS, independentemente do contrato ser celebrado por prazo determinado ou indeterminado.

238. Os aprendizes e os empregados contratados pela Lei n. 9.601/98 possuem direito ao FGTS de 2% mensais.

239. Há a incidência do FGTS no aviso prévio indenizado, conforme Súmula n. 305 do TST, haja vista que é como se o empregador pagasse o salário normalmente, mas sem a prestação de trabalho pelo obreiro.

240. Um dos assuntos mais cobrados nas provas de concursos e OAB sobre FGTS consta no art. 15, § 5º, da Lei n. 8.036/90, que é a obrigatoriedade de depósito durante o afastamento para o serviço militar obrigatório e licença por acidente de trabalho.

241. Em relação à prescrição do direito, a regra a ser aplicada não é mais a prescrição trintenária, pois o STF decidiu, no final de 2014, que o prazo é de 5 anos, como os outros direitos trabalhistas, sendo que o TST alterou a redação da Súmula n. 362 para se adequar à nova realidade jurídica. Contudo, continua a ser aplicada a prescrição bienal, conforme previsto expressamente no art. 7º, XXIX, da CF/88.

Estabilidades provisórias

242. Em relação às estabilidades provisórias, é sempre importante deixar claro que a proteção criada pelo legislador não produz efeitos se o empregado pede demissão ou é demitido por justa causa. No máximo, exige-se, como ocorre com o dirigente sindical, o ajuizamento de ação de inquérito para apuração de falta grave, conforme a Súmula n. 379 do TST.

243. A necessidade de ação de inquérito para demissão por justa causa não se aplica a todos os empregados dotados de estabilidade provisória, pois a gestante, o acidentado do trabalho e membro da CIPA, apesar de estáveis, podem ser demitidos por justa causa sem qualquer procedimento especial.

244. O primeiro empregado com estabilidade provisória a ser estudado é o dirigente sindical, nos termos do art. 543 da CLT e do art. 8º, VIII, da CF/88. Ocorre que algumas regras constantes no art. 543 da CLT foram alteradas pela Súmula n. 369 do TST, modificativa em setembro de 2012. O dirigente sindical, titular ou suplente, possui a estabilidade do registro da candidatura até um ano após o término do mandato. Contudo, de acordo com o entendimento do inc. I da Súmula n. 369 do TST, deve ser feita a comunicação do registro não mais em 24 horas pelo sindicato, e sim por qualquer meio e mesmo fora daquele prazo se ainda houver vínculo de emprego.

245. Se o registro da candidatura for realizado no período do aviso prévio, não haverá estabilidade, nos termos do inc. V da Súmula n. 369 do TST. Além disso, continua em vigor o art. 522 da CLT, que limita o número de empregados eleitos com estabilidade em 7 titulares e 7 suplentes.

246. Os membros do Conselho Fiscal não possuem estabilidade provisória, conforme a OJ n. 365 da SDI-1 do TST. Também os delegados sindicais, conforme a OJ n. 369 da SDI-1 do TST, não gozam da referida estabilidade.

247. Em relação à gestante, o art. 10, II, *b*, do ADCT diz que a estabilidade provisória existe do momento da confirmação da gravidez até cinco meses após o parto. O art. 391-A da CLT diz que, se a gravidez ocorrer no aviso prévio, indenizado ou trabalhado, haverá a estabilidade provisória.

248. A Súmula n. 244 do TST diz que a estabilidade provisória independe do conhecimento pelo empregador. Mesmo que o contrato de trabalho seja por prazo determinado, haverá a estabilidade.

249. Em junho de 2014 foi publicada a Lei Complementar n. 146/2014, afirmando também a existência de estabilidade provisória ao cônjuge na hipótese de falecimento da genitora.

250. O adotante, apesar de possuir direito à licença-maternidade, não possui estabilidade provisória, por ausência de previsão legal. Pode ser que um dia adquira tal direito, mas, por enquanto, não há lei prevendo tal direito.

251. O trabalhador que sofre acidente de trabalho também possui estabilidade provisória, conforme o art. 118 da Lei n. 8.213/91, de 12 meses após a cessação do benefício previdenciário (auxílio-doença acidentário). Os requisitos da estabilidade estão na Súmula n. 378 do TST. Salienta-se que o empregado não é destinatário da ação de inquérito para apuração de falta grave, ou seja, pode ser demitido por justa causa sem decisão judicial, diferentemente do dirigente sindical.

252. O membro da Comissão Interna de Prevenção de Acidentes (CIPA), desde que representante dos empregados, eleito por eles, possui estabilidade, nos termos do art. 10, II, *a*, da ADCT, do registro até 1 ano após o final do mandato. Os suplentes também possuem estabilidade, conforme a Súmula n. 339 do TST. Se houver a extinção do estabelecimento, também de acordo com o entendimento sumulado, não haverá a manutenção da estabilidade.

253. O membro da Comissão de Conciliação Prévia possui estabilidade nos termos do art. 625-B, § 1º, da CLT; tal estabilidade somente se aplica aos membros representantes dos empregados, que são eleitos por eles, até 1 ano após o término do mandato.

254. A estabilidade prevista no art. 41 da CF/88, em relação aos detentores de cargo público, é aplicável aos estatutários. Porém, o TST possui a Súmula n. 390, que estende tal direito aos celetistas aprovados em concurso público para a Administração Pública Direta, autárquica e fundacional. Contudo, os celetistas, mesmo que aprovados em concurso público, das sociedades de economia mista e empresas públicas não possuem estabilidade, podendo ser demitidos por ato imotivado. A necessidade de motivação surge apenas para os celetistas da ECT — Correios, conforme a OJ n. 247 da SDI-1 do TST.

Aviso prévio

255. O primeiro ponto a ser destacado é o cabimento do aviso prévio nos contratos por prazo determinado, conforme o art. 481 da CLT, na hipótese de ter sido incluída a cláusula assecuratória do direito recíproco de rescisão. Nessa situação, o término antecipado do contrato por prazo determinado seguirá as regras dos contratos por prazo indeterminado, isto é, com a inclusão do aviso prévio.

256. O aviso prévio possui natureza jurídica tríplice, qual seja: comunicação, prazo e pagamento. Serve para comunicar o desejo de romper o vínculo de emprego, concede um prazo para o término do contrato e enseja o pagamento do período ao empregado, caso o empregador opte pela indenização do período, por não querer mais o trabalho do obreiro.

257. O prazo do aviso prévio é de, no mínimo, 30 dias e, no máximo, 90 dias, conforme regras criadas pela Lei n. 12.506/2011. O art. 7º, XXI, da CF/88 foi regulamentado pela referida lei, incluindo-se 3 dias ao aviso prévio para cada ano completo de empresa. Importante lembrar que o aviso prévio de 8 dias, descrito no art. 487, I, da CLT, não foi recepcionado pela Constituição Federal.

258. Importante destacar que o aviso prévio concedido pelo empregado, ou seja, quando ele pede demissão, continua a ser de 30 dias, pois a proporcionalidade que gera o direito a até 90 dias somente se aplica ao aviso concedido pelo empregador.

259. Nos termos da Súmula n. 441 do TST, as novas regras instituídas pela Lei n. 12.506/2011 somente se aplicam às rescisões ocorridas após 13 de outubro de 2011.

260. A contagem do aviso prévio segue a regra do art. 132 do Código Civil, conforme a Súmula n. 380 do TST.

261. Nos termos do art. 487 da CLT, se o empregador não conceder o aviso prévio, deverá indenizar o empregado pelo período, o que significa dizer que, se o aviso prévio não for trabalhado, será indenizado. Já se o empregado não conceder o aviso prévio, nos termos do mesmo artigo de lei, poderá o empregador descontar da rescisão o valor do período.

262. A anotação da CTPS levará em consideração o prazo do aviso prévio, conforme a OJ n. 82 da SDI-1 do TST, qualquer que seja a espécie de aviso (trabalhado ou indenizado).

263. Na hipótese de aviso prévio concedido pelo empregador, nos termos do art. 488 da CLT, haverá a redução da jornada de trabalho em 2 horas diárias ou por 7 dias corridos, sendo que a opção é do empregado. Tal regra não se aplica ao aviso prévio concedido pelo empregado! Cuidado com essa informação.

264. Se não houver a referida redução, o aviso prévio terá de ser novamente concedido. Também importante dizer que não pode haver a substituição do tempo reduzido pelo pagamento de horas extraordinárias, nos termos da Súmula n. 230 do TST.

265. A concessão do aviso prévio independe do consentimento da outra parte, por tratar-se de ato unilateral. Tal informação está contida no art. 489 da CLT, mas o próprio dispositivo afirma que a reconsideração do aviso é bilateral, ou seja, depende do consentimento da parte contrária. A reconsideração do aviso prévio pode ser tácita ou expressa.

266. Sabe-se que o aviso prévio é considerado contrato de trabalho, por isso pode o empregado ser demitido por justa causa no curso daquele período. O empregado poderia, por exemplo, divulgar um segredo da empresa enquanto cumpre o aviso prévio, razão pela qual seria demitido por justa causa. Contudo, não pode o empregado ser demitido por justa causa por abandono, nos termos da Súmula n. 73 do TST.

267. Por fim, a única hipótese de renúncia válida do empregado em relação ao aviso prévio é na hipótese de o obreiro já ter conseguido outro emprego, conforme Súmula n. 276 do TST.

Rescisão do contrato de trabalho

268. A primeira informação sobre rescisão do contrato de trabalho é a diferença entre resilição e resolução. Na primeira, o ato é imotivado, ou seja, não há justificativa para o término do vínculo, como ocorre no pedido de demissão e na demissão sem justa causa. Já na segunda — resolução —, o ato é motivado, descrito na lei, como ocorre com a justa causa e a rescisão indireta.

269. Em relação à dispensa por justa causa, por tratar-se de penalidade a ser imposta, deve seguir as regras de proporcionalidade, singularidade, imediaticidade e inalteração. A justa causa deve ser reservada aos erros mais graves do empregado, devendo ser comunicada o mais rápido possível ao empregador, sob pena de perdão tácito.

270. As hipóteses mais importantes de justa causa previstas no art. 482 da CLT são:

a) Improbidade, que é a conduta desonesta, que ocorre quando o empregado, por exemplo, apresenta um atestado médico falso ou furta algum equipamento da empresa.

b) Incontinência de conduta e mau procedimento: a primeira está ligada a conduta sexual errada (fotos pornográficas por *e-mail* da empresa, assédio sexual etc.). O mau procedimento é toda conduta errada sem conotação sexual, como dirigir embriagado com o carro da empresa, utilizar-se de palavras inadequadas no ambiente de trabalho etc.

c) Condenação criminal: depende do trânsito em julgado e da ausência de suspensão da execução da pena. Enquanto houver possibilidade de recurso, não estará configurada a justa causa.

d) Indisciplina e insubordinação: indisciplina é o desrespeito às ordens gerais, ao passo que a insubordinação é o desrespeito às ordens pessoais.

e) Abandono de emprego: depende da caracterização dos critérios objetivo e subjetivo, sendo que o primeiro é o prazo para a sua caracterização, nos termos da Súmula n. 32 do TST. Já o critério subjetivo é a intenção do empregado de não mais voltar, demonstrada pela falta de resposta a comunicação que dê a ele a ciência inequívoca da necessidade de retornar ao trabalho. As faltas consecutivas pelo prazo de 30 dias geram o abandono, ao passo que as faltas não consecutivas geram a justa causa por desídia.

f) Ofensas à honra ou boa fama e ofensas físicas: apenas para lembrar que as ofensas em face do empregador ou superiores hierárquicos, para serem caracterizadas, podem ocorrer em qualquer lugar, enquanto as ofensas às demais pessoas devem ocorrer no serviço. Além disso, em todas as situações, a legítima defesa exclui a justa causa, desde que moderada.

271. O bancário não pode mais ser demitido por justa causa na hipótese de cheques sem fundos, inscrição em SPC, Serasa, pois foi revogado em 2010 o art. 508 da CLT, que previa a justa causa pelo não pagamento de dívidas legalmente exigíveis.

272. Os grevistas que simplesmente aderem ao movimento não podem ser demitidos por justa causa, já que estão exercendo um direito presente no art. 9º da CF/88. Esse é o entendimento da Súmula n. 316 do TST.

273. A recusa injustificada na utilização dos equipamentos de proteção individual (EPIs) gera a rescisão por justa causa, nos termos do art. 158 da CLT.

274. Na rescisão indireta, prevista no art. 483 da CLT, a justa causa é do empregador, mas precisa ser reconhecida judicialmente, ao contrário do que ocorre no caso de justa causa obreira.

275. Reconhecida a rescisão indireta, a consequência será a condenação do empregador ao pagamento das verbas devidas na rescisão sem justa causa.

276. As situações mais comuns de rescisão indireta são:

a) Perigo manifesto de mal considerável: pode ocorrer quando o empregador não fornece os equipamentos de proteção individual ao empregado.

b) Descumprimento das obrigações do contrato: comumente, o atraso no pagamento dos salários, o pagamento de salário abaixo do mínimo, a não realização de depósitos de FGTS. Destaque para a Súmula n. 13 do TST.

c) Ato lesivo da honra e boa fama ou ofensas físicas: a legítima defesa exclui a rescisão indireta, ou seja, se o empregador ofender o empregado por legítima defesa, não haverá rescisão indireta.

d) Redução do trabalho daqueles que recebem por obra ou tarefa, de forma a afetar o salário: nessa hipótese, a redução do trabalho tem por finalidade reduzir o salário, já que este é recebido por obra ou tarefa.

277. Destaque também para o § 3º do art. 483 da CLT, que diz que, nas hipóteses *d* e *g*, o empregado pode optar por permanecer trabalhando ou não para ajuizar a demanda trabalhista. Tais hipóteses são "descumprimento das obrigações do contrato" e "redução do trabalho quando o salário é por obra ou tarefa". Nas demais hipóteses, o empregado deve deixar o trabalho e ajuizar a demanda de rescisão indireta.

278. Na culpa recíproca, presente no art. 484 da CLT, o empregador pagará ao empregado 50% do aviso prévio, do 13º salário proporcional e das férias proporcionais, além de multa de 20% do FGTS, conforme o art. 18, § 2º, da Lei n. 8.036/90.

279. No fato do príncipe, conforme o art. 486 da CLT, há a paralisação temporária ou definitiva em decorrência de ato de Administração Pública, que arcará com o pagamento do aviso prévio e a multa de 40% do FGTS, sendo devidas as demais verbas pelo empregador. Ocorre comumente na desapropriação.

280. A aposentadoria espontânea não gera a rescisão do contrato de trabalho, haja vista a declaração de inconstitucionalidade do art. 453, §§ 1º e 2º, da CLT. Logo, se o empregado se aposenta e continua a trabalhar, o contrato de trabalho continua a ser o mesmo e, havendo a rescisão, a multa do FGTS será devida sobre a quantia depositada em todo o período, e não só no período pós-aposentadoria, conforme a OJ n. 361 da SDI-1 do TST.

281. Se o empregado tiver mais de 1 ano de empresa, a rescisão deverá ser homologada no sindicato ou no Ministério do Trabalho, conforme o art. 477, § 1º, da CLT.

282. Já as verbas rescisórias devem ser pagas nos prazos descritos no § 6º do art. 477 da CLT, sob pena de pagamento de multa no valor de 1 salário do empregado, que será revertida a ele, nos termos do § 8º do mesmo artigo.

283. A homologação é importante para se conceder a eficácia liberatória geral a que alude a Súmula n. 330 do TST, em relação às parcelas expressamente consignadas no termo de rescisão do contrato de trabalho (TRCT). Caso não haja a referida homologação, poderá o empregado questionar todos os pagamentos realizados. Havendo a homologação, a não ser que seja feita alguma ressalva, os pagamentos serão considerados corretos, impossibilitando qualquer discussão posterior, até mesmo na Justiça do Trabalho.

Greve

284. Greve é um direito dos empregados, previsto no art. 9º da CF e conceituado pelo art. 2º da Lei n. 7.783/89 como a suspensão coletiva, temporária e pacífica, demostrando que é a categoria que realiza a greve (e não um pequeno número de empregados), temporária e pacífica, apenas para atingir determinado objetivo, como um reajuste salarial.

285. O período de greve é considerado pelo art. 7º da Lei n. 7.783/89 suspensão do contrato de trabalho, o que significa dizer que aqueles dias não são pagos, mas tal situação deve ser definida pelo Poder Judiciário, por acordo coletivo de trabalho ou convenção coletiva de trabalho.

286. Como fazer greve é um direito do trabalhador, conforme o art. 9º da CF/88, a participação não pode ser considerada justa causa, conforme a Súmula n. 316 do STF; além disso, não pode haver a rescisão dos contratos durante a greve, desde que o empregador mantenha equipes para as situações em que a empresa não pode parar, ou seja, para suas atividades essenciais.

287. O empregador, desde que sejam mantidos tais serviços essenciais, não pode contratar substitutos, pois seria a forma mais fácil de esvaziar o movimento e desestimular os integrantes de categoria a buscar aquela forma de reivindicação dos seus direitos. A impossibilidade de contratação está previsto no art. 9º, parágrafo único, da Lei de Greve.

288. A comunicação da greve deve ser realizada nos prazos descritos nos arts. 3º e 13 da Lei de Greve, a depender de a atividade ser ou não essencial. Se não for essencial, a comunicação será com antecedência mínima de 48 horas. Nas atividades essenciais, que estão descritas no art. 10 da Lei, a comunicação aos empregados e à sociedade será feita com antecedência mínima de 72 horas.

289. Além disso, devem ser mantidos os serviços mínimos ao atendimento dos interesses da coletividade. Cuidado, pois a lei não traz informação acerca do percentual, não sendo certo falar em 30%, como "dizem por aí"!

290. Se a greve for considerada ilegal, não haverá possibilidade de serem analisados eventuais pedidos de direitos trabalhistas formulados perante o Poder Judiciário, conforme a OJ n. 10 da SDC do TST.

291. Os servidores públicos podem realizar greve nos moldes da Lei de Greve da iniciativa privada (Lei n. 7.783/89), em decorrência de decisão do STF, que reconheceu a inação do Poder Legislativo na criação da lei específica.

292. Por fim, os militares não podem realizar greve, de acordo com o art. 142, IV, da CF/88.

Prescrição e decadência

293. A primeira regra a ser lembrada está prevista no art. 7º, XXIX, da CF/88, que trata dos prazos de prescrição bienal e quinquenal. Primeiro, a ação trabalhista pode ser ajuizada enquanto em curso o contrato de trabalho (o que não é usual) ou após o seu término. Na segunda situação, deverá ser ajuizada em até 2 anos a contar da rescisão do contrato, sob pena de ser declarada prescrita.

294. A prescrição bienal também é chamada de total, pois retira a totalidade das verbas trabalhistas devidas ao empregado. Mesmo que tenha trabalhado por décadas, perderá absolutamente tudo caso não ajuíze a ação em até 2 anos após o término do vínculo de emprego.

295. Ajuizada a ação, deve-se analisar a prescrição quinquenal, voltando-se 5 anos do dia do ajuizamento, para saber quais são as verbas que ainda não prescreveram e aquelas que não podem mais ser buscadas. Ex: ajuizando a ação no dia 10.02.2016, posso buscar as verbas trabalhistas até o dia 10.02.2011. O período anterior já estará prescrito. Vejam que pode ser que apenas parte das minhas verbas esteja prescrita, razão pela qual a prescrição quinquenal também é denominada parcial. Caso o vínculo tenha se iniciado no ano de 2005, desta data até 10.02.2011 está prescrito. O período posterior poderá ser reconhecido em juízo e gerar a condenação da empresa reclamada.

296. A regra sobre contagem da prescrição quinquenal é a partir do ajuizamento da ação, e não da extinção do vínculo de emprego, conforme consta na Súmula n. 380 do TST.

297. Uma pergunta que se faz em relação ao tema é a seguinte: caso o reclamante peça a condenação ao pagamento de 10 anos de verbas trabalhistas, provavelmente o réu alegará a prescrição quinquenal em relação ao período anterior aos 5 anos. Mas se não houver qualquer alegação, o Juiz considerará prescrito aquele período? Em outras palavras, pode o Juiz reconhecer a prescrição de ofício? O TST vem dizendo que não, que o Juiz não pode reconhecer de ofício (sem pedido) a prescrição, mesmo que esteja "na cara", pois tal conduta prejudica o empregado e beneficia o empregador, sendo que o último foi o responsável pela lesão aos direitos do primeiro.

298. A fluência dos prazos prescricionais é normal em relação aos empregados doentes ou aposentados por invalidez, a não ser que estejam totalmente impossibili-

tados de locomoção, de irem ao Poder Judiciário. Em situação diversa, diz a OJ n. 375 da SDI-1 do TST que a prescrição é contada normalmente, devendo o empregado inerte sofrer com as consequências da perda de direitos.

299. Não há prescrição em relação ao direito de ter anotada a CTPS, ou seja, a ação para reconhecimento do vínculo de emprego é imprescritível. Se trabalhei sem a carteira de trabalho anotada no período de 1967 a 1969, posso hoje (2016) ajuizar a ação e buscar a anotação, que fará prova perante a Previdência Social do labor desenvolvido. Não verei "nenhum centavo" naquela ação, apenas a anotação do vínculo em minha carteira de trabalho.

300. Não há, para as provas de direito/processo do trabalho, a prescrição intercorrente, que é a que surgiria no curso do processo, já que a Súmula n. 114 do TST diz não se aplicar o instituto, apesar de o STF possuir súmula em sentido contrário (n. 327). Para as provas de direito/processo do trabalho, caso a banca não queira o posicionamento do STF, deverá o aluno afirmar o posicionamento do TST, que é o "nosso Tribunal maior".

301. Por fim, os nossos prazos de decadência são aqueles relacionados ao ajuizamento das ações de procedimentos especiais trabalhistas, a saber: mandado de segurança (120 dias a contar da ciência da lesão ao direito), ação rescisória (2 anos a contar do trânsito em julgado) e ação de inquérito para apuração de falta grave (30 dias a contar da suspensão do empregado estável).

Direito coletivo do trabalho

302. O primeiro princípio do direito coletivo do trabalho a ser lembrado é denominado "liberdade associativa e sindical", previsto no art. 8º, V, da CF/88, que proíbe as cláusulas de sindicalização forçada. O empregado será sindicalizado se quiser, se requerer e até quando quiser.

303. Além disso, o princípio da autonomia sindical previsto no inc. I do art. 8º da CF/88 mostra-se indispensável para concursos e OAB, pois propõe a ausência de autorização do Estado para a criação de sindicatos, mas impõe o registro no MTE para que haja controle sobre o princípio da unicidade sindical, evitando-se que surjam vários sindicatos para a defesa da mesma categoria, na mesma base territorial.

304. Já o princípio da intervenção sindical na negociação coletiva, previsto no art. 8º, VI, da CF/88, afirma que o sindicato dos empregados deve participar de toda negociação coletiva, a saber, Acordo Coletivo de Trabalho (empresas x sindicatos dos empregados) e Convenção Coletiva de Trabalho (sindicato dos empregados x sindicato dos empregados).

305. Sobre a unicidade sindical, descrita em dica anterior, deve ser lembrado que o art. 8º, II, da CF/88 proíbe a criação de mais de uma entidade sindical para a defesa da mesma categoria na mesma base territorial, que não pode ser inferior a um município. Assim, ao adotar a teoria da unicidade sindical, o Brasil foi de encontro ao preconizado na Convenção n. 87 da OIT (Organização Internacional do Trabalho), razão pela qual ela não foi ratificada por nosso país, já que a pluralidade sindical pregada pela OIT não se encaixa em nosso ordenamento jurídico.

Sindicatos

306. Previstos no art. 511 da CLT, possuem natureza jurídica de direito privado, não dependendo de autorização do Estado para a sua criação e funcionamento, como já visto, mas devendo realizar o registro perante o MTE para que possua personalidade sindical, ou seja, possa efetivamente atuar como ente sindical.

307. O sistema de custeio dos sindicatos é formado pela: a) contribuição sindical obrigatória — imposto sindical — tributo, devido por todos, mesmo que não filiados; b) contribuição confederativa — art. 8º, IV, da CF — financiamento do sistema confederativo — devida apenas pelos sindicalizados — Súmula Vinculante n. 40 do STF; c) contribuição assistencial — prevista em norma coletiva, para custeio das atividades assistenciais — devida pelos associados; d) mensalidade sindical: prevista no estatuto do sindicado para custeio da associação.

308. A estrutura sindical brasileira é formada pelos sindicatos, federações e confederações, que podem ser assim resumidas: a) sindicato: base da pirâmide; b) federação: atuação estadual, com pelo menos 5 sindicatos; c) confederação: atuação nacional, com sede em Brasília, formada por, pelo menos, 3 federações.

309. As federações e confederações atuarão no sistema sindical quando a categoria não for organizada em sindicato, nos termos do art. 611, § 2º, da CLT.

310. A atuação mais importante dos sindicatos no dia a dia do trabalhador brasileiro é na criação de normas coletivas — acordos coletivos e convenções coletivas de trabalho — na medida em que são as normas com maior capacidade de melhora das condições de trabalho, haja vista que os sindicatos atuam em "pé de igualdade", sem a subordinação inerente ao vínculo de emprego.

311. Os sindicatos dos trabalhadores atuam obrigatoriamente, conforme o art. 8º, VI, da CF, na formulação de tais normas coletivas, sendo que o ACT e a CCT possuem forma escrita (art. 613, parágrafo único, da CLT), já que são registrados perante o MTE, sendo que o depósito é feito no prazo de até 8 dias, conforme o art. 614 da CLT. Além disso, temos de nos lembrar de outro prazo, que é o de entrada em vigor da negociação em 3 dias a partir do depósito no MTE (art. 614, § 1º, da CLT). Várias questões de concursos buscam o conhecimento sobre os dois prazos: 8 dias para depósito e 3 dias para a entrada em vigor. Não vamos esquecer!!!

312. Ao entrar em vigor, possuem o prazo máximo de 2 anos, nos termos do art. 614, § 3º, da CLT, sendo que nem sempre os entes sindicais firmam tal prazo. Ele é apenas um máximo, sendo que muitos sindicatos preferem negociar ano a ano, especialmente em virtude de reajustes salariais, que são anuais.

313. Por fim, vale a pena lembrar a modificação sofrida em 2012 na Súmula n. 277 do TST, que trata da teoria da ultratividade das normas coletivas: mesmo após o término da vigência da norma coletiva, aquele instrumento continuará a produzir efeitos caso não seja substituído por outro, de forma a garantir a continuidade dos benefícios alcançados pela categoria. Assim, um vale-alimentação criado na convenção 2010/2012 pode estar sendo concedido aos empregados em 2016, tendo em vista não ter sido criada qualquer norma coletiva posterior que expressamente retire o direito ao recebimento do benefício.

DIREITO PROCESSUAL DO TRABALHO

Princípios do processo do trabalho

1. O princípio dispositivo ou princípio da inércia, previsto no art. 2º do NCPC, prevê a necessidade de provocação do Poder Judiciário para que o processo tenha início, ou seja, aquele não é iniciado de ofício, sem pedido da parte ou do interessado.

2. A parte retira o Poder Judiciário de sua inércia por meio do exercício do direito de ação, que se realiza com a apresentação da petição inicial. Nela a parte requer ao Poder Judiciário alguma providência, como a condenação do réu, por exemplo.

3. Como exceção do princípio dispositivo, temos o princípio inquisitivo, que possui forte incidência no processo do trabalho, em especial no que toca ao início do processo de execução, que, a teor do art. 878 da CLT, pode ser iniciado de ofício pelo Juiz. Trata-se do início *ex officio* pelo Magistrado da execução definitiva, ou seja, após o trânsito em julgado da sentença trabalhista.

4. Muito cuidado, pois a execução provisória não pode ser iniciada de ofício, dependendo sempre do pedido da parte exequente, conforme o art. 520 do NCPC. A parte é que sabe se requererá ou não a execução provisória da sentença que o beneficia, mas que ainda é o objeto de recurso.

5. O terceiro princípio é o da **identidade física do juiz**. Até a entrada em vigor do NCPC era aplicável ao processo do trabalho. Ocorre que o Novo Código de Processo Civil não faz menção alguma ao princípio, que deixou de existir no sistema processual civil e, por consequência, no trabalhista. Assim, pode ser que a audiência seja realizada por um Juiz e outro profira a sentença, sem qualquer nulidade ou irregularidade.

6. Já o princípio da concentração dos atos processuais está ligado à realização desses atos em audiência una, conforme o art. 849 da CLT. São fases da audiência: pregão, 1ª tentativa de conciliação, defesa do reclamado, instrução, razões finais, 2ª tentativa de conciliação e sentença.

7. O referido art. 849 da CLT prevê que no processo do trabalho será aplicada a regra da audiência una, que servirá para conciliação, instrução e julgamento. Excepcionalmente será admitido o fracionamento do ato, como na hipótese de ausência justificada das partes, ausência de testemunhas, necessidade de produção de prova pericial etc.

8. No dia a dia pode ser realmente necessário o fracionamento descrito acima, como por exemplo, quando o Juiz verificar a necessidade de realização de prova pericial, hipótese em que o Magistrado deferirá a produção da prova, nomeará o perito e concederá ao mesmo um prazo para a entrega do laudo pericial, designando nova data para audiência após aquela entrega.

9. Em relação aos momentos de conciliação, é sempre importante mencionar que se trata de momentos obrigatórios, ou seja, a ausência deles importa em nulidade processual. O processo pode ser anulado, retornando à Vara do Trabalho, caso não seja tentado o acordo entre as partes.

10. Doutrina e jurisprudência afirmam que a nulidade será verificada quando não for realizada a 2ª tentativa de conciliação, ou seja, a falta da 1ª tentativa não acarretaria nulidade ao processo, já que eventual acordo ao final da audiência evitaria a ocorrência de prejuízo e, por consequência, o vício processual.

11. Os momentos de tentativa de conciliação estão previstos nos arts. 846 e 850 da CLT, que, respectivamente, afirmam que o Juiz deverá buscar a conciliação no início da audiência (após o pregão e antes da defesa), bem como ao final do ato, após as razões finais das partes.

12. Apresentada a proposta de conciliação, deverá o Juiz analisá-la, e caso a aceite, homologar o ato e extinguir o processo com resolução do mérito. Não sendo homologado, deverá o processo prosseguir normalmente. O Juiz possui a possibilidade de homologar ou não o acordo apresentado, já que a jurisprudência do TST é no sentido de que o Juiz não é obrigado a homologar acordo, que é sua faculdade, nos termos da Súmula n. 418 do TST.

13. Pode ser que o Juiz verifique que o acordo é, na verdade, uma verdadeira renúncia do trabalhador, que está "abrindo mão" de praticamente todos os seus direitos, aceitando receber quantia ínfima em decorrência de sua fragilidade financeira. Na hipótese, prevê o TST que o Juiz não precisa homologar o acordo.

14. Homologado o acordo, o Juiz profere uma sentença de extinção com resolução do mérito, que transitará em julgado naquela ocasião, com a impossibilidade de ser interposto recurso pelas partes, que somente poderão desconstituir a decisão por ação rescisória, conforme a **Súmula n. 259 do TST**. A União poderá interpor o recurso ordinário da sentença homologatória de acordo, caso entenda que o seu crédito previdenciário está sendo prejudicado.

15. Na hipótese, pode ser que o acordo tenha sido realizado para lesar os cofres públicos, com a negativa de pagamento de contribuição previdenciária, com a inclusão, por exemplo, de um pagamento à título de dano moral, sobre o qual não incide INSS, sendo que não há discussão no processo sobre a ocorrência daquele tipo de dano. É nessa situação que a União poderá interpor recurso, pois o acordo é uma fraude jurídica.

16. Já no tocante ao princípio da oralidade, vale a pena destacar que a reclamação trabalhista pode ser verbal, conforme preconiza o art. 840 da CLT. Consoante disciplina o art. 786 da CLT, a inicial será distribuída antes da sua redução a termo. Após a distribuição, o reclamante tem 5 dias para apresentar-se à Vara do Trabalho para a redução a termo da reclamação trabalhista. Não comparecendo sem justo motivo, sofrerá a pena de perempção, nos termos do art. 731 da CLT, ficando seis meses sem poder ajuizar novamente a ação.

17. Esse procedimento do art. 786 da CLT é muito importante, pois bastante cobrado pelas bancas examinadoras. Deve-se lembrar que a parte possui 5 (cinco) dias para comparecer à Vara do Trabalho para redução a termo da reclamação trabalhista e que a ausência injustificada importará em perempção, mesmo que uma única vez, conforme o art. 731 da CLT.

18. Contudo, também existe uma segunda hipótese de perempção trabalhista, prevista no art. 732 da CLT, que é decorrência da ausência injustificada à audiência por duas vezes, gerando a extinção dos processos sem resolução do mérito. Um exemplo simplifica o entendimento da matéria: imagina que Zé ajuizou a ação n. 1 e faltou à audiência, gerando o seu arquivamento (extinção sem resolução do mérito). O mesmo Zé ajuizou a mesma ação pela segunda vez, ação agora n. 2, faltando novamente à audiência, acarretando também o arquivamento da 2ª ação. Na hipótese haverá a perempção, que impedirá o reajuizamento da ação pela 3ª vez por 6 meses.

19. Também relacionada à oralidade, temos a defesa, que no processo do trabalho é realizada em 20 minutos, na própria audiência, não havendo previsão para defesa escrita. A FCC — Fundação Carlos Chagas, já considerou correta a assertiva que diz ser admissível a defesa escrita. Apesar de não haver previsão legal, pode ser aceita tal afirmação caso a assertiva seja a "melhor", a "menos errada", já que no dia a dia da Justiça do Trabalho a defesa é apresentada por escrito em 99% das vezes.

20. No processo judicial eletrônico, regulamentado pela Resolução n. 136/2014 do CSJT, a defesa é enviada pelo sistema eletrônico antes da audiência, mas na CLT ainda há a previsão da defesa tão somente por via oral, na própria audiência.

21. Também as razões finais são orais, em 10 minutos para cada parte, conforme o art. 850 da CLT. Também chamadas de alegações finais, constitui-se no último momento de que dispõem as partes para demonstrar ao Juiz que os seus pedidos devem ser aceitos.

22. Não há na CLT a previsão de conversão das alegações finais em memoriais escritos, apesar de isso ocorrer no dia a dia da Justiça do Trabalho, principalmente nos processos mais complexos, em que o Juiz concede um prazo razoável para a apresentação dos memoriais (alegações finais escritas).

23. Também como incidência do princípio da oralidade, temos o "protesto em audiência", que é a forma de demonstração do inconformismo da parte com uma decisão proferida em audiência. Digamos que o Juiz tenha indeferido a oitiva das testemunhas do reclamante, retirando desse a possibilidade de produzir a prova. Diante de tal decisão, poderá o Reclamante apresentar o seu protesto, demonstrando que discorda da decisão e que precisa daquela prova. O protesto consistirá na inclusão, na ata de audiência, da informação de que a parte protestou. Apenas isso!!! A utilidade de tal ato consiste na possibilidade de ser alegado o cerceamento do direito de defesa em eventual recurso que venha a ser interposto.

24. Vejam que o protesto em audiência serve para evitar a ocorrência da preclusão sobre a matéria decidida, já que a preclusão é entendida como a "perda da possibilidade de praticar um ato processual".

25. O princípio da irrecorribilidade imediata das decisões interlocutórias encontra-se previsto no art. 893, § 1º, da CLT, bem como na Súmula n. 214 do TST, muitas vezes cobrado em concursos de diversas bancas. A regra é a impossibilidade de interposição de recurso de imediato, para garantir a celeridade processual.

26. Sendo proferida decisão interlocutória, deverá a parte prejudicada aguardar ser proferida a decisão final (sentença, por exemplo), para dessa última interpor o recurso cabível (recurso ordinário, no exemplo). Contudo, há 3 exceções previstas na Súmula n. 214 do TST, em que é possível a interposição de recurso contra decisões interlocutórias, a saber: 1) decisão do TRT contrária à Súmula do TST; 2) decisão passível de recurso para o próprio tribunal; e 3) decisão que reconhece a incompetência relativa, com remessa dos autos para Vara do Trabalho vinculada a TRT diverso.

27. Quanto a esta última hipótese — decisão que reconhece a incompetência relativa e determina a remessa dos autos para Vara do Trabalho vinculada a outro TRT —, importante frisar que São Paulo é o único Estado com dois TRTs (2ª e 15ª Regiões). Assim, pode ser que a ação tenha sido remetida de São Paulo, Capital, para Campinas e caiba recurso, pois aquelas cidades, apesar de estarem no mesmo Estado, estão vinculadas a TRTs diversos.

28. O *jus postulandi* mostra-se sempre como um tema importante dentro do processo do trabalho, previsto no art. 791 da CLT, que permite o ajuizamento e acompanhamento da ação sem que a parte esteja representada por advogado. Em suma, o *jus postulandi* é a desnecessidade de advogado na Justiça do Trabalho. Trata-se da regra geral.

29. O instituto é importante em decorrência da restrição sofrida por meio da **Súmula n. 425 do TST**, que, apesar de reafirmar a utilização do instituto, ainda previu uma restrição, ao dizer que não se aplicam aos mandados de segurança ações rescisórias, ações cautelares e recursos para o TST.

30. Em relação ao último — recursos dirigidos ao TST —, muito cuidado, porque as bancas podem trocar TST por TRT, sendo que os recursos dirigidos ao último podem ser interpostos sem advogado, pela parte que se vale do *jus postulandi*.

31. Por fim, vamos ao princípio da proteção, que se desdobra em vários aspectos: o primeiro trata do pagamento das custas ao final, conforme o art. 789, § 1º, da CLT. Não há, portanto, pagamento de custas prévias, sendo ilegal, por exemplo, a cobrança de honorários periciais prévios, nos termos da OJ n. 98 da SDI-2 do TST.

32. Ainda em relação à proteção, merece análise o art. 844 da CLT, que trata das consequências da ausência das partes em audiência, pois há um tratamento totalmente diferenciado entre reclamante (geralmente o empregado) e reclamado (geralmente o empregador). Caso o reclamante não compareça à audiência, o processo por ele ajuizado será arquivado, ou seja, extinto sem resolução do mérito (o que não impede o reajuizamento). Caso o reclamado falte, será decretada a revelia, que traz por consequência a presunção de veracidade dos fatos narrados na petição inicial, o que gera, na maioria das vezes, a condenação do réu. Vejam que há um tratamento totalmente diferenciado, que protege o reclamante e prejudica o reclamado, verificando-se um tratamento desigual para aqueles que são desiguais.

33. Último a ser analisado, o princípio da estabilidade ou inalterabilidade da demanda é extremamente importante para as provas, pois analisa a possibilidade ou não de aditamento (modificação) da petição inicial depois de ajuizada a ação. Aplica-se o art. 329 do NCPC ao processo do trabalho, com as devidas adaptações necessárias em virtude das peculiaridades do procedimento trabalhista. De acordo com o princípio, o aditamento da petição inicial pode ser realizado, sem necessidade de consentimento do reclamado, até a apresentação da defesa. Tendo sido apresentada a defesa, o aditamento somente é possível com o consentimento do reclamado. Por fim, iniciada a instrução (produção de provas), não mais será possível o aditamento.

34. Atenção: na última etapa — iniciada a instrução — não é mais possível a modificação (aditamento) em qualquer situação. Não pode modificar mesmo que a outra parte consinta, o Juiz autorize, o Papa permita etc. Não pode e acabou!!!

Organização da Justiça do Trabalho e Serventuários (órgãos auxiliares)

35. A Justiça do Trabalho está organizada no art. 111 da CF/88, sendo que esse prevê o Tribunal Superior do Trabalho (TST), os Tribunais Regionais do Trabalho (TRT) e os Juízes do Trabalho (Varas do Trabalho). Vejam que a CF/88 fez menção a "juízes do trabalho" como sendo o órgão de primeiro grau, o que aparentemente estaria errado, na medida em que o órgão é a Vara do Trabalho. Ocorre que, se uma assertiva contiver os órgãos TST, TRTs e Juízes do Trabalho, deverá ser considerada correta, uma vez que assim dispõe o art. 111 da CF/88.

36. Sobre a composição do TST, é importante destacar que o tribunal possui 27 Ministros. Trata-se de uma composição fixa, ou seja, não são "no mínimo" 27, mas, sim, 27 Ministros. Para ser nomeado como tal, é necessário possuir entre 35 e 65 anos e ser aprovado pela maioria absoluta do Senado Federal, no ato conhecido por "sabatina". A nomeação é feita pelo Presidente da República. Vejam que a sabatina é feita pelo Senado Federal, e não pelo Congresso Nacional ou Câmara dos Deputados.

37. Já em relação aos TRTs, algumas mudanças são facilmente percebidas: temos no mínimo 7 membros, que deverão ter entre 30 e 65 anos e serão nomeados pelo Presidente da República sem sabatina.

38. No tocante aos Juízes do Trabalho, estes atuam de forma singular na Vara do Trabalho, ou seja, os atos processuais são realizados por um único Juiz. Nem sempre foi assim. Até a EC 24/99, a Junta de Conciliação e Julgamento era formada pelo Juiz Togado (Juiz do Trabalho, concursado, que a presidia) e pelos Juízes Classistas, que representavam os empregados e empregadores. A aludida emenda constitucional extinguiu a representação classista, passando a Junta de Conciliação e Julgamento a ser denominada Vara do Trabalho.

39. Sobre os serviços auxiliares da Justiça do Trabalho, destacam-se os arts. 710 a 721 da CLT, que precisam ser estudados para as provas de processo do trabalho. Um dos principais órgãos auxiliares é a Secretaria da Vara do Trabalho, que possui por finalidade a prática de atos burocráticos, tais como: a expedição de notificação, a juntada de documentos, a certificação de atos processuais, bem como a guarda dos autos dos processos em andamento. O Diretor da Secretaria é nomeado pelo Juiz do Trabalho. Aqui, muito cuidado, pois o art. 710 da CLT diz que é o "Presidente" que nomeará, sendo que o tal "presidente" é o Juiz do Trabalho, que era o presidente da antiga Junta de Conciliação e Julgamento.

40. Falamos que dentre os serviços burocráticos a serem realizados está a expedição de notificação, que, nos termos do art. 841 da CLT, deverá ser realizada em 48 horas. O que ocorre se o prazo não for respeitado? O art. 712, parágrafo único, da CLT prevê a possibilidade de desconto salarial dos dias de atraso da prática dos atos processuais. Assim, se tivermos um atraso de 3 dias na prática do ato, poderão ser descontados 3 dias de salários do servidor.

41. Os distribuidores estão previstos no art. 713 da CLT para aqueles locais onde há mais de uma Vara do Trabalho, de maneira que seja feito o sorteio entre as varas existentes, evitando-se a escolha do juízo, o que feriria o princípio do juiz natural.

42. Por fim, o Oficial de Justiça, que na Justiça do Trabalho também é avaliador, atua na execução trabalhista, realizando a citação, penhora e avaliação de bens, conforme o art. 880 da CLT. Os atos processuais devem ser realizados pelo Oficial de Justiça no prazo de 9 dias, com exceção da avaliação, que possui um prazo um pouco maior, de 10 dias.

Competência material

43. Primeiro temos de lembrar que os critérios de competência são classificados em absolutos e relativos, a depender do interesse que está relacionado aos mesmos. Quando o legislador cria um critério de competência levando-se em consideração o interesse do Estado, classifica-se aquele como absoluto, a exemplo do critério material. Quando o interesse é das partes, classifica-se como relativo, a exemplo do critério territorial.

44. Várias são as diferenças entre os critérios: nos critérios absolutos, o Juiz pode reconhecer de ofício eventual equívoco, não havendo preclusão, podendo o reconhecimento ocorrer em qualquer tempo e grau de jurisdição. Já nos critérios relativos, somente a parte pode alegar o equívoco em relação ao critério, devendo a alegação ocorrer em determinado momento do processo, que é o prazo de defesa, sob pena de preclusão, não cabendo a possibilidade de alegação posterior.

45. Analisando-se o art. 114 da CF/88, que trata da competência material da Justiça do Trabalho, surge a ideia de explicitar a intenção do legislador de alargar a competência trabalhista para todas as ações que envolvessem relação de trabalho. Contudo, apesar de ter sido essa a intenção do legislador, o STF excluiu da apreciação dos Juízes Trabalhistas as demandas envolvendo servidores estatutários, conforme decisão proferida na ADI n. 3.395-6.

46. Caso o servidor estatutário esteja vinculado à União, deverá ajuizar a ação na Justiça Comum Federal. Sendo servidor estatutário de Estado ou Município, a justiça competente será a comum estadual (Vara da Fazenda Pública Estadual ou Municipal, a depender da organização judiciária).

47. Além disso, também decidiu a jurisprudência que a ação em que profissional liberal cobra honorários de cliente é da competência da Justiça Comum, conforme a Súmula n. 363 do STJ.

48. Também não possui competência criminal a Justiça do Trabalho, conforme decisão na ADI n. 3.684 do STF.

49. É muito importante destacar ainda as duas Súmulas Vinculantes do STF em matéria de competência da Justiça do Trabalho. A Súmula Vinculante n. 22 do STF trata da competência para análise das demandas envolvendo acidentes de trabalho nas ações movidas pelo empregado em face do empregador. Essas ações, que antes eram da competência da Justiça Comum e com a EC 45/2004 passaram à Justiça do Trabalho, foram remetidas para a Justiça Especializada, de acordo com o entendimento da Súmula Vinculante n. 22 do STF: as que já tinham sentença continuaram na Justiça Comum; as que ainda não estavam sentenciadas foram remetidas para a Justiça do Trabalho.

50. Já a Súmula Vinculante n. 23 do STF diz que as ações possessórias, quando relacionadas ao vínculo de emprego, também são da competência da Justiça do Trabalho. Assim, uma ação de reintegração de posse em decorrência do exercício do direito de greve será analisada pela Justiça Especializada.

51. Sobre os conflitos de competência, vale a pena destacar a Súmula n. 420 do TST, que diz inexistir conflito entre Vara do Trabalho e Tribunal Regional do Trabalho a ele vinculado. Assim, não há conflito entre Vara do Trabalho de Vitória/ES e Tribunal Regional do Trabalho do Espírito Santo.

52. As demandas envolvendo o respeito às normas de saúde e medicina do trabalho cabem à Justiça do Trabalho, conforme a Súmula n. 736 do STF.

53. As contribuições previdenciárias incidentes sobre a condenação da Justiça do Trabalho também cabem à Especializada, conforme o art. 114, VIII, da CF/88, bem como o art. 876 da CLT. Ocorre que a Súmula Vinculante n. 53 do STF e a Súmula n. 368 do TST afirmam que as contribuições incidentes sobre o período de trabalho reconhecido em Juízo, não são da competência da Justiça do Trabalho, ou seja, se o trabalhador laborou sem CTPS assinada e conseguiu o reconhecimento do vínculo em juízo, as contribuições que deveriam ter sido pagas naquele período não serão executadas na justiça especializada.

54. A Súmula n. 454 do TST, criada em maio de 2014, diz ser da competência material da Justiça do Trabalho a execução, de ofício, da contribuição referente ao Seguro de Acidente de Trabalho (SAT), por ter natureza de contribuição para a seguridade social, destinando-se ao financiamento de benefícios relativos à incapacidade do empregado decorrente de infortúnio no trabalho.

55. O inc. III do art. 114 da CF/88 diz que as ações sobre representação sindical são da competência da Justiça do Trabalho, independentemente de serem ajuizadas por sindicatos, empregados, empregadores etc. Em suma, não importa quem ajuizou a ação e quem é o réu. O que importa aqui é a matéria, o que está sendo discutido nos autos, que deve ser relacionado à representação sindical. Não caia na pegadinha que afirma que "as ações ajuizadas entre sindicatos são da competência da Justiça do Trabalho", pois tal afirmação é genérica demais e está errada.

56. Uma das alterações realizadas na jurisprudência do TST em 2015, sobre o tema competência material, pode ser vislumbrada na Súmula n. 392 do TST, que trata das ações em que se pedem danos morais e materiais vinculados à relação de trabalho. A alteração promovida pelo TST foi no sentido de deixar claro que a competência persiste mesmo que a ação seja ajuizada por sucessores e dependentes. Infelizmente, caso ocorra o óbito do empregado, os sucessores e dependentes poderão ajuizar ação pedindo danos morais e materiais na Justiça do Trabalho.

57. Outro ponto importante sobre competência material, muito cobrado nas provas de concursos, é o inc. VII do art. 114 da CF/88, que trata das ações sobre penalidades impostas pelos órgãos de fiscalização das relações de trabalho. Se, por exemplo, o MTE — Ministério do Trabalho e Emprego — fiscaliza ou autua a sua empresa ilegalmente, eventual ação ajuizada para discutir e desconstruir a autuação será da competência da Justiça do Trabalho.

58. Por fim, duas súmulas importantes sobre competência material: Súmula n. 300 do TST, que diz que competem à Justiça do Trabalho as ações sobre indenização decorrente da não inscrição no PIS, e a Súmula n. 389 do TST, que trata da indenização decorrente da não concessão do seguro-desemprego por culpa do empregador, que também deverá ser pleiteada na justiça especializada.

Competência territorial

59. A primeira informação a ser lembrada é a regra geral do art. 651 da CLT acerca do lugar para o ajuizamento da ação trabalhista. A regra é o local da prestação dos serviços, independentemente do local da contratação. Diferentemente do CPC, não há relevância o local da contratação ou domicílio, em um primeiro momento.

60. Se houve transferência, a regra passa a ser o último local da prestação dos serviços. Assim, se trabalhei em Vitória, São Paulo, Rio de Janeiro e, por fim, fui transferido para Belo Horizonte, nesta última cidade é que deverei ajuizar a ação trabalhista.

61. Por tratar-se de competência territorial, portanto relativa, não pode o Magistrado reconhecer a incompetência de ofício, conforme a Súmula n. 33 do STJ. Assim, por mais errado que esteja o local do ajuizamento da ação, não poderá o Juiz reconhecer o erro e remeter o processo para o local correto. Para isso, dependerá obrigatoriamente de provocação da parte.

62. Somente se o réu alegar a incompetência, no prazo de defesa, é que tal vício poderá ser reconhecido. Logo, se ajuizei a ação em Vitória/ES quando deveria ajuizar em São Paulo/SP, o Juiz de Vitória não poderá remeter a ação para São Paulo. Deverá aguardar a defesa do reclamado e a alegação de incompetência territorial.

63. Caso não haja a alegação de incompetência pelo reclamado, o local que era incompetente passará a competente, pois ocorrerá a prorrogação da competência. A partir deste momento, não poderá mais ser alegada a incompetência, permanecendo o processo naquela Vara até o seu final.

64. Outra regra importante sobre competência territorial consta no § 1º do art. 651 da CLT. Se o empregado for agente ou viajante comercial, a ação será ajuizada no local em que há sede ou filial e a estas está subordinado o empregado. Se não houver subordinação, poderá ser ajuizada no domicílio do empregado ou na localidade mais próxima.

65. As regras do art. 651 da CLT também se aplicam se o empregado, brasileiro, prestar serviços no exterior, conforme o § 2º desse dispositivo legal.

66. Por fim, nos termos do § 3º do art. 651 da CLT, se forem vários os locais de prestação dos serviços, por ser o empregador móvel, como ocorre no circo, poderá o empregado mover ação no local da contratação ou da prestação dos serviços, à sua livre escolha.

67. Não se admite no processo do trabalho o foro de eleição, isto é, a escolha no contrato — art. 63 do NCPC — do local do ajuizamento da ação. Assim, se em um contrato for incluída a cláusula prevendo o local do ajuizamento da ação, sendo diverso do local da prestação dos serviços, tal cláusula será nula, já que criada para dificultar ou impedir o ajuizamento da ação, ou seja, dificultar o acesso à justiça. A Instrução Normativa n. 39/2016 do TST confirma o entendimento acima, estando de acordo com o princípio da proteção.

Partes e procuradores

68. A capacidade processual plena ocorre aos 18 anos, conforme o art. 402 da CLT, o que significa dizer que a pessoa pode realizar todos os atos processuais sem assistência ou representação. Antes de tal idade, apesar de ser possível o trabalho na qualidade de emprego, conforme o art. 7º da CF/88 (a partir dos 16 anos ou 14 anos, na qualidade de aprendiz), o ajuizamento da ação dependerá da assistência dos representantes legais.

69. Sobre a incapacidade processual, importante destacar o art. 793 da CLT, que prevê o ajuizamento da ação para os incapazes pelos representantes, Ministério Público e sindicatos.

70. A capacidade postulatória, conforme o art. 133 da CF/88, é inerente ao advogado, já que por meio dele as partes tem suas pretensões analisadas pelo Poder Judiciário. Ocorre que a regra possui exceções. Apesar de o advogado ser indispensável à administração da justiça, em algumas situações o profissional é dispensado. Uma das situações excepcionais é o processo do trabalho, pois as partes possuem o *jus postulandi*, que é o direito de postular em juízo sozinhas, acompanhando as ações até o final, conforme o art. 791 da CLT.

71. Em 2011, o TST restringiu o *jus postulandi* ao criar a Súmula n. 425 do TST, afirmando que, no *mandado de segurança, na ação rescisória, na ação cautelar e nos recursos para o TST*, é indispensável a presença do advogado, ou seja, tais medidas não podem ser apresentadas sem assinatura de um advogado. A parte até pode ajuizar uma ação trabalhista e recorrer ao TRT sem advogado, mas, querendo recorrer ao TST, terá de contratar um advogado.

72. Nos dissídios coletivos a assistência por advogado é facultativa, conforme o art. 791 da CLT.

73. A assistência judiciária gratuita, prevista na Lei n. 5.584/70, presume a assistência pelo sindicato da categoria (mesmo que o empregado não seja filiado), bem como o recebimento de até 2 salários mínimos mensais ou a declaração de hipossuficiência. Nessa hipótese, preenchidos os requisitos legais, haverá a isenção do pagamento das custas processuais e a condenação do reclamado ao pagamento de honorários advocatícios, de acordo com a Súmula n. 219 do TST.

74. Já o benefício da justiça gratuita, previsto no art. 790, § 3º, da CLT, pode ser concedido a requerimento da parte, que demonstrará situação de hipossuficiência, podendo ser deferido de ofício pelo Magistrado, a qualquer tempo e grau de jurisdição. Nessa hipótese, basta a demonstração de hipossuficiência econômica, dispensando-se a assistência pelo sindicato.

75. No processo do trabalho, admite-se o mandato tácito ou *apud acta*, que decorre da presença do advogado em audiência, e a inserção de seu nome na ata de audiência, conforme o art. 791, § 3º, da CLT. Dispensa-se, portanto, o mandato expresso, ou seja, o documento procuração. O advogado com mandato tácito pode recorrer, conforme a Súmula n. 383 do TST, alterada em 2016 e que gerou o cancelamento da Súmula n. 164 do TST, sem, contudo, alterar o entendimento da matéria. Apesar de o advogado portador do mandato tácito poder recorrer, não pode substabelecer, de acordo com a OJ n. 200 da SDI-1 do TST.

76. Os honorários advocatícios de sucumbência são concedidos de acordo com a Súmula n. 219 do TST, que prescreve que, regra geral, no processo do trabalho não se aplica a regra da mera sucumbência, como ocorre no processo civil. Para que haja a condenação, cabe ao autor preencher os requisitos da assistência judiciária gratuita, conforme a Lei n. 5.584/70, a saber: estar assistido pelo sindicato da categoria e receber até 2 salários mínimos (ou declarar pobreza caso receba mais). Uma alteração de 2015 na súmula deixou claro que o preenchimento dos dois requisitos deve ser concomitante, ou seja, devem estar presentes ao mesmo tempo.

77. Em 2016, a Súmula n. 219 foi novamente alterada para adequar-se ao Novo CPC, retirando-se a menção ao valor máximo de 15% para a condenação ao pagamento dos honorários de sucumbência. Atualmente, a condenação pode ser de até 20%, como no Novo Código de Processo Civil.

78. A regra geral acima estudada, em relação à necessidade de preenchimento de requisitos, possui situações excepcionais, nas quais se aplica a regra do CPC, ou seja, da mera sucumbência, que é o "perdeu-pagou", ou seja, a parte que perdeu paga uma quantia ao advogado da parte que venceu. As situações previstas na Súmula n. 219 do TST em que se aplica o sistema da mera sucumbência são: à ação rescisória, às ações em que o sindicato atua como substituto processual e às lides que não decorrem da relação de emprego.

79. Também deve ser lembrada a OJ n. 421 da SDI-1 do TST, que traz outra hipótese de condenação por mera sucumbência, trata das ações sobre acidentes de trabalho que foram ajuizadas na Justiça Comum e posteriormente encaminhadas à Justiça do Trabalho em decorrência da EC 45/2004.

80. O art. 138 do CPC/2015 traz a figura do *amicus curiae* traduzido como "amigo da corte", que participa do processo auxiliando o Juiz na tomada de sua decisão, por trazer elementos técnicos/científicos para o processo em curso.

81. O legislador previu que o *amicus* atuará nos processos em que a matéria seja relevante ou quando o tema for muito específico (técnico) ou, ainda, quando houver grande repercussão social.

82. O *amicus curiae* pode surgir no processo em todas as instâncias e espécies de processos, requerendo o seu ingresso ou por solicitação judicial, no prazo de 15 dias a contar da intimação. O ingresso do *amicus* não modifica a competência já estabelecida para a ação.

83. É o Juiz (no primeiro grau de jurisdição) ou o Relator (nos tribunais) que determinará os poderes do *amicus*, sendo certo que este não pode recorrer, a não ser se o recurso for de embargos de declaração, bem como no incidente de resolução de demandas repetitivas.

84. Em relação ao comparecimento das partes em audiência, o art. 843 da CLT afirma que deve ser **pessoal**, sendo que a ausência do autor importa em arquivamento do feito e a ausência do réu, em revelia. O réu poderá ser representado por preposto, que necessariamente deve ser empregado com conhecimento dos fatos, nos termos da Súmula n. 377 do TST. Somente é dispensada a qualidade de empregado se o reclamado for empregador doméstico ou micro ou pequena empresa.

85. Não há previsão legal para atraso das partes na audiência, ou seja, não há tolerância em relação ao horário do ato. Se a audiência está marcada para as 9h e no horário tem início, deverão as partes estar presentes naquele horário, sob pena de aplicação das penalidades previstas no art. 844 da CLT: arquivamento (reclamante) e revelia (reclamado).

86. O Juiz pode chegar atrasado em até 15 minutos, conforme o art. 815 da CLT, mas as partes não possuem o mesmo tratamento, por falta de precisão legal. Caso o Juiz se atrase por mais de 15 minutos, poderá a parte retirar-se, requerendo certidão, para que não sofra qualquer penalidade. Ocorre que há uma situação em que não se aplica o art. 815 da CLT, que é aquela em que o atraso da audiência decorre da realização de outro ato processual pelo Juiz. Assim, se a audiência de 9h ainda não começou apesar de já serem 11h, por estar sendo realizada a audiência das 10h, não poderá a parte se retirar.

87. Por fim, eventual falta das partes à audiência pode ser justificada por atestado médico, mas não pode qualquer doença atestada, já que a Súmula n. 122 do TST diz que o atestado deve demonstrar a impossibilidade de locomoção. Na hipótese, o Juiz deverá redesignar a audiência. Caso não seja apresentada justificativa, serão aplicadas as consequências do art. 844 da CLT: arquivamento (ausência do autor), revelia (ausência do réu) e arquivamento (ausência de ambos).

Do Juiz

88. Um dos princípios mais importantes relacionados à atuação do Juiz recebe o nome de *indeclinabilidade*, previsto no art. 140 do NCPC, que diz que *o Juiz não se exime de despachar ou sentenciar alegando lacuna ou obscuridade da lei*. Isso significa que o Juiz não pode deixar de decidir e movimentar o processo, alegando ausência de lei ou que ela é obscura, não deixa claro o que deve ser feito pelo Poder Judiciário.

89. Diante da indeclinabilidade, o Juiz deve interpretar a lei e aplicá-la ou, ainda, aplicar a analogia, os costumes e os princípios gerais do direito, que são métodos de integração da norma jurídica.

90. Sobre os atos judiciais, previstos nos arts. 203 e 204 do NCPC, temos que o Juiz profere sentenças, decisões interlocutórias, despachos e acórdãos. As sentenças, previstas no art. 203 do NCPC, podem ser definitivas ou extintivas, ou seja, podem extinguir o processo com ou sem resolução (julgamento) do mérito (pedido). As decisões interlocutórias são qualificadas como decisões no curso do processo, que decidem incidentes processuais, que são questões relacionadas ao desenvolvimento do processo e que, no processo do trabalho, são consideradas irrecorríveis. Os despachos são manifestações do Juiz em relação ao desenvolvimento do processo. Nada decidem, não possuem forma e não geram prejuízo às partes. Em razão dessas peculiaridades, os despachos são irrecorríveis, conforme o art. 1.001 do NCPC.

91. Já os acórdãos, previstos no art. 204 do NCPC, são decisões colegiadas dos tribunais, ou seja, tomadas por mais de um julgador no âmbito de um tribunal, como acontece geralmente com os recursos. Excepcionalmente, os recursos podem ser julgados nos tribunais por um único julgador, que é o Relator, prolator da decisão denominada monocrática, prevista no art. 932 do NCPC.

92. As decisões monocráticas podem ser proferidas no processo do trabalho por autorização da Súmula n. 435 do TST, sendo geralmente utilizadas quando o Relator verifica que o recurso é inadmissível, improcedente ou prejudicado. São proferidas, como já dito, pelo Relator do recurso ou ação de competência originária dos tribunais.

93. Por fim, em relação ao Juiz, vale a pena lembrar-se do princípio da congruência, que nas provas de concursos e OAB também é denominado correlação e adstrição. O princípio está previsto nos arts. 141 e 492 do NCPC e serve como um limitador da atuação do Juiz, da decisão que será por ele proferida. O limite é imposto pelo princípio, pois o legislador afirmou que o Juiz não pode julgar além ou fora do que foi pedido pela parte. Se não foi pedido, não pode ser decidido!

94. Caso o princípio seja ignorado, poderá ser proferida uma decisão viciada, denominada *extra, ultra* ou *citra petita*, a depender da situação. A decisão *extra petita* concede algo que não foi pedido pela parte, como uma condenação ao pagamento de dano moral sem pedido de dano moral. A decisão *ultra petita* concede o que foi pedido, mas em valor/quantidade superior, como um pedido de dano moral de R$ 10.000,00 que gera uma condenação ao pagamento de danos morais de R$ 50.000,00. Por fim, a decisão *citra petita* é aquela que deixa de decidir o que foi pedido, ou seja, é uma decisão omissa, que julga o pedido de dano moral apenas, quando também foi pedido dano material.

95. Como exceções importantes ao princípio da congruência, destacam-se as Súmulas 211 e 396 do TST, que possibilitam a condenação sem pedido ao pagamento de juros e correção monetária, bem como de indenização, quando o pedido de reintegração ao emprego não for viável. Nas duas situações, o Juiz poderá conceder o que não foi pedido, isto é, a atuação de Magistrado se faz de ofício, o que denota ser a situação excepcional.

Ministério Público

96. Como princípios institucionais, podemos destacar: unidade, que demonstra ser o MP um órgão único na defesa dos direitos previstos no art. 127 da CF; indivisibilidade, que prega a inexistência de vinculação dos Promotores/Procuradores ao processo, mas do Ministério Público como órgão; independência funcional, que prega que os membros do MP somente devem seguir a lei e os seus próprios entendimentos, não estando vinculados a qualquer determinação de outro órgão; Promotor natural, previsto no art. 5º, LIII, da CF/88, que não permite a escolha do membro do MP que atuará em determinado processo.

97. O MP poderá atuar de forma judicial e extrajudicial. A primeira forma pode ser na qualidade de parte, conforme o art. 179 do NCPC, ajuizando ações civis públicas, ações anulatórias de cláusulas convencionais, Dissídios Coletivos de greve, bem como interpondo recursos e outras situações.

98. Ainda na atuação judicial, além da qualidade de parte, pode o MP atuar como fiscal da lei, nos termos do art. 178 do NCPC, quando houver interesse de incapazes, mandados de segurança, conflitos de competência etc.

99. Já a atuação extrajudicial do MP consiste na condução de inquéritos civis, meio utilizado para verificar o descumprimento da lei e produzir prova sobre o fato, firmar termos de ajustamento de conduta — TAC — visando à correção de irregularidades encontradas em inquérito civil, entre outras funções.

100. Com o advento do CPC/2015, o Ministério Público passou a ter prazo em dobro para se defender e recorrer, nos termos do art. 180 do Novo Código, não havendo mais prazo em quádruplo para defesa daquele ente. No CPC anterior, o art. 188 previa o prazo em quádruplo, que não foi repetido no atual Código (CPC/2015).

Comissão de Conciliação Prévia

101. No ano de 2000, o legislador instituiu a Comissão de Conciliação Prévia, nos arts. 625-A e H da CLT, na tentativa de desafogar o Poder Judiciário Trabalhista, ao instituir uma necessária tentativa de conciliação antes do ajuizamento de ação judicial. As comissões poderiam ser criadas nas empresas e nos sindicatos e a elas poderiam ser levados conflitos individuais de trabalho para serem resolvidos.

102. Quando instituídas nas empresas, deveriam seguir as regras do art. 625-B da CLT sobre a sua formação: de 2 a 10 membros, sendo a formação paritária, ou seja, o mesmo número de representantes dos empregados e empregadores, sendo que os primeiros seriam eleitos e os demais indicados. Os membros eleitos pelos empregados possuem estabilidade provisória até 1 ano após o término do mandato.

103. Já as comissões formadas nos sindicatos têm a sua formação e funcionamento disciplinados pela negociação coletiva que as instituir, conforme o art. 625-C do CPC, não podendo ser afirmado, desde logo, o número mínimo ou máximo de membros.

104. A previsão contida no art. 625-D da CLT era no sentido de a passagem pela Comissão de Conciliação Prévia ser obrigatória, ou seja, a parte ter de provocar a comissão, tentar nela o acordo, para depois ajuizar a ação perante a Justiça do Trabalho. Ocorre que tal norma foi considerada inconstitucional pelo STF, no julgamento das ADIs 2.139 e 2.160, por ferir o princípio da inafastabilidade do Poder Judiciário, previsto no art. 5º, XXXV, da CF/88. Assim, pode o reclamante optar pela comissão prévia ou, não querendo provocá-la, ajuizar a ação diretamente na Justiça do Trabalho.

105. Pelas normas estabelecidas pela CLT, durante o prazo de tramitação do pedido de conciliação, o prazo prescricional para o ajuizamento da ação trabalhista (prescrição bienal e quinquenal — art. 5º, XXIX, da CF) estará suspenso, reiniciando-se após o término do procedimento ou do prazo de 10 dias estabelecido pela lei como o máximo para a realização da sessão de tentativa de conciliação.

106. Sendo firmado um acordo na CCP, aquele valerá como título executivo extrajudicial na Justiça do Trabalho, conforme o art. 876 da CLT. Assim, não sendo cumprido o acordo, poderá a parte valer-se do mesmo em uma ação de execução perante a Justiça do Trabalho, pleiteando a citação da empresa para pagar a quantia, sob pena de penhora dos bens.

Atos, termos e prazos

107. Os atos processuais são realizados nos dias úteis, das 6h às 20h, conforme o art. 770 da CLT. Trata-se de uma norma importante, sempre cobrada nos concursos trabalhistas, especialmente de tribunais. Tal regra possui uma exceção, relacionada à penhora, que pode ser feita aos domingos e feriados, fora dos horários acima apontados, desde que haja autorização expressa do Juiz.

108. Já a audiência, que é um ato processual, mas com horário diferenciado, deve ser realizada nos dias úteis das 8h às 18h. Tal norma consta no art. 813 da CLT. Nas provas você deve observar se a questão fala em "atos processuais" ou especificamente sobre "audiência".

109. Os atos e termos processuais, em relação à sua forma, podem ser realizados à tinta, datilografados ou a carimbo, conforme o art. 771 da CLT. Já o art. 772 da CLT prevê que os atos processuais serão assinados pelos procuradores, partes ou duas testemunhas. Por fim, o movimento processual será datado e rubricado pelos secretários ou escrivães, certificando o ocorrido, conforme o art. 773 da CLT.

110. Os prazos processuais podem ser classificados em legais, judiciais e convencionais, caso criados pela lei, pelo Juiz no caso concreto ou por convenção das partes. Também podem ser dilatórios e peremptórios, caso possam ser modificados ou não, nos termos do art. 222 do NCPC. Por fim, podem ser próprios e impróprios, sendo que os primeiros estão sujeitos à preclusão e os demais não.

111. Sobre a preclusão temporal, que é a perda da possibilidade de realização de um ato processual pela perda do prazo, destaque para o art. 223 do NCPC, que trata de tal instituto, afirmando que a perda do prazo acarreta automaticamente a perda da possibilidade de praticar o ato processual. Não há necessidade de decisão ou pronunciamento judicial, pois é realmente automático.

112. A preclusão temporal pode ser excepcionada, ou seja, a perda do prazo pode ser relevada pelo Juiz, caso se verifique uma justa causa para isso, isto é, um motivo justo para que a parte tenha perdido o prazo. Se a justificativa convencer o Juiz, este permitirá à parte a prática do ato, em um prazo que assinar, conforme o art. 223, § 2º, do NCPC.

113. Os prazos no processo do trabalho são contados de forma corrida, ou seja, diferentemente do novo CPC, não são contados apenas os dias úteis. Os sábados, domingos e feriados são contados normalmente quando estiverem no curso do prazo. O CPC/2015, na parte que trata da contagem dos prazos apenas em dias úteis, não se aplica ao processo do trabalho, conforme dispõe a IN n. 39/2016 do TST.

114. Uma regra importante e que se deve ter em mente está relacionada à ausência de estipulação do prazo, regra inscrita no art. 218, § 3º, do NCPC, que afirma que o prazo para a prática do ato processual será de 5 dias quando não houver estipulação pela lei ou pelo julgador.

115. Outra importante regra a ser lembrada está relacionada à terminologia utilizada no processo do trabalho. Nessa matéria, é costume falar em início do prazo e início da contagem do prazo, em decorrência da **Súmula n. 262 do TST**, que utiliza a diferenciação. No processo do trabalho, o início do prazo é o dia da ciência (da intimação, por exemplo), enquanto o início do prazo é o dia útil seguinte. Assim, se notificado em uma segunda-feira, este será o início do prazo, sendo que o início da contagem do prazo ocorrerá na terça-feira, se dia útil.

116. Ainda em relação à mesma Súmula n. 262 do TST, vamos recordar o que ocorre com a contagem do prazo quando a notificação é recebida no sábado. Nessa hipótese, considera-se ter sido notificado no primeiro dia útil (segunda-feira, por exemplo), excluindo esse dia e iniciando a contagem do prazo na terça-feira. Então, se notificado no sábado, começa-se a contar o prazo na terça-feira.

117. Vale a pena lembrar as outras regras sobre contagem dos prazos processuais: em sábados, domingos, feriados e dias em que não houver expediente forense, não se inicia a contagem de prazos. Se o último dia do prazo cair nesses dias, haverá a prorrogação para o próximo dia útil. Se esses dias estiverem no meio da contagem do prazo, serão contados normalmente.

118. No processo do trabalho não se aplica o art. 231 do NCPC, que prevê o início da contagem do prazo após a juntada aos autos do mandado cumprido. No processo do trabalho, o primeiro dia do prazo, que é excluído, é o do conhecimento (recebimento da notificação), e não o da sua juntada aos autos. Os atos de comunicação serão juntados aos autos, mas apenas para documentação, não influindo no início da contagem do prazo.

119. A Fazenda Pública possui prerrogativas de prazos, que consistem em prazos diferenciados (maiores) para a prática de atos processuais, por envolver interesse e patrimônio públicos. Tais prerrogativas constam no DL 779/69, sendo: prazo em dobro para interposição de recursos e em quádruplo para apresentação de defesa. Cuidado, porque o prazo em dobro é para recorrer, e não para apresentar contrarrazões (defesa ao recurso).

120. Apesar de o art. 183 do CPC/2015 frisar que o prazo da Fazenda Pública é sempre em dobro, a doutrina vem sustentando que continua a ser quádruplo o prazo para defesa, por aplicação do Decreto-Lei n. 779/69, que é especial em relação ao CPC e se aplicação específica ao processo do trabalho.

121. Contudo, o art. 183 do NCPC, a despeito de não se aplicar no processo do trabalho à Fazenda Pública, é aplicável em relação ao Ministério Público, pois não há qualquer norma específica no processo do trabalho sobre a matéria. Assim, na omissão, aplica-se o NCPC quanto à matéria.

122. Ainda sobre os prazos, importante ressaltar o entendimento da OJ n. 310 da SDI-1 do TST, que prevê a não aplicação do art. 229 do NCPC, ou seja, a manutenção do prazo simples (normal) para os litisconsortes que possuem procuradores diferentes. Ex: se ajuízo uma ação em face de "B" e "C", independentemente dos litisconsortes terem o mesmo ou diferentes procuradores (advogados), os prazos serão aqueles previstos em lei, ou seja, simples, normais, sem qualquer acréscimo.

123. Nos termos da Súmula n. 385 do TST, cabe à parte comprovar a ocorrência de feriado local ou ausência de expediente forense no recurso, para que o órgão *ad quem* possa analisar a tempestividade do apelo. Assim, se houve feriado em Vitória/ES e vou interpor um recurso de revista, tenho que comprovar a prorrogação do prazo em decorrência do feriado, para que o TST possa analisar, em juízo de admissibilidade, se o apelo foi tempestivo. A ausência de comprovação poderá acarretar a inadmissibilidade do recurso.

124. A contagem dos prazos recursais, quando o ato é realizado por fax, sofre algumas alterações, conforme disposições contidas na Súmula n. 387 do TST. A Lei n. 9.800/99 prevê a possibilidade de realização de ato processual por fax, desde que a parte protocole os originais no prazo de 5 dias, que é chamado de quinquídio. A contagem desse quinquídio gerava muitas dúvidas, principalmente na interposição de recurso por fax.

125. A primeira regra diz respeito à contagem do prazo de 5 dias quando o recurso é interposto antes do último dia. Se tenho até 8 dias para interpor o recurso, posso enviá-lo por fax no 6º dia, sendo que o prazo de 5 dias para a contagem somente tem início com o término dos 8 dias. Não há necessidade de enviar o fax desde o 6º dia, e sim somente após o último dia do prazo recursal.

126. Contudo, se envio o meu recurso por fax na sexta-feira, a partir de quando começo a contar o prazo de 5 dias para protocolo dos originais? Sábado? Segunda-feira? Por mais estranho que seja, o prazo terá início no sábado, de acordo com a **Súmula n. 387 do TST**. Trata-se de um prazo que pode ter início no sábado, segundo o entendimento do Tribunal Superior do Trabalho.

127. Claro que, se esse prazo de 5 dias terminar em sábado, domingo e feriado, será prorrogado diante da impossibilidade de protocolo da petição.

Custas processuais

128. As custas processuais, valor pago ao Poder Judiciário como contraprestação pela prática dos atos processuais, são pagas pelo vencido ao final, conforme o art. 789, § 1º, da CLT. O vencido pode ser o réu que foi condenado ou o autor que teve os seus pedidos julgados improcedentes ou a ação extinta sem resolução do mérito. O pagamento das custas processuais, como dito, será feita ao final, o que pode ser encarado de duas formas: com o trânsito em julgado, caso não haja interposição de recursos, ou no prazo recursal, já que um dos requisitos para a admissão do recurso é o depósito da quantia relacionado às custas, no prazo de que dispõe a parte para recorrer.

129. O valor das custas é de 2% sobre algumas variáveis, como valor da condenação, valor da causa, valor do acordo etc. Se houver condenação, qualquer que seja o valor, este será utilizado para cálculo das custas (R$ 1.000,00 de condenação = R$ 20,00 de custas). O valor da causa será utilizado como padrão para o cálculo das custas quando houver o arquivamento do processo (extinção sem resolução do mérito) ou a improcedência. Em relação ao acordo, já uma norma importante a ser lembrada: o valor das custas será repartido entre as partes, ou seja, cada uma pagará metade do valor.

130. Ocorre que pode haver norma constante no acordo sobre o pagamento das custas, como a assunção das custas integralmente por uma das partes ou pagamento, por exemplo, de 40% por uma parte e 60% por outra, o que deve ser respeitado.

131. Ainda em relação ao valor das custas, no cálculo dos 2%, temos de tomar cuidado com uma pegadinha, que é o valor mínimo de R$ 10,64. Imagine a seguinte situação: condenação ao pagamento de R$ 100,00. Se calculássemos 2%, teríamos R$ 2,00 de custas, o que não corresponde ao que prevê a CLT, pois na hipótese as custas serão de R$ 10,64.

132. As regras sobre isenção das custas processuais são encontradas em várias provas, estando previstas no art. 790-A da CLT. Temos de tomar cuidado primeiro com o conceito da Fazenda Pública, pois alguns entes não estão isentos das custas, como as sociedades de economia mista e as empresas públicas, que possuem natureza jurídica de direito privado. Além disso, o parágrafo único do art.

790-A da CLT prevê que a isenção não alcança as entidades fiscalizadoras do exercício profissional, como OAB, CREA, CRA etc.

133. As custas são fixadas na sentença e devem ser depositadas pelo recorrente, como forma de comprovação do preparo, um dos pressupostos de admissibilidade dos recursos. Caso o valor não seja devidamente recolhido no prazo do recurso, o mesmo não será admitido, por ser considerado deserto.

134. Caso o depósito das custas se dê em valor inferior ao devido, poderá o recorrente complementar o valor no prazo de 5 dias, conforme IN n. 39/2016 do TST, o que é uma novidade decorrente do Novo CPC. Complementado o valor, poderá ser admitido. Não complementado, será considerado deserto. Perceba que tal possibilidade existe apenas em relação às custas processuais, não se aplicando ao depósito recursal, que será objeto de análise posterior.

Nulidades processuais

135. Em relação à classificação das nulidades ou invalidades processuais, temos: inexistências, vícios de maior gravidade, em que faltam requisitos mínimos para a formação do ato, como a sentença assinada por quem não é Juiz; nulidades absolutas, que contêm violações às normas de ordem pública, como a incompetência absoluta; nulidades relativas, em que a violação à norma é de caráter privado, por interessar apenas às partes, como a incompetência relativa; irregularidades, que não geram consequências processuais por não acarretarem prejuízos, como a numeração errada das folhas do processo.

136. Até mesmo a nulidade absoluta deve ser declarada no processo, ou seja, deve ser reconhecida pelo Juiz para que o ato seja desfeito; enquanto não pronunciada, continuará a produzir efeitos. Imagine uma ação cível que foi ajuizada na Justiça do Trabalho. Trata-se de incompetência absoluta, que é um exemplo de nulidade absoluta. Enquanto o vício não for reconhecido e remetida a ação para a Justiça Comum, os atos processuais continuarão a ser realizados, produzindo efeitos. Se o vício nunca foi reconhecido, até mesmo as decisões judiciais serão consideradas válidas, após o prazo de 2 anos do trânsito em julgado, prazo de ajuizamento da ação rescisória, nada mais poderá ser feito. Não há no processo, portanto, nulidade de pleno direito que não precise ser reconhecida.

137. A parte mais importante sobre as nulidades processuais, pelo menos para as provas de concursos, está presente nos arts. 794 e 798 da CLT, que trata dos princípios. Vários são eles e precisam ser analisados com cuidado!

138. O princípio da transcendência ou prejuízo, previsto no art. 794 da CLT, prevê que a nulidade é o erro de forma que acarreta um prejuízo, ou seja, somente haverá nulidade se aquele erro de forma gerar algum prejuízo. O simples erro de forma sem um prejuízo não torna necessário o desfazimento de atos etc. Tal princípio, pela doutrina, somente é aplicável às nulidades relativas, pois nas nulidades absolutas o prejuízo é presumido, uma vez que a regra violada é do interesse do Estado.

139. Já o princípio da convalidação ou preclusão, previsto no art. 795 da CLT, prevê que a parte deve alegar o vício na primeira oportunidade que tiver de falar nos autos, sob pena de preclusão, ou seja, perda da possibilidade de alegar. Novamente o princípio é aplicável apenas às nulidades relativas, pois sobre as absolutas não incide a preclusão, já que podem ser alegadas e reconhecidas a qualquer tempo e grau de jurisdição.

140. O princípio da economia, previsto no art. 796, *a,* da CLT diz que o ato somente será anulado e desfeito se não for possível suprir a falta ou refazer o ato. Busca-se, na hipótese, a saída mais econômica, que é refazer ou suprir a falta.

141. O princípio do interesse, previsto no art. 796, *b,* da CLT afirma que aquele que deu causa à nulidade não pode alegá-la, como, por exemplo, o autor que escolheu o local do ajuizamento da ação e quer alegar a incompetência territorial. Isso é impossível. Somente o réu pode alegar a matéria por meio da exceção de incompetência.

142. Já o princípio da utilidade/aproveitamento, previsto no art. 797 da CLT diz que reconhecida a nulidade de um ato processual, devem ser analisados os demais atos, se podem ser aproveitados ou não, se ainda são úteis ao processo. Se forem úteis, deverão ser preservados para posterior utilização. É o caso de uma perícia que não foi contaminada com a nulidade anterior e que, por isso, deve ser aproveitada.

143. Importante destacar, ainda, sobre o princípio do aproveitamento. A análise somente é feita dos atos processuais posteriores às nulidades, já que os anteriores são automaticamente válidos, não havendo retroação da nulidade, que só contamina atos posteriores a ela.

144. Por fim, o princípio da instrumentalidade das formas, previsto no art. 277 do NCPC, prevê que a finalidade do ato processual é mais importante que a sua forma, ou seja, se a forma for desrespeitada, mas a finalidade for atingida, o ato será válido.

Petição inicial

145. A petição inicial trabalhista pode ser apresentada de forma escrita ou verbal. A primeira forma, mais usual no dia a dia, encontra previsão no art. 840 da CLT, que traz os seus requisitos, como indicação da autoridade competente, breve exposição dos fatos, data e assinatura. A petição verbal também está prevista no dispositivo referido, sendo que é formalizada na Justiça do Trabalho, por meio do procedimento previsto no art. 786 da CLT.

146. A parte que quer ajuizar a ação trabalhista verbal deverá apresentar-se à Justiça do Trabalho e formular tal pedido, que será distribuído para uma das Varas do Trabalho competentes. Após a distribuição, deverá comparecer à Vara do Trabalho no prazo de 5 dias para redução a termo das declarações. Vejam que a parte conta a história e o servidor da Justiça do Trabalho coloca no papel, reduzindo a termo o que foi dito.

147. Muito cuidado com o prazo do art. 786 da CLT, que é o que dispõe a parte para comparecer à Vara do Trabalho, pois as bancas cobram muito tal informação, em especial a FCC — Fundação Carlos Chagas. A parte possui 5 (cinco) dias para comparecer, sob pena de perempção, que é a perda da possibilidade de ajuizar novamente a ação pelo prazo de 6 meses. No processo do trabalho, a perempção é provisória. Após os 6 meses, a parte volta a poder ajuizar a ação trabalhista.

148. Conforme dito, a petição inicial trabalhista pode ser escrita ou verbal, mas cuidado, pois em duas situações a peça deve ser obrigatoriamente escrita: inquérito para apuração de falta grave (art. 853 da CLT) e dissídio coletivo.

149. Alguns caminhos podem ser trilhados após a apresentação da petição inicial, a depender do preenchimento ou não dos requisitos legais. Pode a petição ser indeferida, emendada ou acolhida por estar perfeita. Será indeferida, conforme o art. 330 do NCPC e Súmula n. 263 do TST, quando faltarem requisitos mínimos para a sua admissibilidade, como fundamentos dos pedidos. O indeferimento leva à extinção do processo sem resolução do mérito, sendo que na hipótese de ser reconhecida a prescrição ou decadência, o indeferimento gera a extinção com resolução do mérito, por ser situação excepcional.

150. A emenda da petição inicial será determinada pelo Juiz, conforme o art. 321 do NCPC — que traz o prazo de 15 dias e necessidade de indicação do que deve ser corrigido —, caso a peça contenha vícios sanáveis, como a ausência de qualificação das partes. O prazo para que a correção seja realizada é de até 15 dias, com indicação pelo Juiz do que deve ser corrigido, sob pena de seu indeferimento.

151. Um dos pontos mais cobrados em concursos sobre emenda é a restrição constante na Súmula n. 415 do TST, que impede a realização do ato quando a ação é o mandado de segurança. Segundo o entendimento do TST, não cabe a emenda no mandado de segurança para a juntada de documentos.

152. Por fim, os requisitos que estão dispensados na petição inicial trabalhista (e que estão previstos como obrigatórios no processo civil) são: pedido de notificação do réu, especificação das provas que serão produzidas e valor da causa. Tais requisitos não são obrigatórios, já que a notificação é automática e as provas e o valor da causa são definidos pelo Juiz na audiência.

153. Em relação ao valor da causa, uma observação fundamental: no rito sumaríssimo, conforme o art. 852-B da CLT, o valor da causa é obrigatório, sob pena de indeferimento da petição inicial. Isso significa dizer que a informação de que não é preciso colocar o valor da causa somente se aplica ao rito ordinário.

154. A IN n. 39/2016 do TST trata de um tema sobre o valor da causa, ao afirmar que a regra prevista no inc. V do art. 292 do CPC/2015 é aplicável ao processo do trabalho. Trata-se da necessidade de expor o *quantum* buscado nas ações de reparação por danos morais e materiais.

Notificação do reclamado

155. A notificação do reclamado está prevista no art. 841 da CLT e é realizada como um ato automático, no prazo de 48 horas, pelo servidor da Vara do Trabalho. Tal ato independe de pedido do autor, pois a petição inicial não traz como requisito o pedido de notificação do reclamado.

156. A notificação do reclamado será realizada pelos Correios, não sendo necessária a entrega pessoal, pois o TST reconhece válida a notificação entregue no endereço do reclamado. Se não for possível a realização da notificação postal, será realizado o ato por edital, de acordo com o § 1º do art. 841 da CLT. Não há no processo de conhecimento a realização do ato por Oficial de Justiça, pois esse servidor apenas realiza a citação do executado, ou seja, no processo de execução, de acordo com o art. 880 da CLT.

157. Encaminhada pelos Correios, a notificação chega ao destinatário no prazo de 48 horas, de acordo com a **Súmula n. 16 do TST**. Trata-se de presunção relativa, pois a própria súmula afirma ser ônus da prova do destinatário o não recebimento ou o recebimento tardio.

158. Entre o recebimento da notificação e a realização da audiência, há necessidade de garantir um prazo mínimo de 5 dias para que o reclamado possa preparar a defesa que será apresentada naquele ato. A entrega fora do prazo da Súmula n. 16 do TST e que acarrete a redução do prazo mínimo de 5 dias poderá ser alegada pelo reclamado, devendo o Magistrado redesignar a audiência.

159. Vimos que a notificação poderá ser realizada por edital, de acordo com o § 1º do art. 841 da CLT, quando não for possível a notificação postal ou quando o reclamado criar embaraços ao recebimento. Sendo notificado por edital, poderá o reclamado ficar revel, caso não compareça à audiência. Nessa hipótese, diferentemente do que assevera o CPC, não será nomeado curador especial ao réu revel citado por edital.

160. As pessoas jurídicas de direito público possuem prerrogativa de prazo, prevista no Decreto-Lei n. 779/69. Nos termos dos dispositivos, tais entes possuem prazo em dobro para recorrer e em quádruplo para se defender. A prerrogativa do prazo em quádruplo é efetivada da seguinte forma: entre o recebimento da notificação e a realização da audiência, deverá haver espaço de tempo de 20 dias. Não se aplica o prazo em dobro do art. 183 do NCPC, na medida em que há uma norma específica para o processo do trabalho, prevendo o prazo em quádruplo, que é o Decreto-Lei n. 779/69.

161. Apesar da prerrogativa de prazo, as pessoas jurídicas de direito público serão notificadas também pelos Correios, não se aplicando o art. 247 do NCPC, que diz ser por meio de Oficial de Justiça no processo civil.

162. No rito sumaríssimo, não haverá notificação por edital, nos termos do art. 852-B, II, da CLT. Esse dispositivo legal afirma que cabe ao autor a indicação do endereço correto e completo do reclamado, sob pena de arquivamento da reclamação trabalhista, com a condenação ao pagamento das custas processuais, que serão calculadas com base no art. 789 da CLT, em 2% sobre o valor da causa.

163. No rito sumaríssimo, se o endereço estiver errado ou for insuficiente, não cabe a emenda da petição inicial, e sim o arquivamento do processo, isto é, a extinção sem resolução do mérito, conforme o art. 852-B da CLT.

164. A notificação (ou citação) no processo de execução será realizada pelo Oficial de Justiça Avaliador, conforme o art. 880 da CLT, em um ato completo que envolve encontrar o executado, comunicar-lhe que deve pagar ou depositar a quantia devida em 48 horas, podendo também nomear bens à penhora no mesmo prazo, sob pena de penhora dos bens, que serão avaliados pelo mesmo servidor.

165. Ainda sobre notificação, temos a que é realizada aos advogados, em uma situação bem específica e cotidiana, constante na Súmula n. 427 do TST, que prevê a pluralidade de advogados representando a mesma parte. É comum a contratação de escritórios de advocacia com diversos advogados, todos constantes na procuração e com poderes para agir no processo. Nesses casos, é válido o pedido para que as intimações sejam realizadas em nome de um único advogado, sendo possível alegar-se nulidade processual caso o pedido não seja atendido e ocorra algum prejuízo à parte representada.

166. Sobre a notificação de testemunhas, importante frisar que não há notificação prévia para comparecimento à audiência, conforme o art. 825 da CLT, pois as testemunhas devem comparecer ao ato independentemente de qualquer ato judicial. Na prática, representa dizer que as partes devem conversar com as testemunhas e pedir que compareçam no dia e hora designados para a audiência.

167. Caso alguma ou todas as testemunhas faltem ao ato, poderá a parte requerer ao Juiz a intimação delas, sendo necessária a designação de nova audiência. Tal notificação depende da análise do Juiz acerca da necessidade da prova, já que pode o Magistrado entender que não há necessidade de tal prova, que o processo pode ser julgado com base nos documentos que constam nos autos.

168. No rito sumaríssimo, as testemunhas somente serão intimadas pelo Juiz caso a parte prove que elas foram convidadas previamente, conforme o art. 852-H, § 3º, da CLT. Nesse caso, geralmente é encaminhada uma carta com AR (aviso de recebimento) para provar em juízo o convite feito. Se a parte não provar tal convite, perderá a oitiva da testemunha.

169. Por fim, se a sentença for proferida em audiência, que é a regra geral, à medida que é proferida oralmente ao final daquele ato, a intimação das partes ocorrerá no mesmo momento, mesmo que ausentes, caso tenham sido intimadas para a audiência, conforme Súmula n. 197 do TST. O réu revel será intimado da sentença por edital, conforme o art. 852 da CLT.

Defesa do reclamado

170. O reclamado é notificado para comparecer à audiência, que é una no processo do trabalho, momento adequado para apresentação da defesa. A única forma prevista para a defesa é a oral, em 20 minutos, nos termos do art. 847 da CLT. A FCC já considerou correta uma assertiva que dizia que a defesa é oral, admitindo-se a defesa escrita. Ocorre que naquela questão, a assertiva que permitia a defesa escrita, apesar de não ser perfeita, era a "melhor", motivo de ter sido considerada correta.

171. Se ausente o reclamado à audiência, apesar de regularmente notificado, será decretada a sua revelia, com a presunção de veracidade dos fatos afirmados na petição inicial. Se o réu se atrasa, também é decretada a revelia, nos termos da OJ n. 245 da SDI-1 do TST. A consequência — revelia — consta no art. 844 da CLT, importantíssimo para as provas.

172. A revelia pode ser ilidida com a apresentação de atestado médico que demonstre a impossibilidade de locomoção do representante da empresa no dia da audiência, nos termos da **Súmula n. 122 do TST**. A presença apenas do advogado, mesmo que munido de procuração e defesa, não é capaz de evitar a revelia.

173. Percebam que a presença da parte e a ausência do advogado é uma situação considerada "normal", por termos o *jus postulandi* no processo do trabalho. Já a presença do advogado e a ausência das partes não é tolerada, pois a parte é "mais importante que o advogado" para o processo do trabalho.

174. Mesmo revel, será determinada a produção da prova pericial quando for imposta por lei, como ocorre em relação à insalubridade e à periculosidade, de acordo com o art. 195, § 2º, da CLT. Na hipótese não se presume que o empregado labore em local insalubre ou em condição de periculosidade, devendo ser realizada a prova técnica sobre a situação. Em relação à insalubridade, a prova técnica ainda deve ser realizada para demonstrar o grau, que pode ser mínima (10%), médio (20%) e máximo (40%).

175. Em relação às peças de defesa que podem ser apresentadas pelo réu, destaca-se a contestação, que possui duas partes: 1) preliminares de mérito, previstas no art. 337 do NCPC; e 2) mérito. No tocante às preliminares de mérito, dividem-se em peremptórias e dilatórias, as primeiras, se reconhecidas, geram a extinção do processo, enquanto as demais não geram a extinção, e sim outras consequências, como reunião de processos, remessa dos autos para outro órgão jurisdicional etc.

176. Em relação às preliminares de mérito da contestação, o CPC/2015 trouxe algumas grandes novidades, presentes no art. 337. Passaram a ser preliminares as alegações de incompetência relativa, equívoco no valor da causa e concessão de justiça gratuita fora dos requisitos legais.

177. Sobre a incompetência relativa, adota o CPC/2015 a teoria da simplificação, retirando a peça de defesa "exceção de incompetência" e transportando-a para dentro da contestação. Assim, não há mais a necessidade de apresentação de uma peça de defesa específica para tal alegação, bastando que o réu abra um tópico na contestação, antes do mérito, para alegar eventual equívoco em relação ao local em que foi ajuizada a ação trabalhista.

178. No mérito, destaca-se a compensação, nos termos do art. 767 da CLT e das Súmulas ns. 18 e 48 do TST. A compensação somente pode ser objeto de defesa, sendo alegada na contestação. Por fim, somente é possível a compensação de dívidas trabalhistas. Frisa-se que a compensação deve ser pedida expressamente pela parte.

179. A dedução, que não se confunde com a compensação, seria o "desconto" dos valores pagos em relação àqueles que constam da condenação, como, por exemplo, a dedução das horas noturnas já pagas, quando há condenação à mesma rubrica. A dedução não precisa ser pedida, pois diferentemente da compensação, pode ser deferida de ofício.

180. Ainda no mérito, relembre os dois princípios relacionados ao tema: impugnação especificada (art. 341 do NCPC) dos fatos e eventualidade (art. 336 do NCPC). A defesa de mérito deve ser realizada pedido a pedido, fato a fato, sob pena de considerar-se verdadeiro o fato ou o pedido não impugnado. Além disso, toda a matéria de defesa deve ser apresentada naquele momento, sob pena de preclusão.

181. Há ainda uma classificação em relação à defesa de mérito, que é: defesa direta e indireta. A primeira consiste na negativa dos fatos constitutivos do autor, ou seja, a afirmação de que aqueles fatos não ocorreram, como a afirmação de que não houve trabalho extraordinário em relação ao pedido de horas extras. Já a defesa indireta consiste na alegação de um fato novo, denominado extintivo, impeditivo ou modificativo do direito do autor. Na hipótese, reconhece-se o fato narrado pelo autor como verdadeiro, mas nega-se a produção de efeitos por existir alguma outra situação que a extinga, impeça ou modifique. Na exemplo já trabalhado, da ação em que se cobram horas extras, vamos na defesa indireta alegar a existência do banco de horas, que, previsto no art. 59, § 2º, da CLT, retira o direito ao recebimento das horas extras, que serão compensadas no sistema do banco de horas.

182. Outro tema passível de ser alegado como matéria de mérito é a prescrição. Sobre o tema, relembrar que no processo do trabalho **não se aplica a prescrição intercorrente, conforme a Súmula n. 114 do TST** (mas o STF, por meio da Súmula n. 327, entende de forma diversa). Para provas objetivas de processo do trabalho, adotar o primeiro entendimento, o do TST.

183. Também é importante lembrar o entendimento do TST sobre outro tema relacionado à prescrição, que é a impossibilidade de reconhecimento de ofício pelo Juiz. O TST vem firmando esse entendimento por ser prejudicial ao trabalhador, uma vez que permite ao Juiz reconhecer de ofício (sem pedido) a prescrição trabalhista e retirar parte do direito do reclamante. Assim, duas situações podem surgir: "A" ajuíza ação trabalhista em face de "B", requerendo a condenação ao pagamento de horas extraordinárias dos últimos 20 anos. Se "B" alegar na sua defesa a prescrição quinquenal, o Juiz condena ao pagamento dos últimos 5 anos e reconhece a prescrição dos 15 anos anteriores. Se "B" não alegar a prescrição, o Juiz condenará o pagamento de todos os 20 anos!

184. As exceções de suspeição e impedimento seguem o mesmo procedimento, descrito no art. 146 do NCPC, que traz o prazo de defesa de 15 dias do Juiz, que possibilita a este, quando do recebimento das peças, reconhecer-se como parcial, remetendo os autos ao substituto legal. Não reconhecendo, pode o Juiz apresentar defesa em 15 dias, encaminhando os autos ao Tribunal para julgamento.

185. No julgamento, o Tribunal poderá arquivar a exceção, caso entenda que não há a alegada suspeição ou impedimento, bem como reconhecer o vício e condenar o Juiz ao pagamento das custas processuais, determinando, por fim, a remessa dos autos ao substituto legal.

186. A última peça de defesa a ser lembrada é a reconvenção, que também deixa de ser uma peça autônoma para tornar-se uma outra alegação a ser formulada na contestação, como um "pedido contraposto" já muito conhecido nos Juizados Especiais (Lei n. 9.099/95).

187. O conceito de reconvenção não sofreu alteração com o CPC/2015, pois apenas a forma é que foi modificada. Continuamos a ter um "contra-ataque do réu ao autor no mesmo processo", em que se requererá, por exemplo, a condenação do autor ao pagamento de determinada quantia.

188. Vale lembrar que a relação entre ação e reconvenção é marcada pela autonomia, o que significa dizer que, se extinta a ação, continuará a reconvenção, e vice-versa, nos termos do art. 343, § 2º, do NCPC.

189. Sendo apresentada a reconvenção em audiência, deverá ser designada nova audiência para que o réu-reconvindo possa apresentar defesa (contestação). A nova audiência deve ser marcada com pelo menos 5 dias de diferença, para que o réu da reconvenção tenha tempo hábil para preparar a defesa, por aplicação do art. 841 da CLT.

190. A reconvenção não é admitida nos ritos sumário e sumaríssimo, pois se entende cabível o pedido contraposto, que é a forma mais simples de realizar o "contra-ataque" pretendido pela reconvenção.

191. Também não cabe a reconvenção nas ações dúplices, tais como a ação de consignação em pagamento e o inquérito para apuração de falta grave, pois o pedido que o réu faria, por exemplo, de condenação do autor ao depósito de quantia superior ou pagamento dos salários (no inquérito) já é consequência natural da sentença de improcedência.

192. Não se admite no processo do trabalho a aplicação do art. 343, § 3º, do CPC/2015, que trata da apresentação de reconvenção contra o autor e terceiros, pois haverá um elastecimento do procedimento que contraria o ideal de celeridade do processo do trabalho.

193. Por fim, o § 5º do art. 343 do CPC/2015 deixa claro que não é necessário apresentar a contestação para reconvir, ou seja, não precisa o réu apresentar defesa de mérito para reconvir, podendo o mesmo simplesmente reconvir sem nada falar sobre o mérito da demanda (ou preliminares de mérito).

Audiência trabalhista

194. Por determinação da IN n. 39/2016 do TST, não será aplicado o CPC/2015 no que toca à necessidade de realização de audiência de mediação, devendo o procedimento trabalhista ser normalmente realizado, com audiência una ou com o seu desmembramento quando necessário.

195. As audiências são realizadas nos dias úteis, das 8h às 18h, conforme o art. 813 da CLT, não sendo válida a aplicação do art. 770 da CLT, que diz que os atos processuais são realizados das 6h às 20h, pois o primeiro dispositivo é específico em relação ao segundo.

196. O Juiz possui previsão de atraso ao ato, ou seja, o Juiz pode se atrasar em até 15 minutos, conforme o art. 815 da CLT, não podendo a parte se retirar dentro desse período, sob pena de sofrer as consequências de sua ausência (art. 844 da CLT). Ocorre que tal previsão de atraso de 15 minutos não se aplica ao Juiz que está na Justiça do Trabalho realizando outro ato processual, como outra audiência de horário anterior. Na hipótese, pode ser que a sua audiência sofra um atraso de 30, 40, 50 minutos ou mais, devendo aguardar o Juiz terminar a outra audiência.

197. Nos termos da IN n. 39/2016 do TST, não se aplica o art. 362, III, do NCPC, que trata do adiamento da audiência diante do atraso injustificado superior a 30 minutos. No processo do trabalho, se infelizmente ocorrer o atraso em virtude de o Juiz estar realizando outra audiência, as partes deverão esperar, sem adiamento do ato.

198. Além disso, a mesma Instrução Normativa deixa claro que não se aplicará o art. 334 do NCPC, que regulamenta a audiência de conciliação e mediação, uma vez que a audiência continua a ser una, cabendo ao Juiz do Trabalho a realização das tentativas de conciliação, nos termos dos arts. 846 e 850 da CLT.

199. As partes não podem se atrasar por falta de previsão legal. O legislador criou a previsão legal para o Juiz, mas não o fez para as partes, que devem estar presentes quando for realizado o pregão da sua audiência, sob pena de aplicação do art. 844 do CPC. A ausência de previsão legal está estampada na OJ n. 245 da SDI-1 do TST.

200. A audiência, pelo art. 849 da CLT, não deve ser fracionada, pois é una — conciliação, instrução e julgamento — sendo uma das razões da celeridade processual. Ocorre que, excepcionalmente, a audiência é fracionada por situações que possam surgir no dia a dia, tais como: ausência justificada das partes, ausência de testemunhas, necessidade de produção de prova pericial etc.

201. Na audiência, as partes devem estar presentes pessoalmente, conforme o art. 843 da CLT, o reclamante pode ser, excepcionalmente, representado por um colega de profissão na hipótese de impedimento ao comparecimento. O colega de trabalho simplesmente irá à audiência para justificar a ausência do reclamante e o Juiz redesignará a audiência.

202. Nas reclamações plúrimas e nas ações de cumprimento, os reclamantes poderão ser representados pelo sindicato, na medida em que seria difícil (ou mesmo impossível) a presença de dezenas ou centenas de reclamantes para a audiência.

203. Já o empregador poderá ser representado por um preposto, também conforme o art. 843 da CLT, mas o preposto deve ser um empregado da empresa, com conhecimento dos fatos, conforme Súmula n. 377 do TST. A mesma súmula diz que o preposto não precisa ser empregado quando o reclamado for empregador doméstico ou micro ou pequena empresa.

Revelia

204. A ausência injustificada do reclamado à audiência gera a revelia, conforme o art. 844 da CLT, já que seria naquele ato que a defesa seria apresentada. Como consequências temos a presunção de veracidade dos fatos afirmados na petição inicial, a possibilidade de julgamento antecipado da lide (art. 355 do NCPC) e a ausência de intimação do réu dos demais atos do processo (art. 346 do NCPC), com exceção da sentença, já que sabemos que o revel deverá ser intimado por edital (art. 852 da CLT).

205. A revelia não produzirá o efeito de presumir verdadeiros os fatos afirmados na petição inicial quando algum litisconsorte apresentar defesa, controvertendo fatos que se aplicam ao revel, conforme o art. 345 do NCPC. Assim, o réu revel aproveitará a defesa apresentada por outro litisconsorte.

206. Também é sempre importante lembrar que os efeitos da revelia não serão produzidos quando houver necessidade de prova técnica (pericial), considerada obrigatória pelo legislador, como nas hipóteses em que se discute ser devido adicional de insalubridade ou periculosidade, nos termos do art. 195, § 2º, da CLT. Mesmo que o réu seja revel, a prova deve ser produzida, por entender-se que é a única forma de verificar se o ambiente era insalubre ou se a situação era de periculosidade.

207. O Novo CPC traz uma nova situação em que a revelia não produz os seus efeitos, no art. 345, IV, que fala em alegação inverossímil ou em contradição com prova constante nos autos. Na hipótese não há a presunção de veracidade das alegações constantes na petição inicial. Se a situação narrada na petição inicial é absurda, fora do normal, inverossímil, portanto, não será considerada verdadeira, mesmo que não seja apresentada defesa, devendo o Juiz determinar a produção de provas em relação àquela.

Provas

208. O primeiro ponto relacionado às provas é o objeto das provas, que são os fatos controvertidos do processo. Se o fato é incontroverso, isto é, se sobre ele não pairam dúvidas, é presumido verdadeiro, dispensando-se a produção de qualquer prova. Fato controvertido é o fato duvidoso, que necessita de provas para demonstração da verdade. Assim, se o empregado afirma ter sempre trabalhado em jornada extraordinária e a empresa afirma que nunca prestou horas extras, estamos diante de um fato duvidoso, controvertido, que será objeto de provas para demonstração da verdade, se houve ou não o trabalho extraordinário.

209. O fato incontroverso não precisa ser provado, não será objeto de provas, conforme deixa claro a Súmula n. 453 do TST quando analisa a desnecessidade de prova pericial em uma hipótese específica de adicional de periculosidade, que é o pagamento espontâneo de qualquer percentual à título daquele adicional.

210. Se, em regra, os fatos são objeto das provas, há excepcionalmente também a prova do direito, prevista no art. 376 do NCPC para as situações em que a parte alega direito estadual, municipal, estrangeira ou norma consuetudinária (costumes), situações em que o Juiz pode exigir a prova de que a norma jurídica (lei, artigos, parágrafo etc.) está em vigor e que possuem a redação alegada.

211. Sobre os poderes instrutórios do Juiz, é sempre bom lembrar que o art. 370 do NCPC deixa claro que o destinatário da prova é o Juiz, que comanda a produção da prova, deferindo de ofício a prova necessária e indeferindo as desnecessárias, requeridas muitas vezes apenas para tumultuar e atrapalhar o processo. Assim, somente será produzida a prova que o Juiz entender necessária.

212. A prova emprestada passa a fazer parte expressamente do texto do NCPC, em seu art. 372, que deixa clara a necessidade de respeito ao contraditório como condição de sua utilização. Assim, para que uma prova produzida no processo "A" possa ser utilizado no processo "B", terá de ser oportunizado o contraditório às partes, que poderão se manifestar sobre a mesma, quando juntada aos autos do processo.

213. Sobre o ônus da prova, aplicam-se os arts. 818 da CLT e art. 373 do NCPC, que em tese afirmam que a prova dos fatos incumbe à parte que o alegar. Os fatos narrados pelo autor (reclamante) são os "constitutivos", ao passo que o réu (reclamado) alega os fatos "impeditivos", "extintivos" e "modificativos".

214. Um dos pontos mais importantes para concursos, quando a matéria é ônus da prova, é a Súmula n. 338, III, do TST, que trata da apresentação dos cartões de ponto uniformes ou britânicos, aqueles com os mesmos horários de entrada e saída. Tais cartões de ponto são documentos presumidamente falsos, devendo a parte que os juntou ser penalizada. A pena a ser aplicada é a inversão do ônus da prova, que passa a ser do empregador (que juntou os cartões de ponto britânicos), cabendo a ele demonstrar que a jornada descrita na petição inicial não é verdadeira. Caso não consiga desconstituir a jornada que o reclamante narrou na peça inaugural, aquela será considerada verdadeira.

215. Por intermédio da IN n. 39/2016, o TST afirmou a aplicação da distribuição dinâmica do ônus da prova, instituto previsto no art. 373, §§ 1º e 2º, do NCPC, que diz ser possível ao Juiz distribuir de forma diversa o ônus da prova, quebrando a regra estática prevista no *caput* do mesmo artigo (autor: fatos constitutivos; réu: fatos extintivos, modificativos e impeditivos).

216. A mesma instrução normativa diz que os §§ 3º e 4º do art. 373 do NCPC não se aplicam ao processo do trabalho, ou seja, não temos a possibilidade de modificar as regras sobre distribuição do ônus da prova por vontade das partes.

217. Outra matéria importante em relação à teoria geral das provas é a Súmula n. 443 do TST, que trata da presunção de discriminação do portador de HIV e doença grave que foi demitido. Presume-se discriminatória tal despedida, ou seja, que o empregador demitiu o empregado por ser portador de tais doenças. Tal presunção é relativa, podendo o empregador demonstrar que não houve qualquer tipo de discriminação. Caso o Juiz entenda que a demissão foi motivada pela doença, declarará nulo o ato, determinando a reintegração do obreiro.

218. Outra Súmula de relevo para a matéria é a de n. 212 do TST, que trata do princípio da continuidade e que afirma ser tal princípio uma presunção favorável ao empregador. Assim, presume-se que o empregado foi demitido, para que venha a receber maior número de verbas rescisórias, já que o excepcional é o pedido de demissão do empregado.

219. Iniciando os meios de prova (ou as provas em espécie), vamos nos lembrar das diferenças existentes entre interrogatório e depoimento pessoal, já que ambos incidem sobre as partes e se confundem em virtude do art. 385 do NCPC. O interrogatório é determinado pelo Juiz, de ofício, visando ao esclarecimento de fatos e podendo ser realizado a qualquer momento do processo, por diversas vezes. Já o depoimento pessoal das partes deve ser requerido pela parte contrária, visando à confissão sobre fatos discutidos no processo, sendo realizado uma única vez na audiência.

220. O segundo meio de prova a ser analisado é a testemunhal, pois é a mais utilizada no processo do trabalho e objeto de mais discussões jurisprudenciais. Em primeiro lugar, é sempre importante relembrar o número de testemunhas de que cada parte pode se utilizar no processo do trabalho: a) no rito ordinário, são três para cada parte; b) no rito sumaríssimo, duas para cada parte; e c) no inquérito para apuração de falta grave, são seis para cada parte.

221. Quando houver litisconsórcio, a regra deve ser vista da seguinte forma: a) se o litisconsórcio for ativo, o número de testemunhas será o mesmo para todos os autores, ou seja, todos utilizarão o número máximo de testemunhas, conforme visto acima; e b) se o litisconsórcio for passivo, cada réu terá direito ao número de testemunhas acima especificado.

222. Além disso, é sempre importante lembrar a **Súmula n. 357 do TST**, que diz não ser suspeita a testemunha que litiga ou já litigou em face do mesmo empregador.

223. As hipóteses de incapacidade, suspeição e impedimento das testemunhas, previstas no art. 447 do NCPC, aplicam-se ao processo do trabalho, assim como o art. 457 do NCPC, que trata da contradita.

224. No processo do trabalho, não há rol prévio de testemunhas, uma vez que não existe intimação de testemunhas para comparecimento à audiência, salvo se aquelas não comparecerem e a parte interessada (ou o próprio Juiz) requerer, nos termos do art. 825 da CLT. Assim, no processo do trabalho, a regra é que as testemunhas comparecerão à audiência independentemente de intimação ou notificação.

225. É no rito sumaríssimo que o Juiz pode exigir da parte a prova do convite formulado às testemunhas para deferir a intimação delas, conforme o art. 852-H, § 3º, da CLT.

226. Para finalizar a prova testemunhal, não se aplica o art. 459 do NCPC, que permite a inquirição direta das testemunhas pelas partes, ou seja, que as perguntas sejam feitas diretamente pela parte às testemunhas, sem ter o Juiz como filtro. A regra não se aplica ao processo do trabalho, conforme o art. 11 da IN n. 39/2016 do TST, devendo a pergunta ser feita pelo Juiz à testemunha, se entender necessária, adequada e pertinente.

227. Em relação à prova pericial, há situações em que deve ser obrigatoriamente realizada, como descrito no art. 195, § 2º, da CLT, quando há pedido de pagamento de adicional de insalubridade e periculosidade. Contudo, devem ser lembradas duas situações em que a perícia será dispensada: a) quando a empresa estiver fechada, nos termos da **OJ n. 278 da SDI-1 do TST**; e b) quando houver o pagamento voluntário de qualquer quantia a título de adicional de periculosidade, conforme a **Súmula n. 453 do TST, criada em maio de 2014, já que a matéria passa a ser incontroversa**.

228. A prova pericial para aferição de insalubridade/periculosidade pode ser realizada por médico ou engenheiro, conforme OJ n. 165 da SDI-1 do TST.

229. Um dos pontos mais importantes em relação à prova pericial é a **ilegalidade na cobrança de honorários periciais prévios**, em que a parte pode impetrar mandado de segurança, conforme a OJ n. 98 da SDI-2 do TST.

230. Os honorários periciais são pagos pelo sucumbente na pretensão objeto da perícia, nos termos do art. 790-B da CLT, salvo se beneficiário da justiça gratuita, hipótese em que o valor será pago pela União, conforme Súmula n. 457 do TST, criada em maio de 2014.

231. Já os honorários do assistente técnico serão pagos pela parte que o contratou, uma vez que diante da uma faculdade das partes, conforme a **Súmula n. 341 do TST**.

232. O Juiz possui liberdade para a análise do laudo pericial, podendo ele concordar ou discordar, determinar a produção de nova prova (2ª perícia), nos termos do art. 479 do NCPC. Em qualquer hipótese, a decisão do Juiz deve ser fundamentada, haja vista que o art. 93, IX, da CF/88 diz que toda decisão judicial deve ser fundamentada, bem como o CPC prevê o livre convencimento motivado do Juiz.

233. O NCPC cria uma "perícia mais simples", que consta no art. 464, §§ 2º a 4º, denominada prova técnica simplificada, que consiste na oitiva, pelo Juiz, de um especialista na matéria em discussão.

234. No tocante à prova documental, o advogado pode declarar autênticas as cópias juntadas aos autos, conforme o art. 830 da CLT; se for impugnada a autenticidade, a parte a demonstrará à Justiça do Trabalho, por meio do original ou cópia autenticada em cartório, para conferência.

235. As pessoas jurídicas de direito público não precisam de autenticação de seus documentos, conforme OJ n. 134 da SDI-1 do TST. Assim como os documentos comuns às partes, por serem de conhecimento mútuo, conforme OJ n. 36 da SDI-1 do TST.

236. Os documentos devem ser juntados em determinados momentos, sob pena de preclusão, a saber: petição inicial pelo autor (art. 320 do NCPC); defesa pelo réu (art. 336 do NCPC); e, excepcionalmente, em outros momentos pelas partes, conforme o art. 435 do NCPC, caso haja justo motivo.

237. Sendo reconhecido o justo motivo a que alude o art. 435 do NCPC, determinará o Juiz a intimação da parte contrária para manifestação, nos termos do art. 437 do NCPC (prazo de 15 dias), sob pena de nulidade por ferimento ao princípio do contraditório.

238. A prova documental pode ser juntada no recurso, nos termos da **Súmula n. 8 do TST**, desde que haja fundado motivo para a não juntada em momento anterior ou se o documento fizer menção a fato posterior à sentença.

239. A inspeção judicial é o último meio de prova a ser lembrado, aplicando-se ao processo do trabalho, na medida em que o Juiz do Trabalho pode inspecionar locais, coisas e pessoas, a fim de verificar se as informações que constam nos autos são verdadeiras. Nos moldes do art. 481 do NCPC, a inspeção pode ocorrer de ofício ou a requerimento, a qualquer momento do processo.

240. O término da fase de instrução faz com que sejam abertos os debates orais, também chamados de alegações finais, que são apresentadas em até 10 minutos para cada parte, conforme o art. 850 da CLT. Logo após, é novamente tentada a conciliação (2ª tentativa obrigatória de acordo). Havendo acordo, profere-se sentença homologatória, com extinção do processo com resolução do mérito. Não havendo acordo, é proferida a sentença oral pelo Juiz.

Sentença e coisa julgada

241. As sentenças podem ser classificadas em terminativas e definitivas, de acordo com o conteúdo. Na primeira, o processo é extinto sem resolução do mérito (art. 485 do NCPC), o que não impede o reajuizamento da ação. Na segunda, temos a extinção com resolução do mérito (art. 487 do NCPC), que gerará a coisa julgada material, tornando imutável e indiscutível a sentença.

242. O art 489 do NCPC trata das partes essenciais (obrigatórias) da sentença, que são: relatório, fundamentação e dispositivo. O relatório é um resumo dos principais acontecimentos do processo, enquanto a fundamentação é a análise da causa de pedir e pedido formulados. O dispositivo, por fim, é a conclusão do processo, que pode ser procedência, procedência parcial ou improcedência dos pedidos formulados.

243. Em relação à fundamentação, o § 1º do art. 489 do NCPC mostra-se extremamente importante, pois proíbe a decisão genérica, que simplesmente menciona dispositivos de lei, súmulas dos tribunais, frases genéricas etc.

244. A sentença que condena uma das empresas do grupo econômico (art. 2º, § 2º, da CLT) pode ser objeto de execução em face de outra empresa do grupo, mesmo que não tenha participado do processo, tendo em vista o cancelamento da Súmula n. 205 do TST, que impedia tal conduta.

245. Já em relação à responsabilidade subsidiária que decorre da terceirização, o inc. IV da Súmula n. 331 do TST explica que o tomador somente será executado na qualidade de responsável subsidiário se participar do processo e constar da sentença, isto é, do título executivo judicial.

246. A sentença que extingue o processo homologando acordo, nos termos do art. 831 da CLT, produz coisa julgada na data da homologação, não sendo possível a interposição de recursos pelas partes. Apenas a União pode recorrer, conforme o art. 832 da CLT, tendo em vista o seu interesse nas contribuições previdenciárias.

247. A sentença, conforme o art. 832 da CLT, fará menção obrigatória às custas processuais, calculadas nos termos do art. 789 da CLT, no processo de conhecimento, sendo que aquele valor será pago no prazo do recurso, caso haja a interposição dele. Também deverá mencionar a natureza jurídica das parcelas, de forma que se verifique a incidência ou não de contribuição previdenciária.

248. A sentença que condena ao pagamento de indenização decorrente da impossibilidade de reintegração (art. 496 da CLT) não é *extra petita*, nos moldes da Súmula n. 396 da CLT. Assim como também não é a sentença que condena ao pagamento de juros e correção monetária sem pedido, conforme Súmula n. 211 do TST.

249. A intimação da sentença, quando proferida em audiência, seguirá as regras constantes na **Súmula n. 197 do TST**.

250. Uma vez publicada a sentença, o Juiz não mais poderá alterá-la, por mais errada que esteja, uma vez que o art. 494 do NCPC diz que o Juiz já cumpriu a sua missão de prestar a tutela jurisdicional, sendo agora possível a modificação do julgado pelo Tribunal, caso haja a interposição de recurso. Claro que há exceções: havendo erro material, erro de cálculo etc., a sentença poderá ser modificada de ofício pelo Juiz ou a requerimento (não é recurso) da parte.

251. O NCPC traz uma importante exceção ao que foi dito acima, no art. 485, § 7º, que permite a reconsideração do Juiz quando for interposto recurso de sentença terminativa, isto é, quando o feito for extinto sem resolução do mérito. Terá o Juiz 5 (cinco) dias para reconsiderar ou não a sua sentença. Trata-se de importante e nova exceção, que deve ser cobrada nos concursos e provas da OAB.

252. O Juiz também poderá alterar a sentença por meio do julgamento do recurso de embargos de declaração, previstos no art. 897-A da CLT, que é julgado por ele mesmo, quando a parte alega a existência de obscuridade, contradição e omissão no julgado.

253. Sobre a coisa julgada formal, temos de lembrar que está relacionada às sentenças terminativas, que extinguem o processo sem resolução do mérito e que impede a rediscussão da matéria e a prática de atos processuais no mesmo processo. Não há impedimento ao reajuizamento da ação.

254. Já a coisa julgada material, prevista no art. 502 do NCPC, é a eficácia que torna imutável e indiscutível a sentença não mais sujeita a recurso, ou seja, é a decisão final, que analisou o mérito e não pode mais ser modificada, como regra. A coisa julgada material é formada quando não é interposto recurso ou quando não há mais tal possibilidade, por já terem sido esgotadas todas as instâncias. A rediscussão da questão pela parte que entende ser injusta a matéria é inviável.

255. Excepcionalmente, a coisa julgada material pode ser desconstituída por meio da ação rescisória, desde que exista um vício grave, que conste no art. 485 do CPC, como: prova falsa, dolo de uma parte em detrimento da outra, incompetência absoluta, impedimento do Juiz etc. A ação deve ser ajuizada no prazo de até 2 anos a contar do trânsito em julgado, conforme o art. 975 do NCPC e Súmula n. 100 do TST.

256. Após o prazo da rescisória, a coisa julgada material passa a ser conhecida como "coisa julgada soberana", impossível de ser modificada ou desconstituída.

Rito sumário

257. O rito sumário é aplicável às ações trabalhistas cujo valor da causa seja até 2 salários mínimos, conforme Lei n. 5.584/70. Caso o valor da causa fixado pelo Juiz não esteja em conformidade com o esperado pela parte, pode haver a impugnação por meio de recurso de revisão, a ser interposto no prazo de 48 horas e julgado pelo Presidente do Tribunal.

258. A principal peculiaridade é a impossibilidade de interposição de recurso contra a sentença, a não ser que haja violação direta da Constituição Federal. Em regra, portanto, não cabe recurso ordinário da sentença, por mais revoltada que a parte esteja com a decisão desfavorável.

259. Nesse ponto reside a maior pegadinha em relação ao tema: se a sentença violar diretamente a CF, qual recurso interpor? A resposta correta, por mais estranha que pareça num primeiro momento, é o Recurso Extraordinário para o STF, conforme o art. 102, III, da CF/88, uma vez que foi proferida uma decisão em única instância com ferimento de norma da Carta Magna. A regra consta na Súmula n. 640 do TST.

260. Por fim, o rito sumário não se aplica à ação rescisória e ao mandado de segurança, conforme Súmula n. 365 do TST, o que significa dizer que tais ações, mesmo que de valor da causa até 2 salários mínimos, não tramitarão perante o rito em estudo.

Rito sumaríssimo

261. A competência para o rito sumaríssimo leva em consideração tão somente o valor da causa (até 40 salários mínimos quando do ajuizamento da demanda), independentemente da matéria ou da complexidade.

262. Estão excluídos do rito sumaríssimo os entes da Administração Pública Direta, autárquica e fundacional, conforme o art. 852-A, parágrafo único, da CLT, o que **não exclui as sociedades de economia mista e empresas públicas**. Em outras palavras, as últimas entidades, cujos melhores exemplos são sempre a Petrobras e Banco do Brasil (Sociedades de Economia Mista) e a Caixa Econômica Federal (Empresa Pública), serão partes em demandas ajuizadas perante o rito sumaríssimo, já que possuem natureza jurídica de direito privado.

263. Muito cuidado com situações em que a União, Estados, Municípios etc. aparecem como responsáveis subsidiários em decorrência de terceirização. A ação não poderá, da mesma forma, tramitar no rito sumaríssimo, já que o tomador dos serviços, responsável subsidiário, faz parte da relação processual e afasta o rito sumaríssimo. Assim, se o vigilante ajuizar ação para cobrar R$ 5.000,00 de verbas trabalhistas da empresa de segurança e, subsidiariamente, da União, a ação será processada perante o rito ordinário, apesar do valor inferior a 40 salários mínimos, já que a União não pode ser parte no rito sumaríssimo.

264. Em relação ao pedido, deve ser certo, determinado e líquido, ou seja, indicar o valor pedido, sob pena de arquivamento do processo e condenação ao pagamento de custas processuais. Tal regra encontra respaldo no art. 852-B, § 1º, da CLT; é imposta para que a sentença seja líquida, diante da inexistência de procedimento de liquidação de sentença em tal procedimento.

265. Também nos termos do art. 852-B, II, da CLT, deve o autor indicar o endereço correto e completo do réu, sob pena de arquivamento, haja vista inexistir a citação por edital em tal rito. A única forma de notificação do réu é a postal, conforme o art. 841 da CLT. O cuidado com o art. 852-B da CLT é no tocante ao arquivamento do processo. Haverá realmente a extinção do feito sem resolução do mérito, não sendo possível a intimação para correção do vício ou a conversão do processo para outro procedimento.

266. Sobre os poderes instrutórios do Juiz no rito sumaríssimo, o art. 852-D da CLT dispõe que o Magistrado poderá produzir a prova que entender necessária ao julgamento do conflito, bem como indeferir aquelas que entender desnecessárias, da mesma forma como dispõe o art. 370 do NCPC.

267. A audiência do rito sumaríssimo deve ocorrer no prazo máximo de 15 dias, a contar do ajuizamento, conforme o art. 852-B, III, da CLT. A regra, apesar de trazer um prazo impróprio, que se desrespeitado não acarretará consequências processuais, é importante, porque alerta o Juiz de que aquele é um procedimento célere, que deve ser julgado rapidamente. Marcar a audiência para no máximo 15 dias significa, em regra, dizer que o feito será julgado naquele prazo, que ao final da audiência será proferida sentença e que o primeiro grau de jurisdição será finalizado dentro daquele exíguo prazo.

268. Em relação à conciliação no rito sumaríssimo, dispõe o art. 852-E da CLT que deve ser tentada em todos os momentos da audiência, o que significa dizer que o Juiz deve tentar o acordo sempre, em todos os momentos, não apenas nos dois momentos considerados obrigatórios no procedimento — início da audiência e após as razões finais —, conforme já estudado.

269. As questões incidentais são julgadas de plano pelo Magistrado, tal como as alegações de litispendência, perempção, incompetência e outras que podem surgir por meio da defesa apresentada pelo réu. Tal regra está no art. 852-G da CLT.

270. Conforme o art. 852-H, § 1º, da CLT, sobre os documentos apresentados por uma parte, a outra se manifestará imediatamente, salvo absoluta impossibilidade, o que ocorre quando a quantidade de documentos é grande, impedindo a análise pormenorizada naquele momento.

271. As testemunhas, como já dito na primeira parte do estudo, serão apresentadas no número máximo de 2 para cada parte, somente sendo intimadas diante da prova do convite, tudo em conformidade com o art. 852-H da CLT. Assim, se convido uma testemunha para comparecer à audiência e ela falta, posso requerer ao Juiz a intimação daquela para uma próxima audiência. Para deferir o meu pedido, o Juiz exigirá a prova do convite que foi formulado à testemunha. Sem a referida prova, pode ser indeferido o meu pedido, que culminará com a perda da prova.

272. A perícia somente será deferida se realmente necessária, ou por imposição legal ou pela matéria que demanda tal análise. Se deferida, o Juiz já deverá nomear perito, definir prazo para entrega do laudo pericial, sendo que as partes terão o **prazo comum de 5 dias** para manifestação em relação ao laudo pericial, quando for apresentado. Muito cuidado porque não é um prazo sucessivo de 5 dias, mas prazo comum, ou seja, nos mesmos 5 dias autor e réu apresentarão suas manifestações em relação ao laudo pericial.

273. A sentença do rito sumaríssimo não precisa ter relatório, já que tal requisito, que é essencial nos demais ritos (art. 489 do NCPC), é dispensado, nos termos do art. 852-I da CLT.

274. Conforme o art. 852-I, § 2º, da CLT, as partes serão intimadas da sentença na própria audiência.

275. Existem importantes restrições aos recursos interpostos no rito sumaríssimo, que servem para possibilitar a maior celeridade também em grau recursal. A primeira delas consta no § 1º do art. 895 da CLT que trata do procedimento do recurso ordinário. Não haverá revisor e o parecer do Ministério Público será oral. As duas importantes particularidades devem ser lembradas para as provas.

276. Sobre o recurso de revista, talvez tenhamos um dos pontos mais cobrados em concursos trabalhistas, que é a restrição existente no § 9º do art. 896 da CLT, alterado pela Lei n. 13.015/2014. O referido recurso somente poderá ser interposto para alegar a violação da CF, súmula vinculante do STF e súmula do TST. Sobre o último, não cabe a alegação de violação de Orientação Jurisprudencial, conforme Súmula n. 442 do TST, pois o entendimento do TST foi no sentido de que "súmula é só súmula mesmo".

Teoria geral dos recursos trabalhistas

277. Os recursos trabalhistas são classificados de 4 maneiras: 1) quanto ao objeto, em ordinários e extraordinários; 2) quanto à fundamentação, em livre e vinculada; 3) quanto à devolutividade, em total e parcial; e 4) quanto à forma de interposição, em principais e adesivos.

278. Dentre as peculiaridades dos recursos trabalhistas, destacam-se: 1) irrecorribilidade imediata das interlocutórias, com as importantes exceções da Súmula n. 214 do TST; 2) inexigibilidade de fundamentação, conforme o art. 899 da CLT, com a exceção da Súmula n. 422 do TST; 3) efeito meramente devolutivo, conforme o art. 899 da CLT, com a possibilidade de ser requerido o efeito suspensivo por meio de ação cautelar, conforme a Súmula n. 414 do TST, bem como, nos dissídios coletivos, de o Presidente do TST, em recurso ordinário, deferir efeito suspensivo, nos termos do art. 14 da Lei n. 10.192/2001; e 4) uniformidade dos prazos recursais, consoante a Lei n. 5.584/70, que afirmou ser de 8 dias o prazo para recorrer e contrarrazoar, com exceção dos embargos de declaração (art. 897-A da CLT, em 5 dias) e o recurso extraordinário, cujo prazo é de 15 dias.

279. Efeito devolutivo: a interposição do recurso faz com que a matéria que foi decidida seja levada novamente à apreciação do poder judiciário (órgão *ad quem*). O efeito em estudo divide-se em *extensão* e *profundidade*.

280. Efeito suspensivo: por meio do efeito suspensivo, que não é regra no processo do trabalho, o recurso faz com que a decisão recorrida não produza efeitos de imediato, ou seja, o recurso suspende a produção de efeitos.

281. Efeito translativo: o efeito translativo devolve ao tribunal o conhecimento das matérias de ordem pública — condições da ação e pressupostos processuais —, independentemente de pedido do recorrente, já que devem ser conhecidas de ofício pelo julgador.

282. Efeito substitutivo: a decisão de mérito proferida em um recurso pelo órgão *ad quem* substitui a decisão recorrida. Exemplificando, quando o Tribunal dá ou nega provimento ao recurso ordinário, o acórdão substitui a sentença, passando a decisão de mérito a ser executada posteriormente ou mesmo rescindida por ação rescisória.

283. Efeito obstativo: a interposição de recurso obsta a formação da coisa julgada, ou seja, prolonga a relação processual e impede o trânsito em julgado.

284. Efeito regressivo: alguns recursos são dotados de efeito regressivo, que permite ao prolator da decisão a reconsideração desta. O órgão que proferiu a decisão a reconsidera, ficando o recurso prejudicado.

285. No juízo de admissibilidade, realizado pelos juízos *a quo* e *ad quem*, é analisada a presença ou ausência dos pressupostos de admissibilidade (ou recursais), que são normas de ordem pública, ou seja, podem ser reconhecidos de ofício pelo Poder Judiciário. Não há vinculação entre os juízos *a quo* e *ad quem*, o que significa dizer que pode o primeiro entender presentes todos os pressupostos e o segundo entender pela ausência de algum. Os principais pressupostos de admissibilidade são: legitimidade recursal, interesse recursal, tempestividade, preparo, regularidade formal e ausência de fatos impeditivos do direito de recorrer.

286. Dispõe o art. 1.010, § 3º, do NCPC que não haverá juízo de admissibilidade no primeiro grau de jurisdição (Vara — juízo *a quo*), dispositivo que não se aplica ao processo do trabalho, uma vez que a IN n. 39/2016 do TST afirma a incompatibilidade entre a regra e as regras trabalhistas. Assim, continuamos a ter o juízo de admissibilidade na Vara do Trabalho quando interposto recurso.

287. A Súmula n. 383 do TST, modificada em 2016 para adequar-se ao art. 76 do NCPC, prevê a atual possibilidade de regularização da representação em grau recursal, em total modificação de entendimento do TST, que não permitia tal possibilidade anteriormente ao CPC/2015.

288. Atualmente, em situações de urgência, aquelas em que o recurso é interposto para evitar prescrição, decadência ou preclusão, pode o recurso ser interposto sem procuração, tendo o recorrente o prazo de 15 dias, prorrogáveis por mais 15, para juntar o documento, sob pena de inadmissão do apelo por ausência de representação.

289. Caso seja detectado algum defeito em procuração já juntada aos autos antes da interposição de recurso, poderá o recorrente corrigir o erro no prazo de 15 dias, sem previsão de prorrogação, ou seja, na hipótese também está prevista a regularização da representação.

290. A modificação da Súmula n. 383 do TST também gerou o cancelamento da Súmula n. 164 do TST, que tratava do mandato tácito, na medida em que o instituto passou a ser tratado também na nova súmula, que permite a interposição de recurso pelo advogado que possui aquela espécie de mandato.

291. Sobre recurso interposto por fax, tem-se que o destaque que se dá ao tema decorre das particularidades trazidas pela Súmula n. 387 do TST, que trata do início do quinquídio (prazo de 5 dias) que a parte possui para protocolar os originais que foram transmitidos por fax. A regra mais importante, por ser diferente da geral, encontra-se no inc. III do verbete do TST, que afirma ser possível o início do cômputo do prazo de 5 dias em sábados, domingos e feriados, por não se aplicar os arts. 219 e 224 do NCPC, que determinam a exclusão do primeiro dia e o início no subsequente, se for dia útil. Na hipótese, se o recurso foi encaminhado por fax em uma sexta-feira, o quinquídio terá início no sábado, contando-se igualmente o domingo, e assim sucessivamente.

292. O preparo é um dos requisitos de admissibilidade mais importantes dos recursos, sendo muito cobrado nos concursos das carreiras trabalhistas. O preparo recursal engloba o pagamento das custas e a realização do depósito recursal. No processo de conhecimento, as custas incidem em 2% sobre o valor da causa, extinto o processo sem resolução do mérito ou se julgados os pedidos improcedentes, ou o valor da condenação, se julgados procedentes ou parcialmente procedentes. Caso tenha sido deferida à parte a assistência judiciária gratuita ou a justiça gratuita, não precisará pagar as custas para recorrer. O pagamento do valor é feito por meio de GRU (Guia de Recolhimento da União), no prazo recursal, sob pena de deserção, que acarretará a inadmissibilidade do apelo.

293. O depósito recursal possui uma série de peculiaridades, as principais estão descritas nas seguintes súmulas do TST: 128, 161, 245 e 426, analisadas a seguir, na ordem: 1) Dois são os limites do depósito recursal: a) valor fixado pelo TST; b) valor da condenação. Mostra-se ilícito exigir depósito além de tais limites. 2) O depósito recursal só é exigível na hipótese de condenação ao pagamento de quantia. 3) A comprovação do depósito recursal é feita no prazo de interposição do recurso, mas se a parte interpuser antes do último dia, terá até este para juntar a guia comprobatória, não havendo possibilidade de complementação do valor. 4) O depósito é realizado por meio de guia GFIP, que é o formulário utilizado para depositar o FGTS e prestar informações à previdência social, salvo se a demanda envolver relação de trabalho, em que será possível o depósito recursal por simples depósito judicial, à disposição do juízo.

294. Ainda sobre o preparo, há uma Orientação Jurisprudencial, bastante lembrada pelas bancas examinadoras, de n. 140 da SDI-1 do TST, que diz ser deserto o recurso que traz o valor depositado a menor, mesmo que a diferença seja relativa a centavos. Imaginemos que o valor a ser depositado seja de R$ 7.356,12. Caso a parte não deposite os R$ 0,12, o recurso será deserto, ou seja, inadmitido pela falta do preparo.

295. Ponto importante consta expressamente no art. 10, parágrafo único, da IN n. 39/2016 do TST, que deixa claro que apenas o valor das custas pode ser complementado, caso pagas em valor inferior ao devido, não havendo possibilidade de complementação do valor do depósito recursal, pois, como dito, deve o mesmo ser integral. Assim, não se aplica o § 2º do art. 1.007 do NCPC.

296. Em síntese, o depósito recursal não pode ser complementado, acarretando a deserção de plano, enquanto as custas podem ser complementadas em 5 dias, incorrendo em deserção apenas se naquele prazo o recorrente não complementar.

297. Outro pressuposto de admissibilidade que deve ser lembrado é a *regularidade formal*, atrelado aos requisitos de forma dos recursos. Dois pontos devem ser lembrados: a OJ n. 120 da SDI-1 do TST, que afirma a necessidade de assinatura de pelo menos uma das petições do recurso, e a Súmula n. 422 do TST, que exige a fundamentação para os recursos dirigidos ao TST.

298. O juízo de admissibilidade, como dito, é realizado pelos juízos *a quo* e *ad quem*, sendo que no Tribunal é o Relator que faz a primeira análise naquele órgão. Caso conclua pela ausência de algum pressuposto recursal, proferirá uma decisão monocrática, com base no art. 932 do NCPC, encerrando o procedimento naquele estágio. Tal possibilidade — decisão monocrática — é aplicável no processo do trabalho a teor da Súmula n. 435 do TST. Da decisão monocrática caberá o recurso de agravo interno, a ser analisado posteriormente.

299. Se no juízo de admissibilidade o Poder Judiciário tão somente analisa a presença ou ausência dos pressupostos recursais, admitindo (conhecendo), ou não, o recurso, no juízo de mérito será analisado se o *error in judiciando* ou o *error in procedendo* alegados pelo recorrente realmente ocorreram, dando provimento ou não ao apelo.

300. O reconhecimento do *error in judicando* acarreta a reforma da sentença, ou seja, a sua substituição por uma decisão do Tribunal considerada adequada. Já no *error in procedendo*, reconhece-se o vício no procedimento que culmina com a anulação da decisão e dos eventuais atos processuais viciados, retornando-se o processo ao juízo anterior.

Recursos trabalhistas em espécie

301. O recurso ordinário está previsto no art. 895 da CLT e não serve apenas para impugnar a sentença, podendo ser interposto também de acórdão do TRT, pois as hipóteses de cabimento são: 1) de decisão de primeiro grau (sentença), nos processos de competência originária da Vara do Trabalho (ou Juiz de Direito investido da competência trabalhista); 2) de acórdão do TRT em processos de sua competência originária, ou seja, que tem início perante aquele Tribunal, como mandados de segurança, ações rescisórias, ações cautelares, dissídios coletivos, entre outros, cabendo, nessa segunda hipótese, o seu julgamento pelo

TST. **Logo, NUNCA pode ser dito: a) o recurso ordinário só pode ser interposto em face de sentença; e b) o recurso ordinário é sempre julgado pelo TRT.**

302. O recurso ordinário, ou simplesmente RO, será interposto perante a Vara do Trabalho, que é o juízo *a quo*, para realizar o 1º juízo de admissibilidade. Sendo positivo, ou seja, estando presente todos os pressupostos recursais, será o recorrido intimado para apresentação de contrarrazões no prazo de 8 dias. Após tal prazo, os autos serão encaminhados ao TRT para processamento e julgamento.

303. No TRT, o processo será distribuído a um Desembargador Relator, que terá a função de realizar o 2º juízo de admissibilidade e conduzir o processo até o julgamento pelo colegiado, caso não seja hipótese de julgamento monocrático, conforme o art. 932 do NCPC.

304. Acerca do julgamento do recurso ordinário, bem como dos demais recursos, importante destacar que a regra geral continua sendo o proferimento de acórdão (art. 204 do NCPC) pelo colegiado, ou seja, o julgamento por turma. Excepcionalmente é que o recurso poderá ser julgado apenas pelo relator, caso a hipótese seja de inadmissão, improcedência ou recurso prejudicado.

305. Sobre o recurso de revista deve-se lembrar que possui natureza extraordinária; portanto, nele não serão reanalisados fatos, conforme a Súmula n. 126 do TST. Além disso, deve-se lembrar que nesse recurso há possibilidade de o recorrente alegar violação à lei federal e à Constituição Federal, conforme o art. 896 da CLT, mesmo que depois venha a ser interposto recurso extraordinário, renovando a alegação de ferimento à CF.

306. O recurso de revista tem seu cabimento disciplinado no art. 896 da CLT, sendo utilizado apenas nas demandas que têm início na Vara do Trabalho, pois o dispositivo legal exige decisão em recurso ordinário pelo TRT, o que exclui o seu cabimento nas demandas de competência originária do TRT. Nesse recurso podem ser alegados: a) ferimento à lei federal ou à Constituição Federal; b) divergência na interpretação de lei estadual, regulamento de empresa ou norma coletiva de utilização em área superior a um TRT; e c) divergência na interpretação da lei federal por mais de um TRT. No rito sumaríssimo, dispõe o § 9º do art. 896 da CLT que pode ser alegado também o ferimento a entendimento sumulado pelo TST. A Súmula n. 442 do TST, editada em setembro de 2012, dispõe não ser cabível o recurso se a decisão do TRT violar Orientação Jurisprudencial do TST. Súmula é súmula, e não OJ!

307. Algumas importantes alterações no recurso de revista foram inseridas pela Lei n. 13.015/2014, podendo ser assim resumidas:

a. Em relação aos pressupostos de admissibilidade, dispõe o § 1º-A do art. 896 da CLT que o recorrente deve:

- **i.** **a.1.** Indicar o trecho da decisão que demonstra o prequestionamento da matéria;
- **ii.** **a.2.** Indicar de forma explícita e fundamentada a contrariedade à lei ou jurisprudência, que gera o cabimento do recurso;

iii. a.3. Impugnar todos os fundamentos da decisão;

iv. a.4. Demonstrar analiticamente cada dispositivo de lei, CF, Súmula ou OJ apontado como contrário;

b. No tocante à uniformização de jurisprudência, conforme § 3º do art. 896 da CLT, temos:

i. b.1) Realizada pelo TRT, conforme regras constantes nos Regimentos Internos dos Tribunais;

ii. b.2) Pode ser suscitado por Desembargador, Juiz convocado, MP a qualquer tempo, até a conclusão do julgamento;

iii. b.3) Aceita a existência de divergência, a turma profere acórdão reconhecendo a necessidade de uniformização, com suspensão do processo e remessa da questão ao Tribunal Pleno, para julgamento;

iv. b.4) Havendo o julgamento, será publicada súmula sobre a questão, retirando-se o processo do sobrestamento, para que seja julgado de acordo com o entendimento sumulado;

v. b.5) As decisões, de admissibilidade do incidente e de mérito, são irrecorríveis;

308. A necessidade de prequestionamento da matéria objeto do recurso de revista é inata a ele, por se tratar de recurso de natureza extraordinária. A matéria está regulamentada na Súmula n. 297 do TST e, em simples palavras, demonstra que a matéria que será analisada pelo TST precisa ter sido decidida pelo TRT, ou seja, o Tribunal Superior do Trabalho apenas revê a decisão, e não a julga pela primeira vez. A Súmula referida faz menção ao prequestionamento implícito, aquele em que a matéria é julgada, mas sem necessidade de menção explícita ao dispositivo de lei. Também menciona em seu inc. III o prequestionamento ficto, hipótese em que a matéria não foi julgada, demonstrando omissão, e, apesar da interposição de embargos de declaração, o tribunal se manteve omisso. Na hipótese, presume-se (ou seja, cria-se uma ficção jurídica) que a matéria foi decidida, podendo o TST analisá-la.

309. O recurso de embargos de declaração está previsto no art. 897-A da CLT, sendo utilizado, nos termos do artigo referido, na ocorrência de: a) omissão; b) contradição; c) obscuridade; d) equívoco manifesto na análise dos pressupostos extrínsecos de admissibilidade recursal. O recurso é passível de apresentação de contrarrazões, na hipótese de efeitos infringentes ou modificativo, conforme preconizam o art. 897-A, § 2º, da CLT, a OJ n. 142 da SDI-1 e a Súmula n. 278 do TST, sendo nulo o julgamento sem a possibilidade de manifestação do embargado.

310. O § 3º do art. 897-A da CLT, inserido por meio da Lei n. 13.015/2014, afirma que: "Os embargos de declaração interrompem o prazo para interposição de outros recursos, por qualquer das partes, salvo quando intempestivos, irregular a representação da parte ou ausente a sua assinatura".

311. Prevê o art. 1.026, § 2º, do NCPC que a utilização dos embargos de declaração com finalidade protelatória acarretará a condenação, em decisão fundamentada, do embargante ao pagamento de multa de até 2% do valor da causa, valor elevado para até 10% no caso de reiteração.

312. O § 2º do mesmo artigo dispõe que não será possível interpor novos embargos de declaração após a utilização protelatória de dois outros recursos anteriores. Assim, quebra-se a sequência de EDs protelatórios.

313. O recurso agravo de instrumento está previsto no art. 897 da CLT e possui por única finalidade "destrancar outro recurso", isto é, demonstra que o juízo negativo de admissibilidade realizado em outro recurso está equivocado. Assim, se é interposto um recurso ordinário, inadmitido pela Vara do Trabalho, poderá ser interposto um agravo de instrumento para demonstrar que aquele deve ser admitido. O agravo de instrumento, diferentemente do processo civil, será interposto perante o juízo *a quo*, que poderá reconsiderar sua decisão, o que significa dizer que no recurso em estudo encontra-se presente o efeito regressivo. A partir de 2010, há necessidade de realização de depósito recursal, conforme o art. 899, § 7º, da CLT, que será no valor de 50% do depósito realizado no recurso que se pretende destrancar. Além disso, é sempre bom lembrar-se dos documentos obrigatórios que devem ser juntados ao apelo, arrolados no art. 897, § 5º, da CLT.

314. A Lei n. 13.015/2014 incluiu o § 8º no art. 899 da CLT, afirmando a ausência de depósito quando o agravo desafia inadmissão de recurso de revista que tem por fundamento contrariedade às Súmulas e OJs do TST.

315. Previsto no art. 932 do NCPC, o agravo interno é utilizado nas hipóteses de julgamento monocrático pelo relator nos tribunais. A regra continua a ser a colegialidade no julgamento dos recursos, mas, excepcionalmente, nas hipóteses previstas naquele dispositivo legal, pode o relator julgar o feito sozinho, proferindo a denominada decisão monocrática. O relator, assim, poderá agir quando: a) o recurso mostrar-se inadmissível; b) o recurso estiver em confronto com súmula ou jurisprudência uniforme dos tribunais superiores, hipótese em que lhe negará provimento; e c) a decisão estiver em confronto com súmula ou jurisprudência uniforme dos tribunais superiores, hipótese em que dará provimento ao recurso, reformando ou anulando a decisão recorrida.

316. O recurso de agravo interno era interposto, sob a égide do CPC/73, no prazo de 5 dias, por aplicação do art. 557 daquele antigo código. Atualmente, dispõe a IN n. 39/2016 do TST que o recurso é interposto em 8 dias, seguindo-se a regra trabalhista.

317. De utilização bem restrita no processo do trabalho, os embargos infringentes são utilizados apenas no procedimento do dissídio coletivo, quando ajuizado perante o TST, na hipótese de sua competência originária. Nessa hipótese, o dissídio coletivo será julgado pela SDC (Seção de Dissídios Coletivos) do TST, que poderá proferir decisão unânime ou por maioria. Na última hipótese, caberão os embargos infringentes, no prazo de 8 dias, cuja competência para julgamento também é da SDC. Não se exige procedência no julgamento, e sim apenas decisão por maioria.

318. Sobre o recurso de embargos de divergência, destaca-se que: a natureza jurídica desse recurso é *extraordinária*, assim como o recurso de revista, o que significa dizer que a discussão travada será relacionada apenas a direito, isto é, aplicação da norma jurídica, não sendo possível ao recorrente a rediscussão de fatos e provas, nos termos da Súmula n. 126 do TST. Sintetizando as diversas normas acima referidas, chega-se às seguintes hipóteses de cabimento do recurso em estudo, fazendo-se menção também ao órgão julgador:

a) divergência entre SBDI-1 e SBDI-2: SDI em sua composição plena;

b) divergência entre turmas: SBDI-1;

c) divergência entre turma e SDI: SBDI-1;

d) divergência entre turma e Orientação Jurisprudencial: SBDI-1;

e) divergência entre turma e Súmula do TST: SBDI-1.

319. Recurso adesivo: antes não admitido no processo do trabalho (Súmula n. 175 do TST cancelada), por ser considerado incompatível com sua simplicidade, é atualmente possível de ser utilizado, nos termos da Súmula n. 283 do TST, cabível nos recursos ordinários, agravo de petição, revista e embargos, no prazo alusivo às contrarrazões, quando houver sucumbência recíproca, ou seja, quando a pretensão for julgada parcialmente procedente, desatendendo aos anseios de autor e réu. Importante lembrar da segunda parte da Súmula n. 283 do TST, assim redigida: *"sendo desnecessário que a matéria nele veiculada esteja relacionada com a do recurso interposto pela parte contrária"*.

320. Recurso extraordinário: previsto no art. 102, III, da CRFB/88, depende a sua interposição do esgotamento das vias ordinárias, ou seja, da utilização de todos os recursos na esfera trabalhista, em decisões de única ou última instância que se encaixem nas alíneas *a*, *b* e *c* do dispositivo referido. Conforme entendimento do STF, não cabe, em relação à alínea *d*, no processo do trabalho. Da sentença no rito sumário (dissídio de alçada), se houver violação à CF, será cabível o recurso extraordinário, nos termos da Súmula n. 640 do STF. Se a decisão recorrida aplicou interpretação razoável do dispositivo da CF, não há violação a ele, conforme a Súmula n. 400 do STF. A análise acerca da existência ou não de repercussão geral é feita exclusivamente pelo STF, admitindo-se o *amicus curiae*. A concessão de efeito suspensivo por ação cautelar seguirá as normas de competência descritas nas Súmulas 634 e 635 do STF. Conforme a OJ n. 56 da SDI-1 do TST, a execução, enquanto pender julgamento do RE, é provisória, diferentemente da Súmula n. 228 do STF. Por fim, a interposição será perante o Presidente do TST.

Liquidação de sentença

321. Trata-se de procedimento prévio à execução para individualizar o objeto da condenação. Não é ação autônoma, pois não há contraditório efetivo, bem como a decisão não é recorrível. A necessidade de individualização da condenação decorre do fato de a execução somente poder ser iniciada quando tiver por base um título com obrigação certa, líquido e exigível.

322. No rito sumaríssimo, conforme o art. 852-B, I, da CLT, o pedido deve ser certo, determinado e indicar o valor, de forma que a sentença será desde logo líquida, não havendo liquidação de sentença nesse procedimento. Lembre-se de que o pedido do autor deve ser líquido, deve constar o valor da causa na petição inicial. Nada mais natural do que impor ao Juiz o proferimento de sentença líquida. É por isso que a sentença já menciona o valor devido "tintim por tintim".

323. Uma das regras mais importantes da CLT sobre o procedimento da liquidação consta no § 1º do art. 879, que proíbe a rediscussão da matéria relacionada ao processo principal, pois a liquidação não é um segundo processo, um segundo tempo do processo. Na liquidação, parte-se do pressuposto de que o direito está reconhecido e que apenas basta a sua quantificação.

324. Antes de falarmos sobre as formas de liquidação, também é importante destacar a Súmula n. 344 do STJ, que permite que seja modificada a forma de liquidação descrita na sentença, sem qualquer ofensa à coisa julgada. Assim, digamos que a sentença transitou em julgado afirmando que a liquidação seria feita posteriormente por arbitramento. Nada impede que seja realizada a liquidação por cálculos. Não há ferimento à coisa julgada. Além disso, a liquidação por cálculos é mais célere e barata.

325. Sobre as formas de liquidação, iniciamos com os cálculos: consiste na mais comum, em que há análise de cálculos apresentados pelas partes, conforme os arts. 879 da CLT e arts. 509, § 2º, e 524 do NCPC. Devem ser seguidas as seguintes regras: 1) apresentação de forma discriminada e atualizada, incluindo juros e correção monetária, de acordo com a Súmula n. 211 do TST; 2) juros: 12% ao ano, contados da data do ajuizamento da ação; 3) deverá ser incluído o valor devido à Previdência Social (INSS); 4) impossibilidade de alteração da decisão liquidanda: art. 879, § 1º, da CLT.

326. Um dos pontos mais importantes em relação ao procedimento da liquidação por cálculos é a possibilidade de o Juiz escolher entre dois caminhos previstos no art. 879, § 2º, da CLT, que seria intimar as partes desde logo para manifestação sobre os cálculos ou homologar aqueles sem a oitiva prévia das partes, deixando o contraditório para depois, na fase dos embargos à execução. Não há qualquer violação ao contraditório na segunda hipótese, já que o art. 879, § 2º, da CLT diz que o Juiz "pode" intimar as partes para manifestação em 10 (dez) dias, sob pena de preclusão.

327. Ocorre que em relação à União a informação é diferente, pois o Juiz deve intimá-la para manifestação acerca dos cálculos apresentados. O § 3º do art. 879 da CLT diz que o Magistrado intimará a União para manifestação em 10 dias, sob pena de preclusão.

328. Será realizada a liquidação por arbitramento, conforme o art. 509 do NCPC, quando houver necessidade de realização de perícia técnica para se aferir o valor da condenação, o que pode ocorrer, por exemplo, nas hipóteses de salário *in natura* e determinação de valor do salário (art. 460 da CLT). O arbitramento poderá ocorrer nas seguintes hipóteses: 1) convenção das partes; 2) determinação por sentença; 3) o objeto da lide exigir. O procedimento a ser seguido é aquele descrito no art. 510 do NCPC. Diferencia-se a perícia realizada na liquidação daquela feita como meio de prova no processo de conhecimento, pelos seguintes motivos: a) não há apresentação de quesitos e assistentes técnicos na liquidação; e b) o perito na liquidação é único. Por fim, pode tal espécie de liquidação ser convertida em cálculos, se assim entender o Magistrado.

329. Liquidação por artigos: espécie mais morosa de liquidação, por seguir as regras do processo de conhecimento (arts. 509 e 511 do NCPC), será realizada quando houver necessidade de ser provado um fato novo, como o número de horas extras efetivamente realizadas pelo reclamante, se a sentença condenar genericamente ao pagamento do trabalho extraordinário realizado. Diferentemente das demais espécies, não pode ser iniciada de ofício pelo Juiz, somente a pedido da parte, que deverá trazer aos autos as provas documentais sobre os fatos novos.

330. Agora que já falamos sobre as três formas de liquidação — cálculos, arbitramento e artigos — temos de destacar a seguinte regra: a única forma de liquidação que não pode ser iniciada de ofício é a por artigos. O Juiz até pode intimar a parte para apresentação por fatos novos, mas depende da atitude da parte para dar início ao procedimento. Se os fatos novos não forem apresentados, nunca será realizada a liquidação.

331. A impugnação à conta de liquidação pode seguir dois procedimentos, de acordo com a vontade do Magistrado: 1) nos termos do art. 879, § 2º, da CLT, pode o Juiz abrir prazo de 10 dias para que a parte contrária apresente manifestação aos cálculos apresentados pelo credor. A não apresentação acarreta preclusão e impossibilidade posterior de discussão; 2) caso não seja aberto prazo, as partes poderão discutir os valores nos embargos à execução, conforme o art. 884, § 3º, da CLT. Lembre-se de que a União, quando for a hipótese, deve ser intimada a manifestar-se, nos termos do art. 879, § 3º, da CLT, quando da apresentação dos cálculos, sendo o único momento em que o ente poderá impugná-los.

332. O entendimento majoritário é no sentido da irrecorribilidade da decisão que julga a conta de liquidação, já que da decisão posterior dos embargos à execução caberá agravo de petição, hipótese em que eventual erro poderá ser levado ao Tribunal Regional do Trabalho.

Execução por quantia certa

333. No processo de execução buscamos a aplicação de normas da CLT. Na sua ausência, aplica-se a Lei n. 6.830/80, que é a Lei de Execução Fiscal. Apenas na ausência desta última é que buscamos a aplicação das regras do CPC. Vejamos que, diferentemente do processo de conhecimento, em que a lacuna da CLT gera a aplicação direta do CPC (caso compatíveis as regras), na execução temos a Lei de Execução Fiscal a ser aplicada antes do Código de Processo Civil.

334. Na responsabilidade solidária, por exemplo, no grupo de empresas (art. 2º, § 2º, da CLT), condenada uma empresa do grupo, qualquer outra pode ser executada, mesmo que não tenha participado diretamente do processo de conhecimento, já que houve o cancelamento da Súmula n. 205 do TST. Já na responsabilidade subsidiária, que surge principalmente na terceirização, há necessidade de que o responsável subsidiário participe da relação processual (processo de conhecimento) para que sofra os efeitos do processo de execução, conforme dispõe a Súmula n. 331 do TST.

335. Na sucessão de empregadores, tema disciplinado nos arts. 10 e 448 da CLT, a responsabilidade recai integralmente perante o sucessor, que assume os bônus e os ônus. A responsabilidade do sucedido é tão somente subsidiária, conforme reconhece a jurisprudência do TST. Atenção para a OJ n. 411 da SDI-1 do TST sobre o tema.

336. A desconsideração da personalidade jurídica, expressa nos arts. 28 do CDC e 50 do CC, é aplicável no processo do trabalho, com um detalhe: não há necessidade de demonstração de fraude, confusão patrimonial, má gestão ou qualquer outro fato descrito nos dispositivos referidos. Nos domínios do processo do trabalho, basta a ausência de patrimônio da pessoa jurídica para ser determinada a desconsideração da personalidade jurídica, de forma a atingir os bens dos sócios, o que é denominado *teoria menor da desconsideração.*

337. O art. 6º da IN n. 39/2016 do TST manda aplicar os dispositivos do NCPC que tratam do incidente de desconsideração da personalidade jurídica — arts. 133 a 137 — com as necessárias adaptações. Assim, os juízes devem intimar os sócios para apresentação de manifestação (defesa) em 15 dias, decidindo pela desconsideração ou manutenção apenas da pessoa jurídica no polo passivo.

338. Da decisão interlocutória que julgar o incidente de desconsideração, seja para acolher ou rejeitar, não caberá recurso se estivermos no processo de conhecimento, por aplicação do art. 893, § 1º, da CLT (princípio da irrecorribilidade imediata das decisões interlocutórias) ou recurso de agravo de petição, caso a decisão seja proferida no processo de execução.

339. Caso o incidente seja instaurado e julgado no âmbito do Tribunal, pelo Relator, caberá a interposição de recurso de agravo interno, previsto no art. 932 do NCPC.

340. Mesmo possuindo título executivo, poderá o credor ajuizar ação de conhecimento, não havendo que se falar em ausência de interesse processual, conforme o art. 785 do NCPC. Trata-se de uma faculdade do credor: iniciar a execução ou ajuizar ação de conhecimento.

341. O cheque e a nota promissória passam a ser títulos executivos extrajudiciais para o processo do trabalho, na medida em que o art. 13 da IN n. 39/2016 do TST determina a aplicação do art. 784, I, do NCPC ao processo do trabalho, desde que os títulos tenham sido emitidos para pagamento de verbas trabalhistas.

342. A execução provisória no processo do trabalho é regulada pelo art. 520 do NCPC, sendo de responsabilidade do exequente, caso algum dano seja suportado pelo executado em decorrência da reforma da decisão exequenda. O início da execução provisória depende de requerimento da parte, não sendo realizada de ofício, como ocorre na definitiva, nos termos do art. 878 da CLT. A execução provisória decorre da ausência de efeito suspensivo do recurso, que é a regra do processo do trabalho, conforme o art. 899 da CLT.

343. Atenção especial à impenhorabilidade absoluta dos salários, conforme a OJ n. 153 da SDI-2 do TST, que reafirma o art. 833, IV, do NCPC. Em um primeiro momento, o salário não pode ser penhorado para pagamento de débitos trabalhistas, ou seja, mantém a impenhorabilidade absoluta em primeiro lugar. Contudo, para os salários superiores a 50 (cinquenta) salários mínimos, abre-se uma exceção que possibilita a penhora da totalidade do que exceder aquela quantia. Assim, se receber 60 (sessenta) salários mínimos, poderá haver a penhora de 10 (dez).

344. Os títulos da dívida pública e os títulos e valores mobiliários, ambos com cotação em mercado, passam a ser considerados bens importantes na ordem de penhora, estando abaixo apenas do dinheiro, isto é, o dinheiro continua a ser o primeiro bem, passando aqueles títulos a figurar na ordem logo após.

345. Execução por quantia certa contra devedor solvente: tal espécie de execução segue as normas do art. 880 da CLT, sendo expedido mandado de citação, penhora e avaliação, para pagamento da quantia em 48 horas, incluindo os valores devidos à União em decorrência de contribuições previdenciárias, sob pena de penhora e avaliação, que serão realizadas pelo Oficial de Justiça. Não sendo encontrado o executado, será citado por edital. Não encontrado o devedor, mas encontrados bens passíveis de penhora, será realizado o arresto executivo, conforme o art. 830 do NCPC.

346. Um dos temas polêmicos da execução trabalhista, mas que vem sendo consolidado pelo TST, é a não aplicação do art. 523 do NCPC ao processo trabalhista, ou seja, a não aplicação da multa de 10% pelo não pagamento da quantia devida dentro do prazo estipulado pelo legislador, que no CPC é de 15 dias. O TST entende que não há lacuna que autorize a aplicação do dispositivo do CPC, apesar de ser uma norma que traz efeitos positivos para a execução.

347. A apresentação de carta de fiança bancária equivale a dinheiro, conforme a OJ n. 59 da SDI-2 do TST. Contudo, uma modificação na redação da OJ ocorrida em 2016 trouxe a ideia de que a carta de fiança bancária, para ser aceita, deve ser do valor do débito + 30%, para adequação ao NCPC.

348. Conforme a OJ n. 89 da SDI-2 do TST, ninguém é obrigado a ser nomeado depositário dos bens penhorados, sendo necessária a sua concordância, que culminará com a assinatura dos termos de penhora e depósito.

349. A penhora sobre o faturamento da empresa é possível, desde que seja fixado um percentual razoável, conforme OJ n. 93 da SDI-2 do TST, de forma a não prejudicar o desenvolvimento das atividades da empresa executada. A ideia também consta no art. 835 do NCPC.

350. A defesa típica do executado está descrita no art. 884 da CLT, que trata dos embargos à execução, ajuizados no prazo de 5 dias a contar da garantia do juízo. A defesa é analisada nos mesmos autos, por possuir sempre efeito suspensivo, sendo o exequente intimado a manifestar-se também em 5 dias.

351. A matéria que pode ser arguida nos embargos encontra-se tanto no art. 884, § 1º, da CLT quanto no art. 525, § 1º, do NCPC. Também pode o executado defender-se por meio de exceção e pré-executividade, quando a matéria for de ordem pública e não houver necessidade de produção de provas, ou seja, as provas foram pré-constituídas. A decisão que rejeita a exceção é irrecorrível, por ser interlocutória. Já o acolhimento da defesa, com a extinção da execução, gera o cabimento de agravo de petição.

352. Nos embargos à execução é possível a produção de todos os meios de prova, inclusive testemunhal, já que o § 2º do art. 884 da CLT prevê a designação de audiência de instrução e posterior decisão.

353. Outra defesa do executado, denominado *exceção de pré-executividade*, não está prevista em lei, mas é admitida pela doutrina e jurisprudência, sendo considerada por isso, como atípica. A defesa somente pode ser apresentada com prova pré--constituída, já que inexiste possibilidade de instrução processual. Sendo acolhida a exceção com a extinção do processo, caberá recurso de agravo de petição pelo prejudicado. Sendo rejeitada a exceção, o processo continuará sem a possibilidade de recurso, já que a decisão se qualifica como interlocutória.

354. A prescrição intercorrente é entendida como aquela que surge após o trânsito em julgado, quando, por exemplo, entre aquele e o início da liquidação por artigos (em que há a necessidade de provocação da parte) transcorre prazo superior a 2 anos. Há divergência entre os tribunais, mas deve ser seguido o entendimento do TST para as provas de direito processual do trabalho:

a) STF: há prescrição intercorrente no processo do trabalho;

b) STJ: há prescrição intercorrente no processo do trabalho;

c) TST: não há prescrição intercorrente no processo do trabalho.

355. Adjudicação: trata-se do modo preferencial de expropriação, previsto no art. 876 do NCPC, que pode ocorrer de forma singular ou em concorrência com outros credores, sendo que na última hipótese haverá licitação, adjudicando aquele que ofertar melhor valor. A adjudicação será feita pelo valor da avaliação ou da arrematação, se já ocorreu, desde que, nesta última situação, não tenha havido a assinatura no termo de arrematação. Destaque para a Súmula n. 399 e para a OJ n. 66 da SDI-2 do TST, que afirmam não caber ação rescisória e mandado de segurança contra a decisão de homologação da adjudicação.

356. Na arrematação, o arrematante deve garantir o lance com 20% do valor no prazo de 24 horas, sob pena de perder o valor para a execução, nos termos do art. 888, § 2º, da CLT. Esse ponto é sempre cobrado nos concursos trabalhistas, tendo por vezes de realizar a conta para se chegar aos 20%. Basta dividir o valor da arrematação por 5 para se chegar ao valor dos 20% de garantia do lance. Se o valor da arrematação foi de R$ 80.000,00, o valor da garantia deve ser de R$ 16.000,00 (80/5 = 16).

357. O restante deve ser pago, como dito, no exíguo prazo de 24 horas, sob pena de perda dos 20% para a execução e retorno do bem à hasta pública, para ser novamente leiloado.

358. O NCPC permite o parcelamento do valor do lance, conforme o art. 895, em até 30 parcelas, quando a oferta for feita por escrito, sendo que as propostas para pagamento à vista sempre terão preferência sobre as parceladas.

359. O valor da arrematação não pode ser vil, conforme o art. 891 do NCPC, sob pena de aviltar o patrimônio do devedor-executado. Diferentemente do CPC anterior, o CPC/2015 diz o que é preço, conforme redação do parágrafo único do art. 891, a saber: inferior ao valor fixado como mínimo pelo Juiz e inserto no edital ou, não havendo tal informação, vil é o preço inferior a 50% do valor da avaliação.

360. A remição no processo do trabalho é regulamentada pelo art. 13 da Lei n. 5.584/70, sendo o pagamento da totalidade da dívida pelo executado preferencial até em relação à adjudicação. A Lei n. 11.382/2006 revogou a remição pelo cônjuge, descendente e ascendente. Por fim, a remição deve ser realizada no prazo de 24 horas após a arrematação, prazo esse que é para a assinatura do auto de arrematação.

Execução contra a Fazenda Pública

361. A execução contra a Fazenda Pública, popularmente conhecida como "execução por precatório", está prevista no art. 100 da CF/88, sendo regida por normas próprias com base em dois princípios: igualdade e indisponibilidade dos bens públicos. Igualdade, pois o precatório é a "fila de pagamentos" em que recebe primeiro quem apresentar o crédito primeiro (pagamento pela ordem cronológica de apresentação). Indisponibilidade dos bens públicos, já que não há penhora de bens.

362. Estão submetidas ao regime do precatório e da requisição de pequeno valor — RPV — as pessoas jurídicas de direito público (União, Estados, Municípios, Autarquias) e ECT — Empresa de Correios e Telégrafos. Não estão submetidas ao regime as Sociedades de Economia Mista e as Empresas Públicas, já que possuem personalidade jurídica de direito privado e, por isso, não gozam das prerrogativas processuais.

363. Dentro do procedimento para a execução contra a Fazenda Pública, destaca-se a citação para apresentação de embargos, no prazo de 30 dias. Até que seja julgada a ADC 11 no STF, o entendimento é de que a Lei n. 9.494/97, que alterou o prazo de 5 para 30 dias é constitucional.

364. As pessoas maiores de 60 anos e os doentes graves podem fracionar o precatório para receber parte como RPV — que é paga bem mais rapidamente, em até 60 dias, como será visto posteriormente. As demais pessoas não podem fracionar, mas podem renunciar ao excedente para receber a quantia como RPV. Vejam que elas estão renunciando ao que excede o valor máximo da RPV, sendo inviável a cobrança da diferença posteriormente.

365. Apresentado o precatório até 1º de julho de um ano, o pagamento deverá ocorrer até o final do próximo ano, conforme o art. 100, § 5º, da CF. Assim, apresentado até 1º de julho de 2016, o pagamento ocorrerá até o final de 2017. Apresentado após 1º de julho de 2016, o pagamento ocorrerá até o final de 2018.

366. A RPV será paga em até 60 dias, conforme o art. 17 da Lei n. 10.259/2001, depois de intimada a Fazenda pelo Juízo da Execução, depositando-se a quantia em agência do Banco do Brasil ou da Caixa Econômica Federal.

Execução das obrigações de fazer, não fazer e entrega de coisa

367. A execução das obrigações de fazer, não fazer e entrega de coisa seguem o mesmo padrão, descrito nos arts. 497 e 498 do NCPC, com base na determinação de realização da conduta, abstenção ou entrega da coisa pelo próprio devedor, sob pena de fixação de obrigações acessórias como multa diária, busca e apreensão, desfazimento de obra etc.

368. Na execução das obrigações o que não se quer é a conversão em perdas e danos, já que o art. 499 do NCPC diz que aquela somente ocorrerá quando não for possível a tutela específica da obrigação ou a obtenção de resultado prático equivalente.

369. Para forçar o cumprimento da obrigação, dispõe art. 537 do NCPC que o Juiz imporá multa diária ao réu, mesmo sem pedido do autor, de forma a conseguir o exato cumprimento, e não a conversão em perdas e danos. Se o valor da multa não estiver sendo suficiente, poderá o Magistrado modificá-la, seja para aumentar ou mudar a periodicidade (passando para multa horária, por exemplo).

370. Por fim, o art. 536, § 1º, do NCPC deixa claro que a multa diária, apesar de ser o mecanismo mais utilizado e conhecido no dia a dia, é tão somente um dos que podem ser utilizados, já que o rol constante no parágrafo referido é exemplificativo, podendo o Juiz determinar qualquer medida hábil para a concretização da decisão judicial.

Execução de prestações sucessivas

371. Tudo o que pode ser cobrado nas provas trabalhistas sobre execução de prestações sucessivas consta nos arts. 890, 891 e 892 da CLT. Duas são as regras que devem ser entendidas e memorizadas:

372. Nas prestações sucessivas por tempo determinado, o não pagamento de uma acarretará a execução que compreenderá as demais. Assim, se o devedor deixa de pagar uma prestação e o credor inicia a execução, este compreenderá todas as prestações devidas, como se fosse um vencimento antecipado das vincendas.

373. Já nas prestações sucessivas por tempo indeterminado, a execução compreende, num primeiro momento, apenas aquelas que estiverem vencidas até o ajuizamento da execução, sendo que aquelas que vencerem no curso da ação serão automaticamente incluídas.

Execução contra massa falida

374. Por vezes encontramos questões sobre *execução contra a massa falida* nas provas de concursos, sendo que poucas são as informações que podem ser objeto de questionamento pelas bancas. Toda a dúvida reside na competência da Justi-

ça do Trabalho para a prática de atos processuais quando há o decreto de falência de uma empresa.

375. Se a falência da empresa for decretada enquanto em curso a ação trabalhista de conhecimento, o posterior pagamento do crédito reconhecido por sentença, será realizado no processo de falência.

376. Se a falência ocorrer após a penhora de bem da empresa, efetuada no processo de execução trabalhista, o bem será alienado (vendido) em leilão da Justiça do Trabalho, sendo o dinheiro revertido ao processo de falência. Assim, o credor trabalhista que conseguiu a penhora em seu processo não receberá de imediato, pois o valor oriundo da venda do bem será revertido para a Vara de Falência, para que ela realize os pagamentos conforme a ordem estabelecida pela Lei n. 11.101/2005 (Lei de Falência e Recuperação Judicial).

377. Agora, se a falência da empresa ocorrer após a alienação do bem na Justiça do Trabalho, o pagamento ao credor trabalhista será realizado pela própria Justiça Trabalhista, sendo que eventual sobra será destinada à Vara de Falência para pagamento dos débitos da massa falida.

Ação rescisória

378. A ação rescisória é utilizada para desconstituir uma decisão de mérito que transitou em julgado com um vício grave, constante no art. 966 do NCPC. Digamos que é a última maneira de conseguir a desconstituição daquela decisão, já que não cabe mais qualquer recurso em virtude do trânsito em julgado. A referida ação está prevista no art. 836 da CLT.

379. Conforme dispõe o referido artigo da CLT, como pressuposto de admissibilidade da rescisória, será realizado um depósito prévio de 20% do valor da causa, salvo prova de miserabilidade jurídica do autor, hipótese em que será dispensado de tal requisito. Nos termos da Instrução Normativa n. 31/2007, a massa falida está dispensada da realização do referido depósito.

380. O CPC/2015 traz no art. 968, § 2º, uma limitação em relação ao depósito, que não pode ser de valor superior a 1.000 salários mínimos.

381. Além disso, é importante dizer que o valor depositado pode ser levantado pelo autor da rescisória, ou pode ser "perdido" para a outra parte, como multa, nos termos do art. 968, II, do NCPC, caso a ação rescisória seja inadmitida ou julgada improcedente.

382. A utilização da ação rescisória não depende da interposição prévia de recursos, conforme prescreve a Súmula n. 514 do STF.

383. Sobre a competência para a ação rescisória, sempre de Tribunal, seguimos as seguintes regras: a) **TRT:** se a decisão que transitou em julgado foi uma sentença, caberá o ajuizamento perante o Tribunal Regional do Trabalho. Se a decisão com trânsito em julgado for do TRT, caberá ao próprio TRT o processamento e julgamento da rescisória; e b) **TST:** caberá o ajuizamento da ação rescisória perante o TST na hipótese de a decisão rescindenda ser acórdão daquele tribunal.

384. Atenção para a seguinte regra sobre competência dos tribunais para a ação rescisória: todo tribunal possui competência para processar e julgar as ações rescisórias de seus próprios julgados. Assim, se o acórdão do TRT é objeto da rescisória, a ação será da competência do próprio TRT. Se fosse um acordo do TST, a competência seria do TST.

385. A incompetência não deve mais ser encarada como hipótese de inépcia da petição inicial, como descrito na OJ n. 70 da SDI-2 do TST, uma vez que os §§ 5º e 6º do art. 968 do CPC/2015 diz que deverá o autor ser intimado para emendar a petição inicial e corrigi-la, remetendo-se os autos ao juízo competente.

386. A legitimidade para o ajuizamento da ação rescisória muito se assemelha à regra de legitimidade para a interposição dos recursos, já que **ambos podem ser utilizados pelas partes, por terceiro prejudicado e pelo Ministério Público**. Em relação ao último, quando atua como fiscal da lei, há a importante Súmula n. 407 do TST, que diz que o órgão pode ajuizar ação rescisória em qualquer hipótese prevista no art. 966 do NCPC, não estando submetido a qualquer restrição que pareça existir no art. 967 do NCPC.

387. Vamos lembrar que a Súmula n. 425 do TST, muitas vezes cobrada nos concursos trabalhistas, limita o *jus postulandi* na seara trabalhista, afirmando que o instituto previsto no art. 791 da CLT não se aplica a alguns procedimentos, a saber: **ação rescisória, mandado de segurança, ação cautelar e recursos para o TST**.

388. Como pressupostos para o ajuizamento da ação rescisória temos: a) decisão de mérito (processo extinto com resolução do mérito); b) trânsito em julgado (para haver a formação da coisa julgada material); c) ajuizamento no prazo decadencial de 2 anos a contar do trânsito em julgado; d) a indicação de um dos vícios descritos no art. 966 do NCPC.

389. Talvez a modificação mais significativa realizada pelo CPC/2015, em relação aos requisitos de admissibilidade da ação, tenha sido a inclusão do § 2º do art. 966, que trata da possibilidade de ajuizamento da ação em face de decisão que não seja de mérito, mas que impeça a nova propositura da ação ou a admissibilidade de recurso.

390. Acerca da indicação de um dos vícios do art. 966 do NCPC, temos de explicar a Súmula n. 408 do TST, que trata do *iura novit curia* (o Juiz conhece o direito). Digamos que o autor tenha ajuizado a ação rescisória por haver incompetência absoluta do juízo que proferiu a decisão. Tal vício consta no inc. II do art. 966 do NCPC. Ocorre que na rescisória não há necessidade de menção ao dispositivo legal referido, bem como não haverá qualquer prejuízo caso o inciso mencionado na petição inicial esteja errado. Isso ocorre porque o Juiz conhece o direito e poderá entender que a parte alega a incompetência absoluta que está prevista no inc. II do art. 966 do NCPC.

391. Há apenas uma exceção na Súmula n. 408 do TST: caso a rescisória seja ajuizada com base no inc. V do art. 966 do NCPC, que trata da hipótese de *violação a literal dispositivo de lei*, deverá o autor obrigatoriamente mencionar o artigo de lei que entende ter sido violado.

392. Sobre as hipóteses para ajuizamento da ação rescisória, é importante destacar que o CPC/2015 trouxe, ao lado de dolo e colusão, que já eram motivos no CPC/73, a coação e a simulação, no inc. III do art. 966 do CPC/2015.

393. O tema *ação rescisória de ação rescisória* é tratado na Súmula n. 400 do TST, sendo permitida a rescisória de rescisória, mas com uma condição: o vício apontado na 2ª rescisória deve estar relacionado ao procedimento e julgamento da 1ª rescisória. Não é possível, por exemplo, voltar à discussão acerca da incompetência absoluta do Juiz que julgou a ação originária, entretanto é válido o ajuizamento da ação rescisória para discutir, por exemplo, a incompetência absoluta do Tribunal que julgou a 1ª rescisória.

394. O ajuizamento da ação rescisória não impede o cumprimento da sentença ou acórdão rescindendo, ressalvada a concessão, de tutela provisória, conforme o art. 969 do CPC/2015. Assim, a suspensão da execução da decisão rescindenda é uma hipótese excepcional, devendo haver pedido e preenchimento dos requisitos legais.

395. Em relação ao procedimento, além do que já foi dito, destacamos a regra sobre citação do réu para apresentação de defesa, pois o art. 970 do NCPC traz regra totalmente diversa daquela usualmente utilizada no processo do trabalho. O Relator da ação rescisória determinará a citação do réu para apresentar defesa no prazo que fixar, que pode ser entre 15 e 30 dias. O prazo começa a contar do recebimento da citação e não da sua juntada aos autos, já que não se aplica o art. 231 do NCPC ao processo trabalhista.

396. Não sendo apresentada defesa no prazo assinado, não teremos os efeitos da revelia, já que a Súmula n. 398 do TST diz que "considerando que a coisa julgada envolve questão de ordem pública, a revelia não produz confissão na ação rescisória".

397. As provas serão produzidas no primeiro grau de jurisdição, conforme o art. 972 do NCPC — prazo de 1 a 3 meses para produção da prova, por meio de carta de ordem. Após a conclusão das provas, os autos retornarão ao Tribunal para julgamento.

398. As razões finais serão apresentadas por escrito, em prazo sucessivo de 10 dias, nos termos do art. 973 do NCPC.

399. Por fim, os honorários advocatícios serão devidos pela mera sucumbência, conforme Súmula n. 219 do TST, ou seja, quem perde paga honorários de até 15% do valor da condenação ao advogado da parte vencedora.

Mandado de segurança

400. A legitimidade ativa para o mandado de segurança é de qualquer pessoa física ou jurídica, conforme dispõe o art. 1º da Lei n. 12.016/2009, já que qualquer pessoa pode vir a sofrer com a atuação ilegal ou abusiva de autoridade pública.

401. A legitimidade passiva é da pessoa jurídica, e não da autoridade coatora, mas é a primeira que arcará com os efeitos patrimoniais do desfazimento do ato. A autoridade coatora atua no processo apenas apresentando as suas informações, de forma a auxiliar o Juiz a desvendar se o ato foi legal ou ilegal.

402. Em relação à competência funcional, temos de saber que órgão da Justiça do Trabalho possui competência para a ação em estudo. Todos os graus de jurisdição são competentes, a depender do ato questionado. Vejamos: **Vara do Trabalho:** se o ato questionado for exterior à Justiça do Trabalho, como a autuação promovida pelo MTE; **TRT:** se o ato questionado for de Juiz do Trabalho, Desembargador do TRT e servidores do TRT; e **TST:** se o ato questionado for de Ministro do TST.

403. A competência territorial é a **sede funcional da autoridade coatora**, mas, apesar de ser competência territorial, é entendida como absoluta, o que permite que haja a declaração de incompetência *ex officio*, com remessa dos autos ao juízo competente, conforme o art. 64 do NCPC.

404. O mandado de segurança repressivo, ou seja, aquele utilizado quando já houve a violação do direito, deve ser impetrado no prazo máximo de 120 dias, a contar da ciência do ato, conforme o art. 23 da Lei n. 12.016/2009. Trata-se de prazo decadencial, que não se suspende ou interrompe. Nesse ponto, é sempre importante lembrar o entendimento do STF, por meio da Súmula n. 430, que diz que o pedido de reconsideração não interrompe o prazo para o mandado de segurança.

405. Deve-se ainda atentar para a regra prevista no art. 23 da Lei n. 12.016/09, que permite a renovação do MS caso seja extinto sem resolução do mérito e ainda esteja dentro do prazo decadencial de 120 dias.

406. Uma das Súmulas mais importantes do TST sobre o mandado de segurança é a de n. 415, que regularmente é cobrada nos concursos trabalhistas. Nos termos do entendimento exposto, **não cabe emenda da petição inicial do mandado de segurança para juntada de documentos**.

407. Este tópico serve apenas para lembrar que não se aplica mais o *jus postulandi* ao mandado de segurança desde a edição da Súmula n. 425 do TST, assim redigida: "O *jus postulandi* das partes, estabelecido no art. 791 da CLT, limita-se às Varas do Trabalho e aos Tribunais Regionais do Trabalho, não alcançando a ação rescisória, a ação cautelar, o mandado de segurança e os recursos de competência do Tribunal Superior do Trabalho".

408. A Súmula do TST mais importante sobre o mandado de segurança, que é sempre lembrada pelas bancas examinadoras, é a de n. 414, que trata da utilização do MS como sucedâneo recursal, isto é, como se fosse um recurso. Sabe-se que o MS não é um recurso (é uma ação), mas pode ser utilizado como se fosse aquele. Imagine a seguinte situação: um pedido de antecipação de tutela indeferido no curso do processo pode ser impugnado por mandado de segurança. Caso o mesmo pedido seja indeferido na sentença, não caberá a impetração do MS, e sim a interposição de recurso ordinário, já que o RO é o recurso cabível de sentença, conforme o art. 895 da CLT.

409. A respeito do procedimento a ser adotado no mandado de segurança, destaque para a notificação que será expedida à autoridade coatora para que preste informações em 10 dias. Não sendo prestadas, não teremos revelia.

410. O Ministério Público, que funciona como fiscal da lei no mandado de segurança, oferecerá parecer em 10 dias, sendo a sentença proferida em até 30 dias, nos termos do art. 12 da Lei n. 12.016/2009.

411. Por fim, uma informação que pode se tornar uma imensa pegadinha: não há condenação ao pagamento de honorários advocatícios de sucumbência em sede de MS, conforme o art. 25 da Lei n. 12.016/2009. Cuidado para as bancas não afirmarem que a condenação decorre de mera sucumbência, pois isso ocorre na ação rescisória.

Inquérito para apuração de falta grave

412. O inquérito para apuração de falta grave tem por finalidade desconstituir o vínculo de emprego por justa causa, quando o empregado possui estabilidade provisória e é destinatário, por lei, de tal ação.

413. Duas são as correntes que tratam do cabimento da ação, ou seja, que tratam dos empregados que somente podem ser demitidos por via judicial. A primeira corrente, mais conservadora, diz que o inquérito somente se aplica aos detentores de estabilidade decenal (art. 492 da CLT) e dirigentes sindicais (Súmula n. 379 do TST). A segunda corrente já incluiu, além dos dois mencionados, os diretores de sociedade cooperativa e os membros do Conselho Nacional de Previdência Social. Poucos afirmam que os membros das Comissões de Conciliação Prévia, eleitos pelos empregados, possuem direito ao inquérito.

414. A petição inicial será obrigatoriamente escrita, conforme o art. 853 da CLT, sendo que a ação tramitará no rito ordinário, sendo ajuizada no local da prestação dos serviços, ou seja, seguindo-se a regra da competência territorial do art. 651 da CLT.

415. Um dos temas mais cobrados em concursos sobre o inquérito é o prazo para o ajuizamento da demanda em análise. Nos termos do art. 494 da CLT, poderá o empregador suspender o empregado caso este pratique uma falta grave. Havendo tal suspensão, dispõe o art. 853 da CLT que a ação deverá ser ajuizada no prazo máximo de 30 dias, contados da data da suspensão, sendo que a Súmula n. 403 do STF afirma ser esse prazo de decadência e que, portanto, não se suspende ou interrompe.

416. O prazo de decadência do direito do empregador de ajuizar inquérito em face do empregado que incorre em abandono de emprego é contado a partir do momento em que o empregado pretendeu seu retorno ao serviço.

417. Na ação de inquérito, há outra peculiaridade importante sobre as provas: trata-se do rito com o maior número de testemunhas no processo do trabalho: **6 testemunhas para cada parte. Não existe qualquer outra ação com tantas testemunhas para cada parte. A regra consta no art. 821 da CLT 418.** A sentença pode produzir os seguintes efeitos:

a. Procedência:

a.1. Com suspensão do empregado: **sentença desconstitutiva, que extingue o vínculo na data de sua prolação**.

a.2. Sem suspensão do empregado: **sentença desconstitutiva, que extingue o vínculo na data de sua prolação**.

b. Improcedência:

b.1. Com suspensão do empregado: **sentença condenatória do empregador, determinando a reintegração do obreiro e o pagamento dos salários do período de suspensão.**

b.2. Sem suspensão do empregado: **sentença declaratória, mantendo-se o vínculo normalmente.**

419. Na improcedência com suspensão do empregado, o empregador é **condenado** a reintegrá-lo e a pagar as verbas do período da suspensão, **uma vez que a sentença possui natureza dúplice**, ou seja, tanto pode beneficiar o empregador (autor da ação), em caso de procedência, como pode beneficiar o réu, em caso de improcedência, sem a necessidade de pedido contraposto ou reconvenção por parte deste último.

Dissídio coletivo

420. Os dissídios coletivos diferenciam-se dos individuais, porque nos primeiros pedimos ao Poder Judiciário a criação da norma geral e abstrata, ao passo que nos últimos pedimos a aplicação, no caso concreto, de normas gerais e abstratas já existentes. No dissídio coletivo, o Poder Judiciário Trabalhista age como se fosse legislativo, criando normas gerais e abstratas a serem aplicadas aos membros de categorias que estão em conflito.

421. Nos conflitos coletivos de trabalho, o ideal é que as demandas sejam resolvidas em negociação coletiva, com a pactuação de acordos e convenções coletivas de trabalho, que vigorarão pelo prazo máximo de 2 anos e que regulamentarão os direitos e obrigações de ambas as partes. Ocorre que por vezes as partes não chegam a um consenso, havendo necessidade de intervenção do Poder Judiciário, que por meio do dissídio coletivo exercerá o seu Poder Normativo, para definir as regras que as partes, por consenso, não conseguiram.

422. O Poder Normativo da Justiça do Trabalho encontra-se previsto no art. 114, § 2º, da CF, sendo que a EC 45/2004, ao modificá-lo, deixou claro que a via judicial é excepcional, na medida em que o dissídio coletivo somente pode ser aceito pelo Poder Judiciário após prévia e exaustiva negociação coletiva e desde que não seja possível a instituição de arbitragem.

423. Os dissídios coletivos são classificados em: econômico (os mais comuns), em que se pede a instituição de melhores condições de trabalho; jurídico (ou interpretativo), por meio do qual se pede a interpretação de determinado dispositivo legal conflituoso; e de greve (também denominado misto), que serve para analisar se a paralisação é legal/ilegal e se as novas condições de trabalho devem ou não ser estabelecidas.

424. Os dissídios coletivos são ações de tribunais — TRTs e TST —, sendo que a definição da competência é feita de acordo com a extensão do conflito, se relacionado à área de um ou mais de um TRT. Se superior a área de um TRT, será da competência do TST, como geralmente acontece com a greve dos correios.

425. Como pressupostos processuais específicos da ação de dissídio coletivo, temos: negociação coletiva prévia, autorização em assembleia da categoria devidamente convocada, demonstração do comum acordo (expresso ou tácito) entre as partes envolvidas no dissídio.

426. Para demonstração dos pressupostos acima, o TST exige a juntada aos autos do edital de convocação da assembleia e sua ata, nos termos da OJ n. 8 da SDC do TST.

427. A sentença normativa é a decisão proferida no dissídio coletivo, sendo que, na verdade, é um acórdão, pois proferido por um colegiado do TRT ou TST. Tal decisão possui prazo de vigência máximo de 4 anos, nos moldes do art. 868 da CLT, e poderá produzir efeitos por todo o período apontado, mesmo que originariamente o prazo fixado tenha sido menor, conforme Precedente Normativo n. 120 da SDC do TST. Se a sentença normativa teve seu prazo fixado por 1 ano, poderá chegar a 2, 3 e até a 4 anos, não ultrapassando tal prazo.

428. A sentença normativa não possui cunho condenatório, o que é importante para entendermos o motivo de não haver sua execução. A decisão referida é constitutiva (cria o direito ao recebimento de reajuste salarial de 10%) ou declaratória (interpreta determinado dispositivo de lei, afirmando qual é o seu real sentido). Se o reajuste de 10% não for efetivado, cumprido pelo empregador, não caberá a execução da sentença, mas o ajuizamento da ação de cumprimento, que será a seguir estudada.

429. Por fim, a coisa julgada formada no dissídio coletivo é tão somente formal, nos termos da Súmula n. 397 do TST, na medida em que o TST entende inexistir coisa julgada material diante da possibilidade de revisão daquela decisão.

Ação de cumprimento

430. A ação de cumprimento, prevista no art. 872 da CLT, é uma ação de conhecimento de cunho condenatório, que serve para demonstrar que a sentença normativa não foi cumprida, que o reajuste de 10% não foi concedido. A ação de cumprimento segue os ritos já estudados, ou seja, é como se fosse uma ação "normal", com objeto diferenciado, que pode ser uma sentença normativa ou um acordo ou convenção coletiva, nos moldes da Súmula n. 286 do TST.

431. Reconhecido o descumprimento da norma coletiva, a Justiça do Trabalho condena ao pagamento das diferenças salariais decorrentes do reajuste salarial não concedido.

432. Sobre a legitimidade ativa para a ação, temos que o sindicato e o próprio empregado, detentor do direito, são concorrentes, ou seja, podem igualmente ajuizar a ação de cumprimento. Trata-se de legitimidade ativa concorrente. Já a legitimidade passiva é simples: o empregador será o réu da ação de cumprimento.

433. Por fim, a ação de cumprimento será ajuizada no local da prestação dos serviços, seguindo-se a regra de competência territorial definida no art. 651 da CLT, e a ação tramitará por qualquer dos ritos trabalhistas — sumário, sumaríssimo ou ordinário — a depender do valor da causa.

ÍNDICE DAS QUESTÕES COMENTADAS

QUESTÕES COMENTADAS

DIREITO DO TRABALHO — CESPE/UnB

1. (CESPE — 2016 — PGE-AM — Procurador/Adicionais) Em relação aos direitos constitucionais dos trabalhadores, à remuneração, à equiparação salarial e à jornada de trabalho, julgue o item a seguir.

Embora a CF garanta aos empregados o adicional de remuneração para atividades penosas, não há norma infraconstitucional que regulamente o respectivo adicional. Tal norma constitucional classifica-se como norma de eficácia limitada, cuja aplicação depende de regulamentação.

2. (CESPE — 2016 — PGE-AM — Procurador/Rescisão do Contrato) Segundo o TST, na hipótese de uma relação de emprego ter sido reconhecida apenas em juízo, não incidirá a multa pelo não pagamento das parcelas constantes do instrumento de rescisão ou recibo de quitação no prazo legal.

3. (CESPE — 2016 — FUNPRESP-JUD — Analista Judiciário/Estabilidades provisórias) Considerando a jurisprudência do Tribunal Superior do Trabalho (TST), julgue o item seguinte, a respeito da rescisão do contrato de trabalho.

Situação hipotética: Quando da sua contratação, determinada empregada e a empresa que a contratou pactuaram um contrato de experiência por noventa dias. No 45° dia de trabalho, a empregada apresentou exame de sangue atestando gravidez. Assertiva: Nessa situação, não se configura a estabilidade da gestante, de modo que, encerrado o período de experiência, a empresa poderá rescindir o contrato de trabalho com a referida empregada.

4. (CESPE — 2016 — FUNPRESP-JUD — Analista Judiciário/Adicional de periculosidade) Com relação às atividades insalubres e perigosas, julgue o item subsequente.

Um frentista de posto que opere diretamente bomba de gasolina exerce uma atividade considerada perigosa.

5. (CESPE — 2015 — Telebrás — Advogado/Estabilidades provisórias) A respeito da proteção ao trabalho da mulher, das garantias provisórias do emprego e da estabilidade, julgue o item seguinte.

A estabilidade provisória da gestante começa a ser garantida a partir do momento em que a empregada comunique a sua gravidez ao empregador.

6. (CESPE — 2015 — Telebrás — Advogado/Adicional de periculosidade) Com relação a segurança e medicina do trabalho, julgue o item a seguir.

Um auxiliar de serviços gerais, empregado de uma companhia aérea, que, de forma corriqueira, exerça suas funções a bordo de aeronave no momento do abastecimento, deverá receber o adicional de periculosidade.

7. (CESPE — 2013 — TRT 10ª Região (DF e TO) — Analista Judiciário — Área Administrativa/ Direito do Trabalho/Princípios, Fontes e Generalidades do Direito do Trabalho) Em relação ao direito do trabalho, julgue o item a seguir.

No direito do trabalho, aplica-se o princípio da norma mais favorável, que autoriza o intérprete a aplicar a norma mais benéfica ao trabalhador, ainda que essa norma esteja em posição hierárquica inferior no sistema jurídico.

8. (CESPE — 2004 — AGU — Advogado/Direito do Trabalho/Princípios, Fontes e Generalidades do Direito do Trabalho) Considerando a definição e as fontes do direito do trabalho, julgue os itens seguintes.

Como uma das principais fontes formais do direito do trabalho, os movimentos reivindicatórios deflagrados pelos trabalhadores, com a participação dos sindicatos, têm sido, ao longo da história, o principal elemento gerador de normas jurídicas trabalhistas.

9. (CESPE — 2004 — AGU — Advogado/Direito do Trabalho/Princípios, Fontes e Generalidades do Direito do Trabalho) As decisões proferidas pelos tribunais do trabalho no exercício da competência normativa prevista na Constituição Federal, quando resultantes de provocação de todas as categorias profissional e economicamente envolvidas, qualificam-se como fontes autônomas e formais do direito do trabalho.

10. (CESPE — 2007 — TRT 9ª Região (PR) — Analista Judiciário — Área Judiciária/Direito do Trabalho/Princípios, Fontes e Generalidades do Direito do Trabalho) O Direito do Trabalho tem princípios próprios, resultantes da especificidade do trabalho humano e da evolução socioeconômica, na busca de maior dignidade para o trabalhador e para o resultado da mão de obra empregada. Com relação a esse assunto, julgue o item seguinte.

O princípio do protecionismo e o princípio da primazia da realidade são inerentes ao Direito do Trabalho.

11. (CESPE — 2008 — TST — Técnico Judiciário — Área Administrativa/Direito do Trabalho/ Direitos sociais dos trabalhadores) Com base na Constituição Federal de 1988 e na Consolidação das Leis do Trabalho (CLT), julgue os itens seguintes acerca dos direitos dos trabalhadores urbanos e rurais.

O repouso semanal remunerado deve necessariamente recair em domingos, sendo facultado ao trabalhador, por razão de crença religiosa, optar pela folga em sábados.

12. (CESPE — 2008 — TST — Técnico Judiciário — Área Administrativa/Direito do Trabalho/ Direitos sociais dos trabalhadores) O trabalho extraordinário e o noturno serão remunerados com o adicional pertinente de 50% sobre o valor da hora normal de trabalho.

13. (CESPE — 2011 — EBC — Analista — Advocacia/Direito do Trabalho/Direitos sociais dos trabalhadores; Trabalho noturno) No que se refere aos direitos constitucionais dos trabalhadores, julgue os itens seguintes.

É direito de trabalhadores urbanos e rurais a remuneração do trabalho noturno superior à do diurno, salvo nos casos de revezamento semanal ou quinzenal.

14. (CESPE — 2011 — EBC — Analista — Advocacia/Direito do Trabalho/Direitos sociais dos trabalhadores) É direito de trabalhadores urbanos e rurais a participação nos lucros ou resultados, vinculada à remuneração.

15. (CESPE — 2008 — PGE-ES — Procurador de Estado/Direito do Trabalho/Convenções Coletivas; Direitos sociais dos trabalhadores; Adicionais) Empregados de uma empresa sofrem redução no percentual de diversos adicionais a que fazem jus: o adicional de horas extras passou a ser remunerado na base de 30%; o de periculosidade, na base de 20%; e o noturno, na base de 10%. Considerando essa situação hipotética, julgue o item que se segue.

A redução, por meio de acordo individual escrito, dos percentuais previstos em lei para os referidos adicionais é admitida com ressalvas pela legislação trabalhista, pois exige em troca a concessão de outras vantagens para os empregados que se encontrem nessa situação.

16. (CESPE — 2007 — TRT 9ª Região (PR) — Analista Judiciário — Área Judiciária/Direito do Trabalho/Direitos sociais dos trabalhadores) A partir da Constituição Federal de 1988 (CF), muitos direitos trabalhistas foram elevados ao plano constitucional ou tiveram sua disciplina alterada. Acerca desse tema, julgue o próximo item.

Os direitos dos trabalhadores, inseridos na CF, não podem ser, de modo algum, alterados, mesmo que ajustados pelos sindicatos profissionais ou pelos próprios trabalhadores em razão de possível melhoria das condições de trabalho.

17. (CESPE — 2013 — TRT 10ª Região (DF e TO) — Analista Judiciário — Área Judiciária/Direito do Trabalho/Emprego doméstico) Julgue o item seguinte com base nos dispositivos referentes a direitos sociais previstos na CF.

Considerando por hipótese que, na condição de empregada doméstica de Jorge, Fátima seja arbitrariamente despedida por este, a ela será assegurada indenização compensatória decorrente da proteção à relação de emprego.

18. (CESPE — 2013 — TRT 10ª Região (DF e TO) — Analista Judiciário — Área Administrativa/Direito do Trabalho/Contrato Individual de Trabalho: Generalidades) Julgue o item seguinte, referente ao contrato de emprego.

O contrato individual de trabalho pode ser acordado tácita ou expressamente, verbalmente ou por escrito e por prazo determinado ou indeterminado.

19. (CESPE — 2012 — AGU — Advogado/Direito do Trabalho/Contrato Individual de Trabalho: Generalidades) Com base na CLT, julgue o item seguinte, a respeito da relação de emprego e do contrato individual de trabalho.

O contrato individual deve necessariamente ser escrito, não se admitindo forma tácita de contratação.

20. (CESPE — 2008 — TST — Técnico Judiciário — Área Administrativa/Direito do Trabalho/Contrato Individual de Trabalho: Generalidades) Quanto ao contrato de trabalho e aos requisitos da relação de emprego, julgue os itens subsequentes.

Só é lícita a alteração de condições estabelecidas em contratos individuais de trabalho por mútuo consentimento e desde que não resulte, direta ou indiretamente, em prejuízos ao empregado, sob pena de nulidade da referida alteração.

21. (CESPE — 2008 — TST — Técnico Judiciário — Área Administrativa/Direito do Trabalho/Contrato Individual de Trabalho: Generalidades) Para que se configure o contrato individual de trabalho, é necessário que a relação de emprego tenha sido ajustada em acordo expresso.

22. (CESPE — 2013 — TRT 10ª Região (DF e TO) — Analista Judiciário — Área Administrativa/Direito do Trabalho/Extinção do contrato de trabalho) Julgue o item seguinte, referente ao contrato de emprego.

Se o término do contrato de trabalho se der em razão de ato faltoso praticado por ambas as partes do pacto de emprego, ter-se-á a denominada culpa recíproca, hipótese em que o empregado não fará jus ao décimo terceiro salário do ano em curso.

23. (CESPE — 2004 — AGU — Advogado/Direito do Trabalho/Extinção do contrato de trabalho; Estabilidade e Reintegração) No item a seguir, é apresentada uma situação hipotética relativa a estabilidade no emprego e a suspensão, interrupção e execução do contrato de trabalho, seguida de uma assertiva a ser julgada.

Paulo prestou serviços como gerente ao mesmo empregador durante 15 anos. Em razão da dedicação e do zelo demonstrados no desempenho da função, acabou obtendo de seu empregador a concessão espontânea da estabilidade no emprego, embora também vinculado ao regime do Fundo de Garantia do Tempo de Serviço (FGTS). Passados cinco anos desse evento, com o falecimento do titular da empresa e a assunção do negócio por seu filho e sucessor, Paulo foi sumariamente dispensado em razão de sérias divergências sobre a melhor forma de conduzir referido empreendimento. Nessa situação, e considerando que a rescisão do contrato encerra direito potestativo do empregador, sobretudo quando aplicável o regime do FGTS, não há qualquer ilicitude no ato rescisório promovido pelo empregador.

24. (CESPE — 2012 — Banco da Amazônia — Técnico Científico — Direito/Direito do Trabalho/Extinção do contrato de trabalho; Aviso prévio) À luz dos princípios do direito trabalhista, julgue o item a seguir.

Se pretender findar o contrato de trabalho com determinado empregado, sem justo motivo, então, nesse caso, o empregador terá a obrigação de indenizar o empregado com o equivalente a trinta dias de trabalho.

25. (CESPE — 2008 — SERPRO — Analista — Advocacia/Direito do Trabalho/Extinção do contrato de trabalho) A respeito do direito do trabalho, julgue o item seguinte.

Caso um empregado seja surpreendido retirando indevidamente a quantia de R$ 200,00 do caixa da sua empresa empregadora, ele será passível de despedida por justa causa, pelo cometimento de ato de improbidade.

26. (CESPE — 2008 — PGE-ES — Procurador de Estado/Direito do Trabalho/Extinção do contrato de trabalho) Considere que, por tempo indeterminado, foi realizado contrato de trabalho entre uma pessoa jurídica de direito público e um indivíduo, admitido sem aprovação em concurso público, para prestar serviços de segunda a sexta, em jornada de onze horas. Com base nessa situação, julgue o item a seguir, quanto aos efeitos atribuídos pelo Tribunal Superior do Trabalho (TST) à nulidade desse contrato de trabalho.

O empregado mencionado terá direito ao pagamento de todas as horas trabalhadas, inclusive das que excedem a jornada normal prevista na legislação, mas sem o adicional de 50%, a título de horas extras, respeitado o valor do salário mínimo.

27. (CESPE — 2013 — TRT 10ª Região (DF e TO) — Analista Judiciário — Área Administrativa/Direito do Trabalho/Aviso prévio) Julgue o item seguinte, referente ao contrato de emprego.

Considere a seguinte situação hipotética: O empregador Jorge, imotivadamente, manifestou desejo de romper o vínculo empregatício e conceder aviso prévio ao seu empregado Lauro, cuja remuneração é percebida quinzenalmente. Nessa situação hipotética, Lauro terá direito a optar pela redução do horário de trabalho em duas horas diárias ou a se ausentar do serviço por sete dias corridos, sem prejuízo do salário, durante o cumprimento do aviso prévio.

28. (CESPE — 2008 — TST — Técnico Judiciário — Área Administrativa/Direito do Trabalho/Aviso prévio) Com base na Constituição Federal de 1988 e na Consolidação das Leis do

Trabalho (CLT), julgue o item seguinte acerca dos direitos dos trabalhadores urbanos e rurais.

O aviso prévio será proporcional ao tempo de serviço, observado, sempre, o mínimo de trinta dias, nos termos da lei.

29. (CESPE — 2008 — SERPRO — Analista — Advocacia/Direito do Trabalho/Aviso prévio) A respeito do direito do trabalho, julgue o item seguinte.

O direito ao aviso prévio é renunciável pelo empregado.

30. (CESPE — 2005 — TRT 16ª Região — Analista Judiciário — Área Judiciária — Execução de Mandados/Direito do Trabalho/Aviso prévio; Contrato por prazo determinado)

No item subsequente, é apresentada uma situação hipotética acerca do contrato individual de trabalho, seguida de uma assertiva a ser julgada.

Pedro celebrou contrato de experiência por 60 dias com uma empresa de construção civil, findos os quais lhe foi proposta, e aceita, a prorrogação desse período por mais 30 dias. Nessa situação, atingido o termo final previsto e optando a empresa pela rescisão do contrato, não será devido o pagamento do aviso prévio.

31. (CESPE — 2011 — Correios — Analista de Correios — Advogado/Direito do Trabalho/Aviso prévio; Estabilidade e Reintegração) No que se refere a trabalho da mulher e estabilidade da gestante, julgue o item a seguir.

Se determinada empregada tiver dado à luz seu filho no dia 23/3/2011, terá garantia de emprego até o dia 23/9/2011, podendo seu aviso prévio ser apresentado pelo empregador, portanto, somente a partir do dia 24/9/2011.

32. (CESPE — 2008 — TST — Técnico Judiciário — Área Administrativa/Direito do Trabalho/Jornada de trabalho) Com base na Constituição Federal de 1988 e na Consolidação das Leis do Trabalho (CLT), julgue o item seguinte acerca dos direitos dos trabalhadores urbanos e rurais.

A jornada de trabalho não pode ser majorada além de oito horas diárias, dado o limite rígido estabelecido na Constituição Federal.

33. (CESPE — 2011 — EBC — Analista — Advocacia/Direito do Trabalho/Jornada de trabalho) No que se refere aos direitos constitucionais dos trabalhadores, julgue o item seguinte.

Negociação coletiva pode majorar a jornada regulamentar de seis horas para o trabalho realizado em turnos ininterruptos de revezamento.

34. (CESPE — 2005 — TRT 16ª Região — Analista Judiciário — Área Judiciária — Execução de Mandados/Direito do Trabalho/Jornada de trabalho) Em cada um dos itens que se seguem, é apresentada uma situação hipotética acerca das normas gerais e especiais de tutela do trabalho, seguida de uma assertiva a ser julgada.

Paulo prestava serviços a um supermercado, na função de repositor de estoques. No curso do contrato, sofreu um acidente de trânsito, tornando-se paraplégico. Nessa situação, por força de lei, a jornada de trabalho de Paulo terá o limite máximo de 6 horas diárias e 36 horas semanais.

35. (CESPE — 2005 — TRT 16ª Região — Analista Judiciário — Área Judiciária — Execução de Mandados/Direito do Trabalho/Jornada de trabalho)

Depois de cinco anos de trabalho, Jonas resolveu aderir à proposta de seu empregador, resultante de previsão constante de norma coletiva de trabalho, deixando de cumprir 44 horas semanais e passando a observar a jornada de 22 horas semanais, em regime parcial de trabalho. Seu salário, porém, foi reduzido à metade, na forma prevista na norma coletiva,

causando-lhe grande desconforto. Nessa situação, a alteração contratual promovida será nula de pleno direito, em razão dos prejuízos causados a Jonas.

36. (CESPE — 2007 — TRT 9ª Região (PR) — Analista Judiciário — Execução de Mandados/Direito do Trabalho/Jornada de trabalho) Com relação à jornada de trabalho, julgue o item subsequente.

A jornada excedida além da oitava hora trabalhada, em cada dia, deve ser remunerada com adicional de 50% sobre o valor da hora normal, exceto quando houver compensação de jornada determinada pelo empregador.

37. (CESPE — 2010 — SERPRO — Analista — Advocacia/Direito do Trabalho/Férias) Com relação ao direito do trabalho, julgue o item que se segue.

De acordo com o TST, o empregado que pede demissão antes de completar doze meses de serviço não tem direito a férias proporcionais.

38. (CESPE — 2013 — TRT 10ª Região (DF e TO) — Analista Judiciário — Área Judiciária/Direito do Trabalho/Férias) Acerca dos poderes do empregador no contrato de trabalho, julgue o item subsequente.

Ao empregador é vedado descontar as faltas do empregado ao serviço do período de férias.

39. (CESPE — 2013 — TRT 10ª Região (DF e TO) — Analista Judiciário — Área Administrativa/Direito do Trabalho/Férias) Julgue o item seguinte, referente ao contrato de emprego.

O pagamento da remuneração de férias e o do abono pecuniário de férias deve ser efetuado até dois dias antes do início do respectivo período de gozo.

40. (CESPE — 2013 — TRT 10ª Região (DF e TO) — Analista Judiciário — Execução de Mandados/Direito do Trabalho/Férias) No que se refere às estabilidades provisórias, julgue o item que se segue à luz do entendimento sumulado pelo Tribunal Superior do Trabalho.

A indenização pelo não deferimento das férias no tempo oportuno deverá ser calculada com base na remuneração devida ao empregado na época em que este completou seu período aquisitivo.

41. (CESPE — 2013 — TRT 10ª Região (DF e TO) — Analista Judiciário — Execução de Mandados/Direito do Trabalho/Férias) Com referência a prescrição e decadência nas relações de trabalho, julgue o item seguinte.

No que concerne às férias, a prescrição quinquenal, durante o vínculo empregatício, se inicia a partir do período aquisitivo.

42. (CESPE — 2013 — TRT 10ª Região (DF e TO) — Analista Judiciário — Execução de Mandados/Direito do Trabalho/Férias) Com base na CLT, julgue os próximos itens.

No curso do período aquisitivo das férias, o empregado que tiver percebido do órgão previdenciário prestações de acidente de trabalho ou auxílio-doença por sete meses, ainda que descontínuos, não terá direito a férias.

43. (CESPE — 2013 — TRT 10ª Região (DF e TO) — Analista Judiciário — Execução de Mandados/Direito do Trabalho/Férias) O empregado contratado na modalidade do regime de tempo parcial que trabalhe dezenove horas por semana terá direito a dezesseis dias de férias.

44. (CESPE — 2008 — TST — Técnico Judiciário — Área Administrativa/Direito do Trabalho/Férias) Com base na Constituição Federal de 1988 e na Consolidação das Leis do Trabalho (CLT), julgue o item seguinte acerca dos direitos dos trabalhadores urbanos e rurais.

As férias devem ser usufruídas com a percepção de adicional correspondente, no mínimo, à terça parte do salário normal.

45. (CESPE — 2013 — TRT 10ª Região (DF e TO) — Analista Judiciário — Execução de Mandados/Direito do Trabalho/Equiparação Salarial) Tendo em vista que o princípio da igualdade salarial no Brasil é garantia constitucional disciplinada pela Consolidação das Leis do Trabalho (CLT), julgue os itens a seguir, acerca da equiparação salarial.

Para que se reconheça o quadro de carreira como excludente da equiparação, é imprescindível a sua homologação pelo Ministério do Trabalho e Emprego, excetuando-se as entidades de direito público da administração direta, autárquica e funcional, cujo quadro de carreira será aprovado por ato administrativo da autoridade competente.

46. (CESPE — 2013 — TRT 10ª Região (DF e TO) — Analista Judiciário — Execução de Mandados/Direito do Trabalho/Equiparação Salarial) Para efeito de equiparação de salários em caso de idêntico trabalho, conta-se o tempo de serviço na função desempenhada e não o tempo de emprego.

47. (CESPE — 2012 — Banco da Amazônia — Técnico Científico — Direito/Direito do Trabalho/Equiparação Salarial) Para a caracterização da equiparação salarial é fundamental que entre o reclamante e o paradigma não haja tempo de serviço superior a dois anos.

48. (CESPE — 2011 — IFB — Professor — Direito/Direito do Trabalho/Equiparação Salarial) Julgue o item a seguir, relativo ao direito do trabalho.

Se um empregado da empresa A e um empregado da empresa B, que fazem parte de um mesmo grupo econômico, desempenham a mesma função, com a mesma perfeição técnica, deve haver a equiparação salarial.

49. (CESPE — 2013 — TRT 10ª Região (DF e TO) — Analista Judiciário — Execução de Mandados/Direito do Trabalho/Prescrição e Decadência) O direito de ação quanto aos créditos resultantes das relações de trabalho prescreve em cinco anos, até o limite de dois anos após a extinção do contrato de trabalho, para todos os trabalhadores, à exceção dos rurais.

50. (CESPE — 2008 — TST — Técnico Judiciário — Área Administrativa/Direito do Trabalho/Férias; Prescrição e Decadência) Com base na Constituição Federal de 1988 e na Consolidação das Leis do Trabalho (CLT), julgue o item seguinte acerca dos direitos dos trabalhadores urbanos e rurais.

A prescrição do direito de reclamar a concessão das férias ou o pagamento da respectiva remuneração é contada a partir do término do período concessivo ou, se for o caso, da cessação do contrato de trabalho.

51. (CESPE — 2008 — TST — Analista Judiciário — Área Judiciária/Direito do Trabalho/Prescrição e Decadência) Julgue o item seguinte, relativo a prescrição.

O trabalhador urbano tem direito de reclamar crédito oriundo da relação de trabalho até cinco anos do fato, observado o biênio a partir do término do contrato de trabalho, enquanto ao trabalhador rural se aplica o prazo bienal para reclamar direitos trabalhistas.

52. (CESPE — 2013 — TRT 10ª Região (DF e TO) — Analista Judiciário — Área Judiciária/Direito do Trabalho/Organização Sindical) Julgue os itens seguintes com base nos dispositivos referentes a direitos sociais previstos na CF.

Em respeito à Convenção 87 da Organização Internacional do Trabalho, a CF garante que os trabalhadores e os empregadores, sem nenhuma distinção e sem autorização prévia, têm o direito de constituir as organizações que estimem convenientes, assim como o de filiar-se a estas organizações, com a única condição de observar os estatutos das mesmas.

53. (CESPE — 2013 — TRT 10ª Região (DF e TO) — Analista Judiciário — Área Administrativa/ Direito do Trabalho/Organização Sindical) Julgue os próximos itens, acerca dos direitos coletivos do trabalho.

As confederações são entidades sindicais de grau superior, de âmbito nacional, que, para terem tal *status*, devem ser constituídas por, no mínimo, cinco federações e ter sede em Brasília.

54. (CESPE — 2012 — Banco da Amazônia — Técnico Científico — Direito/Direito do Trabalho/Organização Sindical) Julgue o item seguinte, relativo ao direito coletivo do trabalho.

A unicidade sindical prevista na CF estabelece como base territorial área não inferior à de um estado.

55. (CESPE — 2008 — DPE-CE — Defensor Público/Direito do Trabalho/Organização Sindical) Julgue o item subsequente, acerca de direito material e processual do trabalho.

A lei não poderá exigir autorização do Estado para a fundação de sindicato, ressalvado o registro no órgão competente.

GABARITO

1. O item está **correto**, pois até os dias de hoje não houve a regulamentação do adicional de penosidade, que se encontra previsto no art. 7º, XXIII, da CF/88. O direito ao recebimento somente existirá quando o legislador regulamentar o dispositivo, que possui natureza jurídica de norma de eficácia limitada.
2. O item está **errado** por contrariar a Súmula n. 462 do TST, que diz ser devida a multa do art. 477, § 8º, da CLT mesmo que o vínculo seja reconhecido judicialmente, uma vez que as verbas rescisórias não foram pagas no prazo legal.
3. O item está **errado**, já que a Súmula n. 244, III, do TST afirma que a estabilidade da gestante existe até mesmo nos contratos por prazo determinado, como é o caso do contrato de experiência. Assim, terá estabilidade até 5 meses após o parto.
4. O item está **correto**, pois, de acordo com a Súmula n. 39 do TST, o frentista possui direito ao recebimento do adicional de periculosidade.
5. O item está **errado**, já que a Súmula n. 244, I, do TST afirma que a estabilidade provisória da gestante independe do conhecimento por parte do empregador, sendo um fato objetivo, que é estar grávida.
6. O item está **errado**, pois a Súmula n. 447 do TST afirma não terem direito ao adicional de periculosidade os tripulantes que permanecem a bordo durante o abastecimento da aeronave.
7. O item está **certo**, uma vez que uma das facetas do princípio da proteção é exatamente a aplicação da norma mais favorável, benéfica para o empregado, independentemente da sua hierarquia no sistema jurídico. Visando reduzir as desigualdades entre empregado (hipossuficiente) e empregador, a doutrina prega a aplicação do princípio da proteção, que possui três subprincípios, a saber: a. ***In dubio pro operario***: de acordo com a ideia, havendo dúvida em relação à interpretação de uma norma jurídica, deve ser adotada a que for mais benéfica para o empregado. Assim, se no contrato rezar que a jornada de trabalho é de 6 (oito) horas, deverá ser afirmado, em nome do *in dubio pro operario*, que a jornada era de 6 horas, e não de 8 horas.

b. Norma mais favorável: no direito do trabalho não se leva em consideração a hierarquia das normas na denominada pirâmide de Hans Kelsen. Assim, diferentemente do direito constitucional, por exemplo, em que a Constituição está sempre no topo da pirâmide, no direito do trabalho a norma mais favorável é que está no ápice dela, ou seja, deve ser aplicada sempre a norma que for mais benéfica para o empregado, independentemente da sua hierarquia. Uma cláusula de um contrato individual pode ser mais favorável/benéfica que a própria CF/88. Exemplo: a CF/88 prevê adicional de horas extras de pelo menos 50%. Se a cláusula do contrato trouxer a previsão de 70%, será mais favorável em relação àquela outra, sendo, portanto, aplicável.

c. Condição mais benéfica: por fim, a regra da condição mais benéfica diz que tudo o que for ofertado ao empregado e criar uma condição mais benéfica para ele será direito adquirido, não podendo mais ser alterado. Assim, se o empregador passa a fornecer voluntariamente uma cesta básica ao empregado, tal condição, por ser mais benéfica, integrará em definitivo o contrato de trabalho, tornando-se direito adquirido, impossibilitando, assim, a sua retirada.

Percebe-se que a questão somente dispunha acerca da ***norma mais favorável***, mas as regras *in dubio pro operario* e condição mais benéfica são igualmente cobradas em concursos públicos do CESPE, podendo, por isso, ser objeto da prova do TRT/ES.

8. O item está **errado**, uma vez que esses movimentos reivindicatórios deflagrados pelos trabalhadores ao longo da história não são fontes formais, como afirma a questão, e sim fontes MATERIAIS do direito do trabalho, pois criam no legislador a ideia acerca da necessidade de edição de lei regulamentadora da matéria objeto da reivindicação. O direito do trabalho possui 2 espécies de fontes:

a. Materiais: as fontes materiais são esses acontecimentos sociais, reivindicações, passeatas, organizadas pelos trabalhadores e seus sindicatos, visando criar no legislador a ideia acerca da necessidade de criação ou alteração da legislação trabalhista. Hoje muito se fala sobre redução da jornada semanal de 44 para 40 horas, sendo que em algumas capitais já foram feitas carreatas, panfletagens sobre o assunto.

b. Formais: já as fontes formais são as leis, a CF, medidas provisórias, acordo coletivos de trabalho etc., ou seja, a forma de exteriorização do direito do trabalho. Vendo a necessidade de regulamentação de determinado fato social, o legislador cria a Lei Ordinária n. xxxx, a Medida Provisória n. xxxx etc. As fontes formais podem ser divididas em:

b.1. Heterônomas: tais espécies de fontes formais são impostas pelo Estado, ora pelo Poder Legislativo (lei ordinária, por exemplo), pelo Poder Executivo (medida provisória) ou pelo Poder Judiciário (sentença normativa).

b.2. Autônomas: tais fontes são criadas pelas próprias partes, sujeitos da relação de emprego, ou seja, empregados e empregadores, bem como por seus representantes, como ocorre com os acordos coletivos de trabalho e convenções coletivas de trabalho.

O certo é que, quando a questão faz referência a FATOS, REIVINDICAÇÕES, PASSEATAS, PANFLETAGENS, entre outros, a resposta correta é que se trata de FONTES MATERIAIS do direito do trabalho.

9. O item está **errado**. Aproveitando os comentários feitos à questão n. 2, naquela oportunidade afirmou-se que as fontes formais heterônomas são as criadas e impostas pelo Estado, seja por meio do Poder Legislativo, do Executivo ou do Judiciário. Fez-se menção à SENTENÇA NORMATIVA como relacionada ao Poder Judiciário. Pois bem, a sentença normativa é a decisão proferida pela Justiça do Trabalho no processo de dissídio coletivo, por meio do qual as categorias econômica (empregadores) e profissional (empregados) buscam melhores condições de trabalho, em especial reajustes salariais que não foram objeto de acordo coletivo ou convenção coletiva. Por meio da sentença normativa, o TRT ou o TST impõem, por exemplo, um reajuste de 10% para a categoria econômica, sendo que se trata de uma imposição estatal. Por ser imposição estatal, pode-se afirmar que a aludida sentença é uma ***fonte formal heterônoma***, e não AUTÔNOMA, como faz menção a assertiva do CESPE/UnB.

10. O item está **correto**, pois a questão menciona dois dos mais importantes princípios do direito do trabalho, quais sejam, proteção e primazia da realidade. Segundo o princípio da proteção, devem ser criadas normas de tratamento diferenciadas entre empregado e empregador, uma vez que na relação jurídica de emprego há nítida hipossuficiência do primeiro em relação ao segundo. Por isso, conforme já dito nos comentários à primeira questão, são aplicadas as três regras seguintes: **a. *in dubio pro operario*; b. norma mais favorável; c. condição mais benéfica**. Além disso, surge a aplicação do princípio da primazia da realidade, que prevê, em síntese, que, se houver confronto entre os fatos ocorridos e os documentos, devem prevalecer os primeiros, ou seja, deve o julgador desconsiderar os documentos que não retratam a realidade, privilegiando o que realmente ocorreu no dia a dia. Diversos são os exemplos de aplicação do aludido princípio:

1. **Relação de emprego *x* sociedade:** em diversas ações judiciais, verifica-se a existência de um contrato social da empresa reclamada, no qual consta João como sócio. Contudo, verificando-se o trabalho de João no dia a dia, percebe-se que a relação não é de sócio, e sim de empregado, por possuir, sobretudo, subordinação, o que não combina com a figura do sócio, do dono, pois este possui autonomia. Nessa hipótese, desconsidera-se o documento (contrato social), reconhecendo-se o vínculo de emprego entre João e a empresa.
2. **Salário recebido "por fora":** muito comum também a anotação errada do salário na CTPS, a menor, acarretando o tão conhecido recebimento de salário "por fora". Digamos que a CTPS de João tenha sido anotada por salário de R$ 1.000,00, mas ele receba mensalmente R$ 3.000,00, ou seja, R$ 2.000,00 por fora. Nessa hipótese, o documento (CTPS) traz uma informação e os fatos (dia a dia) demonstram outra diferente. Privilegia-se, nesse ponto, o segundo, por retratar a realidade.
3. **Data de anotação da CTPS errada:** por fim, como outro exemplo acerca da primazia da realidade, tem-se a anotação da data de entrada ou saída da empresa em desconformidade com a realidade. João iniciou o seu labor em 02.01.2013, sendo que a CTPS só foi anotada em 08.04.2013. Observando-se o documento (CTPS), falar-se-ia que a relação de emprego somente teve início em abril, mas na realidade os direitos trabalhistas são devidos desde janeiro, pois lá nasceu o vínculo de emprego.

Por fim, observar que, acerca do princípio da primazia da realidade, destaca-se o art. 9° da CLT, que diz **serem nulos todos os atos tendentes a desvirtuar, impedir ou fraudar a lei trabalhista**, o que significa dizer que não produzem efeitos.

11. O item está **errado**. Para questões de concursos, deve-se levar "ao pé da letra" o que está escrito no art. 7° da CRFB/88, ou seja, é direito dos trabalhadores o descanso semanal remunerado preferencialmente aos domingos, não havendo exceção em relação à crença religiosa. Assim, não pode o empregado optar pela folga aos sábados em decorrência de tal crença. Inclusive, a recente OJ n. 410 da SDI-1 do TST destaca que, se não for concedido dentro do período de sete dias, o RSR (ou DSR) será pago em dobro. Vejamos: **"Viola o art. 7°, XV, da CF a concessão de repouso semanal remunerado após o sétimo dia consecutivo de trabalho, importando no seu pagamento em dobro"**.

Lembre-se de que para questões de concurso não há tal exceção, apesar de as questões religiosas sempre serem respeitadas em nosso país.

12. O item está **errado**. A explicação é muito simples. Tanto o adicional noturno quanto as horas extras estão descritos no art. 7° da CRFB/88. Ocorre que, em relação ao adicional noturno, o inc. IX somente faz menção ao fato de a remuneração do trabalho noturno ser superior à do diurno, sem especificar o percentual. Já no que toca ao trabalho extraordinário, o inc. XVI já afirma que o valor das horas extras será, pelo menos, 50% superior ao da jornada normal. O tema jornada noturna está regulado no art. 73 da CLT, que diz ser o adicional de pelo menos 20% para os urbanos. Já para os *rurais*, **cujas** normas estão na Lei n. 5.889/73, tal adicional será de, no mínimo, 25%.

13. O item está **errado**. Mais uma questão simples, que leva em consideração apenas o disposto no inc. IX do art. 7º da CRFB/88, que deve ser interpretado "ao pé da letra", como fizemos com a questão n. 5 *supra*. O inc. IX menciona que é direito dos trabalhadores o recebimento de remuneração do trabalho noturno superior à do diurno. Contudo, nada menciona acerca do sistema de revezamento, seja semanal ou quinzenal. Tal ideia não subsiste. Mesmo nas hipóteses de jornada 12x36, possível conforme a Súmula n. 444 do TST, há o pagamento do referido adicional noturno, assim como nas hipóteses de turnos ininterruptos de revezamento, quando o trabalho for à noite. Não há exceções, portanto.

14. O item está **errado**. A assertiva do CESPE/UnB não está de acordo com o inc. XI do art. 7º da CRFB/88, pois o texto constitucional afirma que a participação nos lucros ou resultados está desvinculada da remuneração, ou seja, tal valor não possui natureza salarial. O art. 3º da Lei n. 10.101/2000, que regulamentou a matéria, também afirma a inexistência de natureza salarial, o que significa dizer que aqueles valores não refletem em outras parcelas salariais.

15. O item está **errado**. O motivo é a desconformidade com o inc. VI do art. 7º da CRFB/88, que prevê: "irredutibilidade do salário, salvo o disposto em convenção ou acordo coletivo". Verifica-se que, nos termos da assertiva do CESPE/UnB, a redução seria possível, mesmo que em situações excepcionais, por meio de **acordo individual escrito**, o que está ***absolutamente errado***, já que somente por acordo coletivo de trabalho e convenção coletiva de trabalho é que tal redução é possível, pois os sindicatos dos empregados certamente exigirão "em troca a concessão de outras vantagens para os empregados que se encontrem nessa situação", como diz o CESPE nessa questão.

16. O item está **errado**. O equívoco do CESPE/UnB é claro na assertiva acima. Sabe-se que a CRFB/88 e as demais fontes formais heterônomas criam apenas os direitos mínimos dos trabalhadores, proibindo apenas o retrocesso, que culminaria com a redução daqueles direitos. Contudo, não se pode dizer que tais direitos "não podem ser, de modo algum, alterados (...)", pois a alteração benéfica é sempre possível, uma vez que existe em nosso sistema o princípio da norma mais favorável, bem como o da condição mais benéfica. Além disso, mesmo que traga alteração maléfica, é possível por via de negociação coletiva, como sustenta o inc. VI do art. 7º da CRFB/88, quando se refere a redução salarial.

17. O item está **certo**. Perceba que o gabarito do CESPE para tal prova era "errado", pois anterior à EC n. 72/2013, que trata dos novos direitos dos empregados domésticos. Realmente, antes da emenda não se aplicava o inc. I do art. 7º da CF, que prevê a indenização compensatória decorrente da proteção à relação de emprego. Contudo, atualmente, conforme o novo parágrafo único do art. 7º da CF/88, esse também é um dos direitos dos domésticos. Atenção para a redação da EC n. 72/2013, a seguir transcrita, pois tende a ser cobrada em todas as provas a partir de agora.

> "Artigo único. O parágrafo único do art. 7º da Constituição Federal passa a vigorar com a seguinte redação:
>
> 'Art. 7º (...)
>
> Parágrafo único. São assegurados à categoria dos trabalhadores domésticos os direitos previstos nos incisos IV, VI, VII, VIII, X, XIII, XV, XVI, XVII, XVIII, XIX, XXI, XXII, XXIV, XXVI, XXX, XXXI e XXXIII e, atendidas as condições estabelecidas em lei e observada a simplificação do cumprimento das obrigações tributárias, principais e acessórias, decorrentes da relação de trabalho e suas peculiaridades, os previstos nos incisos I, II, III, IX, XII, XXV e XXVIII, bem como a sua integração à previdência social.' (NR)".

18. O item está **certo**. Trata-se da redação do art. 442 da CLT, que prevê a formação do contrato de trabalho, bem como o seu prazo. Assim, o contrato pode ser:

a. Tácito: sem manifestação expressa das partes, mas com trabalho nos termos do art. 3º da CLT, ou seja, realizado por pessoa física, com pessoalidade, subordinação jurídica, não eventualidade e onerosidade.

b. Expresso — verbal ou escrito: não há formalidades na formação do pacto laboral, o que faz com que se forme mesmo verbalmente, com o acerto das cláusulas contratuais, tais como função, salário, horário de trabalho etc.

c. Prazo determinado ou indeterminado: regra geral, o contrato é firmado com prazo indeterminado; mas, nas hipóteses do art. 443 da CLT, da Lei n. 6.019/74 e da Lei n. 9.601/98, pode ser firmado contrato por prazo determinado, sendo exceção à regra celetista.

19. O item está **errado**. Conforme comentários à questão anterior — perceba que essa simples informação é muito cobrada nos concursos —, a formação do contrato individual de trabalho pode ser tácita ou expressa, por escrito ou verbal, o que demonstra o erro do CESPE. Excepcionalmente, como na Lei n. 6.019/74, o contrato entre empregado e empresa de trabalho temporário deve ser escrito. Realmente, trata-se de regra muito cobrada nos concursos.

20. O item está **certo**. Trata-se da redação do art. 468 da CLT, que dispõe sobre o tema "alteração contratual". Firmadas as cláusulas do contrato de trabalho, somente podem ser alteradas se presentes os dois requisitos destacados pelo CESPE na questão, quais sejam:

1. mútuo consentimento, isto é, as alterações lesivas não podem ser impostas;
2. ausência de prejuízo direto ou indireto ao empregado, que pode ser financeiro ou moral.

21. O item está **errado**. Como já afirmado em outras questões, demonstrando cada vez mais o conhecimento acerca do art. 442 da CLT, não há que se impor o acordo expresso para a configuração do vínculo de emprego, que pode ser tácito.

22. O item está **errado**. A informação acerca da caracterização da culpa recíproca está certa, mas a **consequência** está em desacordo com a Súmula n. 14 do TST, que trata do pagamento de diversas verbas, dentre elas o 13º salário do ano em curso, ou seja, proporcional. A culpa recíproca é caracterizada quando há ato faltoso do empregado e do empregador, mas a referida súmula do TST, que é a informação mais cobrada nos concursos sobre o tema, afirma ser direito do empregado o recebimento de 50% do aviso prévio, das férias proporcionais e do **13º proporcional**. O CESPE afirmou a perda de tal verba, o que está totalmente errado. Além disso, a Lei n. 8.036/90, que trata do FGTS, reduz a multa rescisória para 20%, conforme será visto em outras questões.

23. O item está **errado**. Apesar de antiga, vale a pena incluir essa questão, pois foi muito bem pensada, integrando os temas estabilidade, sucessão trabalhista e rescisão contratual. Percebe-se que ao empregado foi concedida uma estabilidade definitiva espontânea, apesar de ser regido pelo FGTS, o que encerra qualquer incompatibilidade entre os institutos, pois o FGTS somente é incompatível com a antiga estabilidade decenal, prevista no art. 492 da CLT. Além disso, ao se dar a sucessão trabalhista, que na hipótese ocorreu com a morte do proprietário e a assunção pelo filho, os contratos de trabalho continuam em vigor, sem sofrer qualquer alteração, conforme os arts. 10 e 448 da CLT, o que representa que aquela estabilidade permaneceu inalterada, não podendo o sucessor (filho do proprietário) rescindir o vínculo de emprego, por subsistir a mencionada estabilidade.

24. O item está **errado**. Ao dizer *"indenizar o empregado com o equivalente a trinta dias de trabalho"*, o CESPE fez referência, em verdade, ao aviso prévio, que será estudado em outro momento, mas que será aqui abordado, mesmo que rapidamente, já que a questão trata igualmente de rescisão do contrato. O erro do CESPE foi a menção genérica ao prazo de 30 dias, que pode ser de 30 a 90 dias, após a Lei n. 12.506/2011, que regulamentou o inc. XXI do art. 7º da CF/88, que trata do aviso prévio proporcional. Assim, com a inclusão de 3 dias de aviso prévio a cada ano trabalhado na mesma empresa, qualquer afirmação genérica passou a ser considerada errada, já que o aviso prévio pode ter 33, 36, 39, 42, 45, ..., 90 dias. Sobre o tema, procurar no Google por "Nota Técnica n. 184/2012 do MTE" e ler o arquivo em PDF disponível, pois traz importantes regras acerca do aviso prévio proporcional.

25. O item está **certo**. Perfeita a rescisão do contrato por justa causa, por ato de improbidade, previsto na alínea *a* do art. 482 da CLT, já que aquela previsão trata de hipóteses de desonestidade e má-fé, como falsificação de documento (atestado médico), furtos, roubos etc. Todos os atos graves de desonestidade ensejam a ruptura do contrato de trabalho por justa causa, caracterizada por **ato de improbidade**.

26. O item está **certo**. Trata-se de situação bastante cobrada nos concursos do CESPE, acerca da declaração de nulidade do contrato de trabalho celebrado com a Administração Pública, por ferir a norma do concurso público, prevista no art. 37, II, da CF/88. A dúvida em relação à matéria, que foi solucionada pela Súmula n. 363 do TST, toca às consequências pecuniárias dessa contratação, ou seja, aos direitos trabalhistas que seriam devidos àquele que ilegalmente contratou com a Administração Pública. Dizer que o obreiro não teria direitos diante da ilegalidade não foi a tese adotada pelo TST, uma vez que houve dispêndio de trabalho. Contudo, afirmar a necessidade de a Administração Pública pagar todas as verbas trabalhistas seria gerar um prejuízo grande para o patrimônio público diante da ilegalidade, o que poderia gerar hipóteses de enriquecimento ilícito. Logo, adotou-se posicionamento intermediário, conforme transcrição do verbete sumulado n. 363 do Tribunal Superior do Trabalho:

> "A contratação de servidor público, após a CF/1988, sem prévia aprovação em concurso público, encontra óbice no respectivo art. 37, II e § 2º, somente lhe conferindo direito ao pagamento da contraprestação pactuada, em relação ao número de horas trabalhadas, respeitado o valor da hora do salário mínimo, e dos valores referentes aos depósitos do FGTS".

Percebe-se que são devidos apenas o valor das horas trabalhadas, sem qualquer adicional, conforme afirmado pelo CESPE. As horas "normais" e as extras serão pagas, respeitando-se o salário mínimo, mas as **últimas** não serão pagas com o adicional constitucional de, pelo menos, 50%. A questão não afirma, mas, conforme o entendimento do TST, também são devidos os depósitos do FGTS.

27. O item está **certo**. A questão é muito recente, tendo sido aplicada pelo CESPE na prova do TRT 10ª Região, que compreende o DF e o Estado de Tocantins. Trata-se de questão fácil de ser respondida, apesar de ter sido aplicada para Analista. A resposta está no art. 488 da CLT, que prevê a redução da jornada de trabalho no período do aviso prévio. Alguns aspectos sobre o tema devem ser relembrados:

a. A redução somente ocorrerá no aviso prévio concedido pelo empregador. Se o empregado pede demissão e concede aviso prévio, trabalhará normalmente, sem a redução legal da jornada.

b. A redução não é opcional. Deve ser concedida. A opção que o legislador concedeu é em relação à forma dela: pode o empregado optar pela redução de duas horas diárias ou sete dias corridos.

c. **A redução não é alterada em decorrência da forma de pagamento, que pode ser diária, semanal, quinzenal ou mensal. Tal informação foi inserida apenas para tentar desviar o foco da questão.**

d. Deve-se lembrar que tal redução não pode ser substituída por dinheiro, ou seja, pelo pagamento do período correspondente, conforme a Súmula n. 230 do TST.

28. O item está **certo**. A questão, como muitas do CESPE/UnB, leva em consideração os direitos descritos nos diversos incisos do art. 7º da CF/88. *In casu*, o inc. XXI, que trata do **aviso prévio proporcional ao tempo de serviço**, tendo prazo mínimo de 30 dias. Tal previsão acerca do prazo mínimo fez com que o inc. I do art. 487 da CLT não fosse recepcionado, pois estabelecia o aviso prévio de 8 dias. Desde a entrada em vigor da CF, em 5 de outubro de 1988, não mais existe o aviso prévio com prazo inferior a 30 dias. Sobre o aviso prévio proporcional, importante procurar no Google por **aviso prévio proporcional MTE (Ministério do Trabalho e Emprego)** para encontrar a **NOTA TÉCNICA N. 184/2012 DO MTE**, pois tal nota (pdf) traz importantes apontamentos práticos sobre a interpretação da Lei n. 12.506/2011, já mencionada.

29. O item está **errado**. A afirmação do CESPE/UnB vai de encontro à Súmula n. 276 do TST, que diz ser **o aviso prévio um direito irrenunciável pelo trabalhador, sendo que o pedido de dispensa do seu cumprimento não isenta o empregador de conceder o prazo ou indenizá-lo** (aviso prévio trabalhado ou indenizado). Nos termos da Súmula, temos:

> "O direito ao aviso prévio é irrenunciável pelo empregado. O pedido de dispensa de cumprimento não exime o empregador de pagar o respectivo valor, salvo comprovação de haver o prestador dos serviços obtido novo emprego".

Percebe-se que há uma hipótese apenas em que **o empregado pode renunciar ao aviso prévio, que decorre do fato de já ter conseguido novo emprego**. Apenas nessa situação, é possível a renúncia, pois o objetivo do aviso prévio já teria sido cumprido e a renúncia não acarretaria prejuízos ao obreiro. Mas, como a questão tratou do tema genericamente, a resposta é que o aviso prévio é **irrenunciável**.

30. O item está **certo**. A questão, apesar de antiga, é bastante interessante, pois trata ao mesmo tempo do contrato de experiência — prazo e prorrogação — e do aviso prévio. Em primeiro lugar, afirma-se que o aviso prévio é um instituto típico dos contratos por prazo indeterminado, conforme o art. 487 da CLT. Nos contratos por prazo determinado, dos quais o contrato de experiência é uma das espécies, o aviso prévio somente será cabível quando houver **cláusula assecuratória do direito recíproco de rescisão**, previsto no art. 481 da CLT, pois tal cláusula faz com que a rescisão antecipada dos contratos por prazo determinado seja feita da mesma forma que nos contratos por prazo indeterminado. Na questão, afirmou-se que o contrato de experiência foi firmado por 60 dias e prorrogado por mais 30 dias, o que é totalmente válido, pois o prazo máximo foi respeitado (90 dias), bem como o número de prorrogações (1 vez). Como não se falou em cláusula assecuratória do direito recíproco de rescisão, o contrato será extinto ao término do prazo, dispensando-se a concessão do aviso prévio, já que as partes já conheciam o dia do término do contrato.

31. O item está **errado**. Nos termos do art. 10, II, *b*, da ADCT, a mulher tem garantia de estabilidade desde a confirmação da gravidez até cinco meses após o parto. O tema também é objeto da **Súmula n. 244 do TST, recém-alterada em seu inc. III, que trata dos contratos por prazo determinado**. Na hipótese da questão, se o parto ocorreu em 23.03.2011, a estabilidade será até 23.08.2011, sendo que no dia 24.08.2011 poderá ser concedido aviso prévio. A questão considerou 6 (seis) meses após o parto como o prazo de estabilidade provisória, mas, nos termos da ADCT, é de 5 (cinco) meses após o parto.

32. O item está **errado**. Apesar de a CF/88 estabelecer a jornada máxima de 8 horas diárias e 44 horas semanais, não se pode falar que a jornada não pode ser majorada, pois o art. 59 da CLT prevê, mesmo que excepcionalmente, a jornada extraordinária de até 2 horas diárias. Além disso, também há previsão de horas extraordinárias no art. 61 da CLT, que na hipótese de força maior, conforme doutrina majoritária, não possui limite, ou seja, as 8 horas diárias podem ser aumentadas conforme previsão legal.

33. O item está **certo**. Nos termos da Súmula n. 423 do TST, negociação coletiva pode aumentar o turno ininterrupto de revezamento, previsto no art. 7º, XIV, da CF, de 6 horas para 8 horas, sem que haja o pagamento de horas extraordinárias. Assim, a informação trazida pelo CESPE está totalmente correta. Cuidado com a informação acerca do pagamento das horas extraordinárias. ***Não há pagamento de tais horas, mesmo aumentando o TIR para 8 horas.***

34. O item está **errado**. O fato de Paulo ter sofrido acidente de trânsito que o tornou paraplégico não faz com que tenha jornada reduzida. Não há norma acerca de tal matéria. De forma genérica, o que podemos dizer é que será readaptado, caso haja necessidade, ou seja, caso a sua limitação não lhe permita mais ser repositor, o que provavelmente ocorrerá, mas a jornada de trabalho será mantida normalmente.

35. O item está **errado**. O tema jornada parcial, previsto no art. 58-A da CLT, é de extrema importância para concursos, pois as provas sempre trazem algo acerca da matéria. A vantagem é que as normas estão praticamente todas condensadas no artigo mencionado, acrescendo-se o art. 59, § 4º, da CLT. Diante da importância do tema, transcrevem-se os dispositivos mencionados, já que pequenos:

"Art. 58-A. Considera-se trabalho em regime de tempo parcial aquele cuja duração não exceda a vinte e cinco horas semanais.

§ 1º O salário a ser pago aos empregados sob o regime de tempo parcial será proporcional à sua jornada, em relação aos empregados que cumprem, nas mesmas funções, tempo integral.

§ 2º Para os atuais empregados, a adoção do regime de tempo parcial será feita mediante opção manifestada perante a empresa, na forma prevista em instrumento decorrente de negociação coletiva";

"Art. 59, § 4º Os empregados sob o regime de tempo parcial não poderão prestar horas extras".

A situação proposta pelo CESPE/UnB enquadra-se exatamente no § 2º do art. 58-A da CLT, que trata de alteração para a jornada parcial para os atuais empregados. Nos termos do preceito celetista, deve haver manifestação do empregado nos termos previstos em instrumento decorrente de negociação coletiva, o que foi feito. O salário será pago de forma proporcional, o que também ocorreu. Assim, **a alteração não** é **nula**, mesmo havendo redução salarial, razão pela qual a assertiva está errada.

36. O item está **errado**. Há possibilidade de compensação de jornada, hipótese em que realmente não há pagamento de adicional. Até esse ponto a informação do CESPE está correta. Contudo, a compensação não pode ser determinada pelo empregador, e sim, nos termos da Súmula n. 85, I, do TST, deve ocorrer por meio de acordo celebrado entre empregado e empregador, por escrito. **Não há determinação pelo empregador, e sim *acordo*.** Mesmo que a compensação seja do tipo ***banco de horas***, não será determinada pelo empregador, mas instituída por negociação coletiva de trabalho.

37. O item está **errado**. Nos termos da Súmula n. 261 do TST, mesmo que o empregado peça demissão antes de completar 12 meses de trabalho, terá direito às férias proporcionais. O empregado somente perde o direito às férias proporcionais se for demitido por justa causa. Assim, o ***pedido de demissão*** não gera, em hipótese alguma, a perda do direito às férias, nem mesmo as proporcionais.

38. O item está **certo**. Consta do art. 130, § 1º, da CLT que *"É vedado descontar, do período de férias, as faltas do empregado ao serviço"*. Nos termos do dispositivo transcrito, a assertiva do CESPE está correta, conforme consta do gabarito fornecido pela banca organizadora. Contudo, a questão foi por ela anulada, tendo em vista que os incisos do art. 130 preveem a redução do período de férias em decorrência de faltas injustificadas que o obreiro tiver no curso do período aquisitivo. As faltas são injustificadas quando não constem do art. 473 da CLT. Contudo, se tal item for novamente cobrado, recomenda-se novamente afirmar que está **certo**, por estar de acordo com o § 1º do art. 130 da CLT.

39. O item está **certo**. A informação consta expressamente do art. 145 da CLT, a seguir transcrito para memorização, por tratar-se de informação que sempre foi inserida nos concursos trabalhistas:

"Art. 145. O pagamento da remuneração das férias e, se for o caso, o do abono referido no art. 143 serão efetuados até 2 (dois) dias antes do início do respectivo período.

Parágrafo único — O empregado dará quitação do pagamento, com indicação do início e do termo das férias".

Trata-se de questão simples, que por isso não pode ser errada. Além disso, foi cobrada em 2013, ou seja, para o CESPE ainda é uma questão importante.

40. O item está **errado**. A informação trazida pelo CESPE não está de acordo com a redação da Súmula n. 7 do TST, assim redigida: *"A indenização pelo não deferimento das férias no tempo oportuno será calculada com base na remuneração devida ao empregado na época da reclamação ou, se for o caso, na da extinção do contrato"*. Logo, a cálculo não é feito de acordo com a remuneração do obreiro quando do término do período aquisitivo, e sim da data da reclamação (caso ainda em vigor o contrato de trabalho) ou do seu término.

41. O item está **errado**. A informação destoa do art. 149 da CLT, que é *muito cobrado nos concursos públicos*, e é assim redigido: *"A prescrição do direito de reclamar a concessão das férias ou o pagamento da respectiva remuneração é contada do término do prazo mencionado no art. 134 ou, se for o caso, da cessação do contrato de trabalho"*. O prazo mencionado no art. 134 da CLT é o **período concessivo**. Assim, o prazo é contado do **término do período concessivo** ou da extinção do contrato de trabalho.

42. O item está **certo**. A informação está de acordo com o art. 133 da CLT, que traz as hipóteses em que o empregado perde o direito às férias. São 4 (quatro) hipóteses, a seguir transcritas, que devem ser de conhecimento do candidato, principalmente por tratar-se de questão aplicada pelo CESPE no ano de 2013.

> "Art. 133. Não terá direito a férias o empregado que, no curso do período aquisitivo:
>
> I — deixar o emprego e não for readmitido dentro de 60 (sessenta) dias subsequentes à sua saída;
>
> II — permanecer em gozo de licença, com percepção de salários, por mais de 30 (trinta) dias;
>
> III — deixar de trabalhar, com percepção do salário, por mais de 30 (trinta) dias, em virtude de paralisação parcial ou total dos serviços da empresa; e
>
> *IV — tiver percebido da Previdência Social prestações de acidente de trabalho ou de auxílio-doença por mais de 6 (seis) meses, embora descontínuos".*

No caso retratado pelo CESPE, o empregado permaneceu em gozo de benefício previdenciário por 7 (sete) meses, ou seja, mais de 6 (seis) meses, conforme dispõe a lei.

43. O item está **errado**. Consideramos tal pergunta difícil, pois depende de o aluno ter decorado o art. 130-A da CLT, abaixo transcrito, que trata dos dias de férias dos empregados contratados sob a modalidade de ***trabalho em jornada parcial***, prescrita no art. 58-A da CLT. A proporção dos dias de férias depende do número de horas semanais trabalhadas, sendo que, nessa espécie de contrato, o máximo é de vinte e cinco horas.

> "Art. 130-A. Na modalidade do regime de tempo parcial, após cada período de doze meses de vigência do contrato de trabalho, o empregado terá direito a férias, na seguinte proporção:
>
> I — dezoito dias, para a duração do trabalho semanal superior a vinte e duas horas, até vinte e cinco horas;
>
> II — dezesseis dias, para a duração do trabalho semanal superior a vinte horas, até vinte e duas horas;
>
> III — quatorze dias, para a duração do trabalho semanal superior a quinze horas, até vinte horas;
>
> IV — doze dias, para a duração do trabalho semanal superior a dez horas, até quinze horas;
>
> V — dez dias, para a duração do trabalho semanal superior a cinco horas, até dez horas;
>
> VI — oito dias, para a duração do trabalho semanal igual ou inferior a cinco horas.
>
> Parágrafo único. O empregado contratado sob o regime de tempo parcial que tiver mais de sete faltas injustificadas ao longo do período aquisitivo terá o seu período de férias reduzido à metade".

No caso em tela, o empregado que trabalha dezenove horas por semana não terá dezesseis, e sim **quatorze dias de férias**, nos termos do artigo acima transcrito.

44. O item está **certo**. Trata-se de informação constante no art. 7º, XVII, da CRFB/88, assim redigido: *"gozo de férias anuais remuneradas com, pelo menos, um terço a mais do que o salário normal"*. Duas informações sobre o tema são importantes:

a. O 1/3 de férias será pago em todas as modalidades de férias, ou seja, vencidas (em dobro), simples e proporcionais. Sempre que houver o pagamento de *férias*, teremos a inclusão do *1/3 constitucional.*

b. Nas férias vencidas, o pagamento é feito em dobro. Contudo, o 1/3 não será pago na razão de 2/3. **O 1/3 é sempre 1/3.** Não há dobra dele.

45. O item está **certo**. Trata-se de uma das informações mais cobradas pelo CESPE em concursos trabalhistas acerca da equiparação salarial. Tal assertiva está de acordo com o inc. I da Súmula n. 6 do TST, que trata do quadro de carreira e de sua necessidade de homologação. Vejamos que o que diz o CESPE é exatamente a redação do dispositivo sumular mencionado:

> "Para os fins previstos no § 2º do art. 461 da CLT, só é válido o quadro de pessoal organizado em carreira quando homologado pelo Ministério do Trabalho, excluindo-se, apenas, dessa exigência o quadro de carreira das entidades de direito público da administração direta, autárquica e fundacional aprovado por ato administrativo da autoridade competente".

46. O item está **certo**. Novamente a questão cobra o entendimento sumulado pelo TST, em seu verbete de n. 6. Como se trata de questão do ano de 2013 e por ser ela recorrente, transcreve-se agora a totalidade da Súmula n. 6 do TST, que precisa ser "guardada na memória":

> "I — Para os fins previstos no § 2º do art. 461 da CLT, só é válido o quadro de pessoal organizado em carreira quando homologado pelo Ministério do Trabalho, excluindo-se, apenas, dessa exigência o quadro de carreira das entidades de direito público da administração direta, autárquica e fundacional aprovado por ato administrativo da autoridade competente.
>
> *II — Para efeito de equiparação de salários em caso de trabalho igual, conta-se o tempo de serviço na função e não no emprego.*
>
> III — A equiparação salarial só é possível se o empregado e o paradigma exercerem a mesma função, desempenhando as mesmas tarefas, não importando se os cargos têm, ou não, a mesma denominação.
>
> IV — É desnecessário que, ao tempo da reclamação sobre equiparação salarial, reclamante e paradigma estejam a serviço do estabelecimento, desde que o pedido se relacione com situação pretérita.
>
> V — A cessão de empregados não exclui a equiparação salarial, embora exercida a função em órgão governamental estranho à cedente, se esta responde pelos salários do paradigma e do reclamante.
>
> VI — Presentes os pressupostos do art. 461 da CLT, é irrelevante a circunstância de que o desnível salarial tenha origem em decisão judicial que beneficiou o paradigma, exceto se decorrente de vantagem pessoal, de tese jurídica superada pela jurisprudência de Corte Superior ou, na hipótese de equiparação salarial em cadeia, suscitada em defesa, se o empregador produzir prova do alegado fato modificativo, impeditivo ou extintivo do direito à equiparação salarial em relação ao paradigma remoto.
>
> VII — Desde que atendidos os requisitos do art. 461 da CLT, é possível a equiparação salarial de trabalho intelectual, que pode ser avaliado por sua perfeição técnica, cuja aferição terá critérios objetivos.
>
> VIII — É do empregador o ônus da prova do fato impeditivo, modificativo ou extintivo da equiparação salarial.
>
> IX — Na ação de equiparação salarial, a prescrição é parcial e só alcança as diferenças salariais vencidas no período de 5 (cinco) anos que precedeu o ajuizamento.
>
> X — O conceito de "mesma localidade" de que trata o art. 461 da CLT refere-se, em princípio, ao mesmo município, ou a municípios distintos que, comprovadamente, pertençam à mesma região metropolitana".

A afirmativa do CESPE baseia-se no inc. II, que trata do tempo, que deve ser contado na função, e não no emprego, para aferir-se o trabalho de igual valor, requisito do art. 461 da CLT para fins de equiparação salarial.

47. O item está **certo**. A informação é exatamente a redação do § 1º do art. 461 da CLT, assim **redigido:** *"Trabalho de igual valor, para os fins deste Capítulo, será o que for feito com igual produtividade e com a mesma perfeição técnica, entre pessoas cuja diferença de tempo de serviço não for superior a 2 (dois) anos".*

48. O item está **errado**. O CESPE/UnB não considera, para fins de equiparação salarial, a teoria do empregador único da Súmula n. 129 do TST, que diz que o empregador é o grupo. Assim, como um dos requisitos para a equiparação salarial é "mesmo empregador", se um empregado trabalha para a empresa "A" e outro para a empresa "B", mesmo que façam parte do mesmo grupo econômico, não terão direito à equiparação por não preencherem o requisito "mesmo empregador" do art. 461 da CLT, a seguir transcrito:

> "Sendo idêntica a função, a todo trabalho de igual valor, *prestado ao mesmo empregador*, na mesma localidade, corresponderá igual salário, sem distinção de sexo, nacionalidade ou idade".

49. O item está **errado**. Conforme prescrito no art. 7º, XXIX, da CF/88, os prazos de prescrição são os mesmos para os trabalhadores urbanos e rurais, não mais se aplicando as diferenças anteriormente previstas no art. 11 da CLT, que não foi recepcionada pela atual Constituição. **Não há mais diferenças entre urbanos e rurais no que toca à prescrição de créditos trabalhistas.** Vejamos o art. 7º, XXIX, da CF/88:

> "ação, quanto aos créditos resultantes das relações de trabalho, com prazo prescricional de cinco anos para os trabalhadores urbanos e rurais, até o limite de dois anos após a extinção do contrato de trabalho".

50. O item está **certo**. A informação lançada pelo CESPE está de acordo com os mais importantes artigos sobre férias da CLT, que trata especialmente da prescrição de tal direito. O art. 149 da CLT deve ser lido e relido, pois é sempre cobrado pelas bancas organizadoras de concursos. Vejamos o conteúdo do dispositivo legal:

> "A prescrição do direito de reclamar a concessão das férias ou o pagamento da respectiva remuneração é contada do término do prazo mencionado no art. 134 ou, se for o caso, da cessação do contrato de trabalho".

"Término do prazo mencionado no art. 134" da CLT significa *"término do período concessivo"*, conforme dito pelo CESPE/UnB, que é o prazo de 12 meses após o término do período aquisitivo (igualmente de 12 meses), dentro do qual as férias devem ser usufruídas, sob pena de ensejar a remuneração em dobro do período. Havendo a cessação do contrato de trabalho, aplica-se o art. 7º, XXIX, da CF/88, sendo possível ajuizar a ação trabalhista em até 2 anos após o término do vínculo.

51. O item está **errado**. A questão trata do tema de acordo com o art. 11 da CLT, **que não foi recepcionado pela CF/88**, pois contraria as disposições do art. 7º, XXIX, da nova Carta. Nos termos do ultrapassado art. 11 da CLT, havia diferenças em relação à prescrição dos créditos trabalhistas dos trabalhadores urbanos e rurais, não se aplicando a prescrição quinquenal à segunda classe (rurais). Contudo, atualmente, o tratamento é o mesmo, aplicando as prescrições bienal e quinquenal, nos seguintes termos:

> "Art. 7º, XXIX — ação, quanto aos créditos resultantes das relações de trabalho, com prazo prescricional de cinco anos para os trabalhadores urbanos e rurais, até o limite de dois anos após a extinção do contrato de trabalho".

52. O item está **errado**, pois afirma que a constituição do sindicato será realizada "sem autorização prévia", o que afronta o art. 8º, I, da CF/88, assim redigido: *"a lei não poderá exigir autorização do Estado para a fundação de sindicato, ressalvado o registro no órgão competente, vedadas ao Poder Público a interferência e a intervenção na organização sindical"*. Nos termos do dispositivo constitucional, será realizado o registro da entidade no Ministério do Trabalho e Emprego, que vela pelo princípio da unicidade sindical, previsto no inc. II do mesmo artigo. Assim, caberá ao MTE analisar se já existe alguma outra entidade representativa da categoria no âmbito territorial daquela que busca o registro, indeferindo-o, se for o caso, ou deferindo a concessão da Carta Sindical, com a qual poderá o sindicato atuar na defesa da categoria, judicial e extrajudicialmente.

53. O item está **errado**. A assertiva está em parte correta apenas. No que diz que as confederações são entidades de grau superior, encontra-se em consonância com o art. 533 da CLT, assim redigido: "Constituem associações sindicais de grau superior as federações e confederações organizadas nos termos desta Lei". Contudo, no que diz respeito à formação da confederação, ao afirmar que será constituída por, no mínimo cinco federações, encontra-se em choque com o art. 535 da CLT, que é assim redigido:

> "Art. 535. As Confederações organizar-se-ão com o mínimo de 3 (três) federações e terão sede na Capital da República".

54. O item está **errado**. Cuida-se de questão simples, que é respondida com base no inc. II do art. 8º da CF/88, que por ser simples nem pode o candidato pensar em errar, pois provavelmente todos acertarão o questionamento. Nos termos do citado dispositivo constitucional:

> "é vedada a criação de mais de uma organização sindical, em qualquer grau, representativa de categoria profissional ou econômica, na mesma base territorial, que será definida pelos trabalhadores ou empregadores interessados, não podendo ser inferior à área de um Município".

O Brasil adotou o sistema de **unicidade sindical**, que significa dizer que não haverá mais de um sindicato representativo da mesma categoria, profissional (empregados) ou econômica (empregadores), no mesmo âmbito territorial, que pode ser nacional, regional, estadual ou municipal. Contudo, o **limite mínimo** é de um município. Não pode haver sindicato que englobe apenas alguns bairros ou ruas.

55. O item está **certo**. Assertiva de acordo com o inc. I do art. 8º da CF/88, que assim dispõe: *"a lei não poderá exigir autorização do Estado para a fundação de sindicato, ressalvado o registro no órgão competente, vedadas ao Poder Público a interferência e a intervenção na organização sindical"*.

DIREITO DO TRABALHO — FCC

1. (FCC — 2016 — TRT 20ª Região (SE)) O reconhecimento das convenções e acordos coletivos de trabalho

a) está previsto na Constituição Federal de forma implícita.
b) não está previsto na Constituição Federal, expressa ou implicitamente.
c) está previsto expressamente na Constituição Federal no capítulo dos direitos e deveres individuais e coletivos.
d) está previsto expressamente na Constituição Federal no capítulo dos direitos sociais.
e) está previsto expressamente na Constituição Federal no capítulo pertinente ao Supremo Tribunal Federal.

2. (FCC — 2016 — TRT 20ª Região (SE)) Dentre os direitos dos trabalhadores urbanos e rurais inseridos no artigo 7º da Constituição Federal do Brasil de 1988, com objetivo de garantir e aprimorar a sua condição social, está

a) a assistência gratuita aos filhos e dependentes desde o nascimento até sete anos de idade em creches e pré-escolas.
b) o salário-família pago em razão do dependente do trabalhador de baixa renda, nos termos da lei.
c) o repouso semanal remunerado, obrigatoriamente aos domingos, salvo determinação diversa ajustada em convenção coletiva de trabalho em razão da especificidade da atividade.
d) a participação nos lucros, ou resultados, vinculada a remuneração e, obrigatoriamente, na gestão das empresas com mais de duzentos empregados.
e) a proibição de trabalho noturno, perigoso ou insalubre a menores de dezesseis e de qualquer trabalho a menores de quatorze anos, salvo na condição de aprendiz, a partir de doze anos.

3. (FCC — 2016 — TRT 20ª Região (SE)) A empresa onde Orpheu trabalha pretende incrementar sua linha de produção, oferecendo a ele a participação em curso de qualificação profissional, com duração de quatro meses, conforme previsão contida em convenção coletiva de trabalho. Orpheu assinou documento concordando com a oferta de seu empregador. Nessa situação, preenchidos os requisitos legais previstos na Consolidação das Leis do Trabalho, o contrato de trabalho ficará

a) suspenso, não fazendo jus ao pagamento de salários durante o período de afastamento.
b) interrompido, fazendo jus ao pagamento de salários durante o período de afastamento.
c) suspenso, sem o pagamento de salários durante o período de afastamento, mas com uma ajuda de custo de 50% do valor do salário, conforme previsão legal.
d) interrompido, tendo direito legal a ajuda compensatória mensal no valor das refeições, despesas com transporte e 50% do valor do salário durante o afastamento.
e) rescindido, sem caracterizar suspensão ou interrupção e sem qualquer consequência de ordem financeira para as partes durante o afastamento, com novação do contrato a partir do retorno ao serviço normal.

4. (FCC — 2015 — TRT 9ª Região (PR)) É INCORRETO afirmar que a prescrição do direito de reclamar,

a) verbas rescisórias conta-se igualmente tanto para trabalhadores urbanos quanto para os rurais.
b) de horas extras prescreve após dois anos da cessação do contrato de trabalho, podendo o trabalhador, urbano e rural, requerer apenas o período abrangido pelos últimos cinco anos da data do ajuizamento da ação.
c) da concessão das férias ou o pagamento da respectiva remuneração é contada do término do período concessivo ou, se for o caso, da cessação do contrato de trabalho.
d) não corre contra os menores de 18 anos.
e) da anotação da CTPS ou sua retificação para fins de prova junto à Previdência Social se inicia da data do término do contrato de trabalho, cessando dois anos depois.

5. (FCC — 2015 — TRT 9ª Região (PR)) Juliana, gerente regional de vendas e exercente de cargo de confiança, foi informada de que iria ser transferida para trabalhar na filial de sua empregadora, acarretando a mudança de seu domicílio, sem que fosse comprovada, pela empresa, a real necessidade de serviço naquele lugar e sem a sua anuência. Diante da situação apresentada, Juliana

a) é obrigada a aceitar a transferência, desde que receba o adicional de transferência de 25% sobre seu salário.
b) é obrigada a aceitar a transferência, uma vez que exerce cargo de confiança.
c) não é obrigada a aceitar a transferência, pois o cargo de confiança está restrito à região para a qual foi contratada.
d) não é obrigada a aceitar a transferência, sendo requisito essencial a comprovação pelo empregador da real necessidade de serviço.
e) é obrigada a aceitar a transferência, pois decorre do *jus variandi* do empregador, independendo da vontade da trabalhadora.

6. (FCC — 2014 — TRT 24ª Região (MS)) Sobre o empregado é INCORRETO afirmar:

a) Os menores de 18 anos não poderão cindir suas férias.
b) O empregado estudante maior de 18 anos e menor de 24 terá direito a fazer coincidir suas férias com as férias escolares.
c) Na modalidade do regime de tempo parcial, após cada período de doze meses de vigência do contrato de trabalho, o empregado terá direito a férias, na seguinte proporção:

dezesseis dias, para a duração do trabalho semanal superior a vinte horas, até vinte e duas horas.

d) O empregado contratado sob o regime de tempo parcial que tiver mais de sete faltas injustificadas ao longo do período aquisitivo terá o seu período de férias reduzido à metade.

e) O tempo de trabalho anterior à apresentação do empregado para serviço militar obrigatório será computado no período aquisitivo, desde que ele compareça ao estabelecimento dentro de noventa dias da data em que se verificar a respectiva baixa.

7. (FCC — 2014 — TRT 24ª Região (MS)) Com base na jurisprudência consolidada do Colendo Tribunal Superior do Trabalho, em relação à função de confiança do bancário é correto afirmar:

a) O advogado empregado de banco, pelo simples exercício da advocacia, exerce cargo de confiança, se enquadrando, portanto, na hipótese do § 2º do art. 224 da CLT.

b) O bancário exercente de função de confiança, que percebe a gratificação não inferior ao terço legal, ainda que norma coletiva contemple percentual superior, tem direito às sétima e oitava horas como extras, e às diferenças de gratificação de função, se postuladas.

c) O bancário que exerce a função a que se refere o § 2º do art. 224 da CLT e recebe gratificação não inferior a um terço de seu salário já tem remuneradas as duas horas extraordinárias excedentes de oitava.

d) Ao bancário exercente de cargo de confiança previsto no art. 224, § 2º, da CLT são devidas as sétimas e oitavas horas, como extras, no período em que se verificar o pagamento a menor da gratificação de um terço.

e) O bancário sujeito à regra do art. 224, § 2º, da CLT cumpre jornada de trabalho de seis horas, sendo extraordinárias as trabalhadas além da sexta.

8. (FCC — 2013 — TRT 9ª Região (PR) — Técnico Judiciário — Área Administrativa/Direito do Trabalho/Direitos sociais dos trabalhadores) De acordo com previsão constitucional, o descanso semanal remunerado deve ser concedido

a) preferencialmente aos sábados.

b) preferencialmente aos domingos, salvo em semana em que o domingo coincida com feriado.

c) alternativamente aos sábados e aos domingos.

d) exclusivamente aos domingos.

e) preferencialmente aos domingos.

9. (FCC — 2013 — TRT 1ª Região (RJ) — Técnico Judiciário — Área Administrativa/Direito do Trabalho/Direitos sociais dos trabalhadores) Constitui direito do trabalhador, de acordo com a Constituição Federal, art. 7º, inciso XIII, a duração do trabalho normal NÃO superior a

a) oito horas diárias e quarenta e quatro semanais.

b) oito horas diárias e quarenta semanais.

c) oito horas diárias e quarenta e oito semanais.

d) seis horas diárias e trinta semanais.

e) seis horas diárias e trinta e seis semanais.

10. (FCC — 2012 — TST — Analista Judiciário — Área Judiciária/Direito do Trabalho/Direitos sociais dos trabalhadores) São direitos constitucionais dos trabalhadores previstos no artigo 7º da Constituição Federal:

a) licença-paternidade, garantia ao direito adquirido e irredutibilidade salarial.

b) participação nos lucros e resultados, salário-família e direito de petição aos órgãos públicos.

c) seguro-desemprego, proteção em face da automação e proteção do mercado de trabalho da mulher.
d) adicional de penosidade, função social da propriedade e piso salarial.
e) licença à gestante, adicional de insalubridade, contraditório e ampla defesa.

11. (FCC — 2012 — TRT 11ª Região (AM) — Juiz do Trabalho — Tipo 5/Direito do Trabalho/ Direitos sociais dos trabalhadores; Relação de Trabalho e de Emprego) No que diz respeito à dinâmica do exercício do poder na relação de emprego, é correto afirmar:

a) Até que seja promulgada a lei complementar a que se refere o art. 7º, I, da Constituição da República, fica vedada a dispensa imotivada do empregado eleito para cargo de direção de comissões internas de prevenção de acidentes, desde a eleição até um ano após o final de seu mandato.
b) A dispensa do empregado sindicalizado é vedada a partir do registro da candidatura a cargo de direção ou representação sindical e, se eleito, ainda que suplente, até dois anos após o final do mandato, salvo se cometer falta grave nos termos da lei.
c) A Constituição da República exclui qualquer participação dos empregados na gestão da empresa, mas lhes garante a participação nos lucros, ou resultados, desvinculada da remuneração.
d) Os valores sociais do trabalho se inserem nos princípios fundamentais da República Federativa do Brasil, conforme a Constituição da República, que não concedeu o mesmo estatuto à livre-iniciativa.
e) Nas empresas de mais de duzentos empregados, é assegurada a eleição de um representante destes com a finalidade exclusiva de promover-lhes o entendimento direto com os empregadores.

12. (FCC — 2008 — TRT 19ª Região (AL) — Técnico Judiciário — Área Administrativa/Direito do Trabalho/Direitos sociais dos trabalhadores) Mário, empregado da empresa TITO, será pai pela segunda vez. Porém, seu segundo filho nascerá da união estável que mantém com Joana. Neste caso, Mário

a) terá direito a licença-paternidade, podendo não comparecer ao serviço pelo prazo de sete dias.
b) não terá direito a licença-paternidade uma vez que não é casado legalmente com Joana.
c) terá direito a licença-paternidade, podendo não comparecer ao serviço pelo prazo de três dias.
d) não terá direito a licença-paternidade uma vez que a licença-paternidade só é devida no nascimento do primeiro filho.
e) terá direito a licença-paternidade, podendo não comparecer ao serviço pelo prazo de cinco dias.

13. (FCC — 2011 — TRT 4ª Região (RS) — Analista Judiciário — Área Administrativa/Direito do Trabalho/Direitos sociais dos trabalhadores) Helena, empregada da empresa Troia, está grávida. A Convenção Coletiva de Trabalho da categoria de Helena prevê a estabilidade-gestante desde a confirmação da gravidez até sete meses após o parto, divergindo da estabilidade legal, prevista no Ato de Disposições Constitucionais Transitórias. Neste caso, será aplicada a Helena a

a) cláusula prevista na Convenção Coletiva de Trabalho que prevê a estabilidade para a empregada gestante desde a confirmação da gravidez até sete meses após o parto.
b) estabilidade legal prevista no Ato de Disposições Constitucionais Transitórias, ou seja, estabilidade para a empregada gestante desde a confirmação da gravidez até cinco meses após o parto.

c) estabilidade legal prevista no Ato de Disposições Constitucionais Transitórias, ou seja, estabilidade para a empregada gestante desde a confirmação da gravidez até quatro meses após o parto.
d) estabilidade legal prevista no Ato de Disposições Constitucionais Transitórias, ou seja, estabilidade para a empregada gestante desde a confirmação da gravidez até três meses após o parto.
e) estabilidade legal prevista no Ato de Disposições Constitucionais Transitórias, ou seja, estabilidade para a empregada gestante desde a confirmação da gravidez até sessenta dias após o parto.

14. (FCC — 2010 — PGE-AM — Procurador/Direito do Trabalho/Direitos sociais dos trabalhadores) É direito dos trabalhadores urbanos e rurais, além de outros que visem à melhoria de sua condição social,

a) o repouso semanal remunerado, preferencialmente aos domingos e feriados.
b) a irredutibilidade do salário, salvo o disposto em convenção ou acordo coletivo.
c) o seguro-desemprego, em todas as hipóteses de extinção do contrato de trabalho.
d) o décimo terceiro salário com base na remuneração proporcional ou no valor da aposentadoria.
e) a licença à gestante, sem prejuízo do emprego e do salário, com a duração de cento e cinquenta dias.

15. (FCC — 2012 — TST — Analista Judiciário — Área Administrativa/Direito do Trabalho/Do Grupo, Da Sucessão e Da Responsabilidade dos Empregadores) Na hipótese de sucessão de empresas que não pertencem ao mesmo grupo econômico, a responsabilidade pelas obrigações trabalhistas quando mantidos os contratos de trabalho, inclusive sobre as obrigações contraídas à época em que os empregados trabalhavam para a empresa sucedida, incidem sobre a

a) empresa sucessora.
b) empresa sucedida.
c) empresa sucedida e empresa sucessora, solidariamente.
d) pessoa dos sócios da empresa sucessora.
e) pessoa dos sócios da empresa sucedida.

16. (FCC — 2012 — TST — Analista Judiciário — Área Judiciária/Direito do Trabalho/Do Grupo, Da Sucessão e Da Responsabilidade dos Empregadores) Durante três anos Thor foi empregado da empresa Ajax Manutenção Industrial, que faz parte do grupo econômico Ajax, constituído por quatro empresas. Em razão de problemas financeiros, Thor foi dispensado sem justa causa. Não houve pagamento de verbas rescisórias. Nesta situação, caberia algum tipo de responsabilidade para as demais empresas do grupo Ajax?

a) Sim, sendo qualquer uma das empresas do grupo responsável subsidiária pelas dívidas trabalhistas da outra empresa.
b) Não, porque cada empresa do grupo possui personalidade jurídica própria e responde apenas por dívidas com seus próprios empregados.
c) Sim, porque havendo a constituição de grupo econômico serão, para efeitos da relação de emprego, solidariamente responsáveis as empresas do grupo.
d) Não, porque não há previsão legal para responsabilidade patrimonial de empresas que pertençam ao mesmo grupo econômico, sendo que entre os sócios haverá responsabilidade subsidiária.
e) Depende da existência de contrato firmado entre as empresas do grupo prevendo a responsabilidade solidária, visto que Thor não prestou serviços para todas as empresas do grupo.

17. (FCC — 2012 — TRT 11ª Região (AM) — Juiz do Trabalho — Tipo 5/Direito do Trabalho/Do Grupo, Da Sucessão e Da Responsabilidade dos Empregadores) Os sócios proprietários da empresa Colmeia Metalúrgica Ltda. transferiram todas as cotas sociais para terceiros, sendo alterada inclusive a denominação social. Entretanto não houve alteração de endereço, do ramo de atividades, dos maquinários e dos empregados. A situação caracterizou a sucessão de empregadores. Neste caso, quanto aos contratos de trabalho dos empregados da empresa sucedida, é correto afirmar que

a) os contratos de trabalho se manterão inalterados e seguirão seu curso normal.
b) os pactos laborais serão automaticamente extintos, fazendo surgir novas relações contratuais.
c) todas as cláusulas e condições estabelecidas no contrato de trabalho deverão ser repactuadas entre os empregados e o novo empregador.
d) as obrigações anteriores recairão sobre a empresa sucedida, e as posteriores sobre a sucessora.
e) a transferência de obrigações depende das condições em que a sucessão foi pactuada.

18. (FCC — 2012 — TRT 11ª Região (AM) — Juiz do Trabalho — Tipo 5/Direito do Trabalho/Do Grupo, Da Sucessão e Da Responsabilidade dos Empregadores) Em relação às situações de responsabilização empresarial, nos termos da lei ou da jurisprudência sumulada do TST, é correto afirmar:

a) Nos contratos de subempreitada responderá o subempreiteiro pelas obrigações derivadas do contrato de trabalho que celebrar, não cabendo qualquer responsabilidade do empreiteiro principal pelo inadimplemento daquelas obrigações por parte do primeiro.
b) Os entes integrantes da Administração Pública direta e indireta que tomarem serviços por meio de empresa interposta de mão de obra não respondem pelas obrigações trabalhistas, ainda que evidenciada a sua conduta culposa na fiscalização do cumprimento das obrigações contratuais e legais da prestadora de serviço como empregadora.
c) Em caso de formação de grupo econômico a responsabilidade das empresas do grupo em relação à inadimplência trabalhista da empresa empregadora é subsidiária, valendo o benefício de ordem.
d) O inadimplemento das obrigações trabalhistas, por parte do empregador, implica a responsabilidade solidária do tomador dos serviços quanto àquelas obrigações na hipótese de intermediação de mão de obra por empresa interposta.
e) No caso de falência da empresa de trabalho temporário, a empresa tomadora é solidariamente responsável pelo recolhimento das contribuições previdenciárias, no tocante ao tempo em que o trabalhador esteve sob suas ordens, assim como em referência ao mesmo período, pela remuneração e indenizações.

19. (FCC — 2013 — TRT 1ª Região (RJ) — Analista Judiciário — Área Administrativa/Direito do Trabalho/Alterações no contrato de trabalho; Contrato Individual de Trabalho: Generalidades; Do Grupo, Da Sucessão e Da Responsabilidade dos Empregadores) Em relação ao contrato individual de trabalho, de acordo com a CLT:

a) A mudança na propriedade da empresa não afetará os contratos de trabalho dos respectivos empregados.
b) A alteração na estrutura jurídica da empresa afetará os contratos de trabalho dos respectivos empregados.
c) A alteração na estrutura jurídica da empresa afetará os direitos adquiridos por seus empregados.
d) A responsabilidade das empresas integrantes de grupo econômico em relação aos direitos dos empregados é subsidiária.

e) Poderá ser solidária ou subsidiária a responsabilidade das empresas integrantes de grupo econômico não formalizado nos termos da lei, pelos direitos dos empregados.

20. (FCC — 2013 — TRT 1ª Região (RJ) — Analista Judiciário — Área Judiciária/Direito do Trabalho/Contrato Individual de Trabalho: Generalidades) Considere as proposições abaixo em relação ao contrato individual de trabalho.

I. Para fins de contratação, o empregador não exigirá do candidato a emprego comprovação de experiência prévia por tempo superior a seis meses no mesmo tipo de atividade.
II. O contrato por prazo determinado só será válido em se tratando de serviço transitório e contrato de experiência.
III. O contrato de trabalho por prazo determinado não poderá ser estipulado por mais de um ano.
IV. As relações contratuais de trabalho podem ser objeto de livre-estipulação das partes interessadas.

Está correto o que se afirma APENAS em

a) I e II.
b) I e IV.
c) II e III.
d) III e IV.
e) II e IV.

21. (FCC — 2012 — TST — Analista Judiciário — Área Judiciária/Direito do Trabalho/Contrato Individual de Trabalho: Generalidades) Considere as assertivas seguintes sobre o contrato individual de trabalho:

I. O contrato individual de trabalho somente poderá ser acordado de forma expressa e por escrito.
II. A lei prevê como regra a indeterminação do prazo e como exceção a prefixação de prazo para os contratos individuais de trabalho.
III. O contrato por prazo determinado de experiência não poderá ser feito por prazo superior a 90 dias.
IV. O contrato de trabalho por prazo determinado que for prorrogado mais de uma vez passará a vigorar sem determinação de prazo.
V. Considera-se por prazo indeterminado todo contrato que suceder, dentro de 6 meses, a outro contrato por prazo determinado, em qualquer situação.

Está correto o que se afirma APENAS em

a) I, II e III.
b) I, III e IV.
c) II, IV e V.
d) III, IV e V.
e) II, III e IV.

22. (FCC — 2013 — TRT 9ª Região (PR) — Analista Judiciário — Execução de Mandados/Direito do Trabalho/Extinção do contrato de trabalho) Considerando as previsões da CLT sobre rescisão do contrato de trabalho, é INCORRETO afirmar:

a) No caso de morte do empregador constituído em empresa individual, é facultado ao empregado rescindir o contrato de trabalho.
b) No caso de paralisação temporária ou definitiva do trabalho, motivada por ato de autoridade municipal, estadual ou federal, ou pela promulgação de lei ou resolução que impossibilite a continuação da atividade, prevalecerá o pagamento da indenização, que ficará a cargo do governo responsável.

c) Havendo culpa recíproca no ato que determinou a rescisão do contrato de trabalho, não há que se falar em recebimento de indenização.
d) Nos contratos que tenham termo estipulado, o empregador que, sem justa causa, despedir o empregado, será obrigado a pagar-lhe, a título de indenização, e por metade, a remuneração a que teria direito até o término do contrato.
e) Aos contratos por prazo determinado que contiverem cláusula assecuratória do direito recíproco de rescisão antes de expirado o termo ajustado, aplicam-se, caso seja exercido tal direito por qualquer das partes, os princípios que regem a rescisão dos contratos por prazo indeterminado.

23. (FCC — 2013 — TRT 1ª Região (RJ) — Analista Judiciário — Área Administrativa/Direito do Trabalho/Extinção do contrato de trabalho) NÃO constitui justa causa para dispensa de empregado

a) a incontinência de conduta.
b) a violação de segredo da empresa.
c) a condenação criminal, ainda que tenha havido suspensão da execução da pena.
d) a desídia no desempenho das respectivas funções.
e) o ato de indisciplina ou de insubordinação.

24. (FCC — 2013 — TRT 1ª Região (RJ) — Técnico Judiciário — Área Administrativa/Direito do Trabalho/Extinção do contrato de trabalho) Caracteriza-se como falta grave praticada pelo empregador, levando à rescisão indireta do contrato de trabalho:

a) ato de improbidade.
b) não cumprir as obrigações do contrato.
c) incontinência de conduta.
d) mau procedimento.
e) embriaguez habitual.

25. (FCC — 2012 — TRT 18ª Região (GO) — Juiz do Trabalho/Direito do Trabalho/Extinção do contrato de trabalho) Empregado portador do vírus HIV é dispensado sem justa causa pelo seu empregador, sendo que a doença não guarda nexo de causalidade com a atividade laboral desenvolvida. Segundo entendimento sumulado do TST, a dispensa, nesse caso,

a) é lícita, posto que a dispensa sem justa causa ou arbitrária, em qualquer situação, é autorizada pelo ordenamento jurídico brasileiro, se classificando como direito potestativo do empregador.
b) presume-se lícita, devendo o empregado comprovar a discriminação, posto que se trata de fato constitutivo de seu direito.
c) presume-se lícita, devendo o empregador comprovar que não houve discriminação, em atenção ao princípio da repartição dinâmica das provas.
d) presume-se discriminatória, posto tratar-se de doença grave que causa estigma ou preconceito, cabendo ao empregador comprovar que não praticou conduta discriminatória.
e) presume-se discriminatória e, sendo inválida, o empregado terá direito ao recebimento de indenização dobrada pelo período de afastamento, mas não à reintegração, já que não há previsão legal de garantia de emprego para os portadores de HIV.

26. (FCC — 2013 — TRT 9ª Região (PR) — Analista Judiciário — Execução de Mandados/Direito do Trabalho/Jornada de trabalho; Horas extras) Com fundamento nas disposições celetistas sobre jornada extraordinária e jornada noturna, é correto afirmar:

a) Os empregados sob o regime de tempo parcial poderão prestar horas extras, desde que autorizados expressamente pelo sindicato.

b) O adicional noturno equivale a 30% (trinta por cento), pelo menos, sobre a hora diurna.
c) Como forma de proteção da saúde e da integridade física dos trabalhadores, a prorrogação da jornada de trabalho deve ser prevista em convenção ou acordo coletivo de trabalho.
d) As horas extras são remuneradas com adicional de, no mínimo, 25% (vinte e cinco por cento) sobre o valor da hora normal de trabalho.
e) Nos horários mistos, assim entendidos os que abrangem períodos diurnos e noturnos, em relação às horas trabalhadas no período considerado noturno aplica-se a redução da hora e deve ser pago o respectivo adicional.

27. (FCC — 2013 — TRT 9ª Região (PR) — Técnico Judiciário — Área Administrativa/Direito do Trabalho/Horas extras) Com fundamento na CLT — Consolidação das Leis do Trabalho e na CF — Constituição Federal, as horas extraordinárias NÃO podem exceder de

a) duas e devem ser pagas com adicional de, no mínimo, 50% superior à hora normal.
b) seis e devem ser pagas com adicional de, no mínimo, 50% superior à hora normal.
c) três e devem ser pagas com adicional de, no mínimo, 50% superior à hora normal.
d) duas e devem ser pagas com adicional de, no mínimo, 25% superior à hora normal.
e) três e devem ser pagas com adicional de, no mínimo, 25% superior à hora normal.

28. (FCC — 2012 — TST — Analista Judiciário — Área Administrativa/Direito do Trabalho/Horas extras) Segundo a legislação trabalhista, a duração normal do trabalho poderá ser acrescida de horas suplementares, desde que

a) os empregados trabalhem em regime de tempo parcial.
b) a importância da remuneração da hora extraordinária seja no mínimo 50% do valor da hora normal.
c) a importância da remuneração da hora extraordinária seja de pelo menos 100% superior ao valor da hora normal.
d) não exceda quatro horas diárias, mediante acordo escrito entre empregador e empregado, sendo duas horas no início e duas no final da jornada de trabalho.
e) por força de acordo ou convenção coletiva de trabalho, o excesso de horas em um dia for compensado pela correspondente diminuição em outro dia, de maneira que não exceda, no período máximo de um ano, à soma das jornadas semanais de trabalho previstas, nem seja ultrapassado o limite máximo de 10 horas diárias.

29. (FCC — 2012 — TRT 6ª Região (PE) — Técnico Judiciário — Área Administrativa/Direito do Trabalho/Horas extras) De acordo com entendimento Sumulado do Tribunal Superior do Trabalho, para o trabalhador sujeito à carga semanal de 40 horas, o divisor para cálculo das horas extras é

a) 220.
b) 200.
c) 210.
d) 205.
e) 225.

30. (FCC — 2013 — TRT 9ª Região (PR) — Analista Judiciário — Área Administrativa/Direito do Trabalho/Remuneração e salário) Com fundamento nas disposições da CLT, NÃO integram o salário do empregado,

a) as comissões.
b) as gratificações ajustadas.
c) as ajudas de custo.
d) os abonos pagos pelo empregador.
e) as percentagens.

31. (FCC — 2013 — TRT 1ª Região (RJ) — Analista Judiciário — Área Administrativa/Direito do Trabalho/Remuneração e salário) Uma das regras de proteção ao salário é o controle dos descontos. De acordo com o entendimento sumulado pelo TST:

a) Ao empregador é vedado efetuar descontos no salário do empregado, salvo se este autorizar.
b) Ao empregador é vedado efetuar descontos no salário do empregado.
c) Em caso de dano causado pelo empregado, o desconto no salário será lícito, desde que essa possibilidade decorra de dolo do empregado.
d) É válido desconto salarial efetuado pelo empregador, com autorização prévia e por escrito do empregado, para ser integrado em planos de assistência odontológica, médico-hospitalar, de seguro, de previdência privada, ou de entidade cooperativa, cultural ou recreativo-associativa de seu trabalhadores, em seu benefício e de seus dependentes, salvo se ficar demonstrada a existência de coação ou de outro defeito que vicie o ato jurídico.
e) Na hipótese de a empresa manter armazéns para compra de produtos pelos empregados, pode ser descontada do salário dos empregados, além do valor de compras feitas pelo mesmo, taxa de manutenção dos armazéns, já que se trata de um benefício colocado à disposição dos trabalhadores.

32. (FCC — 2013 — TRT 1ª Região (RJ) — Técnico Judiciário — Área Administrativa/Direito do Trabalho/Remuneração e salário) Em relação à remuneração, é INCORRETO afirmar:

a) Compreendem-se na remuneração do empregado, para todos os efeitos legais, além do salário devido e pago como contraprestação do serviço, as gorjetas que receber.
b) Não se incluem nos salários as ajudas de custo, assim como as diárias que não excedam a cinquenta por cento do salário do empregado.
c) Não se incluem nos salários as ajudas de custo e as gratificações ajustadas.
d) Integram o salário, além da importância fixa estipulada, as comissões, percentagens, gratificações ajustadas, diárias para viagem e abonos pagos pelo empregador.
e) O pagamento do salário, qualquer que seja a modalidade do trabalho, não deve ser estipulado por período superior a um mês, salvo o que concerne a comissões, percentagens e gratificações.

33. (FCC — 2012 — TST — Técnico Judiciário — Área Administrativa/Direito do Trabalho/Remuneração e salário; Salário *in natura*) Valdo é empregado da escola de línguas estrangeiras "Good Luck" exercendo a função de auxiliar administrativo no departamento da tesouraria. A empregadora, além de pagar o salário mensal de Valdo, oferece, ainda, para o seu empregado curso de inglês completo, compreendendo nesta utilidade a matrícula, as mensalidades, os livros e materiais didáticos, bem como o transporte destinado ao deslocamento para o trabalho e retorno. Segundo a Consolidação das Leis do Trabalho, no caso específico de Valdo,

a) as utilidades oferecidas pela empresa possuem natureza salarial, integrando a sua remuneração para todos os efeitos.
b) as utilidades oferecidas pela empresa não possuem natureza salarial, não integrando a sua remuneração.
c) somente o transporte destinado ao deslocamento para o trabalho e retorno não possui natureza salarial, não integrando a sua remuneração.
d) o curso de inglês, compreendendo a matrícula, as mensalidades e os livros e materiais didáticos, constituirão salário-utilidade se forem oferecidos pelo prazo mínimo de 2 anos consecutivos.
e) o curso de inglês, excluindo-se os livros e materiais didáticos, constituirá salário-utilidade se for oferecido pelo prazo mínimo de 2 anos consecutivos.

34. (FCC — 2013 — TRT 9ª Região (PR) — Analista Judiciário — Área Administrativa/Direito do Trabalho/Férias) De acordo com o disposto na CLT, o pagamento da remuneração das férias deve ser feito

a) até 7 dias antes do início do respectivo período.
b) até o quinto dia do mês subsequente ao vencido.
c) até 2 dias antes do início do respectivo período.
d) no dia em que se inicia o respectivo período.
e) no mesmo dia em que o empregador pagar o salário do mês anterior ao mês das férias.

35. (FCC — 2013 — TRT 9ª Região (PR) — Técnico Judiciário — Área Administrativa/Direito do Trabalho/Férias) O empregado tem direito ao gozo de férias

a) anuais remuneradas com, pelo menos, metade a mais do que o salário normal.
b) semestrais remuneradas com, pelo menos, um terço a mais do que o salário normal.
c) anuais remuneradas com, pelo menos, dois terços a mais do que o salário normal.
d) semestrais remuneradas com, pelo menos, dois terços a mais do que o salário normal.
e) anuais remuneradas com, pelo menos, um terço a mais do que o salário normal.

36. (FCC — 2013 — TRT 1ª Região (RJ) — Analista Judiciário — Execução de Mandados/Direito do Trabalho/Férias) Em relação à concessão e à época das férias, de acordo com a Consolidação das Leis do Trabalho, considere:

I. As férias serão concedidas por ato do empregador, em um só período, nos doze meses subsequentes à data em que o empregado tiver adquirido o direito.
II. A concessão das férias será participada por escrito ao empregado, com antecedência de, no mínimo, quinze dias.
III. Os membros de uma mesma família que trabalharem no mesmo estabelecimento ou empresa terão direito a gozar férias no mesmo período, se assim o desejarem e se disto não resultar prejuízo para o serviço.
IV. O empregado perceberá, durante as férias, a remuneração que lhe for devida na data em que adquiriu o direito.
V. A remuneração das férias será paga até dois dias úteis antes do início do respectivo período.

Está correto o que se afirma APENAS em

a) I, II e V.
b) I, II e III.
c) II e IV.
d) IV e V.
e) I e III.

37. (FCC — 2013 — TRT 1ª Região (RJ) — Técnico Judiciário — Área Administrativa/Direito do Trabalho/Férias) Em relação ao abono de férias, é correto afirmar que

a) deverá ser requerido até trinta dias antes do término do período aquisitivo.
b) não se aplica aos empregados que trabalham em condições perigosas ou insalubres.
c) se caracteriza como a conversão de dois terços do período de férias a que o empregado tem direito, em abono pecuniário, no valor que lhe seria devido no período correspondente.
d) o pagamento do abono de férias deve ser feito até cinco dias antes do início do período de férias.
e) não se aplica aos empregados sob o regime de tempo parcial.

38. (FCC — 2012 — TST — Técnico Judiciário — Área Administrativa/Direito do Trabalho/Férias) Xênia, empregada da empresa "Z", já faltou 2 dias injustificadamente durante o seu

período aquisitivo de férias. Nos 3 últimos meses deste período aquisitivo, Xênia resolveu perguntar para sua amiga, Thais, advogada, quantos dias ela ainda poderia faltar injustificadamente, sem que suas faltas repercutissem no período de gozo de férias. Thais respondeu para Xênia que, de acordo com a Consolidação das Leis do Trabalho, como ela já havia faltado 2 dias, sem justo motivo, ela somente poderia faltar mais

a) 8 dias.
b) 2 dias.
c) 1 dia.
d) 3 dias.
e) 13 dias

39. (FCC — 2008 — TRT 19ª Região (AL) — Técnico Judiciário — Área Administrativa/Direito do Trabalho/Férias) Carlos, César e Cícero trabalham na empresa DDAA. Durante o período aquisitivo de férias Carlos possuiu 5 faltas injustificadas, César possuiu 12 faltas injustificadas e Cícero possuiu 8 faltas injustificadas. Nesses casos, de acordo com a Consolidação das Leis do Trabalho (CLT), Carlos, César e Cícero terão direito, respectivamente, a

a) 24, 18 e 12 dias de férias.
b) 30, 24 e 18 dias de férias.
c) 24, 18 e 18 dias de férias.
d) 30, 24 e 24 dias de férias.
e) 30, 24 e 15 dias de férias.

40. (FCC — 2013 — TRT 9ª Região (PR) — Técnico Judiciário — Área Administrativa/Direito do Trabalho/Segurança e Medicina do Trabalho) O trabalho em condições de periculosidade assegura ao empregado um adicional sobre o salário sem os acréscimos resultantes de gratificações, prêmios ou participações nos lucros da empresa. O percentual do adicional de periculosidade é de

a) 40%.
b) 30%.
c) 10%.
d) 50%.
e) 20%.

41. (FCC — 2013 — TRT 1ª Região (RJ) — Analista Judiciário — Área Administrativa/Direito do Trabalho/Segurança e Medicina do Trabalho; Adicionais) Em relação às atividades insalubres ou perigosas é correto que

a) o trabalho em condições perigosas assegura ao empregado um adicional de vinte por cento sobre o salário-base.
b) o trabalho em condições insalubres assegura ao empregado um adicional de 10%, 30% e 40% do salário mínimo, segundo se classifiquem nos graus mínimo, médio e máximo.
c) o direito do empregado ao adicional de insalubridade ou de periculosidade cessará com a eliminação do risco à sua saúde ou integridade física.
d) a caracterização e a classificação da insalubridade e da periculosidade, segundo as normas do Ministério do Trabalho, far-se-ão através de perícia, sendo a de insalubridade realizada por médico do trabalho e a de periculosidade por engenheiro do trabalho.
e) o empregado que trabalhe em condições perigosas e insalubres receberá ao mesmo tempo os dois adicionais.

42. (FCC — 2012 — INSS — Perito Médico Previdenciário/Direito do Trabalho/Segurança e Medicina do Trabalho; Adicionais) Mário é empregado em um posto de combustíveis, exercendo as funções de frentista de abastecimento de veículos. Atua em contato permanente

com produtos inflamáveis e explosivos em condições de risco acentuado. Nesta situação, nos termos da Consolidação das Leis do Trabalho — CLT, Mário exerce seu trabalho em atividade considerada

a) perigosa, sendo-lhe assegurado um adicional de 40%, 20% ou 10% do salário mínimo da região, segundo se classifiquem nos graus máximo, médio e mínimo.
b) penosa, sendo-lhe assegurado um adicional de 50% sobre o valor da hora normal.
c) insalubre, sendo-lhe assegurado um adicional de 30% sobre toda a remuneração.
d) perigosa, sendo-lhe assegurado um adicional de 30% sobre o salário-base.
e) insalubre, sendo-lhe assegurado um adicional de 25% do salário mínimo da região.

43. (FCC — 2012 — TRT 11ª Região (AM) — Técnico Judiciário — Área Administrativa/Direito do Trabalho/Segurança e Medicina do Trabalho) Sobre segurança e medicina no trabalho, nos termos da legislação trabalhista pertinente, é correto afirmar:

a) São consideradas atividades insalubres aquelas que, por sua natureza ou métodos de trabalho, impliquem o contato permanente com inflamáveis ou explosivos em condição de risco acentuado.
b) O direito do empregado ao adicional de insalubridade ou de periculosidade cessará com a eliminação do risco à sua saúde ou integridade física, nos termos da CLT e das normas expedidas pelo Ministério do Trabalho.
c) Será obrigatória a constituição da Comissão Interna de Prevenção de Acidentes, conforme instruções do Ministério do Trabalho, nos estabelecimentos nelas especificadas, sendo composta por representantes dos empregados cujo mandato dos membros titulares será de um ano, sem direito à reeleição.
d) O trabalho em condições insalubres, acima dos limites de tolerância estabelecidos por norma, assegura ao empregado o adicional de 30% sobre o salário contratual.
e) Caso o empregado exerça suas atividades em condições insalubres ou de periculosidade, ele não poderá optar pelo pagamento de um dos adicionais, por falta de previsão legal.

44. (FCC — 2011 — TRT 20ª Região (SE) — Técnico Judiciário — Área Administrativa/Direito do Trabalho/Segurança e Medicina do Trabalho) Considere as seguintes assertivas a respeito da Comissão Interna de Prevenção de Acidentes:

I. Em regra, o mandato dos membros eleitos da CIPA terá a duração de um ano, permitida uma reeleição.
II. O empregador designará, anualmente, dentre os seus representantes, o Presidente da CIPA e os empregados elegerão, dentre eles, o Vice-Presidente.
III. Os representantes dos empregados, titulares e suplentes, serão eleitos em escrutínio secreto, do qual participem, independentemente de filiação sindical, exclusivamente os empregados interessados.
IV. Os representantes dos empregadores, titulares e suplentes, serão eleitos em escrutínio secreto, mediante voto obrigatório de, no mínimo, um terço dos presentes em Assembleia Extraordinária.

De acordo com a Consolidação das Leis do Trabalho, está correto o que se afirma em

a) I e II, apenas.
b) I, II e III, apenas.
c) II e III, apenas.
d) I, III e IV, apenas.
e) I, II, III e IV.

45. (FCC — 2010 — TRT 8ª Região (PA e AP) — Técnico Judiciário — Área Administrativa/Direito do Trabalho/Segurança e Medicina do Trabalho) Com relação à CIPA — Comissão Interna de Prevenção de Acidentes, de acordo com a Consolidação das Leis do Trabalho, considere:

I. Os representantes dos empregados, titulares e suplentes, serão eleitos em escrutínio secreto, do qual participem, independentemente de filiação sindical, exclusivamente os empregados interessados.
II. Em regra, o mandato dos membros eleitos da CIPA terá a duração de um ano, vedada a reeleição.
III. O empregador designará, semestralmente, dentre os seus representantes, o Presidente da CIPA e os empregados elegerão, dentre eles, o Vice-Presidente.

Está correto o que se afirma APENAS em

a) I.
b) II.
c) III.
d) I e II.
e) II e III.

46. (FCC — 2010 — TRT 12ª Região (SC) — Analista Judiciário — Área Judiciária/Direito do Trabalho/Segurança e Medicina do Trabalho) Na CIPA, Comissão Interna de Prevenção de Acidentes, os representantes dos empregados, titulares e suplentes serão eleitos em escrutínio secreto, do qual participem

a) empregados obrigatoriamente com filiação sindical, que, se eleitos, terão mandato de dois anos, vedada a reeleição.
b) empregados obrigatoriamente com filiação sindical, que, se eleitos, terão mandato de um ano, permitida uma reeleição.
c) exclusivamente os empregados interessados, independentemente de filiação sindical, que, se eleitos, terão mandato de dois anos, vedada a reeleição.
d) exclusivamente os empregados interessados, independentemente de filiação sindical, que, se eleitos, terão mandato de um ano, permitida uma reeleição.
e) empregados obrigatoriamente com filiação sindical, que, se eleitos, terão mandato de um ano, vedada a reeleição.

47. (FCC — 2012 — TRT 18ª Região (GO) — Juiz do Trabalho/Direito do Trabalho/Direito Coletivo: Generalidades) Em relação ao conteúdo dos instrumentos coletivos, é correto afirmar que as cláusulas

a) obrigacionais vinculam, nas convenções coletivas, o sindicato da categoria profissional e o da categoria econômica; as obrigações, nos acordos coletivos, vinculam o sindicato da categoria profissional e a empresa ou empresas pactuantes.
b) normativas têm, em *stricto sensu*, como exemplos, as normas para a conciliação das divergências surgidas entre os convenentes e as disposições sobre os processos de prorrogação e de revisão, total ou parcial, dos dispositivos dos acordos e convenções coletivas.
c) obrigacionais constituem o verdadeiro núcleo dos acordos coletivos de trabalho e das convenções coletivas de trabalho, sendo que sem sua presença restaria somente um instrumento bilateral fixado entre as partes convenentes, sem efeito *erga omnes* em face dos representados.
d) obrigacionais não são contempladas na CLT nem têm, nesse livro, qualquer dispositivo estabelecendo que os acordos coletivos de trabalho e as convenções coletivas de trabalho devam conter disposições obrigatórias que possuam conteúdo obrigacional.
e) obrigacionais têm, como exemplo, as disposições sobre reajustes salariais; majoração de adicionais legais, como os relativos às horas extras e trabalho noturno; concessão de auxílio-alimentação e fornecimento de cestas básicas.

48. (FCC — 2012 — TRT 18ª Região (GO) — Juiz do Trabalho/Direito do Trabalho/Direito Coletivo: Generalidades; Súmulas e Jurisprudência do TST) Segundo entendimento sumulado, ou orientação jurisprudencial do TST,

a) a comprovação da legitimidade *ad processum* da entidade sindical se faz pela juntada do estatuto da associação, não se exigindo a comprovação do seu registro no órgão competente do Ministério do Trabalho, posto que tal requisito afronta as previsões constantes da Constituição Federal, em especial a que garante a não intervenção e não interferência do Estado na organização das entidades sindicais.
b) é incabível dissídio coletivo para apreciação de cláusulas de natureza econômica e social, em face de pessoa jurídica de direito público que mantenha empregados.
c) é aplicável o princípio denominado de ultra-atividade das normas coletivas, por meio do qual as cláusulas normativas dos acordos coletivos ou convenções coletivas integram os contratos de trabalho e somente poderão ser modificadas ou suprimidas mediante negociação coletiva de trabalho.
d) é inviável, em qualquer hipótese, aplicar condições constantes de acordo homologado nos autos de dissídio coletivo, extensivamente, às partes que não o subscreveram.
e) não viola o art. 8º, V, da Constituição Federal, que trata da liberdade de associação à entidade sindical ou profissional, cláusula de instrumento normativo que estabelece a preferência, na contratação de mão de obra, do trabalhador sindicalizado sobre os demais.

49. (FCC — 2012 — TRT 1ª Região (RJ) — Juiz do Trabalho/Direito do Trabalho/Direito Coletivo: Generalidades; Súmulas e Jurisprudência do TST) Considere as seguintes assertivas:

I. A Convenção n. 87 da OIT dispõe a respeito da liberdade sindical, cujas previsões não serão afetadas, ainda que a aquisição da personalidade jurídica pelas organizações de trabalhadores e de empregadores, suas federações ou confederações, esteja sujeita a condições que limitem a sua constituição, a filiação dos seus membros, a eleição dos seus representantes, a redação de seus estatutos e a elaboração do seu programa de ação.
II. Os sindicatos são considerados pessoas jurídicas de direito privado, que se classificam como associações. Para a aquisição de personalidade jurídica e para que possam usufruir das prerrogativas previstas em lei, os sindicatos devem elaborar seus estatutos, além de proceder ao seu registro no órgão competente. De acordo com a Consolidação das Leis do Trabalho, o estatuto do sindicato, sob pena de nulidade ou anulabilidade, deverá conter: (i) a denominação, os fins e a sede da associação; (ii) os requisitos para a admissão, demissão e exclusão dos associados; (iii) os direitos e deveres dos associados; (iv) as fontes de recursos para sua manutenção; (v) o modo de constituição e de funcionamento dos órgãos deliberativos; (vi) as condições para a alteração das disposições estatutárias e para a dissolução; (vii) a forma de gestão administrativa e de aprovação das respectivas contas; e (viii) a categoria econômica ou profissional ou a profissão liberal cuja representação é requerida.
III. Segundo entendimento pacificado do Supremo Tribunal Federal, em razão da disposição contida na Consolidação das Leis do Trabalho, até que nova lei venha a dispor a respeito, incumbe ao Ministério do Trabalho e Emprego proceder ao registro das entidades sindicais e zelar pela observância do princípio da unicidade.
IV. Segundo a Constituição Federal, é vedada a criação de mais de uma organização sindical, em primeiro grau, representativa de categoria profissional ou econômica, na mesma base territorial, que será definida pelos trabalhadores ou empregadores interessados, não podendo ser inferior à área de um Município.

Está correto o que se afirma APENAS em

a) III.
b) I e II.
c) I e IV.
d) II, III e IV.
e) II e III.

50. (FCC — 2012 — TRT 11ª Região (AM) — Juiz do Trabalho — Tipo 5/Direito do Trabalho/Direito Coletivo: Generalidades) Em se tratando de composição de conflitos coletivos de trabalho, considere:

I. há dois modos de resolvê-los: a autocomposição e a heterocomposição.
II. caracterizam-se como técnicas heterocompositivas a arbitragem e a conciliação.
III. a negociação coletiva é forma autocompositiva dos conflitos coletivos.
IV. são idênticas as soluções para os setores privados e públicos.

Está correto o que se afirma APENAS em

a) I e II.
b) I e III.
c) II e III.
d) III e IV.
e) II.

51. (FCC — 2012 — TRT 11ª Região (AM) — Juiz do Trabalho — Tipo 5/Direito do Trabalho/Direito Coletivo: Generalidades) O empregado que se enquadre em categoria profissional diferenciada terá direito a

a) optar pela aplicação de quaisquer dos instrumentos coletivos, já que não possui qualquer forma de impelir sua empregadora a participar de negociações coletivas.
b) apenas aos benefícios previstos na norma coletiva firmada pelo sindicato representativo da atividade econômica preponderante de seu empregador.
c) todos os benefícios previstos nas normas coletivas de seu empregador e também àqueles previstos na norma coletiva entabulada pelo sindicato da categoria diferenciada.
d) vantagens previstas no instrumento coletivo firmado pelo sindicato da categoria profissional diferenciada, desde que a empresa tenha sido representada por órgão de classe de sua categoria na negociação coletiva.
e) melhorias previstas na norma coletiva firmada pelo sindicato representativo da categoria diferenciada, sendo que qualquer redução de direito deverá ser desconsiderada, independentemente do sindicato que as tenha firmado.

52. (FCC — 2012 — TRT 11ª Região (AM) — Juiz do Trabalho — Tipo 5/Direito do Trabalho/Organização Sindical; Direito Coletivo: Generalidades; Dano Moral) Determinado trabalhador se candidata a vaga em empresa e realiza entrevista, preenchendo ficha escrita. Em um dos questionamentos declara ser sindicalizado e já ter exercido função de dirigente sindical em sindicato de categoria profissional diversa da atividade preponderante da empresa em que pretende se empregar. É selecionado para o treinamento, mas desclassificado sob a alegação de que sua entrevista apresentou resposta inadequada. Neste caso,

a) a manutenção da sindicalização não autoriza reconhecimento da prática de ato antissindical, pois esta se estabelece apenas em relação a diretores de sindicato, e não quanto a associados militantes.
b) apenas caracteriza-se o dano material se o trabalhador evidenciar que poderia ter obtido outra contratação no período do treinamento.
c) somente ocorreria ato antissindical se a empresa se opusesse à contratação de trabalhador que estivesse vinculado a sindicato representativo de seus empregados.
d) não há dano porque o contrato de trabalho não havia sido celebrado.
e) ocorre dano pré-contratual, por prática de ato antissindical, por afronta ao princípio de livre-sindicalização, sendo reparável em ação de responsabilidade civil na Justiça do Trabalho.

53. (FCC — 2012 — TRT 4ª Região (RS) — Juiz do Trabalho — Prova TIPO 4/Direito do Trabalho/Organização Sindical; Direito Coletivo: Generalidades) Empregado integrante de categoria profissional diferenciada

a) tem o direito de haver de seu empregador vantagens previstas em instrumento coletivo desde que a empresa para a qual trabalha tenha sido representada por órgão de classe de sua categoria.
b) eleito dirigente sindical goza de estabilidade na empresa independentemente do exercício de atividade pertinente à categoria profissional do sindicato para o qual foi eleito dirigente.
c) é reconhecido como tal por decisão judicial quando houver similitude de condições de vida oriunda da profissão ou trabalho em comum.
d) pode ser reconhecido como tal por dissídio coletivo, quando o Sindicato pretender a interpretação de norma relativa ao enquadramento sindical.
e) beneficia-se do regime legal relativo aos bancários quando trabalhar para um estabelecimento de crédito.

54. (FCC — 2012 — TRT 11ª Região (AM) — Analista Judiciário — Área Judiciária/Direito do Trabalho/Direito Coletivo: Generalidades) Em relação ao direito coletivo do trabalho é correto afirmar que

a) Convenção Coletiva de Trabalho é o acordo de caráter normativo, pelo qual dois ou mais Sindicatos representativos de categorias econômicas e profissionais estipulam condições de trabalho aplicáveis, no âmbito das respectivas representações, às relações individuais do trabalho.
b) a solidariedade de interesses econômicos dos que empreendem atividades idênticas, similares ou conexas, constitui o vínculo social básico denominado categoria profissional diferenciada.
c) somente os Sindicatos poderão celebrar convenções coletivas de trabalho para reger as relações das categorias a elas vinculadas, inorganizadas em Sindicatos, no âmbito de suas representações.
d) as condições estabelecidas em Acordo Coletivo de Trabalho prevalecerão sobre as estipuladas em Convenção Coletiva de Trabalho.
e) não será permitido estipular duração de Convenção Coletiva de Trabalho ou Acordo Coletivo de Trabalho superior a um ano.

55. (FCC — 2013 — TRT 9ª Região (PR) — Técnico Judiciário — Área Administrativa/Direito do Trabalho/Comissões de Conciliação Prévia) Com fundamento nas regras instituídas pela CLT sobre as Comissões de Conciliação Prévia, é INCORRETO afirmar:

a) As Comissões de Conciliação Prévia têm prazo de 10 dias para a realização da sessão de tentativa de conciliação a partir da provocação do interessado.
b) A Comissão instituída no âmbito da empresa será composta de no mínimo cinco e no máximo quinze membros.
c) O prazo prescricional será suspenso a partir da provocação da Comissão de Conciliação Prévia, recomeçando a fluir, pelo que lhe resta, a partir da tentativa frustrada de conciliação ou do esgotamento do prazo para a realização da sessão de tentativa de conciliação.
d) É vedada a dispensa dos representantes dos empregados membros da Comissão de Conciliação Prévia, titulares e suplentes, até um ano após o final do mandato, salvo se cometerem falta grave, nos termos da lei.
e) O termo de conciliação é título executivo extrajudicial e terá eficácia liberatória geral, exceto quanto às parcelas expressamente ressalvadas.

56. (FCC — 2012 — TRT 1ª Região (RJ) — Juiz do Trabalho/Direito do Trabalho/Comissões de Conciliação Prévia) Quanto à Comissão de Conciliação Prévia é correto afirmar:

a) A Comissão instituída no âmbito da empresa será composta de, no mínimo, dois e, no máximo, dez membros, com mandato de dois anos, permitida uma recondução.

b) Aceita a conciliação, será lavrado termo assinado pelo empregado, pelo empregador ou seu preposto e pelos membros da Comissão, garantindo-se ao interessado o prazo de 8 (oito) dias para interposição de recurso ordinário.
c) O termo de conciliação é título executivo extrajudicial e terá eficácia liberatória geral, exceto quanto às parcelas expressamente ressalvadas.
d) É vedada a dispensa dos representantes dos empregados e dos empregadores, membros da Comissão de Conciliação Prévia, titulares e suplentes, até um ano após o final do mandato, salvo se cometerem falta grave, nos termos da lei.
e) Qualquer demanda de natureza trabalhista será submetida à Comissão de Conciliação Prévia, desde que formulada obrigatoriamente por escrito se, na localidade da prestação de serviços, houver sido instituída a Comissão no âmbito da empresa ou do sindicato da categoria.

57. (FCC — 2012 — PGM-João Pessoa-PB — Procurador Municipal/Direito do Trabalho/Comissões de Conciliação Prévia) Considere que a Comissão de Conciliação Prévia instituída no âmbito da

I. Empresa "X" é composta por Mariana (eleita pelos empregados) e Gabriela (indicada pela empresa), e seus respectivos suplentes.
II. Empresa "Y" é composta por Dorotéia, Carmen, Fábio e Gustavo (eleitos pelos empregados) e Júlia e Camilo (indicados pela empresa), e seus respectivos suplentes.
III. Empresa "W" é composta por Simone, Dado, Hortência, Bruna e Fernanda (eleitos pelos empregados) e Vera, Marta, Dinei, Romualdo e Ronaldo (indicados pela empresa), e seus respectivos suplentes.
IV. Empresa "Z" é composta por Norma, Noêmia e Dino (eleitos pelos empregados) e Rubinéia, Clotilde e Durval (indicados pela empresa), e seus respectivos suplentes.

De acordo com a Consolidação das Leis do Trabalho, apresentam composição legal, respeitando as normas previstas no referido ordenamento jurídico, as Comissões indicadas APENAS em

a) I e III.
b) II e IV.
c) III e IV.
d) I, II e III.
e) I, III e IV.

■ GABARITO ■

1. A alternativa **correta é a letra "d"**. O reconhecimento das negociações coletivas consta expressamente no inciso XXVI do art. 7º da CF/88, que trata dos direitos dos trabalhadores, no capítulo sobre os direitos sociais.
2. A alternativa **correta é a letra "b"**. O salário-família está previsto no inciso XII do art. 7º da CF/88, sendo devido nos termos de lei específica, a saber, Lei n. 4.266/63.
3. A alternativa **correta é a letra "a"**. Trata-se da suspensão do contrato de trabalho para qualificação profissional, prevista no art. 476-A da CLT, conhecida no dia a dia por *lay off*. Durante o período da suspensão contratual, não há pagamento de salário, mas de uma bolsa de estudos.
4. A altenativa **incorreta é a letra "e"**. A assertiva está realmente errada ao falar do início do prazo de prescrição para anotação da CTPS, uma vez que não há prescrição na hipótese. O art. 11, § 1º, da CLT deixa claro não haver qualquer prazo de prescrição para o pedido de reconhecimento do vínculo de emprego e anotação da CTPS.
5. A alternativa **correta é a letra "d"**. A necessidade de demonstração do trabalho, mesmo para os cargos de confiança, é fundamental para a validade da transferência, conforme a Súmula n. 43 do TST.

6. A alternativa **incorreta é a letra "b"**. O direito a ter as férias do trabalho coincidindo com as escolares é apenas para os empregados menores de 18 anos que estudam, conforme prescreve o art. 136, § 2º, da CLT.

7. A alternativa **correta é a letra "d"**. A informação constante na letra "d" está de acordo com a Súmula n. 102, III, do TST. São devidas as horas extras, pois a gratificação não está sendo paga corretamente, em seu valor mínimo, que é de 1/3.

8. A alternativa **correta é a letra "e"**. Cuida-se de questão de nível de dificuldade fácil, mas que é bastante cobrada nos concursos, sobre o descanso semanal remunerado, previsto no art. 7º, XV, que diz ser direito do trabalhador o *"repouso semanal remunerado, preferencialmente aos domingos"*. Cuidado com o termo "exclusivamente", pois o legislador, ao dizer "preferencialmente", deixou possibilidade de serem abertas exceções. Além disso, o texto Constitucional nada mais disse a não ser o que já foi transcrito. Assim, informações adicionais são pegadinha de prova, não devendo ser levadas em conta.

9. A alternativa **correta é a letra "a"**. A jornada-padrão prevista no art. 7º, XIII, da CF/88 é de, no máximo, 8 horas diárias e 44 horas semanais. Trata-se de questão simples, que por isso não pode ser errada. Cuidado com a jornada máxima do turno ininterrupto de revezamento, que, segundo dispõe o inc. XIV do art. 7º da CF, é de no máximo 6 horas diárias.

10. A alternativa **correta é a letra "c"**. Cuidado especial com essa questão, pois ela pede os ***direitos dos trabalhadores previstos no art. 7º da CF*** e nas questões erradas são mencionados direitos previstos no art. 5º da CF. Assim, somente a letra "C", que trata do seguro-desemprego, da proteção em face da automação e da proteção do mercado de trabalho da mulher são direitos arrolados no art. 7º da CF/88.

11. A alternativa **correta é a letra "e"**. Trata-se da redação do art. 11 da CF, "sem tirar nem por", como se diz no dia a dia. Cuidado especial com o número 200, que pode ser facilmente alterado para 100, 300 etc., dificultando a questão, por tratar-se de "decoreba".

12. A alternativa **correta é a letra "e"**. Todas as alternativas serão analisadas de uma só vez, por tratarem do mesmo tema. A licença-paternidade é devida independentemente do número de filhos do empregado, e não apenas ao primeiro. A segunda informação é que pouco importa se o empregado é casado, solteiro ou mantém união estável. É o nascimento do filho o fato gerador da licença-paternidade. Até a CF/88, tal licença era de 1 dia, conforme o art. 473 da CLT, mas atualmente, por norma contida na ADCT da CF/88, é de **5 dias**. Com base em tais informações, a conclusão acerca da questão fica bem simples!

13. A alternativa **correta é a letra "a"**. No direito do trabalho, conforme vimos na parte dos princípios, aplica-se sempre a norma mais favorável. Se a ADCT/CF88 diz que a estabilidade da gestante vai da confirmação da gravidez **até cinco meses após o parto** e a cláusula da convenção coletiva destaca a estabilidade até os sete meses após o parto, é claro que será utilizada a segunda norma, por ser mais favorável à empregada. Não há que se analisar se a convenção coletiva está em plano superior ou inferior à CF, pois no direito do trabalho o ápice da pirâmide é sempre preenchido pela norma mais favorável ao empregado.

14. A alternativa **correta é a letra "b"**. Uma vez mais, a FCC utiliza uma das informações mais simples acerca do salário do empregado como resposta correta. O salário, conforme o art. 7º, VI, da CF, só pode ser reduzido por meio de acordo coletivo de trabalho e convenção coletiva de trabalho. Fora de tais hipóteses, é ilícita a redução salarial.

15. A alternativa **correta é a letra "a"**. O tema sucessão de empresas ou empregadores encontra-se regulado nos arts. 10 e 448 da CLT. Havendo alteração na estrutura jurídica de empresa — venda, fusão, cisão etc. —, os contratos de trabalho permanecerão inalterados, isto é, não sofrerão rescisão ou alteração, passando a responsabilidade pelos débitos trabalhistas para a empresa sucessora. Por sua vez, a empresa sucedida deixa de ter qualquer responsabilidade pelos débitos, mesmo os anteriores à sucessão, já que a empresa sucessora, ao adquirir a sucedida, toma para si o que esta tinha de bom (clientes, estrutura física, reconhecimento do mercado etc.) e de ruim (dívidas, em especial as trabalhistas).
Assim, havendo sucessão, as dívidas passam integralmente para a empresa sucessora, razão pela qual está correta a alternativa "A".

16. A alternativa **correta é a letra "c"**. O art. 2º, § 2º, da CLT dispõe acerca da responsabilidade ***solidária*** das empresas pertencentes ao mesmo grupo econômico. Assim, se Thor trabalhou para a empresa Ajax Manutenção Industrial, que compõe, com outras empresas, o grupo Ajax, todas as empresas do grupo responderão solidariamente pelo adimplemento das verbas rescisórias, o que significa dizer que Thor poderá cobrar as verbas trabalhistas que lhe são devidas de qualquer daquelas empresas, sem qualquer ordem, isto é, escolhendo qualquer uma delas, sem que seja necessário cobrar da empresa para a qual trabalhou em primeiro lugar.
Pode ainda ajuizar reclamação trabalhista em face de uma empresa do grupo e executar outra, mesmo que não conste do título executivo, pois a Súmula n. 205 do TST foi cancelada em 2003. Assim, tendo cuidado para não confundir com a responsabilidade subsidiária da terceirização, no grupo de empresas, há a **responsabilidade solidária**, de acordo com o art. 2º, § 2º, da CLT.

17. A alternativa **correta é a letra "a"**. Uma vez mais, o tema de questão recente, de 2012, é **sucessão de empresas**, previsto nos arts. 10 e 448 da CLT, e suas consequências para os contratos de trabalho. Afirmada a existência da sucessão, que depende do preenchimento de dois requisitos — alteração da estrutura jurídica de empresa e continuidade do empreendimento —, necessário se faz discutir os efeitos sobre os contratos de trabalho em curso. Nos termos dos artigos citados acima, **os contratos de trabalho continuam a vigorar como antes, ou seja, não sofrem qualquer alteração, não podendo haver violação a direitos adquiridos**. NÃO HÁ RESCISÃO DOS CONTRATOS, pois a continuidade do vínculo de emprego é a regra em nosso sistema (Súmula n. 212 do TST). Se os contratos continuam em vigor, temos que analisar as consequências em torno da responsabilidade pelo pagamento das verbas rescisórias. Ocorrendo a sucessão, a empresa sucessora **assume integralmente os débitos trabalhistas, inclusive anteriores ao negócio**, deixando o sucedido de responder por eles.
Assim, os contratos não são extintos, não precisam ser repactuados, pois continuam a vigorar do mesmo modo. Eventual cláusula de não responsabilidade inserta no contrato entre as empresas — sucessora e sucedida — não produz efeitos nas relações de trabalho, não isentando a primeira das responsabilidades trabalhistas. Em síntese, por tudo o que foi falado, está correta a alternativa "A".

18. A alternativa **correta é a letra "e"**. Trata-se de importante questão em matéria de responsabilidade do tomador dos serviços em um contrato específico: o trabalho temporário, regido pela Lei n. 6.019/74, que em seu art. 16 destaca a **responsabilidade solidária** entre empresa de trabalho temporário e tomador (ou cliente) apenas na hipótese de **falência da empresa de trabalho temporário**. Trata-se da única hipótese de responsabilidade solidária nessa lei. Não havendo falência, a responsabilidade do tomador ou cliente é subsidiária, conforme a Súmula n. 331, IV, do TST, que em seu inc. I reconhece a Lei n. 6.019/74 como uma espécie de terceirização de atividade-fim. A responsabilidade solidária na falência é pelo pagamento das contribuições previdenciárias, remuneração e indenizações no período em que o empregado atuou para aquele tomador, que nos termos da lei pode ser de até 3 meses, salvo autorização do Ministério do Trabalho e Emprego.

19. A alternativa **correta é a letra "a"**. Trata-se de um dos temas mais cobrados pela FCC em provas de direito do trabalho: **sucessão de empregadores**, sendo de observância obrigatória os arts. 10 e 448 da CLT, que afirmam que **os contratos de trabalho não sofrerão qualquer alteração ou violação a direitos adquiridos pela mudança na estrutura jurídica da empresa**. Uma das hipóteses de mudança na estrutura jurídica de empresa é a alienação, ou seja, alteração na propriedade da empresa, conforme dito na alternativa "A". Como são indispensáveis para as provas, transcrevem-se os dois artigos da CLT mencionados:

> "Art. 10. Qualquer alteração na estrutura jurídica da empresa não afetará os direitos adquiridos por seus empregados";
>
> "Art. 448. A mudança na propriedade ou na estrutura jurídica da empresa não afetará os contratos de trabalho dos respectivos empregados".

20. A alternativa **correta é a letra "b"**.
Item I: **Correto,** pois de acordo com o art. 442-A da CLT, assim redigido: *"Para fins de contratação, o empregador não exigirá do candidato a emprego comprovação de experiência prévia por tempo superior a 6 (seis) meses no mesmo tipo de atividade".*

Item II: **Errado**, pois outras situações previstas no § 2º do art. 443 da CLT podem ensejar o contrato por prazo determinado, conforme transcrição do dispositivo abaixo: *"§ 2º — O contrato por prazo determinado só será válido em se tratando: a) de serviço cuja natureza ou transitoriedade justifique a predeterminação do prazo; b) de atividades empresariais de caráter transitório; c) de contrato de experiência".*
Item III: **Errado**, pois contraria o art. 445 da CLT, que prevê que o contrato por prazo determinado poderá ser de até 2 (dois) anos, conforme transcrição a seguir: *"O contrato de trabalho por prazo determinado não poderá ser estipulado por mais de 2 (dois) anos, observada a regra do art. 451".*
Item IV: **Correto**, pois de acordo com o art. 444 da CLT, a seguir transcrito por sua importância: *"As relações contratuais de trabalho podem ser objeto de livre-estipulação das partes interessadas em tudo quanto não contravenha às disposições de proteção ao trabalho, aos contratos coletivos que lhes sejam aplicáveis e às decisões das autoridades competentes".*

21. A alternativa **correta é a letra "e"**.
Item I: **Errado**, pois o contrato de trabalho também pode ser firmado oralmente e de forma tácita, nos termos do art. 443 da CLT: *"O contrato individual de trabalho poderá ser acordado tácita ou expressamente, verbalmente ou por escrito e por prazo determinado ou indeterminado".*
Item II: **Correto**, pois o § 2º do art. 443 da CLT deixa claro que a exceção é o contrato de trabalho por prazo determinado ao fixar as hipóteses em que é lícito, afirmando textualmente que: *"O contrato por prazo determinado só será válido em se tratando: (...)".*
Item III: **Correto**, pois tal prazo máximo está de acordo com o art. 445, parágrafo único, da CLT, assim redigido: *"O contrato de experiência não poderá exceder de 90 (noventa) dias".*
Item IV: **Correto**, pois o art. 451 da CLT prevê a possibilidade de o contrato por prazo determinado ser prorrogado **apenas 1 vez**, sob pena de ser considerado por prazo indeterminado.
Item V: **Errado**, pois a assertiva traz ao final a expressão *em qualquer situação,* não levando em consideração a exceção prevista no art. 452 da CLT, assim redigido: *"Considera-se por prazo indeterminado todo contrato que suceder, dentro de 6 (seis) meses, a outro contrato por prazo determinado, salvo se a expiração deste dependeu da execução de serviços especializados ou da realização de certos acontecimentos".*

22. A alternativa **correta é a letra "c"**. Na rescisão do contrato por culpa recíproca, prevista no art. 484 da CLT, serão pagas as verbas segundo dispõe a Súmula n. 14 do TST, a saber: 50% do aviso prévio, 13º proporcional e férias proporcionais. Além disso, segundo dispõe a Lei n. 8.036/90 (FGTS), será paga multa de 20% do FGTS, bem como será oportunizado o seu saque.

23. A alternativa **correta é a letra "c"**. Talvez seja esse o questionamento mais comum em relação à justa causa em concursos públicos. A condenação criminal do empregado é hipótese de rescisão por justa causa? Nos termos da alínea *d* do art. 482 da CLT, somente será justa causa se presentes os seguintes requisitos:

a. se houver trânsito em julgado da sentença penal condenatória;
b. se não houver suspensão da execução da pena, pois, se for suspensa, não haverá rescisão do contrato.

Com base nisso, pode-se afirmar que a letra "c" está errada, pois, se houve suspensão da execução da pena, não é possível a rescisão por justa causa. Igual entendimento haveria se a questão se referisse à condenação passível de recurso, pois não haveria o trânsito em julgado. **Todas as demais situações estão elencadas no art. 482 da CLT, cujo rol de situações que ensejam a justa causa deve ser decorado pelo aluno.**

24. A alternativa **correta é a letra "b"**. Percebe-se que a questão trata de ***falta grave praticada pelo empregador***, ou seja, ***rescisão indireta***, e somente há uma hipótese de tal rescisão na questão, sendo que as demais são situações de justa causa do empregado. Assim ficou fácil! Somente o ***não cumprimento das obrigações de contrato*** é hipótese de falta grave cometida pelo empregador, estando prevista na alínea *d* do art. 483 da CLT. As demais, por serem faltas cometidas pelo empregado, encontram-se no art. 482 da CLT.

25. A alternativa **correta é a letra "d"**. A questão encontra-se atualmente regulamentada pela ***Súmula n. 443 do TST***, assim redigida:

> "Presume-se discriminatória a despedida de empregado portador do vírus HIV ou de outra doença grave que suscite estigma ou preconceito. Inválido o ato, o empregado tem direito à reintegração no emprego".

Verifica-se claramente que a dispensa é discriminatória e que, sendo inválido o ato, tem direito o empregado à reintegração. Contudo, não possui direito à estabilidade provisória. Somente direito à reintegração.

26. A alternativa **correta é a letra "e"**. Os horários mistos são aqueles que compreendem os períodos diurno e noturno de trabalho, assim como ocorre na jornada cumprida entre as 16h e as 24h, pois das 16h às 22h temos horário diurno e das 22h às 24h, horário noturno. Em relação ao último período, haverá naquele a redução da jornada prevista no art. 73, § 1º, da CLT, assim redigido: *"A hora do trabalho noturno será computada como de 52 minutos e 30 segundos"*. Tal redução somente ocorrerá das 22h às 24h, em nosso exemplo. Durante tal horário, também será pago o adicional noturno, de pelo menos 20% sobre a hora diurna, conforme *caput* do art. 73 da CLT. Por tratar-se de importante dispositivo, transcreve-se para conhecimento:

> "Art. 73. Salvo nos casos de revezamento semanal ou quinzenal, o trabalho noturno terá remuneração superior a do diurno e, para esse efeito, sua remuneração terá um acréscimo de 20% (vinte por cento), pelo menos, sobre a hora diurna.
>
> § 1º A hora do trabalho noturno será computada como de 52 minutos e 30 segundos.
>
> § 2º Considera-se noturno, para os efeitos deste artigo, o trabalho executado entre as 22 horas de um dia e as 5 horas do dia seguinte.
>
> § 3º O acréscimo, a que se refere o presente artigo, em se tratando de empresas que não mantêm, pela natureza de suas atividades, trabalho noturno habitual, será feito, tendo em vista os quantitativos pagos por trabalhos diurnos de natureza semelhante. Em relação às empresas cujo trabalho noturno decorra da natureza de suas atividades, o aumento será calculado sobre o salário mínimo geral vigente na região, não sendo devido quando exceder desse limite, já acrescido da percentagem.
>
> § 4º Nos horários mistos, assim entendidos os que abrangem períodos diurnos e noturnos, aplica-se às horas de trabalho noturno o disposto neste artigo e seus parágrafos.
>
> § 5º Às prorrogações do trabalho noturno aplica-se o disposto neste capítulo."

27. A alternativa **correta é a letra "a"**. A resposta ao questionamento está no *caput* do art. 59 da CLT, que prevê a possibilidade de prorrogação de jornada de trabalho em, no máximo, 2 horas extras diárias, sendo que tais horas são pagas, nos termos do art. 7º, XVI, da CF/88, com o adicional de, pelo menos, 50% (cinquenta por cento).

28. A alternativa **correta é a letra "e"**. A resposta correta é a literalidade do § 2º do art. 59 da CLT, que trata do ***banco de horas***, também denominado de ***compensação anual***, tendo em vista a sua duração máxima. Conforme dicção legal, temos:

> "Poderá ser dispensado o acréscimo de salário se, por força de acordo ou convenção coletiva de trabalho, o excesso de horas em um dia for compensado pela correspondente diminuição em outro dia, de maneira que não exceda, no período máximo de um ano, à soma das jornadas semanais de trabalho previstas, nem seja ultrapassado o limite máximo de dez horas diárias".

29. A alternativa **correta é a letra "b"**. A resposta encontra-se na Súmula n. 431 do TST, de setembro de 2012, cuja redação segue:

> "Para os empregados a que alude o art. 58, *caput*, da CLT, quando sujeitos a 40 horas semanais de trabalho, aplica-se o divisor 200 (duzentos) para o cálculo do valor do salário-hora".

Tal divisor decorre da divisão de 40 horas por 6 dias **úteis** de trabalho (segunda a sábado), multiplicado por 30 dias, que é igual a 200 (horas). Assim: **40/6 x 30 = 200.**

30. A alternativa **correta é a letra "c"**. Um dos pontos mais cobrados pela FCC em relação a remuneração e salário diz respeito às parcelas não salariais, ou seja, que não integram o salário do empregado. Tais parcelas se encontram no art. 457, § 2º, da CLT, destacando-se sempre as **ajudas de custo**. Estas, entendidas como um reembolso de despesas do empregado (art. 470 da CLT), nunca possuem natureza salarial, independentemente do seu valor, mesmo que seja superior ao próprio salário. Já no § 1º do mesmo artigo, temos as parcelas com natureza salarial, que são exatamente aquelas descritas nas letras "A", "B", "D" e "E" da questão.

31. A alternativa **correta é a letra "d"**. A questão da FCC exige que se conheça o entendimento sumulado do TST acerca dos descontos salariais. A **Súmula n. 342 do TST** trata exatamente do assunto, ao dizer que são válidos os descontos para a adesão do empregado em planos de saúde, odontológicos, previdência privada, dentre outros. O texto da Súmula é exatamente a alternativa "D". Houve realmente reprodução do texto sumulado.

32. A alternativa **correta é a letra "c"**. Uma vez mais, um tema recorrente nas provas da FCC, em concurso realizado em 2013: **parcelas salariais e não salariais**, previstas nos §§ 1º e 2º do art. 457 da CLT. As ajudas de custo realmente não possuem natureza salarial, mas as gratificações ajustadas encontram-se no § 1º do mencionado artigo, que prevê as parcelas salariais, que incidirão sobre as demais parcelas recebidas pelo obreiro.

33. A alternativa **correta é a letra "b"**. Algumas utilidades, mesmo que ofertadas voluntariamente pelo empregador, não serão consideradas salário, pois excluídas pelo § 2º do art. 458 da CLT, que deve ser lido e relido pelos candidatos, pois muito cobrado nas provas. Uma das utilidades excluídas diz respeito a cursos, mensalidades, material didático e outros, assim como ao transporte, conforme transcrição abaixo:

> "Para os efeitos previstos neste artigo, *não serão consideradas como salário as seguintes utilidades* concedidas pelo empregador:
>
> I — vestuários, equipamentos e outros acessórios fornecidos aos empregados e utilizados no local de trabalho, para a prestação do serviço;
>
> *II — educação, em estabelecimento de ensino próprio ou de terceiros, compreendendo os valores relativos a matrícula, mensalidade, anuidade, livros e material didático;*
>
> *III — transporte destinado ao deslocamento para o trabalho e retorno, em percurso servido ou não por transporte público;*
>
> IV — assistência médica, hospitalar e odontológica, prestada diretamente ou mediante seguro-saúde;
>
> V — seguros de vida e de acidentes pessoais;
>
> VI — previdência privada;
>
> VII — (VETADO)
>
> VIII — o valor correspondente ao vale-cultura".

34. A alternativa **correta é a letra "c"**. Trata-se de uma das informações mais simples sobre férias, mas que foi cobrada em concurso de 2013, devendo, portanto, ser estudada. A informação acerca do prazo para pagamento da remuneração das férias encontra-se no art. 145 da CLT, assim redigido:

> "O pagamento da remuneração das férias e, se for o caso, o do abono referido no art. 143 serão efetuados até 2 (dois) dias antes do início do respectivo período".

35. A alternativa **correta é a letra "e"**. A questão, também simples mas aplicada em 2013, exigia apenas o conhecimento do art. 7º, XVII, da CF/88, assim redigido:

> "gozo de férias anuais remuneradas com, pelo menos, um terço a mais do que o salário normal".

O gozo de férias será anual, com a remuneração acrescida de 1/3.

36. A alternativa **correta é a letra "e"**. Apenas as assertivas I e III estão corretas. Vejamos os motivos: I — correto, pois nos termos do art. 134 da CLT, assim redigido: *"As férias serão concedidas por ato do empregador, em um só período, nos 12 (doze) meses subsequentes à data em que o empregado tiver adquirido o direito"*.

II — errado, pois a comunicação das férias deve ser feita com, pelo menos, 30 dias de antecedência, conforme dispõe o art. 135 da CLT.
III — correto, pois em conformidade com o § 1º do art. 136 da CLT.
IV — errado, pois a remuneração será aquela da data da concessão das férias, e não do período em que se adquiriu o direito, conforme o art. 142 da CLT.
V — errado, pois o art. 145 da CLT não fala em **dois dias** úteis, e sim em dois dias antes do início do período.

37. A alternativa **correta é a letra "e"**. Em primeiro lugar, é importante deixar claro que o **abono de férias** é o valor decorrente da "venda das férias", conforme o art. 143 da CLT. A conversão das férias em abono pecuniário é possível, desde que no máximo em 1/3 e, conforme o § 3º do art. 143 da CLT, não ocorre com os empregados submetidos à jornada por tempo parcial, descrita no art. 58-A da CLT. Tais empregados, por já possuírem o período de férias reduzido (art. 130-A da CLT), não podem reduzi-lo ainda mais com a conversão. Assim, correta a alternativa "E".

38. A alternativa **correta é a letra "d"**. Nos termos do art. 130 da CLT, o empregado que possui até 5 faltas injustificadas durante o período aquisitivo ainda mantém o direito aos 30 dias de férias. Assim, se Xênia já faltou 2 vezes, ainda pode faltar mais 3 dias, conforme a alternativa "D" da questão.

39. A alternativa **correta é a letra "d"**. Um dos mais importantes dispositivos legais sobre férias é o art. 130 da CLT. O problema é que ele deve ser decorado **realmente**, pois é muitas vezes cobrado nas questões de concursos. Nos termos do referido artigo, aquele que possui até 5 faltas terá mantido o seu direito aos 30 dias de férias. Quem tiver de 6 a 14 faltas terá uma redução para 24 dias de férias. De 15 a 23 faltas, mantém 18 dias de férias. De 24 a 32 faltas, mantém 12 dias de férias. Assim, os empregados narrados na questão possuem, respectivamente, 30, 24 e 24 dias de férias, já que tiveram 5, 12 e 8 faltas.

40. A alternativa **correta é a letra "b"**. Nos termos do art. 193 da CLT, o adicional de periculosidade será pago em 30% sobre o salário-base, que é aquele "sem os acréscimos resultantes de gratificações, prêmios ou participações nos lucros da empresa". Não há mais possibilidade de pagamento fracionado, conforme previa o inc. II da Súmula n. 364 do TST, uma vez que tal inciso foi excluído em 2011 pelo TST. Contudo, conforme a OJ n. 406 da SDI-1 do TST, o pagamento fracionado ou inferior ao mínimo legal (30%) realizado voluntariamente pelo empregador, faz com que haja a dispensa da realização de perícia técnica, uma vez que o trabalho sob aquelas condições passa a ser fato incontroverso.

41. A alternativa **correta é a letra "c"**. Todos os adicionais são considerados "salário-condição", isto é, somente são pagos enquanto o empregado está submetido àquela determinada condição, que na nossa questão é trabalhar em ambiente perigoso ou insalubre. Se há a eliminação do risco à saúde ou integridade do trabalhador, não subsiste o direito ao recebimento do adicional, uma vez que **não há direito adquirido a ele**, nos termos das **Súmulas n. 80 e 248 do TST**:

> *"SUM-80 INSALUBRIDADE (mantida) — Res. 121/2003,* DJ *19, 20 e 21.11.2003*
> A eliminação da insalubridade mediante fornecimento de aparelhos protetores aprovados pelo órgão competente do Poder Executivo exclui a percepção do respectivo adicional";
>
> *"SUM-248 ADICIONAL DE INSALUBRIDADE. DIREITO ADQUIRIDO (mantida) — Res. 121/2003,* DJ *19, 20 e 21.11.2003*
> A reclassificação ou a descaracterização da insalubridade, por ato da autoridade competente, repercute na satisfação do respectivo adicional, sem ofensa a direito adquirido ou ao princípio da irredutibilidade salarial."

42. A alternativa **correta é a letra "d"**. Percebam que se trata de uma questão nova, de 2012, mas que é respondida facilmente por meio do conhecimento de um antigo entendimento da jurisprudência do TST, qual seja, a **Súmula n. 39**, assim redigida:

> "Os empregados que operam em bomba de gasolina têm direito ao adicional de periculosidade (Lei n. 2.573, de 15.08.1955)".

Sendo devido o adicional de periculosidade, conforme o art. 193, I, da CLT, será pago na razão de 30% sobre o salário-base do empregado.

Importante lembrar que, a partir de 08.12.2012, o adicional de periculosidade também passou a ser devido àqueles que trabalham com segurança pessoal e patrimonial, conforme o inc. II que foi incluído no art. 193 da CLT.

43. A alternativa **correta é a letra "b"**. Somente a eliminação ou neutralização do agente insalubre ou perigoso acarreta a cessação de seu pagamento. Muitas vezes, a utilização de Equipamentos de Proteção Individual faz com que o adicional seja reduzido, mas continua a ser pago. Nos termos das **Súmulas n. 80 e 289**, temos que:

> "A eliminação da insalubridade mediante fornecimento de aparelhos protetores aprovados pelo órgão competente do Poder Executivo exclui a percepção do respectivo adicional";
>
> "O simples fornecimento do aparelho de proteção pelo empregador não o exime do pagamento do adicional de insalubridade. Cabe-lhe tomar as medidas que conduzam à diminuição ou eliminação da nocividade, entre as quais as relativas ao uso efetivo do equipamento pelo empregado".

44. A alternativa **correta é a letra "b"**. Vamos à análise das assertivas da FCC:
Assertiva I: Correta; conforme o art. 164, § 3°, da CLT, pode haver uma reeleição, sendo o mandato de 1 ano.
Assertiva II: Correta, pois de acordo com o art. 164, § 5°, da CLT.
Assertiva III: Correta, pois em sintonia com o art. 164, § 2°, da CLT.
Assertiva IV: Errada, pois contraria o art. 164, § 2°, da CLT, assim redigido: *"Os representantes dos empregados, titulares e suplentes, serão eleitos em escrutínio secreto, do qual participem, independentemente de filiação sindical, exclusivamente os empregados interessados"*.
Percebe-se que as questões sobre CIPA são facilmente respondidas com base no que dispõem os arts. 163 a 165 da CLT, em especial o art. 164 daquela consolidação.

45. A alternativa **correta é a letra "a"**. Passemos à análise das assertivas:
Assertiva I: Correta, pois de acordo com o art. 164, § 2°, da CLT, com exatamente a mesma redação do que foi afirmado pela FCC.
Assertiva II: Errada, pois prevê o art. 164, § 3°, da CLT a possibilidade de uma reeleição (recondução).
Assertiva III: Errada, pois o art. 164, § 5°, da CLT diz que a designação do Presidente será feita pelo empregador anualmente.

46. A alternativa **correta é a letra "d"**. Como já foi dito, as perguntas sobre CIPA geralmente são respondidas com base no texto da CLT, que dispõe sobre o tema nos arts. 162 a 165. Novamente, a questão posta pela FCC é assim respondida: o art. 164, §§ 2° e 3°, diz que:

> "§2° Os representantes dos empregados, titulares e suplentes, serão eleitos em escrutínio secreto, do qual participem, independentemente de filiação sindical, exclusivamente os empregados interessados.
>
> §3° O mandato dos membros eleitos da CIPA terá a duração de 1 (um) ano, permitida uma reeleição".

A FCC uniu as duas afirmativas para montar a alternativa "D", que está correta.

47. A alternativa **correta é a letra "a"**. A questão da FCC leva em consideração a diferença existente entre convenção coletiva de trabalho e acordo coletivo de trabalho, prevista no art. 611 da CLT, a seguir transcrito:

> "Art. 611. Convenção Coletiva de Trabalho é o acordo de caráter normativo, pelo qual dois ou mais Sindicatos representativos de categorias econômicas e profissionais estipulam condições de trabalho aplicáveis, no âmbito das respectivas representações, às relações individuais de trabalho.
>
> § 1° É facultado aos Sindicatos representativos de categorias profissionais celebrar Acordos Coletivos com uma ou mais empresas da correspondente categoria econômica, que estipulem condições de trabalho, aplicáveis no âmbito da empresa ou das acordantes respectivas relações de trabalho".

Nas negociações coletivas — acordo coletivo de trabalho e convenção coletiva de trabalho —, podem ser inseridas as denominadas cláusulas obrigacionais, que regulam as obrigações existentes entre as partes convenentes, que no acordo coletivo são o sindicato da categoria profissional (empregados) e empresa ou empresas e na convenção coletiva de trabalho são os sindicatos dos empregados e empregadores.

48. A alternativa **correta é a letra "c"**. A FCC já levou em consideração a **nova redação da Súmula n. 277 do TST**, que foi profundamente alterada em setembro/2012, passando a possuir o seguinte conteúdo:

> "As cláusulas normativas dos acordos coletivos ou convenções coletivas integram os contratos individuais de trabalho e somente poderão ser modificadas ou suprimidas mediante negociação coletiva de trabalho".

Trata-se da aplicação da teoria da ultra-atividade, conforme dito pela Fundação Carlos Chagas, pois, apesar de a negociação coletiva (acordo coletivo ou convenção coletiva) não estar mais em vigor, continua a produzir efeitos até que outra negociação coletiva venha a excluir o direito. Assim, se determinada convenção coletiva de trabalho 2011/2013 cria o direito ao recebimento de vale-alimentação, mesmo após 2013 esse direito continua a existir, até que outra negociação coletiva venha a excluir expressamente o benefício.

49. A alternativa **correta é a letra "a"**. Passemos à análise das assertivas da FCC:
Assertiva I: Errada, pois se houver interferência na constituição, filiação, eleição e outros, tipicamente internos ao sindicato, haverá violação aos preceitos da Convenção n. 87 da OIT, violando a liberdade sindical.
Assertiva II: Errada, pois em desconformidade com o art. 518 da CLT, que diz quais são os requisitos que devem estar descritos no estatuto.
Assertiva III: Correta, pois de acordo com a Súmula n. 677 do STF.
Assertiva IV: Errada, pois diz em **primeiro grau**, ao passo que o inc. II do art. 8° da CF/88 diz em **qualquer grau**.

50. A alternativa **correta é a letra "b"**. Passemos à análise das assertivas da FCC:
Assertiva I: Correta, pois a autocomposição e a heterocomposição são, realmente, formas de composição dos conflitos. A primeira parte das próprias partes conflitantes, e a segunda, da interveniência de um terceiro.
Assertiva II: Errada, pois a conciliação é uma forma de resolução de conflito autocompositiva.
Assertiva III: Correta, pois por meio da negociação coletiva as partes chegam à solução do conflito sem a interveniência de um terceiro.
Assertiva IV: Errada, pois o setor público é regido pelo princípio da legalidade, não cabendo, por exemplo, dissídio coletivo com cláusulas normativas, conforme a OJ n. 5 da SDC do TST.

51. A alternativa **correta é a letra "d"**. Nos termos da **Súmula n. 374 do TST**:

> "Empregado integrante de categoria profissional diferenciada não tem o direito de haver de seu empregador vantagens previstas em instrumento coletivo no qual a empresa não foi representada por órgão de classe de sua categoria".

A contrario sensu, o empregado de categoria diferenciada tem direito às *"vantagens previstas no instrumento coletivo firmado pelo sindicato da categoria profissional diferenciada, desde que a empresa tenha sido representada por órgão de classe de sua categoria na negociação coletiva"*, conforme a alternativa "D".

52. A alternativa **correta é a letra "e"**. Pode-se afirmar que o empregado sofreu discriminação que ocasionou dano pré-contratual, pois não houve a formação do vínculo de emprego, mas o dano ocorreu em decorrência da tentativa de formação do vínculo. Além disso, pode ser afirmado que a discriminação decorre de conduta antissindical do empregador, pois o trabalhador não foi contratado por já ter ocupado a função de dirigente sindical. A atitude da empresa dificulta ou impede a produção de efeitos do denominado princípio da livre-sindicalização, podendo tal dano ser reparado na Justiça do Trabalho, conforme o art. 114 da CF/88 e a Súmula n. 392 da TST.

53. A alternativa **correta é a letra "a"**. A resposta encontra-se novamente na **Súmula n. 374 do TST**, assim redigida:

> "Empregado integrante de categoria profissional diferenciada não tem o direito de haver de seu empregador vantagens previstas em instrumento coletivo no qual a empresa não foi representada por órgão de classe de sua categoria".

Os benefícios decorrentes da negociação coletiva somente serão estendidos aos empregados da empresa se esta for representada na confecção do instrumento normativo.
Alternativa "B": errado, pois em conflito com a Súmula n. 369, III, do TST.
Alternativa "C": errado, pois não precisa ser reconhecido por decisão judicial.
Alternativa "D": errado, pois viola o entendimento da OJ n. 9 da SDC/TST.
Alternativa "E": errado, pois viola a Súmula n. 117 do TST.

54. A alternativa **correta é a letra "a"**. Nos termos do art. 611 da CLT, temos:

> "Convenção Coletiva de Trabalho é o acordo de caráter normativo, pelo qual dois ou mais Sindicatos representativos de categorias econômicas e profissionais estipulam condições de trabalho aplicáveis, no âmbito das respectivas representações, às relações individuais de trabalho".

Assim, na convenção coletiva de trabalho, temos dois sindicatos firmando o instrumento coletivo, de um lado o sindicato dos empregados e, de outro, o sindicato dos empregadores.
Alternativa "B": errado, pois conforme art. 511, § 3º, da CLT, *"Categoria profissional diferenciada é a que se forma dos empregados que exerçam profissões ou funções diferenciadas por força de estatuto profissional especial ou em consequência de condições de vida singulares"*.
Alternativa "C": errado, pois o art. 611, § 2º, da CLT diz que as federações e confederações também podem firmar as convenções coletivas.
Alternativa "D": errado, pois viola o art. 620 da CLT.
Alternativa "E": errado, pois o art. 614, § 3º, diz ser o prazo máximo de vigência de 2 anos.

55. A alternativa **correta é a letra "b"**. As comissões de conciliação prévias estão regulamentadas nos arts. 625-A a H da CLT, sendo que sua formação, quando ocorrer na empresa, dá-se conforme o art. 625-B da CLT, com a seguinte redação:

> "A Comissão instituída no âmbito da empresa será composta de, no mínimo, dois e, no máximo, dez membros, e observará as seguintes normas: (...)"

A comissão formada nos sindicatos tem a sua formação de acordo com as normas presentes em convenção coletiva de trabalho, de acordo com o art. 625-C da CLT. Percebe-se que a formação inserida na letra "B" está errada.
Alternativa "A": correto, de acordo com o art. 625-F da CLT.
Alternativa "C": perfeito, pois em conformidade com o art. 625-G da CLT.
Alternativa "D": correto, de acordo com o art. 625-B, § 1º, da CLT.
Alternativa "E": correto, pois de acordo com o art. 625-E, parágrafo único, da CLT.

56. A alternativa **correta é a letra "c"**. Um dos dispositivos mais importantes em relação às comissões de conciliação prévias encontra-se no art. 625-E da CLT, que trata do acordo celebrado perante aquele. Transcreve-se:

> "Art. 625-E. Aceita a conciliação, será lavrado termo assinado pelo empregado, pelo empregador ou seu proposto e pelos membros da Comissão, fornecendo-se cópia às partes.
>
> Parágrafo único. O termo de conciliação é título executivo extrajudicial e terá eficácia liberatória geral, exceto quanto às parcelas expressamente ressalvadas".

A redação do art. 625-E, parágrafo único, foi transcrita na alternativa "C", que, portanto, está perfeita, correta.
Alternativa "A": errado, pois o mandato será de um ano, conforme art. 625-B da CLT.
Alternativa "B": do acordo não cabe recurso, formando-se, desde logo, o título executivo extrajudicial. Não cabe recurso por ausência de interesse recursal.

Alternativa "D": errado no que tange aos representantes dos empregadores, pois não possuem estabilidade, conforme art. 625-B da CLT.
Alternativa "E": errado, pois nos termos das decisões do STF nas ADI ns. 2.139 e 2.160, não é mais necessária a apresentação de pedido à CCP antes do ajuizamento de ações trabalhistas. Trata-se de faculdade.

57. A alternativa **correta é a letra "e"**. Quando formada no âmbito da empresa, a Comissão de Conciliação Prévia segue as normas previstas no art. 625-B da CLT, a seguir transcrito:

> "Art. 625-B. A Comissão instituída no âmbito da empresa será composta de, no mínimo, dois e, no máximo, dez membros, e observará as seguintes normas: (Incluído pela Lei n. 9.958, de 12.1.2000) I — a metade de seus membros será indicada pelo empregador e outra metade eleita pelos empregados, em escrutínio, secreto, fiscalizado pelo sindicato de categoria profissional; II — haverá na Comissão tantos suplentes quantos forem os representantes titulares; III — o mandato dos seus membros, titulares e suplentes, é de um ano, permitida uma recondução.
>
> § 1º É vedada a dispensa dos representantes dos empregados membros da Comissão de Conciliação Prévia, titulares e suplentes, até um ano após o final do mandato, salvo se cometerem falta, nos termos da lei. (Incluído pela Lei n. 9.958, de 12.1.2000)
>
> § 2º O representante dos empregados desenvolverá seu trabalho normal na empresa afastando-se de suas atividades apenas quando convocado para atuar como conciliador, sendo computado como tempo de trabalho efetivo o despendido nessa atividade".

Analisando-se as alternativas da FCC, devemos, em primeiro lugar, excluir todas aquelas em que o número de representantes de empregados e empregadores seja diferente, pois, em nome do princípio da isonomia, esse número de membros sempre será o mesmo. Depois, vamos excluir as comissões que tenham menos de 2 membros, 1 dos empregados e 1 dos empregadores, bem como aqueles que possuem mais de 10 membros (5 + 5). Assim, resta apenas a comissão demonstrada na alternativa "E", que é a única correta.
As demais alternativas não precisam ser analisadas em separado, pois tratam do mesmo tema.

DIREITO PROCESSUAL DO TRABALHO — CESPE/UNB

1. (CESPE — 2016 — FUNPRESP-EXE — Analista/Recursos) A respeito do rito sumaríssimo e dos recursos no processo do trabalho, julgue o item seguinte.

Caso, em julgamento de embargos de declaração opostos contra decisão de turma do TST que tenha negado provimento ao agravo de instrumento, seja imposta multa por terem sido os embargos considerados protelatórios, será possível a interposição de recurso de embargos para a Seção de Dissídios Individuais no TST.

2. (CESPE — 2016 — FUNPRESP-EXE — Analista/Procedimento sumaríssimo) A respeito do rito sumaríssimo e dos recursos no processo do trabalho, julgue o item seguinte.

No procedimento sumaríssimo, é possível a interposição de recurso de revista quando a decisão de TRT contrariar orientação jurisprudencial do TST.

3. (CESPE — 2016 — FUNPRESP-EXE — Analista/Recursos) A respeito do rito sumaríssimo e dos recursos no processo do trabalho, julgue o item seguinte.

Situação hipotética: Tendo constado que um TRT negou provimento a recurso ordinário, determinado advogado que acompanhava a sessão de julgamento protocolizou, antes mesmo da publicação do acórdão, recurso de revista, alegando que a decisão feria diretamente dispositivo constitucional. Assertiva: Nessa situação, o recurso de revista deverá ser conhecido e processado pelo TST.

4. (CESPE — 2016 — FUNPRESP-EXE — Analista/Ação rescisória) A respeito da ação rescisória no processo do trabalho, julgue o item subsequente.

No processo do trabalho, não é cabível ação rescisória para impugnar decisão do juiz que homologue a arrematação de um bem.

5. (CESPE — 2016 — FUNPRESP-EXE — Analista/Ação rescisória) A respeito da ação rescisória no processo do trabalho, julgue o item subsequente.

Em ação rescisória, se a parte ré, citada para apresentar defesa, permanecer inerte, serão aplicados os efeitos da confissão, por não ter sido a ação rescisória contestada.

6. (CESPE — 2016 — FUNPRESP-EXE — Analista/Partes e procuradores) A respeito do *jus postulandi* na justiça do trabalho e do cabimento do mandado de segurança no processo do trabalho, julgue o item que se segue. Dado o princípio do *jus postulandi* na justiça do trabalho, não é necessário advogado para que a parte ingresse com ação cautelar em que formule pedido de liminar.

7. (CESPE — 2015 — DPU — Defensor Público da União/Prescrição) Julgue o item subsequente, relativo à competência e à prescrição no processo trabalhista e aos princípios gerais que norteiam esse processo.

Se um contrato de trabalho for suspenso em virtude da percepção de auxílio-doença pelo empregado, o prazo da prescrição quinquenal para a pretensão de créditos trabalhistas relativos a esse contrato ficará suspenso, continuando a fluir quando do retorno do empregado ao trabalho.

8. (CESPE — 2015 — DPU — Defensor Público da União/Competência) Julgue o item subsequente, relativo à competência e à prescrição no processo trabalhista e aos princípios gerais que norteiam esse processo.

A justiça do trabalho é competente para julgar as demandas instauradas entre pessoas jurídicas de direito privado integrantes da administração pública indireta e seus empregados, cuja relação é regida pela CLT, independentemente de a ação ser relativa ao período pré-contratual.

9. (CESPE — 2015 — DPU — Defensor Público da União/Princípios) Julgue o item subsequente, relativo à competência e à prescrição no processo trabalhista e aos princípios gerais que norteiam esse processo.

Amplamente admitido no direito material do trabalho, o princípio da busca da verdade real não se aplica ao direito processual do trabalho, uma vez que a finalidade do processo é a justa e igualitária composição do litígio com mesmos direitos ao contraditório e à ampla defesa.

10. (CESPE — 2015 — DPU — Defensor Público da União/Recursos) Em relação aos recursos no direito processual do trabalho, julgue o item a seguir.

Caso seja imposta multa por litigância de má-fé a uma das partes do processo trabalhista, o recolhimento do valor dessa multa, segundo entendimento do TST, constituirá pressuposto objetivo para a interposição dos recursos de natureza trabalhista pela parte apenada com a referida sanção pecuniária.

11. (CESPE — 2012 — AGU — Advogado/Direito Processual do Trabalho/Organização da Justiça do Trabalho) Julgue o item que se segue, relativo à organização e competência da justiça do trabalho e ao processo do trabalho.

São órgãos da justiça do trabalho: o TST, os tribunais regionais do trabalho, os juízes do trabalho e os juizados especiais trabalhistas.

12. (CESPE — 2008 — SEMAD-ARACAJU — Procurador Municipal/Direito Processual do Trabalho/Organização da Justiça do Trabalho) Acerca de jurisdição e competência, organização, composição e funcionamento da justiça do trabalho, julgue o item subsequente.

São órgãos da justiça do trabalho, além do TST, dos tribunais regionais do trabalho (TRTs) e dos juízes do trabalho, também os juízes de direito nas comarcas onde não houver instalada vara do trabalho, caso em que os recursos interponíveis serão para os respectivos tribunais de justiça.

13. (CESPE — 2009 — SEAD-SE (FPH) — Procurador/Direito Processual do Trabalho/Organização da Justiça do Trabalho) A respeito do direito processual do trabalho, julgue o item seguinte.
As comissões de conciliação prévia compõem a estrutura da justiça do trabalho.

14. (CESPE — 2008 — TST — Analista Judiciário — Área Judiciária/Direito Processual do Trabalho/Organização da Justiça do Trabalho) Acerca da Justiça do Trabalho, julgue os itens que se seguem.
São órgãos da Justiça do Trabalho: o Tribunal Superior do Trabalho (TST) e os tribunais regionais do trabalho (TRTs), que detêm competências originárias ou recursais, e os juízes do trabalho, integrantes do primeiro grau de jurisdição trabalhista, que processam e julgam as causas não previstas na competência originária dos referidos tribunais.

15. (CESPE — 2008 — TST — Analista Judiciário — Área Judiciária/Direito Processual do Trabalho/Organização da Justiça do Trabalho) O Tribunal Superior do Trabalho (TST) é composto por ministros escolhidos entre brasileiros com mais de trinta e cinco anos e menos de sessenta e cinco anos de idade, nomeados pelo presidente da República após aprovados pela maioria absoluta do Senado Federal. A Constituição Federal vigente prevê que 21 (vinte e um) dos ministros sejam necessariamente oriundos da magistratura de carreira, indicados pelo TST ao presidente da República dentre juízes de tribunais regionais do trabalho; três dentre advogados com mais de dez anos de efetiva atividade profissional e três dentre membros do Ministério Público do Trabalho com mais de dez anos de efetivo exercício, estes últimos seis a partir de listas tríplices encaminhadas ao presidente da República pelo TST, depois de reduzidas as listas sêxtuplas encaminhadas pelos órgãos de classe das respectivas corporações.

16. (CESPE — 2007 — TRT 9ª Região (PR) — Analista Judiciário — Área Judiciária/Direito Processual do Trabalho/Organização da Justiça do Trabalho) Acerca da organização, da jurisdição e da competência da Justiça do Trabalho, julgue os seguintes itens.
São órgãos da Justiça do Trabalho o Supremo Tribunal Federal (STF), o Tribunal Superior do Trabalho (TST), os tribunais regionais do trabalho (TRTs) e os juízes do trabalho.

17. (CESPE — 2007 — TRT 9ª Região (PR) — Analista Judiciário — Área Judiciária/Direito Processual do Trabalho/Organização da Justiça do Trabalho) Os tribunais do trabalho são compostos por juízes togados e juízes classistas. Estes últimos representam as categorias econômicas e profissionais, em representação paritária.

18. (CESPE — 2013 — TRT 10ª Região (DF e TO) — Analista Judiciário — Área Judiciária/Direito Processual do Trabalho/Competência) Compete à justiça do trabalho processar e julgar as ações sobre representação sindical em que sejam partes sindicatos, sindicatos e trabalhadores, e sindicatos e empregadores.

19. (CESPE — 2012 — Banco da Amazônia — Técnico Científico — Direito/Direito Processual do Trabalho/Competência) Por não tratarem de relação de emprego ou trabalho, conflitos que envolvam representação sindical são de competência da justiça comum.

20. (CESPE — 2012 — AGU — Advogado/Direito Processual do Trabalho/Competência) Julgue o item que se segue, relativo à organização e competência da justiça do trabalho e ao processo do trabalho.

Compete ao TRT processar e julgar a ação rescisória de decisão proferida pelo próprio TRT, devendo-se seguir o rito procedimental previsto no processo civil, exceto quanto ao depósito prévio, que, no processo do trabalho, é de 15% sobre o valor dado à causa.

21. (CESPE — 2008 — SEMAD-ARACAJU — Procurador Municipal/Direito Processual do Trabalho/Competência) Acerca de jurisdição e competência, organização, composição e funcionamento da justiça do trabalho, julgue os itens subsequentes.

Conforme entendimento do STF, a justiça do trabalho passou a ser competente para todas as causas envolvendo relação de trabalho, exceto quando envolvidos servidor público federal e a União.

22. (CESPE — 2008 — SEMAD-ARACAJU — Procurador Municipal/Direito Processual do Trabalho/Competência) Os conflitos de competência envolvendo juiz de direito investido de jurisdição trabalhista e juiz do trabalho, no âmbito da mesma região da justiça do trabalho, compete ao Superior Tribunal de Justiça.

23. (CESPE — 2007 — TRT 9ª Região (PR) — Analista Judiciário — Área Judiciária/Direito Processual do Trabalho/Teoria Geral do Processo do Trabalho) Com relação aos princípios inerentes ao processo do trabalho, julgue os itens subsequentes.

O processo civil é fonte subsidiária do processo do trabalho, sendo que, nas execuções trabalhistas, havendo omissão na Consolidação das Leis do Trabalho (CLT), deve o intérprete, preferencialmente, buscar a regra de regência aplicável às execuções fiscais.

24. (CESPE — 2007 — TRT 9ª Região (PR) — Analista Judiciário — Área Judiciária/Direito Processual do Trabalho/Teoria Geral do Processo do Trabalho) De acordo com o princípio da oralidade, os atos processuais prescindem de forma ou transcrição escrita do inteiro teor ou do respectivo resumo e são sempre realizados em audiência perante o juiz do trabalho.

25. (CESPE — 2005 — TRT 16ª Região — Analista Judiciário — Área Judiciária/Direito Processual do Trabalho/Teoria Geral do Processo do Trabalho) Com relação aos princípios gerais que informam o processo trabalhista, julgue os itens seguintes.

O princípio da isonomia impõe ao magistrado o dever de assegurar aos litigantes idêntico tratamento, durante a instrução do processo.

26. (CESPE — 2005 — TRT 16ª Região — Analista Judiciário — Área Judiciária/Direito Processual do Trabalho/Teoria Geral do Processo do Trabalho) Como expressão do postulado ético-jurídico da motivação das decisões, o juiz do trabalho está obrigado a expor, no julgamento, as razões determinantes para a formação de seu convencimento.

27. (CESPE — 2009 — AGU — Advogado/Direito Processual do Trabalho/Teoria Geral do Processo do Trabalho) O princípio do dispositivo confere ao juiz a prerrogativa de procurar e reunir o material do processo, devendo o magistrado observar sempre o respeito à igualdade das partes perante a lei. A inspeção judicial constitui uma das formas de observância de tal princípio.

28. (CESPE — 2013 — TRT 10ª Região (DF e TO) — Analista Judiciário — Área Judiciária/Direito Processual do Trabalho/Partes e Procuradores) Julgue o próximo item, no que se refere aos princípios gerais do processo trabalhista.

Segundo o TST, quando litisconsortes forem representados por diferentes procuradores, serão contados em dobro os prazos a eles disponíveis para contestar, para recorrer e, de modo geral, para falar nos autos.

29. (CESPE — 2013 — TRT 10ª Região (DF e TO) — Analista Judiciário — Área Judiciária/Direito Processual do Trabalho/Partes e Procuradores) Com relação à assistência judiciária e aos honorários advocatícios, julgue os itens seguintes.

A assistência judiciária, nos termos da Lei n. 5.584/1970, deve ser prestada pelo sindicato que representa a categoria, ainda que o trabalhador não seja associado à entidade.

30. (CESPE — 2013 — TRT 10ª Região (DF e TO) — Analista Judiciário — Área Judiciária/Direito Processual do Trabalho/Partes e Procuradores) No âmbito do processo trabalhista, a condenação ao pagamento de honorários advocatícios, não decorre pura e simplesmente da sucumbência, mas do fato de a parte estar assistida por sindicato da categoria profissional e comprovar a percepção de salário inferior ao dobro do salário mínimo ou do fato de encontrar-se em situação econômica que não lhe permita demandar sem prejuízo do próprio sustento ou da respectiva família.

31. (CESPE — 2012 — Banco da Amazônia — Técnico Científico — Direito/Direito Processual do Trabalho/Partes e Procuradores) Tendo como referência a legislação processual trabalhista, julgue o próximo item.

O *jus postulandi* no processo do trabalho tem como base a possibilidade de as partes demandarem em juízo pessoalmente, até o final da demanda; essa prerrogativa se estende aos recursos e demais remédios próprios dos tribunais regionais do trabalho.

32. (CESPE — 2008 — SERPRO — Analista — Advocacia/Direito Processual do Trabalho/Partes e Procuradores) No que se refere ao direito processual do trabalho, julgue os itens a seguir.

Caso um trabalhador mova uma reclamação trabalhista contra sua empresa empregadora e, na data designada para a audiência, compareça o advogado da empresa, portando a procuração, mas o preposto não esteja presente, a empresa será considerada revel.

33. (CESPE — 2008 — SERPRO — Analista — Advocacia/Direito Processual do Trabalho/Partes e Procuradores) Para figurar como preposto em uma audiência, em regra, não existe a necessidade de se comprovar que a pessoa é empregada da reclamada, mas, sim, que possui conhecimento dos fatos discutidos no processo.

34. (CESPE — 2008 — SERPRO — Analista — Advocacia/Direito Processual do Trabalho/Nulidades) No que se refere ao direito processual do trabalho, julgue o item abaixo.

A nulidade fundada em incompetência de foro deve ser declarada de ofício.

35. (CESPE — 2008 — PGE-ES — Procurador de Estado/Direito Processual do Trabalho/Nulidades) Em audiência, o juiz do trabalho indeferiu o pleito de uma parte de produzir prova testemunhal e, no mérito, julgou desfavoravelmente a essa parte. Considerando essa situação e as previsões da Consolidação das Leis do Trabalho pertinentes, julgue o item abaixo.

A nulidade do ato de indeferimento da produção de prova testemunhal deve ser arguida pela primeira vez no recurso ordinário para o tribunal regional do trabalho, porque, antes da sentença, não é possível constatar a existência de prejuízo que justifique a pronúncia da nulidade do referido ato.

36. (CESPE — 2007 — TRT 9ª Região (PR) — Analista Judiciário — Área Judiciária/Direito Processual do Trabalho/Nulidades) Acerca das nulidades processuais no processo do trabalho, julgue os itens a seguir.

No processo do trabalho, se considera a nulidade apenas quando do ato questionado resulte manifesto prejuízo à parte que não o praticou, e desde que, não tendo sido arguido por quem lhe haja dado causa, seja possível suprir a falta ou repetir-se o ato, resultando na necessária nulidade do processo, prejudicando não apenas os atos subsequentes como os anteriores, uma vez que prevalece a contaminação dos atos processuais.

37. (CESPE — 2007 — TRT 9ª Região (PR) — Analista Judiciário — Área Judiciária/Direito Processual do Trabalho/Nulidades) As partes litigantes deverão arguir a nulidade perante o juiz, na primeira ocasião em que se manifestarem no processo. Se não o fizerem, a eventual nulidade não poderá ser pronunciada por decorrência da preclusão, mesmo que envolva questão alusiva a competência material da Justiça do Trabalho.

38. (CESPE — 2008 — PGE-ES — Procurador de Estado/Direito Processual do Trabalho/Provas) De acordo com a jurisprudência do TST, julgue os itens a seguir, referentes ao ônus da prova no processo trabalhista.

O empregador com mais de dez empregados está obrigado a registrar a jornada de trabalho de seus empregados, cabendo-lhe, portanto, em processo trabalhista, o ônus de apresentar esses registros; se não o fizer, o juiz deferirá de plano o pedido formulado na inicial, na medida em que não poderá aceitar a produção de prova em contrário.

39. (CESPE — 2008 — PGE-ES — Procurador de Estado/Direito Processual do Trabalho/Provas) Os registros de ponto que apresentem horários de entrada e saída uniformes são inválidos como meio de prova, invertendo-se o ônus da prova, relativo às horas extras, que passa a ser do empregador, prevalecendo a jornada da inicial se dele não se desincumbir.

40. (CESPE — 2008 — PGE-ES — Procurador de Estado/Direito Processual do Trabalho/Provas) O ônus de provar o término do contrato de trabalho, quando negados a prestação de serviço e o despedimento, é do empregador, pois o princípio da continuidade da relação de emprego constitui presunção favorável ao empregado.

41. (CESPE — 2009 — SEAD-SE (FPH) — Procurador/Direito Processual do Trabalho/Partes e Procuradores; Provas) A respeito do direito processual do trabalho, julgue o item seguinte.

Uma testemunha que também esteja litigando contra a mesma empresa deve ser considerada como suspeita pelo juiz, em razão do interesse direto no resultado do feito.

42. (CESPE — 2010 — TRT 21ª Região (RN) — Analista Judiciário — Área Judiciária/Direito Processual do Trabalho/Provas) Considerando as provas no processo do trabalho, julgue os itens a seguir.

Considere que Cássio tenha entrado com ação trabalhista que postule a condenação do seu ex-empregador ao pagamento de indenização correspondente ao vale-transporte relativo a todo o pacto laboral, o qual durou onze meses. Nesse caso, cabe a Cássio o ônus de comprovar que, durante o período laboral, satisfez os requisitos indispensáveis à obtenção do vale-transporte.

43. (CESPE — 2010 — TRT 21ª Região (RN) — Analista Judiciário — Área Judiciária/Direito Processual do Trabalho/Provas) Considere uma empresa cujo quadro funcional sempre

tenha sido constituído de seis a oito funcionários e que um desses empregados tenha ajuizado ação trabalhista contra ela, postulando o pagamento de horas extras. Nessa situação, recai sobre a empresa o ônus de apresentar os controles de frequência desse empregado, e a não apresentação desses controles gera presunção relativa de veracidade da jornada de trabalho, que pode ser elidida por prova em contrário.

44. (CESPE — 2005 — TRT 16ª Região — Analista Judiciário — Área Judiciária — Execução de Mandados/Direito Processual do Trabalho/Reclamação Trabalhista) Julgue o item seguinte, referente ao direito processual do trabalho.

Na justiça do trabalho, segundo a previsão da Consolidação das Leis do Trabalho, as reclamações podem ser feitas de forma escrita ou verbal.

45. (CESPE — 2005 — TRT 16ª Região — Analista Judiciário — Área Judiciária/Direito Processual do Trabalho/Reclamação Trabalhista) Julgue o próximo item, relativo ao processo judiciário do trabalho.

Embora o processo do trabalho seja instruído sob o princípio da informalidade, a petição inicial da reclamação trabalhista há de ser elaborada, necessariamente, de forma escrita, com estrita observância dos demais requisitos legais.

46. (CESPE — 2010 — PGM-RR — Procurador Municipal/Direito Processual do Trabalho/Reclamação Trabalhista) Julgue os itens a seguir, considerando que um operário tenha manejado ação trabalhista e indicado, como valor da demanda, o total de R$ 20.500,00.

Na discussão judicial de direitos, caso o empregador reconheça parte do crédito almejado pelo obreiro, mas não o quite na primeira assentada, deverá ser condenado a fazê-lo com a majoração de 50% somente sobre o salário devido.

47. (CESPE — 2010 — PGM-RR — Procurador Municipal/Direito Processual do Trabalho/Reclamação Trabalhista) Ao postular o reconhecimento de eventual relação de emprego, o obreiro não terá distinção entre os efeitos da prescrição, somente para esse fim, quando menor ou maior.

48. (CESPE — 2007 — TRT 9ª Região — Analista Judiciário — Área Judiciária — Execução de Mandados/Direito Processual do Trabalho/Reclamação Trabalhista) Em reclamação trabalhista, a notificação encaminhada ao reclamado foi devolvida sob a indicação de destinatário desconhecido no endereço, embora este constasse da CTPS do reclamante como o endereço do seu empregador. Na audiência inaugural, o reclamante, alegando que o endereço estava correto e que seu anterior empregador usara subterfúgios impróprios, solicitou ao juiz que determinasse a citação e intimação do reclamado por oficial de justiça, o que ocorreu, com designação de nova audiência. O oficial de justiça, cumprindo o mandado judicial, verificou que o endereço era efetivamente do reclamado, mas que este não se encontrava no local quando das diligências, conforme informações dadas por empregado atual do reclamado, que estava no local constante da petição inicial e da notificação originalmente expedida. Considerando essa situação, julgue o item que se segue.

O oficial de justiça deveria devolver o mandado sem cumprimento, já que a diligência deveria encerrar-se com a citação e intimação do próprio reclamado para a audiência inaugural, assim cabendo certificar, apenas, que este não se encontrava presente para receber a contrafé da petição inicial, no endereço indicado pelo reclamante.

49. (CESPE — 2011 — EBC — Analista — Advocacia/Direito Processual do Trabalho/Sentença, Coisa Julgada e Liquidação de Sentença) Com relação aos procedimentos ordinário e sumaríssimo, julgue o item que se segue.

Os requisitos da sentença no procedimento ordinário são os seguintes: nome das partes; resumo do pedido e da defesa; apreciação das provas; fundamentos da decisão; e respectiva conclusão.

50. (CESPE — 2007 — TRT 9ª Região (PR) — Analista Judiciário — Execução de Mandados/Direito Processual do Trabalho/Sentença, Coisa Julgada e Liquidação de Sentença) Considere que, concedida a segurança, o juiz tenha determinado a expedição de ofício urgente para o imediato cumprimento da sentença pela autoridade indicada como coatora. Nessa situação, julgue os itens que se seguem.
A secretaria da vara do trabalho deve providenciar, além da intimação da sentença dirigida à autoridade coatora, a intimação regular e pessoal do procurador da União, do estado, do Distrito Federal ou de suas respectivas autarquias e fundações públicas, conforme a vinculação da autoridade coatora.

51. (CESPE — 2007 — TRT 9ª Região (PR) — Analista Judiciário — Execução de Mandados/Direito Processual do Trabalho/Sentença, Coisa Julgada e Liquidação de Sentença) Considerando-se o resultado da sentença, a autoridade coatora poderá interpor recurso ao respectivo TRT, no prazo de oito dias da intimação pelo oficial de justiça.

52. (CESPE — 2007 — TRT 9ª Região — Técnico Judiciário — Área Administrativa/Direito Processual do Trabalho/Execução; Sentença, Coisa Julgada e Liquidação de Sentença) Julgue o item a seguir.
Ao sentenciar, o juiz deve arbitrar o valor da condenação, quando não for possível desde logo liquidá-la, mas o valor assim fixado provisoriamente apenas tem efeito para fins de custas ou de depósito no caso de recurso, eis que necessária a apuração do efetivamente devido por meio de cálculo, arbitramento ou artigos, em sendo a sentença ilíquida.

53. (CESPE — 2010 — SERPRO — Analista — Advocacia/Direito Processual do Trabalho/Ação Rescisória) Em conformidade com a CLT e com os procedimentos e recursos trabalhistas na jurisprudência do TST, julgue o seguinte item.
As questões processuais que surgem na tramitação de um processo, como regra, não são passíveis de ação rescisória, exceto na hipótese de consistirem em pressuposto de validade de uma sentença de mérito transitada em julgado.

54. (CESPE — 2013 — SERPRO — Analista — Advocacia/Direito Processual do Trabalho/Dissídios Coletivos) No que concerne ao direito processual do trabalho, julgue os itens seguintes.
O fato de dois sindicatos discutirem na justiça do trabalho a interpretação de cláusula prevista em convenção coletiva de trabalho configura um dissídio coletivo de natureza jurídica cuja sentença normativa é meramente declaratória.

55. (CESPE — 2005 — TRT 16ª Região — Analista Judiciário — Área Judiciária — Execução de Mandados/Direito Processual do Trabalho/Dissídios Coletivos) Em cada um dos itens seguintes, é apresentada uma situação hipotética acerca das convenções e dos acordos coletivos de trabalho, seguida de uma assertiva a ser julgada.

Raul e diversos trabalhadores desligaram-se do sindicato representativo de sua categoria profissional, por discordarem da forma radical e pouco democrática como foram conduzidas as assembleias destinadas à aprovação da pauta de reivindicações a ser apresentada à categoria econômica. Nessa situação, por força do princípio constitucional da liberdade de filiação, as regras da futura norma coletiva a ser pactuada não serão aplicadas ao contrato de trabalho de Raul.

56. (CESPE — 2013 — SERPRO — Analista — Advocacia/Direito Processual do Trabalho/Recursos) No que concerne ao direito processual do trabalho, julgue o item seguinte.

Segundo a CLT, o recurso de agravo de instrumento é adequado para impugnar decisão interlocutória proferida na justiça do trabalho.

57. (CESPE — 2004 — TRT 10ª Região (DF e TO) — Analista Judiciário — Área Judiciária/Direito Processual do Trabalho/Recursos) Considerando as disposições legais contidas na Consolidação das Leis do Trabalho (CLT), nos enunciados e orientações jurisprudenciais do Tribunal Superior do Trabalho (TST), julgue o item subsequente.

O recurso cabível contra decisão que indefere produção de prova testemunhal em audiência é o agravo de instrumento.

58. (CESPE — 2010 — TRT 21ª Região (RN) — Analista Judiciário — Execução de Mandados/Direito Processual do Trabalho/Execução; Recursos) Acerca de processo de execução, julgue o item subsequente.

A admissibilidade do recurso de revista em processo de execução depende de demonstração inequívoca de violência direta e literal à CF.

GABARITO

1. A alternativa está **correta:** há o cabimento do recurso de embargos para o TST, conforme a Súmula n. 353 do TST, que afirma: "Não cabem embargos para a Seção de Dissídios Individuais de decisão de Turma proferida em agravo, salvo: (...) *e) para impugnar a imposição de multas previstas nos arts. 1.021, § 4º, do CPC de 2015 ou 1.026, § 2º, do CPC de 2015 (art. 538, parágrafo único, do CPC de 1973, ou art. 557, § 2º, do CPC de 1973)"*.
2. A alternativa está **errada:** não há possibilidade de interpor recurso de revista, no rito sumaríssimo, para alegar a violação de Orientação Jurisprudencial, já que o § 9º do art. 896 da CLT prevê apenas a violação à Constituição Federal, Súmula do TST ou Súmula Vinculante do STF. A Súmula n. 442 do TST diz **não ser possível impugnar decisão contrária à OJ**.
3. A alternativa está **correta:** após o cancelamento da Súmula n. 434 do TST, que dizia ser extemporâneo o recurso interposto antes da publicação do acórdão, a interposição na hipótese narrada é possível. Vejam que o advogado protocolou o recurso antes da publicação do acórdão, situação hoje possível no processo do trabalho.
4. A alternativa está **correta:** a informação está adequada, pois a **Súmula n. 399, I, do TST** diz ser incabível a ação rescisória na hipótese, por não se tratar de decisão de mérito. Vejamos: I — É incabível ação rescisória para impugnar decisão homologatória de adjudicação ou arrematação.
5. A alternativa está **errada:** não há revelia na ação rescisória, conforme a Súmula n. 398 do TST. Mesmo que o réu não apresente a defesa, não teremos a presunção de veracidade dos fatos afirmados, na medida em que a coisa julgada material não pode ser desconstituída com base em presunções.
6. A alternativa está **errada:** para o ajuizamento da ação cautelar, conforme entendimento do TST na Súmula n. 425, é necessária a representação por advogado, não se aplicando o princípio do *jus postulandi* na hipótese. No processo do trabalho, é necessário o advogado para a ação rescisória, mandado de segurança, ação cautelar e recursos para o TST.
7. O item está **errado**. A OJ n. 375 da SDI-1 do TST diz que o prazo prescricional não fica suspenso em decorrência da suspensão do contrato de trabalho, a não ser que haja total impossibilidade de ajuizamento da ação pelo empregado, o que não se presume. Vejamos: "A suspensão do contrato de trabalho, em virtude da percepção do auxílio-doença ou da aposentadoria por invalidez, não impede a fluência da prescrição quinquenal, ressalvada a hipótese de absoluta impossibilidade de acesso ao Judiciário".

8. O item está **certo**. O STF exclui da competência da Justiça do Trabalho tão somente os servidores estatutários. Os celetistas, por exemplo, da Petrobras, Banco do Brasil e CEF, continuam a ser da competência da Justiça do Trabalho, nos termos do inc. I do art. 114 da CF. Ademais, cabe à Justiça do Trabalho a análise do período pré-contratual, que costumeiramente tem gerado danos aos empregados, como em promessas de emprego não efetivadas ou discriminações em processos seletivos.

9. O item está **errado**. A busca pela verdade real é aplicada ao processo do trabalho, que não busca apenas a verdade formal, aquela que é levada aos autos pelas provas produzidas pelas partes. No processo do trabalho, o Juiz atua *ex officio* na produção das provas, determinando-as de forma a encontrar a verdade plena. Os poderes instrutórios do Juiz, do art. 370 do CPC/2015 e do art. 852-E da CLT aplicam-se perfeitamente à matéria para definir a atuação do Magistrado.

10. O item está **errado**. O entendimento do TST é no sentido de que não é necessário o recolhimento do valor da multa por litigância de má-fé para a interposição de recurso, pois tal valor não engloba o preparo, nos termos da OJ 409 da SDI-1 do TST, abaixo transcrita: *"O recolhimento do valor da multa imposta por litigância de má-fé, nos termos do art. 18 do CPC, não é pressuposto objetivo para interposição dos recursos de natureza trabalhista. Assim, resta inaplicável o art. 35 do CPC como fonte subsidiária, uma vez que, na Justiça do Trabalho, as custas estão reguladas pelo art. 789 da CLT".*

11. O item está **errado**. A afirmação está em descompasso com o art. 111 da CF/88, pois tal dispositivo legal não menciona os juizados especiais trabalhistas. Além disso, a CF/88 diz que os órgãos são os Juízes do Trabalho, **e não as Varas do Trabalho**.

12. O item está **errado**. O erro está no final da afirmativa, pois os recursos, conforme o art. 112 da CF/88, serão interpostos para o respectivo tribunal regional do trabalho. A questão que se coloca é a seguinte, nos termos do artigo mencionado:

> "A lei criará varas da Justiça do Trabalho, podendo, nas comarcas não abrangidas por sua jurisdição, atribuí-la aos juízes de direito, com recurso para o respectivo Tribunal Regional do Trabalho".

Assim, caso exista localidade não abrangida pela competência da Justiça do Trabalho, pode a lei atribuir tal competência para os Juízes de Direito (Juiz estadual, por exemplo), que atuará naqueles determinados processos como Juízes do Trabalho, sentenciando como tal. Da sentença será interposto o recurso cabível no processo do trabalho, qual seja, o recurso ordinário (art. 895 da CLT), que será remetido e julgado pelo TRT, e não Pelo Tribunal de Justiça, apesar de o Juiz ser estadual.

13. O item está **errado**. Os órgãos componentes da Justiça do Trabalho estão expressos no art. 111 da CF/88, sendo o TST, os TRTs e os Juízes do Trabalho. Não se faz menção às comissões de conciliação prévia, que são órgãos administrativos e podem ser criadas nas empresas ou nos sindicatos, conforme disposto nos arts. 625-A a H da CLT. Não são órgãos jurisdicionais, e sim administrativos.

14. O item está **certo**. As informações estão de acordo com as normas de processo que criam e organizam as atividades dos tribunais, bem como das Varas do Trabalho, órgãos de primeiro grau. As informações pertinentes, que devem ser entendidas, são as seguintes:

- **Os tribunais (TST e TRT) possuem competência originária:** algumas ações são ajuizadas diretamente nos tribunais, ou seja, tem o seu início já nesses órgãos superiores, por isso se afirma que a competência é originária. São exemplos de ações que se iniciam nos tribunais (TST e TRT): **dissídio coletivo, ação cautelar, mandado de segurança, ação rescisória, dentre outras**. Quando uma ação tem início direto no tribunal, dizemos que a competência exercida é originária.
- **Os tribunais (TST e TRT) possuem competência recursal:** na maioria das vezes, os processos chegam aos tribunais por meio dos recursos. As ações se iniciam nas Varas do Trabalho, que proferem sentenças, e, por meio dos recursos, chegam aos Tribunais Regionais do Trabalho e ao Tribunal Superior do Trabalho. Como os tribunais estão analisando recursos, diz-se que a competência exercida é recursal.

- **Os Juízes do Trabalho (Varas do Trabalho) possuem competência residual:** a competência das Varas do Trabalho (ou Juízes do Trabalho) é dita residual, pois cabe a elas a análise dos processos que não são de competência dos tribunais. As reclamações trabalhistas típicas, em que são buscadas as verbas salariais e rescisórias, são ajuizadas nas Varas do Trabalho por não caber sua análise aos tribunais.

15. O item está **certo**. As informações estão totalmente certas, retiradas de dois artigos da Constituição Federal, a seguir transcritos, a saber: arts. 111-A e 94. O primeiro trata especificamente do TST, e o segundo, genericamente, da formação dos tribunais. Contudo, completam-se e respondem ao questionamento do CESPE/UnB. Vejamos:

> "Art. 111-A. O Tribunal Superior do Trabalho compor-se-á de vinte e sete Ministros, escolhidos dentre brasileiros com mais de trinta e cinco e menos de sessenta e cinco anos, nomeados pelo Presidente da República após aprovação pela maioria absoluta do Senado Federal, sendo:
>
> I — um quinto dentre advogados com mais de dez anos de efetiva atividade profissional e membros do Ministério Público do Trabalho com mais de dez anos de efetivo exercício, observado o disposto no art. 94;
>
> II — os demais dentre juízes dos Tribunais Regionais do Trabalho, oriundos da magistratura da carreira, indicados pelo próprio Tribunal Superior";
>
> "Art. 94. Um quinto dos lugares dos Tribunais Regionais Federais, dos Tribunais dos Estados, e do Distrito Federal e Territórios será composto de membros, do Ministério Público, com mais de dez anos de carreira, e de advogados de notório saber jurídico e de reputação ilibada, com mais de dez anos de efetiva atividade profissional, indicados em lista sêxtupla pelos órgãos de representação das respectivas classes.
>
> Parágrafo único. Recebidas as indicações, o tribunal formará lista tríplice, enviando-a ao Poder Executivo, que, nos vinte dias subsequentes, escolherá um de seus integrantes para nomeação".

Porém, há uma informação simples, que deve ser analisada com cuidado, acerca do **número de Juízes, Advogados e Membros do Ministério Público**. Como já dito, são 27 ministros do TST, 1/5 vindo da Advocacia e do Ministério Público. Assim, calcula-se 1/5 de 27, o que resulta em 5,4. Como temos que arredondar, 6 ministros virão da Advocacia e do Ministério Público (3 de cada um) e 21 ministros da Magistratura. Essas informações constam da assertiva, que, portanto, está totalmente correta.

16. O item está **errado**. Nos termos do art. 111 da CF/88, o Supremo Tribunal Federal **não** é órgão **da Justiça do Trabalho**. Os órgãos são o TST, os TRTs e os Juízes do Trabalho. **Não são as Varas do Trabalho, e sim os Juízes do Trabalho.**

17. O item está **errado**. Os Juízes Classistas, que representavam as categorias econômicas e profissionais, em representação paritária, não mais existem na Justiça do Trabalho, pois foram extintos pela EC n. 24/99. Até aquele momento, tínhamos as Juntas de Conciliação e Julgamento, que eram formadas pelo Juiz Togado (Juiz do Trabalho) e por dois classistas, um representante dos empregados e outro dos empregadores. A partir da EC n. 24/99, as JCJs passaram a ser denominadas Varas do Trabalho.

18. O item está **certo**. Está de acordo com a competência da Justiça do Trabalho instaurada com a EC n. 45/2004, que alterou o art. 114 da CF, instituindo o inc. III, com a seguinte redação: *"as ações sobre representação sindical, entre sindicatos, entre sindicatos e trabalhadores, e entre sindicatos e empregadores"*. Assim, pouco importa quem são as partes envolvidas no litígio, podendo ser empregados, empregadores ou sindicatos. A competência é em decorrência da matéria, isto é, sendo a ação voltada à análise do tema ***representação sindical***, é certo que a competência será trabalhista.

19. O item está **errado**. Conforme afirmado na questão anterior, o inc. III do art. 114 da CF/88 diz que competem à Justiça do Trabalho *"as ações sobre representação sindical, entre sindicatos, entre sindicatos e trabalhadores, e entre sindicatos e empregadores"*. Portanto, a competência não é da Justiça Comum, pois a matéria ***representação sindical*** é tipicamente trabalhista, e o legislador constituinte derivado, ao criar a EC n. 45/2004, entendeu por bem retirar tais demandas da Justiça Comum e trazê-las para a trabalhista.

20. O item está **errado**. A primeira parte da questão está correta. Realmente, cabe ao próprio TRT o julgamento de rescisória, ajuizada em face de decisão do próprio TRT, que transitou em julgado com os vícios do art. 966 do CPC/2015. Aliás, há uma regra importante em direito processual (civil e trabalhista) que diz que ***todo tribunal tem competência para julgar as ações rescisórias ajuizadas de seus próprios julgados***. Assim, se transitou em julgado no TRT, cabe ao próprio TRT. Se transitou em julgado no TST, cabe ao próprio TST. A exceção é quando o trânsito em julgado ocorre na Vara do Trabalho, já que a rescisória, nesse caso, é da competência do TRT, ou seja, do tribunal de origem, não tramitando em primeiro grau de jurisdição. O erro da questão nem se refere à competência, e sim ao depósito a ser realizado, que segundo o art. 836 da CLT não é de 15%, e sim de 20% do valor da causa, salvo demonstração de miserabilidade jurídica.

21. O item está **errado**. O erro aqui é sutil. Vejam que o STF, por meio da ADI n. 3.395-6, interpretou o art. 114, I, da CF, de forma a excluir da competência da Justiça do Trabalho as lides envolvendo ***servidores públicos estatutários*** de uma forma genérica, e não apenas o servidor público federal, que ajuizaria a sua demanda em face da União. A exclusão também abrangeu os servidores públicos estatutários dos Estados, Municípios e DF, que passaram para a Justiça Comum, estadual ou federal.

22. O item está **errado**. O importante art. 112 da CF/88 diz que: *"A lei criará varas da Justiça do Trabalho, podendo, nas comarcas não abrangidas por sua jurisdição, atribuí-la aos juízes de direito, com recurso para o respectivo Tribunal Regional do Trabalho"*, sendo que nessas hipóteses o Juiz de Direito é tratado para todos os fins, inclusive em conflitos de competência, **como Juiz Trabalhista**, tanto que o recurso é interposto para o TRT. Assim, se há conflito entre tal Juízo investido da jurisdição trabalhista e um juiz do trabalho, pode-se dizer que estão em conflito dois juízes trabalhistas. Se vinculados à mesma região (ao mesmo TRT), caberá a esse tribunal a análise do conflito, e não ao STJ.

23. O item está **certo**. A regra no processo do trabalho acerca da aplicação subsidiária de outras normas é muito simples, mas há um detalhe que merece observação atenta: geralmente, no dia a dia forense, aplicamos o CPC quando não há norma prevista na CLT e inexiste incompatibilidade entre os sistemas. Contudo, para provas de concursos, a regra de aplicação subsidiária do CPC passa necessariamente pela anterior tentativa de aplicação da ***lei de execução fiscal, qual seja, a Lei n. 6.830/80.*** Somente se a aludida lei também for omissa, será aplicado o Código de Processo Civil e as demais normas que regem aquele ramo do direito processual.

24. O item está **errado**. Cuidado com o português nessa questão: *prescinde* significa *dispensa*! Os atos processuais possuem forma e, quando não for escrita, ou seja, quando puder a forma ser oral, haverá a transcrição do ato, isto é, a sua redução a termo. A defesa é um típico ato oral (pelo menos, para concursos), conforme previsão inserta no art. 847 da CLT, pois realizada na audiência no prazo máximo de 20 minutos. O reclamado "dita" a sua defesa, que será reduzida a termo, ou seja, posta no papel, na ata de audiência. Da mesma forma ocorre com a reclamação trabalhista verbal, prevista no art. 840 da CLT, que será reduzida a termo pelo servidor da Justiça do Trabalho. Perceba que não há a dispensa da transcrição escrita, como afirmado.

25. O item está **certo**. A imposição acerca do tratamento isonômico às partes durante o processo consta no art. 139 do CPC/2015, que trata dos deveres das partes. Além disso, quando o Magistrado garante tal tratamento na fase instrutória do processo, ou seja, durante a produção das provas, está a manter a ampla defesa, que é a paridade de armas entre as partes. Conforme previsão contida no CPC:

> "Art. 139. O juiz dirigirá o processo conforme as disposições deste Código, incumbindo-lhe:
> I — assegurar às partes igualdade de tratamento".

Também o art. 5º, LV, da CF/88, que prevê o contraditório e a ampla defesa, aplica-se ao caso versado pelo CESPE/UnB:

> "aos litigantes, em processo judicial ou administrativo, e aos acusados em geral são assegurados o contraditório e ampla defesa, com os meios e recursos a ela inerentes".

26. O item está **certo**. A necessidade de fundamentação das decisões encontra amparo na CF/88, na CLT e no CPC, razão pela qual não há "escapatória" para o Juiz, que deve motivar, fundamentar a sua decisão. Nos termos dos arts. 93, IX, da CF, 832 da CLT e 489 do CPC/2015, respectivamente, temos:

> "Art. 489. São elementos essenciais da sentença: (...)
>
> II — os fundamentos, em que o juiz analisará as questões de fato e de direito".

27. O item está **errado**. Muito pelo contrário. O princípio dispositivo é também denominado "princípio da inércia", sendo previsto no art. 2º do CPC/2015, que diz que o Juiz se encontra limitado a atuar apenas quando a parte requerer, não podendo agir, regra geral, de ofício ou sem provocação. Na verdade, o princípio a que faz referência o CESPE, quando diz que o Magistrado reunirá o material do processo, realizando inspeção judicial na busca pelas provas, é o **inquisitivo, que trata da atuação *ex officio* do Magistrado.**

28. O item está **errado**. A afirmação do CESPE/UnB contraria o entendimento exposto na OJ n. 310 da SDI-1 do TST, assim redigida:

> "Inaplicável ao processo do trabalho a norma contida no art. 229, *caput* e §§ 1º e 2º, do CPC de 2015 (art. 191 do CPC de 1973), em razão de incompatibilidade com a celeridade que lhe é inerente".

Assim, mesmo que as partes tenham procuradores diferentes, os prazos serão contados normalmente, sem a dobra descrita no art. 229 do CPC/2015.

29. O item está **certo**. A informação está de acordo com o art. 18 da Lei n. 5.584/70, que regulamenta o tema. Nos termos do dispositivo legal: *"A assistência judiciária, nos termos da presente lei, será prestada ao trabalhador ainda que não seja associado do respectivo Sindicato".*

A assistência judiciária gratuita encontra-se prevista no importante art. 14 da mesma Lei, que assim está redigida:

> "Na Justiça do Trabalho, a assistência judiciária a que se refere a Lei n. 1.060, de 5 de fevereiro de 1950, será prestada pelo Sindicato da categoria profissional a que pertencer o trabalhador.
>
> § 1º A assistência é devida a todo aquele que perceber salário igual ou inferior ao dobro do mínimo legal, ficando assegurado igual benefício ao trabalhador de maior salário, uma vez provado que sua situação econômica não lhe permite demandar, sem prejuízo do sustento próprio ou da família".

Sendo deferida a assistência judiciária gratuita, estará o obreiro isento das custas processuais, bem como haverá a condenação do reclamado ao pagamento de honorários advocatícios de sucumbência, em favor do sindicato, conforme a **Súmula n. 219, I, do TST**.

30. O item está **certo**. A informação, cobrada pelo CESPE/UnB em prova do ano de 2013, está em conformidade com a **Súmula n. 219 do TST**, alterada em 2016, que em seu inciso I diz:

> "I — Na Justiça do Trabalho, a condenação ao pagamento de honorários advocatícios não decorre pura e simplesmente da sucumbência, devendo a parte, concomitantemente: a) estar assistida por sindicato da categoria profissional; b) comprovar a percepção de salário inferior ao dobro do salário mínimo ou encontrar-se em situação econômica que não lhe permita demandar sem prejuízo do próprio sustento ou da respectiva família (art. 14, § 1º, da Lei n. 5.584/1970) (ex-OJ n. 305 da SBDI-I)".

31. O item está **errado**. A primeira parte da afirmação está correta, adequada ao que dispõe o art. 791 da CLT: não há necessidade de Advogado para o ajuizamento de ações trabalhistas, bem como para a apresentação de defesa. Além disso, o *jus postulandi* mantém-se mesmo após a CF/88, por não contrariar o art. 133 da Carta Magna. Ocorre que houve restrição ao instituto pela **Súmula n. 425 do TST**, que realmente deve ser decorada pelos candidatos, pois sempre é objeto de questionamento pelas bancas de concursos. A afirmativa do CESPE, de que o instituto se estenderia aos recursos e ***demais remédios próprios dos tribunais regionais do trabalho*** está em desacordo com o entendimento sumulado pelo TST, pois, para os *MANDADOS DE SEGURANÇA, AÇÕES RESCISÓRIAS, AÇÕES CAUTELARES E RECURSOS PARA O TST*, o Advogado é indispensável. Logo, um mandado de segurança, uma ação rescisória ou uma ação cautelar que venham a ser propostas perante o TRT necessitam de Advogado, contrariando o que expôs a banca examinadora. Nos termos da Súmula, tem-se:

> "O *jus postulandi* das partes, estabelecido no art. 791 da CLT, limita-se às Varas do Trabalho e aos Tribunais Regionais do Trabalho, não alcançando a ação rescisória, a ação cautelar, o mandado de segurança e os recursos de competência do Tribunal Superior do Trabalho".

32. O item está **certo**. A resposta ao questionamento, como praticamente a todos em processo do trabalho, encontra-se em uma súmula, a de **n. 122 do TST**, assim redigida:

> "A reclamada, ausente à audiência em que deveria apresentar defesa, é revel, ainda que presente seu advogado munido de procuração, podendo ser ilidida a revelia mediante a apresentação de atestado médico, que deverá declarar, expressamente, a impossibilidade de locomoção do empregador ou do seu preposto no dia da audiência".

Mesmo que o Advogado esteja presente na audiência, com procuração e defesa, a empresa será revel, pois a parte deve estar pessoalmente presente à audiência. Logo, se o preposto não está, entende-se que o reclamado está ausente.

33. O item está **errado**. A afirmação contraria o entendimento do TST, exposto em sua **Súmula n. 377**, assim redigida:

> "Exceto quanto à reclamação de empregado doméstico, ou contra micro ou pequeno empresário, o preposto deve ser necessariamente empregado do reclamado. Inteligência do art. 843, § 1º, da CLT e do art. 54 da Lei Complementar n. 123, de 14 de dezembro de 2006".

Regra geral, **o preposto deve ser empregado da reclamada**, salvo em se tratando de empregador doméstico ou reclamação contra **micro ou pequeno empresário**. Cuidado para o CESPE/UnB não trocar **micro ou pequeno empresário** por médio ou grande empresário, já que as provas dessa banca são muito detalhistas.

34. O item está **certo**. **Muito cuidado com essa frase**, pois pode levar o candidato a erro. A incompetência fundada em foro, para a CLT, conforme previsão contida no art. 795, § 1º, é a que se refere aos critérios de competência absoluta, demonstrando, por exemplo, que a Justiça do Trabalho não possui competência para julgar os servidores públicos estatutários, conforme decisão do STF na ADI n. 3.395-6. Nos termos do citado artigo, temos:

> "Art. 795. As nulidades não serão declaradas senão mediante provocação das partes, as quais deverão argui-las à primeira vez em que tiverem de falar em audiência ou nos autos.
>
> § 1º Deverá, entretanto, ser declarada *ex officio* a nulidade fundada em incompetência de foro. Nesse caso, serão considerados nulos os atos decisórios".

A redação da CLT se assemelha àquela prevista no art. 64 do CPC/2015, em especial em seu § 2º, que diz que a incompetência absoluta pode ser reconhecida de ofício pelo Magistrado, a qualquer tempo e grau de jurisdição.

35. O item está **errado**. Nos termos do art. 795 da CLT, a nulidade deve ser alegada na primeira vez em que tiver a parte que falar nos autos. Como estamos diante do indeferimento de prova testemunhal, que ocorre na audiência, deve a parte valer-se do conhecido **protesto em audiência**, para demonstrar o seu inconformismo e, assim evitando a preclusão, alegar tal matéria em recurso ordinário, conforme o art. 893 da CLT. Não se pode deixar para alegar a nulidade por cerceamento de defesa na audiência. O mecanismo correto é: protestar em audiência e aguardar o desfecho da demanda; se for desfavorável, interpor recurso ordinário, alegando, dentre as questões de mérito, a nulidade da decisão por cerceamento do direito de defesa.

36. O item está **errado**. O erro da questão encontra-se em sua parte final, quando afirma que também os atos anteriores serão contaminados pelo vício da nulidade, o que vai de encontro ao disposto no art. 798 da CLT, assim redigido: *"Art. 798. A nulidade do ato não prejudicará senão os posteriores que dele dependam ou sejam consequência"*. Os atos anteriores não são contaminados, pois a nulidade somente ataca os posteriores, e nem todos, apenas aqueles que sejam consequência direta do ato nulo e desde que não possam ser repetidos ou corrigidos.

37. O item está **errado**. O equívoco da questão encontra-se na segunda parte, quando afirma que, **mesmo que envolva questão alusiva a competência material da Justiça do Trabalho, não poderá ser pronunciada, pela ocorrência de preclusão**. Tal afirmação entra em conflito com o § 1º do art. 795 da CLT, que trata da incompetência de foro, assim redigido: *"Deverá, entretanto, ser declarada 'ex officio' a nulidade fundada em incompetência de foro. Nesse caso, serão considerados nulos os atos decisórios"*.
A competência material, como absoluta, pode ser conhecida a qualquer tempo e grau de jurisdição, conforme o art. 113 do CPC, não incorrendo em preclusão. Em verdade, acarreta até mesmo o ajuizamento de ação rescisória, conforme o art. 485, II, do CPC.

38. O item está **errado**. A informação trazida pelo CESPE/UnB está equivocada, pois viola o entendimento do TST consubstanciado na **Súmula n. 338**, que de tão importante merece ser transcrita:

> *"SUM-338 JORNADA DE TRABALHO. REGISTRO. ÔNUS DA PROVA (incorporadas as Orientações Jurisprudenciais ns. 234 e 306 da SBDI-1) — Res. 129/2005, DJ 20, 22 e 25.04.2005*
>
> *I — É ônus do empregador que conta com mais de 10 (dez) empregados o registro da jornada de trabalho na forma do art. 74, § 2º, da CLT. A não apresentação injustificada dos controles de frequência gera presunção relativa de veracidade da jornada de trabalho, a qual pode ser elidida por prova em contrário.*
>
> II — A presunção de veracidade da jornada de trabalho, ainda que prevista em instrumento normativo, pode ser elidida por prova em contrário.
>
> III — Os cartões de ponto que demonstram horários de entrada e saída uniformes são inválidos como meio de prova, invertendo-se o ônus da prova, relativo às horas extras, que passa a ser do empregador, prevalecendo a jornada da inicial se dele não se desincumbir".

Segundo entendimento do TST, a presunção de veracidade pela não apresentação dos cartões de ponto é relativa, podendo ser elidida por prazo em sentido contrário, podendo inclusive ser prova testemunhal.

39. O item está **certo**. Outra questão acerca das provas no processo do trabalho, cuja resposta está contida na **Súmula n. 338 do TST**. Sem sombra de dúvida, trata-se de um dos entendimentos mais importantes para concursos, razão pela qual foi transcrita em sua **íntegra** na questão anterior. Para saber se o entendimento da questão n. 2 está correto ou errado, basta analisar o inc. III da súmula referida, que possui a seguinte redação:

> "Os cartões de ponto que demonstram horários de entrada e saída uniformes são inválidos como meio de prova, invertendo-se o ônus da prova, relativo às horas extras, que passa a ser do empregador, prevalecendo a jornada da inicial se dele não se desincumbir".

Percebe-se que o CESPE simplesmente transcreveu o inc. III da Súmula n. 338 do TST, razão pela qual está correto o entendimento.

40. O item está **certo**. Na dúvida sobre ser ou não o contrato por prazo determinado, a presunção será de que o ajuste se deu por prazo indeterminado, pois essa é a regra geral. Da mesma forma, presume-se que a rescisão se deu por parte do empregador, pois o princípio da continuidade da relação de emprego, conforme a **Súmula n. 212 do TST**, traz presunção favorável, apesar de relativa, ao empregado. A afirmação do CESPE está correta, pois na verdade é a literalidade da Súmula n. 212 do TST, a seguir transcrita:

> "O ônus de provar o término do contrato de trabalho, quando negados a prestação de serviço e o despedimento, é do empregador, pois o princípio da continuidade da relação de emprego constitui presunção favorável ao empregado".

41. O item está **errado**. Nos termos da **Súmula n. 357 do TST**, não é suspeita a testemunha que foi ou é parte em demanda ajuizada em face do mesmo empregador, por não se presumir um interesse direto no desfecho da demanda. Se ajuizou ação em face de seu ex-empregador, poderá ser testemunha em ação ajuizada por um ex-colega, em face da mesma empresa. Conforme entendimento sumulado do TST:

> "Não torna suspeita a testemunha o simples fato de estar litigando ou de ter litigado contra o mesmo empregador".

42. O item está **errado**. A Súmula n. 460 do TST diz ser do empregador o ônus de provar que o empregado não satisfaz os requisitos para o recebimento do vale-transporte. Vejamos:

> "É do empregador o ônus de comprovar que o empregado não satisfaz os requisitos indispensáveis para a concessão do vale-transporte ou não pretenda fazer uso do benefício".

43. O item está **errado**. Se a empresa possui de 6 a 8 empregados, nos termos do art. 74 da CLT e da Súmula n. 338 do TST, não é obrigada a ter registro de ponto. Assim, não cabe **à** empresa a juntada de documentos sob pena de presunção de veracidade. Nos termos do inc. I da Súmula n. 338 do TST, temos:

> "É ônus do empregador que conta com mais de 10 (dez) empregados o registro da jornada de trabalho na forma do art. 74, § 2°, da CLT. A não apresentação injustificada dos controles de frequência gera presunção relativa de veracidade da jornada de trabalho, a qual pode ser elidida por prova em contrário".

Somente a empresa que tenha 11 ou mais empregados possui tal obrigação de registro, o que faz com que surja a necessidade de juntada dos registros em demanda trabalhista.

44. O item está **certo**. Nos termos do art. 840 da CLT, a reclamação trabalhista pode ser escrita ou verbal. Se verbal, será reduzida a termo pelo servidor da Justiça do Trabalho. Importante relembrar a regra do art. 786 da CLT, que diz que a reclamação verbal será distribuída antes de sua redução a termo. Transcreve-se o art. 840 da CLT, para leitura e conhecimento:

> "Art. 840. A reclamação poderá ser escrita ou verbal.
>
> § 1° Sendo escrita, a reclamação deverá conter a designação do Presidente da Junta, ou do juiz de direito a quem for dirigida, a qualificação do reclamante e do reclamado, uma breve exposição dos fatos de que resulte o dissídio, o pedido, a data e a assinatura do reclamante ou de seu representante.
>
> § 2° Se verbal, a reclamação será reduzida a termo, em 2 (duas) vias datadas e assinadas pelo escrivão ou secretário, observado, no que couber, o disposto no parágrafo anterior".

45. O item está **errado**. Conforme analisado em questão anterior, dispõe o art. 840 da CLT, transcrito anteriormente, que a petição inicial pode ser escrita ou verbal, tendo em vista que o processo do trabalho é regulado pelo princípio da informalidade. A afirmação está errada, pois nela se permite apenas a reclamação escrita. Os requisitos da reclamação, quando escrita, também estão dispostos no art. 840 da CLT, em seu **§** 1°.

46. O item está **errado**. Deve-se tomar cuidado com essa afirmativa, pois está errada, mas em uma leitura desatenta poderia ser tida por certa, pois o detalhe é realmente imperceptível aos olhos dos cansados, estressados etc. O tema é tratado no art. 467 da CLT, que assim diz:

> "Em caso de rescisão de contrato de trabalho, havendo controvérsia sobre o montante das verbas rescisórias, o empregador é obrigado a pagar ao trabalhador, à data do comparecimento à Justiça do Trabalho, a parte incontroversa dessas verbas, sob pena de pagá-las acrescidas de cinquenta por cento".

Se as verbas incontroversas não forem pagas na primeira audiência, incidirá a multa prevista no art. 467 da CLT, de 50% sobre aquelas verbas. Assim, se o reclamante requer a condenação ao pagamento de 13° salário do ano de 2012 e há confissão, ficta ou real, do reclamado, deve aquela verba ser paga na primeira audiência, por ser incontroversa. Se não paga naquele momento, o reclamado será condenado a pagá-la com adicional de 50%, ou seja, se o valor do 13° salário era R$ 2.000,00, deverá o empregador pagar R$ 3.000,00. A multa de 50% é sobre o valor da verba incontroversa, e não sobre o salário do obreiro, como afirmado pelo CESPE/UnB.

47. O item está **certo.** O tema, muitas vezes tratado nos concursos trabalhistas, é facilmente respondido por meio do art. 11, § 1º, da CLT, que versa sobre a inexistência de prescrição para as ações em que se busca o reconhecimento do vínculo de emprego. Nenhum prazo é aplicável nessa hipótese, podendo o ex-empregado buscar a anotação da CTPS mesmos após 50, 100 anos do término do vínculo. **Trata-se de direito imprescritível.** Conforme a CLT, temos:

> "Art. 11. O direito de ação quanto a créditos resultantes das relações de trabalho prescreve:
> (...)
> § 1º O disposto neste artigo não se aplica às ações que tenham por objeto anotações para fins de prova junto à Previdência Social".

Assim, conforme dito pelo CESPE, não haverá distinção entre os efeitos da prescrição, se maior ou menor, pois não haverá prescrição.

48. O item está **errado**. Por todos os **ângulos**, a questão está errada. Num primeiro momento, não foi correto o deferimento da notificação do reclamado por oficial de justiça, pois, conforme o art. 841 da CLT, quando não for possível a realização do ato por via postal, será realizada por edital. O oficial de justiça atua na execução, e não realizando notificações no processo de conhecimento. Em segundo lugar, já que o oficial de justiça foi até o local da empresa e encontrou um empregado, mesmo que o representante legal não estivesse, deveria dar por feita a notificação, já que no processo do trabalho ela não precisa ser pessoal, podendo efetivar-se com a entrega para quem estiver no local, desde que este esteja correto, como na questão do CESPE/UnB. Nos termos do art. 841 da CLT:

> "Recebida e protocolada a reclamação, o escrivão ou secretário, dentro de 48 (quarenta e oito) horas, remeterá a segunda via da petição, ou do termo, ao reclamado, notificando-o ao mesmo tempo, para comparecer à audiência do julgamento, que será a primeira desimpedida, depois de 5 (cinco) dias.
> § 1º A notificação será feita em registro postal com franquia. Se o reclamado criar embaraços ao seu recebimento ou não for encontrado, far-se-á a notificação por edital, inserto no jornal oficial ou no que publicar o expediente forense, ou, na falta, afixado na sede da Junta ou Juízo".

49. O item está **errado.** O CESPE/UnB considerou errada a assertiva em decorrência do nome "requisitos da sentença". Explica-se. As informações que devem constar na sentença estão relacionadas no art. 832 da CLT e são exatamente aquelas expostas na afirmativa da banca examinadora. A sentença trabalhista deve mencionar os nomes das partes, resumo do pedido e da defesa, apreciação das provas, fundamentos da decisão e a respectiva conclusão. Ocorre que os ***requisitos da sentença* são três, conforme o art. 489 do CPC/2015, a saber:** *relatório, fundamentação e dispositivo.* Certamente, o entendimento do CESPE dá azo à anulação da questão, mas devemos entender o motivo que o levou a julgar dessa forma, para que não seja necessário contar com anulações para passar no exame. Lembre-se sempre de que, ao se falar *em requisitos da sentença*, refere-se às 3 partes daquela, a saber: relatório, fundamentação e dispositivo. No tocante ao *procedimento sumaríssimo*, conforme autoriza o art. 852-I da CLT, o Juiz está dispensado de realizar o *relatório*, passando-se logo à fundamentação e ao dispositivo.

50. O item está **certo**. Nos termos do art. 13 da Lei n. 12.016/2009, que é a atual Lei do Mandado de Segurança, temos que:

> "Concedido o mandado, o juiz transmitirá em ofício, por intermédio do oficial do juízo, ou pelo correio, mediante correspondência com aviso de recebimento, o inteiro teor da sentença à autoridade coatora e à pessoa jurídica interessada".

A pessoa jurídica interessada (União, Estado, Distrito Federal ou autarquias e fundações públicas) será intimada da sentença, haja vista que, conforme o art. 6º da mesma lei, recebeu a petição inicial. As referidas pessoas jurídicas serão intimadas por meio de seus procuradores.

51. O item está **errado**. O erro aqui está relacionado à forma de intimação, que não é necessariamente por oficial de justiça, uma vez que o art. 13 da Lei n. 12.016/2009 dispõe que poderá também ser por correio com aviso de recebimento. O restante, acerca da legitimidade da autoridade coatora para recorrer ao TRT de sentença proferida em mandado de segurança, está de acordo com o art. 14, § 2º, da mesma lei, assim redigida: *"Estende-se à autoridade coatora o direito de recorrer".*

52. O item está **certo**. Como regra geral, por trazer mais economia e celeridade ao processo, o Magistrado, sempre que possível, deve proferir sentença líquida, ou seja, já com o valor a ser executado. Contudo, não sendo possível, fixará um valor de condenação para fins de cálculo de custas processuais e depósito recursal, pois o § 2º do art. 832 da CLT está assim redigido: **"A decisão mencionará sempre as custas que devam ser pagas pela parte vencida"**. Mesmo que não seja um valor exato, mas aproximado, tal fixação é necessária, pois sobre aquele valor fixado para a condenação serão calculadas as custas processuais, nos termos do art. 789 da CLT (2% sobre o valor da condenação, na hipótese da questão), bem como o depósito recursal, levando-se em consideração os valores máximos determinados pelo TST. Sendo ilíquida a sentença, aplica-se o art. 879 da CLT, que trata das espécies de liquidação de sentença, nos seguintes termos:

> "Sendo ilíquida a sentença exequenda, ordenar-se-á, previamente, a sua liquidação, que poderá ser feita por cálculo, por arbitramento ou por artigos".

Portanto, três são as espécies de liquidação, assim resumidas:
a. Cálculos: hipótese de a condenação poder ser quantificada por meros cálculos aritméticos.
b. Arbitramento: quando houver necessidade de realização de perícia para se aferir o montante da condenação.
c. Artigos: quando houver necessidade de prova de fato novo para liquidar a sentença.

53. O item está **certo**. A situação está em conformidade com a **Súmula n. 412 do TST**, assim redigida:

> "Pode uma questão processual ser objeto de rescisão desde que consista em pressuposto de validade de uma sentença de mérito".

O objeto da ação rescisória é a decisão de mérito que transitou em julgado em determinado processo, e não questões processuais que surgem no curso do processo, pois estas não são consideradas tão importantes quanto aquela primeira, não podendo mais ser discutidas após o trânsito em julgado. Contudo, se a questão processual for pressuposto de validade da sentença de mérito, poderá aquela ser objeto da rescisória.

54. O item está **certo**. Nos termos do Regimento Interno do Tribunal Superior do Trabalho, art. 219, os dissídios coletivos podem ser econômicos, jurídicos ou mistos (de greve). Nos primeiros, busca-se a criação de novas normas a serem aplicadas às categorias em conflito, tais como reajuste, redução de jornada, dentre outros. Nessa situação, a sentença normativa é constitutiva, pois cria cláusulas. Já no dissídio coletivo de natureza jurídica, o Poder Judiciário tão somente interpreta normas já existentes, como aquelas previstas em acordo coletivo de trabalho, convenção coletiva de trabalho ou sentença normativa. Nessa hipótese, a sentença normativa será meramente declaratória, pois não criará nada novo, mas apenas declarará qual é a melhor interpretação a ser dada ao dispositivo antes duvidoso. Por fim, o dissídio de greve também é chamado *misto*, pois, além de declarar se legal ou ilegal a greve, o Poder Judiciário, naquela primeira hipótese, criará cláusulas de direitos a serem aplicadas, fazendo com que a sentença seja, ao mesmo tempo, declaratória e constitutiva.

55. O item está **errado**. As normas coletivas criadas por Acordo Coletivo de trabalho, Convenção Coletiva de trabalho ou sentença normativa são aplicadas à categoria, independentemente de filiação. Seja Raul filiado ou não ao sindicato, por ser membro da categoria profissional (metalúrgico, por exemplo), a ele serão aplicadas todas as normas coletivas, possuindo os mesmos direitos dos empregados sindicalizados.

56. O item está **errado**. As decisões interlocutórias não são impugnáveis de imediato na Justiça do Trabalho, conforme preveem o art. 893, § 1º, da CLT e a Súmula n. 214 do TST. Assim, não cabe a interposição de agravo de instrumento em face dessas decisões, como ocorre no processo civil. Contudo, o agravo de instrumento pode ser interposto na seara trabalhista, conforme art. 897 da CLT, que prevê seu cabimento em face das **decisões de inadmissão de recursos**, isto é, quando outro recurso é inadmitido (não é recebido) pelo Poder Judiciário, por intempestividade, por exemplo, cabe a interposição daquele recurso no prazo de 8 dias, visando "destrancar" o recurso denegado.

57. O item está **errado**. Tal decisão possui natureza interlocutória e, conforme o art. 893, § 1º, da CLT e a Súmula 214 do TST, não pode ser impugnada por qualquer recurso de imediato. Assim, a parte deve aguardar ser proferida sentença para contra ela interpor o recurso ordinário (art. 895 da CLT). Na audiência, deverá a parte prejudicada com o indeferimento da prova apresentar o **protesto** de forma a evitar a preclusão da matéria.

58. O item está **certo**. A informação está perfeita, com consonância com o que dispõe o § 2º do art. 896 da CLT, que trata do cabimento do recurso de revista no processo de execução. Nessa hipótese, o cabimento mais restrito, devendo a parte recorrente demonstrar o ferimento apenas à CF. Nenhuma outra matéria pode ser alegada no RR nessa hipótese. Vejamos o dispositivo legal:

> "Das decisões proferidas pelos Tribunais Regionais do Trabalho ou por suas Turmas, em execução de sentença, inclusive em processo incidente de embargos de terceiro, não caberá Recurso de Revista, salvo na hipótese de ofensa direta e literal de norma da Constituição Federal".

DIREITO PROCESSUAL DO TRABALHO — FCC

1. (FCC — 2016 — PGE-MT — Procurador/Custas processuais) Na reclamação trabalhista ajuizada por Diana em face da sua empregadora AMAS — Autarquia Municipal de Assistência Social do Município de Campo Grande, foram analisados dois pedidos. A sentença deferiu a pretensão de maior valor e rejeitou a de menor expressão econômica. Na presente situação, de acordo com as regras da Consolidação das Leis do Trabalho, a responsabilidade pelas custas processuais será

a) do réu, que deverá arcar com metade do valor, uma vez que sucumbente apenas em um dos dois pedidos, à base de 1% sobre o valor atribuído à causa.
b) do réu, que deverá arcar com o pagamento integral à base de 2% sobre o valor da causa, sem isenção, porque tal benefício atinge apenas os órgãos da Administração direta, não abrangendo entes da Administração indireta como as Autarquias.
c) de ambas as partes, em rateio de 50%, visto que houve sucumbência parcial, ou seja, foram formulados dois pedidos, um foi acolhido e o outro rejeitado; à base de 2% sobre o valor de cada pedido.
d) do réu, que arcará com o pagamento integral, visto que foi vencido, ainda que em um pedido, à base de 2% sobre o valor da condenação, ficando a Autarquia Municipal, todavia, isenta na forma da lei.
e) de cada uma das partes, na proporção exata de cada pedido, visto que houve sucumbência recíproca, à base de 1% sobre o valor de cada pedido.

2. (FCC — 2016 — PGE-MT — Procurador/Inquérito para apuração de falta grave) Conforme normas celetistas e entendimento sumulado do Tribunal Superior do Trabalho, no Inquérito para Apuração de Falta Grave,

a) se tiver havido prévio reconhecimento da estabilidade do empregado, o julgamento do inquérito pela Vara do Trabalho não prejudicará a execução para pagamento dos salários devidos ao empregado, até a data da instauração do referido inquérito.
b) na fase de instrução processual, cada uma das partes poderá indicar no máximo cinco testemunhas, sendo admissível a realização de prova pericial.
c) reconhecida a inexistência de falta grave praticada pelo empregado, fica o empregador obrigado a readmiti-lo no serviço e com pagamento dos salários em dobro a que teria direito no período da suspensão.
d) o dirigente sindical titular somente poderá ser dispensado por falta grave mediante a apuração em inquérito judicial, o que não ocorre com o suplente.
e) para a instauração do inquérito para apuração de falta grave contra empregado estável, o empregador apresentará reclamação por escrito à Vara do Trabalho, dentro de noventa dias, contados da data da suspensão do empregado.

3. (FCC — 2016 — PGE-MT — Procurador/Recursos) Em execução trabalhista foi penhorado um bem imóvel de propriedade da empresa executada Delta & Gama Produções S/A para garantia do juízo. Houve a interposição de embargos à execução, que foram rejeitados pelo Juiz da execução. Nessa situação, caberá à executada interpor

a) agravo de instrumento no prazo de 15 dias.
b) recurso de revista no prazo de 8 dias.
c) recurso ordinário no prazo de 8 dias.
d) embargos no prazo de 15 dias.
e) agravo de petição no prazo de 8 dias.

4. (FCC — 2015 — MANAUSPREV — Procurador Autárquico/Competência) Sobre a competência da Justiça do Trabalho, é correto afirmar:

a) As ações entre trabalhadores portuários e os operadores portuários ou o Órgão Gestor de Mão de Obra — OGMO decorrentes da relação de trabalho são da competência da Justiça Comum.
b) A competência para dirimir conflitos sobre o pagamento dos serviços, sem que envolva relação empregatícia, resultantes dos contratos de empreitada em que o empreiteiro seja operário ou artífice é da Justiça Comum.
c) Não é competente para dirimir as controvérsias sobre representação sindical entre sindicatos e empregadores, visto que tais lides fogem da discussão envolvendo a relação de trabalho entre trabalhadores e empregadores.
d) É de sua competência a execução de ofício para cobrança das contribuições sociais do artigo 195, I, letra "a" e II e seus acréscimos legais, decorrentes das sentenças que proferir.
e) As questões decorrentes de acidente de trabalho envolvendo prestações previdenciárias passaram a ser também da Emenda Constitucional 45/2004.

5. (FCC — 2015 — MANAUSPREV — Procurador Autárquico/Princípios) Sobre o sistema de composição dos conflitos no Direito Processual do Trabalho, a arbitragem é uma modalidades de

a) conciliação judicial, aceita nos dissídios individuais e coletivos do trabalho.
b) heterocomposição, aceita apenas nos dissídios coletivos do trabalho.
c) autotutela, aceita nos dissídios individuais e coletivos do trabalho.
d) jurisdição, aceita apenas nos dissídios individuais.
e) jurisdição voluntária, aceita apenas nos dissídios coletivos do trabalho.

6. (FCC — 2015 — TRT 6ª Região (PE) — Juiz do Trabalho/Execução) Quanto à arrematação,

a) não havendo licitante, e não requerendo o exequente a adjudicação dos bens penhorados, poderão os mesmos ser vendidos por leiloeiro nomeado pelo Juiz ou Presidente.
b) se o arrematante, ou seu fiador, não pagar dentro de vinte e quatro horas o sinal correspondente a 20% do preço da avaliação, perderá o direito à arrematação, voltando à praça os bens executados.
c) concluída a avaliação, dentro de dez dias, contados da data da nomeação do avaliador, seguir-se-á a arrematação, que será anunciada por edital afixado na sede do juízo ou tribunal e publicado no jornal local, se houver, com a antecedência mínima de quinze dias.
d) se na primeira praça os bens penhorados não tiverem alcançado o valor total da condenação, haverá, decorrido o prazo de dez dias, a segunda praça, na qual os bens serão vendidos pelo maior lance, tendo o exequente preferência para a adjudicação.
e) o arrematante deverá garantir o lance com o sinal correspondente a 30% do seu valor.

7. (FCC — 2013 — TRT 9ª Região (PR) — Analista Judiciário — Execução de Mandados/Direito Processual do Trabalho/Organização da Justiça do Trabalho) Conforme normas legais aplicáveis à organização da Justiça do Trabalho, incluindo o Tribunal Superior do Trabalho, os Tribunais Regionais do Trabalho e as Varas do Trabalho, é correto afirmar que

a) o Conselho Superior da Justiça do Trabalho funcionará junto ao Tribunal Superior do Trabalho, cabendo-lhe exercer, na forma da lei, a supervisão administrativa, orçamentária, financeira e patrimonial da Justiça do Trabalho de primeiro e segundo graus, como órgão central do sistema, cujas decisões terão efeito vinculante.
b) o Tribunal Superior do Trabalho compor-se-á de 17 Ministros, togados e vitalícios, escolhidos dentre brasileiros com mais de 35 e menos de 60 anos, nomeados pelo Presidente da República, após aprovação pelo Congresso Nacional.
c) dentre os Ministros do Tribunal Superior do Trabalho, 11 serão escolhidos dentre juízes dos Tribunais Regionais do Trabalho, integrantes da carreira da magistratura trabalhista, três dentre advogados e três dentre membros do Ministério Público do Trabalho.
d) em cada Estado e no Distrito Federal haverá pelo menos um Tribunal Regional do Trabalho, e a lei instituirá as Varas do Trabalho, podendo, nas comarcas onde não forem instituídas, atribuir sua jurisdição aos juízes de direito, sendo que nesse caso os recursos são julgados diretamente pelo Tribunal Superior do Trabalho.
e) os Tribunais Regionais do Trabalho compõem-se de, no mínimo, 11 juízes, recrutados, quando possível, na respectiva região, e nomeados pelo Presidente do Tribunal Superior do Trabalho dentre brasileiros com mais de 30 e menos de 65 anos.

8. (FCC — 2013 — TRT 9ª Região (PR) — Técnico Judiciário — Área Administrativa/Direito Processual do Trabalho/Organização da Justiça do Trabalho) Conforme previsão constitucional, as vagas destinadas à advocacia e ao Ministério Público do Trabalho nos Tribunais Regionais do Trabalho, observado o disposto no artigo 94 da CF, serão de

a) um terço dentre os advogados com mais de três anos de efetiva atividade profissional e membros do Ministério Público do Trabalho com mais de três anos de efetivo exercício.
b) um quinto dentre os advogados com mais de três anos de efetiva atividade profissional e membros do Ministério Público do Trabalho com mais de três anos de efetivo exercício.
c) um terço dentre os advogados com mais de cinco anos de efetiva atividade profissional e membros do Ministério Público do Trabalho com mais de cinco anos de efetivo exercício.
d) um quinto dentre os advogados com mais de dez anos de efetiva atividade profissional e membros do Ministério Público do Trabalho com mais de dez anos de efetivo exercício.
e) um quinto dentre os advogados com mais de cinco anos de efetiva atividade profissional e membros do Ministério Público do Trabalho com mais de cinco anos de efetivo exercício.

9. (FCC — 2013 — TRT 1ª Região (RJ) — Analista Judiciário — Área Judiciária/Direito Processual do Trabalho/Organização da Justiça do Trabalho) A Constituição da República Federativa do Brasil apresenta normas relativas à organização e competência da Justiça do Trabalho. Segundo tais normas, é INCORRETO afirmar que

a) o Tribunal Superior do Trabalho compor-se-á de vinte e sete Ministros, escolhidos dentre brasileiros com mais de trinta e cinco e menos de sessenta e cinco anos, nomeados pelo Presidente da República após aprovação pela maioria absoluta do Senado Federal.
b) funcionará junto ao Tribunal Superior do Trabalho o Conselho Superior da Justiça do Trabalho, cabendo-lhe exercer, na forma da lei, a supervisão administrativa, orçamentária, financeira e patrimonial da Justiça do Trabalho de primeiro e segundo graus, como órgão central do sistema, cujas decisões terão efeito vinculante.

c) haverá pelo menos um Tribunal Regional do Trabalho em cada Estado e no Distrito Federal, e a lei instituirá as Varas do Trabalho, podendo, nas comarcas onde não forem instituídas, atribuir jurisdição aos juízes de direito, com recurso para o respectivo Tribunal de Justiça.
d) compete à Justiça do Trabalho processar e julgar as ações relativas às penalidades administrativas impostas aos empregadores pelos órgãos de fiscalização das relações de trabalho.
e) os Tribunais Regionais do Trabalho compõem-se de, no mínimo, sete juízes, recrutados, quando possível, na respectiva região, e nomeados pelo Presidente da República dentre brasileiros com mais de trinta e menos de sessenta e cinco anos.

10. (FCC — 2013 — TRT 1ª Região (RJ) — Analista Judiciário — Execução de Mandados/Direito Processual do Trabalho/Organização da Justiça do Trabalho; Competência) Sobre a organização, jurisdição e competência da Justiça do Trabalho, nos termos da legislação vigente, é correto afirmar que

a) a Justiça do Trabalho não é competente para processar e julgar as ações entre trabalhadores portuários e os operadores portuários ou o Órgão Gestor de Mão de Obra decorrentes da relação de trabalho, visto que por envolver trabalho marítimo a competência é da Justiça Federal.
b) a competência das Varas do Trabalho é determinada pela localidade onde o empregado, reclamante ou reclamado, foi contratado, independentemente do local onde prestou seus serviços ao empregador.
c) a lei criará Varas da Justiça do Trabalho, podendo, nas comarcas não abrangidas por sua jurisdição, atribuí-la aos juízes de direito, com recurso para o respectivo Tribunal Regional do Trabalho.
d) o Tribunal Superior do Trabalho compor-se-á de vinte e sete Ministros, escolhidos dentre brasileiros com mais de trinta e cinco e menos de sessenta e cinco anos, nomeados pelo Presidente da República após aprovação pela maioria simples do Congresso Nacional.
e) a Justiça do Trabalho tem competência para processar e julgar a execução, de ofício, das contribuições sociais previdenciárias e de imposto de renda, decorrentes das sentenças que proferir.

11. (FCC — 2013 — TRT 1ª Região (RJ) — Técnico Judiciário — Área Administrativa/Direito Processual do Trabalho/Organização da Justiça do Trabalho) Quanto à composição e funcionamento da Justiça do Trabalho, nos termos da Constituição Federal, é correto afirmar que

a) o Tribunal Superior do Trabalho é composto por dezessete ministros escolhidos entre brasileiros com mais de trinta anos e menos de sessenta e cinco anos.
b) os Tribunais Regionais do Trabalho compõem-se de, no mínimo, onze juízes escolhidos entre brasileiros com mais de trinta anos e menos de sessenta e cinco anos.
c) as Varas do Trabalho funcionarão com a presença de um Juiz do Trabalho que será seu presidente e dois vogais ou classistas, sendo um representante dos empregadores e outro dos empregados.
d) a lei criará Varas da Justiça do Trabalho, podendo, nas comarcas não abrangidas por sua jurisdição, atribuí-la aos juízes de direito, com recurso para o respectivo Tribunal de Justiça do Estado.
e) os Tribunais Regionais do Trabalho instalarão a justiça itinerante, com realização de audiências e demais funções de atividade jurisdicional, nos limites territoriais da respectiva jurisdição, servindo-se de equipamentos públicos e comunitários.

12. (FCC — 2013 — TRT 1ª Região (RJ) — Técnico Judiciário — Área Administrativa/Direito Processual do Trabalho/Organização da Justiça do Trabalho) Conforme previsão contida na Constituição Federal, são órgãos da Justiça do Trabalho no Brasil:

a) Tribunal Superior do Trabalho, Tribunais de Justiça e Varas do Trabalho.
b) Superior Tribunal de Justiça, Tribunais Regionais do Trabalho e Juntas de Conciliação e Julgamento.
c) Tribunal Superior do Trabalho, Tribunais Regionais do Trabalho e Varas do Trabalho.
d) Supremo Tribunal Federal, Tribunais Regionais do Trabalho e Varas do Trabalho.
e) Tribunal Superior do Trabalho, Tribunais Regionais do Trabalho e Juizados Especiais Trabalhistas.

13. (FCC — 2013 — TRT 9ª Região (PR) — Analista Judiciário — Área Judiciária/Direito Processual do Trabalho/Competência) Athenas, residente na cidade de Apucarana, foi contratada em Londrina para trabalhar como secretária da Diretoria Comercial da Empresa de Turismo Semideuses Ltda., cuja matriz está sediada em Cascavel. Após dois anos de contrato prestado na filial da empresa em Curitiba, foi dispensada, embora tenha avisado o seu empregador que estava grávida. Athenas decidiu ajuizar ação reclamatória trabalhista postulando a sua reintegração por estabilidade de gestante. No presente caso, a Vara do Trabalho competente para processar e julgar a demanda é a do município de

a) Londrina, porque foi o local da contratação da trabalhadora.
b) Cascavel, em razão de ser a matriz da empresa empregadora que é ré na ação.
c) Curitiba, porque nesse caso a comarca competente é a Capital do Estado.
d) Apucarana, por ser o local da residência da trabalhadora.
e) Curitiba, por ser o local da prestação dos serviços.

14. (FCC — 2013 — TRT 9ª Região (PR) — Técnico Judiciário — Área Administrativa/Direito Processual do Trabalho/Competência) Conforme normas legais que regulam a matéria, a competência da Justiça do Trabalho EXCLUI a análise e julgamento de ações

a) sobre representação sindical, entre sindicatos, entre sindicatos e trabalhadores, e entre sindicatos e empregadores.
b) oriundas da relação de trabalho, abrangidos os entes de direito público externo e da administração pública direta e indireta da União, dos Estados, do Distrito Federal e dos Municípios.
c) relativas às penalidades administrativas impostas aos empregadores por órgãos de fiscalização das relações de trabalho.
d) de indenizações por danos morais e também danos materiais ou patrimoniais, decorrentes da relação de trabalho.
e) penais para apuração de crimes contra a organização do trabalho, incluindo trabalho escravo e trabalho infantil irregular.

15. (FCC — 2013 — TRT 1ª Região (RJ) — Analista Judiciário — Área Administrativa/Direito Processual do Trabalho/Competência) Quanto à organização e competência da Justiça do Trabalho, conforme previsões contidas na Constituição Federal e na Consolidação das Leis do Trabalho, é correto afirmar que

a) compete ao Tribunal Superior do Trabalho processar e julgar originalmente o pedido de medida cautelar das ações diretas de inconstitucionalidade.
b) os Tribunais Regionais do Trabalho compõem-se de, no mínimo, sete juízes, nomeados pelo Presidente da República, após aprovação pela maioria absoluta do Senado Federal.
c) não compete à Justiça do Trabalho processar e julgar as ações relativas às penalidades administrativas impostas às empresas pelos órgãos de fiscalização das relações de trabalho.
d) não compete à Vara do Trabalho processar e julgar os conflitos resultantes de contratos de empreitadas em que o empreiteiro seja operário ou artífice e não discuta verbas da relação de emprego.

e) em se tratando de empregador que promova realização de atividades fora do lugar do contrato de trabalho, é assegurado ao empregado apresentar reclamação no foro de celebração do contrato ou naquela da prestação dos respectivos serviços.

16. (FCC — 2013 — TRT 1ª Região (RJ) — Analista Judiciário — Área Judiciária/Direito Processual do Trabalho/Competência) Minerva, domiciliada no município de Duque de Caxias, foi contratada no município de Resende para trabalhar na empresa Olimpo Empreendimentos. Durante todo o contrato de trabalho trabalhou no município de Friburgo, sede da sua empregadora. Após três anos de labor, Minerva foi dispensada. Para receber as verbas rescisórias que não foram pagas, a comarca competente para o ajuizamento de reclamação trabalhista é a do município de

a) Resende, porque é o local onde foi firmado o contrato de trabalho.
b) Friburgo, porque é o local da prestação dos serviços da trabalhadora.
c) Duque de Caxias, porque é o local do domicílio da reclamante.
d) Rio de Janeiro, porque, além de ser a Capital do Estado, é a sede do Tribunal Regional do Trabalho da 1ª Região.
e) Duque de Caxias, Resende ou Friburgo, pois não há regra na CLT — Consolidação das Leis do Trabalho regulando a competência territorial.

17. (FCC — 2013 — TRT 1ª Região (RJ) — Analista Judiciário — Execução de Mandados/Direito Processual do Trabalho/Organização da Justiça do Trabalho; Competência) Sobre a organização, jurisdição e competência da Justiça do Trabalho, nos termos da legislação vigente, é correto afirmar que

a) a Justiça do Trabalho não é competente para processar e julgar as ações entre trabalhadores portuários e os operadores portuários ou o Órgão Gestor de Mão de Obra decorrentes da relação de trabalho, visto que por envolver trabalho marítimo a competência é da Justiça Federal.
b) a competência das Varas do Trabalho é determinada pela localidade onde o empregado, reclamante ou reclamado, foi contratado, independentemente do local onde prestou seus serviços ao empregador.
c) a lei criará Varas da Justiça do Trabalho, podendo, nas comarcas não abrangidas por sua jurisdição, atribuí-la aos juízes de direito, com recurso para o respectivo Tribunal Regional do Trabalho.
d) o Tribunal Superior do Trabalho compor-se-á de vinte e sete Ministros, escolhidos dentre brasileiros com mais de trinta e cinco e menos de sessenta e cinco anos, nomeados pelo Presidente da República após aprovação pela maioria simples do Congresso Nacional.
e) a Justiça do Trabalho tem competência para processar e julgar a execução, de ofício, das contribuições sociais previdenciárias e de imposto de renda, decorrentes das sentenças que proferir.

18. (FCC — 2013 — TRT 1ª Região (RJ) — Técnico Judiciário — Área Administrativa/Direito Processual do Trabalho/Competência) A Constituição Federal e a Consolidação das Leis do Trabalho NÃO inserem na competência das Varas do Trabalho a apreciação e julgamento dos dissídios e ações

a) em que se pretenda estabilidade no emprego.
b) coletivas de natureza econômica e jurídica, originalmente.
c) resultantes de contratos de empreitadas em que o empreiteiro seja operário ou artífice.
d) sobre representação sindical, entre sindicatos, entre sindicatos e trabalhadores.
e) para a execução de contribuições previdenciárias decorrentes de suas sentenças condenatórias.

19. (FCC — 2013 — TRT 1ª Região (RJ) — Técnico Judiciário — Área Administrativa/Direito Processual do Trabalho/Competência) Hércules, morador de Nova Iguaçu, foi contratado em Angra dos Reis para trabalhar na empresa Beta & Gama Produções, localizada no município do Rio de Janeiro. Após oito meses de trabalho foi dispensado sem justa causa. Na presente situação, a competência territorial para ajuizar reclamação trabalhista questionando o motivo da rescisão contratual e postular indenização por danos morais é do município

a) do Rio de Janeiro, porque é a Capital do Estado e há pedido de indenização por danos morais.
b) de Nova Iguaçu, porque é o local do domicílio do reclamante.
c) de Angra dos Reis, porque é o local onde o trabalhador foi contratado.
d) do Rio de Janeiro, porque é o local da prestação dos serviços do empregado.
e) de Nova Iguaçu ou Angra dos Reis, sendo opção do reclamante por atender a sua conveniência.

20. (FCC — 2013 — TRT 1ª Região (RJ) — Técnico Judiciário — Área Administrativa/Direito Processual do Trabalho/Competência) Nos termos das previsões da Constituição Federal e da Consolidação das Leis do Trabalho, compete à Justiça do Trabalho processar e julgar

a) as demandas que envolvam as questões relativas aos benefícios da Previdência Social, sendo partes o trabalhador e o INSS.
b) as contas prestadas anualmente pelo Ministro do Trabalho e Emprego, mediante parecer prévio que deverá ser elaborado em sessenta dias a contar de seu recebimento.
c) originalmente, a ação direta de inconstitucionalidade de lei ou ato normativo federal ou estadual e a ação declaratória de constitucionalidade de lei ou ato normativo federal.
d) os crimes contra a organização do trabalho e, nos casos determinados por lei, contra o sistema financeiro e a ordem econômico-financeira.
e) as ações entre trabalhadores portuários e os operadores portuários ou o Órgão Gestor de Mão de Obra — OGMO decorrentes da relação de trabalho.

21. (FCC — 2012 — PGE-SP — Procurador/Direito Processual do Trabalho/Competência) É da competência da Justiça do Trabalho:

a) *Habeas corpus* e *habeas data* quando o ato questionado envolver matéria sujeita à sua jurisdição.
b) Demanda envolvendo servidor público estatutário e exercício do direito de greve.
c) Mandado de segurança quando o ato questionado envolver matéria sujeita à sua jurisdição e conflito de competência com o Superior Tribunal de Justiça em matéria trabalhista.
d) Mandado de injunção quando o ato questionado envolver matéria sujeita à sua jurisdição e ações de indenização por dano moral ou patrimonial decorrentes da relação de trabalho.
e) Ações sobre representação sindical, entre sindicatos, entre sindicatos e trabalhadores, e entre sindicatos e empregadores e ações relativas às penalidades tributárias e administrativas impostas aos empregadores por órgãos de fiscalização.

22. (FCC — 2013 — TRT 9ª Região (PR) — Analista Judiciário — Execução de Mandados/Direito Processual do Trabalho/Teoria Geral do Processo do Trabalho) Dentre os princípios norteadores do Processo do Trabalho estão a oralidade e a concentração dos atos em audiência. Nessa seara, conforme previsão legal,

a) o depoimento das partes e testemunhas que não souberem falar a língua nacional será feito por meio de intérprete nomeado pelo juiz e as despesas correrão por conta da parte vencida no processo.

b) se, até 30 minutos após a hora marcada, o Juiz não houver comparecido, os presentes poderão retirar-se, devendo o ocorrido constar do livro de registro das audiências.
c) o Juiz manterá a ordem nas audiências, mas não poderá mandar retirar do recinto os assistentes que a perturbarem em razão da publicidade das audiências na Justiça do Trabalho, sendo que nesse caso deverá adiar a sessão.
d) as audiências dos órgãos da Justiça do Trabalho serão públicas e realizar-se-ão em dias úteis previamente fixados, entre 8 e 18 horas, não podendo ultrapassar 5 horas seguidas, salvo quando houver matéria urgente.
e) as audiências dos órgãos da Justiça do Trabalho serão públicas e realizar-se-ão na sede do Juízo ou Tribunal não podendo ser designado outro local para a realização das audiências.

23. (FCC — 2013 — TRT 9ª Região (PR) — Técnico Judiciário — Área Administrativa/Direito Processual do Trabalho/Teoria Geral do Processo do Trabalho) Quanto ao processo judiciário do trabalho, é correto afirmar:

a) Nos casos omissos, o direito processual comum será fonte subsidiária do direito processual do trabalho, exceto naquilo em que for incompatível com as regras da CLT.
b) O direito processual comum é fonte primária, sendo aplicadas as normas processuais contidas na CLT de forma subsidiária.
c) Havendo omissão da CLT sempre serão aplicadas as regras do direito processual comum como fonte subsidiária.
d) Aplicam-se apenas as regras contidas na CLT, não podendo ser aplicada norma prevista no direito processual comum.
e) A CLT não possui regras processuais próprias, razão pela qual são aplicadas normas do direito processual comum.

24. (FCC — 2013 — TRT 1ª Região (RJ) — Analista Judiciário — Área Judiciária/Direito Processual do Trabalho/Teoria Geral do Processo do Trabalho) Considerando-se os princípios gerais do processo aplicáveis ao processo judiciário trabalhista é correto afirmar:

a) A irrecorribilidade das decisões interlocutórias é um dos aspectos da oralidade, plenamente identificado no processo trabalhista.
b) Não se aplica o princípio da concentração dos atos processuais em audiência, como ocorre no processo comum.
c) Não há omissão das normas processuais na Consolidação das Leis do Trabalho que justifique a aplicação subsidiária do processo comum.
d) Havendo omissão das normas processuais na Consolidação das Leis do Trabalho fica a critério de cada Juiz a aplicação do direito processual comum, cujo critério para adoção é a concordância das partes.
e) A execução trabalhista poderá ser promovida apenas pelas partes interessadas, não havendo o impulso oficial "ex officio" pelo próprio Juiz competente.

25. (FCC — 2013 — TRT 1ª Região (RJ) — Analista Judiciário — Área Judiciária/Direito Processual do Trabalho/Audiências; Teoria Geral do Processo do Trabalho) Zeus, funcionário de uma empresa pública com contrato regido pelas normas da CLT — Consolidação das Leis do Trabalho — ajuizou reclamação trabalhista em face da empresa para reclamar o pagamento de gratificação denominada "sexta parte" e as suas integrações. A ação foi distribuída na 1ª Vara do Trabalho da cidade do Rio de Janeiro. O advogado de Zeus informou-lhe que o Juiz Titular daquela Vara, em outros processos análogos, rejeitou o referido pedido. Para que o processo não fosse julgado por aquele Juiz, Zeus deliberadamente ofendeu o magistrado em audiência, inclusive ameaçando-o de morte. Conforme norma expressa da CLT, na presente situação está configurada a suspeição do Juiz?

a) Sim, por configurar o interesse na causa por parte do Juiz.
b) Não, porque não é caso de parentesco por consanguinidade até o terceiro grau civil.
c) Sim, pelo risco da manutenção de sua integridade física.
d) Não, porque o litigante procurou de propósito o motivo de que se originaria a suspeição.
e) Não, por não haver previsão na CLT de que a inimizade pessoal possa gerar suspeição do Juiz.

26. (FCC — 2013 — TRT 1ª Região (RJ) — Analista Judiciário — Execução de Mandados/Direito Processual do Trabalho/Teoria Geral do Processo do Trabalho) De acordo com as normas contidas na Consolidação das Leis do Trabalho, é correto afirmar:

a) Os dissídios individuais submetidos à apreciação da Justiça do Trabalho serão sempre sujeitos à conciliação, o mesmo não ocorrendo com os dissídios coletivos.
b) O direito processual comum será fonte primária do processo do trabalho, sendo que havendo incompatibilidade de normas deverão ser aplicadas as normas do processo civil comum por ser mais abrangente.
c) A penhora poderá realizar-se em domingo ou dia feriado, ainda que não haja autorização expressa do Juiz da execução, diante da sua relevância para a execução trabalhista.
d) As certidões dos processos que correrem em segredo de justiça dependerão de despacho meramente ordinatório do chefe da secretaria da Vara.
e) Os prazos processuais são contados com exclusão do dia do começo e inclusão do dia do vencimento, e são contínuos e irreleváveis, podendo ser prorrogados pelo tempo estritamente necessário pelo juiz ou tribunal, ou em virtude de força maior, devidamente comprovada.

27. (FCC — 2013 — TRT 1ª Região (RJ) — Técnico Judiciário — Área Administrativa/Direito Processual do Trabalho/Teoria Geral do Processo do Trabalho) A matéria relativa ao processo do trabalho encontra-se plenamente regulamentada pela CLT — Consolidação das Leis do Trabalho?

a) Sim, porque há um título específico na CLT denominado processo judiciário do trabalho que contempla todas as normas processuais necessárias.
b) Sim, em razão da especificidade do processo do trabalho que não admite aplicação de outras normas processuais.
c) Não, porque há previsão na CLT determinando que, nos casos omissos, o direito processual comum será fonte subsidiária do direito processual do trabalho, exceto naquilo em que for incompatível com as normas do Título denominado processo judiciário do trabalho.
d) Não, porque não há regulamentação específica na CLT sobre matéria processual, devendo assim ser aplicado o direito processual comum para solucionar todas as ações trabalhistas.
e) Em termos, porque o direito processual comum deve ser aplicado como regra geral e na sua omissão é que se aplica o direito processual do trabalho.

28. (FCC — 2012 — PGE-SP — Procurador/Direito Processual do Trabalho/Partes e Procuradores; Teoria Geral do Processo do Trabalho) As pessoas jurídicas de direito público, segundo o entendimento do TST,

a) não podem ser consideradas revéis, por defenderem interesses considerados indisponíveis.
b) não se submetem à multa por atraso no pagamento das verbas rescisórias.
c) têm afastado o duplo grau de jurisdição obrigatório na ação rescisória quando a decisão desfavorável está em consonância com súmula do Tribunal Superior do Trabalho.
d) têm direito ao duplo grau de jurisdição quando condenadas ao pagamento de qualquer quantia de dinheiro.
e) têm o prazo em quádruplo para a oposição de embargos de declaração.

29. (FCC — 2012 — TRT 11ª Região (AM) — Juiz do Trabalho — Tipo 5/Direito Processual do Trabalho/Teoria Geral do Processo do Trabalho) No que diz respeito aos princípios no Direito Processual do Trabalho, é correto afirmar:

a) A Consolidação das Leis do Trabalho é norma lacunosa em relação ao princípio da probidade no processo do trabalho, razão pela qual é incompatível a sua aplicação.
b) A Consolidação das Leis do Trabalho encerra algumas hipóteses que operacionalizam o princípio inquisitivo no direito processual do trabalho.
c) O princípio dispositivo, também chamado princípio da demanda ou da inércia da jurisdição, não tem aplicação no processo do trabalho.
d) O princípio da instrumentalidade é aquele segundo o qual, quando a lei prescrever ao ato determinada forma, cominando nulidade, o juiz considerará válido o ato se, realizado de outro modo, alcançar a finalidade, de modo que não é aplicável ao processo do trabalho.
e) O princípio da concentração decorre da aplicação conjunta de vários princípios procedimentais destinados a regulamentar e orientar a apuração de provas e a decisão judicial em uma única audiência, e se aplica ao direito processual do trabalho, apesar de a disposição prevista na Consolidação das Leis do Trabalho ter sido revogada.

30. (FCC — 2011 — Nossa Caixa Desenvolvimento — Advogado/Direito Processual do Trabalho/Teoria Geral do Processo do Trabalho) Mirto, juiz de direito, indignado com determinadas situações que estão ocorrendo na empresa Z, gostaria de instaurar reclamação plúrima trabalhista. Porém, há um princípio que impede que o magistrado instaure de ofício o processo trabalhista. Trata-se especificamente do princípio

a) da imparcialidade do juiz.
b) do devido processo legal.
c) do contraditório.
d) dispositivo.
e) inquisitório.

31. (FCC — 2011 — TRT 1ª Região (RJ) — Juiz do Trabalho/Direito Processual do Trabalho/Partes e Procuradores) Quanto aos honorários advocatícios no processo do trabalho, é correto afirmar:

a) São requisitos para a condenação ao pagamento de honorários advocatícios na Justiça do Trabalho: estar a parte assistida por sindicato da categoria profissional, comprovar a percepção de salário inferior ao dobro do salário mínimo e comprovar não encontrar-se em situação econômica que lhe permita demandar sem prejuízo do próprio sustento ou da respectiva família.
b) É incabível a condenação ao pagamento de honorários advocatícios em ação rescisória.
c) São devidos honorários advocatícios nas lides que não derivem da relação de emprego.
d) São devidos honorários advocatícios sempre que a parte estiver assistida por sindicato da categoria profissional, exceto nas causas em que o sindicato atue como substituto processual.
e) Na Justiça do Trabalho, a condenação ao pagamento de honorários advocatícios, nunca superiores a 20%, não decorre simplesmente da sucumbência, devendo a parte estar assistida por sindicato da categoria profissional.

32. (FCC — 2013 — TRT 1ª Região (RJ) — Analista Judiciário — Área Judiciária/Direito Processual do Trabalho/Partes e Procuradores; Reclamação Trabalhista) Hermes manteve contrato de trabalho com a empresa Gama Transportadora de Cargas por três anos, sendo dispensado por justa causa, sem receber nenhuma verba rescisória. Procurou a Vara do Trabalho do

município para ajuizar reclamação trabalhista. Conforme previsão contida na Consolidação das Leis do Trabalho e jurisprudência atual e sumulada pelo TST, Hermes

a) deve necessariamente constituir advogado para a propositura da reclamação trabalhista.
b) pode postular sem a necessidade de advogado em todas as instâncias da Justiça do Trabalho.
c) pode propor a reclamação trabalhista sem constituir advogado, apenas na primeira instância.
d) não precisa constituir advogado para atuar em todas as instâncias da Justiça do Trabalho, desde que esteja assistido pelo Sindicato da Categoria Profissional.
e) pode reclamar pessoalmente perante a Justiça do Trabalho, limitando-se às Varas do Trabalho e aos Tribunais Regionais do Trabalho.

33. (FCC — 2012 — TRT 18ª Região (GO) — Juiz do Trabalho/Direito Processual do Trabalho/ Partes e Procuradores) Em relação à representação processual no processo do trabalho, conforme entendimento jurisprudencial dominante,

a) a constituição de procurador com poderes para o foro em geral depende de outorga de procuração escrita.
b) a representação em juízo, ativa e passiva, da União, Estados, Municípios e Distrito Federal, suas autarquias e fundações públicas, por seus procuradores, deve ser comprovada mediante a juntada de instrumento de mandato e de comprovação do ato de nomeação.
c) os Estados e os Municípios têm legitimidade para recorrer em nome das autarquias detentoras de personalidade jurídica própria.
d) é inválido o instrumento de mandato firmado em nome de pessoa jurídica que não contenha, pelo menos, o nome da entidade outorgante e do signatário da procuração, pois estes dados constituem elementos que os individualizam.
e) caracteriza a irregularidade de representação a ausência da data da outorga de poderes, pois, no mandato judicial, tanto quanto no mandato civil, é condição de validade do negócio jurídico.

34. (FCC — 2013 — TRT 9ª Região (PR) — Analista Judiciário — Execução de Mandados/Direito Processual do Trabalho/Audiências) Em se tratando de dissídio individual, a norma processual trabalhista prevê, como regra, a realização de audiência UNA, ou seja, em um determinado ato processual será realizada a tentativa de conciliação, a instrução processual e o julgamento. Nesse sentido,

a) terminada a defesa, seguir-se-á a instrução do processo, sendo ouvidas as testemunhas, os peritos e os técnicos, se houver, e após será efetuado o interrogatório dos litigantes.
b) caso o reclamante não compareça na audiência inaugural, mesmo presente seu advogado, deverá necessariamente ser adiada a sessão.
c) é facultado ao empregador fazer-se substituir pelo gerente, ou qualquer outro preposto que tenha conhecimento do fato, mas cujas declarações não obrigarão o proponente.
d) aberta a audiência, o Juiz proporá a conciliação, sendo que se não houver acordo, o reclamado poderá apresentar defesa oral no tempo máximo de 10 (dez) minutos.
e) deverão estar presentes o reclamante e o reclamado na audiência de julgamento, independentemente do comparecimento de seus representantes.

35. (FCC — 2013 — TRT 9ª Região (PR) — Técnico Judiciário — Área Administrativa/Direito Processual do Trabalho/Audiências) Sobre as audiências trabalhistas, com base nas normas aplicáveis, é correto afirmar:

a) A ausência injustificada do reclamante ou de seu advogado à audiência importa em revelia, além de confissão quanto à matéria de fato.

b) O reclamante e o reclamado, deverão estar presentes pessoalmente, independentemente do comparecimento de seus advogados, não podendo ser substituídos ou representados neste ato processual.
c) As partes e testemunhas serão inquiridas pelo juiz, não podendo ser reinquiridas a requerimento das partes ou advogados.
d) O juiz, à hora marcada, declarará aberta a audiência, sendo feita pelo chefe de secretaria ou escrivão a chamada das partes, havendo uma tolerância de até 15 minutos após a hora marcada.
e) Estas serão públicas e realizar-se-ão em dias úteis, entre 8 e 18 horas, não podendo ultrapassar 5 horas seguidas, salvo quando houver matéria urgente.

36. (FCC — 2005 — OAB-SP — Exame de Ordem — 2 — Primeira Fase/Direito Processual do Trabalho/Audiências) Na reclamação ajuizada pelo trabalhador, para a cobrança de direito irrenunciável, correspondente a salário mínimo não pago, ausentes ambas as partes à única audiência designada,

a) deve designar-se nova audiência, com condução coercitiva das partes.
b) o reclamado é considerado revel.
c) o processo é arquivado.
d) encerra-se a instrução, julgando o feito no estado em que se encontra.

37. (FCC — 2013 — TRT 1ª Região (RJ) — Analista Judiciário — Execução de Mandados/Direito Processual do Trabalho/Audiências) Hércules após quatro anos de contrato de trabalho com a empresa Alfa Beta Engenharia foi dispensado sem receber saldo salarial e verbas da rescisão. Ajuizou reclamação trabalhista, sendo designada audiência UNA (conciliação, instrução e julgamento) após dois meses da distribuição da ação. Ocorre que Hércules sofreu acidente na véspera da audiência, ficando hospitalizado e, portanto, impossibilitado de se locomover até a Vara do Trabalho. Com base nas normas previstas em lei trabalhista, nessa situação,

a) o advogado de Hércules fará toda a sua assistência em audiência, inclusive com poderes para depor pelo reclamante e realizar demais atos processuais.
b) o reclamante Hércules poderá fazer-se representar na audiência por outro empregado que pertença a mesma profissão ou pelo Sindicato Profissional.
c) o processo será arquivado ante a ausência do reclamante, que poderá ajuizar novamente a demanda quando estiver em condições plenas de saúde.
d) a lei processual trabalhista não prevê a hipótese de substituição de empregado reclamante ausente, razão pela qual fica a critério do Juiz adiar a audiência ou arquivar o processo.
e) a esposa, companheira ou algum parente até o terceiro grau poderão representar o trabalhador ausente com amplos poderes para inclusive prestar depoimento pelo reclamante.

38. (FCC — 2013 — TRT 1ª Região (RJ) — Analista Judiciário — Execução de Mandados/Direito Processual do Trabalho/Audiências) A empresa Deuses do Olimpo Produções S/A foi citada para responder reclamatória trabalhista que tramita pelo procedimento ordinário e comparecer à audiência UNA (conciliação, instrução e julgamento), designada trinta dias após a sua notificação. Entretanto, o representante legal da empresa reclamada, por mero esquecimento, não compareceu à audiência designada. O reclamante compareceu à audiência sem a presença de seu advogado. O advogado da reclamada, presente em audiência, pretendeu apresentar defesa oral. Nessa situação, com fundamento na lei e em jurisprudência sumulada do Tribunal Superior do Trabalho — TST, o Juiz deverá

a) arquivar a reclamatória diante da ausência de uma das partes e do advogado do reclamante, tendo em vista que este não pode atuar pessoalmente na Justiça do Trabalho.
b) adiar a audiência para outra data possibilitando o comparecimento do advogado do reclamante e do representante legal da reclamada.
c) permitir ao patrono da empresa a apresentação de defesa oral e adiar a audiência para que o advogado do reclamante tome ciência da defesa e apresente réplica nos autos.
d) aplicar a revelia e consequente confissão quanto à matéria de fato à reclamada ausente não permitindo que seu advogado apresente defesa oral diante do motivo da ausência não ser relevante e prosseguir com o processo sem adiar a audiência.
e) autorizar que o patrono da reclamada apresente defesa por escrito em 15 dias diretamente no protocolo da Secretaria da Vara e adiar a audiência para nova data.

39. (FCC — 2012 — TRT 18ª Região (GO) — Juiz do Trabalho/Direito Processual do Trabalho/Audiências) Em relação à audiência, considere:

I. Aberta a audiência, o juiz proporá a conciliação.
II. A audiência de julgamento será contínua, devendo ser concluída no mesmo dia.
III. A ausência do reclamante, quando adiada a instrução após contestada a ação em audiência, não importa arquivamento do processo.
IV. Pessoa jurídica de direito público não se sujeita à revelia.
V. A reclamada, ausente à audiência em que deveria apresentar defesa, é revel, ainda que presente seu advogado munido de procuração, podendo ser ilidida a revelia mediante a apresentação de atestado médico, que deverá declarar, expressamente, a impossibilidade de locomoção do empregador ou do seu preposto no dia da audiência.

É entendimento pacificado pelo TST, o que se afirma APENAS em

a) III e IV.
b) II, IV e V.
c) I.
d) II e III.
e) I, III e V.

40. (FCC — 2013 — TRT 9ª Região (PR) — Analista Judiciário — Execução de Mandados/Direito Processual do Trabalho/Provas) Em todo processo judicial, o conjunto probatório é fundamental para a solução do litígio. A Consolidação das Leis do Trabalho possui regras específicas sobre as provas judiciais, sendo assim,

a) as testemunhas não poderão sofrer qualquer desconto pelas faltas ao serviço, ocasionadas pelo seu comparecimento para depor, quando devidamente arroladas ou convocadas.
b) as testemunhas comparecerão à audiência independentemente de notificação ou intimação, sendo que as que não comparecerem não serão ouvidas, ainda que seja requerido pela parte a intimação das ausentes.
c) o juiz nomeará perito em caso de haver matéria técnica, não sendo facultado às partes indicação de assistentes técnicos em razão da celeridade processual que deve ser aplicada ao Processo do Trabalho.
d) apenas a testemunha que for parente até o segundo grau civil ou amigo íntimo de qualquer das partes não prestará compromisso, e seu depoimento valerá como simples informação.
e) o documento oferecido para prova só será aceito se estiver no original ou em certidão autêntica, não podendo ser declarado autêntico pelo próprio advogado, diante da sua parcialidade.

41. (FCC — 2013 — TRT 1ª Região (RJ) — Analista Judiciário — Área Administrativa/Direito Processual do Trabalho/Procedimento ordinário e sumaríssimo; Provas) O Processo Judiciá-

rio do Trabalho elenca o depoimento de testemunhas como uma das modalidades de prova. Assim, conforme previsão da Consolidação das Leis do Trabalho, nos dissídios individuais de Procedimento Ordinário, de Procedimento Sumaríssimo e no Inquérito para Apuração de Falta Grave, a quantidade máxima de testemunhas que cada parte poderá indicar é de, respectivamente,

a) três, duas e seis.
b) três, três e cinco.
c) duas, três e seis.
d) cinco, duas e cinco.
e) três, duas e quatro.

42. (FCC — 2012 — TRT 18ª Região (GO) — Juiz do Trabalho/Direito Processual do Trabalho/ Provas) Sobre ônus da prova no processo do trabalho, é INCORRETO afirmar:

a) É do empregador o ônus da prova do fato impeditivo, modificativo ou extintivo da equiparação salarial.
b) Presume-se recebida a notificação 48 (quarenta e oito) horas depois de sua postagem. O seu não recebimento ou a entrega após o decurso desse prazo constitui ônus de prova do reclamante.
c) O ônus de provar o término do contrato de trabalho, quando negados a prestação de serviço e o despedimento, é do empregador, pois o princípio da continuidade da relação de emprego constitui presunção favorável ao empregado.
d) Os cartões de ponto que demonstram horários de entrada e saída uniformes são inválidos como meio de prova, invertendo-se o ônus da prova, relativo às horas extras, que passa a ser do empregador, prevalecendo a jornada da inicial se dele não se desincumbir.

43. (FCC — 2012 — TRT 1ª Região (RJ) — Juiz do Trabalho/Direito Processual do Trabalho/ Provas) A inspeção judicial

a) somente será realizada de ofício.
b) somente será realizada a requerimento da parte.
c) pode ser realizada em qualquer fase do processo.
d) pode ser realizada em relação a coisas, mas não em relação a pessoas.
e) é realizada por peritos nomeados pelo juiz.

44. (FCC — 2012 — TRT 1ª Região (RJ) — Juiz do Trabalho/Direito Processual do Trabalho/ Provas) Em relação à prova pericial no processo do trabalho, com base nos dispositivos da CLT e na jurisprudência pacífica do TST, é correto afirmar:

a) A responsabilidade pelo pagamento dos honorários periciais é da parte sucumbente no processo.
b) Os benefícios da justiça gratuita não abrangem os honorários periciais.
c) A indicação do perito assistente é faculdade da parte, a qual deve responder pelos respectivos honorários, ainda que vencedora no objeto da perícia.
d) A atualização monetária dos honorários periciais é a mesma aplicada aos débitos trabalhistas.
e) A exigência de depósito prévio para custeio dos honorários periciais é compatível com o processo do trabalho.

45. (FCC — 2012 — TRT 11ª Região (AM) — Juiz do Trabalho — Tipo 5/Direito Processual do Trabalho/Atos, Termos e Prazos; Dissídios Individuais) Quanto à forma de reclamação e a notificação no dissídio individual trabalhista pelo rito ordinário, conforme previsões contidas na CLT e em súmulas da jurisprudência uniformizada do TST é correto afirmar:

a) Recebida e protocolada a reclamação, dentro de 5 dias será notificado o reclamado para comparecer em audiência que será a primeira desimpedida, depois de 48 horas.
b) Não é possível a acumulação num só processo de várias reclamações, ainda que se trate de empregados da mesma empresa, sem a participação da entidade sindical.
c) Diante da complexidade das matérias que podem ser discutidas no processo trabalhista, com o advento das novas competências, como, por exemplo, as indenizações por danos morais e por acidente do trabalho e as responsabilidades relativas à terceirização de mão de obra, não mais se admite a reclamação trabalhista verbal.
d) Ao receber a petição inicial, a Secretaria da Vara, conforme expressa previsão legal, deve enviar os autos imediatamente ao juiz para realização do juízo de admissibilidade.
e) Presume-se recebida a notificação 48 horas depois de sua postagem; o seu não recebimento ou a entrega após o decurso desse prazo constitui ônus de prova do destinatário.

46. (FCC — 2011 — TRT 20ª Região (SE) — Técnico Judiciário — Área Administrativa/Direito Processual do Trabalho/Dissídios Individuais) Carol ajuizou no início do ano de 2011 reclamação trabalhista em face de sua ex-empregadora, a empresa EFGH. A presente reclamação possui o valor da causa de R$ 19.739,00. Tendo em vista que a audiência UNA foi marcada para o dia 10 de Agosto de 2011, Carol enviou telegrama com aviso de recebimento para suas três testemunhas convidando-as para depor no dia e hora em que a audiência foi designada, porém nenhuma das três testemunhas compareceu. Neste caso, de acordo com a Consolidação das Leis do Trabalho, o M.M. juiz deverá

a) suspender o processo por vinte dias e marcar nova audiência para no máximo 90 dias, porém Carol deverá levar as testemunhas nesta nova audiência independentemente de intimação.
b) suspender o processo por quinze dias e marcar nova audiência para no máximo 60 dias, porém Carol deverá levar as testemunhas nesta nova audiência independentemente de intimação.
c) marcar nova data para a realização da audiência e deferir a intimação das três testemunhas.
d) marcar nova data para a realização da audiência e deferir a intimação de duas das três testemunhas, devendo Carol desistir do depoimento de uma delas.
e) proferir sentença na mesma audiência uma vez que Carol possuía a obrigação de levar as testemunhas independentemente de intimação.

47. (FCC — 2010 — TRT 22ª Região (PI) — Técnico Judiciário — Área Administrativa/Direito Processual do Trabalho/Atos, Termos e Prazos; Dissídios Individuais; Resposta do Reclamado) A respeito do prazo para contestação no Processo do Trabalho, é correto afirmar que:

a) Inexiste prazo para apresentar contestação na Secretaria da Vara na Reclamação Trabalhista, devendo ser a ação contestada na audiência inicial ou UNA.
b) O prazo para apresentar contestação na Secretaria da Vara na Reclamação Trabalhista é de dez dias a contar da citação do reclamado.
c) O prazo para apresentar contestação na Secretaria da Vara na Reclamação Trabalhista é de vinte dias a contar da citação do reclamado quando este se tratar de órgão da Administração Pública.
d) O prazo para apresentar contestação na Secretaria da Vara na Reclamação Trabalhista é de dez dias a contar da audiência inicial ou UNA.
e) O prazo para apresentar contestação na Secretaria da Vara na Reclamação Trabalhista é de vinte dias a contar da audiência inicial ou UNA, quando se tratar o reclamado de órgão da Administração Pública.

48. (FCC — 2006 — TRT 4ª Região — Técnico Judiciário — Área Administrativa/Direito Processual do Trabalho/Atos, Termos e Prazos; Dissídios Individuais) A citação do reclamado para comparecer à audiência e apresentar contestação é feita

a) pelo Correio, com pelo menos 48 horas de antecedência.
b) pelo Correio, com pelo menos 5 dias de antecedência.
c) pelo Correio, com pelo menos 15 dias de antecedência.
d) pelo *Diário Oficial* ou jornal local de grande circulação.
e) exclusivamente por Oficial de Justiça.

49. (FCC — 2006 — TRT 24ª Região — Analista Judiciário — Área Judiciária/Direito Processual do Trabalho/Dissídios Individuais) Nos dissídios individuais,

a) após a apresentação das razões finais, é defeso ao juiz renovar a proposta de conciliação, em razão do término da instrução.
b) não havendo acordo, o reclamado terá trinta minutos para aduzir sua defesa, após a leitura da reclamação, não podendo esta leitura ser dispensada pelas partes.
c) terminada a instrução, poderão as partes aduzir razões finais, em prazo não excedente de dez minutos para cada uma.
d) o não comparecimento do reclamante à audiência importa em confissão quanto à matéria de fato.
e) é facultado ao empregador fazer-se substituir por preposto que tenha conhecimento do fato, porém as declarações deste não obrigarão o proponente.

50. (FCC — 2013 — TRT 12ª Região (SC) — Analista Judiciário — Área Judiciária/Direito Processual do Trabalho/Inquérito para apuração de falta grave) A respeito do inquérito para apuração de falta grave de empregado estável, considere:

I. O prazo para o empregador propor o inquérito judicial para apuração de falta grave é de 30 dias contados da suspensão do empregado, tratando-se de prazo decadencial.
II. Para o ajuizamento do inquérito para apuração de falta grave é obrigatória a suspensão de empregado estável.
III. Se no inquérito judicial para apuração de falta grave ficar comprovada a referida falta, a sentença terá caráter constitutivo negativo, permitindo a resolução contratual.
IV. Se houver prévio reconhecimento da estabilidade do empregado, o julgamento do inquérito pela Vara ou Juízo não prejudicará a execução para pagamento dos salários devidos ao empregado, até a data da instauração do mesmo inquérito.

Está correto o que se afirma APENAS em

a) II e IV.
b) I, II e III.
c) I, III e IV.
d) I e II.
e) III e IV.

51. (FCC — 2012 — TRT 18ª Região (GO) — Juiz do Trabalho/Direito Processual do Trabalho/Inquérito para apuração de falta grave) Observando a legislação e o entendimento jurisprudencial dominante, é INCORRETO afirmar:

a) Para instauração do inquérito para apuração de falta grave contra empregado dirigente sindical, o empregador apresentará reclamação por escrito à Vara do Trabalho ou a Juízo de Direito investido na jurisdição trabalhista, dentro de trinta dias, contados da suspensão do empregado.
b) O prazo de decadência do direito do empregador de ajuizar inquérito em face do empregado que incorre em abandono de emprego é contado a partir do momento em que o empregado pretendeu seu retorno ao serviço.
c) Para instauração do inquérito para apuração de falta grave contra empregado dirigente sindical, o empregador apresentará reclamação por escrito à Vara do Trabalho ou a

Juízo de Direito investido na jurisdição trabalhista, imediatamente após a suspensão do empregado.

d) Se tiver havido prévio conhecimento da estabilidade do empregado, o julgamento do inquérito pela Vara ou Juízo não prejudicará a execução para pagamento dos salários devidos ao empregado, até a data da instauração do mesmo inquérito.
e) Constitui direito líquido e certo do empregador a suspensão do empregado, ainda que detentor de estabilidade sindical, até a decisão final do inquérito em que se apure a falta grave a ele imputada.

52. (FCC — 2012 — TST — Analista Judiciário — Área Judiciária/Direito Processual do Trabalho/Ação Rescisória; Inquérito para apuração de falta grave) Quanto aos procedimentos especiais aplicáveis no Processo do Trabalho, nos termos da legislação aplicável e com base nas súmulas de jurisprudência do TST é correto afirmar:

a) Se tiver havido prévio reconhecimento da estabilidade do empregado, o julgamento do inquérito para apuração de falta grave pela Vara não prejudicará a execução para pagamento dos salários devidos ao empregado, até a data da instauração do mesmo inquérito.
b) Para a instauração do inquérito para apuração de falta grave contra empregado garantido com estabilidade, o empregador apresentará reclamação por escrito à Vara, dentro de 60 dias, contados da data da suspensão do empregado.
c) A ação rescisória calcada em violação de lei admite reexame de fatos e provas do processo que originou a decisão rescindenda.
d) Há previsão legal para a legitimidade excepcional do Ministério Público de propor a ação rescisória, apenas quando a sentença é o efeito de colusão das partes, a fim de fraudar a lei.
e) O mandado de segurança coletivo não induz litispendência para as ações individuais, mas os efeitos da coisa julgada não beneficiarão o impetrante a título individual se não requerer a desistência de seu mandado de segurança no prazo de 120 dias a contar da ciência comprovada da impetração da segurança coletiva.

53. (FCC — 2012 — TRT 11ª Região (AM) — Juiz do Trabalho — Tipo 5/Direito Processual do Trabalho/Inquérito para apuração de falta grave) Mikaela, empregada da empresa "BLM Ltda." ocupa, cargo de dirigente sindical no sindicato de sua categoria. Há dez dias atrás ela cometeu falta grave tipificada pelo artigo 482 da CLT. No dia seguinte à prática da falta, Mikaela foi suspensa. A empresa "BLM Ltda." pretende ajuizar Inquérito para Apuração de Falta Grave. Hoje, a referida empresa possui o prazo decadencial de

a) 60 dias.
b) 20 dias.
c) 51 dias.
d) 30 dias.
e) 21 dias.

54. (FCC — 2011 — TRT 20ª Região (SE) — Analista Judiciário — Execução de Mandados/Direito Processual do Trabalho/Inquérito para apuração de falta grave) O inquérito judicial para apuração de falta grave

a) deverá ser instaurado dentro de 90 dias contados da data da suspensão do empregado.
b) deverá ser instaurado dentro de 180 dias contados da data da suspensão do empregado.
c) que for julgado procedente rescindirá o contrato de trabalho por culpa do empregado, constando a data do trânsito em julgado da sentença como a data da efetiva rescisão.
d) possui natureza de ação constitutiva negativa ou desconstitutiva do contrato de trabalho.
e) permite a oitiva de, no máximo, três testemunhas para cada parte, devendo as mesmas comparecerem independente de intimação.

55. (FCC — 2013 — TRT 1ª Região (RJ) — Analista Judiciário — Execução de Mandados/Direito Processual do Trabalho/Dissídios Coletivos) Conforme previsão contida na Consolidação das Leis do Trabalho — CLT, são submetidos à apreciação da Justiça do Trabalho tanto dissídios individuais como dissídios coletivos. Sobre esses últimos, com base na CLT, é correto afirmar que:

a) a instância em dissídio coletivo será instaurada apenas mediante representação escrita das associações sindicais, em qualquer situação.
b) em caso de dissídio coletivo que tenha por motivo novas condições de trabalho e no qual figure como parte apenas uma fração de empregados de uma empresa, poderá o Tribunal competente estender tais condições de trabalho aos demais empregados da empresa que forem da mesma profissão dos dissidentes.
c) a decisão sobre novas condições de trabalho não poderá também ser estendida a todos os empregados da mesma categoria profissional compreendida na jurisdição do Tribunal, apenas aos da mesma empresa.
d) decorrido mais de 6 (seis) meses de sua vigência, caberá revisão das decisões que fixarem condições de trabalho, quando se tiverem modificado as circunstâncias que as ditaram, de modo que tais condições se hajam tornado injustas ou inaplicáveis.
e) a revisão será julgada pelo Tribunal Superior do Trabalho quando a decisão tiver sido proferida pelo Tribunal Regional do Trabalho, depois de ouvida a Procuradoria da Justiça do Trabalho.

56. (FCC — 2012 — TRT 18ª Região (GO) — Juiz do Trabalho/Direito Processual do Trabalho/Dissídios Coletivos) Em relação ao dissídio coletivo, é INCORRETO afirmar:

a) O Tribunal fixará a data em que a decisão deve entrar em execução, bem como o prazo de sua vigência, o qual não poderá ser superior a quatro anos.
b) O edital de convocação da categoria e a respectiva ata da Assembleia Geral de Trabalhadores (AGT) constituem peças essenciais à instauração do processo de dissídio coletivo.
c) A instância será instaurada mediante representação escrita ao Presidente do Tribunal. Poderá ser também instaurada por iniciativa do presidente ou, ainda, a requerimento da Procuradoria da Justiça do Trabalho, sempre que ocorrer suspensão do trabalho.
d) Em face de pessoa jurídica de direito público não cabe dissídio coletivo, ainda que a mesma mantenha empregados.
e) Não se presta o dissídio coletivo de natureza jurídica à interpretação de normas de caráter genérico.

GABARITO

1. A alternativa **correta é a letra "d"**. A informação constante na letra "b" está em conformidade com os arts. 789 e 790-A da CLT, que preveem que o vencido, no caso a autarquia, já que condenada em um pedido, arcará com o pagamento das custas processuais de 2% sobre o valor da condenação. No caso, a quantia não será paga, na medida em que a autarquia é isenta, conforme o art. 790-B da CLT, por ser pessoa jurídica de direito público.

2. A alternativa **correta é a letra "a"**. A informação prevista na letra "a" é a transcrição do art. 855 da CLT, que pode ser resumidamente explicado da seguinte forma: os salários do empregado são devidos até a data da suspensão, já que serão suspensos até o julgamento do inquérito caso o empregado seja suspenso das atividades, conforme o art. 853 da CLT.

3. A assertiva **correta é a letra "e"**. O agravo de petição é o recurso previsto no art. 897, *a*, da CLT como o meio recursal próprio para impugnar as decisões proferidas na execução trabalhista, como a decisão que julga os embargos à execução, apresentados após a garantia do juízo. O recurso é interposto em até 8 dias.

4. A alternativa **correta é a letra "d"**. A assertiva está em conformidade com o art. 114, VIII, da CF, que diz serem da competência da Justiça do Trabalho as execuções, de ofício, das contribuições decorrentes das sentenças que proferir. Vejamos:

> "VIII — a execução, de ofício, das contribuições sociais previstas no art. 195, I, *a*, e II, e seus acréscimos legais, decorrentes das sentenças que proferir".

5. A alternativa **correta é a letra "b"**. A arbitragem é considerada uma heterocomposição, já que há um terceiro decidindo, impondo a decisão, não sendo uma conciliação judicial, pois o árbitro não compõe o Poder Judiciário, assim como não é jurisdição, pois não é o Estado agindo para decidir. Além disso, a arbitragem é aceita apenas nos dissídios individuais do trabalho, conforme o art. 114, §§ 1º e 2º, da CF, sendo vedada nos dissídios individuais, de acordo com o entendimento do TST. Vamos ao dispositivo legal:

> "§ 1º Frustrada a negociação coletiva, as partes poderão eleger árbitros.
>
> § 2º Recusando-se qualquer das partes à negociação coletiva ou à arbitragem, é facultado às mesmas, de comum acordo, ajuizar dissídio coletivo de natureza econômica, podendo a Justiça do Trabalho decidir o conflito, respeitadas as disposições mínimas legais de proteção ao trabalho, bem como as convencionadas anteriormente".

6. A alternativa **correta é a letra "a"**. A assertiva consta expressamente no art. 888, § 3º, da CLT, que trata da nomeação de leiloeiro quando não houve licitante e o exequente não requerer a adjudicação, conforme a transcrição:

> "§ 3º Não havendo licitante, e não requerendo o exequente a adjudicação dos bens penhorados, poderão os mesmos ser vendidos por leiloeiro nomeado pelo Juiz ou Presidente".

7. A alternativa **correta é a letra "a"**. Atualmente, é muito comum a FCC cobrar questões que tratam do Conselho Superior da Justiça do Trabalho, que está previsto no art. 111-A, § 2º, II, da CF/88, incluído com a EC n. 45/2004:

> "§ 2º Funcionarão junto ao Tribunal Superior do Trabalho: (Incluído pela Emenda Constitucional n. 45, de 2004)
>
> I — a Escola Nacional de Formação e Aperfeiçoamento de Magistrados do Trabalho, cabendo-lhe, dentre outras funções, regulamentar os cursos oficiais para o ingresso e promoção na carreira; (Incluído pela Emenda Constitucional n. 45, de 2004)
>
> II — o Conselho Superior da Justiça do Trabalho, cabendo-lhe exercer, na forma da lei, a supervisão administrativa, orçamentária, financeira e patrimonial da Justiça do Trabalho de primeiro e segundo graus, como órgão central do sistema, cujas decisões terão efeito vinculante. (Incluído pela Emenda Constitucional n. 45, de 2004)".

Percebe-se que a alternativa "A" está totalmente de acordo com o dispositivo constitucional. Entendemos que o art. 111-A da CF/88 deve ser lido e relido, pois costumeiramente é cobrado nos concursos da FCC, uma vez que também faz menção à **Escola Nacional de Formação e Aperfeiçoamento de Magistrados do Trabalho.**

8. A alternativa **correta é a letra "d"**, pois em conformidade com o art. 115 da CF/88, que reserva aos integrantes da Advocacia e Membros do Ministério Público 1/5 das vagas nos Tribunais Regionais do Trabalho, nos seguintes termos:

> "Os Tribunais Regionais do Trabalho compõem-se de, no mínimo, sete juízes, recrutados, quando possível, na respectiva região, e nomeados pelo Presidente da República dentre brasileiros com mais de trinta e menos de sessenta e cinco anos, sendo: (Redação dada pela Emenda Constitucional n. 45, de 2004)
>
> *I — um quinto dentre advogados com mais de dez anos de efetiva atividade profissional e membros do Ministério Público do Trabalho com mais de dez anos de efetivo exercício, observado o disposto no art. 94; (Redação dada pela Emenda Constitucional n. 45, de 2004)*
>
> II — os demais, mediante promoção de juízes do trabalho por antiguidade e merecimento, alternadamente. (Redação dada pela Emenda Constitucional n. 45, de 2004)".

9. A alternativa **incorreta é a letra "c"**, pois existem Estados que não possuem Tribunal Regional do Trabalho, como ocorre, por exemplo, com Pará e Amapá, que formam em conjunto a 8ª Região, e o art. 112 da CF/88 diz que, nas hipóteses em que o Juiz de Direito atuar como trabalhista, o recurso será dirigido ao respectivo Tribunal Regional do Trabalho, conforme transcrição abaixo:

> "A lei criará varas da Justiça do Trabalho, podendo, nas comarcas não abrangidas por sua jurisdição, atribuí-la aos juízes de direito, com recurso para o respectivo Tribunal Regional do Trabalho".

10. A alternativa **correta é a letra "c"**, pois em conformidade com o texto do art. 112 da CF/88, um dos mais cobrados em se tratando de organização da Justiça do Trabalho. Vejamos a redação do dispositivo:

> "A lei criará varas da Justiça do Trabalho, podendo, nas comarcas não abrangidas por sua jurisdição, atribuí-la aos juízes de direito, com recurso para o respectivo Tribunal Regional do Trabalho".

Caso não haja Vara do Trabalho em determinado local, nem mesmo em local próximo que detenha competência, a lei pode atribuir jurisdição trabalhista ao Juiz de Direito (Juiz de uma Vara Cível, por exemplo), para que atue como Juiz do Trabalho nas demandas trabalhistas que lhe forem apresentadas. Ao ser proferida sentença, a parte interporá o recurso, que será remetido ao TRT respectivo.

11. A alternativa **correta é a letra "e"**, já que se trata de transcrição do § 1º do art. 115 da CF/88:

> "Os Tribunais Regionais do Trabalho instalarão a justiça itinerante, com a realização de audiências e demais funções de atividade jurisdicional, nos limites territoriais da respectiva jurisdição, servindo-se de equipamentos públicos e comunitários".

12. A alternativa **correta é a letra "c"**, já que é a única em conformidade com o art. 111 da CF/88, abaixo transcrito:

> "Art. 111. São órgãos da Justiça do Trabalho:
> I — o Tribunal Superior do Trabalho;
> II — os Tribunais Regionais do Trabalho;
> III — Juízes do Trabalho".

Apesar de o art. 111 da CF mencionar "Juízes do Trabalho", a FCC considera correto o termo "Varas do Trabalho". Na Justiça do Trabalho, não há Juizados Especiais, assim como o Supremo Tribunal Federal não faz parte da estrutura trabalhista.

13. A alternativa **correta é a letra "e"**. A regra acerca da competência territorial no processo do trabalho encontra-se no art. 651 da CLT, que prevê ser competente a Vara do Trabalho do local da prestação dos serviços. Pouco importa o local da contratação, da sede da empresa ou do domicílio do empregado, pois a regra geral leva em consideração o local da prestação dos serviços, apenas. Na hipótese, a ação deverá ser ajuizada em Curitiba, pois a questão afirma que a obreira trabalhou dois anos naquela cidade, antes de ser demitida injustamente.

14. A alternativa **correta é a letra "e"**. A Justiça do Trabalho não possui competência criminal, mesmo para os crimes contra a organização do trabalho, trabalho escravo e trabalho infantil. O STF decidiu na **ADI n. 3.684 que a Justiça do Trabalho não possui competência criminal, de forma alguma, para nenhum crime**.

15. A alternativa **correta é a letra "e"**. A regra geral acerca da competência territorial encontra-se prevista no art. 651 da CLT, que trata do local da prestação dos serviços. Contudo, o § 3º daquele dispositivo versa que:

> "Em se tratando de empregador que promova realização de atividades fora do lugar do contrato de trabalho, é assegurado ao empregado apresentar reclamação no foro da celebração do contrato ou no da prestação dos respectivos serviços".

Percebe-se que se trata da redação da letra "e", considerada correta. Nessa hipótese, em que se encaixa o circo, por exemplo, como empregador, o empregado poderá optar pelo local da contratação ou prestação dos serviços para ajuizamento da reclamação trabalhista, já que a empresa se desloca como um todo enquanto há a prestação dos serviços.

16. A alternativa **correta é a letra "b"**. Mais uma questão que leva em consideração a regra do art. 651 da CLT, que trata do local da prestação dos serviços como o competente para o ajuizamento da reclamação trabalhista. Pouco importa o local da contratação ou o domicílio do empregado, e sim **o local da prestação dos serviços, que na hipótese** é **Friburgo**.

17. A alternativa **correta é a letra "c"**. A resposta correta da FCC encontra-se no art. 112 da CF/88, sendo este um dos artigos mais cobrados em provas de concursos trabalhistas, quando o assunto é organização/competência da Justiça do Trabalho. Cabe transcrevê-lo, pois deve ser decorado:

> "A lei criará varas da Justiça do Trabalho, podendo, nas comarcas não abrangidas por sua jurisdição, atribuí-la aos juízes de direito, com recurso para o respectivo Tribunal Regional do Trabalho".

Percebe-se que, apesar de o Juízo que proferiu a decisão ser da justiça comum estadual, o recurso será dirigido ao TRT.

18. A alternativa **correta é a letra "b"**. As ações coletivas de natureza econômica e jurídica a que se refere a FCC são os dissídios coletivos. Tais ações realmente não são da competência das Varas do Trabalho, e sim dos Tribunais, podendo ser de competência originária dos TRTs ou do TST, a depender da extensão das categorias em conflito.

19. A alternativa **correta é a letra "d"**. Uma vez mais a questão se refere ao local do ajuizamento da ação trabalhista, qual seja, o da prestação dos serviços, conforme o art. 651 da CLT. Na questão, o local da prestação dos serviços foi o Rio de Janeiro, razão pela qual ali deverá ser ajuizada a demanda, independentemente do local da contratação ou do domicílio do empregado.

20. A alternativa **correta é a letra "e"**. A competência para julgar as demandas envolvendo trabalhadores portuários e os operadores portuários ou o OGMO está descrita no art. 652, V, da CLT, nos seguintes termos:

> "Art. 652. Compete às Juntas de Conciliação e Julgamento: (*Vide* Constituição Federal de 1988)
>
> a) conciliar e julgar: (...)
>
> V — as ações entre trabalhadores portuários e os operadores portuários ou o Órgão Gestor de Mão de Obra — OGMO decorrentes da relação de trabalho; (Incluído pela Medida Provisória n. 2.164-41, de 2001)".

21. A alternativa **correta é a letra "a"**. A competência para *habeas corpus* e *habeas data* está inserta no art. 114, IV, da CF/88, assim redigido:

> "os mandados de segurança, *habeas corpus* e *habeas data*, quando o ato questionado envolver matéria sujeita à sua jurisdição".

22. A alternativa **correta é a letra "d"**. A informação consta no art. 813 da CLT, que trata da realização das audiências trabalhistas. A afirmação, em verdade, é a transcrição do dispositivo legal, como geralmente ocorre com as questões da FCC. Vejamos:

> "As audiências dos órgãos da Justiça do Trabalho serão públicas e realizar-se-ão na sede do Juízo ou Tribunal em dias úteis previamente fixados, entre 8 (oito) e 18 (dezoito) horas, não podendo ultrapassar 5 (cinco) horas seguidas, salvo quando houver matéria urgente".

23. A alternativa **correta é a letra "a"**. A informação acerca da aplicação subsidiária do CPC encontra-se no art. 769 da CLT, assim redigido:

> "Nos casos omissos, o direito processual comum será fonte subsidiária do direito processual do trabalho, exceto naquilo em que for incompatível com as normas deste Título".

24. A alternativa **correta é a letra "a"**. O princípio da irrecorribilidade imediata das decisões interlocutórias, previsto no art. 893, § 1º, da CLT, é parte integrante do princípio da oralidade, juntamente com o princípio da identidade física do Juiz, aplicável atualmente ao processo do trabalho. Em relação à regra da irrecorribilidade, vale a pena lembrar as seguintes exceções: decisões terminativas do feito (art. 799, § 2º, da CLT) e hipóteses descritas na Súmula n. 214 do TST, a seguir transcrita, diante de sua importância e necessidade para os concursos trabalhistas:

"Na Justiça do Trabalho, nos termos do art. 893, § 1º, da CLT, as decisões interlocutórias não ensejam recurso imediato, salvo nas hipóteses de decisão: a) de Tribunal Regional do Trabalho contrária à Súmula ou Orientação Jurisprudencial do Tribunal Superior do Trabalho; b) suscetível de impugnação mediante recurso para o mesmo Tribunal; c) que acolhe exceção de incompetência territorial, com a remessa dos autos para Tribunal Regional distinto daquele a que se vincula o juízo excepcionado, consoante o disposto no art. 799, § 2º, da CLT".

25. A alternativa **correta é a letra "d"**. Eventual vício ou nulidade do processo, como o decorrente da suspeição do Juiz, não pode ser alegado pela parte que lhe deu causa. Esse é o princípio da causalidade, previsto no art. 796, *b*, da CLT, que trata das nulidades do processo. Se o Advogado de Zeus provocou o motivo que originaria a suspeição, esta não deve ser declarada. Nos termos do art. 796, *b*, da CLT, temos:

"Art. 796. A nulidade não será pronunciada:

(...)

b) quando arguida por quem lhe tiver dado causa".

26. A alternativa **correta é a letra "e"**. A redação exposta na alternativa "e" é a transcrição do art. 775 da CLT, razão pela qual está correta. Transcreve-se o dispositivo mencionado, para que seja memorizado:

"Os prazos estabelecidos neste Título contam-se com exclusão do dia do começo e inclusão do dia do vencimento, e são contínuos e irreleváveis, podendo, entretanto, ser prorrogados pelo tempo estritamente necessário pelo juiz ou tribunal, ou em virtude de força maior, devidamente comprovada".

27. A alternativa **correta é a letra "c"**. Mais um questionamento acerca da aplicação do direito processual comum de forma subsidiária ao processo do trabalho. Uma vez mais, transcreve-se o art. 769 da CLT, sobre o assunto:

"Nos casos omissos, o direito processual comum será fonte subsidiária do direito processual do trabalho, exceto naquilo em que for incompatível com as normas deste Título".

Percebe-se que a norma primária a ser aplicada é a CLT, pois possui normas acerca do direito processual. Diante das omissões existentes, adota-se a aplicação subsidiária do CPC ao processo de conhecimento, desde que não haja incompatibilidade entre os sistemas.

28. A alternativa **correta é a letra "c"**. O direito ao duplo grau de jurisdição obrigatório, ou seja, a remessa necessária do art. 475 do CPC, será afastado em algumas situações, descritas na Súmula n. 303 do TST, a seguir transcrita para análise:

"I — Em dissídio individual, está sujeita ao duplo grau de jurisdição, mesmo na vigência da CF/1988, decisão contrária à Fazenda Pública, salvo:

a) quando a condenação não ultrapassar o valor correspondente a 60 (sessenta) salários mínimos;

b) quando a decisão estiver em consonância com decisão plenária do Supremo Tribunal Federal ou com súmula ou orientação jurisprudencial do Tribunal Superior do Trabalho. (ex-Súmula n. 303 — alterada pela Res. 121/2003, *DJ* 21.11.2003)

II — Em ação rescisória, a decisão proferida pelo juízo de primeiro grau está sujeita ao duplo grau de jurisdição obrigatório quando desfavorável ao ente público, exceto nas hipóteses das alíneas "a" e "b" do inciso anterior. (ex-OJ n. 71 da SBDI-1 — inserida em 03.06.1996)

III — Em mandado de segurança, somente cabe remessa "ex officio" se, na relação processual, figurar pessoa jurídica de direito público como parte prejudicada pela concessão da ordem. Tal situação não ocorre na hipótese de figurar no feito como impetrante e terceiro interessado pessoa de direito privado, ressalvada a hipótese de matéria administrativa. (ex-OJs ns. 72 e 73 da SBDI-1 — inseridas, respectivamente, em 25.11.1996 e 03.06.1996)".

Perceba que o duplo grau obrigatório é dispensado nas hipóteses descritas nas alíneas *a* e *b*, sendo a segunda a que interessa por ora. Se a decisão, mesmo que desfavorável ao ente público, estiver em conformidade com a jurisprudência do STF ou TST, não haverá remessa necessária, conforme afirma a alternativa "c" da questão.

29. A alternativa **correta é a letra "b"**. A afirmação acerca da incidência do princípio inquisitivo no processo do trabalho está perfeita. Tal princípio, que prevê a atuação *ex officio* do Magistrado, ou seja, independentemente de pedido da parte, pode ser verificada nas seguintes situações exemplificativas:

a. art. 878 da CLT — processo de execução;
b. art. 856 da CLT — dissídios coletivos;
c. art. 39 da CLT — procedimento administrativo perante o MTE.

30. A alternativa **correta é a letra "d"**. O Juiz do Trabalho, por mais insatisfeito que esteja com a situação vivenciada pelos empregados da empresa mencionada, não poderá ajuizar a reclamação trabalhista, tendo em vista o princípio da inércia, também denominado princípio da demanda ou dispositivo, que é o nome utilizado pela FCC. O princípio dispositivo impede o início de demanda trabalhista *ex officio*. O processo de execução é que pode ser iniciado pelo Magistrado, mesmo sem requerimento do credor, nos moldes do art. 878 da CLT. O processo de conhecimento não possui regra igual. O princípio da inércia encontra-se previsto nos arts. 2° e 262 do CPC, sendo que transcrevemos o primeiro dispositivo:

> "Nenhum juiz prestará a tutela jurisdicional senão quando a parte ou o interessado a requerer, nos casos e forma legais".

31. A alternativa **correta é a letra "c"**. A condenação ao pagamento de honorários advocatícios de sucumbência no processo do trabalho difere, num primeiro momento, do sistema aplicado ao processo civil. Nos termos da Súmula n. 219, I, do TST, a condenação não surge da mera sucumbência, e sim do preenchimento dos requisitos da assistência judiciária gratuita, prevista no art. 14 da Lei n. 5.584/70, que são dois: 1. assistência pelo sindicato da categoria; 2. Percepção de renda de até 2 salários mínimos ou declaração de pobreza, caso receba quantia superior. Presentes tais requisitos, haverá a condenação ao pagamento da verba. Ocorre que há situações em que a condenação nasce da **mera sucumbência**, ou seja, aplica-se o mesmo sistema do processo civil. Essas hipóteses estão nos incs. II e III da Súmula n. 219 do TST. Nos incs. II e III, estão as hipóteses em que a condenação ao pagamento dos honorários de sucumbência decorrem da **mera sucumbência**, ou seja, do sistema "perdeu, pagou". Tais hipóteses são:

a. ação rescisória;
b. ação em que o Sindicato atue como substituto processual;
c. lide que não derive da relação de emprego, ou seja, em que se discuta relação de trabalho.

Em todas as situações, a condenação é no máximo de 15%, conforme inc. I, razão pela qual já dispensamos todas as alternativas que não façam menção ao aludido percentual. Perceba que a letra "C" menciona as ações que não derivam da relação de emprego, que é o que ocorre no inc. III da Súmula, razão pela qual está correta a assertiva.

32. A alternativa **correta é a letra "e"**. A resposta está em conformidade com a importante Súmula n. 425 do TST, que trata do *jus postulandi* das partes, instituto previsto no art. 791 da CLT. Transcrevemos a Súmula do TST e o artigo da CLT, para comentarmos:

> "O *jus postulandi* das partes, estabelecido no art. 791 da CLT, limita-se às Varas do Trabalho e aos Tribunais Regionais do Trabalho, não alcançando a ação rescisória, a ação cautelar, o mandado de segurança e os recursos de competência do Tribunal Superior do Trabalho";

> "Art. 791. Os empregados e os empregadores poderão reclamar pessoalmente perante a Justiça do Trabalho e acompanhar as suas reclamações até o final".

O *jus postulandi*, que é a possibilidade de as partes demandarem na Justiça do Trabalho, seja na qualidade de autor ou de réu, sem Advogado, encontra-se em vigor, tendo sido recepcionado pela CF/88, por não conflitar com o art. 133 daquela Carta, mesmo que haja a informação acerca da indispensabilidade do Advogado para a administração da Justiça. Contudo, o TST, por meio da súmula já destacada, restringiu o cabimento do instituto, afirmando que somente pode ser aplicado às Varas do Trabalho e aos Tribunais Regionais do Trabalho, não se aplicando ao TST. Além disso, nem todos os procedimentos das Varas do Trabalho e dos TRTs podem ser utilizados sem Advogado, pois a súmula também restringiu o *jus postulandi*, afirmando que não é aplicável ao mandado de segurança, à ação rescisória e à ação cautelar (bem como aos recursos para o TST). Com base no entendimento sumulado, está correta a afirmativa da FCC, quando diz que o instituto é aplicado apenas às Varas do Trabalho e Tribunais Regionais do Trabalho, já que no TST a parte não pode "chegar" sem Advogado, já que os recursos por ele julgados dependem de Advogado.

33. A alternativa **correta é a letra "d"**. A afirmação nela contida está em total consonância com a OJ n. 373 da SDI-1 do TST, alterada em 2010 e que atualmente possui a seguinte redação:

> "É inválido o instrumento de mandato firmado em nome de pessoa jurídica que não contenha, pelo menos, o nome da entidade outorgante e do signatário da procuração, pois estes dados constituem elementos que os individualizam".

Perceba que a letra "d" transcreve o conteúdo da referida OJ, que afirma a necessidade de serem informados na procuração os dados que identifiquem a pessoa jurídica, bem como aquele que está assinando o documento em nome da empresa, sob pena de considerar-se a irregularidade de representação.

34. A alternativa **correta é a letra "e"**. A informação contida na letra "e", de que as partes devem comparecer à audiência independentemente de seus representantes, encontra-se no art. 843 da CLT, assim redigido:

> "Na audiência de julgamento deverão estar presentes o reclamante e o reclamado, independentemente do comparecimento de seus representantes salvo, nos casos de Reclamatórias Plúrimas ou Ações de Cumprimento, quando os empregados poderão fazer-se representar pelo Sindicato de sua categoria".

Percebam que as exceções encontram-se nas ações plúrimas e nas ações de cumprimento, pois nessas o número de autores, em especial, poderia impedir ou atrapalhar a própria realização da audiência. Imagine uma ação ajuizada por 100 reclamantes. Seria impossível a presença e participação de todos na mesma audiência.

35. A alternativa **correta é a letra "e"**. A informação nela trazida pela FCC, considerada correta, é cópia fiel do art. 813 da CLT, que deve ser memorizado pelo candidato, pois muitas vezes cobrado nos concursos trabalhistas:

> "As audiências dos órgãos da Justiça do Trabalho serão públicas e realizar-se-ão na sede do Juízo ou Tribunal em dias úteis previamente fixados, entre 8 (oito) e 18 (dezoito) horas, não podendo ultrapassar 5 (cinco) horas seguidas, salvo quando houver matéria urgente".

36. A alternativa **correta é a letra "c"**. O art. 844 da CLT prevê o arquivamento do processo quando ausente o reclamante e a revelia quando ausente o reclamado. Havendo ausência de ambas as partes, o entendimento é de que o feito será arquivado. Transcreve-se o artigo mencionado para ciência:

> "Art. 844. O não comparecimento do reclamante à audiência importa o arquivamento da reclamação, e o não comparecimento do reclamado importa revelia, além de confissão quanto à matéria de fato.
>
> Parágrafo único — Ocorrendo, entretanto, motivo relevante, poderá o presidente suspender o julgamento, designando nova audiência".

37. A alternativa **correta é a letra "b"**. Na hipótese da questão, há uma justificativa plausível para a ausência do reclamante à audiência, razão pela qual autoriza a CLT que seja substituído por outro empregado da mesma categoria ou pelo sindicato, de forma a evitar o arquivamento do processo. A representação serve apenas para evitar o arquivamento do feito, não sendo realizados atos processuais. Vejamos a redação do art. 843, § 2º, da CLT:

> "Se por doença ou qualquer outro motivo poderoso, devidamente comprovado, não for possível ao empregado comparecer pessoalmente, poderá fazer-se representar por outro empregado que pertença à mesma profissão, ou pelo seu sindicato".

38. A alternativa **correta é a letra "d"**. A questão, apesar de relativamente grande, é de fácil desate. Perceba que o reclamante estava presente mas seu Advogado ausente, o que não gera o arquivamento do feito, pois a parte estava presente. Em relação ao reclamado, o Advogado estava presente, mas o representante da empresa, não. Nessa situação, aplica-se a Súmula n. 122 do TST, assim redigida:

> "A reclamada, ausente à audiência em que deveria apresentar defesa, é revel, ainda que presente seu advogado munido de procuração, podendo ser ilidida a revelia mediante a apresentação de atestado médico, que deverá declarar, expressamente, a impossibilidade de locomoção do empregador ou do seu preposto no dia da audiência".

Extrai-se da Súmula e da situação posta pela FCC que, mesmo presente o Advogado do reclamado, haverá a aplicação da revelia, conforme o art. 844 da CLT, pois o motivo da ausência do reclamado não foi justo — mero esquecimento —, não cabendo ao seu Advogado a apresentação de defesa, conforme dito na letra "d".

39. A alternativa **correta é a letra "e"**. Estão corretas as assertivas I, III e V, de acordo com a jurisprudência do TST e a legislação aplicável. Vejamos:

I. A informação está correta, pois de acordo com o art. 846 da CLT, que diz que o Juiz proporá a conciliação, quando aberta a audiência.

II. Errada, pois a audiência de julgamento pode ser fracionada, caso haja necessidade, como quando alguma testemunha faltar ao ato e tiver que ser intimada.

III. Perfeito, pois a Súmula n. 9 do TST traz tal informação: se houver a apresentação de defesa e a audiência for adiada, não haverá arquivamento do processo, pois nasceu para o reclamado, com a apresentação da defesa, o direito ao julgamento de mérito.

IV. Errado, pois a OJ n. 152 da SDI-1 do TST diz que o art. 844 da CLT, que trata da revelia, é aplicável às pessoas jurídicas de direito público.

V. Perfeito, pois em total conformidade com a Súmula n. 122 do TST, que possui idêntica redação.

40. A alternativa **correta é a letra "a"**. A impossibilidade de a testemunha sofrer desconto em seu salário encontra-se previsto no art. 822 da CLT, assim redigido:

> "As testemunhas não poderão sofrer qualquer desconto pelas faltas ao serviço, ocasionadas pelo seu comparecimento para depor, quando devidamente arroladas ou convocadas".

41. A alternativa **correta é a letra "a"**. Uma das questões mais simples sobre provas é essa, relacionada ao número de testemunhas que podem ser arroladas no processo do trabalho, que varia de acordo com o procedimento adotado. No rito ordinário, cada parte poderá indicar até três testemunhas (art. 821 da CLT); no rito sumaríssimo, esse número é reduzido para duas (art. 852-H, § 2º, da CLT); e no inquérito para apuração de falta grave, cada parte pode valer-se de até seis testemunhas (art. 821 da CLT).

42. A alternativa **incorreta é a letra "b"**. A informação acerca do ônus da prova do não recebimento da notificação ou o seu recebimento tardio, conforme a Súmula n. 16 do TST, é do destinatário (reclamado), e não do reclamante, como dito pela FCC. Transcreve-se a Súmula referida:

> "Presume-se recebida a notificação 48 (quarenta e oito) horas depois de sua postagem. O seu não recebimento ou a entrega após o decurso desse prazo constitui ônus de prova do destinatário".

43. A alternativa **correta é a letra "c"**. A inspeção judicial, conforme o art. 440 do CPC, de aplicação subsidiária ao Processo do Trabalho, prevê a possibilidade de realização da inspeção judicial como meio de prova, em qualquer fase do processo, de ofício ou a requerimento das partes.

44. A alternativa **correta é a letra "c"**. A indicação de assistente técnico, nos termos do art. 826 da CLT: *"É facultado a cada uma das partes apresentar um perito ou técnico"*.

Se a indicação de assistente técnico é faculdade das partes, os honorários cobrados por eles devem ser pagos pela parte contratante, independentemente do resultado da perícia ou do processo, isto é, mesmo que venha a vencer o processo ou o resultado da perícia lhe seja favorável, será responsável pelo pagamento dos honorários a parte contratante, conforme a Súmula n. 341 do TST:

> "A indicação do perito assistente é faculdade da parte, a qual deve responder pelos respectivos honorários, ainda que vencedora no objeto da perícia".

45. A alternativa **correta é a letra "e"**. A resposta da questão encontra-se em consonância com a **Súmula n. 16 do TST**, que alude ao prazo de recebimento da notificação postal, que é de 48 horas a contar de sua postagem. Trata-se de uma presunção relativa, que pode ser desconstituída pelo destinatário, sendo seu o ônus da prova o não recebimento ou o recebimento posterior às 48 horas, que pode acarretar a ausência do prazo mínimo de 5 dias a que alude o art. 841 da CLT. Lembre-se de que, entre o recebimento da notificação e a realização da audiência, deve ser respeitado o prazo mínimo de 5 dias, para que o reclamado tenha tempo hábil de preparar a defesa. Transcreve-se a Súmula n. 16 do TST para conhecimento:

> "Presume-se recebida a notificação 48 (quarenta e oito) horas depois de sua postagem. O seu não recebimento ou a entrega após o decurso desse prazo constitui ônus de prova do destinatário".

46. A alternativa **correta é a letra "d"**. Em 2011, o salário mínimo era de R$ 545,00. As ações até R$ 21.800,00 eram, naquela época, ajuizadas perante o rito sumaríssimo, nos termos do art. 852-A da CLT. No rito sumaríssimo, dispõe o art. 862-H, §§ 2° e 3°, da CLT, que cada parte poderá ouvir até 2 testemunhas, sendo que a intimação delas somente será deferida pelo Magistrado se houver prova do convite formulado a elas. Perceba que a situação posta pela FCC é de que houve o convite formulado a 3 testemunhas, em ação do rito sumaríssimo (valor inferior a R$ 21.800,00 na época), e que não compareceram ao ato judicial. Nessa situação, o Juiz deve intimar duas testemunhas para nova audiência, ou seja, nos termos da letra "d", deve o Magistrado marcar nova audiência, intimando duas testemunhas, isto é, o reclamante terá que desistir da oitiva de uma delas, já que convidou 3, número excedente. Todas as demais assertivas estão erradas, pois falam em proferir sentença, suspender o processo ou intimar as 3 testemunhas. Transcrevem-se os §§ 2° e 3° do art. 852-H da CLT:

> "§ 2° As testemunhas, até o máximo de duas para cada parte, comparecerão à audiência de instrução e julgamento independentemente de intimação. (Incluído pela Lei n. 9.957, de 12.1.2000)
>
> § 3° Só será deferida intimação de testemunha que, comprovadamente convidada, deixar de comparecer. Não comparecendo a testemunha intimada, o juiz poderá determinar sua imediata condução coercitiva".

47. A alternativa **correta é a letra "a"**. A informação acerca da inexistência de prazo para apresentação da defesa em cartório, no processo do trabalho, está de acordo com o art. 847 da CLT, que diz que a defesa será apresentada em audiência, no prazo máximo de 20 minutos, sendo o reclamado pessoa jurídica de direito privado ou público, havendo ou não litisconsórcio. Não existe previsão de defesa escrita no processo do trabalho, mesmo que na prática isso seja comum. Na seara trabalhista, para fins de prova de concurso, somente é possível a **defesa oral, em 20 minutos, na audiência, após a primeira tentativa de conciliação**. Transcreve-se o art. 847 da CLT para ciência:

> "Não havendo acordo, o reclamado terá vinte minutos para aduzir sua defesa, após a leitura da reclamação, quando esta não for dispensada por ambas as partes".

48. A alternativa **correta é a letra "b"**. Em primeiro lugar, transcreve-se o art. 841 da CLT, que trata da forma e do prazo da notificação no processo do trabalho:

> "Recebida e protocolada a reclamação, o escrivão ou secretário, dentro de 48 (quarenta e oito) horas, remeterá a segunda via da petição, ou do termo, ao reclamado, notificando-o ao mesmo tempo, para comparecer à audiência do julgamento, que será a primeira desimpedida, depois de 5 (cinco) dias.

§ 1º A notificação será feita em registro postal com franquia. Se o reclamado criar embaraços ao seu recebimento ou não for encontrado, far-se-á a notificação por edital, inserto no jornal oficial ou no que publicar o expediente forense, ou, na falta, afixado na sede da Junta ou Juízo.

§ 2º O reclamante será notificado no ato da apresentação da reclamação ou na forma do parágrafo anterior".

Como pode ser verificado, a notificação no processo do trabalho é realizada por via postal, ou seja, pelos Correios, no prazo de 48 horas, que será recebida pelo destinatário no prazo de 48 horas (Súmula n. 16 do TST), para a audiência que será a primeira depois de 5 dias do recebimento da notificação. O destinatário, portanto, não pode receber a notificação hoje para uma audiência amanhã ou depois de amanhã, já que entre o recebimento daquela e a audiência há necessidade de, pelo menos, 5 dias, tempo hábil para a preparação da audiência.

Tudo isso que foi dito está em conformidade com a letra "b", que afirma que a notificação será *"pelo Correio, com pelo menos 5 dias de antecedência"*.

49. A alternativa **correta é a letra "c"**. A questão menciona um dos importantes atos praticados pelas partes em audiência: a apresentação de razões finais orais, no prazo de até 10 minutos, nos termos do art. 850 da CLT, conforme transcrição a seguir:

"Terminada a instrução, poderão as partes aduzir razões finais, em prazo não excedente de 10 (dez) minutos para cada uma. Em seguida, o juiz ou presidente renovará a proposta de conciliação, e não se realizando esta, será proferida a decisão".

Sabe-se que a audiência trabalhista é una, o que significa dizer que começará com o pregão das partes e terminará com a sentença. Nesse meio tempo, temos as tentativas de conciliação, a apresentação de defesa, a instrução (produção das provas) e as **razões finais**, oportunidade em que as partes, oralmente, demonstram ao Juiz do Trabalho que a sua pretensão deve ser aceita, ou seja, que o seu direito está provado. No processo do trabalho, esse ato é oral, seguindo-se, portanto, o princípio da oralidade.

50. A alternativa **correta é a letra "c"**. Está correto apenas o que se afirma em I, III e IV, nos termos da análise abaixo realizada:

I. Correto, pois de acordo com o art. 853 da CLT, que afirma o prazo de 30 dias a contar da suspensão do empregado, bem como com a Súmula n. 403 do STF, que diz ser o prazo de decadência.

II. Errado, pois a suspensão do empregado não é requisito para o ajuizamento do inquérito. Se houver suspensão, conta-se o prazo de 30 dias a partir do ato. A interpretação acerca da não obrigatoriedade da suspensão é benéfica ao empregado, já que continua a trabalhar e receber o salário.

III. Correto, pois a decisão vai desconstituir o vínculo empregatício, ou seja, a natureza é constitutiva negativa. O vínculo é desconstituído por meio da decisão judicial.

IV. Correto, pois, se a sentença for de improcedência, será reconhecido que não houve a falta grave e que a estabilidade do obreiro será mantida. Nessa hipótese, há a condenação da empresa ao pagamento dos salários do período de afastamento, realizando-se a execução da quantia nos mesmos autos. Trata-se da redação do art. 855 da CLT.

51. A alternativa **incorreta é a letra "c"**. Percebe-se, facilmente, que a informação nela contida destoa daquela constante no art. 853 da CLT, que trata do prazo para o ajuizamento do inquérito para apuração de falta grave. A ação será ajuizada no prazo de 30 dias a contar da suspensão, e não de imediato, conforme dito pela banca examinadora. Vejamos o dispositivo celetista:

"Para a instauração do inquérito para apuração de falta grave contra empregado garantido com estabilidade, o empregador apresentará reclamação por escrito à Junta ou Juízo de Direito, dentro de 30 (trinta) dias, contados da data da suspensão do empregado".

52. A alternativa **correta é a letra "a"**. A afirmação contida na letra "A" é a redação do art. 855 da CLT, muitas vezes cobrado pela FCC. Vejamos:

"Se tiver havido prévio reconhecimento da estabilidade do empregado, o julgamento do inquérito pela Junta ou Juízo não prejudicará a execução para pagamento dos salários devidos ao empregado, até a data da instauração do mesmo inquérito".

Percebe-se que se o inquérito for julgado improcedente, a empresa será condenada ao pagamento dos salários devidos no período de afastamento. Por tratar-se de sentença condenatória, haverá a execução daqueles valores nos próprios autos. As demais assertivas estão erradas pelos seguintes fundamentos:

Letra "B": errado, pois o art. 853 da CLT fala em ajuizamento no prazo de 30 dias a contar da suspensão.

Letra "C": errado, pois viola o entendimento da Súmula n. 410 do TST, que não permite o reexame de fatos e provas.

Letra "D": errado, pois a Súmula n. 407 do TST diz que as situações previstas no art. 487 do CPC, dentre eles a existência de colusão entre as partes, são exemplificativas.

Letra "E": errado, pois o art. 22, § 1º, da Lei n. 12.016/2009 afirma o prazo de 30 dias.

53. A alternativa **correta é a letra "e"**. O art. 853 da CLT prevê prazo de 30 dias a contar da suspensão do empregado, para o ajuizamento do inquérito para apuração de falta grave. Se o empregado cometeu a conduta há dez dias e a suspensão ocorreu no dia seguinte, já se passaram 9 dias da suspensão. Portanto, faltam 21 dias para a empresa ajuizar a demanda. É sempre bom frisar que o prazo é decadencial. **As demais alternativas não precisam ser analisadas em separado.**

54. A alternativa **correta é a letra "d"**. A informação acerca da natureza jurídica da ação de inquérito para apuração de falta grave está correta: trata-se de ação constitutiva negativa ou desconstitutiva, pois é a sentença proferida nos autos que extingue o vínculo de emprego do obreiro estável que incorreu em justa causa. Até ser proferida a sentença, o vínculo existe, podendo estar suspenso caso a empresa tenha aplicado a suspensão disciplinar prevista no art. 853 da CLT. As demais afirmações estão incorretas, conforme análise realizada abaixo:

Letra "A": errado, pois o prazo é de 30 dias, conforme art. 853 da CLT.

Letra "B": errado, pois o prazo, conforme já dito, é de 30 dias.

Letra "C": errado, pois a rescisão se dá na data em que for proferida a sentença.

Letra "E": errado, pois o art. 821 da CLT prevê até 6 testemunhas para cada parte.

55. A alternativa **correta é a letra "b"**. A alternativa "B" traz a literalidade do art. 868 da CLT, que trata da extensão da decisão proferida em ação de dissídio coletivo. Em outras palavras, trata do dissídio coletivo de extensão. Vejamos a redação do mencionado dispositivo legal:

> "Em caso de dissídio coletivo que tenha por motivo novas condições de trabalho e no qual figure como parte apenas uma fração de empregados de uma empresa, poderá o Tribunal competente, na própria decisão, estender tais condições de trabalho, se julgar justo e conveniente, aos demais empregados da empresa que forem da mesma profissão dos dissidentes".

O dissídio coletivo de extensão tem por finalidade conceder a mesma situação jurídica aos empregados submetidos às mesmas condições de trabalho. Vejamos as demais assertivas:

Letra "A": errada, pois contraria o art. 856 da CLT, que trata da legitimidade para o ajuizamento do dissídio coletivo ou, em outras palavras, para a instauração de instância. Vejamos:

> "A instância será instaurada mediante representação escrita ao Presidente do Tribunal. Poderá ser também instaurada por iniciativa do presidente, ou, ainda, a requerimento da Procuradoria da Justiça do Trabalho, sempre que ocorrer suspensão do trabalho".

Letra "C": errada, pois contraria o art. 869 da CLT, assim redigido:

> "A decisão sobre novas condições de trabalho poderá também ser estendida a todos os empregados da mesma categoria profissional compreendida na jurisdição do Tribunal".

Letra "D": errada, pois a revisão (dissídio coletivo de revisão), somente pode ocorrer após o decurso do prazo de 1 (um) ano, de acordo com o art. 873 da CLT.

Letra "E": errada, pois o art. 875 da CLT diz que caberá ao próprio tribunal prolator da decisão originária, julgar o dissídio de revisão.

56. A alternativa **incorreta é a letra "d"**. A afirmativa contida na letra "D" não se coaduna com o entendimento exposto pelo TST em sua OJ n. 5 da SDC, assim redigida:

> "Em face de pessoa jurídica de direito público que mantenha empregados, cabe dissídio coletivo exclusivamente para apreciação de cláusulas de natureza social. Inteligência da Convenção n. 151 da Organização Internacional do Trabalho, ratificada pelo Decreto Legislativo n. 206/2010".

A OJ foi alterada em setembro de 2012, sendo atualmente possível o ajuizamento de dissídio coletivo em face de pessoa jurídica de direito público que mantenha empregados. Contudo, somente as cláusulas de natureza social é que podem ser objeto do dissídio, pois as econômicas esbarram no princípio da legalidade, já que o reajuste, principal cláusula de natureza econômica, somente pode ser concedido por lei. Vejamos as demais assertivas, todas corretas:

Letra "A": correto, pois de acordo com o art. 868, parágrafo único, da CLT.

Letra "B": correto, em conformidade com a OJ n. 29 da SDC/TST, assim redigida:

> "O edital de convocação da categoria e a respectiva ata da AGT constituem peças essenciais à instauração do processo de dissídio coletivo".

Letra "C": correto, em conformidade com o art. 856 da CLT, que prevê a legitimidade ativa para o ajuizamento do dissídio coletivo.

Letra "E": correto, de acordo com a OJ n. 7 da SDC/TST, que possui redação idêntica à afirmativa constante na questão em comento.

ÍNDICE DAS QUESTÕES DE CONCURSOS

QUESTÕES DE CONCURSOS

AÇÃO RESCISÓRIA

1. (TRT 6ª Região/PE — Juiz do Trabalho — 2015 — FCC) Acerca da ação rescisória considere:

I. É indispensável ao processamento da ação rescisória a prova do trânsito em julgado da decisão rescindenda. Porém, verificando o relator que a parte interessada não juntou à inicial o documento comprobatório, abrirá prazo de dez dias para que o faça, sob pena de indeferimento.

II. A comprovação do trânsito em julgado da decisão rescindenda é pressuposto processual indispensável ao tempo do ajuizamento da ação rescisória. Porém, eventual trânsito em julgado, posterior ao ajuizamento da ação rescisória, reabilita a ação proposta, na medida em que o ordenamento jurídico contempla expressamente a ação rescisória preventiva.

III. O pretenso vício de intimação, posterior à decisão que se pretende rescindir, se efetivamente ocorrido, não permite a formação da coisa julgada material. Assim, a ação rescisória deve ser julgada extinta, sem julgamento do mérito, por carência de ação, por inexistir decisão transitada em julgado a ser rescindida.

Está correto o que consta em

a) I, II e III.
b) I e III, apenas.
c) I, apenas.
d) II e III, apenas.
e) II, apenas.

2. (TRT 15ª Região/Campinas — 2013 — FCC — Analista Judiciário) Em sede de Ação Rescisória, no tocante ao prazo decadencial, considere:

I. O prazo de decadência, na ação rescisória, conta-se do dia imediatamente subsequente ao trânsito em julgado da última decisão proferida na causa, seja de mérito ou não.

II. A exceção de incompetência, ainda que oposta no prazo recursal, sem ter sido aviado o recurso próprio, não tem o condão de afastar a consumação da coisa julgada e, assim, postergar o termo inicial do prazo decadencial para a ação rescisória.

III. Em regra, a interposição de recurso intempestivo ou a interposição de recurso incabível não protrai o termo inicial do prazo decadencial.

IV. O juízo rescindente está absolutamente adstrito à certidão de trânsito em julgado juntada com a ação rescisória, não podendo formar sua convicção através de outros elementos dos autos quanto à antecipação ou postergação do *dies a quo* do prazo decadencial.

De acordo com o entendimento sumulado do Tribunal Superior do Trabalho, está correto o que se afirma APENAS em

a) III e IV.

b) I e II.
c) I, II e III.
d) I, III e IV.
e) II, III e IV.

3. (TRT 12ª Região/SC — Analista Judiciário — Área Judiciária — 2010 — FCC) Marta ajuizou reclamação trabalhista em face de sua ex-empregadora. A reclamação trabalhista foi julgada improcedente. Um ano e seis meses após o trânsito em julgado da referida reclamação, Marta faleceu. Seu único filho, Jonas, com trinta anos de idade e seu sucessor universal,

a) só possuirá legitimidade para ajuizar ação rescisória se estiver assistido pelo sindicato da categoria, em razão do falecimento de Marta.
b) não possui legitimidade para ajuizar ação rescisória tratando-se de ação personalíssima intransferível.
c) possui legitimidade para ajuizar ação rescisória, mas já decorreu o prazo prescricional para o ajuizamento de tal ação.
d) possui legitimidade para ajuizar ação rescisória, devendo depositar previamente 10% do valor da causa para ajuizamento.
e) possui legitimidade para ajuizar ação rescisória, devendo depositar previamente 20% do valor da causa para ajuizamento.

4. (CESPE/DPU — Defensor Público — 2010) Pedido de rescisão de julgado proferido em agravo de instrumento que se limite a aferir eventual desacerto de juízo de admissibilidade de recurso de revista é juridicamente impossível, dado que essa decisão não substitui acórdão regional.

5. (CESPE/UnB — Procurador do Estado do Amapá — 2006) O representante legal da pessoa jurídica Seta, em conluio com Antônio, decidiu forjar débito de natureza trabalhista, com a propositura de reclamação trabalhista, tendo como autor Antônio e, como ré, a empresa Seta. Em virtude do não comparecimento de Seta à audiência preliminar, foi decretada a revelia, com o consequente julgamento antecipado da lide, que condenou a empregadora Seta a pagar a Antônio o valor de R$ 46.000,00, a título de verbas rescisórias. Nessa situação, o Ministério Público do Trabalho possui legitimidade *ad causam* para propor ação rescisória, cujo objeto é a aludida sentença condenatória.

6. (CESPE/UnB — Exame da OAB — 2009.1) Com base no que dispõe a CLT sobre a ação rescisória e à luz do entendimento do TST sobre a matéria, assinale a opção correta.

a) É admissível o reexame de fatos e provas do processo que originou a decisão rescindenda mediante ação rescisória fundamentada em violação de lei.
b) É dispensável a prova do trânsito em julgado da decisão rescindenda para o processamento de ação rescisória, mesmo porque é admissível a ação rescisória preventiva.
c) Por falta de previsão legal, a ação rescisória é incabível no âmbito da justiça do trabalho.
d) A ação rescisória é cabível no âmbito da justiça do trabalho e está sujeita ao depósito prévio de 20% do valor da causa, salvo o caso de miserabilidade jurídica do autor.

GABARITO

1. "b".
2. "c".

3. "e".
4. "certo".
5. "correta".
6. "d".

AÇÃO TRABALHISTA

1. (TRT 9ª Região/PR — Analista Judiciário — 2015 — FCC) De acordo com a Consolidação das Leis do Trabalho, a reclamação verbal será distribuída antes de sua redução a termo. Após a distribuição da ação, o reclamante possui o prazo de cinco dias para apresentar-se ao cartório ou à secretaria, para reduzi-la a termo. Em regra, se o reclamante não comparecer neste prazo

a) incorrerá na penalidade de perda, pelo prazo de sessenta dias, do direito de reclamar perante a Justiça do Trabalho.
b) será marcado novo dia, com a intimação do reclamante via Correio, não havendo penalidade.
c) será marcado novo dia, com a intimação pessoal do reclamante através de Oficial de Justiça, não havendo penalidade.
d) incorrerá na penalidade de perda, pelo prazo de três meses, do direito de reclamar perante a Justiça do Trabalho.
e) incorrerá na penalidade de perda, pelo prazo de seis meses, do direito de reclamar perante a Justiça do Trabalho.

2. (TRT 15ª Região/Campinas — 2013 — FCC) Marlene, trabalhou na qualidade de empregada da empresa "ZAZ Ltda." por quinze meses e foi dispensada sem justa causa e pretende ajuizar reclamação trabalhista para obter seus direitos trabalhistas que lhe foram negados durante o contrato de trabalho. Marlene consultou advogado e indagou quanto o mesmo cobraria a título de honorários advocatícios. Diante do valor dos honorários, Marlene decidiu ajuizar sozinha a reclamação. Assim, apresentou reclamação trabalhista verbal. De acordo com a Consolidação das Leis do Trabalho, a reclamação trabalhista verbal

a) é distribuída após a sua redução a termo, devendo a reclamante apresentar-se em quinze dias contados da solicitação à Distribuição do Foro Competente.
b) é distribuída após a sua redução a termo, devendo a reclamante apresentar-se em cinco dias contados da solicitação à Distribuição do Foro Competente.
c) é distribuída antes da sua redução a termo e uma vez distribuída a reclamante deverá apresentar-se em cinco dias à secretaria da Vara.
d) é distribuída antes da sua redução a termo e uma vez distribuída a reclamante deverá apresentar-se em quinze dias à secretaria da Vara.
d) somente é permitida na Justiça do Trabalho para reclamações que não ultrapassem o valor de vinte salários mínimos.

3. (CESPE/UnB — Procurador do Estado do Espírito Santo — 2008) Ex-empregado, carente de recursos econômicos, pretende ingressar com reclamação trabalhista na justiça do trabalho para exigir de seu ex-empregador o pagamento do adicional de periculosidade. Considerando essa situação, julgue os próximos itens.

3.1. O empregado em questão deverá, obrigatoriamente, contratar advogado para ingressar com a ação trabalhista, considerando que o *jus postulandi* na justiça do trabalho não mais subsiste, tendo sido validamente revogado pela legislação que regula a atividade da advocacia.

3.2. Caso não seja constatada a periculosidade alegada pelo reclamante, e considerando que ele tenha obtido o benefício da justiça gratuita, a atividade do perito designado pelo juiz do trabalho será enquadrada como trabalho voluntário, uma vez que, nem o reclamante, nem o Estado suportarão o pagamento dos honorários periciais.

3.3. O benefício da justiça gratuita pode ser concedido em qualquer instância, a requerimento ou de ofício, àqueles que perceberem salário igual ou inferior ao dobro do mínimo legal, ou declararem, sob as penas da lei, que não estão em condições de pagar as custas do processo sem prejuízo do sustento próprio ou de sua família.

4. (CESPE/UnB — Procurador do Estado do Ceará — 2004) A propósito dos dissídios individuais trabalhistas, assinale a opção correta.

a) As ações judiciais trabalhistas devem ser apresentadas com o patrocínio de advogado, salvo aquelas cujo valor seja inferior a 20 salários mínimos.
b) Os inquéritos para a apuração de falta grave podem ser propostos de forma verbal, cabendo ao empregador, nesse caso, comparecer em cinco dias à secretaria do órgão judicial para reduzi-la a termo, sob pena de perder por seis meses o direito de propor a ação.
c) O reclamante deve comparecer pessoalmente à audiência ou fazer-se representar por outro empregado que pertença à mesma categoria profissional, como lhe for conveniente, sob pena de arquivamento da ação.
d) A ausência injustificada do reclamado à audiência impõe a suspensão desse ato processual, desde que não tenha ainda sido apresentada defesa, em razão dos prejuízos causados à tentativa de conciliação.
e) Aberta a audiência e verificada a impossibilidade de conciliação, o reclamado terá vinte minutos de prazo para apresentar sua defesa, após a leitura da inicial da reclamação, quando esta não for dispensada por ambas as partes.

5. (TRT 23ª Região — Analista Judiciário — 2007 — FCC) Verificando o juiz que a petição inicial não preenche os requisitos legais, ou que apresenta defeitos e irregularidades capazes de dificultar o julgamento de mérito,

a) desde logo a indeferirá, mencionando os fundamentos de fato e de direito que motivaram essa decisão.
b) determinará que o autor a emende ou a complete no prazo de quinze dias, indicando o que deve ser corrigido.
c) ordenará a devolução desta ao advogado do autor para elaborar outra petição inicial que atenda aos requisitos legais.
d) determinará a citação do réu, para responder aos termos da ação, no prazo legal.
e) a adequará aos requisitos legais, corrigirá os defeitos e irregularidades, e determinará a citação do réu.

6. (TRT 2ª Região — Analista Judiciário — 2008 — FCC) Considere:

I. A reclamação trabalhista A tem como partes Maria e sua ex-empregada doméstica Ursula.
II. A reclamação trabalhista B tem como partes a microempresa SAPO e seu ex-empregado João.
III. A reclamação trabalhista C tem como partes a sociedade anônima RATO e seu ex-empregado Domingos.
IV. A reclamação trabalhista D tem como partes a empresa privada ROMA e sua ex-funcionária Vânia.

Para se fazerem representados em audiência, o preposto deverá ser necessariamente empregado do(a) reclamado(a) APENAS nas demandas indicadas em

a) II, III e IV.
b) I, II e III.

c) III e IV.
d) II e III.
e) I, III e IV.

GABARITO

1. "e".
2. "c".
3.1. "errada".
3.2. "errada".
3.3. "correta".
4. "e".
5. "b".
6. "c".

ADICIONAIS

1. (TRT 3ª Região/MG — Juiz do Trabalho — 2012) Acerca dos adicionais de insalubridade e periculosidade, leia as afirmações abaixo e, em seguida, assinale a alternativa correta, de acordo com a lei e a jurisprudência cristalizada do Tribunal Superior do Trabalho:

I. O trabalho exercido em condições perigosas, embora de forma intermitente, dá direito ao empregado a receber o adicional de periculosidade de forma integral.
II. O trabalho exercido em condições perigosas habituais, embora por tempo extremamente reduzido, dá direito ao empregado a receber o adicional de periculosidade de forma integral.
III. O trabalho exercido em condições perigosas eventuais, assim consideradas as fortuitas, não dá direito ao empregado a receber o adicional de periculosidade de forma integral, mas somente de forma proporcional ao risco.
IV. É assegurado o adicional de periculosidade apenas aos empregados que trabalham em sistema elétrico de potência em condições de risco, ou que o façam com equipamentos e instalações elétricas similares, que ofereçam risco equivalente, ainda que em unidade consumidora de energia elétrica.
V. O adicional de periculosidade dos eletricitários deverá ser calculado sobre o conjunto de parcelas de natureza salarial e não apenas sobre o salário-base.

a) Somente as afirmativas III e V estão corretas.
b) Somente as afirmativas I, II, III e IV estão corretas.
c) Somente as afirmativas I, IV e V estão corretas.
d) Somente as afirmativas I, II, IV e V estão corretas.
e) Todas as afirmativas estão corretas.

2. (UFPR — ITAIPU BINACIONAL — Advogado — 2011) Considere as seguintes afirmativas:

1. Consoante a jurisprudência dominante, os empregados que operam bomba de gasolina têm direito ao adicional de periculosidade mesmo quando o contato é intermitente, havendo, contudo, que se certificar o risco acentuado.
2. São titulares do direito ao adicional de periculosidade os empregados que são submetidos ao contato permanente ou intermitente com explosivos, inflamáveis, radiação ionizante e eletricidade em condição de risco acentuado.

3. Segundo a jurisprudência do TST, os eletricitários que são submetidos à condição perigosa, em caráter intermitente, fazem jus ao pagamento proporcional do adicional ao tempo de exposição ao risco e não à integralidade do acréscimo salarial, que é devida apenas àqueles submetidos à referida condição em caráter permanente.
4. O empregado submetido à condição perigosa e concomitantemente insalubre faz jus aos adicionais de periculosidade e insalubridade, cumulativamente, eis que o trabalho é demasiadamente gravoso.

Assinale a alternativa correta.

a) Somente as afirmativas 1 e 2 são verdadeiras.
b) Somente as afirmativas 3 e 4 são verdadeiras.
c) Somente as afirmativas 1, 2 e 4 são verdadeiras.
d) Somente as afirmativas 2 e 3 são verdadeiras.
e) Somente as afirmativas 1, 3 e 4 são verdadeiras.

3. (TRT 2ª Região/SP — Juiz — 2010) Assinale a alternativa que não está correta.

a) O adicional noturno corresponde ao acréscimo de 25% (vinte e cinco por cento) sobre a hora trabalhada pelo advogado no período das 20h às 5h.
b) A CLT exige que nas atividades insalubres, quaisquer prorrogações só poderão ser acordadas mediante licença prévia das autoridades competentes em matéria de higiene do trabalho que deverão fazer os necessários exames locais e a verificação dos métodos e processo do trabalho. Entretanto, o TST afastou parcialmente a incidência da norma, atribuindo validade a acordo coletivo ou convenção coletiva de compensação de jornada de trabalho em atividade insalubre sem a inspeção prévia da autoridade acima citada.
c) Conforme expressa previsão legal, qualquer compensação praticada no recibo de quitação final não poderá exceder o equivalente a um mês de remuneração do empregado.
d) Há vedação legal para o pagamento salarial por meio de mecanismos que caracterizem o *truck system*, ou seja, modalidade de vinculação automática do salário a armazéns ou sistemas de fornecimento de mercadorias.
e) Será permitido o desconto salarial relativo a dano, culposo ou doloso, ocasionado pelo empregado, desde que, esta possibilidade tenha sido acordada, ainda que tacitamente.

4. (TRT 2ª Região/SP — Juiz — 2010) Sobre insalubridade e periculosidade, é correto afirmar que:

a) A periculosidade, para o eletricista, se configura nas empresas de geração e distribuição de energia elétrica, sendo incabível sua caracterização no âmbito de estabelecimentos apenas consumidores dessa energia, mesmo que caracterizado sistema elétrico de potência.
b) O direito do trabalhador ao adicional de insalubridade ou de periculosidade cessará com a eliminação do risco à sua saúde ou integridade física. Os adicionais em foco possuem caráter retributivo e são computáveis para os efeitos de décimo terceiro salário, férias com 1/3, dos depósitos de FGTS e das contribuições previdenciárias.
c) A perícia judicial para apuração da insalubridade dispensa o enquadramento da atividade entre as situações previstas pelas Normas Regulamentadoras 15 e 16 da Portaria 3.214 do Ministério do Trabalho.
d) De acordo com a jurisprudência sumulada do TST, o empregado que é eletricista e trabalha sem contato com equipamentos elétricos, sujeitos ao risco de corrente elétrica acidental, faz jus ao adicional de periculosidade, sempre na proporção de 30%. Na hipótese, o tempo de exposição ao risco é irrelevante e a perícia desnecessária, pois sendo a atividade desenvolvida com frequência, e o perigo invisível e afeto a situações imprevisíveis, o acréscimo remuneratório é sempre devido na íntegra.
e) O direito ao adicional de insalubridade é devido quando não é possível eliminar a fonte geradora do agente nocivo, independentemente dos efeitos aos níveis de tolerância ou de concentração prefixados. A causa da insalubridade é a ação nociva do agente

físico, químico ou biológico no trabalhador, o que ocorre quando os meios coletivos ou individuais de proteção não puderem prevenir ou reduzir a nocividade aos limites compatíveis com a capacidade biológica do trabalhador.

5. (TRT 23ª Região — Analista Judiciário — 2004 — FCC) Empregado que trabalha em atividade tida como insalubre e perigosa, fazendo jus à percepção de adicional,

a) tem direito a optar por um dos adicionais.
b) tem direito a receber os dois adicionais.
c) recebe o adicional de menor valor.
d) recebe o adicional de maior valor.
e) recebe, sempre, o adicional de periculosidade.

6. (TRT 20ª Região — Analista Judiciário — 2006 — FCC) De acordo com a Consolidação das Leis do Trabalho, o trabalho noturno

a) terá remuneração superior à do diurno e, para esse efeito, sua remuneração terá um acréscimo de 15%, pelo menos, sobre a hora diurna.
b) será aquele realizado, pelos empregados urbanos, entre às 21 horas de um dia e às 4 horas do dia seguinte.
c) terá remuneração superior à do diurno e, para esse efeito, sua remuneração terá um acréscimo de 10%, pelo menos, sobre a hora diurna.
d) terá a sua hora reduzida, que será computada como de 52 minutos e 30 segundos.
e) será aquele realizado, pelos empregados urbanos, entre às 24 horas de um dia e às 6 horas do dia seguinte.

7. (CESPE/UnB — Exame da OAB — 2008) Francisco trabalhava na Empresa ABC Ltda., a qual, encerradas suas atividades, dispensou todos os seus empregados sem justa causa. Francisco resolveu, então, ingressar com reclamação trabalhista para obter o pagamento do adicional de insalubridade. Com base na situação hipotética apresentada, assinale a opção correta.

a) Ocorrendo o encerramento das atividades da empresa, fica prejudicado o pedido de pagamento do adicional de insalubridade, pois fica descaracterizada a atividade em condições insalubres.
b) Uma vez que trabalhou em condições insalubres durante todo o vínculo com a empresa, vindo a pleitear o pagamento do adicional somente após a ruptura do contrato de trabalho, caracteriza-se a renúncia tácita por parte de Francisco ao adicional.
c) Não é possível estabelecer condenação por adicional de insalubridade, visto que, com o encerramento das atividades da empresa, a realização da perícia torna-se inviável.
d) Quando não for possível a realização da perícia, por motivo de encerramento das atividades da empresa, o juiz pode utilizar-se de outros meios de prova para julgar o pedido de pagamento de adicional de insalubridade.

GABARITO

1. "c".
2. "a".
3. "e".
4. "b".
5. "a".

6. "d".
7. "d".

ALTERAÇÃO DO CONTRATO DE TRABALHO

1. (PGE-BA — Analista de Procuradoria — Área de Apoio Jurídico — Direito do Trabalho/Alterações no Contrato de Trabalho — 2013 — FCC) Para que as alterações das condições dos contratos individuais de trabalho sejam consideradas lícitas é necessário que

a) sejam comunicadas por escrito pelo empregador ao empregado.
b) decorram de mútuo consentimento, independentemente de prejuízo.
c) decorram de mútuo consentimento e delas não decorram prejuízos nem para o empregado, nem para o empregador.
d) decorram de mútuo consentimento e delas não decorram prejuízos diretos ou indiretos ao empregado.
e) sejam comunicadas por escrito pelo empregador ao empregado, no prazo de 48 horas, mediante recibo devidamente assinado pelo mesmo.

2. (TRT 12ª Região/SC — Analista Judiciário — Especialidade Oficial de Justiça Avaliador Federal — Direito do Trabalho/Alterações no Contrato de Trabalho; Suspensão e Interrupção no Contrato de Trabalho — 2013 — FCC) Acerca das normas legais referentes às alterações, suspensões e interrupções dos contratos individuais do trabalho.

a) a alteração das condições contratuais só será lícita se houver mútuo consentimento, ainda que venha resultar, direta ou indiretamente, prejuízos ao empregado que consentiu com as alterações.
b) não se considera alteração unilateral a determinação do empregador para que o respectivo empregado reverta ao cargo efetivo, anteriormente ocupado, deixando o exercício de função de confiança.
c) é vedada a transferência do empregado, sem a sua anuência, para localidade diversa da que resultar do contrato, ainda que ocorra a extinção do estabelecimento em que ele trabalhava.
d) nos contratos por prazo determinado, o tempo de afastamento sempre será computado na contagem do prazo para a respectiva terminação.
e) o afastamento do empregado em virtude das exigências do serviço militar, ou de outro encargo público, por se tratar de alteração contratual, constitui motivo justo para rescisão do contrato de trabalho por parte do empregador.

3. (TRT 3ª Região/MG — Juiz do Trabalho — 2012) Acerca da alteração do contrato de trabalho, leia as afirmações abaixo e, em seguida, assinale a alternativa correta, de acordo com a jurisprudência cristalizada do Tribunal Superior do Trabalho:

I. As cláusulas regulamentares, que revoguem ou alterem vantagens deferidas anteriormente, só atingirão os trabalhadores admitidos após a revogação ou alteração do regulamento, salvo se mais benéficas aos demais empregados.
II. Havendo a coexistência de dois ou mais regulamentos da empresa, a opção do empregado por um deles tem efeito jurídico de renúncia às regras do sistema do outro, salvo se lhe forem mais prejudiciais.
III. A redução da carga horária do professor, em virtude da diminuição do número de alunos, constitui alteração contratual, uma vez que implica redução do valor da remuneração mensal.
IV. O retorno do servidor público celetista (administração direta, autárquica e fundacional) à jornada inicialmente contratada não é lícito, sendo a sua jornada definida em lei e no contrato de trabalho firmado entre as partes.

V. A transferência para o período diurno de trabalho implica a perda do direito ao adicional noturno.

a) Somente as afirmativas III e V estão corretas.
b) Somente as afirmativas I, II e V estão corretas.
c) Somente as afirmativas I, III e V estão corretas.
d) Somente as afirmativas I, II, III e IV estão corretas.
e) Somente a afirmativa V está correta.

4. (TRT 14ª Região/RO e AC — Técnico Judiciário — Área Administrativa — 2011 — FCC) A reversão, ou seja, o retorno do empregado que ocupava cargo de confiança ao cargo de origem, é

a) vedada pela Consolidação das Leis do Trabalho, fazendo jus o empregado a uma indenização de seis salários contratados com os acréscimos legais.
b) vedada pela Consolidação das Leis do Trabalho em razão do princípio da imutabilidade contratual.
c) vedada pela Consolidação das Leis do Trabalho em razão do princípio da proteção.
d) vedada pela Consolidação das Leis do Trabalho sujeitando o empregador a multa administrativa de cinco salários mínimos vigentes.
e) permitida pela Consolidação das Leis do Trabalho.

5. (TRT 14ª Região/RO e AC — Analista Judiciário — Execução de Mandados — 2011 — FCC) A Consolidação das Leis do Trabalho permite a transferência de empregado para localidade diversa da que resultar do contrato em caso de necessidade de serviço. Nesse caso, o empregador

a) ficará obrigado a um pagamento suplementar, nunca inferior a 30% dos salários que o empregado percebia naquela localidade, enquanto durar essa situação.
b) está desobrigado ao pagamento de qualquer verba suplementar, tendo em vista que a transferência ocorreu em caso de necessidade de serviço e não será por tempo indeterminado.
c) só ficará obrigado a um pagamento suplementar, nunca inferior a 35% dos salários que o empregado percebia naquela localidade, se a transferência ultrapassar sessenta dias, sendo devido enquanto durar essa situação.
d) ficará obrigado a um pagamento suplementar, nunca inferior a 25% dos salários que o empregado percebia naquela localidade, enquanto durar essa situação.
e) só ficará obrigado a um pagamento suplementar, nunca inferior a 30% dos salários que o empregado percebia naquela localidade, se a transferência ultrapassar noventa dias, sendo devido enquanto durar essa situação.

6. (TRT 4ª Região/RS — Analista Judiciário — Área Judiciária — 2011 — FCC) José, empregado da empresa X, há onze anos atrás, passou a exercer o cargo B, recebendo gratificação pela função exercida. Sem justo motivo, sua empregadora pretende revertê-lo para o seu cargo efetivo. Neste caso, a empresa X

a) poderá retirar-lhe a gratificação devendo indenizar José no valor da gratificação suprimida multiplicada por seis.
b) poderá retirar-lhe a gratificação, tendo em vista que José não exercerá mais a função pela qual recebe a gratificação.
c) só poderá retirar-lhe a gratificação se autorizado pelo sindicato da categoria, bem como indenizar José em um salário mínimo por ano de exercício da função.
d) poderá retirar-lhe a gratificação devendo indenizar José no valor da gratificação suprimida multiplicada por onze.
e) não poderá retirar-lhe a gratificação tendo em vista o princípio da estabilidade financeira.

7. (CESPE/UnB — Procurador do Estado do Ceará — 2004) Com referência à alteração do contrato de trabalho, assinale a opção correta.

a) Ao empregador, detentor do poder diretivo e responsável pelos riscos do empreendimento, é assegurada a faculdade de promover alterações nos contratos de trabalho que julgar necessárias para a preservação do empreendimento.
b) A jornada de trabalho inicialmente ajustada pode ser elevada a critério do empregador, de modo unilateral, quando existir aumento da demanda por seus produtos e(ou) serviços.
c) Em caso de força maior, poderá o empregador exigir a prestação de labor além do limite legal ou contratual, caso em que ficará obrigado a remunerar a sobrejornada com valor mínimo equivalente ao da hora normal.
d) O salário convencionado pode ser objeto de redução, na presença de circunstâncias excepcionais que justifiquem essa medida, mediante ajuste bilateral entre empregado e empregador.
e) Ao empregador é vedado destituir empregado de posto de confiança, ocupado por mais de dez anos, por aplicação da teoria da estabilidade econômica.

8. (CESPE/UnB — Procurador do Estado do Amapá — 2006) Marcela foi contratada para trabalhar na sede de sua empregadora, localizada a aproximadamente 2 quilômetros de sua residência. Após 3 anos de serviço, Marcela foi removida para uma filial de sua empregadora, localizada no mesmo município da sede, porém a 5 quilômetros de sua residência. Nessa situação, a mudança do local de trabalho de Marcela será ilícita se não houver comprovação da necessidade do serviço.

9. (TRT 23ª Região — Analista Judiciário — 2004 — FCC) O empregador que determina ao empregado em domicílio que passe a trabalhar na sede da empresa pratica ato

a) lícito, desde que haja concordância expressa do empregado.
b) lícito, desde que a alteração não acarrete mudança de domicílio do empregado e o empregador pague as despesas de locomoção.
c) lícito, tendo em vista seu poder de comando, uma vez que regra prevalente estatui que a obrigação de fazer do empregado deve ser cumprida na sede da empresa.
d) ilícito, que enseja a rescisão do contrato de trabalho, facultado, antes, ao empregado, o direito de pleitear o restabelecimento da cláusula infringida.
e) ilícito, tendo em vista que a habitualidade se incorpora ao contrato de trabalho do empregado.

10. (TRT 23ª Região — Analista Judiciário — 2007 — FCC) Mário laborava há 5 anos na empresa Dida no período noturno, recebendo o respectivo adicional, quando foi transferido pelo seu empregador para o período diurno de trabalho. Neste caso a transferência para o período diurno de trabalho

a) não implicará na perda do direito ao adicional noturno, uma vez que tal adicional já se encontrava incorporado na remuneração do empregado.
b) implicará em redução de 20% do respectivo adicional noturno, acrescido do pagamento de indenização correspondente a um salário mínimo vigente.
c) implicará em redução de 50% do respectivo adicional noturno.
d) não implicará na perda do direito ao adicional noturno uma vez que a transferência de Mário ocorreu a sua revelia.
e) implicará na perda do direito ao adicional noturno.

11. (Prefeitura Municipal de São Paulo — Procurador — 2008 — FCC) Considere as seguintes assertivas a respeito da alteração do contrato de trabalho:

I. É alteração unilateral a determinação do empregador para que o respectivo empregado reverta ao cargo efetivo, anteriormente ocupado, deixando o exercício de função de confiança.
II. É lícita a transferência dos empregados cujos contratos tenham como condição, implícita ou explícita, a transferência, quando esta decorra de real necessidade de serviço.
III. O adicional de transferência de 20% sobre o salário contratual será devido quando ocorrer a transferência definitiva ou provisória de empregado.
IV. Empregado transferido, por ato unilateral do empregador, para local mais distante de sua residência, tem direito a suplemento salarial correspondente ao acréscimo da despesa de transporte.

Está correto o que se afirma SOMENTE em
a) I e III.
b) II e IV.
c) III e IV.
d) I, II e III.
e) I, II e IV.

GABARITO

1. "d".
2. "b".
3. "e".
4. "e".
5. "d".
6. "e".
7. "c".
8. "errada".
9. "b".
10. "e".
11. "b".

ATOS PROCESSUAIS

1. (TRT 14ª Região/RO e AC — Analista Judiciário — 2016 — FCC) Sobre os atos processuais relativos ao processo do trabalho no rito ordinário é correto afirmar:

a) Serão públicos, salvo quando o contrário determinar o interesse social, e serão realizados, nos dias úteis das 6 às 20 horas, exceto a penhora, que pode ser realizada em domingo ou feriado, mediante autorização judicial expressa.
b) A penhora poderá ser realizada em qualquer dia e horário independente de autorização expressa do juiz por se tratar de ato de execução e para atender ao princípio da eficácia.
c) Serão sempre públicos, realizados somente nos dias úteis, no horário das 6 às 21 horas, exceto a penhora que poderá ocorrer das 5 às 23 horas.
d) Serão públicos, salvo em caso de segredo de justiça assim determinado pelo Ministério Púbico do Trabalho, apenas em dias úteis, no horário das 8 às 19 horas.
e) Serão sempre públicos, não havendo segredo de justiça em processo trabalhista, nos dias úteis, das 11 às 19 horas, exceto as penhoras que podem ocorrer das 8 às 20 horas.

2. (TRT 14ª Região/RO e AC — Técnico Judiciário — Área Administrativa — 2016 — FCC) Em uma ação que tramita na Justiça do Trabalho em que o reclamante empregado postula o pagamento de indenização por danos materiais em face da reclamada empregadora, é correto afirmar:

a) Os atos processuais serão públicos não comportando nenhuma exceção em razão do interesse social.
b) Os prazos para realização dos atos contam-se com inclusão do dia do começo e do vencimento, ficando suspensos nos finais de semana.
c) Os prazos processuais que se vencerem na sexta-feira, terminarão na segunda-feira da semana seguinte.
d) As audiências serão públicas e realizar-se-ão nos dias úteis, somente no horário compreendido entre as 11 e 19 horas, não podendo ultrapassar 2 horas seguidas.
e) A penhora na fase de execução da sentença poderá ser realizada em domingo ou feriado, mediante expressa autorização judicial.

3. (TRT 14ª Região/RO e AC — Técnico Judiciário — Área Administrativa — 2011 — FCC) Considere as seguintes assertivas a respeito dos atos e termos processuais:

I. Os atos processuais serão públicos, salvo quando o contrário determinar o interesse social, e realizar-se-ão nos dias úteis das seis às vinte horas.
II. O vencimento dos prazos será certificado nos processos pelos escrivães ou diretores de secretaria.
III. Os documentos juntos aos autos poderão ser desentranhados a qualquer momento, desde que antes do trânsito em julgado da sentença.

De acordo com a Consolidação das Leis do Trabalho está correto o que se afirma APENAS em

a) I.
b) I e II.
c) I e III.
d) II.
e) II e III.

4. (TRT 14ª Região/RO e AC — Técnico Judiciário — Área Administrativa — 2011 — FCC) Helena, advogada recém-formada, está com dúvidas a respeito da contagem dos prazos processuais e, sendo assim, solicitou ajuda ao seu irmão, Venâncio, advogado sênior de uma empresa multinacional. Venâncio respondeu para Helena que os prazos processuais, em regra,

a) contam-se com a exclusão do dia do começo e inclusão do dia do vencimento e são contínuos e irreleváveis.
b) que se vencerem em sábado, domingo ou dia feriado, terminarão no último dia útil que anteceder o dia sem expediente forense.
c) são preestabelecidos pela legislação, como por exemplo, o prazo para devolução de notificação postal que é de cinco dias.
d) são contínuos, mas releváveis, tendo em vista que não há preclusão consumativa na justiça do trabalho.
e) são contínuos, mas releváveis, tendo em vista que não há preclusão terminativa na justiça do trabalho.

5. (TRT 14ª Região/RO e AC — Analista Judiciário — Execução de Mandados — 2011 — FCC) De acordo com a Consolidação das Leis do Trabalho, os atos processuais serão públicos, salvo quando o contrário determinar o interesse social, e realizar-se-ão nos dias úteis, das seis às vinte horas. Porém, poderá realizar-se em domingo ou dia feriado, mediante autorização expressa do juiz ou presidente, a

a) penhora.
b) notificação da reclamada pessoa jurídica estrangeira.

c) intimação para comparecer pessoalmente para depoimento pessoal.
d) intimação da praça.
e) notificação da reclamada pessoa jurídica de direito público interno.

6. (TRT 8ª Região/PA e AP — Analista Judiciário — Execução de Mandados — 2010 — FCC) Segundo a Lei n. 11.419/2006, consideram-se realizados os atos processuais por meio eletrônico no dia e hora do seu envio ao sistema do Poder Judiciário, do que deverá ser fornecido protocolo eletrônico. Quando a petição eletrônica for enviada para atender prazo processual, serão consideradas tempestivas as transmitidas até as

a) 18 horas do seu último dia.
b) 18 horas e 30 minutos do seu último dia.
c) 19 horas do seu último dia.
d) 24 horas do seu último dia.
e) 22 horas do seu último dia.

7. (CESPE/UnB — Procurador do Município de Natal — 2008) Acerca da prática dos atos processuais, assinale a opção correta.

a) As férias coletivas dos ministros do TST interrompem os prazos processuais.
b) Presume-se recebida a notificação 48 horas após sua postagem, cabendo ao destinatário fazer prova quanto ao seu não recebimento ou sua entrega após o decurso desse prazo.
c) A intimação endereçada à parte, quando feita em endereço diverso do indicado na contestação, mas por ela recebida, torna inválido o ato praticado.
d) Quando a parte for notificada no sábado, a contagem do prazo se inicia na segunda-feira subsequente.

8. (CESPE/UnB — Procurador do Estado de Roraima — 2004) Na ação proposta com o objetivo de reintegrar dirigente sindical dispensado à margem do regular processo legal, a ausência do reclamante à audiência, quando ainda não contestada a ação, mesmo que seja injustificada, impõe adiamento do ato, em razão do interesse coletivo presente na questão.

9. (TRT 23ª Região — Analista Judiciário — 2004 — FCC) Na Justiça do Trabalho, as audiências podem ser realizadas no horário de

a) 6 às 20 horas.
b) 8 às 18 horas.
c) 11 às 19 horas.
d) 12 às 19 horas.
e) 13 às 19 horas.

10. (TRT 20ª Região — Analista Judiciário — 2006 — FCC) De acordo com a Consolidação das Leis do Trabalho, em relação aos atos, termos e prazos processuais é correto afirmar que

a) os prazos processuais são contínuos e irreleváveis, não podendo, em nenhuma hipótese, serem prorrogados.
b) os prazos processuais contam-se com a inclusão do dia do começo e exclusão do dia do vencimento.
c) a penhora poderá realizar-se em domingo ou dia feriado, mediante autorização expressa do juiz.
d) em regra, os documentos juntos aos autos poderão ser desentranhados em qualquer momento, independentemente de ter ocorrido o encerramento do processo.
e) os atos e termos processuais poderão ser datilografados ou a carimbo, sendo vedado o ato processual escrito à tinta.

GABARITO

1. "a".
2. "e".
3. "b".
4. "a".
5. "a".
6. "d".
7. "b".
8. "errada".
9. "b".
10. "c".

AUDIÊNCIA

1. (Prefeitura de São Luís-MA — Procurador Municipal — 2016 — FCC) Camilo, metalúrgico, ajuizou reclamação trabalhista em face da empresa Q. Na audiência de instrução e julgamento, Camilo, hospitalizado, enviou, para o representar, Carlos, metalúrgico, que também trabalha na empresa Q, sem comunicar com antecedência à Justiça do Trabalho. Neste caso, de acordo com a Consolidação das Leis do Trabalho,

a) Camilo fez correto e não terá nenhum prejuízo.
b) o processo será arquivado pela ausência de Camilo, podendo ele ajuizar outra reclamação trabalhista após 6 meses do arquivamento.
c) o processo será arquivado, uma vez que não foi comunicada a referida representação com a antecedência mínima de 48 horas.
d) o processo será arquivado pela ausência de Camilo, podendo ele ajuizar imediatamente outra reclamação trabalhista.
e) o processo será arquivado, uma vez que não foi comunicada a referida representação com a antecedência mínima de 24 horas.

2. (Prefeitura de Campinas-SP — Procurador — 2016 — FCC) Hermes ajuizou reclamação trabalhista em face da empresa Olympikus Serviços Gráficos S/A postulando o pagamento de salários em atraso e 13º salário. Na primeira audiência UNA, a reclamada compareceu com seu advogado e o reclamante não compareceu por motivo de doença, mas fez-se representar por colega de trabalho da mesma profissão, acompanhado de advogado. Não havendo nenhuma proposta de conciliação, o Juiz recebeu a contestação da reclamada e designou uma audiência de instrução, ficando a reclamada intimada para comparecimento na audiência em prosseguimento para depor, sob a pena cominada em lei e o reclamante intimado pessoalmente por via postal com a mesma cominação. Na audiência de instrução, a reclamada compareceu com seu advogado, mas o reclamante não compareceu e seu advogado presente não apresentou nenhuma justificativa para a sua ausência. Nessa situação, conforme dispositivos processuais contidos na Consolidação das Leis do Trabalho e entendimento sumulado pelo Tribunal Superior do Trabalho, o Juiz

a) não poderia arquivar o processo na primeira audiência e deveria aplicar a pena de confissão quanto à matéria de fato ao reclamante ausente na segunda audiência, visto que, expressamente intimado com aquela cominação, não compareceu à audiência de prosseguimento, na qual deveria depor.

b) deveria ter arquivado o processo já na primeira audiência em face da ausência do reclamante.
c) não poderia ter recebido a contestação da reclamada por irregularidade de representação do reclamante.
d) poderia receber a contestação e designar audiência de instrução, mas constatada a ausência do reclamante na segunda audiência deveria arquivar o processo, aplicando multa por litigância de má-fé ao reclamante.
e) deveria ter adiado a primeira audiência aplicando multa para o reclamante ausente, mas não poderia receber a contestação da reclamada e designar audiência de instrução.

3. (TRT 24ª Região/MS — Técnico Judiciário — Área Administrativa — 2011 — FCC) Margarida ajuizou reclamação trabalhista em face de sua ex-empregadora, a empresa X. Na audiência inaugural, apesar de regularmente intimada, não compareceu nenhum representante legal da reclamada, tendo sido declarada a sua revelia. Neste caso, de acordo com a Consolidação das Leis do Trabalho, a empresa X

a) deverá ser intimada da sentença apenas se tiver advogado constituído nos autos.
b) deverá ser intimada da sentença, ainda que não tenha advogado constituído nos autos.
c) não será intimada da sentença, uma vez que está legalmente declarada revel, podendo ingressar no processo até a publicação da sentença.
d) não será intimada da sentença, uma vez que está legalmente declarada revel, bem como não poderá ingressar no processo para interpor recursos.
e) será penalizada com multa administrativa de 20% sobre o valor da causa, revertida para o Fundo de Assistência ao Trabalhador gerido pelo Governo Federal.

4. (TRT 2ª Região/SP — Juiz — 2010) Quanto à audiência, analise as expressões abaixo e posteriormente responda:

I. Terminada a defesa, seguir-se-á a instrução do processo, podendo o juiz *ex officio* interrogar os litigantes.
II. O depoimento das partes e testemunhas que não souberem falar a língua nacional será feito por meio de intérprete nomeado pelo juiz.
III. A audiência de julgamento será contínua; mas, se não for possível, por motivo de força maior, concluí-la no mesmo dia, o juiz marcará sua continuação para a primeira desimpedida, independentemente de nova notificação.
IV. Findo o interrogatório poderá qualquer dos litigantes retirar-se, prosseguindo a instrução com seu representante.

a) Apenas a de número I e IV são corretas.
b) Todas são corretas.
c) Apenas as de número II e IV são corretas.
d) Apenas as de número II e III são corretas.
e) Apenas a de número II é correta.

5. (CESPE/UnB — Exame da OAB — 2008) A respeito da conciliação no processo trabalhista, assinale a opção correta.

a) Sob pena de nulidade, a conciliação tem de ser buscada antes do oferecimento da defesa pelo réu e antes do julgamento do feito.
b) O juiz deve propiciar a conciliação tão logo dê início à audiência; caso não seja esta alcançada, deve o magistrado passar à instrução e ao julgamento sem permitir nova possibilidade para a composição das partes.

c) Encerrado o juízo conciliatório, as partes não mais podem celebrar acordo ante a ocorrência da preclusão.
d) A decisão que homologa o acordo é irrecorrível para qualquer das partes e, quando for o caso, para a previdência social.

6. (CESPE/UnB — Exame da OAB — 2007) Em uma audiência inaugural, compareceu o advogado da reclamada, o qual estava munido do instrumento de procuração e da defesa. O preposto não compareceu. O juiz, então, aplicou a revelia, argumentando que o representante legal da empresa não estava presente. Diante do problema apresentado na situação hipotética acima,

a) está correto o posicionamento do juiz, uma vez que a presença do preposto ou representante legal da reclamada é obrigatória na audiência, não sendo suficiente a presença do advogado para apresentar contestação.
b) o juiz deveria ter suspendido a audiência e determinado a intimação da reclamada para tal ato em nova data por ele designada.
c) o juiz deveria ter recebido a defesa trazida pelo advogado e afastado a revelia.
d) caberia ao juiz conceder a palavra ao advogado do reclamante, pois, em caso de concordância deste, o juiz poderia receber a contestação apresentada pelo advogado da reclamada, mesmo sem a presença do preposto.

GABARITO

1. "a".
2. "a".
3. "b".
4. "b".
5. "a".
6. "a".

AVISO PRÉVIO

1. (TRT 12ª Região/SC — Analista Judiciário — Área Judiciária — Direito do Trabalho/Aviso Prévio — 2013 — FCC) O aviso prévio é conceituado pela Doutrina como sendo uma prévia comunicação sobre a ruptura contratual. Nos termos das normas trabalhistas aplicáveis ao instituto,

a) o aviso prévio é ato unilateral devido apenas quando o empregador pretender rescindir o contrato de trabalho independentemente de haver justo motivo.
b) a justa causa para rescisão do contrato de trabalho não pode ser aplicada durante o período de cumprimento do aviso prévio.
c) a rescisão torna-se efetiva depois de expirado o respectivo prazo do aviso prévio comunicado, não comportando reconsideração pela parte notificante antes de seu termo final.
d) a falta do aviso prévio por parte do empregador dá ao empregado o direito aos salários correspondentes ao prazo do aviso, garantida sempre a integração desse período no seu tempo de serviço.
e) o valor das horas extras habituais não integra o aviso prévio indenizado.

2. (TRT 1ª Região/RJ — Técnico Judiciário — Área Administrativa — Direito do Trabalho/Aviso prévio — 2013 — FCC) Em relação ao aviso prévio, é correto afirmar:

a) O aviso prévio será proporcional ao tempo de serviço sendo de, no mínimo, quarenta dias, de acordo com a Constituição Federal.
b) A falta de aviso prévio por parte do empregador implica o pagamento de multa equivalente a vinte por cento do salário do empregado, em favor do mesmo.
c) O valor das horas extras, ainda que habituais, não integra o aviso prévio indenizado.
d) Dado o aviso prévio, a rescisão torna-se efetiva cinco dias após o término do respectivo período do aviso.
e) o empregado que, durante o prazo do aviso prévio, cometer qualquer falta considerada como justa causa, perde o direito ao restante do respectivo aviso.

3. (TST — Analista Judiciário — Área Judiciária — Direito do Trabalho/Aviso Prévio; Estabilidade e Reintegração — 2012 — FCC) Em relação à estabilidade, garantias provisórias de emprego e aviso prévio, nos termos da legislação e da jurisprudência sumulada do TST, é correto afirmar:

a) Fica vedada a dispensa do empregado sindicalizado ou associado, a partir do momento do registro de sua candidatura a cargo de direção ou representação de entidade sindical, até 2 anos após o final do seu mandato, caso seja eleito, inclusive como suplente.
b) O pedido de demissão do empregado estável, desde que formulado por escrito, será válido, ainda quando feito sem a assistência do respectivo Sindicato ou da autoridade local competente do Ministério do Trabalho.
c) É válida a concessão do aviso prévio na fluência da garantia de emprego, por não haver incompatibilidade entre os dois institutos.
d) O registro da candidatura do empregado a cargo de dirigente sindical durante o período de aviso prévio, ainda que indenizado, lhe assegura a estabilidade, prevista no § 3º do art. 543 da Consolidação das Leis do Trabalho.
e) o dirigente sindical somente poderá ser dispensado por falta grave mediante a apuração em inquérito judicial.

4. (TRT 14ª Região/RO e AC — Analista Judiciário — Execução de Mandados — 2011 — FCC) Após treze meses de contrato de trabalho, Bruna recebeu aviso prévio de sua empregadora comunicando que o seu contrato seria extinto sem justa causa. Ao receber o aviso, Bruna ficou com dúvidas a respeito de seu horário de trabalho durante este período. Assim, dirigiu-se ao departamento de recursos humanos de sua empregadora, que respondeu que ela

a) poderia optar em ter seu horário de trabalho reduzido em duas horas diárias ou faltar ao serviço um dia por semana trabalhada.
b) deveria cumprir normalmente seu horário de trabalho, sem qualquer redução de sua carga horária.
c) poderia optar em ter seu horário de trabalho reduzido em duas horas diárias ou faltar ao serviço por sete dias corridos.
d) teria obrigatoriamente seu horário de trabalho reduzido em uma hora diária.
e) teria obrigatoriamente seu horário de trabalho reduzido em duas horas diárias.

5. (TRT 21ª Região/RN — Analista Judiciário — Execução de Mandados — 2010 — CESPE) Com relação ao aviso prévio, julgue o item que se segue.

A existência de cláusula assecuratória nos contratos por prazo determinado assegura às partes a aplicação das regras do contrato sem determinação de prazo, até mesmo no que tange ao aviso prévio.

6. (TRT 21ª Região/RN — Analista Judiciário — Execução de Mandados — 2010 — CESPE) A redução da jornada em duas horas, no curso do aviso prévio, enquadra-se em uma das hipóteses de interrupção do contrato de trabalho.

7. (TRT 21ª Região/RN — Analista Judiciário — Área Administrativa — 2010 — CESPE) No que concerne a contrato de trabalho, julgue o item a seguir.

Ocorrendo demissão imotivada do obreiro, com cumprimento do aviso prévio, o empregador deve pagar a rescisão contratual no prazo de dez dias após o término do contrato havido.

8. (TRT 24ª Região/MS — Técnico Judiciário — Área Administrativa/Direito do Trabalho/ Aviso prévio — 2011 — FCC) O aviso prévio, quando for reconhecida a culpa recíproca na rescisão do contrato de trabalho,

a) será devido pela metade.
b) será devido pela sua integralidade.
c) não será devido.
d) será devido pela sua integralidade somente se comprovada reação imediata à agressão.
e) será devido pela metade somente se comprovada reação imediata à agressão.

9. (TRT 23ª Região — Analista Judiciário — 2004 — FCC) É causa de extinção do contrato de trabalho, que exclui o pagamento do aviso prévio

a) a rescisão indireta.
b) a suspensão das atividades da empresa em virtude da decretação da falência.
c) a extinção do estabelecimento comercial.
d) a rescisão injusta.
e) o término do contrato de experiência.

10. (TRT 20ª Região — Analista Judiciário — 2006 — FCC) De acordo com a Consolidação das Leis do Trabalho, o aviso prévio

a) fornecido pelo empregador, possibilitará que o empregado falte ao serviço, durante o prazo do aviso, por 10 dias corridos, sem o prejuízo do salário integral.
b) indenizado será integrado pelo valor das horas extraordinárias efetuadas pelo empregado, ainda que realizadas em caráter eventual.
c) não concedido por parte do empregado dá ao empregador o direito de descontar das verbas rescisórias um salário mínimo vigente a época, a título de sanção pecuniária.
d) fornecido pelo empregador, possibilitará a redução do horário de trabalho do empregado, durante o prazo do aviso, em três horas diárias, sem o prejuízo do salário integral.
e) não concedido por parte do empregador dá ao empregado o direito aos salários correspondentes ao prazo do aviso, garantida sempre a integração desse período no seu tempo de serviço.

GABARITO

1. "d".
2. "e".
3. "e".
4. "c".
5. "correto".
6. "correto".
7. "errado".

8. "a".
9. "e".
10. "e".

COMISSÃO DE CONCILIAÇÃO PRÉVIA

1. (TRT 21ª Região/RN — Analista Judiciário — Área Judiciária — 2010 — CESPE) Julgue o item seguinte, considerando o procedimento ordinário e o sumaríssimo.

A Consolidação das Leis do Trabalho (CLT) prevê que, no procedimento ordinário, a entrega da defesa deve preceder a primeira proposta de conciliação.

2. (TRT 24ª Região/MS — Analista Judiciário — Área Administrativa — 2011 — FCC) As Comissões de Conciliação Prévia

a) terão membros com mandato de dois anos, vedada a recondução.
b) não poderão ser constituídas por grupos de empresas.
c) poderão ser instituídas com apenas dois membros.
d) terão membros com mandato de um ano, vedada a recondução.
e) terão o dobro de suplentes em relação ao número de seus membros.

3. (CESPE/UnB — Procurador do Município de Natal — 2008) A respeito da comissão de conciliação prévia, assinale a opção correta.

a) O prazo prescricional para propor ação trabalhista é suspenso a partir da provocação da comissão em pauta.
b) O prazo para realizar a sessão de tentativa de conciliação é de cinco dias, a contar da provocação do interessado.
c) A comissão de conciliação mencionada é composta unicamente por representantes dos empregados.
d) O mandato dos membros da comissão em apreço é de dois anos, não sendo permitida recondução.

4. (TRT 20ª Região — Analista Judiciário — 2006 — FCC) De acordo com a Consolidação das Leis do Trabalho, em relação às Comissões de Conciliação Prévia é correto afirmar que

a) o mandato dos membros da Comissão de Conciliação Prévia instituída no âmbito da empresa é de 2 anos, permitida duas reconduções.
b) a Comissão de Conciliação Prévia instituída no âmbito da empresa será composta de, no mínimo, dois e, no máximo, dez membros.
c) o termo de conciliação não é título executivo extrajudicial, mas terá eficácia liberatória geral, inclusive quanto às parcelas expressamente ressalvadas.
d) um terço dos membros da Comissão de Conciliação Prévia instituída no âmbito da empresa será indicada pelos empregados.
e) a Comissão de Conciliação Prévia instituída no âmbito da empresa terá como representantes suplentes o dobro do número de representantes titulares.

5. (TRT 6ª Região — Analista Judiciário — 2006 — FCC) Decorridos 10 (dez) dias da apresentação de demanda à Comissão de Conciliação Prévia sem que tenha sido realizada sessão de tentativa de conciliação,

a) o empregado deverá, no prazo de 15 (quinze) dias, reapresentar a demanda.
b) será lavrado termo de conciliação com natureza de título executivo extrajudicial.
c) a conciliação será realizada pela Delegacia Regional do Trabalho.

d) será fornecida ao empregado e ao empregador declaração firmada pelos membros da Comissão, que deverá ser juntada à reclamação trabalhista.
e) as partes deverão requerer ao Ministério Público do Trabalho que represente junto à Justiça do Trabalho.

6. (TRT 23ª Região — Analista Judiciário — 2007 — FCC) Com relação às Comissões de Conciliação Prévia, de acordo com a Lei n. 9.958/2000 é correto afirmar:

a) As Comissões de Conciliação Prévia instituídas no âmbito do sindicato terão sua constituição e normas de funcionamento definidas em lei ordinária específica para cada Comissão.
b) As Comissões de Conciliação Prévia têm prazo improrrogável de 90 dias para a realização da sessão de tentativa de conciliação a partir da provocação do interessado.
c) A Comissão de Conciliação Prévia instituída no âmbito da empresa será composta de, no mínimo, dois e, no máximo, dez membros.
d) Caso exista, na mesma localidade e para a mesma categoria, Comissão de Empresa e Comissão Sindical, o interessado obrigatoriamente deverá submeter a sua demanda na Comissão Sindical.
e) Em regra, o termo de conciliação das Comissões de Conciliação Prévia não é título executivo extrajudicial. Não possuindo eficácia liberatória geral, por expressa determinação legal.

GABARITO

1. "errado".
2. "c".
3. "a".
4. "b".
5. "d".
6. "c".

COMPETÊNCIA

1. (TRT 14ª Região/RO e AC — Analista Judiciário — 2016 — FCC) Apolo, auditor empregado da empresa de auditoria externa Fenix S/A, foi dispensado por justa causa diante da alegação de desídia no desempenho das suas funções. O trabalhador pretende ajuizar reclamatória trabalhista questionando o motivo da rescisão e postulando o pagamento de verbas rescisórias e horas extraordinárias não remuneradas. No caso, trata-se de empregador que promove realização de atividades fora do lugar do contrato de trabalho. De acordo com as regras de competência territorial Apolo deverá ingressar com a ação:

a) Somente no local da prestação de serviços.
b) No foro de celebração do contrato ou no da prestação dos respectivos serviços.
c) Não havendo regras na Consolidação das Leis do Trabalho sobre a matéria, poderá escolher qualquer comarca do Estado em que tem seu domicílio.
d) No foro de eleição previsto no contrato de trabalho firmado entre as partes.
e) Na sede da empresa ou na capital do Estado em que ocorreu a contratação.

2. (TRT 14ª Região/RO e AC — Técnico Judiciário — Área Administrativa — 2016 — FCC) Os órgãos do Poder Judiciário possuem competência própria fixada na lei, seja em relação à

matéria ou quanto às pessoas. Assim, a Justiça do Trabalho é competente para apreciar e julgar

a) ações que envolvam direito de greve.
b) execuções de contribuições de Imposto de Renda dos trabalhadores que não declararam seus rendimentos salariais durante o contrato de trabalho.
c) ações de natureza previdenciária relativas ao benefício da aposentadoria por invalidez.
d) as causas em face da União relativas a direitos humanos cuja violação decorre de descumprimento de tratado internacional.
e) crimes contra organização do trabalho, contra o sistema financeiro e a ordem econômico-financeira.

3. (Eletrobrás-Eletrosul — Direito — 2016 — FCC) Em relação à competência da Justiça do Trabalho, conforme normas previstas na Consolidação das Leis do Trabalho aplicáveis a matéria,

a) a regra da competência das Varas do trabalho é determinada pela localidade onde o empregado, reclamante ou reclamado, prestar serviços ao empregador, ainda que tenha sido contratado noutro local ou no estrangeiro.
b) a competência da Vara do Trabalho se dá pelo local em que o empregado tenha domicílio, como regra, em razão do princípio da proteção ao trabalhador.
c) quando for parte na ação agente ou viajante comercial, a competência da Vara do Trabalho será determinada pelo local onde está sediada a matriz da empresa.
d) não compete à Vara do Trabalho o julgamento dos dissídios resultantes de contratos de empreitadas em que o empreiteiro seja operário ou artífice.
e) as ações entre trabalhadores portuários e os operadores portuários ou o Órgão Gestor de Mão de Obra – OGMO decorrentes da relação de trabalho não estão abrangidas na competência da Justiça do Trabalho, mas sim da Justiça Comum Federal.

4. (TRT 2ª Região/SP — Juiz — 2010) Com relação ao procedimento do conflito de competência no Processo do Trabalho não é correto afirmar:

a) O juiz, a parte ou o Ministério Público do Trabalho suscitarão o conflito perante o presidente do Tribunal.
b) Nos Tribunais Regionais do Trabalho, divididos em Turmas, compete ao Pleno o julgamento dos conflitos de competência entre suas Turmas.
c) Havendo conflito de competência entre o Tribunal Superior do Trabalho e o Superior Tribunal de Justiça ou qualquer outro Tribunal, a competência para dirimi-lo será do Supremo Tribunal Federal.
d) Se o conflito de competência ocorrer entre Vara do Trabalho e Juiz de Direito investido da jurisdição trabalhista, a competência para solucioná-lo será do Superior Tribunal de Justiça.
e) No âmbito do TST, compete à Seção Especializada em Dissídios Coletivos julgar os conflitos de competência entre Tribunais Regionais do Trabalho em processos de dissídio coletivo.

5. (TRT 6ª Região/PE — Juiz — 2010) Observando-se a jurisprudência sumulada e as Orientações Jurisprudenciais do Tribunal Superior do Trabalho, assinale a alternativa INCORRETA sobre a competência material da Justiça do Trabalho.

a) A Justiça do Trabalho é competente para apreciar reclamação de empregado que tenha por objeto direito fundado em quadro de carreira.
b) A Justiça do Trabalho é competente para apreciar lide envolvendo o pedido de indenização pela não concessão das guias de comunicação de dispensa para acesso ao seguro-desemprego.

c) A Justiça do Trabalho é competente para dirimir controvérsias referentes à indenização por danos morais quando decorrentes da relação de trabalho.
d) A Justiça do Trabalho é competente para determinar o recolhimento das contribuições fiscais.
e) A Justiça do Trabalho não é competente para apreciar pedido de complementação de pensão requerida por viúva de ex-empregado.

6. (CESPE/UnB — Procurador do Município de Vitória — 2007) De acordo com a jurisprudência atual, a justiça do trabalho é competente para julgar pedidos, dirigidos ao empregador, de indenização por danos materiais e morais, decorrentes de acidente do trabalho.

7. (CESPE/UnB — Procurador do Município de Aracaju — 2008) Acerca de jurisdição e competência, organização, composição e funcionamento da justiça do trabalho, julgue os itens subsequentes.

7.1. São órgãos da justiça do trabalho, além do TST, dos tribunais regionais do trabalho (TRTs) e dos juízes do trabalho, também os juízes de direito nas comarcas onde não houver instalada vara do trabalho, caso em que os recursos interponíveis serão para os respectivos tribunais de justiça.
7.2. Conforme entendimento do STF, a justiça do trabalho passou a ser competente para todas as causas envolvendo relação de trabalho, exceto quando envolvidos servidor público federal e a União.
7.3. Os conflitos de competência envolvendo juiz de direito investido de jurisdição trabalhista e juiz do trabalho, no âmbito da mesma região da justiça do trabalho, compete ao Superior Tribunal de Justiça.
7.4. Havendo conflito de competência entre TRT e juízo do trabalho ao mesmo vinculado, caberá a decisão pertinente ao TST.

8. (CESPE/UnB — Procurador do Estado de Roraima — 2004) Ao deixar de fornecer mensalmente a relação atualizada de seus empregados, e respectivos endereços, ao sindicato profissional da categoria, uma empresa descumpriu cláusula ajustada em acordo coletivo de trabalho. Em razão disso, o sindicato profissional ingressou em juízo, com o objetivo de cobrar a multa prevista naquele instrumento normativo para a hipótese de descumprimento de quaisquer das obrigações de fazer pactuadas. Nessa situação, a competência pertence a uma das varas da justiça do trabalho.

9. (CESPE/UnB — Procurador do Estado de Roraima — 2004) Ao receber o salário mensal, Pedro ficou inconformado com o valor, que considerava insuficiente para atender às necessidades de sua família. Na presença de outros colegas, dirigiu-se ao gerente da empresa, solicitando o aumento de seu salário. Após ouvi-lo, o gerente deu algumas risadas, ridicularizando o pedido e afirmando, em alto e bom som, que não havia espaço naquela empresa para trabalhadores pródigos, desorganizados, que mal administravam as suas finanças domésticas. Sentindo-se ofendido, Pedro procurou a assistência de seu sindicato para buscar a reparação do dano moral sofrido. Nessa situação, a justiça do trabalho será incompetente, pois a reparação civil pretendida não encontra previsão na legislação trabalhista.

10. (CESPE/UnB — Procurador do Estado da Paraíba — 2008) Acerca da competência da justiça do trabalho, a partir do disposto na CF, na CLT e em decorrência da jurisprudência sumulada e consolidada do STF e do TST, assinale a opção correta.

a) Compete à justiça do trabalho processar e julgar as ações oriundas da relação de trabalho, abrangidas as que envolvam a administração direta e indireta da União, dos estados, do DF e dos municípios e seus empregados.
b) A justiça do trabalho apenas detém competência para processar e julgar os mandados de segurança que envolvam, como autoridade impetrada, juízo ou tribunal do trabalho.
c) Os *habeas corpus* de competência da justiça do trabalho resultam na competência, também, para as ações penais que tenham como objeto crime cometido no âmbito das relações de trabalho ou contra a organização do trabalho.
d) Compete à justiça do trabalho processar e julgar as ações de representação sindical, excetuados os mandados de segurança que envolvam autoridade do Ministério do Trabalho e Emprego e sejam pertinentes a registro sindical, por estar vinculado o ato à competência da justiça federal.
e) As ações civis públicas que envolvam a discussão de nulidade de contratação de servidor público estatutário são de competência da justiça do trabalho quando puder ser estabelecido direito residual ao servidor contratado irregularmente.

11. (CESPE/UnB — Procurador do Estado do Espírito Santo — 2008) Acerca da ampliação da competência da justiça do trabalho promovida pela chamada reforma do Poder Judiciário (Emenda Constitucional n. 45/2004), julgue os itens a seguir.

11.1. As controvérsias entre os servidores públicos estatutários e as pessoas jurídicas de direito público sobre a aplicação do respectivo estatuto passaram para a competência da justiça do trabalho.

11.2. Os processos sobre indenização pelo empregador por dano moral ou patrimonial decorrentes de acidente do trabalho já sentenciados antes do advento da EC mencionada devem ser deslocados para a justiça do trabalho, em razão da nova competência.

GABARITO

1. "b".
2. "a".
3. "a".
4. "d".
5. "e".
6. "correta".
7.1. "errada".
7.2. "errada".
7.3. "errada".
7.4. "errada".
8. "correta".
9. "errada".
10. "a".
11.1. "errada".
11.2. "errada".

CONCURSO PÚBLICO

1. (CESPE/UnB — Procurador do Município de Natal — 2008) No caso de nulidade de contratação do empregado, por ausência de prévia aprovação em concurso público, esse empregado tem direito a receber, com relação ao período em que trabalhou, o salário acordado entre empregador e empregado,

a) bem como os valores referentes aos depósitos do FGTS, somente.
b) os valores referentes aos depósitos do FGTS e a multa indenizatória de 40% sobre o FGTS.
c) os valores referentes aos depósitos do FGTS e a anotação da CTPS.
d) os valores referentes aos depósitos do FGTS, o aviso prévio, o décimo terceiro salário, as férias proporcionais, o depósito e multa de 40% do FGTS, mas não se reconhece o vínculo de emprego.

2. (CESPE/UnB — Procurador do Estado do Espírito Santo — 2008) Considere que, por tempo indeterminado, foi realizado contrato de trabalho entre uma pessoa jurídica de direito público e um indivíduo, admitido sem aprovação em concurso público, para prestar serviços de segunda a sexta, em jornada de onze horas.

Com base nessa situação, julgue os itens a seguir, quanto aos efeitos atribuídos pelo Tribunal Superior do Trabalho (TST) à nulidade desse contrato de trabalho.

2.1. O empregado mencionado terá direito ao pagamento de todas as horas trabalhadas, inclusive das que excedem a jornada normal prevista na legislação, mas sem o adicional de 50%, a título de horas extras, respeitado o valor do salário mínimo.

2.2. No caso de ser dispensado sem justa causa, o empregado em pauta faz jus à concessão ou indenização do aviso prévio.

2.3. São devidos ao empregado os depósitos do fundo de garantia por tempo de serviço (FGTS), uma vez que ele tem direito aos salários, mas sem a indenização de 40% sobre o valor depositado.

GABARITO

1. "a".
2.1. "correta".
2.2. "errada".
2.3. "correta".

CONTRATO DE TRABALHO

1. (TRT 1ª Região/RJ — Juiz do Trabalho — Direito do Trabalho/Contrato de Aprendizagem e de Estágio — 2012 — FCC) Segundo a Lei n. 11.788/08 (Lei do Estágio),

a) o estágio não obrigatório é aquele desenvolvido como atividade opcional, acrescida à carga horária regular e obrigatória, no qual o estagiário poderá ou não, receber bolsa ou outra forma de contraprestação a ser acordada.
b) o estágio relativo a cursos que alternam teoria e prática, nos períodos em que não estão programadas aulas presenciais, poderá ter jornada de até 44 (quarenta e quatro) horas semanais, desde que isso esteja previsto no projeto pedagógico do curso e da instituição de ensino.
c) é assegurado ao estagiário, sempre que o estágio tenha duração igual ou superior a 1 (um) ano, período de recesso de 30 (trinta) dias, a ser gozado obrigatoriamente durante suas férias escolares.

d) a celebração de convênio de concessão de estágio entre a instituição de ensino e a parte concedente dispensa a celebração de termo de compromisso entre o educando, a parte concedente do estágio e a instituição de ensino.
e) a jornada de atividade em estágio será definida de comum acordo entre a instituição de ensino, a parte concedente e o aluno estagiário ou seu representante legal, devendo constar do termo de compromisso ser compatível com as atividades escolares e não ultrapassar 4 (quatro) horas diárias e 20 (vinte) horas semanais, no caso de estudantes de educação especial e dos anos finais do ensino fundamental, na modalidade profissional de educação de jovens e adultos.

2. (TRT 12ª Região/SC — Analista Judiciário — Especialidade Oficial de Justiça Avaliador Federal — Direito do Trabalho/Contrato Individual de Trabalho: Generalidades — 2013 — FCC) A Consolidação das Leis do Trabalho prevê que o contrato individual de trabalho corresponde à relação de emprego, além de criar normas classificando e atribuindo características ao contrato. Segundo essas regras,

a) o empregador não exigirá do candidato a emprego comprovação de experiência prévia por tempo superior a seis meses no mesmo tipo de atividade, para fins de contratação.
b) o contrato individual de trabalho poderá ser acordado somente de forma expressa e por escrito, podendo, em qualquer situação ser firmado por prazo determinado ou indeterminado.
c) o contrato de trabalho por prazo determinado não poderá ser estipulado por mais de quatro anos, podendo ser prorrogado por até duas vezes, dentro desse período.
d) o contrato de experiência é uma das modalidades legais de contrato por prazo determinado e não poderá exceder seis meses.
e) a mudança na propriedade ou na estrutura jurídica da empresa afetará os contratos de trabalho dos respectivos empregados, se constituindo uma nova relação de emprego a partir da alteração.

3. (TRT 14ª Região/RO e AC — Técnico Judiciário — Área Administrativa — 2011 — FCC) Classifica-se o contrato de trabalho em comum e especial quanto

a) à qualidade do trabalho.
b) à forma de celebração.
c) ao consentimento.
d) à duração.
e) à regulamentação.

4. (TRT 21ª Região/RN — Analista Judiciário — Área Administrativa — 2010 — CESPE) No que concerne a contrato de trabalho, julgue o item a seguir.

Caso peça demissão após dez meses de trabalho, o obreiro tem direito ao pagamento de férias proporcionais, segundo o prescrito na Consolidação das Leis do Trabalho (CLT) e entendimento do TST.

5. (TRT 21ª Região/RN — Analista Judiciário — Área Administrativa — 2010 — CESPE) A ocorrência de subordinação, onerosidade, pessoalidade e não eventualidade caracteriza relação de trabalho.

6. (TRT 4ª Região/RS — Analista Judiciário — Área Judiciária — 2011 — FCC) No contrato de trabalho temporário, o contrato entre a empresa de trabalho temporário e a empresa tomadora ou cliente, com relação a um mesmo empregado, NÃO

a) possui prazo mínimo, mas não poderá exceder seis meses, em qualquer hipótese, convertendo-se automaticamente em contrato individual de trabalho por prazo indeterminado.
b) possui prazo mínimo e nem máximo para ser celebrado devendo observar a demanda que gerou a contratação extraordinária.
c) poderá exceder de três meses, salvo autorização conferida pelo órgão local do Ministério do Trabalho e Previdência Social.
d) poderá exceder de sessenta dias, salvo autorização conferida pelo órgão local do Ministério do Trabalho e Previdência Social.
e) possui prazo mínimo, mas não poderá exceder trinta dias, em qualquer hipótese, convertendo-se automaticamente em contrato individual de trabalho por prazo indeterminado.

7. (TRT 24ª Região/MS — Analista Judiciário — Área Administrativa — 2011 — FCC) No contrato de trabalho existem obrigações contrárias e contrapostas em decorrência da característica específica desse contrato

a) ser consensual.
b) ser sinalagmático.
c) apresentar alteridade.
d) apresentar onerosidade.
e) possuir formalidade legal.

8. (CESPE/UnB — Procurador do Município de Aracaju — 2008) Acerca da relação de emprego e seus integrantes, assim como os requisitos, direitos e obrigações para as diversas modalidades de contrato de trabalho, julgue os itens que se seguem.

8.1. Considera-se empregado, urbano ou rural, a pessoa física que prestar serviços remunerados de natureza não eventual a outrem, que pode ser pessoa física ou jurídica, considerada como seu empregador, ao qual será subordinado.

8.2. O empregado doméstico distingue-se dos demais empregados em geral porque mantém vínculo de emprego com pessoa física e respectiva família para desempenhar serviços no âmbito da residência destes, possuindo, por conta de comando constitucional, direitos diferenciados ou reduzidos à conta dessa peculiaridade.

8.3. As empresas de um mesmo grupo econômico podem ser responsabilizadas subsidiariamente pelo que qualquer outra dele integrante inadimplir, já que, embora não possam ser consideradas como empregadoras únicas, o fato de terem laços comerciais e benefícios, diretos ou indiretos, decorrentes da prestação de serviços pelo trabalhador resulta que todas possam ser chamadas a responder por eventuais créditos trabalhistas devidos.

8.4. O contrato de trabalho deverá sempre ser anotado na CTPS, sob pena de ser considerado o trabalho prestado como mera empreitada ou serviço autônomo, sem gerar ao trabalhador os direitos próprios de empregado.

8.5. Quando não houver termo ou condição expressamente ajustado para o contrato, este será considerado por prazo indeterminado.

9. (CESPE/UnB — Procurador do Município de Aracaju — 2008) Acerca da remuneração, salário, alteração, interrupção, suspensão e rescisão do contrato de emprego, julgue os itens.

9.1. Compreendem-se na remuneração do empregado, para todos os efeitos legais, além do salário devido e pago diretamente pelo empregador, como contraprestação pelos serviços, também as gorjetas que receber, tanto espontaneamente oferecidas pelos clientes do empregador ao empregado, como também aquela que for cobrada pela empresa, como adicional de conta do cliente, destinada à distribuição entre os empregados.

9.2. No caso de paralisação, temporária ou definitiva, do trabalho, motivada por ato de autoridade municipal, estadual ou federal, ou pela promulgação de lei que impossibilite a continuação da atividade empresarial, a indenização ficará a cargo do governo responsável pelo ato ou lei impeditiva, quando chamado à autoria no processo judicial perante a justiça do trabalho, mediante requerimento contido na defesa do empregador.

9.3. As despedidas imotivadas, feitas pelo empregador, garantem ao empregado, nos contratos por prazo indeterminado, indenização compensatória correspondente, como multa rescisória, a 40% do valor do FGTS devido.

10. (CESPE/UnB — Procurador do Estado de Roraima — 2004) Em cada um dos itens seguintes, é apresentada uma situação hipotética relativa a contrato de trabalho, suas espécies e causas de suspensão e interrupção, seguida de uma assertiva a ser julgada.

10.1. Suponha que o contrato de trabalho constitua o negócio jurídico bilateral segundo o qual duas pessoas naturais ou jurídicas ajustam a prestação de serviços, com habitualidade, onerosidade e subordinação técnica e econômica. Assim, há que se reconhecê-lo quando contratada uma empresa de prestação de serviços temporários para substituição do pessoal permanente da empresa contratante.

10.2. Em razão de acidente sofrido em serviço por um de seus empregados, uma empresa contratou outro trabalhador para substituí-lo, durante o período de afastamento, o qual não estava definido naquele momento. Nessa situação, mostra-se plenamente válida a contratação por prazo determinado, observado o limite de dois anos, ainda que destinado à execução de serviços permanentes.

11. (CESPE/UnB — Procurador do Estado da Paraíba — 2008) Julgue os itens seguintes, que se referem ao contrato individual de trabalho.

I. Contrato individual de trabalho é o acordo, tácito ou expresso, que corresponde à relação de emprego, podendo estabelecer-se por prazo determinado ou indeterminado.

II. A mudança na propriedade ou na estrutura jurídica da empresa não afetará os contratos de trabalho dos respectivos empregados.

III. Nos contratos individuais de trabalho, apenas é lícita a alteração das respectivas condições de trabalho quando decorram de mútuo consentimento e, ainda assim, desde que não resultem, direta ou indiretamente, em prejuízos ao empregado, sob pena de nulidade da cláusula infringente dessa garantia.

IV. Aos contratos por prazo determinado que contiverem cláusula assecuratória do direito recíproco de rescisão antes de expirado o termo ajustado, aplicam-se, caso tal direito seja exercido por qualquer das partes, os princípios que regem a rescisão dos contratos por prazo indeterminado.

V. No caso de paralisação temporária ou definitiva do trabalho motivada por ato de autoridade municipal, estadual ou federal, ou pela promulgação de lei ou resolução que impossibilite a continuação da atividade, prevalecerá o pagamento da indenização, que ficará a cargo do governo responsável, se assim chamado à autoria pelo empregador quando de sua defesa perante a justiça do trabalho.

Assinale a opção correta.

a) Apenas os itens I e III estão certos.
b) Apenas os itens II e V estão certos.
c) Apenas os itens III e IV estão certos.
d) Apenas os itens I, II e V estão certos.
e) Todos os itens estão certos.

■ GABARITO ■

1. "e".
2. "a".
3. "e".
4. "correto".
5. "errado"
6. "c".
7. "b".
8.1. "correta".
8.2. "correta".
8.3. "errada".
8.4. "errada".
8.5. "correta".
9.1. "correta".
9.2. "correta".
9.3. "correta".
10.1. "errada".
10.2. "correta".
11. "e".

CONTRATO DE TRABALHO POR PRAZO DETERMINADO

1. (IFB — Professor — Direito — 2011 — CESPE) Julgue o item a seguir, relativo ao direito do trabalho.

O contrato de experiência possui duração de noventa dias, não podendo ser prorrogado.

2. (TRT 21ª Região/RN — Técnico Judiciário — Área Administrativa — 2010 — CESPE) Acerca do direito do trabalho, julgue o item a seguir.

Contrato de experiência é o negócio jurídico por meio do qual empregado e empregador, no âmbito privado, aferem reciprocamente suas condutas visando a uma futura, porém incerta, efetivação do ajuste precário em contrato por tempo indeterminado. O referido contrato pode ser celebrado por prazo não superior a três meses, sob pena de passar a vigorar sem determinação de prazo.

3. (TRT 2ª Região/SP — Juiz — 2010) Assinale a resposta correta:

a) O contrato a termo somente será válido em se tratando de serviço cuja natureza e transitoriedade justifique a determinação do prazo ou em contrato de experiência.
b) Existindo cláusula que garanta a possibilidade recíproca de rescisão antecipada antes de expirado o termo final ajustado no contrato a prazo, se o direito for exercido por uma das partes, será devido o aviso prévio previsto para a rescisão dos contratos por prazo indeterminado.
c) Nos contratos temporários previstos na Lei 6.019/74, constitui-se requisito de validade a celebração de contrato escrito entre a empresa de trabalho temporário e o trabalhador

assalariado, no qual constem os direitos assegurados ao mesmo, com a possibilidade de estipulação de cláusula de reserva, proibindo a contratação do trabalhador pela tomadora ou cliente ao fim do prazo em que se encontrava à sua disposição.

d) Quando o empregado for readmitido, serão computados os períodos que tiver trabalhado anteriormente na empresa, ainda que não contínuos, no seu tempo de serviço, independente do motivo da rescisão contratual.

e) A contratação de trabalhador por intermédio de empresa interposta é irregular, mas não forma vínculo de emprego com o tomador nos casos de trabalho temporário, serviços de vigilância (Lei 7.102/83), serviços de conservação e limpeza, órgãos da administração pública direta. Entretanto, haverá responsabilidade subsidiária dos tomadores de serviço pelo inadimplemento das obrigações trabalhistas por parte do empregador, nos casos anteriores, exceto quanto ao órgão da administração pública direta, em razão da disposição contida no artigo 37, II, da Constituição Federal.

4. (CESPE/UnB — Procurador do Estado do Amapá — 2006) A empresa Alfa, após vencer procedimento licitatório, foi contratada para construir edifício, que seria a nova sede da câmara legislativa de determinado estado da Federação. No contrato celebrado com a administração pública, ficou acordado o prazo de dois anos para a entrega da obra. Para conseguir obedecer aos prazos estipulados no contrato administrativo, a construtora Alfa fez novas contratações, com cláusula de vigência até o término da obra. Nesse período, João celebrou contrato, por prazo determinado, com a citada empresa, para exercer a função de mestre de obras na referida construção. Conforme previsto no contrato, até o término da obra, João receberia da construtora Alfa R$ 72.000,00 dividido em 24 parcelas mensais, das quais uma parte seria depositada em conta vinculada do FGTS.

Nessa situação, se João for despedido sem justa causa, a empresa Alfa não terá de pagar metade da remuneração a que João teria direito até o término do contrato, mas tão somente deverá depositar multa de 40% do saldo da conta vinculada de João.

5. (TRT 20ª Região — Analista Judiciário — 2006 — FCC) De acordo com a Consolidação das Leis do Trabalho, em relação ao contrato individual de trabalho por prazo determinado, é correto afirmar que

a) em regra, é permitido fazer novo contrato de trabalho por prazo determinado com o mesmo empregado após três meses da conclusão do pacto anterior.

b) o contrato de trabalho por prazo determinado que, tácita ou expressamente, for prorrogado mais de uma vez passará a vigorar sem determinação de prazo.

c) o contrato de experiência poderá ser celebrado por escrito ou verbalmente pelo prazo máximo de 60 dias.

d) o contrato de trabalho por prazo determinado que tratar de atividades empresariais de caráter transitório, poderá ser estipulado por 3 anos.

e) em regra, 20 dias antes a extinção do contrato por prazo determinado, o empregador dará aviso prévio ao empregado.

6. (TRT 6ª Região — Analista Judiciário — 2006 — FCC) O contrato de trabalho por prazo determinado

a) exime o empregador do pagamento de indenização quando a rescisão ocorrer antes de expirado o termo ajustado.

b) pode ser estipulado por mais de 24 (vinte e quatro) meses, se o seu objeto depender de certos acontecimentos.

c) que for prorrogado mais de uma vez passará a vigorar sem determinação de prazo.

d) na modalidade de contrato de experiência pode ser estipulado por, no máximo, três períodos de 30 (trinta) dias cada um.
e) é lícito, qualquer que seja a sua finalidade.

7. (Prefeitura Municipal de São Paulo — Procurador — 2008 — FCC) O contrato de experiência se transforma automaticamente em contrato por prazo indeterminado quando

a) é anotado na Carteira Profissional do empregado.
b) tem por objeto a consecução da atividade-fim da empresa.
c) é prorrogado uma única vez.
d) é celebrado por prazo superior a 30 dias.
e) o seu término coincide com domingo ou feriado e a rescisão ocorre no primeiro dia útil posterior a ele.

GABARITO

1. "errado".
2. "errado".
3. "b".
4. "errada".
5. "b".
6. "c".
7. "e".

CUSTAS PROCESSUAIS

1. (TRT 23ª Região/MT — Analista Judiciário — 2016 — FCC) A sociedade de economia mista DIEPAX Medicamentos foi condenada ao pagamento de horas extraordinárias em processo movido por seu empregado. Na mesma decisão, foi acolhido o pedido de responsabilidade subsidiária do segundo reclamado, o Município de Cuiabá e condenação em custas processuais. A isenção das custas processuais abrange

a) apenas a sociedade de economia mista.
b) apenas o Município.
c) nenhuma das reclamadas.
d) as duas reclamadas.
e) apenas o réu principal em caso de condenação subsidiária, devendo o Município efetuar o recolhimento.

2. (TRT 23ª Região — Técnico — Administração — 2016 — FCC) Martin ajuizou ação em face de sua ex-empregadora, a empresa "M", sendo que na audiência as partes se conciliaram amigavelmente, nada sendo convencionado a respeito das custas processuais. Neste caso, de acordo com a Consolidação das Leis do Trabalho, considerando que o Juiz acolheu o pedido de concessão dos benefícios da justiça gratuita formulado na inicial pelo reclamante,

a) as custas serão pagas em partes iguais sobre o valor do acordo, pelo reclamante e pela reclamada, sendo Martin dispensado do pagamento.
b) as custas serão pagas em partes iguais sobre o valor dado à causa, pelo reclamante e pela reclamada, sendo Martin dispensado do pagamento.
c) ficarão as custas a cargo exclusivo da reclamada, sobre o valor do acordo, pois a mesma não pode ser dispensada do seu pagamento.

d) ficarão as custas a cargo exclusivo da reclamada, sobre o valor dado à causa, pois a mesma não pode ser dispensada do seu pagamento.
e) serão dispensadas ambas as partes do pagamento das custas processuais, tendo em vista a conciliação.

3. (TRT 14ª Região/RO e AC — Técnico Judiciário — Área Administrativa — 2011 — FCC) Fernanda ajuizou reclamação trabalhista em face da empresa "Amiga" que foi julgada parcialmente procedente. Neste caso, em regra, as custas processuais caberão à

a) empresa Amiga e a Fernanda, em 0,5% para cada uma.
b) empresa Amiga e a Fernanda, em 1% para cada uma.
c) empresa Amiga, no importe de 2% sobre o valor da condenação.
d) empresa Amiga, no importe de 1% sobre o valor da condenação.
e) Fernanda no importe de 1% sobre o valor da condenação.

4. (TRT 14ª Região/RO e AC — Técnico Judiciário — Área Administrativa — 2011 — FCC) Emolumento é

a) uma espécie de tributo, que se paga compulsoriamente em razão de um serviço público específico que é o serviço jurisdicional.
b) o ressarcimento de despesas provocadas ao órgão jurisdicional para obtenção, por exemplo, de certidões do interesse do requerente.
c) uma espécie de tributo, que se paga facultativamente em razão de um serviço público específico que é o serviço jurisdicional.
d) a despesa relativa ao expediente e movimentação das causas, contada de acordo com o seu respectivo regimento.
e) a denominação dos honorários advocatícios arbitrados para sindicato de categoria que representa judicialmente hipossuficiente.

5. (TRT 23ª Região — Analista Judiciário — 2007 — FCC) Nos dissídios individuais, quando ocorrer a extinção do processo sem julgamento do mérito

a) haverá isenção do pagamento de custas em razão da não apreciação do mérito da demanda.
b) as custas relativas ao processo de conhecimento incidirão à base de 2% e serão calculadas sobre o valor da causa.
c) as custas relativas ao processo de conhecimento incidirão à base de 1% e serão calculadas sobre o valor da causa.
d) as custas relativas ao processo de conhecimento incidirão à base de 2% e serão calculadas sobre o valor estimado da condenação da demanda.
e) as custas relativas ao processo de conhecimento incidirão à base de 1% e serão calculadas sobre o valor fixado pelo juiz, respeitando o mínimo legal.

6. (TRT 20ª Região — Analista Judiciário — 2006 — FCC) De acordo com a Consolidação das Leis do Trabalho, nos dissídios individuais e coletivos do trabalho, as custas relativas ao processo de conhecimento

a) deverão ser pagas pelo Ministério Público do Trabalho, que não goza da isenção legal fornecida à União, aos Estados, ao Distrito Federal, aos Municípios.
b) caberão à parte reclamada, pessoa física ou jurídica, sempre que houver acordo, se de outra forma não for convencionado.
c) incidirão, quando houver acordo, à base de 1% sobre o respectivo valor, observado o mínimo legal.

d) incidirão, quando houver extinção do processo sem julgamento do mérito, à base de 1% sobre o valor da causa, observado o mínimo legal.
e) no caso de procedência do pedido formulado em ação declaratória e em ação constitutiva serão calculadas sobre o valor da causa.

7. (CESPE/UnB — Exame da OAB — 2007) Considerando que uma empresa que se encontre em liquidação extrajudicial apresente recurso ordinário de uma sentença de 1º grau, mas não efetue o pagamento das custas, tampouco realize o depósito recursal, assinale a opção correta.

a) As empresas em liquidação extrajudicial equiparam-se a uma massa falida, por isso gozam do privilégio de não precisar efetuar o depósito recursal, nem recolher as custas processuais para recorrer.
b) O recurso da empresa deve ser considerado deserto, pois empresa em liquidação extrajudicial não goza do mesmo benefício concedido às massas falidas.
c) O juiz deve mandar intimar a empresa para fazer o recolhimento das custas e efetuar o depósito recursal, no prazo de 5 dias, sob pena de o recurso ser considerado deserto.
d) O juiz deve mandar processar o recurso da forma como se encontra, e o tribunal julgará a questão do pagamento das custas e do depósito recursal.

GABARITO

1. "b".
2. "a".
3. "c".
4. "b".
5. "b".
6. "e".
7. "b".

DEFESA DO RÉU

1. (TRT 23ª Região/MT — Analista Judiciário — 2016 — FCC) O advogado da reclamada Fênix Produtora, por ocasião da audiência UNA, apresentou a contestação da ré, bem como reconvenção, por meio da qual pretendeu a devolução de ferramentas de trabalho da empresa que ficaram em posse do empregado após a rescisão contratual. Nessa situação,

a) não deve ser aceita a reconvenção, por falta de previsão desse ato processual na legislação trabalhista, não podendo ser aplicada outra legislação processual para o caso.
b) a Consolidação das Leis do Trabalho expressamente prevê que nos casos omissos o direito processual comum será fonte subsidiária do direito processual do trabalho, exceto naquilo em que for incompatível com as normas no texto consolidado.
c) somente será aceita a reconvenção caso haja a expressa concordância da parte contrária, que terá prazo para exercer o contraditório.
d) deve ser aceita a reconvenção em razão de estar expressamente prevista na Consolidação das Leis do Trabalho, como modalidade de defesa da reclamada.
e) não deve ser aceita a reconvenção, visto que somente poderia ser proposta ação possessória no foro cível, competente para a matéria.

2. (TRT 23ª Região/MT — Analista Judiciário — Área Judiciária — 2016 — FCC) A legislação trabalhista prevê algumas modalidades de defesa da reclamada nas reclamações trabalhistas, dentre as quais se incluem as exceções, sendo certo quanto a estas que,

a) se o recusante houver praticado algum ato pelo qual haja consentido na pessoa do juiz, não poderá alegar exceção de suspeição, salvo sobrevindo novo motivo.
b) o Juiz é obrigado a dar-se por suspeito, e pode ser recusado, em razão de parentesco apenas por consanguinidade até o quarto grau civil.
c) a exceção de suspeição será admitida ainda que o recusante propositadamente tenha procurado o motivo de que ela se originou, ante ao conflito que se estabelecerá entre o juiz e a parte.
d) apresentada exceção de suspeição, o juiz designará audiência dentro de 05 dias para instrução e julgamento da exceção.
e) apresentada exceção de incompetência, abrir-se à vista dos autos ao exceto, por 48 horas, que poderão ser prorrogados por igual prazo pelo juiz em caso de complexidade da matéria, devendo a decisão ser proferida na primeira audiência que se seguir.

3. (TRT 23ª Região/MT — Analista Judiciário — 2016 — FCC) No início da audiência designada em reclamatória trabalhista, por não ter convidado nenhuma testemunha e prevendo o seu insucesso, o autor Hércules provocou um incidente tumultuário ameaçando o Juiz auxiliar da Vara de Lucas do Rio Verde e declarando, em público, que era inimigo pessoal do magistrado. Em razão do ocorrido, o patrono do autor apresentou no ato exceção de suspeição do referido Juiz, postulando o adiamento da audiência, para que não fosse configurada nulidade processual. Nessa situação, conforme disposição legal, o magistrado deve

a) rejeitar a exceção, visto que a exceção de suspeição e a nulidade não serão pronunciadas quando o recusante da suspeição tenha procurado de propósito o motivo de que ela se originou e a nulidade for arguida por quem lhe der causa.
b) acolher a exceção e se declarar suspeito apenas para o julgamento, prosseguindo a audiência, colhendo o depoimento das partes e a oitiva das testemunhas presentes da reclamada e remetendo o julgamento para o Juiz titular da Vara.
c) adiar a audiência acolhendo a suspeição, mesmo que o recusante da suspeição tenha procurado de propósito o motivo de que ela se originou e a alegada nulidade tenha sido arguida por quem lhe deu causa.
d) prosseguir a audiência por não haver previsão legal tanto para a alegada exceção de suspeição do Juiz, bem como quanto à arguição por quem deu causa da nulidade.
e) adiar a audiência para que haja instrução da suspeição designando nova audiência em 05 dias para que o Juiz Titular da Vara aprecie a admissibilidade da exceção e, após, remeta ao Tribunal para julgá-la.

4. (ITAIPU BINACIONAL — Advogado — 2011 — UFPR) Assinale a alternativa INCORRETA:

a) No Direito Processual do Trabalho, aos trâmites e incidentes do processo de execução são aplicáveis, naquilo em que não houver contradição com as regras da CLT, os preceitos da Lei de Execuções Fiscais e, sucessivamente, as estampadas no CPC e outras normas de Direito Processual Civil.
b) No Direito Processual do Trabalho, o prazo para apresentação de reconvenção é de 15 dias ante a omissão da CLT e a compatibilidade com os termos do CPC.
c) De acordo com a jurisprudência do TST, o *ius postulandi* das partes, estabelecido no artigo 791 da CLT, limita-se às Varas do Trabalho e aos Tribunais Regionais do Trabalho, não alcançando a ação rescisória, a ação cautelar, o mandado de segurança e os recursos de competência do Tribunal Superior do Trabalho.
d) Segundo o TST, as ações ajuizadas na Justiça do Trabalho — inclusive as que lhe cometem em razão da Emenda Constitucional n. 45 — tramitarão pelo rito ordinário ou

sumaríssimo, conforme previsto na Consolidação das Leis do Trabalho, excepcionando--se, apenas, as que, por disciplina legal expressa, estejam sujeitas a rito especial, tais como mandado de segurança, *habeas corpus, habeas data*, ação rescisória, ação cautelar e ação de consignação em pagamento.

e) Conforme a jurisprudência predominante, exceto quanto à reclamação de empregado doméstico, ou contra micro ou pequeno empresário, o preposto que comparece à audiência deve ser necessariamente empregado, sob pena de revelia e confissão quanto à matéria de fato.

5. (TRT 22ª Região/PI — Técnico Judiciário — Área Administrativa — 2010 — FCC) Sobre a revelia, considere:

I. A ausência do reclamado em audiência, apesar de regularmente intimado, configura revelia.
II. A revelia importa na confissão do reclamado quanto à matéria de fato.
III. Havendo revelia, mas ocorrendo, entretanto, motivo relevante, poderá o juiz suspender o julgamento, designando nova audiência.
IV. A revelia pode ser aplicada tanto ao reclamante quanto ao reclamado.

Está correto o que se afirma APENAS em

a) I e IV.
b) II e III.
c) III e IV.
d) I, II e III.
e) I, III e IV.

6. (TRT 8ª Região/PA e AP — Analista Judiciário — Execução de Mandados — 2010 — FCC) Mirna ajuizou reclamação trabalhista em face da sua ex-empregadora, a empresa M, requerendo diversas verbas. A empresa M possui crédito decorrente da relação de emprego com Mirna, em valor inferior ao pleiteado na exordial. Neste caso, a empresa M deverá

a) requerer a compensação de valores em recurso ordinário se houver condenação.
b) formular pedido reconvencional juntamente com os pedidos da contestação.
c) requerer a compensação de valores em execução de sentença se houver condenação.
d) elaborar reconvenção em peça própria e apresentar no prazo de cinco dias contados da intimação da data da audiência.
e) requerer a compensação de valores na contestação.

GABARITO

1. "b".
2. "a".
3. "a".
4. "b".
5. "d".
6. "e".

DESCONTOS SALARIAIS

1. (TRT 6ª Região — Analista Judiciário — 2006 — FCC) É permitido ao empregador efetuar descontos nos salários dos empregados, desde que tais descontos decorram de

a) necessidade de redução dos custos, havendo autorização expressa do empregado.

b) pagamento de seguros de vida e acidentes pessoais.
c) fornecimento de cesta básica e seguro-saúde.
d) previsão expressa no contrato individual de trabalho.
e) adiantamentos, previsão legal ou cláusula estabelecida em contrato coletivo.

GABARITO

1. "e".

DIREITO COLETIVO DO TRABALHO

1. (TRT 6ª Região/PE — Juiz do Trabalho — Direito do Trabalho/Direito Coletivo: Generalidades — 2013 — FCC) No que tange aos instrumentos normativos negociados, é correto afirmar:

a) É facultado aos sindicatos representativos das categorias profissionais celebrar acordos coletivos com o sindicato da categoria econômica, estipulando condições de trabalho aplicáveis a uma determinada empresa que se encontra em situação econômica difícil e necessita regulamentar de forma mais justa as relações individuais de trabalho.
b) As condições de trabalho alcançadas por força de convenção ou acordo coletivo vigoram no prazo assinado, não integrando os contratos individuais de trabalho.
c) As vantagens previstas em convenção coletiva de categoria diferenciada são asseguradas aos empregados que exercem funções diferenciadas na empresa, independentemente desta ter participado da negociação coletiva.
d) As federações e as confederações representativas de categorias econômicas ou profissionais, por serem entidades sindicais de grau superior, não poderão celebrar convenções coletivas de trabalho para reger as relações das categorias a elas vinculadas, no âmbito de suas representações.
e) convenção coletiva de trabalho é o acordo de caráter normativo, pelo qual dois ou mais sindicatos representativos de categorias econômicas e profissionais estipulam condições de trabalho aplicáveis, no âmbito das respectivas representações, às relações individuais de trabalho.

2. (TRT 6ª Região/PE — Juiz do Trabalho — Direito do Trabalho/Direito Coletivo: Generalidades — 2013 — FCC) A liberdade sindical, tratada pela Convenção n. 87 da OIT, caracteriza-se como um dos princípios fundamentais de todas as sociedades democráticas pluralistas. De acordo com o entendimento adotado pela OIT, NÃO constitui elemento da liberdade sindical:

a) liberdade de elaboração dos estatutos dos sindicatos de acordo com as lei gerais do país, que não podem estabelecer regras restritivas em relação a eles.
b) existência predefinida de categorias profissionais e econômicas representativas dos interesses de trabalhadores e de empregadores.
c) liberdade de organização e constituição dos sindicatos.
d) liberdade de filiação e de desfiliação ao sindicato.
e) vedação de dissolução dos sindicatos por via administrativa.

3. (Professor — Direito — IFB — 2011 — CESPE) Julgue o item a seguir, relativo ao direito do trabalho.

Os empregados de uma mesma empresa privada podem ser sindicalizados em sindicatos diferenciados.

4. (TRT 2ª Região/SP — Juiz — 2010) Para o Direito Coletivo do Trabalho são consideradas formas de heterocomposição dos conflitos coletivos:

a) A mediação, a convenção coletiva e o dissídio coletivo.
b) A convenção coletiva, o acordo coletivo e o dissídio coletivo.
c) A arbitragem, a mediação e a convenção coletiva.
d) A mediação, a arbitragem e o dissídio coletivo.
e) A arbitragem, o dissídio coletivo e o acordo coletivo.

5. (Analista Processual/MPU — 2010 — CESPE) É vedada ao sindicato profissional a atuação como substituto processual em casos de convenções e acordos coletivos, que são matéria de competência exclusiva da justiça do trabalho.

6. (TRT 21ª Região/RN — Juiz — 2010) O sindicato dos trabalhadores do setor de distribuição de água e serviços de esgoto verificou que a empresa estatal, que monopoliza as atividades deste setor de serviços, praticou as seguintes condutas apontadas como irregulares: (I) instalou câmeras de filmagem em áreas de acesso a vestiários e no hall dos banheiros utilizados por todos os trabalhadores, desatendendo proibição constante em cláusula de norma coletiva; (II) deixou de pagar, injustificadamente, o adicional de insalubridade devido aos empregados que manuseiam cloro líquido em suas tarefas diárias; (III) contratou diretamente, sem concurso público, 30 pessoas para laborar nas áreas administrativa e financeira. Considerando a decisão do ente sindical de ingressar em juízo, em face de tal situação, pode-se afirmar que os interesses jurídicos a serem tutelados caracterizam-se como:

a) coletivos; individuais homogêneos e difusos;
b) individuais indisponíveis; coletivos e individuais homogêneos;
c) difusos; individuais indisponíveis e coletivos;
d) coletivos; difusos e individuais indisponíveis;
e) individuais homogêneos; coletivos e difusos.

7. (CESPE/UnB — Procurador do Município de Natal — 2008) Quanto às convenções e aos acordos coletivos de trabalho, assinale a opção correta.

a) Os acordos coletivos são pactos firmados entre uma ou mais empresas e o sindicato representativo da respectiva categoria profissional.
b) A convenção coletiva é modalidade de acordo de caráter normativo, firmado pelos sindicatos de empregados entre si.
c) Os sindicatos não precisam participar das negociações coletivas de trabalho.
d) O dissídio coletivo de natureza econômica poderá ser ajuizado por qualquer das partes, sem a prévia concordância da outra, quando uma delas se recusar à negociação coletiva ou arbitragem.

8. (CESPE/UnB — Exame da OAB — 2008) Acerca de negociação coletiva de trabalho, assinale a opção correta.

a) Convenção coletiva de trabalho é o acordo de caráter normativo no qual o sindicato de empregados estipula condições de trabalho aplicáveis no âmbito de uma ou mais empresas.
b) Tanto o acordo coletivo de trabalho quanto a convenção coletiva de trabalho têm prazo de vigência de, no máximo, dois anos.
c) Acordo coletivo de trabalho é o acordo de caráter normativo em que dois ou mais sindicatos representativos de categorias econômicas e profissionais estipulam condições de trabalho aplicáveis, no âmbito das respectivas representações, às relações individuais de trabalho.
d) A participação dos sindicatos nas negociações coletivas de trabalho não é obrigatória.

9. (CESPE/UnB — Exame da OAB — 2009) No que concerne às convenções coletivas de trabalho, assinale a opção correta.

a) Não é lícito estipular duração de validade superior a dois anos para a convenção coletiva de trabalho.
b) É facultada a celebração verbal de acordo coletivo de trabalho, desde que presentes, ao menos, duas testemunhas.
c) Acordo coletivo é o negócio jurídico pelo qual dois ou mais sindicatos representativos de categorias econômicas e profissionais estipulam condições de trabalho aplicáveis, no âmbito das respectivas representações, às relações individuais do trabalho.
d) Para ter validade, a convenção coletiva de trabalho deve ser, obrigatoriamente, homologada pela autoridade competente.

10. (CESPE/UnB — Exame da OAB — 2009) Assinale a opção correta a respeito dos dissídios coletivos do trabalho.

a) A competência originária para o julgamento dos dissídios coletivos é do juiz do trabalho de 1º grau.
b) A sentença normativa não se submete a processo de execução, mas, sim, à ação de cumprimento.
c) Da sentença normativa proferida pelo tribunal regional do trabalho cabe recurso de revista para o TST.
d) O Ministério Público do Trabalho possui legitimidade para propor dissídios coletivos em qualquer situação.

GABARITO

1. "e".
2. "b".
3. "correto".
4. "d".
5. "errado".
6. "a".
7. "a".
8. "b".
9. "a".
10. "b".

EMPREGADO

1. (CESPE/UnB — Exame da OAB — Exame 137 — Seccional SP) Assinale a opção correta no que se refere ao trabalhador avulso.

a) Será enquadrado como trabalhador avulso aquele que prestar serviço sem vínculo de emprego, a diversas pessoas, em atividade de natureza urbana ou rural com a intermediação obrigatória do gestor de mão de obra ou do sindicato da categoria, como, por exemplo, o amarrador de embarcação.
b) Exige-se a intermediação do sindicato na colocação do trabalhador avulso na prestação do serviço, razão pela qual deve esse trabalhador ser sindicalizado.
c) O trabalhador avulso não é amparado pelos direitos previstos na legislação trabalhista, só tendo direito ao preço acordado no contrato e à multa pelo inadimplemento do pacto, quando for o caso.

d) O trabalho avulso caracteriza-se pela pessoalidade na prestação do serviço, pois a relação é *intuitu personae*.

2. (CESPE/UnB — Exame da OAB — Exame 137 — Seccional SP) O motorista que trabalha em uma empresa cuja atividade seja preponderantemente rural é enquadrado como trabalhador

a) urbano, pois faz parte de categoria diferenciada.
b) urbano, visto que não atua diretamente no campo na atividade-fim da empresa.
c) doméstico, porque, como motorista, não explora atividade lucrativa.
d) rural, pois, embora não atue em funções típicas de lavoura e pecuária, presta serviços voltados à atividade-fim da empresa e, de modo geral, trafega no campo e não em estradas e cidades.

3. (CESPE/UnB — Exame da OAB — 2008) Manuel foi contratado como trabalhador rural por uma empresa de pequeno porte, localizada em um município de 20.000 habitantes, na zona rural, e que beneficiava e distribuía leite no âmbito municipal. Manuel dirigia o caminhão da empresa, fazendo a coleta de leite diretamente nas fazendas da região e levando o produto até a empresa. Ao ser demitido sem justa causa, Manuel ingressou com reclamação trabalhista, pleiteando o seu enquadramento funcional como motorista e, não, como trabalhador rural. Com relação a essa situação hipotética, assinale a opção correta.

a) Não assiste razão a Manuel, pois é considerado trabalhador rural o motorista que, trabalhando no âmbito de empresa cuja atividade é preponderantemente rural, não enfrenta o trânsito de estradas e cidades.
b) Não assiste razão a Manuel, visto que, desde a admissão, teve conhecimento prévio do trabalho e das condições de trabalho a que se sujeitaria.
c) Assiste razão a Manuel, visto que, tendo dirigido o caminhão, a função ficou caracterizada como motorista.
d) Assiste razão a Manuel, pois trabalhador rural é apenas aquele que exerce funções diretamente no campo.

4. (CESPE/UnB — Exame da OAB — 2008) Ciro trabalha como taxista para uma empresa que explora o serviço de táxi de um município, sendo o automóvel utilizado em serviço por Ciro de propriedade da mencionada empresa. Em face da situação hipotética apresentada, de acordo com a legislação trabalhista, Ciro é considerado

a) trabalhador avulso;
b) trabalhador autônomo;
c) empregado;
d) empresário.

GABARITO

1. "a".
2. "d".
3. "a".
4. "c".

EMPREGADO PÚBLICO

1. (CESPE/UnB — Procurador do Município de Vitória — 2007) Um cidadão, após aprovação em concurso público, foi contratado por um município, tornando-se então empregado

público. Considerando essa situação, julgue os itens subsequentes de acordo com o texto atual da Constituição Federal e com a legislação pertinente.

1.1. O referido cidadão pode filiar-se a sindicato independentemente de autorização do representante do município.

1.2. O direito de greve do empregado público deve ser exercido nos termos e limites de lei complementar.

1.3. O aumento da remuneração do empregado público pode ser estabelecido livremente, independentemente de previsão legal e de dotação orçamentária.

2. (CESPE/UnB — Procurador do Estado do Espírito Santo — 2008) A respeito da contratação de empregados pela administração pública, julgue os próximos itens.

2.1. A administração pública direta, autárquica e fundacional das esferas federal, estadual e municipal não pode livremente optar pelo regime de emprego público, uma vez que o STF restabeleceu a redação original de artigo da Constituição, que prevê o Regime Jurídico Único.

2.2. Caso um empregado regularmente contratado por ente da administração pública seja desviado para função mais relevante e mais bem remunerada, ele não terá direito, nesse caso, ao pagamento das diferenças salariais em razão da nova função exercida.

2.3. A despedida de empregado de sociedade de economia mista ou de empresa pública, em geral, só é válida se decorrente de ato motivado.

GABARITO

1.1. "correta".
1.2. "errada".
1.3. "errada".
2.1. "correta".
2.2. "errada".
2.3. "errada".

EQUIPARAÇÃO SALARIAL

1. (TRT 1ª Região/SP — Analista Judiciário — Área Judiciária — Direito do Trabalho/Equiparação Salarial — 2013 — FCC) Em relação à equiparação salarial, NÃO corresponde a entendimento sumulado pelo TST:

a) Para efeito de equiparação de salários em caso de trabalho igual, conta-se o tempo de serviço na função e não no emprego.

b) A equiparação salarial só é possível se o empregado e o paradigma exercerem a mesma função, desempenhando as mesmas tarefas, não importando se os cargos têm, ou não, a mesma denominação.

c) Para fins de equiparação salarial, o conceito de mesma localidade refere-se ao mesmo município.

d) É desnecessário que ao tempo da reclamação sobre equiparação salarial reclamante e paradigma estejam a serviço do estabelecimento, desde que o pedido se relacione com situação pretérita.

e) é do empregador o ônus da prova do fato impeditivo, modificativo ou extintivo da equiparação salarial.

2. (TRT 1ª Região/RJ — Juiz do Trabalho — Direito do Trabalho/Equiparação Salarial — 2011 — FCC) Quanto à equiparação salarial prevista no art. 461 da CLT, se estiverem presentes os demais requisitos previstos na legislação trabalhista, é devido o pagamento do mesmo salário ao empregado equiparando que

a) passa a ocupar, em definitivo, o cargo vago, que anteriormente foi ocupado pelo paradigma, seu antecessor.
b) exerce atividades semelhantes às do paradigma.
c) exerce atividades equivalentes às do paradigma.
d) trabalha em município distinto que, comprovadamente, pertence à mesma região metropolitana do município no qual trabalha o paradigma.
e) trabalha para empregador que possui quadro de pessoal organizado em carreira, devidamente homologado pelo Ministério do Trabalho.

3. (IFB — Professor — Direito — 2011 — CESPE) Julgue o item a seguir, relativo ao direito do trabalho.

Se um empregado da empresa A e um empregado da empresa B, que fazem parte de um mesmo grupo econômico, desempenham a mesma função, com a mesma perfeição técnica, deve haver a equiparação salarial.

4. (TRT 14ª Região/RO e AC — Analista Judiciário — Área Judiciária — 2011 — FCC) Messias e Agildo trabalham na empresa H. Messias pretende a equiparação salarial com Agildo e para isso consultou sua advogada, a Dra. Mônica, que lhe respondeu que, para a equiparação salarial,

a) em qualquer hipótese, é necessário que, ao tempo da reclamação o reclamante e paradigma estejam a serviço do estabelecimento.
b) o conceito legal de "mesma localidade" refere-se, em princípio, ao mesmo município, ou a municípios distintos que, comprovadamente, pertençam à mesma região metropolitana.
c) em caso de trabalho igual, conta-se o tempo de serviço no emprego e não na função.
d) é necessário que o empregado e o paradigma exerçam a mesma função, desempenhando as mesmas tarefas, em cargos com a mesma denominação.
e) não há equiparação salarial de trabalho intelectual, uma vez que não há como avaliar a perfeição técnica.

5. (Nossa Caixa Desenvolvimento — Advogado — 2011 — FCC) Joana, 25 anos, trabalha na empresa X desde janeiro de 2008, tendo sido promovida para a função de secretária em Dezembro de 2010 com salário mensal de R$ 1.000,00. Maria, 26 anos, trabalha na empresa desde Janeiro de 1999 e ocupa também a função de secretária desde Janeiro de 2010, porém recebe salário mensal de R$ 1.500,00. Mônica, 55 anos, trabalha na empresa desde Janeiro de 2007, também exercendo a função de secretária desde Julho de 2010, mediante salário de R$ 1.500,00. Tendo em vista que todas exercem a mesma função, para o mesmo empregador, na mesma localidade, Joana

a) não poderá requerer a equiparação salarial tendo em vista que Maria trabalha na empresa desde Janeiro de 1999 e Mônica desde Janeiro de 2007.
b) poderá requerer a equiparação salarial tendo como paradigmas Maria e Mônica.
c) só poderá requer a equiparação salarial tendo como paradigma apenas Mônica, tendo em vista que Maria trabalha na empresa há mais de dez anos.
d) poderá requerer a equiparação salarial tendo como paradigma apenas Maria, tendo em vista que Mônica possui mais de cinquenta anos de idade.
e) poderá requerer a equiparação salarial tendo como paradigma apenas Mônica, desde que notifique necessariamente a empresa para que supra a irregularidade no prazo máximo de 48 horas e informe o ocorrido ao Sindicato da categoria.

6. (CESPE/UnB — Exame da OAB — Exame 136 — Seccional SP) A configuração de equiparação salarial por identidade entre dois empregados não ocorre na hipótese de

a) empregado e paradigma trabalharem para empregadores distintos.
b) empregado e paradigma trabalharem na mesma localidade.
c) inexistência de quadro de carreira na empresa.
d) a diferença de tempo de serviço entre os empregados não ser superior a dois anos.

7. (CESPE/UnB — Procurador do Estado do Piauí — 2008) Ana e Clara foram contratadas pela Empresa Tudo Limpo Ltda. na mesma época. Ana, auxiliar de serviços de escritório, recebia remuneração de R$ 1.000,00 por mês, e Clara, supervisora de escritório, recebia salário de R$ 1.500,00. Ambas possuíam níveis de escolaridade e qualificação profissional semelhantes. Após um ano, Clara foi demitida sem justa causa e Ana foi designada para substituí-la na função de supervisora, mas continuou a receber salário de R$ 1.000,00, razão pela qual moveu reclamação trabalhista contra a empresa, pleiteando equiparação salarial com Clara. A respeito da situação hipotética apresentada, assinale a opção correta.

a) É devida a equiparação salarial, já que Ana possuía a mesma qualificação técnica de Clara.
b) É devida a equiparação salarial, pois não havia diferença de tempo de serviço superior a dois anos entre Ana e Clara.
c) Não é devida a equiparação salarial, já que um dos requisitos da equiparação, a simultaneidade na prestação de serviços entre o paradigma e o trabalhador que requer a equiparação, não foi preenchido.
d) Não é devida a equiparação, pois a empresa pode estabelecer, dentro do seu poder de mando, condições diferenciadas entre empregados.
e) Não é devida a equiparação, mas, sim, o pagamento de diferenças salariais.

8. (CESPE/UnB — Procurador do Estado do Ceará — 2004) Com respeito à equiparação salarial, cada opção a seguir apresenta uma situação hipotética, seguida de uma assertiva a ser julgada. Assinale a opção cuja assertiva esteja correta.

a) Márcio foi promovido ao posto de chefe de seção no Banco Usuário S.A., no qual permaneceu por dois anos, até ser transferido para outra cidade. Para seu lugar foi designado o empregado Fábio, que, todavia, não auferiu o mesmo padrão salarial. Nessa situação, caso submeta a questão ao exame judicial, sob o prisma da isonomia salarial, Fábio não terá ganho de causa.
b) José e Marcos prestam serviços à mesma empresa de informática, atuando na mesma filial, com igual produtividade e perfeição técnica. Nessa situação, há direito à isonomia salarial, independentemente de qualquer outro requisito, sob pena de ilegalidade.
c) Embora contratadas na mesma data, para a mesma função de telefonista e para atuação no mesmo local, Joana e Lúcia recebiam salários diferenciados, justificados, segundo a empresa, pela maior experiência anterior de Joana na função. Nessa situação, havendo justificativa razoável, é perfeitamente lícita a diferenciação praticada.
d) As lojas da rede de supermercados Vende Mais Ltda. são situadas nas cidades de Goiânia e Brasília. Nessa situação, independentemente das lojas e das cidades em que estejam sediados, os gerentes das lojas devem auferir o mesmo salário, sob pena de ofensa ao princípio constitucional da isonomia.
e) Determinada empresa conta com quadro de pessoal organizado em carreira, homologado por autoridade competente do Ministério do Trabalho e Emprego, prevendo promoções alternadas por antiguidade e merecimento. Nessa situação, apesar da existência de quadro de carreira e da homologação referida, deverá haver a equiparação salarial entre empregados que atuem em condições absolutamente idênticas.

9. (CESPE/UnB — Procurador do Estado do Amapá — 2006) Jonas foi contratado, em 10 de março de 2003, pela pessoa jurídica Épsilon e recebia remuneração mensal de R$ 2.000,00. Em 22 de dezembro de 2005, Jonas foi demitido sem justa causa, com seu aviso prévio terminando no dia 22 de janeiro de 2006. Em 25 de janeiro de 2006, André foi contratado para exercer as mesmas funções de Jonas, com remuneração de R$ 1.200,00, embora André exerça suas atribuições com a mesma produtividade e perfeição técnica de Jonas. Nessa situação, André terá direito à equiparação salarial, tendo como paradigma a remuneração de Jonas.

■ GABARITO ■

1. "c".
2. "d".
3. "errado".
4. "b".
5. "d".
6. "a".
7. "c".
8. "a".
9. "errada".

ESTABILIDADE PROVISÓRIA

1. (TRT 6ª Região/PE — Juiz do Trabalho — Direito do Trabalho/Estabilidade e Reintegração — 2013 — FCC) De acordo com o entendimento sumulado pelo TST, reconhece-se estabilidade provisória no emprego:

a) ao dirigente sindical, mesmo tendo ocorrido a extinção da atividade empresarial no âmbito da base territorial do sindicado.
b) ao empregado acidentado que tenha sido contratado por tempo determinado.
c) ao membro eleito da CIPA, salvo se suplente.
d) à empregada gestante, inclusive a doméstica, desde que contratada por prazo indeterminado.
e) ao empregado de empresa pública ou de sociedade de economia mista, como consequência da admissão mediante aprovação em concurso público.

2. (TRT 18ª Região/GO — Analista Judiciário — Área Judiciária — Direito do Trabalho/Estabilidade e Reintegração — 2013 — FCC) A respeito das estabilidades ou garantias de emprego provisórias, conforme previsão das normas trabalhistas, é correto afirmar que

a) o empregado eleito para cargo de direção na CIPA tem estabilidade desde o registro de sua candidatura até um ano após o final do seu mandato.
b) a empregada gestante tem garantia de emprego desde a confirmação da gravidez até um ano após o parto.
c) o dirigente sindical tem garantia de emprego desde o dia da eleição até dois anos após o término do seu mandato.
d) o empregado eleito como suplente a cargo de direção sindical não é detentor de estabilidade provisória de emprego.
e) havendo garantia provisória de emprego não cabe a dispensa por justa causa por falta grave cometida pelo empregado.

3. (TRT 3ª Região/MG — Juiz do Trabalho — 2012) Sobre a estabilidade e a garantia de emprego, leia as afirmações abaixo e, em seguida, assinale a alternativa correta, de acordo com a lei e a jurisprudência cristalizada do Tribunal Superior do Trabalho:

I. O dirigente sindical somente poderá ser dispensado mediante a apuração em inquérito judicial, a não ser que cometa justa causa, caso em que sua dispensa poderá ser imediata.

II. Subsistente a empresa, embora extinto o estabelecimento, é arbitrária a despedida do cipeiro, sendo cabível sua reintegração ou devida a indenização do período estabilitário.

III. A garantia do emprego do cipeiro estende-se ao suplente da CIPA.

IV. O desconhecimento do registro da candidatura do empregado a dirigente sindical pelo empregador não afasta o direito ao pagamento da indenização decorrente da estabilidade.

V. O registro da candidatura do empregado a cargo de dirigente sindical durante o período de aviso prévio, ainda que indenizado, lhe assegura a estabilidade, visto que o aviso prévio integra o tempo de serviço para todos os efeitos legais.

a) Somente a afirmativa I está correta.
b) Somente a afirmativa III está correta.
c) Somente as afirmativas I e III estão corretas.
d) Somente as afirmativas I, III e IV estão corretas.
e) Somente as afirmativas II, III e V estão corretas.

4. (TRT 2ª Região/SP — Juiz — 2010) Conforme entendimento sumulado do TST assinale a alternativa que não está correta.

a) A indenização pelo não deferimento das férias no tempo oportuno será calculada com base na remuneração devida ao empregado na época do respectivo período concessivo.
b) Presentes os pressupostos do artigo 461 da CLT, é irrelevante a circunstância de que o desnível salarial tenha origem em decisão judicial que beneficiou o paradigma, exceto se decorrente de vantagem pessoal ou de tese jurídica superada pela jurisprudência de Corte Superior.
c) O bancário não enquadrado no parágrafo 2º do artigo 224 da CLT, que receba gratificação de função, não pode ter o salário relativo às horas extraordinárias compensado com o valor daquela vantagem.
d) O desconhecimento do estado gravídico pelo empregador não afasta o direito ao pagamento da indenização decorrente da estabilidade prevista no artigo 10, II, "b" do ADCT.
e) As gorjetas, cobradas pelo empregador na nota de serviço ou oferecidas espontaneamente pelos clientes, integram a remuneração do empregado, não servindo de base de cálculo para as parcelas de aviso prévio, adicional noturno, horas extras e repouso semanal remunerado.

5. (TRT 2ª Região/SP — Juiz — 2010) Assinale a alternativa incorreta quanto ao instituto da garantia de emprego.

a) É vedada a dispensa de empregado sindicalizado a partir do registro da sua candidatura a cargo de direção ou representação sindical e, se eleito, ainda que suplente, até um ano após o final de seu mandato, salvo se cometer falta grave nos termos da lei.
b) A garantia prevista em lei subsiste, em favor do membro da administração do Sindicato, em caso de transferência para outro município vizinho da mesma região metropolitana e base territorial desde que não dificulte ou torne impossível o desempenho de suas atribuições sindicais.
c) O empregado membro da CIPA indicado pelo empregador é detentor de garantia de emprego por até um ano após o final de seu mandato, constituindo-se tal garantia em vantagem pessoal que prevalece mesmo em caso de extinção do estabelecimento.

d) O empregado que sofreu acidente de trabalho é detentor de garantia de emprego por 12 (doze) meses após a cessão de auxílio-doença acidentário, independentemente de percepção de auxílio-acidente.

e) Não haverá estabilidade no exercício dos cargos de diretoria, gerência ou outros de confiança imediata do empregador, ressalvado o cômputo do tempo de serviço para todos os efeitos legais.

6. (CESPE/UnB — Procurador do Município de Vitória — 2007) Joana, com 10 meses de tempo de serviço, encontrava-se grávida havia dois meses. Pelo receio de uma atitude desfavorável por parte do empregador, deixou de comunicar-lhe o seu estado gravídico. Em razão de reestruturação na empresa, Joana, da mesma forma que diversos outros colegas de trabalho, foi despedida, recebendo aviso prévio indenizado, férias e décimo terceiro proporcionais e 40% dos depósitos realizados no Fundo de Garantia por Tempo de Serviço (FGTS). Constou na Carteira de Trabalho e Previdência Social (CTPS) de Joana, como data de baixa, o último dia de trabalho. De acordo com a atual jurisprudência no Tribunal Superior do Trabalho (TST) e considerando a situação hipotética descrita acima, julgue os itens a seguir.

6.1. A dispensa de Joana é legal, pois o empregador desconhecia seu estado e, por isso, o ato de dispensa não possuiu caráter discriminatório. Para que uma empregada usufrua os direitos inerentes à estabilidade-gestante prevista na Constituição Federal, é imprescindível que o empregador tenha conhecimento de seu estado.

6.2. A dispensa de Joana seria válida apenas se, em convenção ou acordo coletivo de trabalho, houvesse previsão expressa da necessidade de a gestante comunicar a gravidez ao empregador.

6.3. Se, no décimo mês de trabalho, Joana tivesse pedido demissão, ainda assim ela teria direito a férias proporcionais.

6.4. Independentemente do reconhecimento da estabilidade-gestante, a data de baixa de Joana registrada na CTPS está incorreta, pois o empregador não levou em conta a projeção do aviso prévio indenizado.

7. (CESPE/UnB — Procurador do Estado do Piauí — 2008) Em janeiro de 2007, Gabriel, funcionário da Empresa Alfa Ltda., foi eleito como suplente para o cargo de diretor do sindicato de sua categoria. O sindicato, contudo, só conseguiu o registro perante o MTE em setembro de 2007. O processo desse registro foi iniciado em dezembro de 2006, e o estatuto da entidade já estava registrado no cartório e no CNPJ desde novembro de 2006. Assinale a opção correta relativamente à situação hipotética acima.

a) A estabilidade garantida aos dirigentes sindicais será reconhecida a Gabriel apenas a partir de setembro de 2007, data do registro do sindicato no MTE.

b) A estabilidade garantida aos dirigentes sindicais será reconhecida a Gabriel desde a data do registro da candidatura, independentemente de o sindicato estar registrado no MTE.

c) A estabilidade garantida aos dirigentes sindicais será reconhecida a Gabriel desde a data de sua eleição para o cargo de suplente de dirigente sindical, independentemente de o sindicato estar registrado no MTE.

d) Não se admite a existência de sindicatos antes do respectivo registro no MTE.

e) A CF não confere estabilidade aos suplentes, mas somente aos diretores eleitos.

8. (CESPE/UnB — Procurador do Estado do Espírito Santo — 2004) O instituto da estabilidade consiste em limitação à potestatividade de o empregador extinguir, sem justo motivo, a relação de emprego. A respeito desse assunto, assinale a opção correta.

a) Segundo a jurisprudência sumulada do TST, o empregado eleito como suplente para a comissão interna de prevenção de acidentes (CIPA) não goza da estabilidade dirigida ao membro do referido órgão, a qual é prevista na Constituição Federal.

b) Conforme o entendimento predominante no âmbito da jurisprudência sumulada do TST, os empregados públicos da administração direta não contam com a estabilidade prevista no art. 41 da Constituição Federal, uma vez que são beneficiários do direito a depósitos do FGTS.
c) A estabilidade do dirigente sindical, existente a partir do registro da candidatura, não depende de comunicação ao empregador.
d) Segundo a jurisprudência sumulada do TST, as empresas públicas podem dispensar imotivadamente seus empregados, mesmo tendo estes sido contratados mediante concurso público.
e) Havendo cláusula de acordo ou convenção coletiva de trabalho condicionando o direito à estabilidade da empregada gestante à comunicação do estado gravídico ao empregador, a ausência da referida comunicação exclui o direito à estabilidade.

9. (TRT 20ª Região — Analista Judiciário — 2006 — FCC) De acordo com a Consolidação das Leis do Trabalho, salvo se cometer falta grave nos termos da Lei, fica vedada a dispensa do empregado sindicalizado a partir

a) do registro de sua candidatura a cargo de direção ou representação de entidade sindical, até um ano após o final do seu mandato, caso seja eleito, exceto como suplente.
b) do registro de sua candidatura a cargo de direção ou representação de entidade sindical, até o final do seu mandato, caso seja eleito, inclusive como suplente.
c) da data da eleição ao cargo de direção ou representação de entidade sindical, até um ano após o final do seu mandato, caso seja eleito, exceto como suplente.
d) do registro de sua candidatura a cargo de direção ou representação de entidade sindical, até um ano após o final do seu mandato, caso seja eleito, inclusive como suplente.
e) do registro de sua candidatura a cargo de direção ou representação de entidade sindical, até o final do seu mandato, caso seja eleito, exceto como suplente.

10. (TRT 23ª Região — Analista Judiciário — 2007 — FCC) Com relação à estabilidade da empregada gestante é certo que

a) equipara-se a empregada gestante à mãe adotiva que possui garantia de emprego pelo prazo de três meses após a formalização da adoção.
b) a garantia de emprego à gestante autoriza a reintegração ao trabalho a qualquer momento, tratando-se de direito inerente à estabilidade existente.
c) é vedada, em regra, a dispensa da empregada gestante desde a confirmação da gravidez até seis meses após o parto.
d) a norma coletiva não poderá estender a garantia de emprego à gestante por expressa vedação legal, tratando-se de norma constitucional que deverá ser respeitada.
e) o desconhecimento do estado gravídico pelo empregador não afasta o direito ao pagamento da indenização decorrente da estabilidade.

GABARITO

1. "b".
2. "a".
3. "b".
4. "a".

5. "c".
6.1. "errada".
6.2. "errada".
6.3. "correta".
6.4. "correta".
7. "b".
8. "d".
9. "d".
10. "e".

EXECUÇÃO TRABALHISTA

1. (TRT 14ª Região/RO e AC — Analista Judiciário — 2016 — FCC) A Consolidação das Leis do Trabalho apresenta um capítulo próprio com disposições específicas sobre o tema execução, segundo as quais:

a) As contribuições sociais devidas em decorrência de sentença condenatória não serão executadas *ex officio* devendo ser instaurado procedimento próprio pelo órgão previdenciário e remessa de carta de execução para a Justiça Federal.
b) Garantida a execução terá o executado o prazo de 10 dias para apresentar embargos, cabendo ao exequente mais 10 dias para impugnação.
c) A matéria de defesa em embargos à execução ficará restrita às alegações de quitação da dívida exequenda, cabendo apenas prova documental e não há previsão de prova oral em audiência.
d) Os termos de ajuste de conduta firmados perante o Ministério Público do Trabalho e os termos de conciliação firmados perante as Comissões de Conciliação Prévia são considerados títulos executivos extrajudiciais que são executados na Justiça do Trabalho.
e) A execução pelo não pagamento de uma prestação não compreenderá as que lhe sucederem, nos casos de execução de prestações sucessivas por tempo determinado.

2. (TRT 23ª Região/MT — Técnico — Administração — 2016 — FCC) Em determinada reclamação trabalhista, na fase de execução de sentença definitiva, foi homologado o valor da condenação em R$ 100.000,00, tendo sido devidamente citada a executada para pagamento, que demonstrou seu inconformismo com o valor cobrado perante o Sr. Oficial de Justiça. Esgotado seu prazo e sem que a executada pagasse ou indicasse bem à penhora,

a) deverá ingressar com exceção de pré-executividade no prazo preclusivo de oito dias, após a penhora de bens, alegando incorreção dos valores cobrados, por medida de economia e celeridade processuais.
b) deverá ingressar com Embargos, antes da penhora de bens, alegando a incorreção dos valores cobrados, por medida de economia e celeridade processuais.
c) deverá interpor Agravo de Petição, após a penhora de bens, alegando a incorreção dos valores cobrados.
d) o Juiz da Vara determinará a penhora de tantos bens quantos bastem para a satisfação do julgado, sendo que a penhora em dinheiro não é permitida nesta fase.
e) o Juiz da Vara determinará a penhora de tantos bens quantos bastem para a satisfação do julgado, podendo ser feita a penhora em dinheiro.

3. (TRT 23ª Região/MT — Analista Judiciário — Área Judiciária — 2016 — FCC) A Metha Medicamentos S/A é uma empresa privada e foi condenada em ação trabalhista, com trânsito

em julgado. Estando garantida a execução ou penhorados bens do devedor, terá a executada o prazo para embargos de

a) 10 dias.
b) 05 dias.
c) 20 dias.
d) 15 dias.
e) 48 horas.

4. (TRT 14ª Região/RO e AC — Analista Judiciário — Área Judiciária — 2011 — FCC) Bruna ajuizou reclamação trabalhista em face de sua empregadora doméstica, Vanessa. A reclamação foi julgada procedente e Vanessa condenada a pagar a Bruna a quantia de R$ 15.000,00. Na fase de execução de sentença, Vanessa pretende nomear bens a penhora, tendo em vista que está sem recursos financeiros no momento para saldar a dívida. Considerando que Vanessa é proprietária de um terreno; de um veículo; de pedras e metais preciosos; de títulos da dívida pública da União e de sete geladeiras, de acordo com a ordem de preferência estabelecida na legislação processual, dentre os bens de Vanessa, obedecendo a ordem legal, ela deverá nomear

a) as pedras e metais preciosos.
b) as geladeiras.
c) o terreno.
d) o veículo.
e) os títulos da dívida pública da União.

5. (TRT 14ª Região/RO e AC — Analista Judiciário — Execução de Mandados — 2011 — FCC) Considere as seguintes assertivas a respeito da liquidação da sentença:

I. Requerida a liquidação por arbitramento, o juiz nomeará o perito e fixará o prazo para a entrega do laudo. Apresentado o laudo, sobre o qual poderão as partes manifestar-se no prazo de cinco dias, o juiz proferirá decisão ou designará, se necessário, audiência.
II. Na liquidação por cálculos, elaborada a conta e tornada líquida, o Juiz poderá abrir às partes prazo comum de dez dias para impugnação fundamentada com a indicação dos itens e valores objeto da discordância, sob pena de preclusão.
III. Far-se-á a liquidação por artigos, quando, para determinar o valor da condenação, houver necessidade de alegar e provar fato novo.
IV. Na liquidação por cálculos, elaborada a conta pela parte ou pelos órgãos auxiliares da Justiça do Trabalho, o juiz procederá à intimação da União para manifestação, no prazo de 10 dias, sob pena de preclusão.

Está correto o que se afirma APENAS em

a) I, II e III.
b) I e III.
c) II, III e IV.
d) II e IV.
e) III e IV.

6. (TRT 14ª Região/RO e AC — Analista Judiciário — Execução de Mandados — 2011 — FCC) Marta, costureira profissional, está sendo executada judicialmente. Ela possui os seguintes bens:

I. Seguro de vida.
II. R$ 17.000,00 depositados em caderneta de poupança.
III. Pequena propriedade rural com cinquenta hectares utilizados para lazer da família.
IV. Uma máquina de costura.

V. Um fogão de quatro bocas localizado em sua residência.

Dentre os bens pertencentes a Maria são impenhoráveis os indicados APENAS em

a) I, II e III.
b) I, II, IV e V.
c) I, IV e V.
d) II, III, IV e V.
e) IV e V.

7. (TRT 14ª Região/RO e AC — Analista Judiciário — Execução de Mandados — 2011 — FCC) Valéria arrematou um imóvel comercial pelo valor de R$ 105.000,00 em leilão judicial realizado pelo Tribunal Regional do Trabalho da 14ª Região. Neste caso, ela deverá garantir o lance com o sinal correspondente a

a) R$ 5.250,00
b) R$ 10.500,00
c) R$ 21.000,00
d) R$ 25.250,00
e) R$ 31.500,00

8. (CESPE/UnB — Procurador do Estado de Roraima — 2004) Considere a seguinte situação hipotética.

Em determinada execução trabalhista, o juiz proferiu a sentença de liquidação, após colher a manifestação das partes acerca dos cálculos produzidos. Nessa situação, se for interposto o recurso de agravo de petição por um dos litigantes, o magistrado deverá denegar-lhe seguimento, porquanto eventuais questionamentos apenas são admissíveis em sede de embargos, após a regular garantia do juízo.

9. (CESPE/UnB — Procurador do Estado da Paraíba — 2008) A justiça do trabalho detém competência para a execução de contribuições previdenciárias em circunstâncias diferenciadas da competência da justiça federal. A esse respeito, julgue os itens seguintes, com base na CF, na CLT, na legislação tributária e previdenciária e na jurisprudência sumulada e consolidada do STF e do TST.

I. A justiça do trabalho detém competência para executar, de ofício, as contribuições previdenciárias decorrentes das sentenças que proferir, inclusive, quanto aos salários pagos sobre o período de vínculo reconhecido judicialmente por sentença ou por homologação de acordo.

II. Quando discutida a questão em sede de reclamação trabalhista, a justiça do trabalho detém competência para apreciar os benefícios previdenciários que seriam devidos ao trabalhador pelo INSS.

III. A execução que envolva a cobrança de contribuição previdenciária decorrente de sentença ou acordo homologado pela justiça do trabalho, por envolver a Fazenda Pública, tramita mediante precatório.

IV. A União deve ser intimada dos acordos homologados e das sentenças proferidas pela justiça do trabalho, podendo interpor recurso relativo aos tributos que lhe forem devidos, decorrentes dos respectivos títulos executivos judiciais.

V. Cabe à Procuradoria-Geral Federal representar judicialmente a União nos processos em curso perante a justiça do trabalho relacionados com a cobrança de contribuições previdenciárias e de imposto de renda retido na fonte em decorrência de condenação imposta por sentença ou resultante de acordo homologado por juiz ou tribunal do trabalho.

Estão certos apenas os itens

a) I, II e IV.

b) I, III e V.
c) I, IV e V.
d) II, III e IV.
e) II, III e V.

10. (CESPE/UnB — Procurador do Estado da Paraíba — 2008) No que diz respeito à execução trabalhista contra a Fazenda Pública, assinale a opção incorreta, com base na CF, no CPC, na CLT e na jurisprudência sumulada e consolidada do STF e do TST.

a) Podem ser opostos embargos pela Fazenda Pública no prazo de trinta dias após citada da execução.
b) Não cabe remessa oficial contra decisão do presidente do tribunal em sede de precatório, ainda quando haja agravamento da condenação imposta à Fazenda Pública.
c) Contra decisão proferida por presidente de TRT em sede de precatório, dada à sua natureza administrativa, cabe a impetração de mandado de segurança.
d) Nos casos de reclamações trabalhistas plúrimas, a apuração do valor para fins de eventual dispensa do precatório em prol de requisição de pequeno valor deve considerar a soma dos créditos de cada reclamante.
e) Não cabe recurso extraordinário contra decisão proferida pelo TST no processamento de precatório.

11. (CESPE/UnB — Procurador do Estado do Amapá — 2006) Após todos os procedimentos, um imóvel avaliado em R$ 1.000.000,00 foi levado à praça para pagamento de débitos trabalhistas consignados em sentença condenatória transitada em julgado. Na primeira praça, foi dado lance no valor de R$ 750.000,00 e nenhum outro lance foi oferecido. Nesse caso, o imóvel deverá ser submetido a uma segunda praça.

12. (TRT 20ª Região — Analista Judiciário — 2006 — FCC) De acordo com a Consolidação das Leis do Trabalho, em relação aos Embargos à Execução e sua impugnação é correto afirmar que

a) nos Embargos à Execução não haverá audiência de instrução e julgamento para a produção das provas, por expressa vedação legal.
b) garantida a execução ou penhorados os bens, terá o executado 8 dias para apresentar embargos, cabendo igual prazo ao exequente para impugnação.
c) a matéria de defesa será restrita às alegações de cumprimento da decisão ou do acordo, quitação ou prescrição da dívida.
d) julgar-se-ão em sentenças separadas, os embargos e as impugnações à liquidação apresentadas pelos credores trabalhista e previdenciário.
e) garantida a execução ou penhorados os bens, terá o executado 10 dias para apresentar embargos, cabendo igual prazo ao exequente para impugnação.

13. (TRT 6ª Região — Analista Judiciário — 2006 — FCC) Recebido o mandado de citação, o executado tem o prazo de

a) 5 (cinco) dias para garantir a execução.
b) 48 (quarenta e oito) horas para apresentar embargos à execução.
c) 72 (setenta e duas) horas para garantir a execução ou 5 (cinco) dias para pagar o débito.
d) 48 (quarenta e oito) horas para pagar o débito ou garantir a execução.
e) 5 (cinco) dias para apresentar embargos à execução.

14. (TRT 19ª Região — Analista Judiciário — 2008 — FCC) Mário, representante legal da empresa VIDE, foi intimado por oficial de justiça da penhora em execução de reclamação traba-

lhista proposta por sua ex-funcionária Janete. Neste caso, de acordo com a CLT, o prazo para Mário interpor Embargos à Execução contará

a) da intimação da penhora.
b) da juntada aos autos do auto de intimação da penhora.
c) da notificação via postal da realização da penhora.
d) do despacho do magistrado que reconhecer válida a penhora.
e) após o decurso de cinco dias da juntada aos autos do auto de intimação da penhora.

GABARITO

1. "d".
2. "e".
3. "b".
4. "d".
5. "e".
6. "b".
7. "c".
8. "correta".
9. "c".
10. "d".
11. "errada".
12. "c".
13. "d".
14. "a".

FÉRIAS

1. (TRT 6ª Região/PE — Juiz do Trabalho — Direito do Trabalho/Férias — 2013 — FCC) Entre as afirmações abaixo, é entendimento sumulado pelo Tribunal Superior do Trabalho, em relação às férias:

a) O empregado que se demite antes de completar doze meses de serviço não tem direito a férias proporcionais.
b) A remuneração das férias do tarefeiro deve ser calculada com base na média da produção do período aquisitivo, aplicando-se-lhe a tarifa da data da aquisição do direito.
c) A indenização pelo não deferimento das férias no tempo oportuno será calculada com base na remuneração devida ao empregado na época da aquisição do direito.
d) Os dias de férias gozados após o período legal de concessão deverão ser remunerados em dobro.
e) As faltas ao serviço justificadas por lei não serão descontadas da remuneração das férias, mas serão descontadas para o cálculo do período de férias do empregado.

2. (PGE-BA — Analista de Procuradoria — Área de Apoio Jurídico — Direito do Trabalho/Férias — 2013 — FCC) Em relação à concessão das férias, é INCORRETO afirmar:

a) O empregado estudante, menor de 18 anos, terá direito a fazer coincidir suas férias com as férias escolares.

b) Sempre que as férias forem concedidas após o prazo previsto em lei, o empregador pagará em dobro a respectiva remuneração.
c) A época da concessão das férias será a que melhor consulte os interesses do empregado.
d) A concessão das férias será participada, por escrito, ao empregado, com antecedência de, no mínimo, 30 dias.
e) Somente em casos excepcionais as férias serão concedidas em 2 períodos, um dos quais não poderá ser inferior a 10 dias corridos.

3. (TRT 14ª Região/RO e AC — Analista Judiciário — Área Judiciária — 2011 — FCC) Considere as seguintes situações ocorridas durante o período aquisitivo de férias:

I. Empregado deixa o emprego e é readmitido dentro de quarenta dias subsequentes à sua saída.
II. Empregado que deixar de trabalhar, com percepção do salário, por trinta e cinco dias, em virtude de paralisação parcial ou total dos serviços da empresa.
III. Empregado que tiver percebido da Previdência Social prestações de acidente de trabalho ou de auxílio-doença por três meses descontínuos.
IV. Empregado que deixar de trabalhar, com percepção do salário, por sessenta dias, em virtude de paralisação parcial ou total dos serviços da empresa.

De acordo com a Consolidação das Leis do Trabalho, não terão direito a férias as situações indicadas APENAS em

a) I e II.
b) I e IV.
c) II e III.
d) II e IV.
e) III e IV.

4. (TRT 14ª Região/RO e AC — Analista Judiciário — Área Judiciária — 2011 — FCC) Fábio, empregado da empresa Alpha, pretende converter um terço do período de férias a que tem direito em abono pecuniário, no valor da remuneração que lhe seria devida nos dias correspondentes. Neste caso, o abono de férias

a) deverá ser requerido até quinze dias antes do término do período aquisitivo.
b) poderá ser requerido a qualquer tempo.
c) deverá ser requerido dezoito dias antes do término do período aquisitivo.
d) deverá ser requerido até trinta dias após o término do período aquisitivo.
e) deverá ser requerido até quinze dias após o término do período aquisitivo.

5. (Nossa Caixa Desenvolvimento — Advogado — 2011 — FCC) Zuleica foi contratada pela empresa Y para exercer a função X mediante salário de R$ 1.000,00. No final do ano passado foi dispensada sem justa causa quando recebia R$ 2.000,00 como remuneração. Considerando que a empresa não forneceu férias à Zuleica na época oportuna quando a sua remuneração era R$ 1.500,00, a indenização pelo não deferimento das férias será calculada com base na remuneração de

a) R$ 1.000,00, sendo que a empresa pagará o valor relativo às férias acrescido de 50%.
b) R$ 1.500,00, sendo que a empresa pagará o valor relativo às férias acrescido de 50%.
c) R$ 1.500,00, sendo que a empresa pagará o valor relativo às férias em dobro.
d) R$ 2.000,00, sendo que a empresa pagará o valor relativo às férias acrescido de 50%.
e) R$ 2.000,00, sendo que a empresa pagará o valor relativo às férias em dobro.

6. (TRT 14ª Região/RO e AC — Analista Judiciário — Execução de Mandados — 2011 — FCC) Ana, Bárbara, Carmem e Débora são empregadas da empresa Trevo. Ana tem 17 anos de

idade; Bárbara tem 51 anos de idade; Carmem tem 61 anos de idade e Débora tem 71 anos de idade. De acordo com a Consolidação das Leis do Trabalho, as férias serão concedidas de uma só vez para

a) Bárbara, apenas.
b) Carmem e Débora, apenas.
c) Ana e Débora, apenas.
d) Ana, Carmem e Débora, apenas.
e) todas as empregadas.

7. (CESPE/UnB — Procurador do Estado da Paraíba — 2008) No que se refere ao direito a férias, assinale a opção correta.

a) Após cada período de 12 meses de vigência do contrato de trabalho, a empregada terá direito a férias em proporção conforme a quantidade de faltas que haja tido no período, não se considerando falta ao serviço a ausência da empregada durante o período de licença-maternidade.
b) O período das férias será computado como tempo de serviço acrescido de um terço.
c) A época da concessão das férias será a que melhor atenda aos interesses do empregado, inclusive, para fazê-las coincidir com férias da família ou com as férias escolares, quando for estudante.
d) O empregado deve perceber, durante as férias, a remuneração média que lhe houver sido paga durante o período aquisitivo pertinente.
e) A prescrição do direito de o empregado reclamar a concessão das férias ou o pagamento da respectiva remuneração é contado do término do período aquisitivo ou, se for o caso, da cessação do contrato de trabalho.

8. (TRT 6ª Região — Analista Judiciário — 2006 — FCC) O empregado contratado sob a modalidade do regime de tempo parcial, que trabalha 18 (dezoito) horas por semana, tem direito a férias de

a) 12 (doze) dias.
b) 14 (quatorze) dias.
c) 16 (dezesseis) dias.
d) 24 (vinte e quatro) dias.
e) 30 (trinta) dias.

9. (TRT 19ª Região — Analista Judiciário — 2008 — FCC) No curso do período aquisitivo de férias, Maria recebeu auxílio-doença por sete meses descontínuos. Neste caso, de acordo com a CLT, Maria

a) terá direito a 24 dias corridos de férias.
b) terá direito normalmente ao gozo de 30 dias de férias.
c) não terá direito a férias.
d) terá direito a 18 dias corridos de férias.
e) terá direito a 15 dias corridos de férias.

10. (Prefeitura Municipal de São Paulo — Procurador — 2008 — FCC) Mário, Daniel e Douglas são empregados da empresa "X". Mário, após cinco meses de sua contratação, pediu demissão por ter recebido proposta de trabalho mais vantajosa; Daniel, após dois anos e quatro meses de sua contratação, foi dispensado sem justa causa e Douglas, após um ano e três meses de sua contratação, foi dispensado com justa causa em razão de ter cometido falta grave tipificada pela Consolidação das Leis do Trabalho. Quanto às férias proporcionais,

a) apenas Mário e Daniel terão direito.

b) Mário, Daniel e Douglas terão direito.
c) apenas Daniel terá direito.
d) apenas Mário terá direito.
e) apenas Daniel e Douglas terão direito.

11. (CESPE/UnB — Exame da OAB — Exame 137 — Seccional SP) Quanto à remuneração a ser paga no período de férias, assinale a opção correta de acordo com o previsto na Consolidação das Leis do Trabalho (CLT).

a) O empregado não receberá salário, pois nesse período houve o afastamento do exercício de sua atividade laboral.
b) No salário pago por tarefa, para fins de apuração do valor do salário, toma-se a média da produção no período aquisitivo, aplicando-se o valor da tarefa do mês imediatamente anterior à concessão das férias.
c) Para o salário pago por porcentagem, apura-se a média do que foi percebido nos doze meses que precederem à concessão das férias, sendo esta a remuneração do período de descanso.
d) No salário pago por hora cujas jornadas sejam variáveis, a remuneração das férias será a média dos últimos seis meses, pagando-se a esse título o valor do salário vigente na data da sua apuração.

GABARITO

1. "d".
2. "c".
3. "d".
4. "a".
5. "e".
6. "e".
7. "a".
8. "b".
9. "c".
10. "a".
11. "c".

FGTS

1. (TRT 18ª Região/GO — Analista Judiciário — Área Judiciária — Direito do Trabalho/FGTS — 2013 — FCC) Conforme previsão legal, a conta vinculada do trabalhador no FGTS poderá ser movimentada em algumas situações, EXCETO:

a) suspensão total do trabalho avulso por período igual ou superior a 60 dias, comprovada por declaração do sindicato representativo da categoria profissional.
b) despedida sem justa causa, inclusive a indireta, de culpa recíproca e de força maior.
c) aposentadoria concedida pela Previdência Social.
d) extinção normal do contrato a termo, inclusive o dos trabalhadores temporários regidos pela Lei n. 6.019/74.
e) quando o trabalhador tiver idade igual ou superior a 70 anos.

2. (PGE-BA — Analista de Procuradoria — Área de Apoio Jurídico — Direito do Trabalho/ FGTS — 2013 — FCC)

Durante a vigência do contrato de trabalho, a conta vinculada do trabalhador NÃO pode ser movimentada

a) quando o trabalhador tiver idade igual ou superior a 60 anos.
b) quando o trabalhador ou qualquer de seus dependentes for acometido de neoplasia maligna.
c) quando o trabalhador ou qualquer de seus dependentes estiver em estágio terminal de doença grave, nos termos do regulamento.
d) para integralização de cotas do FI-FGTS, permitida a utilização máxima de 30% do saldo existente e disponível na data em que ocorrer a opção.
e) quando o trabalhador ou qualquer de seus dependentes for portador do vírus HIV.

3. (TRT 14ª Região/RO e AC — Analista Judiciário — Área Judiciária — 2011 — FCC) O FGTS é regido por normas e diretrizes estabelecidas por um Conselho Curador,

a) cujos representantes dos trabalhadores e dos empregadores e seus respectivos suplentes terão mandato de dois anos, vedada a recondução.
b) presidido pelo representante do Tesouro Nacional.
c) presidido pelo representante da Caixa Econômica Federal.
d) cujos membros representantes dos trabalhadores têm estabilidade no emprego da inscrição da candidatura até cinco meses após o término do mandato.
e) que reunir-se-á ordinariamente, a cada bimestre, por convocação de seu Presidente.

4. (Nossa Caixa Desenvolvimento — Advogado — 2011 — FCC) A prescrição do direito de reclamar contra o não recolhimento da contribuição para o FGTS é

a) trintenária, observado o prazo de dois anos após o término do contrato de trabalho.
b) vintenária, observado o prazo de dois anos após o término do contrato de trabalho.
c) de cinco anos, observado o prazo de dois anos após o término do contrato de trabalho.
d) trintenária, independentemente do término do contrato de trabalho, tendo em vista que o prazo constitucional de dois anos não se aplica a prescrição relacionada ao FGTS.
e) vintenária, independentemente do término do contrato de trabalho, tendo em vista que o prazo constitucional de dois anos não se aplica a prescrição relacionada ao FGTS.

5. (TRT 21ª Região/RN — Analista Judiciário — Execução de Mandados — 2010 — CESPE) Considerando que o FGTS foi criado com a finalidade de proporcionar uma reserva de numerário ao empregado, julgue o item subsecutivo.

É trintenária a prescrição do direito de reclamar contra o não recolhimento da contribuição para o FGTS, observado o prazo de dois anos para a propositura da ação.

6. (TRT 21ª Região/RN — Técnico Judiciário — Área Administrativa — 2010 — CESPE) Acerca do direito do trabalho, julgue o item a seguir.

Na modalidade de resilição do contrato de trabalho por prazo indeterminado por culpa recíproca, além da liberação das guias para saque do fundo de garantia por tempo de serviço (FGTS), o empregado terá direito a uma multa no importe de 20% sobre o saldo do FGTS resultante do contrato.

7. (TRT 4ª Região/RS — Analista Judiciário — Área Judiciária — 2011 — FCC) Considere as seguintes assertivas a respeito do Conselho Curador do FGTS:

I. A Presidência do Conselho Curador será exercida pelo representante da Caixa Econômica Federal.

II. Os representantes dos trabalhadores e dos empregadores e seus respectivos suplentes serão indicados pelas respectivas centrais sindicais e confederações nacionais e nomeados pelo Ministro do Trabalho e da Previdência Social.

III. Os representantes dos trabalhadores e dos empregadores e seus respectivos suplentes terão mandato de dois anos, podendo ser reconduzidos uma única vez.

IV. O Conselho Curador reunir-se-á ordinariamente, a cada bimestre, por convocação de seu Presidente.

Está correto o que se afirma SOMENTE em:

a) II, III e IV.
b) I e III.
c) II e III.
d) II e IV.
e) I, II e IV.

8. (TRT 24ª Região/MS — Analista Judiciário — Área Judiciária — 2011 — FCC) Segundo a Lei n. 8.036/1990, com relação ao Fundo de Garantia do Tempo de Serviço — FGTS, os depósitos efetuados nas contas vinculadas serão corrigidos monetariamente com base nos parâmetros fixados

a) pela Receita Federal, por meio do IGPM (Índice Geral de Preços do Mercado), sem a capitalização de juros.
b) para atualização dos saldos dos depósitos de poupança, com capitalização de juros de doze por cento ao ano.
c) pela Receita Federal, por meio da taxa SELIC.
d) para atualização dos saldos dos depósitos de poupança e capitalização de juros de três por cento ao ano.
e) para atualização dos saldos dos depósitos de poupança e capitalização de juros de seis por cento ao ano.

9. (CESPE/UnB — Procurador do Município de Natal — 2008) O prazo prescricional para reclamar o não recolhimento do FGTS é de

a) dois anos, a contar do fim do contrato de trabalho, podendo o interessado reclamar os últimos cinco anos.
b) cinco anos, por ter o FGTS a natureza jurídica de tributo.
c) dois anos a contar do fim do contrato de trabalho, podendo o interessado reclamar os últimos trinta anos.
d) dez anos, por ter o FGTS a natureza jurídica de contribuição previdenciária.

10. (CESPE/UnB — Procurador do Estado do Espírito Santo — 2008) Um empregado sofreu redução salarial ilícita, tendo recebido a metade do valor a que fazia jus, o que fez que o percentual do FGTS incidisse sobre o valor que efetivamente lhe foi pago, ou seja, o salário reduzido. Essa situação perdurou por um ano, tendo sido posteriormente regularizada espontaneamente pelo empregador. Passados mais de dez anos dessa regularização, o empregador dispensou o empregado sem justa causa. Dias depois da dispensa, o empregado ajuizou reclamação trabalhista pleiteando o depósito do FGTS integral daquele período, considerando que este deveria incidir na parte do salário que não foi paga.

Considerando essa situação hipotética, julgue o item que se segue, a respeito da prescrição no direito do trabalho.

O empregado não corre o risco de que a prescrição da pretensão deduzida na inicial seja pronunciada, uma vez que pode exigir os depósitos do FGTS incidentes sobre a parte do salário que não lhe foi paga no prazo de trinta anos até o limite de dois anos após a extinção do contrato de trabalho.

11. (TRT 23ª Região — Analista Judiciário — 2007 — FCC) Considere as seguintes assertivas a respeito do Fundo de Garantia do Tempo de Serviço:

I. O FGTS será regido segundo as determinações do Conselho Curador, integrado por representantes dos trabalhadores, dos empregadores e órgão e entidades governamentais, na forma estabelecida pelo Poder Executivo.

II. O FGTS incidirá sobre a ajuda de custo, comissões, gorjetas, gratificações e nas diárias de viagem que não excedam 50% do salário.

III. Em regra, são contribuintes do FGTS o empregador seja pessoa física ou jurídica, de direito privado ou público, da administração direta, indireta ou fundacional que admitir trabalhadores regidos pela CLT a seu serviço.

IV. Integra a base de cálculo para incidência dos depósitos do FGTS o vale-transporte fornecido pelo empregador, havendo dispositivo legal expresso neste sentido.

Está correto o que consta APENAS em

a) I e II.
b) I, II e III.
c) I e III.
d) II, III e IV.
e) II e IV.

GABARITO

1. "a".
2. "a".
3. "e".
4. "a".
5. "correto".
6. "correto".
7. "a".
8. "d".
9. "c".
10. "errada".
11. "c".

GREVE

1. (TRT 6ª Região/PE — Juiz do Trabalho — Direito do Trabalho/Greve — 2013 — FCC)
Para fins do exercício do direito de greve, são considerados serviços ou atividades essenciais, EXCETO:

a) telecomunicações.
b) tratamento e abastecimento de água.
c) serviço postal.
d) controle de tráfego aéreo.
e) produção e distribuição de gás.

2. (TRT 9ª Região/PR — Analista Judiciário — Execução de Mandados — Direito do Trabalho/Greve — 2013 — FCC) De acordo com o previsto na Lei n. 7.783/89 (Lei de Greve), em relação à greve em serviços ou atividades essenciais, é INCORRETA a afirmação:

a) São considerados serviços ou atividades essenciais, entre outros, transporte coletivo; captação e tratamento de esgoto e lixo; telecomunicações; processamento de dados ligados a serviços essenciais.
b) Os sindicatos, os empregadores e os trabalhadores ficam obrigados de comum acordo, a garantir, durante a greve, a prestação dos serviços indispensáveis ao atendimento das necessidade inadiáveis da comunidade.
c) São considerados serviços ou atividades essenciais, entre outros: assistência médica e hospitalar; funerário; controle de tráfego aéreo; compensação bancária.
d) As entidades sindicais ou os trabalhadores, conforme o caso, ficam obrigados a comunicar a decisão aos empregadores e aos usuários com antecedência mínima de 48 horas da paralisação.
e) São necessidades inadiáveis da comunidade aquelas que, não atendidas, coloquem em perigo iminente a sobrevivência, a saúde ou a segurança da população.

3. (TRT 9ª Região/PR — Analista Judiciário — Área Judiciária — Direito do Trabalho/Greve — 2013 — FCC) De acordo com o previsto na Lei n. 7.783/89 (Lei de Greve), em relação à greve em serviços ou atividades essenciais, é INCORRETA a afirmação:

a) São necessidades inadiáveis da comunidade aquelas que, não atendidas, coloquem em perigo iminente a sobrevivência, a saúde ou a segurança da população.
b) São considerados serviços ou atividades essenciais, entre outros, transporte coletivo; captação e tratamento de esgoto e lixo; telecomunicações; processamento de dados ligados a serviços essenciais.
c) Os sindicatos, os empregadores e os trabalhadores ficam obrigados de comum acordo, a garantir, durante a greve, a prestação dos serviços indispensáveis ao atendimento das necessidade inadiáveis da comunidade.
d) São considerados serviços ou atividades essenciais, entre outros: assistência médica e hospitalar; funerário; controle de tráfego aéreo; compensação bancária.
e) As entidades sindicais ou os trabalhadores, conforme o caso, ficam obrigados a comunicar a decisão aos empregadores e aos usuários com antecedência mínima de 48 horas da paralisação.

4. (IFB — Professor — Direito — 2011 — CESPE) Julgue o item a seguir, relativo ao direito do trabalho.

A simples participação pacífica de um empregado em greve declarada ilegal por tribunal regional do trabalho constitui falta grave, justificando a despedida desse empregado.

5. (TRT 2ª Região/SP — Juiz — 2010) Para a Lei de Greve (Lei 7.783/89), são considerados serviços ou atividades essenciais, exceto:

a) Segurança bancária.
b) Transporte coletivo.
c) Telecomunicações.
d) Compensação bancária.
e) Controle de tráfego aéreo.

6. (TRT 6ª Região/PE — Juiz — 2010) Com relação ao instituto da greve, leia as assertivas abaixo e, depois, assinale a alternativa CORRETA:

I. O *lock out* é vedado pela ordem jurídica pátria.
II. Sindicalização e greve já foram práticas criminalizadas em vários ordenamentos jurídicos. Com o pacto pós-guerra havido entre os Estados nacionais e os trabalhadores em

torno da criação do Estado de bem-estar social, a greve passou a ser admitida de forma ampla em alguns países e em outros com regulamentações restritivas.

III. No ordenamento jurídico nacional, são direitos dos trabalhadores em greve: utilização de meios pacíficos de persuasão, arrecadação de fundos por meios lícitos, livre divulgação do movimento; proteção contra a dispensa por parte do empregador e proteção contra a contratação de substitutos pelo empregador.

IV. Do ponto de vista jurídico, a greve gera a suspensão do contrato de trabalho, podendo, entretanto, transmudar-se em interrupção contratual.

V. Conferindo eficácia aos Mandados de Injunção n. 670-ES, 708-DF e 712-PA, o Supremo Tribunal Federal, reconhecendo a omissão legislativa, declarou a legitimidade do direito de greve no serviço público e a regulamentação provisória pela aplicação analógica das regras contidas na Lei 7.783/89, aplicada aos trabalhadores da iniciativa privada.

a) Todas as assertivas estão corretas.
b) Apenas as assertivas I e II estão corretas.
c) Apenas as assertivas III e IV estão corretas.
d) Apenas a assertiva I está correta.
e) Apenas a assertiva V está correta.

7. (TRT 8ª Região/PA e AP — Analista Judiciário — Área Judiciária — 2010 — FCC) Marta é empregada da empresa R, que atua no ramo de comércio de peças automobilísticas; Mirna é empregada da empresa S, que atua no ramo funerário; e Mônica é empregada da empresa T, que atua no ramo imobiliário, com venda e locação de imóveis. As categorias de todas as empregadas tiveram frustradas as negociações para aumento salarial e, por esse motivo, pretendem a cessação coletiva do trabalho. No caso da categoria de Marta, Mirna e Mônica, a greve deverá ser precedida de um aviso de

a) 48 horas, 72 horas e 48 horas, respectivamente.
b) 24 horas, 48 horas e 24 horas, respectivamente.
c) 72 horas, 48 horas e 72 horas, respectivamente.
d) 72 horas.
e) 48 horas.

8. (CESPE/UnB — Procurador do Estado do Espírito Santo — 2008) O direito de greve no serviço público está previsto na Constituição brasileira, podendo ser exercido nos termos e limites de lei específica. Acerca da interpretação desse dispositivo constitucional pelo STF, julgue o item abaixo.

A greve no serviço público só é reconhecida como um direito para o empregado público nos termos da Lei de Greve existente para a iniciativa privada; os servidores públicos estatutários não podem exercê-la até que lei específica seja aprovada.

9. (CESPE/UnB — Procurador do Estado do Amapá — 2006) Ronaldo trabalha para determinada pessoa jurídica. O sindicato da categoria profissional de Ronaldo decidiu iniciar movimento paredista, decretando estado de greve, em 15 de maio de 2006. No dia 22 de maio de 2006, cedendo às pressões de seus colegas, Ronaldo aderiu à greve. Nessa situação, com base na legislação de regência, a adesão de Ronaldo ao movimento de greve não constitui falta grave que justifique a rescisão do contrato individual de trabalho.

10. (TRT 23ª Região — Analista Judiciário — 2007 — FCC) Considere as seguintes assertivas a respeito do direito de greve:

I. A entidade patronal correspondente ou os empregadores diretamente interessados serão notificados, com antecedência mínima de 24 horas, da paralisação.

II. As manifestações e atos de persuasão utilizados pelos grevistas poderão impedir o acesso ao trabalho, mas não poderão causar ameaça ou dano à propriedade ou pessoa.

III. Em nenhuma hipótese, os meios adotados por empregados e empregadores poderão violar ou constranger os direitos e garantias fundamentais de outrem.

IV. Na greve, em serviços essenciais, ficam as entidades sindicais ou os trabalhadores, obrigados a comunicar a decisão aos empregadores e aos usuários com antecedência mínima de 72 horas de paralisação.

Está correto o que consta APENAS em

a) I e II.
b) I, II e III.
c) I e IV.
d) II, III e IV.
e) III e IV.

11. (CESPE/UnB — Exame da OAB — 2008) Suponha que os integrantes da categoria de empregados nas empresas de distribuição de energia elétrica, por meio de interferência da entidade sindical que os representa, pretendam entrar em greve, em vista de não ter sido possível a negociação acerca do reajuste salarial a ser concedido à categoria. Considerando essa situação hipotética, assinale a opção correta.

a) Não é assegurado a esses empregados o direito de greve.
b) A atividade executada pelos integrantes dessa categoria profissional não se caracteriza como essencial.
c) Frustrada a negociação, é facultada a cessação coletiva do trabalho, sendo afastada a possibilidade de recursos via arbitral.
d) Caso a categoria decida pela greve, a entidade sindical deverá comunicar a decisão aos empregadores e aos usuários com antecedência mínima de 72 horas da paralisação.

GABARITO

1. "c".
2. "d".
3. "e".
4. "errado".
5. "a".
6. "a".
7. "a".
8. "errada".
9. "correta".
10. "e".
11. "d".

HONORÁRIOS ADVOCATÍCIOS

1. (CESPE/UnB — Exame da OAB — 2008) Segundo orientação do TST, na justiça do trabalho, a condenação em honorários advocatícios, necessariamente, requer

a) a assistência por sindicato, apenas.

b) o benefício da justiça gratuita, apenas.
c) a simples procuração do advogado juntada aos autos.
d) a assistência por sindicato e o benefício da justiça gratuita, de forma concomitante.

GABARITO

1. "d".

INQUÉRITO PARA APURAÇÃO DE FALTA GRAVE

1. (TRT 23ª Região/MT — Analista Judiciário — Área Judiciária — 2016 — FCC) Há certos procedimentos especiais inseridos no texto consolidado e determinadas ações previstas na legislação processual comum que são utilizadas na Justiça do Trabalho e

a) o empregado está autorizado a ajuizar ação rescisória na Justiça do Trabalho, sem a necessidade de contratação de advogado, utilizando-se do *jus postulandi*, em razão do princípio da hipossuficiência.
b) a ação rescisória será admitida na Justiça do trabalho, observada a forma do Código de Processo Civil, sujeita ao depósito prévio de dez por cento do valor da causa, salvo prova de miserabilidade jurídica do autor e no prazo de três anos contados do trânsito em julgado da decisão rescindenda.
c) conforme nova legislação que regula o mandado de segurança, o prazo para impetração é de cento e oitenta dias, contados da data em que o interessado tenha conhecimento do ato arbitrário.
d) cada parte pode indicar para audiência em inquérito judicial para apuração de falta grave a quantidade máxima de cinco testemunhas.
e) para a instauração do inquérito para apuração de falta grave contra empregado dirigente sindical garantido com estabilidade, o empregador apresentará reclamação por escrito à Vara do Trabalho, dentro de trinta dias, contados da data da suspensão do empregado.

2. (TRT 12ª Região/SC — Analista Judiciário — Área Judiciária — Direito Processual do Trabalho/Inquérito para Apuração de Falta Grave — 2013 — FCC) A respeito do inquérito para apuração de falta grave de empregado estável, considere:

I. O prazo para o empregador propor o inquérito judicial para apuração de falta grave é de 30 dias contados da suspensão do empregado, tratando-se de prazo decadencial.
II. Para o ajuizamento do inquérito para apuração de falta grave é obrigatória a suspensão de empregado estável.
III. Se no inquérito judicial para apuração de falta grave ficar comprovada a referida falta, a sentença terá caráter constitutivo negativo, permitindo a resolução contratual.
IV. Se houver prévio reconhecimento da estabilidade do empregado, o julgamento do inquérito pela Vara ou Juízo não prejudicará a execução para pagamento dos salários devidos ao empregado, até a data da instauração do mesmo inquérito.

Está correto o que se afirma APENAS em

a) II e IV.
b) I, II e III.
c) I, III e IV.
d) I e II.
e) III e IV.

3. (TRT 14ª Região/RO e AC — Analista Judiciário — Execução de Mandados — 2011 — FCC) A empresa MAIS ajuizou inquérito judicial para apuração de falta grave cometida pela empregada Suzana. Neste caso, a oitiva das testemunhas da empresa será de, no máximo,

a) 2 pessoas.
b) 3 pessoas.
c) 4 pessoas.
d) 6 pessoas.
e) 8 pessoas.

4. (TRT 24ª Região/MS — Analista Judiciário — Área Judiciária — 2011 — FCC) João, representante suplente dos empregados, membro de Comissão de Conciliação Prévia, foi suspenso por cinco dias em razão da prática de falta grave passível de demissão por justa causa. Neste caso, seu empregador

a) poderá dispensar João após o término da pena de suspensão aplicada, tendo em vista que o membro suplente de Comissão de Conciliação Prévia não possui estabilidade.
b) poderá dispensar João imediatamente, tendo em vista que o membro suplente de Comissão de Conciliação Prévia não possui estabilidade.
c) deverá ajuizar reclamação escrita ou verbal a fim de instaurar inquérito para apuração de falta grave perante uma das Varas do Trabalho, dentro de quinze dias, contados da data da suspensão de João.
d) deverá ajuizar reclamação escrita a fim de instaurar inquérito para apuração de falta grave perante uma das Varas do Trabalho, dentro de trinta dias, contados da data da suspensão de João.
e) deverá ajuizar reclamação escrita a fim de instaurar inquérito para apuração de falta grave perante o Tribunal Regional do Trabalho competente, dentro de sessenta dias, contados da data da suspensão de João.

5. (CESPE/UnB — Procurador do Município de Natal — 2008) O inquérito de apuração de falta grave é ação que busca rescindir o contrato de trabalho do empregado

a) estável que praticou ato incompatível com sua atividade profissional, independentemente de enquadrar-se esse ato como justa causa.
b) estável que praticou ato enquadrado como justa causa.
c) não estável, quando o empregador deseja, antes da rescisão, apurar a prática de falta grave.
d) não estável, quando o empregador deseja, antes da rescisão, suspendê-lo de suas funções, para apurar conduta de descumprimento de deveres e obrigações contratuais.

GABARITO

1. "e".
2. "c".
3. "d".
4. "d".
5. "b".

JORNADA DE TRABALHO

1. (TRT 9ª Região/PR — Analista Judiciário — Execução de Mandados — Direito do Trabalho/ Jornada de Trabalho — Horas Extras — 2013 — FCC) Com fundamento nas disposições celetistas sobre jornada extraordinária e jornada noturna, é correto afirmar:

a) Os empregados sob o regime de tempo parcial poderão prestar horas extras, desde que autorizados expressamente pelo sindicato.
b) O adicional noturno equivale a 30% (trinta por cento), pelo menos, sobre a hora diurna.
c) Como forma de proteção da saúde e da integridade física dos trabalhadores, a prorrogação da jornada de trabalho deve ser prevista em convenção ou acordo coletivo de trabalho.
d) As horas extras são remuneradas com adicional de, no mínimo, 25% (vinte e cinco por cento) sobre o valor da hora normal de trabalho.
e) Nos horários mistos, assim entendidos os que abrangem períodos diurnos e noturnos, em relação às horas trabalhadas no período considerado noturno aplica-se a redução da hora e deve ser pago o respectivo adicional.

2. (TRT 9ª Região/PR — Técnico Judiciário — Área Administrativa — Direito do Trabalho/ Horas Extras — 2013 — FCC) Com fundamento na CLT — Consolidação das Leis do Trabalho e na CF — Constituição Federal, as horas extraordinárias NÃO podem exceder de

a) duas e devem ser pagas com adicional de, no mínimo, 50% superior à hora normal.
b) seis e devem ser pagas com adicional de, no mínimo, 50% superior à hora normal.
c) três e devem ser pagas com adicional de, no mínimo, 50% superior à hora normal.
d) duas e devem ser pagas com adicional de, no mínimo, 25% superior à hora normal.
e) três e devem ser pagas com adicional de, no mínimo, 25% superior à hora normal.

3. (TRT 3ª Região/MG — Juiz do Trabalho — 2012) A respeito da duração do trabalho, leia as afirmações abaixo e, em seguida, assinale a alternativa correta, de acordo com a jurisprudência cristalizada do Tribunal Superior do Trabalho:

I. Em se tratando de horas extras pré-contratadas de bancário, opera-se a prescrição total se a ação não for ajuizada no prazo de cinco anos, a partir da data em que foram suprimidas.
II. A contratação do serviço suplementar, quando da admissão do trabalhador bancário, é nula, mas não é nula se pactuada após a admissão do empregado.
III. Para o cálculo do valor do salário-hora do bancário mensalista sujeito à jornada de 6 horas, o divisor a ser adotado é 180 (cento e oitenta).
IV. O bancário sujeito à jornada de 8 (oito) horas tem salário-hora calculado com base no divisor 220 (duzentos e vinte).
V. Não se computa, na jornada do bancário sujeito a seis horas diárias de trabalho, o intervalo de quinze minutos para lanche ou descanso.

a) Somente as afirmativas I e III estão corretas.
b) Somente as afirmativas I, II e III estão corretas.
c) Somente as afirmativas I, II, III e V estão corretas.
d) Somente as afirmativas I, III e IV estão corretas.
e) Todas as afirmativas estão corretas.

4. (TRT 3ª Região/MG — Juiz do Trabalho — 2012) Sobre as horas extras "in itinere", leia as afirmações abaixo e, em seguida, assinale a alternativa correta, de acordo com a lei e a jurisprudência cristalizada do Tribunal Superior do Trabalho:

I. O tempo despendido pelo empregado até o local de trabalho e para o seu retorno, por qualquer meio de transporte, não será computado na jornada de trabalho, salvo quando, tratando-se de local de difícil acesso ou não servido por transporte público, o empregador fornecer a condução.
II. Poderão ser fixados, para as empresas de grande porte, por meio de acordo ou convenção coletiva, em caso de transporte fornecido pelo empregador, em local de difícil

acesso ou não servido por transporte público, o tempo médio despendido pelo empregado, bem como a forma e a natureza da remuneração.

III. A insuficiência de transporte público é circunstância que também gera o direito às horas "in itinere", mas a mera incompatibilidade entre os horários de início e término da jornada do empregado e os do transporte público regular não enseja o pagamento de horas "in itinere".

IV. O fato de o empregador cobrar importância não simbólica pelo transporte fornecido, para local de difícil acesso ou não servido por transporte regular, afasta o direito à percepção das horas "in itinere".

V. Se não houver transporte público regular em parte do trajeto percorrido em condução da empresa, as horas "in itinere" remuneradas abarcarão a totalidade do trajeto, considerando-se que são computáveis na jornada de trabalho. Assim, o tempo que extrapola a jornada legal é considerado como extraordinário e sobre ele deve incidir o adicional respectivo.

a) Somente a afirmativa I está correta.
b) Somente as afirmativas I e II estão corretas.
c) Somente as afirmativas I, II e III estão corretas.
d) Somente as afirmativas I, II, III e IV estão corretas.
e) Somente as afirmativas II, III e V estão corretas.

5. (IFB — Professor — Direito — 2011 — CESPE) Julgue o item a seguir, relativo ao direito do trabalho.

O tempo para descanso e alimentação não usufruído pelo empregado deve ser pago com acréscimo de, no mínimo, 50% sobre o valor da remuneração da hora normal de trabalho.

6. (IFB — Professor — Direito — 2011 — CESPE) O acordo coletivo que aumenta a jornada de trabalho não tem validade sem a intermediação do sindicato.

7. (TRT 14ª Região/RO e AC — Analista Judiciário — Área Judiciária — 2011 — FCC) A Consolidação das Leis do Trabalho prevê a possibilidade de uma variação de horário no registro de ponto que não será descontado nem computado como jornada extraordinária. Esta variação de horário possui o limite máximo diário de

a) seis minutos.
b) sete minutos.
c) oito minutos
d) dez minutos.
e) quinze minutos.

8. (TRT 14ª Região/RO e AC — Técnico Judiciário — Área Administrativa — 2011 — FCC) De acordo com a Consolidação das Leis do Trabalho, na modalidade do regime de tempo parcial, após cada período de doze meses de vigência do contrato de trabalho, o empregado terá direito a dezesseis dias de férias, para a duração do trabalho semanal superior a

a) cinco horas, até dez horas.
b) dez horas, até quinze horas.
c) quinze horas, até vinte horas.
d) vinte horas, até vinte e duas horas.
e) vinte e duas horas, até vinte e cinco horas.

9. (CESPE/UnB — Procurador do Município de Vitória — 2007) Julgue os itens seguintes, acerca do regime do trabalho e férias.

9.1. De acordo com a Constituição Federal, a duração normal de trabalho é de oito horas diárias e quarenta e quatro horas semanais. Por acordo com o empregado, esse limite pode ser elevado, caso em que as horas excedentes serão remuneradas de forma simples, sem o adicional de 50%.

9.2. Nos trabalhos contínuos cuja duração exceda seis horas, não é remunerado o período correspondente ao intervalo de, no mínimo, uma hora para repouso e alimentação.

10. (CESPE/UnB — Procurador do Estado de Roraima — 2004) Por força de norma coletiva, um trabalhador passou a cumprir jornada de 10 horas diárias, durante seis dias na semana, em regime de prorrogação e compensação da jornada. Após observar essa jornada por seis meses, acabou dispensado por justa causa, em razão de agressões verbais dirigidas a seu superior. Considerando essa situação hipotética e o sistema de compensação de horas, julgue o item a seguir.

Considerada a natureza da dispensa, o trabalhador não terá direito a receber qualquer valor a título de horas extras referentes ao período acima mencionado.

11. (CESPE/UnB — Procurador do Estado do Espírito Santo — 2008) Empresa prestadora de serviços na área de vigilância observa a escala de horários de 12 × 36 prevista em acordo coletivo de trabalho, sem a concessão dos intervalos intrajornadas mínimos previstos em lei, conforme autorização expressa contida no referido acordo coletivo. Considerando essa situação, julgue os itens subsequentes de acordo com a jurisprudência atual do TST.

11.1. O intervalo intrajornada constitui medida de segurança, saúde e higiene no trabalho, não podendo ser eliminado ou reduzido sequer por acordo coletivo de trabalho. O período destinado ao intervalo deve ser remunerado com o acréscimo de 50% sobre o valor da hora normal e possui natureza salarial.

11.2. Quanto ao excesso de horas em cada dia de trabalho, não cabe a remuneração como extras das que ultrapassam a décima hora como hora extra, na medida em que elas foram compensadas.

12. (CESPE/UnB — Procurador do Estado do Espírito Santo — 2004) Com relação aos institutos referentes à duração do trabalho, assinale a opção correta.

a) Para as jornadas de trabalho com duração mínima de 4 horas e máxima de 6 horas, o tempo mínimo de intervalo intrajornada é de 30 minutos, ao passo que, para as jornadas de trabalho com duração excedente a 6 horas, o tempo mínimo de intervalo intrajornada é de 1 hora.

b) Segundo a jurisprudência do TST, em que pese as limitações relacionadas com as possibilidades de alteração do contrato de trabalho, previstas no art. 468 da CLT, sendo a jornada de trabalho do empregado público da administração direta prevista em lei e no contrato, mesmo havendo aceitação pelo administrador público, superior hierárquico, de jornada de duração inferior à prevista no contrato e na lei, é possível o retorno posterior à jornada original, sem a caracterização de alteração contratual ilícita.

c) Segundo previsto na CLT, será considerado tempo de trabalho, ou seja, caracteriza-se como hora *in itinere*, o tempo de deslocamento até o local de trabalho, em transporte fornecido pelo empregador, somente nas hipóteses em que o trajeto não seja servido por transporte público.

d) Conforme a jurisprudência sumulada do TST, considera-se válida a cláusula de acordo ou convenção coletiva que reduz o intervalo intrajornada, estabelecendo duração inferior ao previsto em lei, uma vez que os referidos instrumentos consistem em legítimos mecanismos de manifestação da vontade coletiva, reconhecidos pela Constituição Federal.

e) Segundo a jurisprudência sumulada do TST, o regime de compensação de jornada somente será válido se houver acordo entre empregado e empregador, podendo o ajuste ser tácito ou expresso.

13. (CESPE/UnB — Procurador do Estado do Amapá — 2006) Maria trabalhava para certa pessoa jurídica, com jornada de trabalho de 8 horas diárias e remuneração mensal de R$ 2.500,00. Maria trabalhou durante 5 anos e recebia, a título de indenização de serviços prestados em horário extraordinário, uma média mensal de R$ 430,00. Nessa situação, no cálculo do décimo terceiro salário, não deverá ser considerado o valor das horas extras, mesmo que estas tenham sido prestadas de forma habitual.

14. (TRT 6ª Região — Analista Judiciário — 2006 — FCC) Sendo o trabalho noturno mais penoso ao trabalhador, merece proteção especial consistente em

a) cômputo da hora noturna reduzida (52 minutos e 30 segundos) e remuneração acrescida de 20% sobre a hora diurna.
b) repouso obrigatório de 10 (dez) minutos a cada 90 (noventa) minutos trabalhados.
c) proibição do trabalho extraordinário e remuneração acrescida de 50% sobre a hora diurna.
d) jornada limitada a 6 (seis) horas diárias.
e) período mínimo de 15 (quinze) horas de descanso entre uma jornada e outra.

15. (TRT 23ª Região — Analista Judiciário — 2007 — FCC) Maria trabalha na empresa Tato realizando serviço suplementar com habitualidade há 1 ano e quatro meses. Seu empregador pretende suprimir as horas extras prestadas por Maria. Neste caso,

a) será assegurado a Maria o direito à indenização correspondente ao valor de 2 meses das horas suprimidas.
b) será assegurado a Maria o direito à indenização correspondente ao valor de 1 mês das horas suprimidas.
c) será assegurado a Maria o direito à indenização correspondente ao último salário recebido.
d) não será assegurado a Maria qualquer valor a título de indenização, uma vez que a supressão de horas extras é benéfica ao trabalhador.
e) será assegurado a Maria o direito à indenização correspondente a 50% do último salário recebido.

GABARITO

1. "e".
2. "a".
3. "d".
4. "a".
5. "correto".
6. "correto".
7. "d".
8. "d".
9.1. "errada".
9.2. "correta".
10. "errada".
11.1. "correta".
11.2. "errada".

12. "b".
13. "errada".
14. "a".
15."b".

LEGITIMIDADE PROCESSUAL

1. (CESPE/UnB — Procurador do Estado do Espírito Santo — 2008) Em relação à tutela dos interesses metaindividuais na justiça do trabalho e levando em conta a jurisprudência do STF a respeito do assunto, julgue os itens subsequentes.

1.1. A substituição processual pelo sindicato é ampla, não se restringindo às hipóteses expressamente previstas na legislação, podendo ocorrer até mesmo na fase de execução de sentença.

1.2. O Ministério Público do Trabalho possui legitimidade para, por meio de ação civil pública, promover a defesa de interesses individuais homogêneos dos trabalhadores.

■ GABARITO ■

1.1. "correta".
1.2. "correta".

LICENÇA-MATERNIDADE

1. (CESPE/UnB — Exame da OAB — 2008) Suponha que determinada empregada, admitida em 10.01.2007 para prestar serviço como auxiliar de cozinha em um restaurante, tenha adotado, em 13.11.2008, uma criança nascida em 28.05.2006. Nessa situação, a empregada

a) tem direito a gozo de licença-maternidade por um período de 60 dias, desde que apresente o termo judicial que comprove a efetivação da adoção.
b) tem direito a gozo de licença-maternidade por um período de 120 dias, desde que apresente o termo judicial que comprove a efetivação da adoção.
c) não tem direito a gozo de licença-maternidade em decorrência da idade da criança adotada.
d) não tem direito a gozo de licença-maternidade por não ser mãe biológica da criança.

■ GABARITO ■

1. "a".

MANDADO DE SEGURANÇA

1. (TRT 15ª Região/Campinas — 2013 — FCC) Considere as seguintes assertivas a respeito do Mandado de Segurança:

I. No caso da tutela antecipada (ou liminar) ser concedida antes da sentença, cabe a impetração do mandado de segurança.
II. A antecipação da tutela concedida na sentença comporta impugnação pela via do mandado de segurança.
III. O mandado de segurança é o meio próprio para se obter efeito suspensivo a recurso.
IV. Em se tratando de execução provisória, fere direito líquido e certo do impetrante a determinação de penhora em dinheiro, quando nomeados outros bens à penhora.

De acordo com o entendimento Sumulado do Tribunal Superior do Trabalho, está correto o que se afirma APENAS em

a) I e II.
b) I, II e IV.
c) III e IV.
d) II e III.
e) I e IV.

2. (PGE-SP — Procurador — Direito Processual do Trabalho/Mandado de Segurança — 2012 — FCC) O TST, a respeito do mandado de segurança, entende que

a) é cabível mandado de segurança mesmo que a decisão judicial impugnada tenha transitado em julgado.
b) na contagem do prazo decadencial para a impetração do mandado de segurança é considerado como ato coator o primeiro em que se firmou a tese hostilizada e não aquele que a ratificou.
c) é possível que o empregado e o empregador impetrem mandado de segurança independentemente da presença de um advogado, por força do *jus postulandi*.
d) quando a petição de impetração do mandado de segurança não for acompanhada dos documentos necessários para a demonstração do direito líquido e certo alegado, o juiz determinará que o impetrante faça a juntada dos mesmos no prazo de 10 (dez) dias, sob pena de indeferimento da petição inicial.
e) para a desconstituição de penhora é possível utilizar, ao mesmo tempo, os embargos de terceiro e o mandado de segurança.

3. (TRT 14ª Região/RO e AC — Analista Judiciário — Execução de Mandados — 2011 — FCC) Se o mandado de segurança na Justiça do Trabalho for em razão de ato de autoridade judiciária e a autoridade coatora for desembargador do Tribunal Regional do trabalho da 14a Região a competência para julgar será

a) do pleno do Tribunal Superior do Trabalho, sendo que o prazo para ajuizamento do mandado é de 120 dias contados da prática do ato impugnado.
b) do pleno do Tribunal Superior do Trabalho, sendo que o prazo para ajuizamento do mandado é de 90 dias contados da prática do ato impugnado.
c) de uma das turmas do Tribunal Superior do Trabalho, sendo que o prazo para ajuizamento do mandado é de 120 dias contados a partir da ciência do interessado do ato impugnado.
d) do próprio Tribunal Regional do Trabalho, sendo que o prazo para ajuizamento do mandado é de 120 dias contados a partir da ciência do interessado do ato impugnado.
e) do próprio Tribunal Regional do Trabalho, sendo que o prazo para ajuizamento do mandado é de 90 dias contados a partir da ciência do interessado do ato impugnado.

4. (TRT 4ª Região/RS — Analista Judiciário — Área Judiciária — 2011 — FCC) Da decisão de Tribunal Regional do Trabalho em mandado de segurança

a) caberá recurso ordinário, no prazo de oito dias, para uma das Turmas do Tribunal Regional do Trabalho prolator da decisão.
b) não caberá recurso, por expressa vedação legal, tratando-se de hipótese de ação rescisória, desde que preenchido os requisitos.
c) caberá recurso ordinário, no prazo de oito dias, para o pleno do Tribunal Regional do Trabalho prolator da decisão.
d) caberá recurso de revista, no prazo de quinze dias, para o Tribunal Superior do Trabalho.
e) caberá recurso ordinário, no prazo de oito dias, para o Tribunal Superior do Trabalho.

5. (TRT 24ª Região/MS — Analista Judiciário — Área Judiciária — 2011 — FCC) Considere as seguintes assertivas a respeito do Mandado de Segurança:

I. Não há direito líquido e certo à execução definitiva na pendência de Recurso Extraordinário, ou de Agravo de Instrumento visando a destrancá-lo.

II. Ajuizados Embargos de Terceiro para pleitear a desconstituição da penhora, é incabível a interposição de mandado de segurança com a mesma finalidade.

III. Constitui direito líquido e certo passível de ser tutelado através de Mandado de Segurança a negativa do juiz em homologar acordo entre as partes litigantes.

IV. É incabível a impetração de mandado de segurança contra ato judicial que, de ofício, arbitrou novo valor à causa, acarretando a majoração das custas processuais.

Está correto o que consta APENAS em

a) III e IV.
b) I e II.
c) I, II e IV.
d) I, II e III.
e) II, III e IV.

6. (CESPE/UnB — Procurador do Estado do Ceará — 2004) Acerca do mandado de segurança no âmbito da jurisdição trabalhista, assinale a opção correta.

a) O mandado de segurança é cabível para coibir transferência abusiva de dirigente sindical.
b) Julgado o mandado de segurança pelo TRT, o recurso de revista será cabível no prazo de oito dias.
c) O mandado de segurança pode ser impetrado para coibir penhora de bem de terceiro, estranho à relação jurídica processual originária.
d) A penhora em dinheiro incidente sobre conta bancária do devedor, em execução definitiva de sentença trabalhista, não fere direito líquido e certo nem autoriza a concessão de ordem requerida em mandado de segurança.
e) A ausência de documento essencial à compreensão da polêmica denunciada em ação mandamental impõe ao magistrado a determinação de emenda da inicial, sob pena de indeferimento.

7. (CESPE/UnB — Procurador do Estado do Amapá — 2006) Determinada pessoa jurídica foi condenada ao pagamento de verbas rescisórias e aos efeitos pecuniários advindos da declaração de nulidade de alteração contratual prejudicial. Durante a fase executiva, em sede de embargos à execução, a referida pessoa jurídica arguiu excesso de execução. Julgada improcedente, a empregadora interpôs agravo de petição, apresentando discordância justificada relativamente aos cálculos das verbas rescisórias. O exequente deu continuidade à execução da parcela, que não foi objeto de impugnação no respectivo agravo. Inconformada, diante da inexistência de recurso ou meio de defesa na legislação processual trabalhista para impugnar esse procedimento, a empregadora impetrou mandado de segurança pleiteando a suspensão da execução, tendo em vista que a matéria ainda era objeto de discussão. Nessa situação, considerando-se a legislação pertinente e o entendimento do Tribunal Superior do Trabalho, não será cabível mandado de segurança.

GABARITO

1. "e".
2. "b".

3. "d".
4. "e".
5. "c".
6. "d".
7. "correta".

NULIDADES PROCESSUAIS

1. (TRT 14ª Região/RO e AC — Analista Judiciário — 2016 — FCC) A Teoria Geral do Processo conceitua a nulidade como sendo uma sanção pela qual a lei priva um ato jurídico dos seus efeitos normais, quando em sua execução não são observadas as formas ou requisitos para ele prescritas. Entretanto, diante da informalidade do processo do trabalho, em relação às nulidades é correto que

a) só haverá nulidade quando resultar dos atos inquinados manifesto prejuízo às partes litigantes.
b) as partes litigantes podem arguir as nulidades a qualquer momento processual, cabendo-lhes a escolha do momento processual que entendam oportuno.
c) a nulidade será declarada mesmo que for possível suprir-lhe a falta ou repetir o ato, uma vez que o ato já foi realizado e se consolidou.
d) a nulidade deverá ser pronunciada ainda que tenha sido arguida pela parte litigante que lhe originou ou lhe deu causa.
e) o juiz que pronunciar a nulidade não precisa declarar os atos a que ela se estende porque a nulidade de um ato prejudica os atos anteriores a este.

2. (TRT 18ª Região/GO — 2013 — FCC) O Processo Judiciário do Trabalho prevê algumas regras sobre nulidades processuais e exceções que podem ser opostas pela parte. Conforme essas normas,

a) toda nulidade pode ser declarada de ofício pelo juiz ou mediante provocação das partes, que podem alegá-la em qualquer momento processual.
b) nos processos sujeitos à apreciação da Justiça do Trabalho, só haverá nulidade quando resultar dos atos inquinados manifesto prejuízo às partes litigantes.
c) a nulidade será declarada ainda que seja possível suprir-se a falta ou repetir-se o ato, bem como quando for arguida por quem lhe tiver dado causa.
d) apresentada a exceção de incompetência, abrir-se-á vista dos autos ao exceto, por 05 dias, prorrogáveis por igual período, devendo a decisão ser proferida na primeira audiência ou sessão que se seguir.
e) o fato de a parte recusante ter praticado algum ato pelo qual haja consentido na pessoa do juiz, não impede que ela alegue exceção de suspeição, sobrevindo ou não novo motivo.

3. (TRT 14ª Região/RO e AC — Analista Judiciário — Área Judiciária — 2011 — FCC) Com relação às nulidades, o princípio da transcendência é aquele que prevê que

a) deverão ser declaradas *ex officio* as nulidades fundadas em incompetência de foro, sendo considerados nulos os atos decisórios.
b) o juiz, quando a lei prescrever determinada forma, sem cominação de nulidade, considerará válido o ato se, realizado de outro modo, lhe alcançar a finalidade.
c) anulado o ato reputam-se de nenhum efeito todos os subsequentes, que dele dependam.
d) a nulidade de uma parte do ato prejudicará as outras, mesmo que dela sejam independentes.

e) só haverá nulidade nos processos sujeitos à apreciação da Justiça do Trabalho quando resultar dos atos inquinados manifesto prejuízo às partes litigantes.

4. (TRT 24ª Região/MS — Analista Judiciário — Área Judiciária — 2011 — FCC) De acordo com o artigo 795 da CLT, as nulidades não serão declaradas senão mediante provocação das partes, as quais deverão argui-las à primeira vez em que tiverem de falar em audiência ou nos autos. Neste caso, trata-se especificamente do Princípio da

a) Estabilidade da Lide.
b) Preclusão.
c) Eventualidade.
d) Concentração.
e) Lealdade Processual.

5. (TRT 2ª Região/SP — Juiz — 2010) Com relação às nulidades, analise as expressões abaixo e posteriormente responda:

I. No processo do trabalho as nulidades não podem, em qualquer hipótese, ser arguidas de ofício, sempre dependendo da alegação das partes.
II. No processo do trabalho a nulidade fundada em incompetência de foro deve ser declarada *ex officio*.
III. A nulidade de citação deve ser arguida de ofício pelo Juiz, mesmo que o reclamado tenha recebido a citação.
IV. Nos processos sujeitos à apreciação da Justiça do Trabalho, só haverá nulidade quando resultar dos atos inquinados manifesto prejuízo às partes litigantes.

a) Se apenas a de número I estiver correta.
b) Se todas estiverem corretas.
c) Se apenas as de número II e IV estiverem corretas.
d) Se apenas as de número II e III estiverem corretas.
e) Se todas estiverem erradas.

6. (CESPE/UnB — Procurador do Município de Vitória — 2007) O processo do trabalho orienta-se pela defesa da ordem pública. Em razão disso, as nulidades processuais devem ser pronunciadas de ofício pelo juiz, independentemente de qualquer provocação das partes.

7. (CESPE/UnB — Procurador do Estado do Ceará — 2008) Com relação às nulidades em processo do trabalho, é correto afirmar que a nulidade apenas será declarada se houver

a) provocação da parte e dela resultar prejuízo manifesto àquela que a arguir, desde que não seja possível suprir a falta ou repetir o ato.
b) provocação da parte que não lhe houver dado causa, resultar prejuízo manifesto à parte requerente e não se tratar de questão de ordem pública.
c) provocação da parte que não lhe houver dado causa; resultar prejuízo manifesto à parte requerente; não for possível suprir a falta ou repetir o ato questionado; e houverem sido arguidas na primeira oportunidade que a parte interessada tinha em seguida ao ato ou falta, ressalvada, em qualquer situação, a hipótese de declaração de ofício em caso de nulidade fundada em incompetência do juiz ou tribunal.
d) prejuízo à parte requerente, tratando-se de questão de ordem pública; não for possível suprir a falta ou repetir o ato questionado; houver sido arguida na primeira oportunidade em que a parte interessada tinha para manifestar-se nos autos.
e) contaminação dos atos anteriores ou disso resultar prejuízo à parte que lhe houver dado causa, exceto quando a questão emergir de interesse público, hipótese em que o silêncio da parte não prejudicará que o próprio juiz ou tribunal anule todo o processo onde se verifique a nulidade insanável.

8. (CESPE/UnB — Procurador do Estado do Amapá — 2006) Paulo ajuizou reclamação trabalhista contra seu antigo empregador. Na petição inicial, o patrono constituído pelo reclamante não juntou o instrumento de procuração. Entretanto, o processo teve seu curso regular, tendo sido proferida sentença com resolução de mérito, que julgou improcedente o pedido do autor. Inconformado, Paulo recorreu, todavia, sem ter regularizado a situação processual. O Tribunal Regional do Trabalho (TRT) confirmou a sentença de primeira instância. Paulo, então, arguiu a falta de procuração, requerendo a declaração judicial de inexistência dos atos processuais realizados. Nessa situação, em face da legislação de regência, a nulidade não deverá ser pronunciada.

9. (TRT 23ª Região — Analista Judiciário — 2007 — FCC) Considere as seguintes assertivas a respeito das nulidades:

I. Em regra, as nulidades não serão declaradas senão mediante provocação das partes, as quais deverão argui-las à primeira vez em que tiverem de falar em audiência ou nos autos.
II. A nulidade fundada em incompetência de foro deverá ser declarada *ex officio* e, nesse caso, serão considerados nulos os atos decisórios.
III. A nulidade deverá ser pronunciada, inclusive quando arguida por quem lhe tiver dado causa.
IV. A nulidade do ato não prejudicará senão os posteriores que dele dependam ou sejam consequência.

De acordo com a Consolidação das Leis do Trabalho está correto o que consta APENAS em

a) I e II.
b) I, II e III.
c) I, II e IV.
d) II e III.
e) II, III e IV.

10. (TRT 19ª Região — Analista Judiciário — 2008 — FCC) A respeito das nulidades no processo do trabalho, considere:

I. Não haverá nulidade se o juiz puder decidir o mérito da questão em favor da parte a quem aproveite a declaração de nulidade.
II. A nulidade será pronunciada, mesmo quando arguida por quem lhe tiver dado causa, uma vez que se trata de questão de ordem processual, com interesse público previsto na Carta Magna.
III. As nulidades relativas não serão declaradas senão mediante provocação das partes, as quais deverão argui-las à primeira vez em que tiverem de falar em audiência ou nos autos.
IV. A nulidade do ato não prejudicará senão os posteriores que dele dependam ou sejam consequência.

De acordo com a CLT, é correto o que se afirma APENAS em

a) III e IV.
b) I, II e IV.
c) II, III e IV.
d) I, III e IV.
e) I e III.

GABARITO

1. "a".
2. "b".

3. "e".
4. "b".
5. "c".
6. "errada".
7. "b".
8. "correta".
9. "c".
10. "d".

ORGANIZAÇÃO DA JUSTIÇA DO TRABALHO

1. (TRT 23ª Região/MT — Analista Judiciário — 2016 — FCC Órgão) Conforme previsão constitucional, a Justiça do Trabalho é um órgão do Poder Judiciário. A respeito da sua organização, da jurisdição e da competência,

a) a maior corte é o Tribunal Superior do Trabalho, com sede em Brasília e jurisdição nacional, composto por trinta e três ministros, sendo 2/3 dentre desembargadores dos Tribunais Regionais e 1/3 dentre advogados e Ministério Público do Trabalho.
b) cada estado membro deverá ter, pelo menos, um Tribunal Regional do Trabalho, composto de, no mínimo, 08 desembargadores da própria região que formarão 3/5 da corte, além de 1/5 da advocacia e 1/5 do Ministério Público do Trabalho.
c) os Tribunais Regionais do Trabalho poderão funcionar de forma descentralizada, constituindo Câmaras regionais, a fim de assegurar pleno acesso do jurisdicionado à justiça em todas as fases do processo.
d) nas Varas do Trabalho a jurisdição será exercida por um juiz singular togado, auxiliado por dois representantes dos sindicatos das categorias profissional e econômica, com a participação de um membro do Ministério Público do Trabalho.
e) o Conselho Superior da Justiça do Trabalho é o órgão máximo do sistema, mas não funciona junto ao Tribunal Superior do Trabalho, cabendo-lhe exercer apenas a supervisão administrativa da Justiça do Trabalho, com decisões de caráter consultivo e não vinculante.

2. (TRT 23ª Região/MT — Analista Judiciário — Área Judiciária — 2016 — FCC) Em consonância com os ditames constitucionais quanto à organização e competência da Justiça do Trabalho,

a) o Tribunal Superior do Trabalho será composto por juízes dos Tribunais Regionais, oriundos da magistratura, indicados pelo colégio de Presidentes e Corregedores dos Tribunais Regionais, além de 1/5 oriundo da advocacia e Ministério Público do Trabalho e 1/5 indicado pelas confederações sindicais.
b) a lei criará varas da Justiça do Trabalho, podendo, nas comarcas não abrangidas por sua jurisdição, atribuí-la aos Juízes Federais, com recurso para o respectivo Tribunal Regional Federal.
c) são órgãos da Justiça do Trabalho as Comissões de Conciliação Prévia, as Varas do Trabalho, os Tribunais Regionais do Trabalho e o Tribunal Superior do Trabalho.
d) o Tribunal Superior do Trabalho compor-se-á de 27 Ministros, escolhidos dentre brasileiros com mais de 35 e menos de 65 anos, nomeados pelo Presidente da República após aprovação pela maioria absoluta do Senado Federal.
e) a Escola Nacional de Formação e Aperfeiçoamento de Magistrados do Trabalho e o Conselho Superior da Justiça do Trabalho funcionarão junto ao Conselho Nacional de Justiça, vinculado ao Supremo Tribunal Federal.

3. (TRT 2ª Região/SP — Juiz — 2010) No que se refere à organização da Justiça do Trabalho, assinale a alternativa correta:

a) Os órgãos da Justiça do Trabalho funcionarão perfeitamente coordenados, em regime de mútua colaboração, sob a orientação do presidente do Tribunal Superior do Trabalho.
b) Os órgãos da Justiça do Trabalho funcionarão perfeitamente coordenados, em regime de mútua colaboração, sob a orientação do presidente do Tribunal Regional do Trabalho da Região respectiva.
c) Os órgãos da Justiça do Trabalho funcionarão de forma independente, sob a orientação do presidente do Tribunal Superior do Trabalho.
d) Os órgãos da Justiça do Trabalho funcionarão de forma independente, sob a orientação do presidente do Tribunal Regional do Trabalho da Região respectiva.
e) Os órgãos da Justiça do Trabalho funcionarão perfeitamente coordenados, em regime de mútua colaboração, sob a orientação do presidente do Conselho Superior da Justiça do Trabalho.

4. (CESPE/UnB — Procurador do Estado da Paraíba — 2008) De acordo com a CF, compreendem a justiça do trabalho

a) o STF, o TST, os tribunais regionais do trabalho e os juízes do trabalho.
b) o STF, o Conselho Nacional de Justiça, o TST, os tribunais regionais do trabalho e os juízes do trabalho.
c) o TST, os tribunais regionais do trabalho e os juízes do trabalho.
d) o TST, o Conselho Superior da Justiça do Trabalho, os tribunais regionais do trabalho e os juízes do trabalho.
e) o TST, os tribunais regionais do trabalho, os juízes do trabalho e os juízes de direito investidos de jurisdição trabalhista.

5. (CESPE/UnB — Procurador do Estado do Ceará — 2008) Com base na Constituição Federal vigente, assinale a opção incorreta em relação à composição do Tribunal Superior do Trabalho (TST).

a) O TST deve ser composto, segundo a Constituição Federal, por 27 ministros.
b) Entre os ministros do TST, 21 devem ser oriundos da magistratura de carreira.
c) Os ministros são nomeados pelo presidente da República após aprovada sua escolha pela maioria absoluta do Senado Federal.
d) Os ministros devem ser escolhidos entre brasileiros natos.
e) O TST é integrado por, além de magistrados de carreira, advogados com mais de dez anos de efetiva atividade profissional e membros do Ministério Público do Trabalho com mais de dez anos de efetivo exercício, indicados pelos respectivos órgãos de representação de classe em listas sêxtuplas, depois reduzidas a listas tríplices pelo próprio TST para escolha do nome pelo presidente da República.

6. (TRT 23ª Região — Analista Judiciário — 2004 — FCC) Os Ministros do Tribunal Superior do Trabalho são escolhidos dentre juízes de carreira da magistratura do trabalho, dentre advogados e dentre membros do Ministério Público do Trabalho, que em conformidade com a Constituição Federal deverão ter

a) mais de 25 e menos de 50 anos e ser brasileiro.
b) mais de 30 e menos de 50 anos e ser brasileiro nato ou naturalizado.
c) mais de 30 e menos de 60 anos e ser brasileiro nato.
d) mais de 35 e menos de 65 anos e ser brasileiro nato ou naturalizado.
e) mais de 40 e menos de 60 anos e ser brasileiro nato.

7. (TRT 18ª Região — Analista Judiciário — 2008 — FCC) Os Ministros do Tribunal Superior do Trabalho serão nomeados pelo Presidente

a) da República, após aprovação pela maioria absoluta do Senado Federal.
b) da República, após aprovação pela maioria absoluta do Congresso Nacional.
c) da República, após aprovação pela maioria relativa do Conselho Nacional de Justiça.
d) do Supremo Tribunal Federal, após aprovação pela maioria relativa do Senado Federal.
e) do Conselho Nacional de Justiça, após a aprovação pela maioria absoluta do Senado Federal.

■ GABARITO ■

1. "c".
2. "d".
3. "a".
4. "c".
5. "d".
6. "d".
7. "a".

PRESCRIÇÃO

1. (TRT 12ª Região/SC — Analista Judiciário — Área Administrativa — Direito do Trabalho/ Prescrição e Decadência — 2013 — FCC) O prazo para o ajuizamento de ação para cobrança de créditos trabalhistas por trabalhadores urbanos e rurais, previsto na Constituição Federal brasileira, é de

a) três anos contados a partir da rescisão contratual.
b) dez anos com limite de cinco anos após a extinção contratual.
c) cinco anos até o limite de dois anos após a extinção contratual.
d) três anos a contar da data em que deveria ser recebido o crédito.
e) dez anos contados da data de início do contrato de trabalho.

2. (TRT 1ª Região/RJ — Analista Judiciário — Área Judiciária — Direito do Trabalho/Prescrição e Decadência — 2013 — FCC) O prazo prescricional para reclamar créditos resultantes das relações de trabalho, conforme previsão legal e entendimento sumulado do TST, é de

a) dois anos para os trabalhadores rurais, até o limite de cinco anos após a extinção do contrato de trabalho.
b) cinco anos para os trabalhadores urbanos e rurais, até o limite de dois anos após a extinção do contrato de trabalho.
c) dois anos para os trabalhadores urbanos e rurais, até o limite de cinco anos após a extinção do contrato de trabalho.
d) trinta anos para reclamar contra o não recolhimento da contribuição para o FGTS.
e) trinta anos para reclamar contra o não recolhimento da contribuição para o FGTS, observado o prazo de cinco anos após o término do contrato de trabalho.

3. (DPU — Defensor Público — 2010 — CESPE) Os reflexos de horas extras sobre os depósitos fundiários que venham a ser postulados por empregado perante a justiça do trabalho são alcançados pela prescrição quinquenal.

4. (TRT 2ª Região/SP — Juiz — 2009) Quanto ao instituto da prescrição trabalhista, conforme atual entendimento sumulado do TST, não é correto afirmar:

a) Tratando-se de pedido de complementação de aposentadoria oriunda de norma regulamentar e jamais paga ao ex-empregado, a prescrição aplicável é a total. Começando-se a fluir o biênio a partir da aposentadoria.
b) Da extinção do último contrato começa a fluir o prazo prescricional do direito de ação em que se objetiva a soma de períodos descontínuos de trabalho.
c) A prescrição da pretensão relativa às parcelas remuneratórias não alcança o respectivo recolhimento da contribuição para o FGTS.
d) Na ação que objetive corrigir desvio funcional, a prescrição só alcança as diferenças salariais vencidas no período de 5 (cinco) anos que precedeu o ajuizamento.
e) Tratando-se de ação que envolva pedido de prestações sucessivas decorrente de alteração do pactuado, a prescrição é total, exceto quando o direito à parcela esteja também assegurado por preceito de lei.

5. (CESPE/UnB — Procurador do Município de Vitória — 2007) Considere a seguinte situação hipotética. Um empregado não recebeu o salário do mês de junho de 2001. Em outubro de 2003, ele foi dispensado sem justa causa. Em agosto de 2004, ajuizou reclamação trabalhista para receber o valor do salário que não foi pago em junho de 2001. Nessa situação, não há prescrição a ser pronunciada.

6. (CESPE/UnB — Procurador do Estado do Piauí — 2008) Antônio, que era funcionário contratado da Empresa Céu Azul Ltda. desde 1999, faleceu em julho de 2004. Em fevereiro de 2008, o espólio de Antônio, em nome de seu filho menor Pedro, representado por sua mãe, Maria, ingressou com uma reclamação trabalhista contra a referida empresa, pleiteando verbas trabalhistas devidas a Antônio. Com base nessa situação hipotética, assinale a opção correta.

a) O tempo transcorrido após o rompimento do vínculo empregatício — mais de dois anos — acarreta a prescrição para o ajuizamento da referida ação, que, por isso, não merece prosperar.
b) A ação não merece prosperar, pois o direito a verbas trabalhistas é pessoal e intransmissível aos herdeiros.
c) A ação merece prosperar, pois o prazo prescricional para o seu ajuizamento não corre quando o processo envolve herdeiro menor.
d) A ação somente pode prosperar após a conclusão do processo de inventário de Antônio.
e) A ação deve ser extinta sem o julgamento do mérito, por ilegitimidade ativa do espólio de Antônio, em nome de seu filho menor Pedro.

GABARITO

1. "c".
2. "b".
3. "correto".
4. "c".
5. "correta".
6. "c".

PRINCÍPIOS DO DIREITO E PROCESSO DO TRABALHO

1. (TRT 23ª Região/MT — Analista Judiciário — 2016 — FCC) Agatha, empregada doméstica, ingressou com reclamação trabalhista em face da sua empregadora Isis, de forma verbal sem a assistência de advogado, postulando o pagamento de férias com 1/3. O pedido foi julgado procedente e a reclamada sucumbente interpôs recurso ordinário. A autora foi intimada para apresentar contrarrazões. No caso, conforme previsão legal e entendimento sumulado do TST,

a) a autora não pode exercer o *jus postulandi* para contrarrazoar perante o Tribunal Regional.
b) nenhuma das partes pode utilizar o *jus postulandi* em fase recursal.
c) ambas podem exercer o *jus postulandi* para recorrer e contrarrazoar o recurso ordinário perante o Tribunal Regional.
d) apenas por se tratar de reclamação de empregado doméstico as partes podem exercer o *jus postulandi* em todas as fases e instâncias do processo.
e) por se tratar de condenação de pessoa física, a reclamada pode exercer o *jus postulandi* para o recurso ordinário, o mesmo não ocorrendo à autora que foi vencedora.

2. (TRT 14ª Região/RO e AC — Analista Judiciário — 2016 — FCC) Em relação aos princípios gerais do processo trabalhista, não havendo norma trabalhista para a prática de determinado ato processual

a) aplica-se subsidiariamente a Lei de Execuções Fiscais seja qual for a fase processual.
b) a Consolidação das Leis do Trabalho não prevê nenhuma norma específica sobre o tema, cabendo ao magistrado escolher a norma processual que melhor se aplica ao caso.
c) será aplicado o Código de Processo Civil para solucionar o caso, exceto nas fases recursal e de execução, pois nessas fases se aplica a Lei de Execuções Fiscais.
d) nos casos omissos, o direito processual comum será fonte subsidiária do direito processual do trabalho, exceto quando houver incompatibilidade com as normas do processo judiciário do trabalho.
e) poderá ser aplicado de forma supletiva o direito processual comum, seja qual for a fase processual, bastando apenas que haja omissão da norma trabalhista.

3. (TRT 14ª Região/RO e AC — Técnico Judiciário — Área Administrativa — 2016 — FCC) Kronos ajuizou ação trabalhista em face da empresa Beta & Gama Empreendimentos, utilizando o *jus postulandi*. Ocorre que foi vencido em primeira instância visto que a ação foi julgada improcedente. Inconformado com o resultado da sentença resolveu recorrer. Nessa situação Kronos

a) deve constituir advogado e ingressar com recurso de apelação em 15 dias.
b) pode utilizar o *jus postulandi* e interpor recurso ordinário em 8 dias.
c) deve constituir advogado e interpor agravo de instrumento em 5 dias.
d) pode utilizar o *jus postulandi* e ingressar com recurso de revista em 8 dias.
e) dependendo do valor da causa deverá constituir advogado e interpor recurso ordinário em 5 dias.

4. (TRT 21ª Região/RN — Analista Judiciário — Execução de Mandados — 2010 — CESPE) Acerca dos princípios que regem o direito do trabalho, julgue o próximo item. Os contratos por prazo determinado, bem como o contrato de trabalho temporário, são exceções ao princípio da continuidade da relação de emprego.

5. (TRT 21ª Região/RN — Técnico Judiciário — Área Administrativa — 2010 — CESPE) Acerca do direito do trabalho, julgue o item a seguir.

Pelo princípio da continuidade da relação de emprego, os fatos ordinários são presumidos, em detrimento dos fatos extraordinários, que precisam ser provados. Assim, o ônus de provar o vínculo empregatício e o despedimento é do empregado, porque se trata de fatos constitutivos do seu direito.

6. (TRT 24ª Região/MS — Analista Judiciário — Área Administrativa — 2011 — FCC) O princípio que faz prevalecer a restrição à autonomia da vontade no contrato trabalhista, em contraponto à diretriz civil de soberania das partes no ajuste das condições contratuais, é, especificamente, o princípio

a) da condição mais benéfica.
b) da imperatividade das normas trabalhistas.
c) da primazia da realidade sobre a forma.
d) da continuidade da relação de emprego.
e) do *in dubio pro operatio*.

7. (CESPE/UnB — Procurador do Estado de Roraima — 2004) No que concerne a princípios informativos do processo do trabalho, julgue os itens subsequentes.

7.1. Por aplicação do princípio denominado *jus postulandi*, apenas os trabalhadores cujos créditos trabalhistas estiverem situados em valor igual ou inferior a vinte salários mínimos poderão reclamar pessoalmente perante a justiça do trabalho, sem a assistência de advogado.

7.2. Em razão dos princípios da celeridade e da economia processuais, admite-se que as decisões concessivas de antecipação dos efeitos da tutela sejam impugnadas mediante agravo de instrumento.

8. (CESPE/UnB — Procurador do Estado do Ceará — 2004) Considerando os princípios que informam o processo do trabalho, assinale a opção incorreta.

a) O princípio do impulso oficial nas execuções confere ao juiz a faculdade de dar andamento aos feitos, independentemente de provocação ou requerimento das partes interessadas.
b) O princípio da irrecorribilidade das decisões interlocutórias apenas admite como exceção os casos de denegação do trânsito de recursos e de antecipação dos efeitos da tutela.
c) O princípio da concentração determina que os atos processuais sejam praticados em audiência, ressalvadas as situações excepcionais, prestigiando-se a economia e a celeridade processuais.
d) Como manifestação da simplicidade que informa o processo laboral, o princípio da oralidade autoriza a prática de atos orais em audiência, como a apresentação da defesa e de razões finais.
e) O princípio da extrapetição está presente na autorização legal conferida ao juiz para determinar o pagamento de indenização, apesar de postulada apenas a reintegração de empregado alcançado pela estabilidade própria ou absoluta no emprego.

9. (TRT 6ª Região — Analista Judiciário — 2006 — FCC) De acordo com o parágrafo primeiro do artigo 893 da CLT, "os incidentes do processo serão resolvidos pelo próprio Juízo ou Tribunal, admitindo-se a apreciação do merecimento das decisões interlocutórias somente em recursos da decisão definitiva". Este dispositivo consagra o princípio

a) do devido processo legal.
b) do *jus postulandi*.
c) do *jus variandi*.
d) da proteção ao hipossuficiente.
e) da irrecorribilidade das decisões interlocutórias.

10. (TRT 23ª Região — Analista Judiciário — 2007 — FCC) O art. 5º, XXXVII, da Constituição Federal dispõe que "não haverá juízo ou tribunal de exceção". Esse dispositivo consagra, em relação à jurisdição, o princípio

a) da especialização.
b) da improrrogabilidade da jurisdição.
c) da indeclinabilidade da jurisdição.
d) do juiz natural.
e) da indelegabilidade da jurisdição.

GABARITO

1. "c".
2. "d".
3. "b".
4. "correto".
5. "errado".
6. "b".
7.1. "errada".
7.2. "errada".
8. "b".
9. "e".
10. "d".

PROVAS

1. (TRT 23ª Região/MT — Técnico — Administração — 2016 — FCC) Ernesto ajuizou reclamação trabalhista em face da Empresa "T", dando à causa o valor de R$ 20.000,00. Na audiência designada, o advogado de Ernesto informou que sua testemunha Joana, convidada oralmente, não compareceu, razão pela qual requereu a designação de nova data para realização da audiência. Neste caso, o Juiz deverá

a) indeferir a designação de nova data para a audiência, pois Ernesto deveria ter arrolado sua testemunha cinco dias antes da data de sua realização.
b) indeferir a designação de nova data para audiência, pois Ernesto deveria comprovar documentalmente o convite para sua testemunha.
c) indeferir a designação de nova data para a audiência, pois Ernesto deveria ter arrolado suas testemunhas com a petição inicial, o que não fez.
d) deferir a designação de nova audiência, pois no processo trabalhista as testemunhas comparecerão à audiência independentemente de notificação ou intimação, podendo ser intimadas as que não comparecerem, a requerimento da parte.
e) deferir a designação de nova audiência, pois no processo trabalhista o reclamante e o reclamado comparecerão à audiência acompanhados de suas testemunhas, apresentando, nesta ocasião, as demais provas, sendo facultada a redesignação de nova data, se solicitado pelas partes, ante o não comparecimento de suas testemunhas.

2. (TRT 23ª Região/MT — Analista Judiciário — Área Judiciária — 2016 — FCC) Conforme normas contidas na Consolidação das Leis do Trabalho, sobre as testemunhas, nas ações que

tramitam pelos procedimentos sumaríssimo e ordinário, a quantidade máxima por parte e a forma comum de comparecimento na audiência, são, respectivamente:

a) duas e três; ambas independentemente de intimação.
b) duas e três; independentemente de intimação e intimadas.
c) duas e cinco; independentemente de intimação e intimadas.
d) três e quatro; ambas independentemente de intimação.
e) três e seis; intimadas e independentemente de intimação.

3. (TRT 14ª Região/RO e AC — Analista Judiciário — Área Judiciária — 2011 — FCC) A respeito das provas, considere as seguintes assertivas:

I. A testemunha que for parente consanguíneo ou afim de uma das partes até o terceiro grau civil é considerada suspeita.
II. A perícia no processo do trabalho pode ser realizada tanto na fase de conhecimento quanto na de execução.
III. O recibo de pagamento que contém assinatura do empregado, mas menciona valor de salário que o empregado efetivamente não recebeu, contém falsidade ideológica e não serve como prova.
IV. O interdito por demência é impedido de depor, tratando-se de uma das hipóteses de impedimento de testemunha prevista na Consolidação das Leis do Trabalho.

Está correto o que se afirma APENAS em

a) I, II e III.
b) I e III.
c) II e III.
d) II, III e IV.
e) II e IV.

4. (Nossa Caixa Desenvolvimento — Advogado — 2011 — FCC) Considere as seguintes assertivas a respeito das provas:

I. Presume-se recebida a notificação 48 horas depois de sua postagem. O seu não recebimento ou a entrega após o decurso desse prazo constitui ônus de prova do destinatário.
II. A prova pré-constituída nos autos pode ser levada em conta para confronto com a confissão ficta, não implicando cerceamento de defesa o indeferimento de provas posteriores.
III. É impedido de depor como testemunha aquele que for amigo íntimo de uma das partes.
IV. Nas reclamações trabalhistas que obedecerem o procedimento sumaríssimo é permitida a oitiva de apenas três testemunhas para cada parte.

Está correto o que se afirmar **APENAS** em

a) I e II.
b) I, II e III.
c) I, II e IV.
d) II, III e IV.
e) III e IV.

5. (TRT 21ª Região/RN — Analista Judiciário — Área Judiciária — 2010 — CESPE) Considerando as provas no processo do trabalho, julgue o item a seguir.

Considere que Cássio tenha entrado com ação trabalhista que postule a condenação do seu ex-empregador ao pagamento de indenização correspondente ao vale-transporte relativo a todo o pacto laboral, o qual durou onze meses. Nesse caso, cabe a Cássio o ônus de comprovar que, durante o período laboral, satisfez os requisitos indispensáveis à obtenção do vale-transporte.

6. (TRT 21ª Região/RN — Analista Judiciário — Área Judiciária — 2010 — CESPE)

Considere uma empresa cujo quadro funcional sempre tenha sido constituído de seis a oito funcionários e que um desses empregados tenha ajuizado ação trabalhista contra ela, postulando o pagamento de horas extras. Nessa situação, recai sobre a empresa o ônus de apresentar os controles de frequência desse empregado, e a não apresentação desses controles gera presunção relativa de veracidade da jornada de trabalho, que pode ser elidida por prova em contrário.

7. (CESPE/UnB — Procurador do Município de Natal — 2008) Quanto à prova das horas extraordinárias de trabalho na reclamação trabalhista, assinale a opção correta.

a) Os cartões de ponto, apresentados pelo empregador e que demonstrem horários uniformes de entrada e saída do empregado, são válidos como meio de prova de que este não trabalhou além do horário normal, cabendo ao reclamante demonstrar as horas extras que alega ter prestado.
b) O ônus da prova, quanto às horas extras de trabalho, será sempre do empregado.
c) Os cartões de ponto, apresentados pelo empregador, que demonstrem horários uniformes de entrada e saída do empregado, não servem como meio de prova para demonstrar as horas extras prestadas por este, de modo que se inverte o ônus da prova, que passa a ser do reclamado.
d) Os cartões de ponto, apresentados pelo empregador, que demonstrem horários uniformes de entrada e saída do empregado, não são válidos como meio de prova de que este não trabalhou além do horário normal, mas não eximem o reclamante de demonstrar que prestou horas extras.

8. (CESPE/UnB — Procurador do Município de Natal — 2008) Quanto à testemunha nos processos trabalhistas, assinale a opção correta.

a) O simples fato de estar a testemunha litigando ou ter litigado contra o mesmo empregador não a torna suspeita.
b) É suspeita a testemunha que litiga contra o mesmo empregador, na hipótese de o objeto e os fatos das demandas serem diversos, por conta do interesse no litígio.
c) O depoimento da testemunha suspeita, por ser parente até terceiro grau civil da parte, não poderá ser aproveitado como simples informação.
d) A testemunha que litigar ou tiver litigado contra o mesmo empregador, em processo cujo objeto seja idêntico, torna-se suspeita.

9. (CESPE/UnB — Procurador do Estado do Piauí — 2008) João moveu reclamação trabalhista contra a empresa Nordeste Ltda., pleiteando o pagamento do adicional de insalubridade. O juiz determinou a realização de perícia técnica, facultando às partes a indicação de assistente técnico. João, então, indicou Marcelo como seu assistente técnico. Após a conclusão da perícia, o juiz julgou procedente a reclamação, condenando a empresa Nordeste Ltda. a pagar a João os valores referentes ao adicional de insalubridade.

Diante dessa situação hipotética, assinale a opção correta.

a) Os honorários do assistente técnico indicado por João devem ser pagos pela empresa Nordeste Ltda., já que esta foi vencida no objeto da perícia.
b) Não há que se falar em qualquer tipo de pagamento de honorários de assistente técnico, pois não existe previsão legal para tal pagamento.
c) O pagamento dos honorários do assistente técnico deve ser suportado pelo TRT correspondente.
d) Não existe possibilidade de indicação de assistente técnico a perícias realizadas no processo do trabalho.
e) A indicação de assistente técnico é uma faculdade da parte e, por isso, cabe a João efetuar o pagamento do assistente técnico por ele indicado, independentemente do resultado da perícia.

10. (CESPE/UnB — Procurador do Estado do Espírito Santo — 2008) De acordo com a jurisprudência do TST, julgue os itens a seguir, referentes ao ônus da prova no processo trabalhista.

10.1. O empregador com mais de dez empregados está obrigado a registrar a jornada de trabalho de seus empregados, cabendo-lhe, portanto, em processo trabalhista, o ônus de apresentar esses registros; se não o fizer, o juiz deferirá de plano o pedido formulado na inicial, na medida em que não poderá aceitar a produção de prova em contrário.

10.2. Os registros de ponto que apresentem horários de entrada e saída uniformes são inválidos como meio de prova, invertendo-se o ônus da prova, relativo às horas extras, que passa a ser do empregador, prevalecendo a jornada da inicial se dele não se desincumbir.

10.3. O ônus de provar o término do contrato de trabalho, quando negados a prestação de serviço e o despedimento, é do empregador, pois o princípio da continuidade da relação de emprego constitui presunção favorável ao empregado.

11. (TRT 23ª Região — Analista Judiciário — 2004 — FCC) No que concerne ao ônus da prova, são fatos extintivos

a) a simulação e o dolo.
b) o pagamento e a remissão de dívida.
c) a violência e o erro.
d) a incapacidade e a má-fé.
e) o dolo e a má-fé.

GABARITO

1. "b".
2. "a".
3. "c".
4. "a".
5. "correto".
6. "errado".
7. "c".
8. "a".
9. "e".
10.1. "errada".
10.2. "correta".
10.3. "correta".
11. "b".

RECURSOS — TEORIA GERAL E RECURSOS EM ESPÉCIE

1. (TRT 23ª Região/MT — Analista Judiciário — 2016 — FCC) A Consolidação das Leis do Trabalho apresenta um rol dos recursos admitidos no Processo Judiciário do Trabalho, dentre os quais estão incluídos

a) embargos no Tribunal Superior do Trabalho de decisão não unânime de julgamento que homologar conciliação em dissídios coletivos que excedam a competência territorial dos Tribunais Regionais do Trabalho.

b) agravos de instrumentos retidos para decisões interlocutórias que possam gerar nulidade processual.
c) embargos infringentes para turma recursal de primeira instância nas ações que tramitam pelo rito sumário.
d) apelações contra acórdão do Tribunal Regional onde não houve unanimidade na Turma.
e) recursos especiais para o Superior Tribunal de Justiça em caso de ofensa literal à Constituição Federal.

2. Agatha, empregada doméstica, ingressou com reclamação trabalhista em face da sua empregadora Isis, de forma verbal sem a assistência de advogado, postulando o pagamento de férias com 1/3. O pedido foi julgado procedente e a reclamada sucumbente interpôs recurso ordinário. A autora foi intimada para apresentar contrarrazões. No caso, conforme previsão legal e entendimento sumulado do TST,

a) a autora não pode exercer o *jus postulandi* para contrarrazoar perante o Tribunal Regional.
b) nenhuma das partes pode utilizar o *jus postulandi* em fase recursal.
c) ambas podem exercer o *jus postulandi* para recorrer e contrarrazoar o recurso ordinário perante o Tribunal Regional.
d) apenas por se tratar de reclamação de empregado doméstico as partes podem exercer o *jus postulandi* em todas as fases e instâncias do processo.
e) por se tratar de condenação de pessoa física, a reclamada pode exercer o *jus postulandi* para o recurso ordinário, o mesmo não ocorrendo à autora que foi vencedora.

3. No tocante aos recursos no processo do trabalho e de acordo com a legislação trabalhista, considere:

I. O agravo de instrumento, em regra, se destina a destrancar despachos que denegarem seguimento a interposição de recursos, não se destinando a atacar decisões interlocutórias, uma vez que estas são irrecorríveis de imediato.
II. Os termos de conciliação homologados pela Justiça do Trabalho são irrecorríveis, salvo para a Previdência Social, quanto às contribuições que lhe forem devidas.
III. O recurso extraordinário não é cabível na Justiça do Trabalho, uma vez que não está previsto no rol dos recursos previstos na CLT (embargos, recurso ordinário, recurso de revista e agravo).
IV. Havendo recurso, as custas devidas para a parte que for obrigada ao seu recolhimento, deverão ser pagas e comprovadas dentro do prazo recursal, sob pena de deserção.

Está correto o que consta em

a) III e IV, apenas.
b) I, II, III e IV.
c) I e II, apenas.
d) I, II e IV, apenas.
e) II, III e IV, apenas.

4. (TRT 14ª Região/RO e AC — Analista Judiciário — Área Judiciária — 2011 — FCC) Considere as seguintes situações:

I. O processo Azul foi extinto com resolução de mérito, tendo em vista que o juiz acolheu a alegação de decadência da reclamada.
II. O processo Branco foi extinto sem resolução de mérito, tendo em vista que o juiz acolheu alegação de litispendência.
III. No processo Preto, o juiz indeferiu a petição inicial por inépcia.
IV. No processo Vermelho, o juiz determinou a realização de perícia contábil para apuração de eventual pagamento ao reclamante não constante em folha.

Caberá recurso ordinário APENAS no(s) processo(s)

a) Azul.
b) Azul e Branco.
c) Branco e Preto.
d) Preto e Vermelho.
e) Azul, Branco e Preto.

5. (Nossa Caixa Desenvolvimento — Advogado — 2011 — FCC) Gabriela possuía contrato de prestação de serviços de gerência, na qualidade de autônoma, com a empresa Y, recebendo um valor mensal. Após a rescisão do referido contrato, Gabriela ajuizou reclamação trabalhista requerendo o reconhecimento do vínculo de emprego com a empresa Y, bem como o pagamento e recolhimento de todas as demais verbas trabalhistas e previdenciárias. O M.M. juiz declarou a incompetência absoluta da Justiça do Trabalho (em razão da matéria) e determinou a remessa dos autos à Justiça Comum. Neste caso,

a) não caberá recurso, tratando-se de decisão interlocutória irrecorrível na justiça do trabalho.
b) caberá recurso ordinário para o Tribunal Regional do Trabalho competente.
c) caberá agravo de instrumento para o Tribunal Regional do Trabalho competente.
d) caberá recurso ordinário para o Tribunal Superior do Trabalho.
e) caberá agravo de instrumento para o Tribunal Superior do Trabalho.

6. (TRT 21ª Região/RN — Analista Judiciário — Execução de Mandados — 2010 — CESPE) Assim como no processo civil, no processo do trabalho os recursos repousam na existência comum do efeito suspensivo.

7. (TRT 21ª Região/RN — Analista Judiciário — Execução de Mandados — 2010 — CESPE) O prazo para recurso da parte intimada, nos termos da Súmula n. 197 do Tribunal Superior do Trabalho, começa a correr no primeiro dia útil após a audiência de julgamento, devendo a sentença ser juntada aos autos no prazo de 48 horas, sob pena de intimação da parte.

8. (TRT 21ª Região/RN — Analista Judiciário — Execução de Mandados — 2010 — CESPE) Acerca de processo de execução, julgue o item subsequente.

A admissibilidade do recurso de revista em processo de execução depende de demonstração inequívoca de violência direta e literal à CF.

9. (TRT 21ª Região/RN — Técnico Judiciário — Área Administrativa — 2010 — CESPE) Com relação ao processo do trabalho, julgue o item que se segue.

Considerando que o recurso ordinário não possui efeito suspensivo, sendo apenas dotado de efeito devolutivo, há a possibilidade excepcional de utilização de ação cautelar para obtenção do mencionado efeito suspensivo, como na hipótese de sentença que determina a imediata reintegração de empregado.

10. (CESPE/UnB — Procurador do Município de Vitória — 2007) Cabe recurso de revista, por divergência jurisprudencial, quando o acórdão regional recorrido contraria acórdão de Turma do TST.

11. (CESPE/UnB — Procurador do Município de Natal — 2008) Quanto aos recursos trabalhistas, assinale a opção correta.

a) Somente é admissível recurso adesivo no processo do trabalho se a matéria nele veiculada estiver relacionada com a do recurso principal, antes interposto pela parte contrária.

b) Na justiça do trabalho, as decisões interlocutórias não possibilitam, em regra, recurso imediato.
c) Da decisão do TRT que denegar mandado de segurança cabe recurso ordinário, dirigido ao TST, no prazo de quinze dias.
d) Do acórdão do TRT que julgar agravo de instrumento cabe recurso de revista para o TST.

12. (CESPE/UnB — Procurador do Município de Aracaju — 2008) Acerca do processo do trabalho, seus princípios, exigências, ritos, recursos e outras modalidades de impugnação, reexame ou rescisão de decisões exaradas pela justiça do trabalho, assim como liquidação e execução de sentenças, julgue os itens seguintes.

12.1. Os dissídios individuais envolvendo a administração pública direta, autárquica e fundacional observarão o rito ordinário trabalhista, exceto quando o valor da causa não exceder a 40 vezes o salário mínimo vigente na data do ajuizamento da reclamação.

12.2. Os municípios podem recorrer em nome das suas autarquias e fundações públicas, detentoras de personalidade jurídica própria, caso em que o respectivo procurador municipal deve invocar a prevalência do interesse público local para a defesa daquelas entidades, ainda quando detentoras de quadro próprio de procuradores ou advogados constituídos.

12.3. Não se aplica a restrição de alçada por valor da causa quando se tratar de ação rescisória, nem ainda os efeitos de revelia a conduzir à confissão ficta, dada a consequência jurídica do reexame excepcional da sentença como ato estatal.

12.4. Na justiça do trabalho, a decisão interlocutória não enseja recurso imediato, salvo quando envolver decisão de TRT contrária à súmula ou à orientação jurisprudencial do TST, for decisão suscetível de recurso para o mesmo tribunal ou que acolher exceção de incompetência territorial com remessa dos autos para TRT distinto daquele a que se vincula o juízo excepcionado.

12.5. Não cabe o oferecimento tardio de instrumento procuratório em instância recursal, nem a regularização na fase recursal, porque a interposição de recurso não pode ser considerada ato urgente nem se aplica a regularização à instância recursal.

12.6. A fazenda pública não pode prescindir de garantir o juízo para opor embargos à execução de sentença trabalhista, ainda quando a execução deva efetivar-se por precatório ou por requisição de pequeno valor.

13. (CESPE/UnB — Procurador do Estado de Roraima — 2004) Considere a seguinte situação hipotética. Ao tomar conhecimento da junção aos autos de um recibo de pagamento de salário, fato extintivo da obrigação postulada em juízo, o autor de determinada reclamação trabalhista suscitou incidente de falsidade. Sob a alegação de que a assinatura não lhe pertencia, requereu a realização de perícia grafotécnica, o que foi indeferido pelo juiz. Nessa situação, a nulidade por cerceio do direito a regular dilação probatória, se apenas questionada em recurso ordinário, deverá ser prontamente rejeitada pelo tribunal revisor.

14. (CESPE/UnB — Procurador do Estado de Roraima — 2004) Julgue os itens seguintes, acerca dos recursos admissíveis no processo do trabalho.

14.1. Contra a sentença normativa proferida no exercício regular do poder normativo por tribunal regional do trabalho, admite-se a interposição de recurso ordinário, em até oito dias, ao Tribunal Superior do Trabalho.

14.2. Contra a decisão que acolhe exceção de incompetência territorial oposta em ação trabalhista, admite-se a interposição de recurso ordinário, em oito dias, desde que, na prática, tal decisão possa conduzir à própria negativa de acesso do trabalhador à jurisdição.

15. (CESPE/UnB — Procurador do Estado do Piauí — 2008) José moveu reclamação trabalhista contra uma autarquia do estado do Piauí. O juiz do trabalho julgou procedente a reclamação e condenou a autarquia. Joaquim, procurador do estado do Piauí, interpôs, então, recurso ordinário contra a decisão do juiz do trabalho em nome do estado do Piauí. Acerca dessa situação hipotética, assinale a opção correta.

a) O estado do Piauí possui legitimidade para recorrer, uma vez que a autarquia pertence à administração direta do estado.
b) O estado do Piauí possui legitimidade para recorrer, uma vez que a condenação deverá ser suportada pelos cofres públicos do estado.
c) O estado do Piauí não possui legitimidade para recorrer, uma vez que não existe previsão legal para isso na CLT.
d) O estado do Piauí não possui legitimidade para recorrer em nome da autarquia, pois esta é detentora de personalidade jurídica própria.
e) A demanda jamais poderia ser discutida na justiça do trabalho, já que autarquias não podem ter em seus quadros, em nenhuma hipótese, empregados públicos regidos pela CLT.

16. (CESPE/UnB — Procurador do Estado do Espírito Santo — 2008) Em audiência, o juiz do trabalho indeferiu o pleito de uma parte de produzir prova testemunhal e, no mérito, julgou desfavoravelmente a essa parte. Considerando essa situação e as previsões da Consolidação das Leis do Trabalho pertinentes, julgue o item abaixo.

A nulidade do ato de indeferimento da produção de prova testemunhal deve ser arguida pela primeira vez no recurso ordinário para o tribunal regional do trabalho, porque, antes da sentença, não é possível constatar a existência de prejuízo que justifique a pronúncia da nulidade do referido ato.

17. (CESPE/UnB — Procurador do Estado do Ceará — 2004) Considerando os recursos cabíveis no processo do trabalho, assinale a opção correta.

a) Nenhum recurso será cabível contra a decisão proferida por magistrado trabalhista que, reconhecendo a ilegalidade da dispensa de dirigente sindical praticada por determinada empresa, expeça ordem liminar de reintegração no emprego.
b) Se, ao receber o recurso ordinário, o juiz relator constatar que a matéria debatida já se encontrava pacificada na jurisprudência do Tribunal Superior do Trabalho (TST), inclusive figurando em enunciado de sua súmula e, por isso, em decisão monocrática, negar seguimento ao recurso, contra essa decisão, admitir-se-á a interposição de agravo de instrumento, no prazo de oito dias.
c) Contra a decisão interlocutória que indefere citação por edital requerida em ação trabalhista em fase de conhecimento, admite-se a interposição de agravo de instrumento, no prazo de oito dias.
d) Proferida a sentença em ação civil pública por juiz estadual investido da jurisdição trabalhista, o recurso cabível será a apelação, no prazo de quinze dias.
e) Contra o julgamento de embargos de terceiro proferido em segunda instância, o recurso de revista ao TST será cabível quando demonstrar à parte sucumbente a divergência da decisão regional em relação à outra proferida por tribunal congênere.

18. (TRT 20ª Região — Analista Judiciário — 2006 — FCC) Contra o despacho que denegar seguimento ao recurso ordinário caberá

a) Agravo de Instrumento, no prazo de 8 dias.
b) Agravo de petição, no prazo de 8 dias.
c) Agravo de instrumento, no prazo de 10 dias.

d) Agravo de petição, no prazo de 10 dias.
e) Recurso de Revista, no prazo de 8 dias.

19. (TRT 6ª Região — Analista Judiciário — 2006 — FCC) Contra Acórdão proferido em Agravo de Petição por uma das Turmas do Tribunal, com ofensa direta e literal de norma da Constituição Federal, o recurso cabível é o

a) de apelação.
b) de revista.
c) ordinário.
d) agravo regimental.
e) agravo de instrumento.

20. (TRT 23ª Região — Analista Judiciário — 2007 — FCC) Das decisões definitivas dos Tribunais Regionais do Trabalho em processos de sua competência originária em dissídios coletivos e das decisões de indeferimento da petição inicial, caberá

a) recurso ordinário no prazo de 8 dias.
b) recurso de revista e recurso ordinário, respectivamente, no prazo de 15 e 8 dias.
c) recurso de revista e recurso ordinário, respectivamente, no prazo de 8 dias.
d) recurso ordinário e agravo de petição, respectivamente, no prazo de 8 dias.
e) embargos e recurso ordinário, respectivamente, no prazo de 15 e 8 dias.

21. (TRT 19ª Região — Analista Judiciário — 2008 — FCC) A respeito dos recursos no processo do trabalho, considere:

I. Não caberá recurso de revista contra acórdão regional prolatado em agravo de instrumento.
II. Em regra, não caberá recurso ordinário da decisão que homologa acordo entre as partes.
III. Caberá Embargos, no prazo de cinco dias, de decisão não unânime de julgamento que estender ou rever sentenças normativas do Tribunal Superior do Trabalho, nos casos previstos em lei.
IV. Em regra, não caberá agravo de petição contra decisão que recusar a nomeação de bens à penhora, por não obedecer à ordem legal.

De acordo com a CLT, é correto o que se afirma APENAS em

a) II e IV.
b) I, II e III.
c) I, II e IV.
d) I e III.
e) III e IV.

22. (TRT 18ª Região — Analista Judiciário — 2008 — FCC) Com relação ao recurso de revista, é certo que

a) é incabível esse recurso para reexame de fatos, mas será cabível a revista para reexame de provas.
b) caberá, em regra, esse recurso contra acórdão regional prolatado em agravo de instrumento.
c) a admissibilidade desse recurso contra acórdão proferido em processo incidente na execução independe de demonstração inequívoca de violação direta à Constituição Federal.
d) só caberá esse recurso por violação literal de dispositivo de lei federal nas demandas sujeitas ao procedimento sumaríssimo.
e) não se conhecerá desse recurso ou dos embargos quando a decisão recorrida resolver determinado item do pedido por diversos fundamentos e a jurisprudência transcrita não abranger a todos.

23. (TRT 18ª Região — Analista Judiciário — 2008 — FCC) Da decisão do Tribunal Regional do Trabalho em Mandado de Segurança caberá recurso ordinário no prazo de

a) oito dias para o Tribunal Superior do Trabalho, correndo igual prazo para o recorrido e interessados apresentarem razão de contrariedade.
b) oito dias para o pleno do próprio Tribunal Regional do Trabalho, correndo igual prazo para o recorrido e interessados apresentarem razão de contrariedade.
c) cinco dias para o Tribunal Superior do Trabalho, correndo igual prazo para o recorrido e em dobro para os interessados apresentarem razão de contrariedade.
d) cinco dias para o pleno do próprio Tribunal Regional do Trabalho, correndo igual prazo para o recorrido e interessados apresentarem razão de contrariedade.
e) oito dias para o Tribunal Superior do Trabalho, correndo igual prazo para o recorrido e o dobro para os interessados apresentarem razão de contrariedade.

24. (CESPE/UnB — Exame da OAB — Exame 136 — Seccional SP) A oposição dos embargos de declaração

a) suspende o prazo para a interposição do recurso ordinário.
b) interrompe o prazo para a interposição do recurso ordinário.
c) impede a contagem do prazo para a interposição do recurso ordinário.
d) não afeta a contagem do prazo para a interposição do recurso ordinário.

25. (CESPE/UnB — Exame da OAB — 2008.1) Antônio moveu reclamação trabalhista contra a Empresa Alfa Ltda. e formulou pedido de condenação solidária da Empresa Ômega Ltda. O juiz de 1ª instância julgou procedente o pedido e estabeleceu condenação contra a Empresa Alfa Ltda. e condenação solidária da Empresa Ômega Ltda. As empresas possuíam advogados distintos, constituídos nos autos. A Empresa Ômega Ltda. interpôs recurso ordinário no 7º dia do prazo, e a Empresa Alfa Ltda. o fez no 14º dia, fundamentando-se no art. 191 do Código de Processo Civil (CPC), que assim dispõe: "Quando os litisconsortes tiverem diferentes procuradores, ser-lhe-ão contados em dobro os prazos para contestar, para recorrer e, de modo geral, para falar nos autos".

Considerando essa situação hipotética, assinale a opção correta com relação ao prazo para a interposição do recurso ordinário.

a) O prazo em dobro previsto no CPC é inaplicável ao processo do trabalho, visto que é incompatível com o princípio da celeridade inerente ao processo trabalhista.
b) Ambos os recursos apresentados seriam intempestivos, visto que o prazo para apresentar recurso ordinário é de 5 dias.
c) Sendo a CLT omissa, aplica-se subsidiariamente o disposto no CPC, de forma que o prazo é contado em dobro quando houver litisconsortes com procuradores distintos.
d) O advogado da Empresa Alfa Ltda. não precisaria sequer invocar o CPC, pois a CLT também estabelece o prazo em dobro quando presentes litisconsortes com procuradores distintos.

26. (CESPE/UnB — Exame da OAB — 2008) No que diz respeito ao recurso de revista, assinale a opção correta.

a) Não é cabível a interposição de recurso de revista nas causas sujeitas ao procedimento sumaríssimo.
b) O prazo para interposição do recurso de revista é de 10 dias.
c) Tal recurso possui efeitos devolutivo e suspensivo em todos os casos.
d) Esse recurso é cabível contra decisões proferidas pelos tribunais regionais do trabalho ou por suas turmas, em execução de sentença, em casos de ofensa direta e literal de norma da Constituição Federal.

27. (CESPE/UnB — Exame da OAB — 2008) O prazo para a oposição de embargos de declaração, no processo do trabalho, é de

a) 5 dias.
b) 8 dias.
c) 10 dias.
d) 15 dias.

GABARITO

1. "a".
2. "c".
3. "d".
4. "e".
5. "b".
6. "errado".
7. "correto".
8. "correto".
9. "correto".
10. "errada".
11. "b".
12.1. "errada".
12.2. "errada".
12.3. "correta".
12.4. "correta".
12.5. "correta".
12.6. "errada".
13. "correta".
14.1. "correta".
14.2. "errada".
15. "d".
16. "errada".
17. "a".
18. "a".
19. "b".
20. "a".
21. "c".
22. "e".
23. "a".
24. "b".

25. "a".
26. "d".
27. "a".

REMESSA NECESSÁRIA

1. (CESPE/UnB — Procurador do Estado do Amapá — 2006) Determinada autarquia, demandada em reclamação trabalhista, foi condenada subsidiariamente ao pagamento de verbas rescisórias por sua condição de tomadora de serviço. A matéria foi submetida ao reexame necessário, não tendo o reclamante interposto qualquer recurso. No julgamento do reexame necessário, no TRT, a sentença de primeira instância foi reformada e a autarquia foi condenada a pagar valor maior que o definido inicialmente, no juízo *a quo*, na condição de responsável solidário. Nessa situação, considerando-se a ordenação normativa vigente, o acórdão proferido será nulo.

GABARITO

1. "correta".

REPRESENTAÇÃO PROCESSUAL

1. (TRT 14ª Região/RO e AC — Analista Judiciário — 2016 — FCC) Sobre as partes e procuradores, o *jus postulandi* e a representação processual, conforme norma legal e entendimento sumulado do Tribunal Superior do Trabalho,

a) o *jus postulandi* somente pode ser exercido pelo empregador, visto que o trabalhador é parte hipossuficiente e necessita de assistência profissional de advogado particular ou do sindicato.
b) se o trabalhador utilizar o *jus postulandi* para a propositura da ação, sendo sucumbente na decisão de primeiro grau, deverá contratar advogado para interpor recurso ao Tribunal.
c) a Constituição Federal aboliu o instituto do *jus postulandi* revogando expressamente dispositivo previsto na Consolidação das Leis do Trabalho sobre o tema.
d) nos dissídios coletivos é obrigatória aos interessados a assistência por advogado, não podendo ser utilizado o *jus postulandi*, que é restrito aos dissídios individuais até a prolação de sentença.
e) a reclamação trabalhista do menor de 18 anos será feita por seus representantes legais e, na falta destes, pelo Ministério Público do Trabalho, pelo sindicato, pelo Ministério Público Estadual ou curador nomeado pelo Juízo.

2. (CESPE/UnB — Exame da OAB — 2008) No que diz respeito à representação processual na justiça do trabalho, assinale a opção correta.

a) Em regra, é possível, nas reclamações trabalhistas, o empregador ser representado por preposto, mesmo que este não seja empregado do reclamado.
b) O empregador de microempresa ou empresa de pequeno porte pode ser representado por terceiros, ainda que estes não façam parte do quadro societário ou do quadro de empregados dessas empresas.
c) O advogado pode, no mesmo processo em que esteja na condição de patrono do empregador, ser também seu preposto.
d) Se, por doença, o empregado não puder comparecer pessoalmente em juízo, poderá ser representado por outro empregado, cabendo a este transigir, confessar e desistir da ação se assim o desejar.

GABARITO

1. "e".
2. "b".

RESCISÃO DO CONTRATO DE TRABALHO

1. (TRT 18ª Região/GO — Analista Judiciário — Área Judiciária — Direito do Trabalho/Extinção do Contrato de Trabalho — 2013 — FCC) A Consolidação das Leis do Trabalho prevê algumas normas que regulam a rescisão dos contratos individuais de trabalho. Nos termos dessas regras, é INCORRETO afirmar:

a) O pagamento das parcelas constantes do instrumento de rescisão ou recibo de quitação deverá ser efetuado até o primeiro dia útil imediato ao término do contrato, quando o aviso prévio for indenizado.
b) Constitui motivo de rescisão contratual por justa causa a condenação criminal do empregado, passada em julgado, caso não tenha havido suspensão da execução da pena.
c) Havendo culpa recíproca no ato que determinou a rescisão do contrato de trabalho, o Tribunal de Trabalho reduzirá a indenização, à que seria devida em caso de culpa exclusiva do empregador, por metade.
d) Ocorrerá a rescisão indireta do contrato de trabalho quando o empregador reduzir o trabalho do empregado, sendo este por peça ou tarefa, de forma a afetar sensivelmente a importância dos salários.
e) O empregado poderá pleitear a rescisão indireta de seu contrato de trabalho e o pagamento das respectivas indenizações, permanecendo ou não no serviço até a decisão final do processo na hipótese de não cumprir o empregador as obrigações do contrato.

2. (TRT 18ª Região/GO — Analista Judiciário — Área Administrativa — Direito do Trabalho/Extinção do Contrato de Trabalho — 2013 — FCC) Vênus ausentou-se dos serviços por mais de 30 dias consecutivos, sem enviar qualquer comunicação para seu empregador justificando o motivo de suas faltas. Foram enviados três *e-mails* e três telegramas para que Vênus retornasse ao serviço ou justificasse a sua ausência. Nessa situação, fica caracterizada a justa causa para rescisão do contrato pelo empregador na modalidade

a) incontinência de conduta.
b) desídia.
c) insubordinação.
d) indisciplina.
e) abandono de emprego.

3. (PGE-BA — Analista de Procuradoria — Área de Apoio Jurídico — Direito do Trabalho/Extinção do Contrato de Trabalho — 2013 — FCC) O desrespeito a ordens pessoais de serviço dirigidas pelo empregador individualmente ao empregado caracteriza a justa causa de

a) desídia.
b) insubordinação.
c) indisciplina.
d) improbidade.
e) incontinência de conduta.

4. (IFB — Professor — Direito — 2011 — CESPE) Julgue o item a seguir, relativo ao direito do trabalho.

Por desídia entende-se a falta culposa, não dolosa, ligada à negligência.

5. (IFB — Professor — Direito — 2011 — CESPE) Caso um empregado, afastado há um ano da empresa em que trabalhe por motivo de acidente do trabalho, revele um segredo dessa empresa para uma concorrente, esse empregado poderá ser demitido por justa causa.

6. (TRT 14ª Região/RO e AC — Técnico Judiciário — Área Administrativa — 2011 — FCC) Tales, empregado da empresa Bom Garfo, falsificou atestado médico para justificar suas faltas e consequentemente não ter desconto em sua remuneração. Neste caso, Tales cometeu falta grave passível de demissão por justa causa, uma vez que praticou ato de

a) desídia.
b) incontinência de conduta.
c) improbidade.
d) indisciplina.
e) insubordinação.

7. (TRT 14ª Região/RO e AC — Analista Judiciário — Execução de Mandados — 2011 — FCC) Considere as seguintes verbas:

I. Férias vencidas acrescidas de 1/3.
II. Saldo de salário.
III. 13° salário proporcional.
IV. Férias proporcionais.

Na rescisão do contrato de trabalho, tendo em vista a dispensa de empregado contratado há mais de um ano, com justa causa, serão devidas as verbas indicadas APENAS em

a) I e II.
b) I, II e IV.
c) I, II, III e IV.
d) II e III.
e) II, III e IV.

8. (CESPE/UnB — Procurador do Estado do Piauí — 2008) A empresa Lua de Prata Ltda. demitiu Francisco por justa causa, em 28 de março de 2008. No dia 1° de abril do mesmo ano, foi marcada a homologação do termo de rescisão do contrato de trabalho no sindicato da categoria profissional de Francisco, bem como o pagamento das verbas devidas. Nesse dia, contudo, Francisco recusou-se a receber o pagamento, razão pela qual a empresa optou por aguardar a ação judicial para efetuá-lo. Considerando essa situação hipotética, assinale a opção correta.

a) Não deve ser aplicada a multa prevista no art. 477, § 8°, da CLT, decorrente do atraso no pagamento da rescisão contratual, já que foi o empregado quem se recusou a receber as verbas rescisórias.
b) Não deve ser aplicada a multa prevista no art. 477, § 8°, da CLT, já que houve homologação do termo de rescisão do contrato de trabalho no sindicato da categoria profissional de Francisco.
c) A CLT apenas disciplina a aplicação da multa por atraso no pagamento quando ocorrer inadimplência por parte do empregador, não fazendo qualquer tipo de previsão quanto à inadimplência decorrente de atitude do empregado.
d) Deve ser aplicada a multa prevista no art. 477, § 8°, da CLT, uma vez que a empresa deveria ter efetuado ou o depósito da quantia referente às verbas rescisórias na conta corrente do empregado, ou o depósito em consignação.
e) A multa prevista no art. 477, § 8°, da CLT apenas pode ser aplicada nos casos de demissão sem justa causa.

9. (CESPE/UnB — Procurador do Estado do Espírito Santo — 2008) Um empregado contratado em 2 de janeiro de 2004 foi dispensado sem justa causa em 28 de junho de 2007, com

aviso prévio indenizado, havendo gozado apenas um período de férias de trinta dias em março de 2005, remuneradas de acordo com a legislação. Considerando essa situação, julgue os itens a seguir.

9.1. Por ocasião da rescisão do contrato de trabalho, o empregado faz jus à remuneração correspondente a dois períodos integrais de férias, sendo um simples e outro em dobro, além das férias proporcionais, acrescendo-se a tudo o terço constitucional.

9.2. O período de férias proporcionais corresponde a sete doze avos.

10. (TRT 23ª Região — Analista Judiciário — 2007 — FCC) Reconhecida a culpa recíproca na rescisão do contrato de trabalho o empregado

a) terá direito a 50% do valor do aviso prévio, do décimo terceiro salário e das férias proporcionais.
b) não terá direito a qualquer verba rescisória por ter contribuído para a rescisão de seu contrato de trabalho.
c) terá direito a 50% do valor do aviso prévio e a integralidade do décimo terceiro salário e das férias proporcionais.
d) terá direito a integralidade do valor do aviso prévio e a 50% do décimo terceiro salário e das férias proporcionais.
e) terá direito a integralidade do décimo terceiro salário e das férias proporcionais, apenas.

11. (Prefeitura Municipal de Recife — Procurador Judicial — 2008 — FCC) Descumprir ordens gerais do empregador,

a) configura ato de insubordinação do empregado e constitui justa causa para rescisão do contrato de trabalho pelo empregador, tipificado na Consolidação das Leis do Trabalho.
b) configura ato de indisciplina do empregado e constitui justa causa para rescisão do contrato de trabalho pelo empregador, tipificado na Consolidação das Leis do Trabalho.
c) não constitui justa causa para rescisão do contrato de trabalho pelo empregador, não havendo tipificação específica na Consolidação das Leis do Trabalho.
d) configura ato de desídia do empregado e constitui justa causa para rescisão do contrato de trabalho pelo empregador, tipificado na Consolidação das Leis do Trabalho.
e) configura ato de incontinência de conduta do empregado e constitui justa causa para rescisão do contrato de trabalho pelo empregador, tipificado na Consolidação das Leis do Trabalho.

12. (Prefeitura Municipal de São Paulo — Procurador — 2008 — FCC) Uma empresa encerrou suas atividades em razão de ato de desapropriação do Poder Público e por consequência os contratos de trabalho foram rescindidos, por

a) força maior, sendo indevida qualquer indenização aos empregados.
b) culpa recíproca, ficando o empregador responsável pelo pagamento da metade da indenização devida aos empregados.
c) rescisão sem justa causa, incumbindo ao órgão expropriante e ao empregador, em partes iguais, o pagamento de indenização devida aos empregados.
d) *factum principis*, incumbindo ao órgão expropriante o pagamento da indenização devida aos empregados.
e) rescisão indireta, ficando o empregador responsável pelo pagamento da indenização devida aos empregados.

13. (BTRT 18ª Região — Analista Judiciário — 2008 — FCC) Quanto à rescisão do contrato de trabalho por culpa do empregado e seus efeitos, analise:

I. A ocorrência de justa causa, salvo a de abandono de emprego, no decurso do prazo do aviso prévio dado pelo empregador, retira do empregado qualquer direito às verbas rescisórias de natureza indenizatória.
II. Não há distinção entre os atos de incontinência de conduta e mau procedimento, tratando-se de sinônimos tipificados pela Consolidação das Leis do Trabalho.
III. Configura ato de insubordinação o descumprimento de ordem constante em circulares internas da empresa.
IV. Presume-se o abandono de emprego se o trabalhador não retornar ao serviço no prazo de trinta dias após a cessação do benefício previdenciário nem justificar o motivo de não o fazer.

Está correto o que consta APENAS em
a) III e IV.
b) I, II e III.
c) I e IV.
d) I, III e IV.
e) II e IV.

14. (CESPE/UnB — Exame da OAB — Exame 137 — Seccional SP) No que se refere à culpa recíproca como causa de extinção do contrato de trabalho por tempo indeterminado, prevista no art. 484 da CLT, assinale a opção correta.

a) O empregado não terá direito ao percebimento do aviso prévio, das férias proporcionais e da gratificação natalina referente ao ano em que ocorrer a rescisão do pacto laboral.
b) Caracterizada a culpa recíproca, possibilita-se o pagamento ao empregado, pelo empregador, de metade do aviso prévio, do 13º salário e das férias proporcionais.
c) Tal instituto decorre de duas ações capazes de provocar, cada uma delas *de per si*, a dissolução do contrato de trabalho, sendo uma praticada pelo empregador e outra do empregado, sendo ambos os atos, ao menos, de natureza leve.
d) A conduta do empregado que retruca a ofensa a ele dirigida pelo empregador não precisa ser grave nem guardar relação direta com a conduta ofensiva anterior.

15. (CESPE/UnB — Exame da OAB — Exame 136 — Seccional SP) Assinale a opção correta com relação à rescisão do contrato de trabalho.

a) No caso de morte do empregador constituído em empresa individual, é facultado ao empregado rescindir o contrato de trabalho.
b) A rescisão que ocorra até trinta dias antes da data-base da categoria profissional não autoriza o pagamento das verbas rescisórias com o salário já corrigido.
c) As verbas rescisórias incontroversas, devidas pelas pessoas jurídicas de direito público, deverão ser pagas na data da primeira audiência designada pelo juiz, sob pena de o empregador pagá-las com multa de 50% sobre o valor original.
d) É válido, no contrato de trabalho que supere um ano de vigência, o pedido de demissão que, feito pelo empregado, não seja realizado no Ministério do Trabalho e Emprego nem tenha assistência de sindicato.

GABARITO

1. "a".
2. "e".

3. "b".
4. "correto".
5. "correto".
6. "c".
7. "a".
8. "d".
9.1. "correta".
9.2. "correta".
10. "a".
11. "b".
12. "d".
13. "c".
14. "b".
15. "a".

RESPONSABILIDADE SOLIDÁRIA E SUBSIDIÁRIA

1. (CESPE/UnB — Procurador do Estado de Roraima — 2004) Uma grande loja de âmbito nacional, com filiais em vários centros comerciais de diversas capitais dos estados brasileiros, firmou contrato com uma indústria de confecção de roupas íntimas, por meio do qual os produtos fabricados lhe seriam vendidos com exclusividade. Nessa situação, essas empresas serão solidariamente responsáveis por eventuais débitos trabalhistas de cada uma delas.

2. (CESPE/UnB — Procurador do Estado do Amapá — 2006) A empresa Ômega Serviços Gerais Ltda. celebrou contrato administrativo para prestar serviços de limpeza e conservação em edifício-sede de determinada autarquia federal e designou Pedro, entre seus empregados, para desempenhar a função de faxineiro nas dependências daquela autarquia federal. Nessa situação, se a empresa Ômega não cumprir suas obrigações trabalhistas com Pedro, a autarquia federal para a qual presta serviços poderá ser responsabilizada subsidiariamente.

3. (TRT 23ª Região — Analista Judiciário — 2004 — FCC) No que diz respeito ao cumprimento das obrigações trabalhistas, a existência de um grupo industrial, comercial ou de qualquer outra atividade econômica, sob a direção, controle ou administração de uma empresa, embora cada uma delas possua personalidade jurídica própria, configura responsabilidade

a) civil.
b) penal.
c) comercial.
d) solidária.
e) subsidiária.

4. (TRT 18ª Região — Analista Judiciário — 2008 — FCC) A rede de lojas de departamento Areia Branca terceirizou, regularmente, o serviço de conservação e limpeza de suas lojas à empresa Limpe Bem, assim como o serviço de vigilância à empresa Segura Mais. Neste caso, havendo inadimplência das obrigações trabalhistas, a rede de lojas Areia Branca

a) não poderá ser responsabilizada solidariamente ou subsidiariamente pelos empregados das empresas Limpe Bem e Segura Mais.

b) poderá ser responsabilizada solidariamente pelos empregados das empresas Limpe Bem e Segura Mais.
c) poderá ser responsabilizada subsidiariamente pelos empregados da empresa Limpe Bem e solidariamente pelos da empresa Segura Mais.
d) poderá ser responsabilizada solidariamente pelos empregados da empresa Limpe Bem e subsidiariamente pelos da empresa Segura Mais.
e) poderá ser responsabilizada subsidiariamente pelos empregados das empresas Limpe Bem e Segura Mais.

GABARITO

1. "errada".
2. "correta".
3. "d".
4. "e".

RITO SUMARÍSSIMO

1. (TRT 23ª Região/MT — Analista Judiciário — 2016 — FCC) Segundo as normas processuais trabalhistas sobre o procedimento sumaríssimo,

a) todas as provas serão produzidas na audiência de instrução e julgamento, desde que requeridas previamente, no prazo de 48 horas que antecede a sessão.
b) tanto a citação por hora certa como a por edital deverão conter a correta indicação do nome e endereço do reclamado.
c) os dissídios individuais e coletivos que não excedam sessenta vezes o salário mínimo vigente na data do fato gerador do pedido ficam submetidos ao procedimento sumaríssimo.
d) as testemunhas, até o máximo de duas para cada parte, comparecerão à audiência de instrução e julgamento independentemente de intimação.
e) se uma das partes apresentar documentos em audiência a parte contrária terá o prazo sumário de 24 horas para se manifestar, devendo, necessariamente, ser adiada a audiência para o prazo máximo de 5 dias.

2. (TRT 14ª Região/RO e AC — Analista Judiciário — 2016 — FCC) Os dissídios individuais na Justiça do Trabalho podem seguir o rito procedimental sumaríssimo conforme normas previstas em lei. Sobre esse procedimento é INCORRETO afirmar:

a) Estão excluídas do procedimento sumaríssimo as demandas em que é parte a Administração pública direta, autárquica e fundacional.
b) Cada parte poderá indicar até, no máximo, três testemunhas mediante rol apresentado 5 dias antes da audiência.
c) Serão decididos, de plano, todos os incidentes e exceções que possam interferir no prosseguimento da audiência e do processo; as demais questões serão decididas na sentença.
d) O pedido deve ser certo ou determinado e indicará o valor correspondente, sob pena de arquivamento da reclamação e condenação ao pagamento de custas sobre o valor da causa.
e) O recurso ordinário terá parecer oral do representante do Ministério Público presente à sessão de julgamento, se este entender necessário o seu parecer, com registro na certidão.

3. (CESPE/UnB — Procurador do Estado da Paraíba — 2008) Considere-se que o empregado de certa empresa pública tenha ajuizado reclamação trabalhista, sob o rito sumaríssimo, postulando horas extras e reflexos não pagos, e atribuindo ao valor da causa o correspondente a quarenta salários mínimos. A respeito dessa situação hipotética, assinale a opção correta, com base na CF, na CLT, na legislação específica e na jurisprudência sumulada e consolidada do STF e do TST.

a) O juiz deve indeferir a petição inicial, visto que não cabe reclamação trabalhista sob rito sumaríssimo contra empresa pública, que é parte integrante da administração pública indireta.
b) A demanda não pode ser processada sob o rito sumaríssimo, por ter excedido o valor de alçada, cabendo prosseguir sob o rito comum das reclamações trabalhistas.
c) A prova testemunhal deve limitar-se a três testemunhas por parte, cabendo ao reclamante e à reclamada providenciar o convite às testemunhas para oitiva, visto que o juiz só poderá determinar sua imediata condução coercitiva caso as testemunhas deixem de comparecer, após devidamente convidadas pela parte.
d) No TRT, o relator e o revisor terão prazo máximo de 10 dias para liberar os autos ao julgamento do eventual recurso interposto contra a sentença do juiz do trabalho, que poderá ser apreciado por turma especializada para examinar os recursos ordinários interpostos nas demandas sujeitas ao rito sumaríssimo.
e) O recurso de revista contra o acórdão do TRT apenas poderá ser admitido quando houver violação direta à CF pela decisão recorrida ou esta contrariar súmula do TST.

4. (CESPE/UnB — Procurador do Estado do Ceará — 2004) Em relação às regras que informam o rito sumaríssimo trabalhista, assinale a opção correta.

a) Aplicável às ações cujo valor seja inferior a 60 salários mínimos, o procedimento sumaríssimo impõe ao juiz a instrução e o julgamento da causa em uma única audiência.
b) A existência de defeito na petição inicial, tal como a falta de liquidação de parte dos pedidos deduzidos, determina a emenda respectiva, em dez dias, sob pena de indeferimento.
c) Em nenhuma hipótese, admite-se a citação por edital, cabendo ao autor a correta indicação do nome e do endereço do reclamado.
d) As testemunhas, em número máximo de três por litigante, devem comparecer independentemente de intimação, sob pena de se presumir a desistência da parte na produção desse meio de prova.
e) A sentença deve ser proferida com estrita observância aos requisitos estruturais (relatório, fundamentação e dispositivo), sob pena de nulidade.

5. (CESPE/UnB — Exame da OAB — 2009) Com relação ao procedimento sumaríssimo estipulado na CLT, assinale a opção correta.

a) O procedimento sumaríssimo é apropriado para reclamação trabalhista com valor de até sessenta vezes o salário mínimo vigente na data do seu ajuizamento.
b) O número máximo de testemunhas que cada uma das partes pode indicar é três, devendo elas comparecer à audiência de instrução e julgamento independentemente de intimação ou convite.
c) Nas reclamações enquadradas no referido procedimento, não é permitida a citação por edital, incumbindo ao autor a correta indicação do nome e do endereço do reclamado.
d) Nas reclamações enquadradas no referido procedimento, o pedido pode ser ilíquido, desde que não seja possível a parte indicá-lo expressamente.

GABARITO

1. "d".
2. "b".
3. "e".
4. "c".
5. "c".

SALÁRIO E REMUNERAÇÃO

1. (TRT 9ª Região/PR — Analista Judiciário — Área Administrativa — Direito do Trabalho/ Remuneração e Salário — 2013 — FCC) Com fundamento nas disposições da CLT, NÃO integram o salário do empregado,

a) as comissões.
b) as gratificações ajustadas.
c) as ajudas de custo.
d) os abonos pagos pelo empregador.
e) as percentagens.

2. (TRT 1ª Região/RJ — Técnico Judiciário — Área Administrativa — Direito do Trabalho/Remuneração e Salário — 2013 — FCC) Em relação à remuneração, é INCORRETO afirmar:

a) Compreendem-se na remuneração do empregado, para todos os efeitos legais, além do salário devido e pago como contraprestação do serviço, as gorjetas que receber.
b) Não se incluem nos salários as ajudas de custo, assim como as diárias que não excedam a cinquenta por cento do salário do empregado.
c) Não se incluem nos salários as ajudas de custo e as gratificações ajustadas.
d) Integram o salário, além da importância fixa estipulada, as comissões, percentagens, gratificações ajustadas, diárias para viagem e abonos pagos pelo empregador.
e) O pagamento do salário, qualquer que seja a modalidade do trabalho, não deve ser estipulado por período superior a um mês, salvo o que concerne a comissões, percentagens e gratificações.

3. (TRT 4ª Região/RS — Analista Judiciário — Área Judiciária — 2011 — FCC) Habitação, energia elétrica e veículo fornecidos pelo empregador ao empregado, quando indispensáveis para a realização do trabalho,

a) têm natureza salarial havendo súmula do Tribunal Superior do Trabalho neste sentido.
b) têm natureza salarial, havendo dispositivo expresso na Constituição Federal.
c) não têm natureza salarial, ainda que, no caso de veículo, seja ele utilizado pelo empregado também em atividades particulares.
d) não têm natureza salarial, exceto se, no caso de veículo, ele seja utilizado pelo empregado também em atividades particulares.
e) têm natureza salarial, havendo súmula do Supremo Tribunal Federal neste sentido.

4. (TRT 24ª Região/MS — Técnico Judiciário — Área Administrativa — 2011 — FCC) Joana labora na empresa Cerveja e Cia. Tendo em vista que tal empresa é responsável pela produção, armazenamento e venda de cervejas, entrega mensalmente aos seus funcionários dez engradados de latas da cerveja escolhida pelo empregado. Estes engradados fornecidos mensalmente

a) podem ser considerados como salários-utilidade, desde que isto esteja previsto contratualmente e não ultrapassem a 10% da remuneração total do empregado.
b) não podem ser considerados como salários-utilidade, uma vez que se tratam de bebidas alcoólicas.
c) podem ser considerados como salários-utilidade, desde que isto esteja previsto contratualmente e não ultrapassem a 30% da remuneração total do empregado.
d) podem ser considerados como salários-utilidade, independentemente de previsão contratual, desde que não ultrapassem a 10% da remuneração total do empregado.
e) só podem ser considerados como salários-utilidade se previstos em Norma Coletiva da categoria do empregado.

5. (TRT 24ª Região/MS — Analista Judiciário — Área Judiciária — 2011 — FCC) Davi trabalha na empresa X como analista de sistema, suporte e internet. Além de seu salário mensal, recebe as seguintes utilidades: curso de informática avançada, seguro de vida e previdência privada. Neste caso, de acordo com a Consolidação das Leis do Trabalho,
a) apenas o curso de informática é considerado salário-utilidade.
b) nenhum dos itens mencionados são considerados salários-utilidade.
c) apenas o seguro de vida é considerado salário-utilidade.
d) apenas o curso de informática e a previdência privada são considerados salários-utilidade.
e) apenas o seguro de vida e a previdência privada são considerados salários-utilidade.

6. (TRT 8ª Região/PA e AP — Técnico Judiciário — Área Administrativa) Segundo as normas preconizadas na Consolidação das Leis do Trabalho, o pagamento do salário,
a) na modalidade de contrato individual de trabalho por prazo indeterminado, não deve ser estipulado por período superior a um mês, inclusive no que concerne a comissões, percentagens e gratificações.
b) qualquer que seja a modalidade do trabalho, não deve ser estipulado por período superior a um mês, inclusive no que concerne a comissões, percentagens e gratificações.
c) qualquer que seja a modalidade do trabalho, não deve ser estipulado por período superior a um mês, salvo no que concerne a comissões, percentagens e gratificações.
d) na modalidade de contrato individual de trabalho por prazo determinado, pode ser estipulado por período superior a um mês, exceto no que concerne a comissões e percentagens.
e) na modalidade de contrato individual de trabalho por prazo indeterminado, pode ser estipulado por período superior a um mês, exceto no que concerne as gratificações.

7. (TRT 12ª Região/SC — Técnico Judiciário — Área Administrativa — 2010 — FCC) Considere:
I. Salário *in natura* mencionado na CTPS.
II. Gorjeta.
III. Adicional eventual de horas extras.
IV. Adicional noturno.
O cálculo do 13º salário levará em conta APENAS as verbas mencionadas nos itens
a) I.
b) I, II e IV.
c) III e IV.
d) I e II.
e) II e IV.

8. (TRT 12ª Região/SC — Técnico Judiciário — Área Administrativa — 2010 — FCC) A respeito da remuneração, considere:
I. O pagamento do salário, qualquer que seja a modalidade do trabalho, não deve ser estipulado por período superior a um mês, inclusive no que concerne a gratificações.

II. Não é considerado como salário o transporte destinado ao deslocamento para o trabalho e retorno, em percurso servido ou não por transporte público.
III. Não são considerados como salário os vestuários, equipamentos e outros acessórios fornecidos aos empregados e utilizados no local de trabalho, para a prestação do serviço.
IV. Em regra, integram o salário não só a importância fixa estipulada, como também as comissões, percentagens, gratificações ajustadas, diárias para viagens e abonos pagos pelo empregador.

De acordo com a Consolidação das Leis do Trabalho, está correto o que consta APENAS em

a) III e IV.
b) I, II e III.
c) II e IV.
d) I, III e IV.
e) II, III e IV.

9. (CESPE/UnB — Procurador do Município de Natal — 2008) O salário-família

a) é devido ao segurado que tiver filho menor de 16 anos.
b) é pago ao empregado doméstico.
c) é pago em razão do dependente de trabalhador de baixa renda.
d) é devido ao segurado que tiver filho inválido até este completar 20 anos de idade.

10. (CESPE/UnB — Procurador do Estado de Roraima — 2004) Após o final de semana, em que foi realizado um clássico entre clubes de futebol, dois empregados discutiram com grande vigor, durante o intervalo intrajornada, no refeitório da empresa em que trabalhavam. Ao deixar o local, com grande irritação, um dos empregados deu um forte chute em um latão de lixo, que acabou atingindo e quebrando um dos balcões de alimentação existentes no local. Nessa situação, será lícito ao empregador promover o desconto dos prejuízos causados, independentemente de previsão no contrato de trabalho.

11. (CESPE/UnB — Procurador do Estado de Roraima — 2004)

11.1. Contratada como assessora executiva bilíngue, em razão de suas qualificações pessoais, uma empregada recusou-se a realizar a limpeza da sala de seu superior durante uma semana, em razão do afastamento justificado da faxineira. Acabou sendo dispensada por justa causa. Nessa situação, caso recorra à justiça do trabalho, terá ganho de causa, pois é ilegal a ordem que lhe foi determinada pelo empregador.

11.2. Depois de seis meses em que os salários vinham sendo pagos com atraso, em razão de dificuldades vividas pela empresa, um trabalhador resolveu rescindir indiretamente o contrato. Nessa situação, deverá cumprir o aviso prévio, salvo se for dispensado pelo empregador, sob pena de sofrer o desconto do valor correspondente, por ocasião do acerto rescisório.

12. (CESPE/UnB — Procurador do Estado da Paraíba — 2008) Acerca da remuneração pelo trabalho sob vínculo de emprego, assinale a opção incorreta.

a) Compreendem-se, na remuneração do empregado, além do salário devido e pago diretamente pelo empregador como contraprestação do serviço, também as gorjetas que receber.
b) O pagamento do salário, qualquer que seja a modalidade do trabalho, não deve ser estipulado por período superior a um mês, salvo no que concerne a comissões, percentagens e gratificações, observada, para os que percebam valores variáveis, a garantia mínima correspondente ao salário mínimo.
c) Na falta de estipulação do salário ou não havendo prova sobre a importância ajustada, o empregado terá direito a perceber salário igual ao daquele que, na mesma empresa, fizer serviço equivalente, ou do que for habitualmente pago para serviço semelhante.

d) Considera-se gorjeta a importância paga pelo cliente como adicional na conta cobrada pelo empregador e destinada à distribuição entre os empregados, não se caracterizando como tal, para fins de integração à remuneração, a verba paga pelo cliente, em caráter voluntário, diretamente ao empregado que o haja servido.
e) Em caso de rescisão contratual, havendo controvérsia sobre o montante das verbas rescisórias, o empregador é obrigado a pagar ao trabalhador, à data do comparecimento à justiça do trabalho, a parte incontroversa dessas verbas, sob pena de pagá-las acrescidas de 50%; entretanto, tal disposição não se aplica à União, aos estados, ao DF, aos municípios e às suas autarquias e fundações públicas.

13. (CESPE/UnB — Procurador do Estado do Espírito Santo — 2008) Empregados de uma empresa sofrem redução no percentual de diversos adicionais a que fazem jus: o adicional de horas extras passou a ser remunerado na base de 30%; o de periculosidade, na base de 20%; e o noturno, na base de 10%. Considerando essa situação hipotética, julgue os itens que se seguem.

13.1. Há corrente doutrinária e jurisprudencial que não admite a possibilidade de se operar a referida redução por acordo coletivo de trabalho, mesmo considerando-se que os adicionais possuem natureza salarial e que a Constituição autoriza a redução salarial por acordo coletivo.

13.2. A redução, por meio de acordo individual escrito, dos percentuais previstos em lei para os referidos adicionais, é admitida com ressalvas pela legislação trabalhista, pois exige em troca a concessão de outras vantagens para os empregados que se encontrem nessa situação.

14. (CESPE/UnB — Procurador do Estado do Espírito Santo — 2008) Considere que um indivíduo tenha sido contratado para trabalhar em uma empresa pelo salário de R$ 600,00 e com gratificação bimestral de R$ 200,00. Considere, ainda, que o empregador financiava, para esse empregado, curso de pós-graduação em instituição de ensino privada, fora do horário de expediente, no valor mensal de R$ 250,00. Com base nessa situação, julgue os itens que se seguem.

14.1. Nessa situação, o pagamento da gratificação de dois em dois meses é legalmente válido e tem natureza salarial, produzindo reflexos no cálculo, por exemplo, do 13º salário.

14.2. No período de férias desse empregado, é necessário considerar o cômputo do terço constitucional sobre o valor de R$ 250,00 correspondente ao curso de pós-graduação, pois, segundo a legislação, trata-se de salário *in natura*.

15. (CESPE/UnB — Procurador do Estado do Ceará — 2004) A respeito da remuneração e do salário, cada opção a seguir apresenta uma situação hipotética, seguida de uma assertiva a ser julgada. Assinale a opção cuja assertiva esteja incorreta.

a) Jonas foi contratado como fiscal de determinada empresa seguradora, mediante salário mensal de dois mil reais. Realizava constantes viagens a serviço, percebendo diárias mensais da ordem de mil e quinhentos reais, não estando obrigado a prestar contas. Nessa situação, o valor das diárias integra o salário, devendo ser computado para todos os efeitos legais.
b) Como garçom de uma grande churrascaria, Joaquim tinha sua remuneração composta por dois salários mínimos, além das gorjetas cobradas aos clientes que atendia, totalizando valor mensal aproximado a dez salários mínimos. Nessa situação, os valores pertinentes às gorjetas não devem ser computados para cálculo de horas extras e repouso semanal remunerado.
c) Depois de cinco anos prestando serviços para a empresa Cervejeira Ltda., Tércio foi surpreendido com o não pagamento de seu salário, fato que se repetiu no mês seguinte e que resultou das sérias dificuldades financeiras vividas pela empresa. Como forma

de minimizar os transtornos causados a seus empregados, ofereceu-lhes a empresa o pagamento em caixas de cerveja que mantinha em seu estoque. Nessa situação, se Tércio aceitar a proposta oferecida, os salários devidos estarão devidamente quitados.

d) A cada trimestre, Paula, recepcionista de uma grande empresa de organização de eventos, recebia novos e diversificados trajes que deveriam ser usados na execução de suas tarefas. Os valores correspondentes aos trajes eram descontados de seu salário em três parcelas mensais e sucessivas. Nessa situação, é correto afirmar que, embora a boa apresentação fosse necessária para a execução do contrato, não há como conferir aos trajes fornecidos natureza salarial, capaz de justificar os descontos mensais praticados.

e) Um empregador formalizou seguro de vida e de acidentes pessoais em benefício de seus empregados, de modo espontâneo e sem nenhum custo para eles. Nessa situação, os valores gastos pelo empregador não são considerados parcelas integrantes dos salários concedidos.

16. (CESPE/UnB — Procurador do Estado do Amapá — 2006) Henrique trabalhava para determinada pessoa jurídica e recebia salário mensal de R$ 5.000,00. Por questões meramente administrativas, a empregadora celebrou acordo com Henrique para que o pagamento de seu salário fosse realizado a cada 45 dias, no valor de R$ 7.500,00. Nessa situação, tendo em vista que, proporcionalmente, não houve redução salarial, é lícita a nova periodicidade de pagamento pactuada.

17. (TRT 20ª Região — Analista Judiciário — 2006 — FCC) Considere as seguintes assertivas a respeito da Remuneração:

I. Não se incluem nos salários as ajudas de custo, assim como as diárias para viagens que não excedam 50% do salário percebido pelo empregado.

II. Como regra, a assistência médica, hospitalar e odontológica, prestada diretamente ou mediante seguro-saúde pelo empregador, compreende-se no salário, para todos os efeitos legais.

III. Para todos os efeitos legais, as gorjetas não estão compreendidas na remuneração do empregado, uma vez que não se tratam de contraprestação de serviços.

De acordo com a Consolidação das Leis do Trabalho está correto APENAS o que se afirma em:

a) I.
b) I e II.
c) I e III.
d) II.
e) II e III.

GABARITO

1. "c".
2. "c".
3. "c".
4. "b".
5. "b".
6. "c".
7. "b".

8. "e".
9. "c".
10. "correta".
11.1. "correta".
11.2. "errada".
12. "d".
13.1. "correta".
13.2. "errada".
14.1. "correta".
14.2. "errada".
15. "c".
16. "errada".
17. "a".

SINDICATO

1. (CESPE/UnB — Procurador do Município de Natal — 2008) De acordo com a CF, a natureza jurídica dos sindicatos é de pessoa jurídica de

a) direito privado.
b) direito público.
c) direito social.
d) natureza semipública.

2. (CESPE/UnB — Procurador do Estado da Paraíba — 2008) Com base na CF, na Consolidação das Leis do Trabalho (CLT) e na jurisprudência sumulada do STF e do TST, julgue os itens seguintes, com relação aos sindicatos.

I. A lei não pode exigir autorização estatal para a fundação de sindicato, sem prejuízo do registro perante o Ministério do Trabalho e Emprego, que não pode, sob tal atribuição, interferir ou intervir na organização sindical.
II. A contribuição destinada ao custeio do sistema confederativo de representação sindical deve ser aprovada pela assembleia geral do sindicato e alcança todos os integrantes da categoria profissional, mediante desconto em folha.
III. O sindicato pode atuar como substituto processual na defesa judicial dos interesses da categoria.
IV. Depois de aposentado, o filiado ao sindicato pode, apenas, participar das deliberações que digam respeito aos direitos dos aposentados da categoria.
V. O empregado candidato a cargo de direção ou de representação sindical adquire estabilidade no emprego desde o registro da respectiva candidatura até, se eleito, um ano após o final do mandato, exceto se cometer falta grave que motive a sua demissão por justa causa.

Estão certos apenas os itens

a) I, II e IV.
b) I, III e V.
c) I, IV e V.
d) II, III e IV.
e) II, III e V.

3. (CESPE/UnB — Exame da OAB — Exame 137 — Seccional SP) Segundo a CLT, as federações

a) são entidades sindicais de grau superior que atuam em âmbito nacional.
b) são entidades sindicais compostas de, ao menos, cinco sindicatos que representem a maioria absoluta de um grupo de atividades ou profissões idênticas, sejam elas similares ou conexas.
c) têm como órgãos internos a diretoria e o conselho de representantes, apenas.
d) têm o seu presidente escolhido entre os seus membros, sendo ele eleito pelo conselho de representantes.

GABARITO

1. "a".
2. "b".
3. "b".

SUCESSÃO TRABALHISTA

1. (CESPE/UnB — Procurador do Estado de Roraima — 2004) Uma grande rede de supermercados resolveu encerrar suas atividades em determinada cidade, na qual mantinha duas filiais. Alienou, então, seus imóveis, suas instalações e seu maquinário a duas empresas concorrentes, que deram continuidade ao negócio até então explorado. Nessa situação, as empresas que adquiriram as duas filiais, embora concorrentes, são consideradas sucessoras da antiga titular do empreendimento, para fins trabalhistas, relativamente aos empregados vinculados a cada uma dessas filiais.

2. (CESPE/UnB — Procurador do Estado do Ceará — 2004) Acerca dos institutos da sucessão de empresas e da solidariedade, assinale a opção correta.

a) São solidárias as empresas que possuem alguns de seus sócios comuns, ainda que entre elas não haja qualquer vínculo orgânico, comercial, industrial ou de qualquer natureza.
b) Há sucessão quando determinada empresa vinícola aliena parte de seu maquinário, considerado não essencial, para a produção de vinhos a outra empresa congênere.
c) Configurada a sucessão de empresas, o novo titular do empreendimento responde por eventuais débitos trabalhistas que lhe forem legados pelo antigo proprietário, salvo se houver, no contrato de alienação societária celebrado, cláusula que exclua expressamente essa possibilidade.
d) As empresas que compõem grupo econômico serão solidariamente responsáveis pelos débitos trabalhistas de cada qual delas, desde que os trabalhadores lesados tenham prestado serviços a mais de uma delas, sem auferirem qualquer vantagem adicional.
e) A alienação a terceiro de uma das filiais de uma grande empresa de móveis e eletrodomésticos, incluídos os bens materiais e imateriais que compõem o empreendimento, caracteriza sucessão. Nesse caso, os empregados não podem recusar a prestar serviços ao sucessor, sob pena de cometerem infração contratual suscetível de conduzir à resolução de seus contratos.

GABARITO

1. "correta".
2. "e".

SUSPENSÃO E INTERRUPÇÃO DO CONTRATO DE TRABALHO

1. (TRT 6ª Região/PE — Analista Judiciário — Área Judiciária — Direito do Trabalho — Alterações no Contrato de Trabalho — Suspensão e Interrupção no Contrato de Trabalho — 2012 — FCC) Conforme previsão da Consolidação das Leis do Trabalho, em se tratando de alteração, suspensão e da interrupção do contrato de trabalho, é correto afirmar:

a) Não se considera alteração unilateral a determinação do empregador para que o respectivo empregado reverta ao cargo efetivo, anteriormente ocupado, deixando o exercício de função de confiança.
b) Nos contratos individuais de trabalho é lícita a alteração das respectivas condições por mútuo consentimento, ainda que resultem, direta ou indiretamente, prejuízos ao empregado, diante do caráter bilateral do pacto.
c) Em caso de necessidade de serviço, o empregador poderá transferir o empregado para localidade diversa da que resultar do contrato, ficando obrigado a pagamento suplementar nunca inferior a 30% (trinta por cento) dos salários que recebia, enquanto durar esta situação.
d) O empregado poderá deixar de comparecer ao serviço sem prejuízo do salário por 1 (um) dia, em cada 6 (seis) meses de trabalho, em caso de doação voluntária de sangue devidamente comprovada.
e) O empregado que for aposentado por invalidez terá interrompido o seu contrato de trabalho durante o prazo fixado pelas leis de previdência social para a efetivação do benefício.

2. (TRT 11ª Região/AM — Analista Judiciário — Execução de Mandados — Direito do Trabalho — Alterações no contrato de trabalho — Prova — 2012 — FCC) Após alguns anos de serviço prestado a empresa Seguradora Beta S/A o empregado Pedro passou a exercer função de confiança em razão da licença-maternidade da empregada Joana. Seis meses após, Joana voltou ao trabalho e Pedro foi revertido ao cargo efetivo anteriormente ocupado, deixando o exercício da função de confiança. Tal situação

a) não será considerada alteração unilateral.
b) implica em pagamento suplementar, nunca inferior a 25% do salário do empregado Pedro.
c) só será regular se houver anuência do empregado Pedro.
d) só será possível se não resultar em prejuízo ao empregado Pedro.
e) só será possível se resultar de real necessidade de serviço.

3. (TRT 3ª Região/MG — Juiz do Trabalho — 2012) A respeito da suspensão e da interrupção do contrato de trabalho, leia as afirmações abaixo e, em seguida, assinale a alternativa correta:

I. A concessão de auxílio-doença no curso do aviso prévio não impede a extinção da relação de emprego, em face do término do prazo.
II. Se as faltas já são justificadas pela lei, consideram-se como ausências legais e não serão descontadas para o cálculo do período de férias.
III. As faltas ou ausências decorrentes de acidente do trabalho não são consideradas para os efeitos de duração de férias e cálculo da gratificação natalina.
IV. Os efeitos financeiros da anistia concedida pela Lei n. 8.878/94 somente serão devidos a partir do efetivo retorno à atividade, vedada a remuneração em caráter retroativo.
V. Embora a suspensão do contrato implique na descontinuidade das cláusulas contratuais, algumas obrigações subsistem, como é o caso das regras que impõem obrigações de lealdade e fidelidade contratuais.

a) Todas as afirmativas estão corretas.

b) Somente as afirmativas I, II, III e IV estão corretas.
c) Somente as afirmativas I, III, IV e V estão corretas.
d) Somente as afirmativas II, III e V estão corretas.
e) Somente as afirmativas II, III, IV e V estão corretas.

4. (TRT 14ª Região/RO e AC — Técnico Judiciário — Área Administrativa — 2011 — FCC) Considere as seguintes assertivas a respeito da suspensão e da interrupção do contrato de trabalho:

I. A natureza jurídica da remuneração paga na interrupção contratual é salário.
II. Durante a interrupção do contrato de trabalho o tempo de afastamento do trabalhador é considerado na contagem de tempo de serviço para os efeitos legais.
III. Na suspensão do contrato de trabalho ocorrerá a cessação temporária da prestação de serviço, mas ocorrerá o pagamento do salário.

Está correto o que se afirma APENAS em
a) I.
b) I e II.
c) II.
d) II e III.
e) III.

5. (TRT 14ª Região/RO e AC — Analista Judiciário — Execução de Mandados — 2011 — FCC) A Consolidação das Leis do Trabalho prevê hipóteses de interrupção do contrato de trabalho, autorizando o empregado a não comparecer ao serviço sem prejuízo do salário até três dias consecutivos em caso de

a) se alistar como eleitor.
b) doação voluntária de sangue.
c) falecimento de ascendente.
d) falecimento de irmão.
e) casamento.

6. (TRT 21ª Região/RN — Analista Judiciário — Execução de Mandados — 2010 — CESPE) Com relação ao aviso prévio, julgue o item que se segue.

A redução da jornada em duas horas, no curso do aviso prévio, enquadra-se em uma das hipóteses de interrupção do contrato de trabalho.

7. (TRT 4ª Região/RS — Analista Judiciário — Área Judiciária — 2011 — FCC) Trata-se de hipótese de interrupção do contrato de trabalho

a) o período de afastamento para desempenho de encargo público como, por exemplo, cargo público eletivo.
b) o período de suspensão disciplinar não relevada pelo empregador ou cancelada pela Justiça do Trabalho.
c) a participação em greve, sem recebimento de salário.
d) a ausência ao trabalho dos representantes dos trabalhadores no Conselho Curador do Fundo de Garantia por tempo de serviço, decorrentes de atividades desse órgão.
e) a ausência por motivo de licença sem remuneração concedida pelo empregador tendo em vista a existência de motivo plausível.

8. (TRT 24ª Região/MS — Analista Judiciário — Área Judiciária — 2011 — FCC) O empregado que, na qualidade de representante de entidade sindical, estiver participando de reunião oficial de organismo internacional do qual o Brasil seja membro, terá o seu contrato de trabalho

a) interrompido pelo tempo em que a reunião se realizar, não compreendendo a viagem de ida até o local onde será realizada a reunião e a de volta.
b) suspenso pelo tempo que se fizer necessário, compreendendo a viagem de ida até o local onde será realizada a reunião e a de volta.
c) interrompido pelo tempo que se fizer necessário, compreendendo a viagem de ida até o local onde será realizada a reunião e a de volta.
d) suspenso pelo tempo em que a reunião se realizar, não compreendendo a viagem de ida até o local onde será realizada a reunião e a de volta.
e) suspenso pelo prazo máximo de quinze dias, compreendendo a viagem de ida até o local onde será realizada a reunião, e a de volta, desde que não ultrapasse este prazo legal.

9. (TRT 24ª Região/MS — Analista Judiciário — Área Administrativa — 2011 — FCC) Na suspensão do contrato de trabalho, em regra, NÃO há prestação de serviços, bem como

a) não se paga salário, não se produzem recolhimentos vinculados ao contrato, mas computa-se tempo de serviço.
b) paga-se salário, mas não se computa tempo de serviço e não se produzem recolhimentos vinculados ao contrato.
c) não se paga salário, não se computa tempo de serviço e não se produzem recolhimentos vinculados ao contrato.
d) paga-se salário, computa-se tempo de serviço, mas não se produzem recolhimentos vinculados ao contrato.
e) não se paga salário, não se computa tempo de serviço, mas se produzem recolhimentos vinculados ao contrato.

10. (TRT 8ª Região/PA e AP — Técnico Judiciário — Área Administrativa — 2010 — FCC) Joaquim cometeu delito tipificado pelo Código Penal brasileiro e sofreu condenação em primeira instância. Seu advogado apresentou recurso cabível tempestivamente, porém, ainda não houve julgamento. Diante desta situação, seu contrato individual de trabalho por prazo determinado

a) não sofrerá qualquer alteração.
b) poderá ser rescindido por justa causa obreira.
c) será suspenso.
d) será interrompido.
e) será automaticamente rescindido por força maior.

11. (CESPE/UnB — Procurador do Estado do Ceará — 2004) Em cada uma das opções subsequentes, é apresentada uma situação hipotética. Acerca da suspensão e da interrupção do contrato de trabalho, seguida de uma assertiva a ser julgada. Assinale a opção cuja assertiva esteja incorreta.

a) Quando executava suas atividades profissionais, Caio sofreu um acidente e ficou incapacitado para o trabalho por doze dias. Nessa situação, durante o período de incapacitação, o contrato de trabalho estará interrompido, cabendo ao empregador o ônus pelo pagamento dos salários correspondentes.
b) Aos dezessete anos de idade, Judite foi contratada por um supermercado e, seis meses depois, engravidou de seu namorado. Teve sua gravidez interrompida em virtude de um aborto que realizou por vontade própria. Apresentou atestado médico a seu empregador, com o objetivo de justificar a licença médica de duas semanas. Nessa situação, o contrato de trabalho de Judite será interrompido no período de afastamento.

c) Vitimado em acidente de trabalho, Pedro submeteu-se a exame realizado por junta médica, cujo laudo, taxativo, concluiu pela aposentadoria por invalidez. Nessa situação, o contrato de trabalho será considerado suspenso durante o período necessário à efetivação do benefício, conforme previsto na legislação previdenciária.
d) No ano em que completou dezoito anos de idade, um empregado alistou-se e, ato contínuo, foi convocado a prestar serviço militar obrigatório. Nessa situação, considerar-se-á interrompido o contrato durante o período em que o empregado estiver prestando o serviço militar.
e) Mauro, empregado de um estabelecimento comercial, participou, de forma pacífica, em greve deflagrada em conformidade com a legislação em vigor, pelo respectivo sindicato. Nessa situação, conforme a legislação pertinente, o contrato de trabalho de Mauro, durante sua participação no evento paredista, será considerado suspenso.

12. (TRT 23ª Região — Analista Judiciário — 2004 — FCC) É causa de suspensão do contrato de trabalho

a) afastamento por até 15 dias, com percepção do auxílio-doença.
b) ausência por até 3 dias consecutivos, em virtude de casamento.
c) prestação de serviço militar obrigatório.
d) aposentadoria por invalidez.
e) exercício de mandato sindical.

GABARITO

1. "a".
2. "a".
3. "e".
4. "b".
5. "e".
6. "correto".
7. "d".
8. "c".
9. "c".
10. "a".
11. "b".
12. "d".

TERCEIRIZAÇÃO

1. (METRÔ-SP — Advogado — Direito do Trabalho/Contrato Individual de Trabalho: Generalidades — Terceirização — 2008 — FCC) A contratação de serviços de vigilância e de conservação e limpeza, bem como a de serviços especializados ligados à atividade-meio do tomador,

a) forma vínculo de emprego com o tomador, bastando a existência da habitualidade na prestação de serviços.
b) forma vínculo de emprego com o tomador, uma vez que a contratação de trabalhadores por empresa interposta é ilegal.

c) não forma, em qualquer hipótese, vínculo de emprego com o tomador, havendo entendimento sumulado pelo Tribunal Superior do Trabalho neste sentido.
d) não forma vínculo de emprego com o tomador, desde que inexistente a pessoalidade e a subordinação direta.
e) não forma, em qualquer hipótese, vínculo de emprego com o tomador, havendo dispositivo legal expresso neste sentido.

2. (TRT 6ª Região/PE — Juiz — 2010) Com relação à terceirização, leia as assertivas abaixo e, depois, assinale a alternativa CORRETA:

I. A terceirização "é o fenômeno pelo qual se dissocia a relação econômica de trabalho da relação justrabalhista que lhe seria correspondente".
II. Em termos gerais, a terceirização ocorre quando uma empresa transfere parte do setor produtivo a uma outra empresa, com a finalidade de otimizar a produção de bens ou serviços.
III. Do ponto de vista da jurisprudência trabalhista, é possível afirmar que ao longo do tempo o Tribunal Superior do Trabalho alterou seu entendimento sobre a terceirização, tendo inicialmente restringido o fenômeno às limitações previstas em lei, como são os casos de trabalho temporário e o de serviço de limpeza e conservação (Súmula 256).
IV. Atualmente, a jurisprudência sumulada do Tribunal Superior do Trabalho (Súmula 331) admite a terceirização de serviços especializados ligados à atividade-meio da empresa, desde que não se materialize a pessoalidade e a subordinação jurídica direta entre a empresa tomadora dos serviços e o pessoal terceirizado.
V. Orientação Jurisprudencial recente do Tribunal Superior do Trabalho reforçou o entendimento anteriormente sumulado de que a contratação irregular de trabalhador não gera vínculo de emprego com ente da Administração Pública, acrescentando que, pelo princípio da isonomia, tal fato não afasta o direito dos empregados terceirizados às mesmas verbas trabalhistas legais e normativas asseguradas aos contratados pelo tomador de serviços.

a) Apenas as assertivas I e II estão corretas.
b) Apenas a assertiva III está correta.
c) Todas as assertivas estão corretas.
d) Apenas as assertivas IV e V estão corretas.
e) Apenas a assertiva V está correta.

3. (METRÔ/SP — Advogado — 2010 — FCC) Com relação à terceirização, é INCORRETO afirmar:

a) A contratação de trabalhadores por empresa interposta é ilegal, formando-se o vínculo diretamente com o tomador dos serviços, salvo no caso de trabalho temporário.
b) A contratação irregular de trabalhador, mediante empresa interposta, não gera vínculo de emprego com os órgãos da administração pública direta.
c) A contratação irregular de trabalhador, mediante empresa interposta, não gera vínculo de emprego com os órgãos da administração pública indireta.
d) A contratação irregular de trabalhador, mediante empresa interposta, não gera vínculo de emprego com os órgãos da administração pública fundacional.
e) Não forma vínculo de emprego com o tomador a contratação de serviços especializados ligados à atividade-meio do tomador, independentemente da existência ou não de pessoalidade e de subordinação direta.

4. (CESPE/UnB — Procurador do Município de Aracaju — 2008) A jurisprudência trabalhista tem orientado as responsabilidades em caso de terceirização de mão de obra, sobretudo quando envolvido, na condição de tomador dos serviços, o poder público. Também passou o Tribunal

Superior do Trabalho (TST) a orientar, por súmula, os casos de contratos nulos de emprego no âmbito do poder público, assim como seus efeitos. Acerca desse tema, julgue os itens seguintes.

4.1. Por conta da exigência constitucional de prévio concurso público, no âmbito da administração pública não é possível considerar qualquer vínculo de emprego com o trabalhador que lhe haja prestado serviços por empresa interposta.

4.2. No âmbito das relações privadas, é ilegal a terceirização de mão de obra, exceto se for o caso de trabalho temporário, serviços de vigilância e de conservação e limpeza ou serviços especializados ligados à atividade-meio do tomador dos serviços, desde que não configurada a pessoalidade e a subordinação direta entre este e o trabalhador.

4.3. O inadimplemento das obrigações trabalhistas, por parte do empregador, implica a responsabilização subsidiária do tomador dos serviços quanto àquelas obrigações, exceto quando o tomador for órgão da administração pública direta, das autarquias, das fundações públicas, das empresas públicas e das sociedades de economia mista, quando, por conta da nulidade na contratação irregular à falta de prévio concurso público, nesse caso, apenas será responsabilizado com o pagamento dos salários inadimplidos e o FGTS do período trabalhado.

4.4. No caso de haver sucessão de empregadores, quando mantido o negócio com estrutura jurídica diferenciada sem solução de continuidade na prestação dos serviços pelos trabalhadores, os anteriores empregadores podem ser responsabilizados subsidiariamente no caso de os novos não adimplirem as obrigações trabalhistas assumidas, ante os encargos que persistem pela terceirização de mão de obra ocorrida com a transação de transferência do negócio comercial.

5. (CESPE/UnB — Procurador do Estado da Paraíba — 2008) Suponha-se que a União contrate, mediante licitação, empresa para fornecimento de mão de obra em atividade de conservação e limpeza e que essa empresa, antes do encerramento do prazo do contrato, deixe de pagar a seus empregados. Suponha-se, ainda, que estes permaneçam trabalhando em favor da União. A respeito dessa situação hipotética, assinale a opção correta, com base na CF, na CLT e na jurisprudência sumulada e consolidada do Tribunal Superior do Trabalho (TST).

a) Esses empregados têm direito a postular vínculo de emprego diretamente com a União, visto que esta é a beneficiária real de seus serviços.
b) A União pode ser responsabilizada em caráter solidário com a empresa inadimplente.
c) A União pode ser chamada à autoria após a tentativa de execução da empresa inadimplente, dada a sua responsabilidade, apenas, em grau subsidiário.
d) A União, se houver integrado a lide e constar do título executivo, pode ser responsabilizada em segundo grau, subsidiariamente à empresa inadimplente, sem responder, contudo, por qualquer eventual pedido de vínculo de emprego que lhe seja dirigido.
e) A União pode ser, apenas, responsabilizada após ser reconhecido o vínculo de emprego desta com o empregado, sendo, assim, afastada a empresa inadimplente da relação executória.

6. (Prefeitura Municipal de São Paulo — Procurador — 2008 — FCC) A Prefeitura Municipal contrata regularmente serviço de vigilância de empresa prestadora de serviços. Na hipótese de um empregado desta empresa terceirizada ingressar com reclamação trabalhista contra a empregadora e contra a Municipalidade, é correto afirmar quanto às obrigações trabalhistas do reclamante:

a) são ambas responsáveis solidárias.
b) apenas a empregadora é responsável, por expresso dispositivo legal da Constituição Federal.

c) a Prefeitura Municipal é responsável principal e a empregadora é responsável subsidiária.
d) a empregadora é responsável principal e a Prefeitura Municipal é responsável subsidiária.
e) apenas a Prefeitura Municipal é responsável, por expresso dispositivo legal da Constituição Federal.

7. (TRT 2ª Região — Analista Judiciário — 2008 — FCC) Hipoteticamente, considere que a Fundação Instituto Brasileiro de Geografia e Estatística (IBGE), a Prefeitura de São Paulo, a Empresa de Correios e Telégrafos (ECT) e o Conselho Nacional de Desenvolvimento Científico e Tecnológico (CNPq) contrataram de forma irregular, por meio de empresa interposta, trabalhador terceirizado. Neste caso, tal contratação

a) gerará vínculo de emprego apenas com o IBGE.
b) gerará vínculo de emprego com o IBGE, a Prefeitura de São Paulo, a ECT e o CNPq.
c) gerará vínculo de emprego apenas com o IBGE e o CNPq.
d) gerará vínculo de emprego apenas com o ECT e o CNPq.
e) não gerará vínculo de emprego com o IBGE, a Prefeitura de São Paulo, a ECT e o CNPq.

GABARITO

1. "d".
2. "c".
3. "e".
4.1. "correta".
4.2. "correta".
4.3. "errada".
4.4. "errada".
5. "d".
6. "d".
7. "e".

TRABALHO DA MULHER

1. (TRT 18ª Região/GO — Técnico Judiciário — Área Administrativa — Direito do Trabalho — Trabalho do Menor — Trabalho da Mulher — 2013 — FCC) As normas especiais de tutela ao trabalho preveem algumas regras específicas de proteção ao menor e à mulher. Conforme tais normas, é correto afirmar:

a) Em caso de aborto não criminoso, comprovado por atestado médico oficial, a mulher não terá direito à licença-maternidade, mas terá direito a um repouso remunerado de uma semana.
b) Constitui justo motivo para a rescisão do contrato de trabalho da mulher o fato de haver contraído matrimônio ou de encontrar-se em estado de gravidez, sem que o empregador tenha ciência.
c) A confirmação do estado de gravidez advindo no curso do contrato de trabalho, ainda que durante o prazo do aviso prévio trabalhado ou indenizado, garante à empregada gestante a estabilidade provisória prevista na Constituição Federal do Brasil.
d) É proibido qualquer trabalho aos menores de quatorze anos de idade, salvo na condição de aprendiz, a partir dos doze anos.

e) Os menores entre dezesseis e dezoito anos podem firmar recibo de quitação de rescisão do contrato de trabalho, sem assistência dos seus responsáveis legais, bem como a eles corre normalmente o prazo de prescrição trabalhista.

2. (TRT 12ª Região/SC — Analista Judiciário — Especialidade Oficial de Justiça Avaliador Federal — Direito do Trabalho/Trabalho do Menor/Trabalho da Mulher — 2013 — FCC) A legislação trabalhista criou algumas normas de proteção ao trabalho da mulher e do menor. Segundo tais normas é INCORRETO afirmar que:

a) é vedado exigir atestado ou exame, de qualquer natureza, para comprovação de esterilidade ou gravidez, na admissão ou permanência no emprego.
b) é lícito ao menor firmar recibo pelo pagamento dos salários, bem como dar quitação ao empregador pelo recebimento da indenização que lhe for devida pela rescisão do contrato de trabalho, sem assistência dos seus responsáveis legais.
c) o empregador ou preposto não pode proceder a revistas íntimas nas empregadas ou funcionárias.
d) a empregada gestante tem direito à licença-maternidade de 120 (cento e vinte) dias, sem prejuízo do emprego e do salário.
e) é proibido qualquer trabalho aos menores de dezesseis anos de idade, salvo na condição de aprendiz, a partir dos quatorze anos.

3. (CEMIG-TELECOM — Advogado Júnior FUMARC — 2010) A Consolidação das Leis Trabalhistas (Dec.-lei n. 5.452/43) estabelece vedações nos seguintes termos, EXCETO:

a) Publicar ou fazer publicar anúncio de emprego no qual haja referência ao sexo, à idade, à cor ou situação familiar, salvo quando a natureza da atividade a ser exercida, pública e notoriamente, assim o exigir.
b) Considerar o sexo, a idade, a cor ou situação familiar como variável determinante para fins de remuneração, formação profissional e oportunidades de ascensão profissional, salvo quando a natureza da atividade importe desempenho diferenciado e seja, por isso, notória e publicamente incompatível com a igualdade salarial dos gêneros.
c) Recusar emprego, promoção ou motivar a dispensa do trabalho em razão de sexo, idade, cor, situação familiar ou estado de gravidez, salvo quando a natureza da atividade seja notória e publicamente incompatível.
d) Exigir atestado ou exame, de qualquer natureza, para comprovação de esterilidade ou gravidez, na admissão ou permanência no emprego.

4. (TRT 24ª Região/MS — Analista Judiciário — Área Administrativa — 2011 — FCC) Considere as seguintes assertivas a respeito da proteção ao trabalho da mulher:

I. A adoção de medidas de proteção ao trabalho das mulheres é considerada de ordem pública, não justificando, em hipóteses alguma, a redução de salário.
II. Em caso de parto antecipado, a mulher terá direito a 12 semanas de licença-maternidade.
III. À empregada que adotar ou obtiver guarda judicial para fins de adoção de criança de 7 anos de idade será concedida licença-maternidade de 120 dias.
IV. Os locais destinados à guarda dos filhos das operárias, durante o período da amamentação, deverão possuir, no mínimo, um berçário, uma saleta de amamentação, uma cozinha dietética e uma instalação sanitária.

De acordo com a Consolidação das Leis do Trabalho está correto o que consta APENAS em

a) III e IV.
b) I, II e III.
c) I e IV.
d) I, III e IV.
e) II, III e IV.

5. (TRT 2ª Região/SP — Juiz — 2010) Quanto ao trabalho da mulher, assinale a resposta incorreta.

a) É vedado exigir atestado ou exame, de qualquer natureza, para comprovação de esterilidade ou gravidez, na admissão ou permanência no emprego.
b) É vedado publicar ou fazer publicar anúncio de emprego no qual haja referência ao sexo, à idade, à cor ou situação familiar, salvo quando a natureza da atividade, pública e notoriamente, assim o exigir.
c) É vedado empregar a mulher em serviço que demande o emprego de força muscular superior a 20 (vinte) quilos de trabalho contínuo, ou 25 (vinte e cinco) quilos para o trabalho ocasional, excluída da proibição a remoção de materiais feita por impulsão ou tração de vagonetes sobre trilhos, de carros de mão ou quaisquer aparelhos mecânicos.
d) Em caso de aborto não criminoso, comprovado por atestado médico oficial, a mulher terá um repouso remunerado de 04 (quatro) semanas, ficando-lhe assegurado o direito de retornar à função que ocupava antes do afastamento.
e) A empregada que adotar ou obtiver guarda judicial para fins de adoção de criança será concedida licença-maternidade condicionada à apresentação do termo judicial de guarda à adotante ou guardiã.

6. (CESPE/UnB — Procurador do Estado da Paraíba — 2008) Com relação aos direitos constitucionais assegurados às mulheres trabalhadoras, assinale a opção correta.

a) À gestante é assegurada licença com a duração de 120 dias, período que coincide com sua garantia de emprego e salário.
b) É vedada a dispensa da empregada gestante, desde a confirmação da gravidez até cinco meses após o parto, período que coincide com a licença-maternidade.
c) À empregada gestante é assegurada licença com a duração de 120 dias, ficando vedada sua dispensa desde a confirmação da gravidez até cinco meses após o parto.
d) À empregada gestante é assegurada licença com a duração de cinco meses, ficando vedada sua dispensa desde a confirmação da gravidez até 120 dias após o parto.
e) É vedada a dispensa da empregada gestante, desde a confirmação da gravidez até o término do período de 180 dias da licença-maternidade.

7. (CESPE/UnB — Procurador do Estado do Amapá — 2006) A pessoa jurídica Delta iniciou procedimento seletivo para o preenchimento do cargo de secretária executiva. Após análise curricular e entrevista, foram selecionadas 3 candidatas. Para a contratação, foi exigida a realização de exame de gravidez das candidatas. Nessa situação, à luz da legislação de regência, tal exigência é considerada ilegal.

8. (CESPE/UnB — Exame da OAB — Exame 136 — Seccional SP) Com relação ao trabalho da mulher, a lei permite ao empregador

a) recusar emprego em razão de situação familiar da mulher trabalhadora.
b) exigir atestado de gravidez, para fins de admissão ou permanência no emprego.
c) considerar o sexo como variável determinante para fins de ascensão profissional.
d) publicar anúncio de emprego em que haja referência a determinado sexo para o desempenho de atividade que sabidamente assim o exija.

■ GABARITO ■

1. "c".
2. "b".

3. "b".
4. "d".
5. "d".
6. "c".
7. "correta".
8. "d".

TRABALHO DO MENOR

1. (TRT 1ª Região/RJ — Técnico Judiciário — Área Administrativa — Direito do Trabalho/ Trabalho do Menor — 2013 — FCC) Em relação às limitações de idade para o trabalho, é correto afirmar que há proibição de

a) trabalho penoso aos menores de dezesseis anos.
b) trabalho na condição de aprendiz após os dezoito anos.
c) qualquer trabalho, inclusive na condição de aprendiz, aos menores de dezesseis anos.
d) trabalho noturno, insalubre e perigoso aos menores de dezoito anos.
e) trabalho noturno, insalubre e perigoso aos menores de vinte e um anos.

2. (TRT 6ª Região/PE — Analista Judiciário — Execução de Mandados — Direito do Trabalho/ Trabalho do Menor — 2012 — FCC) Quanto ao trabalho do menor, nos termos da legislação trabalhista consolidada, é INCORRETO afirmar que

a) não será permitido ao menor o trabalho nos locais e serviços perigosos ou insalubres, constantes de quadro para esse fim aprovado pela Secretaria de Segurança e Medicina do Trabalho.
b) quando o menor de 18 (dezoito) anos for empregado em mais de um estabelecimento, as horas de trabalho de cada um serão totalizadas.
c) é proibido qualquer trabalho a menores de dezesseis anos de idade, salvo na condição de aprendiz, a partir dos quatorze anos.
d) é lícito ao menor firmar recibo pelo pagamento dos salários, bem como, tratando-se de rescisão do contrato de trabalho, dar quitação ao empregador pelo recebimento da indenização que lhe for devida, sem assistência dos seus responsáveis legais.
e) se aplica ao menor a vedação do serviço que demande o emprego de força muscular superior a 20 (vinte) quilos para o trabalho contínuo, ou 25 (vinte e cinco) quilos para o trabalho ocasional; exceto em caso da remoção de material feita por impulsão ou tração de vagonetes sobre trilhos, de carros de mão ou quaisquer aparelhos mecânicos.

3. (TRT 14ª Região/RO e AC — Analista Judiciário — Execução de Mandados — 2011 — FCC) Com relação à proteção ao trabalho do menor, a Consolidação das Leis do Trabalho prevê o contrato de aprendizagem. Este contrato é um contrato de trabalho especial, ajustado por escrito e por prazo determinado, em que o empregador se compromete a assegurar ao aprendiz formação técnico-profissional metódica, compatível com o seu desenvolvimento físico, moral e psicológico. Este contrato pode ser celebrado com pessoa maior de 14 anos e menor de

a) 26 anos.
b) 24 anos.
c) 22 anos.
d) 21 anos.
e) 18 anos.

4. (TRT 21ª Região/RN — Analista Judiciário — Área Administrativa — 2010 — CESPE) No que concerne a contrato de trabalho, julgue o item a seguir.

Caso o obreiro seja menor de dezoito anos de idade, a relação será considerada imprescrita.

5. (TRT 24ª Região/MS — Analista Judiciário — Área Administrativa — 2011 — FCC) Considera-se menor, para os efeitos de proteção ao trabalho do menor previsto na Consolidação das Leis do Trabalho, o trabalhador de

a) quatorze até dezoito anos.
b) dezesseis até dezoito anos.
c) quatorze até dezesseis anos.
d) doze até dezoito anos.
e) doze até dezesseis anos.

6. (TRT 22ª Região/PI — Analista Judiciário — Área Administrativa — 2010 — FCC) Considere as assertivas abaixo.

I. É proibido, em regra, empregar a mulher em serviço que demande emprego de força muscular superior a 20 kg para o trabalho contínuo ou 25 kg para o trabalho ocasional.
II. Ao menor será permitido o trabalho nos locais e serviços perigosos ou insalubres, desde que pagos os respectivos adicionais.
III. Ao menor de 18 anos e maior de 16 anos é permitida realização de trabalho noturno (compreendido entre as 22 horas e as 5 horas), desde que não prejudique a frequência à escola.

De acordo com a CLT, está correto o que se afirma APENAS em

a) I.
b) II.
c) III.
d) I e II.
e) I e III.

GABARITO

1. "d".
2. "d".
3. "b".
4. "correto".
5. "a".
6. "a".

REFERÊNCIAS

ABELHA RODRIGUES, Marcelo. *Elementos de direito processual civil*. 2. ed. São Paulo: RT, 2000. v. 1.

ABELHA, Marcelo. *Manual de execução civil*. 2. ed. Rio de Janeiro: Forense Universitária, 2007.

BARBOSA MOREIRA, José Carlos. *Comentários ao Código de Processo Civil*. 7. ed. Rio de Janeiro: Forense, 1998. v. 5.

BARROS, Alice Monteiro de. *Curso de direito do trabalho*. São Paulo: LTr, 2005.

BEZERRA LEITE, Carlos Henrique. *Curso de direito processual do trabalho*. 7. ed. São Paulo: LTr, 2009.

______. *Curso de direito processual do trabalho*. 9. ed. São Paulo: LTr, 2011.

BRAGANÇA, Kerlly Huback. *Resumo de direito previdenciário*. 3. ed. Rio de Janeiro: Impetus, 2006.

CARRION, Valentin. *Comentários à Consolidação das Leis do Trabalho*. 31. ed. São Paulo: Saraiva, 2006.

CASSAR, Volia Bomfim. *Direito do trabalho*. 12. ed. São Paulo: Método, 2016.

DELGADO, Maurício Godinho. *Curso de direito do trabalho*. 8. ed. São Paulo: LTr, 2009.

DIDIER JR., Fredie; BRAGA, Paula Sarno; OLIVEIRA, Rafael. *Curso de direito processual civil*. Salvador: JusPodivm, 2007. v. 2.

DIDIER JR., Fredie; CUNHA, Leonardo José Carneiro da. *Curso de direito processual civil*. 5. ed. Salvador: JusPodivm, 2008. v. 3.

FRIEDE, Reis; KLIPPEL, Rodrigo; ALBANI, Thiago. *A tutela de urgência no processo civil brasileiro*. Rio de Janeiro: Impetus, 2009.

GARCIA, Gustavo Filipe Barbosa. *Curso de direito processual do trabalho*. Rio de Janeiro: Forense, 2012.

GONÇALVES, William Couto. *Garantismo, finalismo e segurança jurídica no processo judicial de solução de conflitos*. Rio de Janeiro: Lumen Juris, 2004.

GRECO FILHO, Vicente. *Direito processual civil brasileiro*. 18. ed. São Paulo: Saraiva, 2007. v. 2.

JORGE NETO, Francisco Ferreira; CAVALCANTE, Jouberto de Quadros Pessoa. *Manual de direito processual do trabalho*. Rio de Janeiro: Lumen Juris, 2004. t. II.

JORGE, Flávio Cheim. *Teoria geral dos recursos cíveis*. 3. ed. São Paulo: RT, 2007.

KERTZMAN, Ivan. *Curso prático de direito previdenciário*. 9. ed. Salvador: JusPodivm, 2012.

KLIPPEL, Rodrigo. *A coisa julgada e sua impugnação:* relativização da coisa julgada. Rio de Janeiro: Lumen Juris, 2008.

______. *Ação rescisória*: teoria e prática. Rio de Janeiro: Impetus, 2008.

______. *Teoria geral do processo civil*. Rio de Janeiro: Impetus, 2007.

MACHADO, Antônio Cláudio da Costa. *Código de Processo Civil interpretado*. 4. ed. São Paulo: Manole, 2004.

MARTINEZ, Luciano. *Curso de direito do trabalho*. São Paulo: Saraiva, 2011.

MARTINS FILHO, Ives Gandra da Silva. *Manual esquemático de direito e processo do trabalho*. 9. ed. São Paulo: Saraiva, 2001.

MARTINS, Sergio Pinto. *Direito do trabalho*. 22. ed. São Paulo: Atlas, 2006.

______. *Direito processual do trabalho*. 25. ed. São Paulo: Atlas, 2006.

NASCIMENTO, Amauri Mascaro. *Curso de direito do trabalho*. 24. ed. São Paulo: Saraiva, 2009.

______. *Curso de direito processual do trabalho*. 24. ed. São Paulo: Saraiva, 2009.

______. *Iniciação ao direito do trabalho*. 33. ed. São Paulo: LTr, 2007.

NERY JR., Nelson; NERY, Rosa Maria de Andrade. *Código de Processo Civil comentado*. 10. ed. São Paulo: RT, 2008.

OLIVEIRA, Francisco Antônio de. *Comentários às súmulas do TST*. 9. ed. São Paulo: RT, 2009.

PEREIRA, Leone. *Manual de processo do trabalho*. São Paulo: Saraiva, 2011.

RESENDE, Ricardo. *Direito do trabalho esquematizado*. São Paulo: Método, 2011.

RODRIGUEZ, Américo Plá. *Princípios de direito do trabalho*. 3. ed. São Paulo: LTr, 2004.

SAAD, Eduardo Gabriel; SAAD, José Eduardo Duarte; BRANCO, Ana Maria Saad Castello. *Curso de direito processual do trabalho*. 5. ed. São Paulo: LTR, 2007.

SANTOS, Moacyr Amaral. *Primeiras linhas de direito processual civil*. 24. ed. São Paulo: Saraiva, 2008. v. 2.

SARAIVA, Renato. *Curso de direito processual do trabalho*. 2. ed. São Paulo: Método, 2005.

______. *Direito do trabalho*: concursos públicos. 6. ed. São Paulo: Método, 2007.

______. *Processo do trabalho*: concursos públicos. 3. ed. São Paulo: Método, 2007.

SCHIAVI, Mauro. *Manual de direito processual do trabalho*. 10. ed. São Paulo: LTr, 2016.

SOUZA, Bernardo Pimentel. *Introdução aos recursos cíveis e à ação rescisória*. 4. ed. São Paulo: Saraiva, 2007.

ÍNDICE REMISSIVO

D

F

G

H

I

J

O

P